Konsumentenverhalten

Der europäische Markt

Michael Solomon
Gary Bamossy
Søren Askegaard

Konsumentenverhalten

Der europäische Markt

ein Imprint der Pearson Education Deutschland GmbH

Die Deutsche Bibliothek – CIP-Einheitsaufnahme

Ein Titeldatensatz für diese Publikation ist bei
Der Deutschen Bibliothek erhältlich.

Authorized translation from the English language Adaptation edition, entitled *Consumer Behaviour* by
Michael R. Solomon, published by Pearson Education Ltd. United Kingdom.

Umwelthinweis:
Dieses Buch wurde auf chlorfrei gebleichtem Papier gedruckt.
Die Einschrumpffolie – zum Schutz vor Verschmutzung – ist aus umweltverträglichem und
recyclingfähigem PE-Material.

10 9 8 7 6 5 4 3 2 1
03   02   01

ISBN 3-8273-7004-3
© 2001 by Pearson Studium,
ein Imprint der Pearson Education Deutschland GmbH
Martin-Kollar-Straße 10–12, D-81829 München/Germany
Alle Rechte vorbehalten
www.pearson-studium.de
Übersetzung: Barbara Selbach, Obernai
              Ingrid O'Connor, München
Lektorat: Helge Sturmfels, hsturmfels@pearson.de
          Tilman Bergt, Eva Vogel
Fachlektorat: Dr. Lars Fend, München
Korrektorat: Dr. Ulrike Ehmann, München
Registererstellung: Dipl.-Kffr. Dunja Reulein, München
Einbandgestaltung: Thomas Jarzina, DYADEsign, Düsseldorf
Titelabbildung: DYADEsign, Düsseldorf
Herstellung: Anna Plenk, aplenk@pearson.de
Satz: reemers publishing services gmbh, Krefeld (www.reemers.de)
Druck und Bindung: Kösel, Kempten (www.koeselbuch.de)
Printed in Germany

Inhaltsverzeichnis

Einleitung

Wir haben dieses Buch geschrieben, weil uns die alltäglichen Handlungsweisen der Menschen faszinieren. Die Untersuchung des Konsumentenverhaltens bedeutet für uns danach zu fragen, wie die Welt vom Marketing beeinflusst wird. Wir sind als Dozenten und Wissenschaftler in der glücklichen Lage, uns beruflich mit dem Verhalten von Konsumenten auseinanderzusetzen zu dürfen. Da wir aber auch selbst Konsumenten sind, gehen wir sowohl aus wissenschaftlichem wie aus persönlichem Interesse der Frage nach, welchen Prinzipien dieses Verhalten gehorcht. Wir hoffen, dass Sie, als Konsumenten und künftige Manager, ebenfalls von einer solchen Untersuchung ebenfalls fasziniert sein werden. Ganz gleich, ob Sie Student, Manager oder Lehrender sind – sicherlich sind Ihnen Mühen und Ärger bekannt, die verbunden sind mit dem Einkauf in letzter Minute, der Vorbereitung für einen festlichen Abend, der Entscheidung für eine teure Anschaffung, der Planung eines Urlaubs in der Karibik oder einem großen Fest, zur Feier des Studienabschlusses, der Führerscheinprüfung oder eines (erträumten) Lottogewinns.

Das Kaufen, das Haben und das Sein

Uns geht es bei einer umfassenden Behandlung des Themas Konsumentenverhalten nicht nur um den Akt des *Kaufens*, sondern auch um das daraus resultierende *Haben* und *Sein*. Die Entscheidung für den Kauf einer bestimmten Ware schließt auch die Fragen ein, wie das Haben (oder Nichthaben) von Dingen unser Leben beeinflusst und wie das, was wir besitzen, sowohl unsere eigene Wertschätzung als auch die anderen gegenüber bestimmt – kurz: unser Sein. Außer der Erklärung dafür, warum Menschen bestimmte Dinge kaufen, untersuchen wir auch den Anteil, den Produkte, Dienstleistungen und der Konsum selbst an unserem sozialen Umfeld haben. Egal was wir tun – ob wir einkaufen, kochen oder putzen, Fußball spielen, faul am Strand liegen oder uns auch nur im Spiegel betrachten –, stets ist unser Leben vom Marketing beeinflusst.

Die wissenschaftliche Auseinandersetzung mit dem Konsumentenverhalten ist noch relativ neu und in ständiger Bewegung. Sie steht mit ganz unterschiedlichen Wissenschaften in fruchtbarem Austausch. Wir wollen die sich in einem ständigen Wandel befindende Vielfalt dieses Gebiets aufzeigen. Wissenschaftler, die sich mit dem Konsumverhalten auseinandersetzen, kommen aus allen Bereichen der Sozialwissenschaften. Hinzu kommen Naturwissenschaftler und Leute mit einem gesunden Urteilsvermögen. Aus diesen höchst unterschiedlichen Perspektiven heraus entwickelte sich eine lebhafte Debatte über die verschiedenen Forschungsansätze, die richtigen Untersuchungsmethoden und die oft vehement diskutierte Frage, was denn überhaupt für die Untersuchung des Konsumentenverhaltens von Bedeutung sei.

Konsumenten- und Marketingstrategien aus europäischer Perspektive betrachtet

Dieses Buch wurde an den europäischen Markt angepasst, um den Belangen europäischer Studenten und Wissenschaftler gerecht zu werden, ohne Verständlichkeit, moderne Herangehensweise und hohes Diskussionsniveau zur Theorie des Konsumentenverhaltens einzubüßen, die wir von den letzten drei englischsprachigen Auflagen von Michael Solomons *Consumer Behaviour* bereits gewohnt sind. Ausgehend von der vierten amerikanischen Auflage dieses Buches haben wir versucht, der Nachfrage nach einem verständlich geschriebenen Lehrbuch über das Konsumentenverhalten in Europa zu entsprechen. Daher haben wir den Text mit anschaulichen Beispielen versehen, die innerhalb des europäischen Kontextes analysiert und diskutiert werden. Weiterhin enthält der Text eine Vielzahl an Hinweisen auf wissenschaftliche Veröffentlichungen in Europa. Mithilfe der aufgenommenen Werbeanzeigen vom europäischen Markt können wir einige Elemente sichtbar machen, die die Werbung von der Theorie des Konsumentenverhaltens übernommen hat. Die vorgenommenen Änderungen im Hinblick auf den europäischen Markt ziehen sich durch das ganze Buch. Die tief greifendsten Veränderungen wurden jedoch in den Kapiteln vorgenommen, die sich mit demografischen Gruppen, Subkulturen und der Lebensweise befassen. Dort wurde die amerikanische Perspektive der früheren Auflagen dieses Buches durchgehend durch eine europäische ersetzt.

Die Internationalisierung der Marktstrukturen hat zur Folge, dass es für Unternehmer immer wichtiger wird, sich vom Konsumenten ein klares Bild machen zu können und Verständnis für die kulturellen Unterschiede und Ähnlichkeiten der verschiedenen Länder zu entwickeln. Eine der Herausforderungen beim Schreiben dieses Buches war es, Beispiele zu finden, die sowohl lokale als auch gesamteuropäische und globale Aspekte des Konsumentenverhaltens veranschaulichen. Um Ähnlichkeiten und Unterschiede im globalen Konsumentenverhalten zu illustrieren, haben wir daher einige Beispiele für den amerikanischen und nichteuropäischen Markt aus der Originalausgabe übernommen. Immer wieder wird in diesem Buch auch ausdrücklich darauf hingewiesen, wie wichtig die Kenntnis des Konsumentenverhaltens bei der Entwicklung von Marketingstrategien ist, da viele (wenn nicht sogar die meisten) der grundlegenden Marketingkonzepte auf der Fähigkeit beruhen, den Konsumenten zu begreifen. Zur Erläuterung des Zusammenhangs zwischen der genauen Kenntnis des Konsumentenverhaltens und der Marketingstrategien enthält der Text zahlreiche Beispiele, die verdeutlichen, wie Marketingspezialisten bereits bestehende Konzepte gezielt anwenden, um den Konsumenten zu beeinflussen.

Zur Gestaltung des Buchs: Pädagogische Hilfsmittel

Der Text enthält durchgängig hervorgehobene Kästen, die anschaulich machen sollen, wie bestimmte Aspekte des Konsumentenverhaltens Marketingaktivitäten beeinflussen. Diesen Textkästen gaben wir die Bezeichnung „Multikulturelle Dimensionen", „Marketingchance" und „Marketingfalle". Sie enthalten Beispiele von mehreren europäischen und internationalen Marktplätzen. Zusätzlich enthält jedes Kapitel weitere Hilfsmittel, mit denen Sie den Text besser verstehen, das Gelernte wiederholen und Ihren Wissensstand prüfen und einer kritischen Analyse unterziehen können. Dazu gehören eine Eröffnungsvignette, farbig hervorgehobene Fachausdrücke, eine Zusammenfassung und Fragen zum Konsumentenverhalten. Um Sie mit diesen Hilfsmitteln vertraut zu machen und um Ihnen zu zeigen, wie Sie beim Lernen davon profitieren können, führen wir im Folgenden diese Elemente aus dem Text auf:

Eröffnungsvignette

Jedes Kapitel stellt zu Beginn ein kurzes, länderspezifisches Szenario vor, das der Veranschaulichung des im Text behandelten Themas dient. Hierbei wird besonders die Verflechtung zwischen dem Einzelnen und seinem sozialen Umfeld hervorgehoben.

Schlüsselbegriffe

Ein Schlüsselbegriff wird bei der ersten Nennung farbig hervorgehoben. Dadurch wird die Orientierung im Text und die Wiederholung der Kernaussagen erleichtert.

Fotos

Sie finden in diesem Buch über 80 Fotos von Anzeigen, die bestimmte Themen zum Konsumentenverhalten unmittelbar veranschaulichen.

Multikulturelle Dimensionen

Diese hervorgehobenen Textkästen tauchen in jedem Kapitel auf und weisen auf die kulturellen Unterschiede im Konsumentenverhalten in verschiedenen Ländern und Kontinenten hin.

Marketingchance

Diese hervorgehobenen Textkästen sind in jedem Kapitel enthalten. Sie veranschaulichen, wie stark Marketingstrategien von Untersuchungen zum Konsumentenverhalten beeinflusst werden und erläutern bestehende oder mögliche Anwendungen von Erkenntnissen des Konsumentenverhaltens in der Praxis.

Marketingfalle

Diese hervorgehobenen Textkästen in jedem Kapitel weisen auf falsche oder moralisch-ethisch problematische Marketingmaßnahmen in der Praxis hin, über die heftig diskutiert wurde.

Zusammenfassung des Kapitels

Am Ende eines jeden Kapitels werden die Kernaussagen und zentralen Themen zusammengefasst. Diese Zusammenfassung dient dem Leser als Checkliste, um die in diesem Kapitel behandelten Themen zu wiederholen.

Liste der Schlüsselbegriffe

Diese farbig hervorgehobenen Textkästen enthalten alphabetische Listen aller Fachausdrücke, die in dem betreffenden Kapitel verwendet wurden. Diese Begriffe können im Glossar am Ende des Buches nachgeschlagen werden.

Übungsaufgaben

Am Ende eines jeden Kapitels werden einige kurze Fragen gestellt, mit deren Hilfe der Leser das Gelernte wiederholen und sich allein oder in einer Gruppe kritisch mit den Themen und Aussagen des Kapitels auseinandersetzen kann.

Fallstudien

Am Ende des Buchs befindet sich eine Sammlung von Fallstudien. Das hier zur Verfügung gestellte Material betrifft mehrere Firmen, Industriezweige und Länder und greift die Themen auf, die in den vorangegangenen Kapiteln behandelt wurden. Anhand der Fragen, die am Ende jeder Fallstudie gestellt werden, können Sie das Gelernte auf die Praxis anwenden und testen, wie Sie das Verhalten der Konsumenten einschätzen, und Ihre analytischen Fähigkeiten verbessern.

CD-ROM

Dozenten können über den Verlag eine CD-ROM beziehen, die über 100 PowerPoint-Slides mit den wichtigsten Abbildungen und Tabellen des Buchs enthält.

Der Aufbau des Textes

Der Aufbau dieses Lehrbuchs ist einfach: es bewegt sich vom Einzelnen hin zum Ganzen. Stellen Sie sich das Buch wie eine Art Fotoalbum zum Thema Konsumentenverhalten vor: Jedes Kapitel enthält „Schnappschüsse" von Konsumenten, der Blickwinkel vergrößert sich dabei jedoch von Bild zu Bild. Zunächst geht es um den einzelnen Konsumenten. Kapitel für Kapitel erweitert sich der Blickwinkel, bis schließlich das Verhalten von großen Personengruppen innerhalb ihres sozialen Umfelds betrachtet wird.

Im Anschluss an das einleitende Kapitel wird in Teil B „Konsumenten als Individuen" der Konsument als Mikroorganismus betrachtet. Hier wird dargestellt, wie der oder die Einzelne Informationen aus der unmittelbaren Umgebung bezieht, wie diese Informationen aufgenommen, im Gedächtnis gespeichert und dann zu individuellen Meinungen geformt und verändert werden – und zwar sowohl über sich selbst als auch über Produkte. In Teil C, „Konsumenten als Entscheidungsträger", wird der Frage nachgegangen, inwiefern Informationen, die Konsumenten erhalten haben, deren Konsumverhalten sowohl als Individuum als auch als Teil einer Gruppe beeinflussen. In Teil D, „Porträt der europäischen Konsumenten", wird der Blickwinkel abermals erweitert. Hier wird die Frage gestellt, inwieweit der Konsument sich als Teil einer größeren sozialen Struktur verhält. Hierzu zählt der Einfluss unterschiedlicher sozialer Gruppen, zu denen der Konsument gehört und mit denen er sich identifiziert, unter anderem die soziale Schicht und die Altersklasse. In Teil E, „Kultur und europäische Lebensstile", fügt sich alles zu einem Bild zusammen, da hier der Einfluss von Marketingmaßnahmen auf die Massenkultur diskutiert wird. Dieser Teil richtet das Augenmerk auf den Zusammenhang zwischen Marketing und kulturellen Werten und Lebensstil, auf die Beziehung zwischen Produkten und Dienstleistungen einerseits und Ritualen und kulturellen Mythen andererseits, schließlich auf die Schnittstelle zwischen Marketingmaßnahmen und die Entwicklung von Kunst, Musik und anderen Formen der Massenkultur, die so sehr Teil unseres Alltags geworden sind. Ein Abschnitt befasst sich mit wichtigen kulturellen Veränderungen, die aus der Perspektive der Globalisierung und Postmoderne heraus analysiert werden.

Danksagung

Viele unserer europäischen Kollegen aus Wirtschaft und Wissenschaft haben durch ihre Beiträge an diesem Buch mitgewirkt. Sie haben uns auf wichtige Themen hingewiesen und uns dabei geholfen, diese klar zu durchdenken und zu formulieren. Wir sind dankbar für diese Unterstützung, für ihre Begeisterung und die Bereitschaft, ihr Wissen mit uns zu teilen. Darüber hinaus haben sie europäische Fallstudien und Eröffnungsvignetten zur Verfügung gestellt, kritische Kommentare abgegeben, uns bei unseren Marktforschungen unterstützt und Teile des Manuskripts gelesen. Unser besonderer Dank gilt folgenden Personen:

Christian Alsted, *Alsted Marketing Research, Kopenhagen, Dänemark*
Anna Trosslöv Aronsson, *Universität Lund, Schweden*
Suzanne C. Beckmann, *Copenhagen Business School, Kopenhagen, Dänemark*
Peter Bjork, *Swedish School of Economics and Business Administration, Finnland*
Josee Bloemer, *Limburgs Universitair Centrum, Belgien*
Janeen Arnold Costa, *University of Utah, USA*
Karin Ekström, *Universität Göteborg, Schweden*
Basil Englis, *Berry College, Georgia, USA*
A. Fuat Firat, *Arizona State University West, Phoenix, USA*
James Fitchett, *University of Stirling, Schottland, GB*
Güliz Ger, *Bilkent University, Ankara, Türkei*
David Harvey, *Huddersfield University, GB*
Carina Holmberg, *Stockholm School of Economics, Schweden*
Susan Hayward, *RISC International, Paris, Frankreich*
Benoit Heilbrunn, *École de Management de Lyon, Frankreich*
Patrick Hetzel, *Université Robert Schuman, Strasbourg, Frankreich*
Margaret Hogg, *UMIST, Manchester, GB*
Howard Jackson, *Huddersfield University, GB*
Anne F. Jensen, *Universität Odense, Dänemark*
Madeleen Klaasen, *Consumer Insights Manager, Nike, Hilversum, Niederlande*
Gaynor Lea-Greenwood, *Manchester Metropolitan University, GB*
Eoin Lonergan, *University of North London, GB*
Damien McLoughlin, *University College, Dublin, Irland*
Raj Minhas, *Sheffield University, GB*
Gabriele Marella, *ISIDA, Palermo, Italien*
Israel D. Nebenzahl, *Ben-Ilan University, Ramat-Gan, Israel*
Anna Olofsson, *Gazoline Advertising, Umeå, Schweden*
Lara Pearce, *The Henley Centre, London, GB*
Anne Marie Parlevliet, *Amsterdam, Niederlande*
Toygun Ozdem, *Bilkent University, Ankara, Türkei*
Henry S. J. Robben, *Technische Universiteit Delft, Niederlande*
Carolyn Strong, *University of Wales, Cardiff, GB*
Alladi Venkatesh, *University of California, Irvine, USA*
Joop de Vries, *RISC International, Paris, Frankreich*

Wir bedanken uns auch bei den Personen, die uns die Eröffungsvignetten zur Verfügung gestellt haben:

Anne F. Jensen, *Universität Odense, Dänemark* (1. Kapitel)
Patrick Hetzel, *Université Robert Schuman, Strasbourg, Frankreich* (2. Kapitel)
Gabriele Morello, *ISIDA, Palermo, Italien* (3. Kapitel)
Carolyn Strong, *University of Wales, Cardiff* (7. Kapitel)
Suzanne C. Beckmann, *Copenhagen Business School, Dänemark* (9. Kapitel)
Karin Ekström, *Universität Göteborg, Schweden* (10. Kapitel)
Damien McLoughlin, *University College, Dublin, Irland* (14. Kapitel)
Güliz Ger, *Bilkent University, Ankara, Türkei* (16. Kapitel)

Prentice Hall Europe hat uns bei der Entstehung des Buchs in jeder Hinsicht unterstützt. Unsere Lektoren Julia Helmsley und Andy Goss halfen, wo immer sie nur konnten. Für ihr berufliches und persönliches Engagement danken wir ihnen. Wir möchten uns auch bei unseren Studenten in Dänemark und in den Niederlanden bedanken, die uns bei einem frühen Entwurf des Manuskripts beraten haben. Wir danken besonders unseren Assistenten Nanine Plaatje (Amsterdam) und Jacob Fiellau-Nikolajsen; Lotte Frederiksen und Mikkel Voede (Odense) waren eine wertvolle Hilfe bei der Materialiensammlung für dieses Buch und bei der Begutachtung unserer laufenden Arbeit. Unser Dank geht auch an unsere Freunde und Kollegen an der Universität Odense und der Vrije Universiteit in Amsterdam für die Unterstützung und die Anregungen, deren sie uns während des ganzen Projekts zuteil werden ließen.

Gary und Søren möchten einen speziellen und persönlichen Dank an Mike Solomon aussprechen. Während wir mit der Zusammenstellung des Materials für die europäische Ausgabe alle Hände voll zu tun hatten, arbeitete Mike schon an der vierten Ausgabe von *Consumer Behaviour*. Er stellte uns fortlaufend sein Material zur Verfügung und gab damit unserer Arbeit eine Struktur und einen zeitlichen Ablauf, der es uns möglich machte, unseren Zeitplan einzuhalten. Mike war der perfekte Lehrer: er stand uns immer zur Verfügung, wenn wir etwas brauchten, und stärkte uns aus einer angenehmen Distanz heraus mit seiner Energie und seiner Begeisterung. Unsere Zusammenarbeit entwickelte im Laufe der Zeit eine eigene Synergie. Wir tauschten freigiebig neues Material, Informationsquellen und Ideen aus. Danke Mike, dass du uns die Gelegenheit gegeben hast, mit dir zusammenzuarbeiten.

Zu guter Letzt möchte sich Gary Bamossy bei Janeen, Joost, Lieke und Jason bedanken. Das Schreiben eines Buchs ist immer mit einem hohen Zeitaufwand verbunden. Die Unterstützung, die man während der Arbeit von denen erhält, die man liebt, ist eine wertvolle Hilfe. Soren Askegaard bedankt sich bei Caroline und Steen. Caroline, ich weiss, ich habe viel Geduld von dir gefordert.

Bezugsquellennachweis

Bei den Angaben zu Materialien, die vorher schon an anderer Stelle veröffentlicht wurden, sind wir mit äußerster Sorgfalt vorgegangen. Wir haben nichts unversucht gelassen, die Copyrightinhaber ausfindig zu machen und im Buch darauf hinzuweisen. Sollte uns dennoch ein Fehler unterlaufen sein, bitten wir Sie, uns dies mitzuteilen. Der Herausgeber des Buches wird dafür sorgen, dass dieser so bald wie möglich behoben wird.

TEIL A

Konsumenten im Markt

Überblick

Dieser erste Teil soll veranschaulichen, worum es in diesem Buch geht, und dem Leser einen Überblick über das Thema Konsumentenverhalten geben. In diesem Kapitel wird der Frage nachgegangen, in welchem Umfang Marketing vom Konsumenten beeinflusst wird und wie wiederum Konsumenten sich vom Marketing beeinflussen lassen. Darüber hinaus wird das Konsumentenverhalten als wissenschaftlicher Untersuchungsgegenstand dargestellt und es werden einige der unterschiedlichen Forschungsmethoden beschrieben, die das Verhalten der Konsumenten zu erklären versuchen.

Sarah steht in einem Zeitschriftenladen. Sie hat beschlossen, sich etwas zu gönnen und sich die Zeitschrift zu kaufen, die ihr am besten gefällt, ohne auf den Preis zu achten. Ihre Augen wandern über die langen Reihen bunter Titelseiten. Sie entscheidet sich sehr schnell für ein ausländisches Magazin – die dänischen Hefte kommen ihr so langweilig und altbacken vor.

Noch vor ein paar Jahren, als Lehrling in einem kleinstädtischen Friseursalon, hätte sich Sarah für ein dänisches Modemagazin entschieden. Damals hat sie sogar jede Woche das gleiche Heft gekauft. Jeden Donnerstag ging sie nach der Arbeit in denselben Zeitschriftenladen und kaufte sich die neueste Ausgabe des Magazins und eine Tüte Weingummi. Damit eilte sie dann glücklich nach Hause, warf sich aufs Sofa und las den ganzen Abend lang über neueste Frisuren und Modetrends, Kochrezepte und Prominente.

Sarah lebt jetzt nicht mehr in der Kleinstadt, sondern in Kopenhagen, und auch ihr Bekanntenkreis hat sich verändert. Sie fühlt sich nun wie eine Großstädterin und möchte das auch nach außen hin zeigen. Und die ausländischen Magazine drücken das aus, was Sarah empfindet: ein kosmopolitisches Bewusstsein.

Sarah greift zuerst nach der *Vogue*. Hier wird ein Gefühl von Eleganz und Luxus vermittelt, das Sarah anspricht und das so ganz im Gegensatz zu einigen englischen Modemagazinen steht, wie etwa *Attitude,* in der oft Mode vorgestellt wird, die Sarah richtiggehend hässlich findet. Sarah überlegt sich auch, ob sie die englische Ausgabe von *Elle* kaufen soll. Von der Titelseite lächelt ihr Christensen, eines ihrer Lieblingsmodels, entgegen. Da sich diese Ausgabe aber hauptsächlich um Schuhe und Accessoires dreht, Sarah diesmal aber speziell an Mode für festliche Anlässe interessiert ist, kommt dieses Heft nicht in Frage. Deshalb entscheidet sie sich für die *Cosmopolitan*. In dieser Zeitschrift findet sie nicht nur einen Sonderteil über *Festliche Kleidung für Weihnachten und Silvester*, sondern auch eine zehn Seiten umfassende Beilage über die neueste Frisurenmode. Und noch dazu eine kleine Probe von einem Parfüm von Calvin Klein.

Jetzt hat Sarah noch gut eine halbe Stunde Zeit, bis sie sich mit ihrer Freundin trifft. Sie geht in ein Café, setzt sich hin und schlägt die Zeitschrift auf...

KAPITEL 1

Eine Einführung in das Konsumentenverhalten

1.1 Konsum in Europa – Der europäische Konsument?

Dieses Buch betrachtet das Thema Konsumentenverhalten aus europäischer Perspektive. Was ist damit gemeint? Es ist nicht ganz unproblematisch, über „den europäischen Konsumenten" oder „das europäische Konsumentenverhalten" zu schreiben. Einige der allgemeinen Theorien über die psychischen und gesellschaftlichen Einflüsse auf das Konsumentenverhalten gelten wohl für alle westlichen Kulturen. Andere Theorien sind wahrscheinlich tatsächlich kulturspezifisch. Einige Konsumentengruppen verhalten sich über nationale Grenzen hinweg gleich. Andererseits unterscheidet sich das Konsumverhalten der Menschen in den einzelnen europäischen Staaten sehr stark voneinander, manchmal schon von Region zu Region innerhalb ein und desselben Landes. Als Student, der sich mit dem Verhalten des Konsumenten befasst, werden Sie sich vielleicht fragen: „In welchen Situationen verhalte ich mich als Konsument ähnlich wie Studenten in *anderen* europäischen Ländern? Und in welcher Hinsicht weise ich mehr Ähnlichkeiten mit meinen Landsleuten auf? Inwiefern üben bestimmte gesellschaftliche Gruppen in meinem Land einen starken Einfluss auf mein Konsumverhalten aus und wie stark ist der internationale Einfluss auf diese Bevölkerungsschicht?"

Dieses Buch befasst sich mit dem Thema Konsumentenverhalten ganz allgemein; anhand von Beispielen aus verschiedenen europäischen Ländern, aber auch aus den Vereinigten Staaten von Amerika und anderen Ländern werden wir unsere Thesen veranschaulichen. Jedes Kapitel enthält einen farbig unterlegten Textkasten, der die Überschrift „Multikulturelle Dimensionen" trägt. Darin wird auf einen internationalen Aspekt des Konsumentenverhaltens hingewiesen; auf dieses Thema wird in den Kapiteln 15 und 16 näher eingegangen. Vor allem in Kapitel 15 werden wir ausführlicher auf Ähnlichkeiten und Unterschiede der Lebensweise und des Konsumverhaltens in einigen europäischen Ländern eingehen.

1.1.1 Konsumentenverhalten: Der Mensch als Käufer

Sie können sicherlich in einigen Punkten das Verhalten von Sarah nachvollziehen. Dieses Buch handelt von Leuten wie Sarah. Es beschäftigt sich mit Produkten und Dienstleistungen, welche diese Personen kaufen und nutzen, und damit, welchen Stellenwert sie in ihrem Leben einnehmen. In diesem einführenden Kapitel werden einige zentrale Aspekte der wissenschaftlichen Auseinandersetzung mit dem Konsumentenverhalten behandelt – beispielsweise welche Themengebiete dazu gehören und wer sich mit solchen Untersuchungen befasst – und es werden einige Methoden gezeigt, wie Wissenschaftler das Konsumentenverhalten untersuchen.

Kommen wir aber zunächst wieder auf Sarah, eine „typische" Konsumentin, zurück. Die nachfolgende Skizze von Sarah gibt uns die Möglichkeit, einige Aspekte des Konsumentenverhaltens, die in diesem Buch näher behandelt werden, darzustellen.

• Es gibt verschiedene Möglichkeiten, Sarah als Konsumentin zu beschreiben und mit anderen Personen zu vergleichen. So schlüsseln Marketingleute Konsumtentengruppen nach Alter, Geschlecht, Einkommen und Berufen auf. Das sind nur ein paar Beispiele dafür, nach welchen Merkmalen die Bevölkerung für eine statistische Erfassung eingeteilt werden kann. Diese Art der Erfassung wird *Demografie* genannt. Es kann aber auch sinnvoll sein, Sarahs Musik- und Modegeschmack zu kennen oder mehr darüber zu wissen, wie sie am liebsten ihre Freizeit verbringt. Solche Informationen sagen etwas über die Persönlichkeit und die Lebensweise von einer Person aus und werden oft unter dem Begriff *Psychografie* zusammengefasst. Die Kenntnis bestimmter Merkmale von Personen spielt bei Marketingstrategien eine außerordentlich wichtige Rolle. Auf ihrer Grundlage wird zum Beispiel die Zielgruppe für ein Produkt bestimmt oder eine Vorgehensweise gewählt, von der man meint, eine bestimmte Gruppe von Konsumenten am besten ansprechen zu können.

• Sarahs Kaufentscheidungen werden von den Meinungen und dem Verhalten ihrer Freunde stark beeinflusst. Sowohl Informationen über Produkte als auch Empfehlungen, eine Marke zu kaufen oder nicht, werden oft in Gesprächen ausgetauscht und nicht durch der Werbung im Fernsehen, in Zeitschriften oder auf Plakatwänden entnommen. Das Band, das Sarahs Gruppe zusammenhält, wird durch die Produkte, die sie alle verwenden, gefestigt. Jedes Mitglied der Gruppe unterliegt dem Druck, bestimmte Dinge zu kaufen, um zur Gruppe zu gehören. Der Preis, den ein Mitglied der Gruppe bezahlen muss, wenn es der Vorstellung der anderen von dem, was gut oder schlecht, „in" oder „out" ist, nicht entspricht, ist Scham oder Ablehnung durch die Gruppe.

• Menschen als Teil einer Gesellschaft einen bestimmte kulturelle Wertvorstellungen und fest verankerte Ansichten darüber, wie die Welt gestaltet sein sollte. Mitglieder von *Subkulturen,* kleinere Gruppen in dieser Gesellschaft – wie etwa ethnische Minderheiten, Jugendliche, Leute aus einer bestimmten Region des Landes, ja sogar die Hell's Angels – teilen diese Wertvorstellungen der Mehrheit nicht, sondern stellen ihre eigenen Regeln auf. Die Leute, deren Meinung Sarah wichtig ist – ihre *Bezugsgruppe* – sind sich darüber einig, dass Frauen in der Altersgruppe von 20 bis 25 Jahren innovativ, modebewusst, unabhängig und anders als die Masse (zumindest ein wenig) sein sollte. Die Werbung versucht im Allgemeinen, eine bestimmte Zielgruppe anzusprechen, wie etwa sehr junge Leute oder die über 30-Jährigen. Immer stärker interessieren sich die Marketingfachleute aber auch für die schnell wachsende Gruppe der älteren Leute (50+).[1]

• Im Zeitschriftenladen gab es eine ganze Reihe unterschiedlicher, konkurrierender ‚Marken', unter denen Sarah ihre Wahl treffen konnte. Viele Zeitschriften interessierten Sarah überhaupt nicht; andere fielen ihr auf, entsprachen aber nicht dem ‚Image' dessen, womit sie sich identifizierte oder welches sie anstrebte. Die Einteilung in bestimmte Zielgruppen bei der Vermarktung eines bestimmten Produkts – *Strategien der Marktsegmentierung* – wird in der Werbung häufig angewandt, auch auf die Gefahr hin, dass sich dann andere Konsumenten für dieses Produkt nicht interessieren oder es deswegen sogar ablehnen werden.

• Viele Marken haben ein klar definiertes *Image* oder eine *Persönlichkeit* , das über die Werbung, die Verpackung, die Warenbezeichnung oder andere Marketingmaßnahmen, die ein Produkt auf eine ganz bestimmte Weise am Markt positionieren sollen, geschaffen wird. Vor allem der Kauf einer Zeitschrift sagt viel über einen bestimmten Lebensstil aus: darüber, wofür sich der Käufer interessiert, und auch etwas über den Typus, den er gerne verkörpern würde. Leute entscheiden sich häufig für ein bestimmtes Produkt, weil sie das

Image, das sie damit verbinden, anziehend finden oder weil dessen ‚Persönlichkeit' irgendwie mit der eigenen übereinstimmt. Hinzu kommt, dass der Konsument oft davon ausgeht, dass durch den Kauf und die Verwendung eines Produkts oder Dienstes dessen Qualitäten wie von Zauberhand auf ihn übergehen.

- Wenn es ein Produkt schafft, die besonderen Bedürfnisse und Wünsche eines Konsumenten zu befriedigen, so wie es *Cosmopolitan* für Sarah tut, wird dies häufig mit einer Jahre anhaltenden *Markentreue* des Konsumenten belohnt. Diese zwischen einem Produkt und dem Konsumenten bestehende Verbindung kann von der Konkurrenz nur schwer getrennt werden. Das gelingt oft nur, wenn im Leben des Konsumenten einschneidende Veränderungen erfolgt sind oder wenn sich die Vorstellung, die er von sich hat, geändert hat.
- Die Beurteilung eines Produkts durch den Konsumenten wird vom Erscheinungsbild, Geschmack, Beschaffenheit und Geruch des Produkts beeinflusst. Form und Farbe einer Verpackung können uns zum Kauf verleiten. Allerdings spielen oft auch subtilere Faktoren eine Rolle, zum Beispiel der Symbolwert, den ein Markenname, ein Werbespot oder auch die Wahl des Fotomodells auf der Titelseite eines Magazins für uns repräsentiert. Unsere Meinungsbildung wird in diesem Moment aber auch davon beeinflusst, wie die Gesellschaft, wie sich die ihr angehörigen Personen definieren sollten, und reflektiert dies auch. So sagt zum Beispiel der Haarschnitt von Sarah etwas darüber aus, welches Image Frauen wie sie von sich entwerfen möchten. Wenn man Sarah gefragt hätte, warum sie bei manchen Zeitschriften unentschieden war und andere sofort abgelehnt hat, könnte sie darauf wahrscheinlich keine Antwort geben. Viele der in einem Produkt enthaltenen Botschaften verbergen sich hinter der Verpackung und der Werbung. In diesem Buch werden einige der Methoden, mit denen Sozialwissenschaftler und Werbefachleute solche Botschaften entschlüsseln oder anwenden, vorgestellt.

Diese Anzeige illustriert die Anpassung einer weltweit vertriebenen Frauenzeitschrift, *Cosmopolitan*, an lokale Verhältnisse.

© Hearst Magazines

MULTIKULTURELLE DIMENSIONEN

Das „Cosmo Girl" ist ein Image, das von den Herausgebern der *Cosmopolitan* sorgfältig gepflegt wird. Allein in Amerika hat diese Zeitschrift monatlich 2,7 Millionen Leser. Die Redakteurin, Helen Gurley Brown, beschreibt das amerikanische „Cosmo Girl" als eine Frau, die heiraten möchte, es damit aber nicht eilig hat. Kinder sind erwünscht, aber vielleicht erst mit Ende Dreißig. Sex ist für sie „sehr wichtig, aber nicht beim ersten Rendezvous". In ihrem Kleiderschrank befindet sich wenigstens ein langer, schwarzer Rock mit Schlitz, sie besitzt viele Schuhe und trägt große Schmuckstücke.

Das amerikanische „Cosmo Girl" hat zwar einen fest umrissenen Charakter, es gibt aber von dieser Zeitschrift noch 25 internationale Ausgaben, die eigenständig und mit einer eigenen Redaktion arbeiten. In einigen Ländern widerspricht das unabhängige Image des Cosmo Girls bestimmten kulturellen Werten. Die Herausgeber in lateinamerikanischen Ländern zum Beispiel müssen sich häufig mit Problemen auseinander setzen, die eine stark chauvinistisch geprägte Gesellschaft mit sich bringt. Es kann vorkommen, dass Inserenten davor zurückschrecken, in Zeitschriften, die sie als „abartig" ansehen, Anzeigen zu schalten. Gelegentlich werden auch Teile der Zeitschrift zensiert. In manchen Ländern oder Städten, wie etwa Hongkong, kommt hingegen das amerikanische Image der Zeitschrift gut an, da man hier davon ausgeht, dass die Frauen unabhängiger und ehrgeiziger sind. Im Herbst 1997 wurde die indonesische Ausgabe von *Cosmopolitan* auf den Markt gebracht. Die Meinungen der Fachleute gehen auseinander, wenn man sie danach fragt, welche Chance sie dem „Cosmo Girl" in einem Land geben, in dem fast ausschließlich Moslems leben und wo die meisten Frauen nicht ohne Kopfbedeckung und langen Gewändern aus dem Haus gehen.

- *Cosmopolitan* vereint ein amerikanisches und internationales Image, was Sarah anspricht. Das Image eines Produktes ist oft von seinem *Herkunftsland* geprägt, was zu dessen „Markenpersönlichkeit" beiträgt. Zusätzlich werden unsere Meinungen und Wünsche in zunehmendem Maße auch von internationalen Einflüssen geprägt, was wir dem raschen Fortschritt in der Telekommunikationstechnik und im Transportwesen zu verdanken haben. Diese Tendenz hin zu einer globalen Kultur zeigt sich auch darin, dass Konsumenten oft Produkte und Dienstleistungen favorisieren, die sie an andere Orte „versetzen" und ihnen so die Vielfalt anderer Kulturen ins Haus bringt.

1.1.2 Was versteht man unter Konsumentenverhalten?

Die Untersuchung des **Konsumentenverhaltens** umfasst viele Bereiche: Es befasst sich mit den Prozessen, die ablaufen, wenn Individuen oder Gruppen Produkte, Dienstleistungen, Ideen oder Erfahrungen auswählen, kaufen, benutzen oder wegwerfen, mit denen sie ihre Bedürfnisse und Wünsche befriedigen möchten. Konsumenten stammen aus allen Altersgruppen – es gehört sowohl das sechsjährige Kind dazu, das seine Mutter anfleht, ihm Gummibärchen zu kaufen, wie auch der Leiter eines Großunternehmens, der über den Kauf eines außerordentlich teuren Computersystems entscheidet. Auch das, was konsumiert wird, ist äußerst vielfältig: eine Dose Bohnen, eine Massage, Demokratie, Rap-Musik und sogar andere Menschen (zum Beispiel das Image von Rockstars). Die Bedürfnisse und Wünsche, die befriedigt werden sollen, reichen vom Hunger über Durst bis hin zu Liebe, Ansehen und spiritueller Erfüllung. Das Interesse am Konsumentenverhalten steigt kontinuierlich und das nicht nur von Seiten der Werbefachleute, sondern auch bei denen, die sich mit den Sozialwissenschaften beschäftigen. Die Ursache hierfür liegt in der zunehmenden Bedeutung begründet, die der Konsum im Alltag hat: sei es für die Organisation unserer alltäglichen Verrichtungen, sei es für unserer Identitätsbildung, für die Politik und die Wirtschaft und den weltweiten kulturellen Austausch, wo sich das Konsumverhalten, wenn auch in etwas unterschiedlicher Form, zwischen Nordamerika und Europa ausbreitet und von hier aus andere Erdteile erreicht.[2] Die Rolle, die der Konsum in allen sozialen, psychologischen, wirtschaftlichen, politischen und kulturellen Bereichen unseres täglichen Lebens spielt, ist derart stark geworden, dass man ihn als „Vorhut der Menschheitsgeschichte"[3] bezeichnen kann.

Konsumenten als Akteure auf der Bühne des Marktes

Betrachtet man das Verhalten der Konsument aus der Perspektive der Rollentheorie, der dieses Buch weitgehend folgt, ähnelt es der Handlung in einem Bühnenstück[4], wo jedem Akteur Text, Requisiten und Kostüme zur Verfügung stehen, die für ein gute Vorstellung notwendig sind. Da Menschen in viele verschiedene Rollen schlüpfen können, können sie auch ihre Entscheidungen bezüglich ihres Konsumverhaltens jederzeit ändern, je nachdem in welchem „Stück" sie gerade mitspielen. Die Kriterien, anhand deren sie Produkte und Dienstleistungen für eine ihrer Rollen auswählen und beurteilen, können sich von denen für eine andere Rolle ganz erheblich unterscheiden.

Das Konsumentenverhalten stellt einen Prozess dar

Das Konsumentenverhalten wurde früher oft als *Käuferverhalten* bezeichnet. Die Betonung lag damit auf der Interaktion zwischen Konsumenten und Herstellern zum Zeitpunkt des Kaufes. Mittlerweile geht man davon aus, dass das Konsumentenverhalten einen kontinuierlichen *Prozess* darstellt und nicht nur das, was in dem Augenblick passiert, in dem der Kunde seine Geldbörse oder seine Kreditkarte zückt und dafür Waren oder Dienstleistungen erwirbt.

Der Austausch, bei dem zwei oder mehrere Organisationen oder Leute etwas geben oder nehmen, was einen Wert hat, ist ein wesentlicher Bestandteil des Marketings.[5] Obwohl der Tauschakt einen sehr wichtigen Teil im Konsumentenverhalten darstellt, geht dieses Verhalten doch weit darüber hinaus. Im Kontext betrachtet, besteht es aus einem Prozess, der die Einflüsse auf den Konsumenten vor, während und nach dem Kauf einbezieht. Abbildung 1.1 erläutert einige der Aspekte, um die es in den einzelnen Phasen des Prozesses geht.

Zum Konsumentenverhalten tragen viele Akteure bei

Ein Konsument wird als eine Person definiert, die ein Bedürfnis oder einen Wunsch feststellt, einen Kauf tätigt und sich schließlich des Produkts wieder entledigt. Der Konsum läuft somit in drei Schritten ab. Oft sind verschiedene Leute an diesem Prozess beteiligt. Der *Käufer* und *Benutzer* eines Produkts ist nicht immer dieselbe Person, zum Beispiel wenn Eltern für einen Teenager die Kleidung auswählen (und die Auswahl bei dem Betroffenen blankes Entsetzen hervorrufen kann). In anderen Fällen kann eine andere Person durch ihren Einfluss Anteil an dem Prozess haben, indem sie bestimmte Produkte empfiehlt (oder von ihnen abrät), ohne dass sie an deren Kauf oder Verwendung unmittelbar beteiligt ist. Das kann zum Beispiel ein Freund sein, der den Jugendlichen beim Einkauf begleitet und die Kleider mit auswählt, die dieser schließlich kaufen wird.

Schließlich kann es sich bei den Konsumenten auch um Organisationen oder Gruppen handeln, bei denen eine Person die Kaufentscheidung für Produkte trifft, die von vielen benutzt werden, wie etwa die Entscheidung eines Angestellten der Einkaufsabteilung über die Bestellung von Büroartikeln. In größeren Organisationen werden die Kaufentscheidungen oft auch von mehreren Leuten getroffen – zum Beispiel von Controllern, Designern, Ingenieuren und

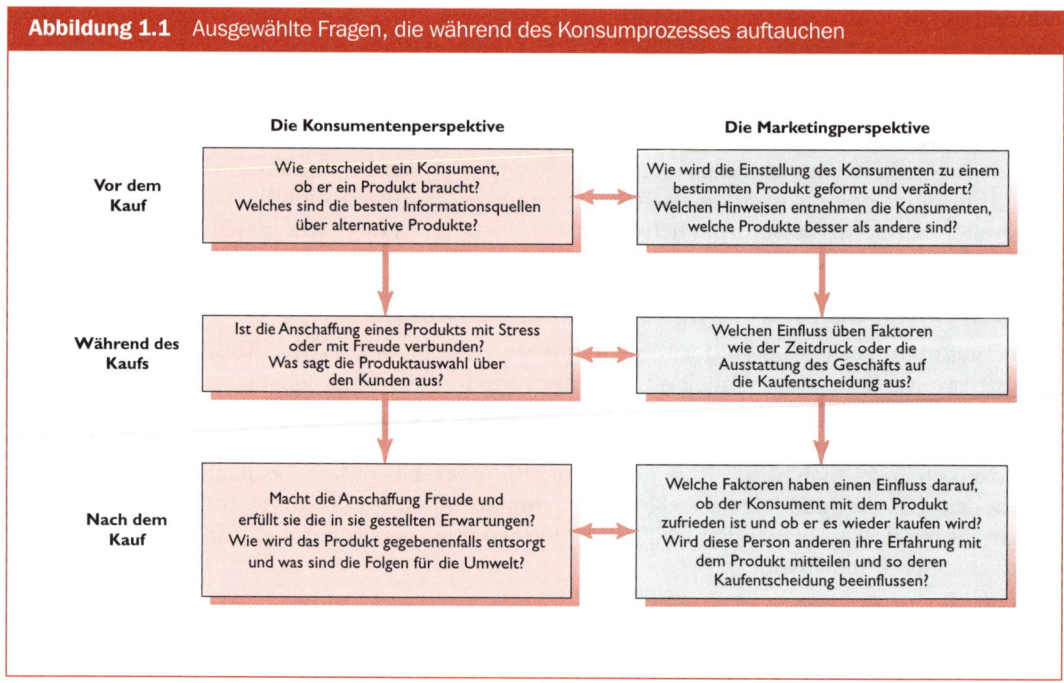

Abbildung 1.1 Ausgewählte Fragen, die während des Konsumprozesses auftauchen

dem Verkaufspersonal. Sie alle werden während des Konsumprozesses ein Mitspracherecht haben, zumindest bei gewissen Punkten. In einem späteren Kapitel werden wir eine weitere wichtige Organisation, in der einzelne Mitglieder über den Erwerb von Waren und Leistungen entscheiden, die von allen genutzt werden, vorstellen: die Familie.

1.2 Der Einfluss der Konsumenten auf Marketingstrategien

Die Überlegung, welche Zeitschrift beispielsweise gekauft werden soll, kann viel Spaß machen – fast so viel Spaß wie der Kauf selbst! Wir wollen uns hier aber ernsthaft mit der Frage beschäftigen, warum Manager, Werbefachleute und andere im Marketing tätige Personen so viel über dieses Thema in Erfahrung bringen möchten.

Die Antwort darauf ist ganz einfach: Wer das Verhalten des Konsumenten versteht, kann gute Geschäfte machen. Eines der grundlegenden Marketingkonzepte besagt Folgendes: Firmen sind dazu da, um die Bedürfnisse des Konsumenten zu befriedigen. Diese Bedürfnisse können aber nur dann befriedigt werden, wenn die für das Marketing verantwortlichen Fachleute die Menschen oder Organisationen kennen, welche die angebotenen Produkte und Dienstleistungen nutzen werden, und dass sie das *besser* tun als ihre Konkurrenz.

Die Reaktion des Konsumenten ist der ultimative Test dafür, ob eine Marketingstrategie zum Erfolg führt. Daraus ergibt sich die Schlussfolgerung, dass jede erfolgreiche Marketingstrategie die Kenntnis des Konsumenten voraussetzt. Konsumentendaten helfen den Marketingleuten den Markt zu durchleuchten sowie Gefahren und günstige Gelegenheiten im eigenen und in anderen Ländern auszumachen, die einen Einfluss darauf haben könnten, ob und wie die Konsumenten das Produkt annehmen. Wir werden in jedem Kapitel darauf hinweisen, wie neue Erkenntnisse über das Konsumentenverhalten bei der Entwicklung von Marketingstrategien gewinnbringend eingesetzt werden können. In den Textkästen, die die Überschrift „Marketingchancen" tragen, werden wir einige dieser Möglichkeiten vorstellen. Doch zunächst wollen wir ein paar Beispiele für Marketingmaßnahmen, die unmittelbar aus der Untersuchung des Konsumentenverhaltens hervorgegangen sind, vorstellen:

- Eine Frau, die in einer Konsumentengruppe an einer Diskussion über Mundhygiene teilnahm, sagte, dass sich Zahnstein „wie eine Mauer" auf ihren Zähnen anfühle. Dieses Bild wurde in einer Werbung für Colgate Tartar Control eingesetzt, in der riesige Zähne, die von Mauern aus Zahnstein umgeben waren, gezeigt wurden.[6]
- Ein dänisches Unternehmen wollte eine Zigarettenmarke einführen, deren Zielgruppe amerikanische Arbeiter waren. Da das Unternehmen keine Erfahrung mit den amerikanischen Konsumenten hatte, ließ es Männer in Arkansas befragen, wo die Zigarettenmarke zuerst getestet werden sollte. Die Tiefeninterviews ergaben, dass viele der potenziellen Konsumenten sexuell frustriert waren und sich machtlos fühlten. Darauf reagierten sie so, dass sie sich mit ihren Kollegen und Freunden trafen und rauchten. Das Unternehmen entschied sich bei seiner Werbung für einen forschen, Selbstvertrauen ausströmenden Mann, der diese frustrierten Männer dazu aufforderte: „Make your move".[7]
- Bei einer von einem Schweizer Schokoladenhersteller in Auftrag gegebenen Untersuchung stellte sich heraus, dass viele Schokoladeliebhaber in ihrer Wohnung heimlich Vorräte anlegten. Eine Frau, die sich an der Umfrage beteiligte, bekannte, dass sie die Schokolade zwischen ihrer Unterwäsche versteckt hielt. Dieses Bekenntnis führte zu einer Werbekampagne unter dem Motto „Die wahren Bekenntnisse von Schokoholics".[8]

1.2.1 Die Segmentierung des Marktes: Wem gelten unsere Marketingmaßnahmen?

Die erfolgreiche Segmentierung des Marktes innerhalb eines Landes oder über Landesgrenzen hinweg besteht darin, dass sich die einem Segment angehörenden Mitglieder in einem oder mehreren Merkmalen ähnlich sind und sich von den Mitgliedern anderer Segmente unterscheiden. Abhängig von den angestrebten Zielen und den zur Verfügung stehenden Mitteln kann sich ein Unternehmen auf ein einzelnes Segment konzentrieren, mehrere berücksichtigen oder es lässt alle Unterschiede außer Acht und entscheidet sich für Marketingstrategien, die die Masse ansprechen sollen.

Oft ist es sinnvoll, unterschiedliche Marktsegmente anzusprechen; dann wird allerdings mit großer Wahrscheinlichkeit keines die spezifischen Merkmale eines einzelnen Segments genau erfüllen. Die Frage ist, ob sich unsere Konsumenten von dem Profil, das wir entworfen haben, derart unterscheiden, dass dies einen Einfluss auf die Akzeptanz oder Ablehnung der ihnen angebotenen Produkte hat.

Viele Variablen, die bei der Segmentierung des Marktes beteiligt sind, bilden auch die Basis bei der Aufteilung eines größeren Marktes. Dieses Buch befasst sich ausführlich mit der Frage, wie Marketingfachleute unterschiedliche Marktsegmente beschreiben. In Tabelle 1.1 sind die Variablen in vier Kategorien unterteilt. Hinter jeder Variablen steht die Nummer des Kapitels, in dem diese ausführlicher behandelt werden.

Bei der Beschreibung der Konsumenten hat man viele Möglichkeiten, die Segmentierung hingegen ist nur gültig, wenn folgende Kriterien erfüllt werden:

- Konsumenten, die in einem Segment zusammengefasst sind, ähneln sich in ihren Bedürfnissen gegenüber Produkten und diese Bedürfnisse unterscheiden sich von denen der Konsumenten in anderen Segmenten.

- Wichtige Unterscheidungsmerkmale zwischen den Segmenten lassen sich eindeutig ausmachen.
- Das Segment ist groß genug, um profitabel zu sein.
- Konsumenten können durch einen angemessenen Marketingmix erreicht werden.
- Die Konsumenten, die einem Segment angehören, werden in der erwünschten Weise auf den Marketingmix ansprechen, der auf sie abgestimmt ist.

Demografien sind Bevölkerungsstatistiken, in denen Angaben über eine Gesellschaft enthalten sind, die leicht erfassbar sind, wie etwa die Geburtenrate, die Altersverteilung oder das Einkommen. Es gibt einige europäische und internationale Agenturen, wie etwa EuroStat, die demografische Daten von Familien statistisch erfassen und zur Verfügung stellen; darüber hinaus gibt es viele private Firmen, die Daten über bestimmte Bevölkerungsgruppen zusammentragen. Die Veränderungen und Trends, die in demografischen Untersuchungen zum Vorschein kommen, sind für Marketingspezialisten von großem Interesse, denn anhand dieser Daten kann die Zielgruppe bestimmt und die Größe des Marktes für viele Produkte eingeschätzt werden. Der Verwendung dieser demografischen Daten für Werbezwecke sind kaum Grenzen gesetzt: Sie reicht von der Bewerbung von Darlehen bis hin zu Babynahrung.

In diesem Buch werden wir die wichtigsten demografischen Variablen näher betrachten, die Konsumenten entweder miteinander verbinden oder unterscheiden. Wir werden bei unserer Untersuchung aber auch andere Merkmale, die man nicht so leicht erfassen kann, berücksichtigen. Es handelt sich hierbei um die **Psychografie** des Menschen – die Unterschiede in der Persönlichkeit und dem Geschmack der Konsumenten also, die nicht objektiv beurteilt werden können. An dieser Stelle möchten wir uns auf die Skizzierung der wichtigsten demografischen Daten beschränken; sie werden später noch eingehend besprochen. Schon jetzt soll aber eine Warnung an den Leser ergehen. Während der letzten Jahrzehnte sind neue Konsumenteng-

Tabelle 1.1 Variablen in der Marktsegmentierung		
Kategorie	**Variablen**	**Ausführliche Diskussion in**
Demografie	Alter	Kapitel 14
	Geschlecht	Kapitel 7
	Soziale Schicht, Beruf, Einkommen	Kapitel 12
	Ethnische Gruppe, Religion	Kapitel 15
	Stellung in der Gesellschaft	Kapitel 11
	Käufer versus Benutzer	Kapitel 11
Geografie	Region	Kapitel 15
	Länderunterschiede	Kapitel 15
Psychografie	Selbsteinschätzung, Persönlichkeit	Kapitel 7
	Lebensstil	Kapitel 15
Verhaltensmuster	Markentreue, Dauer der Verwendung	Kapitel 4
	Art der Verwendung	Kapitel 9
	Erwartungen	Kapitel 4

mente entstanden, die weniger auf demografischen Daten beruhen, sondern sich an Verhaltensmustern und Modetrends von anderen Gruppen orientieren. Es ist heutzutage gar nicht so ungewöhnlich, dass Männer und Frauen, Großmütter und Enkeltöchter einen ähnlichen Geschmack haben. So wichtig also die demografischen Variablen für die Werbung auch sein mögen, sollte man sich bei der Einschätzung des Konsumenten doch nicht nur auf sie verlassen.

Alter

Je nach Alter haben die Konsumenten ganz unterschiedliche Bedürfnisse und Wünsche. Die Mitglieder einer bestimmten Altersgruppe unterscheiden sich zwar in vielen Dingen, sie teilen aber doch in der Regel Wertvorstellungen und kulturelle Erfahrungen, die sie das ganze Leben hindurch beibehalten.[9] Die Firma Levi Strauss zum Beispiel hat seine Marke als „eine Marke fürs Leben" zu etablieren versucht, indem sie mit Produkten wie den Dockers, Bedürfnisse von Kunden befriedigt, die nicht mehr zu den Jüngsten zählen. Ein Marketingspezialist bei Levi's hat das Ganze so erklärt: „In den sechziger Jahren war das Wachstum auf dem Jeansmarkt darauf zurückzuführen, dass immer mehr 15- bis 18-Jährige Jeans kauften ... Heute sind diese Leute 25 bis 49 Jahre alt und die Dockers decken sich genau mit dem Image, das die Marke Levi's für diese Altergruppe repräsentiert."[10]

Geschlecht

Viele Produkte, von Düften bis hin zu Schuhen, haben als Zielgruppe entweder Männer oder Frauen. Die Unterscheidung nach dem Geschlecht der Konsumenten beginnt schon sehr früh – sogar Windeln werden in den Farben Rosa für Mädchen und Blau für Jungen verkauft. Eine Studie hat ergeben, dass diese Unterscheidung von den Konsumenten sehr ernst genommen wird, denn sie weigern sich, ihren Jungen rosa Windeln anzuziehen![11]

Die Segmentierung nach dem Geschlecht ist so interessant, weil sich das Verhalten und der Geschmack von Männern und Frauen ständig weiterentwickelt. Früher gingen die Werbeleute davon aus, dass beim Autokauf die Entscheidung hauptsächlich beim Mann liegt. Das hat sich im Laufe der Zeit jedoch immer mehr verändert.

Manchmal ist die Einteilung in Geschlechter eine nicht beabsichtigte Folge einer Anzeigenkampagne. Wranglers hat in Europa eine Werbekampagne für sein Produkt mit dem Image des Wild-West-Machos – Rodeo-Reiten – gestartet, nachdem in einer früheren Kampagne mit einem Supermodel der Umsatz beim Verkauf von Jeans an Frauen um 400 Prozent stieg und zugleich der Verkauf an Männer stark zurückging.[12]

Familienstrukturen

Die Familie und der Familienstand sind weitere wichtige demografische Variablen für die Statistik, da diese einen großen Einfluss darauf haben, wofür der Konsument sein Geld ausgibt. Vor allem Singles und junge Paare geben Geld für Fitness, in Kneipen und Restaurants, für Konzerte, fürs Kino und für Alkohol aus. Familie mit Kleinkindern geben dagegen viel Geld für gesundes Essen und Fruchtsäfte aus, wohingegen allein Erziehende und Familien, in denen die Kinder schon älter sind, öfter zu Fertigprodukten greifen. Dienstleistungen im Haushalt werden häufiger von älteren Personen und männlichen Singles in Anspruch genommen.

Soziale Schicht und Einkommen

Personen, die derselben sozialen Schicht angehören, verfügen meist über ein ähnlich hohes Einkommen und haben den gleichen sozialen Status. Sie haben ähnliche Berufe und einen ähnlichen Geschmack, was Musik, Kleidung und andere Dinge anbelangt. Ihre Freizeit verbringen sie meist mit ihresgleichen und sie teilen viele Meinungen und Wertvorstellungen.[13] Die Vermögensverhältnisse dieser Gruppen sind für die Marketingleute sehr wichtig, da sie Auskunft

Das Marketing misst den demografischen Veränderungen in den europäischen Haushalten immer größere Bedeutung bei.
© The Procter & Gamble Company.

darüber geben, welche Gruppe über die größte Kaufkraft und somit das größte Marktpotenzial verfügt.

Rasse und Herkunft

Einwanderer aus verschiedenen Ländern Afrikas und Asiens gehören zu den am schnellsten wachsenden ethnischen Bevölkerungsgruppen in Europa. Da unsere Gesellschaft immer mehr Kulturen in sich vereint, eröffnen sich neue Möglichkeiten, spezielle Produkte für die verschiedenen Minderheiten anzubieten und damit auch andere Gruppen mit diesen Produkten vertraut zu machen.

Machmal bedeutet dies aber auch nur, ein bereits vorhandenes Produkt oder eine bestehende Dienstleistung einem anderen Kontext anzupassen. So wurde zum Beispiel vor kurzem in Großbritannien eine Autobahnraststätte eröffnet, die sich vor allem an den Bedürfnissen der moslemischen Reisenden orientiert. Es gibt einen Raum zum Beten, das Essen wird ohne Schweinefleisch zubereitet und man bietet *Halal* an.[14]

Geografie

In Europa weist vieles darauf hin, dass auch weiterhin kulturelle Unterschiede bei der Prägung unseres Konsumverhaltens und unserem persönlichen Umgang mit dem Verbrauch eine wichtige Rolle spielen. Gleichzeitig hat der internationale Wettbewerb einen vereinheitlichenden Einfluss in vielen Bereichen (wie etwa Musik, Sport, Kleidung und Unterhaltung) und multinationale Firmen (wie Sony, Pepsi, Nintendo, Nike und Levi Strauss) werden auch in Zukunft den Markt beherrschen oder entscheidend prägen.[15] Da Europa immer stärker zu einem Markt für Singles wird, stellen viele Firmen verstärkt Überlegungen darüber an, ob das Marketing über Landesgrenzen hinweg vereinheitlicht werden soll. Die stetige Annäherung von Marken und Produkten, die in Europa erhältlich sind, darf allerdings nicht zu der irrigen Annahme führen, dass es sich bei den Konsumenten genauso verhält. Variablen wie persönliche Motivation, kultureller Kontext, Familienbeziehungen und Alltagsrhythmus sind von Land zu Land und von Region zu Region ganz unterschiedlich. Der Verbrauch in den verschiedenen Produktkategorien ist in den europäischen Ländern immer noch kaum zu vergleichen: 1995 wurden in Frankreich 16,9 kg und in Irland 6,1 kg Käse pro Kopf verzehrt; der Verzehr von Kartoffeln betrug in Italien 13,8 kg und in Finnland 59,9 kg pro Kopf.[16] In der

---

MARKETINGCHANCE

Neue Segmente

Marketingfachleute haben sich schon viele Möglichkeiten ausgedacht, wie man die Konsumenten in Segmente einteilen kann – von den Übergewichtigen bis hin zu den mehr als Erfolgreichen –, dass Sie sich vielleicht fragen, ob es überhaupt noch weitere Kriterien gibt. Die gibt es. Die ständige Veränderung, denen die Lebensweise und andere Merkmale einer Volksgruppe unterliegen, bringen immer wieder neue Möglichkeiten hervor. Im Folgenden nennen wir einige „brandaktuelle" Marktsegmente.

Die Homosexuellen: In immer mehr Gesellschaften tritt die Minderheit der Homosexuellen an die Öffentlichkeit. Das Angebot in den Medien, die sich speziell an diese Gruppe wendet, wächst beständig und erfreut sich großer Beliebtheit. Die Marketingleute behaupten, dass die Homosexuellen als Konsumenten für die Werbung genauso attraktiv sind wie viele andere Subkulturen und dass diese Gruppe besonders „aufnahmefähig" ist.[17] 1997 wurde auf einer Warenmesse in New York eine „schwule Puppe" vorgestellt, eine Art männliches, schwules Gegenstück zur weltberühmten Barbie. Dieser Artikel wird in Amerika sehr erfolgreich verkauft, dennoch wartet der Hersteller noch auf „den richtigen Moment", um ihn in Europa anzubieten.[18]

Die Behinderten: Im Zuge der Erweiterung der Rechte für die Behinderten hat auch die Werbung diese Gruppe für sich entdeckt. Immerhin leiden 10 bis 15 Prozent der Bevölkerung unter einer mehr oder weniger schweren Behinderung. So wurden zum Beispiel spezielle Telefonnummern für Hörgeschädigte eingerichtet und Dienstleistungen angeboten, die diese Menschen bei Bedarf unterstützen. Bei IBM und Nissan werden sogar behinderte Schauspieler für Werbekampagnen eingesetzt.[19] Mattel Inc., der Hersteller von Barbie, hat kürzlich eine Puppe auf den Markt gebracht, die im Rollstuhl sitzt. Dies deutet auf das wachsende Bewusstsein in der Gesellschaft für Behinderte hin.

Internet-Anwender: Ein riesiger Markt eröffnet sich bei den im Internet einkaufenden Konsumenten. Man schätzt, dass 60 Prozent der dänischen Unternehmen eine eigene Webseite und 20 Prozent aller dänischen Privathaushalte im Jahr 2000 Zugang zum Internet haben werden. In diesem Zusammenhang müssen jedoch noch einige Probleme gelöst werden. Viele Konsumenten gehen immer noch lieber in ein Geschäft, um Einkäufe zu erledigen, und bei vielen Leuten bestehen noch Zweifel, was die Sicherheit bei der Bezahlung mit der Kreditkarte für den Einkauf im Internet angeht. Bislang können noch nicht viele Werbeagenturen dieses interaktive Medium im vollen Umfang nutzen. Deshalb gibt es bisher nur relativ wenige Erfolgsstories vom Internet-Konsumentenmarkt, wie amazon (Bücher), Dell (Computer) und Virtual Wineyard (Wein). Die Erfolge auf dem Business-to-Business-Markt (B2B-Markt) sind demgegenüber bedeutend größer.[20]

Marktforschung wird rege darüber diskutiert, ob sich standardisierte Kriterien bei so etwas „Einfachem" wie der Verwendung von Bevölkerungsstatistiken zur Marktsegmentierung einsetzen lassen. Bislang hat man darauf noch keine eindeutige Antwort gefunden.[21]

Zusammenfassend kann gesagt werden, dass eine europäische Marktsegmentierung Folgendes in Betracht zu ziehen hat:

- Konsum, der über verschiedene Kulturkreise gleich ist (globale oder regionale Trends, Lebensgewohnheiten und kulturelle Verhaltensmuster, die über Landesgrenzen hinaus auftreten).
- Konsum, der zwischen unterschiedlichen kulturellen Gruppen spezifisch, d.h. eindeutig zuzuordnen ist (Unterschiede in den Werten, Lebensgewohnheiten, Verhaltensmustern etc. zwischen verschiedenen Kulturen und verschiedenen Subkulturen).

Wir müssen uns nun mit der Frage beschäftigen, von welchen Grenzen wir eigentlich sprechen. Die nationalen Grenzen sind nicht immer diejenigen, die auch einen Kulturkreis begrenzen. Obwohl Landesgrenzen bei der Angehörigkeit zu einem Kulturkreis immer noch sehr wichtig sind, können dennoch innerhalb eines Landes große regionale Unterschiede bestehen oder sich zwei Kulturen in einem Gebiet überlappen.[22] Wenn man dann noch den Einfluss, den sowohl Zuwanderer als auch fremde (oft amerikanische) Verhaltensweisen ausüben, wird deutlich, warum man die europäischen Länder nur schwer als kulturell einheitlich bezeichnen kann. So ist es zum Beispiel wichtig, zwischen der dänischen *Gesellschaft* mit all ihren multikulturellen Merkmalen und der dänischen *Kultur*, welche nur eines, wenn auch das dominante, kulturelle Element in der dänischen Gesellschaft ist, zu unterscheiden. Darüber hinaus ist die dänische Kultur (wie es bei allen Kulturen der Fall ist) kein *statisches*, sondern ein *dynamisches* Phänomen, das sich mit der Zeit, durch den Kontakt und der Interaktion mit anderen Kulturen und der Integration fremder Kulturen verändert.

Beziehungsmarketing: eine Bindung zum Konsumenten aufbauen

Marketingspezialisten nehmen die Festlegung von Konsumentensegmenten sehr ernst und berücksichtigen die Konsumentenwünsche in verstärktem Maß. Man hat erkannt, dass der Schlüssel zum Erfolg darin liegt, eine lebenslange Verbindung zwischen Marke und Kunden aufzubauen. Diejenigen, die mit diesem Konzept – das so genannte Beziehungsmarketing – arbeiten, bemühen sich darum, die Kunden regelmäßig anzusprechen und ihnen Gründe dafür zu liefern, warum sie einer bestimmten Marke über einen längeren Zeitraum hinweg die Treue halten sollten. Beispiele für eine Umsetzung dieser Strategie sind die Mitgliedsausweise für Retail-Outlets, Tankstellen und Warenhäuser. Eine große Warenhauskette bietet ihren Mitgliedern einen Preisnachlass bei so unterschiedlichen Waren wie Reisen, Kleidung, Haushaltswaren, elektrischen Geräten und Gartenmöbeln an.[23] Ein neuer Trend auf dem Markt sind Konsortien, denen mehrere Unternehmen aus verschiedenen Bereichen angehören: Supermärkte, Banken, Tankstellen, Telekommunikationsfirmen und solche aus der Unterhaltungs- und Freizeitindustrie. Das Konsortium vergibt Treuekarten (z. B. Payback-System), um so den Kunden an sich zu binden.[24]

Einige Unternehmen stellen eine feste Verbindung zum Kunden über ihre Aktivitäten im Wohltätigkeitsbereich her. So spenden etwa viele Firmen einen geringen Prozentsatz vom Einkaufspreis an karitative Institutionen oder Umweltorganisationen, wie etwa das Rote Kreuz, den World Wildlife Fund oder soziale Einrichtungen. Diese Spenden festigen das Band zwischen dem Kunden und den Unternehmen, da diesem ein weiterer Grund für seine Treue geboten wird.

Eine weitere Möglichkeit für den Aufbau einer viele Jahre anhaltenden Beziehung zwischen Hersteller und Konsument ist das **Database-Marketing**. Hierbei werden die Kaufgewohnheiten des Konsumenten aufgezeichnet und gespeichert, so dass diesem praktisch maßgeschneiderte Produkte und Informationen angeboten werden können.

Durch das fortlaufende Erfassen des Konsumverhaltens der Kunden ist es beim Database-Marketing möglich, die Vorlieben der Kunden festzustellen und ihnen geeignete Waren oder Dienste anzubieten. Blockbuster Entertainment testet gerade ein Computersystem, das die Titel der vom Kunden ausgeliehenen Videos aufzeichnet und ihm auf Grundlage dieser Informationen weitere Videofilme empfiehlt und ihn auf Spezialangebote hinweist.[25] Einige Kunden haben bei dieser Marketingmethode jedoch das Gefühl, kontrolliert zu werden und widersetzen sich ihr. Deshalb versucht man sicher zu stellen, dass beim Database-Marketing zunächst eine Vertrauensbasis zwischen Kunden und Unternehmen aufgebaut wird.[26]

1.3 Der Einfluss des Marketing auf die Konsumenten

Wir leben in einer Welt, die ganz erheblich vom Marketing beeinflusst wird – ob wir das wollen oder nicht. Wir sind diesen Einflüssen ausgesetzt, ob es sich hierbei nun um Werbung, Geschäfte oder Produkte handelt, die sich um unsere Aufmerksamkeit und unser Geld bemühen. Was wir über die Welt erfahren, sehen wir gefiltert durch Marketingmaßnahmen, sei es das augenfällige Konsumangebot in den Anzeigen von Hochglanzmagazinen oder das Verhalten der Familienmitglieder in der Fernsehwerbung. Werbeanzeigen zeigen uns, wie wir uns bei der Mülltrennung, beim Alkoholkonsum, ja sogar beim Kauf eines Hauses oder eines Autos verhalten sollen. In vielen Fällen sind wir den Marketingspezialisten regelrecht ausgeliefert, da wir uns darauf verlassen müssen, dass sie uns über Sicherheit und Funktionstüchtigkeit von Produkten die Wahrheit sagen.

1.3.1 Popkultur

Unter **Popkultur** (,popular culture') versteht man Musik, Filme, Sport, Bücher und andere Formen der Unterhaltung für den Massenmarkt, die sowohl Produkt als auch Anregung für Marketingspezialisten darstellen. Wir werden aber auch auf viel grundlegenderer Ebene von dieser Kultur beeinflusst. Das reicht von unserer Einstellung gegenüber Ehe, Tod und Urlaub bis hin zu den die gesamte Gesellschaft betreffenden Fragen wie Luftverschmutzung, Spielleidenschaft und Sucht. Unser Leben wird gleichermaßen von der Fußballweltmeisterschaft, Weihnachtseinkäufen, Bundestagswahlen, Papierrecycling, Rauchen und Barbiepuppen beeinflusst.

In diesem Buch wird immer wieder die Rolle des Marketing bei der Entstehung und Vermittlung von Popkultur herausgestellt. Dieser kulturelle Einfluss ist kaum zu übersehen, auch wenn vielen Leuten gar nicht bewusst ist, wie sehr ihre Ansichten über Film- und Musikstars, neueste Modetrends, Ernährung und Wohnungseinrichtung und selbst jene physischen Merkmale, die sie bei ihrem Sexualpartner attraktiv finden, davon geprägt ist.

Werfen wir einen Blick auf die Figuren, die von den Marketingleuten benutzt werden, um für ein Produkt zu werben. In der gesamten Popkultur tauchen vom Michelin-Männchen bis hin zu Ronald McDonald fiktive Helden auf. Wahrscheinlich sind diese dem Konsumenten sogar bekannter als ehemalige Premierminister, Industriebosse oder Künstler. Diese Figuren sind zwar künstliche Geschöpfe, aber doch haben viele das Gefühl, sie zu „kennen". Zweifellos sind sie ausgesprochen gute Repräsentanten des Produktes, für das sie werben.

1.3.2 Die Bedeutung des Konsums

Eine der grundlegenden Annahmen über das Konsumentenverhalten besagt, dass Leute Produkte oft nicht dafür kaufen, wofür sie gedacht sind, sondern deswegen, weil sie etwas *bedeuten*. Das heisst nicht, dass die eigentliche Funktion des Produkts unwichtig ist, sondern dass die Rolle, die Produkte in unserem Leben spielen, weit über eben diese Funktion hinausgeht. Die besondere Bedeutung, die wir einem Produkt beimessen, kann es gegenüber anderen, ähnlichen Waren oder Dienstleistungen auszeichnen. Wenn dies jedoch nicht der Fall ist, wenn der Konsument die Wahl zwischen gleichwertigen Produkten hat, dann wird er sich für die Marke entscheiden, deren Image (oder sogar Persönlichkeit!) mit seiner Weltanschauung übereinstimmt.

Denken Sie zum Beispiel an Sportschuhe. Bei den meisten Konsumenten würde es keinen Unterschied machen, wie schnell sie laufen oder wie hoch sie springen, ob sie Nike oder Reebok tragen. Dennoch schwören viele Konsumenten auf ihre Marke. Die Erzrivalen Nike and Reebok vermarkten ihre Ware über das Image, an dem mit Hilfe von Rockstars, Spitzensportlern, raffinierten Werbespots und vielen Millionen Dollar außerordentlich sorgfältig gefeilt wird. Wenn Sie sich also für den „Swoosh" von Nike entscheiden, kaufen Sie sich nicht einfach nur einen Schuh – Sie geben gleichzeitig ein Statement darüber ab, welcher Typ Sie sind oder gerne wären. Für einen relativ einfachen Gegenstand aus Leder und Latex ist das geradezu ein Kunststück!

Menschen definieren sich unterschiedlich stark über Marken. Die Beziehung zwischen Konsum und Selbstbild ist Thema des siebten Kapitels.

Foto: Søren Askegaard.

Wie schon erwähnt, lag in den späten 90er-Jahren der Schwerpunkt der Marketingstrategien auf dem Aufbau einer Beziehung zum Konsumenten. Auf welche Weise diese Verbindung hergestellt wird, kann ganz unterschiedlich sein, doch können wir daraus einige der möglichen Bedeutungen, die Produkte für uns haben, erschließen. Nachfolgend ein paar Beispiele für die Art der Beziehung, die eine Person zu einem Produkt haben kann:[27]

- *Selbsteinschätzung* – das Produkt hilft, die eigene Identität auszubilden.
- *Nostalgische Gefühle* – das Produkt verbindet uns mit unserer Vergangenheit.
- *Abhängigkeit* – das Produkt gehört zu unserem Alltag.
- *Liebe* – das Produkt ruft ein Gefühl der Wärme, der Leidenschaft oder andere starke Empfindungen hervor.

Ein amerikanischer Wissenschaftler hat für das Konsumverhalten ein Klassifizierungssystem entwickelt, mit dessen Hilfe er die unterschiedliche Art und Weise, wie Produkte und Erfahrungen auf Menschen wirken, zu erforschen versucht.[28] Es beruht auf einer zwei Jahre dauernden Beobachtung von Fans einer Baseballmannschaft, kann aber leicht auf europäische Verhältnisse übertragen werden.

Dieser Ansatz begreift Konsum als Handlung, bei der Menschen Konsumobjekte auf vielfältige Weise verwenden. Wir werden anhand eines Fußballspiels zeigen, dass mit Konsum auch nicht recht greifbare Erfahrungen, Ideen und Leistungen (wie etwa das berauschende Gefühl nach einem Tor oder die Freude über die Kapriolen eines Team-Maskottchens) gemeint sind, aber natürlich auch Konkretes (wie das Essen und Trinken im Stadion) mit einbezogen wird. Aufgrund der bei dieser Untersuchung gemachten Beobachtungen konnten vier unterschiedliche Typen des Konsumverhaltens festgelegt werden:

1. *Konsum als Erfahrung* – eine sinnliche oder emotionale Reaktion auf Konsumgüter. Sie schließt beispielsweise auch das Vergnügen, das einem die Kenntnis der Abseitsregel beim Fußball oder das Erkennen der sportlichen Fähigkeiten eines Lieblingsspielers bereiten, ein.
2. *Konsum als Integration* – hierunter versteht man die Kenntnis und den Einsatz von Konsumgütern, um damit Aspekte der eigenen Persönlichkeit oder der Gesellschaft zum Ausdruck bringen zu können. So tragen zum Beispiel Anhänger eines bestimmten Fußballvereins Hüte und Schals in den Farben des Vereins, um dadurch ihre Solidarität mit der Mannschaft zu demonstrieren. Im Stadion und nicht nur vor dem Bildschirm dabei zu sein, gibt dem Fan die Möglichkeit, seine Erlebnisse mit dem Team noch stärker zu teilen.
3. *Konsum als Klassifizierung* – darunter versteht man Handlungen, die Konsumenten ausführen, um sowohl sich selbst als auch anderen ihre Verbindung mit Objekten mitzuteilen. So kaufen Zuschauer Fanartikel, um anderen zu zeigen, dass sie zur treuen Anhängerschaft gehören. Leider ist es so, dass der harte Kern der Fans ihre Verachtung für die gegnerische Mannschaft und deren Anhänger oft durch Gewalt äußert. Es handelt sich dabei um eine grundlegende Spaltung zwischen „Wir" und „Sie".
4. *Konsum als Spiel* – Konsumenten verwenden Objekte, um an einer gemeinsamen Erfahrung teilzunehmen, und sie vereinen sich zu einer Gruppe. So schreien zum Beispiel die Fans im Chor, umarmen sich und springen bei einem Tor vor Freude auf und ab. Hierbei handelt es sich um eine ganz andere Form des gemeinsamen Erlebnisses, vergleicht man sie mit der, das Spiel zu Hause am Fernseher zu verfolgen.

Levi's-Jeans sind ein weltweites Statussymbol und Sinnbild für die amerikanische Konsumkultur.
© Levi Strauss & Co.

Der globale Konsument

Ein ganz offensichtliches – und kontrovers aufgefasstes – Nebenprodukt neuzeitlicher Marketingstrategien ist die Bemühung um eine *globale Konsumentenkultur*, in der die Menschen durch die gemeinsame Vorliebe für bestimmte Konsumgüter, Film- und Rockstars vereint sind.[29] Einige Produkte verbindet man derart mit der amerikanischen Lebensweise, dass deren Besitz auf der ganzen Welt hoch geschätzt wird. In Kapitel 15 und 16 werden wir die Vor- und Nachteile dieser kulturellen Homogenisierung ausführlich diskutieren. Ein „Verwandter" des globalen Konsumenten ist der viel diskutierte Euro-Konsument. Marktforscher debattieren über die Möglichkeit, Marktsegmente zu finden, die eher einen europäischen als globalen Charakter aufweisen. Eine Studie über den Konsum von Luxuswaren ergab, dass man ein demografisches Profil des europäischen Konsumenten von Luxuswaren anfertigen könnte. Dennoch lassen sich bedeutende Unterschiede zwischen einzelnen Ländern feststellen. Konsumenten, die einem Kulturwechsel aufgeschlossen gegenüberstanden, waren auch diejenigen, die mehr Geld für Luxusgüter ausgaben, und das unabhängig von ihrer demografischen und sozialen Klasse.[30] In Anbetracht dieser Ergebnisse bleibt es fraglich, ob eine Marktsegmentierung, die vom Konzept eines Euro-Konsumenten ausgeht, wirklich sinnvoll ist. Ein Auto beispielsweise lässt sich, so scheint es , auch vom Anspruch an seine Funktionalität her, relativ leicht europaweit vermarkten. Dennoch versucht man mit den verschiedensten Automodellen den Bedürfnissen und Wünschen einzelner Länder gerecht zu werden. Im 16. Kapitel werden wir ausführlicher auf den Euro-Konsumenten eingehen.

1.3.3 Ethik im Marketing

Im Geschäftsleben kommt es oft zu Konflikten zwischen dem Erfolgsanspruch und dem Wunsch ein Geschäft ehrlich zu führen und die Zufriedenheit der Kunden zu erlangen, indem man ihnen sichere und brauchbare Produkte und Dienstleistungen anbietet. Möglicherweise ist es zu spät, den Menschen ethische Prinzipien zu vermitteln, wenn sie auf die Universität gehen, eine Berufsausbildung beginnen oder bereits im Berufsleben stehen! Dennoch haben jetzt viele Universitäten und Unternehmen damit begonnen, sich intensiv darum zu bemühen, Studenten und Arbeitnehmern ein moralischen Grundsätzen verpflichtetes Handeln nahe zu bringen.

Richtlinien für ein der Ethik verpflichtetes Handeln

Viele Wirtschaftsorganisationen haben einenVerhaltenskodex aufgestellt, der die Einhaltung der ethischen Prinzipien gewährleisten soll. Beispiele hierfür sind Richtlinien des europäischen oder nationalen Verbraucherschutzes und von nationalen Marketingverbänden, deren Einhaltung eine faire Vermarktung gewährleisten soll. Hierzu gehören

- der Hinweis auf alle Risiken, die mit einem Produkt oder einem Service verbunden sein können,
- der Hinweis auf zusätzlich notwendige Produkte oder Leistungen, welche die Kosten erhöhen,
- der Verzicht auf falsche oder irreführende Werbeaussagen,
- die Vermeidung von Druck ausübenden oder irreführenden Verkaufstaktiken,
- das Verbot von Verkaufs- oder Spendensammlungen, die unter dem Deckmantel der Marktforschung durchgeführt werden.

Sozial verantwortungsvolles Verhalten

Ob mit Absicht oder nicht, einige Marketingspezialisten missbrauchen das Vertrauensverhältnis, das zwischen ihnen und den Konsumenten besteht. In einigen Fällen ist ein solcher Missbrauch sogar gesetzlich verboten, so zum Beispiel, wenn der Hersteller absichtlich falsche Angaben auf der Produktpackung macht oder ein Geschäft Kunden anlockt, indem es ihnen günstige Waren anbietet, tatsächlich aber nur die Absicht hat, sie zum Kauf teurerer Produkte zu verleiten.

Bestimmte Marketingmethoden sind für die Gesellschaft schädlich, auch wenn sie sich innerhalb des gesetzlichen Rahmens bewegen. Die Einführung sogenannter Alcopops, eine Mischung aus Alkohol und Limonadengetränken, die mehr oder weniger deutlich Jugendliche als Zielgruppe hatte, löste in einigen europäischen Ländern heftige Diskussionen aus. Eine negative Presseberichterstattung führte dazu, dass der Absatz in Schweden und Großbritannien zurückging und die beiden größten Lebensmittelketten in Dänemark diese Getränke ganz aus ihrem Angebot genommen haben.[31] Andere Unternehmen haben Schwierigkeiten bekommen, weil sie Anzeigen geschaltet haben, in denen bestimmte gesellschaftliche Gruppen negativ dargestellt wurden, bloß um die Aufmerksamkeit einer bestimmten Zielgruppe zu erregen. Sie erinnern sich bestimmt noch an die äußerst umstrittene Werbekampagne von Benetton. Es wurde heftig darüber diskutiert, ob die gezeigten Bilder auf den Werbeplakaten – ein AIDS-Kranker, ein toter kroatischer Soldat oder ein Flüchtlingsschiff aus Albanien – versuchten, die Konsumenten für tatsächlich existierende Probleme auf dieser Welt zu sensibilisieren, wie Benetton behauptete, oder ob es nicht doch nur um die Ankurbelung des Geschäfts ging.[32]

Ein deutlicher Hinweis darauf, wie ernst ein Marketingspezialist seine ethische Verpflichtung nimmt, ist die Frage, welche Maßnahmen er ergreift, wenn ein Unternehmen wegen seiner Werbung oder seiner Produkte in die Kritik geraten ist. 1996 wurde eine dänische Großmarktkette, die jahrelang damit geworben hatte, ihre Produkte billiger als die Konkurrenz anzubieten, in einen Skandal verwickelt. Es kam heraus, dass Angestellte die Anweisung hatten, die Preisschilder zu ändern, sobald diese ein Journalist überprüfen wollte.[33]

Als Gegenbeispiel nennen wir das Verhalten von Procter & Gamble, das seine „Rely"-Tampons freiwillig vom Markt nahm, nachdem Berichte veröffentlicht worden waren, denen zufolge Frauen nach der Verwendung dieser Tampons ein Toxic Shock Syndrome (TSS) erlitten hatten. Obwohl die Wissenschaftler keinen unmittelbaren Zusammenhang zwischen diesen Tampons und TSS bestätigen konnten, führte die Firma umfangreiche Informationskampagnen durch, in denen sie die Frauen über die TSS-Symptome aufklärte und sie aufforderte, ihre Tamponschachteln gegen eine Rückerstattung des Preises zurückzugeben. Das Unternehmen nahm einen Verlust über mehr als 75 Millionen US-Dollar in Kauf und opferte ein außerordentlich erfolgreiches Produkt, welches bereits 25 Prozent des riesigen Marktes für Frauen-Hygienemittel erobert hatte.[34]

Eine immer größere Bedeutung gewinnt auch der „politische Konsument" – ein Konsument, der seine politischen oder ethischen Überzeugungen dadurch zum Ausdruck bringt, dass er Produkte von Unternehmen, deren Politik er ablehnt, meidet. In der Industrie setzt sich zunehmend die Erkenntnis durch, dass sich ein ethischen Richtlinien verpflichtetes Verhalten langfristig auszahlt, da das Vertrauen und die Zufriedenheit von Konsumenten zu langjähriger Treue führt. Dennoch bleiben viele Probleme bestehen. In diesem Buch wird immer wieder auf die ethische Seite von Marketingmaßnahmen hingewiesen. In farbig unterlegten Textkästen mit der Überschrift „Marketingfallen" werden dubiose Marketingmethoden dargestellt oder auf mögliche, vom Konsumenten jedoch abgelehnte Marketingstrategien hingewiesen.

1.3.4 Das Recht und der Verbraucherschutz

Der Schutz des Konsumenten ist zumindest seit Beginn des 20. Jahrhunderts ein Thema. Zum Teil ist es den Anstrengungen der Konsumenten selbst zu verdanken, dass viele nationale und internationale Verbände gegründet wurden, die alles, was den Konsumenten betrifft, überwachen. Die Konsumenten bekunden ein ungebrochenes Interesse an solchen Themen, sei es

Tabelle 1.2   Die Maßgaben der EU für Konsumrichtlinien
Die EU-Kommission hat zehn Maßgaben für die Verbesserung von Richtlinien zum Verbraucherschutz aufgestellt:
• Wesentliche Verbesserungen bei der Unterrichtung und Information der Konsumenten • Vervollständigung, Überprüfung und Aktualisierung des gesetzlichen Rahmens zum Schutz der Konsumenteninteressen auf dem Binnenmarkt • Überprüfung von Finanzdienstleistungen auf Konsumentenfragen hin • Überprüfung des Schutzes von Konsumenteninteressen bei der Bereitstellung notwendiger öffentlicher Einrichtungen • Unterstützung des Konsumenten, aus der Informationsgesellschaft Nutzen zu ziehen • Verbesserung des Vertrauens der Konsumenten in die Qualität der Nahrungsmittel • Vorschläge für der Gebrauch wiederverwertbarer Güter • Unterstützung und Verstärkung der Vertreter des Verbraucherschutzes • Hilfe bei der Erstellung von Richtlinien für den Verbraucherschutz in Mittel- und Osteuropa • Überprüfung von Richtlinien für den Verbraucherschutz in Entwicklungsländern.

Quelle: Europäische Kommission, Internet: www.cec.org.uk

aus Sorge um die Umwelt – wie etwa die Verunreinigung von Gewässern durch Öl oder giftige Abfälle, die Verwendung von Zusatzstoffen oder genmanipulierten Pflanzen in Lebensmitteln – oder aus Protest gegen immer mehr Gewalt und Sex im Fernsehen.

Konsumentenforschung und Verbraucherschutz

Die wissenschaftliche Auseinandersetzung mit dem Konsumentenverhalten kann einen wichtigen Beitrag bei der qualitativen Verbesserung unseres Konsumentendaseins leisten.[35] Viele, auf diesem Gebiet tätige Wissenschaftler, sind daran beteiligt, gültige Richtlinien für den Verbraucherschutz aufzustellen; dazu gehört, dass Waren richtig ausgezeichnet sind, die in der Werbung enthaltenen Informationen verständlich sind oder Kinder nicht von einer einen Programmplatz einnehmenden Werbung für Spielzeug, die wie eine normale Fernsehsendung aussieht, manipuliert werden.

Was die Regulierung und den Erlass von Sicherheitsstandards und Regeln zur Umweltverträglichkeit betrifft, sind die Konsumenten in hohem Maße von ihren Regierungen abhängig. In welchem Ausmaß eine solche Überwachung ausgeübt wird, hängt vor allem vom politischen und kulturellen Klima im jeweiligen Land ab. Die Debatten, die in der EU über den Einsatz von Pestiziden in der Landwirtschaft und die Verwendung von Zusatzstoffen in Lebensmitteln geführt werden, sind hierfür gute Beispiele. Oft bestimmen aber auch Traditionen und Überzeugungen, ob die Sympathien mehr auf Seiten des Konsumenten oder des Herstellers liegen. In Japan werden tendenziell die Bedürfnisse der Konsumenten denen der Hersteller untergeordnet und bislang wurde gegen Unternehmen nur selten gerichtlich vorgegangen. Deshalb ist es

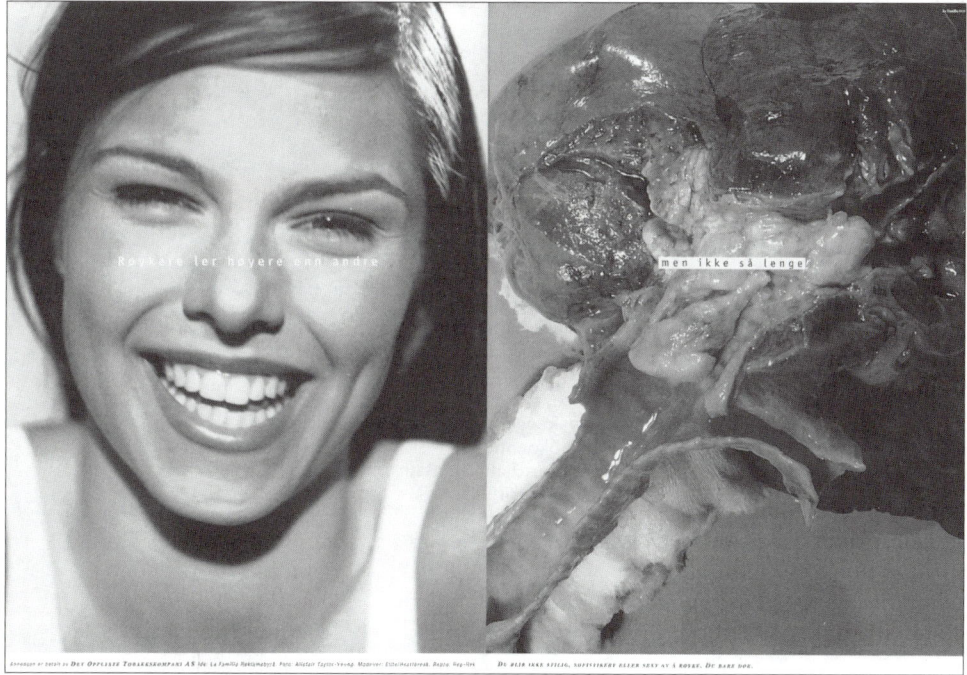

Diese in Dänemark erschienene Anzeige ist ein Beispiel für die vielen europäischen Antiraucherkampagnen
Quelle: Lurzer's, Band 3, 1997.

auch nicht verwunderlich, dass auf den Flaschenetiketten keinerlei Hinweise auf gesundheitliche Risiken bei Alkoholkonsum zu finden sind und dass auch auf Zigarettenpackungen nur ganz vorsichtige Warnungen ausgesprochen werden, wie etwa: „Da die Gefahr besteht, dass durch das Rauchen ihre Gesundheit gefährdet wird, sollten Sie nicht zu viel rauchen.“[36]

1.4 Konsumentenverhalten als eigenständiger Forschungszweig

Der Konsum an sich stellt erst seit kurzer Zeit einen eigenen Forschungszweig dar. Mittlerweile müssen Marketingstudenten in vielen Wirtschaftsstudiengängen einen Kurs belegen, der sich mit dem Konsumentenverhalten befasst. An den meisten Universitäten und Wirtschaftsschulen wurde erst in den 70er-Jahren damit begonnen, solche Kurse anzubieten. Den Anstoß dazu gab die Erkenntnis vieler Unternehmer, dass es der Konsument ist, der den Ton angibt.

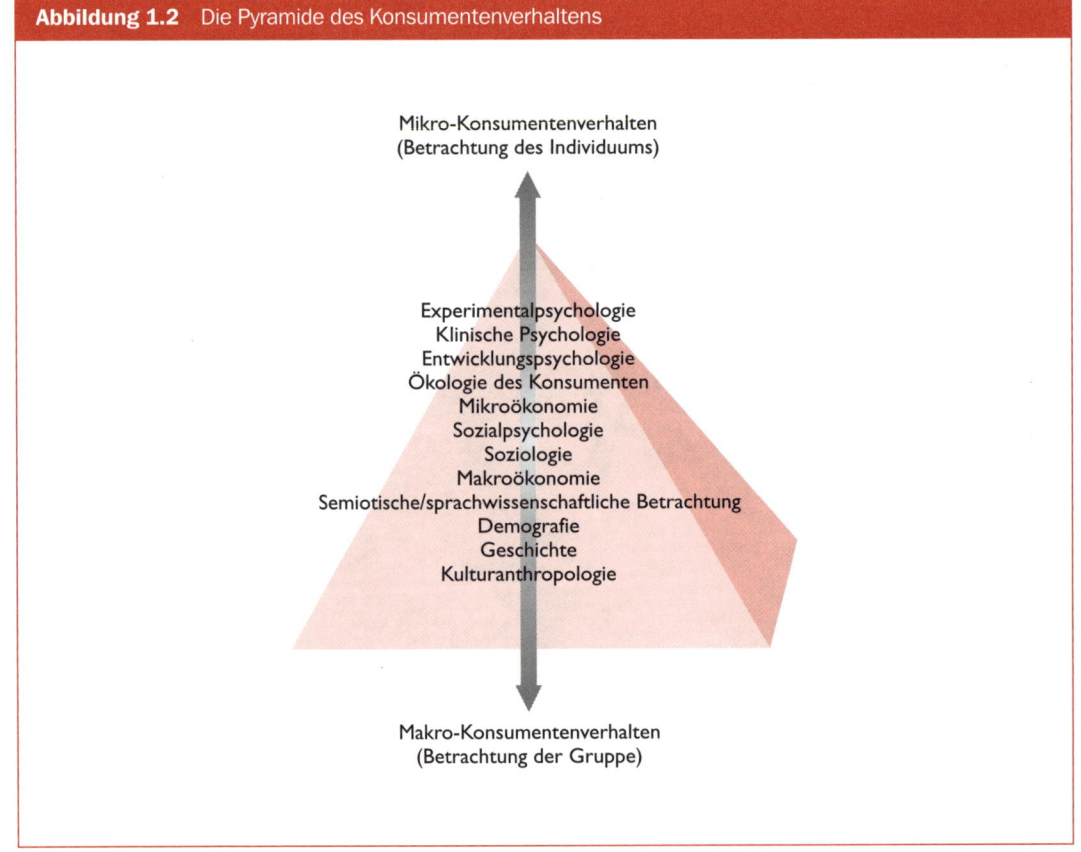

Abbildung 1.2   Die Pyramide des Konsumentenverhaltens

1.4.1 Interdisziplinäre Einflüsse auf das Studium des Konsumentenverhaltens

Das Konsumentenverhalten ist ein ganz neuer Forschungsbereich, der mit zunehmender Bedeutung Anregungen von den unterschiedlichsten Seiten erhält. Man wird wohl kaum einen Bereich finden, in dem stärker interdisziplinär gearbeitet wird. Leute, die sich beruflich mit dem Konsumentenverhalten befassen, kommen aus den unterschiedlichsten Wissensgebieten – das reicht von der Psychophysiologie bis hin zur Literaturwissenschaft. Konsumentenforscher haben so unterschiedliche Auftraggeber wie Universitäten, Unternehmen, Museen, Werbeagenturen und Regierungen. Berufsverbände wie die Association for Consumer Research (www.acrweb.org) bilden sich seit der Mitte der 70er-Jahre.

Die Forscher nähern sich den Konsumententhemen aus unterschiedlichen Richtungen. Sie kennen vielleicht die Geschichte von den Blinden und dem Elefanten. Sie besagt, dass jeder Blinde einen anderen Teil des Elefanten mit seinen Händen ertastete und das Ertastete beschrieb, mit dem Ergebnis, dass die Beschreibungen sehr unterschiedlich ausfielen. Ähnliches kann man von der Konsumentenforschung sagen. Der Konsument kann aus unterschiedlichen Blickwinkeln betrachtet und von verschiedenen Ebenen aus analysiert werden, je nach Hintergrund und Forschungsinteresse des Wissenschaftlers, der sich mit ihm auseinander setzt.

In Abbildung 1.2 werden einige Wissenschaften, die bei der Konsumentenverhaltensforschung eine Rolle spielen, dargestellt, und die Ebene, auf der sich die Wissenschaftler diesem Thema annähern, aufgezeigt. Die einzelnen Wissenschaften können ganz grob dadurch unterschieden werden, ob sie sich mit Fragen des Mikro- bzw. des Makro-Konsumentenverhaltens befassen. Die Bereiche an der Spitze der Pyramide befassen sich mit dem individuellen Konsumenten (Mikro), während sich diejenigen, die sich am Fuß befinden, mehr mit der Gesamtheit der Verhaltensweisen, die in einer größeren Menschengruppe auftreten, auseinander setzen (Makro). Dazu gehört zum Beispiel das Konsumverhalten, das Angehörige eines Kulturkreises oder einer gesellschaftlichen Gruppe teilen.

Um zu zeigen, dass man sich demselben Thema aus dem Marketingbereich von verschiedenen Ebenen aus annähern kann, kehren wir wieder zu Sarah zurück, als sie eine Zeitschrift zum Kauf auswählte. Tabelle 1.3 bietet eine Auflistung von Forschungsthemen, die für jede Disziplin interessant sein könnten, und benennt Beispiele, wie diese bei der Vermarktung von Frauenzeitschriften eingesetzt werden könnten.

1.4.2 Die Frage nach der strategischen Ausrichtung

Viele Leute ordnen die Forschung über Konsumentenverhalten der angewandten Sozialwissenschaft zu. Dementsprechend hat man gewonnenen Erkenntnisse lange danach beurteilt, inwieweit sie die Wirksamkeit von Marketingmaßnahmen verbessern können. Seit kurzem jedoch vertreten einige Wissenschaftler die Auffassung, dass die Erforschung des Konsumentenverhaltens keine strategische Ausrichtung haben sollte; dieser Forschungsbereich sollte kein „Handlanger-Unternehmen" sein. Er sollte sich darauf konzentrieren, den Konsum als wissenschaftlichen Gegenstand zu begreifen und nicht darauf, ob die gewonnenen Erkenntnisse von Marketingexperten verwendet werden können.[37] Diese Ansicht wird sicherlich nicht von allen Forschern auf diesem Gebiet geteilt, dennoch hat sie viele dazu ermutigt, in ihrer Arbeit über die traditionelle Ausrichtung auf den Kauf von Konsumwaren hinauszugehen. Und sie hat zu heftigen Debatten bei denjenigen geführt, die in diesem Bereich tätig sind. Ein weiteres Argument für eine nicht strategische Ausrichtung der Untersuchungen ist, dass die Wirtschaft bessere Informationen erhält, wenn die Forscher sich unparteiisch gegenüber strategischen Zielen verhalten können.

Tabelle 1.3 Interdisziplinäre Forschungsthemen beim Konsumentenverhalten	
Disziplin	**Beispiele für die Anwendung beim Zeitschriftenmarketing**
Experimentalpsychologie: die Rolle des Produkts bei Wahrnehmungs-, Lern- und Erinnerungsprozessen	Wie spezifische Aspekte des Magazins, beispielsweise das Design und das Layout, wahrgenommen und interpretiert werden; welche Teile der Zeitschrift mit größter Wahrscheinlichkeit gelesen werden
Klinische Psychologie: die Bedeutung des Produkts bei der psychologischen Anpassung	Wie Zeitschriften das Körpergefühl der Leserin beeinflussen (Beispiel: Geben dünne Models der Durchschnittsfrau das Gefühl zu dick zu sein?)
Mikroökonomie/Ökologie des Konsumenten: die Bedeutung des Produkts bei der Verteilung der eigenen Mittel oder der Familie	Faktoren, die einen Einfluss darauf haben, wie viel Geld in einem Haushalt für Zeitschriften ausgegeben wird
Sozialpsychologie: die Bedeutung des Produkts für das Verhalten von Individuen als Angehörige einer Gruppe	Art und Weise, wie die Anzeigen in einer Zeitschrift die Einstellung des Lesers zum beworbenen Produkt beeinflussen. Wie die Meinungen von Freunden und Bekannten die Wahl einer Zeitschrift beeinflussen
Soziologie: die Bedeutung des Produkts für soziale und gesellschaftliche Institutionen und Gruppen	Muster, wie sich die Vorlieben für bestimmte Zeitschriften innerhalb einer Gruppe verbreiten
Makroökonomie: die Bedeutung des Produkts für den Konsumenten allgemein	Welchen Effekt der Preis einer Zeitschrift und die Preise der darin beworbenen Produkte in einer Zeit hoher Arbeitslosigkeit haben
Semiotische/sprachwissenschaftliche Betrachtung: die Bedeutung des Produkts bei der verbalen und visuellen Vermittlung von Inhalten	Möglichkeiten, wie von Models geäußerte Aussagen oder Anzeigen in einer Zeitschrift interpretiert werden
Demografie: die Bedeutung des Produkts in den messbaren Daten der Bevölkerung	Auswirkungen von Alter, Einkommen und Personenstand der Leser einer Zeitschrift
Geschichte: die Bedeutung des Produkts für die im Laufe der Zeit stattfindenden gesellschaftlichen Prozesse	Art und Weise, wie sich die Darstellung der „Weiblichkeit" in unserer Kultur in den Zeitschriften im Laufe der Zeit verändert hat
Kulturanthropologie: die Bedeutung des Produkts für die Meinungen und Handlungen einer Gesellschaft	Art und Weise, wie Mode und Models in einer Zeitschrift die Definition des Lesers, was typisch weibliches oder typisch männliches Verhalten ist, beeinflussen (zum Beispiel die Rolle der arbeitenden Frau, sexuelle Tabus)

Diese kritischere Auseinandersetzung mit der Konsumentenforschung hat zu der Erkenntnis geführt, dass nicht jede Marketingmaßnahme notwendigerweise dem Individuum oder der Gesellschaft dient. Hieraus ergibt sich, dass die gegenwärtige Forschung auch auf die Schattenseite des Konsumentenverhaltens hinweist, wie etwa Abhängigkeit, Prostitution, Obdachlosigkeit, Ladendiebstahl oder Umweltverschmutzung. Diese kritische Einstellung beruht auf früheren Forschungsarbeiten, die sich mit Konsumententhemen im Zusammenhang mit Recht, Moral und Verbraucherschutz auseinandergesetzt hatten. Immer deutlicher zeichnet sich auch eine Bewegung hin zum *Sozialmarketing* ab, die positive Haltungen wie die Bekämpfung des Analphabetismus oder von Trunkenheit am Steuer unterstützt.[38]

1.4.3 Die zwei Perspektiven in der Konsumentenforschung

Eine Voraussetzung wissenschaftlicher Betätigung ist die Entscheidung darüber, was überhaupt erforscht und wie dabei vorgegangen wird. Anhand dieser Voraussetzungen, man nennt sie auch **Paradigmen**, können wir die Konsumentenforschung klassifizieren. Wie andere Forschungs bereiche, so wird auch die Erforschung des Konsumentenverhaltens von einem Paradigma beherrscht. Einige Forscher sind jedoch davon überzeugt, dass sich die Konsumentenforschung in einem *Paradigmawechses* befindet, der dann eintritt, wenn ein konkurrierendes Paradigma die bestehenden Annahmen in Frage stellt.

Das heute vorherrschende Paradigma ist der **Positivismus**. Der Positivismus hat seit dem späten 16. Jahrhundert in der westlichen Hemisphäre einen bedeutenden Einfluss auf Kunst und Wissenschaft. Er geht von der Überlegenheit des menschlichen Verstandes aus und von einer einzigen, objektiven Wahrheit, die mit Hilfe der Wissenschaft entdeckt werden kann. Positivisten heben die Funktion von Objekten hervor, begrüßen die Fortschritte der Technik und betrachten die Welt als einen von der Vernunft beherrschten und geordneten Ort, mit einem eindeutigen Verlauf von Vergangenheit, Gegenwart und Zukunft.

Tabelle 1.4 Vergleich der positivistischen mit der postmodernen Herangehensweise an die Untersuchung des Konsumentenverhaltens

Annahme	Positivismus	Postmoderne
Ist-Zustand	eindeutiger, definierbarer Einzelner	von der Gesellschaft geprägte Masse
Ziel	Vorhersage	Verständnis
Bestehendes Wissen	zeitlich unabhängig, kontextunabhängig	zeitlich abhängig, kontextabhängig
Betrachtung der Ursachen	Bestehen realer Ursachen	multiple, gleichzeitig ablaufende, prägende Ereignisse
Forschungsansatz	klare Trennung zwischen Forscher und Subjekt	interaktiv, kooperativ, der Forscher ist Teil des Untersuchungsgegenstands

Quelle: Nach Laurel A. Hudson und Julie L. Ozanne, „Alternative Ways of Seeking Knowledge in Consumer Research", *Journal of Consumer Research* 14, (März 1988): 508-21. © University of Chicago Press.

Das neue Paradigma stellt die oben genannten Annahmen in Frage. Vertreter der **Postmoderne** behaupten, dass unsere Gesellschaft zu hohen Wert auf die Errungenschaften von Wissenschaft und Technik legt und dass dieses geordnete, rationale Verständnis des Konsumenten die Komplexität der sozialen und kulturellen Welt, in der wir leben, negiert. Andere wiederum meinen, dass der Positivismus zu großen Wert auf das materielle Wohlbefinden legt und er von einer Ideologie dominiert ist, in der die Vorherrschaft einer einheitlichen, westlich und männlich geprägten Kultur angestrebt wird.

Vertreter postmoderner Theorien weisen auf die Relevanz von Symbolen und subjektiven Erfahrungen hin und gehen davon aus, dass Bedeutung vom Verstand konstruiert wird – was heisst, dass jeder von uns Bedeutung für sich erzeugt, abhängig von den eigenen und den gemeinsamen kulturellen Erfahrungen, so dass man nicht von richtigen oder falschen Meinungen sprechen kann. Der Wert, den wir Produkten beimessen, weil sie uns helfen unser Leben zu ordnen, wird ergänzt durch eine Wertschätzung des Konsums als ein Set bestehend aus verschiedenen Erfahrungen.

Die Hauptunterschiede zwischen diesen beiden Betrachtungsweisen sind in Tabelle 1.4 zusammengefasst.

Zusätzlich zu den kulturübergreifenden Unterschieden beim Konsumentenverhalten, ein Thema, das wir weiter vorne schon behandelt haben, ist festzustellen, dass Forschung in Europa und Nordamerika, ja sogar in den einzelnen europäischen Staaten, ganz unterschiedlich betrieben wird. So konnte nachgewiesen werden, dass sich europäische Wissenschaftler viel mehr Gedanken über die kulturellen Dimensionen machen als ihre amerikanischen Kollegen.[39] Auf einer Konferenz, die vor kurzem von europäischen Konsumentenforschern abgehalten worden ist, wurde wiederholt betont, dass es offensichtlich große Unterschiede gibt, wie das Konsumentenverhalten in Deutschland und Großbritannien wahrgenommen wird.[40]

1.5 Ein Überblick über die Methoden der Erforschung des Konsumentenverhaltens

Die einzig richtige Vorgehensweise bei der Untersuchung des Konsumentenverhaltens gibt es nicht. Da sich mit diesem Forschungsgebiet Wissenschaftler der unterschiedlichsten Fachrichtungen auseinander setzen, umfasst das Instrumentarium der Forscher auch die unterschiedlichsten Methoden und Techniken. Die Wahl ist von der theoretischen Ausrichtung und der Art des Problems abhängig. Ist es zum Beispiel das Ziel des Wissenschaftlers, ein bestimmtes Verhalten zu *verstehen* oder will er das zukünftige Verhalten der Konsumenten *voraussagen*? Liegt der Schwerpunkt des Interesses darin, ein hypothetisches Modell zu überprüfen, oder darin, Ergebnisse zu erlangen, die für eine Marketingstrategie verwertet werden können?[41]

Zunächst müssen das allgemeine Problem, mit dem man sich beschäftigen will, und die spezifischen Fragen, denen man nachgehen möchte, definiert werden. So könnte es sich etwa um die Untersuchung eines bestimmten Konsumverhaltens handeln, das für die Wissenschaft oder für rechtliche Belange von Interesse ist; das betrifft zum Beispiel die Frage, inwieweit der Konsument etwas mit den Nährwertangaben auf einer Lebensmittelverpackung anfangen kann. In diesem Fall könnte es das Ziel der Untersuchung sein, herauszufinden, wie der Konsument mit Informationen auf Verpackungen umgeht, und nicht, wie diese Informationen den Kauf einer bestimmten Marke beeinflussen.

Andererseits könnte das Ziel der Forschung auch darin liegen, einem Marketingmanager Ergebnisse zu liefern, mit deren Hilfe er den Absatz einer bestimmten Marke erhöhen könnte. In diesem Fall würde der Forscher andere Fragestellungen verfolgen; beispielsweise welche von drei unterschiedlich gestalteten Verpackungen für ein und dasselbe Produkt das angestrebte Image des Produkts am besten vermitteln kann oder wie die das Verpackungsdesign das Kaufverhalten des Konsumenten im Supermarkt beeinflusst.

In einem nächsten Schritt zerlegt der Wissenschaftler seinen Gegenstand in seine Komponenten. Diese umfassen die Merkmale der betreffenden Konsumentengruppe sowie die mit dem Untersuchungsgegenstand zusammenhängende Wirkung auf die Umwelt (Inwieweit ist der Erfolg einer Marke von den Nährwertangaben auf der Verpackung beeinflusst, wie hat sich eine Veränderung der Verpackung auf den Verkauf ausgewirkt?). Die gleichen Fragen können bei einer Untersuchung auf völlig verschiedene Weise behandelt werden, abhängig davon, welcher Richtung der Forscher anhängt und wie er an den Gegenstand herangeht.

Untersuchungen über das Konsumentenverhalten lassen sich beispielsweise durch ihren **erklärenden** oder **problemlösenden Ansatz** unterscheiden. Es gibt zwar Ausnahmen, aber den erklärenden Ansatz kann man prinzipiell mit qualitativen Methoden gleichsetzen (womit man ein Problem zwar untersuchen, aber keine endgültigen Schlüsse ziehen kann), den problemlösenden Ansatz mit quantitativen Methoden (Schlüsse werden aus der Überprüfung von Hypothesen gezogen). Dies ergibt sich aus der unterschiedlichen Bedeutung, die der subjektiven und objektiven Natur des Untersuchungsvorgangs beigemessen wird. Leider führt diese Unterscheidung in eine Sackgasse, da sie zu der Annahme verführt, dass aus interpretierenden und qualitativen Untersuchungen keine Schlüsse gezogen werden könnten. Es ist daher sinnvoller, zwischen positivistischen und postmodernen Paradigmen und zwischen qualitativen und quantitativen Methoden zu unterscheiden. Verfolgt ein Forscher das positivistische Paradigma, wird er dazu tendieren, qualitative Untersuchungen bestenfalls als erklärend zu bezeichnen. Vertreter postmoderner Verfahren wiederum können qualitative Untersuchungen als schlüssig ansehen, was aber wiederum davon abhängt, ob es das Ziel ist, ein Problem zu verstehen oder eine statistische Vorhersage machen zu können. Man sollte die Methoden also eher als sich ergänzend (komplimentär) und nicht sich ausschließend oder voneinander abhängig begreifen (qualitative Forschung als Vorspeise, gefolgt von dem Hauptgang quantitative Forschung). Jede Methode hat ihre Stärken und Schwächen, abhängig davon, welches Ziel man verfolgt. In den nachfolgenden Abschnitten werden wir einen kurzen Blick auf die einzelnen Verfahren werfen.

1.5.1 Die qualitative Forschung

Die **qualitative Forschung** verfolgt die Absicht, ein umfassendes Wissen über die verschiedenen Aspekte des Konsumentenverhaltens zu gewinnen, Ideen für zukünftige Untersuchungen zu entwickeln oder Vermutungen über bestimme Phänomene zu belegen. Da die Forscher keine quantitativ messbaren Ergebnisse vorlegen müssen, die sich anhand statistischer Methoden auf große Konsumentengruppen übertragen lassen, dürfen sie sich den Luxus gestatten, genaue, in die Tiefe gehende Untersuchungen mit nur wenigen Konsumenten durchzuführen, um zu ergründen, warum diese so fühlen und handeln, wie sie es tun. Die qualitative Forschung verwendet oft innovative Methoden, mit deren Hilfe der Konsument und dessen Ansichten untersucht werden. Die Erfahrung des Forschers und die persönliche Interpretation der Ergebnisse spielen bei dieser Analyse eine entscheidende Rolle.

Bei der qualitativen Forschung ist das Interview das wichtigste Instrument und findet entweder als **Fokusgruppen**- oder **Einzelinterview** statt. In der Marktforschung werden überwiegend Gruppeninterviews durchgeführt.[42] Bei diesem Typ von Interview werden von einem Diskussionsleiter oder einem Moderator verschiedene Themen vorgestellt. Jeder Teilnehmer wird aufgefordert, seine Meinung zu äußern und etwas zu den Äußerungen der anderen zu sagen. Die Gruppen bestehen in der Regel aus 5 bis 9 Personen, die nach bestimmten Kriterien ausgewählt worden sind; oft repräsentieren sie demografische Merkmale und/oder die von

Konsumenten aus der Zielgruppe. Einzelinterviews (und hier vor allem die häufig angewendeten „Tiefeninterviews"[43]) gehen viel mehr ins Detail. Hierbei handelt es sich um persönliche, vorstrukturierte Interviews, mit deren Hilfe der Interviewer versucht, möglichst viele Informationen aus dem Leben des Informanten zu erhalten, die etwas mit dem Gegenstand der Untersuchung zu tun haben könnten.

1.5.2 Projektive Verfahren

Bei vielen qualitativen Interviews werden so genannte **projektive Verfahren** eingesetzt. Dabei werden dem Konsumenten nicht eindeutige Objekte, Verhaltensweisen oder Person präsentiert. Er wird dann beispielsweise darum gebeten, das Objekt zu erklären, eine Geschichte darüber zu erzählen oder ein Bild davon zu malen. Man setzt das projektive Verfahren dann ein, wenn man glaubt, dass der Konsument auf direkte Fragen nicht antworten kann oder will.

Projektive Verfahren versetzen den Konsumenten in eine für ihn neutrale Situation, in der vorgeblich persönliche Gefühle keine Rolle spielen; daher kann er in seinen Antworten offener und unabhängiger sein. Bei diesen Verfahren wird davon ausgegangen, dass die Reaktion eines Menschen auf ein bestimmtes Thema seine verborgenen Gefühle reflektiert. Da es keine richtigen und falschen Antworten gibt, hoffen die Forscher, dass die Konsumenten ihre unbewussten Gefühle in ihren Antworten zum Ausdruck bringen.

Abbildung 1.3 Eine Zeichnung mit Sprechblase als Instrument der Projektion. Der Betrachter wird gebeten, die Gedanken der Käuferin niederzuschreiben.

Quelle: Wendy Gordon und Roy Langmaid, *Qualitative Market Research* (Hants, England: Gower, 1988), S. 104.- © Gower Publishing Group.

Konsumenten arbeiten gerne mit Bildern, deshalb wird bei einigen projektiven Verfahren mit visueller Stimulanz gearbeitet. Andere Verfahren dienen lediglich dazu, Assoziationen anzuregen, indem etwa der Konsument mit einer Situation konfrontiert und seine Reaktion beobachtet wird.

Zeichnungen mit **Sprechblasen** zeigen einen Menschen bei der Verrichtung einer Alltagshandlung (zum Beispiel beim Einkauf oder beim Autofahren). Der Befragte soll nun eine Überschrift für das Bild verfassen. Alternativ kann in der Zeichnung auch ein Konsument gezeigt werden, der mit einer ungewohnten Situation konfrontiert wird, etwa einem unbekannten Produkt oder einer Veränderung an der Verpackung. Die Aufgabe des Befragten besteht nun darin, einen Kommentar in die Sprechblase zu schreiben. In beiden Fällen werden die Antworten als die eigenen Gefühle und Zweifel des Informanten in dieser Situation interpretiert. In der Sprechblase in Abbildung 1.4 soll der Befragte seine Reaktion auf ein neues Produkt zum Ausdruck bringen.

Mithilfe von **Psychodrawings** kann der Befragte darstellen, wie er Produkte oder Situationen wahrnimmt. In Abbildung 1.4 drückt der Konsument sein projiziertes Gefühl vor, während und nach dem Zähneputzen aus.

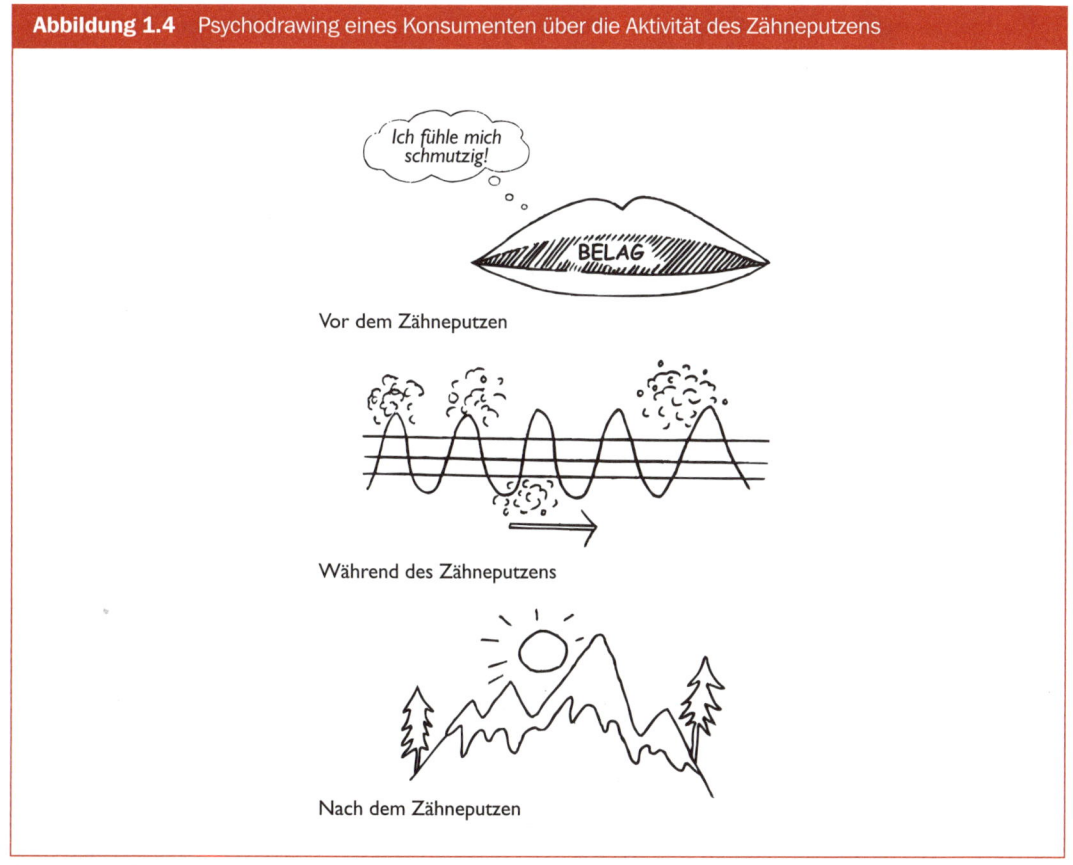

Abbildung 1.4 Psychodrawing eines Konsumenten über die Aktivität des Zähneputzens

Quelle: Wendy Gordon und Roy Langmaid, *Qualitative Market Research* (Hants, England: Gower, 1988), S. 104.

Collagen sind eine weitere Technik, mit deren Hilfe die Befragten verschiedene Aspekte ihrer Vorstellungen, Assoziationen und Einstellungen, die sie mit einem Produkt, einer Dienstleistung oder einer bestimmten Haltung verbinden, ausdrücken und auf ihr eigenes Konsumverhalten beziehen können.

Das *Autodriving* verwendet visuelle und verbale Aufzeichnungen der Konsumenten als Projektion. So wird zum Beispiel eine Familie während der Vorbereitung des Abendessens fotografiert. Diese Fotos werden zu einem späteren Zeitpunkt den einzelnen Familienmitgliedern gezeigt und sie werden aufgefordert, über ihre Eindrücke zu sprechen. Solche Interviews können dazu beitragen, die Rolle einzelner Familienmitglieder (wer tut was bei der Zubereitung der Mahlzeiten) oder die Vorliebe für bzw. Abneigung gegen einige Nahrungsmittel oder Zubereitungsarten aufzuzeigen.[44]

Verbale Projektion. Forscher verwenden jedoch nicht nur visuelle, sondern auch eine ganze Reihe an verbalen Untersuchungen, die es den Befragten ermöglichen, ihre Gefühle bestimmten Produkten gegenüber darzustellen. Eines der Verfahren besteht darin, fehlende Worte Sätzen hinzuzufügen. Um bei der Untersuchung die Wirkung der Projektion aufrechtzuerhalten, sind die Sätze in der dritten Person wiedergegeben. Dieses Verfahren hat den Vorteil, dass die Aussage eingegrenzt ist und daher genaue Antworten erfordert. Daher eignet es sich auch für der Einsatz in größeren Gruppen, da die Tests gleichzeitig an mehrere Personen ausgehändigt und die Antworten leicht verglichen werden können. Beispiele sind: „Der Durchschnittsmensch betrachtet Fernsehen als _____" oder „Die meisten Leute glauben, dass Männer, die Aftershave benutzen, _____." Eine Abwandlung dieses Verfahrens besteht darin, den Testteilnehmern eine kurze Geschichte vorzulegen und sie aufzufordern, ein Ende dazu zu erfinden.

Bei der **stereotypen Technik** wird den Befragten die Beschreibung einer typischen Familie oder einer Person ausgehändigt und man bittet sie, Informationen zu diesen zu liefern. So wurden zum Beispiel in einer Untersuchung stereotype Profile unterschiedlicher Kundentypen benutzt. Ziel war es, die Assoziationen und Haltungen gegenüber Menschen, die unterschiedliche Arten von finanziellen Dienstleistungen in Anspruch nehmen, herauszufinden.[45]

Ein klassisches Beispiel für dieses Verfahren stammt aus den 40er-Jahren. Frauen wurden dazu aufgefordert, zwei Hausfrauen anhand ihrer Einkaufslisten zu beschreiben.[46] Die Einkaufslisten unterschieden sich einzig dadurch, dass auf einer gemahlener Kaffee, auf der anderen löslicher Kaffee stand. Die Hausfrau, auf deren Liste löslicher Kaffee stand, wurde als faul und schlecht organisiert beschrieben. Das Ergebnis dieser Umfrage zeigt, dass damals Frauen, die Produkte kauften, die bei der Zubereitung wenig Zeit erforderten, glaubten, dass die Ehemänner denken könnten, sie wären mit einer schlechten Hausfrau verheiratet.

1.5.3 Die naturalistische Umfrage

Anhand **naturalistischer Umfragen** versucht man eine genaue Beschreibung der tatsächlichen Erfahrungen von Menschen zu erhalten. Der Schwerpunkt liegt dabei darauf, viele umfassende Informationen über eine relativ kleine Gruppe von Menschen zu bekommen, um so ein besseres Verständnis für die tiefere Bedeutung von Erfahrungen oder von Marketingkommunikation zu ermöglichen. Es wird nicht versucht, diese Erfahrungen zu verallgemeinern; allerdings können Erklärungen jedes jeden Befragten oder einer jeden Gruppe mit den Erklärungen, die andere über dasselbe Ereignis abgeben, verglichen und ihnen gegenübergestellt werden.

Bei der naturalistischen Umfrage wird der Forscher selbst als Teil des interpretativen Prozesses begriffen, da seine Einstellungen und seine Herkunft das Ergebnis der Studie beeinflussen. Die Vertreter postmodernen Denkens glauben, dass das Konsumentenverhalten nicht isoliert von seinem Kontext untersucht werden kann. Daher begeben sich die Forscher an den Ort des Geschehens, das heisst dahin, wo sie das Konsumentenverhalten direkt beobachten können, anstatt die Konsumenten in ein künstlich geschaffenes Untersuchungsumfeld zu holen. Die Antworten eines Konsumenten, die er in einem solchen Umfeld gibt, können nicht mit dem verglichen werden, was er seiner Familie oder Freunden offenbart.

Die Methode der naturalistischen Umfrage bei der Untersuchung des Konsumentenverhaltens ist zwar noch relativ neu, wird aber schon sehr häufig angewendet. Sie wird bei Umfragen eingesetzt, die vom Bau eines neuen Einkaufszentrums (Baustil, Ladentypen, internationales Angebot von Lebensmitteln) bis hin zu dem ständig an Bedeutung gewinnenden Thema „Körperkultur" reichen. Körperkultur bedeutet, dass Konsumenten ihre Figur durch Diäten, Fitnesstraining oder Operationen verändern, um so ein bestimmtes Bild von sich zu vermitteln. Einige Techniken, mit denen Daten für solche Untersuchungen gesammelt und ausgewertet werden, kennen wir schon seit den frühen Tagen der Erforschung des Konsumentenverhaltens, andere wurden von Forschungsbereichen wie der Anthropologie und der Sprachwissenschaft übernommen, manche sind noch in der Entwicklung begriffen.

Einige analytische Methoden wurden Wissenschaften wie der Literaturwissenschaft und der Linguistik entlehnt, um besser zu verstehen, was Aussagen im Marketing wirklich bedeuten. Die *Semiotik* befasst sich mit der Bedeutung von Aussagen in Texten und Bildern und der Frage, inwiefern die unterschiedlichen Elemente, aus denen eine Aussage aufgebaut ist, eine tiefere Bedeutung symbolisieren. Die Rolle, die die Semiotik bei dem Verständnis dessen, wie die Werbung mit dem Konsumenten kommuniziert, spielt, wird im zweiten Kapitel näher untersucht.

Die **Hermeneutik** geht davon aus, dass der Empfänger einer Botschaft (zum Beispiel von Anzeigen oder Werbefilmen) diese auf Grundlage bestehender Meinungen beurteilt. Sie geht der Frage nach, wie sich Selbsteinschätzung, Wahrnehmung der Umwelt und des Senders einer Botschaft unter deren Einfluss verändern.[47]

Immer öfter werden Konsumenten in ihrer „natürlichen Umgebung" untersucht – eine Methode, die Anleihen bei der Anthropologie und deren Untersuchung fremder Kulturen nimmt. Dieses Verfahren umfasst die *teilnehmende Beobachtung*, bei der sich der Forscher in die Gastkultur eingliedert. Obwohl der Forscher sich nie ganz wie ein „Einheimischer" benehmen wird, versucht er doch, die Leute so zu sehen, wie sie selbst es tun. Diese Art einer Tiefenuntersuchung des Verhaltens einer Gruppe, gesellschaftlicher Regeln und Überzeugungen wird auch als **Ethnografie** bezeichnet. Die Untersuchungen werden zumeist in der natürlichen Umgebung vorgenommen und in Form detaillierter Fallstudien aufgezeichnet.[48]

Der ethnografische Ansatz bei der Untersuchung des Konsumentenverhaltens ist vor allem durch ein Projekt, die *Odyssee des Konsumentenverhaltens*, bekannt geworden. Zur Durchführung dieses Projekts reiste ein Team von Marketingwissenschaftlern in einem Campingbus durch die Vereinigten Staaten. Die Wissenschaftler mischten sich unter die Konsumenten, sei es auf Flohmärkten oder Volksfesten, in Versammlungen oder Museen.[49] Die Forscher brachten riesige Mengen an Aufzeichnungen, Fotos und Videos mit zurück, welche die Interviews mit zig Konsumenten dokumentieren. Die *Odyssee* war einer der ersten systematischen Versuche, Konsumenten in ihrer natürlichen und nicht in einer kontrollierten Umgebung oder im Labor zu beobachten. Eine kürzlich vorgenommene Fortsetzung dieses Projekts fand in Australien statt, wo ein Forscherteam eine ethnografische Untersuchung des Konsumverhaltens der Aborigines durchführte.[50]

1.5.4 Quantitative Forschung

Bei der **quantitativen Forschung** handelt es sich um ein zielorientiertes Verfahren mit dem Ziel, eindeutige Aussagen über die Beziehung zwischen verschiedenen Variablen zu machen. Wesentlich sind hier beschreibende Daten, die über den konkreten Untersuchungsgegenstand hinausgehen, verallgemeinert werden können und so umfangreich sind, dass sie zu einem Vergleich zwischen Einzelpersonen verwendet werden können.

Bei diesem Ansatz geht man davon aus, dass sich Differenzen, die sich durch vereinzelte Schwankungen oder zufallsbedingt ergeben können, bereinigen lassen, wenn nur ausreichend viele Testpersonen untersucht werden. Das Ziel der Sammlung von quantitativen Daten ist es, die Verlässlichkeit der Ergebnisse zu maximieren und so die Wahrscheinlichkeit zu erhöhen, dass dasselbe Ergebnis auch bei Folgeuntersuchungen zu beobachten sein wird. Es geht also nicht darum, das Verhalten einer einzelnen Person hervorzuheben, sondern die typische oder durchschnittliche Verhaltensweise von Leuten, die bestimmte Merkmale miteinander teilen, vorhersagen zu können.

Das Sammeln von Daten verlangt nicht viel Interpretationsarbeit vom Forscher, da er ja nur die Rolle des unbeteiligten Beobachters einnimmt. Die Antworten, die den Konsumenten entlockt werden, können *physiologischer* Natur (so wird zum Beispiel die Augenbewegung während der Vorführung eines Werbespots gemessen, um herauszufinden, wodurch die Aufmerksamkeit des Konsumenten erregt wird), *verbaler* Natur (hierbei handelt es sich zum Beispiel um Antworten zu Fragen über einen Werbespot, den der Konsument gesehen hat) oder *ein bestimmtes Verhalten auslösend*erNatur sein (zum Beispiel den Einkauf in großen Mengen, nachdem der Konsument in einem Werbespot auf einen einmalig günstigen Preis hingewiesen wurde).

Bei den quantitativen Untersuchungen unterscheidet man zwischen zwei Arten: beschreibend (deskriptiv) und ursächlich (kausal). Das Ziel der **deskriptiven Forschung** ist es, etwas beschreiben zu können, ohne unbedingt eine Erklärung dafür haben zu müssen. Ziel der **kausalen Forschung** ist es, die Beziehung zwischen Ursache und Wirkung darlegen zu können.

Die deskriptive Forschung

Die deskriptive Konsumentenforschung wird normalerweise dann eingesetzt, wenn man die Merkmale eines Konsumentensegments oder von einem oder mehreren Produkten auf dem Markt herausfinden möchte. So will zum Beispiel der Manager, der für den Verkauf einer bestimmten Limonade zuständig ist, mehr über das Profil des „starken Trinkers" seiner Limonade in Erfahrung bringen, um diesen von den Leuten abzugrenzen, die lieber zum Konkurrenzprodukt greifen. Oder der Manager möchte mehr über den Absatz von kalorienarmen Getränken im Vergleich zu dem von normaler Limonade innerhalb eines bestimmten Zeitraums herausfinden. Weiterhin interessiert es ihn, ob die Ausgaben für Werbemaßnahmen in direktem Zusammenhang mit dem Absatz einer Marke stehen.

Eine *langfristige Untersuchung* registriert die Reaktion auf die gleichen Produkte in einem bestimmten Zeitraum. Marketingexperten berufen sich oft auf *Paneluntersuchungen*, bei denen eine bestimmte Auswahl von Konsumenten (sie gehören normalerweise einem Haushalt an), die für einen größeren Markt repräsentativ sind, regelmäßig Informationen über ihre Einkäufe gewähren. Die Teilnehmer werden anhand von Fragebögen detailliert über ihre Kauf- und Fernsehgewohnheiten und anderes befragt. Die meisten großen europäischen Forschungs- und Werbeagenturen verfügen über ein eigenes Konsumentenpanel, aus welchem die Trends im Konsumverhalten ersichtlich werden.

Meist werden in der Marketingforschung *verschiedene (sich kreuzende) Untersuchungsarten* miteinander kombiniert. Dies bedeutet die Einholung von Informationen aus einer oder mehreren Gruppen von Teilnehmern zu einem bestimmten Zeitpunkt. Einige Untersuchungsmethoden, die bei dieser Art der Forschung verwendet werden, werden weiter hinten im Text behandelt.

Die kausale Forschung

Bei der ursächlichen oder kausalen Forschung wird der Versuch unternommen, die Beziehungen zwischen Ursache und Wirkung zu verstehen. Marketingspezialisten geht es oft darum, zu erfahren, welche **unabhängigen Variablen** eine bestimmte Wirkung hervorrufen und welche **abhängigen Variablen** von einer Veränderung der unabhängigen Variablen betroffen sind. Um alternative Erklärungen sicher ausschließen zu können, müssen Experimente sorgfältig vorbereitet werden, die vorher festgelegte Beziehungen zwischen den Variablen prüfen.

So kann zum Beispiel ein Manager aus einer deskriptiven Untersuchung schließen, dass der Absatz einer bestimmten Marke ansteigt, wenn dafür stark geworben wird. Allerdings kann er nicht mit Sicherheit sagen, dass die zusätzlichen Werbemaßnahmen auch wirklich der Grund für die höheren Absatzzahlen sind – es könnten ja weitere Faktoren einen Einfluss auf die Absatzmenge haben. So kann der gestiegene Absatz eines Produkts in der Vorweihnachtszeit einfach daran liegen, dass die Leute Geschenke kaufen.

Kausale Untersuchungen werden entweder im Labor oder in kontrollierten Umgebungen, wie etwa Geschäften, Restaurants oder zu Hause durchgeführt. Was immer auch das Forschungsobjekt sein mag, der Forscher muss nicht nur entscheidenden Einfluss auf die unabhängigen Variablen, die untersucht werden sollen, nehmen, sondern muss auch andere Faktoren konstant halten können. Wenn eine Veränderung bei einer abhängigen Variablen festgestellt wird, nachdem nur an der oder den unabhängigen Variablen etwas verändert wurde, kann der Forscher mit größerer Sicherheit davon ausgehen, dass die unabhängige(n) Variable(n) tatsächlich eine kausale (und keine in Wechselbeziehung stehende) Verbindung zu der/den abhängigen Variablen hat.

So überlegt sich zum Beispiel ein Hersteller, ob die Veränderung der Verpackung für eines seiner Produkte (eine unabhängige Variable) den Absatz (eine abhängige Variable) steigern wird. In Zusammenarbeit mit einer Handelskette wählt er bestimmte Filialen aus, die hinsichtlich des Standorts, der Konsumentendaten und so fort, Ähnlichkeiten aufweisen. In einer bestimmte Anzahl dieser Geschäfte wird das Produkt in der neuen Verpackung, in anderen, genauso vielen Geschäften aber weiterhin in der alten Verpackung angeboten. Das Management ist nun in der Lage, die Verkaufszahlen für das Produkt in verschiedenen Geschäften miteinander zu vergleichen. Wenn die Absatzzahlen in den Geschäften, in denen die neue Verpackung getestet wurde, merklich in die Höhe gegangen sind, können die Forscher mit großer Sicherheit den Schluss ziehen, dass die neue Verpackung in einem kausalen Zusammenhang mit der Absatzmenge steht.

Datentypen

Die von Konsumentenforschern gesammelten Daten können ganz allgemein in zwei Kategorien eingeteilt werden: Primäre Daten und sekundäre Daten. Kurz gesagt handelt es sich bei den **primären Daten** um alle Informationen, die speziell für die vorliegende Untersuchung gesammelt wurden. Die **sekundären Daten**, dagegen existieren bereits in irgendeiner Form: Sie wurden ursprünglich für einen anderen Zweck gesammelt, sind aber auch für die vorliegende Untersuchung von Interesse.

Primäre Daten

Primärdaten gibt es in den verschiedensten Formen. Aus der Sichtweise des Positivismus beruhen erklärende Untersuchungen oft auf qualitativen Methoden, die bereits dargestellt worden sind. Bestandteile der problemlösenden Forschung sind auch immer **Experimente** (im Labor oder bei Felduntersuchungen), **Umfragen** oder Beobachtungen.

Umfragen   Die meisten Untersuchungen finden anhand von Fragebögen statt. Dem Testteilnehmer werden Aussagen vorgelegt, auf die er reagieren soll. Die Fragebögen können ganz unterschiedlich aussehen. Am häufigsten wird jedoch die *Likert-Skala* verwendet. Der Antwortende macht ganz einfach einen Kreis um eine Zahl, die ausdrückt, wie sehr er der Aussage zustimmt oder diese ablehnt. Ein Beispiel.

> Bei Burger King zu essen macht Spaß.
> Stimme nicht zu 1 2 3 4 5 Stimme zu

Eine andere, häufig eingesetzte Skala, das *semantische Differential*, verwendet *gegensätzliche Adjektive* (z. B. gut/schlecht, hübsch/hässlich), die vor bzw. hinter einer Zahlenreihe stehen. Der Antwortende bringt anhand der von ihm eingekreisten Zahl seine Meinung zu der Aussage zum Ausdruck:

> Die Atmosphäre bei Burger King ist
> Unfreundlich 1 2 3 4 5 Freundlich

Andere Fragebögen verwenden ein Auswahlverfahren, bei dem der Befragte gebeten wird, die *Reihenfolge* für die von ihm bevorzugten Produkte oder Läden selbst festzulegen:

> Bitte verwenden Sie die Zahlen von 1 bis 4, um die Frage zu beantworten, wo es am meisten Spaß macht, zu essen:
>
> _____ Pizzeria
> _____ Burger King
> _____ Restaurant
> _____ McDonald's

Möglichkeiten für die Erhebung von Daten   Im Prinzip hat man drei Möglichkeiten, um bei einer Umfrage viele Konsumenten zu erreichen: das Telefon, die Post oder ein persönliches Interview.

* Auf dem *Postweg* (*traditionell oder elektronisch*) durchgeführte Umfragen bestehen meist aus einem Fragebogen, der einer Konsumentengruppe zugesandt wird. Oft ist in dem Schreiben ein Anreiz gegeben, für den es sich lohnt, den Fragebogen zurückzuschicken (entweder nehmen die Einsender an einer Verlosung teil oder es wird das Versprechen gemacht, für jede Rückantwort einen bestimmten Betrag für eine karitative Einrichtung zu spenden). Es ist auch möglich, dass der Konsument zu einem bestimmten Panel gehört, wie es weiter vorne im Text beschrieben wurde, und in regelmäßigen Abständen Schreiben erhält, in denen er um Informationen gebeten wird. Umfragen auf dem Postweg sind relativ einfach durchzuführen und bieten dem Antwortenden ein hohes Maß an Anonymität. Der Nachteil besteht darin, dass der Forscher nicht viele Möglichkeiten bei der Auswahl der Fragen hat

und so gut wie keine Kontrolle darüber, unter welchen Bedingungen diese beantwortet werden (oder darüber, wer sie letztendlich beantwortet).

- *Telefonische Umfragen* bestehen in der Regel aus einer kurzen Unterhaltung, während der der Interviewer eine Reihe kurzer Fragen vorliest. Die Entwicklung in der Kommunikationstechnik hat dazu geführt, dass computergestützte Interviews am Telefon immer mehr zunehmen: Der Interviewer liest die Fragen von einem Bildschirm ab und die Antworten werden direkt am Computer erfasst (CATI-Methode). Durch ein Telefoninterview können relativ schnell Daten von einer großen Anzahl von Konsumenten erhoben werden. Bei dieser Methode lassen sich jedoch keinerlei visuelle Stimuli einsetzen. Darüber hinaus hat die mittlerweile extreme Zunahme des Telefonmarketing dazu geführt, dass immer weniger Konsumenten bereit sind, bei einer solchen Aktion mitzumachen.

- *Persönliche Interviews* können bei den Befragten zu Hause durchgeführt werden. Dieses Verfahren wurde in den letzten Jahren immer weniger eingesetzt, einmal, weil es mit hohen Kosten verbunden ist, und zum anderen, weil immer weniger Leute bereit sind, Fremde in ihre Wohnung zu lassen. Viel häufiger werden heute die Interviews auf stark frequentierten Plätzen durchgeführt, wo man die Leute bittet, an einer Umfrage teilzunehmen. Der Vorteil des persönlichen Interviews liegt darin, dass der Interviewer die Fragen verändern kann (je nachdem, welche Antworten er erhält). Andererseits sind die Teilnehmer bei dieser Art von Umfrage oft nicht bereit, Fragen zu beantworten, die zu persönlich sind.

Durch Beobachtung erhobene Daten Diese Möglichkeit der Datenerhebung ist eine positivistische Methode, parallel zur naturalistischen Umfrage. Der Forscher versucht durch Beobachtung aussagekräftige Daten in Situationen zu bekommen, in denen er einige Aspekte des Konsumentenverhaltens aufzeichnet, ohne jedoch aktiv einzugreifen oder sie irgendwie zu beeinflussen. Die hier gesammelten Daten erweisen sich als ausgesprochen brauchbar, denn sie können Aussagen, die Konsumenten über ihr Verhalten machern, bestätigen.

Als zum Beispiel Mütter, die einem bestimmten Panel angehören, gefragt wurden, warum sie sich für die Fruchtschnitte einer bestimmten Firma entschieden haben, sagten sie, dass diese „besonders gesund sei". Als die Forscher anschließend Mütter beim Einkauf im Supermarkt beobachteten, sah die Sache ganz anders aus: Wenn Kindern ihren Müttern mit Bitten um irgendwelche Naschsachen auf die Nerven gingen, schien es diesen ziemlich egal zu sein, welche Marke sie kauften. Anders ausgedrückt: Der Wunsch, gesunde Nahrungsmittel zu kaufen, stimmte zwar mit der Kategorie „Fruchtschnitten" überein, führte aber nicht dazu, eine bestimmte Marke zu kaufen.[51]

- Bei der *persönlichen Beobachtung* wird das Verhalten von Leuten unmittelbar aufgezeichnet. So beobachtet ein Forscher beispielsweise Konsumenten und notiert sich die Fragen, die diese dem Verkaufspersonal stellen oder verfolgt genau, wie sie mit dem Produkt umgehen.

- Die *mechanische Beobachtung* verwendet Geräte, die das Verhalten der Konsumenten aufzeichnen. Schranken in den Geschäften werden dazu verwendet, festzuhalten, wie viele Leute über einen bestimmten Zeitraum hinweg das Geschäft betreten haben. Die heute übliche Verwendung des Bar-Codes auf den Verpackungen macht es möglich, mit Hilfe von *Scannern* die Einkäufe aufzuzeichnen, um daraus ein bestimmtes Kaufverhalten abzuleiten. Dieses Verfahren ermöglicht es den Marketingspezialisten auch, ihre Aktionen gezielt auf die speziellen Bedürfnisse von Kunden auszurichten (so werden zum Beispiel an Kunden, die Babynahrung gekauft haben, Coupons für Windeln ausgegeben). Die mechanische Beobachtung wird häufig auch auf einem anderen Gebiet bei der Untersuchung des Konsumentenverhaltens angewendet: Hierbei handelt es sich um Messgeräte, die von vielen Marktforschungsinstituten eingesetzt werden, um Fernsehgewohnheiten der Konsumenten aufzuzeichnen. Mittels dieser Daten wird festgelegt, wer welche Programme wie lange anschaut. Die hier ermittelten Werte bestimmen, wie viel ein Fernsehsender für seine Werbezeit verlangen kann (und welche Programme gestrichen oder wiederholt werden).

- Unter **unaufdringlichen Methoden** versteht man das Sammeln von Daten, ohne direkten Kontakt mit dem Konsumenten aufnehmen zu müssen. Sie sind auch unter dem Namen Spurenanalyse bekannt, da sie auf physischen Spuren oder Hinweisen auf unser früheres Verhalten beruhen. Diese Methode wird oft dann eingesetzt, wenn die Forscher vermuten, dass sie von den Befragten verfälschte Antworten bekommen würden, weil diese sich entweder nicht gut genug an ihr Verhalten erinnern können oder weil sie sich in einem besseren Licht darstellen möchten. So wird man zum Beispiel eine Person nicht danach fragen, welche Produkte er oder sie zu Hause hat, sondern direkt nachsehen, was sich in den Küchenregalen befindet. Eine innovative Forschungsmethode besteht darin, den Abfall von Leuten durchzusehen (nachdem dieser abgeholt und anonymisiert wurde) und auf diese Weise ihr Konsumverhalten zu untersuchen. Solche unaufdringlichen Methoden sind vor allem dann hilfreich, wenn eine Person über bestimmte Dinge keine oder eine falsche, Aussage macht, wie es häufig bei so heiklen Themen wie Alkoholkonsum oder Verhütungsmitteln der Fall ist. Eine weitere offensichtliche Verwendungsmöglichkeit für diese Methode stellt eine Untersuchung über die Mülltrennung dar.[52]

Sekundäre Daten

Sekundäre Daten werden von den Forschern nicht direkt gesammelt. Es handelt sich dabei meist um bereits veröffentlichte Daten, die aus den unterschiedlichsten Quellen stammen können, zum Beispiel die Verkaufszahlen einer Firma (internes Datenmaterial, das vom Unternehmen selbst erstellt wurde), aber auch Statistiken, die von Regierungen herausgegeben werden (externe Daten, die von Quellen außerhalb des Auftraggebers stammen). Sekundäre Daten können dazu beitragen, einen Sachverhalt zu verstehen (und primäre Daten zu interpretieren), indem er in einen größeren Kontext gestellt wird. Viele sekundäre Datensammlungen können von Firmen erworben werden. Das Spektrum reicht von Geschäftsbüchern und digitalen Datenbanken bis hin zu Dienstleistungen von Unternehmen und Verbänden, die das Kaufverhalten, die Einstellung und die Lebensart unterschiedlicher Konsumentensegmente erkundet haben.

1.6 Zusammenfassung des Kapitels

- Die wissenschaftliche Untersuchung des Konsumentenverhaltens befasst sich mit Prozessen, die ablaufen, wenn Individuen oder Gruppen Produkte, Dienstleistungen, Ideen oder Erfahrungen, mit denen sie Bedürfnisse und Wünsche befriedigen, auswählen, kaufen und verwenden.
- Ein Konsument sucht ein Produkt aus, verwendet es und entledigt sich dessen wieder; diese Handlungen können aber auch von verschiedenen Leuten ausgeführt werden. Darüber hinaus können Konsumenten als Akteure betrachtet werden, die unterschiedliche Produkte benötigen, um ihre verschiedenen Rollen spielen zu können.
- Die Marktsegmentierung ist ein wichtiger Aspekt des Konsumentenverhaltens. Die Konsumenten können in viele Segmente eingeteilt werden, beispielsweise dem der Produktverwendung, Demografien (objektive Merkmale einer Gesellschaft, wie Alter und Geschlecht)

und Psychografien (psychische Merkmale und Lebensweise). Neue Untersuchungsmethoden, die den Schwerpunkt auf das Beziehungs- und Databasemarketing legen, zeigen, dass sich die Marketingexperten vermehrt auf die Wünsche und Bedürfnisse unterschiedlicher Konsumentengruppen einstellen.

- Marketingmaßnahmen haben enormen Einfluss auf Individuen. Konsumentenverhalten ist von Bedeutung sowohl für unser Verständnis gesellschaftspolitischer Aspekte (z.B. ethischen Prinzipien verpflichtete Marketingaktivitäten) als auch für die Dynamik der Popkultur.

- Das Konsumentenverhalten ist ein interdisziplinäres Forschungsgebiet, wobei die Wissenschaftler aus den unterschiedlichsten Wissenszweigen eines gemeinsam haben: ihr Interesse am Verhalten des Menschen als Konsument. Die Disziplinen werden danach unterschieden, ob sie sich mit dem Mikroorganismus (dem einzelnen Konsumenten) oder dem Makroorganismus (dem Konsumenten als Mitglied von Gruppen oder größeren Gesellschaften) befassen.

- Das Konsumentenverhalten kann man aus verschiedenen Perspektiven betrachten. In der Forschung wird aber allgemein zwischen zwei Vorgehensweisen gewählt. Die positivistische Perspektive, welche zur Zeit die Oberhand hat, betont die Objektivität der Wissenschaft und betrachtet den Konsumenten als rationalen Entscheidungsträger. Die postmoderne Perspektive unterstreicht im Gegensatz dazu die Bedeutung der individuellen Erfahrungen des Konsumenten und vertritt die Meinung, dass sich jede Verhaltensweise auf verschiedenste und nicht nur eine einzige Art interpretieren lässt.

- Die Konsumentenforschung kann in ihrer Vorgehensweise qualitativ oder quantitativ sein. Die qualitative Forschung möchte mehr über die Art des Problems oder des Vorgangs herausfinden, während es der quantitativen Forschung darum geht, quantifizierbare Daten (wie oft? wie viel?) zu erhalten oder Vorhersagen (Hypothesen) zu prüfen, die auf früheren Untersuchungen oder Verhaltensmodellen beruhen. Qualitative Methoden konzentrieren sich auf Fokusgruppen, Tiefeninterviews und arbeiten mit Mitteln der Ethnografie. Quantitative Methoden verwenden vor allem Experimente, Umfragen, Konsumentenpaneltechniken und Beobachtung.

- Primäre Daten sind Informationen, die für einen bestimmten Zweck gesammelt wurden, während es sich bei den sekundären Daten um Informationen handelt, die bereits zur Verfügung stehen und für eine neue Untersuchung herangezogen werden. Quellen für sekundäre Daten sind digitale Datenbanken, Meinungsforschungsinstitute und viele Untersuchungen, die im Auftrag von Firmen unternommen worden und gegen Entgelt erhältlich sind.

SCHLÜSSELBEGRIFFE

abhängige Variablen	49	Popkultur	31
Austausch	23	Positivismus	41
Database-Marketing	31	Postmoderne	42
Demografie	26	primäre Daten	49
deskriptive Forschung	48	projektive Verfahren	44
Einzelinterview	43	Psychodrawings	45
erklärender/problemlösender Ansatz	43	Psychografie	26
Ethnografie	47	qualitative Forschung	43
Experimente	50	quantitative Forschung	48
Fokusgruppeninterview	43	Rollentheorie	23
Hermeneutik	47	sekundäre Daten	49
kausale Forschung	48	Sprechblasen	45
Konsumentenverhalten	22	stereotype Technik	46
naturalistische Umfragen	46	unabhängige Variablen	49
Paradigmen	41	unaufdringliche Methoden	52

ÜBUNGSAUFGABEN

1.1 In diesem Kapitel wird behauptet, dass Menschen verschiedene Rollen einnehmen und dass ihr Konsumentenverhalten unterschiedlich sein kann, je nachdem welche Rolle sie gerade spielen. Nehmen Sie zu dieser Aussage Stellung und führen Sie dazu Beispiele aus Ihrem eigenen Leben an.

1.2 Viele Forscher sind der Ansicht, das die Untersuchung des Konsumentenverhaltens um ihrer selbst willen und nicht als Mittel zum Zweck durchgeführt werden sollen. Das bedeutet, dass die Forschungsthemen aus einem wissenschaftlichen Interesse heraus untersucht werden sollen und nicht in erster Linie dazu dienen, die Ergebnisse fürs Marketing zu verwenden. Stimmen Sie dieser Aussage zu?

1.3 Nennen Sie einige Produkte oder Dienstleistungen, die in Ihrer sozialen Gruppe häufig verwendet werden. Äußern Sie Ihre Meinung darüber, ob diese Produkte ein Bindeglied zwischen den einzelnen Gruppenmitgliedern darstellen. Verwenden Sie bei Ihrer Argumentation Beispiele aus Ihrer Liste von Produkten, die von der Gruppe verwendet werden.

1.4 Obwohl demografische Daten über eine große Anzahl von Konsumenten bei vielen Marketingmaßnahmen verwendet werden, vertreten einige Leute die Meinung, dass der Verkauf von Daten über das Einkommen von Kunden, deren Konsumverhalten u.s.w. deren Privatsphäre verletzt und deshalb verboten werden sollte. Diskutieren Sie dieses Thema aus der Perspektive des Konsumenten wie auch der des Marketingexperten.

1.5 Nennen Sie die drei Stufen des Konsumentenprozesses. Beschreiben Sie die Überlegungen, die Sie in jeder Phase des Prozesses anstellten, als Sie sich das letzte Mal etwas Größeres anschafften.

1.6 Nennen Sie die Unterschiede zwischen der Vorgehensweise des Positivismus und der post-modernen Strategien bei der Konsumentenforschung. Nennen Sie für jeden Typ Produkt-bereiche, bei denen eines der beiden Paradigmen bei einer Untersuchung bessere Ergeb-nisse liefern wird.

1.7 Welche Aspekte des Konsumentenverhaltens sind für den Finanzplaner wohl am interessan-testen? Für einen Verwaltungsangestellten an der Universität? Für einen Grafikdesigner? Für einen Sozialarbeiter in einer staatlichen Einrichtung? Für einen Lehrer an einer Krankenpfle-geschule?

1.8 Wählen Sie ein Produkt und eine Marke, die Sie regelmäßig verwenden, und erstellen Sie eine Liste von den Attributen, die Ihrer Meinung nach für die Marke bezeichnend sind. Bitten Sie dann einen Freund oder eine Freundin – jemandem vom anderen Geschlecht – der oder die in etwa gleichen Alters ist, ebenfalls eine ähnliche Liste für das gleiche Produkt anzufer-tigen (es darf sich dabei um eine andere Marke handeln). Vergleichen Sie die Listen und kommentieren Sie schriftlich Ihre Ergebnisse.

1.9 Sammeln Sie Anzeigen für fünf verschiedene Marken des gleichen Produkts. Beschreiben Sie für jede Anzeige die Segmentvariablen, die Zielgruppe und die bei jeder Marke besonders hervorgehobenen Merkmale.

Konsumenten als Individuen

Überblick

In diesem Teil des Buchs konzentrieren wir uns auf die im Inneren des Konsumenten stattfindenden Vorgänge. Auch wenn wir nicht isoliert von unserer Umgebung zu sehen sind, so ist doch jeder von uns bis zu einem gewissen Grad ein unabhängiger Rezeptor, der von außen Informationen aufnimmt. Wir werden fast ununterbrochen konfrontiert mit Werbung, Waren, Versuchen anderer, uns etwas zu verkaufen und unserer Wirkung auf andere. Jedes Kapitel in diesem Teil des Buchs wird sich mit einem anderen Aspekt des Konsumenten auseinandersetzen – Empfindungen, Erinnerungen und Einstellungen –, der für andere nicht sichtbar ist.

Im zweiten Kapitel befassen wir uns mit dem Wahrnehmungsprozess, das heißt damit, wie Informationen zu Produkten und anderen Menschen vom einzelnen aufgenommen und interpretiert werden. Im dritten Kapitel wird beschrieben, auf welchem Wege diese Informationen gespeichert werden und wie diese unsere Betrachtungsweise der Welt beeinflussen. Im vierten Kapitel erfahren wir mehr über die Gründe und die Motivation, diese Informationen aufzunehmen und darüber, wie bestimmte Bedürfnisse und Wünsche unsere Einstellung zu Produkten beeinflussen.

Im fünften und sechsten Kapitel erörtern wir, wie unsere Einstellung – unsere Bewertung all dieser Produkte, Anzeigen und so fort – von Marketingspezialisten geformt und (manchmal) verändert wird. Wenn alle auf das Innere bezogenen Einzelaspekte zusammengefügt sind, wird die einzigartige Rolle, die jeder Konsument als ein unabhängig Handelnder auf dem Markt spielt, deutlich hervortreten. Im letzten Kapitel dieses Teils gehen wir der Frage nach, wie das Bild, das wir von uns selbst machen, unser Verhalten, unsere Wünsche und unsere Kaufentscheidungen beeinflusst.

Fabienne ist 35 Jahre alt, Mutter von zwei Kindern und arbeitet im Büro der Hauptgeschäftsstelle der französischen Eisenbahngesellschaft in Lyon Part-Dieu. Zweimal in der Woche geht sie während ihrer zweistündigen Mittagspause in das nahe gelegene Einkaufszentrum, das größte in Lyon. Heute will sie zwei Dinge erledigen: einen kurzen Imbiss einnehmen und ein Geschenk für ihren Sohn, Georges-Hubert, besorgen. Schon beim Betreten des Einkaufszentrums wird sie von dem appetitanregenden Geruch einer Pizza, der aus einem Schnellimbiss kommt, angelockt. Sie kauft ein Stück Pizza und eine kleine Flasche Mineralwasser. Als Nächstes macht sie sich auf den Weg in einen Laden, der sich „Nature et Découvertes" nennt. Sie war vorher noch nie in diesem Geschäft, hat aber von ihrer 14-jährigen Tochter gehört, dass deren Freundinnen davon schwärmten. Den Erzählungen ihrer Tochter war zu entnehmen, dass sie hier finden würde, was sie sich als Geschenk für Georges-Huberts Geburtstag überlegt hat: ein kleines Mikroskop.

Beim Betreten des Ladens ist sie angenehm überrascht. Wie immer, wenn sie in ein Geschäft kommt, strömen viele und starke visuelle Eindrücke auf sie ein. Bei diesem Laden kommt aber noch etwas hinzu: Alle fünf Sinne werden gleichzeitig angesprochen. Im Hintergrund sind Vogelstimmen und Waldrauschen zu hören, Geräusche der Natur. Sobald Fabienne die Waren berührt, spürt sie die unterschiedlichen Materialien, die neuen Formen. Als man ihr schließlich noch eine Tasse Kräutertee anbietet, wird auch noch ihr Geschmacksempfinden angesprochen. Die natürlichen Aromen, die dem Holz und den Pflanzen entströmen, und die synthetischen Aromastoffe erwecken in ihr die Erinnerung an die wunderbaren Düfte eines Waldes.

Fabienne mag diesen Laden und sie vergisst für eine halbe Stunde die Zeit. Sie geht herum wie in Trance. Als sie sich endlich an der Kasse anstellt, bemerkt sie, dass sie nicht nur das kleine Mikroskop, sondern auch eine Kerze und ein Buch über Bäume in den Händen hält.

KAPITEL 2

Wahrnehmung

2.1 Einführung

Wir leben in einer Welt, in der äußere Einflüsse ohne Unterlass auf uns einwirken. Wo immer wir uns hinwenden, bricht eine Flut von Farben, Klängen und Düften über uns herein. Einige dieser Reize sind natürlichen Ursprungs: das Bellen eines Hundes, die Farben des Abendhimmels oder der schwere Duft von Rosen. Andere jedoch werden vom Menschen erzeugt: die Person, die im Bus neben ihnen sitzt, hat vielleicht blond gefärbtes Haar, trägt rosafarbene Jeans und verströmt einen Parfümduft, der Sie leicht schwindlig werden lässt.

Das Marketing trägt ganz sicher zu diesem Durcheinander bei. Ständig sind Konsumenten von Werbeplakaten, Verpackungen, Radio- und Fernsehwerbespots und von Verkäufern umgeben, die sich viel einfallen lassen, um ihre Aufmerksamkeit zu erwecken. Wir reagieren auf diese Dauerberieselung so, dass wir einige Reize aufnehmen und andere gar nicht an uns heranlassen. Unsere Kaufentscheidung hängt aber nicht nur von diesen äußeren Einflüssen, sondern auch von unserer Interpretation ab. Das Ziel von „Nature et Découvertes" ist es, unsere Gefühle anzusprechen, uns in Erstaunen und Neugierde zu versetzen, uns Freude zu bereiten. Anders als in den meisten anderen Geschäften ist es hier das unbedingte Ziel, sinnliche Eindrücke im Übermaß auf den Kunden einwirken zu lassen, alle fünf Sinne gleichzeitig anzusprechen. In einer derartigen Umgebung kommt es nicht so sehr darauf an, den Verstand, sondern die Wahrnehmung, die Emotionen der Kunden anzusprechen.

Dieses Kapitel befasst sich mit dem Wahrnehmungsprozess. Sinnesreize werden aufgenommen und für die Interpretation der Umwelt benutzt. Nachdem wir die einzelnen Stufen dieses Prozesses diskutiert haben, versuchen wir zu erklären, wie die fünf Sinne (Sehen, Riechen, Hören, Fühlen und Schmecken) den Konsumenten beeinflussen. Es werden auch einige Vorgehensweisen vorgestellt, wie Marketingexperten Produkte und Informationen gestalten, um die Sinne anzusprechen

In diesem Kapitel geht es darum, dass die Art und Weise, wie ein Marketingstimulus präsentiert wird, eine Rolle dabei spielt, ob der Konsument darauf reagiert und ob er es überhaupt bemerkt. Verfahren und Marketingpraktiken, die auf Botschaften aufmerksam machen sollen, werden ebenfalls erörtert. Schließlich wird in diesem Kapitel auch der Interpretationsprozess nachvollzogen: Es wird erklärt, wie die Stimuli, die vom Konsumenten wahrgenommen werden, von diesem eingeordnet und mit einer Bedeutung versehen werden.

2.2 Der Wahrnehmungsprozess

Sie befinden sich in einer Vorlesung und können sich nur schwer auf das konzentrieren, was vorgetragen wird. Eben haben Sie noch den Worten des Dozenten zugehört, jetzt träumen Sie davon, was Sie am kommenden Wochenende tun werden. Plötzlich wird Ihnen bewusst, dass Sie etwas Wichtiges verpasst haben, und Sie konzentrieren sich wieder auf die Vorlesung.

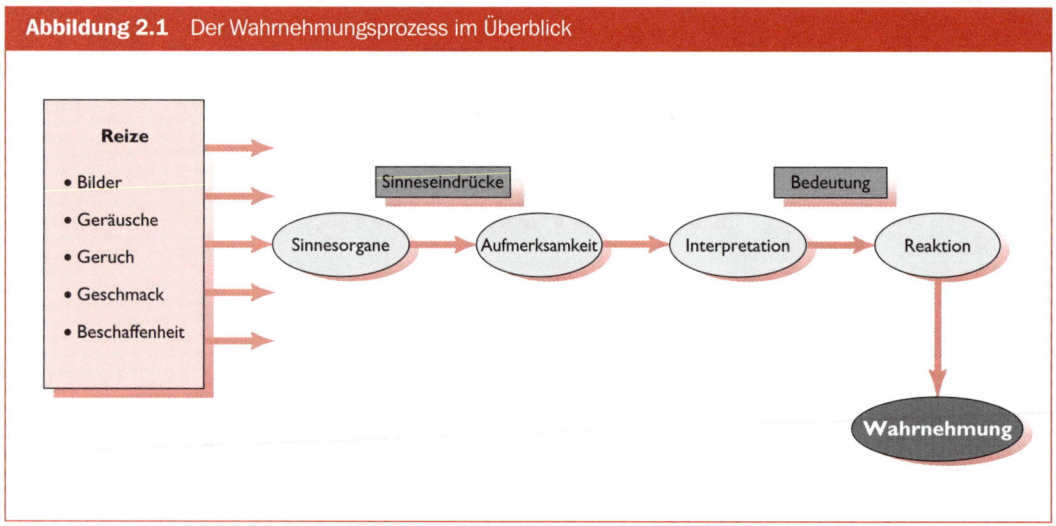

Abbildung 2.1   Der Wahrnehmungsprozess im Überblick

Die Verarbeitung von Informationen findet schrittweise statt: Reize werden aufgenommen und gespeichert. Dabei sind wir an der Verarbeitung der Informationen, die wir gerade erhalten, nicht nur passiv beteiligt. Nur ganz wenige Reize, denen wir ständig ausgesetzt sind, werden von uns auch wahrgenommen und noch wenigeren schenken wir unsere Aufmerksamkeit. Die Reize, die in unser Bewusstsein vordringen, werden nicht objektiv ausgewählt. Die Bedeutung, die das Individuum einem Reiz beimisst, hängt ganz von der Interpretation des Reizes ab, welche wiederum beeinflusst wird von charakteristischen Vorlieben, Bedürfnissen und Erfahrungen. Die drei Phasen des Wahrnehmungsprozesses sind der Reiz (oder die Sinneswahrnehmung), die Aufmerksamkeit und die Interpretation. Die einzelnen Schritte, die bei der Auswahl und der Interpretation von Reizen stattfinden, sind in dem Überblick über den Wahrnehmungsprozess in Abbildung 2.1 dargestellt.

2.2.1 Vom Sinneseindruck zur Wahrnehmung

Reize wie Licht, Farbe und Klang lösen bei den Menschen unmittelbar über die Sinnesorgane (Augen, Ohren, Nase, Mund, Haut) **Sinneseindrücke** aus. Bei der **Wahrnehmung**, also unserer Empfindungsweise, handelt es sich um einen Prozess, bei dem wir Reize auswählen, ordnen und interpretieren. Wir verarbeiten bloße Daten (Sinneseindrücke) und die Untersuchung der Wahrnehmung befasst sich mit dem, was wir diesen Sinneseindrücken hinzufügen oder ihnen nehmen, wenn wir ihnen eine Bedeutung zuweisen.

Die subjektive Natur der Wahrnehmung lässt sich mit einer umstrittenen Anzeige von Benetton zeigen. Auf dem Plakat sind die Hände eines schwarzen und weißen Mannes, die durch Handschellen miteinander verbunden sind, zu sehen. Nach der Veröffentlichung der Anzeige in Zeitschriften und auf Plakatwänden gingen bei Benetton viele Beschwerden von Leuten ein, die diese Anzeige als rassistisch empfanden, obwohl die Firma Benetton den Ruf hat, sich für die Rassengleichheit einzusetzen. Die Anzeige wurde in der Weise interpretiert, dass ein Schwarzer von einem Weißen gefangen gehalten wird.[1] Da beide Männer gleich angezogen sind, unterliegt diese Interpretation der Anzeige ganz offensichtlich vorgefertigten Meinungen und Vorurteilen. Natürlich war es genau das, was die Anzeige erreichen wollte: Die Zweideutigkeit des Motivs weist uns auf unsere eigenen Vorurteile bei der Wahrnehmung hin.

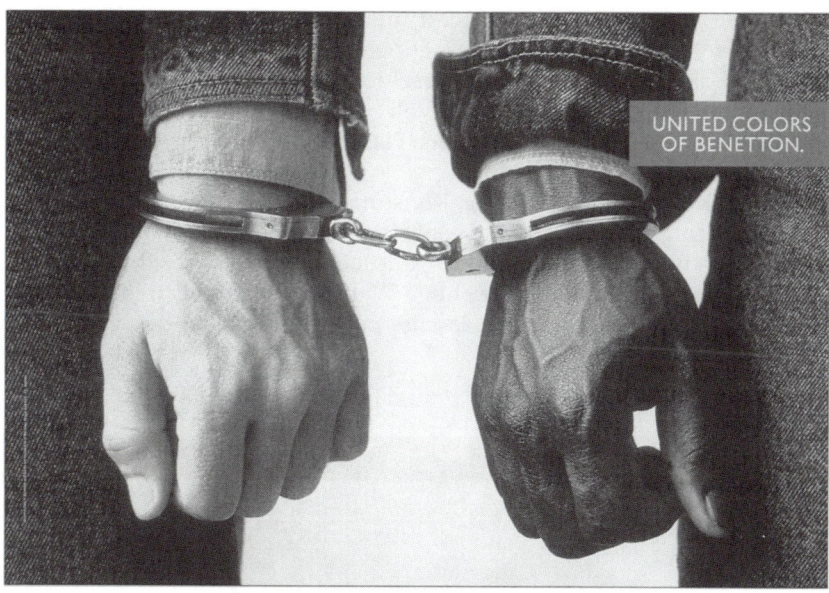

Ein Beispiel aus einer ganzen Reihe umstrittener Anzeigen von Benetton, die uns unsere eigenen Vorurteile vor Augen führen sollen.
Quelle: © Benetton

Solche Interpretationen oder Vermutungen haben ihren Ursprung in **Schemata**, geordnete Sammlungen von Überzeugungen und Gefühlen. Anders ausgedrückt bedeutet dies, dass wir dazu neigen, gesehene Objekte zu Gruppen mit ähnlichen Merkmalen zuzuordnen. das Schema, dem wir ein Objekt zuordnen, hat entscheidenden Einfluss darauf, wie wir das Objekt später beurteilen werden.

Der Wahrnehmungsprozess kann auch durch den Kauf eines neuen Aftershaves veranschaulicht werden. Aus Erfahrung verbinden wir ein Aftershave mit erotischer Anziehungskraft, deshalb suchen wir bei einem Aftershave nach Merkmalen, welche (hoffentlich) unsere Attraktivität steigern werden. Wir treffen unsere Wahl, indem wir Faktoren, wie das Image, das mit einem Produkt verbunden ist, die Form der Flasche und den Geruch selbst berücksichtigen. Wir greifen also bei der Entscheidungsfindung nur auf einen Bruchteil von Daten zurück, die wir irgendwann einmal gespeichert haben, und bringen diese in Einklang mit unseren Wünschen. Unsere Wünsche und Erwartungen werden ganz erheblich von unserem kulturellen Hintergrund beeinflusst. So kann zum Beispiel ein männlicher Konsument, der sehr auf sein männliches Auftreten bedacht ist, auf ein Aftershave ablehnend reagieren, wenn der Name der Marke zu weiblich klingt, selbst wenn andere Männer offensichtlich anders darauf reagieren.

Der Wahrnehmungsprozess kann in folgende Stufen eingeteilt werden:[2]

1. *Ursprüngliche (primitive) Einteilung*: Die grundlegenden Merkmale eines Reizes werden isoliert. Unser männlicher Konsument hat das Gefühl, dass er etwas für sein Image tun muss, deshalb entschließt er sich für den Kauf eines Aftershaves.

2. *Auswahl:* Die einzelnen Merkmale werden analysiert, um sie einem bestimmten Schema zuordnen zu können. Jeder Mensch hat seine eigenen, einzigartigen, mehr oder weniger gut entwickelten Schemata oder Kategorien für unterschiedliche Arten von Aftershave, so wie etwa „bodenständiger Macho", „geheimnisvoll" oder „verspielt französisch". Bestimmte Hinweise, wie zum Beispiel die Farbe der Flasche, dienen uns dazu, ein ganz bestimmtes Aftershave einem Schema zuzuordnen.

3. *Entscheidung:* Das Schema wird ausgewählt. Der Konsument entscheidet beispielsweise, dass eine Marke zu dem Schema „geheimnisvoll" gehört.

4. *Abschließende Entscheidung:* es wird eine Entscheidung darüber getroffen, was den Reiz ausmacht. Der Konsument beschließt, dass er die richtige Wahl getroffen hat, und bekräftigt seinen Entschluss, indem er auch die Farbe der Flasche und den interessanten Namen des Aftershaves berücksichtigt.

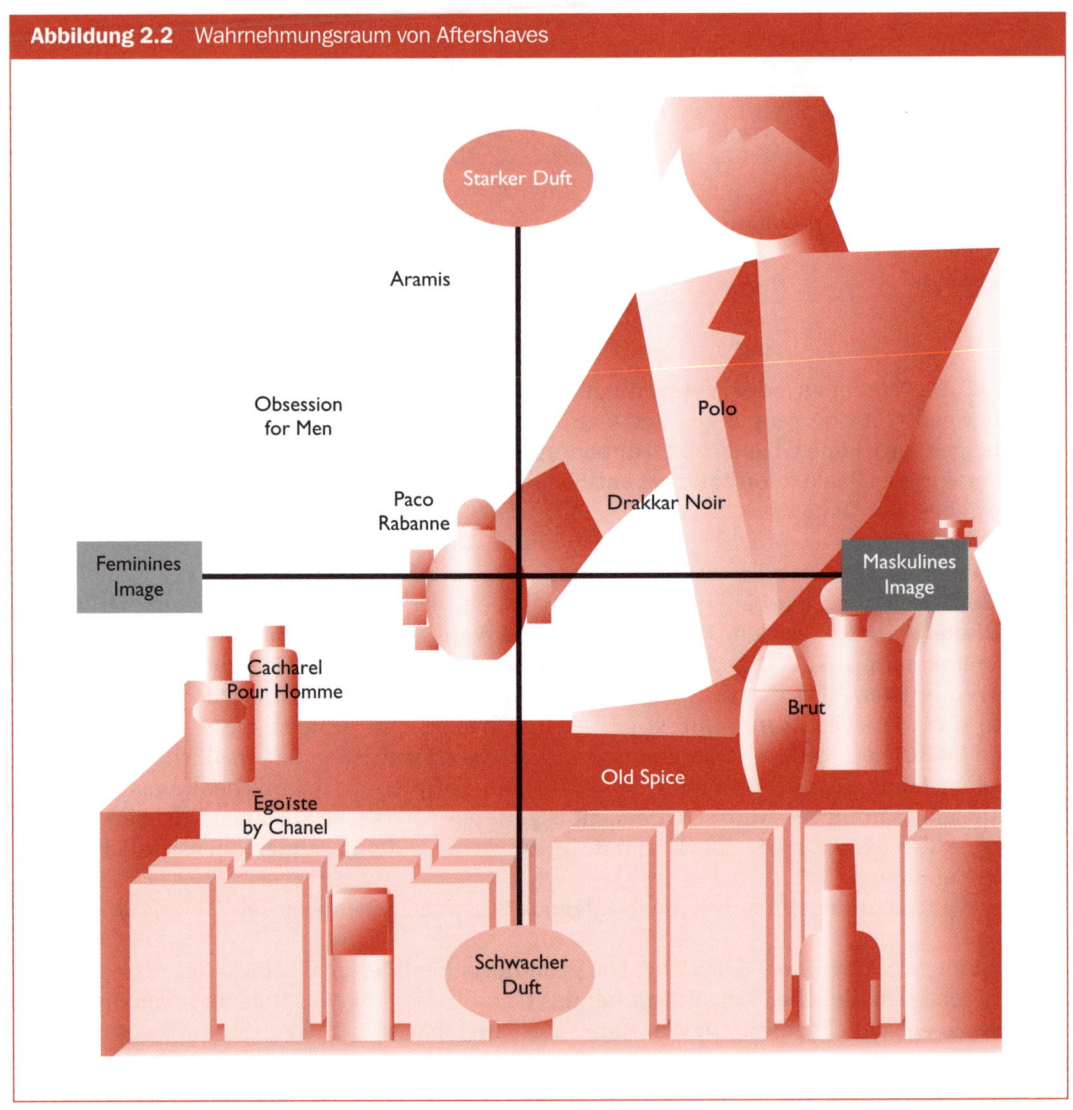

Abbildung 2.2 Wahrnehmungsraum von Aftershaves

MARKETINGFALLE

Der auf Wahrnehmung beruhende Kategorisierungsprozess kann auch schlimme Folgen haben, wie sich kürzlich gezeigt hat. Der Spielwarenverkäufer Toys 'R' Us ließ verkünden, dass er den Verkauf von „realistisch aussehenden" Spielzeugwaffen einstellen werde. Diese Maßnahme war eine Reaktion auf die Erschießung von zwei Kindern in New York, deren Spielzeugwaffen von der Polizei für echt gehalten wurden. Die Entscheidung von Toys 'R' Us erfolgt zu einem Zeitpunkt, wo viele Eltern ihren Unmut über den Verkauf solcher Waffen äußern.[3]

Diese Beispiele machen deutlich, wie wichtig der Wahrnehmungsprozess bei der Positionierung eines Produkts auf dem Markt ist. In vielen Fällen verwenden die Konsumenten, wenn sie konkurrierende Produkte oder Dienstleistungen klassifizieren, nur ein paar Grundmerkmale. Sie beurteilen dann jede Alternative danach, inwieweit sie die Vorgaben erfüllt.

Auf dieses Verhalten des Konsumenten geht ein sehr nützliches Hilfsmittel bei der Positionierung von Produkten zurück – der **Wahrnehmungsraum**. Indem die wichtigsten Eckdaten eines Produkts festgelegt werden und der Konsument gefragt wird, die Produkte verschiedener Hersteller auf der Karte zu platzieren, ist es den Marketingspezialisten möglich, wichtige strategische Fragen zu beantworten. Dazu gehören beispielsweise, welche Produktalternativen von den Konsumenten als nahe liegend oder ganz verschieden eingestuft werden und welche Möglichkeiten für neue Produkte bestehen, die über Merkmale verfügen, die keine der derzeit käuflichen Marken besitzt.

2.3 Sensorische Systeme

Externe Reize bzw. Einflüsse auf unsere Sinnesorgane, können auf die unterschiedlichste Weise empfangen werden: wir sehen ein Werbeplakat, hören ein Klingeln, fühlen die Weichheit eines Kaschmirpullovers, probieren den Geschmack einer neuen Eissorte oder riechen die neue Ledergarnitur.

Diese Einflüsse auf unsere fünf Sinnesorgane stellen die Grunddaten bereit, die die unterschiedlichsten Reaktionen hervorrufen können. So kann zum Beispiel ein von außen auf uns einwirkender Reiz, wie ein Lied, innere, sinnliche Erfahrungen hervorrufen. Bei einem jungen Mann weckt es die Erinnerung an seinen ersten Tanz. Plötzlich ist die Erinnerung an den Geruch des Parfüms seiner Tanzpartnerin und das Gefühl ihres Haars auf seiner Wange wieder sehr lebendig.

Sensorische Reize können bei uns die Erinnerung an Ereignisse auslösen, die schon lange Zeit zurückliegen. Bei den in unserer Fantasie hervorgerufenen Bildern ist hingegen eine völlig neue, nur in der Vorstellung existierende Erfahrung eine Reaktion auf bestimmte Sinneseindrücke. Die Art und Weise, wie wir reagieren, spielt eine wichtige Rolle beim **Hedonismus** bzw. die mehrere Sinne ansprechende, sich in der Fantasie abspielende und emotionale Aspekte einbeziehende Interaktion des Konsumenten mit Produkten.[4] Die Daten, die uns von unseren Wahrnehmungsorganen zur Verfügung gestellt werden, bestimmen, wie wir auf ein Produkt reagieren.

Wir vertrauen zwar im Allgemeinen unseren Sinnesorganen, wenn es um die Genauigkeit der von außen aufgenommen Einflüsse geht, die Wissenschaft jedoch stellt genau dies seit geraumer Zeit in Frage. Die vom Computer simulierte Umgebung, die *virtuelle Realität*, erlaubt

Diese Anzeige für ein Luxusauto veranschaulicht den Beitrag, den all unsere Sinnesorgane bei der Beurteilung eines Fahrerlebnisses leisten. Lexus verwendet in seinen Werbekampagnen häufig Bilder, die die Sinne anregen. Bei einer in England lancierten Werbekampagne benutzte Lexus den Slogan „Das lauteste Geräusch, das Sie in einem Lexus wahrnehmen werden, sind Ihre eigenen Gedanken", womit auf eine von Rolls Royce in den 50er-Jahren sehr erfolgreich durchgeführte Kampagne angespielt wurde, deren Hauptaussage lautete: „Bei 60 Meilen in der Stunde ist das lauteste Geräusch, das Sie hören werden, die elektrische Uhr."[5]

© 1993 by Lexus, a division of Toyota Motor Sales, USA, Inc.

es einem Chirurgen eine Person „aufzuschneiden", ohne dass dabei Blut fließt, oder ermöglicht es einem Architekten, den Entwurf eines Gebäudes aus verschiedenen Perspektiven zu betrachten. Diese Technologie, mit deren Hilfe eine dreidimensionale, wahrnehmbare Umgebung geschaffen werden kann, die der Betrachter als echt empfindet, wird im Alltag schon häufig angewendet, wie zum Beispiel bei Computerspielen.

Den stets nach neuen Einnahmequellen Ausschau haltenden Unternehmern werden zweifellos noch viele Möglichkeiten einfallen, um diese Technologie in der Unterhaltungsbranche einzusetzen – vielleicht indem sie „virtuelle Kataloge" produzieren, die es einer Person ermöglichen, durch einen Laden zu spazieren, ohne dass sie ihren Sessel verlassen muss. Bis es jedoch so weit ist, werden wir von den Marketingspezialisten immer noch hauptsächlich durch die auf unsere fünf Sinnesorgane ausgeübten Reize manipuliert. In diesem Abschnitt möchten wir einen kurzen Blick auf einige der Prozesse werfen, die ablaufen, wenn in der Werbung sensorische Reize verwendet werden.

2.3.1 Sehen

In der Werbung spielen die visuelle Elemente eine große Rolle – sei es in Anzeigen, bei der Einrichtung eines Geschäfts oder bei der Verpackung. Die Aufmerksamkeit kann auf verschiedene Weise erregt werden: durch die Größe, die Aufmachung, die auffällige Farbe und die Verschiedenheit im Vergleich mit Konkurrenzprodukten.

Die Bedeutung der Farbe in der Werbung

Farben haben einen hohen symbolischen Wert und eine große kulturelle Bedeutung. So erwecken zum Beispiel die Farben Rot, Weiß und Blau sowohl bei Engländern als auch bei Franzosen nationale Gefühle. Wegen ihrer großen kulturellen Bedeutung sind Farben ein zentraler Aspekt bei Marketingstrategien. Die Auswahl der Farben spielt eine Rolle bei Verpackung, und Werbung und sogar bei der Ausstattung eines Ladens. Es gibt Hinweise dafür, dass einige Farben (vor allem Rot) anregend, andere hingegen (wie Blau) beruhigend wirken. Die den Farben innewohnende Eigenschaft, positive oder negative Gefühle hervorrufen zu können, macht sie zu einem wichtigen Faktor bei der Gestaltung von Werbemitteln. Der Beliebtheitsgrad von Farben kann zwischen einzelnen Kulturkreisen sehr unterschiedlich sein. So haben zum Beispiel in den Mittachtzigern die Engländer grüne Badezimmer bevorzugt, wo hingegen bei den Franzosen die Wahl am häufigsten auf Blau fiel.[6]

Der Text in der Anzeige lautet: „Wo wäre das leuchtende Orange ohne Dreft?" Orange ist die Nationalfarbe der Niederländer, die Anzeige unterstreicht also die farberhaltende Qualität des Produkts und verweist durch die Verwendung der Nationalfarbe auch auf die Stärke des holländischen Staates.
Quelle: © Lurzer's 1997.

Eine besondere Verwendung von Farbne wurde erstmals in Fernsehspots für die Marke „Circle Coffee" eingeführt. Es wurde ein orangefarbener Kreis mit einer Kaffeebohne in der Mitte gezeigt. Eine Stimme forderte den Betrachter auf, die Bohne 30 Sekunden lang anzustarren; als dann anschließend der Bildschirm schwarz wurde, erschien wie von Zauberhand ein blauer Kreis auf dem Bildschirm. Diese Sinnestäuschung wird hervorgerufen durch die Wahrnehmung von Komplementärfarben – eine treffende Täuschung, wenn man weiß, dass es von derselben Firma eine Marke mit dem Namen „Blue Circle" gibt.[7]

Diese Fähigkeit von Farben, unseren Erwartungen „Farbe zu verleihen", wird in der Werbung häufig eingesetzt. Seit neuestem ist beim Marketing ein Trend hin zu „reinen" Produkten festzustellen, sei es nun Bier oder Mineralwasser, Deodorant oder Benzin. Hiermit soll dem Konsumenten suggeriert werden, dass es sich um Produkte handelt, denen Qualitäten wie Reinheit und Einfachheit statt Komplexität zu eigen sind.[8] Die Farbe Grün hat ebenfalls an Beliebtheit gewonnen, seit beim Konsumenten das Umweltbewusstsein zugenommen hat.

Heute spielt die Farbe der Verpackung eine große Rolle. Früher wurde darüber mehr oder weniger zufällig entschieden. So bekamen Campbell's Suppendosen ihr berühmtes Design aus den Farben Rot und Weiß, weil ein Geschäftsführer der Firma die Farben seines örtlichen Footballvereins besonders gern mochte! Heute wird der Auswahl von Farben sehr viel Bedeutung beigemessen und viele Firmen konsultieren Berater bei diesen Entscheidungen. In der Schweiz wurde eine Dose für löslichen Kaffee umgestaltet und mit diagonalen, malvenfarbenen Streifen versehen. Die Verpackung gewann einen Designerpreis, der Absatz des Produkts ging jedoch stark zurück. Die Konsumenten brachten die Farbe nicht mit Kaffee in Verbindung.[9]

Einige Farbkombinationen werden so sehr mit einem bestimmten Unternehmen in Verbindung gebracht, dass sie sozusagen das Livrée der Firma darstellen und ihr vielleicht sogar die alleinige Verwendung dieser Farbkombination zugestanden wird. Kodak ist eine dieser Firmen, die erfolgreich ihr Gelb, Schwarz und Rot vor Gericht verteidigt hat. Im Regelfall gilt jedoch, dass ein solcher Schutz nur garantiert wird, wenn die Möglichkeit besteht, dass der Konsument etwas anderes als das Gewünschte kauft, weil ein Konkurrenzunternehmen die gleiche Farbkombination verwendet.[10]

Da die Zahl von konkurrierenden Marken für viele Produkte stark gestiegen ist, kann die Farbe beim Verkauf eine entscheidende Rolle spielen. Als eine dänische Firma eine Käsesorte als „Schwesterprodukt" ihres bekannten Blauschimmelkäses „Castello" auf dem Markt einführen wollte, wählte sie hierfür eine rote Verpackung und den Namen Castello Bianco. Die Entscheidung fiel auf die rote Verpackung, weil Rot eine auffällige Farbe ist. Obwohl bei den

---

MULTIKULTURELLE DIMENSIONEN

Kulturelle Unterschiede bei den Vorlieben für bestimmte Farben machen natürlich auch Marketingstrategien notwendig, die auf die jeweiligen Länder zugeschnitten sind. Während viele nordeuropäischen Frauen mittlerweile der Überzeugung sind, dass starkes Schminken auf Unprofessionalität hinweist und auch nicht besonders gut aussieht, wird in der lateinamerikanischen Gesellschaft noch ein traditionelles Bild von Weiblichkeit gepflegt. So haben zum Beispiel die mexikanischen Frauen eine Leidenschaft für auffällige, leuchtende Lippenstifte und Nagellacke. Den mexikanischen Mädchen wird schon von klein auf eingetrichtert, auf ihr Äußeres zu achten. Mädchen im Babyalter tragen bereits Ohrringe und die Hausfrauen ziehen hochhackige, farbige Schuhe an, wenn sie in den Supermarkt gehen. Diese Frauen haben kein Bedürfnis nach einem „natürlichen Aussehen". Eine Anwaltsgehilfin in Mexiko City erklärte das Ganze so: „Wenn eine Frau kein Make-up trägt, glauben die Männer, dass sie krank ist oder so." [11]

Geschmackstests der Käse sehr positiv beurteilt wurde, waren die Verkaufszahlen enttäuschend. Eine Analyse der Konsumenteninterpretationen förderte zu Tage, dass die rote Verpackung und der Name beim Konsumenten eine falsche Vorstellung erzeugten, was das Produkt überhaupt und seinen Geschmack betraf (er wurde als süß eingeschätzt wegen der Assoziation mit dem Wermut „Martini Bianco"). Nachdem man dies festgestellt hatte, kam der Käse erneut auf den Markt, diesmal jedoch in einer weißen Verpackung und mit dem Namen „White Castello". Die Verkaufszahlen verdoppelten sich innerhalb kürzester Zeit.[12]

Jedes Jahr sind andere Farben „in". Sie sind überall zu sehen, bei der Kleidung, bei Möbeln, bei Autos und so weiter. Diese Modefarben verschwinden so schnell wieder, wie sie aufgetaucht sind, um im folgenden Jahr oder schon in der nächsten Saison von anderen „in"-Farben ersetzt zu werden.

Die Farbwahl der Konsumenten wird von diesen Trends beeinflusst. Ein einfacher Grund hierfür liegt darin, dass die Auswahl an Farben dadurch eingeschränkt wird, was in den Läden angeboten wird. Nur wenigen Menschen ist bewusst, wie stark Modefarben von der Entscheidung von Insidern der Modebranche abhängen. Farbexperten aus verschiedenen Beraterfirmen treffen sich regelmäßig um zu entscheiden, welche Farben den Modegeschmack während einer Saison im kommenden Jahr, in fünf Jahren und manchmal sogar in zehn Jahren treffen werden. Die Mitglieder solcher Expertengruppen stützen ihre Vorhersagen auf kulturelle und soziale Trends. Die Empfehlungen der Fachleute werden von den Herstellern aufgegriffen, um ihre Produktion festzulegen.

Ein Sprichwort lautet: „Ein Bild sagt mehr als tausend Worte." Die über das Auge aufgenommene Botschaft spricht oft Bände über die Eigenschaften des Produkts. In diesem Fall ist es klar, dass in dieser in Singapur erschienenen Anzeige auf die Geräumigkeit des Mitsubishi hingewiesen werden soll.
© Euro RSCG Ball Partnership, Singapore

2.3.2 Geruch

Düfte können aufwühlen oder beruhigend wirken, Erinnerungen wachrufen oder Stress abbauen. Einige unserer Reaktionen auf Gerüche entspringen Erfahrungen, die wir mit diesen Gerüchen assoziieren. Ein Beispiel hierfür ist, wie es ein Marketingspezialist ausdrückte, „der Geruch von Babypuder, der häufig in Duftmischungen verwendet wird, da dieser Geruch der Inbegriff für Behaglichkeit, Wärme und Zufriedenheit ist".[13]

Die Lust der Konsumenten, sich mit angenehmen Düften zu umgeben, ist Existenzgrundlage vieler Unternehmen. Da dieser Markt sehr umkämpft (jedes Jahr werden 30 bis 40 neue Düfte eingeführt) und mit hohen Kosten verbunden ist (im Schnitt kostet es mehr als 100 Millionen Mark einen neuen Duft auf dem Markt einzuführen), lassen sich die Hersteller immer neue Verwendungsmöglichkeiten für ihre Gerüche und Düfte im Alltag einfallen. Traditionelle Duftnoten, die wir mit Blumen verbinden, wie Rosen und Jasmin, werden immer noch häufig eingesetzt. Es macht sich aber ein Trend hin zu ungewöhnlicheren Düften bemerkbar, wie etwa Pfirsichmelone (Elizabeth Ardens Sunflower) und eine Mischung aus Pfirsich, Mandarine, Orange, Wasserlilie und weißen Rosen (Sun Moon Stars von Karl Lagerfeld).[14] Ein gerade in den letzten Jahren immer stärker zu beobachtender Trend sind Parfüms wie von Calvin Klein, die als Unisex-Produkte positioniert sind. Zusätzlich zu den Parfüms haben aber auch die Düfte, die im Haus verwendet werden, eine wachsende Bedeutung. Hierzu gehören Blütenpotpourris genauso wie Zimmersprays und Luftbefeuchter, Schrankdüfte und parfümierte Kerzen. Der Einsatz von Düften reicht aber über die genannten Verwendungsgebiete hinaus. Ein Arbeitgeberverein der Holzindustrie verteilte nach Holz riechende Duftkarten an potenzielle Lehrlinge, um sie über den Geruchssinn davon zu überzeugen, dass ein Beruf in der holzverarbeitenden Industrie im Vergleich zu anderen Berufen schon allein wegen des Dufts, von dem man umgeben ist, vorzuziehen ist.[15]

2.3.3 Klang

Musik und Klang spielen in der Werbung ebenfalls eine wichtige Rolle. Die Konsumenten geben jedes Jahr Unsummen für CDs und Kassetten aus, Musik, die allein für einen Werbespot geschrieben wurde, löst beim Konsumenten ein Markenbewusstsein aus und Hintergrundmusik erzeugt die gewünschte Atmosphäre.[16] Seit einigen Jahren nutzen auch Hersteller von Glückwunschkarten die Möglichkeiten, die der Einsatz von Klängen für die Verkaufsförderung spielen kann, indem sie Karten verkaufen, auf die der Konsument etwas aufsprechen kann. Hallmark Cards Inc. bietet Karten an, auf die 10 Sekunden lange, persönliche Botschaften gesprochen werden können. Die Botschaft ertönt automatisch, wenn die Karte geöffnet wird.[17]

Es sind die unterschiedlichsten Geräusche, die Gefühle und das Verhalten beeinflussen. Eine englischeFirma erkannte, wie wichtig das Geräusch beim Öffnen einer Verpackung ist. Die Firma gelangte zu dieser Überzeugung, nachdem sie Konsumenten während eines Tests dabei beobachtet hatte, wie sie die Schachtel mehrere Male geöffnet, geschlossen und wieder geöffnet haben und dabei ganz offensichtlich ihre Aufmerksamkeit dem Geräusch schenkten, das beim Öffnen zu hören war.[18] Bei der Untersuchung des Konsumentenverhaltens konzentriert man sich vor allem auf zwei Bereiche, die beim Einsetzen von Geräuschen in der Werbung eine Rolle spielen: die Wirkung von Hintergrundmusik auf die Stimmung und der Einfluss, den die Sprechgeschwindigkeit auf die Einstellungsänderung und das Verständnis der Botschaft hat.

Muzak wird von Millionen von Menschen täglich gehört. Diese so genannte „funktionale Musik" wird in Läden, Einkaufszentren und Büros gespielt, damit sich die Leute entspannen oder zum Kauf angeregt werden. Die allgemeine Meinung von Marketingfachleuten ist, dass sich diese Musik günstig auf das Wohlbefinden und Kaufverhalten von Kunden auswirkt; allerdings wurde diese Annahme bislang noch nicht bewiesen. Bei der *Zeitkompression* handelt es sich um ein Verfahren, das von Rundfunkanstalten benutzt wird, um die Wahrnehmung von Klängen zu manipulieren. Dabei wird mehr Information pro Zeiteinheit vermittelt, indem der Sprecher in einem Werbespot schneller spricht. Die Erhöhung liegt bei etwa 120-130 Prozent der normalen Geschwindigkeit. Den meisten Menschen fällt diese Veränderung gar nicht auf.

Die Meinungen darüber, ob die Erhöhung der Sprechrate etwas bringt, sind ganz unterschiedlich. Es wurde beobachtet, dass es in einigen Situationen durchaus zum Erfolg beiträgt, diesen in anderen aber eher einschränkt. Eine Erklärung für die positive Wirkung liegt darin, dass ein Hörer aus der Schnelligkeit des Sprechens Schlüsse darüber zieht, wie überzeugt jemand von seiner Sache ist; es scheint allgemein angenommen zu werden, dass ein schneller Sprecher weiß, wovon er spricht.

Eine weitere Erklärung liegt darin, dass dem Zuhörer weniger Zeit bleibt, die Aussagen der Werbespots zu bewerten. Die Beschleunigung unterbricht die übliche Reaktion auf Werbung und verändert die „Stichworte" zur Beurteilung des Werbeinhalts. Diese Veränderung kann die Einstellungsänderung erschweren oder erleichtern, je nachdem, welche weiteren Einflussfaktoren beteiligt sind.[19]

2.3.4 Tasten

Obwohl noch relativ wenige Forschungsergebnisse vorliegen, inwieweit der Tastsinn das Konsumentenverhalten beeinflusst, lässt sich doch sagen, dass die darüber vermittelte Wahrnehmung sehr wichtig ist. Unsere Stimmung wird von dem beeinflusst, was wir auf unserer Haut spüren – sei es eine angenehme Massage oder der kalte Wind im Gesicht.

Es konnte nachgewiesen werden, dass Berührungen bei Verkaufsverhandlungen eine Rolle spielen. Wie viele Berührungen und an welchen Körperteilen diese bei Verhandlungen akzeptabel sind, unterscheidet sich natürlich von Kultur zu Kultur. Im Allgemeinen kann man beob-

Diese Anzeige veranschaulicht die natürliche Qualität und den Geschmack einer Zitrone, die als Ersatz für Salz dient.

Tabelle 2.1	Gegensätze bei der haptischen Wahrnehmung		
Wahrnehmung	**Männlich**	**Weiblich**	
hochklassig	Wolle	Seide	fein
einfach	Denim	Baumwolle	↕
	schwer ←→ leicht		rau

achten, dass sich Nordeuropäer weniger berühren als Südeuropäer. Viele Briten meinen, dass die Franzosenbeim Händeschütteln übertreiben.[20]

Was uns unser Tastsinn sagt, hat auch eine symbolische Bedeutung. Die Menschen verbinden mit dem Gewebe von Stoffen und anderen Produkten unterschwellig auch eine Aussage über die Qualität. Ein Material wird als mehr oder weniger kostbar eingestuft, je nachdem wie es sich anfühlt, ob es rau oder glatt, weich oder steif ist. Ein glattes Gewebe, wie etwa Seide, wird gleichgesetzt mit Luxus, wohingegen grobere Stoffe, wie Denim, als praktisch und haltbar eingestuft werden. Einige der Assoziationen, die über den Tastsinn ausgelöst werden, sind in Tabelle 2.1 zusammengefasst. Gewebe aus einem seltenen Material oder solche, die aufwändig hergestellt werden müssen, damit sie sich weich und fein anfühlen, sind in der Regel teurer und werden daher auch eher mit einer finanziell gut gestellten Gesellschaftsschicht in Verbindung gebracht. Ähnlich ist es bei leichten, empfindlichen Geweben, die man als feminin einstuft. Männer schätzen eher raue, grobe Materialien, wohingegen Frauen weiche bevorzugen.

So wie bei der Beurteilung von Stoffen die Beschaffenheit des Gewebes eine Rolle spielt, betrifft das bei einigen alkoholischen Getränken das Gefühl auf der Zunge. Eine Anzeige für Lexus, die in Großbritannien erschienen ist, zitiert die Worte einer Automobilzeitschrift, die den Motor „so samten wie den feinsten Whisky" nennt. Die nebenstehende Anzeige für einen schottischen Malzwhisky unterstreicht die Weichheit des Produkts, indem es seinen Geschmack mit dem Gefühl gleichsetzt, das man beim Gleiten übers Eis empfindet.
© William Grant & Sons, Inc.

2.3.5 Geschmack

Unsere Geschmacksnerven wirken daran mit, wie wir viele Produkte empfinden. Mit Hilfe von Geschmacksanalysen wird untersucht, wie die Menschen Produkte über den Geschmackssinn wahrnehmen. So führte eine frühere Untersuchung beispielsweise einen Blindtest bei der Beurteilung von Butterkeksen durch. Dabei wurden neben dem Buttergeschmack auch noch andere Faktoren getestet: Knusprigkeit, wie die Kekse auf der Zunge vergehen, Festigkeit, Klebrigkeit und schließlich noch das, was unser subjektives Geschmacksempfinden über die Süße, Salzigkeit und Bitterkeit des Produkts sagt.[21]

Hersteller von Lebensmitteln geben sich jede erdenkliche Mühe, damit die Produkte so schmecken, wie sie sollen. Manche Unternehmen setzen zum Testen von Produkten eine bestimmte Gruppe von Konsumenten ein, die über überdurchschnittlich gute Geschmacksorgane verfügen und ein sechsmonatiges Training absolviert haben. Oder man testet ganz normale Konsumenten. In einem Geschmackstest werden den Testpersonen die Produkte der Firma, die den Test durchführt, und auch solche von der Konkurrenz zur Beurteilung gegeben. Hierbei wird nicht nur nach dem Geschmack, sondern auch nach anderen Kriterien gefragt. Die Ergebnisse der Untersuchung sind in zweifacher Hinsicht wichtig: Zum einen geht es darum, die unterschiedlichen Vorlieben von Konsumenten herauszufinden, also ein Konsumentensegment zu erfassen, zum anderen geht es um die Positionierung eines Unternehmens oder einer Marke hinsichtlich der wichtigsten sinnlich wahrnehmbaren Merkmale des Produkts.[22]

Sind diese Art von Tests überhaupt sinnvoll? Obgleich Geschmackstests oft wertvolle Informationen liefern, können die Ergebnisse doch irreführend sein, wenn außer Acht gelassen wird, dass der eigentliche Geschmack nur eine Komponente bei der Beurteilung des Produkts ist. Das berühmteste Beispiel für diese Fehleinschätzung ist New Coke, Coca Colas Antwort auf die Herausforderung von Pepsi.[23] Das neue Produkt, New Coke, schnitt im Blindtestvergleich mit Pepsi auf 17 Märkten in einem Verhältnis von 55 zu 45 Prozent besser ab. Wo immer man aber die herkömmliche Coca Cola durch New Coke ersetzte, gab es beim Verkauf Schwierigkeiten. Dieses Beispiel zeigt, dass die Konsumenten ein Produkt nicht nur wegen des Geschmacks kaufen, sie erwerben auch inmaterielle Werte wie das Image einer Marke.

Manchmal können Produkte, die bei einem Geschmackstest durchfallen, dennoch Erfolg haben, wenn man sie auf dem Markt anders positioniert. So war es mit dem Ginger Ale von Vernor, das im Geschmackstest im Vergleich zu den bekannten Marken schlecht abschnitt. Daraufhin entschied sich das Unternehmen für eine neue Marketingstrategie. Das Getränk wurde als ein neuer Typ von alkoholfreien Getränken auf den Markt gebracht und siehe da, das Produkt konnte sich behaupten. Ein Sprecher von Vernor erklärte den Vorgang folgendermaßen: „Die Testpersonen mochten es nicht, weil es nicht den Vorstellungen entsprach, wie Ginger Ale schmecken sollte."[24]

2.4 Sensorische Schwellen

Wenn Sie jemals eine Hundepfeife benutzt und beobachtet haben, wie ein Tier auf das Geräusch reagiert, das der Mensch nicht hören kann, dann ist Ihnen auch klar, dass es Reize gibt, die vom Menschen nicht wahrgenommen werden können. Natürlich nehmen Menschen auch unterschiedlich wahr; so benötigen manche stärkere Reize als andere.

Die Wissenschaft, die sich damit befasst, wie unsere physische Umgebung in unsere persönliche, subjektive Welt hineinspielt, heißt **Psychophysik**. Wenn wir die physischen Gesetze verstehen, die unsere Reaktionen steuern, können wir dieses Wissen in Marketingstrategien umsetzen.

2.4.1 Die absolute Schwelle

Wenn wir von einer sensorischen Schwelle sprechen, dann verstehen wir darunter die geringste Intensität, bei der wir mit einem Sinnesorgan einen Reiz noch wahrnehmen können. Die **absolute Schwelle** bezieht sich auf die kleinste Reizmenge, die von einem Sinnesorgan wahrgenommen werden kann. Der Ton, der aus einer Hundepfeife kommt, ist so hoch, dass das menschliche Gehör ihn nicht mehr hören kann, weil er jenseits unseres absoluten Schwellenwerts liegt. Die absolute Schwelle ist wichtig, wenn man überlegt, welche Stimuli im Marketing eingesetzt werden sollen. So kann zum Beispiel auf einem Werbeplakat am Straßenrand die unterhaltsamste Geschichte stehen, die es je auf der Welt gab, aber es nützt gar nichts, wenn sie so klein geschrieben ist, dass sie die Autofahrer, die daran vorbeifahren, nicht lesen können.

Abbildung 2.3   Die geringfügigen Veränderungen im Design der Dosensuppen von Campbell's zeigen die Bemühungen des Unternehmens, die zentralen, traditionellen Merkmale bei der Markenverpackung zu erhalten und gleichzeitig zu vermeiden, dass das Produkt altmodisch wirkt.

© Campbell's Inc.

2.4.2 Die differenzierte Schwelle

Unter der **differenzierten Schwelle** versteht man die Fähigkeit eines Sinnesorgans, eine Veränderung oder einen Unterschied zwischen Reizen zu erkennen. Ein Werbespot, der schwarzweiß gefilmt wurde, wird bei einem Farbfernseher vielleicht die Aufmerksamkeit der Zuschauer auf sich ziehen, weil die Farben so sehr von dem abweichen, was vorher gezeigt wurde. Würde man nun denselben Werbespot auf einem Schwarz-Weiß-Fernseher zeigen, würde dieser wegen des fehlenden Farbunterschieds nicht mehr auffallen und vielleicht gar keine Beachtung finden.

Die Frage, wann und ob eine Veränderung bemerkt wird, ist für das Marketing oft von entscheidender Bedeutung. Manchmal ist es die Absicht von Werbeleuten, dass eine Veränderung auf jeden Fall registriert wird, zum Beispiel dann, wenn Waren mit einem Preisnachlass angeboten werden. In anderen Situationen wiederum möchte man eine Veränderung herunterspielen, etwa wenn eine Preiserhöhung stattfand oder wenn die Größe des Produkts verringert wurde (zum Beispiel bei einer Tafel Schokolade).

Die Fähigkeit des Konsumenten, einen Unterschied zwischen zwei Reizen zu erkennen, ist relativ. Ein im Flüsterton gehaltenes Gespräch, das auf einer lauten Straße vielleicht überhaupt nicht gehört werden kann, kann in einer Bibliothek, wo sich alle ruhig verhalten, plötzlich zu unserem Beschämen von anderen mitgehört werden. Ob der Reiz bemerkt wird, ist also nicht allein von Lautstärke der Unterhaltung abhängig, sondern von dem relativen Unterschied zwischen den Dezibelstärken des Lärmpegels der Umgebung und der eigenen Unterhaltung.

Die geringste merkliche Veränderung eines Reizes wird auch als **JND**, just noticeable difference (der kleinste erkennbare Unterschied), bezeichnet. Im 19. Jahrhundert fand der Psychophysiker WeberErnst, heraus, dass die Größe einer Veränderung, der es bedarf, um bemerkbar zu sein, von der ursprünglichen Intensität des Reizes abhängig ist. Je stärker der ursprüngliche Reiz ist, umso größer muss die Veränderung sein, damit sie bemerkt wird. Dieser Zusammenhang ist unter dem Namen **Webers Gesetz** bekannt. Viele Unternehmen erneuern regelmäßig die Verpackung ihrer Produkte, nehmen dabei aber so geringfügige Veränderungen vor, dass dies vom Konsumenten nicht unbedingt bemerkt wird. Wenn das Äußere eines Produkts erneuert wird, möchte der Hersteller natürlich nicht, dass der Konsument die Bindung zu dem vertrauten Erscheinungsbild verliert.

2.5 Selektive Wahrnehmung

Obwohl wir bekanntermaßen ja in einer „Informationsgesellschaft" leben, kann das, was uns an Reizen geboten wird, auch zu viel des Guten sein. Die Konsumenten werden oft von Reizen überflutet, und sind weit mehr Informationen ausgesetzt, als sie bereit oder fähig sind zu verarbeiten. Wenn man sich mehrere Stunden lang in einem lauten, überfüllten Raum aufhält, verspürt man oft das Bedürfnis, nach draußen zu gehen, um frische Luft zu schnappen. Ein Konsument hat häufig ein ähnliches Bedürfnis, wenn er einer Situation ausgesetzt ist, in der viele unterschiedliche Produkte um seine Aufmerksamkeit konkurrieren. Der Wettstreit um unsere Aufmerksamkeit nimmt ständig zu, da die Anzahl der im Fernsehen gezeigten Werbespots oder anderer Werbeangebote steigt.

Der Fähigkeit des Gehirns, Informationen zu verarbeiten, sind Grenzen gesetzt. Daher geht man bei der Auswahl sehr selektiv vor. **Selektive Wahrnehmung** heißt, dass Menschen nur einem kleinen Teil der Reize, denen sie ausgesetzt sind, ihre Aufmerksamkeit schenken. Es handelt sich dabei um eine Art psychischer Ökonomie, bei der der Konsument zwischen einem Überangebot an Reizen auswählt, um so zu vermeiden, dass er von der Werbeflut über-

---

MARKETINGFALLE

Konsumenten und Marketingexperten fühlen sich durch ein zuviel an Werbung zunehmend gestört. Werbefachleute befürchten, dass das Überhandnehmen von Werbemaßnahmen, sowohl in den traditionellen als auch den neueren Medien, etwa im Kino und auf Monitoren in Wartezimmern, die Qualität ihrer Arbeit gefährdet. Sie befürchten, dass die Konsumenten von den um ihre Aufmerksamkeit konkurrierenden Reizen in einem Maße bombardiert werden, dass ihr Gehirn die vielen Botschaften nicht mehr aufnehmen kann. Die Konsumenten haben die ganze Sache ebenfalls satt. Viele Untersuchungen zeigen, dass Anzeigen sehr gut gestaltet sein müssen, um den Konsumenten nicht zu langweilen und um seine Aufmerksamkeit zu erregen: entweder müssen sie lustig, ansprechend gestaltet oder wirklich informativ sein – was immer das auch sein mag.

---

schwemmt wird. Dieses Überangebot an Reizen, das die Werbung auf uns ausübt, stellt bei der selektiven Wahrnehmung des Konsumenten zwei wichtige Aspekte in den Vordergrund: Aufnahme und Aufmerksamkeit.

2.5.1 Aufnahmefähigkeit

Unter **Aufnahmefähigkeit** versteht man das Ausmaß, in dem Reize innerhalb des sensorischen Systems vom Menschen wahrgenommen werden. Die Konsumenten konzentrieren sich auf bestimmte Reize, nehmen andere gar nicht zur Kenntnis oder vermeiden diese absichtlich. Eine Untersuchung, die im Auftrag einer Bank durchgeführt wurde, hat ergeben, dass Konsumenten Informationen nicht zur Kenntnis nehmen oder ignorieren, die sie nicht interessieren. Nachdem in den Vereinigten Staaten ein Gesetz erlassen wurde, das den Banken vorschreibt, ihre Kunden beim elektronischen Banking besser aufzuklären, hat die Northwestern National Bank unter erheblichem Kostenaufwand an 120.000 Kunden eine Broschüre verteilt, in der die notwendigen Informationen abgedruckt waren. Dass es sich hierbei um keine aufregende Lektüre handelte, trat dadurch zu Tage, dass in 100 Broschüren mitten im Text darauf hingewiesen wurde, dass derjenige 10 000 Dollar erhält, der der Bank die Broschüre vorlegt. Nicht eine einzige Person hat sich gemeldet.[25]

Selektive Aufnahme

Erfahrung, die immer auf dem Erwerb von Informationen beruht, ist einer der Faktoren, der entscheidet, in welchem Maße eine Person einen bestimmten Reiz aufnimmt. Wahrnehmungsfilter, die aus den Erfahrungen des Konsumenten zusammengesetzt sind, nehmen Einfluss darauf, was weiterverarbeitet wird.

Die Reaktionsbereitschaft der Wahrnehmungsorgane ist ein Faktor bei der selektiven Aufnahme. Die Konsumenten reagieren eher auf Reize, die etwas mit ihren momentanen Bedürfnissen zu tun haben. Diese Bedürfnisse können sowohl unbewusst als auch bewusst sein. Ein Konsument, der sich so gut wie nie für Autoanzeigen interessiert, wird sich diese sehr bewusst ansehen, wenn er auf der Suche nach einem neuen Auto ist. Eine Zeitungsanzeige für ein Schnellimbiss-Restaurant, die in der Regel übersehen wird, erregt plötzlich unsere Aufmerksamkeit, wenn wir hungrig sind.

Die Erfindung des Videorekorders hat es dem Konsumenten möglich gemacht, mithilfe der Fernbedienung darüber zu bestimmen, welche Anzeigen er sich ansehen möchte und welche nicht. Ein Videorekorder von Mitsubishi macht es sogar möglich, die Anzeigen ganz und gar zu unterdrücken. Mittels einer bestimmten Technik kann zwischen unterschiedlichen Typen von TV-Signalen unterschieden werden, die bei dem Programm selbst und den Werbespots verwendet werden. Die Aufzeichnung stoppt automatisch während der Werbepausen.[26]

Hier ist mehr Kreativität in der Werbung gefragt, da bei interessanten Werbespots nicht so häufig vorwärts gespult wird. Es gibt bereits Untersuchungen darüber, dass der Zuschauer das Band nicht mehr vorlaufen lässt, wenn seine Aufmerksamkeit von einem gut gemachten oder außergewöhnlichen Werbespot erregt wird. Den gleichen Effekt haben auch längere Spots oder solche, die über eine längere Dauer dasselbe Bild zeigen (wie etwa einen Markennamen oder ein Logo), da diese sogar beim Vorwärtsspulen noch zu erkennen sind.[27]

Gewöhnung

Ein weiterer Faktor, der die Aufnahme beeinflusst, ist die Gewöhnung oder der Zeitraum, über welchen hinweg der Konsument einen Reiz aufnimmt. Der Gewöhnungsprozess tritt dann ein, wenn der Konsument einen Reiz nicht länger beachtet, weil er ihm vertraut ist. Wie Drogenabhängige „gewöhnt" sich der Konsument an den Reiz, so dass die „Dosis" immer weiter erhöht werden muss, damit er ihn überhaupt noch bemerkt. So fällt zum Beispiel einem Konsumenten auf dem Weg zur Arbeit ein neues Werbeplakat auf, das er aber bereits nach ein paar Tagen nicht mehr zur Kenntnis nehmen wird, weil es dann schon zur vertrauten Umgebung gehört.

Verschiedene Faktoren können zur Gewöhnung führen:

- *Intensität*: Personen gewöhnen sich schneller an weniger starke Reize (z. B. leise Musik oder blasse Farben), da diese eine geringere Auswirkung auf die Sinnesorgane haben.
- *Dauer*: Man gewöhnt sich schneller an Reize, denen man relativ lange ausgesetzt sein muss, bevor sie weiterverarbeitet werden, da sie eine längere Aufmerksamkeitsspanne beanspruchen.
- *Differenziertheit*: Die Gewöhnung an einfache Reize erfolgt schneller, da man sich hier auf keine Details konzentrieren muss.
- *Häufigkeit*: An Reize, denen man regelmäßig ausgesetzt ist, gewöhnt man sich umso schneller, je öfter man ihnen ausgesetzt ist.
- *Relevanz*: An Reize, die unwichtig oder nicht relevant sind, gewöhnt man sich schnell, da sie unsere Aufmerksamkeit nicht auf sich ziehen.

2.5.2 Aufmerksamkeit

Unter Aufmerksamkeit versteht man das Maß, in dem sich ein Konsument auf einen Reiz, der sich innerhalb seines Aufnahmeradius befindet, konzentriert. Da die Konsumenten vielen unterschiedlichen Werbereizen ausgesetzt sind, werden die Marketingexperten immer kreativer, wenn es darum geht, die Aufmerksamkeit auf ihre Produkte zu lenken.

Eine Möglichkeit stellt die Verwendung einer dynamischen Verpackung dar. Einige Beraterfirmen haben ausgefeilte Verfahren entwickelt, mit denen die Wirksamkeit von Verpackungen gemessen werden soll: Sie verwenden zum Beispiel Instrumente wie einen Winkelmesser, mit dessen Hilfe sie die Erkennbarkeit von Verpackungen messen, wenn der Konsument die Regale eines Supermarktes entlangwandert und die Verpackung aus verschiedenen Blickwinkeln zu sehen bekommt. Des Weiteren werden auch die Augenbewegungen von Menschen aufgezeichnet, wenn sie sich Verpackungen und Anzeigen ansehen. All diese Daten können auf subtile, aber wirksame Weise in der Werbung verwendet werden. Die Aufzeichnung der Augenbewegung wird auch in Tests verwendet, bei denen es um die Beurteilung der Präsentation von Waren in Geschäften geht.[28]

Gegenmaßnahmen zum Werbechaos

Viele Marketingexperten versuchen der Reizüberflutung, die von der Menge von Werbung ausgelöst wird, entgegenzusteuern, indem sie versuchen, die Aufmerksamkeit auf ihre Produkte zu lenken. Eine sehr teure Strategie ist der Kauf ganzer Werbeblöcke, wodurch die Aufmerksamkeit der Konsumenten beherrscht werden kann. IBM wagte den Versuch und kaufte zwei oder drei aufeinander folgende Anzeigenseiten in einer Zeitung. Und Coca-Cola kaufte einmal einen 5-minütigen Werbeblock im dänischen Fernsehen kurz vor Weihnachten.

Andere Unternehmen verwenden sogenannte „bookend ads", bei denen ein Fernsehspot für ein Produkt in verschiedene Teile, zwischen denen für andere Produkte geworben wird, aufgeteilt ist. Im ersten Teil wird ein Konflikt aufgebaut, der im zweiten gelöst wird. Dies motiviert den Zuschauer weiter zuzusehen, da er die ganze Geschichte erfahren möchte. So zeigte zum Beispiel ein Fernsehspot für ein von Tuborg speziell für Weihnachten gebrautes Bier die Zeichnung eines Nikolaus im Schlitten, der sich von einer Seite des Bildschirms zur anderen bewegt. Nach ein paar weiteren Spots erscheint der Nikolaus wieder. Dieses Mal begegnet er einem entgegenkommenden Tuborg-Getränkewagen. Der Nikolaus wendet blitzschnell seinen Schlitten und folgt dem Wagen, während eine Sprecherstimme allen Zuschauern im Namen von Tuborg ein frohes Weihnachtsfest und ein glückliches, neues Jahr wünscht.

In manchen Anzeigen stehen Teile des Geschriebenen auf dem Kopf und ziehen so die Aufmerksamkeit des Lesers auf sich. Die Aussage des Herausgebers des Starch-Tested Copy Newsletter reflektiert vielleicht den je nach Kulturkreis unterschiedlichen Umgang mit Werbeanzeigen: „Ich glaubte, dass sich die Leute nicht anstrengen wollen, wenn sie eine Anzeige lesen! Zumindest die Amerikaner mögen es nicht. Sie mögen es nicht, beim Lesen verwirrt zu werden. Die Engländer dagegen lieben das."[29]

Eine andere, immer wieder eingesetzte Möglichkeit besteht darin, Anzeigen an eher ungewöhnlichen Stellen anzubringen, wo sie sich die Aufmerksamkeit nicht mit anderen teilen müssen. Dies sind zum Beispiel die Rückseiten der Einkaufswagen im Supermarkt, Fußgängerpassagen, Barrieren in Sportstadien oder auch Filme, wie das wachsende Interesse für die Positionierung von Produkten gezeigt hat.[30] Etwas obskurere Plätze, auf denen man ebenfalls ab und zu auf Anzeigen trifft, sind öffentliche Toiletten,[31] Handgriffe von Benzinpumpen und Stufen, die zur U-Bahn führen.[32] Und natürlich nicht zu vergessen, die für den Läufer Linford Christie speziell angefertigten Kontaktlinsen mit dem Puma-Logo darauf, denen jede Menge Aufmerksamkeit zuteil wurde.[33] Ein Geschäftsführer bei Campbell's Soup erklärte die Entscheidung des Unternehmens, Anzeigen auch in Kirchenblättern zu platzieren, mit folgenden Worten: „Wir müssen den Konsumenten heute geradezu wachrütteln, damit er noch etwas zur Kenntnis nimmt ... Das Fernsehen allein schafft das nicht. Heute müssen wir mit unseren Anzeigen auf die Leute losgehen, wo immer sie gerade sind – sei es im Geschäft, beim Spiel oder auf dem Nachhauseweg."[34] Diese Strategie kann aber auch das Gegenteil des Gewünschten bewirken, in einer Zeit, in der es für Menschen immer schwieriger wird, werbefreie Momente zu finden. Eines der grotesken Beispiele für die Arbeitsweise der „neuen Medien" war das Gerücht, dass Nike den brasilianischen Fußballer Ronaldo für 64 Millionen Dollar kaufen wolle. Die Überlegungen von Nike, dass der Gewinn, den der Gebrauch seines Namens für das Unternehmen einbrächte, zu gering wäre, wenn er nur für eine Mannschaft spielte, führte zu dem aberwitzigen Vorschlag, dass Ronaldo jedes Jahr in einer anderen Mannschaft spielen sollte, je nachdem wo er die Marketinganstrengungen von Nike am besten unterstützen könnte.[35] Klar, dass aus diesem Deal nie etwas wurde.

MARKETINGCHANCE

In der Musikbranche werden neue Wege beschritten, um mögliche Käufer anzusprechen. MCA Records hat einem mächtigen Filmverleih Geld gegeben, damit dieser vor der eigentlichen Filmvorführung ein Musikvideo von Tom Petty and the Heartbreakers zeigt und Mercury Records hat in einer groß angelegten Kampagne in 18 Städten auf Bussen Plakate angebracht, auf denen für das neue Album von John Mellencamp geworben wurde. Eine Führungskraft bei MCA erklärte: „Es besteht eine große Affinität zwischen Leuten, die Filme anschauen und Musik hören. Und eins ist sicher: Sobald sie mal im Kino sind, sind sie Ihnen ausgeliefert. Sie blicken alle auf die Leinwand."[36]

Kontraste schaffen

Wenn viele Reize um die Aufmerksamkeit des Konsumenten konkurrieren, wird nur derjenige viele Menschen ansprechen, der es schafft, sich von den anderen zu unterscheiden. Reize, die keinem vorhersehbaren Muster folgen, erregen oftmals große Aufmerksamkeit. Unterschiede in Größe und Farbe sind ebenfalls wirksame Mittel, um einen Kontrast zu erzeugen. Ein Schwarz-Weiß-Objekt in einer farbigen Anzeige ist ziemlich auffällig; dies gilt auch für einen schwarz gedruckten Text, der von einer großen weißen Fläche umgeben ist. Wichtig ist ebenfalls die Größe des Reizes im Verhältnis zu dem von der Konkurrenz gewählten.

Eine häufig angewandte Methode, um einen Kontrast zu betonen, ist die Verwendung von Werbeklischees, die mit einem besonderen Dreh versehen werden. Der Energizer Bunny™ ist hierfür ein gutes Beispiel: Dieser Werbespot kommt völlig anders daher, als es den Gewohnheiten der Zuschauer ansonsten entspricht (siehe hierzu die Diskussion über Semiotik weiter hinten). Für einen Werbespot für Baufinanzierung wurde das Klischee des nach Hause kommenden Soldaten und der jungen, wartenden Ehefrau gewählt, die dem Mann die Kreditaufnahme für Reparaturarbeiten am Haus ankündigt. Zunächst werden die aus dem Fenster starrende Frau und der Mann in seiner Truppe auf dem Transport nach Hause gezeigt, dann kommt der Ehemann schließlich zu Hause an – wo er als Erstes heftig seinen Kopf an einem niedrig hängenden Balken anstößt.[37] Es ist ein Trend hin zu Werbespots zu erkennen, die sich über sich selbst oder andere kulturelle Stereotypen lustig machen und so Sympathie und Glaubwürdigkeit vermitteln.[38]

2.6 Interpretation: entscheiden, was Dinge bedeuten

Als **Interpretation der Wahrnehmung** bezeichnet man die Bedeutung, die Personen Sinnesreizen beimessen. So wie Menschen sich darin unterscheiden, wie sie Reize wahrnehmen, so unterscheiden sie sich auch durch die Zuweisung von Bedeutungen für diese Reize. Zwei Personen können dasselbe Geschehen hören oder sehen, die Interpretation dessen, was sie gesehen oder gehört haben, kann jedoch völlig unterschiedlich sein.

Die Konsumenten interpretieren einen Reiz, indem sie diesen in ein *Schema*, oder eine Sammlung von Bedeutungen, dem der Reiz zugewiesen ist, einordnen. Während eines Prozesses, der als **Priming** (**Aktivierung des Denkapparats**) bekannt ist, rufen bestimmte Merkmale eines Reizes mit höherer Wahrscheinlichkeit ein Schema hervor, als es andere Merkmale tun. Wie wir anhand des Beispiels des Castello Käses weiter vorne im Text erläutert haben, kann ein Markenname Erwartungen bezüglich der Merkmale eines Produkts beeinflussen und die

Wahrnehmung der Konsumenten auf die Darstellung des Produktes lenken, indem ein bestimmtes Schema aktiviert wird.

Von der **Ambiguität eines Reizes** spricht man dann, wenn ein Reiz nicht eindeutig wahrgenommen wird oder wenn er mit mehreren Bedeutungen verbunden ist. In diesen Fällen neigen die Konsumenten dazu, ihren eigenen Wünschen und Erwartungen zu folgen, wenn sie dem Reiz eine Bedeutung zuweisen. Obwohl eine Ambiguität in der Produktwerbung von Marketingexperten nicht gern gesehen wird, wird diese dennoch immer häufiger eingesetzt, wenn Kontraste, Widersprüche, Interesse oder unterschiedliche Meinungen hervorgerufen werden sollen. So zeigt zum Beispiel eine bekannte Anzeige für Zigaretten von Benson & Hedges eine Gruppe von Leuten an einem Esstisch und einen im Hintergrund stehenden Mann, der nur mit Pyjamahosen bekleidet ist. Die Unklarheit, die dieser Person anhaftet, hat dem Unternehmen viel Öffentlichkeit eingebracht, weil viele Menschen versuchten eine Erklärung für die Rolle des mysteriösen „Pyjamamannes" zu finden.

2.6.1 Wie Reize geordnet werden

Die Menschen können einen Reiz nicht isoliert wahrnehmen. Unser Gehirn neigt dazu, ankommende Empfindungen mit erinnerten Bildern von anderen Ereignissen oder Empfindungen, die auf der Grundlage einiger Organisationsprinzipien beruhen, in Zusammenhang zu bringen. Eine Reihe von Gesetzen beschreibt, wie wir Reize wahrnehmen und organisieren.

Die Gestalt

Die Prinzipien der **Gestaltpsychologie** entstanden aus der Erkenntnis, dass Wahrnehmungen nicht von Einzelempfindungen bestimmt werden, sondern dass erst das Ganze, also etwa auch der Kontext, Faktoren der Wahrnehmungsgliederung sowie Erfahrungen und Einstellungen, die Wahrnehmung erklärt. Eine Einzelanalyse jeder Komponente des Reizes kann nicht das vollständige Bild ergeben. Die Gestaltpsychologie arbeitet mit verschiedenen Gesetzen, die dieses Verhalten erklären. Drei dieser Gesetze oder Wahrnehmungsmechanismen sind in Abbildung 2.4 veranschaulicht.

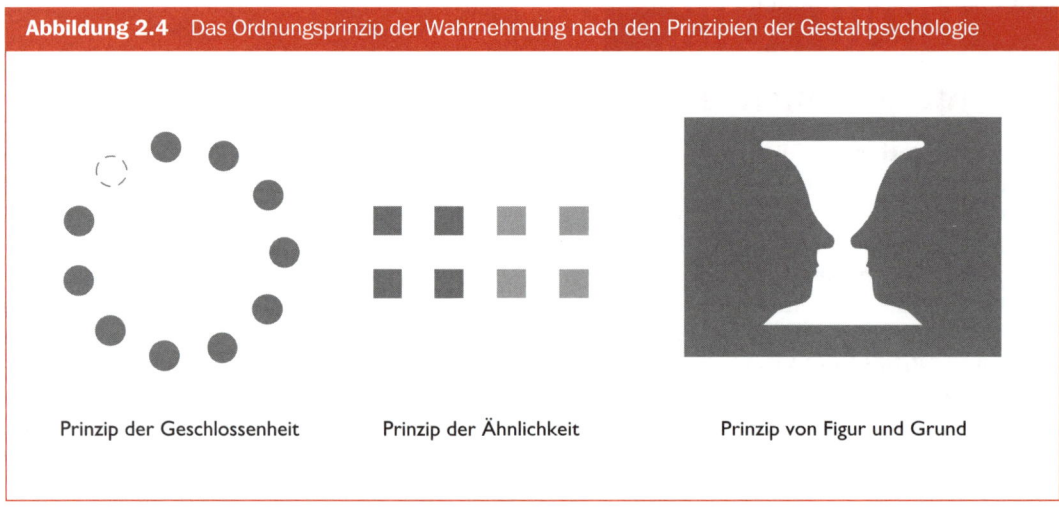

Abbildung 2.4　Das Ordnungsprinzip der Wahrnehmung nach den Prinzipien der Gestaltpsychologie

Prinzip der Geschlossenheit　　　Prinzip der Ähnlichkeit　　　Prinzip von Figur und Grund

Das **Prinzip der Geschlossenheit** besagt, dass der Konsument dazu neigt, etwas Unvollständiges als vollständig wahrzunehmen, das heißt, er fügt fehlende Teile aufgrund seiner Erfahrung einfach hinzu. Das ist auch der Grund dafür, warum die meisten keine Probleme damit haben, eine Neonreklame zu lesen, auch wenn ein oder zwei der Buchstaben nicht erleuchtet sind, oder die Lücken in einem Text, wie dem von J&B, zu füllen. Das Prinzip der Geschlossenheit tritt auch dann ein, wenn wir nur einen Teil eines Reims oder einer Melodie hören. Die Verwendung dieses Gesetzes beim Marketing fordert die Betrachter zur aktiven Teilnahme auf, was die Wahrscheinlichkeit erhöht, dass die Leute der Botschaft Beachtung schenken.

Das **Prinzip der Ähnlichkeit** sagt aus, dass Konsumenten Objekte, die ähnliche Merkmale teilen; einander zuordnen, sie fügen also Gegenstände zu Gruppen zusammen, die zusammen ein erkennbares Ganzes ergeben. Dieses Wahrnehmungsphänomen wird von Unternehmen angewendet, die mehrere Produkte anbieten, aber einige Charakteristika beibehalten möchten, wie zum Beispiel die Form einer Flasche, so dass es für den Konsumenten leicht zu erkennen ist, dass es sich um ein Shampoo der Firma XY handelt.

Ein weiteres wichtiges Gestaltkonzept ist das **Figur-Grund-Prinzip**, bei dem ein Teil eines Reizes (die Figur) dominiert, während andere Teile im Hintergrund bleiben. Dieses Konzept kann leicht verstanden werden, wenn man sich ein Foto mit einem klaren und gestochen scharfen Objekt im Mittelpunkt (die Figur) vorstellt. Da die Figur dominiert, wendet sich ihr das Auge sofort zu. Die Teile des betrachteten Objektes, die entweder als Figur oder als Grund wahrgenommen werden, können verschieden sein, abhängig vom individuellen Konsumenten, aber auch von anderen Faktoren. Ähnlich verhält es sich auch bei Werbemitteln, die das Figur-Grund-Prinzip verwenden. Ein Reiz kann im Zentrum der Botschaft stehen oder sich auf der Fläche, die das Zentrum umgibt, befinden.

Diese J&B-Anzeige veranschaulicht die Verwendung des Prinzips der Geschlossenheit, demzufolge Personen aktiv an der Werbung teilnehmen, indem sie die fehlenden Buchstaben ergänzen.
© Paddington Corporation

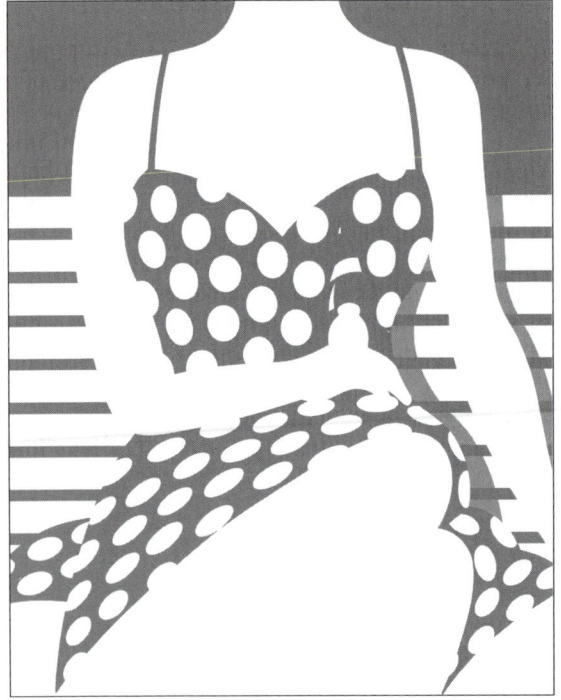

„Was macht das Leben ein wenig grüner ...?" Diese Anzeige (die über einen längeren Zeitraum hinweg sehr erfolgreich war) für eine Biersorte von Tuborg („Tuborg Green Label") verwendet einen Farbcode, der sowohl auf das Grün als ein Teil des Markennamens als auch auf positive Assoziationen mit dieser Farbe verweist: Frühling, Frische, Natur. Gleichzeitig wird hier auch das Figur-Grund-Prinzip verwendet, so dass der Betrachter die bekannte Form einer Bierflasche und das charakteristische, wie eine acht geformte Etikett von Green Tuborg erkennen soll.

© Tuborg Breweries

2.6.2 Die Bedeutung von Symbolen für die Interpretation

Wenn wir versuchen, einem in der Werbung eingesetzten Reiz eine Bedeutung zuzuweisen, egal, ob es sich um eine auffällig gestaltete Verpackung, einen mit viel Aufwand hergestellten Werbespot oder um ein Fotomodell auf einer Modezeitschrift handelt, tun wir das mithilfe der Assoziationen, die diese Bilder in uns hervorrufen. Deshalb ist die Bedeutung, die wir etwas beimessen, davon beeinflusst, was mit den Symbolen geschieht, die wir wahrnehmen. Denn schließlich haben viele in der Werbung verwendete Bilder im Grunde genommen keine unmittelbare Verbindung zu den tatsächlichen Produkten. Was hat ein Cowboy denn schon mit Tabak, der in einen Fetzen Papier gerollt wird, zu tun? Wie ist es möglich, dass eine Berühmtheit wie der Footballstar Gary Lineker Kartoffelchips aufwerten kann?

Um zu verstehen, wie Konsumenten die Bedeutung von Symbolen interpretieren, verwenden manche Marketingexperten die Erkenntnisse der **Semiotik**, welche sich mit der Beziehung zwischen Zeichen und Bezeichnetem und deren Funktion bei der Zuweisung von Bedeutung befasst.[39] Die Semiotik ist für das Verständnis des Konsumentenverhaltens sehr wichtig, da Konsumenten Produkte verwenden, um ihre soziale Zugehörigkeit zu manifestieren. Die Bedeutung der Produkte wird erlernt und wir verlassen uns dabei auf die Werbung, die uns sagt, welche Bedeutung sie haben. Eine Forschungsgruppe hat das Ganze so zusammengefasst: „Die Werbung dient als eine Art Kultur/Konsum-Wörterbuch, die Einträge darin sind Produkte und ihre Erklärungen sind von kultureller Bedeutung."[40]

Für den Semiotiker Charles Sanders Peirce besteht jede Botschaft im weitesten Sinne aus drei grundlegenden Komponenten: einem Objekt, einem Zeichen im engeren Sinne und einem Inter-

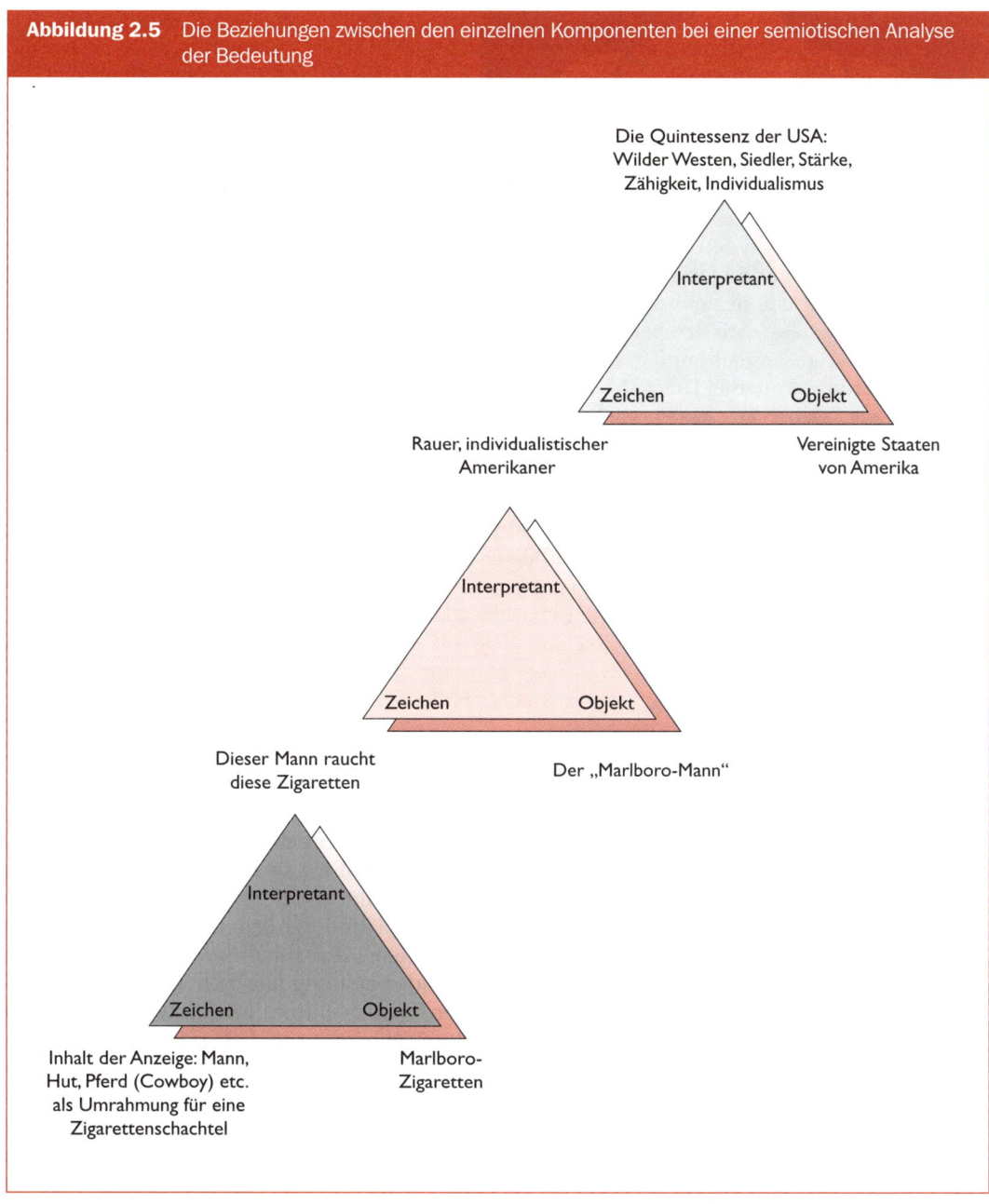

Abbildung 2.5 Die Beziehungen zwischen den einzelnen Komponenten bei einer semiotischen Analyse der Bedeutung

pretant. Eine Werbung, wie zum Beispiel eine Marlboro Anzeige, kann auf verschiedenen Ebenen gelesen werden. Auf der untersten Ebene wäre das Produkt das **Objekt**, das im Mittelpunkt steht (die Marlboro-Zigaretten). Das **Zeichen** ist das Sinnbild, das die beabsichtigte Bedeutung des Objekts darstellt (der Inhalt der Anzeige, in diesem Fall der Cowboy). Der **Interpretant** ist in etwa die Bedeutung, die wir daraus entnehmen (dieser Mann raucht diese Zigaretten). Aber dieser Mann ist nicht irgendein Mann. Er ist ein Cowboy – und nicht irgendein Cowboy. Der Interpretant „Mann (Cowboy), der diese Zigaretten raucht" wird selbst zu einem Zeichen, vor allem deswegen, weil wir bereits viele Anzeigen dieser Art von dieser Firma gesehen haben. Auf der zweiten Bedeutungsebene verweist dieses Zeichen also auf die fiktive Person des Marlboro-Mannes und sein Interpretant setzt sich aus allen Bedeutungen zusammen, die wir mit diesem Mann verknüpfen, so zum Beispiel unserer Vorstellung, dass es sich bei ihm um einen „rauen, individualistischen Amerikaner" handelt. Auf der dritten, der so genannten ideologischen Ebene wird der Interpretant des „rauhen, individualistischen Amerikaners" ein Zeichen dafür, was wir für den stereotypen Amerikaner halten. Sein „Objekt" ist also Amerika und sein Interpretant all die Ideen und Merkmale, die wir für typisch und durch und durch amerikanisch halten. Diese semiotische Beziehung wird in Abbildung 2.5 dargestellt. Aus dem Beispiel dieser Bedeutungskette lässt sich ersehen, dass die Anzeige Elemente aus den fundamentalen „Mythen über Amerika" entleiht und gleichzeitig dazu beiträgt, diese zu bestätigen. Wir werden im vierzehnten Kapitel auf das Thema Mythen und Konsum näher eingehen.

Wenn wir Zeichen aus der Perspektive von Peirce betrachten, sind diese über eine von drei Möglichkeiten mit dem Objekt verbunden. Sie können diesem erstens ähnlich sein, zweitens auf kausale oder andere Art oder drittens aus der Tradition heraus mit diesem in Verbindung stehen.[41] Ein **Icon** ist ein Zeichen, das dem Produkt in irgendeiner Weise ähnlich ist (so verwendet Apple Computer zum Beispiel das Bild eines Apfels, um sich darzustellen). Ein Index ist ein Zeichen, das mit einem Produkt in Beziehung steht, weil sie gewisse Eigenschaften teilen (so wird zum Beispiel ein Nadelbaum häufig auf bestimmten Reinigungsmitteln dargestellt, da der Konsument damit Eigenschaften wie Frische und natürlicher Duft in Verbindung bringt). Ein Symbol ist ein Zeichen, das mit einem Produkt aus rein traditionellen Gründen verbunden ist (so verhält es sich zum Beispiel mit dem Mercedes-Stern, der in Zusammenhang mit dem Unternehmen Mercedes-Benz Assoziationen mit deutscher Qualitätsarbeit und Erfindungsreichtum hervorruft).

Die Anzeige für den Cognac von Hennessy veranschaulicht einige der subtilen semiotischen Prozesse, die stattfinden, wenn wir Werbung mit Bedeutung versehen. Das Produkt, Cognac, ist ein edles alkoholisches Getränk, das wir gedanklich mit einem weichen, milden Geschmack, einem luxuriösen Ambiente und einem hohen Preis verbinden. Das Etikett stellt ein Icon dar, da es das Produkt repräsentiert. Seide wird als Index für Eigenschaften benutzt, die sie mit Cognac gemeinsam hat – sie ist ebenfalls weich und mit einem Hauch von Luxus umgeben. Die Frau, die das Seidengewand trägt, ist ein Symbol – wir assoziieren mit ihr Sexappeal, Weichheit und Luxus. Die geistigen Urheber dieser Anzeige hoffen, dass diese Eigenschaften beim Betrachter die entsprechende Produktwahrnehmung auslösen.

Die Verwendung von Symbolen ist im Marketing ein wichtiges Mittel, wenn es darum geht, dem Konsumenten Produktmerkmale zu vermitteln. So werden zum Beispiel teure Autos, Designerkleidung und Diamantenschmuck – welche allgemein als Symbole für Erfolg gelten – häufig in Anzeigen verwendet, um beim Betrachter eine Assoziation des Produktes mit Reichtum und Kultiviertheit auszulösen. Die in der Werbung verwendete rhetorische Analyse ist ein weiterer Bereich, der bei der Untersuchung, wie eine Anzeige ihre Botschaft vermittelt, von Hilfe ist.[42] Die semiotische Analyse von Anzeigen wurde auch bei Produkten und Lebenszyklen von Marken angewandt, um einige Richtlinien dafür, wann die komplexesten Anzeigenformen verwendet werden sollten, entwickeln zu können.[43]

Ein Aspekt bei der Semiotik des Konsums, der im Vergleich zur Semiotik in der Werbung bislang weitgehend vernachlässigt wurde, ist die Semiotik der Waren als solche. In den letzten Jahren hat man sich, anstatt die Botschaften über Gebrauchsgegenstände zu untersuchen, häufiger damit befasst, Gebrauchsgegenstände als Botschaften zu betrachten.[44] Die Semiotik von Konsumwaren konzentriert sich also auf die Fähigkeit von Waren, entweder allein oder in Ver-

Ein Beispiel dafür, wie eine Anzeige semiotisch gelesen werden kann. Beachten Sie den Hinweis auf Weichheit, der auch in anderen Anzeigen für alkoholische Getränke in diesem Kapitel verwendet wird.
© Schieffelin & Somerset Co.

bindung mit anderen Waren zu kommunizieren. Ein eng verwandtes Forschungsgebiet ist der symbolische Konsum[45], bei dem sich das Augenmerk nicht so sehr auf die Ware als Zeichen *per se* richtet, sondern eher auf die Bedeutung, die mit dem Konsum der Ware verbunden ist. Hier wird in vielen Fällen die Ware zu einem Index für einige für den Konsumenten charakteristische Merkmale wie etwa Trendverhalten, Vermögen, Femininität oder andere Attribute, die den Konsumenten in einen bestimmten subkulturellen Kontext stellen.

Andere Verwendungsmöglichkeiten für die Semiotik bieten das Industriedesign[46] und das Design für Unternehmensfilialen. So wurde zum Beispiel bei einer semiotischen Untersuchung über die Bedeutung und Erwartungen, die Konsumenten mit einem neuen Supermarkt verknüpfen, herausgefunden, dass bei den potenziellen Kunden vier unterschiedliche Profile erkennbar sind. Diese Profile standen in einem Zusammenhang mit der jeweiligen Vorliebe für ein bestimmtes Design bei der äußeren und inneren Gestaltung des Supermarktes. Mit diesen Angaben war es den Architekten möglich, ein Design herauszuarbeiten, das den meisten Konsumenten gefiel.[47]

Die Semiotik spielt bei vielen der aktuellen Theorien über das Konsumentenverhalten eine zentrale Rolle. In Anbetracht der Tatsache, dass dem Konsumenten immer stärker bewusst wird, wie und was er anhand seines Konsumverhaltens vermittelt, wird die heutige Welt oft als „semiotische Welt" bezeichnet.[48] Weiterhin wird behauptet, dass wir mehr Vertrauen in die von uns selbst geschaffenen Botschaften haben, als in die, welche uns das Marketing und irgendwelche Trends vorgeben. Diese Tendenz hin zur Selbstbestimmung führt dazu, dass wir Dinge miteinander kombinieren, etwa Kleidungs- und Möbelstücke oder sogar Lebensweisen, die wir früher als nicht zueinander passend betrachtet haben.

Wie bereits dargestellt worden ist, ist eines der herausragenden Kennzeichen für die moderne Werbung, dass sie immer wieder auf sich selbst verweist. Eine wachsende Zahl von Anzeigen und Werbespots verweist auf andere Werbung, oft auf ironische Art und Weise, und schafft so ein eigenes Universum, welches in vielerlei Hinsicht von den Waren, für die gewor-

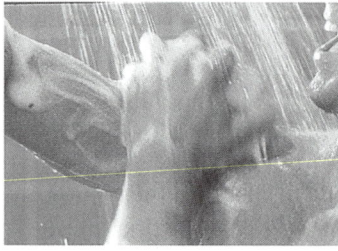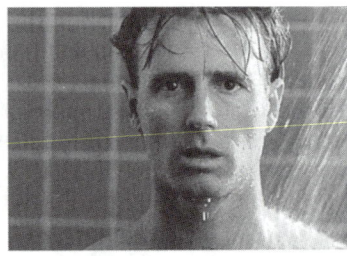

Der beliebte rosafarbene Energizer Bunny™, der heiter durch simulierte Werbespots hüpft, schafft einen Zustand der Hyperrealität, in welcher Produktsymbole ein Eigenleben annehmen.
© Eveready Battery Company Inc.

ben wird, unabhängig ist. Werbung wird damit zu einer eigenen Kunstrichtung und entsprechend beurteilt und nicht mehr als etwas verstanden, was irreführende Informationen über Produkte verbreitet.[49] Der Begriff **Hyperrealität** steht für etwas Reales, was ursprünglich eine Simulation oder ein „hype" war.[50] Die Werbung schafft neue Beziehungen zwischen Objekten und Interpretanten, indem sie neue Verbindungen zwischen den Produkten und deren Vorzügen erfindet, wie etwa die Marlboro-Zigaretten mit der ursprünglichen amerikanischen Abenteuerlust gleichsetzt.[51] Es ergibt sich, dass mit der Zeit die Beziehung zwischen dem Symbol und der Realität immer schwieriger nachvollziehbar ist und die „künstlichen" Assoziationen zwischen Symbolen der Werbung und Produktsymbolen und der Realität ein Eigenleben beginnen.

So hat zum Beispiel eine Werbekampagne für den Kaffee Taster's Choice das Konzept einer Seifenoper in Fortsetzungen perfektioniert, indem langsam eine Liebesbeziehung zwischen zwei Darstellern aufgebaut wird. Dieser Werbespot wurde später in leicht veränderter Form für andere Kaffeesorten, zum Beispiel   Nestlés Gold Blend, aufgegriffen. Der rosafarbene Energizer Bunny, der ursprünglich in ganz gewöhnlichen Werbespots von Eveready erschien, marschiert nun fröhlich durch simulierte Werbespots, in denen er – der Situation angemessen in Regenkleidung – für gar nicht zur Debatte stehende Produkte wie Seife wirbt. Die hier abgedruckten Bilder aus dem Werbefilm zeigen, dass die Kapriolen des Hasen in diesen simulierten Werbespots den Darsteller überraschen und für gewöhnlich den Zuschauer ebenfalls.

Die Hyperrealität wird uns im letzten Kapitel des Buchs noch ausführlicher beschäftigen, da sie mit dem Konzept des Postmodernismus in Zusammenhang gebracht wird – der Vorstellung, dass wir in einer Zeit radikaler kultureller Veränderungen leben, in der bestimmte, bisher dominante Merkmale und Ansichten über die moderne Gesellschaft in Frage gestellt werden.

2.7 Zusammenfassung des Kapitels

• Bei der Wahrnehmung handelt es sich um einen Prozess, bei dem Sinneseindrücke wie Bilder, Klänge oder Gerüche ausgewählt, eingeordnet und interpretiert werden. Die mögliche Interpretation eines Reizes erlaubt es uns, diesem eine Bedeutung beizumessen. Ein Wahrnehmungsraum ist ein im Marketing sehr häufig verwendetes Hilfsmittel, das die Einordnung von miteinander konkurrierenden Marken anhand relevanter Dimensionen misst.

- Reize, die die Werbung verwendet, erregen unsere Sinnesorgane. Mithilfe von Farbe, Geruch, Klang, Geschmack und dem, wie sich z. B. ein Produkt anfühlt, bilden wir uns eine Meinung über verschiedene Angebote.
- Nicht alles, was auf unsere Sinne einströmt, wird von uns auch wahrgenommen. Zu viele Reize konkurrieren um unsere Aufmerksamkeit und die Mehrzahl der Reize wird weder bemerkt noch verstanden.
- Die Menschen verfügen über unterschiedliche sensorische Schwellen. Ein Reiz muss mit einer bestimmten Intensität auf uns einwirken, bevor er von unseren Sinnesorganen überhaupt bemerkt werden kann. Die Fähigkeit des Konsumenten, zwischen zwei Stimuli zu unterscheiden (differenzierte Schwelle), ist ein weiterer wichtiger Aspekt bei vielen Marketingentscheidungen, z. B. bei der Veränderung der Produktverpackung, der Größe oder des Preises.
- Einige der Faktoren, die dazu beitragen, ob ein Reiz (oberhalb der Schwellengrenze) wahrgenommen wird, ist die Reizfülle, die auf uns einwirkt, die Aufmerksamkeit, die er erregt, und wie er interpretiert wird. Wir leben in einer Welt, in der die auf uns einströmenden Reize ständig zunehmen. Man spricht von einer Reizüberflutung, wenn zu viele Marketingbotschaften auf einmal um unsere Aufmerksamkeit konkurrieren.
- Ein Reiz, dem wir unsere Aufmerksamkeit schenken, wird nicht isoliert wahrgenommen. Er wird nach den Prinzipien der Wahrnehmungsorganisation klassifiziert und eingeteilt. Diese Prinzipien beruhen auf einer Gestalt oder einem Muster. Die Einteilung erfolgt nach dem Prinzip der Geschlossenheit, der Ähnlichkeit oder nach Figur-Grund-Beziehungen.
- Der letzte Schritt im Wahrnehmungsprozess ist die Interpretation. Wir geben allem, was uns umgibt, durch die Interpretation von Zeichen eine Bedeutung: Icons, Indizes und Symbole. Unsere Interpretation wird oft von anderen geteilt, woraus sich gemeinsame Sprachen und Kulturen entwickelt haben. Der Grad der Übereinstimmung zwischen einem Symbol und unseren Erfahrungen beeinflusst die Bedeutung, die wir verwandten Objekten beimessen. Jede Marketingbotschaft enthält eine Beziehung zwischen dem Produkt, dem Zeichen oder Symbol und der Interpretation der Bedeutung. Eine semiotische Analyse stellt den Zusammenhang zwischen den Elementen einer Botschaft und der Bedeutung von Zeichen dar.
- Zeichen funktionieren auf unterschiedlichen Ebenen. Die beabsichtigte Bedeutung kann unmittelbar abgebildet sein (zum Beispiel ein Icon, das wie ein Verkehrszeichen aussieht, mit der Abbildung von spielenden Kindern). Die Bedeutung kann aber auch durch einen Index dargestellt werden, wobei man sich auf gemeinsame Merkmale beruft (so bedeutet zum Beispiel der horizontale Streifen in einem Einfahrt-Verboten-Schild, dass ab hier der weitere Zugang verboten ist). Schließlich kann die Bedeutung auch durch ein Symbol ausgedrückt werden, dem durch bildliche Darstellung eine Bedeutung beigemessen wird, die auf Konventionen oder Übereinkünften zwischen den Mitgliedern einer Gesellschaft beruht (so haben zum Beispiel Stoppsignale eine oktogonale und Haltesignale eine dreieckige Form).

SCHLÜSSELBEGRIFFE

ÜBUNGSAUFGABEN

2.1 Viele Untersuchungen haben gezeigt, dass die Fähigkeiten unserer Sinnesorgane mit zunehmendem Alter nachlassen. Diskutieren Sie die Bedeutung der absoluten Schwelle für Marketingmaßnahmen, die vor allem ältere Leute ansprechen sollen.

2.2 Führen Sie mit 3 bis 5 Freunden und 3 bis 5 Freundinnen ein Interview durch, indem Sie deren Wahrnehmung von Parfüms für den Mann und die Frau aufzeichnen. Erstellen Sie einen Wahrnehmungsraum für jede Produktgruppe. Können Sie aus Ihrer Darstellung ersehen, ob es unter den angebotenen Parfüms noch eine Marktlücke gibt? Welche Unterschiede (wenn überhaupt) können Sie zwischen den Geschlechtern feststellen, wenn Sie sowohl die relevanten Dimensionen als auch die Markenpositionierung berücksichtigen?

2.3 Stellen Sie sich als Berater eines Produktmanagers vor, der den Auftrag hat, eine Verpackung für eine qualitativ hochwertige Schokolade zu entwerfen, die als Zielgruppe die wohlhabendere Schicht ansprechen soll. Welche Empfehlungen würden Sie hinsichtlich der für die Verpackung wichtigen Kriterien wie die Farbe, die Symbole und das Grafikdesign geben? Begründen Sie Ihre Vorschläge.

2.4 Sind Sie der Meinung, dass das Marketing das Recht hat, beliebige oder alle öffentlichen Räume für die Produktwerbung zu nutzen? Wo würden Sie eine Grenze hinsichtlich der Orte und der Produkte, die einer Restriktion unterliegen sollten, ziehen?

2.5 Suchen Sie nach einer Anzeige, die reich an Symbolen ist, und unterziehen Sie diese einer semiotischen Analyse. Nennen Sie jeden Zeichentyp, der in der Anzeige verwendet wird, und die Produktqualitäten, die durch jeden dieser Typen vermittelt werden sollen. Geben Sie eine Stellungnahme dazu ab, für wie effektiv Sie die Zeichen halten, die verwendet werden, um die beabsichtigte Botschaft zu vermitteln.

2.6 Blättern Sie in einer Bibliothek alte Zeitschriften durch und verfolgen Sie die Veränderungen, die an der Verpackung eines bestimmten Produkts im Laufe der Zeit vorgenommen worden sind. Suchen Sie nach einem Beispiel für eine graduelle Veränderung im Verpackungsdesign, die unterhalb des gerade erkennbaren Unterschieds (JND) liegen könnte.

2.7 Suchen Sie in Zeitschriften nach Beispielen für derzeit aktuelle Anzeigen für Produkte (zum Beispiel Computer, Parfüms, Waschpulver oder Sportschuhe) und analysieren Sie die Farben, die verwendet werden. Beschreiben Sie die Bilder, die durch die unterschiedlichen Farben hervorgerufen werden und versuchen Sie herauszufinden, ob bei einzelnen Marken eine Beständigkeit bei der Verpackung oder bei anderen Werbeaspekten feststellbar ist.

2.8 Blättern Sie eine aktuelle Zeitschrift durch und wählen Sie die Anzeige, die Ihre Aufmerksamkeit am meisten erregt hat. Erklären Sie, warum.

2.9 Suchen Sie nach Anzeigen, die mit den Mitteln des Kontrastes und der Neuartigkeit arbeiten. Geben Sie Ihre Meinung darüber ab, wie effektiv jede Anzeige ist und ob das eingesetzte Mittel das richtige ist, um den zur Zielgruppe gehörenden Konsumenten anzusprechen.

Mario Rossi ist ein 60-jähriger Versicherungsagent aus Italien, der noch aktiv im Berufsleben steht. Er ist ein angenehmer, geselliger und umgänglicher Mensch, der es weit gebracht hat. Mit seiner Frau und seinen vier Kindern lebt er in einer schönen Wohnung in einem Vorort von Rom. Obwohl Rom voller historischer Denkmäler ist, fährt Mario, ein begeisterter Natur-Liebhaber, in seiner Freizeit lieber aufs Land.

Wenn er spät abends von der Arbeit nach Hause kommt, erkennt der Hund Raphael schon den Klang des alten Fiat vor der Tür. Marios „erste Liebe" war ein Fiat 126 und obwohl er gut verdient, fährt er immer noch den alten Wagen. Nach einem harten Arbeitstag freut er sich jetzt auf ein Glas Chianti, das er in Ruhe genießen will. Die Möbel und der Fernseher im Wohnzimmer sind nicht die neuesten Modelle, aber es gefällt ihm so wie es ist – alte Objekte vermitteln ihm ein Gefühl der Sicherheit. Er freut sich auf das Wochenende, das er mit seiner Familie und mit Freunden in seinem Haus auf dem Land verbringen wird. In diesem Haus ist er selbst aufgewachsen und er hängt sehr an all den Gegenständen, die sich darin befinden.

Er stellt sich oft vor, wie es sein wird, wenn er pensioniert ist und im Kreis seiner Familie ständig dort leben wird. Dann wird es wie früher sein, als er noch ein kleiner Junge war und das Leben einfach und unkompliziert war. Dann sieht er die ganze Familie um den Tisch versammelt, wo sie ein Essen (mit Spaghetti natürlich) mit Produken aus dem eigenen Garten genießen und später gemütlich zusammensitzen.

Dieses friedliche Bild hat nichts mit der Realität des vergangenen Wochenendes zu tun! Seine beiden ältesten Söhne waren zu einem Fußballspiel gegangen. Die jüngeren Kinder hatten sich dauernd darüber beschwert, dass es in diesem Haus immer noch keinen Internet-Anschluss gibt und sich in einem anderen Zimmer vor den Fernseher gesetzt – zur „Nachmittags-Unterhaltung", wie sie es nannten!

KAPITEL 3

Lernen und Gedächtnis

Lernen bedeutet eine ständige Veränderung im Verhalten auf der Grundlage von Erfahrungen. Die Erfahrung muss der Lernende nicht unmittelbar gemacht haben; er kann auch aus Ereignissen lernen, die andere betreffen.[1] Wir lernen sogar dann, wenn wir das gar nicht bewusst vorhaben. So erkennen zum Beispiel Konsumenten viele Markennamen und können viele Melodien aus der Werbung von Produkten nachsummen, die sie selbst nicht benutzen. Dieses Lernen, das gleichsam nebenbei passiert, wird als zufälliges Lernen bezeichnet. So wie die Wahrnehmung stellt auch das Lernen einen Prozess dar. Unsere Sichtweise der Welt unterliegt einer ständigen Überprüfung, da wir unentwegt neuen Reizen ausgesetzt sind und unser Verhalten durch das Feedback, das wir erhalten, in ähnlichen Situationen verändern können. Das Lernen umfasst einen weiten Bereich, der sich von der einfachen Assoziation des Konsumenten über einen Reiz wie einem Produktlogo (zum Beispiel Coca-Cola) und einer Erkenntnis (zum Beispiel Erfrischungsgetränk) bis hin zu einer komplexen Reihe kognitiver Vorgänge (zum Beispiel das Verfassen eines Textes über das Lernen für eine Prüfung im Fach Konsumentenverhalten) erstreckt. Psychologen, die sich mit dem Thema Lernen näher befassen, haben mehrere Theorien entwickelt, die den Vorgang des Lernens erklären sollen. Diese Theorien reichen von der Darstellung der relativ einfachen Reiz-Reaktions-Schemata bis hin zu Untersuchungen, bei denen die Konsumenten als komplexe Problemlöser betrachtet werden, die abstrakte Regeln und Konzepte durch Beobachtung lernen.

3.1 Theorien des Lernens: Behaviorismus

Der **Behaviorismus** geht davon aus, dass der Lernprozess das Ergebnis von Reaktionen auf äußere Begebenheiten ist. Psychologen, die sich dieser Theorie verschrieben haben, konzentrieren sich bei ihren Untersuchungen nicht auf innere Denkprozesse. Sie betrachten das Gehirn vielmehr als eine Art Black Box und stellen die beobachtbaren Aspekte des Verhaltens in den Vordergrund, wie es in Abbildung 3.1 dargestellt ist. Solche Verhaltensformen gehen auf das, was in die Black Box kommt (der Reiz oder Geschehnisse, die von außen kommen) zurück und auf das, was aus der Box wieder herauskommt (die Antwort oder die Reaktion auf die Reize).

Diese Betrachtungsweise liegt zwei wichtigen Begriffen der Lerntheorie zugrunde: der klassischen und der operanten Konditionierung. Die Erfahrungen von Menschen werden von den Reaktionen auf ihre Verhaltensweisen geformt. Ähnlich verhält es sich bei der Reaktion des Konsumenten auf Markennamen, Düfte, Werbemelodien oder andere Marketingreize. Auch hier urteilen sie anhand von Assoziationen, die sie im Laufe der Zeit gebildet haben. Die Menschen lernen auch, dass ihr Verhalten entweder belohnt oder bestraft wird, und solche Reaktionen beeinflussen ihr Verhalten in künftigen, ähnlichen Situationen. Konsumenten, die für ein Produkt, das sie erworben haben, Komplimente erhalten, werden diese Marke wahrscheinlich wieder kaufen, wohingegen man wahrscheinlich nicht mehr in ein Restaurant gehen wird, in dem man sich eine Lebensmittelvergiftung geholt hat.

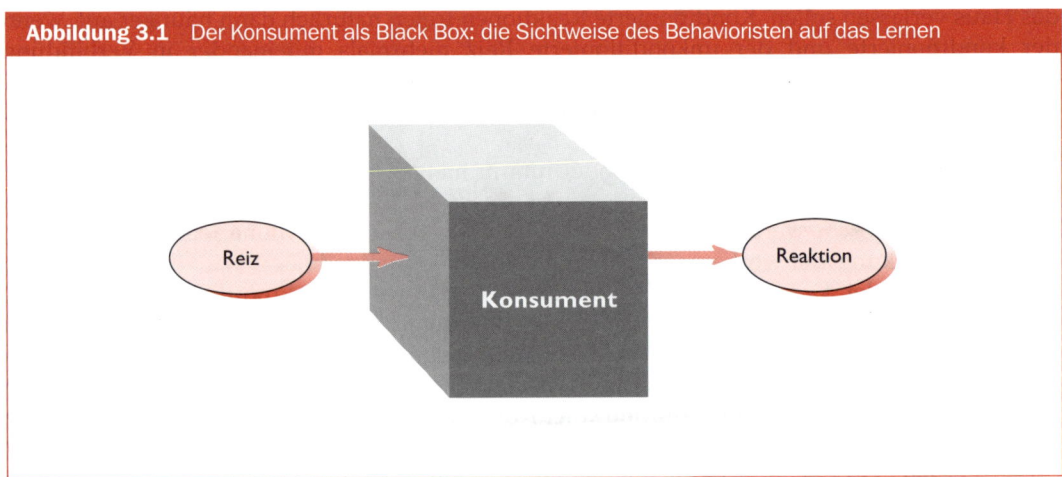

Abbildung 3.1   Der Konsument als Black Box: die Sichtweise des Behavioristen auf das Lernen

3.1.1 Klassische Konditionierung

Eine **klassische Konditionierung** tritt ein, wenn ein Reiz, der eine Reaktion auslöst, mit einem anderen Reiz, der allein keine Reaktion ausübt, in Verbindung gebracht wird. Im Laufe der Zeit löst dieser zweite Reiz ein ähnliches Verhalten aus, da er mit dem ersten Reiz assoziiert wird. Dieses Phänomen wurde erstmals von Ivan Pawlow, einem russischen Physiologen, an Hunden gezeigt, mit denen er Untersuchungen über das Fressverhalten anstellte.

Pawlow konditionierte die Tiere, indem er einen neutralen Reiz (eine Glocke) mit einem anderen Reiz verband (er spritzte getrocknetes Fleischpulver in ihre Mäuler), von dem er wusste, dass dieser bei Hunden eine verstärkte Speichelsekretion hervorruft. Der Fleischextrakt war ein nicht konditionierter Stimulus (UCS = unconditioned stimulus), da er von Natur aus eine Reaktion bei Hunden hervorruft. Im Laufe der Zeit wurde die Glocke ein konditionierter Stimulus (CS = conditioned stimulus). Anfänglich löste der Glockenklang bei den Hunden keine erhöhte Speichelsekretion aus; da die Hunde aber gelernt haben, die Glocke mit dem Fleischextrakt zu assoziieren, reichte irgendwann der Glockenklang allein aus, eine erhöhte Speichelsekretion zu bewirken. Der erhöhte Speichelfluss der Tiere beim Klang der Glocke, welcher nun mit Fütterung assoziiert wurde, stellte eine konditionierte Reaktion (CR = conditioned response) dar.

Diese Form der klassischen Konditionierung gilt vor allem für Verhaltensweisen, die vom autonomen Nervensystem (zum Beispiel der Speichelfluss) und vom Nervensystem (zum Beispiel das Augenblinken) kontrolliert werden. Das bedeutet, dass es sich hauptsächlich um visuelle und olfaktorische Reize handelt, die Hunger, Durst oder sexuelle Erregung auslösen. Werden solche Reize dauerhaft mit konditionierten Reizen in Verbindung gebracht, wie etwa Markennamen, lernt der Konsument ein Gefühl des Hungers, des Durstes oder der sexuellen Erregung, wenn er später dem Reiz der Marke ausgesetzt ist.

Die klassische Konditionierung kann ähnliche Effekte auch bei komplexeren Reaktionen haben. Sogar eine Kreditkarte kann ein konditioniertes Verhalten auslösen, das uns dazu veranlasst, mehr Geld auszugeben (vor allem auch deshalb, da dieser Reiz nur dann erfolgt, wenn der Konsument bereits Geld ausgibt). Die Menschen haben gelernt, dass sie mehr Geld ausgeben können, wenn sie Kreditkarten verwenden, und es wurde auch festgestellt, dass sie mehr Trinkgeld geben, wenn es sich nicht um Bargeld handelt.[2] Es wundert daher nicht, dass uns American Express immer wieder daran erinnert, dass wir nicht ohne unsere Kreditkarte das Haus verlassen sollen. Konditionierte Reaktionen treten natürlich dann häufiger auf, wenn der konditionierte und der unkonditionierte Reiz mehrmals miteinander in Verbindung gebracht wurden.[3] Je öfter die Einflüsse auf uns einwirken, desto stärker ist die Reiz-Reaktions-Verbindung und desto geringer ist die Gefahr, dass diese Assoziation im Gedächtnis wieder gelöscht wird.

Eine Konditionierung tritt nicht ein oder nimmt mehr Zeit in Anspruch, wenn der CS nur gelegentlich mit dem UCS zusammen erfolgt. Klassisch konditionierte Reaktionen können auch wieder gelöscht werden, was als **Extinktion** bezeichnet wird. Eine Extinktion tritt ein, wenn die Wirkung der vorhergegangenen Konditionierung reduziert wird und schließlich ganz verschwindet. Das kann zum Beispiel der Fall sein, wenn ein Produkt zu oft in Erscheinung tritt, so dass der ursprüngliche Reiz verloren geht. Das Lacoste-Polohemd – leicht an dem Krokodillogo zu erkennen – ist ein gutes Beispiel für diesen Effekt. Als das Tier, das einmal für Exklusivität bürgte, auch auf Babykleidung und vielen anderen Gegenständen erschien, verlor es sein Qualitätssiegel und wurde bald von den Logos der Konkurrenten, zum Beispiel dem Polospieler von Ralph Lauren, verdrängt.[4]

Stimulusgeneralisierung bezeichnet einen Vorgang, der eintritt, wenn ein Reiz, der dem CS ähnlich ist, ähnliche konditionierte Reaktionen hervorruft.[5] Pawlow stellte in späteren Untersuchungen fest, dass bei seinen Hunden auch dann eine erhöhte Speichelsekretion eintrat, wenn sie Geräusche hörten, die denen einer Glocke nur ähnlich waren (zum Beispiel ein Schlüsselklappern). Die Menschen reagieren auf ähnliche Reize fast genauso wie auf den Originalreiz. Die Verpackung eines Mundwassers, das von einem Apotheker selbst hergestellt wurde, ähnelt absichtlich der eines bekannten industriell hergestellten Produkts. Diese Verpackung kann beim Konsumenten eine ähnliche Reaktion hervorrufen wie das Original, wenn er vermutet, dass das nachgeahmte Produkt (sog. me-too-Produkte) auch andere Merkmale mit dem Original teilt.

Von **Stimulusdiskriminierung** spricht man, wenn ein Stimulus ähnlich einem CS von keinem UCS gefolgt wird. In dieser Situation fallen die Reaktionen weniger stark aus und verschwinden bald ganz. Ein Teil des Lernprozesses ist es, auf einige Reize, aber nicht auf ähnliche Reize zu reagieren. Hersteller von bekannten, gut eingeführten Marken raten den Konsumenten immer wieder, beim Kauf nicht auf „billige Nachahmungen" auszuweichen, da sie mit diesem Produkt nicht zufrieden sein werden.

3.1.2 Operante Konditionierung

Von einer **operanten Konditionierung** oder instrumentellen Konditionierung spricht man dann, wenn der Mensch lernt, sich so zu verhalten, dass die Folge dessen, was er tut, positiv ist, und er weiss, wie sich negative Folgen vermeiden lassen. Diesen Lernprozess verbindet man aufs Engste mit dem Psychologen B.F. Skinner. Skinner demonstrierte die Effekte der operanten Konditionierung, als er u.a. Tieren das Tanzen und Tauben das Ping-Pong-Spiel beibrachte, indem er sie systematisch belohnte, wenn sie sich wie gewünscht verhielten.[6]

Während die Reaktionen bei der klassischen Konditionierung unwillkürlich und eher einfach sind, sind die bei der operanten Koordinierung absichtlich, da sie ja ein Ziel verfolgen, und oft auch komplexer. Das beabsichtigte Verhalten wird meist über einen bestimmten Zeitraum hinweg, in welchen Teilschritte belohnt werden, gelernt. Das Ganze stellt einen Prozess dar, der Shaping genannt wird. So kann der Besitzer eines neuen Ladens zum Beispiel auch jenen Kunden, die nichts kaufen, ein kleines Geschenk machen, da er hofft, dass sie wiederkommen und doch noch etwas kaufen werden.

Bei der klassischen Konditionierung ist eine enge Verbindung zwischen zwei Stimuli erforderlich. Bei der operanten Konditionierung tritt der Lerneffekt dadurch ein, dass ein beabsichtigtes Verhalten belohnt wird und über einen gewissen Zeitraum hinweg stattfindet, in welchem eine ganze Reihe anderer Verhaltensweisen ausprobiert und aufgegeben werden, da sie nicht bestärkt wurden. Die Konsumenten werden auf die Dauer denjenigen treu sein, die sie belohnen und die ihnen Produkte anbieten, mit denen sie – die Kunden – zufrieden sind und die ihre Bedürfnisse befriedigen.

Operantes Konditionieren (instrumentelles Lernen) kann auf drei verschiedene Arten erfolgen. Wenn die Umgebung positiv reagiert, indem sie ein Verhalten belohnt, spricht man von **positiver Verstärkung**. Das Verhalten wird bejaht und somit als richtig erkannt. So wird zum Beispiel eine Frau, die das Parfüm Obsession verwendet, bei dieser Marke bleiben, wenn man ihr Komplimente deswegen macht. Sie hat gelernt, dass die Verwendung dieses Parfüms den gewünschten Erfolg hat. Aber auch eine **negative Verstärkung** unterstützt den Lernprozess und wir leiten unser Verhalten daraus ab. So könnte zum Beispiel ein Parfümhersteller eine Anzeige verwenden, in der eine Frau den Samstagabend allein verbringt, weil sie nicht seinen Duft verwendet. Dahinter steckt die Botschaft, dass die Frau die negative Folge hätte vermeiden können, wenn sie das richtige Parfüm verwendet hätte. Im Gegensatz zu Situationen, in denen wir lernen, gewisse Dinge zu tun, um Unannehmlichkeiten zu vermeiden, sprechen wir von **Bestrafung**, wenn ein Verhalten unangenehme Reaktionen auslöst. Das könnte zum Beispiel der Fall sein, wenn sich Freunde über uns lustig machen, weil wir ein sehr aufdringliches Parfüm verwenden. Wir lernen, das nicht wieder zu tun.

Über die Unterschiede zwischen diesen Mechanismen hinaus ist es wichtig zu bedenken, dass die Reaktionen auf das Verhalten eines Menschen von seinem Umfeld abhängen und diese sowohl positiv als auch negativ ausfallen können und die Folgen oder erwarteten Folgen eintreten oder auch ausbleiben. Unter den Voraussetzungen der positiven Verstärkung wie auch der Bestrafung beruht das Ergebnis also auf einer Handlung der betroffenen Person. Im Gegensatz hierzu tritt die negative Verstärkung dann ein, wenn negative Folgen vermieden wurde: Die Vermeidung von etwas Negativem bereitet Freude und ist somit eine Belohnung. Wenn schließlich ein positives Ergebnis nicht mehr erreicht wird, wird es wahrscheinlich zur Extinktion kommen und die erlernte Reiz-Reaktions-Verbindung wird nicht aufrecht erhalten (wenn eine Frau zum Beispiel keine Komplimente mehr für ihr Parfüm erhält). Daraus folgt, dass die positive und die negative Verstärkung die künftige Verbindung zwischen einer Reaktion und einem Ergebnis aufgrund der damit verbundenen angenehmen Erfahrung kräftigen. Diese Verbindung wird jedoch geschwächt, wenn die Bedingungen entweder Bestrafung oder Extinktion, also unangenehme Erfahrungen, sind. Die Beziehung, die zwischen diesen vier Bedingungen herrscht, lässt sich am besten anhand einer Grafik darstellen (siehe Abbildung 3.2).

Ein wichtiger Faktor bei der operanten Konditionierung sind die Regeln, nach denen dem Verhalten eine angemessene Verstärkung folgt. Die Frage, in welcher Weise die wirkungsvollste Verstärkung vorgenommen wird, spielt für die Marketingexperten eine zentrale Rolle. Sie steht in direkter Beziehung zur Höhe des Zeit- und Geldaufwands, der in die Belohnung des Konsumenten investieren werden muss, um beabsichtigtes Verhalten zu konditionieren.

- *Verstärkung nach fixem zeitlichen Intervall (fixed-interval reinforcement):* Nachdem eine bestimmte Zeit verstrichen ist, wird bereits die erste erfolgte Reaktion belohnt. Unter diesen Bedingungen handeln die Personen in der Regel bald nachdem sie belohnt wurden, aber ihre Reaktionen beschleunigen sich, wenn die nächste Belohnung in die Nähe rückt. So drängen sich zum Beispiel die Konsumenten am letzten Tag des Schlussverkaufs in ein Geschäft, tauchen aber erst beim nächsten Schlussverkauf wieder auf.
- *Verstärkung nach variablem zeitlichen Intervall (variable-interval reinforcement):* Die Zeit, die verstreichen muss, bevor eine Verstärkung erfolgt, variiert um einen bestimmten Mittelwert. Da die betroffene Person nicht genau weiss, wann sie die Verstärkung erwarten kann,

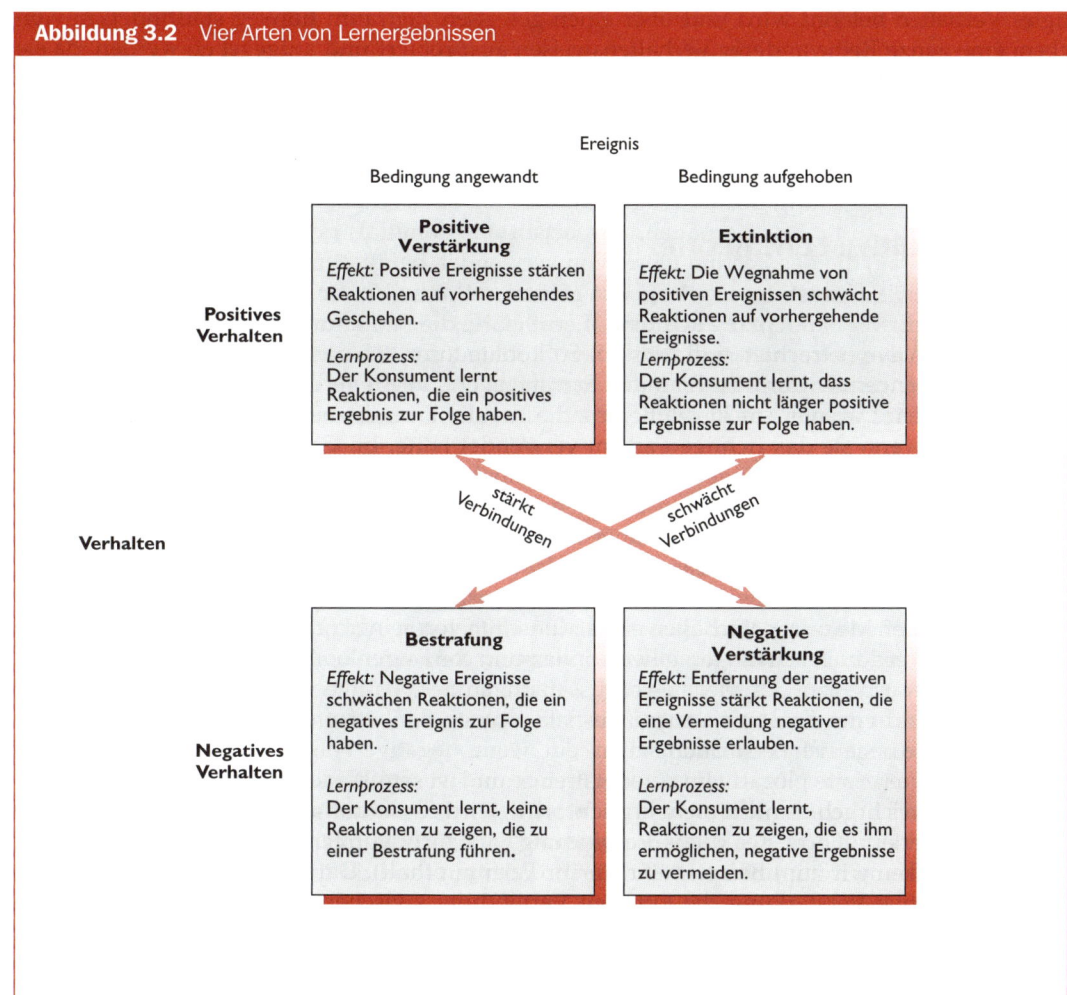

Abbildung 3.2 Vier Arten von Lernergebnissen

Ereignis

Bedingung angewandt | Bedingung aufgehoben

Positive Verstärkung

Effekt: Positive Ereignisse stärken Reaktionen auf vorhergehendes Geschehen.

Lernprozess:
Der Konsument lernt Reaktionen, die ein positives Ergebnis zur Folge haben.

Extinktion

Effekt: Die Wegnahme von positiven Ereignissen schwächt Reaktionen auf vorhergehende Ereignisse.

Lernprozess:
Der Konsument lernt, dass Reaktionen nicht länger positive Ergebnisse zur Folge haben.

Positives Verhalten

stärkt Verbindungen / schwächt Verbindungen

Verhalten

Bestrafung

Effekt: Negative Ereignisse schwächen Reaktionen, die ein negatives Ereignis zur Folge haben.

Lernprozess:
Der Konsument lernt, keine Reaktionen zu zeigen, die zu einer Bestrafung führen.

Negative Verstärkung

Effekt: Entfernung der negativen Ereignisse stärkt Reaktionen, die eine Vermeidung negativer Ergebnisse erlauben.

Lernprozess:
Der Konsument lernt, Reaktionen zu zeigen, die es ihm ermöglichen, negative Ergebnisse zu vermeiden.

Negatives Verhalten

muss ihr Verhalten konstant bleiben. Dieses Prinzip steckt auch hinter dem Einsatz von Testpersonen. Hierbei handelt es sich um Leute, die von Geschäftsinhabern dafür bezahlt werden, sich als Kunden auszugeben, und die in bestimmten zeitlichen Abständen Serviceleistungen testen, ohne ihre Identität preiszugeben. Da die Angestellten in einem Laden nie wissen, wann genau diese Personen auftauchen, müssen sie stets einen hohen Standard bei ihren Leistungen aufrecht erhalten.

- *Verstärkung mit fixem Verhältnis zwischen verstärkten und unverstärkten Reizen (fixed-ratio reinforcement):* Die Verstärkung tritt erst dann ein, wenn eine festgelegte Anzahl von Handlungen erfolgt ist. Dieses Programm motiviert die Leute dazu, immer wieder das gleiche Verhalten zu zeigen. So kauft zum Beispiel ein Konsument regelmäßig im selben Geschäft ein, weil er sein Heftchen mit 50 Treuepunkten füllen möchte, wofür er dann ein Geschenk erhält.
- *Verstärkung mit variablem Verhältnis zwischen verstärkten und unverstärkten Reizen (variable-ratio reinforcement):* Die Person wird nach einer bestimmten Zahl von Handlungen belohnt, aber sie weiß nicht, wie oft sie diese wiederholen muss. Leute in solchen Situationen zeigen

ein bestimmtes Verhalten sehr häufig und regelmäßig und dieses Verhalten kann nur schwer wieder gelöscht werden. Ein solches Verstärkungsprogramm ist der Grund für die Anziehungskraft, die Spielautomaten auf Konsumenten ausüben. Sie lernen, dass sie etwas gewinnen können, wenn sie nur lange genug Geld in den Automaten stecken (und wenn sie nicht schon vorher pleite sind).

3.1.3 Kognitive Lerntheorie

Das **kognitive Lernen** ist das Ergebnis von mentalen Prozessen. Im Gegensatz zu behavioristischen Theorien unterstreicht die kognitive Lerntheorie die Bedeutung mentaler Vorgänge. Aus dieser Perspektive betrachtet sind Menschen Problemlöser, die aktiv Informationen aus ihrer Umgebung verwenden, um in ihr klarzukommen. Die Vertreter der kognitiven Lerntheorie verweisen immer wieder auf die Rolle, die die Kreativität und das Verstehen beim Lernprozess spielen.

Zum Thema Bewusstsein

Die Frage, ob oder wann Menschen den Prozess des Lernens bewusst wahrnehmen, wird sehr kontrovers diskutiert. Die Lerntheorien der Behavioristen betonen die Bedeutung der Routine, also des automatischen Ablaufs bei der Konditionierung, während die Vertreter des kognitiven Lernens der Meinung sind, dass sogar die einfachsten Abläufe auf kognitiven Faktoren beruhen: Es werden Erwartungen geweckt, dass ein Reiz eine Reaktion auslöst (die Entwicklung von Erwartungen erfordert geistige Anstrengung). Anhänger dieser Theorien gehen davon aus, dass eine Konditionierung deshalb eintritt, weil Menschen bewusst Hypothesen aufstellen, an die sie sich dann auch halten.

Auf der einen Seite gibt es Hinweise auf eine unbewusste Wissensbildung. Menschen verarbeiten offensichtlich zumindest einige Informationen automatisch und passiv; es handelt sich dabei um eine Form der Wissensaneignung, die ohne Verständnis dessen, was passiert, geschieht.[7] Wenn wir zum Beispiel eine Person oder ein Produkt das erste Mal sehen, werden wir auf diesen Reiz so reagieren, dass wir ihn in bereits bestehende Kategorien einordnen, anstatt uns darum zu bemühen, neue aufzustellen. Unsere Reaktionen erfolgen aufgrund eines Auslösers, eines Erregers, der uns dazu bringt, uns nach einem bestimmten Muster zu verhalten. So hat zum Beispiel eine Untersuchung zu der Reaktion von Männern auf Autos ergeben, dass Autos, die zusammen mit einer verführerischen Frau (Auslöser) abgebildet waren, anderen Autos gegenüber bei den unterschiedlichsten Merkmalen als überlegen eingestuft wurden. Und das, obwohl die Männer angaben, dass die Frau überhaupt keinen Einfluss auf ihre Entscheidung gehabt hätte.[8]

Trotz solcher Erkenntnisse betrachten inzwischen viele moderne Theoretiker einige Fälle der Konditionierung vor allem dann als kognitiven Prozess, wenn Erwartungen über die Verbindung zwischen Reiz und Reaktion gebildet werden. So haben zum Beispiel Untersuchungen, in denen Maskierungen eingesetzt wurden, die die Assoziation zwischen CS/USC erschwerte, ergeben, dass eine Konditionierung in wesentlich geringerem Maße erfolgte.[9] Ein Beispiel: ein Mädchen beobachtet wie Frauen im Fernsehen und auch in der Realität mit Komplimenten und Aufmerksamkeit belohnt werden, wenn sie gut riechen und verführerische Kleidung tragen. Sie schließt für sich selbst daraus, dass die Wahrscheinlichkeit, solche Belohnungen zu erhalten, steigt, wenn sie Parfüm trägt und sie wählt für sich absichtlich ein bekanntes Produkt, um den Lohn der gesellschaftlichen Anerkennung zu bekommen.

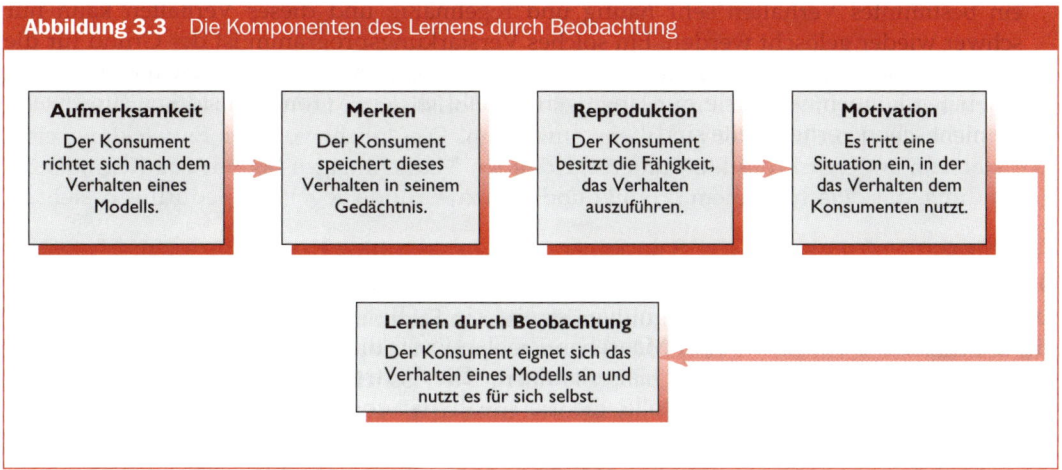

Abbildung 3.3 Die Komponenten des Lernens durch Beobachtung

Lernen durch Beobachtung

Das **Lernen durch Beobachtung**, auch Imitationslernen genannt, erfolgt dann, wenn Menschen die Handlungen anderer beobachten und feststellen, dass die gezeigten Verhaltensweisen zu einer positiven Bekräftigung führen. Diese Art des Lernens stellt einen komplexen Prozess dar: Die Menschen speichern ihre Beobachtungen im Gedächtnis und vergrößern somit ihr Wissen. Diese Informationen werden möglicherweise zu einem späteren Zeitpunkt verwendet, um daran das eigene Verhalten auszurichten. Dieser Prozess, die Nachahmung des Verhaltens anderer, wird Modellierung genannt. Ein Beispiel: Eine Frau, die auf der Suche nach einem neuen Parfüm ist, erinnert sich vielleicht an die Aufmerksamkeit, die eine Freundin erhielt, als sie vor ein paar Monaten ein bestimmtes Parfüm trug. Diese Frau wird ihr Verhalten nach den Reaktionen auf ihre Freundin ausrichten. Damit das Lernen durch Beobachtung in Form der Modellierung auch wirkt, müssen vier Bedingungen erfüllt sein.[10] Diese Bedingungen sind in Abbildung 3.3 zusammengefasst.

1. Die Aufmerksamkeit des Konsumenten muss auf ein geeignetes Modell gelenkt werden, das aus Gründen der Attraktivität, der Kompetenz, des Status oder der Ähnlichkeit als Vorbild dient und angestrebt wird.
2. Der Konsument muss sich daran erinnern, was das Modell sagte oder tat.
3. Der Konsument muss diese Informationen in Handlungen umsetzen.
4. Der Konsument muss motiviert sein, diese Handlungen auszuführen.

3.2 Anwendung der Lernmethoden im Marketing

Es ist für Marketingexperten von entscheidender Bedeutung, zu wissen, auf welche Weise Menschen lernen. Schließlich beruhen viele strategische Entscheidungen auf der Annahme, dass Konsumenten ständig Informationen über Produkte sammeln und dass man sie dahingehend „beeinflussen" kann, bestimmte Alternativen anderen vorzuziehen.

3.2.1 Die Anwendung der behavioristischen Lernmethoden

Viele Marketingstrategien konzentrieren sich darauf, eine Assoziation zwischen Reiz und Reaktion hervorzurufen. Die Prinzipien des behavioristischen Lernens lassen sich auf viele Phänomene des Konsumentenverhaltens anwenden. Dies reicht von der Entwicklung eines sich klar von anderen Produkten unterscheidenden Markenimages bis hin zur Kenntnis der Verbindung, die zwischen einem Produkt und dem zu Grunde liegenden Bedürfnis besteht.

Wie Marketingexperten die Prinzipien der klassischen Konditionierung für sich nutzen

Der Bedeutungstransfer von einem unkonditionierten Stimulus auf einen konditionierten Stimulus erklärt, warum „erfundene" Markennamen wie Marlboro, Coca-Cola oder IBM eine so große Wirkung auf Konsumenten haben können. Die Assoziation zwischen dem Marlboro-Mann und der Zigarette ist so stark, dass die Firma den Markennamen in einigen Anzeigen gar nicht mehr einsetzt. Wenn Nonsense-Silben (eine bedeutungslose Folge von Buchstaben) mit bedeutungsschweren Wörtern wie Schönheit oder Erfolg verknüpft werden, wird auf die an sich nichts sagenden Silben Bedeutung übertragen. Diese Veränderung der symbolischen Bedeutung von ursprünglich inhaltsleeren Wörtern ist ein Beweis dafür, dass komplexe Bedeutungen konditioniert werden können.[11]

Diese konditionierten Assoziationen haben entscheidenden Einfluss auf viele Marketingstrategien, die auf die Schaffung und die Beständigkeit eines positiven **Markenwertes (brand equity)**, abzielen, wobei die Marke starke positive Assoziationen im Gedächtnis des Konsumenten hervorruft und deswegen mit Markentreue belohnt wird.[12] Wie wir im nächsten Kapitel sehen werden, ist ein Produkt mit einem Markenwert ein enormer Vorteil im Markt.

Wiederholung   Ein sich mit der Werbung befassender Forscher behauptet, dass mehr als drei Kontakte mit einem Produkt Verschwendung sind. Beim ersten Kontakt wird der Konsument auf das Produkt aufmerksam, beim zweiten wird klar, warum es für ihn von Bedeutung ist, und beim dritten Kontakt wird er noch einmal an die Vorteile erinnert, die dieses Produkt für ihn hat.[13] Selbst eine so nüchterne Herangehensweise geht also davon aus, dass Wiederholungen notwendig sind, um sicher zu stellen, dass der Konsument die Anzeige mindestens dreimal wahrnimmt (und verarbeitet). Bei Marketingmaßnahmen, die darauf abzielen, eine Assoziation hervorzurufen, muss darauf geachtet werden, dass die Konsumenten, die die Zielgruppe bilden, mit dem Reiz ausreichend oft in Kontakt kommen.

Andererseits kann es aber auch vorkommen, das zu viel des Guten getan wird. Die Konsumenten können sich derart daran gewöhnen, einen Marketingreiz zu sehen oder zu hören, dass sie ihm keine Aufmerksamkeit mehr schenken (siehe Kapitel 2). Dieses Problem der Abnützung (advertising wearout) kann verringert werden, indem man die Art und Weise variiert, wie die Botschaft präsentiert wird.

Konditionierung von Produktassoziationen   In Werbeanzeigen wird ein Produkt oft mit einem positiven Reiz dargestellt, um eine erwünschte Assoziation herzustellen. Verschiedene Aspekte einer Werbebotschaft, wie Musik, Witz und Bilder, können die Konditionierung beeinflussen. Eine Untersuchung, bei der Bilder von Füllern einmal mit angenehmer und einmal mit unangenehmer Musik vorgeführt wurden, hat ergeben, dass die am Test beteiligten Personen häufiger einen Füller auswählten, der ihnen mit angenehmer Musik gezeigt worden war.[14]

In welcher Abfolge der konditionierte Reiz und der unkonditionierte Reiz gezeigt wird, kann unser Lernverhalten beeinflussen. Allgemein lässt sich davon ausgehen, dass der unkonditionierte Reiz vor dem konditionierten Reiz gezeigt werden sollte. Das Verfahren der Rück-

Eine innovative Möglichkeit, um bei Wiederholungen das Problem der Abnützung eines Reizes zu vermeiden, wird durch diese Plakatanzeigen illustriert.
© Cossette Communications Marketing für Provigo Supermarkets, 1986.

wärts-Konditionierung, wenn zum Beispiel ein Erfrischungsgetränk (der CS) zuerst gezeigt und anschließend ein Werbe-Jingle eingespielt wird (der UCS), ist im Allgemeinen nicht sehr effektiv.[15] Weil sich die sequenzielle Darstellung für eine Konditionierung sehr gut eignet, ist die klassische Konditionierung in statischen Situationen, wie zum Beispiel in einer Zeitungsanzeige, nicht sehr effektiv, da hier (im Gegensatz zu Radio und Fernsehen) die Reihenfolge, in welcher der CS und der UCS wahrgenommen werden, nicht kontrolliert werden kann.

Produktassoziationen können gebildet und genauso gut wieder gelöscht werden. Wegen der Gefahr der Extinktion ist eine klassische Konditionierungsstrategie für Produkte, die praktisch an jeder Ecke angeboten werden, weniger gut geeignet, weil hier nicht garantiert ist, dass sie von einem CS begleitet sind. Eine Flasche Pepsi in Verbindung mit dem Geräusch, das ein kohlesäurehaltiges Erfrischungsgetränk, wenn es über Eis in ein Glas gegossen wird, hervorruft, scheint ein gutes Beispiel für eine Konditionierung zu sein. Leider wird das Produkt aber in unzähligen anderen Situationen gesehen, in denen dieser akustische Hintergrund fehlt, was die Wirksamkeit der Konditionierung natürlich verringert.

Aus dem gleichen Grund sollte auch bei dem Einsatz von Musik eine nicht allzu bekannte Melodie gewählt werden, da diese mit großer Wahrscheinlichkeit auch in vielen anderen Situationen gehört werden kann, wo das Produkt nicht präsent ist.[16] Insbesondere Musikvideos können sich aber als gute UCS erweisen, da diese oft eine emotionale Wirkung auf den Betrachter haben und dieser Effekt sich durchaus auf die Anzeigen übertragen lässt, die das Video begleiten.[17]

Die Anwendung der Stimulusgeneralisierung   Der Prozess der Stimulusgeneralisierung steht bei Entscheidungen hinsichtlich der Markierung und Verpackung häufig im Mittelpunkt, wenn es um den Versuch geht, aus der positiven Assoziation des Konsumenten mit einer nicht mehr existierenden Marke oder aus dem Namen eines Unternehmens Kapital zu schlagen. Ein gutes Beispiel hierfür ist United Hairlines, ein Unternehmen, das Haarpflegeprodukte herstellt.[18] In einem Zeitraum von 20 Monaten führten Procter & Gamble nahezu 90 neue Produkte ein. Nicht ein einziges Produkt wurde mit einem neuen Markennamen versehen. Tatsächlich ist es so, dass etwa 80 Prozent aller neuen Produkte nur eine Erweiterung bereits bestehender Marken und Produktlinien sind.[19] Folgende Strategien beruhen auf der Stimulusgeneralisierung:

- *Familienmarken*: In diesem Fall profitierten verschiedene Produkte vom Ruf eines Unternehmens. Firmen wie Campbell's, Heinz, Philips und Sony verkaufen unterschiedliche Produktreihen mit Erfolg aufgrund des positiven Image ihres Unternehmens.
- *Erweiterung einer Produktlinie*: In diesem Fall werden Produkte einer eingeführten Marke hinzugefügt. So brachte Dole, ein Unternehmen, das mit Obst in Verbindung gebracht wird, gekühlte Obstsäfte und Fruchtriegel auf den Markt, und Sun Maid fügte seinen Rosinen ein Rosinenbrot hinzu. Kürzlich erfolgte Erweiterungen sind beispielsweise die unterschiedlichen Modelle von Nike Air Shoes.[20]
- *Lizenzen*: In diesem Fall werden bekannte Namen von anderen Unternehmen „gemietet". Diese Strategie wird immer beliebter, insofern Marketingexperten versuchen, ihre Produkte und Leistungen mit gut eingeführten Markenzeichen zu verbinden. So unterschiedliche Unternehmen wie McDonald's und Harley-Davidson haben die Verwendung ihrer Namen auf Produkten genehmigt. Japan Airlines hat kürzlich die Lizenz für die Verwendung von Disney-Figuren erworben und einige ihrer Flugzeuge mit Mickey-Mouse- und Donald-Duck-Bildern bemalt. Damit nicht genug: Die Fluggesellschaft erwartet von ihren Mitarbeitern, dass sie bei einigen Inlandflügen Mäuseohren tragen![21]
- Das Marketing profitiert auch immer mehr von der Beliebtheit bestimmter Filme und Fernsehserien, indem es Merchandising-Produkte auf den Markt bringt.
- *Ähnlichkeit der Verpackung*: In diesem Fall werden charakteristische Designmerkmale verwendet, die eine starke Assoziation mit einer bestimmten Marke hervorrufen. Diese Assoziation wird oft von den Herstellern von Eigen- oder Handelsmarken genutzt, die ihr Produkt mit einem bestimmten Qualitätsimage versehen wollen, indem sie eine ähnliche Verpackung verwenden. Ein Geschäftsführer einer Drogeriekette hat es folgendermaßen formuliert: „Sie wollen dem Konsumenten sagen, dass das Produkt dem Original sehr ähnlich ist. Daher müssen Sie dafür sorgen, dass es – soweit das Gesetz es erlaubt – dem Original sehr ähnlich sieht. So werden die Konsumenten zumindest auf die Verpackung aufmerksam."[22]

Stimulusdiskriminierung   Der ausdrückliche Hinweis auf die für ein Produkt charakteristischen Merkmale gegenüber denen der Konkurrenz ist für die Marktpositionierung wichtig. Der Konsument muss in der Lage sein, eine Marke von denen der Konkurrenz unterscheiden zu können (siehe Kapitel 2). Das ist nicht immer einfach, vor allem nicht bei Produktkategorien, in denen die Markennamen vieler Alternativangebote ähnlich aussehen oder klingen. So hat eine kürzlich durchgeführte Untersuchung ergeben, dass viele Konsumenten große

Viele Marketingstrategien konzentrieren sich auf das Hervorrufen einer Assoziation zwischen Reiz und Reaktion. Ein Beispiel für die Reiz-Reaktions-Wirkung ist die Verwendung von Bildern aus der beliebten *Akte-X*-Serie.

Schwierigkeiten haben, zwischen Produkten zu unterscheiden, die von den großen Computerherstellern angeboten werden. Bei Namen wie OmniPlex, OptiPlex, Premmia, ProLinea, ProLiant etc. überrascht das auch nicht.[23]

Unternehmen, die über ein gut eingeführtes Markenimage verfügen, versuchen die Stimulusdiskriminierung zu fördern, indem sie die herausragenden Merkmale ihrer Marken hervorheben. Deshalb werden die Reiseschecks von American Express auch immer mit den gleichen Worten: „Ask for them by name ..." angeboten. Andererseits wird ein Markenname, der so verbreitet ist, dass er fast nicht mehr unterscheidbar ist, zum Allgemeingut und kann auch von der Konkurrenz verwendet werden, wie es zum Beispiel bei Produkten wie Aspirin, Tempo, und Tesa der Fall ist.

Wie Marketingexperten von den Prinzipien der operanten Konditionierung Gebrauch machen

Die Prinzipien der operanten oder instrumentellen Konditionierung sind am Werk, wenn ein Konsument für eine Kaufentscheidung belohnt oder bestraft wird. Die Geschäftsleute formen das Verhalten, indem sie den Konsumenten ständig darin bestärken, die richtigen Handlungen vorzunehmen. So wird zum Beispiel ein Autohändler versuchen, einen zögernden Kunden zu bewegen, in einem Wagen Probe zu sitzen, dann eine Probefahrt vorschlagen und so fort.

Im Marketing verfügt man über viele Möglichkeiten, den Konsumenten zu belohnen. Das reicht von einem einfachen Danke nach dem Kauf bis hin zu erheblichen Preisnachlässen und Folgeanrufen. So hat zum Beispiel eine Versicherungsfirma das Verhalten von zwei Kundengruppen untersucht, als es um die Verlängerung einer Versicherung ging. Eine Gruppe hatte nach jeder Zahlung ein Dankesschreiben erhalten, die andere nicht. Der Anteil der neu abgeschlossenen Versicherungsverträge war in der ersten Gruppe deutlich höher.[24]

Eine weitere, weit verbreitete Technik wird als **Frequency-Marketing** bezeichnet. Regelmäßige Einkäufer werden dadurch belohnt, dass sie Preise erhalten, deren Wert sich nach der Höhe des Einkaufs richtet. Diese operante Lernstrategie wurde erstmals Anfang der 80er Jahre von Fluggesellschaften im Rahmen sog. Frequent-Flyer-Programme eingesetzt, um loyale Kunden zu belohnen. Viele Lebensmittelgeschäfte bieten ihren Kunden Treuemarken oder andere Stammkunden-Prämien an. Konsumgüterhersteller machen ebenfalls häufig von dieser Lerntechnik Gebrauch. So verteilt zum Beispiel der zum Konzern Sara Lee gehörende Kaffeehersteller Douwe Egberts Wertmarken, die gesammelt und gegen eine ganze Reihe von Gegenständen rund um den Kaffee eingetauscht werden können, wie etwa Espressomaschinen, Kaffeegeschirr und Kaffeemühlen, einschließlich der klassischen (und nostalgischen) Handmühle.

In einigen Unternehmen wird man zum Zeichen des Dankes und zur Stärkung der Beziehung in einen Club aufgenommen, wie zum Beispiel in den Hilton Hotel Club. Die Mitglieder erhalten Bonuspunkte, die sie mit späteren Leistungen verrechnen können, andere bekommen Gratiszeitschriften, dürfen gebührenfrei telefonieren oder erhalten sogar sogar eine Einladung zu einem exklusiven Fest.

3.2.2 Wie Marketingexperten von kognitiven Lernprinzipien Gebrauch machen

Die Fähigkeit von Konsumenten durch Erfahrungen aus zweiter Hand zu lernen, indem sie bei anderen beobachten, wie deren Verhalten belohnt wird, macht das Leben für Marketingexperten leichter. Da Menschen nicht unmittelbar in ihren Handlungen bestärkt werden müssen, müssen Marketingexperten sie auch nicht unbedingt für ihr Kaufverhalten belohnen oder bestrafen. Sie können ihnen statt dessen vorführen, was mit begehrenswerten Models passiert, die ihre Produkte benutzen, und sie wissen, dass die Konsumenten dadurch oft motiviert werden, diese nachzuahmen. Es erübrigt sich, darauf hinzuweisen, dass dieser Lernprozess viel einfacher anzuwenden ist, als jeder einzelnen Frau, die ein bestimmtes Parfüm kauft, diese Aufmerksamkeit zu schenken!

Die Beurteilung der Models durch die Konsumenten geht über die einfache Reiz-Reaktions-Verbindung hinaus. So ist zum Beispiel das Bild, das man sich von einer Berühmtheit macht, oft mehr als nur eine einfache Reaktion auf gut oder schlecht.[25] Es handelt sich dabei vielmehr um eine komplexe Kombination vieler Attribute. Im Allgemeinen hängt der Grad, bis zu dem einem Model nachgeeifert wird, von seiner oder ihrer gesellschaftlichen Attraktivität ab. Die Attraktivität kann auf verschiedenen Elementen beruhen, einschließlich des Erscheinungsbildes, der Fachkenntnis oder der Ähnlichkeit mit dem Betrachter.

Mit diesen Faktoren werden wir uns im sechsten Kapitel näher befassen, in dem persönliche Merkmale diskutiert werden, die mit ausschlaggebend dafür sind, wie groß der Einfluss auf die Veränderung des Konsumentenverhaltens ist. Hinzu kommt, dass in vielen Fällen die Problemlösung für den Konsumenten in einem Zusammenhang damit steht, wie sich Informationen im Gedächtnis niederschlagen und zu einem späteren Zeitpunkt abgerufen werden können. Mit diesem Aspekt des kognitiven Lernens befasst sich der Inhalt des nächsten Abschnitts.

Diese Anzeige für Kosmetik illustriert das Prinzip der stellvertretenden Verstärkung. Das Model benutzt das Produkt und wird dafür belohnt – durch die Wertschätzung ihres Freundes.

© Maybelline, Inc.

3.3 Die Bedeutung des Lernens für das Gedächtnis

Die **Erinnerung** beinhaltet einen Prozess der Aneignung von Wissen und dessen Speicherung über einen gewissen Zeitraum, so dass es im Bedarfsfall zur Verfügung steht. Heutige Untersuchungen des Gedächtnisses beschäftigen sich mit der Informationsverarbeitung. Dabei wird davon ausgegangen, dass das Gehirn zum Teil wie ein Computer funktioniert; Daten werden zugeführt, weiterverarbeitet und später, in veränderter Form, verwendet. In der Phase der **Kodierung** werden die Informationen so eingegeben, dass sie für das System verständlich sind. In der **Speicherphase** wird dieses Wissen mit dem, was sich bereits im Gedächtnis befindet, zusammengeführt und „gelagert", bis es wieder gebraucht wird. Während der **Erinnerungsphase** greift die Person wieder auf die gespeicherten Informationen zurück.[26] Der Prozess, der im Gedächtnis stattfindet, ist in Abbildung 3.4 veranschaulicht.

Am Beispiel von Marios Erinnerungen und Grübeleien zu Beginn des Kapitels lässt sich erkennen, dass viele unserer Erfahrungen in unseren Köpfen eingeschlossen sind und wir diese Erinnerungen behalten und wieder hervorkramen, sobald das entsprechende Stichwort fällt. Die Werbung baut darauf, dass Konsumenten die Informationen, die sie über Produkte und Leistungen gelernt haben, auch im Gedächtnis behalten, und sie vertraut darauf, dass diese auch in Situationen angewendet werden, wo es um Kaufentscheidungen geht. Während des Entscheidungsprozesses wird dieses gespeicherte Wissen mit den Informationen verknüpft, die von außen kommen – Einzelheiten auf der Verpackung von Produkten und andere Marketingreize –, so dass wir die einzelnen Marken identifizieren, unterscheiden und beurteilen können.[27]

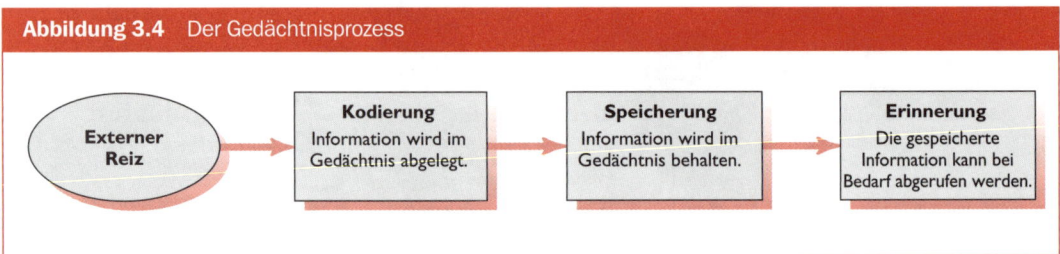

Abbildung 3.4   Der Gedächtnisprozess

Externer Reiz → **Kodierung** Information wird im Gedächtnis abgelegt. → **Speicherung** Information wird im Gedächtnis behalten. → **Erinnerung** Die gespeicherte Information kann bei Bedarf abgerufen werden.

3.3.1 Die Kodierung von Informationen für den späteren Abruf

Die Art und Weise, wie Informationen kodiert und programmiert werden, trägt dazu bei, wie diese im Gedächtnis repräsentiert sind. Allgemein lässt sich sagen, dass eingehende Daten, die wir mit anderen, bereits vorhandenen Informationen in Verbindung bringen können, mit größerer Wahrscheinlichkeit behalten werden. So kann man zum Beispiel Markennamen einer bestimmten Warengruppe, die mit konkreten Merkmalen verknüpft sind (wie Rosenmehl oder 00-WC-Reiniger) oder die man leicht visualisieren kann (wie Waschpulver von Persil) leichter im Gedächtnis behalten als abstrakte Markennamen.[28]

Die verschiedenen Gedächtnistypen

Ein Konsument verarbeitet einen Reiz vielleicht nur als Sinneswahrnehmung, etwa als Farbe oder Form. Wenn das der Fall ist, könnte die Bedeutung dadurch hervorgerufen werden, dass die Person ein Bild des Reizes sieht. So haben wir vielleicht das Gefühl, etwas schon zu kennen, wenn wir die Anzeige für einen neuen Pausen-Snack sehen, den wir kürzlich probiert haben.

In vielen Fällen jedoch erfolgt die Kodierung der Bedeutung auf einer abstrakteren Ebene. Die semantische Bedeutung verweist auf symbolische Assoziationen, wie etwa die Vorstellung, dass reiche Leute Champagner trinken oder modebewusste Männer einen Ohrring tragen.

Als *episodische Erinnerungen* bezeichnet man solche Erinnerungen, die sich auf Begebenheiten beziehen, die für die betreffende Person wichtig sind, so wie das bei Mario der Fall ist.[29] Die Motivation der Person, diese Erinnerungen zu behalten, wird sehr stark sein. So haben Paare oft ein „gemeinsames Lied", das sie an das erste Rendezvous oder die Hochzeit erinnert. Die Erinnerungen, die das Lied hervorruft, werden für dieses Paar ganz besonders und einzigartig sein.

In Werbespots wird manchmal versucht, episodische Erinnerungen an Ereignisse wachzurufen, die von vielen geteilt werden. Die Erinnerung an Vergangenes könnte einen Effekt auf zukünftiges Verhalten haben. Eine Spendenkampagne, die von einer Schule durchgeführt wird, bringt wahrscheinlich bessere Ergebnisse, wenn angenehme Erinnerungen an die Schule wachgerufen werden. Einige besonders lebendige Assoziationen werden als *Blitzlicht-Erinnerung* (flashbulb) bezeichnet und beziehen sich für gewöhnlich auf ein besonders wichtiges Ereignis. Ein Beispiel hierfür ist die Ermordung von Präsident Kennedy im Jahre 1963. Viele Leute behaupten, dass sie genau wüssten, was sie zu diesem Zeitpunkt gemacht haben.

Gedächtnissysteme

Von der Perspektive der Informationsverarbeitung aus betrachtet, ist eine Einteilung in drei klar unterscheidbare Gedächtnissysteme möglich: sensorisches Gedächtnis, Kurzzeitgedächtnis und Langzeitgedächtnis. Jedes System spielt bei der Verarbeitung von markenrelevanten Informationen eine Rolle. Die zwischen diesen Systemen bestehende Beziehung ist in Abbildung 3.5 zusammengefasst.

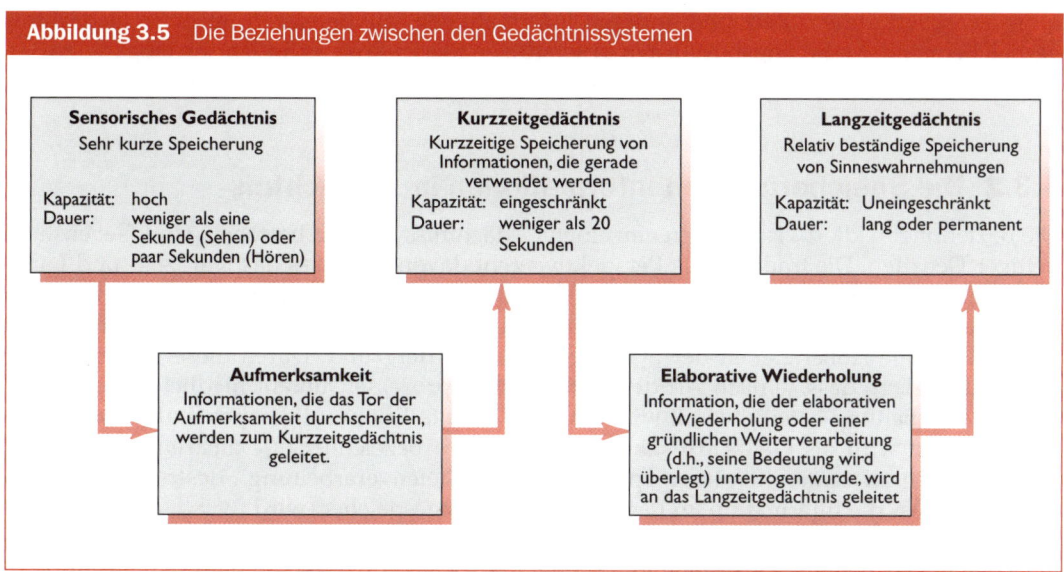

Abbildung 3.5 Die Beziehungen zwischen den Gedächtnissystemen

Sensorisches Gedächtnis
Sehr kurze Speicherung

Kapazität: hoch
Dauer: weniger als eine Sekunde (Sehen) oder paar Sekunden (Hören)

Kurzzeitgedächtnis
Kurzzeitige Speicherung von Informationen, die gerade verwendet werden
Kapazität: eingeschränkt
Dauer: weniger als 20 Sekunden

Langzeitgedächtnis
Relativ beständige Speicherung von Sinneswahrnehmungen

Kapazität: Uneingeschränkt
Dauer: lang oder permanent

Aufmerksamkeit
Informationen, die das Tor der Aufmerksamkeit durchschreiten, werden zum Kurzzeitgedächtnis geleitet.

Elaborative Wiederholung
Information, die der elaborativen Wiederholung oder einer gründlichen Weiterverarbeitung (d.h., seine Bedeutung wird überlegt) unterzogen wurde, wird an das Langzeitgedächtnis geleitet

Das **sensorische Gedächtnis** ermöglicht das Speichern von Informationen, die wir über unsere Sinnesorgane erhalten. Die Speicherung dieser Daten ist sehr kurzlebig und hält meist nicht länger als ein paar Sekunden vor. Eine Person geht zum Beispiel an einer Bäckerei vorbei und hat für einen Moment den verführerischen Duft von frisch gebackenem Brot in der Nase. Obwohl diese Sinneswahrnehmung nur ein paar Sekunden dauert, reicht sie aus, die Person dazu zu veranlassen, darüber nachzudenken, ob sie die Angelegenheit weiterverfolgen will. Wenn die Information einer Weiterverarbeitung für würdig befunden wurde, durchschreitet sie das bewachte Tor der Aufmerksamkeit und wird zum Kurzzeitgedächtnis vorgelassen.

Im **Kurzzeitgedächtnis** werden ebenfalls Informationen über einen kurzen Zeitraum gespeichert. Seine Kapazität ist begrenzt. In Analogie zu einem Computer kann das Kurzzeitgedächtnis als Arbeitsspeicher betrachtet werden; es enthält die Informationen, die wir im Moment bearbeiten. Verbale Eingaben können nach ihrer akustischen (was verbinde ich mit dem Klang?) oder semantischen (was bedeutet es?) Bedeutung eingeordnet werden.[30]

Die Speicherung der Informationen geschieht in mehreren Stufen: Zuerst werden kleinere Teile miteinander verbunden, so dass daraus größere Blöcke entstehen. So kann zum Beispiel ein Markenname einen Block darstellen, der viele detaillierte Informationen über eine Marke zusammenfasst.

Ursprünglich wurde angenommen, dass das Kurzzeitgedächtnis 5 bis 9 Blöcke an Informationen gleichzeitig verarbeiten kann. Das ist auch der Grund dafür, warum in vielen Ländern Telefonnummern aus sieben Zahlen bestehen.[31] Heute glaubt man jedoch, dass 3 bis 4 Blöcke die optimale Größe für einen effizienten Abruf sind (siebenstellige Telefonnummern kann man deshalb behalten, weil einzelne Zahlen zusammengefasst werden, so dass wir uns an eine dreistellige Zahl als eine Informationseinheit erinnern).[32]

Das **Langzeitgedächtnis** ist das System, das es uns erlaubt, Informationen über einen langen Zeitraum zu behalten. Damit die Information aus dem Kurzzeitgedächtnis in das Langzeitgedächtnis gelangen kann, müssen aufwändige Prozesse durchgeführt werden. Dies umfasst das Nachdenken über die Bedeutung eines Reizes und die Herstellung einer Beziehung zwischen diesem Reiz und anderen Informationen, die bereits in unserem Gedächtnis gespeichert sind. Marketingspezialisten unterstützen diesen Prozess, indem sie eingängige Slogans oder Jingles einsetzen, die der Konsument von sich aus häufig wiederholt.

3.3.2 Die Speicherung von Informationen im Gedächtnis

Die Beziehungen, die zwischen den einzelnen Gedächtnissystemen bestehen, sind Gegenstand heftiger Debatten. Die traditionelle Perspektive geht davon aus, dass das Kurzzeit- und Langzeitgedächtnis verschiedene Systeme darstellen. Bei einer neueren Untersuchung ist man von der Unterscheidung zwischen diesen beiden Gedächtnistypen abgerückt und stellt statt dessen die gegenseitige Abhängigkeit der Systeme in den Vordergrund. Durch diese Untersuchung wird nahe gelegt, dass, je nach Art des Verarbeitungsprozesses, unterschiedliche Ebenen, die an der Verarbeitung beteiligt sind, wiederum bestimmte Erinnerungsaspekte aktivieren. Dieses Vorgehen wird als **Gedächtnisaktivierungsmodell** bezeichnet.[33] Je anstrengender es ist, Informationen zu verarbeiten (man spricht hier von Tiefenverarbeitung), desto wahrscheinlicher ist es, dass die Information im Langzeitgedächtnis gespeichert wird.

Beim Aktivierungsmodell wird davon ausgegangen, dass eingehende Informationsbruchstücke in einem zusammenhängenden Netzwerk gespeichert werden, in dem sich viele Bruchstücke verwandter Informationen befinden, die nach einem bestimmten Beziehungsmuster geordnet sind. Der Konsument verfügt über feste Konzepte in seiner Vorstellung, die Marken, Geschäfte und so fort betreffen.

Wissensstrukturen

Diese Speichereinheiten, genannt **Wissensstrukturen**, kann man sich als ein verzweigtes Spinnennetz vorstellen, in dem viele einzelne Datenteilchen hängen. Informationen werden in Knoten, die über assoziative Verbindungen innerhalb dieser Strukturen verknüpft sind, abgelegt. Informationsbruchstücke, die als zusammengehörig eingestuft werden, werden unter abstrakteren Kategorien einem Block zugefügt. Bei neu eingehenden Informationen wird die Übereinstimmung mit den bereits bestehenden Strukturen hergestellt.[34] Gemäß dem hierarchisch geordneten Wahrnehmungsmodell wird eine Botschaft von unten nach oben (bottom-up) weiterverarbeitet. Die Verarbeitung beginnt zunächst auf der untersten Ebene, unterliegt aber immer komplexeren Verarbeitungsoperationen, die eine größere kognitive Fähigkeit voraussetzen. Wenn die Verarbeitung auf einer Ebene stoppt, weil die nachfolgende Ebene nicht angesprochen wird, wird die Verarbeitung beispielsweise einer Anzeige gestoppt und die frei gewordene Kapazität anderweitig verwendet.[35]

Die einzelnen Knoten sind miteinander verknüpft und bilden ein Netzwerk von Assoziationen. So verfügt ein Konsument zum Beispiel über ein Netz für „Parfüm". Jeder Knoten steht für ein Konzept, das mit dieser Kategorie verbunden ist. Dieser Knoten kann ein Merkmal, eine bestimmte Marke, eine Berühmtheit, die man mit diesem Parfüm identifiziert, oder auch ein verwandtes Produkt sein. Das Parfümnetzwerk kann Begriffe enthalten wie die Namen Chanel, Obsession und Charlie und Merkmale wie sexy und elegant.

Wenn der Konsument gebeten wird, Parfüms aufzuzählen, würde er nur diejenigen Marken nennen können, die in seinem Gedächtnis in der entsprechenden Kategorie abgelegt sind. Diese Gruppe stellt für ihn sein **Evoked Set** (engl.: evoke = wachrufen, hervorholen) dar. Ein neues Produkt, das in diese Kategorie aufgenommen werden möchte (zum Beispiel ein neues, luxuriöses Parfüm), muss über Merkmale verfügen, die eine Platzierung in der entsprechenden Kategorie erleichtern. Ein Beispiel für ein solches Netz enthält die Abbildung 3.6 (für die Kategorie Parfüm).

Abbildung 3.6 Ein assoziatives Netz bei Parfüms

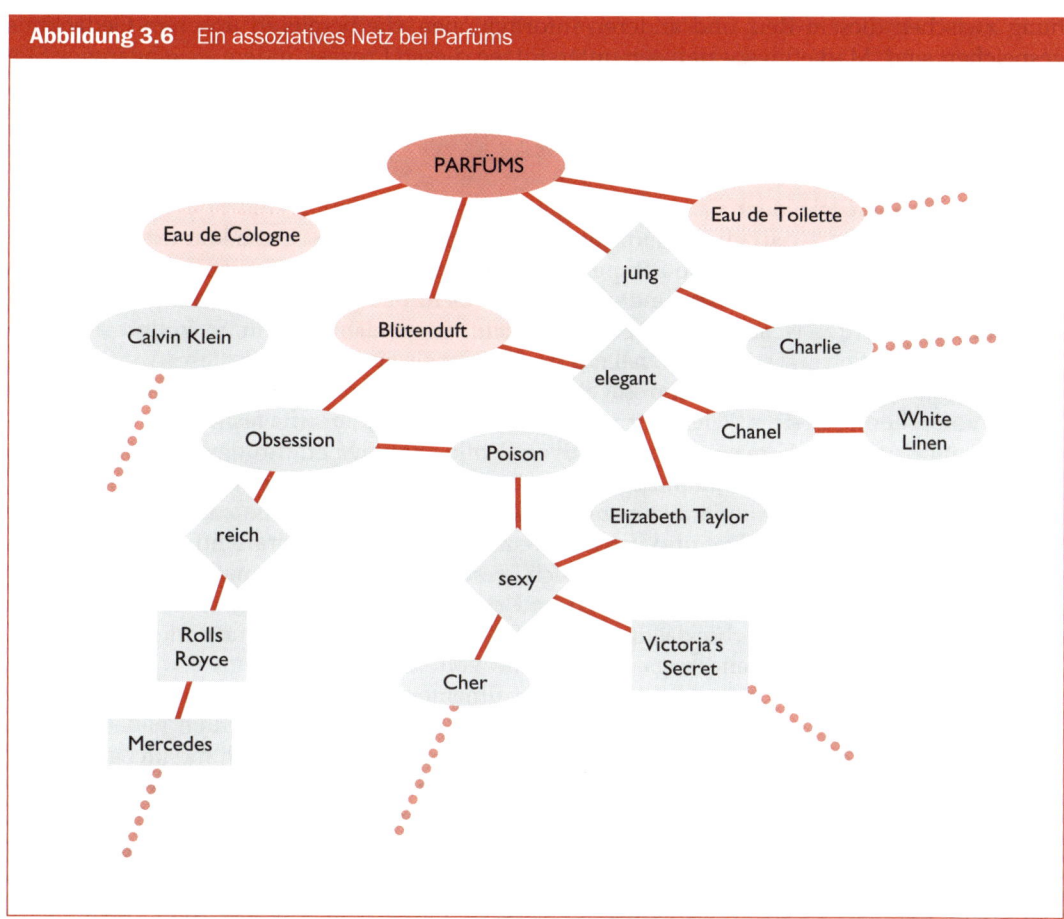

Die Ausbreitung einer Aktivierung

Eine Bedeutung kann auch indirekt aktiviert werden; Energie breitet sich über Knoten auf unterschiedliche Abstraktionsebenen aus. Wenn ein Knoten aktiviert wird, werden davon andere, mit ihm verbundene Knoten beeinflusst. Die Bedeutung breitet sich also im Netz aus und ruft verschiedene Vorstellungen hervor, einschließlich Konkurrenzmarken und wichtige Merkmale, auf deren Grundlage eine bestimmte Einstellung gegenüber einer Marke eingenommen wird.

Dieser Prozess der sich ausbreitenden Aktivierung erlaubt es dem Konsumenten, sich zwischen den Bedeutungsebenen hin und her zu bewegen. Die Art und Weise wie ein Stückchen Information im Gedächtnis abgelegt wird ist davon abhängig, welcher Typ von Bedeutung ihm zugewiesen wird. Diese Bedeutungstyp wird umgekehrt auch festlegen, wie und wann die Bedeutung aktiviert wird. So könnte zum Beispiel die Erinnerungsspur für eine Anzeige auf eine oder mehrere der folgenden Weisen gespeichert werden:

- Markenspezifisch – was nimmt die Marke für sich in Anspruch
- Anzeigenspezifisch – welches ist das Medium oder der Inhalt der Anzeige selbst
- Markenidentifikation – was sagt der Markenname aus

- Produktkategorie – wie funktioniert das Produkt, wo sollte es verwendet werden, welche Erfahrungen lassen sich damit machen
- Bewertende Reaktionen – das sieht aus, als „würde es Spaß machen".[36]

Wissensebenen

Wissen ist auf verschiedenen Ebenen der Abstraktion und Komplexität kodiert vorhanden. Jede Bedeutung ist ein individueller Knoten (zum Beispiel elegant). Diese können in größeren Einheiten, den sogenannten Propositionen oder Behauptungen zusammengefasst werden. Eine Proposition stellt die Verbindung zwischen zwei Knoten her, woraus sich eine komplexere Bedeutung bildet, welche als ein Teil einer Information dienen kann. So könnte zum Beispiel eine Proposition sein, dass „Chanel ein Parfüm für elegante Frauen ist".

Propositionen werden wiederum zu einer komplexen Einheit zusammengefügt, die das sogenannte Schema darstellt. Wie wir zu Beginn dieses Kapitels bereits festgestellt haben, handelt es sich bei einem **Schema** um ein kognitives Gebilde, das auf Erfahrungen beruht. Die sich mit einem feststehenden Schema im Einklang befindende Information wird leichter aufgenommen.[37] Die Möglichkeit, sich zwischen verschiedenen Abstraktionsebenen zu bewegen, steigert ganz beträchtlich die Flexibilität und die Effizienz der Informationsverarbeitung. Das ist auch der Grund, warum kleine Kinder, die über noch keine ausgereiften Schemata verfügen, anders als ältere Kinder keinen richtigen Gebrauch von Kaufinformationen machen können.[38]

Eine Art von Schema, das für das Konsumentenverhalten von Bedeutung ist, ist ein Skript, in dem die Sequenz von Handlungsabläufen, die von einem Individuum erwartet werden, festgelegt ist. So erlernen zum Beispiel die Konsumenten ein Handlungsskript, welches die Erwartungen und das Kaufverhalten als Konsument leitet. Die Konsumenten haben gelernt, dass Ereignisse in einer gewissen Reihenfolge ablaufen, und sie fühlen sich möglicherweise in Situationen unwohl, die vom Skript abweichen. Ein Handlungsskript für einen Zahnarztbesuch könnte sich aus folgenden Abschnitten zusammensetzen: (1) die Fahrt zur Zahnarztpraxis, (2) das Lesen veralteter Zeitschriften im Wartezimmer, (3) der Aufruf Ihres Namens und das Warten im Zahnarztstuhl, (4) die Untersuchung der Zähne durch den Zahnarzt, (6) das Reinigen und Polieren der Zähne durch den Zahnarzt und so weiter. Der Wunsch des Menschen, sich bei seinen Handlungen an ein Skript zu halten, erklärt auch, warum die Einführung von Serviceleistungen, wie sie von einem Bankautomaten oder an der Selbstbedienungs-Tankstelle angeboten werden, bei einigen Konsumenten auf Abwehr stieß, denen es schwerfällt, sich einer neuen Handlungsfolge anzupassen.[39]

3.3.3 Der Abruf von Informationen bei Kaufentscheidungen

Der Abruf des einmal Gelernten erfolgt aus dem Langzeitgedächtnis. Die Beliebtheit des Trivial-Pursuit-Spiels ist Beweis dafür, dass Menschen über ein riesiges Reservoir an Informationen verfügen, die sie nicht unbedingt auf Befehl abrufen können. Obwohl das meiste, was als Information im Langzeitgedächtnis gespeichert ist, nicht verschwindet, kann es sehr schwierig oder sogar unmöglich sein, dieses bei Bedarf hervorzuholen, wenn nicht die geeigneten Hinweise zur Verfügung stehen.

Faktoren, die das Abrufen des Gelernten beeinflussen

Einige Unterschiede in der Fähigkeit des Abrufens (oder Erinnerns) sind psychologischer Natur. Ältere Menschen zeigen fast immer eine geringere Erinnerungsfähigkeit bei aktuellen Themen wie zum Beispiel bei den Anordnungen für die Medikamenteneinnahme, wohingegen die Erinnerung an Geschehnisse aus einer Zeit, als sie noch jünger waren, ganz deutlich sind.[40]

Andere Faktoren sind situationsbedingt von der Umgebung abhängig, in welcher man die Botschaft erhält. Es ist nicht erstaunlich, dass der Abruf des Gelernten leichter fällt, wenn der Konsument die Botschaft mit erhöhtem Interesse aufgenommen hat. Einige Untersuchungen weisen darauf hin, dass Informationen über eine ganz neue Marke leichter aus dem Gedächtnis abgerufen werden können als die ihr folgenden Produkte, weil bei der Einführung der Marke ihre Merkmale gut erklärt wurden und zumindest für kurze Zeit kein Konkurrenzprodukt die Aufmerksamkeit des Konsumenten abgelenkt hat.[41] Darüber hinaus werden Markennamen, die das Produkt beschreiben, eher aus der Erinnerung abgerufen als diejenigen, deren Namen keine ausreichenden Hinweise auf die Funktion des Produkts geben.[42]

Die Umgebung, in der eine Botschaft übermittelt wird, hat ebenfalls Einfluss auf das Erinnerungsvermögen. So ergaben zum Beispiel Tests, dass sich Zuschauer an Werbespots, die während eines Baseballspiels eingeblendet werden, im Vergleich zu Werbespots in allen anderen Sportsendungen, am wenigsten erinnern können. Der Grund liegt wahrscheinlich darin, dass es sich bei diesem Spiel um ein ständiges Stop-and-Go und um keine kontinuierliche Handlung handelt. Anders als beim Fußball- oder Basketballspiel ergeben sich aus dem Rhythmus des Baseballspiels heraus für den Zuschauer viele Gelegenheiten, bei denen er sogar während des Spiels seine Aufmerksamkeit nicht auf das Geschehen lenken muss. Ähnliches stellte General Electric fest: Ihre Werbespots kamen in Fernsehprogrammen, die eine kontinuierliche Handlung aufwiesen, wie etwa Fernsehfilme oder Theaterstücke, besser an als bei Unterhaltungssendungen oder Talkshows, die keinen kontinuierlichen Handlungsverlauf hatten.[43]

Vom Zustand abhängiges Erinnern   In einem Prozess des vom Zustand abhängigen Erinnerns können Personen Informationen dann besser abrufen, wenn ihr Gefühlsleben zu dieser Zeit demjenigen Gefühlszustand entspricht, in dem sie sich befanden, als sie die Informationen gelernt haben.

Dieser Vorgang der Stimmungskongruenz zeigt, dass es wünschenswert ist, die Stimmung des Konsumenten zur Zeit des Kaufs zu treffen, wenn man die Durchführung von Marketingmaßnahmen plant. Ein Konsument wird sich wahrscheinlich eher an eine Anzeige erinnern, wenn sein Gefühlszustand oder Erregungsniveau zur Zeit der Kenntnisnahme der Anzeige derjenigen ähnelt, in der er sich für den Kauf entschließt. Indem die Umstände, unter denen die Information erstmals präsentiert wurden, nachgestellt werden, kann dem Gedächtnis eher auf die Sprünge geholfen werden.

Vertrautheit und Erinnern   Allgemein kann gesagt werden, dass die Vertrautheit mit einem Produkt auch die Erinnerung daran begünstigt. Deshalb ist dies auch eines der vorrangigen Ziele der Marketingexperten, um ein Produktbewusstsein beim Konsumenten zu erreichen. Je öfter der Konsument mit einem Produkt zu tun hat, desto besseren Gebrauch kann er von den Produktinformationen machen.[44]

Das eben Gesagte trifft zwar in der Regel zu, dennoch gibt es auch hier eine Einschränkung: Wie bereits weiter vorne in diesem Kapitel beschrieben wurde, gibt es Hinweise darauf, dass ein zu hohes Maß an Vertrautheit dazu führen kann, dass dem Produkt weniger Aufmerksamkeit geschenkt wird oder die Erinnerung daran erlöscht. Wenn der Konsument mit einer Marke oder einer Anzeige sehr vertraut ist, kann dies dazu führen, dass er sich weniger auf die Merkmale konzentriert, da er davon ausgeht, dass er über das Produkt schon alles weiß und eine weitere Aufmerksamkeit seinerseits keine neuen Informationen liefern würde.[45] Wenn zum Beispiel der Konsument im Radio nur den Text und die Musik einer Anzeige hört, die er aus dem Fernsehen kennt, wird er sich kaum auf das Gehörte konzentrieren, sondern das Bild, das er aus dem Fernseher kennt, aus der Erinnerung holen und sich „vorspielen".[46]

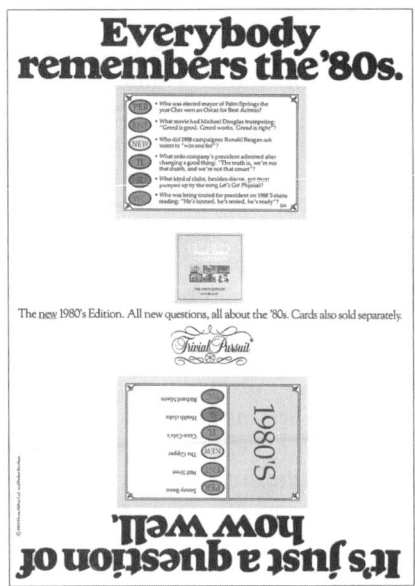

Bei Trivial Pursuit, einem beliebten Gesellschaftsspiel, wird das Erinnerungsvermögen des Spielers für kulturelle Ereignisse getestet.

Trivial Pursuit ® ist ein eingetragenes Warenzeichen von Horn Abbot Ltd. mit exklusiven Lizenzrechten für Parker Brothers.

Auffälligkeit und Erinnern   Die Auffälligkeit einer Marke verweist auf ihren Bekanntheitsgrad oder ihre Aktivierungsebene im Gedächtnis. Wie bereits im zweiten Kapitel gesagt wurde, werden Reize, die sich aus der Umgebung hervorheben, mehr Aufmerksamkeit an sich ziehen, was wiederum die Wahrscheinlichkeit erhöht, dass sie leichter abgerufen werden. Fast jede Technik, die die Neuheit eines Reizes erhöht, steigert auch das Erinnerungsvermögen daran (eine Wirkung, die als von-Restorff-Effekt bekannt ist).[47] Dieser Effekt erklärt auch, warum ungewöhnliche Werbemaßnahmen und eine charakteristische, auffällige Verpackung das Wiedererkennen einer Marke positiv beeinflussen.[48]

Wie wir bereits im zweiten Kapitel gesehen haben, ist die Einführung eines Überraschungselements in einer Anzeige (zum Beispiel der Energizer Bunny, der völlig unerwartet in einem Werbespot auftaucht) besonders wirksam. Diese Strategie begünstigt sogar dann die Erinnerung an ein Produkt, wenn der Reiz für die Information, die durch den Werbespot vermittelt werden soll, keine Bedeutung hat.[49] So verhält es sich auch bei Anzeigen, die erst zum Schluss enthüllen, um welche Marke es sich überhaupt handelt (mystery ads). Solche Anzeigen können – vor allem wenn es sich um neue Marken handelt – im Gedächtnis wesentlich besser eine Assoziation zwischen der Produktkategorie und dieser Marke bilden.[50]

Visuelle versus verbale Reize   Es gibt einige Hinweise darauf, dass die visuelle Wahrnehmung der verbalen überlegen ist. Inwieweit dies jedoch zutrifft, ist nicht klar, da es schwierig ist, die Erinnerung an Bilder zu messen.[51] Dennoch weisen die heute verfügbaren Daten darauf hin, dass Informationen, die als Bilder präsentiert werden, mit größerer Wahrscheinlichkeit später wiedererkannt werden.[52] Mit Sicherheit kann die Aufmerksamkeit des Konsumenten durch visuelle Merkmale in einer Anzeige erhöht werden. So hat man durch die Aufzeichnung der Augenbewegungen beim Betrachten einer Anzeige herausgefunden, dass 90 Prozent der Betrachter sich zuerst auf das Bild in der Anzeige konzentrieren, bevor sie sich (wenn überhaupt) mit dem Text befassen.[53]

Obwohl ziemlich unstrittig ist, dass Anzeigen mit Bildern das Erinnerungsvermögen verbessern, so erhöhen sie nicht unbedingt auch das Verständnis für die Aussage. Bei einer Untersuchung wurde festgestellt, dass Nachrichten im Fernsehen, die mit Grafiken (auch das sind Bilder) als Hintergrund präsentiert wurden, bei den Zuschauern die Erinnerung an Einzelheiten in der Nachricht zwar erhöhte, aber das Verständnis für den Inhalt der Nachricht stieg damit nicht an.[54] Visuelle Darstellungen können dann besonders wirkungsvoll sein, wenn sie verbale Hinweise enthalten, die zu bereits vorhandenen Kenntnissen des Konsumenten eine Verbindung herstellen.

Faktoren, die das Vergessen beeinflussen

Marketingexperten hoffen natürlich, dass die Konsumenten ihre Produkte nicht vergessen. Allerdings brachte eine Umfrage unter 13 000 Erwachsenen zu Tage, dass sich mehr als die Hälfte von ihnen an keine einzige Anzeige explizit erinnern konnte, die sie im vergangenen Monat gesehen, gehört oder gelesen hatte.[55] Das Vergessen stellt also ganz offensichtlich ein Problem für die Marketingexperten dar.

Frühere Theorien über das Gedächtnis gingen davon aus, dass Erinnerungen im Laufe der Zeit verblassen. Während eines Verfallsprozesses verschwinden die strukturellen Veränderungen, die im Gehirn durch das Lernen entstanden sind, wieder. Das Vergessen ist aber auch eine Folge der **Interferenz**: jede zusätzliche Information verdrängt vorhergehende Informationen.

Die Assoziation zwischen Reiz und Reaktion wird vergessen, wenn der Konsument neue Reaktionen auf den gleichen oder ähnlichen Reiz erfährt. Dieser Prozess wird als retroaktive Interferenz bezeichnet. Umgekehrt kann aber auch vorangegangenes Lernen einem neuen Lernvorgang im Wege stehen, was wir dann als einen Prozess der proaktiven Interferenz bezeichnen. Da einzelne Informationsteilchen als Knoten im Gedächtnis gespeichert werden, die untereinander in Verbindung stehen, kann eine Bedeutung, die über eine große Anzahl von Gliedern verbunden ist, mit größerer Wahrscheinlichkeit abgerufen werden. Wenn aber neue Reaktionen gelernt werden, verliert ein Reiz seine Fähigkeit, die alten Reaktionen wieder hervorzurufen.[56]

Mit Hilfe der Interferenz lässt sich erklären, warum der Konsument Probleme haben kann, sich an Produktinformationen zu erinnern. Konsumenten neigen dazu, Informationen über die Merkmale einer Marke im Gedächtnis zu ordnen.[57] Zusätzliche Informationen über die Merkmale einer Marke oder ähnliche Marken können dazu führen, dass der Konsument einige ältere Informationen über das Produkt vergisst. Der Erinnerungsvorgang kann auch erschwert werden, wenn sich der Markenname aus häufig benutzten Wörtern zusammensetzt. Diese Wörter rufen konkurrierende Assoziationen hervor, wodurch die Aufnahme von Informationen über die Marke verringert wird.[58]

In einer Studie wurde gezeigt, dass die Erinnerung an eine Marke auch dann schneller abnimmt, wenn Anzeigen für die Marke mit Anzeigen über zwölf andere Marken aus der gleichen Produktkategorie erschienen im Vergleich zu einer Anzeige, die gemeinsam mit Anzeigen für zwölf Produkte aus anderen Produktkategorien erschien.[59] Indem die Auffälligkeit für eine Marke erhöht wird, kann die Erinnerung an andere Marken gestört werden.[60] Andererseits kann aber die Nennung des Namens eines Konkurrenten dazu führen, dass sich die Konsumenten schlechter an die eigene Marke erinnern.[61]

So kann zum Beispiel in der vergleichenden Werbung der Hinweis auf nur einige Konkurrenten (wobei jene bevorzugt werden, die nicht zu den Stärksten in der Branche gehören) bewirken, dass die Erinnerung an die nicht genannten Marken, die im Vergleich zum eigenen Produkt besser abschneiden würden, verhindert wird.[62]

3.3.4 Produkte als Gedächtnisstützen

Produkte und Anzeigen können selbst wirkungsvolle Mittel beim Abruf des Gelernten darstellen. Die Konsumenten schätzen drei Besitzgegenstände am höchsten ein: Möbel, Kunstwerke und Fotos. Diese Hochschätzung wird im Allgemeinen damit begründet, dass solche Gegenstände die Fähigkeit besitzen, Erinnerungen wachzurufen.[63] Produkte sind als Gedächtnisstützen vor allem dann sehr wichtig, wenn unser Gefühl für die Vergangenheit bedroht ist; das ist meist der Fall, wenn die Identität des Konsumenten in Frage gestellt wird, was durch eine Rollenveränderung, zum Beispiel eine Scheidung, einen Umzug, einen Schulabschluss, bedingt sein kann.[64] Produkte haben mnemotechnische Eigenschaften und können als eine Art externes Gedächtnis dienen, indem sie den Konsumenten dazu veranlassen, die Erinnerung an bestimmte Episoden in seiner Vergangenheit wachzurufen. So kann man sich zum Beispiel seiner Familienfotos als Erinnerungsauslöser bedienen (was wahrscheinlich einer der Hauptgründe ist, warum jährlich mehr als 11 Milliarden Amateurfotos geschossen werden). Sie stellen eine Art von externer Erinnerungsdatenbank in unserer Kultur dar.

Forscher haben gerade damit begonnen, den Einfluss von Lebenserinnerungen auf das Kaufverhalten zu testen. Diese Erinnerungen scheinen eine Möglichkeit darzustellen, mit Anzeigen Gefühle zu wecken. Offensichtlich mögen wir Anzeigen, die uns veranlassen, über unsere eigene Vergangenheit nachzudenken – und das vor allem dann, wenn das Bindeglied zwischen der nostalgischen Empfindung und der Marke sehr stark ist.[65]

Die Macht der Nostalgie

Die **Nostalgie** wurde als ein bitter-süßes Gefühl beschrieben, das mit Trauer und Sehnsucht auf die Vergangenheit zurückblickt. Immer häufiger werden in der Werbung Anspielungen auf „die gute, alte Zeit" verwendet, mit denen die Erinnerung an die weit zurückliegende Jugend geweckt werden soll, in der Hoffnung, dass sich dies im Kaufverhalten des Konsumenten bemerkbar macht. Manchmal ruft ein Reiz viel später eine abgeschwächte Reaktion hervor. Die hierbei wiederhergestellte Verbindung zur Vergangenheit ist vielleicht die Erklärung für die starken nostalgischen Empfindungen des Konsumenten auf Lieder oder Bilder, die er nach Jahren das erste Mal wieder hört oder sieht.

Viele europäische Unternehmen nutzen diese nostalgischen Gefühle und weisen auf Ereignisse hin, die oft gar nicht so weit zurückliegen. Die Humboldt-Universität in Berlin und das Berlin-Museum haben zusammen eine Sixties-Schau durchgeführt, bei der Kleidung, Gebrauchsgegenstände und Poster aus der Zeit der DDR gezeigt wurden. Die Show mit dem Namen „Ostalgie" war ein nostalgischer Rückblick auf eine Zeit, in der alles vielleicht ein wenig schäbig war, in der es aber für jeden Arbeit und Wohnung gab. Es zeigt sich ein wachsendes Interesse am Trabant (von dem ein Witz sagt, dass man seinen Wert verdoppeln kann, wenn man ihn volltankt), was dazu führte, dass ein Nachfolger des Trabant auf den Markt kam, der in derselben Fabrik gebaut wird, in der das Original gefertigt wurde. So haben einige westeuropäische multinationale Konzerne die Produktion von Marken, die ursprünglich aus Osteuropa kommen, aufgenommen; sie reagieren damit auf einen Widerstand, der sich gegen die Einfuhr von Produkten aus dem Ausland richtet. Von Zigaretten bis hin zu Jogurt versuchen diese Konzerne Konsumenten anzulocken, indem sie die Produktnamen von gestern mit den Qualitätsansprüchen von heute vereinen. Lokal verwendete Marken wie Nestlé's Chokito und Unilever's Flora Margarine gehören zu den bestverkäuflichen Produkten dieser Unternehmen in Osteuropa. Keine Anstrengung wird unterlassen, wenn es um die Ausrichtung von Kampagnen geht, die darauf abzielen, nostalgische Gefühle zu wecken. Mulino Bianco, der italienische Hersteller von Kuchen, Plätzchen und Müsli, hat mit großer Sorgfalt eine Kampagne durchgeführt, bei der die Ruhe des Lebens auf dem Lande gezeigt wurde, um den

---

MARKETINGCHANCE

Die Wiedergeburt des Käfers

In der Hoffnung frühere Käufer zurückzugewinnen – und neue anzuziehen – hat Volkswagen eine neue Version des Käfers auf den Markt gebracht, der nicht nur in den Vereinigten Staatenin den 60er- und 70er-Jahren für eine Generation zum Symbol geworden war. Damals bot der Käfer den Insassen noch wenig Platz und war auch ziemlich laut, aber er wurde zu einem Verkaufsschlager, weil er relativ preisgünstig und benzinsparend war und als ein Protestsymbol gegenüber Detroits Riesenschlitten betrachtet wurde. Im Gegensatz zum alten Käfer bietet die neue Version dem Konsumenten ausreichend Platz für Kopf und Beine. Jens Neumann, Geschäftsführer von VW in Nordamerika glaubt, dass „der Käfer das Herz von Volkswagens ist. Wenn wir die Leute wieder daran erinnern, dann werden auch unsere anderen Produkte präsenter sein". Der neue Käfer hat mit der alten Ausgabe nur rein äußerlich Ähnlichkeit. Anders als das Original, das einen luftgekühlten Motor im hinteren Teil des Wagens hatte, ist der neue Käfer mit der neuesten deutschen Automobiltechnik ausgestattet, einschließlich eines optionalen, benzinsparenden Turbo-Diesels mit direkter Einspritzung. Abgesehen davon, ist das Auto im Grund ein Golf mit einer Reihe käferähnlicher Merkmale, um unsere nostalgischen Gefühle zu wecken: eine runde Karosserie, runde Anzeigen in der Konsole, runde Seitenspiegel, Trittbretter und in die Tür eingelassene Griffe.[66]

Verkauf von Kuchen zu erhöhen, welche nur zu besonderen Anlässen gegessen werden. In der Anzeige wurde ein weißes Bauernhaus auf einem grünen Hügel neben einer Wassermühle gezeigt. Eltern, Kinder und Freunde sitzen dort in einer ruhigen und entspannten Atmosphäre zusammen, weit weg von der Hektik und dem Stress des Arbeitsalltags in der Stadt. Die Anzeige sollte eine Beziehung zwischen den „guten alten Tagen" und den Kuchen herstellen und gleichzeitig bewirken, dass der Kuchen als ein ursprüngliches Nahrungsmittel gesehen wird, das man nicht nur zu besonderen Anlässen, sondern jeden Tag essen kann. Die Anzeige war in Italien, wo man allerorten dem hektischen Alltag zu entfliehen versucht, ziemlich erfolgreich. In Frankreich, wo sich die Essgewohnheiten von denen in Italien unterscheiden und der Hang zum ländlichen Leben schwächer ist, hatte die gleiche Werbekampagne weniger Erfolg.[67]

Das Gedächtnis und ästhetische Vorlieben

Zusätzlich zu unserer Vorliebe für Anzeigen und Produkte, die uns an die Vergangenheit erinnern, beeinflussen auch frühere Erlebnisse das, was wir mögen. Einige erst kürzlich durchgeführte Untersuchungen haben gezeigt, dass der Geschmack der Leute bei solchen Produkten wie Filmen und Kleidung davon beeinflusst wird, was während einer bestimmten, für den Betreffenden wichtigen Zeit in seiner Jugend Mode war. So steht die Vorliebe für bestimmte Lieder in unmittelbarem Zusammenhang damit, wie alt die Person war, als diese Lieder gespielt wurden; so hat man festgestellt, dass Lieder aus einer Zeit, in der die Leute 23 oder 24 Jahre alt waren, weiterhin am beliebtesten sind.[68] Ein amerikanischer Fernsehsender zeigt in seinen Nachtprogrammen Wiederholungen von Shows, die, als die Zuschauer zirka 12 Jahre alt waren, sehr beliebt waren.[69] Ähnliche Programmstrategien wurden von verschiedenen Sendern in Europa übernommen. Es hat sich auch gezeigt, dass Männer bei Frauen diejenige Mode bevorzugen, die aktuell war, als sie um die zwanzig waren.[70]

Mit einem Blick für die Zukunft und für die Nostalgie der Vergangenheit: Der Mercedes und der Trabant repräsentieren unterschiedliche Aspekte des Lernens, der Erinnerung und der Ästhetik für Konsumenten in Ostdeutschland.
Foto: Julia Helmley.

Die Marketingexperten gehen im Allgemeinen davon aus, dass die lebenslange Treue zu einer Marke schon in jungen Jahren beginnt; sie betrachten den Kampf um die Herzen (und Geldbeutel) von Schülern und jungen Erwachsenen als eine langfristige Investition. Mit der Frage der vom Alter abhängigen Vorlieben werden wir uns im dreizehnten Kapitel näher beschäftigen.

3.3.5 Die Messung der Gedächtniswirkung von Werbung

Weil für Werbung so viel Geld ausgegeben wird, machen sich die Auftraggeber natürlich auch Gedanken darüber, ob sich die Leute später auch an die Botschaften erinnern. Es sieht so aus, als hätten sie gute Gründe, deswegen beunruhigt zu sein. Eine Untersuchung hat ergeben, dass weniger als 40 Prozent der Fernsehzuschauer einen positiven Zusammenhang zwischen Werbespots und den dazugehörigen Produkten herstellen; nur 65 Prozent registrieren in einer Werbung den Markennamen und nur 38 Prozent stellen eine Verbindung zu einer zentralen Aussage her.[71]

Aber noch weit beunruhigender ist der Umstand, dass sich nur sieben Prozent der Fernsehzuschauer an das Produkt oder die Firma des zuletzt gezeigten Werbespots erinnern können. Diese Zahl ist nur noch halb so hoch wie eine 1965 gemessene. Dies hängt wahrscheinlich damit zusammen, dass die Menge der 15- und 30-Sekunden langen Werbespots gestiegen ist und diese heute in Folge, anstatt wie früher einzeln in Verbindung mit dem Sponsor einer Sendung ausgestrahlt werden.[72]

Wiedererkennen versus Erinnern

Ein Indikator für gute Werbung ist natürlich der Eindruck, den diese beim Konsumenten hinterlässt. Wie aber kann dieser Eindruck definiert und gemessen werden? Zwei prinzipielle Möglichkeiten sind hier das Wiedererkennen und das Erinnern. Bei einem typischen Wiedererkennungstest, werden den Testpersonen einzelne Anzeigen gezeigt und sie werden gefragt, ob sie diese schon einmal gesehen haben. Im Gegensatz hierzu werden bei den Erinnerungstests die Konsumenten gebeten, Informationen aus der Erinnerung hervorzuholen und diese dann einem Wiedererkennungstest zu unterziehen.

Unter bestimmten Bedingungen liefern diese beiden Gedächtnistests die gleichen Ergebnisse, vor allem, wenn der Forscher versucht, das Interesse des Betrachters für die Anzeigen konstant zu halten.[73] Allgemein kann aber gesagt werden, dass die Ergebnisse bei der Wiedererkennung verlässlicher sind und nicht so schnell vergessen werden wie die Ergebnisse bei den Erinnerungstests.[74] Sie sind deshalb fast immer besser als die bei der Erinnerung, da es sich bei der Wiedererkennung um einen einfacheren Vorgang handelt und mehr Hinweise, die den Abruf des Gelernten auslösen, enthalten sind.

Beide Arten des Aufrufens von Informationen spielen bei Kaufentscheidungen eine wichtige Rolle. Die Erinnerung ist in den Situationen wichtiger, in denen Konsumenten keine Produktdaten zur Verfügung stehen, so dass sie sich auf ihr Gedächtnis verlassen müssen, um diese Informationen hervorzuholen.[75] Andererseits ist das Wiedererkennen wahrscheinlich ein wichtiger Faktor in einem Laden, wo die Konsumenten mit Tausenden von Produktoptionen und Informationen konfrontiert sind (was heißt, dass hier ein riesiges externes Gedächtnis vorhanden ist) und es in dieser Situation hauptsächlich darum geht, etwas zu finden, was einem bekannt vorkommt. Allerdings kann das Wiedererkennen einer Verpackung und die Vertrautheit mit ihr auch negativ sein, insofern Warnhinweise ignoriert werden, da deren Vorhandensein als selbstverständlich angesehen und daher nicht bewusst registriert werden.[76]

Der Starch-Test

Ein häufig eingesetztes Testverfahren für die Messung der Erinnerung an Anzeigen in Zeitschriften ist der Starch-Test, der erstmals 1932 eingesetzt wurde. Bei diesem Test stützt man sich auf die Leser einer bestimmten Zeitschrift. Ein Interviewer blättert mit einer Versuchsperson die jeweils letzte Ausgabe dieser Zeitschrift durch und legt ihr Fragen über ihre Vertrautheit mit einer Anzeige vor, einschließlich solcher Kategorien wie „Anzeige gesehen", „Anzeige assoziiert mit" und „Anzeige in großen Teilen gelesen". Dieser Test gibt auch Auskunft darüber, welche Bedeutung die einzelnen Komponenten einer Anzeige haben, indem er erfasst, inwieweit beispielsweise Illustrationen oder längere Anzeigentexte wahrgenommen werden.[77] Die Größe einer Anzeige, an welcher Stelle sie in einer Zeitschrift platziert ist, ob sie sich auf der rechten oder linken Seite befindet und die Größe der Abbildungen – solche Faktoren spielen eine wichtige Rolle bei der Frage, wie viel Aufmerksamkeit einer Anzeige geschenkt wird.

Probleme bei der Messung der Gedächtniswirkung

Obwohl die Messung der Einprägsamkeit einer Anzeige wichtig ist, wird die Wirksamkeit der momentan verfügbaren Methoden aus mehreren Gründen in Frage gestellt.

Verzerrte Antworten Ergebnisse, die bei einer Messung erzielt werden, beruhen nicht nur darauf, was gemessen wurde, sondern auch auf der Methode und dem Befragten. Dies nennt man auch **verzerrte Antworten**. So neigt man beispielsweise dazu, Fragen mit „Ja" zu beantworten, egal was gefragt wurde. Hinzu kommt, dass die Befragten oft in einem guten Licht dastehen möchten und deshalb versuchen, dem Interviewer durch die Antworten zu gefallen.

Sie versuchen also Antworten zu geben, von denen sie denken, dass der Interviewer sie hören möchte. Einige Untersuchungen haben gezeigt, dass der Wiedererkennungseffekt bei gefälschten Anzeigen, die man also gar nicht kennen konnte, fast genau so hoch lag, wie die Wiedererkennung wirklich existierender Anzeigen.[78]

Erinnerungslücken   Es geschieht relativ häufig, dass Personen Informationen vergessen. Typische Probleme sind das Weglassen (das Vergessen von Fakten), der Ausgleich (die Tendenz, Dinge zu „normalisieren" und Extremfälle zu verschweigen) und die Verkürzung von Abläufen (die ungenaue Zeiterinnerung).[79] Diese Verzerrungen lassen es fraglich erscheinen, ob die in verschiedenen Datenbanken enthaltenen Informationen über den Produktgebrauch, die auf der Erinnerung der Konsumenten beruhen, als sie über den Kauf und die Verwendung von Nahrungsmitteln und Haushaltsgegenständen befragt wurden, tatsächlich stimmen. In einer Untersuchung wurden zum Beispiel Testpersonen gefragt, wie groß die Portionen verschiedener Nahrungsmittel sind – klein, mittel oder groß –, die sie bei einem normalen Essen zu sich nehmen. Die Portion „mittel" wurde unterschiedlich definiert (185 ml gegenüber 375 ml). Unabhängig von dieser unterschiedlichen Größe hat ungefähr die gleiche Anzahl von Leuten angegeben, dass sie normalerweise mittelgroße Portionen zu sich nimmt.[80]

Erinnerung an Fakten versus Gefühle   Auch neu entwickelte Verfahren, die die Genauigkeit von Gedächtnistests verbessern sollen, befassen sich nicht mit der grundlegenden Frage, ob die Erinnerung für die Wirkung von Werbung überhaupt von Bedeutung ist. So argumentieren einige Kritiker, dass diese Methoden nicht in einem ausreichenden Maße die Bedeutung der Emotionen ansprechenden Werbung erfassen, deren Ziel es ist, beim Betrachter starke Empfindungen auszulösen und weniger über das Produkt zu informieren. Viele Werbekampagnen, einschließlich derjenigen von Hallmark, Chevrolet und Pepsi benutzen diese Methoden.[81] Eine wirksame Strategie beruht auf der langfristig angelegten Erzeugung von Gefühlen und nicht in dem einmaligen Versuch, die Konsumenten davon zu überzeugen, das Produkt zu kaufen.

Ein Bild sagt mehr als tausend Worte. Produkt-Icons – wie dieses Michelin-Männchen, das in Anzeigen und auf Verpackungen seit über 30 Jahren verwendet wird, – sind ein bedeutender Faktor bei der Wiedererkennung von Produkten.

Es ist auch nicht klar, ob die Tatsache, dass man sich an etwas erinnern kann, gleichzeitig bedeutet, dass man das Produkt schätzt. Wir können uns vielleicht gut an all die in einer Anzeige angepriesenen Vorzüge eines Produkts erinnern, ohne auch nur ein Wort davon zu glauben. Oder wir erinnern uns an die Anzeige, weil sie derart geschmacklos ist, dass wir es lieben, sie zu hassen. Zusammenfassend kann festgehalten werden, dass die Erinnerung vor allem dann wichtig ist, wenn es darum geht, ein Markenbewusstsein herzustellen, aber dieses nicht unbedingt ausreicht, wenn man die Vorlieben der Konsumenten beeinflussen möchte. Um das zu erreichen, brauchen die Marketingexperten ausgefeiltere Strategien zur Einstellungsänderung. Diesen Fragen werden wir das fünfte und sechste Kapitel widmen.

3.4 Zusammenfassung des Kapitels

- Das Lernen stellt eine Verhaltensänderung dar, die von Erfahrungen ausgelöst wird. Lernen kann eine Folge von einfachen Assoziationen zwischen einem Reiz und einer Reaktion oder einer komplexen Reihe kognitiver Vorgänge sein.
- Behavioristische Lerntheorien gehen davon aus, dass das Lernen das Ergebnis von Reaktionen auf äußere Geschehnisse ist. Von klassischer Konditionierung wird dann gesprochen, wenn ein Reiz, der automatisch eine Reaktion auslöst (unkonditionierter Reiz), mit einem anderen Reiz in Verbindung gebracht wird, der allein diese Reaktion nicht bewirken würde. Im Laufe der Zeit wird dieser zweite Reiz (konditionierter Reiz) ebenfalls die gleiche Reaktion hervorrufen.
- Diese Reaktion kann sich auch bei einem Prozess, der Stimulusgeneralisierung genannt wird, auf andere, ähnliche Reize ausbreiten. Dieser Prozess ist die Grundlage von Marketingstrategien wie Lizenzierung und Markenfamilien, bei denen die positiven Assoziationen, die ein Konsument mit einem Produkt verbindet, auf einen anderen Kontext übertragen werden.
- Von einer operanten oder instrumentellen Konditionierung spricht man, wenn ein Mensch ein Verhalten lernt, das positive Konsequenzen zur Folge hat, und solches, das negative Folgen vermeidet. Während die klassische Konditionierung die Verbindung von zwei Reizen voraussetzt, erfolgt die operante Konditionierung, wenn die Reaktion auf einen Reiz belohnt (verstärkt) wird. Eine Verstärkung ist positiv, wenn einer Reaktion eine Belohnung folgt, und sie ist negativ, wenn ein negatives Ergebnis vermieden wird, indem keine Reaktion stattfindet. Von einer Bestrafung spricht man dann, wenn eine Reaktion unangenehme Ereignisse auslöst. Die Extinktion einer Verhaltensweise tritt ein, wenn die Verstärkung (Belohnung) ausbleibt.
- Kognitives Lernen ist das Ergebnis von mentalen Vorgängen. So kann zum Beispiel aus der Beobachtung von Verhaltensweisen anderer gelernt werden, wenn der Konsument ein Verhalten nachahmt, das er zuerst bei einer anderen Person beobachtet hat, die dafür belohnt wurde.
- Das Gedächtnis ist der Speicher für gelernte Informationen. Die Art und Weise, wie die Information bei der Wahrnehmung kodiert wird, entscheidet darüber, wie sie im Gedächtnis gespeichert wird. Das Gedächtnis wird in ein sensorisches Gedächtnis, ein Kurzzeitgedächtnis und ein Langzeitgedächtnis eingeteilt. Diese Gedächtnismodelle spielen eine Rolle dabei, wie Informationen von außen aufgenommen und verarbeitet werden.
- Informationen werden nicht isoliert gespeichert, sondern in Wissensstrukturen aufgenommen, wo sie mit anderen, verwandten Daten, verbunden werden. Die Lokalisierung der Produktinformation in assoziativen Netzwerken und die Abstraktionsebene der Kodierung entscheiden darüber, wann und wie diese Informationen zu einem späteren Zeitpunkt akti-

viert werden. Einige Faktoren, die das Auffinden von Informationen positiv beeinflussen, sind die Vertrautheit mit einem Gegenstand, seine herausragende Stellung im Gedächtnis und der Umstand, ob die Information als Bild oder in Schriftform aufgenommen wurde.

- Produkte dienen auch als Gedächtnisstützen; sie werden von den Konsumenten dazu benutzt, Ereignisse aus der Vergangenheit wachzurufen und werden deswegen oft als wertvoll eingeschätzt. Diese Funktion von Produkten wird von Marketingstrategien genutzt, die nostalgische Gefühle der Konsumenten ansprechen.

- Die Speicherung von Produktinformationen kann entweder mit der Wiedererkennungs- oder Erinnerungstechnik gemessen werden (recognition-versus-recall-Messungen). Die Wahrscheinlichkeit ist höher, dass Konsumenten eine Anzeige wiedererkennen, die ihnen vorgelegt wird, als dass sie sich an eine Anzeige erinnern, zu der sie keinerlei Hinweise erhalten.

SCHLÜSSELBEGRIFFE

Behaviorismus	89	Lernen	89
Bestrafung	92	Lernen durch Beobachtung	95
Erinnerung	101	Markenwert (brand equity)	96
Erinnerungsphase	101	negative Verstärkung	92
Evoked Set	104	Nostalgie	110
Extinktion	91	operante Konditionierung	91
Frequency-Marketing	100	positive Verstärkung	92
Gedächtnisaktivierungsmodell	104	Schema	106
Interferenz	109	sensorisches Gedächtnis	103
klassische Konditionierung	90	Speicherphase	101
Kodierung	101	Stimulusdiskriminierung	91
kognitives Lernen	94	Stimulusgeneralisierung	91
Kurzzeitgedächtnis	103	verzerrte Antworten	113
Langzeitgedächtnis	103	Wissensstrukturen	104

ÜBUNGSAUFGABEN

3.1   Nennen Sie drei Modelle für Verstärkung und nennen Sie jeweils ein Beispiel dafür, in welchem Marketingkontext sie verwendet werden.

3.2   Beschreiben Sie die Funktionen des Kurzzeit- und Langzeitgedächtnisses. Welcher unmittelbare Zusammenhang besteht zwischen beiden?

3.3   Entwerfen Sie einen Erinnerungstest für einen Werbe-Jingle. Stellen Sie eine Liste mit den Marken zusammen, die mit eingängigen Melodien assoziiert werden. Lesen Sie diese Liste ihren Freunden vor und stellen Sie fest, an wie viele Melodien sich diese erinnern. Sie werden vielleicht überrascht sein, wie viele es sind.

3.4   Nennen Sie einige wichtige Merkmale eines Produkts mit einem bekannten Markennamen. Entwerfen Sie anhand dieser Attribute eine Liste für mögliche Markenerweiterungen oder Lizenzen und überlegen Sie sich andere Möglichkeiten, die mit großer Wahrscheinlichkeit vom Konsumenten nicht akzeptiert werden.

3.5 Sammeln Sie Bilder von einigen „klassischen" Produkten, die einen hohen Nostalgiewert haben. Zeigen Sie diese Bilder Konsumenten und lassen Sie sie frei assoziieren. Analysieren Sie die unterschiedlichen Erinnerungen und überlegen Sie, wie diese Assoziationen in eine Werbestrategie für ein Produkt eingebunden werden könnten.

Vor zwei Jahren hat Peter aufgehört zu rauchen, Alkohol zu trinken und Fastfood zu essen. Jetzt widmet er sich mit der gleichen Begeisterung, mit der er früher Nächte durchgefeiert hat, der Arbeit. Außerdem ist er begeisterter Triathlet geworden. Dieser Sport, bei dem man läuft, schwimmt und Fahrrad fährt, ist inzwischen so wichtig für ihn, dass Peter sein Leben um das Training herum organisiert hat. Er ließ sogar einen Kurs ausfallen, an dem ihm viel lag – nur weil er zu dem Zeitpunkt stattfand, an dem er jeden Tag joggt.

Peter wird von dem Sport so sehr in Anspruch genommen, dass seine Freunde ihn kaum noch sehen. Wenn er in seiner Freizeit nicht gerade trainiert, liest er Sportmagazine, kauft Sportausrüstung wie Laufschuhe oder Trainingshosen für das Wintertraining oder er fährt zu Triathlonveranstaltungen in ganz Europa. Seine Freundin beschwert sich, weil er sich abends lieber im Spiegel anschaut, als sich um sie zu kümmern.

Aber für Peter ist dieser Sport so wichig, dass er ihn auf keinen Fall aufgeben will.

KAPITEL 4

Motivation, Werte und Involvement

4.1 Einleitung

Für manche Menschen kann eine Tätigkeit so wichtig sein, dass sie zu *fanatischen Konsumenten* werden. Ob es sich um Triathlon, Fernsehen oder Musizieren handelt – diese Menschen gehen in ihrer Tätigkeit so sehr auf, dass man ihr Involvement „positive Sucht" nennt. Eine Umfrage unter Triathleten (wie Peter) ergab, dass die intensive Ausübung einer Sportart zu einem völlig veränderten Tagesplan, zu der Weigerung (selbst bei Verletzung), das Training einzustellen, zu stark veränderten Essgewohnheiten und – was für Marketingexperten besonders wichtig ist – zu hohen finanziellen Ausgaben für Reisen zu Wettkampforten, Sportkleidung und Klubmitgliedschaft führt.[1]

Die Gründe, aus denen Menschen Produkte kaufen und benutzen, sind oft einleuchtend. Wie zum Beispiel der Kauf einer Schachtel Cornflakes, wenn alle Cornflakes aufgegessen sind. Aber manche Fragen bleiben offen. Warum essen wir beispielsweise lieber Cornflakes als etwas anderes? Warum geben wir manchen Marken den Vorzug? Begeisterte Triathleten wie Peter zeigen, dass der Kauf eines alltäglichen Produkts wie Laufschuhe mit tief sitzenden Erfahrungen zusammenhängen kann. In manchen Fällen führt diese emotionale Reaktion zu echter Produkttreue. Manche Menschen sind sich der Gründe gar nicht bewusst, aus denen sie sich von bestimmten Produkten angezogen fühlen und von anderen nicht. Oft wird die Wahl von den *Wertvorstellungen* der betreffenden Person beeinflusst, von deren Prioritäten und Überzeugungen.

Um die Motivation zu verstehen, muss man zunächst verstehen, *warum* Konsumenten auf eine bestimmte Art handeln. Warum gehen manche Menschen zum Bungeejumping oder Wildwasser-Kajakfahren, während andere in ihrer Freizeit lieber Schach spielen oder im Garten arbeiten? Für jede unserer Handlungen gibt es einen Grund – ob wir nur unseren Durst stillen, die Zeit totschlagen oder tief gehende spirituelle Erkenntnis erlangen wollen. Marketingstudenten lernen gleich am ersten Tag ihres Studiums, dass das Ziel von Marketing die Befriedigung der Bedürfnisse von Konsumenten ist. Dieses Wissen ist nutzlos, solange wir nicht erfahren, um *welche* Bedürfnisse es sich handelt und *warum* sie existieren.

4.2 Der Motivationsprozess

Motivation ist der Prozess, der Menschen dazu veranlasst, auf bestimmte Art und Weise zu handeln. Aus *psychologischer Perspektive* tritt sie dann auf, wenn beim Konsumenten ein Bedürfnis entsteht, das er befriedigen will. Wurde ein Bedürfnis geweckt, besteht ein Zustand der Spannung, der den Konsumenten dazu treibt, das Bedürfnis zu reduzieren oder zu beseitigen. Das Bedürfnis kann entweder auf Nützlichkeit ausgerichtet sein (z. B. der Wunsch, einen praktischen Nutzen zu erzielen, wenn sich jemand feste Freizeitschuhe kaufen möchte) oder es kann Selbstzweck sein (ein Bedürfnis, dem emotionale Reaktionen oder Fantasien zu Grunde liegen, z. B. als Peter für eine Triathlonveranstaltung besondere Laufschuhe kauft). Der Unterschied zwischen beiden ist eine Frage der Abstufung. Das gewünschte Endstadium ist das **Ziel** des Konsumenten. Marketingexperten versuchen, Produkte und Dienstleistungen zu schaffen, die den gewünschten Nutzen liefern und dem Konsumenten ermöglichen, die Spannung zu reduzieren.

Ob das Bedürfnis einen nutzbringenden oder rein selbstbezogenen Zweck hat – immer besteht zwischen dem derzeitigen Zustand und dem Idealzustand des Konsumenten eine Diskrepanz. Dieser Graben schafft eine Spannung. Das Ausmaß der Spannung bestimmt den Druck, den der Konsument empfindet, um die Spannung zu reduzieren. Der Grad der Erregung wird Trieb genannt. Ein Grundbedürfnis kann auf verschiedenste Art befriedigt werden und der spezifische Weg, für den eine Person sich entscheidet, wird von der Gesamtheit ihrer Erfahrungen, ihrem kulturellen Umfeld und anderen Faktoren beeinflusst.

Diese persönlichen und kulturellen Faktoren zusammen schaffen einen **Wunsch**, der Ausdruck des Bedürfnisses ist. Hunger zum Beispiel ist ein Grundbedürfnis, das von jedem Einzelnen befriedigt werden muss. Der Mangel an Nahrungsmitteln schafft einen Zustand der Spannung, der durch den Verzehr von Pizza, Schokoladekeksen, rohem Fisch oder Bohnensprossen reduziert werden kann. In der ganzen Welt ist die Art der Hungerreduzierung kulturell bedingt.

Wenn das Ziel erreicht wurde, ist die Spannung reduziert und die Motivation lässt (vorübergehend) nach. Motivation kann anhand ihrer Intensität, dem Druck, den sie auf den Konsumenten ausübt, der Richtung oder der Art und Weise, in der der Konsument versucht, die Motivationsspannung zu reduzieren, beschrieben werden.

4.3 Motivationsstärke

Das Maß, in dem eine Person bereit ist, Energie zur Erreichung eines bestimmten Ziels aufzubringen, spiegelt ihre vorhandene Motivation wider, um an dieses Ziel zu gelangen. Viele Erklärungsversuche wurden vorgebracht, um zu ergründen, warum Menschen auf eine bestimmte Art handeln. Die meisten gehen von dem Grundgedanken aus, dass Menschen ein begrenztes Maß an Energie besitzen, das sie auf bestimmte Ziele richten müssen.

4.3.1 Biologische versus erlernte Bedürfnisse

Frühe Arbeiten über die Motivation führen das Verhalten auf den Instinkt, angeborene Verhaltensmuster, die in jeder einzelnen Spezies universell angelegt sind, zurück. Dieser Standpunkt gilt heute als veraltet. Vor allem ist das Vorhandensein eines Instinkts schwer zu beweisen oder zu widerlegen. Der Instinkt folgt aus dem Verhalten, das er eigentlich erklären soll (diese kreisförmige Erklärung nennt man *Tautologie*).[2] Es ist, als würde man sagen, ein Konsument kaufe Produkte, die Statussymbole sind, weil er Status erlangen möchte. Diese Erklärung ist unbefriedigend.

4.3.2 Trieb-Theorie

Die **Trieb-Theorie** bezieht sich auf biologische Bedürfnisse, die einen unangenehmen Zustand der Erregung auslösen (z. B. Ihr Magen knurrt während einer Vorlesung). Wir sind motiviert, die Spannung zu reduzieren, die durch diese Erregung hervorgerufen wurde. Die Reduzierung von Spannung wurde wiederholt als ein Grundmechanismus dargestellt, der das menschliche Verhalten bestimmt.

Im Marketing bezieht sich Spannung auf einen unangenehmen Zustand, der besteht, wenn das Konsumbedürfnis einer Person nicht gestillt wurde. Jemand kann leicht erregbar sein, weil er nicht gegessen hat, oder er kann deprimiert oder wütend sein, weil er sich den neuen Wagen nicht leisten kann, den er haben möchte. Dieser Zustand aktiviert ein zielgerichtetes Verhalten, durch das versucht wird, den unangenehmen Zustand zu reduzieren oder zu beseitigen um zu einem ausgeglichenen Zustand, die **Homöostasis**, zurückzugelangen.

Verhaltensweisen, die zu einer Reduzierung des Antriebs geführt haben, indem sie das vorhandene Bedürfnis gestillt haben, werden verstärkt und in der Regel wiederholt. (Dieser Aspekt des Lernprozesses wurde in Kapitel 3 besprochen). Ihre Motivation, die Vorlesung früh zu verlassen, um eine Kleinigkeit zu essen, wäre größer, wenn Sie seit 24 Stunden nichts mehr gegessen hätten, als wenn Sie nur zwei Stunden zuvor gegessen hätten. Wenn Sie sich aus der Vorlesung geschlichen haben und hinterher Bauchschmerzen bekommen, weil Sie zum Beispiel ein Paket Chips hinuntergeschlungen haben, werden Sie dieses Verhalten das nächste Mal, wenn Sie Hunger haben, kaum wiederholen. Der Grad der Motivation hängt also von der Entfernung zwischen dem derzeitigen Zustand einer Person und dem Ziel ab.

Die Trieb-Theorie gerät aber ins Schwanken, wenn sie versucht, manche Aspekte des menschlichen Verhaltens zu erklären, die ihren Vorhersagen widersprechen. Oft tun Menschen Dinge, die den Triebzustand eher *steigern,* als dass sie ihn reduzieren. Zum Beispiel zögern Menschen eine Befriedigung hinaus. Wenn Sie wissen, dass Sie zum Abendessen ins Restaurant gehen, könnten Sie beschließen, eine kleine Mahlzeit ausfallen zu lassen, selbst wenn Sie zu diesem Zeitpunkt Hunger haben. In anderen Fällen schauen sich Menschen freiwillig pornografische Filme an, obwohl diese Reize die sexuelle Erregung eher steigern als verringern.

4.3.3 Erwartungstheorie

Die meisten aktuellen Erklärungsmodelle für Motivation befassen sich eher mit kognitiven als mit biologischen Faktoren, um zu verdeutlichen, was das Verhalten antreibt. Die **Erwartungstheorie** vertritt die Meinung, dass das Verhalten eher weitgehend von der Erwartung bestimmt wird, wünschenswerte Ergebnisse – *positive Anreize* – zu erzielen, als dass es von innen heraus bestimmt wird. Wir ziehen ein Produkt einem anderen vor, weil wir erwarten, dass diese Wahl positivere Konsequenzen für uns haben wird. Der Begriff *Trieb* wird hier allgemeiner verwendet und bezieht sich sowohl auf physische als auch kognitive Prozesse, also erlernte Vorgänge.

4.4 Motivationsrichtung

Motive haben sowohl Richtung als auch Intensität. Sie sind zielgerichtet, weil spezifische Ziele erreicht werden sollen, um ein Bedürfnis zu befriedigen. Die meisten Ziele können auf viele Arten erreicht werden. Das Ziel von Marketingexperten ist es, Konsumenten davon zu überzeugen, dass die von ihnen angebotene Alternative die beste Möglichkeit ist, um das Ziel zu erreichen. Wenn zum Beispiel ein Konsument beschließt, dass er eine neue Jeans braucht, damit er das Ziel erreicht, von anderen akzeptiert zu werden oder einem bestimmten Image zu entsprechen, so hat er die Wahl zwischen Levi's, Wranglers, Calvin Klein und vielen Alternativen, von denen jede einen bestimmten Nutzen verspricht.

4.4.1 Bedürfnis versus Wunsch

Die spezifische Art, auf die ein Bedürfnis befriedigt wird, hängt von der Lebensgeschichte, den Erfahrungen und dem kulturellen Umfeld des Einzelnen ab. Die spezifische Art des Konsums, die der Befriedigung von Bedürfnissen dient, nennt man Wunsch. Zwei Studentinnen hören zum Beispiel während einer Vorlesung um die Mittagszeit ihre Mägen knurren. Wenn beide seit dem Vorabend nichts gegessen haben, ist die Intensität ihres jeweiligen Bedürfnisses (Hunger) ungefähr gleich. Trotzdem kann jede ihr Bedürfnis auf ganz unterschiedliche Art befriedigen. Die erste Person kann eine Gesundheitsfanatikerin sein und von einer großen Schüssel Salat träumen, während die zweite Person vielleicht Appetit auf eine Pizza hat.

Wenn man über Bedürfnisse und Wünsche spricht, sollte man zunächst zwei grundlegende Arten von Bedürfnissen betrachten. Die Menschen kommen mit dem Bedürfnis nach bestimmten, lebensnotwendigen Elementen zur Welt, wie Nahrung, Wasser, Luft und Behausung. Diese Bedürfnisse gelten als *biogenetische Bedürfnisse*. Aber die Menschen haben noch andere Bedürfnisse, die nicht angeboren sind. *Psychogenetische Bedürfnisse* werden im Lauf der Zeit erworben, wenn man ein Mitglied einer Gesellschaft wird. Sie beinhalten das Bedürfnis nach Status, Macht, Zugehörigkeit usw. Psychogenetische Bedürfnisse spiegeln die Prioritäten einer Gesellschaft wider und ihre Auswirkungen auf das Verhalten ändern sich je nach Umgebung. Ein französischerKonsument kann zum Beispiel den Wunsch verspüren, einen großen Teil seines Einkommens für den Kauf von Produkten zu verwenden, die seinen Wohlstand und Status demonstrieren, während ein skandinavischer Konsument sich anstrengt, nur um sicher zu stellen, dass er mit seiner Gruppe überhaupt mithalten kann. Auf diese kulturellen Unterschiede, die Wertvorstellungen von Konsumenten zum Ausdruck bringen, wird in Kapitel 15 noch ausführlicher eingegangen.

Diese Unterscheidung ist aufschlussreich, weil sie veranschaulicht, wie schwer es ist, Bedürfnisse von Wünschen zu trennen. Wie können wir herausfinden, welcher Teil der Motivation ein psychogenetisches Bedürfnis und welcher Teil ein Wunsch ist? Beide werden von der Gesellschaft geformt und somit fällt es schwer, beide voneinander zu unterscheiden. Was die biogenetischen Bedürfnisse betrifft, so wissen wir aus der Anthropologie, dass die Befriedigung dieser Bedürfnisse zu den Aktivitäten des Menschen gehört, die zutiefst symbolisch und von kulturellen Einflüssen abhängig sind. Die Art und Weise, wie wir essen, trinken, uns anziehen und für Behausung sorgen ist für Marketingexperten viel interessanter als das Bedürfnis an sich. Streng genommen brauchen die Menschen nicht viel. Darwin war überrascht, als er sah, dass die Eingeborenen von Tierra el Fuego nackt im Schnee schliefen. Somit ist die Idee der Befriedigung von biogenetischen Bedürfnissen für die Marketing- und Konsumforschung mehr oder weniger eine Tatsache, denn auf der untersten Stufe sind Grundbedürfnisse eine Voraussetzung für unsere Existenz. Oberhalb dieser Stufe – eine größere Herausforderung und wesentlich interessanter für Marketingexperten – befindet sich ein kulturspezifisches Konzept, das Wünsche beinhaltet.[3]

Wie wir gesehen haben, wird bei Motivation gewöhnlich auch dahingehend unterschieden, dass entweder nutzbringende oder selbstbezogene Bedürfnisse befriedigt werden müssen. Zur Befriedigung nutzbringender Bedürfnisse gehört zum Beispiel die Benzinersparnis beim Autofahren, der Anteil an Fett, Kalorien und Proteinen in einem Cheeseburger oder die Belastbarkeit von Jeans. Selbstbezogene Bedürfnisse sind subjektiv und beruhen auf individueller Erfahrung. Hierbei verlassen sich Konsumenten auf ein Produkt, das ihnen Erregung oder Selbstvertrauen vermittelt oder ihre Fantasie anspricht. Natürlich können Konsumenten auch ein Produkt kaufen, weil es *beide* Arten von Nutzen bringt. Ein Nerzmantel zum Beispiel kann gekauft werden, weil er sich weich und wertvoll anfühlt und weil er an einem kalten Wintertag warm hält. Aber auch hier verbirgt die Unterscheidung mehr als sie offenbart, denn Zweckmäßigkeit kann Menschen großes Vergnügen bereiten und ist gleichzeitig ein nicht zu unterschätzender Wert in der modernen Welt.[4]

In jüngster Zeit haben Marktforscher damit begonnen, die Bedeutung von **Verlangen** zu untersuchen, um das Konsumverhalten zu verstehen. Denn es erärt den verführerischen Reiz vieler zeitgenössischer Marken und die starken Gefühle besser, die durch den Konsum von Waren und bei der Bildung von Selbstvertrauen beim Konsumenten eine Rolle spielen. Das Konzept des Verlangens hebt auch die Tatsache hervor, dass, obwohl Verlangen, Bedürfnisse und Wünsche psychologisch empfunden werden, die Gesellschaft (in der Literatur über das Verlangen häufig auch „das Andere" genannt) sehr wichtig ist, um das Verlangen zu verstehen. Darum bezieht sich das Verlangen auf die *soziogenetische* Natur von Bedürfnissen.[5]

Eine Studie über das Verlangen von Konsumenten, die in Dänemark, der Türkei und den Vereinigten Staaten durchgeführt wurde, ergab, dass das Verlangen viel tiefer verwurzelt ist als Wünsche, dass es zyklisch auftritt und im Grunde unstillbar ist, dass das tatsächliche Verlangen eher aus verschiedenen Arten von sozialen Beziehungen besteht, die durch Konsum-

Beispiel einer Collage, die wie im Text beschrieben zur Erforschung von Konsumentenverlangen verwendet wurde.

erfahrungen eingegangen werden, als aus Konsum an sich, und dass letztlich das Verlangen potenziell schädlich ist, weil es einen beträchtlichen Anteil an mangelnder Selbstbeherrschung enthält.[6] In der Studie wurden Collagen aus anderen Techniken verwendet, um das Verlangen von Konsumenten zu erforschen. Die hier abgebildete Collage zeigt einige der charakteristischen Ergebnisse: Verlangen ist positiv, aber potenziell schädlich, wenn es außer Kontrolle gerät (der Seiltänzer, der Kampf mit dem eigenen Schatten), es kann zu unrealistischen Träumen führen (der häßliche Mann und das Model) oder zu Übertreibung und der Überschreitung von Normen (Hugh Grant und die Prostituierte).

4.4.2 Motivationskonflikte

Ein Ziel hat *Valenz*, d.h., es kann positiv oder negativ sein. Ein Ziel ist positiv bewertet, wenn die Konsumenten ihr Verhalten nach ihm richten, sie sind motiviert, sich diesem Ziel zu *nähern* und werden Produkte auswählen, die ihnen dabei helfen, es zu erreichen. Peter benutzt seine Sportausrüstung, damit sie ihm hilft, seine Triathlonleistungen zu verbessern, die sein Ziel sind. Nicht jedes Verhalten ist jedoch von dem Verlangen motiviert, ein Ziel zu erreichen. Manchmal sind Konsumenten motiviert, ein negatives Ergebnis zu *vermeiden*. Sie gestalten ihre Käufe und Konsumaktivitäten so, dass sie dadurch die Möglichkeit, das Endresultat zu erreichen, einschränken. Zum Beispiel arbeiten manche Konsumenten hart, um Ablehnung – ein negatives Ziel – zu vermeiden. Sie halten sich von Produkten fern, die sie mit sozialer Mißbilligung verbinden. Produkte wie Deodorants und Mundwasser beziehen sich auf die negative Motivation des Konsumenten, wenn sie auf die unangenehmen sozialen Folgen von Achselschweiß oder Mundgeruch anspielen. Peter wird vermutlich besonders darauf achten, dass er kein Fastfood isst, wenn ein Wettkampf bevorsteht.

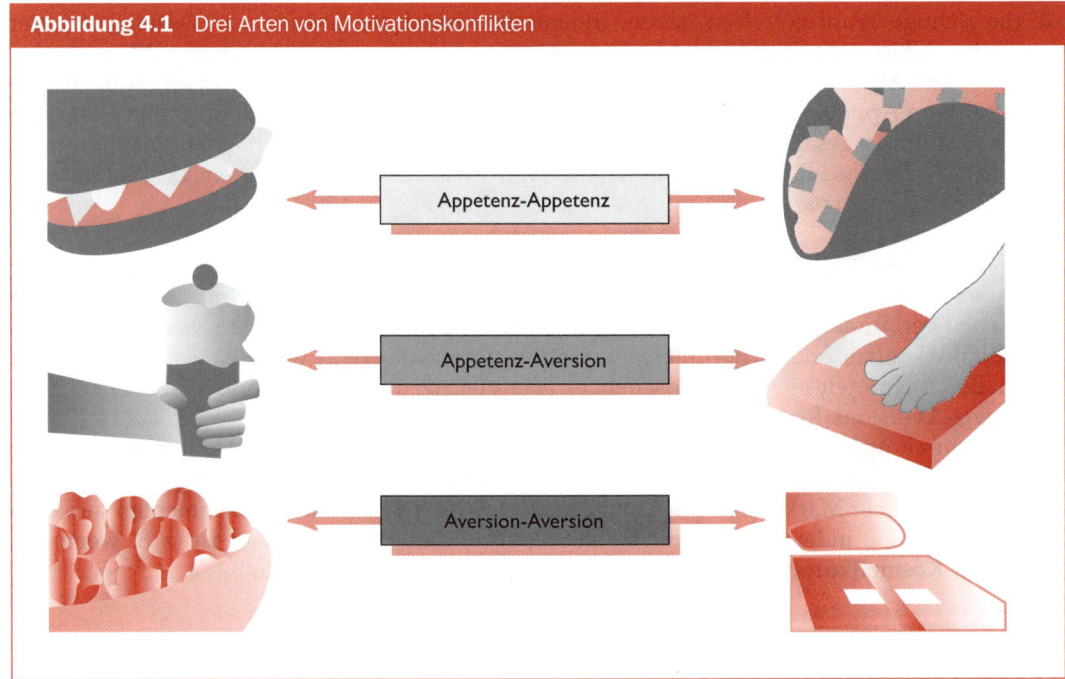

Abbildung 4.1   Drei Arten von Motivationskonflikten

Appetenz-Appetenz

Appetenz-Aversion

Aversion-Aversion

Weil einer Kaufentscheidung mehr als eine Motivationsquelle zugrunde liegen kann, sind Konsumenten oft in Situationen, in denen verschiedene Motive, sowohl positive als auch negative, miteinander in Konflikt stehen. Marketingexperten versuchen, Bedürfnisse von Konsumenten zu befriedigen und können aus diesem Grund auch dabei helfen, mögliche Lösungen für solche Konflikte zu finden. Wie in Abbildung 4.1 aufgezeigt, können drei Arten von Konflikten entstehen: Appetenz-Appetenz, Appetenz-Aversion, Aversion-Aversion.

Appetenz-Appetenz-Konflikt

In einem Appetenz-Appetenz-Konflikt muss sich eine Person zwischen zwei begehrten Möglichkeiten entscheiden. Ein Student kann vor der Entscheidung stehen, ob er nun in den Ferien nach Hause fährt oder mit Freunden zum Skifahren geht. Oder er muss sich zwischen zwei verschiedenen CDs entscheiden.

Die **Theorie der kognitiven Dissonanz** beruht auf der Voraussetzung, dass Menschen ein Bedürfnis nach Ordnung und Beständigkeit in ihrem Leben haben, und ein Zustand der Spannung erzeugt wird, wenn Überzeugungen oder Verhaltensweisen miteinander in Konflikt stehen. Der Konflikt, der bei der Wahl zwischen zwei Alternativen entsteht, kann durch einen Prozess kognitiver Dissonanzreduzierung gelöst werden kann, in dem die Menschen motiviert sind, diesen Widerspruch (oder Dissonanz) zu reduzieren, und somit unangenehme Spannung zu beseitigen.[7]

Ein Zustand der Dissonanz entsteht, wenn ein psychologischer Widerspruch zwischen zwei oder mehreren Überzeugungen oder Verhaltensweisen existiert. Er entsteht vor allem dann, wenn sich ein Konsument zwischen zwei Produkten entscheiden muss, die beide sowohl gute als auch schlechte Eigenschaften besitzen. Indem der Kosument eins von beiden Produkten auswählt, erhält er auch die schlechten Eigenschaften des gewählten Produkts und ihm entgehen die guten Eigenschaften des nicht gewählten Produkts.

Dieser Verlust schafft einen unangenehmen, disharmonischen Zustand, den der Konsument reduzieren möchte. Die Menschen neigen dazu, sich selbst davon zu überzeugen, dass sie die richtige Wahl getroffen haben, indem sie zusätzliche Gründe zur Verteidigung der gewählten Alternative finden, oder indem sie an der nicht gewählten Alternative Mängel „entdecken". Ein Marketingexperte kann durch die Zusammenführung mehrerer Nutzen versuchen, einen Appetenz-Appetenz-Konflikt zu lösen. Zum Beispiel wird von vielen kalorienarmen Produkten gesagt, sie hätten den vollen Geschmack, aber nur halb so viele Kalorien. Auf diese Weise wird dem Konsumenten die Wahl zwischen einem besserem Geschmack oder weniger Kalorien erspart.

Appetenz-Aversions-Konflikt

Viele der Produkte und Dienstleistungen, die wir haben möchten, sind mit negativen Konsequenzen verbunden. So können wir uns schuldig oder angeberisch fühlen, wenn wir ein Statusprodukt kaufen, oder wir fühlen uns wie ein Vielfraß, wenn wir eine Tafel Schokolade anschauen. Wenn wir ein Ziel wünschen, es aber gleichzeitig vermeiden möchten, besteht ein Appetenz-Aversions-Konflikt. Lösungen für solche Konflikte sind das Tragen von falschem Pelz, wodurch man sich nicht dafür verantwortlich fühlt, dass Tiere für Modezwecke getötet werden, oder der Verzehr von kalorienarmen Produkten, die gute Ernährung ohne Kalorien versprechen. Viele Marketingexperten versuchen, Schuldgefühle des Konsumenten aus dem Weg zu schaffen, indem sie ihn davon überzeugen, dass er Luxus wert ist (z. B. wenn das Model für Kosmetikprodukte von L'Oréal sagt: „Weil ich es mir wert bin").

Aversions-Aversions-Konflikt

Manchmal fühlen sich Konsumenten wie „zwischen zwei Stühlen". Sie stehen dann vor einer Entscheidung, deren beide Alternativen nicht wünschenswert sind. So kann jemand vor der Wahl stehen, entweder mehr Geld in ein altes Auto zu investieren oder ein neues zu kaufen. Marketingexperten lösen diesen Konflikt oft, indem sie den unvorhergesehenen Nutzen einer Wahl hervorheben (z. B. Sonderkredite zur Erleichterung der Ausgaben für das neue Auto).

4.4.3 Klassifizierung von Konsumentenbedürfnissen

Es liegen viele Forschungsarbeiten über die Klassifizierung von menschlichen Bedürfnissen vor. Manche Psychologen haben versucht, ein universelles Bedürfnis-Inventar zu erstellen, das systematisch jedes Verhalten erklärt. Andere haben sich auf besondere Bedürfnisse (diese sind oft in allgemeinen Modellen enthalten) und deren Auswirkung auf das Verhalten konzentriert. Zum Beispiel fand eine Studie über berufstätige Frauen heraus, dass sich Frauen mit starker Leistungsmotivation eher Kleidung auswählen, die sie für geschäftsmäßig halten, als Kleidung, die ihre weiblichen Reize betonen.[8]

Maslows Bedürfnishierarchie

Eine vielbeachtete Motivationstheorie lieferte der Psychologe Abraham Maslow. Seine Theorie ist allgemeiner Art und wurde ursprünglich entwickelt, um persönliches Streben und das Erreichen von Spitzenerfahrungen zu erklären.[9] Maslow entwarf eine Bedürfnishierarchie, in der verschiedene Stufen von Motiven aufgezeigt werden. Eine hierarchische Theorie setzt voraus, dass die Reihenfolge der Entwicklung immer gleich bleibt, d. h., eine bestimmte Stufe muss erst erreicht werden, bevor die höher liegende Stufe angestrebt werden kann. Diese allgemeine Erklärung für Motivation haben Marketingexperten übernommen, weil sie (indirekt) manche Arten von Produktnutzen spezifiziert, nach dem Menschen je nach ihrem Entwicklungsstatium und/oder ihrem Umfeld suchen.

Diese Stufen sind in Abbildung 4.2 zusammengefasst. Auf jeder Stufe bestehen bestimmte Prioritäten hinsichtlich des Produktnutzens, den der Konsument anstrebt. Idealerweise steigt der/die Einzelne in der Hierarchie höher, bis seine oder ihre vorherrschende Motivation auf höchste Ziele wie Gerechtigkeit und Schönheit gerichtet ist. Leider ist es schwer, diesen Zustand zu erreichen (zumindest auf regulärer Basis), da sich die meisten von uns mit gelegentlichen Höhepunkten oder Spitzenerfahrungen begnügen müssen.

Maslows Bedürfnishierachie impliziert, dass der Mensch zunächst seine Grundbedürfnisse befriedigen muss, bevor er die Leiter weiter hinaufsteigt (z. B. interessiert sich ein hungernder Mensch nicht für Statussymbole, Freundschaft oder Selbstverwirklichung). Diese Hierarchie ist aber nicht starr und ihre Verwendung für das Marketing ist vereinfacht, besonders, da ein Produkt oder eine Aktivität zahlreiche unterschiedliche Bedürfnisse befriedigen kann.

Geschlechtsverkehr wird beispielsweise als grundlegender biologischer Trieb dargestellt. Diese Beobachtung mag in der Tierwelt weitgehend richtig sein, bei den Menschen aber ist es ein viel komplizierteres Phänomen. Diese Aktivität ist auf jeder von Maslows Stufen vorstellbar. Ein Soziobiologe, der das menschliche Verhalten nach dem biologischen Ursprung beurteilt, kann der Meinung sein, dass Fortpflanzung Sicherheit schafft, da sie für die Kontinuität der Gene von Menschen sorgt, und weil Kinder sich um ihre alten Eltern kümmern. Aber Geschlechtsverkehr kann auch Liebe und Aufnahme in eine Familie bedeuten und somit auf der Zugehörigkeitsstufe eingeordnet werden. Darüber hinaus dient Geschlechtsverkehr häufig der Erreichung von Status, Macht über einen anderen und der Befriedigung persönlicher Bedürfnisse und kann somit ein wichtiger Faktor für Selbstachtung sein. Schließlich kann

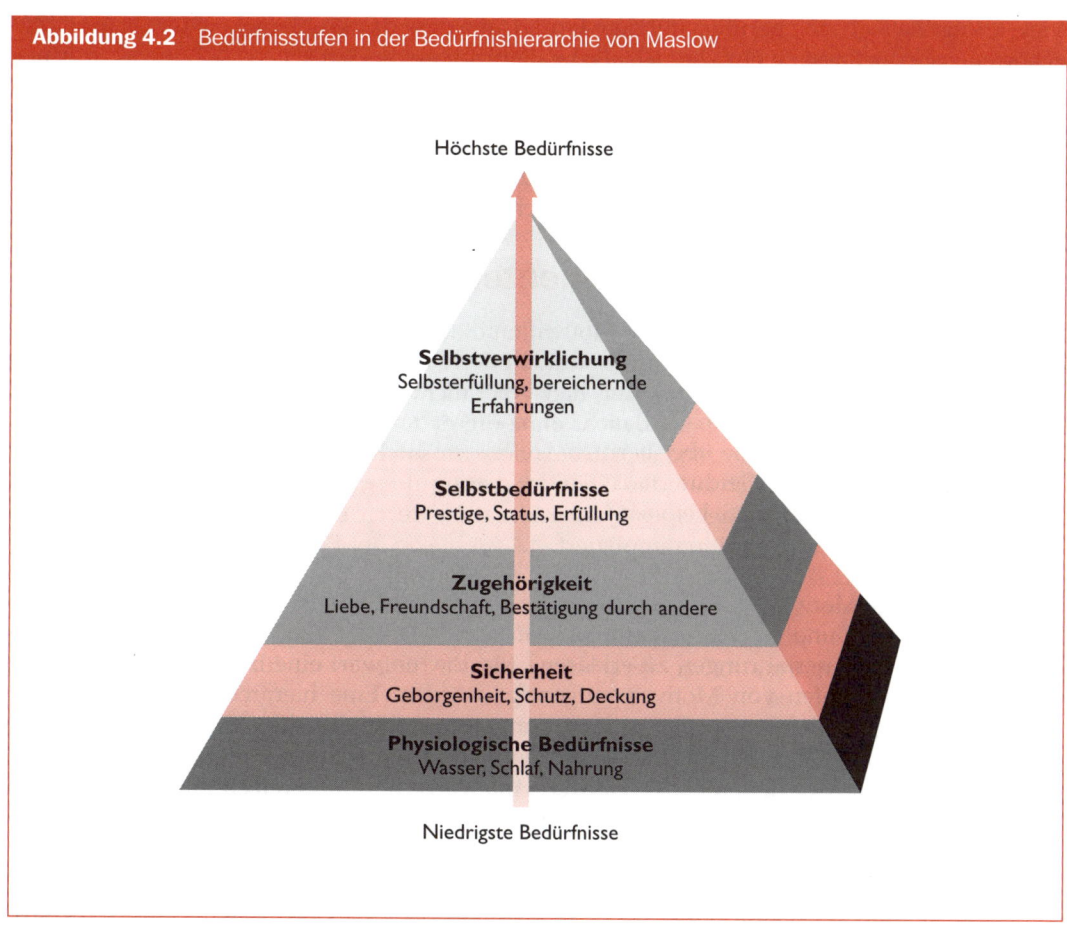

Abbildung 4.2 Bedürfnisstufen in der Bedürfnishierarchie von Maslow

Geschlechtsverkehr auch Selbstverwirklichung bedeuten, weil er eine ekstatische, transzendentale Erfahrung bringen kann. Das Gleiche kann man von fast jede Art Konsumerfahrung sagen. Essen ist natürlich für unser Überleben notwendig, aber es ist auch eine soziale Handlung (Zugehörigkeit), ein Statussymbol (der Genuß von Champagner oder teuren Weinen) und eine Handlung, durch die der Feinschmecker oder die fürsorgliche Mutter sich selbst verwirklichen kann. Ein Haus gibt uns Schutz, aber es dient auch der Sicherheit, ist Familienheim, Statusobjekt und ein Ort, an dem wir unseren persönlichen Neigungen nachgehen können.

Eine anderer Grund, aus dem Maslows Hierachie nicht wörtlich genommen werden darf, ist, dass sie kulturabhängig ist. Die Voraussetzungen der Hierarchie sind auf die rationale, materialistische und individualistische westliche Kultur beschränkt. Ein gläubiger Mensch, der sich dem Zölibat verpflichtet hat, wäre vielleicht nicht der Meinung, dass physiologische Bedürfnisse zum Zweck der Selbsterfüllung befriedigt werden müssen. Aber auch in westlichen Kulturen leben nicht alle Menschen nach Maslows Bedürfnishierarchie. Forschungen, die mehr auf visuellen als auf verbalen Daten beruhen, haben ergeben, dass spirituelles Überleben ein stärkerer Motivationsfaktor ist als physisches Überleben. Davon zeugen Patrioten, die für ihr Vaterland sterben, religiöse Fanatiker oder Menschen, die ihrem irdischen Leben aus spirituellen Gründen ein Ende setzen. [10]

Viele asiatische Kulturen beruhen auf dem Grundsatz, dass das Wohlergehen der Gruppe (Zugehörigkeitsbedürfnisse) mehr wert ist, als die Bedürfnisse des Einzelnen (Achtungsbedürfnisse). Die Bedürfnishierarchie, die im Marketing weitgehend angewandt wird, ist in erster Linie deshalb beachtenswert, weil sie uns daran erinnert, dass Konsumenten zu verschiedenen Zeitpunkten verschiedene Prioritäten haben (z.B. muss man erst laufen lernen bevor man rennen kann), als dass sie *exakt* erläutert, wie der Konsument die Bedürfnisleiter erklimmt.

4.5 Involvement des Konsumenten

Wie wir gesehen haben, beeinflusst die Motivation eines Konsumenten, ein Ziel zu erreichen, die Anstrengung, die er aufbringt, um Produkte oder Dienstleistungen zu erhalten, die er als unerlässlich für die Befriedigung des Ziels hält. Aber nicht jeder ist im gleichen Maß motiviert. Der Eine kann davon überzeugt sein, nicht ohne die neueste Mode oder die modernste Einrichtung leben zu können, während sich der Andere für solche Dinge überhaupt nicht interessiert. **Involvement** bezieht sich auf ‚den Grad der empfundenen persönlichen Bedeutung und/oder das Interesse, das in einer spezifischen Situation durch einen Stimulus (oder Stimuli) geweckt wurde'.[11] Diese Definition impliziert, dass Aspekte der Person, des Produkts und der Situation kombiniert sind und auf diese Weise die Motivation des Konsumenten bestimmen, zu einem bestimmten Zeitpunkt produktbezogene Informationen zu verarbeiten. Wenn Konsumenten zur Befriedigung eines Bedürfnisses ihr Möglichstes tun, sind sie motiviert aufzupassen und jede Information zu verarbeiten, die sie für relevant für die Erreichung ihrer Ziele halten.

Allerdings kann eine andere Person die gleiche Information nicht beachten, weil diese sie als irrelevant für die Befriedigung eines Bedürfnisses hält. Eine Person, die stolz auf ihre Sportausrüstung ist, liest vielleicht alles über das Thema, verbringt ihre Freizeit in Sportgeschäften usw., während eine andere Person diese Informationen übergeht und keinen einzigen Gedanken daran verschwendet.

Involvement kann als die Motivation, Informationen zu verarbeiten betrachtet werden.[12] Im dem Maß, in dem ein empfundener Zusammenhang zwischen Bedürfnis, Ziel, Wertvorstellungen und Produktkenntnis des Konsumenten besteht, wird der Konsument motiviert sein, Informationen über das Produkt zur Kenntnis zu nehmen. Wenn im Gedächtnis relevantes Wissen aktiviert wird, entsteht ein Motivationszustand, der das Verhalten bestimmt (z.B. Einkaufen). Dieses subjektive Empfinden persönlicher Relevanz wird das empfundene Involvement genannt. Wenn das empfundene Involvement mit einem Produkt zunimmt, schenkt man der dieses Produkt betreffenden Werbung mehr Aufmerksamkeit, leistet mehr kognitive Anstrengungen, um die Werbung zu verstehen und konzentriert seine Aufmerksamkeit auf die produktbezogenen Informationen der Werbung.[13] Trotzdem ist dieses ‚rationale' Involvement möglicherweise eher die Ausnahme als die Regel – sogar bei Produkten wie Stereoanlagen, Fernsehern und Videorekordern, wie ein Firmenmanager von Philips einmal bemerkte.[14]

4.5.1 Grad des Involvements: Von Trägheit bis Leidenschaft

Die entstehende Art der Informationsverarbeitung hängt also vom Grad des Involvements des Konsumenten ab. Es kann von *einfacher Verarbeitung*, wo nur die Basismerkmale einer Botschaft aufgenommen werden, bis zu *Elaborierung* reichen, wo die ankommende Information dem bereits bestehenden Wissenssystem zugeordnet wird.[15]

Den Grad des Involvements einer Person kann man als Kontinuum betrachten, das von vollkommener Interesselosigkeit an einem Ende der Marketingstimulanz bis zur Obsession am

---

MARKETINGCHANCE

Die Leidenschaft, die manche Konsumenten für Berühmtheiten hegen, markiert das obere Ende der Involvementskala. Die Verehrung von Stars reicht von der Sammlung von Autogrammen bis zur Ersteigerung von Gegenständen, die einst Stars wie John Lennon, Elton John oder Jimi Hendrix gehört haben, zu Höchstpreisen. Konsumenten können anhand der Intensität ihrer Bewunderung beschrieben werden, die sie einer Berühmtheit entgegenbringen. Am unteren Ende der Intensitätsskala befinden sich Menschen, die unbeteiligt sind, eine Berühmtheit gar nicht beachten oder ihr sogar feindlich gegenüberstehen.

Im dem Maß, in dem die Identifikation mit einem Star wächst, steigt auch der Wunsch des Konsumenten, Gegenstände zu erwerben, die dem Star gehört haben, oder ihn oder sie sogar persönlich kennen zu lernen. Groupies zum Beispiel sind Menschen, die Berühmtheiten folgen und oft versuchen, ein Teil ihres Lebens zu werden, indem sie diese verführen oder belästigen.

Fanclubs setzen sich aus Menschen zusammen, die gemeinsam ein Individuum verehren, bei dem es sich um einen Musiker, einen Rennfahrer oder einen Fernsehstar handeln kann. Während manche Fanclubs spontan von einer Fangemeinde gegründet werden, werden manche von den Stars selbst ins Leben gerufen, um die Fans langfristig an sich zu binden.

---

anderen Ende reicht. Konsum am niedrigen Ende der Beteiligungsskala ist durch **Trägheit** gekennzeichnet. In diesem Fall trifft der Konsument Entscheidungen aus Gewohnheit und weil er nicht motiviert ist, andere Möglichkeiten in Betracht zu ziehen. Am oberen Ende der Involvement-Skala finden wir die leidenschaftliche Intensität, die Menschen für Objekte aufbringen, die für sie besonders große Bedeutung haben. Meistens liegt der Grad des Involvements der Konsumenten irgendwo in der Mitte der Skala und Marketingstrategen müssen den relativen Grad an Bedeutung festlegen, um herauszufinden, wie viel Sorgfalt eine Produktinformation erfordert.

4.5.2 Die vielen Facetten des Involvements

Wie bereits erwähnt, kann sich Involvement in verschiedenen Formen äußern. Von Peter kann man gewiss sagen, dass er in seine Laufschuhe involviert ist, da sie ihm dabei helfen, sein Selbstbewusstsein zu definieren und zu stärken. Das Involvement scheint bisweilen stärker zu sein, z. B., wenn er sich als Triathlet beweisen muss. Dafür kann der Kauf von Schuhen Menschen in Anspruch nehmen, die leidenschaftlich gern einkaufen gehen. Um die Sache noch komplizierter zu machen, kann Werbung, wie von Adidas oder Nike, aus dem gleichen Grund involvierend sein (z. B. weil sie uns zum Lachen oder zum Weinen bringt, oder weil sie uns zu mehr Arbeit ansporn).

Involvement scheint ein eher ungenaues Konzept zu sein, da es sich mit anderen Dingen überschneidet und für unterschiedliche Menschen unterschiedliche Bedeutung hat. Fest steht nur, dass es derzeit viele umfassende Arten von Involvement gibt.[16]

Produkt-Involvement hängt mit dem Interesse eines Konsumenten zusammen, einen bestimmten Kauf zu tätigen. Viele Sonderangebote dienen dazu, diese Art des Involvements zu steigern.

Botschaft-Antwort Involvement hängt mit dem Interesse des Konsumenten zusammen, Marketingkommunikation zu verarbeiten.[17] Fernsehen gilt als Medium mit schwacher Beteiligung,

---

MARKETINGCHANCE

Quick Burger, Frankreichs zweitgrößte Fastfood-Kette hat einen Weg entdeckt, um das Involvement von Kunden zu steigern. Die Firma wurde Partner in einem Marketingprogramm namens Multipoints. Dabei handelt es sich um eine interaktive Dienstleistung, die Kunden dazu anregt, Punkte zu sammeln, für die Rabatte und Preise angeboten werden. Über 70 000 französische Konsumenten haben sich für diese Dienstleistung entschieden. Mit einem Gerät, das einem Taschenrechner gleicht, geben die Teilnehmer Kodes ein, die sie in Werbeanzeigen und Plakatwänden sehen oder im Radio hören. Sie können sogar das Gerät auf ihren Fernsehbildschirm richten, da die Sendung für die Vergabe von Punkten kodiert ist. Die Kunden können Punkte gewinnen, wenn sie bei bestimmten Quizsendungen mitmachen und Fragen richtig beantworten. Anschließend können sie ihre Punkte gegen Waren in den Quick Burger Restaurants und an anderen Orten (darunter bestimmte Reiseagenturen und Kiosks) einlösen, indem sie ihr Gerät in ein Computerterminal stecken. Die Hamburger-Kette vergibt jede Woche 500 Freipunkte an Konsumenten, die dadurch motiviert werden, eher in ein Quick Burger zu gehen als zu dem Erzrivalen McDonald's.[18]

---

weil es einen passiven Zuschauer erfordert, der relativ wenig Kontrolle über den Inhalt hat (Fernbedienung, Vorbeisausen, kein Abstand). Die Presse dagegen ist ein Medium mit starkem Involvement. Der Leser ist aktiv einbezogen, die Information zu verarbeiten und kann Pausen einlegen, um über das Gelesene nachzudenken, bevor er weiterliest.[19] Die Rolle Botschaftsmerkmalen in sich ändernden Einstellungen wird in Kapitel 6 eingehender besprochen.

Ego-Involvement (manchmal *dauerhaftes Involvement* genannt) bezieht sich auf die Bedeutung, die ein Produkt für die Selbsteinschätzung des Konsumenten hat. Dieses Konzept birgt ein hohes gesellschaftliches Risiko: Wenn das Produkt nicht die gewünschte Leistung erbringt, kann dadurch die Selbsteinschätzung des Konsumenten geschädigt oder erschwert werden (Kapitel 7 befasst sich mit der Bedeutung der Selbsteinschätzung für das Verhalten von Konsumenten). Zum Beispiel sind Peters Laufschuhe ein wichtiger Bestandteil seiner Identität (sie haben einen hohen Zeichenwert). Diese Art des Involvements hängt von besonderen Kaufsituationen ab. Es ist ein fortwährendes Anliegen, das mit dem Selbst und mit hedonistischen Erfahrungen zu tun hat (z. B. die Gefühle, die bei der Verwendung des Produkts empfunden werden).[20]

4.5.3 Messung des Involvements

Die Messung des Involvements ist für die Umsetzung mancher Marketingstrategien wichtig. Zum Beispiel ergaben Forschungen, dass ein Zuschauer, der sich mehr für eine Sendung interessiert, positiver auf während der Sendung ausgestrahlte Werbung reagiert, und dass diese Werbespots bessere Chancen haben, Kaufabsichten zu beeinflussen.[21] Die vielen Begriffe für Involvement haben zu einiger Verwirrung geführt, was die bestmögliche Art der Messung dieses Konzepts betrifft. Die in Abbildung 4.1 gezeigte Skala ist eine der gebräuchlichsten Methoden.[22]

Zwei französische Marktforscher sind der Meinung, dass keine einzige Komponente des Involvements vorherrscht. Sie erkennen an, dass Konsumenten in ein Produkt involviert sein können, weil es ein riskanter Kauf ist und/oder weil sein Gebrauch das Selbst reflektiert oder beeinflusst, und sind der Meinung, dass die Entwicklung eines *Involvementprofils* fünf Komponenten enthält:[23]

Tabelle 4.1 Eine Skala zur Messung von Produkt-Involvement		
Für mich ist das zu beurteilende Objekt ...		
1. wichtig	_:_:_:_:_:_:_:_	unwichtig*
2. langweilig	_:_:_:_:_:_:_:_	interessant
3. relevant	_:_:_:_:_:_:_:_	irrelevant*
4. aufregend	_:_:_:_:_:_:_:_	eintönig*
5. unbedeutend	_:_:_:_:_:_:_:_	bedeutet mir viel
6. ansprechend	_:_:_:_:_:_:_:_	abstoßend*
7. faszinierend	_:_:_:_:_:_:_:_	schlicht*
8. wertlos	_:_:_:_:_:_:_:_	wertvoll
9. einbeziehend	_:_:_:_:_:_:_:_	nicht einbeziehend*
10. nicht notwendig	_:_:_:_:_:_:_:_	notwendig

Quelle: Judith Lynne Zaichkowsky, ‚The Personal Involvement Inventory: Reduction, Revision, and Application to Advertising‘, *Journal of Advertising* 23(4) (Dezember 1994): 59-70.
Anmerkung: Wenn man die zehn Posten zusammenzählt, ergibt das eine Messung von einem Tiefstand von 10 bis zu einem Höchststand von 70.
*Posten, die umgekehrt gewertet werden. Zum Beispiel wird die Messung 7 für Posten Nr. 1 (wichtig/unwichtig) eigentlich mit 1 bewertet.

- Das persönliche Interesse eines Konsumenten für eine Produktkategorie.
- Die empfundene Bedeutung der potenziell negativen Konsequenzen eines Fehlkaufs.
- Die Möglichkeit des Fehlkaufs.
- Der Vergnügungswert der Produktkategorie.
- Der Zeichenwert der Produktkategorie.

MULTIKULTURELLE DIMENSIONEN

In einer jüngeren Studie wurde der Grad verglichen, in dem Konsumenten aus verschiedenen Ländern bei einer Anzahl von Produkten und Dienstleistungen involviert sind. Als die Forscher die regelmäßigen Benutzer der Artikel aus den einzelnen Ländern miteinander verglichen, stellten sie Unterschiede des Involvements fest (wie mit der Skala in Tabelle 4.1 gemessen).[24]

- Chinesen sind mehr in Bier involviert als Südamerikaner. In den anderen Ländern ergab die Studie wenig Unterschiede in dieser Produktkategorie.
- Das Involvement bei Softdrinks war in Kanada und Schweden relativ niedrig, dafür im ehemaligen Jugoslawien und in China relativ hoch.
- Jeans bekamen von österreichischen Konsumenten die meisten Involvementpunkte, von schwedischen Konsumenten die wenigsten.
- Der Grad des Involvements bei Flugreisen ist bei Amerikanern relativ hoch, bei Schweden relativ niedrig.
- Franzosen und Chinesen sind am meisten in das Kino involviert, während Mexikaner es am wenigsten sind.

Tabelle 4.2 Involvementprofile einer Reihe von französischen Konsumprodukten				
	Bedeutung negativer Konsequenzen	**Subjektive Möglichkeit des Fehlkaufs**	**Vergnügungs-wert**	**Zeichenwert**
Kleider	121	112	147	181
Wäsche	117	115	106	130
Waschmaschinen	118	109	106	111
Fernseher	112	100	122	95
Staubsauger	110	112	70	78
Bügeleisen	103	95	72	76
Champagner	109	120	125	125
Öl	89	97	65	92
Jogurt	86	83	106	78
Schokolade	80	89	123	75
Shampoo	96	103	90	81
Zahncreme	95	95	94	105
Seife	82	90	114	118
Reinigungmittel	79	82	56	63

Durchschnittliche Produktzahl = 100.
Quelle: Gilles Laurent und Jean-Noël Kapferer, ‚Measuring Consumer Involvement Profiles', *Journal of Marketing Research* 22 (Februar 1985): 45, Tabelle 3. Mit Genehmigung der American Marketing Association.

Die Marktforscher forderten eine Reihe von Hausfrauen auf, vierzehn Produktkategorien nach den oben genannten Aspekten des Involvements einzuordnen. Die Ergebnisse stehen in Tabelle 4.2. Aus den Daten geht hervor, dass keine einzelne Komponente des Involvements den Konsumenten fesselt, da dieses Merkmal aus verschiedenen Gründen auftreten kann. Zum Beispiel wird der Kauf eines haltbaren Produkts (z. B. ein Staubsauger) als riskant angesehen, weil der Käufer jahrelang die Konsequenzen einer schlechten Wahl tragen muss. Trotzdem bringt ein Staubsauger kein Vergnügen (hedonistischer Wert) und hat auch keinen hohen Zeichenwert (z. B. hängt seine Verwendung nicht mit dem Selbstbewusstsein des Käufers zusammen). Dagegen hat Schokolade einen hohen Vergnügungswert, gilt aber nicht als riskant oder eng mit dem Selbst verbunden. Kleider und Wäsche dagegen scheinen aus einer Kombination von Gründen involvierend zu sein.

4.5.4 Segmentierung durch Grade des Involvements

Ein Messungsversuch dieser Art ermöglicht dem Konsumforscher, die Diversität des Involvementgebäudes zu bestimmen und Involvement als Basis für die Marktsegmentierung zu verwenden. Zum Beispiel kann ein Jogurthersteller herausfinden, dass sein Produkt – trotz seines niedrigen Zeichenwerts für die eine Konsumentengruppe – für das Selbstvertrauen des anderen Marktsegments, z.B. Menschen, die sich gesundheitsbewusst ernähren oder eine Diät machen, wichtig ist. Die Firma kann ihre Marketingstrategie anpassen, um die Motivation der verschiedenen Segmente zu erklären und Informationen über das Produkt zu verarbeiten. Diese Variationen werden in Kapitel 6 besprochen. Wichtig ist, dass das Involvement mit einem Produkt je nach Kultur variieren kann. Während die französischen Konsumentinnen Champagner sowohl nach seinem Zeichenwert als auch nach dem persönlichen Wert hoch einschätzten, kann die Eigenschaft des Champagners, Vergnügen zu bereiten oder für die Selbsteinschätzung eine zentrale Rolle zu spielen, nicht auf andere Länder übertragen werden. Für eine französische Familie zum Beispiel kann der Konsum von Champagner bei einer Hochzeit unerlässlich sein, während eine dänische Familie, vor allem auf dem Land, Champagnerkonsum als übertriebenen Luxus oder sogar als Zeichen von Dekadenz ansehen kann.[25]

4.5.5 Strategien zur Steigerung des Involvements

Obwohl der Grad des Involvements von Konsumenten in Bezug auf eine Produktbotschaft unterschiedlich ist, können Marketingexperten nicht einfach abwarten und auf das Beste hoffen. Wenn sie ein paar Grundfaktoren beachten, durch die die Aufmerksamkeit gesteigert oder gesenkt werden kann, können sie gezielte Maßnahmen ergreifen, damit die Produktinformation eher ankommt. Die Motivation eines Konsumenten, relevante Informationen zu verarbeiten, können Marketingexperten recht leicht verbessern, wenn sie eine oder mehrere der folgenden Techniken anwenden:[26]

- Appellieren an die hedonistischen Bedürfnisse des Konsumenten. Werbeanzeigen mit sensorischen Appellen erzeugen zum Beispiel einen höheren Grad an Aufmerksamkeit.[27]
- Neuartige Stimuli verwenden, etwa ungewöhnliche Filmsequenzen, plötzliche Stille oder unerwartete Bewegungen in Werbespots.
- Auffällige Stimuli verwenden, wie laute Musik und schnelle Handlungen, um Aufmerksamkeit bei Werbespots zu erregen. Bei gedruckter Werbung erhöhen größere Formate die Aufmerksamkeit. Außerdem schauen Leser länger auf Farbbilder als auf Schwarz-Weiß-Bilder.
- Einsatz von Berühmtheiten zur Steigerung des Interesses an Werbespots. Diese Strategie wird in Kapitel 6 diskutiert.
- Eine dauerhafte Beziehung zum Konsumenten aufbauen. Die Wege zur Produkttreue werden in Kapitel 8 noch ausführlicher diskutiert.

4.6 Werte

Ganz allgemein kann ein **Wert** als die Überzeugung von irgendeinem wünschenswerten Endstadium definiert werden, das spezifische Situationen überwindet und das Verhalten lenkt.[28] Wertvorstellungen sind allgemein gültig und unterscheiden sich von Einstellungen, weil sie sich nicht nur auf spezifische Situationen anwenden lassen. Die Wertvorstellungen einer Person spielen eine sehr wichtige Rolle bei ihren Konsumaktivitäten, da viele Produkte und

Dienstleistungen gekauft werden, weil (wie geglaubt wird) sie uns dabei helfen, ein Ziel zu erreichen, das sich auf Wertvorstellungen bezieht.

Wie wir in Kapitel 15 und 16 sehen werden, ändern sich die spezifischen Werte, die Menschen motivieren, in Abhängigkeit von der jeweiligen Kultur, wobei in jeder Kultur normalerweise eine Reihe von inhärenten Zielen besteht, die von den meisten Mitgliedern dieser Kultur für wichtig gehalten werden. Eine Vergleichsstudie von Managementpraktiken im Kaufverhalten von industriellen Gütern, die in Europa und Nordamerika durchgeführt wurde, ergab, dass in Europa die Entwicklung von Beziehungen wichtiger ist, während in Nordamerika Disziplin und Wettbewerbsfähigkeit höher bewertet werden.[29] Solche Abweichungen können dahingehend interpretiert werden, dass sie fundamentale Unterschiede von Wertvorstellungen in der Geschäftswelt beider Kontinente aufdecken. Aber auch innerhalb Europas können große Unterschiede festgestellt werden, z. B. zwischen der angelsächsischen Art, die eher dem oben beschriebenen amerikanischen Modell entspricht und der germanisch-alpinen Art, die eher die Beziehungskomponente enthält. [30]

4.6.1 Kernwerte

Jede Kultur besitzt eine Reihe von Werten, die sie an ihre Mitglieder vermittelt.[31] Zum Beispiel mag es für Menschen in einer Kultur wichtiger sein, ihre Individualität zu entwickeln, als die eigene Identität einer Gruppe unterzuordnen, während eine andere Gruppe die Vorteile der Gruppenzugehörigkeit betont. Viele Werte sind universal. Wer wünscht sich nicht Weisheit oder Frieden auf der Welt?

Eine Perspektive der Studie über Werte hebt hervor, dass der Unterschied zwischen den Kulturen in der *relativen Bedeutung* oder der Einstufung dieser universellen Werte liegt. Diese Einstufung stellt das **Wertesystem**[32] einer Kultur dar. Um den Unterschied von Wertesystemen zu verdeutlichen, betrachten wir die Ergebnisse eines Vergleichs der Einordnung von Werten in Norwegen, Deutschland und den Vereinigten Staaten (siehe Tabelle 4.3).[33] Der Wert des Zugehörigkeitssinns ist in Deutschland und Norwegen sehr wichtig, in den Vereinigten Staaten weniger wichtig. Dieses Ergebnis stimmt mit anderen Studien überein, aus denen das individualistische Merkmal der amerikanischen Kultur hervorgeht. Ebenso ist der Wert der Sicherheit in Deutschland und den Vereinigten Staaten sehr wichtig, in Norwegen dafür viel unwichtiger. Aus den Ergebnissen lässt sich ableiten, dass der Wert der Sicherheit in den Vereinigten Staaten als soziale Sicherheit verstanden wird, während er sich in Deutschland eher auf soziale Bindungen bezieht. In Norwegen wird er auf die gleiche Art interpretiert wie in den Vereinigten Staaten, aber er wird nicht genauso hoch eingeschätzt, was mit der hohen sozialen Sicherheit des norwegischen Wohlfahrtsstaats zusammenhängt.

Das Merkmal jeder Kultur ist die Billigung des Wertesystems durch ihre Mitglieder. Manchmal wird der Endzustand nicht in gleichem Maße von jedem gebilligt und in manchen Fällen können sich die Werte sogar widersprechen (z. B. bewerten Menschen in westlichen Ländern Konformität und Individualität gleich hoch und versuchen, beide auf irgendeine Weise miteinander zu vereinbaren). Trotzdem ist es normalerweise möglich, eine Reihe von *Kernwerten* zu identifizieren, die allein eine Kultur definieren. Diese Überzeugungen werden uns durch *Sozialisierungsträger* vermittelt, zu denen Eltern, Freunde und Lehrer gehören. Der Prozess, bei dem man die Überzeugungen und Verhaltensweisen lernt, die in der eigenen Kultur gelten, nennt man **Enkulturierung**. Dagegen nennt man den Prozess, bei dem man Überzeugungen und Verhaltensweisen einer anderen Kultur (oft eine Priorität für Menschen, die Konsumenten und Märkte im Ausland verstehen wollen) **Akkulturierung**.

Tabelle 4.3 Verteilung der Werte in verschiedenen Ländern (%)			
	Deutschland	**USA**	**Norwegen**
Zugehörigkeitssinn	28,6	7,9	33,4
Spaß und Lebensfreude	6,4	4,5	3,6
Innige Beziehungen	7,9	16,2	13,4
Selbsterfüllung	4,8	9,6	7,7
Respektiert werden	6,1	8,8	8,4
Aufregung	3,7	_a	_a
Selbstachtung	12,9	21,1	6,8
Sicherheit	24,1	20,6	6,8
Erfüllung im Leben	5,4	11,4	6,8

Anmerkung: a. Der Wert Aufregung wurde in Spaß und Freude zusammengefasst, weil nur ein geringer Prozentsatz an amerikanischen und norwegischen Befragten dies als wichtigsten Wert wählte.
Quelle: Abdruck aus *Journal of Business Research* 20, S.C. Grunert and G. Scherhorn: „Consumer Values in West Germany: Underlying Dimensions and Cross-cultural Comparison with North America", S. 97-107.

Wie wir im oben genannten Beispiel gesehen haben, müssen solche Kernwerte im lokalen Kontext verstanden werden, denn die Bedeutung von Werten ändert sich, wenn sich der kulturelle Kontext verlagert. ‚Sicherheit' bedeutet für englische, skandinavische, deutsche und italienische Konsumenten *nicht* das Gleiche. Der Vergleich von Wertesystemen in verschiedenen Ländern anhand von Einstufungen universeller Werte ist für die Konsumforschung eine große Herausforderung.

4.6.2 Anwendung von Werten auf Konsumentenverhalten

Trotz ihrer Bedeutung werden Werte nicht für die gezielte Erforschung des Konsumentenverhaltens verwendet. Einer der Gründe dafür mag sein, dass weiträumige Konzepte wie Freiheit, Sicherheit oder innere Harmonie eher allgemeine Kaufstrukturen beeinflussen, als dass sie zwischen Marken derselben Produktkategorie unterscheiden. Aus diesem Grund hielten es einige Marktforscher für angebracht, zwischen weiträumigen *gesellschaftlichen Werten* wie Sicherheit oder Glück, *konsumspezifischen Werten* wie praktisches Einkaufen oder schnelle Lieferung und *produktspezifischen Werten* wie einfache Anwendung und Lebensdauer zu unterscheiden. [34] Trotzdem kann durch eine solche Unterscheidung das Wertkonzept missbraucht werden, da es normalerweise verwendet wird, um die allgemeinste und tiefste Stufe der gesellschaftspsychologischen Hierarchie anzuzeigen.

Da Werte einen großen Einfluss auf das Konsumentenverhalten haben (zumindest im allgemeinen Sinn), kann man sagen, dass praktisch jede Art der Konsumentenforschung mit der Identifizierung und der Messung von Werten zusammenhängt. Dieser Prozess kann sich in verschiedenen Formen äußern und reicht von qualitativen Forschungstechniken wie Ethnografie bis zu quantitativen Techniken wie Laborversuchen und groß angelegten Umfragen. Diese

Diese schwedische Werbung für Schuhe appelliert an den Wert der Individualität.

Diese Werbeanzeige stellt ganz klar die Verbindung zwischen Konsum und traditionellen Werten her.

Methoden wurden in Kapitel 1 vorgestellt. Hier werden einige Versuche von Forschern beschrieben, gesellschaftliche Werte zu messen und dieses Wissen auf Marketingstrategien anzuwenden. Zahlreiche Firmen spüren durch groß angelegte Umfragen Änderungen von Werten auf. Anschließend werden die Ergebnisse dieser Studien an Marketingexperten verkauft, die Gebühren bezahlen, um regelmäßige Aktualisierungen der Veränderungen und Trends zu erhalten. Einige dieser Dienstleistungen werden in Kapitel 15 diskutiert.

Der Rokeach Value Survey

Der Psychologe Milton Rokeach identifizierte eine Reihe von **Endwerten** oder gewünschten Endzuständen, die (in unterschiedlichem Maße) auf viele verschiedene Gesellschaften angewandt werden können. Der *Rokeach Value Survey*, eine zur Messung dieser Werte verwendete Skala, enthält auch eine Reihe von **instrumentalen Werten**, die sich aus Handlungen zusam-

Tabelle 4.4 Zwei Arten von Werten im Rokeach Value Survey	
Instrumentale Werte	**End(Ziel)werte**
ehrgeizig	ein angenehmes Leben
tolerant	ein aufregendes Leben
fähig	Sinn für Selbstverwirklichung
fröhlich	eine friedliche Welt
sauber	eine Welt der Schönheit
mutig	Gleichheit
versöhnlich	Geborgenheit der Familie
hilfsbereit	Freiheit
ehrlich	Glück
phantasievoll	innere Harmonie
unabhängig	reife Liebe
intellektuell	nationale Sicherheit
logisch	Vergnügen
liebevoll	Segen
folgsam	Selbstachtung
höflich	soziale Anerkennung
verantwortungsbewusst	wahre Freundschaft
selbstbeherrscht	Weisheit

Quelle: Richard W. Pollay: „Measuring the Cultural Values Manifest in Advertising", *Current Issues and Research in Advertising* (1983): Neuauflage mit Genehmigung der Universität von Michigan Forschungsabteilung.

mensetzen, die zur Erreichung dieser Endwerte benötigt werden.[35] Diese beiden Wertereihen sind in Tabelle 4.4 angegeben. Die Wertereihe wurde in vielen Studien verwendet, zum Beispiel, um die Veränderung im Wertesystem im Post-Sowjetischen Russland zu erforschen.[36]

Die Werteliste (List of Value, LOV)

Obwohl einiges darauf hinweist, dass Unterschiede in den globalen Werten produktspezifische Vorlieben und Unterschiede im Umgang mit Medien ausdrücken, wurde der Rokeach Value Survey nicht allgemein bei Fragen angewandt, die mit dem Konsumentenverhalten zusammenhängen.[37] Als Alternative wurde die Skala der Werteliste (**LOV**) zur Isolierung von Werten entwickelt, die eher im Marketing angwandt werden.[38]

Dieses Instrument identifiziert neun Konsumentenwerte, die mit Unterschieden im Konsumverhalten verknüpft werden können. Es umfasst folgende Werte: Zugehörigkeitssinn, Spaß und Lebensfreude, innige Beziehungen zu anderen, Selbsterfüllung, Respekt, Spannung, Selbstverwirklichung, Sicherheit und Selbstachtung. Dieses Instrument wurde bei den oben genannten Studien in Deutschland, Norwegen und den Vereinigten Staatenangewandt. Ähnlich wie bei diesen waren in einer Vergleichsstudie von französischen und deutschen Konsumenten die Werte von Zugehörigkeit und Selbstachtung in Deutschland viel wichtiger, während in Frankreich wesentlich öfter Spaß und Lebensfreude, Selbsterfüllung und Selbstverwirklichung als wichtigste Werte ausgewählt wurden.[39]

Trotzdem muss darauf hingewiesen werden, dass die gesellschaftsüberschreitende Gültigkeit solcher Wertinstrumente bestenfalls schwer zu erreichen ist, da, wie bereits erwähnt, die Bedeutung von Werten je nach gesellschaftlichem Kontext deutliche Unterschiede aufweisen kann.[40] Zum Beispiel wurde mit der LOV in einem Test über seine gesellschaftsüberschreitende Gültigkeit kein gutes Ergebnis erzielt.[41]

MULTIKULTURELLE DIMENSIONEN

Die japanische Gesellschaft ist bekannt dafür, dass sie der Sauberkeit große Bedeutung beimisst. Beim Shinto, der japanischen Religion, werden rituell Hände und Mund gewaschen, bevor der Gläubige ein Heiligtum betritt. Zu Hause werden immer die Schuhe ausgezogen, damit der Boden nicht beschmutzt wird. Geld ist ein Hochzeitsgeschenk und manche Menschen bügeln die Scheine, bevor sie sie in den Umschlag stecken. In manchen Waschsalons dürfen die Kunden die Waschmaschinen vor dem Benutzen ausspülen.

Dieser Wert hat seit einer Lebensmittelvergiftungsepidemie im Sommer 1996 neue Ausmaße erreicht. Die Nachfrage nach Produkten wie antiseptische Fahrradlenker, Karaokemikrofone und Gazemasken ging steil nach oben und sterilisierte Produkte von Briefpapier und Disketten bis zu Telefonen und Geschirrspülmaschinen überschwemmen den Markt. Pentel stellt einen keimfreien Stift her, der mit einem medizinischen blauen Kreuz dekoriert ist, und wirbt dafür mit dem Slogan: ‚Der Stift ist stärker als Bakterien‘. Die japanische Sanwa Bank ‚wäscht‘ buchstäblich das Geld für ihre Kunden in speziell entworfenen ATM (*automatic telling machines*) Maschinen, während die Mitsubishi Bank in Tokio eine ‚Anti-Keim-Filiale‘ eröffnet hat, in der ATM's stehen, deren Plastikoberflächen ausgiebig mit Chemikalien gegen Bakterien und Pilze behandelt wurden. Ein Bankensprecher erklärte, die Filiale sei bei jungen Kundinnen besonders beliebt, da diese ‚keine Sachen anfassen möchten, die schon von Männern mittleren Alters berührt wurden‘. Aber werden die Bemühungen, in einer keimfreien Welt zu leben, erfolgreich sein? Ein japanischer Soziologe bemerkt dazu: ‚Die jungen Leute von heute glauben, dass sie Keime mit ein paar Tricks aus ihrem Leben verbannen können. Aber nach der Verwendung eines antiseptischen ATM geht man trotzdem zur Tür hinaus in eine Welt voller Keime‘.[42] Trotzdem versuchen sie es weiter…

Schwartz Value Survey

Eine detaillierte Liste, die 56 verschiedene Werte enthält, die wiederum in 11 sogenannte Motivationsgebiete unterteilt sind, hat sich als eines der Instrumente erwiesen, die gesellschaftsüberschreitend am brauchbarsten sind.[43] Dieses Instrument wurde eingesetzt, um dänische Konsumenten mit umweltfreundlichem Verhalten darzustellen. Es stellte sich heraus, dass Werte wie ‚Umweltschutz' und ‚Einheit mit der Natur', aber auch ‚reife Liebe', ‚Toleranz' und ‚soziale Gerechtigkeit' das umweltbewusste Segment kennzeichneten, während Werte wie ‚Autorität', ‚soziale Macht', ‚nationale Sicherheit' und ‚Höflichkeit' am häufigsten das nicht umweltbewusste Segment charakterisierten.[44] (Siehe auch Kapitel 9.)

4.6.3 Das Means-End-Modell

Ein weiteres Forschungsmodell, das Werte enthält, ist das **Means-End**-Modell (*Mittel-Zweck-Analyse*). Dieses Modell geht davon aus, dass spezifische Produktmerkmale auf einer Kurve steigender Abstraktion mit Endwerten verbunden sind. Eine Person hat einen Endzustand bewertet und wählt zwischen alternativen Mitteln, um dieses Ziel zu erreichen. Somit werden Produkte als das Mittel zu einem Ziel eingesetzt. Durch eine Technik, die **Laddering** genannt wird, werden die Assoziationen von Konsumenten zwischen spezifischen Merkmalen und allgemeinen Konsequenzen aufgedeckt. Den Konsumenten wird dabei geholfen, die ‚Abstraktionsleiter' hinaufzusteigen, die funktionale Produktmerkmale mit dem gewünschten Endzustand verbindet.[45]

Um zu verstehen, wie das Laddering funktioniert, betrachten wir eine Person, die eine Vorliebe für alkoholfreies Bier hat. Eine Untersuchung kann ergeben, dass dieses Merkmal mit der Konsequenz zusammenhängt, nicht betrunken zu werden. Eine Konsequenz des Nicht-betrunken-Werdens ist, dass die Person interessantere Gespräche führen kann, was wiederum bedeutet, dass sie geselliger ist. Letztlich führt Geselligkeit zu Freundschaft, was ein Endwert für diese Person ist.[46]

Trotzdem ist Laddering nicht problemlos, da die Ladderingtechnik nicht verwertbare Antworten erzeugen kann, wenn man den Befragten durch eine zu starke Betonung auf der Sequenz in der Means-End-Kette die Leiter hinauf treibt. Konsumenten sollten vor- und zurückspringen, Kurven und Schleifen machen und in Sackgassen laufen können. Das erfordert vom Interviewer mehr Geschicklichkeit, stellt aber den Gedankenprozesses des Befragten präziser dar.[47] Ein weiterer Einwand ist, dass die Anwendung von Ladderingtechniken bei der Ermittlung der Nachfrage nach Statusgütern problematisch sein kann, weil Konsumenten ihre Motivation für auffälligen Konsum nur schwer ausdrücken oder offenbaren.[48]

4.7 MECCAs

Der Technik „Mittel-Zweck Konzeptualisierung der Komponenten der Werbestrategie" (*Means-End Conceptualization of the Components of Advertising Strategy*), **MECCAs,** liegt die Vorstellung zu Grunde, dass Produkte konsumiert werden, weil sie ein Instrument zur Erreichung abstrakter Werte sind. Bei diesem Modell entwerfen Marktforscher zuerst eine Karte, in der die Beziehungen zwischen funktionalen Produkten oder Dienstleistungsmerkmalen und Endwerten dargestellt werden. Anschließend wird diese Information zur Entwicklung von Werbestrategien verwendet, wobei u. a. folgende Elemente identifiziert werden:[49]

Abbildung 4.3   Hierarchische Wertekarte für Fisch für (a) erfahrenere und (b) unerfahrenere Versuchspersonen

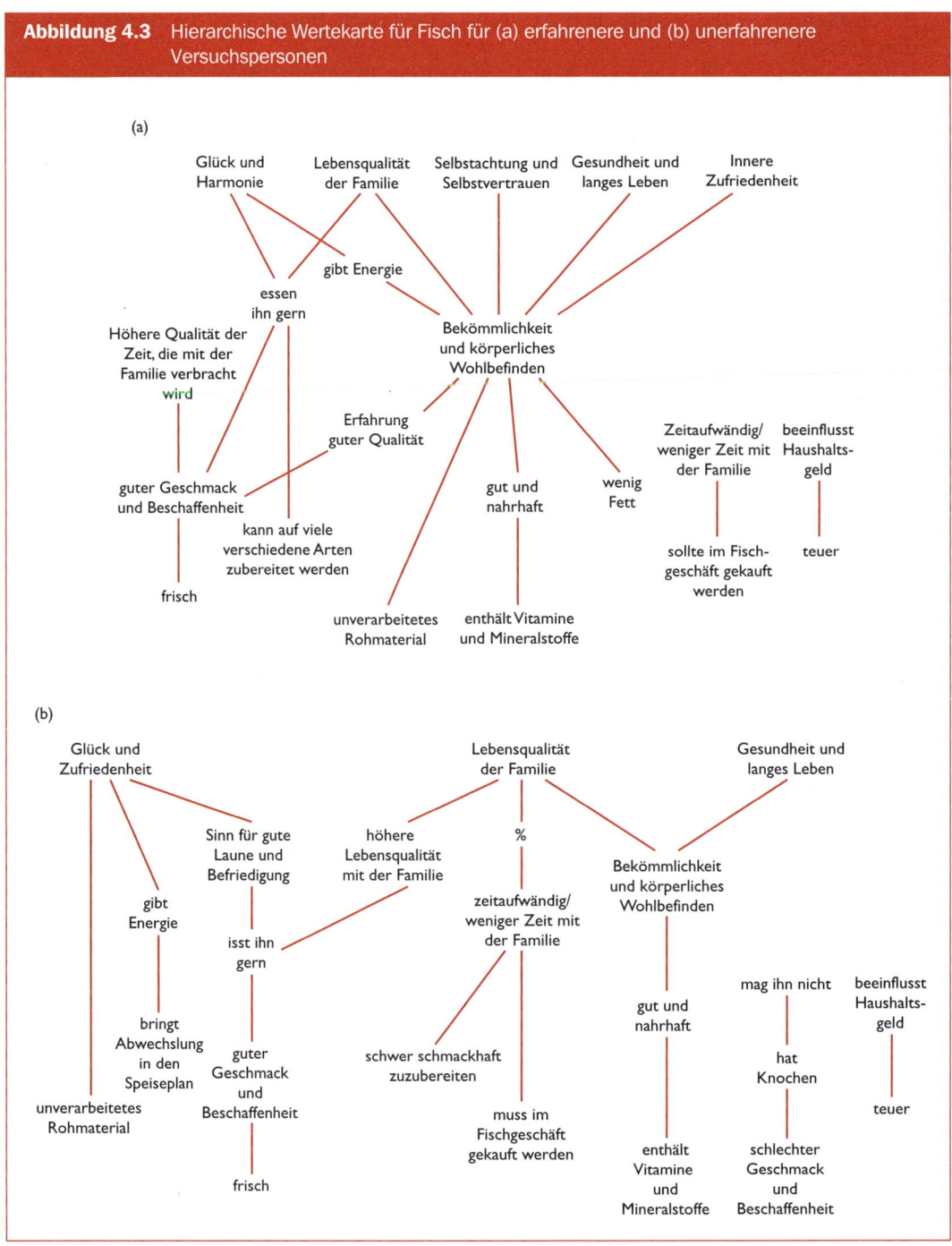

Quelle: E. Sørensen, K.G. Grunert und N.A. Nielsen, ‚The Impact of Product Experience, Product Involvement, and Verbal Processing Style on Consumers, Cognitive Structures with Regard to Fresh Fish‘, MAPP Working Paper Nr. 42 (The Aarhus School of Business, Oktober 1996).

- *Botschaftselemente:* die spezifischen Attribute oder Produktmerkmale, die dargestellt werden müssen.
- *Konsumentennutzen:* die positiven Konsequenzen der Benutzung dieses Produkts oder dieser Dienstleistung.
- *Exekutiver Rahmen:* Stil und Ton der Werbung insgesamt.
- *Hebelpunkt:* die Art und Weise, auf die die Botschaft den Endwert durch dessen Verbindung mit spezifischen Produktmerkmalen aktiviert.
- *Antriebskraft:* der Endwert, den die Werbung anstrebt.

Diese Technik wurde eingesetzt, um eine Werbestrategie für eine dänische Fischhandelsfirma zu entwickeln. Trotz der riesigen Fischindustrie des Landes und der Lieferung von frischem Fisch war der Pro-Kopf-Verbrauch an Fisch in Dänemark wesentlich niedriger als in vielen anderen eurpoäischen Ländern. Eine Studie wurde durchgeführt, in der die Means-End-Analyse angewendet wurde, um die Einstellung der dänischen Konsumenten gegenüber Fisch zu ermitteln. Dabei stellte sich heraus, dass eines der größten Probleme darin lag, dass die dänischen Hausfrauen nicht genügend Ideen für die Zubereitung von Mahlzeiten mit Fisch hatten. Das stand in eklatantem Gegensatz zu der traditionellen Antriebskraft, die von der Firma eingesetzt wurde, nämlich, dass Fisch gesund ist.[50]

Anhand dieser Ergebnisse wurde eine Werbekampagne entworfen, deren Botschaftselemente darauf zielten, dass Fisch ein praktisches und köstliches Essen ist. Der Konsumentennutzen war die schnelle und einfache Zubereitung, wodurch Mittag- und Abendessen zu einer leichten Aufgabe wurden. Der exekutive Rahmen war humorvoll. Ein durchschnittlich aussehendes Paar mittleren Alters wird in unterschiedlichen Situationen gezeigt, wobei der Mann der Vorstellung, zum Mittag- oder Abendessen Fisch zu essen, skeptisch gegenübersteht. In einem der Fernsehwerbespots unterhält sich die Frau mit jemandem am Telefon. Ihre Kommentare verleiten den Fernsehzuschauer (und ihren Ehemann) zu der Annahme, dass sie sich über das Liebesleben einer anderen Familie unterhält. (‚Du machst es ZWEIMAL in der Woche!', ‚Es dauert nur FÜNFZEHN Minuten!!!', ‚Das hat er also gern'). Fast unmittelbar nach der Werbekampagne stellte die Handelsfirma fest, dass sich die Menschen mehr für Fisch interessierten und der Verbrauch anstieg.[51]

Abbildung 4.3 zeigt zwei verschiedene hierarchische Wertekarten, oder Anstiegsreihen, der Fischstudie. Beide Leitern ähneln sich, mit Ausnahme der mittleren Position, in der negative, demotivierende Elemente festgehalten sind. Leitern, die nur wenig demotivierende Elemente enthalten, sind die Gesamtleitern für Konsumenten, die erfahrene Fischkonsumenten sind, während die andere die Leitern des weniger erfahrenen Segments von Konsumenten darstellen. Diese Leitern veranschaulichen außer der Mittel-Zweck-Technik auch die zentrale Bedeutung, die die Erfahrung mit einem Produkt für die Motivationsstrukturen von Konsumenten hat.

4.8 Versteckte Motive: Was verbirgt sich unter der Oberfläche?

Ein Motiv ist ein Beweggrund für Verhalten und kann von Marktforschern nicht ohne weiteres gesehen oder gemessen werden. Außerdem kann das gleiche Verhalten durch eine Verknüpfung mehrerer Motive ausgelöst werden. Noch schwieriger wird die Identifizierung von Motiven dadurch, dass sich der Konsument seines tatsächlichen Bedürfnisses oder seines tatsächlichen Wunsches gar nicht bewusst ist, den er zu befriedigen versucht, oder dass er nicht zugeben möchte, dass dieses Bedürfnis existiert. Aufgrund dieser Schwierigkeiten müssen

Motive oft vom Marktanalytiker gefolgert werden. Obwohl manche Bedürfnisse von Konsumenten zweifellos nutzbringend und zielgerichtet sind, wissen Marktforscher, dass sehr viele Kaufentscheidungen nicht auf bewusste, logische Entscheidungen zurückzuführen sind. Im Gegenteil, Menschen tun Dinge, um Motive zu befriedigen, deren sie sich gar nicht bewusst sind.

4.8.1 Konsumentenverhalten auf der Couch: Die Theorie von Freud

Sigmund Freud hatte einen tiefen, wenn auch umstrittenen Einfluss auf viele grundlegende Vermutungen über das menschliche Verhalten. Seine Arbeiten änderten die Art und Weise, wie wir über Themen wie Sexualtiät von Erwachsenen, Träume und psychologische Einstellungen denken. Freud ging von der Vorstellung aus, dass vieles im menschlichen Verhalten auf einen fundamentalen Konflikt zwischen dem Verlangen einer Person, ihre körperlichen Bedürfnisse zu befriedigen und der Notwendigkeit, als ein verantwortungsbewusstes Mitglied der Gesellschaft zu handeln, zurückzuführen ist. Dieser Kampf wird im Gehirn über drei Systeme ausgetragen. (Diese Systeme beziehen sich nicht auf physische Teile des Gehirns).

Das **Es** ist auf sofortige Belohnung ausgerichtet – es ist der ‚tierische Anteil‘ des Geistes. Es handelt nach dem Lustprinzip und das Verhalten ist von dem primären Verlangen bestimmt, Vergnügen zu maximieren und Schmerz zu vermeiden. Das Es ist selbstbezogen und unlogisch. Es führt die psychische Energie einer Person ohne Rücksicht auf die Folgen zu triebhaften Handlungen.

Das **Über-Ich** ist das Gegengewicht zum Es. Dieses System besteht im Wesentlichen aus dem Gewissen eines Menschen. Es verinnerlicht gesellschafltiche (besonders von den Eltern vermittelte) Regeln und bemüht sich, das Es von der Suche nach egoistischem Vergnügen abzuhalten.

Das **Ego** ist das System, das zwischen dem Es und dem Über-Ich vermittelt. In gewisser Hinsicht ist es ein Schiedsrichter im Kampf zwischen Versuchung und Tugend. Das Ego versucht, diese beiden entgegengesetzten Kräfte nach dem Realitätsprinzip auszugleichen. Es findet Wege, das Es zu belohnen, die für die Außenwelt akzeptabel sind. Die Konflikte treten auf einer unbewussten Ebene auf, so dass sich die Person nicht unbedingt über die Gründe für ihr Verhalten im Klaren ist.

Der Theorie von Freud entsprechend hängt die Entwicklung eines Menschen davon ab, wie diese Systeme in der Kindheit aufeinander eingewirkt haben. Aspekte von Freuds Theorie sind widersprüchlich und seine Beobachtungen dürfen nicht immer wörtlich genommen werden. So beruhte zum Beispiel der größte Teil von Freuds Kenntnissen auf Erfahrungen mit seinen eigenen Patientinnen, eine begrenzte Anzahl, die sich hauptsächlich aus wohlhabenden Wiener Frauen zusammensetzte. Viele Feministinnen lehnen Freuds Vermutungen über die Minderwertigkeitskomplexe von Frauen ab. Diese Ideen wurden aber zu seiner Zeit weitgehend akzeptiert. Trotzdem hatte Freud einen tief greifenden Einfluss auf die Bereiche der Psychiatrie und der klinischen Psychologie.

Manche von Freuds Ideen wurden auch von Konsumentenforschern übernommen. Seine Arbeiten betonen besonders die potentielle Bedeutung unbewusster Motive, die Käufen zu Grunde liegen. Allerdings können uns die Konsumenten nicht direkt etwas über ihre wahre Motivation sagen, aufgrund der sie sich für ein Produkt entscheiden, selbst wenn wir uns einfühlsame Methoden ausdenken können, sie direkt zu fragen.

Die Perspektive Freuds deutet auch die Möglichkeit an, dass das Ego auf den Symbolismus von Produkten angewiesen ist, um zwischen den Bedürfnissen des Es und den Verboten des Über-Ich einen Kompromiss zu schließen. Der Konsument wandelt seine inakzeptablen Wünsche in akzeptable Möglichkeiten um, indem er Produkte verwendet, die dieses inhärente Verlangen symbolisieren. Dies ist die Verbindung zwischen Produktsymbolismus und Motivation: Das Produkt steht für oder repräsentiert das wahre Ziel des Konsumenten, das sozial inakzeptabel oder unerreichbar ist. Indem er das Produkt kauft, ist der Konsument indirekt in der Lage, von der verbotenen Frucht zu kosten.

Die meisten Anwendungen von Freuds Theorien im Marketing hängen mit den sexuellen Reizen von Produkten zusammen. Manche Marketinganalytiker haben zum Beispiel vermutet, dass ein Sportwagen für viele Männer ein Ersatz für sexuelle Befriedigung ist. Tatsächlich scheinen viele Männer mit ihren Autos übermäßig verbunden zu sein und verbringen viel Zeit damit, sie zu waschen und zu polieren. Andere sprechen von einem männlich orientierten Symbolismus – den so genannten Phallussymbolen – der Frauen reizt. Obwohl sogar Freud scherzte, dass ‚eine Zigarre manchmal nur eine Zigarre ist‘, drehen sich viele Massen-Anwendungen von Freuds Ideen um die Benutzung von Objekten, die wie Geschlechtsorgane aussehen (z. B. Zigarren, Bäume oder Schwerter für Männer; Tunnel für Frauen). Dieser Blickwinkel stammt von Freuds Traumanalyse, wobei Träume häufig dahingehend interpretiert wurden, dass sie unterdrückte Wünsche durch Symbole ausdrücken.

4.8.2 Motivationsforschung

Die erste Versuche, Freuds Theorien anzuwenden, um die tiefere Bedeutung von Produkten und Werbung zu verstehen, wurden in den 50er-Jahren gemacht, als eine als **Motivationsforschung** bekannt gewordene Perspektive entwickelt wurde. Diese Theorie beruht weitgehend auf psychoanalytischen (Freud'schen) Interpretationen, die einen starken Akzent auf unbewusste Motive setzen. Eine grundlegende Vermutung ist, dass sozial inakzeptable Bedürfnisse in akzeptable Möglichkeiten umgewandelt werden. Die Nutzung oder Vermeidung von Produkten wird von unbewussten Kräften gesteuert, die häufig in der Kindheit festgelegt wurden.

Diese Art der Forschung beruht auf Tiefeninterviews, durch die die Kaufmotivationen von Personen tief greifend erforscht werden. Die Motivationen können erst nach Befragung und Interpretation durch einen sorgfältig geschulten Interviewer abgeleitet werden. Wegbereiter dieser Arbeit war Ernst Dichter, ein Psychoanalytiker, der am Anfang des zwanzigsten Jahrhunderts in Wien lebte. Dichter führte Tiefeninterviews für über 230 verschiedenen Produkte durch und viele seiner Forschungsergebnisse wurden in Marketingkampagnen eingebaut.[52] Zum Beispiel forderte Esso die Konsumenten auf, einen ‚Tiger in den Tank‘ zu stecken, nachdem Dichter herausgefunden hatte, dass Menschen positiv auf diesen kraftvollen Tiersymbolismus reagieren, der vage suggestive Untertöne enthält.

Kritik an der Motivationsforschung

Die Motivationsforschung wurde aus zwei einander entgegengesetzten Gründen angegriffen. Manche finden, dass sie nicht funktioniert, andere, dass sie zu gut funktioniert. Einerseits warfen Sozialkritiker dieser Gedankenschule vor, dass sie Werbefachleuten die Macht gebe, Konsumenten zu manipulieren.[53] Andererseits fanden viele Konsumforscher, dass die Forschung keine ausreichende Präzision und Gültigkeit besitze, da Interpretationen subjektiv und indirekt seien.[54] Weil Schlussfolgerungen auf dem Urteil des Analytikers beruhen und aus Gesprächen mit einer kleinen Gruppe von Menschen abgeleitet werden, zweifeln manche Konsumforscher, dass diese Ergebnisse verallgemeinernd auf einen großen Markt übertragen werden können. Darüber hinaus enthielten die Interpretationen früher zumeist starke sexuelle Untertöne, da die ersten Motivationsforscher sehr von der Theorie Freuds beeinflusst waren. Aus dieser Perspektive können jedoch leicht andere triftige Gründe für Verhalten übersehen werden. Man hat festgestellt, dass diese Über-Interpretation und die Missachtung von banaleren, offensichtlicheren Interpretationen auf dem amerikanischenMarkt häufiger auftrat als zum Beispiel auf dem britischen Markt. Das führte dazu, dass die qualitative Forschung im Allgemeinen und die Motivationsforschung im Besonderen in den Vereinigten Staaten stärker in Mißkredit geriet als in Eurpa.[55]

Die positive Seite der Motivationsforschung

Die Motivationsforschung übte zumindest auf einige Marketingexperten aus Gründen, von denen hier einige erläutert werden, eine große Anziehungskraft aus. Motivationsforschung ist nicht so teuer wie eine groß angelegte quantitative Umfrage, weil die Kosten für Interviews und Datenverarbeitung relativ niedrig sind.

Das aus der Motivationsforschung abgeleitete Wissen kann bei der Entwicklung von Marketingstrategien helfen, die an tief sitzende Bedürfnisse appellieren. So kann es wesentliche Anhaltspunkte über die Art und Weise liefern, auf die ein Produkt an Konsumenten gebunden werden kann. Selbst wenn sie nicht unbedingt für alle Konsumenten eines Zielmarktes gültig sind, können diese Einsichten wertvoll sein, wenn sie auf erklärende Weise verwendet werden. Zum Beispiel kann die reiche Metaphorik, die mit einem Produkt in Verbindung gebracht wird, kreativ eingesetzt werden, wenn Werbetexte entwickelt werden.

Einige der Ergebnisse scheinen intuitiv plausibel zu sein. Zum Beispiel fanden Motivationsstudien heraus, dass Kaffee mit Gesellschaft assoziiert wird, dass Menschen Backpflaumen meiden, weil sie sie an das Alter erinnern, und dass Männer das erste Auto, das sie in ihrer Jugend besaßen, zärtlich mit dem Beginn ihrer sexuellen Freiheit gleichsetzen.

Andere Interpretationen waren für manchen nur schwer zu akzeptieren, wie beispielsweise die Beobachtung, dass Kuchenbacken für eine Frau Gebären symbolisiert, oder dass Männer nicht gern Blut spenden, weil sie das Gefühl haben, ihre Lebenssäfte würden abgesaugt werden. Aber im Amerikanischen sagen manche Menschen über eine schwangere Frau, sie habe ‚ein Brötchen im Ofen'.[56] Motivationsforschung für das Rote Kreuz brachte heraus, dass Männer (keine Frauen) die Menge an Blut, die ihnen bei einer Blutspende abgenommen wird, drastisch überschätzen. Diese Organisation neutralisierte die Angst vor dem Verlust von Männlichkeit, indem sie den Akt der Blutspende symbolisch mit Fruchtbarkeit gleichsetzte: ‚Give the gift of life' (Spenden Sie das Geschenk des Lebens). Trotz der Rückschläge wird die Motivationsforschung auch weiterhin als wertvolles Diagnosewerkzeug eingesetzt. Aber ihr Wert wird gesteigert, wenn sie in Verbindung mit anderen, dem Konsumforscher zur Verfügung stehenden, Forschungstechniken eingesetzt wird.

4.9 Bedürfnisse und Wünsche: Manipuliert Werbung die Konsumenten?

Eine der häufigsten und schärfsten Kritiken am Marketing ist, dass Marketingtechniken (vor allem die Werbung) Konsumenten zu der Annahme verleiten, dass sie viele materielle Güter ‚brauchen', und unglücklich sind und sich irgendwie minderwertig fühlen, wenn sie diese ‚Notwendigkeiten' nicht besitzen. Es ist ein komplexes Thema, über das man nachdenken sollte: Geben Marketingexperten den Menschen, was sie brauchen, oder sagen sie ihnen, was sie sich wünschen sollen?

Philosophen haben sich im Zusammenhang mit dem Konzept des freien Willens mit dem Thema befasst. Dabei wurde argumentiert, dass, um zu behaupten, Konsumenten handelten in Bezug auf Werbung autonom, die Möglichkeit des freien Willens und Handelns gegeben sein müsse. Das bedeutet, dass der Konsument in der Lage sein muss, *unabhängig* zu entscheiden, was er tut, und nicht davor bewahrt werden darf, diese Entscheidung umzusetzen. Dies, so wurde gesagt, gilt für rein informative Werbung, wo nur das Produkt oder eine Fülle an Informationen zur Verfügung gestellt werden, um eine rationale Entscheidung zu treffen, während dies bei der Werbung, wo Metaphorik oder inhärente Motivationen angesprochen werden, nicht so klar ist.[57] Eine solche Sichtweise geht davon aus, dass informative Werbung in gewisser Weise objektiver ist als Werbung, die auf Metaphorik beruht. Aber auch Funktionalität und Nützlichkeit sind wichtige Bilder eines spezifischen gesellschaftlichen Kontexts, die an unseren Verstand appellieren, um uns zu überzeugen.[58] Wir werden im Folgenden drei Punkte betrachten, die mit der komplexen Beziehung zwischen Marketingpraktiken und Konsumentenbedürfnissen zusammenhängen.

Schaffen Marketingexperten künstliche Bedürfnisse?

Das Marketingsystem wurde von beiden Seiten des politischen Spektrums unter Beschuss genommen. Einerseits glauben einige konservative Traditionalisten, dass Werbung zum moralischen Verfall der Gesellschaft beiträgt, indem sie Bilder hedonistischen Vergnügens zeigt. Andererseits behaupten manche Linke, dass die gleichen irreführenden Verheißungen auf materielle Freuden Menschen „kaufen", die anderenfalls Revolutionäre wären und an der Änderung des Systems arbeiten würden.[59] Durch Werbung schaffe das System dann eine Nachfrage, die nur durch ihre Produkte befriedigt werden könne.

Eine mögliche Entgegnung auf diese Kritik ist, dass ein Bedürfnis ein biologisches Grundmotiv ist, während ein Wunsch ein Mittel darstellt, das die Gesellschaft uns gelehrt hat, um Bedürfnisse zu befriedigen. Während Durst zum Beispiel biologisch begründet ist, wird uns beigebracht, dass wir uns eher Coca Cola wünschen als, sagen wir, Ziegenmilch, um diesen Durst zu stillen. Das Bedürfnis ist also bereits vorhanden und Marketingexperten empfehlen lediglich Wege, durch die es befriedigt werden kann. Ein Grundziel der Werbung besteht eher darin, das Bewusstsein für diese Bedürfnisse zu schärfen, als sie zu schaffen.

Diese Werbung wurde von der American Association of Advertising Agencies als Anwort auf Kritiken entworfen, die der Werbung vorwarfen, künstliche Bedürfnisse zu schaffen. Vergleichen Sie diese Botschaft mit der Marketingchance auf Seite 147. Was schlussfolgern Sie daraus?

© American Association of Advertising Agencies.

Trotzdem sind Marketingexperten wichtige Techniker unserer Umwelt. Und jenseits der Ebene der Banalität werden Bedürfnisse immer vom sozialen Umfeld geschaffen. So sind in gewissem Sinn Bedürfnisse immer ‚künstlich‘, weil wir uns für Bedürfnisse nur in ihrer sozialen Form interessieren. Im Gegensatz dazu sind Bedürfnisse nie künstlich, weil sie für Menschen, die sie empfinden, immer ‚real‘ sind. Die Gesellschaft lehrt uns, ‚Bedürfnisse‘ zu haben. Was den Fall Coca Cola oder Ziegenmilch anbelangt, sollte man daran denken, dass wir nicht nur essen und trinken, um ein biologisches Bedürfnis zu befriedigen. Wir essen und trinken aus vielerlei Gründen, die alle in unserem gesellschaftlichen Umfeld verankert sind. Brauchen Menschen ein Sofa? Einen Fernseher? Ein Auto? Ein Buch über Konsumentenverhalten? Somit würde die bessere Antwort lauten, dass Marketingexperten keine künstlichen Bedürfnisse schaffen, sondern wesentlich zur Sozialisierung von Menschen in der zeitgenössischen Gesellschaft und somit zur Schaffung des *sozialen* Systems der Bedürfnisse beitragen. Konsequenterweise müssen Marketingexperten ihren Anteil an der Verantwortung für die Entwicklung der Gesellschaft übernehmen.

Ist Werbung notwendig?

Vor über dreißig Jahren schrieb der Soziologe Vance Packard: ‚Großangelegte Versuche wurden, oft mit beachtlichem Erfolg, unternommen, um unter Verwendung von Erkenntnissen aus der Psychiatrie und den Sozialwissenschaften unsere unbewussten Gewohnheiten, Kaufentscheidungen und Gedankenprozesse zu lenken.‘ Der Wirtschaftswissenschaftler John Kenneth Galbraith glaubte, dass Radio und Fernseher zur Durchsetzung dieser Massenmanipulation wichtige Werkzeuge waren. Da es, um diese Medien zu nutzen, praktisch nicht erforderlich ist, schreiben und lesen zu können, ermöglichen sie wiederholende und zwingende Kommunikation, mit der fast jeder erreicht werden kann.

Güter werden willkürlich mit wünschenswerten sozialen Attributen in Verbindung gebracht. Ein einflussreicher Kritiker vertritt sogar den Standpunkt, das Problem liege darin, dass wir nicht materialistisch genug sind – das heißt, dass wir Güter nicht genügend nach ihren nutzbringenden Funktionen beurteilen, sondern uns statt dessen auf den irrationalen

---

MARKETINGFALLE

Der Vorwurf, dass Firmen an der Schaffung von Bedürfnissen beteiligt sind, ist im Fall des Ölmarketing relevant. Ölgesellschaften haben versucht, Konsumenten davon zu überzeugen, Super zu tanken, obwohl dieser Bedarf von vielen Menschen in Frage gestellt wurde. Ein Autohersteller stellte fest, dass ‚die Werbung von Ölgesellschaften die Menschen zu der Annahme verleitet hat, durch teureres Benzin würden ihre Autos besser anspringen, mehr Kilometer fahren und länger halten... In den meisten Fällen stimmt das aber nicht... Der Motor muss für die höhere Oktanzahl ausgerüstet sein... Andernfalls... werden durch die höheren Preise nur die Taschen der Ölgesellschaften gefüllt‘.

Ein Manager der Ölindustrie schrieb: ‚Wenn die Preise steigen, werden die Leute vernünftiger und der Verbrauch an Super geht zurück.‘ Bis jetzt aber kaufen die Leute Benzin mit höheren Oktanzahlen aus Gründen, die nichts mit Motoren zu tun haben. Denn, so bemerkt er, der ‚Verbrauch von Super ist ein Ausdruck der eigenen Wertschätzung‘.[60] Ist das Bedürfnis nach mehr Oktan nun ‚echt‘ oder wurde es von Ölgesellschaften geschaffen, indem sie Super mit Macht, Status, Männlichkeit und so weiter in Verbindung brachten? Oder ist es das Ergebnis eines Zusammenspiels mehrerer Wertvorstellungen der Konsumenten, die von den Kommunikationsstrategien der Firmen verstärkt werden?

MARKETINGCHANCE

Als in den osteuropäischen Ländern Marktwirtschaften entstanden, fürchteten manche, die Konsumenten in diesen Ländern würden ausgenutzt werden, da sie von westlicher Werbung mit Produkten bombardiert wurden, von denen sie nicht einmal wussten, dass sie sie benötigten. In Polen zum Beispiel wurde zum ersten Mal für Damenbinden geworben, ein Artikel der bis dahin tabu war, und neue Märkte, wie der für Tierfutter, wurden geschaffen. Das Vorgehen eines polnischen Unternehmers illustriert, wie der Wunsch des Konsumenten nach sozialer Anerkennung in ein Bedürfnis nach einem Produkt umgewandelt werden kann.

Zu Beginn schuf er mit einer Werbekampagne, in der Miss Polen auftrat, einen Markt für Haarentferner für Damen (polnische Frauen entfernen ihre Beinhaare normalerweise nicht). Dann überzeugte er einen der führenden polnischen Modedesigner davon zu verkünden, dass behaarte Beine in Europa nicht mehr modern seien, und organisierte zur Entdeckung der schönsten Beine lokale Schönheitswettbewerbe. Die letzte Umfrage ergab einen monatlichen Verkauf von 30 000 Haarentfernern.[61]

Wert von Gütern und das, was sie symbolisieren, konzentrieren. Dieser Sicht entsprechend wäre Bier für uns ausreichend, auch ohne das zusätzliche Versprechen, dass wir als Biertrinker männlich, jugendlich oder nachbarfreundlich sind. Eine Waschmaschine wäre dann eher eine nützliche Maschine als ein Hinweis auf unsere Fortschrittlichkeit oder ein Objekt, das den Neid unserer Nachbarn weckt.'[62]

Dieser Standpunkt scheint am Anfang des 21. Jahrhunderts angesichts dessen, dass Werbung zu einer Kunstform an sich wurde, veraltet. Heute wachsen Kinder sowohl als Konsumenten als auch als Leser von Werbeanzeigen auf. Ein vorwiegend funktionales Konzept des Konsums wie es früher in der Planwirtschaft osteuropäischer Länder üblich war, machte die Menschen auch nicht glücklicher und hielt sie nicht davon ab, Mythen über andere Güter zu erfinden, wie zum Beispiel über seltene und teure Produkte aus dem Westen. Werbefachleute sind wie Marketingexperten wichtige Faktoren in der Kommunikation. Dieses Bewusstsein muss vom Verantwortungsgefühl für die soziale und individuelle Wirkung ihrer Botschaften begleitet sein.

4.9.1 Versprechen Marketingexperten Wunder?

Konsumenten werden durch die Werbung zu dem Glauben verleitet, Produkte hätten magische Eigenschaften und sie würden besondere und geheimnisvolle Dinge für sie vollbringen, die ihr Leben verändern. Sie werden schön, bekommen Macht über die Gefühle anderer, werden erfolgreich und von allen Leiden erlöst, usw. In dieser Hinsicht funktioniert Werbung so, wie die Mythologie in primitiven Gesellschaften: Sie hat für komplexe Probleme einfache, angstreduzierende Antworten. Ist das bereits ein Problem?

Ja und nein. Der Konsument ist kein Automat, der auf bestimmte Stimuli in einer vorprogrammierten Weise reagiert. Trotzdem sind wir alle mehr oder weniger durch den Markt und seine Botschaften sozialisiert worden. Während die manipulative Wirksamkeit der Werbung häufig übertrieben wird, steht außer Zweifel, dass Werbung Konsumstrukturen schafft und verändert. Das gilt besonders für Länder, in denen die Marktwirtschaft neu ist, weil deren Bevölkerung Werbebotschaften und -bildern nicht mit dem gleichen Abstand und kritischen Blick gegenübersteht.

Dieser Cartoon macht sich über die weit verbreitete Meinung lustig, dass Marketingexperten Konsumenten manipulieren, indem sie ihnen ein Gefühl der Unzulänglichkeit vermitteln. Anschließend bombardieren sie die Konsumenten mit Botschaften, die ihnen versprechen, besser, attraktiver, erfolgreicher usw. zu werden – vorausgesetzt sie kaufen diese/s oder jene/s Dienstleistung oder Produkt. Inwiefern ist diese Kritik begründet?
Copyright © 1994 by Bill Watterston. Universal Press Syndicate.

Im Allgemeinen ist die Wirkung der Werbung eher subtiler, als dass sie einfach manipulativ überredet. In den meisten Fällen wissen Werbefachleute gar nicht genug über Menschen, um sie direkt zu manipulieren. Die Versagerquote bei neuen Produkten liegt immerhin zwischen 40 und 80 Prozent. Die hauptsächliche Wirkung der Werbung kann meistens auf einer allgemeineren Ebene darin gesehen werden, dass sie die Vorstellung verbreitet, Selbstbewusstsein, persönliche Beziehungen, Erfolg und Image hänge von der Konsumwahl ab.

4.10 Zusammenfassung des Kapitels

- Marketingexperten behaupten, Konsumentenbedürfnisse zu befriedigen, aber der Grund, aus dem ein Produkt gekauft wird, kann sehr variieren. Das Herausfinden von Konsumentenmotiven ist ein wichtiger Schritt, wenn sicher gestellt werden soll, dass ein Produkt auf die geeigneten Bedürfnisse und Wünsche trifft.

- Traditionelle Ansätze für Konsumentenverhalten haben auf die Fähigkeit von Produkten gezielt, rationale Bedürfnisse zu befriedigen (nutzbringende Motive), aber hedonistische Motive (z. B. das Bedürfnis nach Abenteuer oder Spaß) spielen bei vielen Kaufentscheidungen auch eine Rolle.
- Dasselbe Produkt kann je nach dem Zustand des Konsumenten zu einem bestimmten Zeitpunkt verschiedene Bedürfnisse befriedigen. Zusätzlich muss der Grad des Involvements des Konsumenten mit dem Produkt berücksichtigt werden.
- Da Konsumenten nicht unbedingt in der Lage oder gewillt sind, Marketingexperten ihre inhärenten Bedürfnisse mitzuteilen, können zahlreiche Techniken wie projektive Verfahren angewendet werden, um Bedürfnisse indirekt abzuschätzen.
- Konsumentenmotivationen werden häufig von inhärenten Werten bestimmt. In diesem Zusammenhang erhalten Produkte Werte, weil sie insofern für instrumental gehalten werden, als sie der Person dabei helfen, ein Ziel zu erreichen, das mit einem Wert wie Individualität oder Freiheit zusammenhängt.
- Werte sind elementare, allgemeine Prinzipien, die eingesetzt werden, um zu beurteilen, ob ein Endzustand wünschenswert ist. Jede Gesellschaft bildet ein Wertesystem, das sich von anderen Gesellschaften unterscheidet. Manche Marktforscher haben Listen erstellt, um solche Wertesysteme zu erklären, und sie in gesellschaftsüberschreitenden Vergleichen verwendet.
- Ein Ansatz für das Studium von Werten ist das „Means-End-Modell", das versucht, über die Konsequenzen, die die Verwendung eines Produkts für den Konsumenten haben, Produktmerkmale mit Konsumentenwerten zu verbinden.
- Man hört oft, dass Marketingexperten künstliche Bedürfnisse schaffen. Obwohl diese Kritik zu stark vereinfacht ist, stimmt es, dass Marketingexperten ihren Teil der Verantwortung daran tragen müssen, wie sich die Gesellschaft entwickelt, was als unerlässlich gilt und was akzeptabel, schön und lustig in der Gesellschaft ist.

SCHLÜSSELBEGRIFFE

ÜBUNGSAUFGABEN

4.1   Beschreiben Sie drei Arten von Motivationskonflikten und nennen Sie jeweils ein Beispiel aus aktuellen Marketingkampagnen.

4.2   Haben Konsumentenforscher das Recht, das Unterbewusstsein von Konsumenten zu erforschen?

4.3   Denken Sie sich einzelne Promotionstrategien für Bekleidungsartikel aus, die jeweils auf eine Stufe von Maslows Bedürfnishierarchie zutreffen.

4.4   Was ist der Unterschied zwischen einem Wunsch und einem Bedürfnis? Haben Marketingexperten die Macht, Bedürfnisse zu schaffen?

4.5   Beschreiben Sie, inwiefern der Grad des Involvements eines Mannes mit seinem Auto sich darauf auswirkt, wie er von verschiedenen Marketingstimuli beeinflusst wird. Wie können Sie eine Strategie für Autobatterien für ein Segment von wenig beteiligten Konsumenten entwickeln und worin würde sich diese Strategie von Ihren Vesuchen unterscheiden, ein Segment von Männern zu erreichen, die beim Basteln an ihren Autos sehr involviert sind?

4.6   Interviewen Sie Mitglieder eines Fanclubs. Beschreiben Sie ihren Grad des Involvements an dem ‚Produkt‘ und nennen Sie einige Marketingmaßnahmen, mit denen diese Gruppe erreicht werden kann.

4.7   ‚Starkes Involvement ist nur ein anderer Ausdruck für teuer.‘ Sind Sie auch dieser Meinung?

4.8   Sammeln Sie Anzeigen, die auf Werte von Konsumenten anspielen. Welcher Wert wird auf welche Weise in jeder Anzeige mitgeteilt? Ist das ein effektiver Ansatz zum Entwurf einer Marketingkommunikation?

4.9   Bilden Sie ein hypothetisches Means-End-Modell für den Kauf von einem Rosenstrauß. Wie könnte eine Floristin diesen Ansatz für die Entwicklung einer Promotionstrategie einsetzen?

Es ist Samstagabend und Nancy, Lynn und Terri sind in die Stadt gegangen. Als der Barkeeper im The Wagon & Horses Pub die Bestellung aufnimmt, bestellt Nancy sofort ihren Lieblingsdrink, einen trockenen Martini mit Wodka. Es ist das einzige Getränk, das für sie in Frage kommt. Sie hat schon alles ausprobiert, aber nichts anderes schmeckt ihr. Lynn dagegen ist unentschlossen. Sie trinkt nicht oft Alkohol und kann sowieso kein Gebräu von dem anderen unterscheiden. Schließlich sagt sie: ‚Ist mir egal. Ich denke, ich nehme ein Glas Weißwein.'

Terri zuckt mit den Achseln und sagt: ‚Sieht so aus, als müsste ich Pepsi trinken. Ich bin nämlich heute Abend die Fahrerin.' Dave, der Barkeeper ist beeindruckt: ‚Na, das ist ja toll. Dann haben die ganzen Anzeigen über Trunkenheit am Steuer doch was genützt.' Terri erwidert: ‚Das ist doch heute alles ganz anders! Die Leute wissen, dass sie nicht feiern können, ohne die Konsequenzen tragen zu müssen.' Als die Getränke vor ihnen stehen, lehnen sich Nancy und Lynn zurück und stoßen an. Während Terri ihr Colatrinkt, blickt sie auf ihre Gläser. ‚Die beiden sind mir was schuldig', denkt sie sich und freut sich schon auf den nächsten Samstagabend.

KAPITEL 5

Einstellungen

5.1 Die Macht der Einstellungen

Eine **Einstellung** ist eine dauerhafte, allgemeine Beurteilung von Menschen (auch der eigenen Person), Objekten oder Themen.[1] Jedes Objekt, zu dem man eine Einstellung hat – ob es greifbar ist wie eine Wodkamarke oder nicht zu greifen wie Trunkenheit am Steuer – nennt man ein **Einstellungsobjekt (E_o)**. In diesem Kapitel werden wir die Komponenten von Einstellungen behandeln, und zeigen, auf welche Weise sie sich bilden und wie sie gemessen werden können. Zudem werden wir noch einmal die sehr komplexen Beziehungen zwischen Einstellungen und Verhalten näher betrachten. Im nächsten Kapitel besprechen wir eingehend, auf welche Weise Einstellungen geändert werden können – ein Thema, das für Marketingexperten von größter Bedeutung ist. Aber sehen wir zunächst, wie Marketingexperten versuchen, das Verhalten von Menschen wie Terri zu beeinflussen, damit die ganze Gesellschaft davon profitiert.

Terris Bereitschaft (an einem Samstagabend!) als designierte Fahrerinzu dienen, zeigt, dass Marketingexperten in vielen alltäglichen Bereichen einen großen Einfluss auf Einstellungen von Konsumenten haben können. **Sozialmarketing** beinhaltet die Verbreitung von sozialen Ideen und Zielen, wie verantwortungsbewusstes Trinken, Energiesparen und Volkszählung.[2] Zum Beispiel starten Gesundheitsvorsorge-Institutionen in vielen europäischen Ländern regelmäßig öffentliche Werbekampagnen, um Zielmärkte über die Gesundheitsrisiken von Rauchen und Trinken oder über gesundes Essen aufzuklären.[3]

Einstellungen zu Produkten entstehen und festigen sich auf verschiedenen Wegen, die von persuasiven Botschaften von Berühmtheiten, die für solche Gegenstände im Fernsehen oder in Zeitschriften werben, bis zu Beobachtungen über Marken reichen, die Freunde oder Eltern kaufen. Konsumenteneinstellungen können auch durch das Verhalten von Rollenmodellen in Medien übernommen werden, die als Kommunikationsquellen dienen – auch wenn sie nicht ausdrücklich für ein Produkt werben. Leider ermutigt das Verhalten von Fernsehcharakteren oft zu verantwortungslosem Handeln, indem Habgier, häufiger Partnerwechsel und exzessiver Alkohol- und Drogenkonsum verherrlicht werden. Zum Beispiel ist die Darstellung von Geschlechtsverkehr im Fernsehen tendenziell steigend, aber dessen Folgen wie ungewollte Schwangerschaften und durch Geschlechtsverkehr übertragene Krankheiten werden nur selten erwähnt.[4]

Einige Anhänger des Sozialmarketing befassen sich mit der Möglichkeit, dass Einstellungen durchgreifender geändert werden können, wenn die in den Massenmedien dargestellten Konsumaktivitäten beeinflusst werden. Wie ein Fernsehmanager bemerkte: ‚Wenn Sie dem Darsteller eine Zigarette in die Hand geben, deuten Sie damit an, dass er schlecht riecht und sich vernachlässigt. Und wenn er trinkt, dann sollte es lieber ein Wein mit einem Fantasie-Namen sein.‘[5]

Die Macht des Fernsehens, Verhalten zu formen, wurde in Amerika von der öffentlichen Werbekampagne Harvard Alcohol Projekt eingesetzt. Es war der erste Versuch, das Verhalten von Konsumenten durch die Koordinierung subtiler Botschaften, die durch zahlreiche beliebte Fernsehprogramme vermittelt wurden, zu ändern. Damit Menschen, die zum Trinken ausgingen, designierte Fahrer mitnahmen, wurden die Drehbücher für Programme mit hohen Einschaltquoten absichtlich so verfasst, dass darin designierte Fahrer eine Rolle spielten. Innerhalb eines Jahres ermittelte das Projekt eine 10-prozentige Steigerung an Konsumenten, die angaben, einen designierten Fahrer mitgenommen zu haben.[6]

5.2 Der Inhalt von Einstellungen

Der Begriff ‚Einstellung' ist in der Umgangssprache weit verbreitet. Man kann Sie fragen: ‚Was für eine Einstellung haben Sie zu Abtreibungen?' Eine Mutter oder ein Vater kann sagen: ‚Junger Mann, ich mag Ihre Einstellung nicht.' Manche Bars in den Vereinigten Staaten beziehen sich sogar euphemistisch auf die Happy Hour als ‚attitude adjustment period' (der Moment, Einstellungen zu anzupassen).

Eine Einstellung ist *dauerhaft*, weil sie normalerweise über eine längeren Zeitraum besteht. Sie ist *allgemein*, weil sie sich im Allgemeinen auf mehr bezieht, als nur auf ein vorübergehendes Ereignis wie Lärm (obwohl Sie mit der Zeit eine negative Einstellung gegenüber jeder Art von Lärm entwickeln können). Konsumenten haben Einstellungen zu sehr produktspezifischen Verhaltensweisen (z. B. benutzen sie lieber Mentodent als Colgate Zahncreme) und zu allgemeineren konsumbezogenen Verhaltensweisen (z. B. wie oft sie sich die Zähne putzen). Einstellungen beeinflussen die Entscheidung, was für eine Freundin der Konsument hat, welche Musik er hört, oder ob er später einmal Konsumforscher werden möchte.

5.2.1 Die Funktion von Einstellungen

Die **funktionale Einstellungstheorie** wurde ursprünglich von dem Psychologen Daniel Katz entwickelt, um zu erklären, wie Einstellungen das Sozialverhalten beeinflussen.[7] Nach diesem pragmatischen Ansatz bestehen Einstellungen, weil sie einer Person als Funktion dienen und als solche durch die Motive der entsprechenden Person gebildet werden. Konsumenten, die davon ausgehen, dass sie in Zukunft mit ähnlichen Informationen zu tun haben, beginnen früher mit der Bildung von Einstellungen, um diesem Ereignis zuvorzukommen.[8]

Zwei Menschen können aus unterschiedlichen Gründen die gleiche Einstellung zu einem Ziel haben. Deshalb kann es für den Marketingexperten hilfreich sein zu wissen, *warum* eine Einstellung besteht, bevor er versucht, sie zu ändern. Folgende Einstellungsfunktionen wurden von Katz identifiziert:

- *Nutzbringende Funktion.* Die nutzbringende Funktion hängt mit dem Grundprinzip von Belohnung und Strafe zusammen. Manche unserer Einstellungen zu Produkten entwickeln wir einfach auf der Basis dessen, ob diese Produkte Vergnügen oder Schmerz bereiten. Wenn jemand den Geschmack eines Cheeseburgers mag, wird er oder sie eine positive Einstellung zu Cheeseburgers entwickeln. Werbung, die offen den Nutzen eines Produkts hervorhebt (z. B. Cola Light nur wegen ‚des Geschmacks' zu trinken) spricht die nutzbringende Funktion an.
- *Wertausdrückende Funktion.* Einstellungen, die eine wertausdrückende Funktion erfüllen, drücken die zentralen Werte oder die Selbstachtung eines Konsumenten aus. Eine Person bildet nicht aufgrund seines objektiven Nutzens eine Einstellung zu einem Produkt, sondern wegen dem, was das Produkt über sie oder ihn als Mensch aussagt (z. B. ‚Welche Frauen lesen *Elle*?'). Wertausdrückende Einstellungen sind für Lebensstilanalysen relevant,

wo Konsumenten eine Vielzahl an Aktivitäten, Interessen und Meinungen kultivieren, mit denen sie eine bestimmte soziale Identität ausdrücken wollen.

- *Selbstschützende Funktion.* Einstellungen, die gebildet werden, um die Person zu schützen, entweder vor äußeren Bedrohungen oder vor inneren Gefühlen, führen zu einer selbstverteidigenden Funktion. Eine frühe Marketingstudie hat ermittelt, dass Hausfrauen in den 50er-Jahren keinen löslichen Kaffee benutzten, weil das ihre Vorstellung, die sie von sich selbst als guten Hausfrauen hatten, aufs Spiel gesetzt hätte.[9] Produkte, die einem Mann helfen, ein ‚Macho'-Image zu projizieren (z. B. Marlboro Zigaretten), könnten seine Unsicherheit in Bezug auf seine Männlichkeit ansprechen. Ein anderes Beispiel für diese Funktion sind Werbekampagnen für Deodorants, in denen die peinlichen, unangenehmen Konsequenzen von Achselschweiß hervorgehoben werden.
- *Wissensfunktion.* Manche Einstellungen werden aus dem Bedürfnis nach Ordnung, Struktur oder Bedeutung gebildet. Dieses Bedürfnis ist häufig dann präsent, wenn eine Person sich in einer zweideutigen Situation befindet oder mit einem neuen Produkt konfrontiert ist (z. B. ‚Bayer wants you to know about pain relievers' *(Bayer will Ihre Meinung zu Schmerzmitteln kennen lernen)).*

Eine Einstellung kann mehreren Funktionen dienen, aber in vielen Fällen ist eine einzige Funktion dominant. Indem Marketingexperten die dominante Funktion identifizieren, die ein Produkt beim Konsumenten erfüllt (z. B. welchen Nutzen es bringt), können sie diesen Nutzen in ihren Kommunikationen und auf Verpackungen hervorheben. Werbeanzeigen, die sich auf Funktionen beziehen, lösen mehr positive Gedanken über das vermarktete Produkt aus und können zu einer stärkeren Präferenz sowohl für die Werbeanzeige als auch für das Produkt führen.

Eine amerikanische Studie fand heraus, dass Kaffee für die meisten Menschen eher eine nutzbringende Funktion erfüllt als eine wertausdrückende Funktion. Aus diesem Grund reagierten die Befragten positiver auf den Werbetext einer fiktiven Kaffeemarke, die folgenden Wortlaut hatte: ‚Das köstliche, herzhafte Aroma von Sterling Blend Kaffee stammt aus einer Mischung frischester Kaffeebohnen' (nutzbringender Reiz), als auf einen Werbetext, der folgendermaßen lautete: ‚Sage mir, welchen Kaffee du trinkst, und ich sage dir, wer du bist. Kaffee kann einen anspruchsvollen, verwöhnten Geschmack verraten' (wertausdrückende Funktion). In europäischen Ländern mit starker ‚Kaffeekultur' wie Deutschland, den Beneluxstaaten und Skandinavien betonen Werbeanzeigen eher die wertausdrückende Funktion, in denen die sozialen und rituellen Aspekte des Kaffeetrinkens zum Ausdruck kommen.[10]

5.2.2 Das ABC-Modell der Einstellungen und Effekthierarchien

Die meisten Konsumentenforscher stimmen darin überein, dass sich eine Einstellung aus drei Komponenten zusammensetzt: Affekt, Verhalten und Kognition. Der **Affekt (affect)** bezieht sich auf die Gefühle, die ein Einstellungsobjekt bei dem Konsumenten auslöst. Das **Verhalten (behaviour)** beinhaltet die Absicht einer Person, mit Hinblick auf das Einstellungsobjekt etwas zu unternehmen (jedoch führt eine Absicht nicht immer zu tatsächlichem Verhalten, wie wir später noch erläutern werden). **Kognition (cognition)** bezieht sich auf die Überzeugungen, die ein Konsument in Bezug auf ein Einstellungsobjekt hat. Man kann sich diese drei Komponenten einer Einstellung als ABC-Modell merken.

Das Modell betont die Beziehungen zwischen Denken, Fühlen und Handeln. Die Einstellungen eines Konsumenten zu einem Produkt können nicht einfach durch die Identifizierung seiner das Produkt betreffenden Überzeugungen festgelegt werden. Zum Beispiel kann ein Konsumentenforscher herausfinden, dass Käufer wissen, dass ein bestimmter Camcorder eine

8:1-Zoomlinse, einen Autofokus und einen Löschkopf hat, aber diese Ergebnisse sagen nichts
darüber aus, ob sie diese Attribute für gut, schlecht oder irrelevant halten – oder ob sie tatsächlich den Camcorder kaufen.

Während alle drei Komponenten einer Einstellung wichtig sind, variiert ihre relative
Bedeutung je nach dem Grad der Motivation des Konsumenten in Bezug auf das Einstellungsobjekt. Die verschiedenen Trinkgewohnheiten der drei Freundinnen in der Bar veranschaulichen, wie diese Elemente auf unterschiedliche Weise miteinander kombiniert werden können,
damit Einstellungen entstehen. Einstellungsforscher haben das Konzept einer **Effekthierarchie**
entwickelt, um den relativen Einfluss der drei Komponenten zu erklären. Jede Hierarchie
zeigt, dass auf dem Weg zu einer Einstellung eine bestimmte Sequenz auftaucht. Drei verschiedene Hierarchien sind in Abbildung 5.1 zusammengefasst.

Die Standard-Lernhierachie

Nancys Entscheidung für ihren Lieblingsdrink gleicht dem Prozess, durch den sich vermutlich
die meisten Einstellungen bilden. Für einen Konsumenten ist eine Entscheidung für ein Produkt ein Problemlösungsprozess. Erstens bildet er Überzeugungen von einem Produkt, indem
er im Hinblick auf relevante Attribute Wissen sammelt (Überzeugungen). Als Nächstes beurteilt der Konsument diese Überzeugungen, und ein Gefühl für das Produkt entsteht (Affekt).
Im Lauf der Zeit hat Nancy Informationen zu alternativen Wodkamarken integriert und eine
Vorliebe für eine bestimmte Marke entwickelt.

Schließlich geht der Konsument, basierend auf seiner Beurteilung, zu einem relevanten
Verhalten – wie dem Kauf des Produkts – über. Dieser sorgfältige Wahlprozess führt häufig
zu der Art von Markentreue, wie sie bei Nancy existiert. Der Konsument ,verbindet' sich dauerhaft mit dem Produkt und es ist schwer, ihn zum Ausprobieren anderer Marken zu bringen.
Die Standard-Lernhierarchie geht davon aus, dass der Konsument bei einer Kaufentscheidung

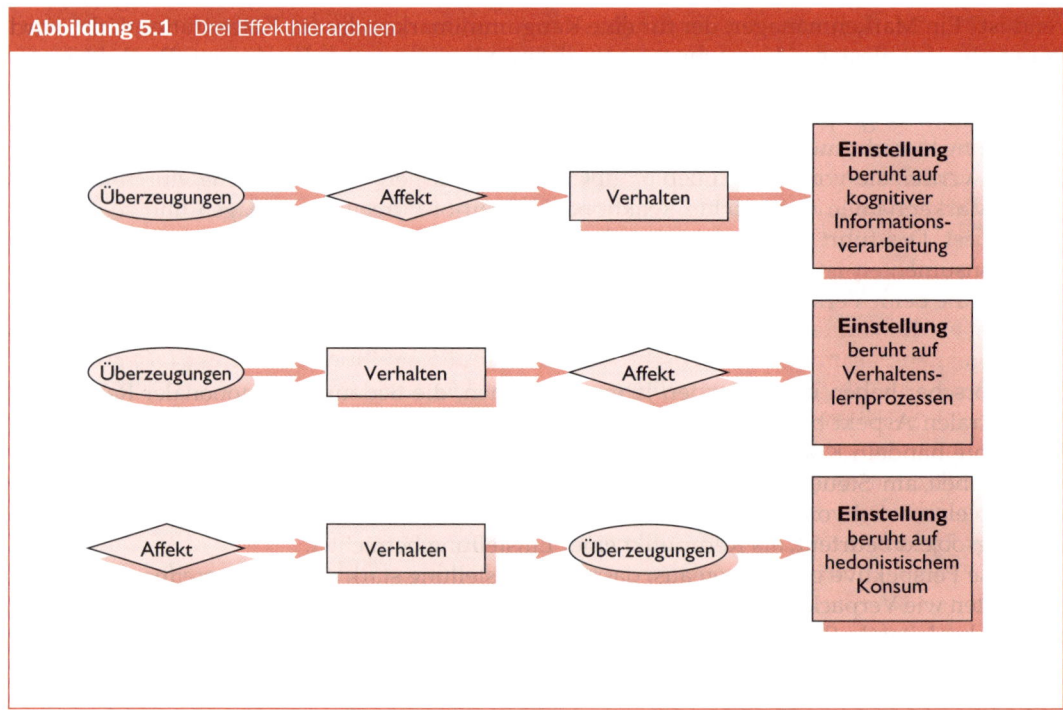

Abbildung 5.1   Drei Effekthierarchien

stark involviert ist.[11] Er ist motiviert, jede Menge an Informationen zu suchen, Alternativen sorgsam abzuwägen und zu einer überlegten Entscheidung zu gelangen. Wie wir in Kapitel 4 gesehen haben, tritt dieser Prozess wahrscheinlich dann auf, wenn die Entscheidung für den Konsumenten wichtig oder von zentraler Bedeutung für sein Selbstbild ist.

Die Low-Involvement-Hierarchie

In scharfem Kontrast zu Nancy ist Lynns Interesse an dem Einstellungsobjekt (ein alkoholisches Getränk) sehr begrenzt. Sie hat nur ein Mindestmaß an Informationen gesammelt, bevor sie sich entscheidet und hat erst nach dem Konsum des Getränks eine emotionale Reaktion. Lynn ist ein typisches Beispiel für einen Konsumenten, der seine Einstellung über die Low-Involvement-Effekthierarchie bildet. In dieser Sequenz hat der Konsument ursprünglich keine besondere Vorliebe für eine Marke, sondern er handelt auf einer Basis begrenzten Wissens und bildet erst nach der Handlung ein Urteil.[12] Zu der Einstellung kommt es wahrscheinlich durch Verhaltenslernen, bei dem die Wahl des Konsumenten durch gute oder schlechte Erfahrungen mit dem Produkt nach dem Kauf verstärkt wird.

Der Faktor, dass Konsumenten sich bei vielen Entscheidungen nicht genügend bemühen, sorgsam eine Reihe von Produktüberzeugungen zusammenzutragen und sie anschließend zu beurteilen, ist insofern wichtig, als sie impliziert, dass alle Bemühungen, Überzeugungen zu beeinflussen und Informationen über Produktmerkmale sorgfältig mitzuteilen, weitgehend umsonst sind. Konsumenten sind nicht zwangsläufig aufmerksam, sondern sie reagieren bei ihren Kaufentscheidungen eher auf einfache Stimulus-Reaktion-Verbindungen. Wenn zum Beispiel ein männlicher Kunde im Supermarkt vor der Aufgabe steht, unter Haushaltstüchern eine Wahl zu treffen, wird er sich wahrscheinlich für eine Marke entscheiden, die im Sonderangebot ist, und nicht systematisch alle auf dem Regal stehenden Marken miteinander vergleichen.

Niedriges Involvement bei Konsumenten ist für viele Marketingexperten eine bittere Pille. Wer will schon zugeben, dass der vermarktete Gegenstand nicht wichtig oder wenig involvierend ist? Ein Markenmanager, der für eine Kaugummimarke oder für Katzenfutter wirbt, wird kaum glauben, dass der Konsument nicht viele Gedanken an den Kauf seines Produktes verschwendet – wo er doch tagelang (vielleicht sogar nächtelang) darüber nachgedacht hat.

Für Marketingexperten bedeutet niedriges Involvement, dass Konsumenten unter diesen Bedingungen nicht motiviert sind, viele markenbezogene Informationen zu verarbeiten. Statt dessen werden sie von den Prinzipien des Verhaltenslernens – wie einfache, durch konditionierte Markennamen verursachte Reaktionen, „Point-of-Purchase"-Auslagen und so weiter – beeinflusst. Das führt zu einer Art Involvement-Paradox: Je weniger wichtig ein Produkt für den Konsumenten ist, umso wichtiger sind die vielen Marketing-Stimuli (z. B. Verpackung, Jingles), die beim Verkauf eingesetzt werden müssen.

Die Erfahrungshierarchie

Marktforscher haben in den letzten Jahren begonnen, die Bedeutung emotionaler Reaktionen als zentralen Aspekt bei Einstellungen hervorzuheben. Laut der erfahrungsbezogenen Effekthierarchie handeln Konsumenten ihren emotionalen Reaktionen entsprechend (wie Terri, die Trunkenheit am Steuer stark empfindet). Obwohl auch Überzeugungen und Verhalten eine Rolle spielen, wird von vielen Marktforschern die Art, wie der Konsument insgesamt ein Einstellungsobjekt beurteilt, als Kernpunkt einer Einstellung betrachtet.

Diese Perspektive geht davon aus, dass eine Einstellung stark von wenig greifbaren Produktattributen wie Verpackungsdesign beeinflusst wird, sowie durch die Reaktionen des Konsumenten auf begleitende Stimuli wie Werbung und Markennamen. Wir wir im 4. Kapitel gesehen haben, werden Einstellungen von hedonistischen Motivationen des Konsumenten beeinflusst, zum Beispiel, welche Gefühle das Produkt bei ihnen auslöst oder wie viel Freude es bereitet.

Eine wichtige Debatte über die Erfahrungshierarchie betrifft die Unabhängigkeit von Kognition und Affekt. Auf der einen Seite sagt das *kognitiv-affektive Modell*, dass ein affektives Urteil der letzte Schritt in einer Reihe von kognitiven Prozessen ist. Frühere Schritte betreffen die sensorische Speicherung von Stimuli und das Abfragen wichtiger Informationen im Gedächtnis zur Einordnung dieser Stimuli.[13]

Auf der anderen Seite vertritt die *Unabhängigkeits-Hypothese* die Position, dass Affekt und Kognition zwei getrennte, teilweise unabhängige Systeme enthalten, und dass affektive Reaktionen nicht immer vorherige Kognition erfordern.[14] Die Nummer Eins der Hitparade kann die gleichen Attribute besitzen wie viele andere Lieder (dominante Bassgitarre, kratzige Stimmen, gleichförmiger Takt), aber Überzeugungen in Bezug auf die Attribute können nicht erklären, warum dieses Lied zum Klassiker wird, während die anderen bei den Sonderangeboten der Plattengeschäfte landen. Die Unabhängigkeitshypothese schließt nicht aus, dass Kognition in der Erfahrung eine Rolle spielt. Sie gleicht die traditionelle, rationale Betonung von kalkuliertem Entscheidungen aus, indem sie den Einfluss ästhetischer, subjektiver Erfahrung stärker einbezieht. Diese Art holistischen Vorgehens taucht vor allem dann auf, wenn das Produkt als primär expressiv wahrgenommen wird oder wenn es eher sensorisches Vergnügen liefert als reinen Nutzen.[15]

5.2.3 Marketing beinhaltet weit mehr als Produkteinstellungen

Marketingexperten, die daran interessiert sind, Einstellungen von Konsumenten zu verstehen, müssen sich mit einem noch komplexeren Thema befassen: In Entscheidungssituationen bilden Menschen auch Einstellungen zu anderen Objekten als dem Produkt an sich aus, die ihre endgültige Auswahl beeinflussen können. Ein zusätzlicher zu beachtender Faktor ist die allgemeine Einstellung zum Kaufen. Wie wir später in diesem Kapitel sehen werden, sind Menschen manchmal unwillig, peinlich berührt oder einfach zu bequem, um die Anstrengung, die zu dem gewünschten Produkt oder der gewünschten Dienstleistung führt, aufzubringen.

Zudem werden Konsumenten von Reaktionen auf ein Produkt, die über ihre Gefühle für das Produkt an sich hinausgehen, von ihrer Beurteilung der dazugehörigen Werbung beeinflusst. Unsere Beurteilung eines Produkts kann ausschließlich dadurch entschieden werden, wie wir seine Marketingkommunikation einschätzen – dass heißt, wir bilden auch Einstellungen zu Produkten, die wir nie gesehen oder benutzt haben.

Die **Einstellung zur Werbung (E_{we})** wird als die Veranlagung definiert, in einer bestimmten Situation der Konfrontation positiv oder negativ auf einen bestimmten Marketingstimulus zu reagieren. Determinanten der Ewe enthalten die Einstellung des Betrachters zu dem Inserenten, die Werbetätigkeit an sich, die durch die Werbung erzeugte Stimmung und die Erregung, die die Werbung beim Betrachter auslöst.[16] Auch die Gefühle, die durch den Kontext, in dem die Werbung erscheint, beim Betrachter ausgelöst werden, können Markeneinstellungen beeinflussen. Zum Beispiel werden Einstellungen zu einer Werbung und der dargestellten Marke beeinflusst, wenn der Konsument die Werbung während seines bevorzugten Fernsehprogramms sieht.[17] Die Wirkungen, die in der E_{we} demonstriert werden, zeigen, was für eine wichtige Rolle die Unterhaltung für Werbung im Kaufprozess spielt.[18]

Die durch die Werbung ausgelösten Gefühle können Markeneinstellungen direkt beeinflussen. Werbespots rufen ein breites Spektrum an emotionalen Reaktionen hervor – die von Ekel bis zur Freude reichen. Es steht auch fest, dass sich emotionale Reaktionen von einer Konsumentengruppe zur anderen unterscheiden. Eine empirische Studie von Studenten und Hausfrauen in Belgien und den Niederlanden ergab, dass Belgier hedonistischen und soziokulturellen Aspekten in der Werbung positiver gegenüberstehen als Niederländer. In Großbritannien ergab die von Ford durchgeführte Untersuchung der Werbekampagne des Ford *Ka,* der sich an einen image-orientierten Markt richtet, dass die Werbung 41% der 55 bis 64-Jährigen aufregte, während es bei den 25 bis 34-Jährigen nur 18% waren. Diese Gefühle können sowohl durch die Gestaltung der Werbung als auch durch die Reaktionen von Konsumenten auf die Motive des Inserenten beeinflusst werden. Viele Inserenten, deren Zielgruppe Jugendliche und junge Erwachsene sind, stoßen auf Schwierigkeiten, weil diese Altersklasse, die in einer ,Marketinggesellschaft' aufgewachsen ist, dem Versuch, sie zum Kauf von Dingen zu bewegen, skeptisch gegenübersteht.[19] Diese Reaktionen können aber dagegen das Gedächtnis in Bezug auf den Werbeinhalt beeinflussen.[20] Bei Werbespots wurden zumindest drei emotionale Dimensionen identifiziert: Vergnügen, Erregung und Einschüchterung.[21] Spezifische Arten von Gefühlen, die durch Werbung ausgelöst werden können, sind:[22]

- Fröhliche Gefühle – amüsiert, erfreut, spielerisch
- Warme Gefühle – zärtlich, besinnlich, hoffnungsvoll
- Negative Gefühle – kritisch, aufsässig, beleidigt.

5.3 Die Bildung von Einstellungen

Wir alle haben unzählige Einstellungen und stellen uns normalerweise nicht die Frage, wie wir sie gebildet haben. Niemand kam mit der Überzeugung auf die Welt, dass Pepsi Cola besser ist als Coca Cola, oder dass Heavy-Metal-Musik die Seele befreit. Woher kommen diese Einstellungen?

Eine Einstellung kann sich auf verschiedene Arten bilden, je nach der geltenden Effekthierarchie. Sie kann durch klassische Konditionierung entstehen, wo ein Einstellungsobjekt, wie der Begriff Pepsi, zusammen mit einem eingängigen Jingle ständig wiederholt wird (You're Pepsi Generation…). Oder sie kann sich durch instrumentelle Konditionierung bilden, wobei der Nutzen des Einstellungsgegenstandes hervorgehoben wird (z. B. Pepsi löscht den Durst). Alternativ dazu kann das Erlernen einer Einstellung das Ergebnis eines sehr komplexen kognitiven Prozesses sein. Zum Beispiel kann ein Teenager das Verhalten von Freunden und Medienfiguren, die Pepsi trinken, imitieren, weil er davon überzeugt ist, dass er dadurch dem gewünschten Image der Pepsi Generation entspricht.

Es ist wichtig, zwischen Einstellungsarten zu unterscheiden, weil nicht alle Einstellungen auf die gleiche Weise entstehen.[23] Ein markentreuer Konsument, wie die Stolichnaya trinkende Nancy, hat eine dauerhafte, tief sitzende, positive Einstellung zu einem Einstellungobjekt. Es ist nicht leicht, ein solches Involvement zu schwächen. Ein anderer Konsument, wie Lynn, die von Zeit zu Zeit Wein trinkt, ist unbeständiger und kann eine mäßig positive Einstellung zu einem Produkt haben, die sie aber bereitwillig aufgibt, wenn ihr etwas Besseres begegnet. In diesem Abschnitt werden wir starke und schwache Einstellungen behandeln und kurz einige der wichtigsten theoretischen Perspektiven betrachten, die erklären sollen, wie Einstellungen gebildet werden und wie diese im Gehirn des Konsumenten mit anderen Einstellungen zusammenhängen.

5.3.1 Der Grad der Verpflichtung gegenüber einer Einstellung

Konsumenten fühlen sich einer Einstellung unterschiedlich stark verpflichtet. Das Maß des Engagements hängt wie folgt vom Grad ihres Involvement gegenüber dem Einstellungsobjekt ab:[24]

- *Einverständnis*: Auf der niedrigsten Involvement-Stufe, „Einverständnis", wird die Einstellung gebildet, weil sie hilft, Anerkennung durch andere zu erlangen oder Strafe zu vermeiden. Diese Einstellung ist sehr oberflächlich und kann sich leicht ändern, wenn das Verhalten einer Person nicht mehr von anderen kontrolliert wird, oder wenn sich eine andere Möglichkeit ergibt. Eine Person kann Pepsi trinken, weil es in dem Lokal nur diese Marke gibt und es zu umständlich ist, wegen einer Cola an einen anderen Ort zu gehen.
- *Identifikation:* Ein Identifikationsprozess tritt dann auf, wenn Einstellungen gebildet werden, weil der Konsument einer anderen Person oder einer Gruppe gleichen will. Werbung, in der die sozialen Konsequenzen dargestellt werden, die durch die Entscheidung für ein bestimmtes Produkt entstehen, beruht auf der Tendenz von Konsumenten, das Verhalten wünschenswerter Modelle zu imitieren.
- *Verinnerlichung:* Auf einer hohen Involvement-Stufe werden tief sitzende Einstellungen verinnerlicht und Teil des Wertesystems der betreffenden Person. Diese Einstellungen sind schwer zu ändern, da sie für das Individuum wichtig sind. Zum Beispiel hatten viele Konsumenten eine starke Einstellung zu Coca Cola und reagierten negativ, als das Unternehmen auf eine New-Coke-Formel umzustieg. Die Treue war für die Personen mehr als eine einfache Vorliebe, denn die Marke hatte sich mit ihrer sozialen Identität verbunden und patriotische und nostalgische Eigenschaften angenommen.

5.3.2 Das Konsistenzprinzip

Haben Sie jemals jemanden sagen hören: ‚Pepsi ist mein Lieblingsgetränk. Es schmeckt scheußlich', oder ‚Ich lieben meinen Mann. Er ist der größte Idiot, den ich je kennen gelernt habe'? Wahrscheinlich nicht oft, denn solche Überzeugungen oder Beurteilungen stimmen nicht miteinander überein. Gemäß dem **Prinzip der kognitiven Konsistenz** streben Konsumenten Harmonie in ihren Gedanken, Gefühlen und Verhaltensweisen an und sind motiviert, bei diesen Elementen Uniformität zu bewahren. Dieses Streben bedeutet, dass Konsumenten, falls es notwendig ist, ihre Gedanken, Gefühle und Verhaltensweisen ändern, damit sie mit ihren anderen Erfahrungen übereinstimmen. Das Konsistenzprinzip erinnert vor allem daran, dass Einstellungen nicht in einem Vakuum gebildet werden. Eine bedeutende Determinante bei der Beurteilung eines Einstellungsobjektes ist die Art, wie es zu anderen mit ihm zusammenhängenden, bereits vorhandenen Einstellungen passt.

Noch einmal zur kognitiven Dissonanztheorie

Im letzten Kapitel haben wir die Rolle der kognitiven Dissonanz behandelt. Diese besteht, wenn Konsumenten sich zwischen zwei erwünschten Produkten entscheiden müssen. Die kognitive Dissonanztheorie hat andere wichtige Verzweigungen von Einstellungen, da Menschen oft mit Situationen konfrontiert sind, in denen ein Konflikt zwischen ihren Einstellungen und ihrem Verhalten entsteht.[25]

Diese Theorie geht davon aus, dass Menschen motiviert sind, einen negativen Zustand – ähnlich wie bei Hunger und Durst – zu reduzieren, indem sie versuchen, verschiedene Dinge aufeinander abzustimmen.

Ein kognitives Element kann die Vorstellung einer Person von sich selbst sein, ihr Verhalten oder auch eine Beobachtung in ihrem Umfeld. Zum Beispiel sind die beiden kognitiven Elemente ‚Ich weiß, dass Rauchen Krebs erzeugt' und ‚Ich rauche' dissonant. Diese psychologische Inkonsistenz schafft ein Gefühl des Unbehagens, das zu reduzieren der Raucher motiviert ist. Die Stärke der Dissonanz hängt sowohl von der Bedeutung als auch von der Anzahl der dissonanten Elemente ab.[26] In anderen Worten: Der Druck, Dissonanz zu reduzieren, kann

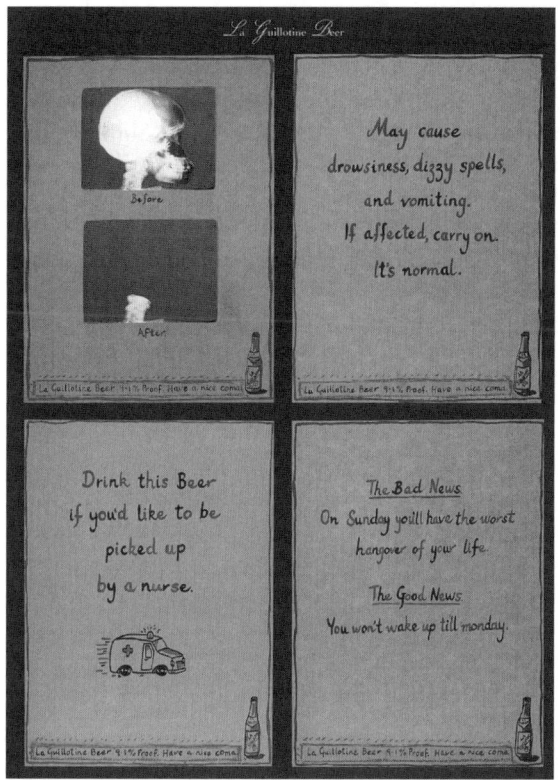

Diese Anzeige des öffentlichen Sektors will Einstellungen junger Menschen zum Trinken beeinflussen. Natürlich sind die Menschen unterschiedlich stark im Themengebiet Trinken engagiert. Berührt Sie diese Werbung eher auf kognitiver oder auf emotionaler Ebene? Welche Einstellung haben Sie zu der Werbung?

eher in Situationen mit hohem Involvement beobachtet werden, in denen die Elemente für den Einzelnen wichtiger sind.

Dissonanzreduzierung kann dadurch erreicht werden, dass Elemente eliminiert, hinzugefügt oder verändert werden. Zum Beispiel könnte die Person aufhören zu rauchen (eliminieren), oder in Erinnerung an Großtante Sophia weiterrauchen, die rauchte, bis sie mit 90 starb (hinzufügen). Oder aber sie könnte die Forschungsergebnisse in Frage stellen, die Krebs mit Rauchen in Verbindung bringen (ändern) – zum Beispiel indem sie von der Industrie gesponserten Studien Glauben schenkt, die diesen Zusammenhang zu widerlegen versuchen.

Die Dissonanztheorie kann bei der Erklärung behilflich sein, weshalb ein Produkt nach dessen Kauf normalerweise positiver bewertet wird (Dissonanz nach dem Kauf). Das kognitive Element ‚Meine Entscheidung war dumm' ist dissonant mit dem Element ‚Ich bin nicht dumm'. Aus diesem Grund neigen Menschen dazu, nach dem Kauf noch mehr Gründe zu finden, aus denen sie das Produkt mögen.

Eine Feldstudie, die bei einem Pferderennen durchgeführt wurde, demonstriert die Dissonanz nach dem Kauf. Die Spieler beurteilten ihr Pferd höher und waren überzeugter, dass es gewinnen würde, *nachdem* sie auf es gesetzt hatten. Da ein Spieler einen finanziellen Einsatz gemacht hat, reduziert er die Dissonanz, indem er die Attraktivität der gewählten Alternative gegenüber den anderen erhöht.[27] Das hängt damit zusammen, dass Konsumenten eine aktive Unterstützung für ihre Kaufentscheidungen suchen, so dass Marketingexperten sie zusätzlich bestärken sollten, damit sie positive Markeneinstellungen bilden.

Während das Konsistenzprinzip bei der Erklärung unseres Strebens nach Harmonie in unseren Gedanken, Gefühlen und Verhaltensweisen gut funktioniert und Marketingexperten somit hilft, ihre Zielmärkte zu verstehen, ist es kein guter Indikator für die Art, in der wir anscheinend *zusammenhängende* Einstellungen beibehalten. Betrachten wir die Ergebnisse einer groß angelegten europäischen Studie über junge Erwachsene, in der Einstellungen zur Umwelt analysiert wurden. Abbildung 5.2 zeigt den Prozentsatz der 16 bis 24-Jährigen, die mit der Feststellung: ‚Wir müssen unbedingt etwas unternehmen, um die Benutzung von Autos einzuschränken‘ übereinstimmten. Aus der Grafik können einige Schlussfolgerungen gezogen werden. Erstens scheint die Einstellung europäischer Jugendlicher gegenüber der Einschränkung der Benutzung von Autos allgemein positiv zu sein. Ihre Einstellung ist aber nicht nur positiv, sondern sie scheint im Lauf der Zeit (mit Ausnahme der Niederlande) auch mehr Unterstützung zu erhalten (zwischen 1993 und 1996). Vergleichen wir nun die Ergebnisse der Einstellung zur Autobenutzung mit den Ergebnissen der Einstellung, für umweltfreundliche Produkte mehr Geld ausgeben zu müssen, die in Abbildung 5.3 zu sehen sind (beide Ergebnisse entstammen derselben Umfrage). Die Einstellung, für umweltfreundliche Produkte *nicht* mehr ausgeben zu müssen ist stark, dauerhaft und in allen Ländern vertreten – wobei aus der niederländischen Umfrage hervorgeht, dass dort größere Bereitschaft besteht, für umweltfreundliche Produkte mehr zu bezahlen. Während nun die Kongruitätstheorie davon ausgeht, dass scheinbar verbundene Einstellungen positiv zueinander in Beziehung stehen, können Konsumenten offensichtlich Einstellungen haben, die nicht immer konsistent sind, zumindest an der Oberfläche!

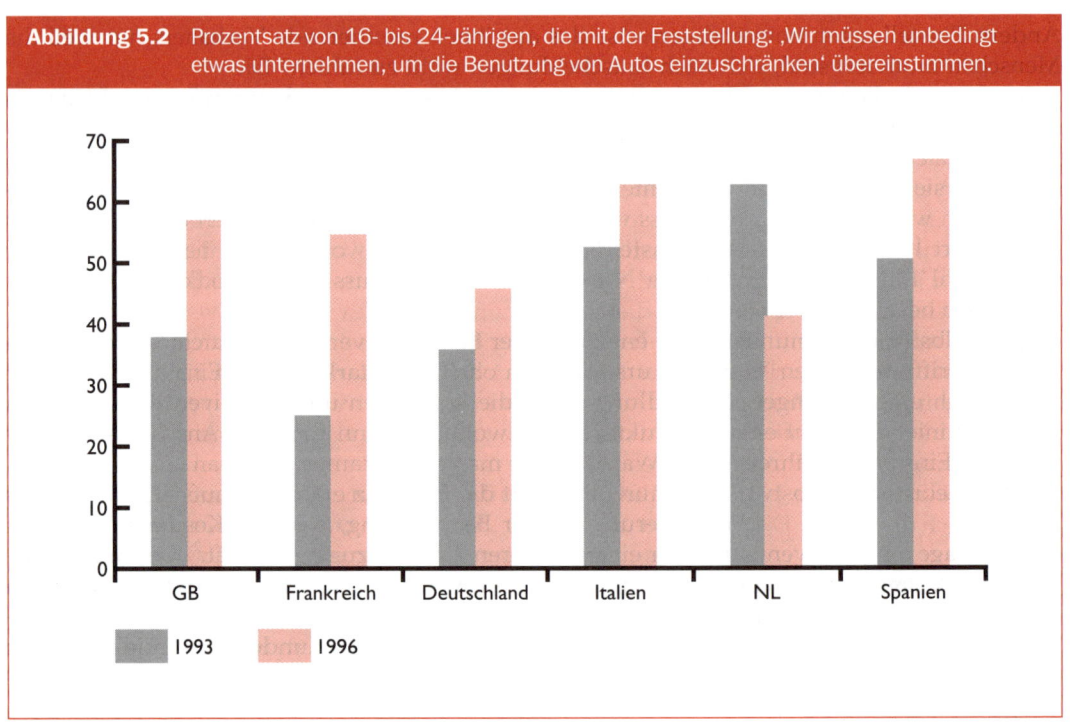

Abbildung 5.2 Prozentsatz von 16- bis 24-Jährigen, die mit der Feststellung: ‚Wir müssen unbedingt etwas unternehmen, um die Benutzung von Autos einzuschränken‘ übereinstimmen.

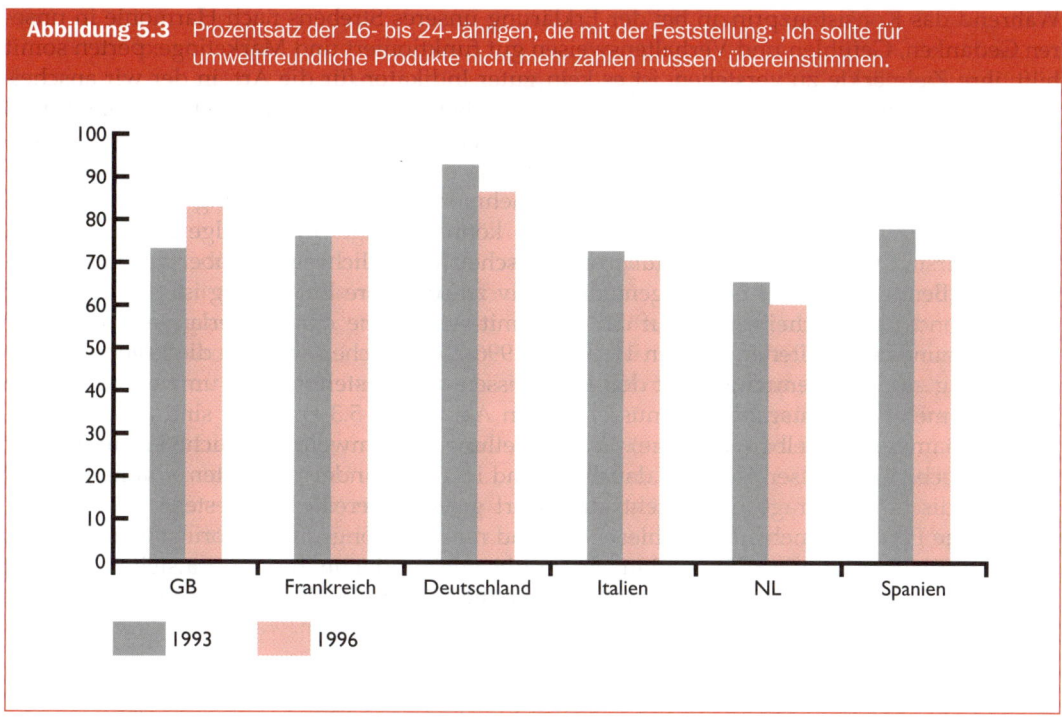

Abbildung 5.3 Prozentsatz der 16- bis 24-Jährigen, die mit der Feststellung: ‚Ich sollte für umweltfreundliche Produkte nicht mehr zahlen müssen' übereinstimmen.

1993   1996

Theorie der Selbstwahrnehmung

Ändern Einstellungen notwendigerweise das aus ihnen resultierende Verhalten, nur weil die Menschen motiviert sind, sich nach Entscheidungen wohl zu fühlen? Die **Theorie der Selbstwahrnehmung** liefert eine alternative Erklärung für Dissonanzwirkungen.[28] Sie geht davon aus, dass Menschen Beobachtungen ihres eigenen Verhaltens zur Festlegung ihrer Einstellungen hinzuziehen – so, wie wir annehmen, dass wir die Einstellungen anderer kennen lernen, wenn wir sie bei ihrem Tun beobachten. Die Theorie erklärt, dass wir die Konsistenz bewahren, indem wir davon ausgehen, dass wir gegenüber einem Gegenstand, den wir gekauft oder konsumiert haben, ein positive Einstellung haben müssen (wobei wir annehmen, dass wir diese Wahl frei treffen). So könnte Nancy denken: ‚Ich muss diese Wodkamarke mögen. Schließlich bestelle ich sie oft'.

Die Selbstwahrnehmungstheorie entspricht der Low-Involvement-Hierarchie, da sie Situationen betrifft, bei denen Verhalten ursprünglich ohne eine starke innere Einstellung erzeugt wird. Nach einer begangenen Handlung fallen die kognitiven und affektiven Komponenten auf eine Linie. Der Kauf eines Produktes aus Gewohnheit kann somit im Anschluss zu einer positiven Einstellung führen, denn: Warum sollte man etwas kaufen, das man nicht mag?

Die Theorie der Selbstwahrnehmung erläutert die Effizienz einer Verkaufstechnik namens **Foot-in-the-door-Strategie**. Diese beruht auf der Beobachtung, dass ein Kosument eher auf eine Anfrage eingeht, wenn er zuvor einer kleineren Anfrage zugstimmt hat.[29] Der Begriff dieser Technik stammt vom Verkauf an Türen, wo dem Verkäufer beigebracht wurde, den Fuß in die Tür zu stellen, damit der potenzielle Kunde sie nicht zuknallen konnte. Ein guter Verkäufer weiß, dass er eher dann einen Auftrag bekommt, wenn er den Kunden dazu bringt, die Tür zu öffnen und mit ihm zu sprechen. Indem er das tut, hat der Kunde sich bereit erklärt zuzuhören. Die Auftragserteilung stimmt mit dieser Selbstwahrnehmung überein. Diese Technik ist besonders hilfreich, wenn Konsumenten dazu bewegt werden sollen, eine Umfrage zu beantworten oder Geld zu spenden. Es wurde herausgefunden, dass Faktoren wie der zeitliche Abstand zwischen der ersten und der zweiten Anfrage, die Ähnlichkeit beider Anfragen und der Umstand, ob dieselbe Person beide Anfragen vorbringt, die Effizienz beeinflussen.[30]

Sozialurteil-Theorie

Die **Sozialurteil-Theorie** geht davon aus, dass Menschen neue Informationen über Einstellungsobjekte unter Berücksichtigung ihres bereits vorhandenen Wissens und ihrer bestehenden Gefühle assimilieren.[31] Die ursprüngliche Einstellung tritt als Rahmen oder Referenz auf und neue Informationen werden gemäß diesem bestehenden Standard eingeordnet. So wie unser Urteil, dass ein Kasten schwer ist, zum Teil von unserer Erfahrung mit anderen Kästen abhängt, die wir bereits hochgehoben haben, entwickeln wir einen subjektiven Standard, wenn wir Urteile über Einstellungen fällen.

Ein wichtiger Aspekt dieser Theorie ist, dass Menschen sich darin unterscheiden, dass sie Informationen akzeptabel oder inakzeptabel finden. Sie bilden um einen Einstellungsstandard herum **Akzeptanz und Ablehnungsspielräume**. Vorsellungen, die in einen Spielraum fallen, werden vorteilhaft aufgenommen, im Gegensatz zu solchen, die sich außerhalb dieses Raumes befinden. Da Terri zu dem Einsatz von designierten Fahrerneine positive Einstellung hat, ist sie für Kommunikationen empfänglich, in denen sie aufgefordert wird, diese Rolle zu übernehmen. Wäre sie gegen diese Praxis, würde sie die Botschaften wahrscheinlich gar nicht wahrnehmen.

Botschaften, die in einen Akzeptanzspielraum fallen, gelten als besser zu vereinbaren mit dem Standpunkt einer Person als sie es in Wirklichkeit sind. Dieser Prozess wird Assimilationseffekt genannt. Botschaften dagegen, die in den Ablehnungsspielraum fallen, gelten als weniger vereinbar dem Standpunkt einer Person gehalten, als sie es in Wirklichkeit sind, und führen zu einem Kontrasteffekt.[32]

Im dem Maß, in dem sich eine Person auf ein Produkt bezieht, schrumpft ihr Akzeptanzspielraum. In anderen Worten: Der Konsument akzeptiert weniger Vorstellungen, die von seinem Standpunkt entfernt sind und neigt dazu, sich sogar leicht divergierenden Standpunkten zu widersetzen. Diese Tendenz ist wichtig bei Werbeanzeigen, die Käufer differenzieren wollen, indem sie behaupten, wählerische Menschen würden nur das Beste kaufen (z. B. ‚Wählerische Mütter wählen Jif'). Konsumenten dagegen, die relativ wenig involviert sind, beachten viele Alternativen. Sie sind weniger markentreu und springen eher von einer Marke zur anderen.[33]

Balancetheorie

Die **Balancetheorie** erforscht die Beziehungen zwischen Elementen, die eine Person als zusammengehörig wahrnimmt.[34] Diese Perspektive enthält Beziehungen (immer von dem subjektiven Standpunkt des Empfängers aus) zwischen drei Elementen; deshalb werden die daraus resultierenden Einstellungsstrukturen *Triaden* genannt. Jede Triade enthält (1) eine Person und ihre Wahrnehmung eines (2) Einstellungsobjektes und (3) eine andere Person oder ein anderes Objekt.

Die Wahrnehmungen können positiv oder negativ sein. Noch wichtiger ist, dass Menschen die Wahrnehmungen *ändern*, um die Beziehungen zwischen ihnen konsistent zu machen. Die Theorie geht davon aus, dass Menschen eine harmonische oder ausgewogene Beziehung zwischen den Elementen der Triaden wünschen. Ist das nicht der Fall, entsteht ein Zustand der Spannung bis die Wahrnehmungen geändert werden und die Balance wiederhergestellt ist.

Elemente können als in einem von zwei Wegen übereinstimmend wahrgenommen werden. Sie können eine *Einheitsbeziehung* haben, wobei das eine Element als Teil des anderen oder als zugehörig zu dem anderen angesehen wird (etwas wie eine Überzeugung), oder eine *Gefühlsbeziehung*, wo beide Elemente miteinander verbunden sind, weil eines eine Vorliebe für (oder Abneigung gegen) das andere hat. Von einem Paar kann angenommen werden, dass es eine positive Gefühlsbeziehung hat. Wenn es heiratet, hat es eine positive Einheitsbeziehung. Der Prozess der Scheidung ist ein Versuch, die Einheitsbeziehung zu durchtrennen.

Werfen wir einen Blick auf die folgende Situation, um zu sehen, wie die Gleichgewichtstheorie funktioniert:

- Monika würde gern mit Anthony ausgehen, der mit ihr einen Kurs über Konsumentenverhalten besucht. Laut Gleichgewichtstheorie hat Monika eine positive Gefühlsbeziehung zu Anthony.
- Eines Tages kommt Anthony so angezogen in die Vorlesung, dass seine Kommilitonen eine Tätowierung an seinem Körper sehen können. Anthony hat eine positive Einheitsbeziehung zu Tatoos. Sie gehören zu ihm und sind buchstäblich ein Teil von ihm.
- Monika mag keine tätowierten Männer. Sie hat eine negative Gefühlsbeziehung zu Tatoos.

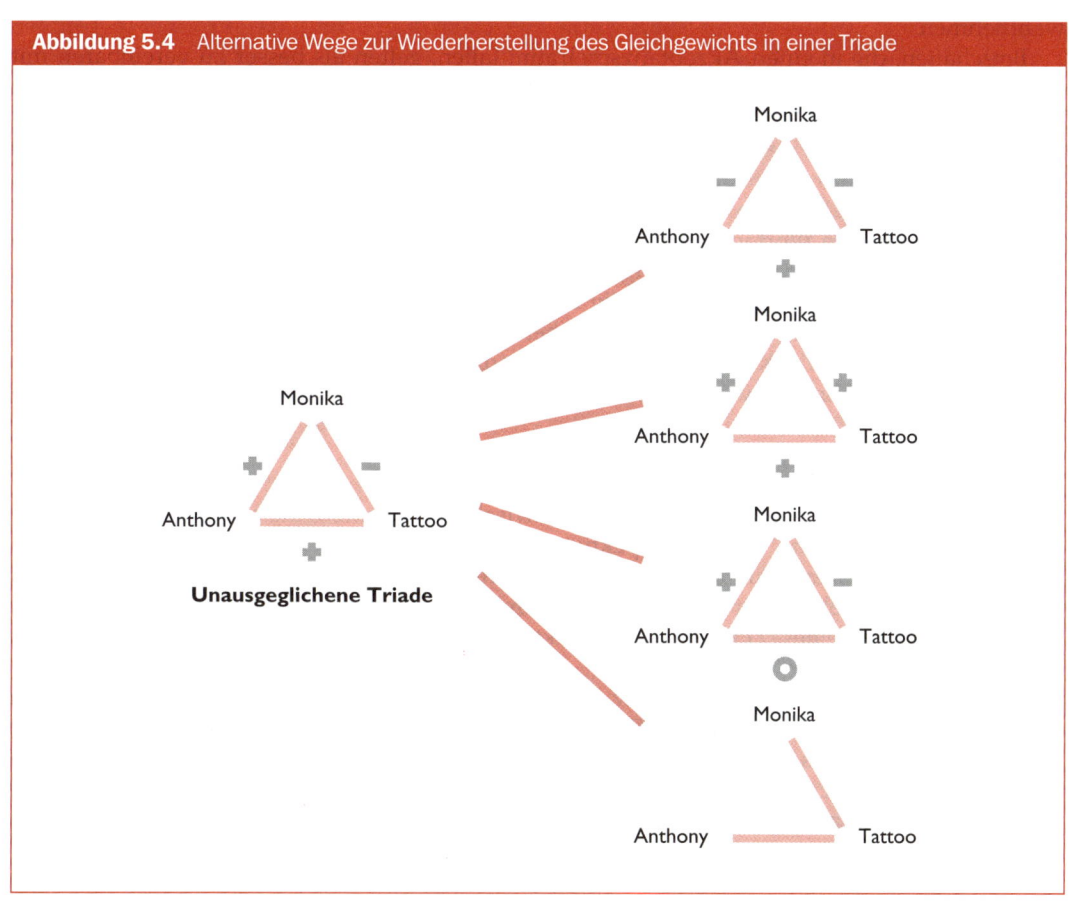

Abbildung 5.4 Alternative Wege zur Wiederherstellung des Gleichgewichts in einer Triade

Gemäß der Balancetheorie befindet sich Monika in einer unausgeglichenen Triade und wird zur Wiederherstellung des Gleichgewichts Druck erfahren, und, wie in Abbildung 5.4 gezeigt, Aspekte in der Triade verändern. Zum Beispiel könnte sie beschließen, dass sie Anthony eigentlich doch nicht mag. Oder ihre Zuneigung zu Anthony könnte zu einer Änderung ihrer Einstellung zu Tatoos führen. Schließlich könnte sie auch noch beschließen ‚das Feld zu räumen', indem sie nicht weiter an Anthony und sein kontroverses Tatoo denkt. Während die Theorie nicht erläutert, welchen der drei Wege Monika gehen wird, sagt sie doch voraus, dass sich eine oder mehrere von Monikas Wahrnehmungen zur Herstellung des Gleichgewichts ändern muss/müssen. Diese Verzerrung ist eine stark vereinfachte Darstellung der meisten Einstellungsprozesse, aber sie hilft bei der Erklärung vieler Verhaltensweisen von Konsumenten.

Die Balancetheorie erinnert uns daran, dass im Fall von ausgeglichenen Wahrnehmungen Einstellungen wahrscheinlich stabil bleiben. Werden aber Inkonsistenzen beobachtet, tritt eher eine Änderung der Einstellungen auf. Die Gleichgewichtstheorie erklärt auch, warum Konsumenten mit positiv bewerteten Produkten verbunden sein möchten. Wenn man eine Einheitsbeziehung zu einem beliebten Produkt herstellt (z. B. modische Kleidung kaufen und tragen oder einen leistungsstarken Wagen fahren), erhöhen sich die Chancen, dass man als positive Gefühlsbeziehung in die Triaden anderer Menschen eingeschlossen wird.

Schließlich erklärt die Balancetheorie auch noch den weit verbreiteten Einsatz von Berühmtheiten bei der Werbung für Produkte. In Fällen, in denen eine Triade nicht vollständig ausgebildet ist (z. B. eine Triade, die mit den Wahrnehmungen des Produkts zusammenhängt oder damit, dass der Konsument noch keine klar definierte Einstellung hat), kann der Marketingexperte eine positive Gefühlsbeziehung zwischen dem Produkt und einer bekannten Persönlichkeit herstellen. In anderen Fällen kann Verhalten unterlassen werden, wenn bewunderte Menschen gegen einen Gegenstand eingestellt sind. Dieses Ziel wird verfolgt, wenn Sportler in von der Regierung gesponserten Anti-Drogen-Kampagnen auftreten.

Der ‚Balanceakt' ist das Kernstück von Werbung mit Berühmtheiten, von der man sich erhofft, dass sich ihre Popularität auf das Produkt überträgt. Diese Strategie werden wir im nächsten Kapitel ausführlich behandeln. Man darf dabei aber nicht vergessen, dass die Schaffung einer Einheitsbeziehung zwischen dem Produkt und der Berühmtheit daneben gehen kann, wenn sich die Meinung der Öffentlichkeit über die Berühmtheit von positiv nach negativ verlagert. Das geschah beispielsweise, als Madonna mit einem kontroversen Musikvideo assoziiert wurde, das von Religion und Sex handelte, woraufhin Pepsi die Werbung zurückzog, auf der Madonna zu sehen war. Diese Strategie kann auch dann Probleme schaffen, wenn die Star-Produkt-Einheitsbeziehung in Frage gestellt wird, wie es bei dem Sänger Michael Jackson der Fall war, der, nachdem er für Pepsi geworben hatte, gestand, die Marke nicht zu trinken.

5.4 Einstellungsmodelle

Manchmal erkennt man daran, wie ein Konsument ein Produkt insgesamt beurteilt, was für eine *Einstellung* er zu ihm hat. Wollen Marktforscher Einstellungen einschätzen, reicht es oft, wenn sie den Konsumenten fragen: ‚Was halten sie von Heineken?' oder ‚Was denken Sie über die Einführung des Euro?'

Wie wir bereits gesehen haben, können Einstellungen aber auch viel komplexer sein. Eine Schwierigkeit liegt darin, dass ein Produkt oder eine Dienstleistung aus vielen Attributen oder Eigenschaften bestehen kann – von denen manche für bestimmte Menschen wichtiger sein können als andere. Ein weiteres Problem ist, dass die Entscheidung einer Person, ihrer Einstellung entsprechend zu handeln, von anderen Faktoren beeinflusst wird, wie zum Beispiel, ob der Kauf des Produktes die Zustimmung von Freunden oder der Familie findet. Aus diesen

Gründen wurden Einstellungsmodelle entwickelt, mit denen versucht wird, die verschiedenen Elemente zu spezifizieren, die zusammenwirken können, um die Beurteilung der Menschen von Einstellungsobjekten zu beeinflussen.

5.4.1 Multiattributmodelle

Eine Antwort sagt uns nicht immer alles, was wir wissen müssen um zu erfahren, *warum* der Konsument einem Produkt gegenüber bestimmte Gefühle hat, oder *wie* Marketingexperten die Einstellungen von Konsumenten ändern können. Aus diesem Grund sind **Multiattributmodelle** bei Marktforschern beliebt. Diese Modelle gehen davon aus, dass die Einstellung (Beurteilung) eines Konsumenten zu einem Einstellungsobjekt (E_o) von der Überzeugung abhängt, die er von wenigen oder vielen Attributen des Objekts hat. Bei der Verwendung eines Multiattributmodells geht man davon aus, dass die Einstellung eines Konsumenten zu einem Produkt oder einer Marke erkannt werden kann, indem seine spezifischen Überzeugungen identifiziert und kombiniert werden und daraus eine Messung der Gesamteinstellung des Konsumenten abgeleitet wird. Wir beschreiben die Beurteilung eines Konsumenten anhand eines Beispiels, in dem ein komplexes Einstellungsobjekt beschrieben wird, das wohl jedem vertraut ist: eine Universität.

Grundlegende Multiattributmodelle enthalten drei Elemente:[35]

- *Attribute* sind Merkmale der E_o. Die meisten Modelle gehen davon aus, dass das relevante Merkmal identifiziert werden kann. Somit kann der Marktforscher Attribute miteinbeziehen, die Kosumenten bei der Bewertung der Eos in Betracht ziehen. Wissenschaftliches Ansehen beispielsweise ist ein Attribut einer Universität.
- *Überzeugungen* sind Kognitionen zu dem spezifischen E_o (beziehen sich normalerweise auf andere, ihm gleichende E_o). Bei der Messung einer Überzeugung wird das Maß abgeschätzt, in dem der Konsument ein bestimmtes Attribut einer Marke wahrnimmt. Zum Beispiel kann ein Student der Überzeugung sein, dass Oxford Colleges hohes akademisches Ansehen haben.
- *Bedeutungsgewicht* spiegelt die relative Priorität eines Attributs für den Konsumenten wider. Obwohl ein E_o anhand vieler Attribute betrachtet werden kann, sind manche wichtiger als andere (d.h. ihnen wird mehr Bedeutung beigemessen). Dieses Abwägen ist vermutlich bei allen Konsumenten unterschiedlich. Bei Universitäten beispielsweise kann eine Studentin auf den Bibliotheksbestand Wert legen, während eine andere dem sozialen Umfeld der Universität mehr Bedeutung beimisst.

Messung von Einstellungselementen

Angenommen, eine Supermarktkette will die Einstellungen der Kunden zu ihren Einzelhandelsverkaufsstellen messen. Die Firma kann Konsumenten per E-Mail, per Telefon oder persönlich eine der nachstehenden Einstellungs-Skalen zukommen lassen (siehe Kapitel 1).[36]

Eindimensionale Skala   Ein einfacher Weg, die Einstellungen von Konsumenten zu einem Geschäft oder einem Produkt einzuschätzen, ist, sie über ihre allgemeine Meinung darüber zu befragen. Solch eine globale Einschätzung liefert zwar nicht viele Informationen über spezifische Attribute, aber sie gibt Managern ein gewisses Gespür für die Gesamteinstellung von Konsumenten. Bei diesem einfachen, eindimensionalen Ansatz wird oft die Likert-Skala verwendet, in der Zustimmung oder Gefühle gemessen werden, die Befragte zu einem Einstellungsstatement haben.

Wie zufrieden sind Sie mit Ihrem Gemüsegeschäft?

Sehr zufrieden   Insgesamt zufrieden   Zufrieden   Nicht zufrieden

Mehrdimensionale Skala   Einstellungsmodelle gehen über eine einfache Messung hinaus, weil sie davon ausgehen, dass eine Gesamteinstellung sich oft aus der Wahrnehmung des Konsumenten von multiplen Elementen zusammensetzen kann. Aus diesem Grund schätzen viele Einstellungsmessungen eine Reihe von Überzeugungen von einem Thema ein und kombinieren die Reaktionen mittels einer Gesamtpunktezahl. Der Supermarkt kann seine Kunden zum Beispiel bitten, auf eine Reihe von Likert-Skalen zu antworten und die Antworten mit einer Gesamtmessung der Geschäftszufriedenheit kombinieren.

1. Mein Supermarkt bietet eine gute Produktauswahl.
2. In meinem Supermarkt herrschen immer gute hygienische Bedingungen.
3. Ich finde in meinem Supermarkt immer exotische Lebensmittel.

   Stimmt   Stimmt   Weder ja   Stimmt   Stimmt
   unbedingt   ein bisschen   noch nein   nicht   überhaupt nicht

Das *semantische Differential* ist für die Beschreibung einer Reihe von Überzeugungen nützlich, die eine Person von einem Unternehmen oder einer Marke hat, und wird auch zum Vergleich der Images von konkurrierenden Marken verwendet. Die Befragten ordnen jedes Attribut in eine Serie von Rating-Skalen ein, wo jeder Pol mit Adjektiven oder Sätzen verankert ist, wie:

   Mein Supermarkt ist
   schmutzig 1 – 2 – 3 – 4 – 5 – 6 – 7 sauber

Semantische Differential-Skalen können verwendet werden, um eine Profilanalyse der Konkurrenz zu erstellen, bei der die Images von vielen Geschäften oder Produkten visuell verglichen werden können, indem die Mittel-Ratings von jedem Objekt auf mehrere wichtige Attribute zugestellt werden. Mit dieser einfachen Technik können Bereiche festgestellt werden, in denen das Produkt oder das Geschäft stark von den Konkurrenten abweicht (entweder auf positive oder auf negative Weise). Die fiktiven Profile von drei verschiedenen Kinos sind in Abbildung 5.5 dargestellt. Anhand der Ergebnisse könnte die Geschäftsleitung eines Multiplex' ihr großes Angebot an Filmen hervorheben und/oder versuchen, ihr Image als modernes Kino zu verbessern, oder für mehr Sauberkeit sorgen.

Das Fishbein-Modell

Das einflussreichste Multiattributmodell ist das Fishbein-Modell, das nach seinem ursprünglichen Entwickler benannt wurde.[37] Das Modell misst drei Komponenten von Einstellungen.

1. *Feste Überzeugungen*, die Menschen von einem E_o haben (Überzeugungen von einem Objekt, die als dauerhafte Beurteilung angesehen werden).
2. *Objekt-Attribut-Verbindungen,* oder die Wahrscheinlichkeit, dass ein bestimmtes Objekt ein wichtiges Attribut hat.
3. *Beurteilung* jedes der wichtigen Attribute.

Man sollte sich merken, dass dieses Modell gelegentlich von Voraussetzungen ausgeht, die nicht immer erfüllt werden. Es setzt voraus, dass wir alle relevanten Attribute richtig spezifi-

Abbildung 5.5 Hypothetische Profile von drei Kinoarten

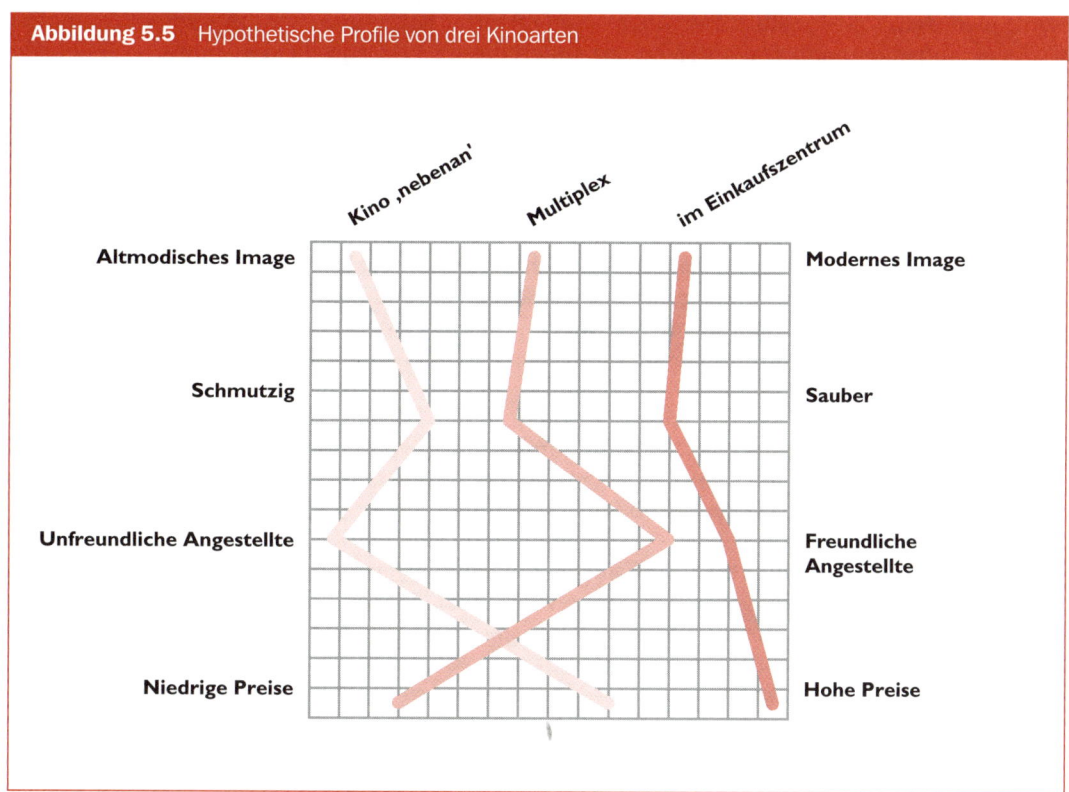

zieren können, die zum Beispiel ein Student benutzt, um die Wahl des Colleges zu beurteilen, auf das er gehen wird. Das Modell setzt weiterhin voraus, dass er einen Prozess (formell oder informell) durchlaufen wird, bei dem er eine Reihe relevanter Attribute identifiziert, abwägt und zusammenfasst. Obwohl diese Entscheidung wahrscheinlich sehr stark involvierend ist, ist es immer noch möglich, dass sich seine Einstellung durch eine umfassende affektive Anwort bildet (dieser Prozess wird affektbezogen genannt).

Durch die Verbindung der drei Elemente kann die Gesamteinstellung eines Konsumenten zu einem Objekt berechnet werden. (Wir werden später sehen, wie zur Steigerung der Genauigkeit die Basisgleichung verändert wurde.) Die Grundformel lautet:

$$A_{ijk} = \Sigma B_{ijk} I_{ik}$$

wobei i = Attribut; j = Marke; k = Konsument; I = Bedeutung, die einem Attribut i von einem Konsumenten k beigemessen wird; B = Überzeugung des Konsumenten k in Bezug auf das Ausmaß, in dem eine Marke j Attribute i besitzt; und A = das bestimmte Einstellungsergebnis eines Konsumenten k zu einer Marke j.

Der gesamte Einstellungswert (A) wird erhalten, indem eine Bewertung (*Rating*) eines Konsumenten für jedes Attribut aller in Betracht gezogenen Marken mit der Bewertung der Bedeutung für dieses Attribut multipliziert wird.

Um zu sehen, wie dieses grundlegende Multiattributmodell funktioniert, nehmen wir an, wir wollen vorhersagen, welche Colleges ein Mittelschulabsolvent wahrscheinlich besuchen wird. Nachdem sie Monate auf eine Antwort gewartet hat, wurde Sandra schließlich an vier Colleges aufgenommen. Da sie sich jetzt unter diesen vier entscheiden muss, müssen wir zunächst die Attribute kennen lernen, die Sandra in Erwägung ziehen wird, wenn sie ihre Einstellung zu jedem College bildet. Wir können Sandra bitten, eine Bewertung auszufüllen, die darstellt, wie gut jedes College das jeweilige Attribut erfüllt, und die relative Bedeutung festlegen, die jedes Attribut für sie hat. Anschließend kann für jedes College ein Gesamteinstellungswert ausgerechnet werden, indem die Punkte jedes Attributs zusammengezählt werden (nachdem jedes nach seiner relativen Bedeutung abgewägt wurde). Diese hypothetischen Bewertungen sind in Tabelle 5.1 dargestellt. Anhand dieser Analyse scheint es, als habe Sandra zu Smith die positivste Einstellung. Sie ist jemand, der lieber auf ein Mädchen-College mit solidem wissenschaftlichem Ruf gehen würde, als auf ein College, das einen Schwerpunkt auf Sport legt oder in dem es locker zugeht.

Strategische Anwendungen des Multiattributmodells

Stellen Sie sich vor, sie wären der Marketingdirektor der Northland University, einer anderen Institution, die Sandra in Betracht zieht. Wie können Sie die Analysedaten verwenden, um das Image ihrer Universität zu verbessern?

Auf den relativen Vorteil setzen   Wenn eine Marke in Bezug auf ein bestimmtes Attribut besser zu sein scheint, müssen Konsumenten wie Sandra davon überzeugt werden, dass dieses Attribut wichtig ist. Während Sandra zum Beispiel das soziale Umfeld in Northland hoch bewertet, glaubt sie nicht, dass dieses Attribut ein Wertaspekt für ein College ist. Als Northlands Marketingdirektor können Sie die Bedeutung eines aktiven gesellschaftlichen Lebens, von unterschiedlichen Erfahrungen oder auch die Entwicklung zukünftiger Geschäftskontakte durch enge Schulfreundschaften hervorheben.

Tabelle 5.1   Das grundlegende Multiattributmodell: Sandras Entscheidung für ein College

Attribut (i)	Bedeutung (I)	Smith	Überzeugungen (b) Princeton	Rutgers	North-land
Wissenschaftlicher Ruf	6	8	9	6	3
Nur Frauen	7	9	3	3	3
Kosten	4	2	2	6	9
Nähe zum Heimatort	3	2	2	6	9
Sport	1	1	2	5	1
Party-Atmosphäre	2	1	3	7	9
Bibliothek	5	7	9	7	2
Einstellungspunkte		163	142	153	131

Anmerkung: Diese hypothetischen Ratings werden von 1 bis 10 bewertet, höhere Zahlen zeigen den „besseren" Status eines Attributs an. Für ein negatives Attribut (z. B. Kosten) deutet ein höherer Punktestand an, dass angenommen wird, dass die Schule „weniger" von diesem Attribut hat (z. B. billiger zu sein).

Wahrgenommene Produkt/Attributzusammenhänge stärken   Ein Hersteller kann entdecken, dass Konsumenten seine Marke nicht mit einem gewissen Attribut verbinden. Dieses Problem wird in Kampagnen angesprochen, die gegenüber Konsumenten die Produktqualitäten hervorheben (z. B. ‚neu und verbessert'). Sandra hält offensichtlich nicht viel von der wissenschaftlichen Qualität, den Sporteinrichtungen oder der Bibliothek Northlands. So könnten Sie eine Informationskampagne entwickeln, um diese Wahrnehmungen zu verbessern (z. B. ‚Kaum bekannte Tatsachen über Northland').

Ein neues Attribut hinzufügen   Produkthersteller versuchen oft, sich von ihren Konkurrenten zu unterscheiden, indem sie ein Produktmerkmal hinzufügen. Northland könnte versuchen, einen einzigartigen Aspekt hervorzuheben, wie zum Beispiel ein überwachtes Arbeitsprogramm für Studenten, bei dem die Gemeinde einbezogen wird.

Ratings der Konkurrenz beeinflussen   Schließlich könnten Sie noch versuchen, die positiven Ratings von Konkurrenten zu senken. Diese Vorgehensweise liegt der Strategie vergleichender Werbung zu Grunde. Eine Taktik wäre es, eine Werbeanzeige zu veröffentlichen, in der das Schulgeld und Attribute von einigen heimischen Colleges aufgelistet sind, mit denen Northland zu seinem Vorteil verglichen werden kann. Dies kann als Basis dafür dienen, dass der Wert des in Northland gesparten Geldes hervorgehoben wird.

5.5 Einstellungen und die Vorhersage von Verhalten

Obwohl Multiattributmodelle von Konsumentenforschern jahrlang verwendet wurden, haben sie einen großen Mangel: In vielen Fällen kann durch die Kenntnis einer Einstellung einer Person ihr Verhalten nicht ausreichend vorausgesagt werden. Gemäß der klassischen Haltung ‚tu was ich sage, nicht was ich tue' wurde in vielen Studien nur eine geringe Verbindung zwischen der Einstellung einer Person zu einem Gegenstand und ihrem tatsächlichen Verhalten zu dem Gegenstand nachgewiesen. Einige Marktforscher waren so entmutigt, dass sie sich gefragt haben, ob anhand von Einstellungen das Verhalten überhaupt verstanden werden kann.[38] Diese ungeklärte Verbindung kann Werbefachleuten vor allem dann Kopfzerbrechen bereiten, wenn Konsumenten einen Werbespot zwar mögen, das Produkt aber trotzdem nicht kaufen. Eine norwegische karitative Organisation gewann neulich einen Preis für eine populäre Werbekampagne, in die sie 3 Millionen norwegische Kronen investiert hatte, die aber nur 1,7 Millionen norwegische Kronen an Spenden einbrachte.[39]

5.5.1 Das erweiterte Fishbein-Modell

Das ursprüngliche Fishbein-Modell, dessen Ziel die Messung von Einstellungen eines Konsumenten zu einem Produkt war, wurde auf verschiedene Arten erweitert, um seine vorausschauenden Fähigkeiten zu verbessern. Die überarbeitete Version heißt **Theorie der überlegten Handlung** (*theory of reasoned action*).[40] Das Modell ist immer noch nicht vollkommen, aber seine Fähigkeit, relevantes Verhalten vorauszusagen, wurde tatsächlich verbessert.[41] Wir werden hier einige der Veränderungen betrachten, die an dem Modell vorgenommen wurden.

Absicht versus Verhalten

Viele Faktoren können das tatsächliche Verhalten durchkreuzen, selbst wenn ein Konsument die besten Absichten hatte. Er kann zum Beispiel das Vorhaben, eine Stereoanlage zu kaufen, verschieben. In der Zwischenzeit kann jedoch viel passieren: Der Kauf ist überflüssig geworden oder das gewünschte Modell gibt es nicht mehr. Insofern überrascht es nicht, dass sich in einigen Instanzen vergangenes Kaufverhalten als besserer Anzeiger für zukünftiges Verhalten erwiesen hat, als das beabsichtigte Verhalten eines Konsumenten.[42] Die Theorie der überlegten Handlung will Verhaltensabsichten messen und erkennt an, dass gewisse unkontrollierbare Faktoren die Voraussage des tatsächlichen Verhaltens hemmen.

Sozialer Druck

Diese Theorie erkennt den Einfluss anderer Menschen auf das Verhalten an. Viele unserer Verhaltensweisen werden nicht isoliert festgelegt und selbst wenn wir es nicht gern zugeben, können die Erwartungen, die andere an uns haben, relevanter sein als unsere individuellen Vorlieben.

Im Fall von Sandras College-Wahl lässt sich feststellen, dass Sandra einer reinen Mädcheninstitution positiv gegenübersteht. Wenn sie aber merken würde, dass diese Wahl nicht ankommt (vielleicht denken ihre Freunde, sie ist verrückt geworden), könnte sie, wenn sie die endgültige Entscheidung trifft, diesen Vorzug ignorieren oder herunterspielen. Aus diesem Grund wurde ein weiteres Element, die subjektive Norm (SN) hinzugefügt, das die Wirkungen dessen einbezieht, von dem wir annehmen, dass es die anderen von uns erwarten. Der Wert der SN ist erreicht, wenn er zwei andere Faktoren enthält: (1) die Intensität einer normativen Überzeugung (NÜ), bei der andere glauben, eine Handlung solle durchgeführt oder nicht durchgeführt werden, und (2) die Motivation zur Einwilligung (ME) in diese Überzeugung (z. B. der Grad, in dem der Konsument bei der Bewertung einer Vorgehensweise oder eines Kaufs die erwarteten Reaktionen anderer miteinbezieht).

Einstellung zum Kaufen

Heute wird mit diesem Modell vor allem die **Einstellung zum Kaufen (E_k)** gemessen, und nicht mehr nur die Einstellung zu dem Produkt an sich. In anderen Worten: Es konzentriert sich auf die wahrgenommenen Folgen eines Kaufs. Wenn man weiß, was jemand beim Kauf oder bei der Benutzung eines Objekts empfindet, ist das aufschlussreicher, als wenn man nur weiß, wie der Konsument das Objekt an sich bewertet.[43]

Um diese Unterscheidung zu verstehen, betrachten wir ein Problem, das bei der Einstellungsmessung von Kondomen entstehen kann. Obgleich eine Gruppe von College-Studenten eine positive Einstellung zur Verwendung von Kondomen haben kann, kann man nicht unbedingt vorhersagen, ob sie auch welche kaufen und benutzen werden. Eine bessere Voraussage würde man erhalten, wenn man die Studenten fragt, ob sie Kondome kaufen würden. Während eine Person ein positives E_o zu Kondomen haben kann, ist es möglich, dass die E_k wegen der damit zusammenhängenden Verlegenheit oder der störenden Nebenwirkung negativ ist.

5.5.2 Hindernisse bei der Vorhersage von Verhalten

Trotz der Verbesserungen am Fishbein-Modell entstehen Schwierigkeiten, wenn es falsch angewandt wird. In vielen Fällen wird das Modell auf eine Art benutzt, für die es nicht vorgesehen ist, oder wo gewisse Vermutungen über menschliches Verhalten nicht garantiert werden können.[44] Folgende Faktoren sind ebenfalls bei der Voraussage von Verhalten hinderlich:

- Das Modell wurde entwickelt, um tatsächliches Verhalten zu behandeln (Einnahme von Schlankheitspillen), und nicht das Ergebnis von Verhalten (Gewichtsverlust), für das es bei manchen Studien angewandt wurde.
- Manche Ergebnisse kann der Konsument nicht kontrollieren, zum Beispiel, wenn ein Kauf die Kooperation anderer erfordert, oder wenn jemand eine Hypothek aufnehmen will, aber keine Bank findet, die ihm eine gibt.

- Die Grundannahme, dass Verhalten absichtlich erfolgt, kann in einer Vielzahl von Fällen ungültig sein. Dazu gehören auch impulsive Handlungen, plötzliche Veränderung im Leben eines Menschen, die Suche nach Neuheiten oder auch Wiederholungskäufe. Eine Studie ergab, dass unerwartete Ereignisse wie Überraschungsgäste, Wetterwechsel oder Artikel über die gesunden Eigenschaften gewisser Nahrungsmittel auf das tatsächliche Verhalten einen starken Einfluss haben.[45]
- Einstellungsmessungen entsprechen oft nicht dem Verhalten, dass sie voraussagen sollen, entweder in Bezug auf das Einstellungsobjekt (E_o) oder wenn die Handlung abläuft. Ein weit verbreitetes Problem ist ein Unterschied im verwendeten Abstraktionslevel. Wenn man die Einstellung einer Person zu Sportwagen kennt, kann man trotzdem nicht voraussagen, ob sie einen Porsche 911 kaufen wird. Es ist wichtig, dass der Grad der Spezifizität zwischen der Einstellung und der Verhaltensabsicht übereinstimmt.
- Eine ähnliche Schwierigkeit hängt mit dem zeitlichen Rahmen der Einstellungsmessung zusammen. Im Allgemeinen gilt: Je länger die Zeitspanne zwischen der Einstellungsmessung und dem abzuschätzenden Verhalten ist, umso schwächer ist die Beziehung. Die Voraussagbarkeit wäre besser, wenn die Kunden nach der Wahrscheinlichkeit, mit der sie in der nächsten Woche ein Haus kaufen, gefragt werden, als innerhalb der nächsten fünf Jahre.
- Einstellungen, die sich durch direkte, persönliche Erfahrung mit einem E_o bilden, sind stärker und lassen besser das Verhalten voraussagen, als solche, die indirekt (z. B. durch Werbung) entstehen.[46] Gemäß der Perspektive der Zugänglichkeit von Einstellungen ist Verhalten eine Funktion der unmittelbaren Wahrnehmung einer Person eines E_o in der Situation, in der sie ihm begegnet. Eine Einstellung beeinflusst die Beurteilung eines Objekts nur

MULTIKULTURELLE DIMENSIONEN

Die Theorie der überlegten Handlung wurde vor allem im Westen angewandt. Manche der Methode zu Grunde liegenden Vermutungen gelten nicht unbedingt für Konsumenten anderer Gesellschaften. Einige der folgenden Punkte schränken die Universalität der Theorie des überlegten Handelns ein.

- Die Methode wurde entwickelt, um das Ergebnis einer freiwilligen Handlung vorauszusagen. Jedoch sind in vielen Gesellschaften Konsumentenaktivitäten – von Prüfungen und Militärdienst über Impfungen bis zur Wahl des Ehepartners – nicht freiwillig.
- Der relative Einfluss subjektiver Normen kann je nach Gesellschaft unterschiedlich sein. In asiatischen Gesellschaften beispielsweise sind Konformität und Taktiken zur Gesichtswahrung von großer Bedeutung. Deshalb ist es möglich, dass subjektive Normen, die von anderen erwartete Handlungen in Bezug auf die eigene Wahl beinhalten, auf viele asiatische Konsumenten sogar einen noch größeren Einfluss haben.
- Die Methode misst Verhaltensabsichten und geht somit davon aus, dass Konsumenten aktiv ihr zukünftiges Verhalten vorausplanen. Das Konzept der Absicht setzt voraus, dass Konsumenten ein lineares Zeitgefühl haben und in Begriffen von Vergangenheit, Gegenwart und Zukunft denken. Wie wir in einem der nächsten Kapitel sehen werden, trifft diese Zeitperspektive nicht auf alle Gesellschaften zu.
- Ein Konsument, der eine Absicht bildet, geht (implizit) davon aus, dass er seine Handlungen unter Kontrolle hat. Manche Gesellschaften sind aber fatalistisch und glauben nicht unbedingt in das Konzept des freien Willens. Ein Studie, in der Studenten der Vereinigten Staaten, aus Jordanien und aus Thailand miteinander verglichen wurden, fand kulturelle Unterschiede in Vorstellungen von Fatalismus und Zukunftsplanung heraus.[47]

dann, wenn sie während der Betrachtung des Objekts vom Gedächtnis aktiviert wird. Diese Ergebnisse betonen die Bedeutung von Strategien, die Proben beinhalten (Produktproben, Geschmackstests, Testfahrten etc.), sowie Strategien, bei denen der Kunde der Marketing-kommunikation maximal ausgesetzt ist.

5.5.3 Einstellungen über einen längeren Zeitraum messen

Eine Einstellungsumfrage ist wie ein Schnappschuss, der zu einem bestimmten Zeitpunkt auf-genommen wird. Sie kann uns viel über die Situation einer Person, eines Themas oder eines Objekts zu diesem Zeitpunkt sagen, aber sie ermöglicht nicht viele Schlussfolgerungen zu der weiteren Entwicklung, oder Vorausagen über mögliche zukünftige Änderungen im Verhalten von Konsumenten. Zu diesem Zweck muss ein Programm zur Aufspürung von Einstellungen entwickelt werden, durch das die Voraussehbarkeit von Verhalten insofern verbessert wird, als Marktforscher Einstellungstrends über eine bestimmte Periode hinweg analysieren können. Es gleicht mehr einem Film als einem Schnappschuss. Eine Längsschnittuntersuchung zu europäischen Einstellungen in Bezug auf den Entwicklungsprozess der Europäischen Union, die vom Henley Centre durchgeführt wurde, zeigt wie sich Einstellungen mit der Zeit ver-lagern können, und wie unterschiedlich diese Verlagerung innerhalb der verschiedenen Altersgruppen ist. Abbildung 5.6 zeigt die Ergebnisse einer groß angelegten Studie, die in sechs Ländern durchgeführt wurde. Der Prozentsatz der Befragten, die erklären, sie ‚fühlen sich so sehr als Europäer wie als Bürger des eigenen Landes‘ ist nicht sehr hoch (besonders in Großbritannien), und der Prozentsatz der Bevölkerung, die diese Ansicht vertritt, schien im Laufe der Zeit (1991-96) weiter abzunehmen.

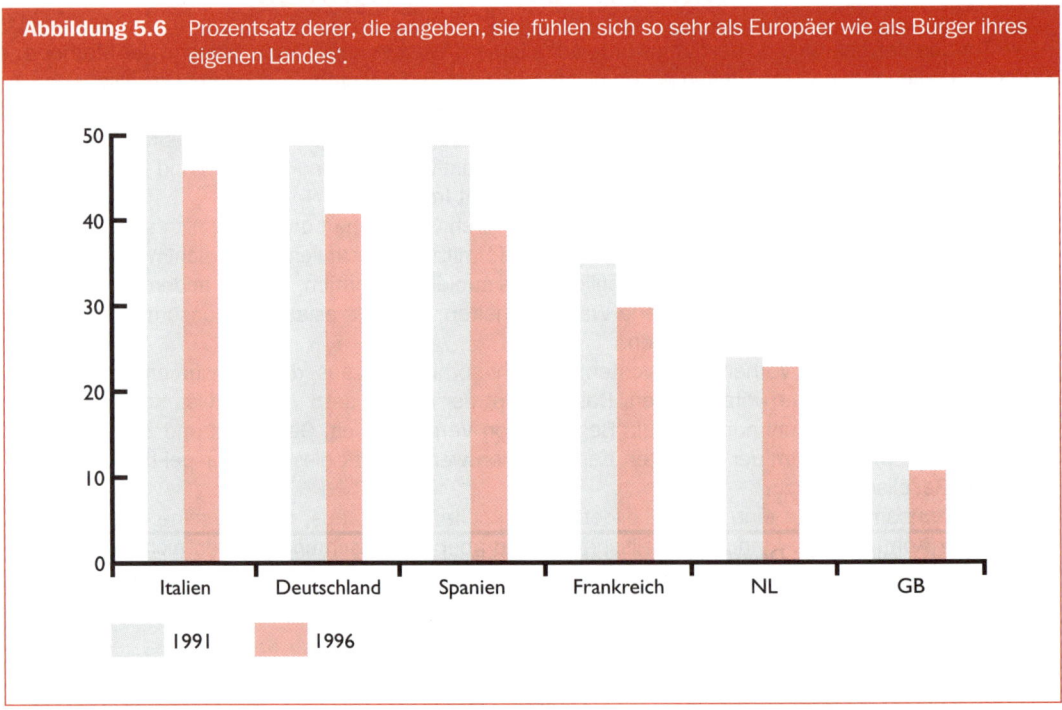

Abbildung 5.6   Prozentsatz derer, die angeben, sie ‚fühlen sich so sehr als Europäer wie als Bürger ihres eigenen Landes‘.

Diese Ergebnisse lassen darauf schließen, dass Konsumenten der einzelnen Länder aufgrund der Tatsache, dass sich Europa um die Jahrtausendwende zu einer einheitlichen Union mit einer Einheitswährung entwickelt hat, stärker an ihrer eigenen nationalen Identität festhalten. Vergleichen Sie nun die Ergebnisse der Befragung der allgemeinen Bevölkerung mit den Ergebnissen einer Befragung von europäischen Jugendlichen zwischen 16 und 24 Jahren (Abbildung 5.7), denen allen die gleiche Frage gestellt wurde. Die Spanne bei den Stichprobenfehlern könnte die relativ geringen Unterschiede bei der Zeit und den Ländern erklären – mit Ausnahme von Großbritannien, wo es in den letzten fünf Jahren eine deutliche Steigerung des Prozentsatzes der Jugendlichen gab, die diese Aussage unterstützen (trotzdem wesentlich weniger als in den anderen Ländern).

Längsschnittstudien

Längsschnittstudien zu Einstellungen bedeutet die Verwaltung von regelmäßig stattfindenden Einstellungsumfragen. Vorzugsweise sollte die gleiche Methode jedes Mal angewandt werden, so dass Ergebnisse zuverlässig verglichen werden können. Verschiedene Dienstleistungsagenturen wie Gallup, The Henley Centre oder der Yankelovich Monitor spüren Konsumeinstellungen über bestimmte Perioden auf.

Dieses Vorgehen kann für die strategische Entscheidungsfindung außerordentlich wertvoll sein. Zum Beispiel hat ein Unternehmen für finanzielle Dienstleistungen Veränderungen in Konsumenteneinstellungen zu Allfinanz-Zentren festgestellt. Obwohl viele Konsumenten die Idee hervorragend fanden, als sie ursprünglich umgesetzt wurde, stieg die Anzahl der Konsumenten, die das Konzept befürworteten, über eine längere Periode nicht an – trotz der Millionen Dollar, die in die Werbung für die Zentren investiert wurden. Die Ergebnisse wiesen

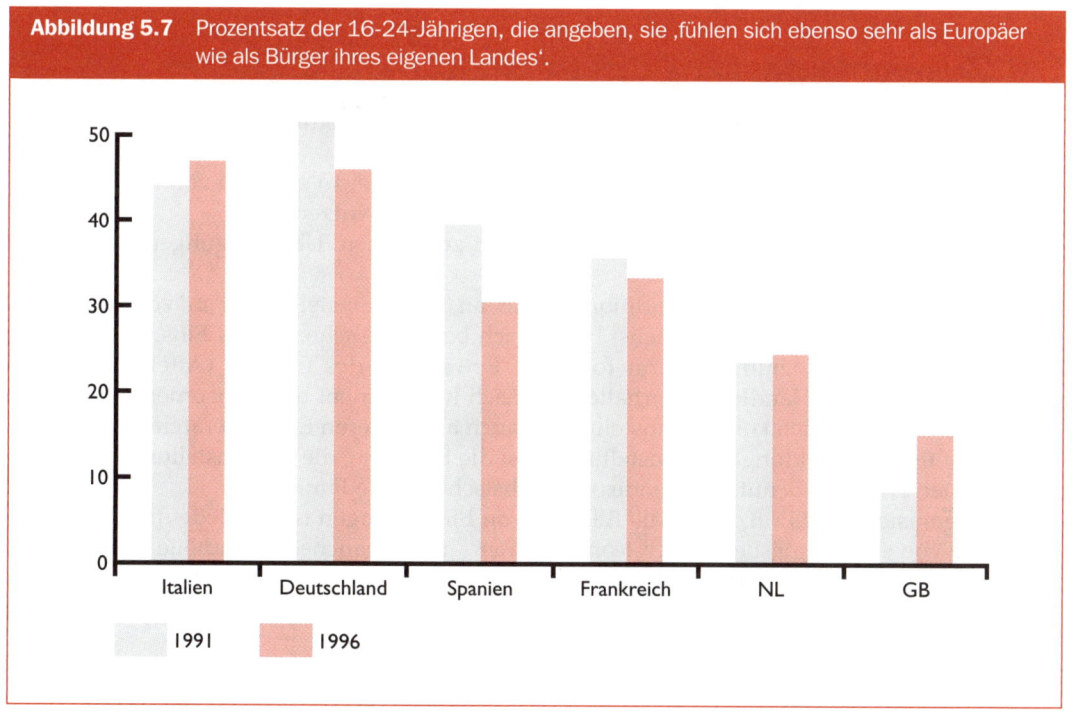

Abbildung 5.7 Prozentsatz der 16-24-Jährigen, die angeben, sie ‚fühlen sich ebenso sehr als Europäer wie als Bürger ihres eigenen Landes'.

auf Schwierigkeiten in der Präsentation des Konzepts hin, und die Firma beschloss, ‚zurück ans Reißbrett' zu gehen, bis sie schließlich einen neuen Weg entwickelt hatte, auf dem sie die Vorteile dieser Dienstleistung mitteilen konnte.

Änderungen, die über einen längeren Zeitraum beobachtet werden sollten

Folgende Elemente können in Längsschnittstudien zu Einstellungen miteingebaut werden:

- *Fokus auf Änderungen in verschiedenen Altersgruppen.* Einstellungen ändern sich häufig mit dem Alter (ein Lebenszyklus-Effekt). Zusätzlich entstehen Gruppenwirkungen: Angehörige einer bestimmten Generation (z. B. Teenager, Generation X oder Senioren) neigen dazu, bestimmte Lebensauffassungen zu teilen. So können historische Wirkungen beobachtet werden, wenn große Gruppen von Menschen von tief greifenden gesellschaftlichen Änderungen betroffen sind (z. B. die Demokratisierung der osteuropäischen Länder).
- *Zukunftsszenarios.* Konsumenten werden häufig hinsichtlich ihrer Zukunftspläne, ihres Vertrauens in die Zukunft usw. untersucht. Diese Ergebnisse können wertvolle Daten über zukünfiges Verhalten liefern und der Öffentlichkeitspolitik zu Einsichten verhelfen. Zum Beispiel neigen die Amerikanerdazu, ihre Rente zu hoch einzuschätzen, was eine potenziell gefährliche Fehlkalkulation ist.
- *Identifizierung von Veränderungsfaktoren.* Soziale Ereignisse können die Einstellungen von Menschen zu grundlegenden Konsumaktivitäten über einen Zeitraum verändern, wie sich zum Beispiel die Bereitschaft Pelze zu kaufen verlagert hat. Oder die Möglichkeit, dass sich Menschen scheiden lassen, kann durch Änderungen im Rechtssystem, durch das Scheidungen heute einfacher geworden sind, oder auch durch Hemmungsfaktoren wie die Verbreitung von AIDS oder den Wert von Doppeleinkommen in der heutigen Wirtschaft beeinflusst werden.[48]

5.6 Zusammenfassung des Kapitels

- Eine Einstellung ist die Neigung dazu, ein Objekt oder ein Produkt positiv oder negativ zu beurteilen.
- Sozialmarketing bezieht sich auf Versuche, Einstellungen und Verhalten von Konsumenten so zu verändern, dass die ganze Gesellschaft davon einen Nutzen hat.
- Einstellungen setzen sich aus drei Komponenten zusammen: Überzeugungen, Affekt und Verhaltensabsichten.
- Einstellungsforscher nahmen traditionsgemäß an, dass Einstellungen in vorbestimmten Sequenzen erlernt werden: Zunächst bilden sich beim Betrachten eines Einstellungobjekts Überzeugungen (Kognition), dann folgt die Bewertung des Objekts (Affekt) und zum Schluss erfolgt die Handlung (Verhalten). Je nach Involvement des Konsumenten und den jeweiligen Umständen können Einstellungen auch aus anderen Effekthierarchien stammen.
- Ein Schlüssel zur Bildung von Einstellungen ist die Funktion, die die Einstellung beim Konsumenten erfüllt (z. B. nutzbringende oder selbstschützende Funktion).
- Ein organisierendes Prinzip für die Bildung von Einstellungen ist die Bedeutung der Konsistenz von einstellungsbezogenen Komponenten – d. h., manche Bestandteile einer Einstellung werden verändert, damit sie mit anderen konsistent werden. Theoretische Ansätze zu Einstellungen wie die Theorie der kognitiven Dissonanz, die Gleichgewichtstheorie und die Kongruenztheorie heben die wichtige Rolle der Konsistenz hervor.

- Die Komplexität von Einstellungen wird durch Multiattributmodelle betont, bei denen Überzeugungen und Bewertungen identifiziert und kombiniert werden, um eine Gesamteinstellung zu bestimmen. Faktoren wie subjektive Normen und die Spezifizität von Einstellungsskalen wurden in Einstellungsmessungen integriert, um die Voraussagbarkeit zu verbessern.

SCHLÜSSELBEGRIFFE

Affekt (affect)	155	funktionale Einstellungstheorie	154
Akzeptanz- und Ablehnungsspielräume	164	Kognition (cognition)	155
Balancetheorie	164	Multiattributmodelle	167
Effekthierarchie	156	Prinzip der kognitiven Konsistenz	160
Einstellung	153	Sozialmarketing	153
Einstellung zum Kaufen (E_k)	172	Sozialurteil-Theorie	164
Einstellung zur Werbung (E_{we})	158	Theorie der Selbstwahrnehmung	163
Einstellungsobjekt (E_o)	153	Theorie der überlegten Handlung	171
Foot-in-the-door-Strategie	163	Verhalten (behaviour)	155

ÜBUNGSAUFGABEN

5.1 Stellen Sie die Effekthierarchien gegenüber, die in diesem Kapitel erläutert wurden. Wie werden mit dem Marketingmix zusammenhängende strategische Entscheidungen, dadurch beeinflusst, welche Hierarchie bei Zielkonsumenten wirksam ist?

5.2 Nennen Sie drei Funktionen, die Einstellungen erfüllen und geben Sie ein Beispiel dafür, wie jede Funktion in einer Marktsituation verwendet wird. Die Einstellungen europäischer Länder zu einer Vielzahl von Themen finden Sie auf folgender Webseite:
http://europa.eu.int/en/comm/dg10/infcom/epo/eo.html
Welche Arten von Einstellungen in verschiedenen Ländern sind nutzbringend, wertausdrückend oder selbstschützend? Warum?

5.3 Finden Sie eine Person, deren Verhalten inkonsistent mit ihren Einstellungen ist (z. B. Einstellungen zu Cholesterin, Drogenkonsum oder der Kauf von Dingen, um das Image zu verbessern oder um aufzufallen). Bitten Sie diese Person, darüber nachzudenken, warum sie sich so verhält, und versuchen Sie die Wege zu identifizieren, auf denen diese Person dissonante Elemente gelöst hat.

5.4 Denken Sie sich unter Verwendung von semantischen Differentialskalen eine Einstellungsumfrage für eine Reihe von konkurrierenden Automarken aus. Identifizieren Sie für jedes Modell, das sie integrieren, die Gebiete von Konkurrenzvorteil oder Konkurrenznachteil.

5.5 Erstellen Sie ein Multiattributmodell für eine Reihe von heimischen Restaurants. Schlagen Sie den Restaurantmanagern anhand Ihrer Ergebnisse Maßnahmen vor, mit denen diese das Image ihrer Restaurants verbessern können. Verwenden Sie hierbei die in diesem Kapitel beschriebenen Strategien.

Für Margaret hat sich ein Traum erfüllt. Jetzt sitzt sie hier, mit einer dicken Zigarre im Mund. Noch vor wenigen Monaten hatte Margaret geglaubt, nur dicke, übel riechende ältere Männer würden Zigarren rauchen. Aber dann hat sich ihre Einstellung geändert. Zunächst hatte ihre Freundin Mary Ann, nachdem sie von Geschäftsreisen nach Stockholm und New York zurückgekehrt war, erzählt, Zigarren rauchende Frauen sehe man dort häufiger als hier in Manchester. Mit der Zeit las sie immer mehr Berichte über berühmte Frauen, die zur Zigarre griffen. Den Ausschlag hatte aber ihr Lieblingsmodel Linda Evangelista gegeben, die auf der Titelseite von *Cigar Aficionado* mit einer Zigarre abgebildet war. Irgendwie wurden Margarets Bedenken, ihre Weiblichkeit beim Zigarrenpaffen aufs Spiel zu setzen, beseitigt, als sie erfuhr, dass eine elegante Frau wie Linda auch Zigarren mochte. Jedenfalls war es nicht zu übersehen: Frauen legten ihre Verachtung für rauchgeschwängerte Lokale ab und strömten in Zigarrenbars. Die Consolidated Cigar Corporation nahm diesen Gesinnungswandel schon frühzeitig wahr und führte ihre Cleopatra Collection ein – Zigarren, die an beiden Enden zugespitzt sind, damit Frauen sie leichter anzünden und im Mund halten können. [1]

Offensichtlich haben viele Frauen begonnen Zigarren zu rauchen, um die ,Alt-Herren-Liga' zu erobern und eine Art von Rebellion zu begehen. Das war bei Margaret nicht der Fall – sie fand es einfach angenehm sich nach einem guten Essen mit einer Zigarre zu entspannen. Ihre Überzeugungen von den abstoßenden Zigarrenrauchern hatten sich praktisch von einem Tag auf den anderen geändert und viele ihrer Freunde bewunderten ihren Mut, sich in der Öffentlichkeit eine Zigarre anzustecken. Sie surfte sogar auf der Suche nach Informationen über Zigarrenzubehör durchs Internet und fand die cigar.com-Webseite besonders interessant, wo sie zu verschiedenen Zigarren-Einzelhändlern Zugang hatte, über Erfahrungen anderer Menschen mit diversen Marken etwas lesen konnte und sogar Kurzgeschichten zum Thema Zigarre fand.

KAPITEL 6

Einstellungsänderung und interaktive Kommunikation

6.1 Einstellungsänderung durch Kommunikation

Berühmte Frauen von Marlene Dietrich bis zu Madonna haben Zigarren wegen ihrer Schockwirkung geraucht, und weil sie ihrer Vorstellung von Rebellion und politischer Unkorrektheit ensprachen. Aber erst vor kurzer Zeit ist die Zigarrenindustrie selbst auf den fahrenden Zug aufgesprungen, nämlich als ein paar schlaue Marketingexperten das Potenzial des Marktes entdeckten, den sie erschließen würden, wenn sie ‚Durchschnittsfrauen' wie Margaret zum Zigarrerauchen bringen konnten. So eine radikale Veränderung des Verhaltens erforderte natürlich auch eine drastische Änderung der Art, wie Frauen zu dem Produkt standen, ihrer Überzeugungen von den Menschen, die Zigarre rauchen und ihren diesbezüglichen Assoziationen.

Starmodel Linda Evangelista als Covergirl für *Cigar Aficionado*.

Diese Anti-Pelz-Werbung wurde in Hongkong veröffentlicht. Sie beinhaltet eine grafische Beschreibung der Praktiken der Pelzindustrie, um die Konsumenten vom Kauf eines Pelzes abzubringen.

© Bates Hong Kong Ltd.

Als Konsumenten werden wir ständig mit Botschaften bombardiert, die uns dazu bewegen wollen, unsere Einstellungen zu ändern. Diese Versuche reichen von logischen Argumenten bis zu grafischen Darstellungen und von der Einschüchterung durch Mitbürger bis zu Aufforderungen durch Berühmtheiten. Um die Sache noch komplizierter zu machen, fließt die Kommunikation in beide Richtungen: Der Konsument kann Informationen suchen, um noch mehr über diese Produkte zu erfahren – wie Margaret, wenn sie durchs Internet surft.

In diesem Kapitel werden wir einen Blick auf einige der Faktoren werfen, die uns bei der Beurteilung der Effizienz solcher Kommunikationseinrichtungen helfen. Dabei konzentrieren wir uns auf ein paar grundlegende Aspekte der Kommunikation, die hilfreich sind, wenn man bestimmen möchte, wie und ob Einstellungen geschaffen und verändert werden. Dieses Ziel nennt man **Persuasion**, es ist der aktive Versuch, Einstellungen zu ändern. Persuasion ist natürlich ein wichtiges Ziel der Marketingkommunikation.

6.1.1 Entscheidungen, Entscheidungen

Nehmen wir an, eine Zigarrenfirma möchte eine Werbekampagne für ein neues Produkt schaffen, das sich an weibliche Raucher richtet. Bei der Planung dieser Kampagne muss sie eine Botschaft entwickeln, die bei potenziellen Kundinnen, von denen viele (wie Margaret) mit der Vorstellung aufwuchsen, Zigarren seien so ungefähr das Letzte, was Frauen sich wünschen, Verlangen auslöst. Um überzeugende Botschaften, die diese Einstellung verändern können, entwerfen zu können, müssen zunächst ein paar Fragen beantwortet werden:

- *Wer wird in der Werbung mit Zigarre dargestellt?* Soll es eine vornehme Berühmtheit sein? Eine Karrierefrau? Eine Rocksängerin? Die Botschaftsquelle hilft, die Akzeptanz des Konsumenten und sein Verlangen, das Produkt auszuprobieren, festzulegen.

Some people are opposed to a very basic luxury:
Your freedom of choice.

SAGA MINK

Ein Versuch der Pelzindustrie, der drastischen Botschaft von Anti-Pelz-Gruppen entgegenzuwirken, besteht darin, die Diskussion als Versuch hinzustellen, das persönliche Recht zu beschneiden, das einem gestattet, das zu kaufen, was man möchte. Die Anzeige eines skandinavischen Anbieters stellt dafür ein typisches Beispiel dar: Die Pelzträgerin wird in Bilder eines harmonischen Familienidylls gehüllt; die Entscheidung, einen Pelz zu kaufen, wird als Wahlfreiheit dargestellt.
© Saga Furs of Scandinavia.

- *Wie soll die Botschaft aufgebaut sein?* Soll sie die negativen Folgen andeuten, die entstehen, wenn eine Person ausgeschlossen ist, während sich andere in der Zigarrenbar vergnügen? Soll sie die Zigarre direkt mit anderen Zigarren vergleichen, die bereits auf dem Markt sind? Oder soll sie eine knallharte Managerin zeigen, die einen attraktiven Fremden trifft, als sie sich aus einer Vorstandssitzung herausstiehlt, um zu rauchen? Produktnutzen kann auf viele Arten ausgedrückt werden.
- *Welche Medien sollen zur Übermittlung der Botschaft verwendet werden?* Soll sie in der Presse gezeigt werden? Oder im Fernsehen? Auf Werbezetteln im Briefkasten? Wird die Anzeige in der Presse geschaltet, soll sie dann in der *Vogue* erscheinen? Oder in einer Wohnzeitschrift? Im *Cigar Aficionado*? *Wo* etwas gesagt wird, kann manchmal genauso wichtig sein, wie *was* gesagt wird. Idealerweise sollten die Merkmale des Produkts mit den Merkmalen des Mediums übereinstimmen. Zum Beispiel können in Zeitschriften mit hohem Prestige effizienter Botschaften von allgemeinen Qualitäten und Images von Produkten vermittelt werden, während in Fachzeitschriften besser sachliche Informationen vermittelt werden können.[2]
- *Welche Merkmale des Zielmarktes können die Akzeptanz der Werbung beeinflussen?* Wenn Zielbenutzerinnen in ihrem Alltagsleben frustriert sind, können sie empfänglicher für Appelle an die Fantasie sein. Wenn sie selbst keine Zigarren rauchen oder niemand kennen, der raucht, schenken sie Zigarren vielleicht gar keine Aufmerksamkeit.

6.1.2 Kommunikationselemente

Marketingexperten und Werbefachleute versuchen traditionsgemäß anhand des **Kommunikationsmodells** zu verstehen, wie Marketingbotschaften die Einstellungen von Konsumenten ändern können. Dieses Modell geht davon aus, dass eine gewisse Anzahl an Elementen not-

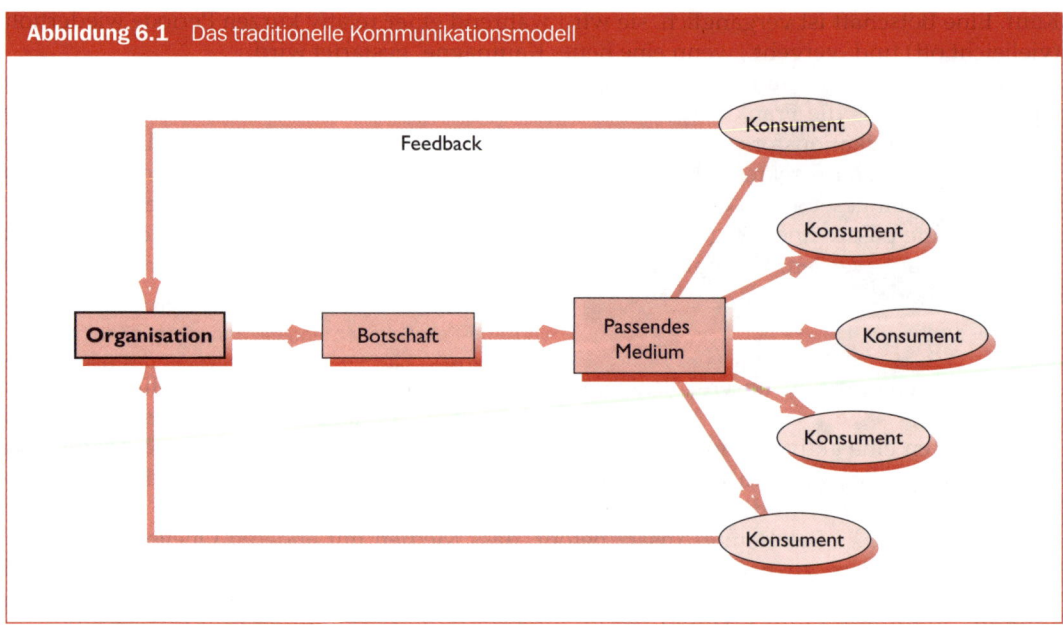

Abbildung 6.1   Das traditionelle Kommunikationsmodell

wendig ist, damit die Kommunikation ankommt. In dem Modell muss eine *Quelle* eine Botschaft wählen und kodieren(z.B. den Bedeutungstransfer vornehmen, indem entsprechende symbolische Bilder verwendet werden, die diese Bedeutung repräsentieren). Die Herausgeber der Zeitschrift *Cigar Aficionado* beispielsweise haben versucht, die Botschaft zu übermitteln, dass es ‚cool' ist, wenn Frauen Zigarren rauchen, indem sie berühmte Frauen vorgestellt haben, die Zigarrenraucherinnen sind. Die Bedeutung muss in Form einer *Botschaft* verpackt werden. Es gibt viele Arten, etwas zu sagen, und die Struktur einer Botschaft wirkt sich unmittelbar darauf aus, wie sie aufgenommen wird. In dem Beispiel am Anfang dieses Kapitels spricht das Bild eines Starmodels, das eine Zigarre in der Hand hält, Bände darüber, wie sexy und modern Zigarrenrauchen ist. Die Botschaft muss durch ein *Medium* vermittelt werden. Medien sind Fernsehen, Radio, Zeitschriften, Plakatwände, persönlicher Kontakt usw. In diesem Fall erschien die Werbung in einer Fachzeitschrift, die sich an derzeitige – und zukünftige – Zigarrenraucher richtet. Die Botschaft wird anschließend von einem oder mehreren *Empfängern* entschlüsselt, die, wie Margaret, die Symbole anhand ihrer eigenen Erfahrungen interpretieren. Zum Schluss muss die Quelle *Feedback* (Rückkoppelung) ermöglichen, die die Reaktionen von Empfängern verwendet, um Aspekte der Botschaft zu verändern. Positive Reaktionen von Lesern veranlassten *Cigar Aficionado*, die Darstellung berühmter Frauen fortzusetzen. Der traditionelle Kommunikationsprozess ist in Abbildung 6.1 dargestellt.

6.1.3 Eine aktualisierte Perspektive: Interaktive Kommunikation

Ist das traditionelle Kommunikationsmodell auch nicht vollkommen falsch, so erklärt es doch nicht alles – vor allem in der heuigen dynamischen Welt der Interaktivität.[3] Das traditionelle Modell wurde zum Verständnis von Massenkommunikationen entwickelt, wo Informationen von einem Produzenten (Quelle) gleichzeitig an viele Konsumenten (Empfänger) übermittelt werden – normalerweise per Zeitung, Fernsehen oder Radio. Diese Perspektive sieht Werbung im Wesentlichen als einen Prozess der Informationsübermittlung an einen Käufer vor dem

Kauf. Eine Botschaft ist vergänglich, sie wird während einer relativ kurzen Periode wiederholt (vielleicht oft) und ‚vergeht', wenn eine neue ‚Kampagne' gestartet wird.

Das traditionelle Kommunikationsmodell wurde stark von einer Gruppe von Theoretikern beeinflusst, die als die Frankfurter Schule bekannt ist. Die Frankfurter Schule beherrschte die Massenkommunikationsforschung fast das ganze zwanzigste Jahrhundert. Laut dieser Theorie üben Medien einen direkten, starken Einfluss auf Individuen aus, und werden häufig von Machthabern eingesetzt, um die Menschen zu beherrschen und auszunutzen. Der Empfänger ist im Grunde passiv und lediglich der Behälter für viele Botschaften. Er kann leicht getäuscht oder überzeugt werden, um entsprechend den gehörten oder gesehenen Informationen zu handeln.

Nutzen und Belohnung

Ist das ein genaues Bild unserer Beziehung zur Marketingkommunikation? Befürworter der **Theorie von Nutzen und Belohnung (uses and gratifications theory)** argumentieren, dass Konsumenten eine aktive, zielorientierte Zuhörerschaft sind, die Massenmedien als Mittel der Bedürfnisbefriedigung benutzen. Anstatt zu fragen, was Massenmedien für oder mit Menschen tun, fragen sie, was die Menschen mit den Medien tun.[4]

Der Nutzen-und-Belohnung-Ansatz betont, dass Medien mit anderen Quellen konkurrieren um Bedürfnisse zu befriedigen, und dass diese Bedürfnisse sowohl Zerstreuung und Unterhaltung als auch Informationen beinhalten. Das bedeutet, dass sich die Grenze zwischen Marketinginformation und Unterhaltung noch mehr verwischt – besonders, da Firmen gezwungen sind, attraktivere Einzelhandelsverkaufsstellen, Kataloge und Webseiten zu gestalten, um das Interesse der Konsumenten zu wecken. Die Webseite von Toyota (www.toyota.com) bietet außer den neusten Spezifikationen über verfügbare Modelle auch Informationen zu Gartenarbeit, Reisen und Sport.

Forschungen mit jungen Leuten in Großbritannien haben herausgefunden, dass diese von der Werbung die Befriedigung zahlreicher Bedürfnisse erwarten, darunter Unterhaltung (manche gaben an, die Werbung sei besser als die Programme), Flucht vor der Wirklichkeit, Spiel (manche gaben an, die Jingles mitzusingen, andere machen aus Werbeanzeigen in Zeitschriften Poster) und Selbstbestätigung (Werbung kann die eigenen Werte verstärken oder Rollenmodelle liefern). Diese Perspektive beinhaltet aber nicht, dass Medien eine durchweg positive Rolle in unserem Leben spielen, sondern nur, dass Empfänger Informationen auf verschiedene Arten nutzen. Marketingbotschaften haben beispielsweise auch das Potenzial, die Selbstachtung zu schwächen. Dieser negative Einfluss wird durch den Kommentar einer Studienteilnehmerin illustriert. Sie bemerkte, dass sie beim Fernsehen mit ihrem Freund oft denkt: ‚„Oh weh, wie sehe ich dagegen bloß aus?' Also, da sitzt man neben seinem Freund und er sagt: ‚Schau dir die mal an. Was für ein toller Körper!'"[5]

Kommunikation aus Sicht der Interaktion

Die **interaktionistische Perspektive** der Kommunikation beschreibt menschliches Verhalten nicht wie das klassische Kommunikationsmodell als ‚mechanistisch'. Interaktionismus beruht auf drei grundlegenden Voraussetzungen von Kommunikation, die sich auf die Bedeutung von Objekten, auf Vorstellungen und auf Handlungen beziehen:[6]

1. Menschen handeln in Bezug auf Objekte entsprechend der Bedeutung, die diese für sie haben.
2. Die Bedeutung von Objekten wird von der sozialen Interaktion eines Menschen abgeleitet.
3. Die Bedeutung wird durch einen interpretativen Prozess verarbeitet und verändert, den eine Person benutzt, wenn sie mit dem betreffenden Objekt zu tun hat.

In der interaktionistischen Perspektive ist die Bedeutung externer Stimuli geringer; sie sieht Konsumenten als ‚Interpreten', wobei die Bedeutung nicht aus den Objekten an sich oder aus der Psyche entsteht, sondern aus interaktiven Mustern. Dieses Modell geht davon aus, dass Bedeutungen nicht ‚ein für allemal' feststehen und rasch aus dem Gedächtnis zurückgezogen werden können. Vielmehr werden sie in jeder kommunikativen Handlung neu geschaffen und interpretiert. Also muss die zentrale Rolle des ‚kommunizierenden Selbst' in Betracht gezogen werden. Das Selbst gilt bei der Schaffung der Bedeutung der zahlreichen Zeichen auf dem Markt eher als aktiver Teilnehmer, als als passiver Entschlüssler von Bedeutungen, die der Botschaft zu Grunde liegen können. Aus interaktionistischer Perspektive gibt es keinen Sender und Empfänger an sich, sondern nur *Kommunikatoren*, die ständig untereinander Botschaften senden und empfangen. Das Selbst ist sowohl Objekt (‚Mich') als auch Subjekt (‚Ich') der Handlung. Das ‚Mich' enthält das Bewusstsein des handelnden Selbst und wird in Beziehung zu den vergangenen Erfahrungen des Selbst und anderer gesehen. Somit besteht eine ständige Interpretation des Selbst und des Anderen als Objekte sowie des Kommunikationsobjekts (im traditionellen Kommunikationsmodell die „Botschaft"). Abbildung 6.2 zeigt einen Überblick über dieses interaktionistische Kommunikationsmodell.

Das Modell besteht aus verschiedenen Komponenten.[7] Die erste Komponente ist die der ‚Rolle und der Rollenübernahme'. Der Kommunikator spielt entsprechend den Drehbüchern vergangener Erfahrungen eine Rolle, interpretiert die Situation und handelt dementsprechend. Das sind Bemühungen, den ‚Anderen' aus der Perspektive des ‚Selbst' zu sehen. Aber bei dem Rollenspiel muss auch die Rolle des ‚Anderen' gespielt werden, damit man sich selbst oder das Selbst aus der Perspektive des Anderen sehen kann (Vorstellung des Bildes, das andere von uns haben könnten).

Die zweite Komponente ist die Orientierung. Sie besagt, dass die Rollen, die wir spielen, auf ein Objekt gerichtet sind. Dieses Objekt kann einer der Kommunikatoren sein, aber auch jede andere Vorstellung, Sache oder Person. In dem Maß, in dem die interpretativen Orientierungen der Kommunikatoren ähnlich sind, können wir sagen, dass Übereinstimmung oder

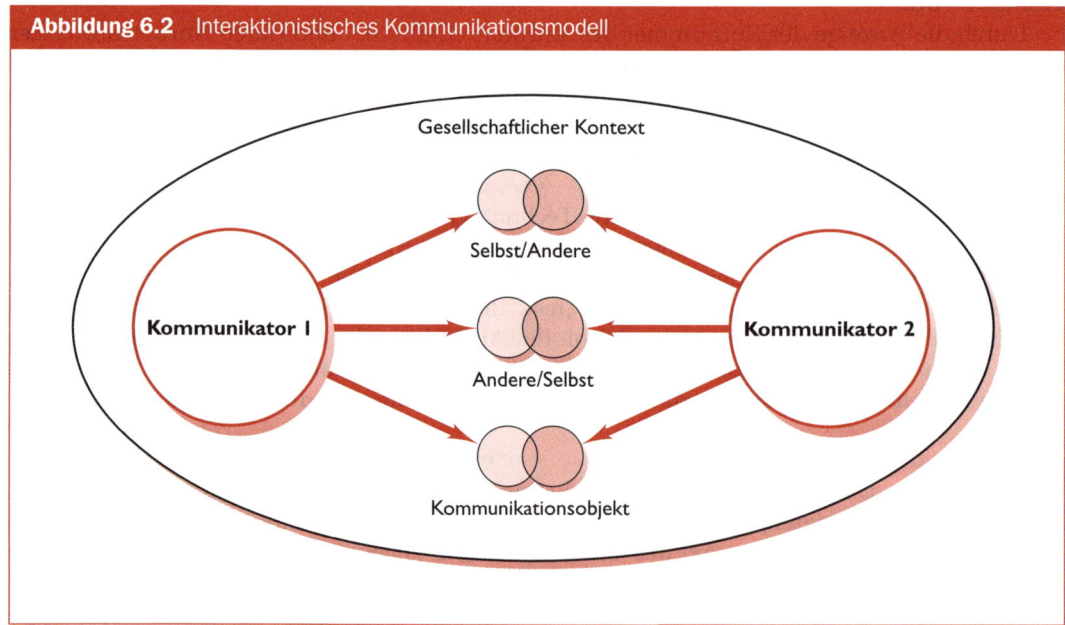

Abbildung 6.2   Interaktionistisches Kommunikationsmodell

Gesellschaftlicher Kontext

Selbst/Andere

Kommunikator 1

Andere/Selbst

Kommunikator 2

Kommunikationsobjekt

Kongruenz zwischen ihnen herrscht, und dass die Kommunikatoren die mit ihnen und dem Objekt verbundenen Bedeutungen teilen. Kongruenz ist im Allgemeinen eine Frage der Abstufung, weder ist vollkommene Kongruenz noch vollkommene Inkongruenz möglich. Schließlich gibt es noch die Komponente der gesellschaftlichen Zugehörigkeit, die davon ausgeht, dass Symbole und andere im kommunikativen Prozess verwendete kommunikative Vorrichtungen in einem bestimmten gesellschaftlichen Kontext auftauchen.

Als Beispiel betrachten wir eine Firma und ihre Werbeagentur. Als Teil des kreativen Prozesses spielt die Vorstellung, die die Werbeagentur von sich hat, der gewählte Zielmarkt, das in Frage stehende Produkt, die Werbekampagne und der gesellschaftliche Kontext des Landes bei der Interpretation der Botschaft, die die Werbeagentur schaffen und verbreiten möchte, eine Rolle. Auf ähnliche Weise sind die vergangenen Erfahrungen des Konsumenten mit den Produkten dieser Firma, die Bedeutungen, die der Konsument mit ihnen verbindet, der gesellschaftliche Hintergrund und der derzeitige Kontext (z. B. derzeitiges Bestreben), sowie die Werbekampagne, die in Beziehung zu früheren Werbekampagnen gesehen wird, wichtige Faktoren für die Interpretation der Werbekampagnenelemente und der daraus abgeleiteten Interpretation der gesamten Botschaft.

Wer hat die Fernbedienung?

Technologische und soziale Entwicklungen ermöglichen in zunehmenden Maß, dass Menschen eine interaktive Rolle in der Kommunikation spielen. Konsumenten sind immer aktiver werdende Partner – nicht nur, indem sie Botschaften interpretieren, sondern auch, indem sie im Kommunikationsprozess Botschaften selbst bilden. Sie helfen, Botschaften zu formen, die sie und andere empfangen und können außerdem diese Botschaften aktiv entdecken, und müssen nicht zu Hause sitzen und warten, bis sie sie im Fernsehen oder in der Zeitung sehen.

Eins der frühen Zeichen dieser Kommunikationsrevolution war die Fernbedienung. Seit Videogeräte in allen Haushalten üblich geworden sind, haben Konsumenten größeren Einfluss auf das, was sie sehen wollen – und wann sie es sehen wollen. Sie sind nicht mehr den Fernsehsendern ausgeliefert wenn sie ihr Lieblingsprogramm sehen wollen, und müssen auch nicht mehr auf ein Programm verzichten, weil es zur gleichen Zeit wie ein anderes ausgestrahlt wird.

Durch die Anzeige der Rufnummer des Anrufers (Caller ID) und durch Anrufbeantworter können wir die Quelle der Botschaft erkennen, bevor wir den Hörer abnehmen, und können somit selbst entscheiden, ob wir einen Anruf zum Beispiel während des Abendessens annehmen oder nicht. Im Internet finden wir Gleichgesinnte rund um den Globus, wir können Informationen über Produkte abfragen und sogar Produktdesignern und Marktforschern Vorschläge machen.

Als letztes Beispiel betrachten wir eine Technologie namens *Radio Data System* (RDS), die von der BBC in Großbritannien eingeführt wurde. Dieses System ermöglicht einem Radiosender auf ungenutzten Teilen der Frequenz, dem „Zwischenträger", Daten zu übermitteln. Mit dem RDS können Zuhörer Informationen ‚festhalten', und es gibt dem Sender und dessen Inserenten Feedback in Bezug auf ihre Wahl. Ein Autofahrer, der ein neues Lied hört, das ihm gefällt, kann mehr Informationen über die Musiker verlangen, oder auch Namen und Adressen von Einzelhändlern erhalten, die ein im Radio vorgestelltes Produkt verkaufen.[8]

Stufen der interaktiven Reaktion

Wenn man die Dynamik interaktiver Marketingkommunikation verstehen will, muss man zunächst genau definieren, was eine Reaktion ist.[10] Die frühe Perspektive von Kommunikation sah Feedback primär als eine Art des Verhaltens: Ging der Empfänger sofort los und kaufte die neue Seife, nachdem er der Werbung ausgesetzt war?

Dieses traditionelle Kommunikationsmodell geht von der Perspektive aus, dass die Information von einer Quelle (Hersteller) zu einem Empfänger (Konsument) auf relativ einseitige Art transferiert wird. Eine dynamischere Perspektive zwischen Konsument und Marketingkommunikation stellt die Nutzen-und-Belohnungs-Theorie dar, die den Konsumenten als aktives, zielorientiertes Publikum sieht. Diese Perspektive geht davon aus, dass manche Konsumenten die Anzeige auf der linken Seite einfach ignorieren. Andere können sie ablehnen, Gegenargumente zu der Botschaft entwickeln oder die Botschaft in Bezug auf das, was sie ihnen bedeutet, verarbeiten. Ob sie ignoriert, abgelehnt, akzeptiert oder verarbeitet wird, in jedem Fall dient die Botschaft als dynamische Verbindung zwischen Sender und Empfänger.

Es gibt aber noch zahlreiche andere Reaktionen: Marken können uns bewusst gemacht werden, wir können über Produktmerkmale informiert oder daran erinnert werden, dass wir ein neues Produkt kaufen müssen, wenn das frühere aufgebraucht ist, und – was vielleicht noch wichtiger ist – es können langfristige Beziehungen aufgebaut werden. Somit ist der Kauf *eine* Art von Reaktion, aber zukunftsorientierte Marketingexperten stellen fest, dass Kunden mit ihnen auf anderen wertvollen Wege interagieren können. Aus diesem Grund unterscheiden wir zwischen zwei grundlegenden Arten von Feedback.

Erstrangige Reaktion   Direkte Marketingträger wie Werbeanzeigen in Katalogen und im Fernsehen sind interaktiv: Wenn sie erfolgreich sind, führen sie zu einer Bestellung, also zu einer definitiven Reaktion. Denken wir an ein Produktangebot, das als *erstrangige Reaktion* direkt einen Kauf auslöst. Zusätzlich zum steigenden Einkommen sind Verkaufszahlen eine wertvoller Anzeiger von Feedback und ermöglichen Marketingexperten darüber hinaus, die Effizienz ihrer Kommunikationsbemühungen zu messen.

Zweitrangige Reaktion   Eine Marketingkommunikation muss aber nicht zu einem unmittelbaren Kauf führen, um eine wichtige Komponente des interaktiven Marketing zu sein. Botschaften können nützliche Reaktionen von Kunden auslösen, auch wenn die Empfänger nicht sofort eine Bestellung tätigen, nachdem sie der Kommunikation ausgesetzt waren. Feedback als Reaktion auf eine Marketingbotschaft, das nicht in Form einer Transaktion auftritt, ist eine *zweitrangige Reaktion.*

Eine zweitrangige Reaktion kann in Form einer Anfrage nach mehr Informationen über eine Ware, eine Dienstleistung oder eine Organisation auftreten, oder auch als eine ‚Wunschliste' des Kunden, auf der die Art der Produktinformation spezifiziert wird, die der Kunde in Zukunft erhalten möchte. Eine zweitrangige Reaktion kann auch in Form von Empfehlungen potenzieller Kunden auftreten. Die beiden Telefongiganten MCI und British Telecom bieten Kunden, die ihnen die Telefonnummern von Personen geben, die sie regelmäßig anrufen, einen Nachlass von 20%. Anschließend bombardieren die Telefongesellschaften diese Personen mit Werbebotschaften, um sie zum Wechseln der Telefongesellschaft zu bringen.

Der *Pepperidge Farm No Fuss Pastry Club* ist ein Programm, das auf zweitrangige Reaktionen setzt. Es soll veranschaulichen, wie eine Firma direkt zu Benutzern Kontakt aufnimmt, ohne dass sie versucht, sofort etwas zu verkaufen. Der Club hat über 30.000 Mitglieder, die durch eine Kombination von Werbetätigkeiten wie Angebote in Zeitschriften oder auf Verpackungen der Pepperidge-Farm Produkte, Publicity durch Zeitungsberichte über den Club oder in Lebensmittelgeschäften ausliegende Anmeldeformulare gewonnen wurden. Die Pepperidge Farm macht Umfragen, um die Einstellungen ihrer Mitglieder zu Themen, die das Geschäft betreffen, zu erfahren, und sammelt wertvolle Informationen darüber, wie diese Personen gefrorene Blätterteigprodukte verwenden.[11] Das Hauptziel der Firma ist nicht eine erstrangige Reaktion auf gefrorene Blätterteigprodukte. Sie weiß, dass die zweitrangigen Reaktionen der Klubmitglieder zu langfristiger Kundentreue führen – und somit zu wesentlich mehr erstrangigen Reaktionen.

6.2 Die Quelle

Unabhängig davon, ob wir eine Nachricht per ‚Schneckenpost' oder per E-Mail erhalten – unser Verstand sagt uns, dass die gleichen Worte von verschiedenen Personen unterschiedliche Wirkungen haben können. Über dreißig Jahre lang wurden *Quellenwirkung*en erforscht. Wenn man die gleiche Botschaft verschiedenen Quellen zuordnet und die Stufe der Einstellungsänderung mißt, die nach dem Hören der Botschaft auftritt, kann festgelegt werden, welche Aspekte eines Kommunikators zu einer Änderung der Einstellung führen.[12]

Im Allgemeinen hat die Quelle einer Botschaft einen großen Einfluss darauf, ob die Botschaft akzeptiert wird oder nicht. Die Wahl einer Quelle zur Maximierung der Einstellungsänderung kann in vielen Dimensionen eingesetzt werden. Eine Quelle kann gewählt werden, weil sie Experte, attraktiv, berühmt oder ein ‚typischer' Konsument ist, der sowohl sympathisch als auch vertrauenswürdig ist. Zwei wichtige Merkmale von Quellen sind *Glaubwürdigkeit* und *Attraktivität*.[13]

Wie entscheiden Marketingexperten, welche Dimension sie betonen? Es sollte eine Verbindung zwischen den Bedürfnissen des Empfängers und den von der Quelle gebotenen potenziellen Belohnungen bestehen. In diesem Fall ist der Empfänger stärker motiviert, die Botschaft zu verarbeiten. Menschen, die beispielsweise für soziale Akzeptanz und die Meinungen anderer empfänglich sind, werden leichter von einer attraktiven Quelle überzeugt, während solche, die mehr innerlich orientiert sind, sich eher von einer glaubwürdigen, fachkundigen Quelle überzeugen lassen.[14]

Die Wahl kann auch von der Art des Produkts abhängen. Während eine positive Quelle helfen kann, das Risiko zu senken und die Botschaftsakzeptanz zu steigern, sind bestimmte Arten von Quellen bei der Reduzierung bestimmter Risiken wirksamer. Fachleute sind effizient wenn es darum geht, Einstellungen zu Gebrauchsgütern mit hohem *Leistungsrisiko* zu ändern. Staubsauger gehören zum Beispiel in diese Produktkategorie, denn sie können komplex sein und nicht den Erwartungen entsprechend funktionieren. Berühmtheiten sind effizienter, wenn sie für Schmuck oder Möbel werben, also für Produkte, die ein hohes *soziales Risiko* bergen. Der Benutzer solcher Produkte ist sich deren Wirkung auf den Eindruck bewusst, den andere dadurch von ihm haben. ‚Typische‘ Konsumenten, die eine attraktive Quelle sind, weil sie dem Empfänger ähneln, sind am effizientesten, wenn sie für alltägliche Produkte ohne hohes Risiko werben, wie zum Beispiel Kekse.[15]

6.2.1 Glaubwürdigkeit der Quelle

Die **Glaubwürdigkeit der Quelle** bezieht sich auf den wahrgenommenen Sachverstand einer Quelle, seine Objektivität und seine Vertrauenswürdigkeit. Sie bezieht sich weiterhin auf die Überzeugung des Konsumenten, dass der Kommunikator kompetent und bereit ist, die zum Vergleich konkurrierender Produkte notwendige Information zu liefern. Eine glaubwürdige Quelle kann vor allem dann überzeugend sein, wenn der Konsument noch nicht viel über das Produkt weiß, oder sich noch keine Meinung darüber gebildet hat.[16]

Glaubwürdigkeit aufbauen

Glaubwürdigkeit kann verstärkt werden, wenn die Qualifikationen einer Quelle als relevant für das betreffende Produkt empfunden werden. Der Fußballspieler Gary Lineker ist in den Vereinigten Staatenzum Beispiel als ‚Mr Nice‘ bekannt. Dieses Merkmal seiner Persönlichkeit baute der Biskuithersteller Walker in seine Werbung ein, die angab, dass   Walkers Bisquits so ‚nett sind, dass die nettesten Leute sie klauen würden‘ *(Walker's crisps are so nice that the nicest people would nick them).* Vor der Werbekampagne lag die spontane Wahrnehmung der Werbung Walkers bei 40 Prozent. Nach den Streichen von Lineker, der kleinen Jungen Biskuitpakete klaut, lag die Wahrnehmung nie unter 60 Prozent und der Absatz ging steil nach oben.[17] Ähnlich diente Ronald Biggs, der 1963 mit dem großen englischen Eisenbahnraub Ruhm erlangt hatte, in seinem Exil in Brasilien einer dortigen Firma für Türschlösser als erfolgreicher Sprecher. In diesem Bereich kennt er sich schließlich aus![18]

Voreingenommenheit der Quelle

Die Überzeugung eines Konsumenten von den Attributen eines Produkts kann geschwächt werden, wenn die Quelle bei der Präsentation von Informationen als voreingenommen wahrgenommen wird.[19] *Wissensvoreingenommenheit* impliziert, dass die Quelle kein genaues Wissen über das betreffende Thema hat. *Berichtvoreingenommenheit* entsteht, wenn eine Quelle das erforderliche Wissen hat, aber ihre Bereitschaft, es genau zu übermitteln, kompromittiert ist. Das ist zum Beispiel bei dem Experten der Fall, der für ein Produkt wirbt. Während seine Referenzen echt sein mögen, kompromittiert die Tatsache, dass der Experte als ‚bezahlter Killer‘ engagiert wurde, seine Glaubwürdigkeit.

6.2.2 Attraktivität der Quelle

Die **Attraktivität der Quelle** bezieht sich auf den wahrgenommenen, sozialen Wert der Quelle. Diese Qualität kann aus der äußeren Erscheinung der Person enstehten, ihrer Persönlichkeit, ihrem sozialen Status oder ihrer Ähnlichkeit mit dem Empfänger (wir hören lieber auf Leute, die uns ähnlich sind).

Starpower: Berühmtheiten als Kommunikationsquellen

Der Anblick eines Starmodels, das eine Zigarre hält, hat Margarets Einstellung zum Zigarrrenrauchen stark beeinflusst. Der Einsatz von in der Werbung ist eine teure, aber weit verbreitete Strategie. Der hohe finanzielle Aufwand kann sich lohnen.[20] OasisSoftdrinks ist ein gutes Beispiel: 1995 brachte Oasis, Großbritanniens Marktführer im Bereich Softdrinks für Erwachsene, einen erfolgreichen Softdrink auf den Markt. Das Getränk schlug Kapital aus der dynamischen Persönlichkeit des Fernsehstars und Transvestiten Lily Savage, die den Filmkommentar für die Werbung lieferte. Lily Savage schien aufgrund ihrer umfassenden, unvergesslichen Persönlichkeit und ihrer Beliebtheit bei jungen Menschen die ideale Quelle für die Vermarktung der Oasismarke. Sie gilt als realistisch, britisch und sehr humorvoll – genau die Art der Einstellung, mit der man die Marke verbinden wollte.[21]

Wenn sie richtig eingesetzt werden, können Berühmtheiten oder Experten von großem Wert bei der Vermarktung eines Produktes sein. Berühmtheiten steigern die Wahrnehmung von Firmenwerbung und verbessern sowohl das Image der Firma als auch die Einstellung zur jeweiligen Marke.[22] Ein Grund für diese Effizienz ist, dass Konsumenten eher in der Lage sind, Produkte zu identifzieren, wenn sie sie mit einem Sprecher assoziieren.[23]

Allgemeiner ausgedrückt funktioniert Starpower, weil Berühmtheiten *kulturelle Werte* repräsentieren – sie symbolisieren wichtige Kategorien wie Status und Gesellschaftsklassen (z. B. eine ‚Heldin der Arbeiterklasse‘ wie Roseanne), Geschlecht (z. B. ein ‚männlicher Mann‘ wie Sylvester Stallone oder Paul Hogan), Alter (z. B. der jungenhafte Michael J. Fox) und sogar bestimmte Typen (z. B. der exzentrische Kramer in *Seinfeld).* Idealerweise entscheidet der Inserent zuerst, welche Bedeutungen das Produkt vermitteln soll (d. h. welche Position es auf dem Markt einnehmen soll), und wählt dann die Berühmtheit, die diese Bedeutung hervorruft, aus. So geht die Bedeutung des Produkts vom Hersteller auf den Konsument über, wobei der Star als Medium eingesetzt wird.[24]

Berühmte Menschen können effizient sein, weil sie glaubwürdig oder attraktiv oder beides sind – je nach dem Grund für ihre Berühmtheit. Der Computerguru Bill Gates ist kaum ein ‚Sexsymbol‘, aber er könnte sehr effizient sein, wenn es darum ginge, die Einstellungen von Menschen zu unbegrenztem Internetzugang zu beeinflussen. Elizabeth Hurley gilt zwar nicht als Expertin in Kosmetikfragen, aber Estée Lauder erwartet von ihr, dass sie eine überzeugende Quelle für Botschaften über Parfüms und Kosmetikartikel ist.

Die Effizienz von Berühmtheiten als Kommunikationsquellen hängt oft von der wahrgenommenen Glaubwürdigkeit ab. Konsumenten können den Motiven einer Berühmtheit für Produktwerbung nicht vertrauen, oder sie können die Kompetenz des Stars, dem Anspruch des Produkts gerecht zu werden, bezweifeln. Die ‚Glaubwürdigkeitskluft‘ scheint mit der Zeit größer zu werden. In einer Studie, die sich über ein Jahr erstreckte, stieg die Anzahl der Konsumenten, die Werbung von Berühmtheiten ‚wenig glaubwürdig‘ fanden, auf 52 Prozent. Der größte Vertrauensschwund ist unter Jugendlichen zu finden, von denen 64 Prozent denken, dass Berühmtheiten nur wegen des Geldes Werbung machen.[25] Die Glaubwürdigkeit wird

Manche Berühmtheiten wollen ihre Glaubwürdigkeit nicht aufs Spiel setzen und werben nur in anderen Ländern für Produkte. Viele Berühmtheiten, die kaum in amerikanischer Werbung zu sehen sind, erscheinen häufig in Japan. So wirbt Mel Gibson für Asahi Bier, Sly Stallone für Kirin Bier, Sean Connery wirbt für Ito Schinken und die Sängerin Sheena war in einer Werbung für Shochu Likör zu sehen – im Kimono und mit Perücke. Sogar der normalerweise zurückhaltende Schauspieler und Filmdirektor Woody Allen trat in einer Werbekampagne für ein großes Kaufhaus in Tokio auf. [26]

noch mehr gefährdet, wenn Berühmtheiten für Produkte werben, zu denen sie nicht richtig stehen, oder die sie in manchen Fällen gar nicht benutzen. Nachdem Pepsi dem Sänger Michael Jackson über 5 Millionen Dollar für einen Werbeauftrag bezahlt hatte, war das Unternehmen von seinem späteren Geständnis, er trinke kein Cola, nicht gerade begeistert – und Cola-Fans genauso wenig.[27]

Damit Werbekampagnen mit Berühmtheiten effizient sind, muss der Endorser ein klares, populäres Image haben. Darüber hinaus sollte das Image der Berühmtheit dem Image des Produkts gleichen – dieser Effekt ist als Match-up-Hypothese bekannt.[28] Viele Werbestrategien mit Stars scheitern, weil der Endorser nicht sorgfältig genug ausgesucht wurde. Manche Marketingexperten sind der Meinung, dass die Berühmtheit einer Person ausreicht, um sie zum einem guten Sprachrohr zu machen.

Die Images von Berühmtheiten können aber getestet werden, um die Wahrscheinlichkeit der Akzeptanz durch die Konsumenten zu steigern. Eine weit verbreitete Technik ist das so genannte ,Q' Rating (wobei Q für Qualität steht), das ein Marktforschungsinstitut entwickelt hat. Dieses Rating zieht bei Umfragen zwei Faktoren in Betracht: Den Vertrautheitsgrad eines Konsumenten mit einem Namen und die Anzahl der Befragten, die angeben, dass sie eine Person, ein Programm oder eine Figur besonders mögen. Obwohl das Q Rating nicht die anspruchsvollste Forschungstechnik ist, erkennt es an, dass die Vertrautheit mit dem Namen einer Berühmtheit nicht ausreicht, um deren Beliebtheit zu messen, da manche sehr bekannte Menschen auch sehr unbeliebt sind. Zu Berühmtheiten mit einem niedrigen Q Rating gehören der Sänger Michael Jackson, Madonna und Cyndi Lauper, ein hohes Rating haben Stevie Wonder, Billy Joel, Phil Collins, Whitney Houston, Cher und Dolly Parton.[29] Aber sogar ein hohes Q Rating ist keine Garantie für Erfolg, wenn das spezifische Image der Berühmtheit nicht zu dem jeweiligen Produkt passt.

Ein weiteres potentielles Problem sind Berühmtheiten, die sich ,schlecht betragen'. Pepsi hörte auf, Michael Jackson zu sponsern, nachdem der Sänger der Kindesmisshandlung angeklagt worden war. Madonna traf ein ähnliches Schicksal, als sie ihr kontroverses Musikvideo *Like a Prayer* herausbrachte. Nicht zu vergessen O.J. Simpson …

Um solche Probleme zu vermeiden, enthalten jetzt die meisten Werbeverträge eine Moralklausel, durch die ein Unternehmen eine Berühmtheit entlassen kann, wenn dies gerechtfertigt ist.[30] Andere Inserenten sehen sich nach weniger kapriziösen Figuren um – wie Bugs Bunny – die im Allgemeinen nicht solchen Ärger machen!

Trotz dieser ‚Glaubwürdigkeitskluft' werben manche Berühmtheiten für so viele Produkte, dass man sie als ‚Dauerwerber' betrachten kann. John Cleese zum Beispiel wirbt für neun verschiedene Unternehmen, die von Softdrinks über Telekommunikation bis zu Antiraucher-Kampagnen alles bieten (Schweppes, Sainburys, Talking Pages, American Express, Sony, Compaq, Cellnet, Norwich Union Direct und Antiraucher). Hier ist die in diesem Kapitel bereits besprochene interaktive Kommunikation beteiligt: ‚Zwischen dem Publikum und einer Person wie Cleese besteht eine Art Kameradschaft. Er weiß, dass wir wissen, dass er etwas verkauft, aber wenn er uns unterhält, fesselt oder überrascht, dann verzeihen wir ihm.'[31]

‚Was schön ist, ist gut'

Wohin wir uns auch wenden, überall versuchen Menschen uns zu überzeugen, etwas zu kaufen oder zu tun. Unsere Gesellschaft schätzt körperliche Attraktivität hoch ein, und wir neigen zu der Annahme, dass Menschen, die gut aussehen, klüger, vornehmer und besser sind. Diese Annahme nennt man *Halo-Effekt*. Er taucht dann auf, wenn von Personen, die in einem Bereich hoch gestellt sind, angenommen wird, dass sie auch in anderen Bereichen Hervorragendes leisten. Der Effekt kann in den Begriffen des Konsistenzprinzips erläutert werden, das in Kapitel 5 vorgestellt wurde, und das davon ausgeht, dass sich Menschen wohler fühlen, wenn alle Urteile, die sie über eine Person haben, zusammenpassen. Diese Auffassung hat zu dem Stereotyp ‚was schön ist, ist gut' geführt.[32]

Eine körperlich anziehende Quelle erleichtert die Änderung von Einstellungen. Der Grad der Attraktivität hat zumindest eine geringfügige Wirkung auf die Kaufabsicht oder die Produktbeurteilung des Konsumenten.[33] Wie ist das möglich?

Die Logik, die hinter der Match-up-Hypothese für Berühmtheiten steht, gilt auch für Models, die äußerlich anziehend, aber (noch) nicht berühmt sind. Es werden bestimmte Schönheitstypen unterschieden, die zu bestimmten Markenimages passen. Die brasilianische Werbung für Pepsi Light zeigt einen gesunden Schönheitstyp, dessen Körper mit Pepsi Light assoziiert wird. [34]

MARKETINGCHANCE

Laut der globalen Werbekampagne von Gillette, dem Unternehmen für Rasierzubehör mit Sitz in Boston, ist, *das Beste, was ein Mann jeden Morgen bekommen kann'* eine saubere Nassrasur, Rasiercreme und die dazugehörigen Artikel. Aber ist eine Nassrasur auch das Beste, was eine europäische Frau bekommen kann? Mit dieser Frage mussten sich Gillette und andere Unternehmen befassen, als sie ihre neue Palette von speziell für Frauen entworfenen Rasiersystemen in Europa auf den Markt brachten, wobei sie hofften, Frauen zur Nassrasur bringen zu können. Derzeit sind die größten Märkte der Welt die Vereinigten Staaten, Indien und Russland. In Osteuropa waren Rasierklingen während der kommunistischen Ära Mangelware. Heute explodiert der Verkauf von Rasierapparaten in Ländern wie Russland und Polen.

In Westeuropa ist ein riesiges Marktpotenzial. Nur 30% der europäischen Frauen rasieren sich nass, gegenüber 75% in den Vereinigten Staaten. Noch wichtiger aber ist, dass es eine große Anzahl von Frauen gibt, die ihre Achsel- und Beinhaare überhaupt nicht entfernen. Würde der Prozentsatz der Frauen in Europa, die sich nass rasieren, das amerikanische Niveau erreichen, so würde der Gesamtumsatz an Rasierklingen jährlich um 500 Millionen steigen.

Im Unterschied zu den Vereinigten Staaten, wo sich die Frauen schon seit Jahrzehnten die Körperhaare entfernen, ist die Einstellung der Frauen in Europa anders und wurzelt oft in gesellschaftlichen Traditionen, wirtschaftlichen Bedingungen und verschiedenen Auffassungen von Schönheit. Solche Verhaltensweisen werden häufig in der Familie oder von weiblichen Rollenmodellen gelernt und es ist schwer, von der Gesellschaft überliefertes Verhalten zu ändern. In Frankreich und Großbritannien rasieren sich die meisten Frauen wie in den Vereinigten Staaten nass. Auch in Spanien entfernen die Frauen ihre Körperhaare – eine Sitte, die auf den maurischen Einfluss zurückzuführen ist – aber die Spanierinnen gehen meistens in Kosmetikstudios oder entfernen sich die Haare zu Hause mit heißem Wachs. In Deutschland ist es eine Generationsfrage, wobei sich die jungen Frauen eher nass rasieren, da sie durch Medien, Kino, Reisen und durch Starmodels mit glatten Beinen und Achseln beeinflusst wurden.

Wegen der komplexen Marktstrukturen stehen Unternehmen für Rasierzubehör vor zwei Herausforderungen: Zum einen müssen sie Frauen, die sich nass rasieren (aber meistens nur mit einem einfachen, in der Dusche liegenden Rasierer), dazu bringen, dass sie auf die neuen Rasiersysteme umsteigen, zu denen ergonomisch geformte Rasierapparate in Pastelltönen, eingearbeitetes Gleitmittel und spezielle Klingenelemente gehören, mit denen die Frauen sich nicht schneiden oder kratzen können. Zum Anderen müssen Frauen überhaupt erst dazu gebracht werden, sich zu rasieren – und zwar nass.[35]

Eine Erklärung ist, dass körperliche Attraktivität als Aufhänger fungiert, der die Informationsverarbeitung erleichtert oder verändert, indem er die Aufmerksamkeit des Konsumenten auf relevante Marketingstimuli lenkt. Einiges deutet darauf hin, dass Konsumenten Werbung mit attraktiven Personen mehr Aufmerksamkeit schenken – aber nicht unbedingt dem dazugehörigen Werbetext.[36] Das bedeutet, dass eine Werbeanzeige mit einem schönen Menschen vielleicht größere Chancen hat bemerkt zu werden, dass sie aber nicht zwangsläufig gelesen wird. Wir schauen schöne oder elegante Menschen zwar gern an, aber diese positiven Gefühle beeinflussen nicht unbedingt Produkteinstellungen oder Kaufabsichten.[37]

Schönheit kann auch als Informationsquelle dienen. Die Effizienz von sehr attraktiven Sprechern in Werbeanzeigen ist weitgehend auf solche Situationen begrenzt, in denen das inserierte Produkt klar mit Attraktivität oder Sexualität zusammenhängt.[38] Die *soziale Anpas-*

sungsperspektive geht davon aus, dass Informationen, die bei der Bildung von Einstellungen als instrumental gelten, vom Empfänger stärker abgewogen werden. Wir sondern irrelevante Informationen aus, um die kognitiven Anstrengungen zu minimieren.

Unter den richtigen Umständen stellt der Attraktivitätsgrad eines Endorsers eine für den Einstellungsänderungsprozess instrumentale Informationsquelle dar, und fungiert somit als zentraler, aufgabenrelevanter Aufhänger.[39] Aus diesem Grund ist ein attraktiver Sprecher eher eine effiziente Quelle, wenn das Produkt für seine Attraktivität relevant ist. Zum Beispiel beeinflusst Attraktivität Einstellungen zu Parfüm- oder Aftershavewerbung (wo Attraktivität relevant ist), aber nicht zu Kaffeewerbung, wo Attraktivität nicht relevant ist. Und zu guter Letzt hängt auf dem globalen Markt die Vorstellung von ‚Schönheit' und ‚Attraktivität' von der jeweiligen Gesellschaft ab (siehe ‚Marketingchance' für Gillette auf S. 192).

Der Schläfereffekt

Während im Allgemeinen positive Quellen Einstellungen ändern können, kann es auch Ausnahmen geben. Manchmal ist eine Quelle abstoßend oder unbeliebt, vermittelt aber trotzdem die Produktbotschaft auf effiziente Weise. In manchen Instanzen scheinen die Unterschiede der Einstellungsänderungen zwischen positiven und weniger positiven Quellen mit der Zeit zu verschwinden. Nach einer Weile vergessen die Menschen die negative Quelle und ändern ihre Einstellungen. Diesen Prozess nennt man **Schläfereffekt**.[40]

Bevor wir eine Erklärung für den Schläfereffekt liefern, wollen wir uns mit der grundlegenderen Frage befassen, ob und wann er tatsächlich auftritt. Ursprünglich ging die *dissoziative Aufhängerhypothese* davon aus, dass Botschaft und Quelle mit der Zeit im Gedächtnis des Konsumenten dissoziiert werden. Die Botschaft bleibt allein im Gedächtnis zurück, wobei sie die ‚Schläfereffekt' genannte, verzögerte Einstellungsänderung verursacht.[41] Eine neuere Erklärung ist die *Verfügbarkeit-Valenz-Hypothese*, die die kritische Selektivität des Gedächtnisses hervorhebt, die auf begrenzte Kapazität zurückzuführen ist.[42] Wenn die mit der negativen Quelle verbundenen Assoziationen weniger verfügbar sind, als die mit der Botschaftsinformation verbundenen Assoziationen, wirkt der restliche Einfluss der Botschaft verstärkend auf die Überzeugung. Entsprechend dieser Auffassung tritt der Schläfereffekt nur dann ein, wenn die Botschaft tief verschlüsselt ist. In diesem Fall löst sie stärkere Assoziationen im Gedächtnis aus als die Quelle.[43]

6.2.3 Länder als Endorser

Machen Sie einen Unterschied zwischen australischen und chilenischen Weinen? Legen Sie Wert auf einen original griechischen Schafskäse oder scheuen Sie keine Mühen, um Ihren Gäste einen echten italienischen Grappa zu servieren? Wenn ja, dann lassen Sie sich – wie die meisten Konsumenten – bei der Beurteilung und Auswahl von Produkten *manchmal* von den Informationen über das Herkunftssland beeinflussen. Das wesentliche Wort ist *manchmal,* da die Wirkung von Informationen über das Herkunftsland von stark über schwach bis zu nicht vorhanden reichen kann. Auf kognitiver Ebene gibt es viele Produkte, für die zusätzliche Informationen über das Herkunftsland keine oder nur eine geringfügige Rolle in unserem Entscheidungsprozess spielen. So überlegen die meisten Konsumenten nicht lange, wenn sie einen in China oder auf den Philippinen hergestellten Taschenrechner kaufen, weil sie davon ausgehen, dass ‚einfache' Technologien sich bis über die Grenzen verbreitet haben und dass weniger industrialisierte Länder genauso gute Taschenrechner herstellen wie jedes andere Land.

Auch Technologien der Mode- und Bekleidungsindustrie haben sich in der ganzen Welt verbreitet – aber hätten Sie lieber einen Anzug von Armani aus Italien oder von den Philippinen? Forschungen haben ergeben, dass ein starker Markenname ein Produkt, das in einem Land mit unbekanntem oder schwachen Image hergestellt wurde, kompensieren kann. Geräte von Sony können in weniger industrialisierten Ländern zusammengebaut werden, aber Konsumenten sind von der Qualität überzeugt, die sie mit dem Namen Sony verbinden. Ein Hemd mit dem wohlklingenden Namen Ralph Lauren oder Lacoste kann auf den Malediven oder in Sri Lanka genäht worden sein, aber für Konsumenten stimmen das Modedesign und die Qualitätskontrollen mit den Vorstellungen, die sie von diesen Markennamen haben, überein. Honda hat sogar Autos, die in den Vereinigten Staaten hergestellt wurden, nach Japan zurücktransportieren lassen – was die Überzeugung von der Qualität der ‚American-made' Hondas beweist!

Wie Markennamen liefern auch Informationen über das Herkunftsland dem Konsumenten auf Kognition basierende Informationen und lösen affektive Reaktionen aus. Obwohl es unterschiedliche Forschungsergebnisse zu den Wirkungen des Herkunftslandes gibt, steht fest, dass das ‚Made in'-Label je nach Konsumsituation (russischer Kaviar kann auf Ihre Vorgesetzte einen guten Eindruck machen, aber was würde sie sagen, wenn Sie mit einem russischen Wagen vorfahren würden?) und dem Grad, in dem wir mit dem Produkt oder der Dienstleistung involviert sind, wichtig für uns sein. Mit zunehmendem Patriotismus, Regionalismus und der stärker werdenden ethnischen Identität auf der ganzen Welt werden Länder und Regionen sowie von Ländern gesponserte Exportagenturen auch in Zukunft für ihr jeweiliges Land und seine positiven Assoziationen werben.[44]

6.3 Die Botschaft

Eine groß angelegte Studie, die mit über 1000 Werbeanzeigen durchgeführt wurde, identifizierte die Faktoren, die offensichtlich darüber entscheiden, ob eine Werbebotschaft überzeugt oder nicht. Das wichtigste Merkmal war, ob die Kommunikationen eine markenspezifische Botschaft enthielten. In anderen Worten: Hoben die Kommunikationen ein einziges Attribut oder einen einzigen Nutzen des Produkts hervor? Andere gute und schlechte Elemente sind in Tabelle 6.1 dargestellt.[45]

Merkmale der Botschaft helfen, ihren Einflusse auf Einstellungen festzulegen. Diese Variablen bestimmen, *wie* die Botschaft gesagt wird und *was* gesagt wird. Hier sind einige der Fragen, mit denen sich Marketingexperten auseinander setzen müssen:

- Soll die Botschaft in Worten oder in Bildern übermittelt werden?
- Wie oft soll die Botschaft wiederholt werden?
- Soll eine Schlussfolgerung gezogen, oder soll dies dem Zuhörer überlassen werden?
- Sollen beide Seiten eines Standpunktes dargelegt werden?
- Ist ein offener Vergleich mit den Produkten der Konkurrenz sinnvoll?
- Sollen deutliche sexuelle Appelle eingesetzt werden?
- Sollen negative Gefühle, wie Angst, erzeugt werden?
- Wie konkret oder lebendig sollen Aussagen und Metaphorik sein?
- Soll die Werbung humorvoll sein?

6.3.1 Sendung der Botschaft

Der Spruch ‚Ein Bild sagt mehr als tausend Worte' geht von der Vorstellung aus, dass visuelle Stimuli einen großen wirtschaftlichen Einfluss haben können, besonders wenn der Kommunikator die emotionalen Reaktionen des Empfängers beeinflussen will. Aus diesem Grund legen Inserenten oft viel Wert auf lebendige und kreative Illustrationen oder Fotografien.[46]

Bei der Vermittlung von sachlichen Informationen ist ein Bild vielleicht nicht so effizient. Werbeanzeigen mit der gleichen Information, die sowohl in visueller als auch in verbaler Form präsentiert wurden, haben unterschiedliche Reaktionen ausgelöst. Die verbale Version beeinflusst die Beurteilung von nutzbringenden Aspekten eines Produkts, während die visuelle Version ästhetische Urteile beeinflusst.[47]

Verbale Elemente sind effizienter, wenn sie durch ein begleitendes Bild verstärkt werden, besonders, wenn die Illustration vom Text *umrahmt* ist (die Botschaft des Bildes hängt stark mit dem Werbetext zusammen).[48]

Eine verbale Botschaft erfordert mehr Anstrengungen zur Verarbeitung und ist somit eher für Situationen mit hohem Involvement geeignet, wie zum Beispiel in einem gedruckten Kontext, wo der Leser motiviert ist, der Werbung mehr Aufmerksamkeit zu schenken. Weil verbales Material im Gedächtnis schneller gelöscht wird, sind mehrere Konfrontationen notwendig, um die gewünschte Wirkung zu erzielen. Visuelle Bilder dagegen ermöglichen dem Empfänger zum Zeitpunkt der Verschlüsselung Informationen zu ‚pressen' (siehe Kapitel 3). Dies hinterlässt im Gedächtnis mehr Spuren, was beim langfristigen Abruf behilflich ist.[49]

Visuelle Elemente können Markeneinstellungen auf zwei Arten beeinflussen. Erstens kann der Konsument Interferenzen zu der Marke bilden und seine Überzeugung aufgrund der Metaphorik einer Darstellung ändern. Personen, die zum Beispiel eine Werbung für Schachteln mit Papiertaschentüchern sahen, die von einer Aufnahme eines Sonnenuntergangs begleitet war, glaubten, die Marke hätte attraktive Farben. Zweitens können Markeneinstellungen direkt beeinflusst werden: Eine starke positive oder negative Reaktion, die durch visuelle Ele-

Tabelle 6.1 Positive und negative Wirkungen von Elementen in Fernsehwerbung	
Positive Wirkungen	**Negative Wirkungen**
Zweckmäßigkeit und Bequemlichkeit zeigen	Extensive Informationen über Bestandteile, Zutaten oder Ernährung
Neue Produkte oder verbesserte Merkmale zeigen	Außeneinstellung (Botschaft geht verloren)
Casting Hintergrund (z. B. Leute sind mit der Botschaft verbunden)	Große Anzahl an Charakteren
Indirekter Vergleich mit anderen Produkten	Grafiken
Vorführung der Verwendung des Produkts	
Demonstration von greifbaren Ergebnissen (z. B. elastisches Haar)	
Schauspieler, der die Rolle einer Durchschnittsperson spielt	
Kein Hauptdarsteller (mehr Zeit wird dem Produkt gewidmet)	

Quelle: Adaptiert von David W. Stewart and David H. Furse, ‚The Effects of Television Advertising Execution on Recall, Comprehension, and Persuasion', *Psychology & Marketing* 2 (Herbst 1985): 135-60. Copyright © 1985 by John Wiley & Sons, Inc.

Die Werbung macht sich über die typischen Elemente lustig, die man in einer persuasiven Kommunikation an Biertrinker erwartet.

© Heineken USA, Inc., White Plains, NY.

mente ausgelöst wird, beeinflusst die Einstellung des Konsumenten zur Werbung (Ewe), die wiederum die Markeneinstellung (Em) beeinflusst. Dieses *Modell der dualen Komponenten* der Markeneinstellungen ist in Abbildung 6.3 dargestellt.[50]

Lebendigkeit

Bilder und Worte können sich in ihrer *Lebendigkeit* unterscheiden. Ausführliche Beschreibungen oder Grafiken fordern mehr Aufmerksamkeit und werden im Gedächtnis fester verankert. Das mag daran liegen, dass sie die mentale Metaphorik aktivieren, während abstrakte Stimuli diesen Prozess hemmen.[51] Natürlich kann sich diese Wirkung auch in die andere Richtung äußern: Negative Informationen, die lebendig dargestellt werden, können später zu einer noch negativeren Beurteilung führen.[52]

Die konkrete Besprechung eines Produktattributs in einem Werbetext beeinflusst auch die Wichtigkeit des Attributs, weil es mehr Aufmerksamkeit auf sich zieht. Folgender Werbetext für Uhren: ‚Die Uhrenindustrie erklärte, drei von vier Uhren gingen kaputt, weil Wasser in das Gehäuse dringt' war zum Beispiel erfolgreicher als diese Version: ‚Die Uhrenindustrie erklärte, viele Uhren gingen kaputt, weil Wasser in das Gehäuse dringt.[53]

Abbildung 6.3 Wirkungen von visuellen und verbalen Komponenten der Werbung zur Markeneinstellung

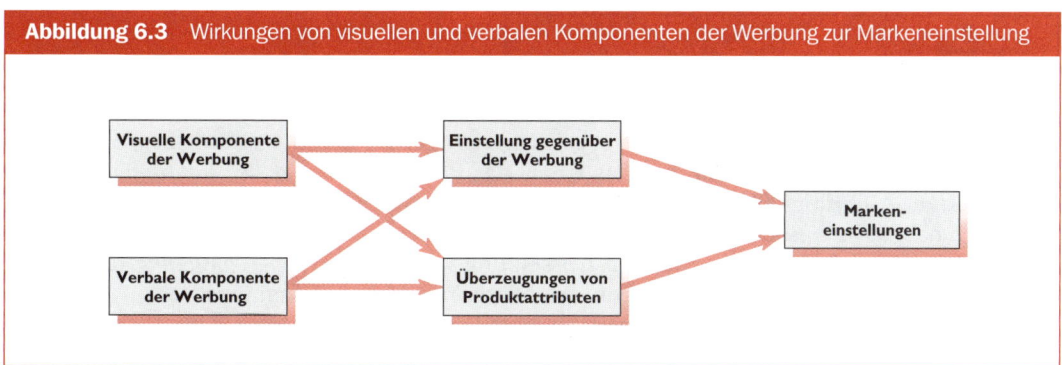

Quelle: Andrew A. Mitchell, ‚The Effect of Verbal and Visual Components of Advertisements on Brand Attitudes and Attitude Toward the Advertisement', *Journal of Consumer Research* 13 (Juni 1986): 21. © University of Chicago Press.

Abbildung 6.4 Zwei-Faktoren-Theorie und Werbeabnutzung

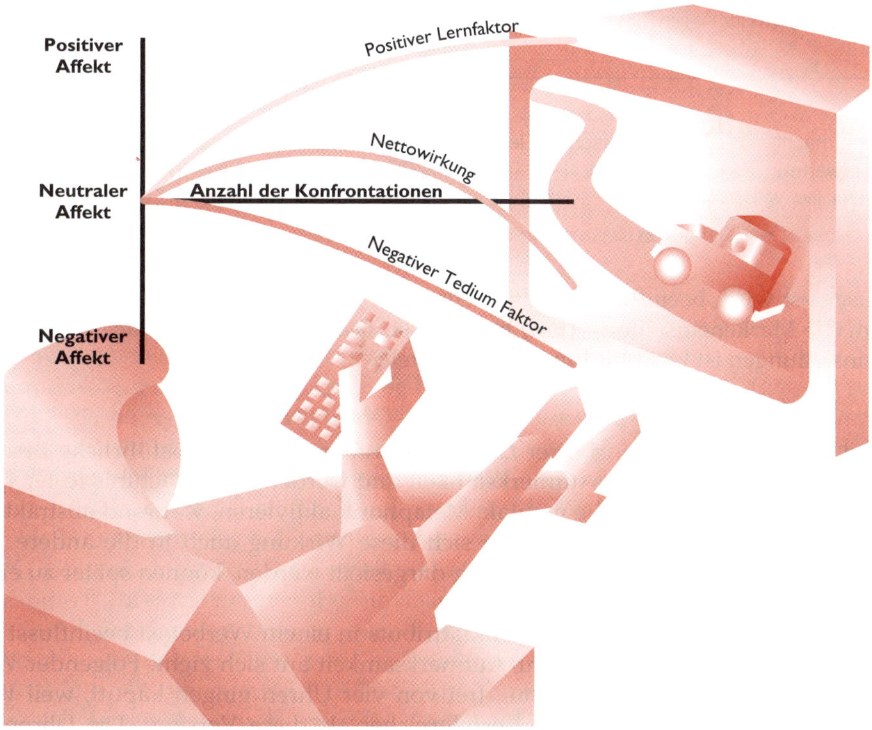

Quelle: Adaptiert von Arno J. Rathans, John L. Swasy and Lawrence Marks, ‚Effects of Television Commercial Repetition. Receiver Knowledge'. *Journal of Marketing Research* 23 (Februar 1986): 50-61, Abbildung I.

Wiederholung

Wiederholungen können für Marketingexperten ein zweischneidiges Schwert sein. Wie in Kapitel 3 beschrieben, muss man Stimuli häufig ausgesetzt sein (besonders bei Konditionierung), damit Lernen auftritt. Menschen sagen gern Dinge, die ihnen vertraut sind, auch wenn sie sich nicht mit ihnen auskennen.[54] Das ist als das Phänomen der *reinen Konfrontation (exposure)* bekannt. Allerdings führt allzu häufige Wiederholung zu *Gewöhnung*, wie wir in Kapitel 2 gesehen haben. In diesem Fall beachtet der Konsument den Stimulus gar nicht mehr, weil er müde oder gelangweilt ist. Übermäßige Aussetzung kann zu *Werbungsabnutzung* führen, die negative Reaktionen auslösen kann, wenn eine Werbung zu oft gesehen wurde.[55]

Der schmale Grad zwischen Vertrautheit und Langeweile wurde in der **Zwei-Faktoren-Theorie** erläutert, die davon ausgeht, dass zwei getrennte psychologische Prozesse in Kraft treten, wenn eine Person einer Werbung wiederholt ausgesetzt ist. Die positive Seite der Wiederholung ist, dass sie die Vertrautheit steigert und somit die Unsicherheit über das Produkt einschränkt. Die negative Seite ist, dass mit der Zeit die Langeweile mit jeder Konfrontation zunimmt. An einem bestimmten Punkt übertrifft der Anteil an ertragener Langeweile den Anteil an reduzierter Unsicherheit – das ist ein Zeichen der Abnutzung. Dieses Schema ist in Abbildung 6.4 dargestellt. Die Wirkung ist besonders in solchen Fällen intensiv, in denen die Konfrontation von langer Dauer ist (wie 60-Sekunden-Werbespots).[56]

Diese Theorie impliziert, dass Inserenten das Problem lösen können, indem sie die Konfrontation pro Wiederholung einschränken (15-Sekunden-Werbespots). Sie können auch Vertrautheit beibehalten und Langeweile reduzieren indem sie den Inhalt der Werbung im Lauf der Zeit leicht verändern, z. B. mit Werbekampagnen, die von einem bestimmten Thema handeln, das jedes Mal anders dargestellt wird.

6.3.2 Konstruktion einer Aussage

Viele Marketingbotschaften gleichen Debatten oder Gerichtsverhandlungen, wo jemand einen Aussage macht und versucht, den Standpunkt des Empfängers zu ändern. Die Art, wie die Aussage präsentiert wird, kann darum sehr wichtig sein.

Einseitige versus zweiseitige Aussagen

Die meisten Botschaften enthalten ein positives Merkmal oder mehrere positive Merkmale des Produkts oder der Gründe, aus denen es gekauft werden soll. Diese sind als *unterstützende Argumente* bekannt. Die Alternative sind *zweiseitige Botschaften,* bei denen sowohl positive als auch negative Informationen präsentiert werden. Obwohl Forschungen ergeben haben, dass zweiseitige Werbungen durchaus effizient sein können, werden sie nicht häufig eingesetzt.[57]

Warum sollte ein Marketingexperte Werbeflächen für die Veröffentlichung der negativen Eigenschaften eines Produkts verwenden? Unter den richtigen Umständen kann die Verwendung von *widerlegbaren Aussagen,* wenn ein negativer Aspekt angesprochen und anschließend widerlegt wird, recht effizient sein. Dieser Ansatz kann die Glaubwürdigkeit der Quelle steigern, weil die Voreingenommenheit gegenüber dem Bericht reduziert wird. Wenn Menschen einem Produkt gegenüber skeptisch sind, können sie für eine Aussage mit Pro und Contra empfänglicher sein als für reine ‚Schönfärberei'.[58] In einer neuartigen Werbung der Weinkellerei Château Potelle präsentierten Weinexperten positive und negative Aspekte eines Weines. Die Werbung riet den Konsumenten, lieber ihren eigenen Geschmack zu entwickeln, als sich auf Abhandlungen in Weinzeitschriften zu verlassen.[59]

Das heißt nicht, dass der Marketingexperte echte Schwierigkeiten seines Produkts offenbaren soll. In der typischen widerlegbaren Strategie werden nur relativ geringfügige Attribute angesprochen, die eine Schwierigkeit präsentieren oder zu kurz kommen können, wenn sie mit konkurrierenden Produkten verglichen werden. Diese Zugeständnisse werden anschließend dadurch widerlegt, dass wichtige positive Attribute hervorgehoben werden. Die Autovermietungsfirma Avis hatte zum Beispiel einen gewaltigen Ausschwung, nachdem sie gestanden hatte ‚nur' Zweiter zu sein. Eine Werbeanzeige für Volkswagen beschrieb eines der Modelle betrübt als ‚Blindgänger', weil auf dem Chromstreifen des Handschuhfachs ein Kratzer war.[60] Am effizientesten ist eine zweiseitige Strategie, wenn das Publikum gebildet ist (und sich durch eine ausgewogene Aussage eher beeindrucken lässt).[61] Sie ist auch dann nützlich, wenn der Empfänger dem Produkt noch nicht ganz treu ist. Eine ‚Predigt an Bekehrte' kann unnötige Zweifel auslösen.

Schlussfolgerungen ziehen

Ein wichtiger Faktor ist, ob aus der Aussage Schlussfolgerungen gezogen oder ob die Punkte nur präsentiert werden sollen, damit der Konsument zu seinem eigenen Standpunkt gelangt. Soll die Botschaft sagen: ‚Unsere Marke ist besser', oder soll sie hinzufügen: ‚Sie sollten unsere Marke kaufen'? Einerseits bilden Konsumenten, die selbst Schlussfolgerungen ziehen, anstatt sie von anderen zu übernehmen, stärkere, zugänglichere Einstellungen. Andererseits vergrößert eine zweideutige Schlussfolgerung die Möglichkeit, dass die gewünschte Einstellung nicht gebildet wird.

Die Antwort auf diese Frage hängt von der Motivation des Konsumenten, die Werbung zu verarbeiten, und von der Komplexität der Argumente ab. Ist die Botschaft persönlich relevant, schenken ihr die Menschen mehr Aufmerksamkeit und ziehen spontane Schlussfolgerungen. Sind die Argumente aber schwer nachvollziehbar, oder die Konsumenten nicht motiviert, sie nachzuvollziehen, ist es sicherer, wenn die Werbung selbst die Schlussfolgerungen zieht.[62]

6.3.3 Botschaftsappelle

Emotionale versus rationale Appelle

Vor ein paar Jahren führten Toyota und Nissan ein großes Modell der Luxusklasse ein, das für 30.000 Pfund verkauft wurde. Beide Unternehmen wählten zur Kommunikation ihrer Produktattribute sehr unterschiedliche Wege, wie die hier abgebildeten Werbeanzeigen zeigen. Toyotas Werbung für den Lexus setzte rationale Appelle ein und konzentrierte sich auf technische Fortschritte im Design des Wagens. In der gedruckten Werbung dominierten Werbetexte, die diese technischen Merkmale beschrieben.

In scharfem Kontrast zu dieser Art Werbung verwendete Nissan in seiner kontroversen Werbekampagne für den Infiniti emotionale Appelle. Das neue Modell wurde in einer Reihe von Zeitschriften- und Fernsehwerbungen vorgestellt, die den Wagen gar nicht erwähnten. Statt dessen konzentrierte sich die Werbung auf die spirituelle Erfahrung beim Autofahren und zeigte lange Ansichten von heiteren Landschaften. Einer der für die Werbung verantwortlichen Manager erklärte: ‚Wir verkaufen nicht die Haut des Wagens, sondern seinen Geist'.[63] Die Werbung war innovativ, aber die meisten amerikanischenKonsumenten konnten mit der japanischen Auffassung von Luxus wenig anfangen. In späteren Werbeanzeigen für den Infiniti wurden technische Merkmale des Autos hervorgehoben, um die ursprüngliche Verwirrung zu beseitigen.

Ziel eines emotionalen Appells ist es, einen Zusammenhang zwischen dem Produkt und dem Konsumenten herzustellen, eine Strategie, die als *Bonding* bekannt ist.[64] Emotionale

Diese Werbung zeigt rationale versus emotionale Botschaftsappelle. Zur Zeit der ursprünglichen Werbekampagne für die neuen Infiniti-Modelle hoben die Werbeanzeigen für den rivalisierenden Lexus (oben) Design und technische Merkmale hervor, wohingegen in der Werbung für den Infiniti nicht einmal der Wagen abgebildet wurde.
© Lexus. INFINITI®. Nissan Motor Corporation, USA

Appelle können die Möglichkeit der Wahrnehmung einer Werbung steigern, sie werden eher im Gedächtnis gespeichert und können das Involvement des Konsumenten mit dem Produkt erhöhen. Obwohl sich in dem Fall von Nissan die Betonung des ästhetischen Aspekts der Werbung nicht bezahlt gemacht hat, kann man in anderen Fällen mit emotionalen Appellen viel erreichen. Einige Unternehmen gingen zu dieser Strategie über, nachdem sie festgestellt hatten, dass Konsumenten nicht groß zwischen Marken unterscheiden – vor allem, was etablierte, reife Kategorien betrifft. Werbungen für Produkte wie Autos (Lincoln Mercury) oder Karten (Hallmark) konzentrieren sich jetzt auf emotionale Aspekte. Als Mercury die emotionale Bindung an alte Rocksongs hervorhob, gelang es dem Unternehmen, das Durchschnittsalter der Kunden für manche Modelle um zehn Jahre zu senken. [65]

Die genaue Wirkung der rationalen versus emotionalen Appelle ist schwer zu messen. Obwohl die Erinnerung an Werbeinhalte bei ‚denkenden‘ Werbungen besser funktioniert als bei ‚fühlenden‘ Werbungen, reichen konventionelle Messungen der Werbeeffizienz (z. B. day-after recall) nicht aus, um die kumulative Wirkung emotionaler Werbung abzuschätzen. Diese unbegrenzten Messungen zielen auf kognitive Reaktionen, während gefühlsbetonte Werbung dadurch benachteiligt werden kann, dass die Reaktionen nicht leicht zu erfassen sind. [66]

Emotionale Appelle können zwar einen tiefen Eindruck hinterlassen, sie bergen aber auch das Risiko, dass sie nicht ausreichend produktbezogene Informationen weitergeben. Dieses potenzielle Problem erinnert manche Inserenten daran, dass Emotionen nur dann das Ziel erreicht haben, wenn das betreffende Produkt verkauft wird. Procter & Gambles originelle Werbung für Bounce Weichspüler zeigte ein glückliches junges Paar, das auf das Lied ‚Jump‘ tanzte, und die Botschaft verkündete, dass Bounce für Kleider ist, ‚in die man sofort hineinspringen möchte‘. In jüngeren Werbespots erklärt eine Frau, warum das Produkt ihre Kleider weicher und wohlriechender macht. Die Werbung ist immer noch etwas emotional und experimental, aber der wesentliche Verkaufsfaktor der ‚Weichheit ohne Statik‘ wird eindringlich dargelegt. [67]

Sexappeal

In der Annahme, dass „sex sells", werden in vielen Werbekampagen – von Parfüms bis Autos – erotische Andeutungen gemacht, die von versteckten Andeutungen bis zu der aufdringlichen Abbildung von Fleisch reichen. Es ist vielleicht nicht überraschend, aber weibliche Nacktheit in gedruckten Anzeigen lösen bei weiblichen Konsumenten negative Gefühle aus, während die Reaktionen der Männer positiver sind. [68]

Funktioniert Sex? Obwohl Erotik die Aufmerksamkeit auf eine Werbeanzeige lenkt, kann ihre Verwendung für den Marketingexperten kontraproduktiv sein. Ironischerweise kann ein provokatives Bild allzu effizient sein, und zwar wenn es so viel Aufmerksamkeit erregt, dass der Werbeinhalt nicht mehr verarbeitet und abgerufen werden kann. Sexappeal scheint ineffizient zu sein, wenn er lediglich Aufmerksamkeit erregen will. Dagegen ist er effizient, wenn das Produkt selbst mit Erotik zu tun hat.

Humor

Humor in der Werbung kann schwierig sein – vor allem deshalb, weil der Eine lustig findet, was der Andere für beleidigend oder unverständlich hält. Verschiedene Gesellschaften haben unterschiedliche Auffassungen von Humor und setzten lustiges Material unterschiedlich ein. Zum Beispiel werden in Werbeanzeigen in Großbritannien eher Wortspiele und Satire verwendet als in den Vereinigten Staaten. [69]

Funktioniert Humor? Im Allgemeinen ernten humorvolle Werbeanzeigen Aufmerksamkeit. Eine Studie fand heraus, dass die Wiedererkennungspunkte bei humorvoller Werbung über dem Durchschnitt lag. Ob Humor aber Produkteinstellungen oder den Rückruf von Informationen in entscheidender Weise beeinflusst, ist offen. [70] Jedenfalls kann Humor als Quelle der *Zerstreuung* angesehen werden. Eine lustige Werbung hindert den Konsumenten daran,

---

MARKETINGFALLE

Als die Fußsoldaten von Nike Inc. zum ersten Mal auszogen, um fremdes Land zu erobern und „World War Shoe" zu gewinnen, liefen sie unter dem Motto: *Speak loudly and carry a big stick*. ‚Europa, Asien and Lateinamerika: Verbarrikadiert eure Stadien. Versteckt eure Trophäen. Investiert in Deodorant‘, donnerte eine Werbeanzeigte für Nike in der *Soccer America* Fußballzeitschrift. Zumindest auf Europas Fußballfeldern waren die frühen Resultate nicht so glänzend wie Nike es erwartet hatte. Die Fernsehwerbung in Europa hat für Kontroversen, Aufregung und Entrüstung gesorgt – ganz im Sinne von Nike. Aber das Unternehmen musste entdecken, dass seine ikonoklastische Kultur nicht so universell ist wie erwartet. Mit jährlichen Verkaufszahlen um 9 Milliarden Dollar steckt Nike jezt seine Zukunft auf den internationalen Märkten für Freizeitschuhe und Sportkleidung ab. Die Firma ist überzeugt, das die Verkäufe innerhalb Amerikas mit einem Durchschnitt von 20 Dollar pro Person den Höchststand erreicht haben. Im Vergleich dazu liegt der Pro-Kopf-Verkauf von Nike-Produkten in Japan bei 4 Dollar, in Deutschland bei 3 Dollar und in China knapp über 2 Cents. Nike muss zwar die Taktik beibehalten, die Freizeitschuhe kaufende Amerikaner überzeugt hat, aber das Unternehmen muss auch erkennen, dass Takt manchmal besser ist als Schockwirkungen und Respekt besser als Beleidigungen, wenn man mit den traditionsverhafteten Gesellschaften Europas und Asiens zu tun hat. [71]

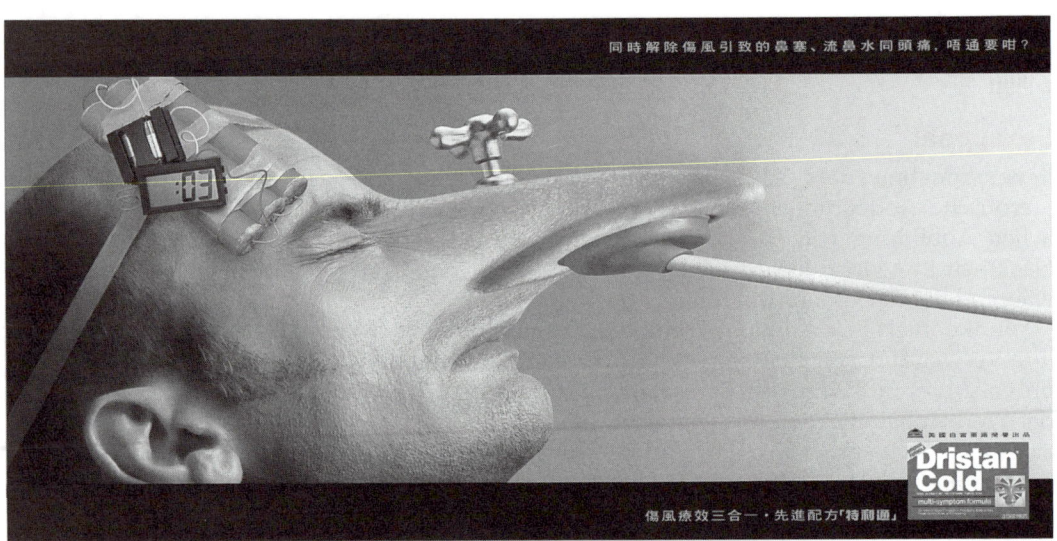

同時解除傷風引致的鼻塞、流鼻水同頭痛，唔通要咁？

傷風療效三合一・先進配方「特制通」

Die humorvolle Werbung für Dristan Medikamente bei Erkältungen, die in Hongkong veröffentlicht wurde, lautet: Ist das der einzige Weg, eine verstopfte Nase und Kopfschmerzen loszuwerden, wenn man erkältet ist?' Visueller Humor ist oft ein effizienter Weg, um Aufmerksamkeit zu erlangen und in der Vielzahl von Werbung aufzufallen.
© Bates Hong Kong Ltd.

Gegenargumente zu suchen, und steigert somit die Wahrscheinlichkeit der Botschaftsakzeptanz.[72]

Humor ist effizient, wenn die Marke klar identifiziert ist, und die humorvollen Elemente die Botschaft nicht ‚überschwemmen'. Es ist ein ähnliches Risiko wie bei Models, die die Aufmerksamkeit vom Werbetext ablenken. Subtiler Humor ist im Allgemeinen besser, als Humor, der sich über den potenziellen Konsumenten lustig macht. Und dann sollte der Humor auch zum Image des Produkts passen. Ein Unternehmer oder eine Bank wird Humor vermutlich vermeiden, bei anderen Produkten mag Humor angebracht sein. Der Verkauf von entkernten Pflaumen von Sunsweet stieg nach folgender Werbung drastisch: ‚Heute die Kerne, morgen die Falten'.[73]

Angstappelle

Angstappelle heben die negativen Folgen hervor, die entstehen können, wenn der Konsument ein Verhalten oder eine Einstellung nicht ändert. Diese Strategie ist weit verbreitet, Appelle an die Angst werden in über 15% der Fernsehwerbung eingesetzt. [74] Das Erzeugen von Angst ist eine Taktik, die gern bei sozialpolitischen Themen verwendet wird, wenn Konsumenten beispielsweise überzeugt werden sollen, dass sie das Rauchen einstellen, oder dass sie vorsichtiger Auto fahren (um Körperverletzungen einzuschränken). Sie kann auch in Fällen eingesetzt werden, in denen das soziale Risiko eine Rolle spielt – der Erfolg beim anderen Geschlecht, Konsequenzen im Beruf oder Ähnliches.

Funktioniert Angst? Angstappelle sind normalerweise dann am effizientesten, wenn nur ein kleiner Anteil an Angst ausgelöst wird.[75] Wie in Abbildung 6.5 dargestellt, führt mehr

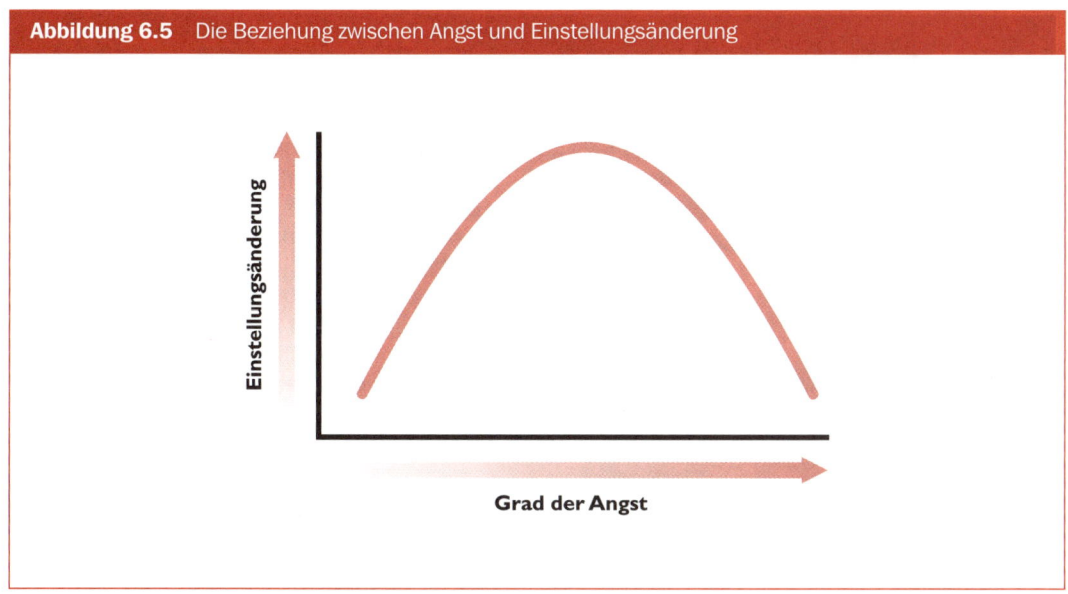

Abbildung 6.5 Die Beziehung zwischen Angst und Einstellungsänderung

Angst nicht zu mehr Einstellungsänderungen, statt dessen gleicht die Beziehung einer umgekehrten U-Kurve. Ist die Bedrohung zu groß, neigen Zuhörer dazu, sie zu leugnen und die Gefahr zu rationalisieren.

Eine Studie, die bei Versuchspersonen das Ausmaß der Angst vor AIDS manipulierte, fand beispielsweise heraus, dass Werbung für Kondome positiv bewertet wurde, wenn nur ein kleiner Anteil an Angst geweckt wurde. In diesem Kontext führte ein Werbetext, der für die

Angstappelle sind effizienter, wenn dem Konsumenten auch eine mögliche Lösung für das Problem geliefert wird. Hier gibt Cher praktische Hinweise für das Abtasten der Brust.

Coors Brewing Company and AMC Research Center

Amerikanische Pistolenhersteller setzen auf die Angst der Frauen, sich selbst und ihr Haus verteidigen zu müssen. Laut der National Rifle Association haben zwischen 15 und 20 Millionen Amerikanerinnen Waffen. Mindestens drei Hersteller haben Waffen für Frauen eingeführt. Eine Firma stellt eine 32er Magnum her, ein Modell namens ‚Bonnie‘, das zu einer 38er Clyde für Herren passt. Smith & Wesson führten die LadySmith ein, einen Revolver mit schmalen Griff.[76] Die Werbung der Firma wurde kritisiert, weil sie mit der Angst der Frauen spielt. Sie enthält Bemerkungen wie ‚Heute ist die Welt nicht mehr so wie früher, als Sie aufwuchsen‘ und ‚Persönliche Sicherheit ist ein sehr reales Thema‘. Eine Zeitschrift mit dem Titel *Women & Guns* hat über 25.000 Leserinnen und enthält außer Artikeln über Waffensicherheit auch Informationen über die neueste Mode bei Feuerwaffen.[77] Auf dem Cover einer der Ausgaben ist eine attraktive Frau zu sehen, die über ihrem Knie einen Pistolenhalter angeschnallt hat. Die Überschrift lautet: ‚Selbstverteidigung geht bis an die Oberschenkel.‘

Benutzung von Kondomen warb, weil ‚Sex ein riskantes Geschäft‘ ist (gemäßigte Angst) zu mehr Einstellungsänderung als ein Werbetext, der die Empfindlichkeit des Produkts betonte oder auch ein Werbetext mit hohem Angstappell, der erwähnt, dass AIDS mit Sicherheit zum Tod führt.[78] So waren auch panikmachende Taktiken nicht so effizient wie erhofft, um Teenager vom Alkohol- oder Drogenkonsum abzubringen. Teenager schalten bei der Botschaft einfach ab oder sie leugnen ihre Relevanz für sie.[79]

Angstappelle sind am effizientesten, wenn der Konsument vor dem in der Werbung angesprochenen Problem bereits Angst hat. Die Drohungen sollten nicht übertrieben sein und eine Lösung für das Problem sollte präsentiert werden (anderenfalls stellen die Konsumenten bei der Werbung einfach ab, weil sie sowieso nichts tun können, um das Problem zu lösen).[80] Appelle kommen auch besser an, wenn die Quellenglaubwürdigkeit hoch ist.[81]

6.3.4 Botschaften als Kunstform: Metaphern nicht vergessen

Marketingexperten kann man sich als eine Art Geschichtenerzähler vorstellen, die Visionen der Realität liefern, wie sie auch Autoren, Dichter und Künstler erzeugen. Diese Kommunikation hat die Form von Geschichten, weil der Produktnutzen, den sie beschreiben, nicht greifbar ist und ihm auf konkrete, sichtbare Weise greifbarer Nutzen gegeben werden muss. Werbefachleute verlassen sich (bewusst oder unbewusst) auf zahlreiche literarische Formen, um solche Bedeutungen zu vermitteln. Zum Beispiel kann ein Produkt oder eine Dienstleistung durch eine Gestalt wie Jolly Green Giant oder die California dargestellt werden. Viele Werbungen werden zu Allegorien, in denen eine Geschichte über ein abstraktes Merkmal oder Konzept erzählt wird, das sich in einer Person, einem Tier, einem Gemüse usw. personifiziert hat.

Eine **Metapher** ist die Verwendung eines klaren Vergleichs, wie ‚A ist B‘ (z. B. ‚United Airlines ist Ihr Freund in abgelegenen Plätzen‘). Dieses rhetorische Stilmittel wurde bei Reebok buchstäblich genommen, um die Metaphors Schuhe mit Bequemlichkeit gleichzusetzen, wie man in der Werbung sieht. Mit Metaphern kann der Marketingexperte bedeutungsvolle Bilder aktivieren und sie alltäglichen Ereignissen anpassen. An der Börse kämpfen ‚Retter in der Not‘ (*white knights*) gegen ‚feindliche Reiter‘ (*hostile riders*), die ‚Giftpillen‘ (*poison pills*) verwenden, während Tony the Tiger uns dazu bringt, Frosties mit Stärke zu verbinden, und Merrill Lynchs Bulle die Botschaft übermittelt, dass die Firma eine ‚besondere Zucht‘ ist.[82]

Reebok benutzt die Metapher ‚schön wie ein Bild' zur Werbung für seine Metaphors Schuhe.
© Reebok International Ltd.

Resonanz ist ein anderer Kunstgriff, der häufig in der Werbung verwendet wird. Dabei wird ein Wortspiel mit einem relevanten Bild verbunden. Tabelle 6.2 zeigt einige englischsprachige Beispiele für Werbung, die auf dem Prinzip der Resonanz beruhen.

Tabelle 6.2 Beispiele für Werberesonanz	
Produkt/Überschrift	**Visuell**
Embassy Anzüge: ‚This year, we're unwrapping suites by the number'	Negerküsse mit dutzendweise Hotelnamen unter jedem
Toyota Autoteile: ‚Our liftime guarantee may come as a shock'	Mann mit Stoßdämpfer
Bucks Filterzigaretten: ‚Herd of these'	Zigarettenpaket mit Bild von einem Hirsch
Bounce Weichspüler: ‚Is there something creeping up behind you'	Kleid, das wegen der statischen Aufladung hinten aufgebauscht ist
Pepsi: ‚This year, hit the beach topless'	Pepsiflaschendeckel im Sand
ASICS Sportschuhe: ‚We believe women should be running the country'	Auf dem Land joggende Frau

Quelle: Adaptiert von Edward F. McQuarrie and David Glen Mick, ‚On Resonance: A Critical Pluralistic Inquiry into Advertising Rhetoric', *Journal of Consumer Research* 19 (September 1992): 182, Tabelle I. © University of Chicago Press.

Während Metaphern eine Bedeutung durch eine andere ersetzen, wird bei Resonanz ein Element mit doppelter Bedeutung verwendet, wie beispielsweise ein Wortspiel, bei dem sich ein Wort ähnlich anhört, aber eine andere Bedeutung hat.

Weil der Text von Erwartungen ausgeht, schafft er einen Zustand der Spannung oder Ungewissheit beim Zuhörer, bis er das Wortspiel gelöst hat. Wenn der Konsument es ‚erfasst' hat, kann es sein, dass er die Werbung einer anderen, direktern Werbung vorzieht.[83]

Präsentationsarten der Geschichte

Wie eine Geschichte entweder in Worten oder in Bildern erzählt werden kann, so kann auch das Publikum auf unterschiedliche Weise angesprochen werden. Werbeanzeigen sind strukturiert wie andere Kunstformen und machen für die Kommunikation ihrer Botschaften Anleihen bei Literatur und Kunst.[84]

Wichtig ist die Unterscheidung zwischen einem *Drama* und einem *Vortrag*.[85] Ein Vortrag ist eine Rede, bei der die Quelle direkt mit dem Publikum spricht und versucht, es über ein Produkt zu informieren, oder es von dessen Kauf zu überzeugen. Weil ein Vortrag den Versuch der Überzeugung impliziert, fasst das Publikum ihn auch als solchen auf. Ist das Publikum auf diese Weise motiviert, wird es Botschaft und Glaubwürdigkeit der Quelle abwägen. Kognitive Reaktionen – wie Gegenargumente – werden auftauchen. Der Appell wird in dem Maß akzeptiert, in dem er Einwände überwinden kann und mit der Überzeugung einer Person kongruent ist.

Dagegen gleicht ein Drama einem Theaterstück oder einem Film. Während eine Aussage den Zuschauer auf Distanz hält, bezieht ihn das Drama in die Handlung ein. Die Figuren wenden sich nur indirekt an die Zuhörerschaft, sie interagieren mit einem Produkt oder einer Dienstleistung in einem imaginären Rahmen. Dramas wollen erfahrungsbezogen zu sein und das Publikum emotional binden. Bei der *Transformationswerbung* assoziiert der Konsument die Erfahrung der Verwendung des Produkts mit einer subjektiven Empfindung. Auf diese Art versuchte die Werbung für den Infiniti, das ‚Fahrerlebnis' in ein mystisches, spirituelles Ereignis zu transformieren.

6.4 Quelle versus Botschaft: Soll das Steak oder das Brutzeln verkauft werden?

Zwei Hauptkomponenten des Kommunikationsmodells, die Quelle und die Botschaft, wurden vorgestellt. Welcher Aspekt hat mehr Einfluss auf Einstellungsänderungen bei den Konsumenten? Sollten sich Marketingexperten damit befassen, *was* sie sagen, oder *wie* sie es sagen und *wer* es sagt?

Nun, beide Antworten sind möglich. Schwankungen im Grad des Involvement bei einem Konsumenten führen bei Botschaftserhalt, wie in Kapitel 4 erläutert, zu der Aktivierung von sehr unterschiedlichen kognitiven Prozessen. Forschungsergebnisse weisen darauf hin, dass der Grad an Involvement bestimmt, welche Aspekte einer Kommunikation verarbeitet werden. Es ist mit einer Situation zu vergleichen, in der ein Reisender an eine Wegkreuzung kommt: Der Weg, für den er sich entscheidet, hat einen großen Einfluss auf die Faktoren, die den Unterschied in Persuasionsversuchen ausmachen.

6.4.1 Elaboration Likelihood Model

Das **Elaboration Likelihood Model (ELM)** geht davon aus, dass ein Konsument eine Botschaft zu verarbeiten beginnt, sobald er sie erhalten hat.[86] Je nachdem, wie relevant die Botschaft für den Konsumenten ist, wird einer von zwei Wegen der Persuasion verfolgt. Bei hohem Involve-

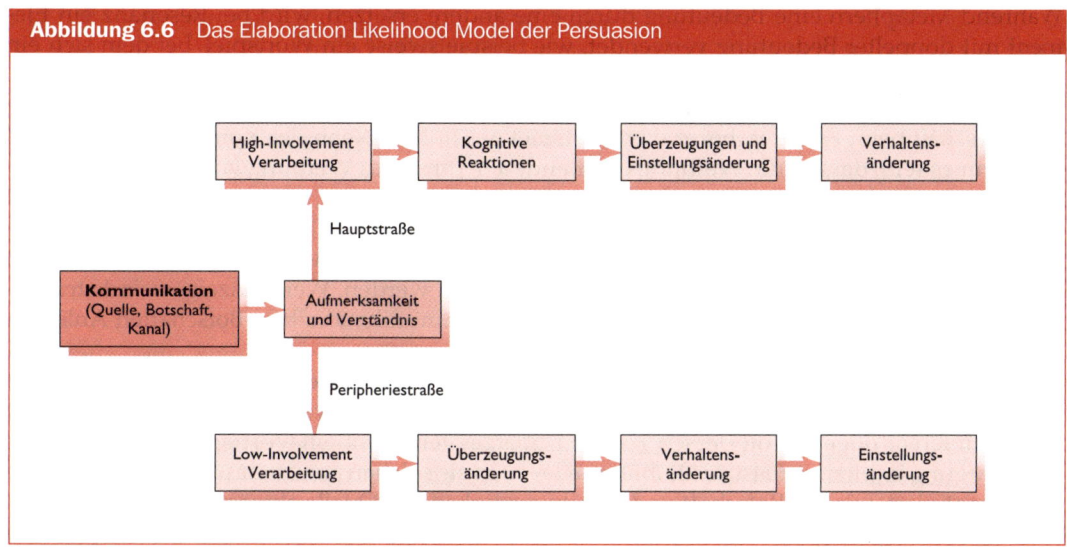

Abbildung 6.6 Das Elaboration Likelihood Model der Persuasion

Abdruck mit Genehmigung der Macmillan Publishing Company aus *Consumer Behavior*, 2. Aufl., John C. Mowen. Copyright © 1990 by Macmillan Publishing Company.

ment nimmt der Konsument die *Hauptstraße zur Persuasion.* Bei niedrigem Involvement nimmt er statt dessen eine *Peripheriestraße.* Dieses Modell ist in Abbildung 6.6 illustriert.

Die Hauptstraße zur Überzeugung

Hält der Konsument die Information in einer persuasiven Botschaft für relevant oder interessant, wird er dem Botschaftsinhalt Aufmerksamkeit schenken. Der Konsument wird vermutlich aktiv über die vorgebrachten Aussagen nachdenken und *kognitive Reaktionen* zeigen. Wenn eine schwangere Frau zum Beispiel eine Botschaft hört, in der vor Alkohol während der Schwangerschaft gewarnt wird, kann sie sich sagen: ‚Das stimmt, ich sollte jetzt, wo ich schwanger bin, wirklich keinen Alkohol mehr trinken.‘ Oder sie kann *Gegenargumente* vorbringen, wie ‚Das ist doch alles Unsinn. Als meine Mutter mit mir schwanger war, hat sie jeden Abend einen Cocktail getrunken, und ich bin schließlich gesund.‘ Bringt eine Person als Reaktion auf eine Botschaft Gegenargumente vor, ist es weniger wahrscheinlich, dass sie der Botschaft erliegt, während die Erzeugung zusätzlicher, unterstützender Argumente die Wahrscheinlichkeit der Einwilligung erhöht.[87]

Die Hauptstraße zur Überzeugung schließt vermutlich die traditionelle Effekthierarchie ein, die in Kapitel 5 erläutert wurde. Überzeugungen werden sorgfältig gebildet und bewertet, und die daraus resultierenden, starken Einstellungen werden vermutlich das Verhalten lenken. Dies bedeutet, dass Botschaftsfaktoren – wie die Qualität der vorgebrachten Argumente – bei der Bestimmung der Einstellungsänderung eine Rolle spielen. Vorheriges Wissen über ein Thema führt zu mehr Nachdenken über die Botschaft und zu mehr Gegenargumenten.[88]

Die Peripheriestraße zur Überzeugung

Die Peripheriestraße wird dagegen eingeschlagen, wenn eine Person nicht motiviert ist, intensiv über die vorgebrachten Aussagen nachzudenken. Statt dessen benutzt der Konsument wahrscheinlich andere Anhaltspunkte, wenn er über die Angemessenheit der Botschaft entscheiden will. Diese Anhaltspunkte können die Produktverpackung, die Attraktivität der

Quelle oder der Kontext, in dem die Botschaft präsentiert wird, sein. Informationsquellen, die keine Beziehung zu dem tatsächlichen Botschaftsinhalt haben, werden *periphere Anhaltspunkte* genannt, weil sie die tatsächliche Botschaft umgeben.

Die Peripheriestraße zu Persuasion hebt das Paradox des in Kapitel 4 besprochenen niedrigen Involvement hervor: Wenn dem Konsument ein Produkt gleichgültig ist, nehmen die mit dem Produkt verbundenen Stimuli an Bedeutung zu. Das bedeutet, dass Low-Involvement-Produkte hauptsächlich deswegen gekauft werden, weil der Marketingexperte beim Verpackungsdesign, der Wahl des Werbesprechers oder dem angenehmen Einkaufsumfeld gute Arbeit geleistet hat.

Unterstützung für das ELM Model

Über das ELM Model wurde intensiv geforscht.[89] In einer Studie waren Studenten einer von mehreren Scheinwerbungen für Break ausgesetzt, einer neuen Biermarke mit wenig Alkohol. Unter Verwendung der Technik des *Gedanken-Listings* wurden die Studenten gebeten, Gedanken zu der Werbung zu äußern, die später analysiert wurden. Zwei Versionen der Werbung sind hier abgebildet.[90] Drei unabhängige Variablen, die entscheidend für das ELM Modell sind, wurden manipuliert.

1. *Botschaftverarbeitungs-Involvement:* Einige der Testpersonen waren in die Werbung hoch involviert. Ihnen wurde als Dank für die Teilnahme an der Studie Bier mit wenig Alkohol versprochen, und man erzählte ihnen, die Marke sei bald in ihrem Wohngebiet erhältlich. Den Low-Involvement-Testpersonen wurde kein Bier in Aussicht gestellt, und ihnen erzählte man, die Marke sei nur in entfernten Gebieten erhältlich.
2. *Argumentstärke:* In einer Version der Werbung wurden starke, zwingende Argumente für Break vorgebracht (z. B. ‚Break hat nur halb so viel Alkohol und weniger Kalorien als normales Bier…'), während in der anderen nur schwache Argumente erschienen (z. B. ‚Break schmeckt genauso gut wie jedes andere normale Bier').
3. *Quellenmerkmale:* Beide Werbungen enthielten ein Foto eines biertrinkenden Paares, aber die jeweilige soziale Attraktivität, die Assoziationen zu Bildung und Beschäftigungen auslöste, wurde durch Kleidung, Haltung, nonverbalen Ausdruck und Hintergrundinformationen verändert.

Entsprechend dem ELM Model machten sich die stark involvierten Testpersonen mehr Gedanken über die Werbebotschaft als die niedrig involvierten, die den in der Werbung eingesetzten Quellen mehr kognitive Aktivität widmeten. Die Einstellungen der stark involvierten Testpersonen konnten eher durch starke Argumente beeinflusst werden, während die Einstellungen der niedrig involvierten Testpersonen sich von der Werbeversion mit den attraktiven Quellen beeinflussen ließen. Die Gesamtresultate dieser Studie, die mit anderen verbunden wurden, beweisen, dass die relative Effizienz einer starken Botschaft und einer vorteilhaften Quelle davon abhängt, wie stark der Konsument mit dem Werbeprodukt involviert ist.

Diese Ergebnisse beweisen den Grundgedanken, dass stark involvierte Konsumenten nach dem ‚Steak' suchen (starke, rationale Argumente). Die weniger involvierten Konsumenten werden mehr durch das ‚Brutzeln' beeinflusst (Farbe und Bilder der Verpackung, Vermittlung durch Berühmtheiten). Man darf jedoch nicht vergessen, dass die gleiche Kommunikationsvariable je nach ihrer Beziehung zu dem Einstellungsobjekt sowohl ein Haupt- als auch ein peripherer Reiz sein kann. Die körperliche Attraktivität eines Models kann in einer Autowerbung als Nebeneffekt dienen, aber ihre Schönheit kann für ein Produkt wie Shampoo, wo der Produktnutzen direkt mit mehr Attraktivität zusammenhängt, ein Schlüsselreiz sein.[91]

Quelle: J. Craig Andrews and Terence A.Shimp, „Effects of Involvement, Argument, Strength, and Source Characteristics on Central and Peripheral Processing in Advertising", *Psychology & Marketing* 7 (Herbst 1990): 195-214.

6.5 Zusammenfassung des Kapitels

- *Persuasion* bezieht sich auf den Versuch, Einstellungen von Konsumenten zu ändern.
- Das *Kommunikationsmodell* legt die für den Bedeutungtransfer notwendigen Elemente fest.
- Zwei wichtige Merkmale, die die Effizienz einer Quelle bestimmen, sind *Attraktivität* und *Glaubwürdigkeit*. Obwohl Berühmtheiten oft aus diesen Gründen eingesetzt werden, ist ihre Glaubwürdigkeit nicht immer so stark wie Marketingexperten hoffen.
- Elemente einer Botschaft, die deren Effizienz bestimmen können, sind, ob die Botschaft in Worten oder in Bildern übermittelt wurde, ob ein emotionaler oder ein rationaler Appell eingesetzt wurde, wie oft die Botschaft wiederholt wurde, ob eine Schlussfolgerung gezogen wurde, ob beide Seiten einer Aussage vorgestellt wurden, und ob die Botschaft Angst, Humor oder Erotik enthält.
- Werbebotschaften enthalten oft Elemente aus Kunst oder Literatur, wie Dramas, Vorträge, Metaphern, Allegorien und Resonanz.
- Der relative Einfluss von Quelle vs. Botschaft hängt von dem Grad des Involvement des Konsumenten mit der Kommunikation ab. Das *Elaboration Likelihood Model* gibt an, dass ein niedrig involvierter Konsument eher durch Quelleneffekte überzeugt werden kann, während ein stärker involvierter Konsument eher dazu neigt, Komponenten der tatsächlichen Botschaft zu beachten und zu verarbeiten.

SCHLÜSSELBEGRIFFE

ÜBUNGSAUFGABEN

6.1 In der Eröffnungsvignette dieses Kapitels wurden die theoretischen und praxisrelevanten Fragen bei der Einstellungsänderung durch Kommunikation besprochen. Identifizieren und besprechen Sie die ethischen Fragen des Einsatzes von Marketingtechniken, die für Tabak werben. Gleichen diese Fragen den ethischen Fragen bei der Werbung für ‚Nassrasur' für europäische Frauen? Warum oder warum nicht?

6.2 Erstellen Sie eine Liste mit Berühmtheiten, die zu Produkten Ihres Landes passen. Beschreiben Sie die Elemente, wegen der die Berühmtheiten und die Produkte ‚zusammenpassen'. Warum? Welche Berühmtheiten haben eine weltweite oder europaweite Anziehungskraft? Warum?

6.3 Eine Regierungsbehörde will den Einsatz von designierten Fahrern unter Personen, die Alkohol getrunken haben, erhöhen. Welchen Rat würden Sie der Behörde in Bezug auf die Ausarbeitung von überzeugender Kommunikation geben? Nennen Sie wichtige Faktoren, darunter die Kommunikationsstrukturen, wo die Werbung erscheinen soll, und wer sie ausgeben soll. Sollen Angstappelle eingesetzt werden? Wenn ja, warum?

6.4 Sind informative Werbeanzeigen ethisch? Sollten Marketingexperten jedes beliebige Format verwenden dürfen, um produktbezogene Informationen zu präsentieren?

6.5 Warum kann ein Marketingexperte in Betracht ziehen, negative Dinge über sein Produkt zu sagen? Wann ist diese Technik möglich? Können Sie Beispiele nennen?

6.6 Ein Marketingexperte muss sich entscheiden, ob er rationale oder emotionale Aspekte in eine Kommunikationsstrategie einbauen soll. Beschreiben Sie Situationen, in denen das eine oder das andere mehr angebracht ist.

6.7 Sammeln Sie Werbeanzeigen, die sich für den Verkauf von Produkten auf Sexappeal verlassen. Wie oft wird der Nutzen des tatsächlichen Produkts dem Leser mitgeteilt?

6.8 Bitten Sie eine/n Freund/in, über eine Werbeanzeige zu sprechen, um den Prozess der Gegenargumentation zu beobachten. Bitten Sie ihn/sie, auf jeden Punkt in der Werbung zu antworten oder seine/ihre Reaktion auf die Behauptungen aufzuschreiben. Wie viel Skepsis können Sie in Bezug auf die Behauptungen feststellen?

6.9 Machen Sie Aufzeichnungen von allen Werbespots, die innerhalb von sechs Stunden in einem Fernsehprogramm gesendet werden. Ordnen Sie jeden Werbespot entsprechend der Produktkategorie ein, und stellen sie fest, ob die Werbespots als Dramas oder als Aussagen vorgebracht werden. Beschreiben Sie die Art der verwendeten Botschaften (zweiseitige Argumente etc.) und stellen Sie fest, um was für Sprecher es sich handelt (Fernsehschauspieler, berühmte Menschen, Zeichentrickfiguren). Was können Sie aus der dominanten Form der häufig eingesetzten persuasiven Taktiken von Marketingexperten schlussfolgern?

6.10 Sammeln Sie Beispiele von Werbeanzeigen, die auf der Verwendung von Metaphern oder Resonanz beruhen. Finden Sie diese Anzeigen effizient? Angenommen, Sie würden mit diesen Produkten arbeiten – würden Sie sich mit Werbeanzeigen wohler fühlen, die eine direktere, aggressivere Taktik haben? Warum oder warum nicht?

Gareth ist Marketingdirektor, Mitte dreißig, ein glücklich verheirateter Mann mit einem drei- und einem vierjährigen Kind, die ihm beide unendlich viel Freude bereiten. Trotz seiner 36 Jahre fühlt er sich jünger und ist wegen seines vollkommen auf die Familie eingestellten Lebens – er hat ein schönes Haus, einen herrlichen Garten und macht jedes Jahr Familienurlaub in Frankreich – irgendwie unzufrieden. Er vermisst sein früheres aufregendes, sorgenfreies Leben, in dem er sich als gut angezogenen Mann mit gutem Geschmack und Manieren gesehen hat, nach dem sich die Leute immer umdrehten wenn er einen Raum betrat. Er fürchtet, dass ihn seine Rolle als Familienvater vollkommen vereinnahmt hat. Zwar geht er in dieser Rolle richtig auf, aber er empfindet sein jetziges Leben gelegentlich zu ‚vorsichtig und vernünftig‘.

Nachdem er sich einige Monate mit diesen Gefühlen herumgeschlagen hat, wird Gareth von der Personalabteilung seiner Firma kontaktiert, weil ihm ein neuer Firmenwagen angeboten wird. Vor drei Jahren hatte er sich für den praktischen Audi A4 entschieden, wobei er an die Befürfnisse seiner Familie gedacht hatte. In der Zwischenzeit hatte seine Frau einen Volvo gekauft, den sie immer für Familienreisen nahmen. Für den Kauf des Firmenwagens steht eine riesige Summe zur Verfügung, weil sich Gareth langfristig in der Firma engagiert und in den vergangenen 18 Monaten hervorragende Ergebnisse erzielt hat. Er kann praktisch jeden Wagen aussuchen, der ihm gefällt.

Der Porsche 911 ist ein viel bewundertes Fahrzeug mit ausgefallenem Design für den anspruchsvollen Fahrer mit gutem Geschmack, der als sportliche, vertrauenswürdige und starke Persönlichkeit gilt. Die derzeitige Werbekampagne zeigt einen erfolgreichen Mann Mitte dreißig, der an Ampeln, auf dem Firmenparkplatz *und* in der Schule, wo er seine Kinder abholt, bewundert wird. Als er nach Hause fährt, dreht Gareth seinen CD-Spieler auf volle Lautstärke, überschreitet die Geschwindigkeit – wenn es ungefährlich ist – und fühlt sich wieder wie der bewunderte Gareth, der vor fünfzehn Jahren sein Studium abschloss.

KAPITEL 7

Das Selbstbild

7.1 Die Sicht des eigenen Selbst

Gareth ist nicht der Einzige, der spürt, dass Image und Besitz seinen ‚Wert' als Person beeinflussen. Die Unsicherheit von Konsumenten in Bezug auf ihr Aussehen ist groß: Es wird geschätzt, dass 72% der Männer und 85% der Frauen mit mindestens einem Aspekt ihres Aussehens unzufrieden sind.[1] Viele Produkte, von Autos bis Aftershaves, werden gekauft, weil der Konsument versucht, einen Aspekt seines Selbst zu betonen oder zu verbergen. In diesem Kapitel beschäftigen wir uns damit, wie die Einstellung von Konsumenten zu sich selbst die Kaufgewohnheiten beeinflussen, besonders, wenn sie versuchen, den Erwartungen ihrer Gesellschaft in Bezug darauf, wie ein Mann oder eine Frau auszusehen haben, entsprechen wollen.

7.1.1 Gibt es das Selbst?

Die 80er-Jahre wurden das ‚Ich-Jahrzehnt' genannt, weil sich in dieser Zeit viele Menschen intensiv mit ihrem Selbst auseinander gesetzt haben. Die Vorstellung, jeder Konsument habe ein Selbst, ist für uns selbstverständlich. Trotzdem ist dieses Konzept eine recht neue Art, Menschen und ihre Beziehung zur Umwelt zu beurteilen. Die Vorstellung, dass jeder Mensch einzigartig ist, und nicht Teil einer Gruppe, entwickelte sich im späten Mittelalter (in Europa). Die Auffassung, das Selbst sei ein Objekt, das man verwöhnen müsse, ist noch jünger. Darüber hinaus ist die Betonung der einzigartigen Natur des Selbst in westlichen Gesellschaften stärker ausgeprägt.[2] In vielen östlichen Gesellschaften dagegen gilt das kollektive Selbst als wichtiger, bei dem die Identität einer Person im Wesentlichen von der sozialen Gruppe bestimmt wird.

Sowohl östliche als auch westliche Gesellschaften teilen das Selbst in inneres, privates Selbst und in äußeres, öffentliches Selbst. Sie unterscheiden nur in der Auffassung, welcher Teil das ‚wahre Ich' ist. Der Westen scheint sich an einer unabhängigen Interpretation des Selbst zu orientieren, bei der die jedem Individuum inhärente Getrenntheit anerkannt wird. Andere Gesellschaften dagegen glauben an ein unabhängiges Selbst, dessen Identität weitgehend durch die Beziehungen zu anderen bestimmt wird.[3]

Die konfuzianistische Auffassung geht davon aus, dass das Selbst den Wahrnehmungen anderer ‚gegenübersteht' und in ihren Augen einen gewünschten Status beibehalten will. *Mien-tzu* wird das durch Erfolg und Zurschaustellung erreichte Ansehen genannt. Manche asiatische Gesellschaften haben für bestimmte soziale Schichten verbindliche Regeln zu spezifischen Kleidern und Farben entwickelt. Diese leben heute in Stilratgebern weiter, in denen detaillierte Anweisungen zu Kleidung und der Begrüßung von Fremden gegeben werden.[4] Diese Sitten stimmen nicht mit westlichen Praktiken wie ‚Casual Fridays' überein, an denen Angestellte aufgefordert werden, ganz ungezwungen ihr einzigartiges Selbst zum Ausdruck zu bringen. Das Selbst kann aus verschiedenen theoretischen Blickwinkeln betrachtet werden.

Wie in einem der vorangehenden Kapitel besprochen, betrachtet die psychoanalytische oder Freud'sche Perspektive das Selbst als ein System von konkurrierenden, von Konflikten geschüttelten Mächten. In Kapitel 3 hielten wir fest, dass Behaviouristen das Selbst als eine Anhäufung von konditionierten Reaktionen sehen. Aus kognitiver Sicht ist das Selbst ein Informationsverarbeitungssystem, eine organisierende Kraft, die als Kern dient, um den herum neue Informationen verarbeitet werden.[5]

7.1.2 Selbsteinschätzung

Die **Selbsteinschätzung** bezieht sich auf die Überzeugungen einer Person von ihren Attributen, und darauf, wie sie diese Qualitäten bewertet. Während die Selbsteinschätzung eines Menschen insgesamt positiv sein kann, gibt es gewisse Seiten im Selbst, die positiver bewertet werden als andere. Gareth zum Beispiel fühlt sich in seiner beruflichen Identität wohler, die seine Identität als ‚Mann-in-den-mittleren-Jahren' wiedergibt.

Komponenten der Selbsteinschätzung

Selbsteinschätzung ist eine komplexe Struktur. Sie setzt sich aus mehreren Merkmalen zusammen, von denen einigen bei der Beurteilung des Selbst mehr Bedeutung beigemessen wird. Merkmale der Selbsteinschätzung können anhand ihres Inhalts (z. B. hübsches Gesicht vs. geistige Fähigkeit), positiv oder negativ (z. B. Selbstachtung), nach ihrer Intensität, Stabilität und Genauigkeit (z. B. der Grad, in dem die Selbsteinschätzung einer Person mit der Wirklichkeit übereinstimmt) beschrieben werden.[6] Wie wir später sehen werden, ist die Selbsteinschätzung von Konsumenten manchmal sehr verzerrt – besonders, wenn es um ihr Aussehen geht.

Selbstachtung

Selbstachtung bezieht sich auf die positive Einstellung einer Person zu ihrer Selbsteinschätzung. Menschen mit geringer Selbstachtung halten sich für nicht sehr begabt und versuchen, unangenehmen Situationen, Misserfolgen oder Ablehnung aus dem Weg zu gehen. Bei der Entwicklung eines neuen Sortiments von Törtchen fand Sara Lee heraus, dass Konsumenten mit wenig Selbstachtung portionsverpackte Artikel bevorzugen, weil es ihnen an Selbstbeherrschung mangelt.[7] Dagegen fühlen sich Menschen mit hoher Selbstachtung als erfolgreich, sie gehen mehr Risiken ein und sind eher bereit, im Mittelpunkt des Interesses zu stehen.[8] Selbstachtung hängt häufig mit der Akzeptanz durch andere zusammen. Teenager, die Gruppen mit hohem Status angehören, haben mehr Selbstachtung als ihre davon ausgeschlossenen Klassenkameraden.[9]

Marketingkommunikation kann die Selbstachtung eines Konsumenten beeinflussen. Ist eine Person Werbeanzeigen ausgesetzt, so kann dadurch ein Prozess des *sozialen Vergleichs* ausgelöst werden, bei dem die Person ihr Selbst mit dem Selbst der auf den künstlichen Bildern dargestellten Menschen vergleicht. Diese Art von Vergleich scheint ein grundlegendes Motiv der Menschen zu sein, und viele Marketingexperten sprechen es an, indem sie idealisierte Bilder von glücklichen, attraktiven Menschen zeigen, die ihre Produkte verwenden.

Eine neuere Studie illustriert den Prozess des sozialen Vergleichs. Sie ergab, dass Studentinnen ihr Aussehen oft mit dem von Werbemodels vergleichen. Zudem gaben die Versuchspersonen an, mit ihrer eigenen Erscheinung weniger zufrieden zu sein, nachdem sie mit schönen Frauen in Werbeanzeigen konfrontiert waren.[10] Eine andere Studie ergab, dass sich die Wahrnehmung junger Frauen hinsichtlich ihrer eigenen Körpermaße und ihres Umfangs verändert, nachdem sie nur 30 Minuten lang ferngesehen hatten.[11]

Selbstachtungswerbung will Produkteinstellungen verändern, indem sie positive Gefühle zum Selbst auslöst.[12] Eine Strategie ist es, die Selbstachtung des Konsumenten zuerst zu provozieren und dann ein Produkt zu zeigen, das als Lösung für mögliche Probleme eingesetzt werden kann. Die US Marine verwendet diese Strategie für die Rekrutierung von jungen Männern. ‚Wenn Sie haben, was man braucht…' Eine andere Strategie ist offene Schmeichelei. Sie wird von Virginia Slims Zigaretten eingesetzt, die mit dem Spruch ‚Du hast es weit gebracht' wirbt.

Manchmal werden aus der Werbung Komplimente abgeleitet, indem Konsumenten mit anderen verglichen werden. Zum Beispiel sind viele Konsumenten so sozialisiert, dass sie Körpergeruch als abstoßend empfinden und darum motiviert sind, ihr Image zu schützen, indem sie ihren Körpergeruch leugnen. Diese Haltung erklärt den Erfolg der *Dial Soap* Werbung: ‚Sind Sie so zufrieden mit *Dial*, dass Sie wünschen, jeder benutzte sie?'[13]

Wahres und ideales Selbst

Selbstachtung wird durch einen Prozess beeinflusst, in dem der Konsument Attribute seines sozialen Status mit idealen Attributen vergleicht. Ein Konsument kann sich fragen: ‚Bin ich wirklich so attraktiv, wie ich es gern wäre?', ‚Verdiene ich so viel, wie ich will?' und so weiter. Das **ideale Selbst** bezieht sich auf die Vorstellung einer Person, wie sie gern sein würde, während das **wahre Selbst** eine realistischere Einschätzung der vorhandenen und nicht vorhandenen Qualitäten darstellt.

Das ideale Selbst wird zum Teil durch Elemente des gesellschaftlichen Umfeldes des Konsumenten gebildet, etwa durch Darsteller in Werbeanzeigen, die als Modell für Leistungen und äußere Erscheinung dienen.[14] Produkte können gekauft werden, weil Konsumenten annehmen, sie seien bei der Erreichung dieser Ziele unerlässlich. Manche Produkte werden gewählt, weil sie als konsistent mit dem wahren Selbst des Konsumenten gelten, während andere Produkte helfen, den Standard des idealen Selbst zu erreichen.

Fantasie: Eine Brücke zwischen den beiden Selbst

Während die meisten Menschen eine Diskrepanz zwischen ihrem wahren und ihrem idealen Selbst empfinden, ist dieser Graben bei manchen Konsumenten größer als bei anderen. Diese Menschen sind besonders gute Zielscheiben für Marketingkommunikationen, die Appelle an die *Fantasie* einsetzen.[15] Eine **Fantasie** oder ein Tagtraum ist eine selbst verursachte Bewusstseinsverlagerung, die manchmal dazu dient, einen Mangel an externer Stimulierung zu kompensieren oder Probleme der realen Welt aus dem Weg zu gehen.[16] Viele Produkte und Dienstleistungen sind deshalb erfolgreich, weil sie an die Neigung der Konsumenten zu fantasieren appellieren. Durch diese Marketingstrategie kann die Sicht des Selbst erweitert werden, indem es in ungewöhnliche, aufregende Situationen versetzt wird, oder, interessante oder provokative Rollen auszuprobieren.

7.1.3 Multiples Selbst

In gewisser Hinsicht ist jeder von uns eine Vielzahl von verschiedenen Personen. Ihre Mutter würde Sie wohl nicht wiedererkennen, wenn Sie mit Freunden im Urlaub sind! Wir haben so viele Selbst wie soziale Rollen. Je nach Situation handeln wir unterschiedlich und benutzen verschiedene Produkte und Dienstleistungen – sogar der Grad, mit dem wir uns mögen, variiert. Eine Person kann eine Reihe von Produkten benötigen, um die gewünschte Rolle zu spielen: Sie kann für ihr berufliches Selbst ein gediegenes, dezentes Parfüm wählen, sich aber am Samstagabend, wenn sie zur *femme fatale* wird, für einen provozierenden Duft entscheiden. Die dramaturgische Perspektive von Konsumentenverhalten sieht Menschen als Schauspieler, die verschiedene Rollen spielen. Wir alle spielen viele Rollen, und jede hat ihr spezifisches Drehbuch, ihre spezifischen Attribute und Kostüme.[17]

If I had a Nissan 240SX ... it would be a red coupe.

Wait! A silver fastback. And I´d go for a spin up Route 7, the twisty part.

Just me and Astro ...

no, Amy.

Heck, Christie Brinkley!

Wow! Yeah, me and Christie ...

in my silver – no, red 240SX ... driving into the sunset.

Dieses Storyboard einer Werbung für den Nissan 240SX illustriert den Einsatz von Fantasie, durch die der Konsument neue Rollen ausprobieren und seine Vision des idealen Selbst erweitern kann.

Dieses Foto zeigt die berufstätige Frau in einer ihrer (relativ neuen) Rollen.

Das Selbst kann man sich mit verschiedenen Komponenten, oder *Identitäten* vorstellen, die jeweils zu einer bestimmten Zeit aktiv sind. Manche Identitäten (Ehepartner, Vorgesezter, Student) sind zentraler für das Selbst als andere, aber andere Identitäten (Briefmarkensammler, Lektor, Tänzer oder Anwalt für mehr Gerechtigkeit am Arbeitsplatz) können in bestimmten Situationen dominieren. Zum Beispiel erklärten Manager in eine Studie, die in den Vereinigten Staaten, in Großbritannnen und in einigen Pazifik-Anrainerstaaten durchgeführt wurde, verschiedene Persönlichkeiten kämen ins Spiel, wenn sie Kaufentscheidungen zu Hause oder bei der Arbeit treffen. Sie berichteten, sie seien in ihrer Rolle als Privatmensch weniger zeitbewusst und diszipliniert, dafür aber emotionaler.[18]

Symbolischer Interaktionismus

Wie entwickelt sich jedes Selbst, wenn jede Person potenziell viele soziale „Selbst" hat, und wie entscheiden wir, welches Selbst wir zu einem gegebenen Zeitpunkt „aktivieren" wollen? Die soziologische Perspektive des **symbolischen Interaktionismus** geht davon aus, dass Beziehungen zu anderen Menschen eine große Rolle bei der Bildung des Selbst spielen.[19] Diese Theorie stellt fest, dass Menschen in einem symbolischen Umfeld leben, und dass die mit der Situation oder mit dem Objekt zusammenhängende Bedeutung durch die Interpretation dieser Symbole festgelegt wird. Als Mitglieder einer Gesellschaft lernen wir allgemein gültige Bedeutungen. So wissen wir zum Beispiel, dass rotes Licht „halt" bedeutet, oder dass McDonald's „goldene Brücken" Essen bedeuten.

Wie andere soziale Objekte werden auch die Bedeutungen von Konsumenten selbst durch die soziale Übereinstimmung definiert. Der Konsument interpretiert seine eigene Identität und diese Beurteilung entwickelt sich in dem Maß ständig weiter, in dem er neue Situationen und Menschen kennen lernt. Nach Begriffen des symbolischen Interaktionismus *handeln* wir diese Bedeutungen *aus*. Vor allem der Konsument stellt die Frage: „Wer bin ich in dieser Situation?"

Die Antwort auf diese Frage wird weitgehend durch die Menschen um uns herum beeinflusst: „Für wen halten mich die *anderen?*" Wir passen unser Verhalten meistens den wahrgenommenen Erwartungen anderer Menschen als *Self–fulfilling Prophecy* an. Indem wir uns so verhalten, wie wir glauben, dass andere es von uns erwarten, bestätigen wir diese Wahrnehmungen. Dieses selbstbewahrheitende Verhalten wird häufig durch unsere „geschlechtsspezifischen Rollen" ausgedrückt, wie wir in diesem Kapitel noch sehen werden.

Das Spiegelselbst

Der Prozess, bei dem man sich die Reaktionen anderer vorstellt, ist als ‚die Rolle des Anderen übernehmen' oder als das **Spiegelselbst** bekannt.[20] Laut dieser Theorie funktioniert unser Wille zur Selbstdefinition wie ein psychologisches Sonargerät: Wir interpretieren unsere eigene Identität, indem wir Signale von Anderen empfangen und versuchen zu erraten, welchen Eindruck sie von uns haben. Das so erhaltene Spiegelimage ist, je nachdem wessen Sichtweise wir betrachten, unterschiedlich.

Wie die Zerrspiegel auf einer Kirmes, kann unsere Selbsteinschätzung variieren, je nachdem, aus wessen Perspektive wir uns sehen, und inwieweit wir in der Lage sind, die Beurteilung durch die betreffende Person vorherzusagen. Ein erfolgreicher Mann wie Gareth zweifelt vielleicht an seiner ‚Familienvaterrolle', da sie mit seinem früheren Image als unbekümmerter, sorgloser Mann (ob diese Wahrnehmungen zutreffen oder nicht) in Konflikt steht. Hier kann sich eine Prophezeiung selbst erfüllen, da solche ‚Zeichen' das tatsächliche Verhalten von Gareth beeinflussen. Wäre er der Überzeugung, er sei nicht gepflegt, würde er sich vielleicht so kleiden und verhalten, dass er tatsächlich weniger gepflegt erschiene. Andererseits kann sein Selbstvertrauen in seinem Arbeitsumfeld ihn zu der Annahme verleiten, dass andere sein ‚Manager-Selbst' höher einschätzen, als sie es in Wirklichkeit tun (solche Menschen kennen wir alle!).

7.1.4 Selbstbewusstsein

Manchmal sind sich Menschen schmerzhaft ihrer selbst bewusst. Wenn Sie einmal mitten in einer Vorlesung durch den Raum liefen, und bemerkten, wie sich alle Augen auf Sie richteten, kennen Sie das Gefühl des *Selbstbewusstseins*. Konsumenten haben oft überraschend wenig Selbstbewusstsein. Menschen in einem Fußballstadiom, auf einer Demonstration oder auf einer Studentenparty können Dinge tun, die sie niemals tun würden, wenn sie sich ihres Verhaltens bewusst wären.[21]

Im Allgemeinen sind manche Menschen empfänglicher für das Bild, das sie anderen übermitteln (obwohl jeder Menschen kennt, die handeln, als seien sie sich des Eindrucks, den sie machen, nicht bewusst) als andere. Je mehr sich eine Person mit ihrem öffentlichen ‚Image' beschäftigt, umso mehr beschäftigt sie sich mit der Frage, ob gewisse Produkte und Konsumaktivitäten angebracht sind oder nicht.

Zur Beurteilung dieses Verhaltens wurden viele Messtechniken entwickelt. Konsumenten, die auf der Skala des *öffentlichen Selbstbewusstseins* hoch eingestuft werden, interessieren sich mehr für Kleidung und benutzen mehr Kosmetikartikel.[22] Ein ähnliches Verfahren ist die *Selbstkontrolle*. Menschen, die sich stark selbst kontrollieren, achten mehr darauf, wie sie selbst in ihrem sozialen Umfeld wirken, und ihre Produktwahl wird von ihrer Beurteilung beeinflusst, wie diese Artikel von anderen wahrgenommen werden.[23] Selbstkontrolle deckt sich häufig mit Aussagen wie: ‚Ich wollte eine Show aufziehen, um Andere zu beeindrucken' oder ‚Ich würde einen guten Schauspieler abgeben'.[24] Kontrolliert sich jemand intensiv, beurteilt er Produkte, die er in der Öffentlichkeit konsumiert, eher nach dem Eindruck, den sie auf andere machen, als Menschen, die sich kaum selbst kontrollieren.[25] In neueren Forschungen wurden bei Personen, die auf ein Erscheinungsbild oder auf die Erreichung persönlicher Ziele fixiert sind, Aspekte der *Eitelkeit* in Betracht gezogen. Es überrascht nicht, dass Gruppen wie Bodybuilder oder Models in diese Kategorie fallen.[26]

7.2 Konsum und Selbsteinschätzung

Führt man die dramaturgische Perspektive etwas weiter aus, kann man leicht erkennen, wie der Konsum von Produkten und Dienstleistungen zur Definition des Selbst beiträgt. Wenn ein Schauspieler seine Rolle überzeugend spielen will, braucht er entsprechende Requisiten wie das Bühnenbild und so weiter. Konsumenten lernen, dass die verschiedenen Rollen von *Konstellationen* von Produkten und Aktivitäten begleitet werden, die bei der Definition der Rollen behilflich sind.[27] Manche Requisiten sind für Rollen so wichtig, dass sie als Teil des *erweiterten Selbst* angesehen werden können, ein Konzept, das wir hier kurz besprechen werden.

7.2.1 Produkte, die das Selbst formen: Der Mensch ist, was er konsumiert

Wir haben gelernt, dass das reflektierte Selbst bei der Bildung der Selbsteinschätzung hilft. Das impliziert, dass Menschen sich selbst so sehen, wie sie annehmen, dass andere sie sehen. Da andere auch die Kleidung, den Schmuck, die Möbel, das Auto usw. sehen, ist es klar, dass diese Produkte helfen, das wahrgenommene Selbst zu bestimmen. Die Produkte eines Konsumenten vermitteln ihm eine soziale Rolle, durch die er die Frage ‚Wer bin ich *jetzt*' leichter beantworten kann.

Anhand des Kaufverhaltens einer Person beurteilen Menschen deren soziale Identität. Wir beurteilen eine Person aber nicht nur anhand von Kleidung, Pflegegewohnheiten und Ähnlichem, sondern wir ziehen auch anhand ihrer Freizeitaktivitäten (z.B. Squash vs. Fußball), Essgewohnheiten (z.B. Vegetarier vs. ‚Steak-und-Chips'-Esser), Autos, Einrichtung des Hauses etc. Rückschlüsse auf ihre Persönlichkeit. Wenn man jemand ein Foto des Wohnzimmers einer Person zeigt, kann sie zum Beispiel überraschend genaue Angaben über die Persönlichkeit der betreffenden Person machen.[28] So wie die von einem Konsumenten verwendeten Produkte auf die Wahnehmung anderer wirken, können ihm diese Produkte helfen, seine *eigene* Selbsteinschätzung und soziale Identität festzulegen.[29]

Ein Konsument ist einem Produkt in dem Maße verbunden, in dem es von ihm als Mittel der Selbsteinschätzung benutzt wird.[30] Objekte können als eine Art Sicherheitsnetz dienen, indem sie unsere Identität verstärken – besonders in ungewohnten Situationen. Zum Beispiel brechen Studenten, die ihr Zimmer oder ihr Haus mit persönlichen Sachen dekorieren, seltener ihr Studium ab. Solche Abbilder schützt das Selbst davor, sich in einer ungewohnten Umgebung aufzulösen.[31]

Die Verwendung von Konsuminformationen zur Definition des Selbst ist dann besonders wichtig, wenn gerade eine Identität gebildet wird. Das ist zum Beispiel der Fall, wenn ein Konsument eine neue oder ungewohnte Rolle spielt. Die **Symbolische Selbsterfüllungstheorie** geht davon aus, dass Menschen mit unzureichender Selbstdefinition versuchen, ihre Identität zu vervollständigen, indem sie Symbole erwerben und zur Schau stellen, die mit ihr zu tun haben.[32] Jugendliche können chauvinistische Produkte wie z.B. Autos oder Zigaretten als ‚soziale Krücke' verwenden, auf die sie sich in einer Periode stützen können, in der ihre Identität noch nicht gefestigt ist.

Selbstverlust

Die Bedeutung von Besitz für die Identität wird dann am deutlichsten, wenn geschätzte Objekte verloren oder gestohlen werden. Institutionen, die die Individualität verdrängen und eine Gruppenidentität schaffen wollen – wie zum Beispiel Gefängnisse oder Klöster – konfiszieren zuerst persönlichen Besitz.[33] Opfer von Diebstählen und Naturkatastrophen berichten meistens über Gefühle der Entfremdung, Depression, oder das Gefühl, ‚vergewaltigt' worden zu sein. Die Aussage eines Konsumenten, nachdem er bestohlen wurde, ist typisch: ‚Wenn man ausgeraubt wird, fühlt man sich, als sei man vergewaltigt worden.'[34] Opfer von Diebstählen zeigen häufig einen verminderten Gemeinschaftssinn, weniger Interesse am Privatleben und sind weniger stolz auf ihre Häuser als ihre Nachbarn.[35]

Der dramatische Einfluss des Verlustes von Objekten wird deutlich, wenn man die Situationen von Menschen nach Katastrophen wie Orkanen, Überschwemmungen oder Erdbeben betrachtet. Einige dieser Menschen wollen sich nicht einmal mehr eine neue Identität schaffen, indem sie wieder Besitz kaufen. Interviews mit Opfern von Katastrophen zeigten, dass manche ihr Selbst nicht mehr bei einem Kauf von Besitz engagieren möchten, und sich mit den Objekten nicht mehr so sehr verbunden fühlen. Eine 50-jährige Frau äußerte dazu: ‚Ich habe meine persönlichen Sachen geliebt. Ich kann so einen Verlust nicht noch einmal durchmachen. Die Sachen, die ich jetzt kaufe, sind nicht mehr so wichtig für mich.'[36]

7.2.2 Selbst/Produkt-Kongruenz

Weil viele Konsumaktivitäten mit der Selbstdefinition zusammenhängen, ist es nicht überraschend, wenn man erfährt, dass bei Konsumenten Konsistenz zwischen ihren Werten (siehe Kapitel 4) und den Dingen, die sie kaufen besteht.[37] **Selbstimage-Kongruenz-Modelle** gehen davon aus, dass Produkte dann gewählt werden, wenn ihre Attribute mit Aspekten des Selbst übereinstimmen.[38] Die Modelle vermuten einen Prozess kognitiver Übereinstimmung zwischen diesen Attributen und dem Selbstimage des Konsumenten.[39]

Während die Ergebnisse unterschiedlich sind, scheint das ideale Selbst eher als Vergleichsstandard für expressive soziale Produkte wie Parfüm relevant zu sein. Dagegen ist das tatsächliche Selbst relevanter für funktionale Alltagsprodukte. Diese Standards können aber je nach Verwendungssituation variieren. Zum Beispiel kann sich ein Konsument ein funktionales, zuverlässiges Auto wünschen, mit dem er jeden Tag zur Arbeit fahren kann, aber ein auffälligeres, schnelleres Modell, wenn er am Abend seine Freundin trifft. Leider gibt es Beispiele für die Verwendung von Produkten, in denen der Wunsch, das ideale Selbst zu erreichen, zu Konflikt und Schädigung des tatsächlichen Selbst führt. Der Bodybuilding-Trend hat in den Vereinigten Staatenund im Nordosten Englandsdazu geführt, dass eine größere Anzahl junger Männer für das Bodybuilding Anabolika verwendet. Dadurch mögen die Muskeln ‚aufgepolstert'- und das ideale Selbst schneller erreicht – werden, aber das tatsächliche Selbst wird geschädigt, da Anabolika zu Unfruchtbarkeit bei Männern führen.[40]

Forschungsergebnisse erhärten die Vorstellung von Kongruenz zwischen Produktverwendung und Selbstimage. Eine der neuesten Studien, in denen dieser Prozess erforscht wird, ergab, dass sich Autobesitzer so einschätzten, dass es mit der Wahrnehmung ihrer Autos übereinstimmt. Fahrer des sportlichen Pontiac sahen sich als aktiver und auffälliger als Volkswagenfahrer.[41] Kongruenz kann auch zwischen Konsumenten und ihrer bevorzugten Marke an Bier, Seife, Zahnpasta, Zigaretten und Marken, die sie nicht mögen, entdeckt werden. Kongruenz besteht auch zwischen dem Selbstimage eines Konsumenten und seinen bevorzugten Geschäften.[42] Einige spezifische Attribute, die sich als nützlich bei der Beschreibung der Übereinstimmung zwischen Konsumenten und Produkten erwiesen haben, enthalten rau/zart, aufregend/ruhig, rational/emotional und formell/informell.[43]

Obwohl diese Ergebnisse einleuchten, können wir nicht einfach davon ausgehen, dass Konsumenten immer Produkte kaufen, deren Attribute mit ihren eigenen Eigenschaften übereinstimmen. Es ist nicht sicher, ob Konsumenten wirklich in funktionalen Produkten, die kein komplexes, menschliches Image haben, Aspekte ihrer eigenen Persönlichkeit erkennen. Es ist etwas anderes, ob man einem expressiven, image-orientierten Produkt wie Parfüm eine Markenpersönlichkeit zuspricht, oder einem Toaster.

Bleibt noch die ewige Frage: Kaufen Menschen Produkte, weil sie sie für ähnlich mit ihrem Selbst halten, oder *vermuten* sie, diese Produkte müssten ihnen ähnlich sein, weil sie sie kaufen? Die Ähnlichkeit zwischen dem Selbstimage einer Person und dem Image des gekauften Produkts steigt im Allgemeinen nach dem Kauf, insofern kann man diese Erklärung nicht ausschließen.

7.2.3 Das erweiterte Selbst

Wie bereits erwähnt, werden viele der Attribute und Rahmen, die Konsumenten zur Definition ihrer sozialen Rollen verwenden, Teil ihres Selbst. Diese externen Objekte, die wir als Teil von uns betrachten, bilden das **erweiterte Selbst**. In manchen Gesellschaften nehmen die Menschen Objekte regelrecht in das Selbst auf – sie lecken neue Besitztümer, übernehmen die Namen von besiegten Feinden (manche essen sie gar auf), oder begraben Tote mit ihren Besitztümern.[44] So weit gehen wir normalerweise nicht, aber viele Menschen umsorgen ihre Besitztümer, als seien sie ein Teil von ihnen. Viele materielle Objekte, von persönlichem Besitz über Haustiere bis zu Denkmälern oder Wahrzeichen, helfen bei der Bildung der Identität eines Konsumenten. Fast jeder Mensch kann einen heiß geliebten Besitz nennen, der einen Teil vom Selbst enthält – ob es sich um ein geliebtes Foto, eine Trophäe, ein altes Hemd, eine Katze oder einen Hund handelt. Häufig ist es sogar möglich, eine recht genaue ‚Biografie‘ eines Menschen zu erstellen, indem man eine Liste der Artikel erstellt, die er in seinem Schlafzimmer oder Büro ausgestellt hat.

In einer Studie über das erweiterte Selbst bekamen Teilnehmer eine Liste mit Artikeln, die von Haushaltsgeräten, Kosmetiktüchern und Fernsehprogrammen bis zu Eltern, Körperteilen und Lieblingskleidern reichten. Sie wurden aufgefordert, jeden Artikel in Bezug auf seine Nähe zum Selbst einzuordnen. Objekte wurden eher dann als Teil des erweiterten Selbst eingeordnet, wenn für ihren Erwerb ‚psychische Energie‘ eingesetzt worden war, oder weil sie lange Zeit benutzt und somit personalisiert worden waren.[45]

Vier Ebenen des erweiterten Selbst wurden beschrieben. Sie reichen von persönlichen Objekten bis zu Plätzen und Dingen, durch die sich Menschen mit ihrem weiteren sozialen Umfeld verwurzelt fühlen.[46]

- *Individuelle Ebene:* Konsumenten schließen viele ihrer persönlichen Besitztümer in die Selbstdefinition ein. Dabei kann es sich um Schmuck, Autos, Kleidung etc. handeln. Der Spruch ‚Kleider machen Leute‘ spiegelt die Überzeugung wider, dass die Sachen eines Menschen ein Teil von ihm sind.
- *Familienebene:* Dieser Teil des erweiterten Selbst enthält Haus und Möbel des Konsumenten. Das Haus kann man sich dabei als symbolischen Körper für die Familie vorstellen, es ist oft ein zentraler Aspekt für die Identität.
- *Gemeinschaftsebene:* Konsumenten beschreiben sich oft anhand der Nachbarschaft oder der Stadt, in der sie wohnen. Dieses Zugehörigkeitsgefühl ist für Landwirte oder für die sesshafte Bevölkerung mit enger Beziehung zu einer Gemeinde besonders wichtig.

Indem Maybelline Selbsteinschätzung mit Produktattributen verbindet, ruft es Bilder des wahren und des idealen Selbst wach.

- *Gruppenebene:* Unser Bindung zu bestimmten sozialen Gruppen kann als Teil des Selbst betrachtet werden. Ein Konsument kann Wahrzeichen, Denkmäler oder Sportmannschaften als Teil des erweiterten Selbst empfinden.

7.3 Geschlechtsspezifisches Verhalten

Sexuelle Identität ist eine wichtige Komponente für die Selbsteinschätzung eines Konsumenten. Die Menschen beugen sich oft den Erwartungen, die ihre Gesellschaft in Bezug darauf hat, wie sich Gleichgeschlechtliche anziehen, wie sie handeln und sprechen sollen. Natürlich ändern sich diese Richtlinien mit der Zeit und können sich innerhalb von Gesellschaften grundlegend unterscheiden. Manche Gesellschaften sind stark dichotomisch und tolerieren nur geringe Abweichungen von geschlechterspezifischen Normen. In anderen Gesellschaften sind größere Freiheiten in Bezug auf Verhalten – auch auf Verhaltensweisen, die von geschlechtsspezifischen Orientierungen stammen – möglich. In einigen Gesellschaften wird die Gleichheit von Mann und Frau zwar nach außen hin befürwortet, Ungerechtigkeiten spielen sich aber gleich hinter der Fassade ab; in anderen werden Macht und Mittel geteilt und Entscheidungen gemeinsam getroffen. In dem Maß, in dem sich Gesellschaft aus allem zusammensetzt, was wir lernen, werden alle Aspekte des Konsumprozesses von der Gesellschaft beeinflusst. Es ist nicht immer klar, ob geschlechtsspezifische Unterschiede angeboren sind oder durch die Gesellschaft vermittelt wurden, fest steht aber, dass sie bei vielen Konsumentscheidungen eine Rolle spielen.[47]

Betrachten wir die geschlechtsspezifischen Unterschiede, die Marktforscher ermittelt haben, als sie Lebensmittelpräferenzen von Frauen und Männern untersucht haben. Frauen essen mehr Früchte, Männer mehr Fleisch. Einer der Marktforscher schrieb: ‚Das Essen von Männern wächst nicht, es wird gejagt und getötet.' Männer essen lieber Cornflakes, während Frauen Müsli bevorzugen, Männer trinken lieber Softdrinks, während Frauen Wasser kistenweise kaufen. Beide Geschlechter unterscheiden sich auch stark in der Menge der Nahrungsmittel, die sie zu sich nehmen: Als Marktforscher bei Hersheys entdeckten, dass Frauen weniger Süßigkeiten essen, schuf die Firma ein Konfekt aus weißer Schokolade namens Hugs (Umarmung) – und hatte damit einen riesigen Erfolg.

7.3.1 Geschlechtsspezifische Unterschiede in der Sozialisierung

Die Anforderungen einer Gesellschaft an männliche und weibliche Rollen wird in Begriffen des idealen Verhaltens übermittelt, die für jedes Geschlecht festgelegt sind (u.a. in der Werbung). So kann man annehmen, dass Frauen kleinere Portionen essen, weil sie erzogen wurden, zierlich und anmutig zu sein.

Geschlechtsspezifische Ziele und Erwartungen

In manchen Gesellschaften werden Männer durch **agentische Ziele** kontrolliert, zu denen Durchsetzungsvermögen und Sicherheit gehören. Frauen dagegen werden **kommunale Ziele** vermittelt, wie Zugehörigkeit und die Pflege von harmonischen Beziehungen.[48]

In jeder Gesellschaft gibt es eine Reihe von Erwartungen in Bezug auf das bei Männern und Frauen angemessene Verhalten. Diese Erwartungen werden auf bestimmte Weise vermittelt. Die Konditionierung setzt schon früh ein – bei jedem Kindergeburtstag werden geschlechtsspezifische Rollen verstärkt. Eine jüngere Analyse zeigte, dass stereotype Darstellungen in Kinderbüchern zwar mit der Zeit seltener geworden sind, dass weibliche Darsteller aber immer noch fürsorgliche Rollen übernehmen – wie Backen oder Geschenke machen. Fast immer ist es die Mutter, die das Geburtstagsfest vorbereitet, und häufig ist gar kein männlicher Erwachsener anwesend. Die männliche Figur in solchen Büchern ist oft der geheimnisvolle Beschaffer von Geschenken.[49]

Sind Marketingexperten machistisch?

Marketing wurde weitgehend von Männern definiert, aus diesem Grund herrschen bislang die männlichen Werte vor. Die Betonung liegt eher auf Wettbewerb als auf Zusammenarbeit und häufig werden Begriffe aus Krieg und Eroberung verwendet. Marketingstrategen benutzen oft klare männliche Konzepte wie ‚Marktpenetration' oder ‚Konkurrenzstoß'. Artikel über Marketing in Fachzeitungen betonen eher die agentischen als die kommunalen Ziele. Das wichtigste Ziel ist Macht und Kontrolle. Ein weiteres Ziel ist Instrumentalität (Menschen manipulieren, damit sie der Firma und dem Wettbewerb dienen).[50] Diese Ausrichtung könnte sich in den nächsten Jahren ändern, da immer mehr Marketingforscher Faktoren wie Emotionen und Ästhetik in Kaufentscheidungen einbeziehen – und da eine steigende Anzahl von Frauen einen Abschluß im Marketing machen.

7.3.2 Geschlechtsspezifische versus sexuelle Identität

Eine geschlechtsspezifischer Rolle ist sowohl ein geistiger als auch ein körperlicher Zustand. Das biologische Geschlecht einer Person (Mann oder Frau) bestimmt nicht ausschließlich, ob er oder sie **geschlechtsspezifische Züge** tragen wird, die stereotyp für das eine oder das andere Geschlecht gelten. Auch die subjektiven Gefühle eines Konsumenten in Bezug auf seine Geschlechterrolle spielen eine zentrale Rolle.[51]

Männlichkeit und Weiblichkeit sind keine biologischen Merkmale – im Gegensatz zum angeborenen Geschlecht. Verhaltensweisen, die in einer Gesellschaft als männlich gelten, können der anderen Gesellschaft als unmännlich gelten. In Nordeuropa und Skandinavien beispielsweise müssen Männer stoisch sein, während Männer in Südeuropa und Südamerika ihre Emotionen zeigen dürfen. Jede Gesellschaft legt fest, was ein ‚echter' Mann und eine ‚echte' Frau tun und lassen soll.

Geschlechterspezifische Produkte

Viele Produkte sind *geschlechterspezifisch* und tragen somit weibliche oder männliche Merkmale. Konsumenten assoziieren solche Produkte häufig mit dem einen oder dem anderen Geschlecht.[52] Die geschlechterspezifische Festlegung von Produkten wird oft von Marketingexperten geschaffen und gefördert (Princess Telefone, Spielsachen für Jungen und Mädchen, Farbkodes auf Windeln). Sogar Markennamen sind geschlechterspezifisch festgelegt: Produkte mit Zahlen (Formel 409, 10W40, Clorox 2) gelten als technisch und somit männlich.[53] Unser Geschlecht beeinflusst offenbar auch die Instrumentalität der Produkte, die wir kaufen. Studien haben ergeben, dass Männer technische Artikel und Freizeitprodukte spontan kaufen, womit sie Unabhängigkeit und Aktivität ausdrücken, während Frauen symbolische und selbstverstärkende Produkte kaufen, die mit dem äußeren Erscheinen und emotionalen Aspekten des Selbst zu tun haben. Andere Forschungsergebnisse ergaben, dass Männer sich am Selbst orientieren, wenn sie Kleidung kaufen, und diese eher als Ausdruck der Persönlichkeit und nach ihrer Funktionalität beurteilen, während Frauen sich an anderen orientieren und Kleidung je nach ihren sozialen und persönlichen Beziehungen zu anderen aussuchen.[54] Einige geschlechtsspezifische Produkte sind in Tabelle 7.1 aufgeführt.

Tabelle 7.1 Geschlechtsspezifische Produkte	
Maskulin	**Feminin**
Taschenmesser	Schal
Werkzeugkasten	Babyöl
Rasiercreme	Hausschuhe
Aktentasche	Handcreme
Kamera (35 mm)	Wäschetrockner
Stereoanlage	Küchenmaschine
Whisky	Wein
Wandfarbe	Kosmetiktücher

Quelle: Adaptiert von Kathleen Debevec und Esawar Iyer, ‚Sex Roles and Consumer Perceptions of Promotions, Products, and Self: What Do We Know and Where Should We Be Headed', in *Advances in Consumer Research*, ed. Richard J. Lutz (Provo, UT: Association for Consumer Research 13, 1986): 210–14.

Androgynie

Männlichkeit und Weiblichkeit sind nicht diametral entgegengesetzt. **Androgynie** bezieht sich auf maskuline und feminine Züge.[55] Marktforscher unterscheiden zwischen *geschlechtstypischen Personen*, die immer entweder maskulin oder feminin sind, und *androgynen Personen*, deren gemischte Merkmale ihnen ermöglichen, in einer Vielzahl von sozialen Situationen aufzutreten.

Zumindest unter gewissen Umständen können Unterschiede bei der Orientierung geschlechtsspezifischer Rollen die Reaktionen von Marketingstimuli beeinflussen.[56] Laut Forschungsergebnissen neigen Frauen dazu, Botschaftsinhalte aktiv zu verarbeiten, so dass sie bei der Urteilsbildung für bestimmte Informationselemente empfänglicher sind, während Männer mehr von einer Gesamtansicht beeinflusst werden.[57] Frauen mit relativ starken maskulinen Komponenten in der geschlechtsspezifischen Identität ziehen Werbeporträts vor, die keine traditionellen Frauen zeigen.[58] Manche Forschungsergebnisse weisen darauf hin, dass geschlechtstypische Menschen empfänglicher für die Darstellung von Geschlechtsrollen in der Werbung sind, wobei Frauen empfänglicher für geschlechtsspezifische Beziehungen sind als Männer.

In einer Studie lasen Versuchspersonen zwei Versionen einer Bierwerbung, von denen die eine maskuline und die andere feminine Begriffe enthielt. Die maskuline Version enthielt Sätze wie ‚X-Bier hat einen starken Geschmack, der sich beim Essen in guter Gesellschaft entfaltet…‘, während in der femininen Version stand ‚X Bier wurde mit Hingabe gebraut, es ist ein gehaltvolles Bier, dass glatt und weich hinuntergeht…‘ Personen, die sich als sehr maskulin einstuften, zogen die maskuline Version vor, Personen, die sich als sehr feminin einstuften, die feminine Version.[59] Geschlechtstypische Menschen versuchen sicher zu stellen, dass ihr Verhalten mit der Auffassung ihrer Gesellschaft von Geschlechtsangemessenheit konsistent ist.

7.3.3 Weibliche Rollen

Geschlechtsspezifische Rollen für Frauen ändern sich schnell. Soziale Veränderungen, wie die steigende Anzahl berufstätiger Frauen, haben dazu geführt, dass Frauen von Männern heute anders betrachtet werden, und dass Frauen sich selbst und die Produkte, die sie kaufen, anders betrachten. Die moderne Frau spielt eine größere Rolle bei Kaufentscheidungen, die früher als maskulin betrachtet wurden. 60% der Personen unter 50 Jahren, die ein neues Auto kaufen, sind Frauen, und Frauen kaufen fast die Hälfte aller verkauften Kondome.[60]

Frauensegmentierung

In dem Film *Ehekrieg* von 1949 spielt Katharine Hepburn eine elegante, kompetente Rechtsanwältin. Es war einer der ersten Filme, in denen gezeigt wurde, dass eine Frau erfolgreich Karriere machen und trotzdem glücklich verheiratet sein kann. In der Geschichte waren Frauen oft berufstätig, besonders in Zeiten des Krieges. Aber Frauen in Führungspositionen sind ein relativ neues Phänomen. Die Heranbildung einer neuen Managerklasse von Frauen hat Marketingexperten dazu veranlasst, traditionelle Meinungen über Frauen zu ändern, da diese Zielgruppe einen wachsenden Markt darstellt.

Ironischerweise scheint es, als hätten Marketingexperten ihre frühere Betonung von Frauen als Hausfrauen überkompensiert. Viele Versuche, den großen Markt berufstätiger Frauen zu erreichen, stellen diese Frauen jetzt in betörenden Rollen als Managerinnen dar. Dieses Porträt ignoriert die Tatsache, dass die meisten Frauen nicht in solchen Positionen sind, sondern aus wirtschaftlichen Gründen arbeiten, nicht wegen der Selbsterfüllung. Diese Vielfalt bedeutet, dass nicht von allen Frauen erwartet wird, dass sie auf Marketingkampagnen reagieren, die Erfüllung im Beruf oder Glamour am Arbeitsplatz darstellen.

In the **female** the ability to match colors comes at an early age. In the **male** it comes when he marries a female.

HAGGAR

Trotz vieler Veränderungen im ‚geschlechtsspezifischen' Verhalten in den letzten Jahren sind manche geschlechtsspezifischen Rollenstereotype unvergänglich.

Frauen schätzen Unabhängigkeit und reagieren auf Werbekampagnen, in denen ihre Freiheit bei der Entscheidung für einen bestimmten Lebensstil dargestellt wird – ob sie nun berufstätig sind oder nicht. Lange Zeit waren Frauen der Zielmarkt von American Express, aber Frauen fühlten sich von der ‚Kennen Sie mich?'-Werbung weniger angesprochen als Männer. Eine speziell für Frauen entworfene Werbung zeigte selbstbewusste Frauen, die ihre American Express Karte benutzen. Indem es Frauen in aktiven Situationen darstellte, steigerte das Unternehmen den Marktanteil an Kreditkarten für Frauen beträchtlich.[61]

MULTIKULTURELLE DIMENSIONEN

In Japan wandeln sich die Geschlechterrollen am schnellsten. Traditionsgemäß blieben Japanerinnen früher zu Hause und kümmerten sich um ihre Kinder, während ihre Männer bis spät am Abend arbeiteten und ihre Kunden unterhielten. Von japanischen Frauen wurde erwartet, dass sie zwei Schritte hinter ihren Ehemännern hergingen. Diese Verhaltensmuster ändern sich aber, da die Frauen nicht mehr bereit sind, nur durch ihre Männer zu leben. Über die Hälfte der Japanerinnen zwischen 25 und 29 Jahren sind berufstätig oder auf der Suche nach Arbeit.[62] Japanische Marketingexperten und Werbefachleute fangen an, Frauen am Arbeitsplatz darzustellen (obwohl es sich immer noch meistens um Untergebenenrollen handelt), und weibliche Marktsegmente für so traditionell männliche Produkte wie Autos zu schaffen.

Die Figur von Rosie the Riveter wurde im Zweiten Weltkrieg geschaffen, um die Bemühungen amerikanischer Frauen, Männer in der Fabrik oder am Fließband zu ersetzen, zu illustrieren.

„Cheesecake" oder die Darstellung von Frauen in der Werbung

Wie in der Werbung für Virginia Slims-Zigaretten angesprochen („Du hast es weit gebracht"), hat sich die Einstellung zu weiblichen Rollen im zwanzigsten Jahrhundert sehr verändert. Trotzdem werden Frauen von Werbefachleuten und Medien immer noch in stereotyper Weise dargestellt. Analysen von Werbungen in Zeitschriften wie *Time, Newsweek, Playboy* und sogar *Ms.* ergaben, dass die meisten darin abgebildeten Frauen als Sexobjekte (sogenannte ‚Cheese-cake' (*nacktes Fleisch*) Werbungen) oder in traditionellen Rollen dargestellt wurden.[63] Ähnliche Ergebnisse wurden in Großbritannien erzielt.[64] Mit am meisten dafür verantwortlich dafür könnten Rockvideos sein, die meistens traditionelle Frauenrollen verstärken.

Werbung kann auch negative Stereotypen verstärken. Frauen werden häufig als dumm, unterwürfig und launisch oder als Sexobjekte dargestellt, die nur dazu da sind, um Männern Vergnügen zu bereiten. Eine Werbung für Newport-Zigaretten zeigt, wie das Thema der weiblichen Unterwürfigkeit illustriert werden kann. Der Werbetext ‚Mit Vergnügen am Leben' ist von einem Foto begleitet, das eine Frau im Wald zeigt, die lässig an einem von zwei Männern getragenen Stock hängt. Die unterschwellige Botschaft dieser Werbung sind zwei Männer, die ihre gefangene Beute nach Hause bringen.[65]

Obwohl Frauen immer noch in traditionellen Rollen dargestellt werden, ändert sich diese Situation, da Werbefachleute versuchen, die Realität einzuholen. Die Kosmetikfirma Avon versucht zum Beispiel ihr altbackenes Image loszuwerden, indem sie die Anliegen moderner Frauen illustriert. Eine ihrer neuesten Werbungen bekennt: ‚Sie haben schließlich mehr im Kopf als auf den Lippen. Avon findet das schön.'[66] In der Fernsehwerbung sind Frauen jetzt auch Hauptdarsteller geworden. Aber obwohl immer häufiger Männer als Ehepartner und Väter gezeigt werden, sind immer noch mehr Frauen in häuslichen Szenen zu sehen als Männer. Rund 90% aller Sprecher in Werbeanzeigen sind Männer. Eine tiefe männliche Stimme wird offensichtlich als autoritärer und glaubwürdiger empfunden.[67]

Manche Werbungen versuchen es mit *Rollenumkehrung,* wo Frauen in traditionell männlichen Rollen dargestellt werden. In anderen Werbungen werden Frauen in romantischen Situationen gezeigt, wobei sie aber sexuell dominant sind. Die heutige Werbung kann traditionelle, weibliche Merkmale ungezwungener zeigen, da sexuelle Gleichheit eine allgemein anerkannte Tatsache geworden ist. Diese neue Freiheit äußerte sich in einem deutschen Werbeplakat für eine Frauenzeitschrift. Die Überschrift lautete: ‚Heute können Frauen manchmal Schwächen zeigen, weil sie stark sind.'

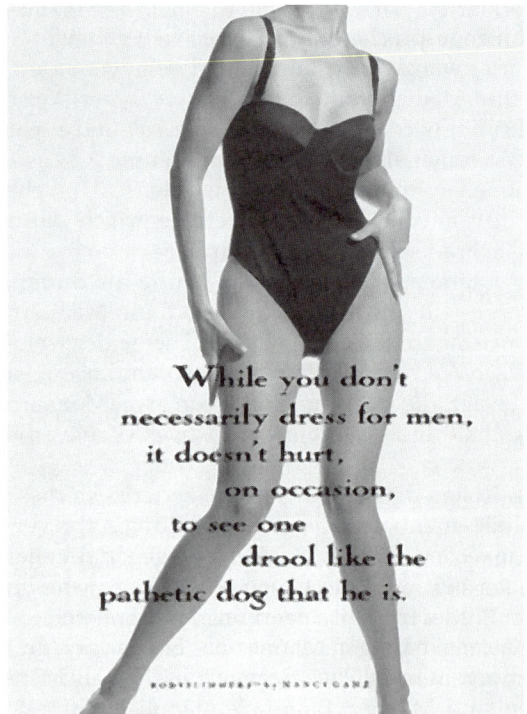

Diese Werbung illustriert die „männerverachtende" Art, mit der manche Werbefachleute Frauen anzusprechen versuchen.
Advertising Age (1994) © Goldsmith/Jeffrey and Bodyslimmers.

7.3.4 Männliche Rollen

Während die traditionelle Auffassung des idealen Mannes als rauer, aggressiver, muskulöser Mann, der männliche Sportarten und Aktivitäten schätzt, noch nicht ganz verschwunden ist, beurteilt die Gesellschaft die Rolle des Mannes langsam anders. Ende der 90er-Jahre gestand man Männern zu, mitfühlend und eng mit anderen Männern befreundet zu sein. Im Gegensatz zum Macho, der keine Gefühle zeigen darf, heben Marketingexperten jetzt die ‚gefühlsbetonte‘ Seite von Männern hervor. Kernstück vieler Werbekampagnen, besonders für Bier, sind Männerfreundschaften.[69]

Der Prototyp des ‚neuen Mannes‘ wurde in dem Positionierungs-Statment von Paco Rabanne Pour Homme geschaffen, ein Aftershave, das diesem neuen Lebensgefühl Ausdruck verleihen sollte: ‚Paco Rabanne Pour Homme ist ein anspruchsvoller Herrenduft für den Mann, der kein Stereotyp ist, für den Mann, der die Bedeutung von Männer- und Frauenfreundschaften versteht und akzeptiert.‘ Die ideale Persönlichkeit des Zielkonsumenten für das Aftershave wurde von dem Unternehmen mit Adjektiven wie zuversichtlich, unabhängig, romantisch, zärtlich und spielerisch beschrieben.[70]

Freuden der Vaterschaft

Männer haben heute mehr Freiheiten, was Kleidung und Hobbies wie Kochen betrifft. Viele Männer kümmern sich um die Erziehung ihrer Kinder und Werbekampagnen wie für die Firmen Kodak, Omega-Uhren und Pioneer beschäftigen sich mit dem Thema Vaterschaft.[71] Aber die Änderung vollzieht sich langsam. Eine Werbeanzeige für 7-11-Geschäfte („Tante-Emma-Läden" in Amerika und Westeuropa) zeigt zwei Männer mit Kinderwagen, die sich unterhalten. Als sie sich dem Geschäft nähern, laufen sie schneller, bis sie schließlich ein Wettrennen machen. Der Artdirektor der Werbekampagne erklärte: ‚Wir wollten sie in einem Wettkampf zeigen, damit es für Männer leichter wird, das Konzept des Kinderhütens zu akzeptieren.‘[72]

MARKETINGCHANCE

Da sich die geschlechtsspezifische Rolle von Männern verändert, wurden einst ‚feminine Produkte‘ wie Düfte und Haartönungen in den letzten Jahren erfolgreich für Männer vermarktet. Kosmetikfirmen wie Aramis, Clinique und Urban Decay versuchen, den Herrenmarkt für die Zukunft noch weiter auszubauen. Sogar Nagellack findet langsam den Weg in die Herrenabteilung – die Hard Candy-Reihe bietet die Candy Man Kollektion an, in der ein Nagellack in goldmetallic namens Cowboy und ein Nagellack in tannengrün namens Ödipus enthalten ist.[73]

Diese Unternehmen haben ironischerweise von den Massenentlassungen profitiert, die viele Männer dazu veranlassten, nach Patentlösungen zu suchen, damit sie jünger aussahen und nicht aufgrund ihres Alters entlassen werden würden. Amerikaner geben auf der Suche nach der ewigen Jugend jährlich 9,5 Milliarden Dollar für Gesichtslifting, Toupets, Kosmetikartikel, Hüfthalter und andere Artikel aus.[74] Sie greifen zu Produkten wie Rogaine zur Verdichtung ihrer Haare, Bodyslimmer-Unterwäsche, die Taillen schmältert, und Super Shaper Briefs, die dem Gesäß die gewünschte Form geben (für 5 Dollar zusätzlich bekommt der Käufer ein ‚Endowment Pad‘, das er sich vorne in die Unterhose steckt). Ein Personalchef hat den Käufer solcher Produkte scherzhaft den ‚Bionik Manager‘ genannt.[75]

„Beefcake" oder die Darstellung von Männern in der Werbung

Wie Frauen werden auch Männer in der Werbung häufig in negativer Weise dargestellt, zum Beispiel als hilflose oder schusslige Wesen. Ein Werbemanager sagte dazu: ‚Die Frauenbewegung steigerte das Bewusstsein für die Darstellung von Frauen im Werbegeschäft. Wenn wir schon keine Frauen mehr in altmodischen traditionellen Rollen haben können, können wir zumindest Männer als Schussel darstellen.'[76]

Wenn Werbefachleute auf der einen Seite kritisiert werden, weil sie Frauen als Sexobjekte darstellen, können sie auf der anderen Seite auch wegen ihrer Darstellung von Männern kritisiert werden. ‚Beefcake' ist der amerikanische Ausdruck für Männerfleisch in der Werbung.[77] Der Text einer Werbekampagne für Sansabelt-Hosen lautet ‚Wonach Frauen in Männerhosen suchen' und eine Frau erklärt: ‚Ich senke immer meinen Blick, wenn ein Mann vorbeigeht (Pause) – um zu schauen, ob es sich lohnt ihm zu folgen.' Eine Managerin kommentierte: ‚Sich umdrehen ist ein faires Spiel. … Wenn wir schon dem Sexismus in der Werbung kein Ende bereiten können … können wir zumindest Spaß haben und selbst anzügliche Blicke werfen.'[78]

7.3.5 Schwule und lesbische Konsumenten

Schwule und lesbische Konsumenten werden von Marketingexperten noch kaum berücksichtigt. Aber die Situation ändert sich, da sich einige Marketingexperten über das anspruchsvolle demografische Profil dieser Konsumenten klar werden.[79] IKEA, das schwedische Möbelhaus, das in ganz Europa und in vielen amerikanischen Städten vertreten ist, betrat Neuland, als es in einer Fernsehwerbung ein homosexuelles Paar beim Kauf eines Esszimmers zeigte.[80] Auch andere Unternehmen wie AT&T, Anheuser-Busch, Apple Computer, Benetton, Philip Morris, Seagram und Sony haben in Homosexuellen eine neue Zielgruppe entdeckt.[81] Schwule und lesbische Konsumenten können sogar ihre eigene Kreditkarte bekommen – die Rainbow Visa Card, die von der Travelers Bank USA ausgestellt wird. Die Tennisspielerin Martina Navratilova wirbt für die Karte, deren InhaberInnen Gruppen wie das Nationale Center for Lesbian Rights unterstützten. Menschen, die wegen ihres geringen Einkommens keine Kreditkarte erhalten, können die Karte mit einem Partner gleichen Geschlechts beantragen.[82]

Der Prozentsatz von Homosexuellen in der Bevölkerung ist schwer festzustellen, und Bemühungen, diese Gruppen zu erfassen, sind kontrovers.[83] Immerhin hat das angesehene Marktforschungsinstitut Yankelovich Partners Inc., das seit 1971 Werte und Einstellungen von Konsumenten in seiner jährlichen Monitor™-Umfrage veröffentlicht, eine Frage zur sexuellen Identität in die Erhebung aufgenommen. In dieser Studie wurde erstmals eine Auswahl getroffen, die die Bevölkerung als Ganzes reflektiert, statt nur voreingenommene Gruppierungen zu befragen (z. B. Leser von Zeitschriften für Schwule), deren Antworten nicht für alle Konsumenten repräsentativ sind. Rund 6% der Befragten geben an, schwul oder lesbisch zu sein.

Da homosexuelle Aktivisten Bürgerrechte durchsetzen, ist das soziale Klima für Unternehmen, die dieses Marktsegment anstreben, günstiger geworden.[84] Eine der ersten wissenschaftlichen Studien auf diesem Gebiet ergab, dass Schwule und Lesbierinnen nicht als Marktsegment gelten, weil sie nicht die traditionellen Kriterien Identifizierbarkeit, Verfügbarkeit und Größe erfüllen.[85] Spätere Studien argumentierten, dass die Segmentationskriterien auf veralteten Vorstellungen in Bezug auf Konsumenten, Marketingaktivitäten und die Art, in der Medien auf dem zeitgenössischen Markt eingesetzt werden, beruhen. Dabei wurde die Meinung vertreten, Identifizierbarkeit sei für sozial untergeordnete Gruppen ein unzuverlässiges Konstrukt und habe außerdem sowieso nichts mit der Sache zu tun. Die Art der Segmentierung (nach Rassen, Volkszugehörigkeit, Geschlecht, oder in diesem Fall Sexualität) von Marketingexperten sei weniger wichtig als die Tatsache, ob die Gruppe Konsumverhalten auf identi-

Die Werbung für New West-Zigaretten stellt eine Homosexuellenhochzeit dar. Der Titel bezieht sich auf den starken Geschmack der Zigarette und stellt sie so als eine Entscheidung von furchtlosen Individuen dar.
Advertising Age (Global Gallery), 8. März 1993, S. 40.
Foto: Scholz & Friends, Hamburg.

fizierbare Weise ausdrückt. Bei dem Verfügbarkeitskriterium geht man von aktiven Marketingexperten aus, die passive Konsumenten kontaktieren. Dieses Kriterium muss auch die drastischen Änderungen in den Medien in den letzten zwanzig Jahren berücksichtigen, besonders den Zugriff auf Fachmedien, mit denen Marketingexperten besondere Interessensegmente erreichen wollen. Ausreichende Größe schließlich deutet darauf hin, dass getrennte Werbekampagnen nötig sind, um das entsprechende Segment zu erreichen, wodurch aber die Fähigkeit und Bereitschaft von Konsumenten, multiple Medien zu erkunden nicht berücksichtigt werden.[86]

In manchen Teilen der Vereinigten Staaten und Europas scheint Homosexualität zunehmend akzeptiert zu werden. Mattel verkauft sogar einen Magic Ken mit Ohrring, einer Kunstlederjacke, einem lavendelfarbenen Netzhemd und zweifarbigem Haar (obwohl das Produkt bei schwulen Männer außerordentlich beliebt ist, bestreitet die Firma, das es für diese Gruppe bestimmt war).

MARKETINGCHANCE

Lesbische Konsumentinnen standen kürzlich im Rampenlicht, vielleicht zum Teil aufgrund der Aktionen von hochkarätigen Kultfiguren wie Martina Navratilova, den Sängerinnen K.D. Lang und Melissa Etheridge und der Schauspielerin Ellen deGeneres. Aus welchem Grund auch immer – jedenfalls schalteten American Express, Stolichnaya Wodka, Atlantic Records und Naya Wasser Anzeigen in lebischen Publikationen (in einer Werbung für American Express Reiseschecks für Zwei sind zwei Unterschriften von Frauen auf einem Scheck zu sehen). Aufgrund von Forschungsergebnissen, die ergaben, dass Lesbierinnen viermal so oft eines ihrer Autos kaufen würden, richtete sich auch Subaru kürzlich an diesen Markt.[87]

Subaru Werbeanzeige, die sich an lesbische Konsumentinnen richtet.

7.4 Körperimage

Das Aussehen eines Menschen macht einen großen Teil seiner Selbsteinschätzung aus. Das **Körperimage** bezieht sich auf die subjektive Einschätzung des physischen Selbst eines Konsumenten. Wie auch bei der Selbsteinschätzung insgesamt ist dieses Image nicht unbedingt exakt. Ein Mann kann sich für muskulöser halten, als er in Wirklichkeit ist, oder eine Frau kann glauben, sie sei dicker als sie ist. Häufig sieht man Marketingstrategien, die die Tendenz von Konsumenten, ihr Bodyimage verzerrt zu sehen, ausnutzen, indem sie Unsicherheiten in Bezug auf Äußeres ausfindig machen und einen Graben zwischen dem realen und idealen physischen Selbst schaffen – und den Wunsch wecken, Produkte und Dienstleistungen zu erwerben, die diesen Graben verringern.

7.4.1 Körperbewusstsein

Die Gefühle einer Person ihrem Körper gegenüber können als **Körperbewusstsein** beschrieben werden. Dieses bezieht sich auf die emotionale Bedeutung, die Objekte oder Vorstellungen für eine Person haben, wobei manche Teile des Körpers wichtiger für die Selbsteinschätzung sind als andere. Eine Studie, in der das Verhältnis junger Erwachsener ihrem Körper gegenüber erforscht wurde, ergab, dass die Befragten am zufriedensten mit ihren Haaren und Augen waren, und die Taille am negativsten beurteilten. Diese Gefühle wurden mit dem Konsum von Pflegeprodukten in Verbindung gebracht. Konsumenten, die sich positiver über ihre Körper äußerten, benutzten häufiger Produkte wie Pflegespülungen, Fön, Aftershave, Selbstbräunungsmittel, Zahncreme oder Nagelfeilen.[88] Eine breit angelegte Studie, die mit älteren Frauen in sechs europäischen Ländern durchgeführt wurde, ergab, dass Frauen ‚in Schönheit altern‘ wollen, und dass sie bereit sind, durch Diäten, Sport und Kosmetikartikel dieses Ziel zu erreichen. Falten bereiten Frauen am meisten Kummer, aber Griechinnen und Italienerinnen machten sich insgesamt mehr Sorgen um das Altern als Frauen aus nordeuropäischen Ländern, die sich eher mit der Tatsache abfinden, dass Altern natürlich und unvermeidlich ist.[89]

7.4.2 Schönheitsideale

Die Zufriedenheit einer Person mit ihrem physischen Image wird dadurch beeinflusst, inwieweit sich dieses Image mit dem von ihrer Gesellschaft bewerteten Image deckt. Schon zwei Monate alte Säuglinge zeigen eine Vorliebe für attraktive Gesichter.[90] Ein **Schönheitsideal** ist ein bestimmtes Modell oder Beispiel für die äußere Erscheinung. Schönheitsideale für Männer und Frauen können sowohl körperliche Merkmale (z. B. großer oder kleiner Busen, Muskeln oder keine Muskeln) als auch Kleidung, Kosmetik, Frisuren, Hautfarbe (blass oder braun) und den Körperbau (klein, athletisch, üppig, etc.) umfassen.

Ist Schönheit universell?

Jüngere Forschungsergebnisse lassen darauf schließen, dass Vorlieben für bestimmte physische Merkmale genetisch festgelegt sind und dass diese Reaktionen bei allen Menschen auf der ganzen Welt gleich sind. Vor allem haben Menschen eine Vorliebe für Merkmale, die sie mit Gesundheit und Jugend verbinden, also Attribute, die mit der Fähigkeit zur Reproduktion und mit Stärke zusammenhängen. Männer benutzen den Körper einer Frau eher als sexuellen Anreiz, und es wurde die Theorie vorgebracht, dass dies so ist, weil weibliche Kurven auf ein reproduktives Potenzial hinweisen. Während der Pubertät sammelt ein Mädchen rund 15 kg an ‚reproduktivem Fett‘ um Hüften und Oberschenkel an, die die rund 80 000 Kalorien liefern, die für die Schwangerschaft benötigt werden. Die meisten fruchtbaren Frauen haben ein Taillen-Hüften-Verhältnis von 0,6 zu 0,8, ein Umfang, den Männer zufällig am höchsten einstufen. Obwohl sich das Idealgewicht ändert, bleibt das Taillen-Hüften-Verhältnis in dieser Größen-

Wie die Benetton-Werbung zeigt, führt eine globalere Sicht von Schönheitsidealen zu unterschiedlichen Auffassungen darüber, was als attraktiv gilt.
Foto von Oliviero Toscani für Benetton.

ordnung. Selbst das magere Model Twiggy, das Jahrzehnte vor Kate Moss den Magerlook propagierte, hatte ein Maß von 0,73.[91] Andere positiv bewertete weibliche Merkmale sind eine höhere Stirn als der Durchschnitt, vollere Lippen, ein kürzeres Kinn und eine schmalere Kinnlade und Nase. Frauen dagegen bevorzugen Männer mit einer betonteren unteren Gesichtshälfte, die leicht überdurchschnittlich groß sind und eine hohe Stirn haben.

Natürlich variiert die Art, auf welche diese Gesichter ‚verpackt' sind – und da setzten Marketingexperten an. Werbung und andere Formen von Massenmedien spielen eine bedeutende Rolle bei der Festlegung, welche Formen der Schönheit zu einem gegebenen Zeitpunkt wünschenswert sind. Ein Schönheitsideal ist eine Art gesellschaftlicher Maßstab. Konsumenten vergleichen sich oft mit irgendwelchen Standards (die häufig von Modemedien gepredigt werden) und sind in dem Maß mit ihrem Äußeren unzufrieden, in dem sie diesem Standard nicht entsprechen. Diese Massenmedien-Porträts wurden nicht nur aus gesellschaftlichen, sondern auch aus gesundheitlichen Gründen kritisiert. Eine Studie, die in Neuseeland von 1958-1988 auf der Grundlage von gedruckter Werbung durchgeführt wurde, bestätigte, dass Models im Verlauf dieser 30 Jahre dünner und weniger kurvenreich wurden, und die heutigen Models rund 8,5 kg leichter sind, als sie wären, wenn sie den gleichen Körperumfang hätten wie die Models in den späten 50er-Jahren. Um dem derzeit modernen Körperumfang zu entsprechen, müsste eine junge Frau mit durchschnittlicher Größe ungefähr 42 kg wiegen, was weit unter dem gesundheitlich vertretbaren Gewicht liegt.[92]

Schönheitsideale im Wandel

Obwohl Schönheit oberflächlich ist, haben Frauen in allen Gesellschaften im Lauf der Jahrhunderte hart an sich gearbeitet, um sie zu erreichen. Sie haben gehungert, ihre Füße schmerzhaft eingebunden, Platten in ihre Lippen eingelegt, unzählige Stunden unter Haartrocknern und vor Spiegeln gesessen, unter Sonnenbänken gelegen, Operationen zur Vergrößerung oder Verkleinerung ihrer Brüste über sich ergehen lassen – alles, um ihr Aussehen zu verändern und den Erwartungen der Gesellschaft in Bezug auf die Schönheit einer Frau zu entsprechen.

In der Geschichte gibt es immer wieder Perioden eines bestimmten ‚Looks' oder Schönheitsideals. Die amerikanische Geschichte kann anhand solcher verschiedenen Ideale beschrieben werden. In scharfem Kontrast zu dem heutigen gesunden und starken Schönheitsideal war es am Anfang des 18. Jahrhunderts modern, dass Frauen so zart aussahen, als seien sie fast krank. Der Dichter John Keats beschrieb die ideale Frau seiner Zeit als ‚milchweißes Lamm, das um den Schutz des Mannes blöckt'. Andere Looks waren die üppige, lustvolle Frau, die Lillian Russellverkörperte, das athletische Gibson-Girl der 1890er-Jahre, und das schmale, jungenhafte Mädchen, das Clara Bow verkörperte.[93]

Während des ganzen 19. Jahrhunderts betrug der von Amerikanerinnen ersehnte Taillenumfang 46 cm, ein Umfang, der die Verwendung von Korsetts erforderte, die so eng geschnürt werden mussten, dass sie immer wieder Kopfschmerzen, Ohnmachtsanfälle und vermutlich auch die Uterus- und Wirbelsäulendisharmonien verursachten, die in dieser Zeit bei Frauen üblich waren. Moderne Frauen sind zwar nicht mehr so zugeschnürt, aber viele ertragen immer noch Unannehmlichkeiten wie hohe Absätze, Heißwachsbehandlungen, Augenlifting oder Fettabsaugung. Außer den Millionen, die für Kosmetikartikel, Kleidung, Sportstudios und Modezeitschriften ausgegeben werden, beweisen diese Praktiken, dass der Wunsch, dem geltenden Schönheitsstandard zu entsprechen, immer noch lebendig ist.

Der Idealkörper westlicher Frauen hat sich im Lauf der Zeit radikal verändert, und diese Veränderungen haben zu einer Angleichung der *geschlechtsspezifischen dimorphen Zeichen* geführt, also den Aspekten des Körpers, die zwischen den Geschlechtern unterscheiden. Zum Beispiel haben zwanzig Jahre lang (1958 bis 1978) durchgeführte Messungen der Doppelseite im *Playboy* erwiesen, dass das Ideal dünner und muskulöser wird. Der durchschnittliche Hüftumfang ging von 91 cm 1958 auf 89 cm 1978 zurück.[94]

Anfang der 90er-Jahre kam der kontroverse Magerlook auf, den erfolgreiche Models wie Kate Moss mit ihren jungenhaften Leibern verkörperten. In jüngster Zeit scheint der Trend wieder in die andere Richtung zu gehen: Der in den 50er-Jahren beliebte, dralle Umfang einer Marilyn Monroe ist wieder aufgetaucht.[95] Einer der Faktoren, die zu diesem Wandel beigetragen haben, ist der Widerstand feministischer Gruppen gegen magere Models. Sie werfen diesen Rollenmodellen vor, für Hungerdiäten und Essstörungen bei Frauen verantwortlich zu sein, die diesem Ideal nacheifern.[96] Diese Gruppen haben Boykotts gegen Unternehmen wie Coca Cola und Calvin Klein unterstützt, die in ihren Werbungen dürre Models einsetzten. Einige der Gegnerinnen haben sogar Werbeanzeigen mit Sprüchen überklebt wie ‚Füttert diese Frau' oder ‚Gib mir einen Hamburger'.

Wir können auch Schönheitsideale von Männern unterscheiden, wo Merkmale wie Gesichtszüge, Muskulatur und Bart eine Rolle spielen. Wer würde schon Tom Cruise mit Mr. Bean verwechseln? Eine neuere Studie in den Vereinigten Staaten, bei der Männer und Frauen aufgefordert wurden, männliche Aspekte zu kommentieren, ergab, dass der dominante Schönheitsstandard bei Männern ein maskuliner, muskulärer Körper ist – obwohl Frauen Männer mit weniger Muskeln mögen, als diese normalerweise haben wollen.[97] Werbefachleute haben offensichtlich ein männliches Ideal im Sinn – eine Studie von Männern in der Werbung ergab, dass die meisten den starken, muskulösen Körper des männlichen Stereotyps betonen.[98]

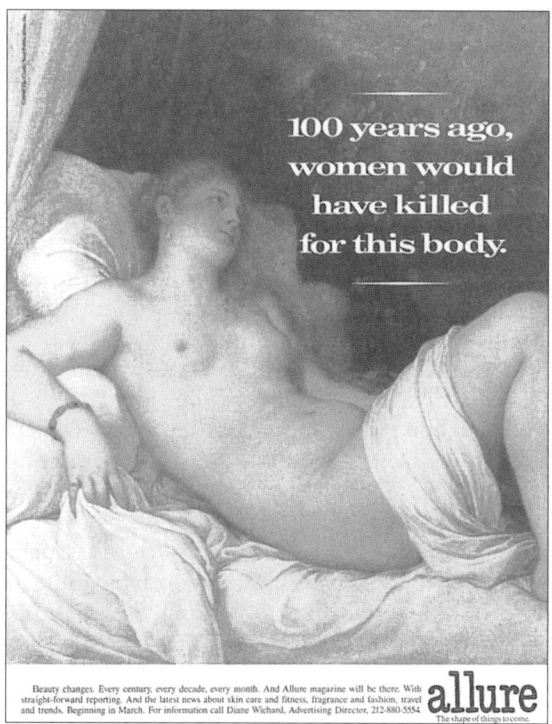

Die Zeitschrift Allure erinnert daran, dass sich Schönheitsideale mit der Zeit ändern.
Allure, Copyright © 1990 by Condé Nast Publications Inc.

7.4.3 Arbeit am Körper

Weil viele Konsumenten motiviert sind, einem Ideal zu entsprechen, unternehmen sie manchmal viel, um Aspekte ihres physischen Selbst zu verändern. Von Kosmetikartikeln zu plastischer Chirurgie, von Bräunungsstudios bis zu Diätgetränken werden eine Vielzahl an Produkten und Dienstleistungen angeboten, die das Ziel haben, das Selbst zu ändern oder Aspekte des physischen Selbst zu bewahren, um eine gewünschte Erscheinung zu präsentieren. Die Bedeutung der physischen Selbsteinschätzung kann für viele Marketingaktivitäten (und den Wunsch von Konsumenten, ihr Aussehen zu verbessern) nicht hoch genug veranschlagt werden.

Gewicht

In dem Spruch ‚Man ist nie dünn genug oder reich genug' kommt die Obsession vieler westlicher Gesellschaften in Bezug auf das Gewicht zum Ausdruck. Schon Grundschulkinder nehmen Fettleibigkeit als etwas wahr, das schlimmer ist als Behinderung.[99] Der Druck schlank zu sein, wird ständig durch Werbung und durch andere Menschen verstärkt. Vor allem für Amerikaner ist das Körpergewicht Anlass zu ständiger Sorge. Ständig werden sie mit Bildern von dünnen, glücklichen Menschen bombardiert.

Wie realistisch sind diese äußeren Ideale? Es gibt Konsumentenbewegungen, die Menschen dazu bringen wollen, andere nicht nach ihrem Gewicht zu beurteilen – eine Koalition aus sogenannten „Pro-Fett"-Gruppen hält einen Internationelen „No-Diät"-Tag ab, und eine Konsumentengruppe in Seattle organisierte eine Aufsehen erregende Veranstaltung.[100] Trotzdem

Könnte das wirklich Ihr Körper sein? Physische Selbsteinschätzung und besseres Aussehen sind wichtige Motivationen im Konsumentenverhalten.
© Soloflex Inc.

versuchen viele Konsumenten, ein unrealistisches Ziel zu erreichen, wobei sie sich manchmal auf Gewichtstabellen berufen, die angeben, wie viel ein Mensch wiegen soll. Diese Erwartungen werden auf sehr subtile Weise vermittelt. Selbst Puppen wie die allgegenwärtige Barbie verstärken das Ideal der Schlankheit. Die Dimensionen dieser Puppen sind, wenn man sie mit durchschnittlichen Körpergrößen vergleicht, unnatürlich lang und dünn.[101] Trotz der Besessenheit der Amerikaner, wenn es um Körpergewicht geht, gibt es in den Vereinigten Staaten mehr Übergewichtige als in allen europäischen Ländern, wie in Abbildung 7.1 deutlich wird.

Verzerrtes Körperimage

Während manche Menschen einen starken Zusammenhang zwischen ihrer Selbsteinschätzung und ihrem Aussehen wahrnehmen, übertreiben einige Konsumenten diese Verbindung noch, indem sie große Opfer bringen, um das, was sie als wünschenswertes Körperimage einschätzen, zu erreichen. Vor allem Frauen wird beigebracht, dass die Qualität ihrer Körper ihren Wert reflektiert – insofern überrascht es nicht, dass vor allem Frauen ihr Körperimage verzerrt wahrnehmen. Männer machen keinen Unterschied in der Beurteilung ihrer tatsächlichen Figur, der Idealfigur und der Figur, von der sie annehmen, dass sie auf Frauen am anziehendsten wirkt. Frauen dagegen stufen sowohl die Figur, von der sie annehmen, dass sie auf Männer am anziehendsten wirkt, als auch ihre Idealfigur als wesentlich dünner ein, als ihre Figur in Wirklichkeit ist.[102] In einer Umfrage gestanden zwei Drittel aller Schülerinnen eines Colleges, zur Kontrolle ihres Gewichts auf ungesunde Mittel zurückzugreifen.[103]

Verzerrte Körperimages haben zu einem Anstieg der Essstörungen geführt, von denen besonders junge Frauen betroffen sind. Menschen mit Magersucht halten sich für zu dick und hungern, um dünn zu bleiben. Auch Bulimie gehört zu den Essstörungen, wobei hier zuerst Fressgelage (meistens allein) stattfinden, bei denen über 5000 Kalorien auf einmal aufgenommen werden können. Dem Fressanfall folgt selbst verursachtes Erbrechen, Verwendung von Abführmitteln, Fasten und/oder übertrieben anstrengender Sport – eine Art ‚Reinigungsprozess‘, bei dem das Gefühl der Kontrolle wiederhergestellt wird.

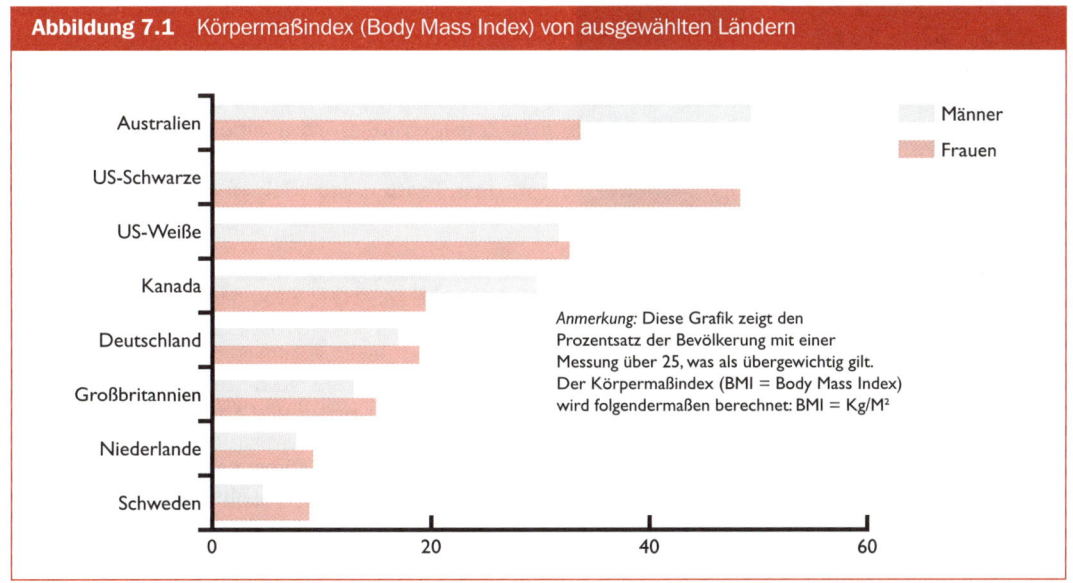

Abbildung 7.1 Körpermaßindex (Body Mass Index) von ausgewählten Ländern

Anmerkung: Diese Grafik zeigt den Prozentsatz der Bevölkerung mit einer Messung über 25, was als übergewichtig gilt. Der Körpermaßindex (BMI = Body Mass Index) wird folgendermaßen berechnet: BMI = Kg/M²

Quelle: Adaptiert von *Salt Lake City Tribune* (11. März 1997): A-1.

Die meisten Essstörungen wurden bei weißen Teenagern und Studentinnen festgestellt. Die Opfer haben oft Brüder oder Väter, die ihr Gewicht übertrieben kritisch kontrollieren. Außerdem können Fressgelage auch durch andere ermutigt werden. Gruppen wie Sportmannschaften und soziale Gruppen in der Schule können positive Normen in Bezug auf Fressgelage entwickeln. Eine Studie, die in einem Frauenklub durchgeführt wurde, ergab, dass die Mitglieder umso beliebter waren, je mehr Essen sie in sich stopfen.[104]

Auch manche Männer haben Essstörungen, vor allem Sportler, die sich gewissen Gewichtsnormen beugen müssen, wie Jockeys, Boxer und Models.[105] Im Allgemeinen halten sich Männer mit verzerrten Körperimages aber eher für zu leicht als zu schwer, denn die Gesellschaft hat sie gelehrt, dass sie, um männlich zu sein, Muskeln haben müssen. Bei Männern führt Unsicherheit in Bezug auf den Körper eher zu Sportsucht. Tatsächlich wurden verblüffende Ähnlichkeiten zwischen zwanghaften Joggern und magersüchtigen Frauen festgestellt. Diät und Sport sind zentraler Teil der Identitätserfahrung und die Personen haben eher ein verzerrtes Körperimage.[106]

Schönheitschirurgie

Amerikanische Konsumenten greifen immer mehr auf die Schönheitschirurgie zurück, um Mängel am Körperimage zu beheben.[107] Über eine halbe Million schönheitschirurgische Eingriffe werden jedes Jahr in den Vereinigten Staaten vorgenommen – und die Tendenz ist steigend.[108] Diese Art von Operationen sind nicht mehr mit einem psychologischen Stigma behaftet, sondern sie sind allgemein üblich und werden von vielen Konsumentensegmenten akzeptiert.[109] Rund 20% der Patienten von Schönheitschirurgen sind Männer. Zu den beliebtesten Operationen gehören die Implantation von Brustmuskeln aus Silikon und Wadenimplantate, um ‚Hühnerbeine‘ zu füllen.[110]

Viele Frauen greifen auf die Schönheitschirurgie zurück, um ihr Gewicht zu senken oder ihre Attraktivität zu steigern. Die Zahl der Fettabsaugungen, bei denen Fett mit einer einem Staubsauger gleichenden Vorrichtung abgesaugt wird, hat sich, seit die Fettabsaugung 1982 in den Vereinigten Staaten eingeführt wurde, verdoppelt.[111] Manche Frauen meinen, größere Brüste würden ihre Attraktivität steigern und lassen Brustvergrößerungen vornehmen. Obwohl manche dieser Verfahren aufgrund ihrer möglichen Nebenwirkungen Kontroversen ausgelöst haben, ist es nicht sicher, dass potenzielle medizinische Probleme eine große Anzahl von Frauen von der Schönheitschirurgie abhalten werden, wenn sie ihre (wahrgenommene) Weiblichkeit steigern wollen. Die Bedeutung des Brustumfangs für die Selbsteinschätzung führte zu einer interessanten, erfolgreichen Marketingstrategie, die eine Firma für Unterwäsche entwickelte. Als ein Marktanalytiker Konsumentengruppen leitete, die sich mit dem Thema Büstenhalter beschäftigten, stellte er fest, dass Frauen mit kleinen Brüsten feindselig

---

MULTIKULTURELLE DIMENSIONEN

Bauchnabel-Rekonstruktion ist in Japan eine alltägliche Form der Schönheitschirurgie geworden. Frauen wollen einen perfekten Nabel, den sie zeigen können, wenn sie die derzeit beliebte bauchfreie Mode tragen. Der Nabel ist ein wichtiger Teil der japanischen Kultur und Mütter heben oft die Nabelschnur ihres Babys auf. Ein vorstehender Nabel gilt in Japan als hässlich und wenn Japaner sagen ‚Ich habe Tee in meinem Bauchnabel gekocht‘ heißt das so viel wie ‚Lass mich in Ruhe‘. Wenn Kinder sich gegenseitig ärgern, sagen sie oft: ‚Deine Mutter hat einen *outie*‘ (einen vorstehenden Bauchnabel).[112]

reagierten, wenn das Thema angesprochen wurde. Wenn sie sprachen, verschränkten sie unbewusst die Arme vor der Brust und äußerten die Meinung, dass ihre Bedürfnisse von der Modeindustrie übergangen werden würden. Um diese Lücke zu schließen, führte die Firma Büstenhalter mit Körbchengröße A ein, die sie ‚A-OK' nannte, deren Trägerinnen sie von einer positiven Seite zeigte. Ein neues Marktsegment war entstanden. Andere Firmen gehen in die entgegengesetzte Richtung und entwerfen Büstenhalter, die den Eindruck einer größeren Brust vermitteln. In Europa und den Vereinigten Staaten verfolgen Gossard und Playtex eine aggressive Marketingpolitik für spezielle Büstenhalter, die durch eine Kombination von Drähten und Pads den gewünschten Mehr-Effekt erreichen.

Körperschmuck und Verstümmelungen

In jeder Gesellschaft wird der Körper auf irgendeine Weise verehrt oder verändert. Das Selbst wird aus zahlreichen Gründen geschmückt.[113]

- *Zur Unterscheidung von Angehörigen einer Gruppe:* Die Chinook-Indianer in Nordamerika pressten den Kopf eines Neugeborenen ein Jahr lang zwischen zwei Bretter, um seine Form dauerhaft zu verändern. In unserer Gesellschaft kleiden und frisieren sich Teenager auf eine bestimmte Art, durch die sie sich von Erwachsenen unterscheiden wollen.
- *Um das Individuum in eine soziale Organisation einzuordnen:* In vielen Gesellschaften sind in der Pubertät Rituale üblich, die den Übergang eines Jungen zum Mann symbolisieren. Junge Männer in Ghana bemalen ihre Körper mit weißen Streifen, damit sie Skeletten ähneln, um den Tod ihrer Kindheit anzudeuten. In westlichen Gesellschaften äußert sich dieses Ritual manchmal in leichten Selbstverstümmelungen oder in gefählichen Aktivitäten.
- *Um das Selbst in eine geschlechtsspezifische Kategorie einzuordnen:* Die Tchikrin-Indianer in Südamerika führen eine Perlenschnur in die Lippen von Knaben ein, damit sie breiter werden. Westliche Frauen tragen Lippenstift, um ihre Weiblichkeit zu betonen. Um die Jahrhundertwende waren schmale Lippen modern, weil sie die unterwürfige Rolle der Frau in dieser Zeit betonten.[114] Heute gelten volle, rote Lippen als provokativ und deuten eine fordernde Sexualität an. Manche Frauen, darunter auch eine Reihe berühmter Models und Schauspielerinnen haben Kollagen-Injektionen oder Lippen-Inserts, um einen Schmollmund zu bekommen (in der Modellier-Industrie als ‚Liver lips' bekannt).[115]
- *Um die geschlechtsspezifische Rollenidentifikation zu stärken:* Schuhe mit hohen Absätzen, von denen Fußspezialisten sagen, sie seien die Hauptursache für Knie- und Hüftprobleme, Rückenschmerzen und Müdigkeit, können mit der früheren orientalischen Praktik der Einbindung der Füße zur Steigerung der Weiblichkeit verglichen werden. Wie ein Arzt bemerkte: ‚Wenn Frauen nach Hause kommen, können sie gar nicht schnell genug ihre hochhackigen Schuhe ausziehen. Aber jeder Arzt der Welt kann bis zum jüngsten Tag predigen – und sie tragen die Schuhe trotzdem.'[116]
- *Um erwünschtes Sozialverhalten zu äußern:* Die Suya in Südamerika tragen Ohrschmuck, um zu veranschaulichen, wie hoch in ihrer Kultur Zuhören und Gehorsamkeit geschätzt werden. In westlichen Gesellschaften tragen homosexuelle Männer einen Ohrring um zu zeigen, wie sie behandelt werden möchten.
- *Um Status oder Prestige auszudrücken:* Die Hidates-Indianer aus Nordamerika trugen Federschmuck, um zu zeigen, wie viele Menschen sie getötet hatten. In unserer Gesellschaft tragen Menschen manchmal ungeschliffene Brillengläser, um einen bestimmten Eindruck zu vermitteln.
- *Um ein Gefühl der Sicherheit zu vermitteln:* Konsumenten tragen oft Glücksbringer, Amulette, Hasenfüße oder Ähnliches, die sie vor dem ‚bösen Blick' schützen sollen. Manche Frauen tragen aus ähnlichen Gründen eine ‚Straßenräuberpfeife' um den Hals.

MULTIKULTURELLE DIMENSIONEN

Schönheitschirurgen versuchen oft, ihre Patienten in ein Schönheitsideal zu pressen, wobei sie sich an Merkmalen klassischer weißer Schönheiten wie Grace Kelly oder Katharine Hepburn orientieren. Der ästhetische Standard von Chirurgen wird der *klassische Kanon* genannt, der die idealen Proportionen eines Gesichts festlegt. Er legt zum Beispiel fest, dass die Nasenbreite der Distanz zwischen den Augen zu entsprechen hat.

Der Standard gilt für das klassische weiße Ideal, wird aber neu festgelegt, da Menschen von anderen ethnischen Gruppen eine weniger rigide Festlegung der Schönheitsideale verlangen. Manche Konsumenten wollen sich aber nicht dem westlichen Ideal beugen. Ein rundes Gesicht gilt bei vielen Asiaten beispielsweise als Schönheitsideal, darum würden Wangenimplantate einer asiatischen Patientin viel von ihrer Attraktivität nehmen.

Vor allem bei der Behandlung von Afroamerikanern versuchen manche Schönheitschirurgen die herrschenden Richtlinien zu ändern, wenn sie Merkmale herausarbeiten. Sie erklären, die Nasen von Afroamerikanern seien kürzer und hätten eine rundere Spitze als die Nasen von Weißen. Die Ärzte fangen an, ihr „Angebot" zu diversifizieren und bieten Konsumenten mehr Merkmale an, die die Verschiedenheit von Schönheitsidealen in einer heterogenen Gesellschaft besser reflektieren.[117]

Auch eine Studie, die mit Teenagern durchgeführt wurde, ergab unterschiedliche Schönheitsideale für verschiedene Rassen. Weiße Mädchen, die zur Beschreibung des ‚idealen' Mädchens aufgefordert wurden, erklärten, sie solle 1,70 m groß sein, zwischen 45 und 50 Kilo wiegen, blaue Augen und langes, welliges Haar haben – in anderen Worten, sie solle wie eine Barbiepuppe aussehen. Fast 90% der Mädchen gaben an, mit ihrem Gewicht unzufrieden zu sein.

Dagegen antworteten 70% der schwarzen Mädchen in derselben Studie, sie seien mit ihrem Gewicht zufrieden. Sie benutzten weniger äußere Merkmale, um das ideale Mädchen zu beschreiben, und nannten statt dessen ein Mädchen, das einen guten Geschmack hat und mit anderen Menschen gut auskommt. Erst als nachgehakt wurde, nannten sie Merkmale wie vollere Lippen, lange Oberschenkel und eine schmale Taille. Diese Merkmale, so sagen die Autoren der Studie, sind Attribute, die schwarze Männer schätzen.[118]

Tätowierungen

Abwaschbare und bleibende Tätowierungen (oder Tatoos) sind eine beliebte Form des Körperschmucks. Diese Körperkunst kann verwendet werden, um Außenstehenden bestimmte Aspekte des Selbst zu vermitteln. Sie können die gleiche Funktion erfüllen wie Körperbemalungen in primitiven Gesellschaften. Tatoos (von dem tahitischen Wort *ta-tu*) haben tiefe Wurzeln in der Volkskunst. Bis vor kurzem waren die Darstellungen roh und entweder Todessymbole (z. B. Totenschädel), Tiere (vor allem Panter, Adler und Schlangen), Pin-up-Girls oder militärische Insignien. Die neuere Mode enthält Themen aus Sciencefiction, japanischem Symbolismus und Stammeszeichnungen.

Eine Tätowierung kann als (relativ) risikofreier Weg gesehen werden, die abenteuerliche Seite des Selbst auszudrücken. Tatoos wurden immer mit Außenseitern der Gesellschaft in Verbindung gebracht. Die Gesichter und Arme von Verbrechern im Japan des 6. Jahrhunderts wurden zur Identifikation tätowiert – ebenso wie Gefängnisinsassen in Massachusetts im 19. Jahrhundert. Diese Embleme werden oft von Randgruppen wie Rockern oder japanischen *yakuze* (Gangmitgliedern) verwendet, um Gruppenzugehörigkeit und Solidarität auszudrücken.

Die Dekoration des Körpers kann permanent oder (hoffentlich!) nur vorübergehend sein, um sich von anderen abzuheben, zu schockieren, die Zugehörigkeit zu einer Gruppe zu demonstrieren oder eine bestimmte Stimmung oder Botschaft zu vermitteln.

Piercing

Die Dekoration des Körpers mit Metallgegenständen wurde von einer bei Randgruppen beliebten Praxis zu einem Modetrend. Piercings können vom Ring am Bauchnabel bis zu Schädelimplanaten reichen, bei denen Metallstifte in den Schädel gesteckt werden (probieren Sie das bloß nicht zu Hause aus!). Publikationen wie *Piercing Fans International Quarterly* haben steigende Auflagen und Webseiten mit Piercingdarstellungen und Produkten locken unzählige Nachahmer an. Diese Beliebtheit gefällt dem harten Kern der Piercer nicht, da für sie Piercing ein das Bewusstsein erweiterndes Ritual ist, das man nicht einfach macht, weil es gerade modern ist. Wie ein Kunde, der auf ein Piercing wartete, bemerkte: ‚Wenn Piercing Ihnen nichts bedeutet, können Sie genauso gut ein Paar Plateauschuhe kaufen.'[119]

7.5 Zusammenfassung des Kapitels

- *Selbsteinschätzungen* von Konsumenten sind Reflexionen über ihre Einstellungen zu sich selbst. Ob diese Einstellungen nun positiv oder negativ sind – sie beeinflussen viele Kaufentscheidungen. Produkte können benutzt werden, um die Selbstachtung zu stärken oder um das Selbst zu ‚belohnen‘.

- Eine Produktwahl wird häufig von der Ähnlichkeit bestimmt, die der Kunde zwischen seiner Persönlichkeit und den Attributen des Produkts feststellt. Die *symbolische interaktionistische Perspektive* des Selbst impliziert, dass jeder Mensch mehrere Selbst hat, und für jede Rolle unterschiedliche Attribute erforderlich sind. Außer dem Körper gelten noch viele andere Dinge als Teil des Selbst. Wertobjekte, Autos, Häuser, aber auch Bindungen an Sportmannschaften oder Denkmäler werden verwendet, um das Selbst zu definieren, wenn diese in das erweiterte Selbst integriert werden.

- Die *geschlechtsspezifische Identität* einer Person ist ein wichtiger Bestandteil der Selbstdefinition. Vorstellungen von Männlichkeit und Weiblichkeit, die weitgehend von der Gesellschaft geformt werden, beeinflussen den Kauf von ‚geschlechtsspezifischen‘ Produkten und Dienstleistungen.

- Werbung und andere Medien spielen bei der Sozialisierung von Konsumenten in Bezug auf Männlichkeit und Weiblickeit eine große Rolle. Während die traditionelle Rolle der Frau in der Werbung oft dargestellt wurde, ändert sich dies langsam. Aber auch Männer werden in der Werbung nicht immer exakt wiedergegeben.

- Manchmal werden diese Aktivitäten auf die Spitze getrieben, wenn Menschen allzu sehr den Idealen der Gesellschaft entsprechen wollen. Eine Folge davon sind Essstörungen, bei denen Frauen von Schlankheit wie besessen sind.

- Die Auffassung einer Person über ihren Körper gibt dem Selbstimage Rückhalt. Eine Gesellschaft vermittelt gewisse Schönheitsideale und Konsumenten bemühen sich, diese zu erreichen. Viele Konsumaktivitäten schließen eine Veränderung des Körpers mit ein, sei es durch Diäten, Schönheitschirurgie, Tätowieren oder Ähnliches.

7.1 Wie kann die Schaffung eines selbstbewussten Zustandes mit Konsumenten in Verbindung gebracht werden, die Kleider in Umkleidekabinen anprobieren? Ändert sich durch das Herausputzen vor einem Spiegel die Art und Weise, in der Menschen Produkte beurteilen? Warum?

7.2 Ist es für Marketingexperten ethisch vertretbar, wenn sie Eigenliebe fördern?

7.3 Nennen Sie drei Dimensionen, mit denen man die Selbsteinschätzung beschreiben kann.

7.4 Vergleichen Sie das wahre mit dem idealen Selbst. Nennen Sie drei Produkte, für die jeder Typ des Selbst als Referenz bei einer Kaufentscheidung in Betracht gezogen wird.

7.5 Schauen Sie sich eine Reihe von Werbungen mit Männern und Frauen im Fernsehen an. Stellen Sie sich die Charaktere in umgekehrten Rollen vor (Frauen spielen die männliche Rolle und umgekehrt). Können Sie Unterschiede in der Darstellung von geschlechtsspezifischem Verhalten erkennen?
Die Werbung, die sich an homosexuelle Konsumenten wendet, wurde bislang in Medien platziert, die sich ausschließlich an Homosexuelle richten. Würden Sie, wenn Sie die Entscheidung treffen müssten, Mainstream-Medien verwenden, um Homosexuelle zu erreichen, die einen beträchtlichen Anteil der allgemeinen Bevölkerung ausmachen? Oder glauben Sie, Homosexuelle sollten von Marketingexperten ausgeschlossen werden – besonders im Hinblick darauf, dass Mitglieder von manchen Zielsegmenten ernsthafte Einwände gegen dieses Vorgehen haben könnten, besonders, wenn das Produkt (Alkohol, Zigaretten, o.Ä.) als schädlich gilt?

7.6 Finden Sie, dass Marketingstrategien männlich ausgerichtet sind? Wenn ja, welche möglichen Konsequenzen hat das für spezifische Marketingaktivitäten?

7.7 Erstellen Sie eine ‚Konsumentenbiografie' eines Freundes oder Familienmitgliedes. Machen Sie eine Liste und/oder Fotografie ihrer bevorzugten Besitztümer, und versuchen Sie (oder jemand anderes), die Persönlichkeit der betreffenden Person anhand dieses Katalogs zu beschreiben.

7.8 Verbraucherschützer haben gegen den Einsatz von dürren Models in der Werbung protestiert, mit der Begründung, diese Frauen würden andere zum Hungern verleiten, damit sie dem Magerlook entsprechen. Kritiker erwidern, dass die Macht der Medien, Verhalten zu formen, überschätzt wird, und dass es beleidigend ist, wenn man annimmt, dass die Menschen unfähig sind, die Fantasie von der Wirklichkeit zu unterscheiden. Was denken Sie darüber?

Konsumenten als Entscheidungsträger

Überblick

Dieser Teil des Busches erforscht, wie wir Konsum-Entscheidungen treffen und betrachtet die vielen Einflüsse, die andere Menschen auf diesen Entscheidungsprozess ausüben. Das 8. Kapitel befasst sich mit den grundlegenden Sequenzen, die wir bei Entscheidungen durchlaufen. Das 9. Kapitel untersucht, wie die jeweilige Situation, in der wir uns befinden, diese Entscheidungen beeinflusst, und wie wir unsere Käufe nachträglich bewerten. Das 10. Kapitel liefert eine Übersicht über Prozesse innerhalb der Gruppe und behandelt die Gründe, aus denen wir motiviert sind, Erwartungen von Gruppenmitgliedern zu erfüllen. Es betrachtet weiterhin, wie bestimmte Menschen (die „Meinungsführer") das Konsumverhalten anderer Mitglieder einer Gruppe beeinflussen können.

Andy war es leid. Er konnte seinen winzigen, veralteten Schwarz-Weiß-Fernseher einfach nicht mehr ertragen. Es war schlimm genug, wenn er Musik mit diesem kratzigem Ton hören musste und sich durch die *Simpsons* und *Beavis & Butthead* schielen musste. Aber dass er bei der Übertragung des Fußballspiels am Mittwochabend nicht einmal Manchester United von Ajax unterscheiden konnte – das war zu viel. Er ging eine Tür weiter und schaute das Spiel nach der Halbzeit auf Marks großem Fernsehen – und merkte, was ihm bisher entgangen war. Geld oder nicht, es war Zeit zu handeln. Ein Mann hat schließlich Prioritäten.

Andy dachte, in einem der neuen Mediamärkte würde es sicher ein gute Auswahl (zu einem vernünftigen Preis) geben. Er kam im London Appliance Emporium an und ging direkt in die Fernseherabteilung, wobei er die Massen an Toastern, Mikrowellenherden und Stereoanlagen gar nicht wahrnam. Nach ein paar Minuten trat ein freundlich lächelnder Verkäufer in einem billigen Anzug auf ihn zu. Obwohl er Hilfe brauchen konnte, erwiderte er ihm, er wolle sich nur umsehen. Diese Jungs haben sowieso keine Ahnung und wollen nur verkaufen, egal was.

Andy schaute sich ein paar Funktionen von Fernsehern mit 52-cm-Bildschirmen an. Seine Freundin Carol war mit ihrem Fernseher von Prime Wave sehr zufrieden und seine Schwester Diane sagte, er solle sich vor der Marke Kamashita hüten. Obwohl Andy ein Prime Wave-Modell mit vielen Funktionen wie Radiowecker, Programmiermenü, kabel-kompatiblem Tuner und Fernbedienung entdeckte, entschied er sich für den günstigeren Precision 2000X, weil er eine Funktion hatte, an der ihm wirklich etwas lag: einen Stereoempfang. Am Abend saß Andy zufrieden in seinem Sessel und schaute *No Doubt* auf Video an. Wenn er schon ein Dauerglotzer werden sollte, dann bitte mit Stil…

KAPITEL 8

Individuelle Entscheidungen

8.1 Konsumenten als Problemlöser

Ein Kauf ist eine Reaktion auf ein Problem – in Andys Fall das Bedürfnis nach einem neuen Fernseher. In einer ähnlichen Situation befinden sich Konsumenten praktisch jeden Tag. Der Konsument stellt fest, dass er etwas kaufen möchte und durchläuft eine Reihe von Schritten, um den Kauf zu tätigen. Diese Schritte können als (1) Problemerkennung, (2) Informationssuche, (3) Beurteilung von Alternativen und (4) Produktwahl beschrieben werden. Nachdem die Entscheidung getroffen worden ist, beeinflusst die Qualität der Entscheidung den endgültigen Schritt in diesem Prozess, nämlich, wenn durch Lernen festgestellt wird, wie gut die Wahl tatsächlich war. Dieser Lernprozess beeinflusst die Wahrscheinlichkeit, dass die gleiche Wahl das nächste Mal, wenn wieder eine ähnliche Entscheidung gefällt werden muss, wieder getroffen wird.

Der Prozess der Entscheidungsfindung ist in Abbildung 8.1 dargestellt. Dieses Kapitel beginnt mit der Betrachtung verschiedener Ansätze, die Konsumenten machen, wenn sie mit einer Kaufentscheidung konfrontiert sind. Anschließend betrachten wir drei Schritte des Entscheidungsprozesses: Wie Konsumenten das Problem oder das Bedürfnis nach einem Produkt erkennen, ihre Informationssuche zur Produktwahl, und schließlich ihre Art der Bewertung von Alternativen, um eine Entscheidung zu treffen. Im 9. Kapitel werden Einflüsse auf die tatsächliche Kaufsituation betrachtet sowie die Zufriedenheit der Person mit ihrer Entscheidung.

Da manche Kaufentscheidungen wichtiger sind als andere, investieren wir unterschiedlich viel Energie in Kaufentscheidungen. In manchen Fällen findet der Entscheidungsprozess fast automatisch statt und wir treffen schnelle Entscheidungen, die auf wenig Informationen beruhen. In anderen Fällen wiederum gleicht eine Kaufentscheidung einem Vollzeitjob. Eine Person kann tage- oder wochenlang über eine wichtige Kaufentscheidung nachdenken, etwa über den Kauf eines neuen Hauses.

8.1.1 Entscheidungsperspektiven

Konsumforscher haben Entscheidungsträger traditionell aus einer rationalen Perspektive betrachtet. Diese geht davon aus, dass Menschen ruhig und bedächtig so viele Informationen wie möglich in das bereits über das Produkt vorhandene Wissen integrieren, wobei sie bei jeder Alternative sorgfältig die Plus- und Minuspunkte abwägen, und dann zu einer befriedigenden Entscheidung gelangen. Dieser Prozess zeigt, dass diese Entscheidungen von Marketingmanagern sorgfältig betrachtet werden müssen, damit sie verstehen, wie Informationen erhalten, Überzeugungen geformt, und welche Wahlkriterien von Konsumenten geäußert werden. Dann können Produkte mit den entsprechenden Attributen entwickelt und Werbestrategien maßgeschneidert werden, um die gewünschten Informationen zu liefern.[1]

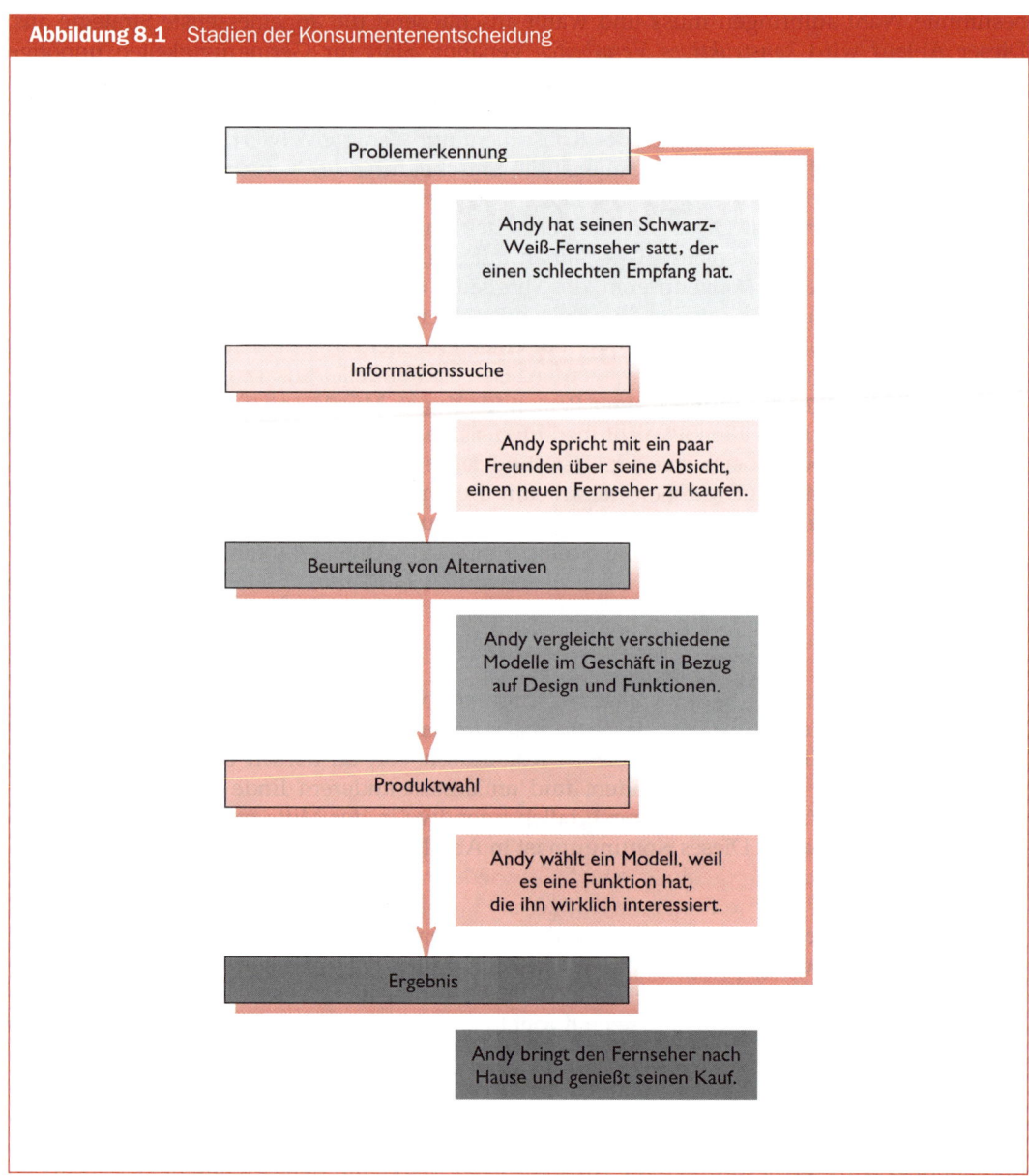

Abbildung 8.1   Stadien der Konsumentenentscheidung

Während Konsumenten bei manchen Käufen diesen Entscheidungsablauf befolgen, gilt der Prozess doch nicht für jede Kaufentscheidung.[2] Konsumenten können einfach nicht bei jeder Entscheidung so eine ausgeformte Sequenz durchlaufen. Wäre dies der Fall, so würden sie ihr ganzes Leben mit Entscheidungen verbringen, die ihnen wenig Zeit lassen würden, um die – eventuell – gekauften Dinge zu genießen.

Entscheidungsforscher stellen langsam fest, dass Entscheidungsträger in Wirklichkeit ein Repertoire von Strategien verarbeiten. Ein Konsument bewertet die Energie, die er für eine bestimmte Wahl aufbringen muss und wählt anschließend die angemessenste Strategie aus. Dieser Ablauf wird *konstruktives Verarbeiten* genannt. Statt für Geringfügigkeiten unnötige Energie aufzubringen, bestimmen Konsumenten den Grad ihrer kognitiven Anstrengung für die zu lösende Aufgabe nach Maß.[3]

Bei manchen Entscheidungen ist der Konsument nur wenig involviert, wie wir in Kapitel 4 besprochen haben. In vielen dieser Fälle ist die Entscheidung des Konsumenten eine gelernte Reaktion auf Umweltfaktoren (siehe Kapitel 3), wie der Spontankauf eines als ‚Sonderangebot‘ ausgezeichneten Artikels. Diese Art von Entscheidungen nennt man **Verhaltensbeeinflussungs-Perspektive**. Unter solchen Umständen müssen sich Manager auf die Beurteilung der Merkmale des Umfeldes konzentrieren, die Mitglieder des Zielmarktes beeinflussen – wie die Gestaltung einer Einzelhandelsverkaufsstelle, oder ob eine Verpackung ansprechend ist.[4]

In anderen Fällen sind Konsumenten bei einer Entscheidung stark involviert – trotzdem kann die Wahl nicht rational erklärt werden. Der traditionelle Ansatz ist hier kaum gültig, wenn er zum Beispiel die Vorliebe einer Person für Kunst, Musik – oder gar für seine Gattin – erklären soll. In solchen Fällen ist nicht nur *ein* Merkmal ein entscheidender Faktor. Die **Erfahrungsperspektive** befasst sich mit der Gestalt oder der Gesamtheit eines Produkts oder einer Dienstleistung. Marketingexperten, die sich mit diesem Bereich befassen, konzentrieren sich auf die Messung der affektiven Reaktionen von Konsumenten auf Produkte oder Dienstleistungen, und entwickeln Angebote, die entsprechende subjektive Reaktionen auslösen.

8.1.2 Arten von Konsumentenentscheidungen

Bei der Charakterisierung des Entscheidungsprozesses ist es hilfreich, wenn man das Maß der Energie betrachtet, das für eine Entscheidung aufgebracht werden muss. Konsumentenforscher stellen sich diesen Prozess gern als Kontinuum vor, an dessen einem Ende sich die **Gewohnheitsentscheidungen** befinden, und an dessen anderem Ende die **erweiterte Problemlösung** liegt. Viele Entscheidungen fallen irgendwo in der Mitte und werden **begrenzte Problemlösung** genannt. Dieses Kontinuum ist in Abbildung 8.2 dargestellt.

Erweiterte Problemlösung

Entscheidungen, die erweiterte Problemlösungen enthalten, entsprechen weitgehend der traditionellen Entscheidungsperspektive. Wie in Tabelle 8.1 dargestellt, wird der erweiterte Problemlösungsprozess normalerweise durch ein Motiv ausgelöst, dass für die Selbsteinschätzung eher zentrale Bedeutung hat (siehe Kapitel 7), und die eventuelle Entscheidung wird als ziemlich riskant empfunden. Der Konsument versucht, so viele Informationen wie möglich zu sammeln, sowohl aus dem Gedächtnis (interne Suche) als auch von äußeren Quellen (externe Suche). Je nach Reichweite der Entscheidung wird jede Produktalternative sorgfältig beurteilt, wobei häufig die Attribute einer Marke zu einem bestimmten Zeitpunkt betrachtet werden, und überlegt wird, inwieweit sich die Attribute jeder Marke mit den gewünschten Merkmalen decken.

Begrenzte Problemlösung

Die begrenzte Problemlösung ist normalerweise direkter und einfacher. Die Käufer sind nicht sehr motiviert, nach Informationen zu suchen oder jede Alternative genau zu beurteilen. Statt dessen benutzen sie einfache *Entscheidungsregeln,* um zwischen Alternativen auszuwählen. Diese kognitiven Abkürzungen (mehr darüber später) ermöglichen einen Rückschluss auf allgemeine Richtlinien und der Konsument muss nicht jedesmal wieder vorn vorn anfangen, wenn er eine Entscheidung fällen muss.

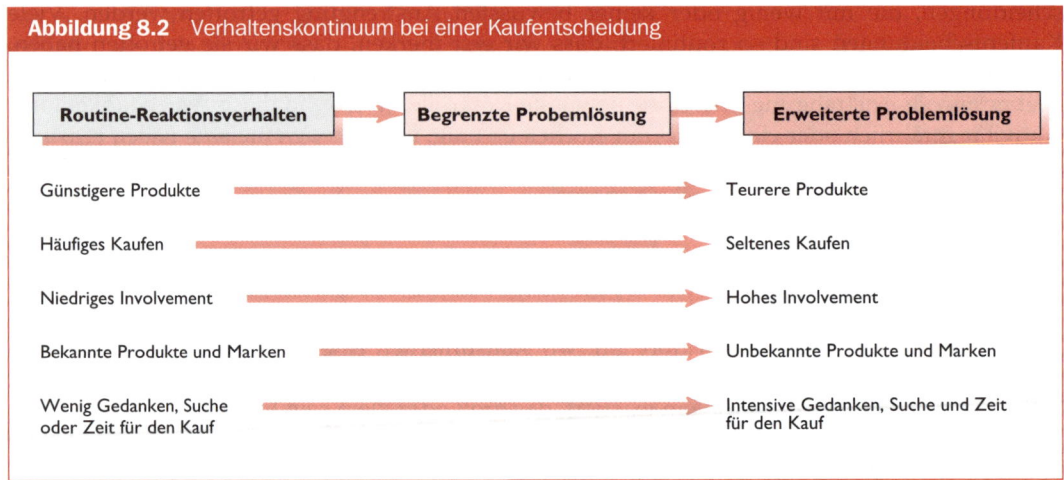

Abbildung 8.2   Verhaltenskontinuum bei einer Kaufentscheidung

Routine-Reaktionsverhalten → Begrenzte Problemlösung → Erweiterte Problemlösung

Günstigere Produkte	→	Teurere Produkte
Häufiges Kaufen	→	Seltenes Kaufen
Niedriges Involvement	→	Hohes Involvement
Bekannte Produkte und Marken	→	Unbekannte Produkte und Marken
Wenig Gedanken, Suche oder Zeit für den Kauf	→	Intensive Gedanken, Suche und Zeit für den Kauf

Gewohnheitsentscheidungen

Sowohl erweiterte als auch begrenzte Problemlösungen erfordern einen gewissen Grad an Informationssuche und Überlegung, wobei sie sich darin unterscheiden, in welchem Maß diese Aktivitäten unternommen werden. Am anderen Ende des Wahlkontinuums liegen Ent-

Tabelle 8.1   Charakteristiken der begrenzten versus erweiterten Problemlösung

	Begrenzte Problemlösung	Erweiterte Problemlösung
Motivation	Niedriges Risiko und Involvement	Hohes Risiko und Involvement
Informationssuche	Geringe Suche	Intensive Suche
	Informationen passiv verarbeitet	Informationen aktiv verarbeitet
	Entscheidung im Geschäft wahrscheinlich	Mehrere Quellen werden vordem Geschäftsbesuch konsultiert
Alternative	Schwache Überzeugungen	Starke Überzeugungen
Beurteilung	Nur auffallende Kriterien beachtet	Viele Kriterien beachtet
	Alternativen als grundlegend ähnlich wahrgenommen	Bedeutende Unterschiede zwischen den Alternativen wahrgenommen
	Nicht-kompensatorische Strategie eingesetzt	Kompensatorische Strategie eingesetzt
Kauf	Begrenzte Einkaufszeit kann Selbstbedienung bevorzugen	Viele Geschäfte besucht, wenn nötig
	Wahl oft von Geschäftsauslagen beeinflusst	Kommunikation mit Geschäftspersonal oft erwünscht

scheidungen, die mit wenig oder keiner bewussten Anstrengung getroffen werden. Viele Kaufentscheidungen sind so routiniert, dass wir erst merken, dass wir sie getroffen haben, wenn wir in unseren Einkaufwagen schauen. Eine Wahl, die *automatisch* getroffen wird, erfordert minimale Anstrengung und keine bewusste Kontrolle.[5] Während diese Art gedankenloser Aktivität gefährlich oder einfach dumm erscheinen mag, ist sie in den meisten Fällen effizient. Durch die Entwicklung von gewohntem, repetitivem Verhalten können Konsumenten bei Kaufentscheidungen Zeit und Energie sparen.

8.2 Problemerkennung

Problemerkennung tritt überall dort auf, wo Konsumenten einen krassen Unterschied zwischen seinem derzeitigen Zustand und einem Idealzustand empfinden. Der Konsument nimmt wahr, dass ein zu lösendes Problem existiert, das groß oder klein sein kann, einfach oder komplex. Eine Person, der auf der Autobahn das Benzin ausgeht, hat ein Problem, genauso wie die Person, die mit dem Image ihres Wagens unzufrieden ist, obwohl er technisch völlig in Ordnung ist. Obwohl sich die Qualität von Andys Fernseher nicht geändert hat, hat sich sein *Vergleichsstandard* geändert und er ist mit einem Bedürfnis konfrontiert, das er nicht hatte, bevor er den Fernseher seines Freundes sah.

8.2.1 Problemschaffung

Abbildung 8.3 zeigt, dass ein Problem auf zwei Arten entstehen kann. Wie im Fall der Person, die kein Benzin mehr hat, kann sich die Qualität des *tatsächlichen Zustandes* des Konsumenten nach unten bewegen *(Bedürfniserkennung)*. In dem anderen Fall, in dem sich eine Person nach einem leistungsstarken Wagen sehnt, kann sich der *Idealzustand* des Konsumenten nach oben bewegen *(Gelegenheitserkennung)*. In jedem Fall tut sich eine Kluft zwischen dem tatsächlichen Zustand und dem Idealzustand auf.[6] In Andys Fall wurde ein Problem als das Resultat einer Gelegenheitserkennung wahrgenommen, denn sein Idealzustand in Bezug auf die Qualität des Fernsehempfangs hatte sich verändert.

Bedürfniserkennung kann sich auf verschiedene Weise äußern. Der tatsächliche Zustand einer Person kann sich verschlechtern, weil ein Produkt aufgebraucht ist, weil ein Produkt gekauft wurde, das Bedürfnisse nicht angemessen befriedigt, oder weil neue Bedürfnisse geschaffen wurden (der Kauf eines Hauses kann eine Fülle von Bedürfnissen auslösen, da viele neue Produkte benötigt werden, um das Haus auszustatten). Gelegenheitserkennung taucht häufig auf, wenn der Konsument andere oder qualitativ bessere Produkte sieht. Diese Verlagerung ensteht oft, wenn sich die Situation der Person in irgendeiner Hinsicht verändert – wenn jemand zum Beispiel auf die Universität geht oder eine neue Stelle antritt. Da sich das Umfeld oder der Bezug der betreffenden Person ändert, sind Käufe zur Anpassung an das neue Umfeld nötig.

8.2.2 Die Rolle von Marketingexperten bei der Problemschaffung

Probleme werden meistens auf natürliche Weise erkannt, aber häufig wird dieser Prozess durch Marktingbemühungen zusätzlich unterstützt. In manchen Fällen versuchen Marketingexperten eine *Primärnachfrage* zu schaffen, wobei Konsumenten ermutigt werden, ein Produkt oder eine Dienstleistung einer beliebigen Marke zu benutzen. Diese Bedürfnisse werden oft im Anfangsstadium eines Produkts geschaffen, wie zum Beispiel, als Mikrowellenherde eingeführt wurden. Die *Sekundärnachfrage,* bei der Konsumenten dazu gebracht werden sollen, einer

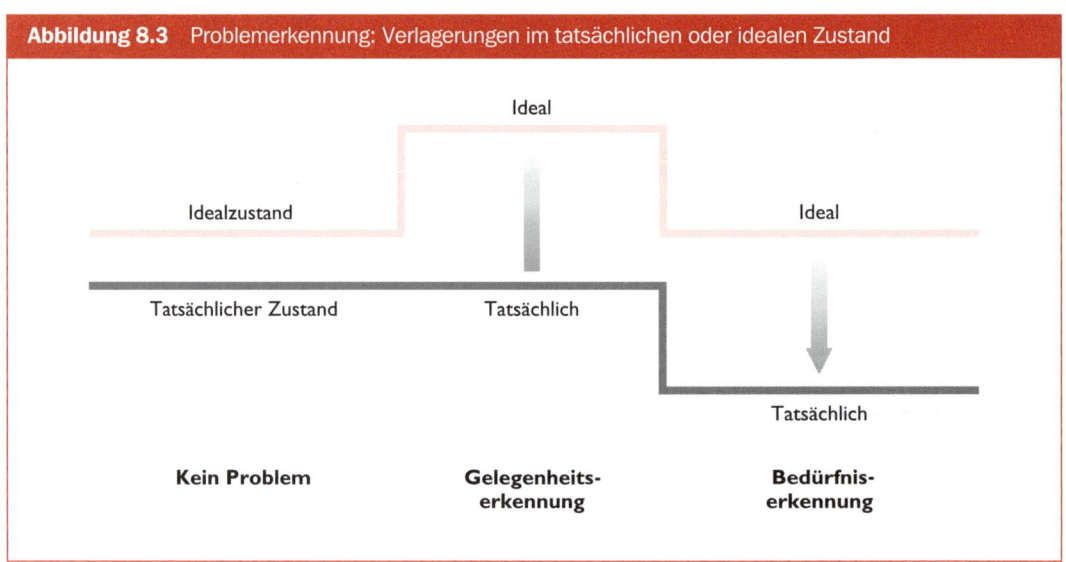

Abbildung 8.3 Problemerkennung: Verlagerungen im tatsächlichen oder idealen Zustand

bestimmten Marke den Vorzug zu geben, kann nur entstehen, wenn bereits eine Primärnachfrage besteht. An diesem Punkt müssen Marketingexperten Konsumenten davon überzeugen, dass das Problem am besten dadurch gelöst werden kann, indem sie ihre Marke anderen Marken derselben Kategorie vorziehen.

MARKETINGFALLE

Ein allgemein üblicher Vorgang bei der Werbung ist die Darstellung einer Person mit einem physischen oder einem sozialen Problem, das durch das betreffende Produkt auf wundersame Weise gelöst wird. Manche Marketingexperten haben sogar ein Problem *erfunden,* um anschließend ein Mittel dafür anzubieten. So wurde in den 40er-Jahren der Reißverschluss als Lösung für jene häßlichen Flecken, die nach mehrmaligem Waschen um Knöpfe herum entstehen, dargestellt. Listerine, ein Mundwasser, das urprünglich als Anti-Schuppenmittel verkauft wurde, enthielt eine Warnung über ‚Flaschenbakterien‘, die ‚ansteckende Schuppen‘ auslösen. Geritol schuf ein Wundermittel gegen ‚müdes Blut‘ und Wisk Reinigungsmittel wies auf die Peinlichkeit eines schmutzigen Kragens hin.[7]

Auch wenn die Werbung manchmal echte Probleme aufnimmt, sind die angebotenen Lösungen bisweilen allzu simpel und geben vor, das Problem würde mit der Verwendung des Produkts verschwinden. Eine Analyse von über 1000 Fernsehwerbungen fand heraus, dass rund 80% vorgaben, das Problem sei innerhalb von Sekunden oder Minuten nach Verwendung des Produkts gelöst. 75% der Werbungen gaben direkt an, das Produkt löse das Problem, und über 75% deuteten an, die Lösung sei nur einen Schritt entfernt – der Konsument müsse nur das Produkt kaufen und das Problem würde verschwinden.[8] Die Konsumenten werden jedoch kritischer und weniger empfänglich für solche Behauptungen. Viele Marketingexperten haben festgestellt, dass die heutigen Konsumenten für realistische Werbung mit solider Produktinformation empfänglicher sind. Darüber hinaus interessieren sich sowohl die Regierung als auch Konsumentengruppen zunehmend für die Ansprüche von Konsumenten und Marketingexperten achten immer mehr den Inhalt ihrer Werbung.

8.3 Informationssuche

Wurde ein Problem erkannt, brauchen Konsumenten entsprechende Informationen um es zu lösen. **Informationssuche** ist der Prozess, bei dem der Konsument in seiner Umgebung nach Daten sucht, die für eine vernünftige Entscheidung relevant sind. In diesem Abschnitt werden einige der Faktoren besprochen, die mit dieser Suche zusammenhängen.

8.3.1 Arten der Informationssuche

Ein Konsument kann explizit den Markt nach spezifischen Informationen erkunden, nachdem er ein Bedürfnis erkannt hat (dieser Prozess wird *Vor-Kauf-Suche* genannt). Viele Konsumenten – vor allem erfahrene Käufer – sehen sich gern aus Vergnügen um, oder weil sie gern darüber informiert sind, was sich auf dem Markt tut. Sie betreiben eine *fortwährende Suche*.[9] Ein paar Unterschiede zwischen beiden Arten der Suche sind in Tabelle 8.2 beschrieben.

Interne versus externe Suche

Man kann grob zwei verschiedene Arten von Informationsquellen unterscheiden, nämlich interne und externe. Durch frühere Erfahrungen und durch die Tatsache, dass wir in einer Konsumgesellschaft leben, hat jeder von uns gewisse Kenntnisse über bereits im Gedächtnis gespeicherte Produkte. Wenn wir vor einer Kaufentscheidung stehen, können wir die *interne Suche* aktivieren, indem wir unsere eigene Gedächtnisbank nach Informationen zu verschiedenen Produktalternativen abfragen (siehe Kapitel 3). Im Allgemeinen muss aber auch eine Per-

Tabelle 8.2 Struktur für Konsumenten-Informationssuche	
Vor-Kauf-Suche	**Fortwährende Suche**
Determinanten	
Involvement in den Kauf	Involvement in das Produkt
Marktumfeld	Marktumfeld
Situationsfaktoren	Situationsfaktoren
Motive	
Bessere Kaufentscheidungen	Erstellung einer Informationsbank für zukünftigen Gebrauch
	Spaß und Freude
Ergebnisse	
Bessere Produkt- und Marktkenntnis	Bessere Produkt- und Marktkenntnis führt zu
Bessere Kaufentscheidungen	• zukünftiger Kaufeffizienz
Höhere Zufriedenheit mit dem Kaufergebnis	• persönlichem Einfluss
	Mehr Spontankäufe
	Mehr Befriedigung durch Suche und andere Ergebnisse

Quelle: Peter H. Bloch, Daniel L. Sherrell and Nancy M. Ridgway, ‚Consumer Search: An Extended Framework', *Journal of Consumer Research* 13 (Juni 1986): 120. © University of Chicago Press.

Diese Werbung für Arm & Hammer zeigt die Strategie der Identifizierung von neuen Problemen, die bereits existierende Produkte lösen können.
© Church & Dwight Co., Inc.

son, die sich auf dem Markt bestens auskennt, dieses Wissen durch externe Suche erweitern, wo Informationen durch Werbung, Freunde oder einfach durch die Beobachtung anderer gesammelt werden.

Bewusste versus zufällige Suche

Unser bestehendes Wissen über ein Produkt kann das Resultat von *gelenktem Lernen* sein, wo wir bei einer früheren Gelegenheit bereits nach relevanten Informationen gesucht oder ein paar Alternativen erfahren haben. Eine Mutter, die erst vor kurzer Zeit einen Geburtstagskuchen für ihr Kind gekauft hat, weiß wahrscheinlich, wo man am besten einen Kuchen kaufen kann.

Wir können Informationen aber auch auf passivere Weise erhalten. Auch wenn ein Produkt für uns nicht von Interesse ist, kann dessen Werbung, Verpackung oder Auszeichnung zu *beiläufigem Lernen* führen. Der reine Kontakt über eine gewisse Zeit mit konditionierten Stimuli sowie Beobachtungen anderer führt zum Lernen von Informationen, die vielleicht zu diesem Zeitpunkt – oder auch nie – benötigt werden. Marketingexperten sehen daran, wie wichtig eine ständige, ‚niedrig dosierte' Werbung sein kann, da auf diese Weise Produktassoziationen erzeugt und registriert werden – bis sie zu einem bestimmten Zeitpunkt gebraucht werden.[10]

In manchen Fällen kennen wir uns in einer Produktkategorie so gut aus (oder glauben das zumindest), dass keine zusätzliche Suche unternommen wird. Aber oft ist unser Wissensstand nicht ausreichend, um eine befriedigende Entscheidung zu treffen, und wir müssen uns woanders nach mehr Information umsehen. Die Quellen, bei denen wir Rat suchen, sind unterschiedlich. Es kann sich dabei um unpersönliche, marktorientierte Quellen handeln, wie Einzelhandelsverkaufsstellen oder Kataloge, oder um Freunde oder Familienmitglieder. Es kann sich aber auch um unvoreingenommene Dritte handeln, wie Verbraucherzeitschriften oder Berichte, die in vielen europäischen Ländern veröffentlicht werden.[11]

MARKETINGCHANCE

Technologische Fortschritte helfen, die wachsende Nachfrage von Konsumenten nach Informationen über Produkte und Dienstleistungen zu decken. Jeder dritte amerikanische Haushalt und jeder fünfte europäische Haushalt besitzt einen Computer, und die Zahl der Personen mit Internetanschluss steigt jedes Jahr um Millionen. Eine Umfrage des Meinungsforschungsinstituts Find/SVP ergab, dass Konsumenten in hoch entwickelten Marktwirtschaften rund $ 500 pro Jahr für ‚reine‘ Informationen ausgeben, die sie durch Zeitungen, Zeitschriften, Handbücher, Sachvideos und Online-Dienstleistungen erhalten.[12]

Viele Menschen müssen aber eher mit zu viel Informationen fertig werden, als zu wenig. Das World Wide Web ist ein Opfer seines eigenen Erfolgs – das Volumen an verfügbaren Informationen ist enorm, Rauschen und Wartezeiten schrecken viele Besucher ab.

Das *narrowcast* bietet die Möglichkeit, aus dem Internet ein personalisiertes Übertragungssystem zu machen, in dem der Benutzer nur die Informationen erhält, die er braucht – und nicht durch den ganzen Rest surfen muss. ‚Tuner‘ genannte Programme bündeln Informationen in ‚Kanäle‘ und eine ‚Push-Lieferung‘ befördert sie an die ‚Zuschauer‘, die zuvor ihre Wünsche angegeben haben. Provider verlassen sich darauf, dass Zuschauer für diesen individualisierten Service bezahlen. Einzelhändler wie Land's End und Tesco PLC experimentieren mit Online-Direktmarketing, benachrichtigen Abonnenten über das Internet über Angebote und schicken ihnen Bestellformulare zu. In den nächsten Jahren soll Webcasting ein Drittel der 14 Milliarden Dollar, die jährlich für Internet-Werbung, Abonnements und Einzelhandelseinkommen ausgegeben werden, erzeugen. Zu den größten Unternehmen, die Push-Techniken entwickeln, gehören America Online, Marimba (das Programme und Applets zusammen mit Inhalt liefert), Microsoft, Netscape Constellation und Pointcast.[13]

Das Adfinity Softwarepaket zeigt, wie Push-Technik Entscheidungen erleichtern kann. Wenn ein Surfer eine Webseite zum ersten Mal besucht, wird er nach ein paar grundlegenden Fakten gefragt, bevor er Zugang zu dem Inhalt der Webseite hat. Adfinity verbindet ihn mit Datenbanken von beteiligten Unternehmen und schickt dem Konsumenten auf seine Interessen abgestimmtes Werbematerial zu. Zum Beispiel kann einer Person, die in der Vergangenheit einen Golfurlaub gebucht hat, als Anreiz mit einer beteiligten Fluggesellschaft zu fliegen ein Rabatt für einen Golfkurs angeboten werden. Eine Stategie, bei der mehrere Unternehmen ihr Wissen über Konsumenten vereinen müssen, kann natürlich auch fehlschlagen, nämlich dann, wenn sich die Konsumenten durch das Schreckgespenst des Big Brother bedroht fühlen, weil ihr Privatleben nicht respektiert wird.[14] Push-Technik kann ein zweischneidiges Schwert sein, das in den falschen Händen falsch schneidet.

8.3.2 Informations-Ökonomie

Die traditionelle Entscheidungsperspektive fügt dem Suchprozess den Ansatz der *Informations-Ökonomie* hinzu. Sie geht davon aus, dass Konsumenten so viele Informationen wie nötig sammeln, um eine wohl überlegte Entscheidung zu treffen. Konsumenten haben Erwartungen an den Wert zusätzlicher Informationen und suchen weiter, solange die Aussicht auf die Belohnung der Informationssuche (Wirtschaftswissenschaftler nennen es *Nutzen)* höher ist als deren Kosten. Dieser utilitaristische Ansatz impliziert, dass zuerst die wertvollsten Informationsteile gesammelt werden. Zusätzliche Teile werden nur dann integriert, wenn sie für das bereits bestehende Wissen als komplementär betrachtet werden.[15] Das heißt, dass Menschen so lang so viele Informationen wie möglich suchen, wie der Sammlungsprozess nicht zu kostspielig oder zu zeitaufwändig ist.[16]

Suchen Konsumenten rational?

Rationale Suche bei Konsumenten ist nicht immer der Fall. Der Anteil an externer Suche vor dem Kauf der meisten Produkte ist überraschend gering – selbst dann, wenn der Konsument von zusätzlichen Informationen profitieren würde. Konsumenten mit geringerem Einkommen, die mehr zu verlieren haben, wenn sie eine schlechte Wahl treffen, suchen vor dem Kauf eines Produktes *weniger* als wohlhabendere Menschen.[17] Wie Andy gehen viele Konsumenten nur in ein oder zwei Geschäfte und suchen vor der Kaufentscheidung nur in seltenen Fällen nach unvoreingenommenen Informationsquellen – besonders, wenn die Zeit knapp ist.[18] Dieses Muster gilt vor allem bei Entscheidungen, die langlebige Gebrauchsgüter wie Haushaltsgeräte oder Autos betreffen, selbst wenn diese Produkte bedeutende Investitionen darstellen. Eine Studie, die unter australischen Autokäufern durchgeführt wurde, ergab, dass mehr als ein Drittel der Befragten vor dem Kauf eines Autos nur eine oder zwei Probefahrten gemacht haben. Außerdem weist einiges darauf hin, dass Konsumenten Informationen auf der Verpackung nicht unbedingt nutzen. In Finnland tragen umweltfreundliche Produkt das Nordische Umweltlabel, damit Konsumenten die Wahl unter umweltfreundlichen Produkten leichter fällt. Eine Studie, bei der finnische Konsumenten gebeten wurden, Reinigungsmittel und Batterien zu beurteilen, ergab, dass dem grünen Label auf der Verpackung trotz der positiven Einstellung der Finnen zur Umwelt kaum Beachtung und nur wenig Vertrauen geschenkt wurde. Diese Erfahrung zeigt, dass Marketingexperten noch einen weiten Weg vor sich haben, um eindeutige, verständliche und unvoreingenommene Informationen über umweltfreundliche Produkte zu liefern.[19]

Die Tendenz, externe Suche zu vermeiden, ist weniger ausgeprägt, wenn es um den Kauf symbolischer Artikel wie Kleidung geht. In solchen Fällen betreiben Menschen viel externe Suche – obwohl es sich dabei meistens um die Suche nach der Meinung anderer handelt.[20] Ist der finanzielle Einsatz auch nicht so hoch, so können diese selbstexpressiven Entscheidungen doch gravierende soziale Folgen haben, falls nicht die richtige Wahl getroffen wird. Der Grad des wahrgenommenen Risikos, auf das wir hier kurz eingehen werden, ist hoch.

Auch *Markenwechsel* ist unter Konsumenten weit verbreitet, selbst dann, wenn sie mit ihrer derzeitig verwendeten Marke zufrieden sind. Marktforscher der britischen Brauerei Bass Export, die den amerikanischen Biermarkt sondierten, haben entdeckt, dass Konsumenten ein Repertoire von zwei bis sechs Lieblingsmarken haben und nicht nur einer Marke treu sind. In Anbetracht dieses Markenwechsels exportierte die Firma das helle Bier Tennents 1885 in die Vereinigten Staaten, und bot jungen Biertrinkern das Getränk als Alternative zu den existierenden Marken an.[21]

Manchmal probieren Menschen gern Neues aus und suchen nach *Vielfalt* und *Abwechslung*. In diesem Fall liegt die Priorität bei einer Abwechslung der Produkterfahrungen – vielleicht als eine Form von Stimulanz, oder zur Vermeidung von Langeweile. Vielfalt und Abwechslung wird vor allem dann gesucht, wenn Menschen gut gelaunt sind, oder wenn es in ihrer Umgebung nur relativ wenig Stimulanz gibt.[22] Ist die Entscheidungssituation zweideutig oder sind nur wenig Informationen über konkurrierende Marken verfügbar, wählen Konsumenten eher vertraute Marken und behalten den gegenwärtigen Zustand bei.

Markenbekanntheit beeinflusst das Vertrauen in eine Marke, was sich wiederum auf Kaufabsichten auswirkt.[23] Die Neigung von Konsumenten, gelegentlich verschiedene Marken auszuprobieren, bedeutet für Marketingexperten, dass sie sich nie der Überzeugung hingeben können, ein Konsument, der einmal gewonnen wurde, sei für immer treu.[24]

Voreingenommenheit im Entscheidungsprozess

Stellen Sie sich folgendes Szenario vor: Sie haben eine Freikarte für das Finale eines Weltklasse-Tennisturniers erhalten, aber wegen eines beginnenden Schneesturms ist die Fahrt zu dem Turnier gefährlich. Fahren Sie hin? Jetzt stellen Sie sich dasselbe Finale und denselben Schneesturm vor – aber diesmal haben Sie für die Karte viel Geld bezahlt. Fahren Sie hin?

Analysen der Reaktionen von Menschen auf Situationen dieser Art illustrieren das Prinzip der *mentalen Buchführung*, wo Entscheidungen von den Umständen beeinflusst werden, unter denen ein Problem auftaucht (genannt *Framing*), sowie von der Frage, ob es einen Gewinn oder einen Verlust darstellt.[25] Menschen riskieren eher ihre persönliche Sicherheit im Sturm, wenn sie für die Tennistickets selbst bezahlt haben. Nur der hart gesottenste Fan würde nicht zugeben, dass dies eine irrationale Entscheidung ist, da es das gleiche Risiko ist, egal ob die Eintrittskarte umsonst ist oder nicht. Diese Voreingenommenheit bei Entscheidungen nennt man *Trugschluss der gesunkenen Kosten (sunk-cost-fallacy)*: Wenn wir für etwas bezahlt haben, vergeuden wir es nur ungern.

Eine andere Voreingenommenheit ist die *Verlustaversion*. Menschen nehmen Verluste stärker wahr als Gewinne. Für die meisten Menschen ist es zum Beispiel unangenehmer, Geld zu verlieren, als es angenehm ist, Geld zu verdienen. Die *Aussichtstheorie* ist ein deskriptives Modell der Wahl, das davon ausgeht, dass Nutzen eine Funktion von Gewinn und Verlust ist, und dass Entscheidungen, aus denen Gewinne bzw. Verluste resultieren, nicht das gleiche Risiko bergen.[26]

Um das zu veranschaulichen, betrachten wir ein Beispiel. Würden Sie auf Nummer sicher gehen oder spielen?

Option 1: Sie bekommen 30 Euro und dürfen eine Münze werfen. Bei Kopf bekommen Sie 9 Euro, bei Zahl verlieren Sie 9 Euro.

Option 2: Sie haben die Wahl, entweder 30 Euro sofort zu bekommen, oder eine Münze zu werfen, was Ihnen entweder 39 oder 21 Euro einbringt.

In einer Studie entschieden sich 70% der Versuchspersonen, die Option 1 erhalten hatten, zu spielen, während es bei Option 2 nur 43% waren. Und das, obwohl die Gewinnchancen bei beiden Optionen gleich sind! Der Unterschied ist, dass Menschen lieber mit ‚Hausgeld‘ spielen, und eher bereit sind, Risiken einzugehen, wenn es sich um das Geld anderer handelt. Im Gegensatz zu der rationalen Entscheidungsperspektive bewerten wir Geld je nach seiner Herkunft unterschiedlich. Das erklärt, warum eine Person eine große Prämie für einen leichtsinnigen Kauf verwendet, während sie diesen Betrag für den gleichen Kauf nie von ihren Ersparnissen genommen hätte.

Forschungsergebnisse zur mentalen Buchführung ergaben, dass externe Merkmale einer Wahlsituation unsere Wahl beeinflussen können, obwohl sie das nicht würden, wenn wir tatsächlich rationale Entscheidungsträger wären. Teilnehmern einer Umfrage wurde eine der beiden folgenden Versionen eines Szenarios vorgelegt:

Sie liegen an einem heißen Tag am Strand und haben nur kaltes Wasser zu trinken. Die ganze letzte Stunde haben Sie daran gedacht, wie gern Sie jetzt eine kalte Flasche Ihres Lieblingsbieres trinken würden. Ein Freund von Ihnen geht los um zu telefonieren und bietet Ihnen an, von einem Ort in der Nähe, wo Bier verkauft wird (entweder ein gepflegtes Hotel oder ein armseliges Lebensmittelgeschäft, je nach der gegebenen Version), ein Bier mitzubringen. Er sagt, das Bier könne teuer sein und fragt Sie, wie viel Sie ausgeben würden. Was für einen Betrag würden Sie nennen?

In der Umfrage lag der Durchschnittspreis, den Teilnehmer in der Version mit dem gepflegten Hotel angaben, bei 2,65 Dollar, während die Teilnehmer in der Version mit dem armseligen Lebensmittelgeschäft nur 1,50 Dollar angaben. In beiden Versionen war es der gleiche Kaufakt, die gleiche Biermarke, und es wurde keine besondere ‚Atmosphäre' konsumiert, da das Bier zum Strand gebracht wurde.[27] So viel zu rationalen Entscheidungen!

8.3.3 Wie viel Suche findet statt?

Im Allgemeinen ist die Suche umfangreicher, wenn es sich um einen wichtigen Kauf handelt, wenn das Bedürfnis besteht, mehr über das betreffende Produkt zu erfahren, und/oder wenn die relevanten Informationen leicht erhalten und eingesetzt werden können.[28]

Konsumenten suchen, unabhängig von der in Frage stehenden Produktkategorie, unterschiedlich intensiv. Jüngere und gebildetere Menschen, die gern einkaufen und Fakten entdecken, suchen in der Regel nach mehr Informationen. Frauen suchen mehr als Männer – ebenso wie Menschen, für die Stil und Image wichtig sind.[29]

Sachkenntnis des Konsumenten

Macht bereits vorhandenes Produktwissen die Suche von Konsumenten wahrscheinlicher oder unwahrscheinlicher? Produktkenner und Neulinge gehen bei der Entscheidungsfindung sehr unterschiedlich vor. Neulinge, die wenig über ein Produkt wissen, sollten eigentlich am meis-

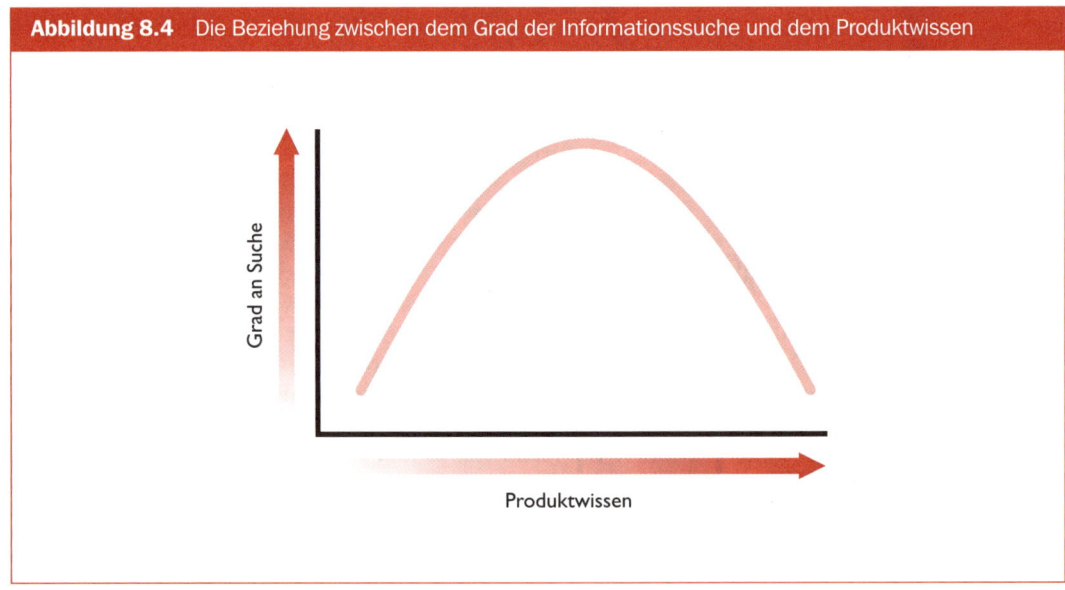

Abbildung 8.4 Die Beziehung zwischen dem Grad der Informationssuche und dem Produktwissen

ten motiviert sein, Informationen zu sammeln. Aber Kenner sind mit der Produktkategorie mehr vertraut und sollten somit die Bedeutung einer neu erworbenen Produktinformation besser verstehen.

Wer sucht also mehr? Die Antwort ist: weder noch, denn am meisten suchen Konsumenten, die über das Produkt *mäßig* Bescheid wissen. Zwischen Wissen und externer Suche besteht eine Beziehung, die sich als umgekehrte U-Kurve wiedergeben lässt, wie in Abbildung 8.4 dargestellt. Menschen mit wenig Sachkenntnis fühlen sich oft zur extensiven Suche nicht in der Lage und wissen vielleicht gar nicht, wo sie beginnen sollen. Andy, der bei seinem Kauf nicht viel Zeit in die Suche investierte, ist repräsentativ für diese Situation. Er besuchte ein Geschäft und schaute sich nur Marken an, die ihm bereits vertraut waren. Darüber hinaus konzentrierte er sich nur auf eine kleine Anzahl von Produktmerkmalen.[30]

Auch die *Art* der Suche, die Menschen mit einem unterschiedlichem Grad an Sachkenntnis unternehmen, ist verschieden. Da Sachverständige ein besseres Gefühl dafür haben, welche Informationen für die Entscheidung relevant sind, unternehmen sie eine *selektive Suche,* was bedeutet, dass ihre Bemühungen konzentrierter und effizienter sind. Dagegen verlassen sich Neulinge bei der Unterscheidung zwischen Alternativen eher auf die Meinung anderer und auf ‚nicht-funktionale' Attribute, wie Markennamen und Preise. Sie verarbeiten Informationen auch eher in einer ‚nach unten' gerichteten als in einer ‚nach oben' gerichteten Art, wobei sie sich mehr mit dem Gesamtbild als mit Details befassen. Sie können sich zum Beispiel mehr von der Fülle der technischen Informationen beeinflussen lassen, die in einer Werbung enthalten sind, als von dem tatsächlichen Inhalt der Behauptungen.[31]

Minolta stellt eine „No-Risk"-Garantie als eine Art dar, das wahrgenommene Risiko durch den Kauf eines Kopierers zu reduzieren.
© Minolta Corporation.

Wahrgenommenes Risiko

Kaufentscheidungen, die extensive Suche erfordern, bergen ein gewisses **wahrgenommenes Risiko,** das als die Befürchtung, das Produkt könne negative Folgen haben, beschrieben werden kann. Das wahrgenommene Risiko kann präsent sein, wenn das Produkt teuer, komplex oder schwer verständlich ist. Das wahrgenommene Risiko kann auch von Bedeutung sein, wenn eine Produktwahl für andere sichtbar ist, und wir deshalb in Verlegenheit geraten können, wenn wir eine falsche Wahl treffen.

Abbildung 8.4   Fünf Arten von wahrgenommenem Risiko

	Für Risiko empfängliche Käufer	**Risikoreiche Käufe**
Geldrisiko	Risikokapital besteht aus Geld und Eigentum. Personen mit relativ geringem Einkommen sind am verletzlichsten.	Teure Artikel, die große Ausgaben erfordern, unterliegen dieser Art von Risiko am meisten.
Funktionales Risiko	Risikokapital besteht in der Bedeutung von Funktionsleistung oder Bedürfnisbefriedigung. Praktische Konsumenten sind am anfälligsten.	Produkte oder Dienstleistungen, deren Kauf und Verwendung das totale Engagement des Käufers erfordert und Redundanz ausschließen, sind am meisten betroffen.
Physisches Risiko	Risikokapital besteht in körperlicher Kraft, Gesundheit und Vitalität. Alte, schwache oder kranke Menschen sind am verletzlichsten.	Mechanische oder elektrische Güter (Fahrzeuge oder feuergefährliche Produkte), Drogen, Medikamente, Nahrungsmittel und Getränke sind am meisten betroffen.
Soziales Risiko	Risikokapital besteht in Selbstachtung und Selbstvertrauen. Unsichere Menschen sind am anfälligsten	Sozial sichtbare oder symbolische Güter wie Kleider, Schmuck, Autos, Häuser oder Sportausrüstungen sind am meisten betroffen.
Psychologisches Risiko	Risikokapital besteht in Zugehörigkeit und Status. Menschen mit mangelnder Selbstachtung oder Attraktivität sind am anfälligsten.	Teurere persönliche Güter, die Schuldgefühle auslösen können; langlebige Konsumgüter und Dienstleistungen, deren Verwendung Selbstdisziplin oder Opfer erfordern, sind am meisten betroffen.

Die Ausbreitung von AIDS hat zu einer Vielzahl an Tests geführt, die Menschen zu Hause durchführen können, wenn sie ein Krankenhaus oder eine Praxis meiden wollen. Bei dem typischen Test muss der Konsument eine Blutprobe in ein Labor senden, welches das Ergebnis nach drei bis sieben Tagen zurückschickt. Während vor allem Risikogruppen wie Jugendliche oder Schwule den Test brauchen dürften, spekulieren manche darauf, dass vor allem die ‚Ängstlichen' den Test kaufen werden, bei denen es weniger wahrscheinlich ist, dass sie überhaupt angesteckt wurden. Die Unternehmen versuchen Menschen, von denen sie annehmen, dass sie zur Durchführung des Tests nicht in ein Krankenhaus gehen, auf humorvolle, provokative oder ernste Weise zu erreichen. In einem Werbetext für *Home Access* (Zielgruppe: heterosexuelle junge Männer) stand: ‚Nichts erregt eine Frau mehr, als wenn sie weiß, dass Sie verantwortungsbewusst sind.'[32]

In Abbildung 8.5 sind die grundlegenden Arten von Risiken dargestellt, die sowohl objektive (physische Gefahr) als auch subjektiveFaktoren (soziale Verlegenheit) enthalten. Wie die Abbildung zeigt, sind Konsumenten mit größerem ‚Risikokapital' weniger von den mit dem Produkt assoziierten wahrgenommenen Risiken betroffen. Eine sehr selbstbewusste Person kümmert sich zum Beispiel weniger um das mit einem Produkt verbundene soziale Risiko, während ein verletzbarer, unsicherer Konsument ungern ein Produkt ausprobiert, das von anderen nicht akzeptiert werden könnte.

8.4 Die Beurteilung von Alternativen

Bei einer Kaufentscheidung ist der Konsument vor allem dann gefordert, wenn er zwischen verfügbaren Alternativen eine Wahl treffen muss. In modernen Konsumgesellschaften gibt es unzählige Wahlmöglichkeiten, in manchen Fällen existieren dutzende von verschiedenen Marken (z. B. Zigaretten) oder zahlreiche Variationen einer Marke (z. B. Lippenstifte), die alle unsere Aufmerksamkeit auf sich ziehen wollen.

Bitten Sie eine Freundin, alle Parfümmarken aufzuzählen, die sie kennt. Sie wird zunächst schnell drei bis fünf Namen nennen, dann eine Pause einlegen, bevor sie noch ein paar weitere aufzählt. Es ist wahrscheinlich, dass sie mit den ersten Parfüms, die sie genannt hat, sehr vertraut ist und eins von ihnen benutzt. In der Liste können auch ein oder zwei Marken enthalten sein, die sie nicht mag und lieber vergessen würde. Aber es gibt noch wesentlich mehr Parfüms auf dem Markt, die sie gar nicht erwähnt.

Würde Ihre Freundin ein Parfüm kaufen, so wäre es vermutlich eine der Marken, die sie zuerst genannt hat. Sie könnte auch ein paar andere in Betracht ziehen, wenn diese, während sie in dem Geschäft ist, ihr Interesse wecken – wenn zum Beispiel eine Verkäuferin die Kunden mit Duftproben besprüht, wie es in manchen Geschäften üblich ist.

Identifikation von Alternativen

Wie entscheiden wir, welche Kriterien wichtig sind, wie wir die Produktalternativen auf eine überschaubare Zahl beschränken und welche Alternative wir einer anderen vorziehen? Die Antwort hängt von der Art des Entscheidungsprozesses ab. Ein Konsument, der eine Entschei-

Bei der Einführung des Passat im Jahr 1990 konzentriert sich Volkswagen auf die Reduzierung von monetärem, funktionalem und sozialem Risiko.

dung durch erweiterte Problemlösung trifft, wird verschiedene Marken vorsichtig beurteilen, während eine Person, die eine Gewohnheitsentscheidung trifft, keine Alternativen außer der gewohnten Marke in Betracht zieht. Vieles deutet darauf hin, dass in Situationen, in denen durch Konflikte, die aus den verfügbaren Möglichkeiten entstehen, negative Gefühle geweckt werden, ein erweitertes Verarbeiten ins Spiel kommt.[33]

Alternativen, die während des Entscheidungsprozesses eines Konsumenten aktiv beurteilt werden, sind sein sogenanntes **evoked Set**. Das evoked Set besteht aus bereits im Gedächtnis gespeicherten Produkten (das Rückzugsset) und Produkten, die im Einzelhandelsumfeld besonders auffallen. Andy beispielsweise wusste nicht viel über technische Aspekte von Fernsehern, und hatte nur wenig Marken im Gedächtnis. Zwei von ihnen waren akzeptable Möglichkeiten und eine kam nicht in Betracht. Die Alternativen, denen sich der Konsument bewusst ist, die er aber trotzdem nicht ergreift, sind sein sogenanntes *inept Set,* während Produkte, die er überhaupt nicht in Betracht zieht, sein *inert Set* sind. Es ist leicht zu erraten, in welchem Set ein Marketingexperte seine Marke sehen möchte. Diese Kategorien sind in Abbildung 8.6 dargestellt.

Konsumenten ziehen oft überraschend wenig Alternativen in ihrem evoked Set in Betracht. In einer Studie wurden Ergebnisse von verschiedenen groß angelegten Forschungen über das evoked Set von Konsumenten kombiniert, wobei herauskam, dass die Anzahl der in diesen Sets enthaltenen Produkte begrenzt ist, obwohl in der Produktkategorie und in den Ländern ein paar auffällige Unterschiede bestanden. Das durchschnittliche evoked Set bei amerikanischen Bierkonsumenten war eins oder zwei, während kanadische Konsumenten sieben Marken in Betracht zogen. Während Autokäufer in Norwegen nur zwei Alternativen studierten, schauten sich amerikanische Konsumenten im Durchschnitt acht Modelle an, bevor sie eine Entscheidung trafen.[34]

Abbildung 8.5 Identifikation von Alternativen

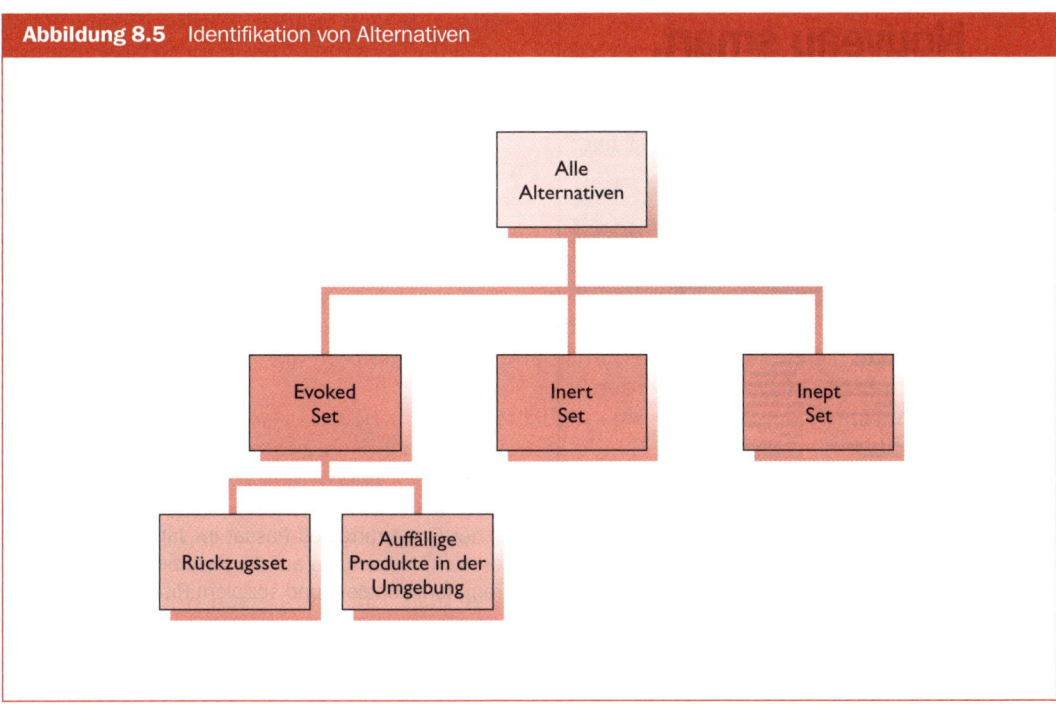

Ein Marketingexperte, dessen Marke sich nicht im evoked Set eines Zielmarktes befindet, hat verständlicherweise Grund zur Sorge. Ein Produkt wird kaum erneut in das evoked Set aufgenommen, nachdem es einmal in Betracht gezogen und dann abgelehnt wurde. Es ist wahrscheinlicher, dass eine neue Marke in das evoked Set aufgenommen wird, als eine bereits existierende Marke, die einmal in Erwägung gezogen, dann aber abgelehnt wurde – selbst wenn zusätzliche positive Informationen zu dieser Marke geliefert wurden.[35] Marketingexperten zeigt diese mangelnde Bereitschaft, einem abgelehnten Produkt eine zweite Chance zu geben, wie wichtig es ist, dass ein Produkt bereits bei seiner Einführung auf dem Markt gut ankommt.

8.4.1 Produktkategorisierung

Wenn Konsumenten Produktinformationen verarbeiten, geschieht das nicht in einem Vakuum. Ein Produktstimulus wird danach beurteilt, was die Menschen bereits über das Produkt oder über ihm ähnliche Faktoren wissen. Eine Person, die eine 35-mm-Kamera beurteilt, wird diese vermutlich eher mit anderen 35-mm-Kameras vergleichen als mit einer Polaroid Kamera, und wohl kaum mit einem Diaprojektor oder einem Videogerät. Da die Kategorie, in die ein Produkt eingeordnet wird, andere Produkte, mit denen es verglichen wird, bestimmt, ist *Kategorisierung* ein wesentliches Element der Beurteilung von Produkten.

Die Produkte in dem evoked Set eines Konsumenten teilen wahrscheinlich ähnliche Merkmale. Es ist wichtig zu verstehen, auf welche Art dieses Wissen in der **kognitiven Struktur** eines Konsumenten vorhanden ist, die sich auf sachliches Wissen über Produkte bezieht (z.B. Überzeugungen), und auf die Art, wie diese Überzeugungen in dem Gedächtnis der Menschen organisiert sind.[36] Diese Wissensstrukturen wurden in Kapitel 4 besprochen. Das ist deshalb erforderlich, weil Marketingexperten sicher stellen wollen, dass ihre Produkte korrekt eingeordnet werden. General Foods zum Beispiel brachte ein neues Sortiment an Jell-O Geschmacksrichtungen wie Cranberry Orange, das ‚Jell-O Gelatin Flavors for Salads' genannt wurde. Später bemerkte die Firma, dass das Produkt nur für Salate verwendet wurde, da der Name die Konsumenten dazu veranlasste, es eher für Salate als für Desserts zu verwenden. Das Produktion musste eingestellt werden.[37]

Kategorisierungsniveaus

Menschen ordnen Dinge nicht nur in Kategorien ein, sondern diese Einordnungen befinden sich auf verschiedenen Stufen. Normalerweise ist ein Produkt in einer kognitiven Struktur auf einer von drei Stufen vertreten. Um diese Betrachtungsweise zu verstehen, überlegen Sie sich, wie eine Person auf Fragen dieser Art reagiert, wenn es um ein Eis in der Waffel geht: Welche anderen Produkte haben ähnliche Merkmale und welche könnten als Alternativen für ein Eis in der Waffel in Betracht gezogen werden?

Diese Fragen sind komplexer, als sie möglicherweise erscheinen. Auf einer Stufe gleicht ein Eis in der Waffel einem Apfel, denn beide können als Nachtisch gegessen werden. Auf einer anderen Stufe gleicht das Eis in der Waffel einem Stück Obstkuchen, da beide als Nachtisch gegessen werden können und beide dick machen. Auf noch einer anderen Stufe gleicht das Eis in der Waffel einem Eisbecher. Beide können als Nachtisch gegessen werden, beide bestehen aus Eis und machen dick.

Man kann also leicht nachvollziehen, dass die Artikel, die eine Person mit der Kategorie ‚dick machender Nachtisch' assoziiert, ihre Entscheidung beeinflusst, was sie nach dem Mittagessen isst. Die mittlere Stufe, bekannt als *Grundkategorie,* ist normalerweise für die Einordnung von Produkten am nützlichsten, da gemeinsam eingeordnete Artikel viele Gemeinsamkeiten haben und trotzdem noch eine Reihe von möglichen Alternativen zulassen. Die *übergeordnete Kategorie* ist abstrakter, während die spezifischere *untergeordnete Kategorie* häufig einzelne Marken enthält.[38] Die drei Stufen sind in Abbildung 8.7 dargestellt.

Natürlich passen nicht alle Artikel gleich gut in eine Kategorie. Apfelkuchen ist ein besseres Beispiel für die untergeordnete Kategorie als Rhabarberkuchen, obwohl beide Obstkuchen sind. Apfelkuchen ist somit *prototypischer* und würde vermutlich zuerst in Betracht gezogen werden, besonders von Kategorie-Neulingen. Kenner von Obstkuchen dagegen kennen sich mit typischen und untypischen Kategoriebeispielen aus.[39]

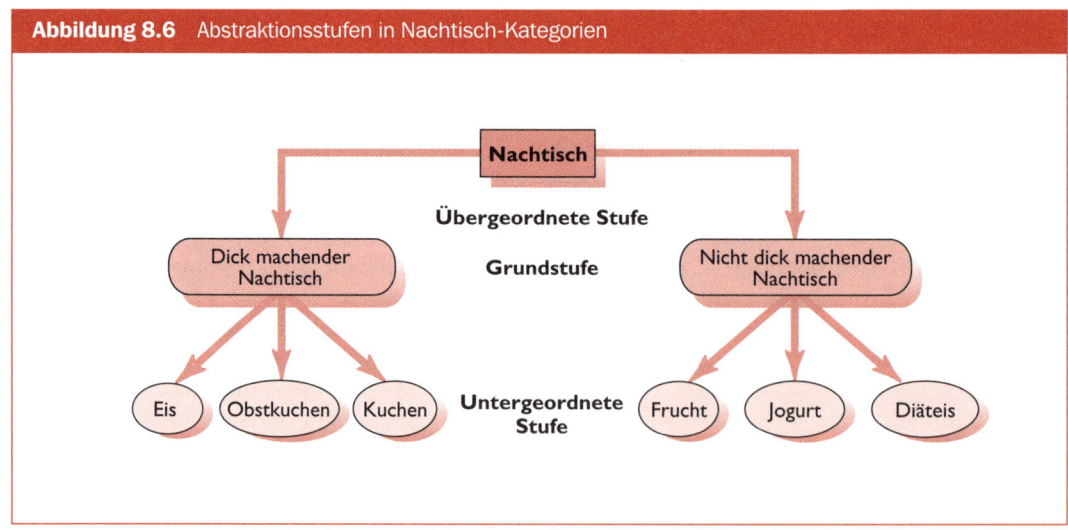

Abbildung 8.6   Abstraktionsstufen in Nachtisch-Kategorien

8.4.2 Strategische Implikationen der Produktkategorisierung

Produktkategorisierung ist bei Marketingstrategien wichtig. Die Art, in der ein Produkt anderen zugeordnet ist, ist sowohl für die Festlegung der Vorgehensweise der Konkurrenten als auch für die Entscheidungskriterien wichtig.

Produktpositionierung

Der Erfolg einer *Positionierungsstrategie* hängt oft davon ab, ob ein Marketingexperte den Konsumenten dazu bringen kann, sein Produkt in eine bestimmte Kategorie einzuordnen. Die Orangensaftindustrie versuchte zum Beispiel, Orangensaft als Getränk zu positionieren, das den ganzen Tag getrunken werden kann ('Man trinkt ihn nicht mehr nur zum Frühstück'). Firmen, die alkoholfreie Getränke herstellen, versuchen dagegen, kohlensäurehaltige Getränke als zum Frühstück geeignet darzustellen. Sie wollen den Weg in die 'Frühstücksgetränk'-Kategorie der Konsumenten ebnen, die aus Orangensaft, Grapefruitsaft und Kaffee besteht. Diese Strategie kann natürlich fehlschlagen, wie Pepsi-Cola entdecken musste, als es Pepsi A.M. einführte und es als Kaffee-Ersatz positionierte. Die Firma leistete bei der Kategorisierung des Getränks als Morgentrunk so gute Arbeit, dass Konsumenten es zu keinem anderen Zeitpunkt des Tages trinken wollten – und das Produkt scheiterte.[40]

Identifizierung von Konkurrenten

Auf der abstrakten, übergeordneten Stufe wollen die verschiedensten Produktarten vertreten sein. Kegeln und Ballett sind für manche Menschen Unterkategorien von 'Unterhaltung', aber die meisten würden nicht die eine Aktivität durch die andere ersetzen. Produkte und Dienstleistungen, die sich oberflächlich betrachtet stark voneinander unterscheiden, konkurrieren trotzdem auf einer breiteren Stufe um das verfügbare Geld des Konsumenten. Während Fußball oder Ballett für die meisten Menschen nicht viel Ähnlichkeit haben, ist es möglich, dass ein Veranstalter von klassischen Konzerten Ballettabonnenten anlocken will, indem er sich als äquivalentes Mitglied der Kategorie 'kulturelle Ereignisse' positioniert.[41]

Konsumenten stehen oft vor der Wahl zwischen nicht vergleichbaren Kategorien, in denen eine Reihe von Attributen bestehen, die nicht miteinander in Beziehung gebracht werden können (das alte Problem mit dem Vergleich von Äpfeln und Orangen). Der Vergleichsprozess wird leichter, wenn Konsumenten eine übergreifende Kategorie ableiten können, die beide Artikel umfasst (z. B. Unterhaltung, Wert, Nützlichkeit), und anschließend jede Alternative entsprechend dieser übergeordneten Kategorie beurteilen können.[42]

Beispielhafte Produkte

Wie wir im Fall von Apfelkuchen vs. Rhabarberkuchen gesehen haben, ist ein Produkt, wenn es wirklich repräsentativ für eine Kategorie ist, Konsumenten vertrauter und somit leichter erkennbar und abrufbar.[43] Urteile über Kategorieattribute werden im Allgemeinen unverhältnismäßig durch Merkmale von Kategoriebeispielen beeinflusst.[44] Marken, die stark mit einer Kategorie assoziiert werden, treffen ins Schwarze, weil sie das bewertende Kriterium definieren, das dann zur Bewertung aller Kategoriemitglieder verwendet wird.

Trotzdem ist es nicht weiter schlimm, etwas weniger als prototypisch zu sein. Produkte, die in ihrer Kategorie leicht ungewöhnlich sind, können die Informationsverarbeitung stimulieren und eine positive Beurteilung auslösen, da sie weder so vertraut sind, dass sie als selbstverständlich hingenommen, noch so abweichend, dass sie abgelehnt werden.[45] Eine stark abweichende Marke kann eine einmalige Nischenposition besetzen, während eine leicht abweichende Marke innerhalb der allgemeinen Kategorie in einer eindeutigen Position bleibt.[46]

Produktlokalisierung

Produktkategorisierung kann die Erwartungen von Konsumenten in Bezug auf die Orte, an denen sie das gewünschte Produkt lokalisieren, beeinflussen. Lassen sich Produkte nicht klar in Kategorien einordnen (ist ein Teppich ein *Möbel?*), so ist es möglich, dass Konsumenten sie nicht so gut finden oder nichts mit ihnen anfangen können. Zum Beispiel kam tiefgefrorenes Hundefutter, das aufgetaut und gekocht werden musste, auf dem Markt nicht an, weil sich die Konsumenten nicht an die Vorstellung gewöhnen konnten, Hundefutter in der Tiefkühlabteilung für Lebensmittel zu finden.

8.5 Produktwahl: Wahl zwischen Alternativen

Wurden die für eine Kategorie relevanten Optionen gesammelt und beurteilt, muss zwischen ihnen eine Wahl getroffen werden.[47] Wir erinnern uns daran, dass die Entscheidungsregeln, die die Wahl beeinflussen, von sehr einfachen, schnellen Strategien bis zu komplizierten Prozessen reichen, die viel Aufmerksamkeit und kognitives Verarbeiten erfordern. Die Wahl kann dadurch beeinflusst werden, dass Quelleninformationen (wie bereits vorhandene Erfahrung mit dem Produkt), zum Zeitpunkt des Kaufs verfügbare Informationen und durch Werbung geschaffene Markenüberzeugungen integriert werden.[48]

8.5.1 Bewertungskriterien

Als Andy sich verschiedene Fernseher anschaute, konzentrierte er sich nur auf ein oder zwei Produktmerkmale und beachtete die anderen überhaupt nicht. Er schränkte seine Wahl ein, indem er nur zwei spezifische Markennamen in Betracht zog, und bei den Modellen Prime Wave und Precision entschied er sich für das Modell mit Stereoempfang.

Bewertungskriterien sind Kriterien, die benutzt werden, um die positiven Aspekte konkurrierender Möglichkeiten zu beurteilen. Durch den Vergleich alternativer Produkte hätte Andy unter einer Vielzahl von Kriterien auswählen können, von funktionalen (hat der Fernseher Fernbedienung?) bis zu erfahrungsbezogenen Attributen (ist die Tonwiedergabe des Fernsehers so, dass ich mich wie in einer Konzerthalle fühle?).

Ein weiterer wichtiger Punkt ist das Kriterium, ob Produkte, die sich voneinander *unterscheiden*, ein größeres Gewicht im Entscheidungsprozess haben als solche, bei denen die Alternativen *ähnlich* sind. Werden alle in Erwägung gezogen Marken in Bezug auf ein Attribut gleich gut eingestuft (wenn alle Fernseher beispielsweise Fernbedienung haben), müssen Konsumenten andere Gründe finden, um sich für eines der Produkte zu entscheiden. Attribute, die zur Unterscheidung bei einer Auswahl in Betracht gezogen werden, nennt man *determinante Attribute*.

Marketingexperten können bei der Erziehung von Konsumenten in Bezug auf die Kriterien, die als determinante Attribute verwendet werden, eine Rolle spielen. In der Konsumforschung stellte sich heraus, dass viele Konsumenten die Verwendung von natürlichen Ingredienzien als determinantes Attribut sehen. Basierend auf dieser Erkenntnis brachte ein Unternehmen eine Zahncreme auf den Markt, die mit Backpulver hergestellt wurde – das das Unternehmen bereits für die Marke Arm & Hammer herstellte.[49]

Die Entscheidung, welche Attribute in Betracht gezogen werden, ist das Resultat von *prozessualem Lernen*, bei dem eine Person eine Reihe von kognitiven Etappen durchläuft, bevor sie eine Wahl trifft. Diese Etappen enthalten die Identifizierung wichtiger Attribute, die Beurteilung, ob sich konkurrierende Marken in diesen Attributen unterscheiden, und so weiter. Will

Die Werbung für Pucko, ein Schokoladengetränk aus Schweden, gibt an, das Produkt sei ‚voller Stärke', womit ein Beurteilungskriterium hervorgehoben wird, das auf dem Ernährungswert basiert. Amerikanische Konsumenten würden ein ähnliches Produkt nach seinem Geschmack oder nach seinem Kaloriengehalt beurteilen.
Fotograf Kurt Wass. Forsman and BodenFors.

ein Marketingexperte ein neues Entscheidungkriterium effizient durchsetzten, sollte seine Kommunikation drei Informationen enthalten:[50]

1. Sie sollte hervorheben, dass in Bezug auf das Attribut bedeutende Unterschiede zwischen den Marken bestehen.
2. Sie sollte dem Konsumenten eine Entscheidungsregel liefern, etwa *wenn* (Entscheidung zwischen konkurrierenden Marken), *dann* ... (Verwendung des Attributs als Kriterium).
3. Sie sollte eine Regel vermitteln, die leicht damit verbunden werden kann, auf welche Weise der Konsument in der Vergangenheit eine Entscheidung getroffen hat. Andernfalls könnte die Kommunikation ignoriert werden, weil sie zu viel geistige Anstrengung erfordert.

8.5.2 Heuristik: Geistige Abkürzungen

Leisten wir jedes Mal, wenn wir eine Kaufentscheidung treffen, komplexe geistige Arbeit? Natürlich nicht. Um Entscheidungen zu vereinfachen, wenden Konsumenten oft Entscheidungsregeln an, die ihnen ermöglichen, bestimmte Aspekte als Ersatz für andere zu einzusetzen. Andy verließ sich zum Beispiel als Ersatz für die weitere Informationssuche auf bestimmte Vermutungen. Insbesondere ging er davon aus, dass die Auswahl im London Appliance Emporium ausreichend sein würde und zog darum keinen der Konkurrenten des Emporiums in Erwägung. Diese Vermutung diente als Abkürzung für erweiterte Informationsverarbeitung.[51]

Besonders dort, wo vor einer Wahl die begrenzte Problemlösung auftaucht, setzen Konsumenten oft **Heuristiken** oder geistige ‚Eselsbrücken' ein, die eine schnellere Entscheidung ermöglichen. Diese Brücken können sehr allgemeiner Art sein (‚Teure Produkte sind qualitativ wertvoller' oder ‚Dieselbe Marke kaufen wie letztes Mal') aber auch sehr spezifisch (‚Ich kaufe dieselbe Zuckermarke, die meine Mutter immer gekauft hat').[52]

Manchmal sind diese Abkürzungen aber nicht im Interesse des Konsumenten. Ein Konsument, der ein oder zwei Personen kennt, die Ärger mit einem bestimmten Automodell hatten, kann annehmen, dass er den gleichen Ärger haben wird, und kann darum den hervorragenden Reparaturservice des Modells übersehen.[53] Die Wirkung solcher Annahmen kann noch verstärkt werden, wenn das Produkt einen ungewöhnlichen Namen hat, der es *und* die Erfahrungen mit dem Produkt mehr von anderen unterscheidet.[54]

Verlassen auf ein Produktsignal

Eine oft verwendete Abkürzung ist die Tendenz, aus sichtbaren Attributen eines Produkts versteckte Aspekte abzuleiten. Das Aussehen eines Produkts dient als *Signal* für seine zugrunde liegende Qualität. Das erklärt, warum eine Person, die ein Auto verkaufen möchte, großen Wert darauf legt, dass der Wagen innen und außen sauber glänzt, denn potenzielle Käufer beurteilen oft die technischen Eigenschaften des Fahrzeugs nach seinem Äußeren – auch wenn das bedeuten mag, dass sie in einer sauber glänzenden Schrottkiste davonfahren.[55]

Sind Produktinformationen unvollständig, werden Urteile oft von Überzeugungen über *Kovariation* (Assoziationen von Ereignissen, die sich gegenseitig beeinflussen oder auch nicht) abgeleitet.[56] Zum Beispiel kann ein Kosument eine Assoziation zwischen der Produktqualität und der Zeitspanne, die der Hersteller bereits im Geschäft ist, bilden. Andere Signale oder Attribute von guten oder schlechten Produkten sind: Bekannte Markennamen, Herkunftsland, Preis und Einzelhandelsverkaufsstellen, in denen das Produkt verfügbar ist.

Leider schätzen Konsumenten die Kovariation nur schlecht ein. Ihre Überzeugungen bestehen auch dann weiter, wenn das Gegenteil offensichtlich ist. Ähnlich dem Konsistenzprinzip, das in Kapitel 5 besprochen wurde, neigen Menschen dazu, das zu sehen, was sie sehen wollen. So suchen sie nach Produktinformationen, die ihre Vermutungen bestätigen. In einem Versuch sammelten Konsumenten vier Reihen von Produkten, um festzustellen, ob der Preis der Qualität entsprach. Die Personen, die vor der Studie bereits an diese Entsprechung glaubten, entschieden sich für teurere Produkte, womit sie eine Art Selbsterfüllung ihrer Prophezeiung auslösten.[57]

Marktüberzeugungen: Ist es besser, wenn ich mehr bezahlen muss?

Konsumenten stellen oft Vermutungen über Firmen, Produkte und Geschäfte an. Aus diesen **Marktüberzeugungen** werden dann die Abkürzungen, die ihre Entscheidungen beeinflussen – ob sie richtig sind oder falsch.[58] Erinnern wir uns daran, dass sich Andy für einen Mediamarkt entschied, er *vermutete*, die Auswahl sei dort besser als in einem Fachgeschäft. Eine große Anzahl von Marktüberzeugungen wurden identifiziert, von denen einige in Tabelle 8.3 aufgeführt sind. Wie viele Überzeugungen teilen Sie?

Bedeuteten höhere Preise mehr Qualität? Die Annahme einer *Preis-Qualität-Beziehung* ist eine der unumstößlichsten Marktüberzeugungen.[59] Unerfahrene Konsumenten können sogar glauben, dass der Preis das *einzige* relevante Produktattribut sei. Aber auch erfahrene Konsumenten berücksichigen diese Information, wobei in diesen Fällen der Preis wegen seines Informationsgehaltes beachtet wird – vor allem bei Produkten, von denen bekannt ist, dass sie auf dem Markt große Qualitätsunterschiede aufweisen (z. B. reine Schurwolle). Ist das Qualitätsniveau standardisiert oder streng reglementiert (z. B. Harris Tweed Sportjacketts), ziehen erfahrene Konsumenten bei ihrer Entscheidung den Preis nicht in Erwägung. In den meisten Fällen ist diese Überzeugung gerechtfertigt, denn man erwartet, für den Preis, den man bezahlt hat, eine entsprechende Gegenleistung zu erhalten. Trotzdem müssen Käufer aufpassen, denn die Preis-Qualität-Beziehung ist nicht immer gerechtfertigt.[60]

Tabelle 8.3	Allgemein verbreitete Marktüberzeugungen
Marke	Alle Marken sind im Grunde gleich.
	No-Name-Produkte sind dieselben Marken, die mit einem anderen Etikett zu einem niedrigeren Preis verkauft werden.
	Die besten Marken sind die, die am meisten gekauft werden.
	Im Zweifelsfall ist eine einheimische Marke besser.
Geschäft	In Fachgeschäften kann man die besten Marken kennen lernen, aber wenn man einmal weiß, was man will, ist es in einem Supermarkt billiger.
	Der Stil eines Geschäftes äußert sich in der Schaufensterauslage.
	Verkäufer in einem Fachgeschäft sind fachkundiger als anderes Verkaufspersonal.
	Größere Geschäfte bieten günstigere Preise als kleinere.
	In lokalen Geschäften wird man am besten beraten.
	In einem Geschäft, in dem ein Artikel qualitativ wertvoll ist, sind alle Artikel qualitativ wertvoll.
	In Kaufhäusern sind Kredit- und Rückgabemöglichkeiten am besten.
	Neu eröffnete Geschäfte bieten meistens interessante Preise.
Preise/Rabatt/ Verkäufe	Ausverkauf findet vor allem statt, um Ladenhüter loszuwerden. Geschäfte, die ständig Rabatte anbieten, lassen Kunden letztlich kein Geld sparen.
	In einem Geschäft bedeuten höhere Preise mehr Qualtität.
Werbung und Verkaufsförderung	Aggressive Werbung wird mit Produkten geringer Qualität in Verbindung gebracht.
	Gutscheine bedeuten für Kunden eine echte Ersparnis, weil sie nicht direkt von dem Geschäft angeboten werden.
	Wenn man Produkte kauft, für die viel Werbung gemacht wird, bezahlt man für die Marke, nicht für mehr Qualität.
Produkt/ Verpackung	Große Verpackungen sind fast immer teurer als kleine.
	Neue Produkte sind teurer, wenn sie neu eingeführt werden, die Preise sinken mit der Zeit.
	Wenn man nicht weiß, was man bei einem Produkt braucht, ist es vorteilhaft, in zusätzliche Attribute zu investieren, später wird man sie bestimmt brauchen.
	Im Allgemeinen sind synthetische Produkte qualitativ minderwertiger als Produkte aus Naturmaterial.

Tabelle 8.3   Allgemein verbreitete Marktüberzeugungen *(Forts.)*
Es ist besser, wenn man sich von neu auf dem Markt eingeführten Produkten fern hält – normalerweise braucht der Hersteller einige Zeit, bis er Mängel beseitigt hat.

Quelle: Adaptiert von Calvin P. Duncan, ‚Consumer Market Beliefs: A Review of the Literature and an Agenda for Future Research‘, in Marvin E. Goldberg, Gerald Gorn and Richard W. Pollay (eds.), *Advances in Consumer Research* 17 (Provo, UT: Association for Consumer Research, 1990): 729-35.

Herkunftsland als Produktzeichen

Moderne Konsumenten können unter Produkten aus vielen Ländern auswählen. Europäische Konsumenten können italienische oder brasilianische Schuhe, japanische Autos, aus Taiwan importierte Kleidung oder in Südkorea hergestellte Mikrowellenherde kaufen. Die Reaktionen der Konsumenten auf Importe sind unterschiedlich. In manchen Fällen nehmen Konsumenten an, dass in Europa hergestellte Produkte besser sind (z. B. Kameras, Autos), während in anderen Fällen das Wissen, dass ein Produkt importiert wurde, die Wahrnehmung der Produktqualität senkt (z. B. Kleidung)[61]. Im Allgemeinen schätzten Menschen die Produkte aus ihrem eigenen Land höher ein, als Ausländer es tun, und Produkte aus industrialisierten Ländern werden besser bewertet als Produkte aus Entwicklungsländern.

Wie in Kapitel 6 über persuasive Kommunikation kurz besprochen wurde, ist das *Herkunftsland* eines Produktes in manchen Fällen eine wichtige Information für den Entscheidungsprozess.[62] Inwiefern es ein entscheidender Faktor ist, hängt aber von der Produktkategorie ab. In einer neueren Gallup Umfrage unter amerikanischen Konsumenten gaben nur 3% der Befragten an, dass diese Information beim Schuhkauf wichtig ist und nur 7% verließen sich beim Kauf von Spielsachen auf diese Information. Dafür war für 51% das Herkunftsland beim Kauf von Kleidung ein wesentlicher Faktor und 54% waren der Meinung, dass das Herkunftsland bei einem Auto wichtig ist.[63]

Das Herkunftsland gilt oft als ein Zeichen für Qualität. Manche Artikel werden stark mit spezifischen Ländern in Verbindung gebracht, und Produkte aus diesen Ländern versuchen häufig, von solchen Erwartungen zu profitieren. Das Herkunftsland kann wie ein *Stereotyp* funkionieren, es ist ein Wissen, das aus festgefahrenen Vorstellungen über Produkte abgeleitet wird. Ob die Stereotype voreingenommen oder falsch sind – bei der Vereinfachung komplexer Auswahlsituationen spielen sie eine konstruktive Rolle.[64] Eine brasilianische Firma für alkoholfreie Getränke versuchte beispielsweise ein Getränk namens Samba in den Vereinigten Staaten einzuführen. Samba wird aus Guarana hergestellt, dieses süße, fruchtige Getränk ist in Brasilien sehr beliebt. Um es zu vermarkten, hat die Firma das sorglose, unkomplizierte Bild betont, das sich Amerikaner von Brasilianern machen. In der Werbung sagt eine spärlich bekleidet Frau: ‚In Brasilien machen wir alles ein bisschen anders. Wir lachen ein bisschen mehr, bekleiden uns ein bisschen weniger – und wir tanzen Samba. Tanzen den Tanz. Trinken das Getränk.‘[65]

Neuere Untersuchungen weisen darauf hin, dass es nicht zwangsläufig gut oder schlecht ist, wenn das Herkunftsland eines Produkts bekannt ist. Es stimuliert jedenfalls das Interesse des Konsumenten an dem Produkt in größerem Maß. Der Käufer denkt intensiver an das Produkt und beurteilt es sorgfältiger.[66] Die Herkunft eines Produkts kann somit als Produktattribut fungieren, das mit anderen Attributen kombiniert wird und die Beurteilung beeinflusst.[67]

MULTIKULTURELLE   DIMENSIONEN

Japanische Konsumenten interessieren sich sehr für amerikanische und europäische Produkte und andere Länder arbeiten daran, auf dem anspruchsvollen japanischen Markt ein positives Image zu kultivieren. Dentsu, die größte japanische Werbeagentur, hat für die Kommission der Europäischen Gemeinschaft verschiedene Studien durchgeführt, um herauszufinden wie japanische Konsumenten europäische Länder, die Vereinigten Staaten und ein paar asiatische Länder beurteilen und wie sie Produkte aus diesen Ländern einschätzen.

Für die Studie wurden mit 1600 Konsumenten zwischen 15 und 59 Jahren persönliche Interviews durchgeführt. Die Befragten beurteilten die Länder nach so allgemeinen Kriterien wie ‚geschichts-/traditionsreich‘, ‚üppige Naturlandschaften‘ und ‚würde ich gern hinfahren‘, wie auch nach produktbezogenen Merkmalen wie ‚qualitativ hochwertige Produkte‘ und ‚elegante Produkte mit gutem Design‘. Die Ergebnisse zeigen, dass die Japaner Europa mit Geschichte, Tradition und Produkten mit gutem Design, und Amerika mit Spitzentechnologie und Landwirtschaft verbinden (Produkte aus Südkorea und Taiwan wurden niedriger eingestuft als Produkte aus den Vereinigten Staaten oder aus Europa).

Die Befragten gaben weiterhin an, ausländische Produkte (nicht aus Japan) seien in Bezug auf den Stil besser, seien aber technisch weniger ausgefeilt als die meisten japanischen Produkte. Sie erklärten, viele ausländische Produkte seien für japanische Bedürfnisse ungeeignet. Diese Konsumenten empfanden viele ausländische Produkte als zu teuer, und waren der Meinung, dass sie zudem einen zu umfassenden Kundendienst benötigten.

Ein Wahrnehmungsraum (dieser wurde in Kapitel 2 beschrieben), in der die Vorstellungen japanischer Konsumenten von europäischen Ländern zusammengefasst sind, ist in Abbildung 8.8 dargestellt. Die fünf Länder in Gruppe 1 haben das positivste Image, sie werden in Bezug auf Qualität und Gesamteindruck hoch eingeschätzt. Deutschland ist als einziges Land in Gruppe 2, was darauf hinweist, dass die Produkte des Landes besser beurteilt werden als das Land an sich. Die Länder in Gruppe 3 haben positive Images, müssen diese positiven Gefühle aber noch auf ihre Produkte übertragen. Die Länder in Gruppe 4 müssen noch einiges unternehmen, um die Herzen und die Brieftaschen der Japaner zu gewinnen.[68]

Darüber hinaus schwächt die eigene Erfahrung des Konsumenten mit der bestimmten Produktkategorie die Wirkung dieses Attributs. Sind andere Informationen verfügbar, zieht der erfahrene Konsument die Information über das Herkunftsland kaum in Betracht, während unerfahrene Konsumenten sich weiterhin darauf verlassen. Sind andere Informationen jedoch nicht verfügbar oder missverständlich, verlassen sich erfahrene wie unerfahrene Konsumenten bei ihrer Entscheidung auf dieses Attribut.[69]

8.5.3 Die Wahl vertrauter Markennamen: Treue oder Gewohnheit?

Markierung ist eine Marketingstrategie, die häufig als heuristisches Verfahren eingesetzt wird. Menschen bilden Präferenzen für bestimmte Marken und ändern dann ein ganzes Leben lang ihre Einstellung nicht mehr. Eine Studie, die von der Boston Consulting Group mit Marktführern in 30 Produktkategorien durchgeführt wurde, ergab, dass 27 der Marken, die bereits im Jahr 1930 Marktführer waren, es auch heute noch sind. Dazu gehören so unvergängliche amerikanische Favoriten wie Ivory Soap, Campbell's Soup und Gold Medal Flour.[70]

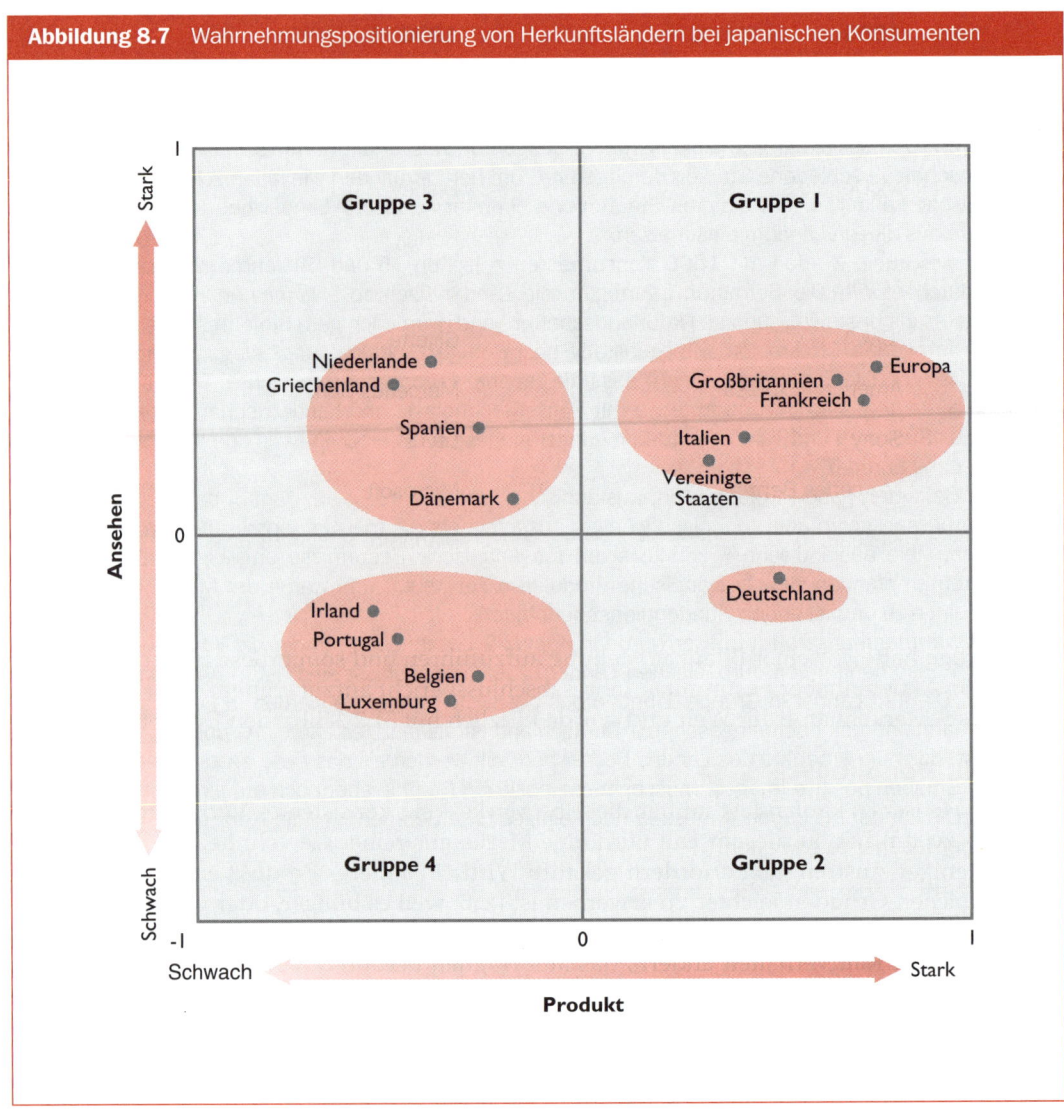

Abbildung 8.7 Wahrnehmungspositionierung von Herkunftsländern bei japanischen Konsumenten

Solche Marken von bleibendem Wert sind bei Marketingexperten außerordentlich beliebt – aus gutem Grund. Produkte, die den Markt beherrschen, sind um 50% profitabler als ihre nächsten Konkurrenten.[71] Eine Umfrage über Macht von Marken, die in Asien, Australien, Südafrika, Europa und den Vereinigten Staaten durchgeführt wurde, bewertete die Beurteilung der Marken, woraus sich folgende Liste der am positivsten beurteilten Produkte der Welt ergab.[72]

Die Verbundenheit von Konsumenten mit bestimmten Marken wie Marlboro, Coca-Cola, Gerber und Levi's ist so stark, dass Markentreue oft als positives Produktattribut an sich betrachtet wird. Markenwert kann tatsächlich in Form von „*Goodwill*" quantifiziert werden, der als Differenz zwischen dem Marktwert und dem Buchwert einer Marke festgelegt wird. Kürzlich hat das britische Unternehmen Grand Metropolitan beschlossen, Markennamen, die

	1990	**1996**
1.	Coca-Cola	McDonald's
2.	Kellogg's	Coca-Cola
3.	McDonald's	Disney
4.	Kodak	Kodak
5.	Marlboro	Sony
6.	IBM	Gillette
7.	American Express	Mercedes Benz
8.	Sony	Levi's
9.	Mercedes Benz	Microsoft
10.	Nescafé	Marlboro

es erworben hatte, in seiner Bilanzaufstellung aufzuführen und somit diese imateriellen Werte in den für Aktieninhaber bestimmten Jahresabschlussbericht aufzunehmen.[73] Marlboro ist der wertvollste Markenname der Welt und wurde kürzlich mit 31,2 Milliarden Dollar bewertet.[74]

Trägheit: Der unbeständige Kunde

Manche Menschen kaufen fast immer dieselbe Marke – ein konsistentes Verhalten, das oft mit Trägheit zu tun hat. In diesem Fall wird eine Marke aus reiner Gewohnheit und weil solche Käufe weniger Anstrengung erfordern gekauft. Wird ein anderes Produkt eingeführt, das aus irgendwelchen Gründen leichter zu erwerben ist (z. B. weil es billiger, oder weil das urprüngliche Modell momentan nicht verfügbar ist), so zögert der Kunde nicht lange. Ein Konkurrent kann leicht ein Kaufverhalten ändern, das auf Trägheit beruht, da er, wenn er den richtigen Anreiz liefert, auf wenig Widerstand gegen Markenwechsel stoßen wird. Da sich der Konsument dem Produkt nicht verpflichtet fühlt, können Promotions wie Auslagen am Verkaufsort, Gutscheine oder Preissenkungen ausreichen, um sein Gewohnheitsverhalten zu ändern.

Markentreue: Ein bewährter Freund

Diese Art von Unbeständigkeit taucht bei echter Markentreue nicht auf. Im Gegensatz zu Trägheit ist Markentreue eine Form von wiederholtem Kaufverhalten, das die bewusste Entscheidung für eine bestimmte Marke darstellt.[75] Bei echter Markentreue ist der wiederholte Kauf von einer positiven Einstellung zu dem Produkt begleitet. Markentreue kann durch eine auf objektiven Gründen beruhende Präferenz des Kunden entstehen. Existiert die Marke seit langem und wird viel Werbung für sie gemacht, so kann durch Integration in das Selbstimage des Konsumenten oder durch vorherige Erfahrungen eine emotionale Bindung entstehen.[76] Auch Kaufentscheidungen, die auf Markentreue beruhen, werden mit der Zeit zur Gewohnheit, aber in diesem Fall fühlt sich der Konsument dem Produkt stärker verpflichtet.

Im Vergleich zu Trägheit, wo der Konsument eine Marke passiv akzeptiert, ist ein markentreuer Konsument aktiv (manchmal leidenschaftlich) mit seiner Lieblingsmarke involviert. Aufgrund der emotionalen Bindung, die ein markentreuer Konsument für ein Produkt empfinden kann, reagieren überzeugte Benutzer heftiger, wenn dieses Produkt verändert, neu gestaltet oder zurückgezogen wird.[77] In den Vereinigten Staaten gab es beispielsweise Rückruf-Kampagnen, Boykotts und andere Protestaktionen, als Coca-Cola sein bewährtes Rezept durch New Coke ersetzte.

In den letzten Jahren waren Marketingexperten mit dem Problem der *Markenparität* konfrontiert, die sich auf die Überzeugung von Konsumenten bezieht, dass es bei den verschiedenen Marken keine bedeutenden Unterschiede gibt. Eine Umfrage ergab, dass 70% der Konsumenten weltweit überzeugt sind, dass alle Papiertaschentücher, Seifen und Knäckebrote ähnlich sind.[78] Einige Marktanalytiker haben sogar behauptet, Markennamen seien durch Hausmarken oder No-Name-Produkte, die für weniger Geld das Gleiche bieten, vom Untergang bedroht.

Diese Prophezeiungen haben sich jedoch nicht bewahrheitet – denn bekannte Marken sind wieder sehr gefragt. Diese Renaissance wird auf den Informationsüberfluss zurückgeführt, durch den zu viele Produktalternativen (von denen manche unbekannte Namen haben) zur Auswahl stehen und die Menschen klare Anhaltspunkte für Qualität suchen. Zwischen den 1980er- und den 1990er-Jahren zweifelten die Menschen an der Fähigkeit großer Firmen, Qualitätsprodukte herzustellen. Jüngere Umfragen deuten an, dass die Konsumenten langsam wieder Vertrauen in Großunternehmen haben.[79] Markennamen sind aktueller denn je.

8.5.4 Entscheidungsregeln

Konsumenten beurteilen Produktattribute nach unterschiedlichen Regeln, die davon abhängen, wie komplex und wichtig eine Entscheidung für sie ist. Wie wir gesehen haben, sind diese Regeln in manchen Fällen einfach: Die Konsumenten verlassen sich bei der Entscheidung auf eine ‚Abkürzung‘. In anderen Fällen jedoch wird viel überlegt und Alternativen werden vorsichtig abgewägt, bevor eine Entscheidung getroffen wird.

Eine Art, zwischen Entscheidungsregeln zu unterscheiden, ist die Aufteilung in *kompensatorische* und *nicht-kompensatorische* Entscheidungsregeln. Um diese Regeln zu veranschaulichen, sind die von Andy in Betracht gezogenen Attribute von Fernsehern in Tabelle 8.4 zusammengefasst. Wir werden jetzt sehen, wie einige dieser Regeln zu verschiedenen Markenentscheidungen führen können.

Tabelle 8.5 Hypothetische Alternativen von Fernsehern				
		Markenbewertung		
Attribute	**Reihenfolge nach Wichtigkeit**	**Prime wave**	**Precision**	**Kamashita**
Bildschirmgröße	1	sehr gut	sehr gut	sehr gut
Stereoempfang	2	schlecht	sehr gut	gut
Markenimage	3	sehr gut	sehr gut	schlecht
Progammierung	4	sehr gut	schlecht	schlecht
Kabel-tauglich	5	gut	gut	gut
Weckfunktion	6	sehr gut	schlecht	gut

Nicht-kompensatorische Entscheidungsregeln

Einfache Entscheidungsregeln sind nicht kompensatorisch, was bedeutet, dass ein Produkt, das bei einem Attribut einen niedrigen Standard hat, diese Position nicht dadurch wettmachen kann, dass es bei einem anderen Attribut besser ist. Das heißt, dass Konsumenten alle Optionen eliminieren, die nicht einigen grundlegenden Standards entsprechen. Ein Konsument wie Andy, der die Entscheidungsregel ‚nur bekannte Markennamen kaufen' anwendet, würde keine neue Marke in Erwägung ziehen – selbst wenn sie den vorhandenen Marken ähnlich oder überlegen wäre. Sind die Menschen weniger vertraut mit einer Produktkategorie oder nicht sehr motiviert komplexe Informationen zu verarbeiten, so verwenden sie einfache, nicht-kompensatorischer Regeln, die unten zusammengefasst sind:[80]

Wird die *lexikografische* Regel verwendet, so wird die Marke gewählt, bei der das wichtigste Attribut am besten ist. Werden zwei oder mehr Marken in Bezug auf dieses Attribut gleich gut beurteilt, vergleicht der Kosument sie in Bezug auf das zweitwichtigste Attribut. Dieser Auswahlprozess geht so lang weiter, bis kein Unentschieden mehr besteht. In Andys Fall waren die Modelle Prime Wave und Precision in Bezug auf die wichtigsten Attribute gleich gut (52-cm-Bildschirm), und Andy entschied sich für das Modell Precision wegen der Beurteilung des zweitwichtigsten Attributs – dem Stereoempfang.

Auch bei der so genannten *Elimination-by-aspects*-Regel werden Marken nach dem wichtigsten Attribut beurteilt. In diesem Fall setzen aber bestimmte Kürzungen ein. Hätte Andy zum Beispiel mehr Interesse an einer Weckfunktion gehabt (höhere Wichtigkeitseinstufung), hätte er vielleicht gedacht, seine Wahl müsse eine Weckfunktion enthalten. Da das Prime Wave Modell eine Weckfunktion hatte, und das Precision Modell nicht, hätte er sich für das Prime Wave Modell entschieden.

Während diese beiden Regeln eine Verarbeitung anhand von Attributen erfordern, wird bei der *konjunktiven Regel* anhand von Marken verarbeitet. Wie bei der Elimination-by-aspects-Regel Verfahren, werden für jedes Attribut Auswahlkriterien geschaffen. Eine Marke wird gewählt, wenn sie allen Kriterien entspricht, wenn aber ein Kriterium mangelhaft ist, wird sie von der Wahl ausgeschlossen. Wenn keine der Marken den Kriterien entspricht, wird die Entscheidung verschoben, die Entscheidungsregel verändert oder die Auswahlkriterien geändert.

Hätte Andy beschlossen, dass alle Attribute ‚gut' oder besser eingestuft werden müssen, hätte er zwischen keinem der Modelle wählen können. Dann hätte er vielleicht seine Entscheidungsregel geändert und sich eingestanden, dass es nicht möglich war, in der Preisklasse, in der er suchte, so hohe Standards zu erhalten. In diesem Fall hätte Andy entscheiden können, dass er keine Bildschirmprogrammierung braucht und hätte vielleicht das Precision Modell wieder in Erwägung gezogen.

Kompensatorische Enscheidungsregeln

Im Gegensatz zu nicht-kompensatorischen Entscheidungsregeln geben kompensatorische Entscheidungsregeln einem Produkt die Möglichkeit, Mängel auszugleichen. Konsumenten, die diese Regeln anwenden, sind normalerweise mehr in den Kauf involviert und somit zu der Anstrengung bereit, das ganze Bild in einer anspruchsvolleren Weise zu betrachten. Die Bereitschaft, gute Produkteigenschaften gegen schlechte aufzuwiegen, kann zu sehr verschiedenen Entscheidungen führen. Wäre für Andy beispielsweise der Stereoempfang nicht so wichtig gewesen, hätte er das Prime Wave-Modell wählen können. Da die Marke aber dieses hoch eingestufte Attribut nicht aufwies, hat es bei einer nicht-kompensatorischen Regel keine Chance gehabt.

Zwei grundlegende Arten von kompensatorischen Regeln wurden identifiziert. Mit der *einfachen Zusatzregel* wählt der Konsument die Alternative, die die größte Anzahl positiver Attribute aufweist. Diese Entscheidung taucht am ehesten dann auf, wenn die Fähigkeit oder Motivation des Konsumenten Informationen zu verarbeiten, begrenzt ist. Für den Konsumenten kann dieser Ansatz insofern von Nachteil sein, als einige dieser Attribute unter Umständen nicht sehr wichtig oder sinnvoll sein können. Eine Werbung, die eine lange Liste mit Produktnutzen enthält, kann trotz der Tatsache, dass viele der genannten Nutzen bei dieser Produktklasse sowieso Standard, und somit eigentlich keine determinanten Attribute sind, überzeugend sein.

Die komplexere Version ist die *gewichtete Zusatzregel*.[81] Wenn er diese Regel anwendet, zieht der Konsument auch die relative Bedeutung von positiv eingestuften Attributen in Betracht, und multipliziert bei Markenratings die gewichtete Bedeutung. Dieser Prozess klingt Ihnen vielleicht vertraut. Der Kalkulationsprozess ähnelt tatsächlich stark dem in Kapitel 5 beschriebenen Multiattributmodell.

8.6 Zusammenfassung des Kapitels

- Konsumenten müssen ständig Entscheidungen für Produkte treffen. Einige dieser Entscheidungen sind wichtig und erfordern große Anstrengung, während andere mehr oder weniger automatisch getroffen werden.

- Das Betrachten der Entscheidungsfindung reicht von der Untersuchung von Gewohnheiten, die Menschen mit der Zeit entwickeln bis zu neuen Situationen, die ein gewisses Risiko bergen, und in denen Konsumenten sorgfältig Informationen sammeln und analysieren müssen, bevor sie eine Wahl treffen.

- Ein typischer Entscheidungsprozess besteht aus mehreren Schritten. Der erste ist die *Problemerkennung*, bei der der Konsument zuerst erkennt, dass er etwas unternehmen muss. Diese Erkenntnis kann auf viele Arten ausgelöst werden. Sie reichen vom tatsächlichen Defekt an einem Produkt bis zu dem Wunsch nach neuen Dingen, der durch Konfrontation oder Werbung ausgelöst wurde, in der gezeigt wird, was man für ein ‚gutes Leben‘ braucht.

- Wurde ein Problem erkannt und für wichtig genug befunden, um weitere Schritte zu unternehmen, beginnt die *Informationssuche*. Bei dieser Suche kann der Konsument entweder das Gedächtnis zu Hilfe zu nehmen, um herauszufinden, was er in der Vergangenheit unternommen hat, um ein ähnliches Problem zu lösen, oder er betreibt intensive Feldforschung, indem er eine Vielzahl von Quellen konsultiert, um so viele Informationen wie möglich zu sammeln. In vielen Fällen suchen die Menschen nur wenig. Statt dessen verlassen sie sich auf mentale Abkürzungen wie Markennamen oder Preise oder sie imitieren andere Menschen.

- Bei der *Beurteilung von Alternativen* enthalten die in Erwägung gezogenen Produktalternativen das evoked Set des Konsumenten. Mitglieder eines *evoked Set* haben im Allgemeinen gemeinsame Merkmale und sie sind ähnlich kategorisiert. Die Art, in der Produkte mental eingeordnet sind, hat einen Einfluss darauf, welche Alternativen in Betracht gezogen werden. Manche Marken werden mit diesen Kategorien stärker assoziiert als andere (sie sind prototypischer).

- Muss der Konsument schließlich doch eine *Produktwahl zwischen* Alternativen treffen, kann eine Reihe von Entscheidungsregeln verwendet werden. *Nicht-kompensatorische Regeln* eliminieren Alternativen, die bei einem Kriterium des Konsumenten unzulänglich sind. *Kompensatorische Regeln,* die eher bei hohem Involvement angewandt werden, ermöglichen dem Entscheidungsträger positive und negative Punkte jeder Alternative gründlicher zu betrachten, um zu der besten Entscheidung zu gelangen.

- Oft wird auf *Heuristiken* oder geistige Eselsbrücken zurückgegriffen um Entscheidungen zu vereinfachen. Mit der Zeit entwickeln die Menschen viele Marktüberzeugungen. Eine der am weitesten verbreiteten Überzeugungen ist, dass der Preis mit der Qualität zusammenhängt. Heuristiken werden auch bei bekannten Markennamen oder bei dem Herkunftsland eines Produktes als Zeichen von Produktqualität verwendet. Wird eine Marke immer wieder gekauft, kann das auf echte *Markentreue* oder aber nur auf *Trägheit* zurückzuführen sein, da der Erwerb der Marke einfach am bequemsten ist.

SCHLÜSSELBEGRIFFE

ÜBUNGSAUFGABEN

8.1 Lohnt es sich in Anbetracht dessen, dass Menschen nicht immer rationale Entscheidungen treffen, zu untersuchen, wie sie Entscheidungen treffen? Welche Techniken können eingesetzt werden, um Erfahrungskonsum zu verstehen und wie kann dieses Wissen in Marketingstrategien eingesetzt werden?

8.2 Nennen Sie drei Produktattribute, die als Zeichen für Qualität verwendet werden können, und geben sie für jedes ein Beispiel.

8.3 Erklären Sie das evoked Set. Warum ist es schwer, ein Produkt in das evoked Set des Konsumenten zu bringen, nachdem es einmal abgelehnt wurde? Was für Strategien kann ein Marketingexperte einsetzten, um dieses Ziel zu erreichen?

8.4 Definieren Sie die drei Stufen der in diesem Kapitel beschriebenen Produktkategorisierung. Entwerfen Sie ein Diagramm dieser Stufen für ein Fitnesscenter.

8.5 Besprechen Sie zwei verschiedene nicht kompensatorische Entscheidungsregeln und erklären Sie den/die Unterschied/e zwischen ihnen. Wie kann die Anwendung der einen oder der anderen Regel zu einer unterschiedlichen Produktwahl führen?

8.6 Suchen Sie einen Freund oder Verwandten, der regelmäßig Lebensmittel kauft und erstellen Sie eine Liste der immer wieder gekauften Gebrauchsgüter. Können Sie bei irgendwelchen auf Kaufkonsistenz beruhenden Kategorien Anzeichen für Kundentreue entdecken? Wenn ja, sprechen Sie mit der betreffenden Person über die Käufe. Versuchen Sie herauszufinden, ob seine Käufe auf echter Markentreue oder auf Trägheit beruhen. Welche Techniken können Sie anwenden, um zwischen beiden zu unterscheiden?

8.7   Finden Sie eine Person, die einen großen Kauf tätigen will. Bitten Sie diese Person, eine chronologische Liste aller Informationsquellen zu erstellen, die sie vor der Entscheidung konsultiert hat. Wie charakterisieren Sie die verwendeten Quellentypen (z. B. interne vs. externe, Medien vs. persönliche etc.)? Welche Quellen haben den größten Einfluss auf die Entscheidung der Person?

8.8   Führen Sie eine Umfrage über Herkunftsland-Stereotype durch. Erstellen Sie eine Liste mit fünf Ländern und fragen sie die Versuchspersonen, welche Produkte sie mit diesen Ländern assoziieren. Wie beurteilen diese Personen die Produkte und vermutete Attribute der verschiedenen Produkte? Die Macht eines Stereotyps von einem bestimmten Land kann auch auf andere Art dargestellt werden. Bereiten Sie eine kurze Produktbeschreibung mit einer Liste von Merkmalen vor, und bitten Sie ein paar Personen, sie nach Qualität, Kaufwahrscheinlichkeit usw. zu beurteilen. Entwerfen Sie verschiedene Beschreibungsversionen, wobei nur jeweils das Land, aus dem das Produkt stammt, variiert. Ändern sich die Ratings je nach Herkunftsland?

8.9   Bitten Sie einen Freund, den Prozess zu erklären, den er durchlief, als er sich bei einem kurz zurückliegenden Kauf unter mehreren Marken für eine bestimmte Marke entschied. Können Sie anhand dieser Beschreibung die Entscheidungsregel identifizieren, die er vermutlich verwendet hat?

Helmuts alter VW sah kaum noch aus wie ein Auto. Beim letzten Treffen der Grünen hatten seine Freunde Kommentare über die verblichenen Greenpeace-Aufkleber auf dem Wagen und die Ölflecken, die dieser auf der Straße hinterließ, gemacht. Sie hatten auch begeistert über die neuen umweltfreundlichen Autos gesprochen, die auf dem deutschen Markt eingeführt wurden, und Helmut gesagt, er solle doch über den Kauf eines solchen Wagens nachdenken. Seine Kollegen bei der Bank machten sich immer über sein Auto lustig und fanden, es gebe ein schlechtes Bild auf dem Firmenparkplatz ab. Als es Frühling wurde, verliebte Helmut sich – und begann, sich für Sportwagen zu interessieren. Nachdem er sich wiederholt mit seinen Arbeitskollegen unterhalten hatte, ersetzte er seinen alten treuen Käfer durch einen neuen BMW – wovon alle begeistert waren. Der Firmenparkplatz machte nun einen viel besseren Eindruck und Helmut hatte seine Ruhe. Dachte er zumindest. Der alte VW stand in der Garage und Helmut konnte sich nicht entscheiden, ob er ihn für ein paar hundert Mark verkaufen sollte, die er gut gebrauchen könnte, oder ob er ihn für viel Geld recyclen lassen sollte. Das nächste Treffen der Grünen stand bevor und als er an die Prinzipien der Grünen dachte, fragte er sich, warum er nicht einen weniger eleganten, ökologisch vertretbaren Wagen gekauft hatte. Seine Furcht, als schwuler Yuppie dazustehen, war so groß, dass er sogar in Erwägung zog, mit seinem alten Volkswagen zu dem Treffen zu fahren – vorausgesetzt er würde anspringen. Er fragte sich ernsthaft, ob er mit dem BMW eine gute Wahl getroffen hatte, obwohl er es damals für die richtige Enscheidung gehalten hatte.

KAPITEL 9

Kaufsituation, Nachkaufbewertung und Produktentsorgung

9.1 Einleitung

Helmuts Dilemma veranschaulicht die Bedeutung der Kaufsituation (es ist Frühling, man möchte attraktiver sein) und der Nachkaufbewertung (war es die richtige Wahl?). Darüber hinaus spielt die Erfahrung mit dem Service bei der Kaufhandlung und der Bewertung des Kaufs eine zentrale Rolle. In einer kürzlich durchgeführten britischen Umfrage gaben 80% der Konsumenten an, sie würden den Lieferanten wechseln, wenn sie mit dem Service unzufrieden seien, und 86% sagten, sie erwarten heute einen besseren Service als noch vor fünf Jahren.[1] Außerdem spielt der Umweltschutz bei vielen Kaufenscheidungen eine immer wichtigere Rolle. Das war auch bei Helmut der Fall – obwohl das Umweltbewusstsein bei ihm von anderen Wünschen überlagert wurde.

Helmuts Erfahrungen illustrieren einige der Konzepte, die wir in diesem Kapitel besprechen werden. Ein Kauf ist nicht immer nur Routine, bei der der Konsument einfach in ein Geschäft geht und sich etwas aussucht. Wie in Abbildung 9.1 dargestellt, werden die Entscheidungen eines Konsumenten von vielen Faktoren beeinflusst, wie Stimmung, Zeitdruck und die bestimmte Situation, für die das Produkt benötigt wird. In manchen Situationen, wie beim Kauf eines Hauses oder eines Autos, ist der Verkäufer oder die Bezugsgruppe (über die wir in Kapitel 10 sprechen werden) bei der endgültigen Wahl ein zentraler Faktor.

Auch das Geschäftsumfeld übt einen großen Einfluss aus: Einkaufen ist wie eine Bühnendarstellung, in der der Kunde entweder als Teil des Publikums oder als aktiver Darsteller fungiert. Die Qualität der Darstellung hängt sowohl von den anderen *Mitwirkenden* (Verkäufer oder andere Einkäufer) als auch vom *Rahmen* des Stückes (das Image eines bestimmten Geschäftes oder die Gefühle, die es auslöst) und von den *Requisiten* ab (Ankleideräume und Werbematerial, mit dem die Entscheidung des Käufers beeinflusst werden soll).

Ein großer Anteil an wichtiger Konsumentenaktivität spielt sich auch *nach* dem Kauf ab, wenn der Konsument das Produkt nach Hause gebracht hat. Nachdem der Konsument das Produkt benutzt hat, entscheidet er, ob er damit zufrieden ist oder nicht. Diese Zufriedenheit ist für Marketingexperten besonders wichtig, denn sie haben festgestellt, dass sie vor allem dann Erfolg haben, wenn ein Produkt nicht nur einmal verkauft, sondern wenn eine Beziehung zu dem Konsumenten geschaffen wurde und er deshalb das Produkt auch in Zukunft kaufen wird. Zum Schluss werden wir noch – wie Helmut, als er über den Verkauf seines alten Wagens nachdachte – die Produktentsorgung besprechen sowie Sekundärmärkte (z. B. Gebrauchtwagenhändler), die beim Kauf von Produkten eine wichtige Rolle spielen. In diesem Kapitel werden einige mit dem Kauf und dem Nachkauf-Phänomen zusammenhängende Themen behandelt.

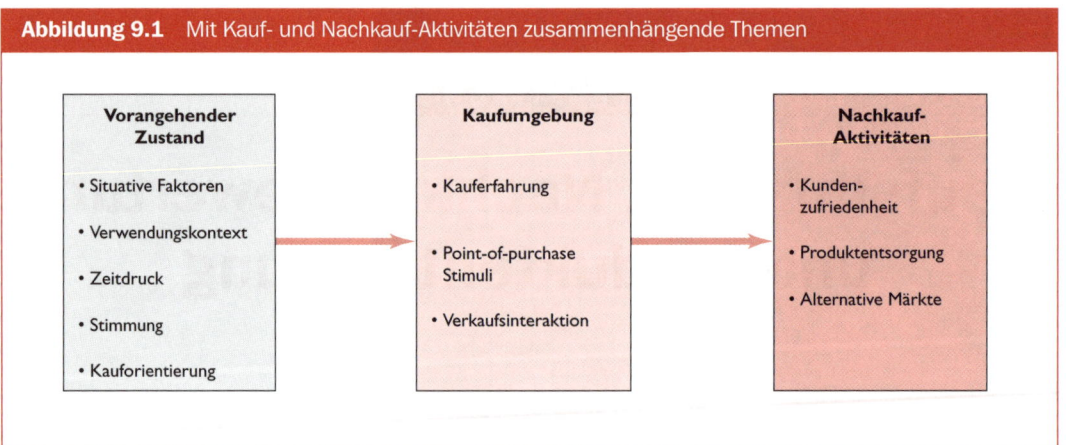

Abbildung 9.1 Mit Kauf- und Nachkauf-Aktivitäten zusammenhängende Themen

9.2 Situative Einflüsse auf das Konsumentenverhalten

Eine *Konsumsituation* wird durch Faktoren wie Eigenschaften der Person und des Produkts definiert. Situative Wirkungen können mit dem Verhalten (z.B. unterhaltsame Freunde), oder mit der Wahrnehmung (z.B. depressive Stimmung, Zeitdruck) zusammenhängen.[2] Es ist einleuchtend, dass Menschen ihre Käufe spezifischen Gelegenheiten anpassen, oder die Stimmung, in der man zu einem bestimmten Zeitpunkt ist, sich auf die Kaufentscheidung auswirkt.

Einer der Gründe für diese Variabilität ist, dass die Rolle, die eine Person zu einem gegebenen Zeitpunkt spielt, zum Teil von ihrem *situativen Selbstimage* bestimmt wird: ‚Wer bin ich zu diesem Zeitpunkt?' (siehe Kapitel 7).[3] Jemand, der seine Freundin beeindrucken will, indem er den ‚Mann von Welt' spielt, kann Geld großzügiger ausgeben, Champagner statt Bier bestellen und Blumen kaufen – Dinge, die er nie kaufen würde, wenn er mit seinen Freunden in einer

MARKETINGFALLE

Manchmal funktioniert eine Marketingstrategie *zu* gut. Das war der Fall bei Nabiscos Grey Poupon Senf, einer Marke, die das Unternehmen erfolgreich als Produkt der gehobenen Klasse positioniert hatte. Problematisch war, dass Konsumenten die Marke eher für besondere Gelegenheiten aufbewahrten, als sie zu einem einfachen Brot zu essen.

Das besondere Image von Grey Poupon geht auf eine lang laufende Werbekampagne zurück, in der hochnäsige Aristokraten sich den Senf durch die Fenster ihrer Limousinen reichten. Die Werbung ist so bekannt, dass der Slogan ‚Entschuldigen Sie, hätten Sie etwas Grey Poupon für mich?' sogar in dem Film *Wayne's World* wiedergegeben wurde.

Um aus diesem situativen Loch herauszukommen, entwickelte die Werbeagentur des Unternehmens eine neue Werbekampagne mit Zeitungsanzeigen, die unkompliziertere Gelegenheiten wie ein Picknick darstellten. In der hier abgebildeten Werbung werden die Leser daran erinnert, dass sie den Senf auch in den Kartoffelsalat geben können.[4]

Kneipe sitzt und die Rolle des ‚Kumpels' spielt. Wie dieses Beispiel zeigt, können Produkt- und Markenwahl besser vorausgesagt werden, wenn Wissen darüber vorhanden ist, was der Konsument zum Zeitpunkt des Konsums macht.[5] Wie ein bekannter europäischer Konsumforscher festgestellt hat, wurde die Frage ‚*Wo* ist Konsumentenverhalten' nur wenig untersucht. Er entwickelte ein neo-behaviouristisches Modell, dass sich an vier allgemeinen Konsumentensituationen orientiert: Erfüllung, Vergnügen, Anhäufung und Bewahrung.[6]

9.2.1 Situative Segmentierung

Indem systematisch wichtige Nutzungssituationen identifiziert werden, können zur Positionierung von Produkten Marktsegmentierungsstrategien entwickelt werden, die die aus diesen Situationen entstehenden spezifischen Bedürfnisse decken.[7] Viele Produktkategorien können in dieser Art der Segmentierung verwendet werden. Zum Beispiel entspricht die Wahl der Möbel von Konsumenten häufig einem spezifischen Rahmen. Je nachdem, ob wir eine Stadtwohnung, ein Landhaus oder ein Büro ausstatten, wünschen wir uns einen anderen Stil. Die hier abgebildete südafrikanische Werbung für Volkswagen veranschaulicht die Verwendungsmöglichkeiten des Autos je nach Situation.

Diese südafrikanische Werbung für Volkswagen hebt hervor, dass Markenkriterien unterschiedlich sein können, je nach Situation, in der das Produkt verwendet wird.
© Volkswagen Südafrika.

Erstellung einer situativen Segmentationsmatrix

Tabelle 9.1 zeigt ein Beispiel dafür, wie Situationen benutzt werden können, um eine Segmentationsstrategie zu entwickeln. Durch die Auflistung der wichtigsten Kontexte, in denen ein Produkt verwendet wird (z. B. Sonnencreme für Skifahren und Sonnenbaden) und der verschiedenen Benutzer des Produktes, kann eine Matrix erstellt werden, die spezifische, in jeder Situation hervortretende Produktmerkmale identifiziert. Ein Hersteller von Sonnencreme könnte zum Beispiel die Tatsache betonen, dass die Tube schwimmt und im Sommer nicht leicht verloren geht, während er im Winter den Antifrostschutz betont.

Soziales und physikalisches Umfeld

Das physikalische und soziale Umfeld eines Konsumenten kann für die Motive der Produktverwendung einen großen Unterschied bedeuten – ebenso wie der Anteil und die Art von anderen in der Situation anwesenden Konsumenten.

Wie wir im nächsten Kapitel sehen, werden viele Kaufentscheidungen von Konsumenten stark von der Gruppe oder vom sozialen Umfeld beeinflusst, in dem sie getroffen werden. In manchen Fällen kann die Anwesenheit oder Abwesenheit von anderen Kunden (‚*Mitkunden*') in einem Rahmen ein entscheidendes Attribut sein (siehe Kapitel 8) – wenn zum Beispiel ein exklusiver Urlaubsort oder eine Boutique privilegierten Kunden eine Privatatmosphäre verspricht. In anderen Fällen kann die Präsenz anderer Menschen einen positiven Wert haben. Ein schlecht besuchtes Fußballspiel oder eine leere Bar können ein bedrückender Anblick sein.

Die Anwesenheit von vielen Menschen in einem Konsumumfeld steigert das Erregungsniveau und der Konsument erfährt den Rahmen auf intensivere, subjektive Weise. Diese Pola-

Tabelle 9.1 Eine Personen-Situations-Segmentierungsmatrix für Sonnencreme

Situation	Kinder		Teenager		Junge Frauen		Erwachsene Männer		Nutzen/Merkmale
	hellhäutig	**dunkelhäutig**	**hellhäutig**	**dunkelhäutig**	**hellhäutig**	**dunkelhäutig**	**hellhäutig**	**dunkelhäutig**	
Sonnenbad am Strand/ auf dem Schiff	Kombiniertes Insektenschutzmittel				Sommerduft				a. Produkt dient als Windschutz b. Rezeptur und Behälter sind hitzebeständig c. Behälter schwimmt und ist leicht erkennbar (geht nicht leicht verloren)
Sonnenbad zu Hause am Schwimmbad					Kombinierte Feuchtigkeitscreme				a. Produkt hat Pumpfunktion b. Produkt hinterlässt keine Flecken auf Holz, Beton, Möbeln
Höhensonne					Kombinierte Feuchtigkeitscreme und Massageöl				a. Produkt wird für Höhensonne entworfen b. Produkt enthält Selbstbräunungsmittel
Skilaufen					Winterduft				a. Produkt schützt vor bestimmten Lichtstrahlen und hat Wetterschutz b. Produkt enthält Antifrostmittel
Persönlicher Nutzen/Merkmale	Spezialschutz	a. Schutz ist kritisch b. Giftfreie Rezeptur	Spezialschutz	a. Produkt passt in Jeansjacke b. Produkt von Meinungsführern verwendet	Spezialschutz	Weiblicher Duft	Spezialschutz	Männlicher Duft	

Quelle: Adaptiert von Peter R. Dickson, „Person-Situation: Segmentation's Missing Link', *Journal of Marketing* 46 (Herbst 1982): 62. Mit Genehmigung der American Marketing Association.

risierung kann sowohl positiv als auch negativ sein. Während die Präsenz von anderen Menschen einen Zustand der Erregung schafft, hängt die tatsächliche Erfahrung des Konsumenten von seiner *Interpretation* dieser Erregung ab. Aus diesem Grund ist es wichtig, zwischen *Dichte* und *Masse* zu unterscheiden. Der erste Begriff bezieht sich auf die tatsächliche Anzahl von Menschen, die sich auf einem Raum befinden, während der psychologische Zustand der Masse nur existiert, wenn durch Dichte ein negativer Gefühlszustand ausgelöst wird.[8] Werden 100 Studenten in einem für 75 Personen vorgesehenen Vorlesungssaal zusammengepfercht, so kann das für alle Beteiligten unangenehm sein. Ist aber die gleiche Anzahl in einem genauso großen Zimmer bei einer Party beisammen, so kann das Zimmer als ausreichend groß empfunden werden.

Darüber hinaus kann die Art von Konsumenten, die in ein Geschäft gehen, als Geschäftsattribut dienen. Wenn wir die Kunden eines Geschäfts betrachten, so können wir auf das Geschäft schließen. Aus diesem Grund wollen manche Restaurants, dass männliche Gäste zum Abendessen ein Jackett tragen, und ebenfalls aus diesem Grund suchen Rausschmeißer von Nachtlokalen Kunden danach aus, ob sie den für das Lokal passenden ‚Look' haben. Wie der Schauspieler Groucho Marxes ausdrückte: ‚Ich würde nie in einen Nachtklub gehen, in dem ich Mitglied bin.'

9.2.2 Temporäre Faktoren

Zeit ist eines der knappsten Güter von Konsumenten. Wir reden von ‚Zeit verbringen', von ‚Zeit gewinnen' und sagen, dass Zeit Geld ist. Unsere Auffassung von Zeit kann verschiedene Stufen unserer Entscheidungen und unseres Konsumverhaltens beeinflussen: Bedürfnisse, die stimuliert werden, der Anteil an Informationssuche, den wir unternehmen, usw. Jeder weiß, dass er sorgfältiger nach Informationen sucht und über den Kauf nachdenkt, wenn er über jede Menge Zeit verfügt. Ein akribischer Käufer, der normalerweise die Preise eines Artikels in drei verschiedenen Geschäften vergleicht, kann an Weihnachten kurz vor Geschäftsschluss hektisch durch ein Einkaufszentrum rennen und verzweifelt die Regale nach einem Last-Minute-Geschenk absuchen.

Ökonomische Zeit

Zeit ist eine psychologische Variable, eine Ressource, die unter anderen Aktivitäten aufgeteilt werden muss.[9] Konsumenten versuchen, Befriedigung zu maximieren, indem sie der entsprechenden Kombination von Aufgaben Zeit einräumen. Natürlich wird unterschiedlichen Dingen Zeit gewährt. Wir alle kennen Menschen, die ständig zu spielen scheinen, und andere, die Workaholics sind. Die Prioritäten einer Person bestimmen ihren **Zeitstil**.[10] Der Zeitstil, so

---

MULTIKULTURELLE DIMENSIONEN

Wie wir in diesem Kapitel noch besprechen werden, sind amerikanische Einzelhändlersehr innovativ, wenn es darum geht, Kunden eine ‚Show' zu bieten. Veränderungen in Waschsalons zeigen, wie eine eigentlich deprimierende Erfahrung zum Spaß und zum sozialen Ereignis werden kann. In vielen Waschsalons befinden sich mittlerweile Bars, Bräunungsstudios und Sportgeräte, die die Wartezeit der Kunden verkürzen sollen. Der Waschsalon Videotown Laundrette in Manhattan bietet Kunden rund 6000 Videokassetten, und Suds & Duds in Greensboro in North Carolina hat eine Imbissstube, ein Billardzimmer und einen Großbildschirm-Fernseher.[11]

wurde gesagt, enthält Aspekte wie wirtschaftliche Zeit, vergangene Orientierung, zukünftige Orientierung, Zeitabhängigkeit und Zeitangst.[12]

Viele Konsumenten glauben, sie stünden heute mehr unter Zeitdruck denn je. Dieses Gefühl kann aber mehr mit der Wahrnehmung als mit dem Faktum zusammenhängen. Die Menschen haben heute einfach mehr Möglichkeiten, ihre Zeit zu verbringen und fühlen sich durch diese Vielfalt unter Druck gesetzt. Der durchschnittliche Arbeitstag um die Jahrhundertwende war 10 Stunden (6 Tage pro Woche), und Frauen machten 27 Stunden Hausarbeit pro Woche, verglichen mit weniger als fünf Stunden heute. Einer der Gründe für diesen Unterschied mag sein, dass Männer inzwischen einen Teil dieser Pflichten übernehmen.[13]

Das Gefühl der *Zeitarmut* hat Konsumenten sehr empfänglich für Marketinginnovationen gemacht, die ihnen ermöglichen, Zeit zu sparen. Wie ein Manager bei Campbell's Soup beobachtete, war ‚Zeit die Währung der 90er-Jahre'.[14] Diese Priorität hat neue Möglichkeiten für unterschiedliche Dienstleistungen bei der Filmentwicklung, beim Optiker und bei Reparaturwerkstätten geschaffen, bei denen Liefergeschwindigkeit ein wesentliches Attribut ist.[15] Um diesem Bedürfnis entgegenzukommen, bietet der Direktor eines Chicagoer Beerdigungsunternehmens gar einen Durchfahr-Service an, wo Trauergäste den Verstorbenen auf einer Leinwand sehen können und sich nicht mehr die Zeit nehmen müssen, das Auto zu verlassen. Der Besitzer bemerkt: ‚Berufstätige haben keine Zeit hereinzukommen. Sie wollen den Verstorbenen sehen, aber sie wollen nicht warten.'[16]

Mit steigender Zeitarmut bemerken Marktforscher auch einen Anstieg von *polychroner Aktivität*, wo Konsumenten mehr als eine Sache gleichzeitig tun.[17] Diese Art von Aktivität gilt besonders für das Essen. Viele Konsumenten nehmen sich keine besondere Zeit zum Abendessen mehr, sondern tun während des Essens noch andere Dinge. Wie der Manager einer Nahrungsmittelfirma bemerkte: ‚Wir genießen nicht mehr, wir schlingen.'[18] Auf der anderen Seite wurden bei anderen Segmenten Beispiele für langsames Essen gefunden. In Großbritannien gibt es außer dem globalisierten Fastfood noch drei andere Essgewohnheiten: Ausländisches Essen (Interesse an ‚authentischer' ausländischer Küche), Essnostalgie (klassische britische Küche) und Kreolisierung (ein Gemisch aus Geschmacksrichtungen und Kochart) (vergleiche Kapitel 16).[19]

Psychologische Zeit

Der psychologische Aspekt von Zeit oder wie sie erfahren wird, ist ein wichtiger Faktor der *Warteschlangen-Theorie*, der mathematischen Studie über das Schlangestehen. Die Erfahrung der Wartezeit eines Konsumenten kann seine Wahrnehmung der Qualität des Services grundlegend beeinflussen. Obwohl wir davon ausgehen, dass etwas gut sein muss, wenn wir darauf warten müssen, können die negativen Gefühle, die durch das Warten ausgelöst werden, Konsumenten schnell abschrecken.[20] Es bestehen große gesellschaftsüberschreitende Unterschiede in der Akzeptanz der Wartezeit. 20% der Sizilianer halten eine Wartezeit von 30 Minuten für einen Zahnarzttermin für akzeptabel und die durchschnittliche Wartezeit an einem Bankschalter beträgt 24 Minuten.[21] Wie denken Sie darüber?

Marketingexperten haben eine Vielzahl von Tricks entwickelt, um die psychologische Wartezeit zu reduzieren. Unter anderem haben sie die Wahrnehmung von Konsumenten dadurch geändert, dass sie für die in der Schlange wartenden Abwechslungen bereit gestellt haben, die die Aufmerksamkeit vom Warten ablenken.[22] Trotzdem ergab eine Studie, dass Unterschiede in den Wartesystemen nur eine geringe Wirkung auf die wahrgenommene Wartezeit haben, verglichen mit Unterschieden bei der Attraktivität des Warteumfelds und der tatsächlichen Wartezeit.[23]

- Nachdem eine Hotelkette zahlreiche Beschwerden über die Wartezeit vor Aufzügen erhalten hatte, wurden in der Nähe der Aufzüge Spiegel angebracht. Die natürliche Tendenz der Menschen, ihr Aussehen zu prüfen, reduzierte die Zahl der Beschwerden, obwohl sich die tatsächliche Wartezeit nicht geändert hatte.

- Flugzeugpassagiere beschweren sich oft, dass sie zu lang auf ihr Gepäck warten müssen. In einem Flughafen liefen sie in einer Minute vom Flughafen bis zur Gepäckausgabe, wo sie dann sieben Minuten auf ihr Gepäck warten mussten. Nachdem der Weg so geändert worden war, dass es sechs Minuten dauerte, bis die Fluggäste zur Gepäckausgabe gelangten, und sie dort nur noch zwei Minuten warten mussten, gab es praktisch keine Beschwerden mehr.

- McDonald's hat ein multiples Schlangensystem, wo jeder Angestellte eine separate Schlange von Menschen bedient. Andere Fastfood-Restaurants haben ein System, bei dem der erste Angestellte die Bestellung aufnimmt, der zweite das Essen zubereitet, der dritte die Getränke einschenkt, usw. Obwohl solche Schlangen länger sind, wird die psychologische Zeit dadurch reduziert, dass die Kunden sich ständig durch verschiedene Abschnitte vorwärtsbewegen und dadurch ein Zeichen von Fortschritt erkennen. Disneyland verbirgt die Länge von Schlangen, indem sie sie um Ecken leitet. Auf diese Weise können Kunden die Länge der Schlange und die vermutliche Wartezeit nicht abschätzen.

MULTIKULTURELLE DIMENSIONEN

Obwohl die westliche Auffassung von Zeit immer dominanter wird – zumindest in der internationalen Geschäftswelt – ist sie bei weitem nicht universell. Von einem Land zum anderen nehmen die Menschen Zeit unterschiedlich wahr.[24] Manche Kulturen richten sich nach prozessualer Zeit und nicht nach Uhren. Die Menschen entscheiden sich, etwas zu tun, wenn ‚die Zeit reif' ist. Viele Menschen richten sich nach der ‚Ereigniszeit'. In Burundi verabreden sich Menschen zum Beispiel zu dem Zeitpunkt, wenn die Kühe vom Wasserloch zurückkommen, während in Madagaskar die Antwort darauf, wie lang man bis zum Markt braucht, lauten kann: ‚So lange wie Reis braucht um zu kochen.'[25]

Bei zyklischen Zeitauffassungen dagegen wird die Zeit durch den natürlichen Kreislauf bestimmt, wie das regelmäßige Wiederkehren der Jahreszeiten (eine Wahrnehmung, die in vielen lateinamerikanischen Ländern besteht). Diesen Konsumenten bedeutet der Begriff der Zukunft nicht viel, da für sie die Zukunft der Gegenwart gleicht. Da der Begriff des Zukunftswertes nicht existiert, kaufen die Menschen lieber ein minderwertiges Produkt, das jetzt verfügbar ist, als dass sie auf ein besseres warten, das später verfügbar ist. Aus diesem Grund ist es schwer, Menschen, die sich nach der zyklischen Zeit richten, von einer Versicherung oder vom Sparen für die Zukunft zu überzeugen.

Ein Sozialwissenschaftler verglich kürzlich in einer Studie über Lebensstile u.a. das Lebenstempo in 31 Städten rund um die Welt. Er berechnete mit seinen Assistenten, wie lang Fußgänger brauchen um 1,8 km zu laufen, und wie lang Postbeamte brauchen um eine Briefmarke zu verkaufen. Auf den Antworten basierend ergaben sich folgende Länder als die schnellsten:

1. Schweiz, 2. Irland, 3. Deutschland, 4. Japan, 5. Italien

und folgende als die langsamsten:

31. Mexiko, 30. Indonesien, 29. Brasilien, 28. El Salvador, 27. Syrien.

Solche nationalen Resultate hängen auch von dem tatsächlichen Ort der Messung ab: Stellen Sie sich zum Beispiel den Unterschied zwischen sizilianischer und mailändischer Zeit vor.[26]

Soziale Zeit

Soziale Zeit ist ein wichtiger, aber vernachlässigter Aspekt des Konsumentenverhaltens.[27] Sozial bezieht sich auf die Zeit von sozialen Prozessen, Rhythmen und Zeitplänen in der Gesellschaft. Diese Zeit gibt an, in welchem Maß unser Leben von miteinander in Beziehung stehenden Zeitfaktoren wie Arbeitsstunden, Öffnungszeiten, Mahlzeiten und anderen institutionalisierten Zeitplänen bestimmt wird. Die 1995 in Dänemark eingeführte freie Öffnungszeit, die Lebensmittelgeschäften und Supermärkten ermöglicht, nach fünf Uhr nachmittags geöffnet zu haben, hat zu einer Verlagerung weg von Kiosken und Tankstellen (die nicht den gleichen Öffnungszeiten unterlagen) geführt, und wird sich langfristig auf das soziale Leben dänischer Familien, auf Teilzeitarbeit und auf das Konsumverhalten auswirken.[28]

Für die meisten westlichen Konsumenten ist Zeit etwas, das genau gegliedert ist: wir stehen morgens auf, gehen in die Schule oder zur Arbeit, kommen nach Hause, essen, gehen aus, gehen ins Bett – und so geht das Tag für Tag. Diese Perspektive nennt man linear trennbare Zeit (oder christliche Zeitrechnung). Ereignisse finden in geordneten Sequenzen statt und unterschiedliche Zeiten sind genau definiert: ‚Alles zu seiner Zeit.‘ In dieser weltweit ‚modernisierten‘ Auffassung von Zeit haben die Menschen ein klares Gefühl für Vergangenheit, Gegenwart und Zukunft, wobei die Gegenwart der Vergangenheit vorgezogen wird, während die Zukunft im Allgemeinen höher bewertet wird als die Gegenwart.[29] Viele Aktivitäten werden in Hinblick auf ein zukünftiges Ziel erbracht, wie wenn Menschen zum Beispiel ‚für schlechte Zeiten vorsorgen‘.

Aber selbst in nordeuropäischen und amerikanischen Gesellschaften ist die lineare, aufgegliederte Zeit nicht hegemonisch, wie bei den oben genannten psychologischen Zeitmustern erwähnt. Diese erfordern einen relativistischeren und komplexeren Ansatz für Zeitstrukturen in solchen Gesellschaften, die am meisten ökonomischen Zeitkonzepten unterliegen.[30]

Einige dieser verschiedenen Auffassungen von Zeit kommen in Zeichnungen zum Ausdruck, die Studenten angefertigt haben, als sie aufgefordert wurden, ein Bild von der Zeit zu malen (Abbildung 9.2).[31] Die obere Zeichnung repräsentiert prozessuale Zeit, es mangelt an Richtung von links nach rechts, und es besteht wenig Sinn für Vergangenheit, Gegenwart und Zukunft. Die beiden Zeichnungen in der Mitte zeigen die zyklische Zeit, wie sie von Marketingexperten dargestellt wird. Die untere Zeichnung zeigt lineare Zeit mit einer segmentierten Zeitlinie, die sich in einer klar definierten Sequenz von links nach rechts bewegt.

Manche Produkte und Dienstleistungen passen nur für bestimmte Zeiten. Ein Wissenschaftler hat diese Tatsache mit der Erstellung einer fiktiven Restaurantkarte, die in Bezug auf Nährwert und Geschmack passend, aber in Bezug auf Timing und Zusammenstellung der

---

MARKETINGFALLE

Eine Aktion des amerikanischen Pizzalieferanten Domino's Pizza brachte das Unternehmen in ernsthafte Schwierigkeiten. Es garantierte seinen Kunden nämlich die Lieferung innerhalb von 30 Minuten nach der Bestellung. Kritiker beanstandeten, dieses Vorgehen führe zu rücksichtslosem Fahren, und unterstützten ihre Klage mit einer Schadensstatistik. 1989 waren mehr als ein Dutzend Prozesse wegen Totschlags und Körperverletzung gegen die Firma eingeleitet worden. Die Unfälle wurden von Lieferanten verursacht, die die Frist von dreißig Minuten einhalten wollten. Die Todesrate der Angestellten lag bei 50 pro 100.000 – was der Todesrate im Bergbau entspricht.[32] Heute bietet Domino's seinen Kunden diese Garantie nicht mehr an.

Abbildung 9.2   Darstellungen der Zeit

Quelle: Esther S. Page-Wood, Carol F. Kaufman and Paul M. Lane, „The Art of Time", *Proceedings of the Academy of Marketing Science* (1990).

Gerichte vollkommen unpassend war (Abbildung 9.3), aufgezeigt. Ebenso sind wir zu bestimmten Zeiten für Werbung empfänglicher (wer möchte schon morgens um sieben eine Bierwerbung hören?). Manche Produkte, die in anderen Ländern vermarktet werden, werden dort zu anderen Tageszeiten konsumiert. Capuccino ist in seinem Heimatland Italien ein Frühstückskaffee. Jetzt ist er in ganz Europa beliebt – und auf diesen neuen Märkten wird er zu allen Zeiten des Tages getrunken, zu denen sonst eine Tasse Kaffee getrunken worden wäre. Der Capuccino hat sich also von der Kategorie ‚Frühstückszeit' zu der allgemeinen Kategorie ‚Kaffeezeit' entwickelt.[33]

9.2.3 Vorangehende Zustände

Die Stimmung oder die physiologischen Bedingungen, die zum Zeitpunkt des Kaufs vorherrschend sind, können den Kauf und die Beurteilung von Produkten beeinflussen.[34] Einer der Gründe dafür liegt darin, dass eine Verhaltensweise bestimmte Zustände anstrebt, wie in Kapitel 3 besprochen wurde. Aber auch die soziale Identität der Person, oder die Rolle, die sie zu einem gegebenen Zeitpunkt spielt, muss dabei in Betracht gezogen werden.[35]

Abbildung 9.3 Die Karte des Restaurants ‚Au Gourmet Sans Entraves' (‚Zum Gourmet ohne Grenzen') veranschaulicht, wie die Gesellschaft unsere Erwartungen in Bezug auf das, was wir zu welchem Zeitpunkt mit was essen, bildet. Wie viele Regeln wurden überschritten? Die Antwort hängt wahrscheinlich von der jeweiligen Kultur ab. Die Karte wurde von einem Franzosen erstellt, der offenbar an eine bestimmte Reihe von unpassenden Konstellationen und Timings dachte.

AU GOURMET SANS ENTRAVES
RESTAURANT
***

MENÜ

Frühstück
(10.30 - 13.30)

Abendessen
(15.00 - 19.30)

Exotischer Fruchtsalat
Spaghetti alla Carbonara
Zwiebelsuppe mit Toastbrot
Eistee

Salat der Saison
Wildlachs mit Rind à la Marrow
Suppe du Barry
Sorbets
Capuccino
Croissants
Likör oder Kir Royal

Quelle: Claude Fischler, *L'homnivore* (Paris: Editions Odile Jacob, 1990).

Stimmung

Die Stimmung eines Konsumenten wirkt sich auf die Kaufentscheidung aus. Stress kann zum Beispiel die Fähigkeit der Informationsverarbeitung und der Problemlösung von Konsumenten reduzieren.[36] Zwei Aspekte bestimmen, ob ein Käufer positiv oder negativ auf ein Geschäftsumfeld reagiert: *Vergnügen* und *Erregung*. Eine Person kann eine Situation genießen oder nicht und sie kann sich stimuliert fühlen oder nicht. Wie in Abbildung 9.4 dargestellt, führen verschiedene Stufen des Vergnügens und der Erregung zu einer Vielfalt von emotionalen Zuständen. Eine erregende Situation kann abschreckend oder anregend sein, je nachdem, ob der Kontext positiv oder negativ ist (Straßenstreik vs. Straßenfestival). Themenparks wie Disneyland sind zum Teil deshalb so erfolgreich, weil sie in einem angenehmen Umfeld für ständig gute Stimmung sorgen und versuchen, Konsumenten ein sorgfältig kalkuliertes Maß an Stimulanz zu liefern.[37]

Eine spezifische Stimmung ist eine Kombination dieser beiden Faktoren. Beim Zustand des Glücklichseins herrscht großes Vergnügen und wenig Erregung, während bei Begeisterung beide Faktoren gleich groß sind.[38] Im Allgemeinen beeinflusst eine Stimmung (ob sie positiv oder negativ ist) die Beurteilung von Produkten und Dienstleistungen in diese Richtung.[39] Einfacher ausgedrückt heißt das: Konsumenten mögen Dinge lieber, wenn sie gut gelaunt sind (das mag die Beliebtheit von Geschäftsessen erklären).

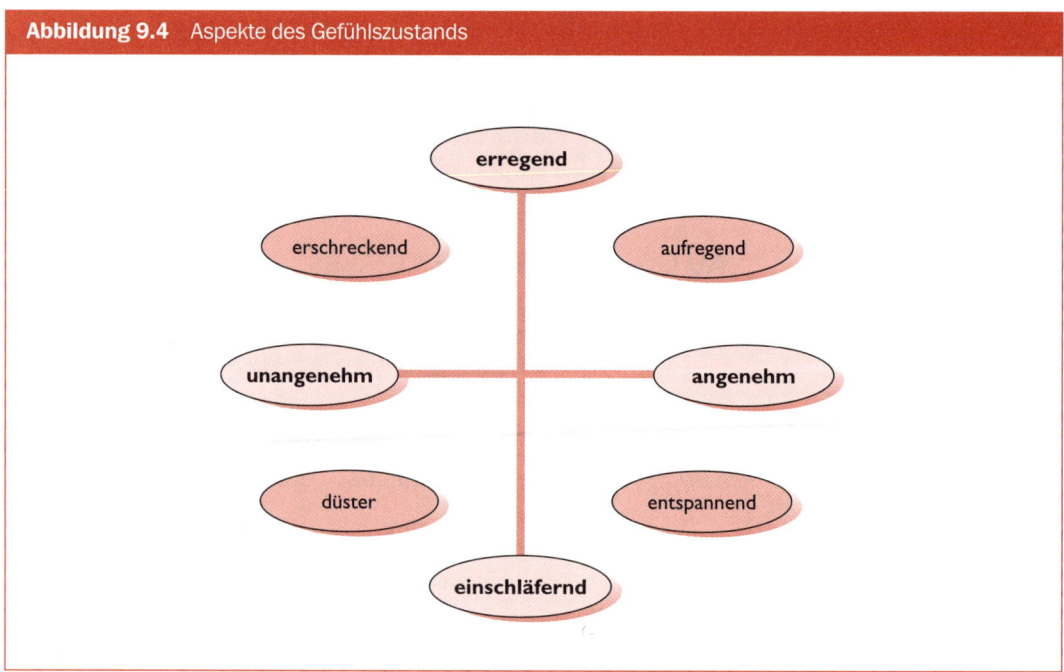

Abbildung 9.4   Aspekte des Gefühlszustands

Quelle: James Russell und Geraldine Pratt, ‚A Description of the Affective Quality Attribute to Environement‘, *Journal of Personality and Social Psychology* 38 (August 1980): 311-22.© Copyright 1980 by the American Psychological Association. Bearbeitung.

Stimmungen können durch die Geschäftsgestaltung, das Wetter oder andere, für den Konsumenten spezifische Faktoren beeinflusst werden. Musik und Fernsehen haben ebenfalls einen Einfluss auf die Stimmung – was wichtige Konsequenzen für die Werbung hat.[40] Hört ein Konsument fröhliche Musik oder sieht ein angenehmes Programm, so nimmt er Werbung und Produkte positiver auf – besonders, wenn die Marketingappelle emotionale Reaktionen auslösen sollen.[41]

9.2.4 Einkaufsmotive

Manche Menschen gehen in Geschäfte, ohne die Absicht zu haben, etwas zu kaufen, während andere regelrecht in Geschäfte geschleppt werden müssen. Beim Einkauf besorgt man sich im Allgemeinen die benötigten Produkte und Dienstleistungen, aber oft sind auch soziale Motive ein wichtiger Faktor für das Einkaufen. Einkaufen ist eine Aktivität, für die es utilitaristische (funktionale oder tangible) oder hedonistische (angenehme oder intangible) Gründe gibt.[42]

Die verschiedenen Motive werden in Tabellen illustriert, die Forscher verwenden um die Kaufgründe von Konsumenten zu beurteilen. Ein Punkt, der den hedonistischen Wert misst, ist ‚Wenn ich einkaufe, fühle ich mich, als sei ich auf der Jagd‘. Wird diese Art von Gefühl mit einer funktional begründeten Aussage wie ‚Ich habe nur gekauft, was ich kaufen wollte‘ verglichen, wird der Kontrast zwischen beiden Aspekten deutlich.[43] Hedonistische Einkaufsmotive können Folgendes enthalten:[44]

- *Soziale Erfahrungen:* Das Einkaufszentrum oder der Supermarkt ist an die Stelle des traditionellen Stadtzentrums oder der Dorfmesse getreten, wo sich die Gemeinschaft früher getroffen hat. Viele Menschen (besonders in Vororten oder ländlichen Gegenden) haben keinen anderen Ort, an dem sie ihre Freizeit verbringen können.
- *Geteiltes Interesse:* Geschäfte bieten oft Fachartikel, die Menschen mit gemeinsamen Interessen ins Gespräch bringen.
- *Zwischenmenschliche Beziehungen:* In Einkaufszentren trifft man sich, vor allem bei Teenagern sind sie ein beliebter Treffpunkt. Sie stellen ein sicheres, überwachtes Umfeld für andere Gruppen wie ältere Menschen dar.
- *Status und Prestige:* Wie jeder Verkäufer weiß, genießen es manche Menschen, wenn sie den Eindruck haben, man warte auf sie – auch wenn sie nicht unbedingt etwas kaufen. Ein Verkäufer von Herrenkleidung gab den Rat: ‚Erinnern Sie sich an die Größe des Kunden, und an das, was Sie ihm das letzte Mal verkauft haben. Geben Sie ihm das Gefühl, er sei wichtig! Wenn Sie Ihren Kunden dieses Gefühl vermitteln können, dann kommen sie wieder.'[45]
- *‚Die Erregung der Jagd':* Manche Menschen brüsten sich gern mit ihren Marktkenntnissen. Sie feilschen und handeln gern und sehen Einkaufen eher als Sport.

Ob Menschen gern einkaufen, hängt von den Umständen ab. Konsumenten können anhand ihrer **Kauforientierung** (allgemeine Einstellung zum Kaufen) segmentiert werden. Diese Orientierung kann je nach Produktkategorie und der Art des Geschäfts variieren. Manche Menschen fühlen sich beim Kauf eines Autos unsicher, gehen aber dafür umso lieber in Plattengeschäfte. Die folgende Liste enthält einige der wichtigsten Einkaufstypen:[46]

- *Der ökonomische Konsument:* Ein rationaler, zielorientierter Käufer, der vor allem daran interessiert ist, den Wert seines Geldes zu maximieren.
- *Der personalisierte Konsument:* Ein Käufer, der eine enge Beziehung zum Geschäftspersonal entwickelt (‚Ich kaufe dort ein, wo man mich kennt').
- *Der ethische Konsument:* Ein Konsument, der Benachteiligten hilft, und eher heimische Geschäfte als Supermärkte unterstützt.
- *Der apathische Konsument:* Eine Person, die Einkaufen als notwendiges Übel sieht.
- *Der Freizeit-Konsument:* Eine Person, für die Einkaufen Spaß, soziales Erlebnis und Freizeitbeschäftigung ist.

9.3 Die Kaufumgebung

Von allen Seiten werden Menschen zum Kaufen aufgefordert. Ob man es gern tut oder nicht – Einkaufen ist für viele Menschen eine zentrale Tätigkeit. Der Wettbewerb unter Einzelhändlern zur Gewinnung von Kunden wird immer härter. Einzelhändler müssen sich immer mehr einfallen lassen, um Kunden anzulocken – ob durch spannende Aktionen oder durch interessante Geschäfte.[47] Heute verwischen die Grenzen zwischen spezifischen Verkaufsstellen immer mehr. Supermarkt- und Großmarktketten werden zu einer echten Bedrohung für Tankstellen, da sie immer größere Anteile ihres Marktes übernehmen (in Frankreich werden 50% des Benzins in Supermärkten verkauft).[48] In Dänemark und anderen Ländern reagieren Tankstellen auf diese Bedrohung, indem sie den Marktanteil an Lebensmitteln steigern. Zwei der größten Unternehmen, Shell und Statoil, machten 1996 2 Milliarden dänische Kronen Umsatz mit Lebensmitteln und verbuchten ein Umsatzwachstum von mehr als 30%.[49] In Großbritannien reagierten Unternehmen auf diesen Wettbewerb, indem sie mehr Tankstellen an Supermärkte angliederten.[50]

In anderen europäischen Ländern wird zunehmend Handel durch Kioske und kleine Geschäfte mit längeren Öffnungszeiten getätigt, die eine kleine Auswahl an Alltagsprodukten, Imbissprodukten, Süßigkeiten, Zeitungen etc. anbieten. Sie ähneln mehr oder weniger dem aus den Vereinigten Staaten stammenden *7-11*-Konzept. In vielen Ländern sind solche Kioske fest etabliert und werden häufig von Einwanderern aus dem Mittleren Osten oder aus Nordafrika betrieben. In Finnland, wo Kiosks erst kürzlich eingeführt wurden, haben sie eine neuartige Situation für einen Teil des Einzelhandelssystems geschaffen.[51]

Um auf dem europäischen Einheitsmarkt wettbewerbsfähig zu bleiben, haben viele Einzelhandelsketten einen Internationalisierungsprozess durchlaufen. Von den 25 führenden europäischen Einzelhandelsketten ist nur eine (Nr. 25) nicht internationalisiert oder an einem internationalen Netzwerk kooperierender Ketten beteiligt. Die zehn größten Unternehmen kontrollieren 30% des Umsatzes an Alltagsprodukten in ganz Europa – und die Konzentration nimmt weiter zu.[52]

9.3.1 Versandhandel

Der Wettbewerb wird für Konsumenten noch stärker spürbar, da sich der Versandhandel zunehmend ausbreitet, bei dem Produkte nach Hause geliefert werden. Zu den beliebtesten Möglichkeiten des Versandhandels gehören Bestellkataloge, Telekauf, Verkäufer, die zu Hause anrufen und Verkaufspartys (z. B. Tupperware). Elektronischer Handel wurde oft als eine der in den nächsten Jahren potenziell bedeutendsten Änderungen in der Struktur des Einzelhandels genannt. Vor allem warten viele wegen der Möglichkeiten, die sich im Hinblick auf Kosteneinsparungen bei der Distribution und dem Transport bieten, auf den endgültigen Durchbruch.[53] Elektronische Einkaufssysteme sind in Frankreich schon seit langem fest etabliert. Dort bietet das Minitel-System Millionen von Abonnenten eine Vielzahl von Informationsdienstleistungen. Eine amerikanische Quelle identifizierte 14% der Bevölkerung – vorwiegend die 20- bis 40-Jährigen – als das Segment, das für E-Commerce am empfänglichsten ist.[54]

9.3.2 Die Kauferfahrung

Stammkunden sind bei Einzelhändlern sehr beliebt. Sie besuchen routinemäßig eine kleine Anzahl von Geschäften, ohne vor dem Kauf viel zu vergleichen. Trotzdem haben Konsumenten jetzt eine große Auswahl an Geschäften, darunter Alternativen des Versandhandels. Aus diesem Grund sind Kunden Geschäften nicht mehr so treu wie früher.[55] In Großbritannien gab die Einzelhandelskette Tesco von 1990 bis 1994 von allen britischen Einzelhändlern am meisten für Marketing aus. Durch die Marketingstrategie des Unternehmens, zu der die Einführung von Kundenkarten gehörte, konnte das Unternehmen Marktanteile von seinem Konkurrenten Sainsbury übernehmen. Sainsbury gab 1996 seinen Widerstand gegen Kundenkarten auf. Die neue Karte des Unternehmens wurde sofort ein Erfolg: Zwischen Juni und August desselben Jahres wurden über 5 Millionen Kundenkarten ausgestellt, und der Marktanteil des Unternehmens stieg um 1%.[56]

Einzelhandel als Theater

Einkaufen kann nicht länger als einfache Kaufhandlung betrachtet werden.[57] Heute ist eine Einzelhandelskultur entstanden,[58] in der die Kaufhandlung mit Unterhaltung und/oder Erlebnis verbunden ist, da Einzelhändler um die Aufmerksamkeit – ganz zu schweigen von der Treue – des Kunden ringen. Bei der Kaufhandlung spielen zentrale existenzielle Aspekte des menschlichen Lebens (wie Sexualität) eine Rolle.[59] Darüber hinaus ist der Konsument kein passiver Empfänger der Angebote des Kaufumfelds, sondern eher ein aktiver Mit-Gestalter dieses

Umfeldes und der Bedeutungen, die mit ihm zusammenhängen.[60] Diese Situation gleicht dem Fokus unter ‚Market mavens' auf Flexibilität bei der Produktlieferung und maßgeschneidertes Marketing für den einzelnen Konsumenten.[61] Einer der auffälligsten Trends im Einzelhandelsbereich in Europa sind Einkaufszentren, die meistens nach amerikanischen Prototypen gebaut werden. In den Vereinigten Staaten ist das Einkaufszentrum heute ein zentraler Ort der Gemeinschaft: 94% der Erwachsenen gehen mindestens einmal im Monat in ein Einkaufszentrum, und mehr als die Hälfte aller Einzelhandelskäufe (außer Autos und Benzin) werden in Einkaufszentren getätigt.[62] Einkaufszentren sprießen auch in Europa aus dem Boden, wo sie, wenn sie einmal in einem Gebiet eingeführt wurden, eine neue Kombination von Freizeitaktivitäten und Einkaufsmöglichkeiten bieten und zu sozialen Begegnungsstätten in einem sicheren Umfeld werden (vgl. z. B. das Centro in Oberhausen).[63]

Einkaufszentren werden zu riesigen Unterhaltungszentren, wo der traditionelle Einzelhändler mehr einer nachträglichen Idee gleicht.[64] Heute findet man in den Einkaufszentren in Vororten Karussells, Minigolfanlagen oder Kinokomplexe. Wie ein Einzelhandelsmanager sagte: ‚Einkaufszentren sind die neuen Vergnügungsparks.'[65] Die Bedeutung eines positiven, dynamischen und interessanten Images hat innovative Marketingexperten dazu veranlasst, Einkaufen und Theater zu verbinden. Einkaufszentren und Einzelhandelsgeschäfte müssen Umgebungen schaffen, die Menschen stimulieren und ihnen Einkaufsmöglichkeiten und Vergnügen gleichzeitig bieten.[66] Thematisierte Einkaufszentren und Geschäfte beweisen eine Stilvielfalt, mit der die Aufmerksamkeit des Konsumenten geweckt werden soll, der mehr will als nur kaufen.[67] Das Hard Rock Café, das vor über 25 Jahren in London entstand, hat jetzt rund 45 Zweigstellen in der ganzen Welt, und wurde zu einer Art Wallfahrtsort. Manche Konsumenten sammeln so viele Hard Rock Café-Artikel (T-Shirts etc.) von so vielen Hard Rock Cafés in der ganzen Welt wie möglich.

Das europäische Gegenstück zu dem amerikanischen Einkaufszentrum ist das Kaufhaus.[68] Mit den ersten Kaufhäusern entstand eine neue Konsumgesellschaft, die sich von Träumen des Überflusses nährt.[69] Kaufhäuser starten oft umfassende Werbekampagnen, deren Thema ein bestimmtes Land ist. Bei diesen Veranstaltungen wird das ganze Geschäft umgestaltet und jede Abteilung bietet spezifische Waren und Lebensmittel aus dem betreffenden Land an.

Hier zwei Beispiele von amerikanischen ‚Veranstaltern' des Einzelhandelstheaters:[70]

- Babyland (die Heimat der Cabbage Patch Dolls) hat kein Verkaufspersonal. Statt dessen arbeiten in dem Unternehmen ‚Ärzte', ‚Krankenschwestern' und ‚Adoptionsbeamte'. Puppen werden nicht verkauft, sondern adoptiert. Alle 15 Minuten hoppelt der Hase Bunny Bees über das Feld und befruchtet den Kohl. Der Kohl zittert, die Blätter öffnen sich – und ein neues Cabbage Patch-Baby ist geboren.
- Das Geschäft von Ralph Lauren in der Madison Avenue ist ein renoviertes Herrenhaus, dessen Dekoration mit dem Image des Unternehmens – nämlich aristokratischer Vornehmheit und schönem Leben – konsistent ist. Das Geschäft ist mit teuren Antiquitäten und Teppichen ausgestattet, abends werden Aperitifs und Appetithäppchen serviert. Sogar die Putzmittel des Reinigungspersonals werden in Lauren-Einkaufstaschen transportiert.

Geschäftsimage

Wie wählen Kunden in Anbetracht der vielen um ihre Gunst ringenden Geschäfte ‚ihre' Geschäfte aus? Geschäfte kann man sich, ähnlich wie Produkte, mit einer ‚Persönlichkeit' vorstellen. Manche Geschäfte haben ein klar definiertes Image (entweder gut oder schlecht), andere unterscheiden sich kaum von der Masse. Sie haben keine besonderen Merkmale und werden aus diesem Grund leicht übersehen. Die Persönlichkeit oder das Geschäftsimage setzt

Nike Towns sind auf Produkte von Nike spezialisiert und oft stark thematisiert. Sie beziehen sich oft auf berühmte Endorser, die Nike im Lauf der Zeit eingesetzt hat. Das Nike Town Geschäft in Portland, Oregon, bietet eine innovative, futuristische Atmosphäre, die Einkaufen zum Erlebnis macht.
© Christopher Kean.

sich aus verschiedenen Faktoren zusammen. Design und allgemeines Image des Geschäftes spielen für die Wahrnehmung der angebotenen Waren eine zentrale Rolle, ob es sich dabei um Mode,[71] Nahrungsmittel[72] oder um andere Arten von Waren handelt. Geschäftsmerkmale, verbunden mit Konsumentenmerkmalen wie Einkaufsorientierung, helfen dabei vorauszusagen, welches Geschäft die Kunden bevorzugen werden.[73] Zu den wichtigen Aspekten eines Geschäftsprofils gehören Standort, Angemessenheit der Waren sowie Fachkenntnis und Freundlichkeit des Verkaufspersonals.[74]

MULTIKULTURELLE DIMENSIONEN

Amerikanische Einzelhändler, darunter Blockbuster Video, Original Levi's Geschäfte, Foot Locker, Toys 'R' Us und The Gap, exportieren ihre Auffassung vom dynamischen Einzelhandelsumfeld nach Europa – mit kleinen Veränderungen. Die ‚Invasion' beginnt meistens in Großbritannien, da dort die kulturellen Unterschiede kleiner, bürokratische Hürden niedriger und Personalkosten geringer sind. The Gap fand heraus, dass die Kunden in Europa kleinere Größen benötigen als die Kunden in den Vereinigten Staaten, und dass sie dunklere Farben bevorzugen. Manche Einzelhändler haben die ‚Begrüßer' abgeschafft, die in vielen amerikanischen Geschäften am Eingang stehen, da sie auf Europäer einschüchternd wirken.[75]

Wenn Käufer an Geschäfte denken, sagen sie kaum: ‚Dieser Ort ist angenehm, die Verkäufer sind freundlich und der Service ist gut.' Sondern sie sagen: ‚Dieser Ort ist mir nicht geheuer', oder ‚Dort gehe ich gern einkaufen.' Konsumenten beurteilen Geschäfte sowohl nach ihren spezifischen Attributen als auch nach dem Gesamteindruck oder der Geschäftsgestalt (siehe Kapitel 2).[76] Dieser Gesamteindruck kann eher mit der Innenausstattung und der Art von Menschen zusammenhängen, die man in dem Geschäft trifft, als mit Faktoren wie Rückgaberecht oder Kreditmöglichkeiten. Aus diesen Gründen denken Konsumenten manchmal nur an bestimmte Geschäfte, während sie andere gar nicht in Betracht ziehen.

Da die Gestalt eines Geschäfts als wichtiger Faktor im Einzelhandel erkannt wurde, wird auch zunehmend Wert auf die Atmosphäre gelegt, die ‚bewusste Gestaltung von Räumen mit ihren zahlreichen Aspekten, um bestimmte Wirkungen im Käufer auszulösen'.[77] Zu diesen Aspekten gehören Farben, Gerüche und Geräusche. In Geschäften, die in Rot gehalten sind, fühlen Menschen sich angespannt, während ein blaues Dekor ein beruhigendes Gefühl vermittelt.[78]

Beim Geschäftsdesign können viele Elemente klug eingesetzt werden, um Kunden anzuziehen und auf Konsumenten die gewünschte Wirkung zu erzielen. Helle Farben vermitteln ein Gefühl der Räumlichkeit und der Heiterkeit, leuchtende Farben regen an. Mit einem subtilen, wirkungsvollen Mittel hat die Modedesignerin Norma Kamali Leuchtstoffröhren in den Umkleidekabinen von Kaufhäusern durch pinkfarbene Leuchten ersetzt. Das Licht schmeichelt dem Gesicht und vertuscht Falten, was zur Folge hat, dass Kundinnen eher bereit sind, die Bademode des Unternehmens anzuprobieren – und zu kaufen.[79]

Außer visuellen Stimuli können zahlreiche andere Faktoren das Verhalten beeinflussen.[80] Musik zum Beispiel hat einen Einfluss auf die Essgewohnheiten. Eine Studie ergab, dass Menschen, die zum Abendessen laute, schnelle Musik hören, mehr essen. Menschen, die dagegen Mozart oder Brahms hören, essen weniger und langsamer. Daraus folgerten die Forscher, dass Menschen, die zu den Mahlzeiten sanfte Musik hören, mindestens fünf Pfund pro Monat an Gewicht verlieren können.[81]

9.3.3 Entscheidung im Geschäft

Trotz aller Bemühungen, Konsumenten durch Werbung zum ‚Vor-Kauf' zu bringen, stellen Marketingexperten zunehmend fest, in welchem Maß viele Käufe von dem Geschäftsumfeld beeinflusst werden. Eine dänische Studie ergab, dass neun von zehn Kunden den Kauf von mindestens einem Drittel der eingekauften Waren nicht geplant hatten.[82] Bei manchen Produktkategorien ist der Prozentsatz unbeabsichtigter Käufe sogar noch höher. Es wird geschätzt, dass auf dem US-Markt der Kauf von 85% der Süßigkeiten und Kaugummis, rund 70% der Kosmetikartikel und 75% der Zahnpflegeprodukte nicht beabsichtigt ist.[83]

Spontankauf

Wird ein Kunde im Geschäft zum Kauf veranlasst, kann dabei einer von zwei Prozessen im Spiel sein: *unbeabsichtigtes Kaufen* kann auftreten, wenn die Person mit der Gestaltung eines Geschäfts nicht vertraut, oder wenn sie unter Zeitdruck ist; oder die Person kann sich daran *erinnern*, dass sie etwas kaufen wollte, wenn sie es auf dem Regal sieht.[84]

Impulskauf

Impulskäufe treten dagegen dann auf, wenn eine Person ein plötzliches Verlangen empfindet, dem sie nicht widerstehen kann.[85] Aus diesem Grund werden so genannte Impulsartikel wie Kaugummi und Süßigkeiten in der Nähe der Kasse präsentiert. Viele Supermärkte haben breitere Mittelgänge, damit die Kunden sich in Ruhe umsehen können. Die breitesten Mittelgänge enthalten Produkte mit der größten Verdienstspanne. Artikel, die regelmäßig gekauft werden, werden in schmaleren Mittelgängen gestapelt, so dass Einkaufswagen schnell durchgefahren werden können.[86] Zur Förderung von Impulskäufen wurde vor kurzem eine technische Vorrichtung („The Portable Shopper") eingeführt, in die Kunden während des Einkaufs ihre eigenen Käufe eintippen können. Die *personal scanning gun* wurde ursprünglich für Albert Heijn, die größte Lebensmittelkette der Niederlande entwickelt, damit die Kunden schneller durch das Geschäft geschleust werden. Jetzt wird sie in 150 Lebensmittelgeschäften weltweit verwendet.[87]

Käufer können anhand dessen, wie viel sie vorausplanen, eingeordnet werden. *Planer* wissen schon im Voraus, welche Produkte und Marken sie kaufen werden, während *Teilplaner* wissen, dass sie bestimmte Produkte brauchen, sich aber erst im Geschäft für bestimmte Marken entscheiden, und *Impulskäufer* ihre Käufe überhaupt nicht planen.[88] Abbildung 9.5 wurde von einem Konsumenten gezeichnet, der an einer Studie über Einkaufserfahrungen von Konsumenten teilnahm und aufgefordert wurde, den typischen Impulskäufer zu skizzieren.

Abbildung 9.5   Wie ein Konsument den Impulskäufer sieht

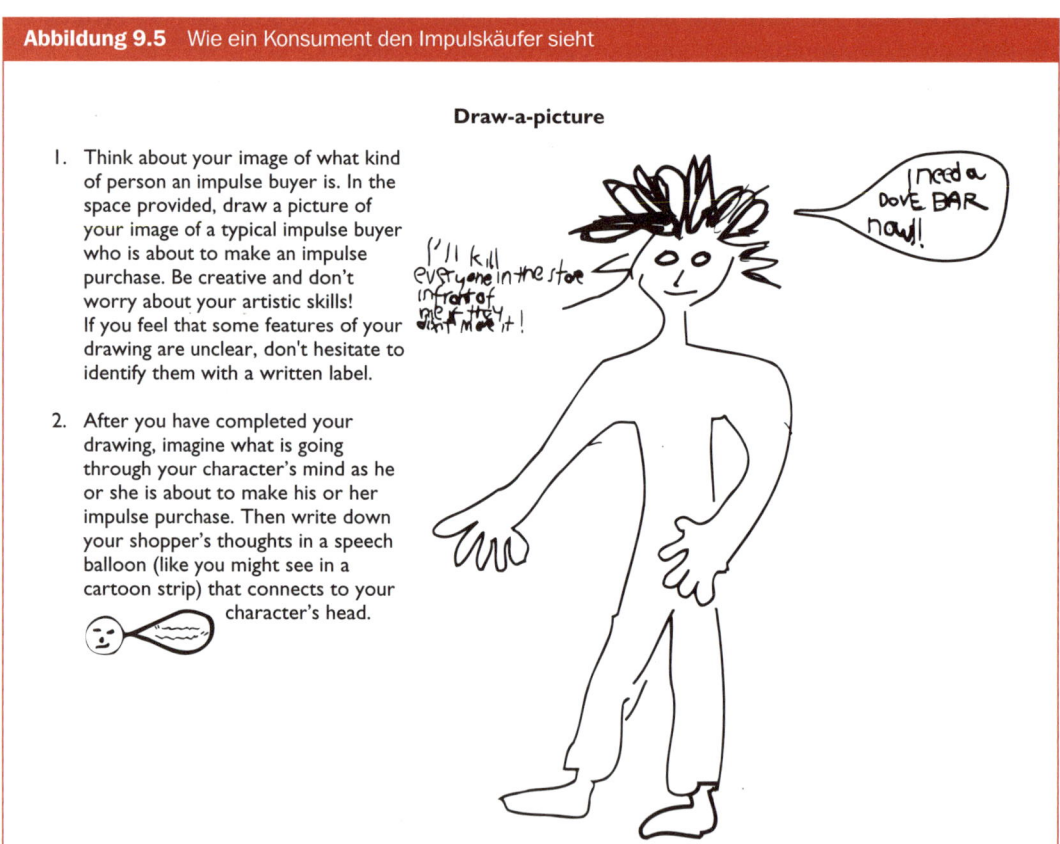

Quelle: Dennis Rook, ‚Is Impulse Buying (Yet) a Useful Marketing Concept?' (unveröffentlichtes Manuskript, University of Southern California, Los Angeles, 1990): Abb. 7.A.

Stimuli am Verkaufsort

Da offensichtlich viele Entscheidungen getroffen werden, während der Käufer sich im Kaufumfeld befindet, legen Einzelhändler immer mehr Wert auf Informationen und deren Präsentation in ihrem Geschäft. Es wird geschätzt, dass Impulskäufe um 10% steigen, wenn entsprechende Auslagen eingesetzt werden. Jedes Jahr geben amerikanische Unternehmen über 13 Milliarden Dollar für **Stimuli am Verkaufsort (POP bzw. point-of-purchase-stimuli)** aus. Ein Stimulus am Verkaufsort kann eine ausgefeilte Produktauslage oder eine Produktdemonstration sein, bei der z. B. in der Lebensmittelabteilung Gutscheine oder Keksproben verteilt werden.

Die Werbung im Geschäft wird immer anspruchsvoller, da Marketingexperten bemerkt haben, wie sie die Aufmerksamkeit der Kunden durch ein entsprechendes Geschäftsumfeld auf bestimmte Produkte lenken können. Allerdings ist es schwer, die Wirkung von Werbung im Geschäft und anderen POP-Stimuli abzuschätzen. Technische Lösungen wie handgesteuerte Computer, die gefilmte und alphanumerische Daten verarbeiten, werden von Reebok eingesetzt, um herauszufinden, ob die im Geschäft eingesetzten Aktionen ihr Ziel erfüllen, und welche von ihnen – verglichen mit denen der Konkurrenten – am besten funktionieren.[89]

Auslagen im Geschäft sind ein anderes, weit verbreitetes Mittel, um im Geschäftsumfeld Aufmerksamkeit zu erregen. Während die meisten Auslagen aus einfachen Ständern bestehen, auf denen das Produkt und/oder der dazugehörige Gutschein ausgestellt sind, wird manchmal der Einzelhandel zum Theater, das dem ‚Publikum‘ aufwändige Vorführungen und Landschaften bietet. Im vorweihnachtlichen Spielzeuggeschäft spielen POP-Auslagen die wichtigste Rolle – und die Gewinner sind große, etablierte Marken wie Barbie, Lego usw., aber auch Newcomer, die wissen, wie man einen auffälligen visuellen Eindruck erzeugt. Der Markt für Konstruktionsspielzeuge in Großbritannien wurde lange Zeit von Lego beherrscht, gefolgt von Meccano. Durch eine aggressive POP-Strategie gelang es K'Nex 1996 von seiner Starterposition aus im selben Jahr 20% der Marktanteile zu übernehmen.[90] Zu den herausragenden POP-Auslagen gehören Folgende:[91]

- *Timex:* Eine immer noch tickende Uhr auf dem Grund eines Aquariums.
- *Kellogg's Cornflakes:* Ein Knopf mit einem Bild von Cornelius, dem Hahn, befindet sich in für Kinder erreichbarer Nähe bei den Cornflakes. Drückt ein Kind auf den Knopf, kräht der Hahn.
- *Elizabeth Arden:* Das Unternehmen führte ‚Elizabeth‘ ein, ein aus Computer und Video bestehendes System, mit dem Kundinnen verschiedene Schminkmöglichkeiten ausprobieren können.

Medien vor Ort

Konsumenten werden überall zunehmend mit Werbung bombardiert. *Medien vor Ort* sind ein beliebtes Mittel, um Konsumenten zu erreichen, die sich an den Orten befinden, an denen die Botschaft ausgegeben wird. Bei diesen Orten kann es sich um Flughäfen, Arztpraxen, Universitätsgelände oder Sportklubs handeln. Turner Broadcasting System hat Initiativen wie Check-out Channel für Lebensmittelgeschäfte und Airport Channel geschaffen, und für McDonald's Restaurants McDTV getestet.[92] Auch MTV stellte sich darauf ein: Sein neuer Music Report, der in Plattengeschäften läuft, ist eine zweistündige „Videokapsel", die Videospots und Werbung für Musikeinzelhändler und für Firmensponsoren bringt. Ein MTV Manager beobachtete: ‚Sie sind schon im Einzelhandel. Sie sind bereit Geld auszugeben.'[93]

Vor allem die neuen Technologien haben zu einem Wachstum der POP-Aktivitäten beigetragen.[94] In manchen Geschäften hängen mit Sensoren ausgestattete Poster, die anfangen zu sprechen, sobald sich der Konsument ihnen nähert. Die POP Radio Corporation bietet Radio-netze in Geschäften an, die jetzt von rund sechzig Lebensmittelketten benutzt werden.[95] Man-che Einkaufswagen haben einen kleinen Bildschirm, der Werbung zeigt, die auf die Abteilung abgestimmt ist, durch die der Einkaufwagen gerade fährt.[96] Durch Videofilme in Geschäften können Inserenten Medienkampagnen am Verkaufort intensivieren.[97]

Zu den interessantesten Innovationen gehören hochmoderne Automaten. Französische Konsumenten können Levi's Jeans an einem Selbstbedienungsautomaten kaufen, der Jeans in zehn Größen anbietet. Der Kunde nimmt mit einem Gürtel Maß und bezahlt für die Hose rund 6 Pfund weniger als im Geschäft. Aufgrund ihres hektischen Lebensstils sind Japaner beson-ders eifrige Benutzer dieser Verkaufsautomaten. In den Automaten sind praktisch alle Pro-dukte vertreten, sogar Luxusartikel, die Menschen aus anderen Ländern nie in einem Auto-maten vermuten würden. Dazu gehören Juwelen, Blumen, tiefgefrorenes Fleisch, Pornografie, Visitenkarten, Unterwäsche und sogar Namen für potenzielle Rendezvous.[98]

9.3.4 Austauschbeziehungen

Einer der wichtigsten Faktoren im Geschäft ist der Verkäufer, der das Kaufverhalten von Konsumenten beeinflussen will.[99] Dieser Einfluss kann anhand der **Austauschtheorie** ver-standen werden, die davon ausgeht, dass jede Interaktion einen Austausch von Werten mit sich bringt. Jeder Beteiligte gibt dem anderen etwas und hofft, im Gegenzug auch etwas zu erhalten.[100]

Austausch von Ressourcen

Nach welchem ‚Wert' sucht der Kunde in einer Verkaufsinteraktion? Ein Verkäufer hat viel zu bieten – unter anderem Fachwissen, mit dem er dem Kunden die Wahl erleichtern kann. Der Kunde wiederum kann sich sicher fühlen, wenn der Verkäufer eine bewundernswerte oder sympathische Person ist, die einen ähnlichen Geschmack hat, und auf die er sich verlassen kann.[101] Forschungsergebnisse beweisen, wie viel Einfluss das Aussehen eines Verkäufers auf die Verkaufseffizienz hat. Wie oft im Leben, scheinen auch bei Verkäufern attraktive Men-schen die Oberhand zu haben.[102]

Die Verkaufsinteraktion

Eine Situation mit Käufer und Verkäufer gleicht vielen anderen dyadischen Begegnungen (Gruppen mit zwei Personen). Es handelt sich um eine Beziehung, in der sich beide Teilneh-mer in Bezug auf ihre Rollen einigen müssen, und in der darum eine *Identitätsverhandlung* auf-tritt.[103] Gibt sich der Verkäufer sofort als fachkundiger Experte zu erkennen (und der Kunde akzeptiert diese Situation), hat der Verkäufer während der Beziehung mehr Einfluss auf den Kunden. Einige der Faktoren, die die Rolle des Verkäufers (und seiner Effizienz) bestimmen, sind Alter, Aussehen, Bildungsstand und Verkaufsmotivation.[104]

Darüber hinaus kennen effiziente Verkäufer die Eigenschaften und den Geschmack ihrer Kunden besser als ineffiziente Verkäufer. Dieses Wissen ermöglicht ihnen, auf die Wünsche des spezifischen Kunden besser einzugehen.[105] Diese Anpassungsfähigkeit ist besonders wich-tig, wenn Kunden und Verkäufer sich in ihren *Interaktionsstilen* unterscheiden.[106] Konsumenten treten in Interaktionen unterschiedlich bestimmt auf. Unbestimmte Menschen glauben, dass Beschwerden sozial inakzeptabel sind, und fühlen sich durch Verkaufssituationen leicht einge-schüchtert. Bestimmte Menschen vertreten ihre Interessen in fester, nicht bedrohlicher Form, während aggressive Menschen unhöflich und bedrohend werden können, wenn sie ihren Wil-len nicht durchsetzen können.[107]

9.3.5 Beziehungsmarketing

Die strategische Perspektive, die den langfristigen, menschlichen Aspekt bei Interaktionen zwischen Käufern und Verkäufern umfasst, nennt man **Beziehungsmarketing**. Dieses befasst sich mit der Entwicklung eines langfristigen Beziehungsaustauschs, in dem beispielsweise eine auf Engagement und Vertrauen basierende Beziehung aufgebaut wird.[108] Beziehungsmarketing wurde als eins der viel versprechendsten Konzepte bei der jüngeren Entwicklung von Marketingtheorien gepriesen, hauptsächlich, weil es Marketingtheorien zurück zu der Erfahrungswirklichkeit von Managern bringt.[109] Wie jede andere Beziehung auch, durchlaufen Verkaufsbeziehungen fünf Phasen:[110]

1. *Bewusstsein*: Der Käufer betritt den Markt und bemerkt einige ihm vertraute Marken.
2. *Erkundung:* Der Käufer sucht und wählt aus. Ein minimales Engagement wird in die Beziehung gebracht. Normen und Erwartungen beginnen sich zu entwickeln.
3. *Expansion:* Käufer und Verkäufer werden mit der enger werdenden Beziehung unabhängiger.
4. *Verpflichtung:* Ein Versprechen wird (vielleicht implizit) gemacht, dass die Beziehung fortgesetzt wird (z. B. bezeichnet ein Kunde eine Person als ‚mein Frisör‘).
5. *Auflösung:* Die Beziehung wird aufgelöst – es sei denn, es werden Schritte unternommen, um sie weiterzuführen. Eine Möglichkeit für den Verkäufer, die Auflösung zu vermeiden, ist die Errichtung von *Austrittsbarrieren*, durch die dem Käufer die Trennung erschwert wird. Beispiele für Austrittsbarrieren sind verzögerte Rabatte (Kunden müssen eine Zeit lang Kaufbeweise sammeln), Mietpfand, oder bestimmte Flugprogramme, die den Wechsel von Fluggesellschaften weniger verlockend machen.

9.4 Nach-Kauf-Zufriedenheit

Die **Zufriedenheit oder Unzufriedenheit von Konsumenten** wird durch allgemeine Gefühle oder Einstellungen bestimmt, die eine Person nach dem Kauf zu einem Produkt hat. Konsumenten, die gekaufte Produkte in ihre täglichen Konsumaktivitäten integriert haben, bewerten sie ständig.[111] Kundenzufriedenheit hat einen großen Einfluss auf die Rentabilität: Eine vor kurzem unter schwedischen Konsumenten durchgeführte Studie fand heraus, dass die Produktqualität einen Einfluss auf die Zufriedenheit der Kunden hat, und dass dies wiederum zu gesteigerter Rentabilität bei den Unternehmen führt, die Qualitätsprodukte herstellen.[112] Qualität ist also mehr als nur ein Modewort des Marketing.

Wahrnehmungen von Produktqualität

Was erwarten Konsumenten von Produkten? Die Anwort ist leicht: Sie wollen Wert und Qualität. Vor allem aufgrund des ausländischen Wettbewerbs wurde Produktqualität zu einem strategisch wesentlichen Faktor.[113] Konsumenten verwenden eine Reihe von Anhaltspunkten, um Qualität zu beurteilen. Dazu gehören Markennamen, Preise und sogar die Abschätzung dessen, wie viel Geld in die Werbekampagne eines neuen Produkts investiert wurde.[114] Diese Anhaltspunkte werden – zusammen mit anderen wie Produktgarantie und Nachfassbriefen von der Firma – häufig von Konsumenten verwendet, um das wahrgenommene Risiko einzuschränken und sich selbst zu vergewissern, dass sie die richtige Kaufentscheidung getroffen haben.[115]

Was ist Qualität?

In *Zen und die Kunst der Motorradwartung (Zen and the Art of Motorcycle Maintenance)*, einem Kultbuch aus der Mitte der 1970er-Jahre, wird der Protagonist des Buches regelrecht verrückt, als er versucht, die Bedeutung von Qualität zu ergründen.[116] Marketingexperten scheinen das Wort Qualität als allgemeine Bezeichnung für ‚gut' zu verwenden. Wegen seinem vielschichtigen und unpräzisen Einsatz droht das Attribut ‚Qualität' zu einer Floskel zu werden. Wenn jeder es hat, wozu ist es dann gut?

Eine Art, Qualität zu definieren, ist die Erstellung von einheitlichen Standards, an denen Produkte aus aller Welt gemessen werden. Das ist das Ziel der International Standards Organization, einer in Genf ansässigen Organsiation. 1987 wurde zur Reglementierung von Produktqualität erstmals eine Reihe von Qualitätskriterien erstellt. Die heute umfangreichen Richtlinien sind bekannt als **ISO Standards**. Diese Standards existieren in verschiedenen Übersetzungen, sie decken Themenbereiche wie die Herstellung und Installation von Produkten, Kundendienst und umweltfreundliche Produktionsprozesse ab.

Die Bedeutung von Erwartungen

Globale Qualitätsstandards helfen sicher zu stellen, dass Produkte wie versprochen funktionieren. Konsumenten bewerten diese Produkte aber auf etwas komplexere Art. Zufriedenheit oder Unzufriedenheit ist mehr als eine Reaktion auf die tatsächliche Qualitätsleistung eines Produktes oder einer Dienstleistung. Sie wird durch vorherige Erwartungen in Bezug auf das Qualitätsniveau beeinflusst. Laut dem **Erwartungs-Diskonfirmations-Modell** bilden Konsumenten Überzeugungen von Produktleistungen, die auf ihrer früheren Erfahrung mit dem Produkt basieren, und/oder auf der Produktkommunikation, die ein gewisses Maß an Qualität impliziert.[117] Wenn etwas so funktioniert wie wir es uns wünschen, denken wir nicht viel daüber nach. Wenn es aber unseren Erwartungen nicht entspricht, können negative Gefühle ausgelöst werden. Wenn die Leistungen unsere Erwartungen jedoch übertreffen, sind wir zufrieden und erfreut.

Um diese Perspektive zu verstehen, denken wir an verschiedene Arten von Restaurants. In einem Restaurant der gehobenen Klasse erwarten wir spiegelblanke Gläser und sind unzufrieden, wenn wir aus einem billigem Glas trinken müssen. In einem einfachen Esslokal dagegen sind wir nicht weiter überrascht, wenn unser Glas Flecken hat, wir können sogar finden, dass das zu dem Reiz des Lokals gehört. Aus dieser Perspektive lernen Marketingexperten, dass man nie zu viel versprechen darf.[118]

Ein Ansatz, der die Zufriedenheit von Konsumenten behandelt, ist das *Kano-Modell*. Es geht von drei Arten von Erwartungen aus: Grund-, Leistungs- und Begeisterungserwartungen. Grunderwartungen werden grundsätzlich bei einem Produkt vorausgesetzt. Werden sie nicht erfüllt, so kommt das Produkt für den Kunden nicht in Betracht, werden sie erfüllt, profilieren sie das Produkt nicht, da diese Qualitäten bei dem Produkt als Minimum vorausgesetzt werden. Bei Leistungserwartungen entspricht die Zufriedenheit dem Maß, in dem das Produkt den Erwartungen entspricht. Solche Qualitätsansprüche werden oft von Kunden spezifiziert und geäußert. Produktmerkmale, die sich auf Begeisterung beziehen, können nicht Erwartungen genannt werden, da ihr wesentliches Merkmal ist, dass sie vom Kunden *nicht* erwartet werden. Solche positiven Überraschungen können zu starken Gefühlen der Befriedigung führen, da die Produktqualität die Erwartungen sogar noch übersteigt.[119] Forschungsergebnisse zeigen, dass Produkterfahrung für die Zufriedenheit von Kunden wichtig ist. Haben Menschen keine Erfahrung mit einem Produkt, so sind sie relativ leicht zu befriedigen, aber mit steigender Erfahrung sind sie schwerer zu befriedigen. Wenn sie ein gewisses Maß an Erfahrung erreicht haben, stellt sich Zufriedenheit wieder leichter ein, da die Konsumenten nun ‚Experten' sind. Dadurch wird ihnen die Wahl erleichtert und sie haben realistischere Erwartungen.[120] Daraus kann man allgemein schließen, dass die Ziele von Konsumenten vielschichtig sind, und dass das Produkt- oder Dienstleistungsangebot so komplex ist, dass jede Zufriedenheitsmessung vorsichtig verwendet werden muss.[121]

Qualitäts- und Produktmängel

Die Bedeutung von Qualitätsanforderungen wird am klarsten, wenn diese nicht erfüllt werden. In diesem Fall werden die Erwartungen des Konsumenten zunichte gemacht, woraus Unzufriedenheit entsteht. In solchen Situationen leiten Marketingexperten umgehend Schritte ein, um die Kunden zu beruhigen. Geht die Firma das Problem offen an, sind Konsumenten oft bereit, den Vorfall zu verzeihen, wie es bei Perrier der Fall war, als in dem Tafelwasser Spuren von Benzol entdeckt worden waren. Versucht aber eine Firma, Fehler zu vertuschen, steigt der Ärger der Konsumenten, wie es bei dem Unfall von Union Carbide in Bhopal, Indien, und bei Exxon der Fall war, als eine massive Ölverschmutzung in Alaska durch einen ihrer Tanker, die *Exxon Valdez*, verursacht wurde.

Auf Unzufriedenheit reagieren

Was kann man tun, wenn eine Person mit einem Produkt oder einer Dienstleistung nicht zufrieden ist? Der Konsument hat in diesem Fall mehrere Möglichkeiten:[122]

1. *Mündliche Reaktion*: Der Konsument kann sich direkt an den Einzelhändler wenden und eine Wiedergutmachung verlangen (z. B. eine Rückerstattung).
2. *Private Reaktion:* Der Konsument kann seine Unzufriedenheit mit dem Geschäft oder dem Produkt Freunden mitteilen und/oder das Geschäft boykottieren. Wie wir in Kapitel 10 noch besprechen werden, kann negative Mund-zu-Mund-Werbung für das Ansehen eines Geschäfts in hohem Maße schädlich sein.
3. *Reaktion durch Dritte:* Der Konsument kann gegen einen Händler Klage erheben, einen Vermittler einschalten oder vielleicht einen offenen Brief an eine Zeitung schreiben.

Verschiedene Faktoren beeinflussen die Maßnahmen, die ergriffen werden. Im Allgemeinen ist der Konsument in seinem Wesen entweder bestimmt oder duldsam. Klage wird eher bei teuren Produkten eingereicht (langlebige Haushaltsgüter, Autos und Kleidung), als bei billigen Produkten.[123] Ist der Konsument nicht überzeugt, dass das Geschäft positiv auf seine Klage reagiert, wechselt er eher die Marke, als dass er um seine Rechte kämpft.[124] Marketingexperten sollten Konsumenten zur Beschwerde *ermuntern*, denn die Menschen erzählen ihren Freunden eher von ungelösten negativen Erfahrungen, als dass sie von positiven Ereignissen berichten.[125]

9.5 Produktentsorgung und Umweltbewusstsein

Weil Menschen häufig enge Bindungen zu Produkten entwickeln, kann die Entscheidung, etwas zu entsorgen, schwer fallen. Besitztümer dienen unter anderem als Halt für die Identität von Menschen, die Vergangenheit lebt in den Dingen.[126] Bei Japanern wird diese Bindung besonders deutlich: Sie ,verabschieden' abgenutzte Nähnadeln, Stäbchen und sogar Computerchips, indem sie sie als Dank für gute Dienste verbrennen.[127]

Obwohl manche Menschen mehr Mühe haben, Dinge auszurangieren, sammelt auch eine ,Elster' nicht alles. Konsumenten müssen Dinge oft entsorgen – entweder weil sie ausgedient haben oder weil sie nicht mehr zum Image des Konsumenten passen. Umweltbewusstsein und das Bedürfnis nach Zweckmäßigkeit hat Produktentsorgung in den unterschiedlichsten Kategorien (von Rasierklingen bis Windeln) zu einem zentralen Attribut gemacht.

9.5.1 Entsorgungsmöglichkeiten

Beschließt ein Konsument, dass er ein Produkt nicht mehr braucht, hat er verschiedene Möglichkeiten. Er kann (1) den Artikel behalten, (2) ihn zeitweise entsorgen, oder (3) ihn für immer entsorgen. In vielen Fällen wird ein neues Produkt erworben, obwohl das alte noch funktioniert. Gründe für diesen Austausch sind das Verlangen nach neuen Dingen, eine Änderung im Umfeld der Person (z.B. der Kühlschrank passt nicht mehr zu der frisch gestrichenen Küche), oder eine Änderung in der Rolle oder im Selbstimage der Person.[128] Abbildung 9.6 zeigt eine Übersicht der Entsorgungsmöglichkeiten, die Konsumenten haben.

Wiederverwertung

Produktentsorgung und **Wiederverwertung** sind wichtig, weil sie in den Bereich der Öffentlichkeitspolitik übergreifen. Wir leben in einer Wegwerfgesellschaft, was Probleme für die Umwelt schafft und zu riesigen Müllbergen führt. In vielen Ländern werden die Menschen mit der Wiederverwertung vertraut gemacht. Japan verwertet rund 40% seines Abfalls wieder – dieser relativ hohe Prozentsatz liegt zum Teil an dem sozialen Wert, den Wiederverwertung

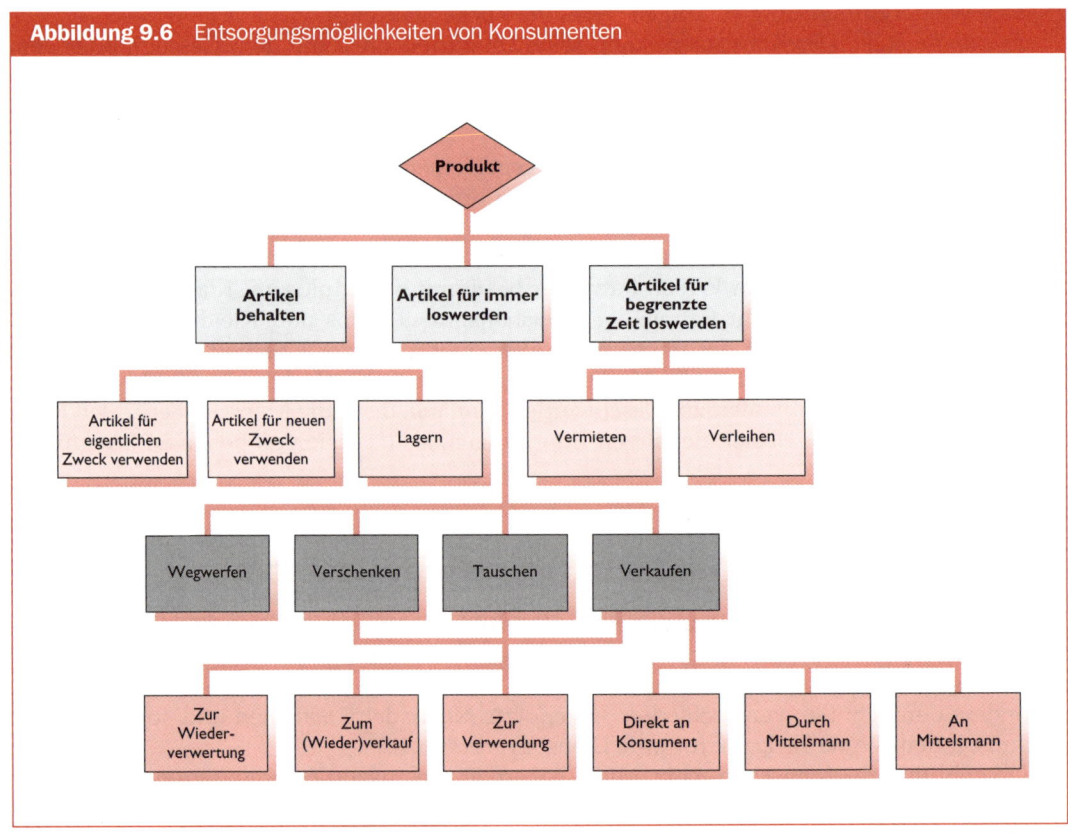

Abbildung 9.6 Entsorgungsmöglichkeiten von Konsumenten

Quelle: Adaptiert von Jacob Jacoby, Carol K. Berning und Thomas F. Dietvorst, ‚What About Disposition?‘, *Journal of Marketing* 41 (April 1977): 23. © American Marketing Association.

bei den Japanern hat. Müllwagen, die mit klassischer Musik oder Kinderliedern durch die Straßen fahren, erleichtern den Menschen die Entsorgung.[130] Unternehmen suchen nach Wegen, Ressourcen effizienter einzusetzen, häufig auf das Betreiben von aktivistischen Konsumentengruppen hin. McDonald's beugte sich dem Druck solcher Gruppen und schaffte Styroporverpackungen ab – und die Niederlassungen in Europa experimentieren gar mit essbaren Frühstückstabletts aus Mais.[131]

In verschiedenen Studien wurde erforscht, welche Ziele Konsumenten mit der Wiederverwertung verfolgen. Anhand einer Means-End-Analyse (siehe Kapitel 4) wurde identifiziert, auf welche Weise spezifische instrumentelle Ziele mit abstrakteren Endwerten verbunden sind. Die wichtigsten unteren Ziele waren ‚Mülldeponien vermeiden‘, ‚Abfall reduzieren‘, Material wieder verwenden‘ und ‚Umwelt schützen‘. Diese waren mit den Endwerten ‚Gesundheit fördern/

Die britische Werbung für Haushaltstücher zeigt auf humorvolle Weise, dass die Haushaltstücher aus Altpapier hergestellt wurden.

Lurzer's Archive, 1994, 91. © Manchester, UK, Creative Team; Wayne Hanson, Graham Daldry.

En als u erop uitgekeken bent,
ruimen we hem weer netjes op.

Thema der niederländischen Werbung für Volkswagen ist die Wiederverwertung. Im Werbetext steht: ‚Und wenn Sie ihn satt haben, machen wir ihn schön wieder neu.'
Lurzer's Archive, 1994. © Volkswagen und DDB Needham Worldwide BV Amsterdam.

Krankheit vermeiden', ‚lebenserhaltende Mittel durchsetzen' und ‚für zukünftige Generationen vorsorgen' verbunden. Eine andere Studie ergab, dass die bei der Wiederverwertung wahrgenommene Anstrengung der beste Indikator dafür ist, ob die Menschen die Mühe auf sich nehmen wollen – dieser pragmatische Aspekt überwog allgemeine Einstellungen zur Wiederverwertung und zu Umweltfragen, indem er Wiederverwertungsabsichten voraussagte.[132] Eine andere (europäische) Studie fand unter anderem heraus, dass der wichtigste Motivationsfaktor für Wiederverwertung die hohe, wahrgenommene Effizienz der Aktion war – das heißt, ob der Konsument der Wiederverwertung Bedeutung beimisst.[133] Durch die Anwendung solcher Techniken zur Erforschung des Verhaltens bei Wiederverwertung und Produktentsorgung, ist es für Sozialmarketingexperten leichter, Werbetexte und andere Botschaften zu formulieren, die Werte ansprechen, durch die die Menschen zu umweltbewussterem Verhalten motiviert werden.[134]

Statistiken, die Messungsschwierigkeiten miteinbezogen, haben ergeben, dass die Abfallproduktion sich in den verschiedenen Ländern Europas stark unterscheidet. Gegen Ende der 1980er-Jahre reichte die jährliche Produktion von städtischem Abfall pro Kopf in Europa von 231 kg in Portugal bis 608 kg in Finnland. Zum Vergleich: Der Anteil in den Vereinigten Staaten lag bei 864 kg pro Kopf. Diese unterschiedliche Abfallerzeugung hängt mit dem Pro-Kopf-Einkommen und mit den verschiedenen Konsumgewohnheiten zusammen.[135]

Auch der Umgang mit Abfall ist unterschiedlich. Wiederverwertungsprogramme in Dänemark veranlassen die Menschen, ihren Hausmüll einzuschränken und so viel wie möglich wiederzuverwerten, indem durch die städtischen Abfallverwaltungssysteme Konsumenten je nach Gewicht oder Volumen ihres Hausmülls besteuert werden.[136] Das dänische Modell der Müllverwaltung, bei dem jeder Bürger soziale Verantwortung für Mülltrennungsprogamme trägt, wird jetzt global durch Standort-Besuche und Videokassetten vermarktet.[137] In Deutschland sind Hersteller gesetzlich zur Redistribution und zur Wiederverwertung gebrauchter Produkte verpflichtet.[138] Neben der Wiederverwertung haben noch andere Entsorgungsprogramme das Interesse von Behörden geweckt. In vielen europäischen Ländern, darunter Spanien, Italien,

Frankreich und Dänemark, wurden vom Staat wirtschaftliche Anreize geschaffen, um Autobesitzer dazu zu bringen, ihren alten Wagen durch einen neuen zu ersetzen, damit die Luftverschmutzung reduziert und die Sicherheit auf den Straßen verbessert wird.[139]

9.5.2 Laterale Verwertung

Bei der **lateralen Verwertung** entstehen interessante Konsumentenprozesse. Dabei werden gekaufte Objekte weiterverkauft oder gegen andere Dinge getauscht. Viele Menschen kaufen lieber gebrauchte Waren als neue. Die Wiederverwendung der Dinge anderer Menschen ist in unserer Wegwerfgesellschaft besonders wichtig, da, wie ein Forscher sagte, ,die Sachen nirgendwohin mehr geworfen werden können'.[140]

Flohmärkte, Gebrauchtwagenmärkte, Kleinanzeigen, Tauschhandel, Secondhand-Geschäfte und der Schwarzmarkt sind wichtige alternative Marketingsysteme, die neben dem formalen Markt bestehen. In den Vereinigten Staaten ist der Anteil von Gebrauchtwarengeschäften ungefähr zehnmal mehr gestiegen, als der Anteil an anderen Geschäften.[141] Traditionelle Marketingexperten haben sich relativ selten mit dem Gebrauchtwarenmarkt befasst. Trotzdem spielen Faktoren wie Umweltbewusstsein, steigendes Qualitäts-, Kosten- und Modebewusstsein zusammen, um diese ,sekundären' Märkte wichtiger zu machen.[142] Das Interesse an Antiquitäten, abgelegtem Zubehör und Fachzeitschriften, die diese Marktnische füllen, nimmt zu. Andere Wachstumsgebiete sind gebrauchte Computer oder der Tausch von gebrauchten Skiern. Eine neue Generation von Geschäftsführern entwickelte Märkte für alles, von der gebrauchten Büroeinrichtung bis zu ausgedienten Spülbecken. Viele dieser Unternehmen sind gemeinnützig und werden staatlich gefördert. Diese Bemühungen erinnern uns daran, dass Wiederverwertung tatsächlich der letzte Schritt in der Umweltschutzbewegung ist: reduzieren, wiederverwenden, wiederverwerten. Nur wenn ein Artikel wirklich nicht mehr verwendet werden kann, sollte er eingestampft und neu verarbeitet werden.

9.5.3 Von der Wiederverwertung zum Umweltbewusstsein und dem politischen Konsumenten

Wiederverwertung ist nur der Anfang eines tief greifenden Prozesses, der auch mit dem Produktionsprozess zusammenhängende Umweltfragen einschließt. Umweltbewusstsein oder **Umweltschutz** hängen nicht mehr nur mit Wiederverwertung zusammen, sondern mit allen Aspekten des Produktions- und Konsumprozesses, und beeinflussen Marketingstrategien für Produkte wie Windeln oder Fastfood. Ecover, ein umweltbewusster belgischer Produzent von Reinigungsmitteln, appellierte in ironischer Weise an das Umweltbewusstsein der Konsumenten, indem er alte Fernseh-Werbespots seiner Konkurrenten wiederverwertete. Das Unternehmen nahm fünf Schwarz-Weiß-Werbespots aus den 1950er-Jahren und legte seinen eigenen, farbigen Werbespot darüber. Dem Werbekommentar war zu entnehmen, dass die alten Werbespots wiederverwertet worden waren.[143] Manche Menschen sind der Meinung, dass Umweltbewusstsein langsam zu einem neuen universellen Wert wird – nicht mehr in militanter Form, sondern als stillschweigende Forderung von Konsumenten.[144] Ein Kommentator drückte es so aus: ,Umweltbewusstsein heißt, dass wir keine ökologische Milch mehr haben, sondern nur noch Milch und Industrie-Milch.' Das kann auch dazu führen, dass Konsumenten für alle Arten von natürlichen Produkten und für kleinere, unabhängige Produzenten empfänglicher werden. Verschiedene Verbraucherschutzgruppen verstärken den Druck auf Hersteller, um sie dazu zu bewegen, bei der Produktion die Umwelt zu schützen und mit den Ressourcen sorgsamer umzugehen.

Manche Einzelhandelsketten in Europa setzen sich für den Umweltschutz ein. Migros, die größte schweizerische Einzelhandelskette hat Verpackungsmaterial eingeschränkt, den Eisenbahntransport gesteigert und zahlreiche nicht toxische, gut isolierte Geschäfte eröffnet, um den Energieverbrauch einzuschränken. Tengelmann in Deutschland (chlorfreie Produkte, Milchausgabe zur Wiederverwendung von Milchflaschen), Otto, die größte Versandfirma der Welt (Umweltfreundlichkeit als Unternehmenskultur, Zusammenarbeit mit dem World Wildlife Fund), Sainsbury und Tesco in Großbritannien (Gesamtlabel, Programme für gesunde Ernährung und biologischen Anbau) gehören zu den führenden Einzelhändlern, die sich für Umweltfragen einsetzen.[145]

Umweltschutz spielt in den einzelnen europäischen Ländern eine unterschiedlich große Rolle. In Ländern wie Deutschland, Dänemark und Schweden ist er ein wichtiges politisches Thema. In einer Studie über Umweltbewusstsein beim Autokauf stand Deutschland an erster Stelle, gefolgt von Großbritannien, Frankreich und Spanien.[146]

Einstellungen und Verhalten in Bezug auf Umweltschutz sind schwer vorauszusagen. Manche sagen, der Trend lasse nach, da Organisationen wie Greenpeace eine rückläufig Mitgliedschaft verzeichnen. Andere gehen davon aus, dass sich auch bei umweltbewusster Einstellung das tatsächliche Verhalten doch nicht ändert. Das ergab eine 1991 unter dänischen Konsumenten durchgeführte Studie.[147] Seitdem ist die Nachfrage nach Milch, Eiern und Gemüsen aus kon-

Die schwedische Werbung für einen Hersteller von umweltfreundlichem Verpackungsmaterial zeigt den Wunsch vieler Marketingexperten, sich an der Umweltschutzbewegung zu beteiligen.
© Ehrenstrahle & Co., BBDO, Stockholm, SCHWEDEN.

trolliertem Anbau in Dänemark und vielen anderen europäischen Ländern explodiert. Ein wichtiger Indikator dafür, dass Umweltbewusstsein ein (mehr oder weniger) globaler Wert ist, und nicht nur eine vorübergehende Modeerscheinung, ist die Rolle, die Umweltbewusstsein in der Schule und in meinungsbildenden Jugendmedien wie MTV spielt.[148]

Durch viele Studien wurde versucht, ein bestimmtes Wertprofil des umweltfreundlichen Konsumenten zu erstellen,[149] und zu ermitteln, ob sie individuell oder sozial orientiert sind.[150] Werte wie ‚enge Beziehungen zu anderen' und ‚soziale Gerechtigkeit' wurden im Zusammenhang mit umweltbewussten Einstellungen und umweltbewusstem Verhalten identifiziert.[151]

Ein umweltbezogenes Thema wie die Verwendung von Wachstumshormonen in der Milch und im Rindfleisch ist eins der größten Hindernisse bei Handelsgesprächen zwischen Europa und den Vereinigten Staaten. Manche beziehen sich auf wissenschaftliche Daten und behaupten, es bestehe kein Risiko,[152] während andere der Meinung sind, dass es eher eine Frage von Produktions- und Konsumethik ist, als eine des tatsächlichen Risikos für Konsumenten. Wie dem auch sei: Viele Konsumenten stehen genmanipulierten Produkten skeptisch gegenüber (15% Akzeptanz in Frankreich, 31% in Großbritannien).[153] Was für die Konsumenten auf dem Spiel steht, abgesehen von den damit zusammenhängenden internationalen Wirtschaftsinteressen, scheint die Konfrontation von wirtschaftlicher versus moralischer Logik zu sein.

Ruby vom The Body Shop ist eine Puppe, die Barbie ähnlich sieht, aber rundlichere Formen hat. Sie wurde eingeführt als Aktion des Widerstandes gegen die Tyrannei der Schlankheit und das unmögliche Körperideal von Topmodellen, das durch Barbies Formen verstärkt wird.

Der politische Konsument

Dem umweltbewussten Konsument folgt das Konzept des **politischen Konsumenten**. Der politische Konsument setzt sein Kaufverhalten als Waffe ein und unterstützt Unternehmen, die ähnliche Werte haben wie er selbst. Diese Konsumenten wählen Produkte anhand der Einschätzung des ethischen Verhaltens des Unternehmens, wozu die Wahrung der Menschenrechte, der Tierschutz, die Umweltfreundlichkeit und die Unterstützung von Wohltätigkeitsinitiativen gehören. Unternehmen wie The Body Shop basieren auf der Vorstellung von natürlichen Produkten, die nicht an Tieren getestet wurden, und setzen gezielt auf Umweltbewusstsein. Aber langsam richtet sich das Ziel des Unternehmens auch auf ein breiteres Spektrum an sozialen Werten. Dazu gehört die Debatte um Schönheitsideale, zu deren Unterstützung ‚Ruby' eingeführt wur-

Die amerikanische Werbung für Körperpuder und Öle ist so positioniert, dass sie Menschen mit Umweltbewusstsein anspricht. Viele Aspekte des Konzepts vom politischen Konsumenten werden aufgenommen: Keine Tierversuche, Verpackung aus wiederverwertetem Material, ein Teil des Gewinns geht an den Schutz von Regenwäldern.
Love's Clean & Natural, MEM Company, Inc.

de, eine der Barbie ähnlich sehenden Puppe mit rundlicheren Formen, mit der gegen die Tyannei der Schlankheit und dem unmöglich zu erreichenden Idealkörper von Topmodels (oder Barbies) gekämpft wird. Die Reaktion war vorhersehbar: Mattel Inc., Hersteller von Barbie, erhob Klage gegen The Body Shop, weil Rubys Gesicht dem von Barbie zu sehr ähnelte.

Viele andere Unternehmen arbeiten jetzt daran, Unannehmlichkeiten zu vermeiden, wie sie Shell in Dänemark, den Niederlanden und Deutschland wegen des Brent Spar-Falls hatte; sie versuchen Schwierigkeiten aus dem Weg zu gehen, die französische Exporteure während der Atomversuche 1996 hatten. Um nur ein paar Fälle zu nennen: Die Mineralwasser-Firma Ramlösa setzt sich gemeinsam mit dem Roten Kreuz in Skandinavien für sauberes Wasser in der Dritten Welt ein und startete Kampagnen mit dem Slogan: ‚Wasser fürs Leben'.[154] British Telecom hat eine Kampagne gestartet, in der das Unternehmen seine Arbeit für alte und behinderte Menschen betont.[155] Die Brauereien Heineken und Carlsberg zogen Pläne für groß angelegte Investitionen in Myanmar (Burma) zurück, nachdem Konsumenten gegen dieses Vorhaben protestiert hatten, das sie als direkte Unterstützung der dortigen repressiven Mititärregierung betrachteten.

Es besteht die Gefahr dass der politische Konsument zu einem moralisierenden Konsumenten wird, wie es im politischen und gesellschaftlichen Umfeld in den Vereinigten Staaten geschah. Einige Konsumentengruppen haben Schritte gegen Unternehmen eingeleitet, die während der Fernsehübertragung des kontroversen Films *Die letzte Versuchung Christi* Werbespots geschaltet hatten.[156] Da stellt sich die Frage: Wo ist die Grenze zwischen Moral und Moralisieren?

9.6 Zusammenfassung des Kapitels

- Die *Kaufhandlung* kann durch viele Faktoren beeinflusst werden. Dazu gehört der vorangegangene Zustand des Konsumenten (Stimmung, Zeitdruck oder Kaufeinstellung). Zeit ist eine wichtige Ressource, die oft bestimmt, wieviel Anstrengung und Zeitaufwand wir in eine Entscheidung investieren. Die Stimmung kann durch das Maß an Vergnügen und Erregung beeinflusst werden, das in einem Geschäftsumfeld vorhanden ist.
- Der *Nutzungskontext* eines Produkts kann als Basis für eine Segmentierung dienen. Konsumenten suchen nach verschiedenen Produktattributen, je nachdem, wofür sie ihren Kauf verwenden möchten. Die Anwesenheit oder Abwesenheit von anderen Menschen – und die Art der Menschen, die anwesend sind – kann sich ebenfalls auf die Entscheidung des Konsumenten auswirken.
- Die *Kauferfahrung* ist ein zentraler Teil der Kaufentscheidung. Oft ist Einzelhandel wie Theater – die Bewertung des Konsumenten von Geschäft und Produkt kann von der ‚Unterhaltung' abhängen, die ihm geboten wird. Diese Bewertung kann von den Akteuren (z. B. Verkäufer), dem Rahmen (das Geschäftsumfeld) und den Requisiten (z. B. Geschäftsauslagen) beeinflusst werden. Ein *Geschäftsimage* wird wie eine Markenpersönlichkeit von einer Reihe von Faktoren bestimmt, zu denen wahrgenommene Annehmlichkeit, Eleganz, Fachkenntnis des Verkäufers und anderes gehören. Mit zunehmendem Wettbewerb durch den Versandhandel ist die Schaffung eines positiven Einkaufserlebnisses heute wichtiger denn je.
- Da viele Kaufentscheidungen erst im Geschäft getroffen werden, sind Stimuli am *Verkaufsort* (POP-Stimuli) wichtige Verkaufswerkzeuge. Dazu gehören Produktproben, Verpackungen, Medien vor Ort und Werbematerial im Geschäft, etwa ‚shelf talker'. POP-Stimuli spielen bei der Stimulanz von Impulskäufen eine wichtige Rolle – hierbei wird der Konsument von einem plötzlichen Bedürfnis nach einem Produkt ergriffen.

- Die Begegnung zwischen Konsument und Verkäufer ist ein komplexer, wichtiger Prozess. Das Resultat kann durch Faktoren wie die Ähnlichkeit des Verkäufers mit dem Kunden und seiner wahrgenommenen Glaubwürdigkeit zusammenhängen.
- Die *Beziehungsmarketing* genannte Perspektive behandelt die Bedeutung einer langfristigen Beziehung zu dem Konsumenten. Wie in einer echten Beziehung entwickelt sich auch hier in zunehmendem Maß Vertrauen und Identifikation.
- Die *Kundenzufriedenheit* wird durch den Gesamteindruck bestimmt, den ein Konsument nach dem Kauf für ein Produkt empfindet. Viele Faktoren beeinflussen die Wahrnehmung von Produktqualität, darunter Preis, Markenname und Produktleistung. Befriedigung wird häufig von dem Maß bestimmt, in dem die Leistung eines Produkts mit der vorherigen Erwartung in Bezug auf die gute Funktion konsistent ist.
- *Produktentsorgung* wird immer wichtiger. Wiederverwertung ist eine Möglichkeit, die immer mehr in Betracht gezogen wird, da der Konsument umweltbewusster wird. Produkte können von Konsumenten durch Sekundärmärkte eingeführt werden – ein Prozess, der *laterale Wiederverwertung* genannt wird und eintritt, wenn Objekte gekauft und wiederverkauft oder getauscht werden.
- Die *Umweltschutzbewegung* ist eine allgemeine Bezeichnung für die wachsende Aufmerksamkeit, die dem Einfluss menschlicher Aktivitäten auf die Umwelt geschenkt wird. Im Hinblick auf den Konsum von Produkten/Dienstleistungen hat dies zu einer ganzen Reihe von umweltbezogenen Urteilen – von der Wiederverwertung knapper Ressourcen bis zu der Berücksichtigung des gesamten Produktions- und Distributionsprozesses – geführt.
- Die Umweltschutzbewegung kann ein Hinweis auf einen allgemeineren Trend in Richtung bewusster Reflexion über ethische Aspekte des Konsums sein. Der *politische Konsument* 'wählt mit seinem Einkaufskorb' und versucht, Unternehmen dazu zu bringen, dass sie die Umwelt von Natur und Menschen schützen. Zu den Aspekten, die den Kauf beeinflussen, gehören auch Themen wie die Menschenrechte.

SCHLÜSSELBEGRIFFE

Atmosphäre	297	laterale Verwertung	307
Austauschtheorie	300	politischer Konsument	310
Beziehungsmarketing	301	Stimuli am Verkaufsort (POP bzw.	
Erwartungs-Diskonfirmations-Modell	302	point-of-purchase-stimuli)	299
Geschäftsgestalt	297	Umweltschutz	307
Geschäftsimage	295	Wiederverwertung	304
Impulskäufe	297	Zeitstil	286
ISO Standards	302	Zufriedenheit oder Unzufriedenheit	
Kauforientierung	293	von Konsumenten	301

ÜBUNGSAUFGABEN

9.1　Besprechen Sie einige der in diesem Kapitel beschriebenen Motive für das Einkaufen. Wie kann ein Einzelhändler seine Strategie anpassen, um diesen Motiven entgegenzukommen?

9.2　Nennen Sie die positiven und negativen Aspekte einer Berufskleidung für Angestellte, die mit Kunden interagieren, oder einer Kleiderordnung im Büro.

9.3 Das Geschäftsumfeld wird immer härter umkämpft, da immer mehr Unternehmen ihre Werbung am Verkaufsort einsetzen. Käufer sehen sich Videos an der Kasse, am Einkaufswagen befestigten Computerbildschirmen usw. gegenüber. Medien vor Ort beliefern uns mit Werbung in Nicht-Einkaufsumgebungen. Halten Sie diese Innovationen für zu aufdringlich? An welchem Punkt können Käufer sich auflehnen und während des Einkaufs Ruhe verlangen? Sehen Sie ein zukünftiges Marktpotenzial für Geschäfte, die sich diesem Trend widersetzen und ihren Kunden ein ‚passives‘ Kaufumfeld bieten?

9.4 Nennen Sie die fünf Stufen einer langfristigen Dienstleistungsbeziehung. Wie kann jemand, der Beziehungsmarketing umsetzt, jede Stufe in seiner Strategie einsetzen?

9.5 Besprechen Sie das Konzept des ‚Lebensstils‘. Wie können anhand Ihrer eigenen Erfahrungen Konsumenten in Bezug auf ihren Lebensstil segmentiert werden?

9.6 Vergleichen Sie verschiedene gesellschaftliche Auffassungen von Zeit. Was bedeuten solche Strukturen für Marketingstrategien?

9.7 Die Bewegung von einer Wegwerfgesellschaft zu einer Gesellschaft, die Wert auf kreative Wiederverwertung legt, birgt für Marketingexperten viele Möglichkeiten. Können Sie einige nennen?

9.8 Machen Sie Beobachtungen in einem Einkaufszentrum oder einem Supermarkt. Setzen Sie sich an einen zentralen Ort und beobachten Sie die Aktivitäten von Personal und Kunden. Notieren Sie die Aktivitäten, die nicht mit dem Einzelhandel zu tun haben (z. B. Veranstaltungen, Ausstellungen, gesellschaftliche Ereignisse etc.). Lenken diese Aktivitäten vom Geschäft in dem Einkaufszentrum ab oder steigern sie es?

9.9 Wählen Sie drei konkurrierende Bekleidungsgeschäfte in Ihrem Gebiet und erstellen Sie für jedes ein Geschäftsimage. Bitten Sie einige Konsumenten, jedes Geschäft anhand einer Reihe von Attributen einzuordnen, und tragen Sie diese Ratings auf derselben Grafik ein. Können Sie aufgrund Ihrer Ergebnisse Gebiete mit Konkurrenzvorteilen oder -nachteilen entdecken, die Sie dem Management nahe legen könnten? (Diese Technik wurde in Kapitel 5 beschrieben.)

9.10 Konstruieren Sie anhand von Tabelle 9.1 eine Person/Situationsegmetierungsmatrix für eine Parfümmarke.

9.11 In welchen Bereichen haben Ihrer Meinung nach Umweltschutzthemen den größten Einfluss auf das Verhalten von Konsumenten? Warum?

9.12 Ist der ‚politische Konsument‘ eine Modeerscheinung oder eine neue, wachsende Herausforderung für Marketingexperen und Hersteller? Besprechen Sie diese Frage.

9.13 Gehen Sie in Ihren Supermarkt und überprüfen Sie die Auswahl an Bioprodukten. Wie sind sie in dem Geschäft präsentiert? Was sagt das über die Stellung der Produkte aus?

9.14 Versuchen Sie eine Schätzung darüber zu erstellen, wie oft der Umweltschutz in der Werbung erwähnt wird. Sind die Botschaften glaubwürdig? Warum oder warum nicht?

9.15 Was halten Sie von Boykotts als Antwort von Konsumenten auf das, was als unethisches Verhalten von Unternehmen empfunden wird?

E s war Dezember und Björn hatte den ganzen Tag an Snowboards gedacht, nachdem er am Morgen in der Zeitung die Werbeanzeige eines Geschäfts namens Summit gesehen hatte – mit der Überschrift ‚Warme Füße kostenlos‘. Vielleicht konnte er seinen Vater bitten, ihm zu Weihnachten ein Snowboard zu schenken. Aber wie sollte er ihn überzeugen? Die meisten seiner Freunde hatten eins, und die Winterferien in den schwedischen Bergen mit seiner Familie würden dann noch mehr Spaß machen. Er stellte sich vor, wie er seinen Freunden nach den Ferien erzählen würde, dass er Snowboard gefahren war! Es würde gar nicht so teuer sein, denn in der Werbeanzeige stand, dass man, wenn man das Snowboard jetzt kaufte, die Stiefel umsonst bekäme.

Björn überlegte, was er dazu anziehen würde. Früher hatten Snowboard-Fahrer weite Stricksachen, die den Schnee aufsaugten, getragen, aber das hatte sich geändert. Heute ist Goretex das absolut beste Material. Vielleicht würde seine Großmutter etwas zu einer neuen Jacke beisteuern. Sie bereitete ihm gern eine Freude und wusste, dass Qualität zählt. Wenn er eine gute, moderne Jacke kaufen würde, könnte er sie auch zum Bergsteigen anziehen. Seine Freunde sagten, die beste Marke sei Vampire. Die schwedische Snowboard-Nationalmannschaft benutzt Goldwin, und Ingemar Stenmark, der bekannte Skifahrer, ist für das Design verantwortlich. Björn hatte in einer Sportzeitschrift gelesen, dass der Kleidungsstil von Skifahrern und Snowboardern immer ähnlicher wird.

Björn fragte sich, ob die in der Werbung genannte Marke etwas taugte. Er würde seine Freunde und das Verkaufspersonal bei Summit fragen. Der bekannte schwedische Snowboarder Ingmar Backman benutzte anscheinend Four Square und United Rewind. Natürlich hing das Snowboard und dessen Marke auch davon ab, ob er Alpine, Halfpipe oder Boardercross betreiben würde. Helle Farben waren nicht mehr aktuell, deshalb wollte er ein schwarzes Snowboard. Er sah sich schon in Riksgränsen, an der nördlichen Grenze Schwedens, mit dem Snowboard den Abhang hinuntersausen.

KAPITEL 10

Gruppeneinfluss, Meinungsführerschaft und Verbreitung von Innovationen

10.1 Einleitung

Ski- und Snowboardfahren sind ein wichtiger Bestandteil von Björns Identität und seine Freunde beeinflussen diesbezüglich viele seiner Entscheidungen. Snowboarder sind sich in ihrer Konsumwahl einig und sogar Fremde kommen sofort miteinander ins Gespräch.

Menschen sind soziale Tiere, sie gehören Gruppen an und versuchen anderen zu gefallen. Wir beobachten die Handlungen der Menschen um uns herum und richten uns nach ihnen. Unser Wunsch, zu anderen Personen oder Gruppen zu ‚passen', oder uns mit ihnen zu identifizieren, ist bei vielen unserer Käufe und Aktivitäten die wichtigste Motivation. Wir setzten oft viel ein, um den Mitgliedern einer Gruppe zu gefallen, von der wir akzeptiert werden wollen.

Dieses Kapitel befasst sich damit, wie andere Menschen – ob Skifahrer, Arbeitskollegen, Freunde oder Familienmitglieder oder auch nur zufällige Bekannte – unsere Kaufentscheidungen beeinflussen. Es handelt davon, wie unsere Präferenzen durch unsere Gruppenzugehörigkeit, durch den Wunsch, anderen zu gefallen und von ihnen akzeptiert zu werden, oder durch Taten berühmter Menschen, die wir nie kennen gelernt haben, geformt werden. Zum Schluss wird untersucht, warum manche Menschen mehr Einfluss auf Produktpräferenzen von Konsumenten haben als andere, und wie Marketingexperten diese Menschen identifizieren und ihre Unterstützung im Entscheidungsprozess gewinnen.

10.2 Bezugsgruppen

Björn imitiert keinen anderen Snowboarder – nur Menschen, mit denen er sich tatsächlich identifiziert, können diese Art von Einfluss ausüben. In erster Linie identifiziert sich Björn mit anderen schwedischen Snowboardfahrern und im Wesentlichen gehören nur Schweden zu Björns *Bezugsgruppe.*

Eine **Bezugsgruppe** ist ‚ein/e tatsächliche/s oder eingebildete/s Individuum oder Gruppe, das/die einen bedeutenden Einfluss auf die Bewertungen, Ziele oder das Verhalten eines Individuums ausübt/en'.[1] Auf die drei folgenden Arten können Bezugsgruppen Einfluss nehmen: *informatorisch, utilitaristisch* und *wertexpressiv.* Diese sind in Tabelle 10.1 dargestellt und werden in diesem Kapitel besprochen.

Tabelle 10.1	Drei Arten des Einflusses von Bezugsgruppen
Informatorischer Einfluss	Die Person sucht bei einem Fachverband, bei Fachleuten oder unabhängigen Expertengruppen Informationen über verschiedene Marken.
	Die Person informiert sich bei Menschen, die in ihrem Beruf mit dem Produkt arbeiten.
	Die Person sucht markenbezogenes Wissen und Erfahrung (wie ist die Leistung von Marke A verglichen mit Marke B?) bei Freunden, Nachbarn, Verwandten oder Berufskollegen, die zuverlässige Informationen über die Marke haben.
	Die Marke, die die Person auswählt, wird durch das Siegel einer unabhängigen Prüfstelle beeinflusst.
	Die Person beobachtet Fachleute (welches Auto fährt die Polizei, was für einen Fernseher kauft ein Techniker?), was dann ihre Entscheidung für eine Marke beeinflusst.
Utilitaristischer Einfluss	Damit die Person die Erwartungen ihrer Berufskollegen erfüllt, entscheidet sie sich für den Kauf einer Marke, die von deren Präferenzen beeinflusst ist.
	Die Entscheidung der Person, eine bestimmte Marke zu kaufen, wird von den Präferenzen von Menschen beeinflusst, mit denen sie soziale Interaktionen hat.
	Die Entscheidung der Person, eine bestimmte Marke zu kaufen, wird von den Präferenzen der Familienmitglieder beeinflusst.
	Der Wunsch, Erwartungen zu erfüllen, die andere an sie stellen, beeinflusst die Entscheidung der Person für eine Marke.
Wertexpressiver Einfluss	Die Person denkt, dass der Kauf oder die Verwendung einer bestimmten Marke das Bild verbessert, das andere von ihr haben.
	Die Person denkt, dass Menschen, die eine bestimmte Marke kaufen oder haben, Eigenschaften besitzen, die sie auch gern hätte.
	Die Person denkt, dass es schön wäre, wie die Person zu sein, die für ein bestimmtes Produkt wirbt.
	Die Person denkt, dass Menschen, die eine bestimmte Marke kaufen, von anderen bewundert oder respektiert werden.
	Die Person denkt, dass der Kauf einer bestimmten Marke ihr dabei hilft, anderen zu zeigen, wie sie gern wäre (Sportler, erfolgreicher Geschäftsmann, liebevolle Mutter etc.)

Quelle: Adaptiert von C. Whan Park und V. Parker Lessig, ‚Students and Housewives: Differences in Susceptibility to Reference Group Influence', *Journal of Consumer Research* 4 (September 1977): 102. © University of Chicago Press.

10.2.1 Arten von Bezugsgruppen

Obwohl eine Gruppe normalerweise aus zwei oder mehreren Personen besteht, wird der Begriff Bezugsgruppe allgemein verwendet, um *jeden* äußeren Einfluss zu beschreiben, der soziale Anhaltspunkte liefert.[2;] Die Bezugsperson kann eine Kultfigur sein und auf viele Menschen Einfluss ausüben (z. B. die verstorbene Mutter Theresa oder Mitglieder königlicher Familien), aber auch eine Person oder Gruppe, deren Einfluss auf das unmittelbare Umfeld des Konsumenten begrenzt ist (z. B. Björns Skifreunde). Bezugsgruppen, die einen Einfluss auf Konsumverhalten haben, können Eltern, Ski-, Motorrad- oder andere Freunde bei Freizeitaktivitäten, eine politische Partei oder Sportmannschaften wie Manchester United und Musikgruppen wie U2 sein.

Manche Gruppen und Personen üben für ein breiteres Spektrum an Kaufentscheidungen einen größeren Einfluss aus als andere. Unsere Eltern zum Beispiel können eine zentrale Rolle bei der Bildung unserer Wertvorstellungen zu vielen wichtigen Themen spielen, wie Einstellungen zur Heirat oder zur Wahl der Schule. Dieser **normative Einfluss** hilft, fundamentale Verhaltensstandards festzusetzen und zu verstärken. Ein Harley-Davidson-Klub dagegen kann **komparativen Einfluss** ausüben und Entscheidungen für spezifische Marken oder Aktivitäten beeinflussen.[3]

Formelle versus informelle Gruppen

Eine Bezugsgruppe kann als große, formelle Organisation auftreten, die eine klar umrissene Struktur, regelmäßige Treffen und Angestellte hat. Sie kann aber auch klein und informell sein – wie eine Gruppe von Freunden, die in einer Wohngemeinschaft zusammenleben. Marketingexperten haben im Allgemeinen einen größeren Einfluss auf formelle Gruppen, weil sie leichter zu identifizieren und verfügbarer sind.

Normalerweise üben kleine, informelle Gruppen einen größeren Einfluss auf einzelne Konsumenten aus. Diese Gruppen sind mehr in unser Alltagsleben integriert und wichtiger für uns, da sie großen normativen Einfluss ausüben. Größere, formelle Gruppen beziehen sich eher auf Produkte oder Aktivitäten, und üben aus diesem Grund eher komparativen Einfluss aus.

MULTIKULTURELLE DIMENSIONEN

Darstellungen von normalen Menschen, also solchen ‚wie aus dem richtigen Leben', sind realistischer und darum glaubwürdiger als Berühmtheiten. Obwohl wir perfekte Menschen bewundern, kann es frustrierend sein, sich mit ihnen zu vergleichen, und welche Produkte sie verwenden kann uns unglaubwürdig erscheinen. Wenn erfolgreiche, aber nicht perfekte Menschen in der Werbung eingesetzt werden, können sich Menschen eher mit ihnen identifizieren. Diese Strategie wurde in den klassischen ‚Dewar's Profiles' erfolgreich angewandt, einer Reihe von Werbungen, die den Lebensstil von nicht berühmten, erfolgreichen Menschen beschreiben, die zufällig Dewar's Scotch Whisky trinken. Da bei dieser Strategie Menschen aus verschiedenen Lebensbereichen eingesetzt werden, hat das Unternehmen seine Werbekampagne ausgedehnt und auch erfolgreiche Menschen aus verschiedenen Ländern gezeigt. Eine thailändische Werbung zeigt zum Beispiel einen erfolgreichen, in Bangkok lebenden Architekten, während in der spanischen Werbung ein 29-jähriger Fluglehrer abgebildet ist.[4]

Dewar's hat mit Erfolg Menschen in der Werbung eingesetzt, die nicht berühmt sind. Diese Strategie wird nun in anderen Ländern fortgeführt, wie diese spanische Werbung illustriert.
© Schenley Industries, Inc.

Mitgliedschaft versus maßgebende Bezugsgruppen

Während manche Bezugsgruppen sich aus Menschen zusammensetzen, die der Konsument tatsächlich kennt, bestehen andere aus Leuten, mit denen sich der Konsument *identifizieren* oder die er bewundern kann. Es überrascht also nicht, dass viele Marketingbemühungen, die Bezugsgruppenappelle enthalten, sichtbare, allgemein bewunderte Figuren wie bekannte Sportler einsetzen.

Identifikations-Bezugsgruppen

Manche Menschen neigen dazu, sich mit anderen zu vergleichen, die ihnen ähnlich sind, und lassen sich dadurch beeinflussen, wie Menschen wie sie selbst ihr Leben gestalten. Aus diesem Grund setzen viele Werbestrategien ‚normale' Menschen ein, deren Konsumtätigkeiten informatorischen sozialen Einfluss ausüben können. In der in Kapitel 4 beschriebenen Werbekampagne für Fischkonsum, wurden ganz normale Menschen eingesetzt, um die Botschaft zu vermitteln, dass bestimmte Fischgerichte nicht schwer zuzubereiten und nicht nur für Feinschmecker sind.[5]

Die Wahrscheinlichkeit, dass Menschen Teil der Identifikations-Bezugsgruppen werden, wird durch verschiedene Fakoren bestimmt, darunter:

- *Nähe:* Wenn die Distanz zwischen Menschen abnimmt und die Möglichkeiten für Interaktionen zunehmen, können eher Beziehungen entstehen. Eine frühe Studie über Freundschaftsmuster in einer Wohnsiedlung bewies die Wirkung von Nähe: Die Bewohner waren eher mit denen befreundet, die nebenan wohnten, als mit Bewohnern, die zwei Türen weiter wohnten. Bewohner, die in der Nähe einer Treppe wohnten, hatten mehr Freunde als solche, die am Ende eines Flurs wohnten (wahrscheinlich rannten sie eher in Leute, wenn sie die Treppen hinaufstiegen).[6] Die physikalische Struktur wirkt sich stark darauf aus, wen wir kennen lernen, und wie beliebt wir sind.
- *Reiner Kontakt:* Wir mögen Menschen oder Dinge umso lieber, desto häufiger wir sie sehen – das ist das *Phänomen des reinen Kontakts*.[7] Häufigere Kontakte – auch wenn sie unbeabsichtigt sind – können Menschen helfen, ihr Set von lokalen Bezügen festzulegen. Die gleiche Wirkung tritt ein, wenn man Kunstwerke oder auch politische Kandidaten beurteilt.[8] Eine Studie sagte 83% der Gewinner einer politischen Wahl voraus – nur anhand der Häufigkeit, mit der die Kandidaten in Medien zu sehen waren.[9]

- *Gruppenkohäsion:* Das Maß, in dem sich Mitglieder einer Gruppe zueinander hingezogen fühlen und ihre Gruppenmitgliedschaft beurteilen, nennt man Kohäsion. Steigt der Wert der Gruppe für eine Person, so steigt auch die Wahrscheinlichkeit, dass die Gruppe Konsumentscheidungen beeinflusst. Kleine Gruppen sind kohäsiver, da es schwerer ist, mit großen Gruppen verbunden zu sein. Gruppen versuchen oft, ihre Mitgliedschaft auf wenig Menschen zu beschränken, was den Wert der Mitgliedschaft für die Personen erhöht, die aufgenommen werden. Exklusive Mitgliedschaft wird oft von Kreditkartenunternehmen, Bücherklubs usw. angeboten – obwohl die tatsächliche Mitgliederzahl sehr hoch sein kann.

Im Marketing ist es eine alte Weisheit, dass Konsumenten, die keinen direkten Kontakt zu Bezugsgruppen haben, sich trotzdem stark von deren Geschmack und Präferenzen beeinflussen lassen, weil sie ihnen Hinweise auf die von bewunderten Menschen verwendeten Produktarten liefern.[10] *Aspiratorische Bezugsgruppen* bestehen aus idealisierten Figuren wie erfolgreichen Geschäftsleuten, Sportlern oder Künstlern. Viele Werbungen, die solche Gruppen zeigen, beruhen auf der aspiratorischen Bezugsgruppenperspektive um Menschen anzusprechen, die genauso erfolgreich sein wollen, wie die in der Werbung dargestellten Rollenmodelle.

Konsumenten, die keinen direkten Kontakt zu Bezugsgruppen haben, lassen sich trotzdem stark von deren Geschmack und Präferenzen beeinflussen, weil sie ihnen Hinweise auf die von bewunderten Menschen verwendeten Produktarten geben.

Eine Studie mit Wirtschaftsstudenten ergab, dass bei Personen, die die ‚Managerrolle' anstrebten, eine starke Beziehung zwischen Produkten, die sie mit ihrem idealen Selbst verbanden (siehe Kapitel 7), und Produkten, von denen sie annahmen, dass Manager sie benutzen, bestand.[11]

Positive versus negative Bezugsgruppen

Bezugsgruppen können einen positiven oder einen negativen Einfluss auf das Konsumverhalten ausüben. In den meisten Fällen passen Konsumenten ihr Verhalten den Erwartungen an, von denen sie annehmen, dass die Gruppe sie hat. In einigen Fällen kann ein Konsument aber auch versuchen, sich von anderen Menschen oder Gruppen zu distanzieren, die dann als *Vermeidungsgruppen* fungieren. Der Konsument kann sorgfältig die Kleidung oder die Eigenheiten einer unbeliebten Gruppe beobachten, um zu vermeiden, dass er etwas kauft, was ihn mit dieser Gruppe identifizieren könnte.[12] Rebellische Jugendliche spüren oft den elterlichen Einfluss und können absichtlich das Gegenteil dessen tun, was ihre Eltern mögen, um so ihre Unabhängigkeit zu beweisen. Wie bereits Romeo und Julia entdeckten, macht nichts einen Partner anziehender als ein wenig Opposition von Seiten der Eltern.

10.2.2 Wenn Bezugsgruppen wichtig sind

Der Einfluss von Bezugsgruppen ist nicht bei allen Arten von Produkten und Konsumaktivitäten gleich. Produkte, die nicht sehr komplex sind, kein hohes wahrgenommenes Risiko bergen und vor dem Kauf ausprobiert werden können, sind weniger anfällig für persönlichen Einfluss.[13] Außerdem ist der Einfluss von spezifischen Bezugsgruppen unterschiedlich. Manchmal können sie die Verwendung bestimmter Produkte beeinflussen (Computer haben oder nicht, ungesundes vs. gesundes Essen), während sie ein anderes Mal einen Einfluss auf Markenentscheidungen innerhalb einer Produktkategorie haben (Levi's vs. Calvin Klein Jeans, Marlboro Zigaretten vs. eine andere Marke).

Zwei Aspekte beeinflussen die Bedeutung von Bezugsgruppen: Zum einen, ob das gekaufte Produkt öffentlich oder privat konsumiert wird, zum anderen, ob es sich bei dem Produkt um einen Luxus oder um eine Notwendigkeit handelt. Im Allgemeinen haben

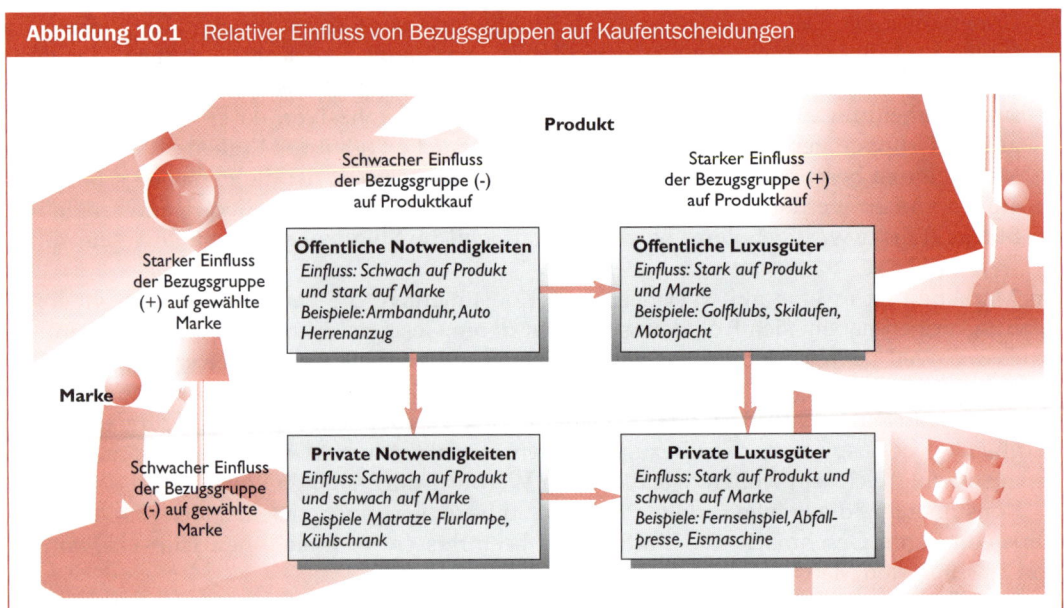

Abbildung 10.1   Relativer Einfluss von Bezugsgruppen auf Kaufentscheidungen

Adaptiert von William O. Bearden und Michael J. Etzel, ‚Reference Group Influence on Product and Brand Purchase Decisions', *Journal of Consumer Research* (September 1982): 185. © University of Chicago Press.

Bezugsgruppen einen größeren Einfluss, wenn es sich (1) eher um Luxusartikel handelt als um Notwendigkeiten (Motorjacht), da Produkte, die mit frei verfügbarem Einkommen gekauft werden, individuellem Geschmack und individuellen Präferenzen unterliegen, während Notwendigkeiten nicht diese Kriterien erfüllen; und (2), wenn es sich um sozial auffällige oder für andere Menschen sichtbare Produkte handelt (Möbel oder Kleidung), da sich Konsumenten weniger von anderen beeinflussen lassen, wenn diese ihre Käufe nicht sehen.[14] Die relative Wirkung des Einflusses von Bezugsgruppen auf einige spezifische Produktklassen ist in Abbildung 10.1 dargestellt. Das bedeutet aber nicht, dass eine Bezugsgruppe keinen Einfluss auf den Konsum von privaten Notwendigkeiten ausüben kann.

MARKETINGCHANCE

Gruppenmitgliedschaft hat sich auf den ‚Cyberspace' ausgeweitet, da Internet-Benutzer aus der ganzen Welt virtuelle Gemeinschaften bilden. Mitglieder sind per Modem miteinander verbunden und alle ihrer Interaktionen sind digital.[15] Diese elektronische Anonymität bietet vielen Menschen neue Möglichkeiten, besonders solchen, die Schwierigkeiten haben, in persönlichem Kontakt zu interagieren (das Internet hat das Leben vieler Behinderter verändert, die jetzt, ohne ihr Haus zu verlassen, mit Menschen aller Welt interagieren können). Die neuen Technologien ermöglichen Menschen, über ihre jeweiligen Interessen zu sprechen, sich durch Nachforschungen und Vorschläge zu helfen, und Informationen über neue Produkte und Dienstleistungen zu erhalten.

10.2.3 Die Macht von Bezugsgruppen

Soziale Macht bezieht sich auf ‚die Fähigkeit, die Handlungen anderer zu verändern'.[16] In dem Maß, in dem man jemand dazu bringen kann, etwas zu tun – ob er es bereitwillig tut oder nicht – hat man Macht über diese Person. Die folgende Einteilung von *Machtbasen* kann bei der Unterscheidung der Gründe behilflich sein, aus denen eine Person über eine andere Macht hat, in welchem Maß Einfluss freiwillig akzeptiert wird, und ob dieser Einfluss auch in Abwesenheit der Machtquelle wirkt.[17]

Bezugsmacht

Bewundert eine Person die Eigenschaften einer anderen Person oder einer Gruppe, wird sie versuchen, diese Eigenschaften zu imitieren, indem sie das Verhalten des Bezugsobjektes (Kleiderwahl, Auto, Freizeitaktivitäten) als Vorbild für die Bildung von Konsumpräferenzen verwendet – wie Björns Präferenzen durch seine Snowboard-Freunde beeinflusst wurden. Prominente Menschen aus allen Lebensbereichen können als Endorser das Konsumverhalten von Menschen (z. B. Eric Cantona für Nike) durch bestimmte Modestatements (z. B. Madonnas Verwendung von Unterwäsche als Kleidung) oder durch Engagement (z. B. Brigitte Bardots Engagement gegen Pelze) beeinflussen. **Bezugsmacht** ist für viele Marketingstrategen wichtig, weil Konsumenten oft bereit sind ihr Verhalten zu ändern, wenn sie sich mit einer Bezugsperson identifizieren.

Informationsmacht

Eine Person kann **Informationsmacht** haben, weil sie etwas weiß, was andere gern wissen würden. Herausgeber von Fachartikeln in der Modeindustrie haben häufig Macht aufgrund ihrer Fähigkeit, Informationen zusammenzustellen und zu verbreiten, durch die einzelne Modeschöpfer oder Unternehmen zu Ruhm gelangen – oder untergehen können. Menschen mit Informationsmacht können die Meinung von Konsumenten durch ihren (vermuteten) Zugang zur ‚Wahrheit' beeinflussen.

Legitime Macht

Machmal wird Menschen durch soziale Abkommen Macht verliehen – wie zum Beispiel die Polizei oder Professoren Macht haben. Die durch eine Uniform erhaltene Macht wird in vielen Konsumentenkontexten anerkannt, darunter auch in Ausbildungskrankenhäusern, wo Medizinstudenten weiße Kittel anziehen, um ihre Aura der Autorität bei Patienten zu steigern, oder

---

MARKETINGCHANCE

Eine der jüngsten weit verbreiteten Anwendungen von Bezugsgruppeneinfluss auf Konsumentenverhalten ist das Affinitätsmarketing. Diese Strategie ermöglicht Konsumenten, ihre Identifikation mit manchen Unternehmen zu betonen, indem sie die Gruppenidentifikation mit einigen Aspekten ihres Lebens verbinden.

In den meisten Fällen des Affinitätsmarketings wird das Endorsement eines Gruppenführers oder die Verbindung eines Unternehmens mit den Insignien einer bestimmten Bezugsgruppe verwendet, um den Mitgliedern dieser Gruppe etwas zu verkaufen. Dieses Verfahren wurde vor allem auf dem Markt für Kreditkarten verwendet, wo Bilder von Rockstars, Sportlern oder anderen öffentlich identifizierbaren Bezugspersonen auf den Kreditkarten angebracht waren.[18] Jetzt wird diese Technik auch auf andere Märkte angewandt.[19]

Diese Anti-Tabak-Werbung erkennt die Rolle von Bezugsgruppen an. Viele Jugendliche fangen durch den Einfluss von Gleichaltrigen an zu rauchen. In dieser Botschaft wird dieselbe Bezugsgruppe eingesetzt, um Rauchen zu verhindern.

Brogan and Partners.

bei Organisationen, wo Uniformen Glaubwürdigkeit vermitteln.[20] Diese Form der Macht können Marketingexperten ,ausleihen', um Konsumenten zu beeinflussen. Wenn ein Model zum Beispiel einen Schwesternkittel trägt, kann das der Präsentation des Produkts eine Aura der Legitimität oder der Autorität verleihen. Dieses Mittel wird manchmal in der Fernsehwerbung für Babywindeln eingesetzt.

Expertenmacht

Expertenmacht beruht auf bestimmten Kenntnissen oder Fähigkeiten. Konsumenten werden oft von Experten beeinflusst, von denen angenommen wird, dass sie Produkte objektiv und qualifiziert beurteilen. Diese Machtbasis wird auch bei Fernsehsendungen eingesetzt, in denen ein Gremium von Fachleuten auftritt, das sich oft aus Journalisten und Experten zusammensetzt. Dabei werden Themen diskutiert, die Konsumenten betreffen.

Belohnungsmacht

Hat eine Person oder eine Gruppe das Mittel, positive Verstärkung zu geben (siehe Kapitel 4), so hat sie in dem Maß Macht über Konsumenten, in dem diese Verstärkung erwünscht oder hoch bewertet ist. Die Belohnung kann greifbar sein, wie es der Fall ist, wenn ein Angestellter eine Gehaltserhöhung erhält. Oder sie ist nicht greifbar: Soziale Anerkennung oder Akzeptanz ist häufig eine Gegenleistung dafür, dass eine Person ihr Verhalten einer Gruppe anpasst oder von den Gruppenmitgliedern erwartete Produkte kauft. Diese Macht erschöpft sich in der Werbung aber schnell, da ein übermäßiger Einsatz von Belohnungsargumenten solchen Werbekampagnen nur wenig Glaubwürdigkeit verleiht. Die Werbung für das alkoholfreie Getränk Sprite macht sich mit dem Slogan ,Image ist nichts, Durst ist alles, hören Sie auf Ihren Durst' über die in anderen Werbungen eingesetzte Belohnungsmacht lustig, indem sie etwas Wichtigeres an die erste Stelle setzt, nämlich den Durst. Aber der Slogan versprach in Form eines Bildes eigentlich doch eine Belohnung: nämlich die einer Person, die nicht auf billige Tricks hereinfällt.[21]

Zwangsmacht

Während Zwangsmacht kurzfristig effizient sein kann, bewirkt sie doch keine ständige Veränderung der Einstellungen oder des Verhaltens. Überwachung ist normalerweise nötig, damit Menschen veranlasst werden, etwas zu tun, was sie nicht wollen. Zum Glück wird Zwangsmacht in Marketingsituationen nur selten eingesetzt. Elemente dieser Machtbasis sind aber in Angstappellen, Einschüchterung bei persönlichen Verkäufen und Werbekampagnen erkennbar, die die negativen Konsequenzen hervorheben, die entstehen können, wenn ein Produkt nicht verwendet wird.

10.3 Konformität

Konformität bezieht sich auf eine Änderung von Überzeugungen oder von Handlungen, als Reaktion auf den tatsächlichen oder eingebildeten Druck einer Gruppe. Damit eine Gesellschaft funkioniert, entwickeln ihre Mitglieder **Normen** oder informelle Regeln, die das Verhalten bestimmen. Gäbe es ein solches System der Abmachungen nicht, würde ein Chaos entstehen. Stellen Sie sich die Verwirrung vor, die entstehen würde, wenn es eine einfache Norm wie Ampeln nicht gäbe. Während sich Normen mit der Zeit langsam ändern, gibt es innerhalb einer Gesellschaft allgemeine Abmachungen, an die man sich hält. Wir passen unsere Denkweise an, damit sie mit diesen Normen übereinstimmt.

Unausgesprochene Regeln beeinflussen viele Konsumaspekte. Außer an Normen für passende Kleidung und andere persönliche Merkmale, halten wir uns an Regeln wie Geschenke machen (wir hoffen, von Freunden Geburtstagsgeschenke zu bekommen, und sind enttäuscht wenn das nicht der Fall ist), geschlechtsspezifische Rollen (von Männern wird oft erwartet, dass sie beim ersten Rendezvous die Rechnung bezahlen) und achten auf Körperhygiene (man erwartet von uns, dass wir regelmäßig duschen oder baden, um andere nicht zu belästigen).

10.3.1 Arten des sozialen Einflusses

So wie die soziale Machtbasis variieren kann, verläuft auch der Prozess des sozialen Einflusses auf unterschiedliche Weise.[22] Manchmal ist eine Person motiviert, das Verhalten anderer zu imitieren, weil sie sich von dieser Nachahmung Belohnung in Form von sozialer Anerkennung oder Geld verspricht. Ein anderes Mal findet der Prozess des sozialen Einflusses nur statt, weil die Person tatsächlich nicht *weiß*, wie sie sich korrekt verhalten soll, und das Verhalten der anderen Gruppenmitglieder imitiert, um sicher zu stellen, dass sie sich korrekt verhält.[23] **Normativer sozialer Einfluss** tritt auf, wenn eine Person sich den Erwartungen einer anderen Person oder Gruppe anpasst.

Der **informatorische soziale Einfluss** dagegen bezieht sich auf Konformität, die auftritt, weil das Verhalten der Gruppe als Realität aufgefasst wird: Wenn andere Menschen in einer zweideutigen Situation auf eine bestimmte Art reagieren, können wir ihr Verhalten imitieren, weil uns dies der richtige Weg zu sein scheint.[24]

Gründe für Konformität

Konformität ist kein automatischer Prozess und viele Faktoren tragen zu der Wahrscheinlichkeit bei, dass Konsumenten ihr Verhalten von anderen übernehmen.[25] Zu den Faktoren, die die Wahrscheinlichkeit der Konformität beeinflussen, gehören folgende:

- *Gesellschaftlicher Druck:* Verschiedene Gesellschaften ermutigen zur Konformität in unterschiedlichem Maß. Das amerikanische Schlagwort: ‚Mach deine eigenen Sachen‘ aus den 1960er-Jahren steht für eine Bewegung weg von der Konformität hin zu mehr Individualismus. Ein Merkmal der japanischen Gesellschaft hingegen ist die Dominanz des kollektiven Wohlergehens und der Gruppenloyalität, die über die Bedürfnisse des Einzelnen gestellt werden. Die meisten europäischen Gesellschaften liegen irgendwo in der Mitte zwischen diesen beiden in dieser Hinsicht ‚extremen‘ Gesellschaften. Bei der Analyse des Fernseh-Werbekommentars für ein alkoholfreies Getränk, hoben dänische Konsumenten die Gruppensolidarität hervor, die sie in der Werbung sahen – ein Faktor, der bei der amerikanischen Umfrage überhaupt nicht erwähnt wurde.[26]
- *Angst vor Abweichung:* Die Person kann mit Recht fürchten, dass die Gruppe *Sanktionen* verhängt, um ein Verhalten zu bestrafen, das von dem der Gruppe abweicht. Es geschieht häufig, dass Jugendliche Gleichaltrige meiden, weil sie ‚anders‘ sind, oder dass ein Unternehmen eine Person nicht befördert, weil sie kein ‚Teamspieler‘ ist.
- *Verpflichtung:* Je intensiver sich eine Person einer Gruppe widmet und die Mitgliedschaft schätzt, umso mehr ist sie motiviert, den auferlegten Diktaten zu folgen. Groupies und Anhänger von religiösen Sekten sind bereit, alles zu tun, was von ihnen verlangt wird, und Terroristen (oder Märtyrer – je nach der Perspektive) sind bereit, um der Sache willen für Gott zu sterben. Gemäß dem *Prinzip des geringsten Interesses* hat die Person oder Gruppe, die am wenigsten daran interessiert ist, die Beziehung aufrechtzuerhalten, am meisten Macht, da sie Ablehnung nicht fürchtet.[27]
- *Gruppeneinstimmigkeit, Größe und Sachkenntnis:* Je mehr Willfährigkeit, umso mächtiger wird die Gruppe. Es ist oft schwerer, sich den Forderungen einer großen Anzahl von Menschen zu entziehen, als denen von wenigen Menschen. Diese Schwierigkeit wird verstärkt, wenn die Gruppenmitglieder als sachkundig wahrgenommen werden.
- *Empfänglichkeit für interpersonellen Einfluss:* Dieser Faktor bezieht sich auf das Bedürfnis eines Menschen, das Image, das er bei ihm wichtigen anderen Personen hat, bei ihnen zu finden und sich mit ihnen zu identifizieren oder durch sie zu stärken. Dieser Verstärkungsprozess ist häufig vom Erwerb von Produkten begleitet, von denen die Person annimmt, dass sie ihr Publikum beeindrucken, und von der Tendenz, etwas über Produkte zu lernen, indem man andere dabei beobachtet, wie sie sie verwenden.[28] Konsumenten, bei denen dieser Zug nicht sehr ausgeprägt ist, werden rollenentspannt genannt, meistens sind sie älter, wohlhabend und haben viel Selbstvertrauen. Anhand von Forschungen, in denen rollenentspannte Konsumenten identifiziert wurden, hat Subaru eine Marketingstrategie entwickelt, um diese Gruppe zu erreichen. In einem Werbespot sagt ein Mann: ‚Ich will ein Auto … Erzählen Sie mir nichts von Holzvertäfelung oder darüber, wie ich den Respekt meiner Nachbarn gewinne. Sie sind meine Nachbarn, nicht meine Vorbilder …‘

10.3.2 Sozialer Vergleich: ‚Was leiste ich?‘

Informatorischer sozialer Einfluss impliziert, dass wir manchmal auf das Verhalten anderer schauen, um einen Maßstab der Wirklichkeit zu erhalten. Die **Theorie des sozialen Vergleichs** bestätigt, dass dieser Prozess die Selbsteinschätzung einer Person festigt, besonders dort, wo physische Anhaltspunkte fehlen.[29] Sozialer Vergleich kann auch bei Entscheidungen eingesetzt werden, für die es keine objektiv richtige Antwort gibt. Stilistische Entscheidungen wie der Kunst- oder Musikgeschmack gelten als individuelle Wahl, obwohl die Menschen oft behaupten, manche Arten seine ‚besser‘ und ‚richtiger‘ als andere.[30] Wenn Sie einmal für die Plattenauswahl bei einem Fest verantwortlich waren, kennen Sie vermutlich den sozialen Druck, der mit der Entscheidung für die richtige ‚Mischung' zusammenhängt.

Vergleichsgruppen wählen

Obwohl Menschen gern ihre Urteile und Handlungen mit denen anderer Menschen vergleichen, sind sie bei der Wahl ihres Maßstabs sehr kritisch. Die Ähnlichkeit zwischen Konsumenten und anderen, die für den sozialen Vergleich herangezogen werden, fördert das Vertrauen, dass die Information richtig und relevant ist (obwohl wir es bedrohlicher finden können, von jemand übertroffen zu werden, der uns ähnlich ist).[31] Wir neigen nur dann dazu, die Werte von Menschen in Betracht zu ziehen, die uns unähnlich sind, wenn wir uns unserer selbst sicher sind.[32]

Im Allgemeinen suchen sich die Menschen zum sozialen Vergleich einen *ko-orientierten Gleichrangigen* aus, oder eine Person, die einen äquivalenten Status hat. Eine Studie, die bei erwachsenen Kosmetikbenutzerinnen durchgeführt wurde, ergab, dass Frauen eher Informationen über Produkte bei ähnlichen Freundinnen suchten, um ihre Unsicherheit zu reduzieren und eher dem Urteil von anderen vertrauten, die ihnen ähnlich waren.[33] Die gleichen Ergebnisse ergaben Bewertungen von Produkten wie Herrenanzüge oder Kaffee.[34]

10.3.3 Einverständnis und Gehorsam

Die in Kapitel 6 besprochene persuasive Kommunikation zeigte, dass Quellen- und Botschaftsmerkmale bei der Beeinflussung eine wichtige Rolle spielen. Einflussreiche Menschen machen sich andere eher fügsam, wenn sie als vertrauenswürdig oder als Experten wahrgenommen werden.[35]

Taktische Bitten

Die Art, in der eine Bitte vorgebracht wird, spielt auch eine wichtige Rolle. Eine bekannte Verkaufstechnik ist die *Foot-in-the-door-Strategie*, bei der dem Konsumenten erst eine kleine Bitte vorgetragen, und er dann um etwas Großes gebeten wird.[36] Dieser Begriff ist dem Verkauf an Haustüren entlehnt. Erfahrene Verkäufer wissen, dass sie eher etwas verkaufen, wenn sie den Kunden erst dazu bringen, ihm die Tür zu öffnen, damit sie ihre Verkaufstechnik anbringen können. Ist eine Person auf eine kleine Bitte eingegangen, ist es schwer, eine größere abzulehnen, da der Kunde die Anwesenheit des Verkäufers legitimiert hat, indem er den Dialog mit ihm aufnahm. Er ist kein bedrohlicher Fremder an der Tür mehr.

Andere Varianten dieser Technik sind die *Low-Ball-Technik*, bei der eine Person um einen kleinen Gefallen gebeten wird, und, nachdem sie darauf eingegangen ist, informiert wird, dass es sehr teuer ist; die *Door-in-the-face-Technik*, wo eine Person zunächst um etwas Extremes gebeten wird (was sie normalerweise ablehnt) und dann um etwas Kleineres. In beiden Fällen gehen die Menschen meistens auf die kleine Bitte ein – vielleicht, weil sie sich schuldig fühlen, die größere Bitte abgelehnt zu haben.[37]

Gruppeneffekte auf das Verhalten des Einzelnen

Je mehr Menschen eine Gruppe umfasst, desto weniger wahrscheinlich ist es, dass ein Mitglied Aufmerksamkeit auf sich zieht. Menschen in größeren Gruppen oder in Situationen, in denen sie wahrscheinlich nicht identifiziert werden, kontrollieren sich weniger, so dass normale Verhaltenszwänge reduziert werden. Vielleicht haben Sie schon bemerkt, dass sich manche Menschen an Fasching oder auf Kostümbällen ausgelassener benehmen als unter normalen Umständen. Dieses Phänomen, bei der das Individuum in der Gruppe untergeht, wird **Ent-Individualisierung** genannt.

Einiges weist darauf hin, dass von Gruppen getroffene Entscheidungen sich von jenen unterscheiden, die von einem Individuum getroffen werden. In manchen Fällen sind Gruppenmitglieder eher bereit, nach Gruppendiskussionen riskante Alternativen in Erwägung zu ziehen – was sie nicht getan hätten, wenn jeder seine eigene Entscheidung ohne vorherige Diskussion getroffen hätte. Dieser Meinungsumschwung wird **Risikoverlagerung** genannt.[38]

Es gibt viele Theorien, die diese gesteigerte Risikobereitschaft zu erklären versuchen. Eine Erklärung ist, dass eine Art sozialer Trägheit entsteht. Wenn mehr Menschen in eine Entscheidung involviert sind, ist der Einzelne weniger für das Resultat verantwortlich, so dass eine *Verwischung der Verantwortung* auftritt.[39] Eine andere Erklärung ist die *Werthypothese*. In diesem Fall ist Risikobereitschaft ein gesellschaftlich bewertetes Merkmal, und es wird sozialer Druck auf Individuen ausgeübt, damit sie sich den von der Gesellschaft vertretenen Werten fügen.[40]

Die Beweise für die Risikoverlagerung sind unterschiedlicher Art. Ein allgemeinerer Aspekt ist, dass Gruppendiskussionen die Polarisierung steigern. In welche Richtung die Gruppenmitglieder vor der Diskussion auch tendierten – ob zu einer Risikowahl oder zu einer konservativen Wahl – auf jeden Fall wird diese Richtung nach der Diskussion noch verstärkt. Gruppendiskussionen, die Produktkäufe betreffen, schaffen normalerweise eine Risikoverlagerung bei Artikeln mit weniger Risiko, verstärken aber bei Artikeln mit hohem Risiko konservative Gruppenentscheidungen.[41]

Einkaufsmuster

Das Einkaufsverhalten ändert sich, wenn Menschen in Gruppen einkaufen. Menschen, die mindestens mit noch einer Person einkaufen gehen, tätigen mehr ungeplante Käufe, kaufen mehr und gehen in mehr Abteilungen eines Geschäfts, als Menschen, die allein einkaufen gehen.[42] Dies liegt an normativen sowie informatorischen sozialen Einflüssen. Gruppenmitglieder können überzeugt werden, etwas zu kaufen, weil sie von anderen akzeptiert werden wollen, oder sie können einfach mehr Produkten und Geschäften ausgesetzt sein, weil sie die Informationen mit der Gruppe teilen. Aus diesen Gründen sollten Einzelhändler Gruppeneinkaufsaktivitäten fördern.

MARKETINGCHANCE

Verkaufspartys zu Hause, wie Tupperware sie seit langem praktiziert, nützen zur Steigerung der Verkäufe den Druck der Gruppe.[43] Ein Firmenvertreter veranstaltet vor einer Gruppe von Menschen, die sich im Haus eines Freundes oder Bekannten treffen, eine Verkaufsvorführung. Der Gruppenumfang ist wegen des informatorischen sozialen Einflusses effizient: Die Teilnehmer richten ihr Verhalten nach anderen, die sie darüber informieren, wie bestimmte Produkte zu verwenden sind, vor allem, da Verkaufspartys von einer relativ homogenen Gruppe besucht werden (z. B. Hausfrauen in einer Nachbarschaft), die als zuverlässiger Maßstab gilt. Auch normativer sozialer Einfluss kommt zum Einsatz, da die Handlungen öffentlich beobachtet werden. Der Druck, sich anzupassen, kann sehr stark sein und eskalieren, wenn immer mehr Gruppenmitglieder ‚kapitulieren' (dieser Prozess wird manchmal *Mitläufereffekt* genannt). Darüber hinaus kann eine Ent-Individualisierung und/oder die Risikoverlagerung aktiviert werden: Da die Konsumenten in der Gruppe eingeholt werden, können sie sich bereit erklären, neue Produkte auszuprobieren, die sie andernfalls gar nicht in Betracht gezogen hätten.

10.3.4 Widerstand gegen Beeinflussung

Viele Menschen rühmen sich ihrer Unabhängigkeit, ihres einzigartigen Stils oder ihrer Fähigkeit, auch den größten Bemühungen von Verkäufern und Inserenten, ihnen Produkte zu verkaufen, zu widerstehen.[44] Tatsächlich sollte das Marketingsystem Individualität ermutigen, denn Innovation schafft Wandel und somit die Nachfrage nach neuen Produkten und Stilen.

Anti-Konformität versus Unabhängigkeit

Es ist wichtig, zwischen *Unabhängigkeit* und *Anti-Konformität* zu unterscheiden, bei der die Missachtung einer Gruppe das tatsächliche Ziel eines bestimmten Verhaltens ist.[45] Manche Menschen achten darauf, bloß nicht das zu kaufen, was gerade modern ist, und können viel Zeit dafür aufbringen, nicht im Trend erwischt zu werden. Dieses Verhalten ist etwas paradox, da diese Menschen ständig darauf achten müssen, was erwartet wird, um das Gegenteil zu tun. Wirklich unabhängige Menschen dagegen wisssen, was erwartet wird, aber sie ‚tanzen nach ihrem eigenen Rhythmus'.

Reaktanz und das Bedürfnis nach Einzigartigkeit

Menschen haben ein tief verwurzeltes Bedürfnis nach Wahlfreiheit. Wenn ihnen Freiheitsverlust droht, versuchen sie dieses Gefühl zu überwinden. Diesen negative Zustand nennt man **Reaktanz**.[46] Bemühungen, Bücher, Fernsehsendungen oder Rockmusik zu zensieren, weil manche Menschen sie für anstößig halten, kann bei der Öffentlichkeit zu einem stärkeren Bedürfnis nach diesen Produkten führen.[47] Auf ähnliche Weise kann anmaßende Werbung, die Kunden sagt, sie müssten ein Produkt verwenden, langfristig zu einem Verlust an Kunden führen – selbst solchen, die dem Produkt bereits treu waren. Reaktanz taucht vor allem dann auf, wenn die wahrgenommene Bedrohung der Freiheit einer Person steigt und das bedrohliche Verhalten für den Kunden zunimmt.

Wenn Sie jemals in der gleichen Kleidung wie einer der anderen Gäste zu einer Party kamen, wissen Sie, wie enttäuschend das sein kann. Manche Psychologen glauben, diese Reaktion resultiere aus dem Bedürfnis nach Einzigartigkeit.[48] Konsumenten, die zu der Überzeugung gelangt sind, sie seien nicht einzigartig, versuchen das durch vermehrte Kreativität oder durch ungewöhnliche Erfahrungen zu kompensieren. Dieses Bedürfnis könnte eine Erklärung für den Kauf von unbekannten Marken sein. Menschen können versuchen, eine einzigartige Identität zu schaffen, indem sie bewusst *keine* Produkte von Marktführern kaufen.

Dieser Wunsch, eine eigene Identität zu schaffen, war einer der Gründe dafür, dass Saab seine Marketingbotschaften von der Betonung von Sicherheit und Technik hin zu ‚eigener Weg' verlagerte. Ein Manager von Saab erklärte: ‚Forschungsunternehmen sagen uns, dass wir auf eine Zeit zugehen, in der Menschen eher eine Wahl treffen, weil sie zu ihrer Selbsteinschätzung passt, und nicht wegen irgendwelcher sozialer Konventionen'.[49]

10.4 Mund-zu-Mund-Kommunikation

Trotz der Fülle an formellen Informationsmitteln (Zeitungen, Zeitschrifen, Fernsehen, etc.), werden viele Informationen über die Welt von Einzelnen auf informeller Basis vermittelt. Wenn Sie sorgfältig über den Inhalt Ihrer eigenen Gespräche nachdenken, die sie im Lauf eines normalen Tages geführt haben, werden Sie vermutlich entdecken, dass vieles von dem, was sie mit Freunden, Familienmitgliedern oder Arbeitskollegen besprechen, produktbezogen ist. So können Sie jemand ein Kompliment über ein Kleid machen und fragen, wo er oder sie es gekauft hat, einem Freund ein neues Restaurant empfehlen oder sich bei Ihrem Nachbarn über die unfreundliche Behandlung bei der Bank beschweren. In jedem dieser Fälle betreiben Sie **Mund-zu-Mund-Kommunikation**. Erinnern Sie sich zum Beispiel daran, dass viele von Björns Ausrüstungskäufen durch Kommentare und Vorschläge von seinen Freunden initiiert wurden. Diese Art von Kommunikation kann ein effizientes Marketingwerkzeug sein. Als das britische Triumph Motorrad 1991 auf dem amerikanischen Markt wieder eingeführt wurde, verließ man sich fast ganz auf die nostalgischen Gefühle, die diese Marke auslöste, und auf die Effizienz von Mund-zu-Mund-Kommunikationen unter Motorradfans.[50]

Informationen, die wir von Menschen erhalten, mit denen wir direkt sprechen, scheinen zuverlässiger und glaubwürdiger zu sein als Informationen, die durch einen formelleren Kanal erhalten wurden – außerdem werden sie im Gegensatz zur Werbung oft von dem sozialen Druck gestützt, sich diesen Empfehlungen anzupassen.[51] Ein weiterer wichtiger Faktor für die Mund-zu-Mund-Kommunikation ist der Rückgang des Vertrauens, das Menschen in Institutionen haben. Da traditionelle Vermittler immer schwieriger einzusetzen sind, Berühmtheiten, weil sie unzuverlässig sein können und klassische Autoritätspersonen, da ihre Autorität schwindet, und da Menschen nicht zuletzt in Bezug auf alle möglichen Arten von Werbekommunikation kritischer werden, wenden sie sich Quellen zu, von denen sie wissen, dass sie jenseits jeder kommerzieller Ausbeutung stehen: Familie und Freunde.[52] Die Bedeutung der persönlichen, informellen Produktkommunikation geht auch aus der Feststellung eines Werbemanagers hervor: ‚Heute werden 80% aller Kaufentscheidungen durch direkte Empfehlungen von Personen getätigt.'[53]

Dominanz der Mund-zu-Mund-Kommunikation

In den 1950er-Jahren gingen Kommunikationstheoretiker davon aus, dass Werbung die wichtigste Determinante des Kaufens ist. Heute wird allgemein anerkannt, dass Werbung effektiver bei der Verstärkung bestehender als bei der Schaffung neuer Produktpräferenzen ist.[54] Studien im Industrie- wie im Konsumentenumfeld belegen, dass Informationen aus unpersönlichen Quellen für die Schaffung von Markenbewusstsein wichtig ist, Mund-zu-Mund-Kommunikationen aber für die späteren Stadien von Bewertung und Annahme wichtig sind.[55] Je mehr positive Informationen ein Konsument von Gleichrangigen erhält, umso wahrscheinlicher ist es, dass er das Produkt übernehmen wird.[56] Der Einfluss der Meinungen anderer ist manchmal sogar noch stärker als die eigenen Wahrnehmungen. In einer Studie über die Auswahl von Möbeln waren die Überlegungen der Konsumenten, ob ihren Freunden die Möbel gefallen würden, ein besserer Indikator für den Kauf als ihre eigenen Urteile.[57]

Faktoren, die Mund-zu-Mund-Kommunikationen begünstigen

Die meisten Mund-zu-Mund-Kampagnen entwickeln sich spontan, sobald ein Produkt eine regionale oder subkulturelle Gefolgschaft zu entwickeln beginnt. Manchmal wird ein ‚Gemurmel' auch absichtlich geschaffen. Als die neue Biermarke ‚Black Sheep' auf dem Markt eingeführt wurde, wurden Flaschen verteilt und eine maximale Anzahl von Meinungsführern im Handel sicher gestellt, um den Weg für einen massiven Mund-zu-Mund-Effekt zu ebnen, der als Träger der neuen Marke zu Erfolg verhelfen sollte.[58]

Produktbezogene Gespräche können durch eine Reihe von Faktoren motiviert werden.[59]

- Eine Person kann in eine Produktart oder eine Aktivität stark involviert sein und gern darüber sprechen. Hacker, Vogelbeobachter und Modebewusste scheinen die Fähigkeit zu teilen, Gespräche auf ihr jeweiliges Interesse zu lenken.
- Eine Person kann über ein Produkt gut Bescheid wissen und Gespräche dazu benutzen, andere dies merken zu lassen. Auf diese Weise verstärkt Mund-zu-Mund-Kommunikation manchmal das Selbstbewusstsein der Person, die andere mit ihrer Sachkenntnis beeindrucken will.

- Eine Person kann ein Gespräch aus echtem Interesse am anderen beginnen. Wir sind oft motiviert, Menschen, die wir mögen, zu veranlassen, Dinge zu kaufen, die gut für sie sind, und nicht ihr Geld zu vergeuden usw.
- Ein Weg, Unsicherheit beim Kauf eines Produktes zu reduzieren, ist, dass man darüber spricht. Im Gespräch kann der Konsument mehr unterstützende Argumente für den Kauf hören und von anderen in seiner Entscheidung bestätigt werden.

Effizienz der Mund-zu-Mund-Kommunikationen

Interpersonelle Übertragungen können sehr schnell stattfinden. Die Produzenten von *Batman* zeigten Monate, bevor der Film in die Kinos kam, 300 Batman-Fans Ausschnitte, um den weit verbreiteten Vorurteilen entgegenzuwirken, die das Publikum in Bezug auf Michael Keaton als Hauptdarsteller hatte. Den darauf folgenden riesigen Erfolg des Films schreiben die Produzenten der positiven Mund-zu-Mund-Kommunikation zu, die sich kurz nach der Vorführung verbreitete.[60]

Mund-zu-Mund-Kommunikationen sind besonders wirkungsvoll, wenn der Konsument mit der Produktkategorie relativ wenig vertraut ist. Dies ist der Fall, wenn das Produkt neu (z. B. Medikamente gegen Hausausfall) oder technisch komplex ist (z. B. CD-Spieler). Der beste Hinweis darauf, ob eine Person ein Solarheizsystem kaufen würde, war die Anzahl der Benutzer von Solarheizungen, die die Person kennt.[61]

10.4.1 Negative Mund-zu-Mund-Kommunikationen

Mund-zu-Mund-Kommunikation ist ein zweischneidiges Schwert. Informelle Gespräche unter Konsumenten können ein Produkt oder ein Geschäft hochbringen oder kaputtmachen. Negative Mund-zu-Mund-Kommunikation wird von Konsumenten *stärker* gewichtet als positive Kommentare. Laut einer Studie wollen 90% der unzufriedenen Kunden mit dem betreffenden Unternehmen nicht mehr ins Geschäft kommen. Jede dieser Personen wird sich vermutlich bei neun anderen Personen beschweren und 13% dieser verstimmten Kunden werden *über dreißig* Menschen von ihrer negativen Erfahrung berichten.[62] Vor allem, wenn er ein neues Produkt ausprobieren möchte, nimmt der Konsument eher negative als positive Informationen wahr und erzählt anderen von Neuigkeiten mit dieser Erfahrung.[63] Es wurde nachgewiesen, dass negative Mund-zu-Mund-Kommunikation die Glaubwürdigkeit der Werbung eines Unternehmens aufs Spiel setzt und die Einstellungen der Konsumenten zu einem Produkt sowie ihre Kaufabsicht beeinflusst.[64]

10.4.2 Gerüchte

In den 1930er-Jahren wurden zur Organisation von Mund-zu-Mund-Kampagnen professionelle Gerüchteverbreiter angestellt, um für die Produkte von Kunden zu werben, und die der Konkurrenz zu kritisieren.[65] Ein **Gerücht**, auch wenn es jeder Basis entbehrt, kann eine sehr gefährliche Sache sein. In dem Maß, in dem die Information weitergegeben wird, verändert sie sich und die Endbotschaft hat keine Ähnlichkeit mehr mit dem Original.

Sozialwissenschaftler, die Gerüchte erforschen, haben den Prozess untersucht, durch den Informationen verzerrt werden. Der britische Psychologe Frederic Bartlett prüfte dieses Phänomen anhand der *Serienreproduktion*. Eine Versuchsperson wird aufgefordert, einen Stimulus (eine Zeichnung oder eine Geschichte) zu reproduzieren. Diese Reproduktion wird einer weiteren Versuchsperson gereicht, die wiederum aufgefordert wird, sie zu kopieren, usw. Diese Technik ist in Abbildung 10.2 dargestellt. Bartlett entdeckte, dass Verzerrungen fast unweigerlich einem bestimmten Schema folgten: Sie verändern sich von zweideutigen zu konventionelleren Formen, da die Versuchspersonen sie mit bereits existierenden Schemata konsistent machen möchten. Dieser *Assimilation* genannte Prozess wird durch die *Nivellierung* charakterisiert, wo Details ausgelassen werden, um die Struktur zu vereinfachen, oder durch *Abschleifen,* wo hervorragende Details angeglichen werden.

Im Allgemeinen hat sich gezeigt, dass Menschen lieber gute als schlechte Nachrichten übermitteln, vielleicht weil sie Unannehmlichkeiten oder Abneigung vermeiden möchten, die zu Feindschaft führen könnten. Diese Zurückhaltung tritt aber nicht auf, wenn es um Firmen geht. Unternehmen wie Procter & Gamble und McDonald's waren Zielscheiben von Gerüchten, was sich manchmal beträchtlich auf ihre Verkäufe auswirkte.

Von Gerüchten nimmt man an, dass sie die in der Gesellschaft vorhandenen Ängste zum Vorschein bringen. Eines der berühmtesten/berüchtigsten Gerüchte in der modernen Geschichte Europas betraf den weißen Sklavenhandel und spiegelte einen unausgesprochenen Antisemitismus in der Gesellschaft wider. Es ging das Gerücht um, dass in der französischen Stadt Orléans Frauen aus den Umkleidekabinen von Boutiquen, deren Inhaber Juden waren, entführt und in den Mittleren Osten verfrachtet wurden. Dieses Gerücht wiederum erzeugt das Gerücht einer antisemitischen Verschwörung gegen jüdische Geschäftsleute.[66] Andere

Abbildung 10.2 Die Übertragung von Fehlinformationen. Diese Zeichnungen sind ein klassisches Beispiel für die Verzerrungen, die entstehen können, wenn Informationen von einer Person zur anderen übermittelt werden. Mit jeder neuen Reproduktion verwandelt sich die Eule langsam in eine Katze.

Quelle: Kenneth J. Gergen und Mary Gergen, *Social Psychology* (New York: Harcourt Brace Jovanovich, 1981): 365. Abbildung 10.2 adaptiert von F.C. Bartlett, *Remembering* (Cambridge: Cambridge University Press, 1932).

Nachdem das mit einer Pflegespülung kombinierte Shampoo Wash & Go im Januar 1990 erfolgreich auf dem dänischen Markt eingeführt worden war, wobei das Unternehmen im September desselben Jahres einen Marktanteil von über 20% hatte, versetzte ihm ein negatives Gerücht einen schweren Schlag. Zuerst beschwerten sich Frisöre, dass es Probleme beim Haarefärben und bei Dauerwellen bei Kundinnen gebe, die das neue Produkt verwenden. Procter & Gamble wies die Beschwerden zurück, unternahm aber nichts gegen das Gerücht – und stand bald einem zweiten Gerücht gegenüber: Die Verwendung des Produkts sollte zu massivem Haarausfall führen. Der Marktanteil fiel von 20 auf 5%.[67]

Die meisten Gerüchte enthalten ein ,Körnchen Wahrheit' und es ist wichtig, dass das Unternehmen sich dem Gerücht stellt und es erkundet. Das in Wash&Go enthaltene Silikon verursachte tatsächlich Schwierigkeiten in Verbindung mit manchen Dauerwellen- oder Haarfärbeprodukten, was aber nicht sofort zugegeben wurde. Statt dessen führte das Leugnen des ersten Gerüchts, ohne dass eine sachliche Aufklärung geliefert wurde, zur Verbreitung des zweiten Gerüchts – vielleicht als eine Art Versuch, das ,aggressive' Unternehmen doch ,noch zu kriegen'. Ausländische Großunternehmen sind oft die Zielscheibe solcher negativen Mund-zu-Mund-Kommunikationen.[68] Procter & Gamble versuchte zunächst das Gerücht durch Leugnen zu ignorieren, dann es durch seine eigenen Forschungsergebnisse zu widerlegen, die wenig glaubwürdig waren und wahrscheinlich das Gerücht eher verstärkten, als es zu schwächen. Erst als das Unternehmen eine staatliche Umweltbehörde mit der Durchführung von unabhängigen Tests beauftragte, gelang es Procter & Gamble, das Gerücht zu widerlegen und langsam wieder die verlorenen Marktanteile zurückzugewinnen.[69]

Gerüchte über Schlangen, die aus aus dem Osten importierten Teddybären krochen, wurden auf die Furcht westlicher Konsumenten vor dem asiatischen Einfluss zurückgeführt. Während Gerüchte manchmal von selbst verschwinden, kann ein Unternehmen auch umgehend Maßnahmen ergreifen um ihnen entgegenzuwirken. Von einer franzöischen Margarine wurde behauptet, sie enthalte Giftstoffe, woraufhin das Unternehmen sich in seiner Werbung auf das ,Gerücht, das Sie teuer zu stehen kommt' bezog.[70]

Multinationale Firmen sind besonders von Gerüchten betroffen, da sie vielleicht weniger Kontrolle über die Produktqualität und über den Inhalt von Mund-zu-Mund-Kommunikation haben. Viele Marketingexperten (z. B. Nestlé) in Indonesien wurden durch das Gerücht geschädigt, ihre Nahrungsmittel enthielten Schweinefleisch, das die 160 Millionen in diesem Land lebenden Muslime nicht essen dürfen. Die islamischen Prediger oder Mullahs reagierten auf diese Gerüchte, indem sie Konsumenten aufforderten, keine Produkte zu kaufen, die durch Schweinefett verdorben sein könnten. Nestle gab über 250.000 Dollar für eine Werbekampagne aus, um das Gerücht zu zerstreuen.[71] In China wurde eine Brauerei der Pfuscherei beschuldigt. Gerüchte über vergiftetes Bier breiteten sich schnell aus, offensichtlich nach einem Zwischenfall, bei dem selbst gebrautes Bier in die leeren Flaschen der Brauerei gefüllt und wiederverkauft wurde.[72]

10.4.3 Konsumentenboykotts

Wir leben in einer Zeit, in der Konsumenten sich zunehmend darüber klar werden, dass ihr Konsumverhalten Teil eines globalen politischen und wirtschaftlichen Systems ist. Dies kann zu dem im vorangehenden Kapitel besprochenen „politischen Konsumenten" führen. Manchmal kann eine negative Erfahrung eine organisierte, zerstörerische Reaktion auslösen – wenn eine Konsumentengruppe beispielsweise einen *Boykott* gegen die Produkte eines Unternehmens organisiert. Diese Aktionen reichen von Protesten gegen Investitionen in einem politisch umstrittenen Land (als Carlsberg Investitionen in Myanmar, wie in Kapitel 9 erwähnt, zurückzog, oder als Shell beschuldigt wurde, Umweltverschmutzung und politische Repression der Menschen in der Ogoni Gegend in Nigeria zu tolerieren) bis zu Bemühungen, Konsumenten vom Konsum von Produkten gewisser Firmen oder Länder abzubringen (wie 1996 beim Boykott französischer Weine während der Atomversuche im Pazifik geschehen, eine Aktion, die sich in den Niederlanden und in Skandinavien besonders stark auswirkte). In den Vereinigten Staaten führten obszöne, aufrührerische Texte zu Boykottdrohungen, und gesetzlich ermächtigte Organisationen drohten Time Warner zu boykottieren, nachdem das Unternehmen einen Rap-Song von Ice-T mit dem Titel ‚Cop Killer' (‚*Bullenkiller*') verbreitet hatte.

Ein bekannter Fall war der Boykott von Shell, als das Unternehmen die Bohrplattform Brent Spar in der Nordsee versenken wollte. In Deutschland sanken die Einnahmen des Unternehmens um fast 30%, aber auch in den Niederlanden und in Dänemark wirkte sich der Boykott aus. Shell ließ schnell von seinem Vorhaben, die Bohrinsel zu versenken, ab, woraus Konsumenten schlossen, dass das Unternehmen tatsächlich schuldig war. Tatsächlich ist aber die Tiefwasserentsorgung in solchen Fällen die umweltfreundlichste Lösung.[73]

Boykotts sind nicht immer effizient. Untersuchungen ergaben, dass sich normalerweise nur ein kleiner Prozentsatz der Konsumenten eines Landes an ihnen beteiligt. Immerhin fallen die Stimmen der Beteiligten ins Gewicht, denn sie sind gebildet und stellen insofern eine Gruppe dar, welche Unternehmen nicht vor den Kopf stoßen wollen. Die negative Öffentlichkeitsarbeit, die aus Medienberichten über den Boykott resultiert, kann für die Firma langfristig schädlich sein, da Konkurrenten dadurch einen relativen Vorteil erlangen. Als sich der Boykott französischer Weine in Dänemark legte, hatten die französischen Weine 20% der Marktanteile eingebüßt. Das galt aber nicht als größte Schwierigkeit, da man davon ausging, dass die Konsumenten wieder von französischen Weinen überzeugt werden könnten. Aber viele Supermärkte hatten ihr Angebot geändert und boten mehr italienische und spanische Weine an – was ein größeres Problem darstellte.[74]

Eine Lösung, die bei Marketingexperten immer beliebter wird, ist die Bildung einer Sondereinheit, die mit der Boykottleitung die bestehenden Probleme regelt. In den Vereinigten Staaten ging McDonald's auf diese Weise vor, als das Unternehmen mit dem Environmental Defence Fund über die Verwendung von Polystyrol-Containern und gebleichtem Papier verhandelte. Das Unternehmen erklärte sich mit einem Kompostierprogramm einverstanden und wechselte zu braunen Tüten.[75]

10.5 Meinungsführerschaft

Obwohl Konsumenten Informationen von persönlichen Quellen erhalten, fragen sie nicht *jeden* um Rat wegen eines Produktes. Wenn Sie eine neue Stereoanlage kaufen möchten, werden Sie vermutlich einen Freund um Rat fragen, der sich am ehesten mit Anlagen auskennt. Vielleicht hat dieser Freund eine anspruchsvolle Anlage oder er hat Fachzeitschriften abonniert und verbringt viel Zeit in entsprechenden Fachgeschäften. Sie können auch einen Freund haben, der sehr elegant ist, *seine* Zeit aber mit Modezeitschriften oder in Trendboutiquen verbringt. Während Sie sich von ihm vermutlich nicht über Stereoanlagen beraten lassen, könnten Sie ihn mitnehmen, wenn sie neue Kleidung kaufen.

Diese so genannte Meinungsführerschaft hat großen Einfluss auf die Beliebtheit von Marken vieler Kategorien. Dazu gehört der Markt für Sportzubehör, wo sowohl Werbungen mit Berühmtheiten (siehe Kapitel 6) als auch Sponsoring wichtige Marketingwerkzeuge für die Meinungsbildung sind. Die amerikanische Firma Gatorade, die Sportgetränke herstellt, gründete ihre Einführung auf dem britischen Markt ausschließlich auf einer exklusiven Meinungsführerschafts-Basis, wobei sie Sportveranstaltungen und Sportler wie den Kapitän der nationalen Krickettmannschaft sponserte, während sie keine größere Werbung für das Produkt schaltete. Diese Spannung erzeugende Strategie löste Neugierde, Interesse und Nachforschungen aus und formte wahrscheinlich die Einstellung vieler Meinungsführer zu dem Produkt, bevor es in den Einzelhandelsvertrieb kam.[76]

Man kann auf jeden Fall darüber diskutieren, ob das Endorsement eines einzelnen Sportlers ein besserer Kommunikationsträger ist als eine offizielle Schirmherrschaft von Veranstaltungen. Bei der Fußballweltmeisterschaft 1996 in England übertraf Nike viele offizielle Sponsoren mit seiner Kampagne, die auf einzelnen Spielern beruhte, obwohl einige von ihnen es nicht schafften, in ihre jeweilige nationale Mannschaft aufgenommen zu werden. In vielerlei Hinsicht hat dieser ,Schnitzer' dazu geführt, dass die Menschen dadurch noch aufmerksamer auf Nike wurden, als wenn die Spieler tatsächlich gespielt hätten.[77]

10.5.1 Das Wesen der Meinungsführerschaft

Jeder kennt Menschen, die sich mit Produkten gut auskennen und deren Rat von anderen ernst genommen wird. Diese Menschen nennt man **Meinungsführer**. Ein Meinungsführer ist eine Person, die oft Einstellungen und Verhalten von anderen Menschen beeinflussen kann.[78] Aus mehreren Gründen sind Meinungsführer sehr zuverlässige Informationsquellen.

1. Sie sind fachlich kompetent und überzeugend, weil sie Expertenmacht besitzen.[79]
2. Sie verfügen über überprüfte, bewertete und zusammengefasste Produktinformationen, die unvoreingenommen sind und haben somit Wissensmacht.[80] Im Gegensatz zu Endorsern vertreten Meinungsführer nicht die Interessen eines Unternehmens. Sie sind glaubwürdiger, weil sie kein persönliches Interesse haben.
3. Sie sind meistens sozial aktiv und in ihrer Gemeinschaft fest verankert.[81] Sie haben oft Ämter in Gemeinschaftsgruppen oder Vereinen und sind auch außerhalb des Hauses aktiv. Meinungsführer haben oft durch ihre soziale Stellung legitimierte Macht.
4. Sie ähneln dem Konsumenten meistens in Bezug auf Werte und Überzeugungen und besitzen darum Bezugsmacht. In ihrem Interesse an oder ihrer Fachkenntnis von einer Produktkategorie heben sich Meinungsführer von anderen ab. Sie sind insofern überzeugend, als sie im Allgemeinen in Bezug auf Stellung und Bildung andere überragen, aber nicht so sehr, dass sie einer anderen sozialen Schicht angehören.
5. Meinungsführer kaufen oft als Erste neue Produkte und absorbieren auf diese Weise einen Teil des Risikos. Diese Erfahrung reduziert die Ungewissheit anderer Menschen, die nicht so viel wagen. Während von den Unternehmen gesponserte Kommunikationen sich meistens nur mit den positiven Aspekten eines Produktes befassen, können Meinungsführer durch ihre aktive Erfahrung sowohl die positiven als auch die negativen Informationen über die Produktleistung mitteilen.

Diese Werbung für MTV befasst sich mit der Bedeutung junger Meinungsführer bei der Heranbildung der Präferenzen ihrer Freunde.

© Viacom, International.

Während persönliche Merkmale in Bezug auf Verhalten und Psychologie bei der Identifizierung von Meinungsführern am wichtigsten sind, deutet einiges darauf hin, dass Meinungführung nicht in allen Ländern auf die gleiche Weise funktioniert. Zum Beispiel gibt es kulturelle Unterschiede in dem Maß, in dem sich Menschen auf unpersönliche bzw. persönliche Informationssuche verlassen. Eine Studie über Meinungsführerschaft, die in vierzehn europäischen Ländern, den Vereinigten Staaten und Kanada durchgeführt wurde, ergab, dass die Länder, in denen am meisten auf unpersönliche Informationssuche zurückgegriffen wurde (z. B. auf Verbraucherzeitschriften) Dänemark, Norwegen, Schweden und Finnland waren, während die am wenigsten durch unpersönliche Informationssuche gekennzeichneten Länder Italien, Portugal und Spanien waren.[82]

Der Einfluss von Meinungsführern

Als Marketingexperten und Sozialwissenschaftler ursprünglich das Konzept des Meinungsführers entwickelten, gingen sie davon aus, dass bestimmte einflussreiche Menschen einer Gemeinschaft einen allumfassenden Einfluss auf die Einstellungen von Gruppenmitgliedern haben. In späteren Arbeiten wurde die Theorie, dass es etwas wie einen *allgemeingültigen Meinungsführer* gibt, also jemand, dessen Rat bei allen Kaufentscheidungen gesucht wird, in Frage gestellt. Nur wenig Menschen sind auf vielen Gebieten Experten. Soziologen unterscheiden zwischen *monomorphen* Experten (auf einem begrenzten Gebiet) und *polymorphen* Experten (auf vielen Gebieten).[83] Aber selbst Meinungsführer, die polymorph sind, konzentrieren sich meistens auf ein allgemeines Gebiet wie Elektronik oder Mode.

Forschungen über Meinungsführerschaft weisen im Allgemeinen darauf hin, dass, während es Meinungsführer für viele Produktkategorien gibt, die Sachkenntnis meistens auf ähnliche Kategorien übergreift. Den allgemein gültigen Meinungsführer gibt es nur selten. Ein Meinungsführer für Haushaltsgeräte hat vermutlich eine ähnliche Funktion, wenn es um Reinigungsmittel geht, aber nicht, wenn es um Kosmetikartikel geht. Ein Meinungsführer für Mode dagegen, der primär auf die Kleiderwahl Einfluss ausübt, kann auch um Empfehlungen für Kosmetikkäufe gebeten werden – aber nicht unbedingt für Mikrowellenherde.[84]

Meinungsführer versus andere Konsumententypen

Frühe Auffassungen der Rolle von Meinungsführern gingen auch von einem statischen Prozess aus: Der Meinungsführer absorbiert Informationen von Massenmedien und übermittelt diese Daten an die Meinungsempfänger. Diese Perspektive hat sich als zu stark vereinfachend herausgestellt und bringt die Funktion von verschiedenen Arten von Konsumenten durcheinander. Darüber hinaus haben Forschungen ergeben, dass der Informationsfluss vermutlich nicht einseitig, sondern zweiseitig ist, und Meinungsführer deshalb von den Reaktionen ihrer Mitläufer beeinflusst weren.[85] Das würde eine komplexere Kommunikationssituation reflektieren, als died die das interaktive Kommunikationsmodell in Kapitel 6 beschreibt.

Meinungsführer können die Produkte, die sie empfehlen, kaufen oder auch nicht. Frühe Käufer nennt man *Innovatoren*. Meinungsführer, die frühe Käufer sind, wurden **innovative Kommunikatoren** genannt. In einer Untersuchung fand sich eine Anzahl von Merkmalen bei Universitätsstudenten, die innovative Kommunikatoren für Modeprodukte waren. Die jungen Männer kauften als Erste neue Modeartikel und ihre Meinung zur Mode wurde von anderen Studenten in ihre eigenen Kaufentscheidungen integriert. Andere Merkmale waren Folgende:[86]

- Sie waren sozial aktiv.
- Sie legten Wert auf das Aussehen und waren eitel (sie waren sehr von sich überzeugt und egoistisch).
- Sie waren in der Rockkultur engagiert.
- Sie lasen viele Zeitschriften.
- Sie hatten mehr Kleidung und ein größeres Spektrum an Stilrichtungen als ihre Mitstudenten.
- Ihre intellektuellen Interessen waren relativ begrenzt.

Meinungsführer sind oft auch **Meinungssucher.** Sie interessieren sich meistens stark für eine Produktkategorie und suchen aktiv nach Informationen. Aus diesem Grund sprechen sie eher mit anderen Menschen über Produkte und fragen diese nach ihrer Meinung. Anders als die statische Perspektive von Meinungsführerschaft annimmt, finden die meisten produktbezogenen Gespräche nicht in einer Art Vortrag statt, wo nur eine Person spricht. Produktbezogene Gespräche entwickeln sich häufig aus der Situation heraus und entstehen eher durch eine beiläufige Interaktion als durch eine formellen Anweisung.[87] Eine Studie, durch die herausgefunden wurde, dass die Meinungssuche bei Lebensmitteln besonders hoch ist, ergab auch, dass zwei Drittel der Meinungssucher sich selbst auch als Meinungsführer sehen.[88]

Konsumenten, die für eine Produktkategorie Experten sind, kommunizieren möglicherweise nicht aktiv mit anderen, während andere Konsumenten ein größeres Interesse an Diskussionen über Produkte haben können. Die so genannte Konsumentenkategorie **market maven** (bzw. Marktkenner) soll Menschen beschreiben, die an der Übermittlung von Markt-

---

Abbildung 10.3   Skalenartikel, die verwendet wurden, um market mavens zu identifizieren.

I.   Ich führe bei meinen Freunden gern neue Produkte und Marken ein.

2.   Ich helfe Menschen gern, indem ich ihnen Informationen über alle möglichen Produkte liefere.

3.   Menschen fragen mich nach Informationen über Produkte, Einkaufsorte oder Sonderangebote.

4.   Wenn mich jemand fragt, wo er am besten bestimmte Arten von Produkten einkaufen kann, kann ich ihm eine positive Antwort geben.

5.   Meine Freunde halten mich für eine gute Informationsquelle, wenn es um neue Produkte oder Sonderangebote geht.

6.   Denken Sie an eine Person, die Informationen über eine Vielzahl von Produkten besitzt und diese Informationen gern anderen mitteilt. Diese Person weiß viel über neue Produkte, Sonderangebote, Geschäfte usw., findet aber nicht unbedingt, dass sie ein Experte für ein bestimmtes Produkt ist. Wie gut trifft diese Beschreibung auf Sie zu?

Quelle: Adaptiert von Lawrence Feick und Linda Price, ‚The Market Maven: A Diffuser of Marketplace Information‘, *Journal of Marketing* 51 (Januar 1987): 83-7. © American Marketing Association.

---

informationen aller Art aktiv teilnehmen. Market mavens sind nicht unbedingt an bestimmten Produkten interessiert und sind nicht unbedingt frühe Käufer von Produkten. Sie kommen der Funktion des allgemeinen Meinungsführers näher, weil sie meistens genau wissen, wie und wo man sich Produkte beschaffen kann.[89] Eine Skala, anhand der market mavens identifiziert wurden, ist in Abbildung 10.3 zu sehen.

Außer den Alltagskonsumenten, die die Kaufentscheidungen anderer beeinflussen, spielen Marketingvermittler, die **Surrogat-Konsumenten** genannt werden, in manchen Kategorien eine aktive Rolle. Ein Surrogat-Konsument ist eine Person, die engagiert wird, um Kaufentscheidungen zu fördern. Im Gegensatz zum Meinungsführer oder market maven wird der Surrogat-Konsument für seine Tätigkeit entschädigt.

Innenarchitekten, Aktienhändler oder Berufseinkäufer kann man sich alle als Surrogat-Konsumenten vorstellen. Ob sie auf Betreiben des Konsumenten einen Kauf tätigen oder nicht, die Empfehlungen von Surrogaten können viel Einfluss ausüben. Der Konsument verzichtet im Allgemeinen auf einige oder alle Entscheidungsfunktionen wie Informationssuche, Bewertung von Alternativen oder den tatsächlichen Kauf. Ein Kunde kann einen Innenarchitekten beauftragen, während einem Aktienhändler von Investoren wesentliche Kauf/Verkaufsentscheidungen überlassen werden. Viele Marketingexperten übersehen, dass Surrogate in Kaufentscheidungen involviert sind, und richten ihre Kommunikation fälschlich an Endkonsumenten, statt an die Surrogate, die Produktinformationen tatsächlich lesen.[90]

10.5.2 Identifikation von Meinungsführern

Weil Meinungsführer für Kaufentscheidungen von Konsumenten so wichtig sind, haben Marketingexperten großes Interesse daran, Menschen zu finden, die in einer Produktkategorie einflussreich sind. Viele Werbungen wollen eher diese einflussreichen Konsumenten erreichen als den Durchschnitts-Konsumenten – besonders wenn die Werbung umfangreiche technische Informationen enthält. Der Durchschnittskäufer eines Fernsehers wäre vermutlich nicht begeistert, wenn er in einer Werbung für einen Pioneer Projektionsfernseher lesen würde, dass dieser eine Linse mit ‚maximalem Durchmesser von 160 mm‘ und einen ‚neuen Hochvolt-Stabilisierkreis' hat. Ein Elektronikfachmann dagegen kann von solchen Informationen beeindruckt sein und sie verwenden, wenn er einem unwissenderen Freund einen Projektionsfernseher empfiehlt.

Professionelle Meinungsführer

Vielleicht können Meinungsführer am besten gefunden werden, wenn man sich an Menschen wendet, die für fachmännischen Rat bezahlt werden. *Professionelle Meinungsführer* sind Menschen wie Ärzte, Wissenschaftler oder andere Experten, die spezifische Informationen Fachzeitschriften entnehmen.

Marketingexperten, die erreichen wollen, dass ihre Produkte von Konsumenten akzeptiert werden, finden es manchmal einfacher, professionelle Meinungsführer zu gewinnen, die (so hoffen sie) ihre Produkte Konsumenten empfehlen. Ein Beispiel ist das Vorgehen der Firma Roc S.A., dem Hersteller von Europas führender Marke für Hyperallergie-Lotionen, der den lukrativen amerikanischen Markt für Gesichtspflegeprodukte erobern wollte. Anstatt mit der verschwenderischen Werbung von Revlon oder Estée Lauder zu konkurrieren, beschloss das französische Unternehmen zunächst, die medizinische Anerkennung von Apothekern und Hautärzten zu erhalten. 1994 schaltete das Unternehmen Anzeigen in medizinischen Fachzeitschriften und die Produkte wurden an Hautärzte und Apotheken verteilt, in die Patienten von Hautärzten kamen. Eine Telefonnummer wurde angegeben, unter der interessierte Konsumenten kostenlos die Adressen der Apotheken erfahren konnten, die diese Marke anboten.[91]

Dieses Vorgehen kann aber auch fehlschlagen, wenn es in ein Extrem fällt und die Glaubwürdigkeit von professionellen Meinungsführern kompromittiert. In manchen Ländern hat die medizinische Industrie den zweifelhaften Ruf, Ärzte zu bestechen, indem diese zu als Konferenzen getarnten Produktpräsentationen eingeladen werden, die oft an prunkvollen Orten stattfinden.

Konsumenten-Meinungsführer

Da die meisten Meinungsführer auch Konsumenten und nicht unbedingt im Marketingumfeld engagiert sind, ist es schwerer, sie ausfindig zu machen. Eine Berühmtheit oder ein einflussreicher Industriemanager ist leicht zu orten, denn er oder sie ist national oder regional präsent, oder im Telefonbuch zu finden. Meinungsführer dagegen operieren auf lokaler Ebene und beeinflussen eher fünf bis zehn Konsumenten als ein ganzes Marktsegment. Manche Unternehmen haben einflussreiche Menschen gefunden und sie direkt in ihre Marketingstrategien einbezogen, in der Hoffnung, dass diese Konsumenten die Verdienste der Firma ihren Freunden mitteilen würden. Viele Kaufhäuser veranstalten zum Beispiel Modepanels, die sich meistens aus jungen Trendsetterinnen zusammensetzen, die an Modenschauen teilnehmen, usw.

Wegen der Schwierigkeit, spezifische Meinungsführer auf einem großen Markt zu identifizieren, konzentrieren sich die meisten Versuche auf Forschungsstudien, in denen die Merkmale von repräsentativen Meinungsführern festgestellt und dann auf einen größeren Markt übertragen werden können. Dieses Wissen hilft Marketingexperten, ihre produktbezogenen Informationen auf das entsprechende Umfeld und die entsprechenden Medien zuzuschneiden. Der Versuch, Finanz-Meinungsführer zu identifizieren, ergab, dass die Konsumenten ihre Finanzen selbst regelten und dafür einen Computer verwendeten. Sie verfolgten ihre Investitionen täglich, lasen Bücher und sahen sich im Fernsehen Programme an, die mit Finanzthemen zu tun hatten.[92]

Die Selbsteinschätzungs-Methode

Die am weitesten verbreitete Technik zur Identifizierung von Meinungsführern besteht darin, einzelne Konsumenten zu fragen, ob sie sich selbst als Meinungsführer sehen.

Bei der Selbsteinschätzung gibt es aber offensichtliche Schwierigkeiten. Während Befragte, die angeben, an einer Produktkategorie sehr interessiert zu sein, wahrscheinlich zu den Meinungsführern zählen, sind die Ergebnisse von Umfragen, mit denen selbsteingeschätzte Meinungsführer identifiziert werden sollten, mit Vorsicht zu betrachten. Manche Menschen neigen dazu, ihre Bedeutung und ihren Einfluss zu übertreiben, während andere, die tatsächlich einflussreich sind, dies nicht zugeben.[93] Wenn wir Ratschläge zu Produkten erteilen, so heißt das noch nicht, dass andere Menschen diesen Rat auch *annehmen*. Wer als vertrauenswürdiger Meinungsführer gelten will, dessen Rat muss von Meinungssuchern aufgenommen und befolgt werden. Eine Alternative ist die Auswahl einiger Gruppenmitglieder (*Schlüsselinformanten)*, die wiederum nach Meinungsführern befragt werden. Der Erfolg dieses Ansatzes hängt davon ab, ob diejenigen, die die Gruppe genau kennen, ausfindig gemacht werden können, und ob die Voreingenommenheit ihrer Antworten minimiert werden kann (z. B. die Tendenz, den eigenen Einfluss auf die Entscheidungen anderer zu übertreiben).

Während die Selbsteinschätzungs-Methode nicht zuverlässiger ist als eine systematische Analyse (wo der Anspruch auf Einfluss dadurch überprüft werden kann, dass man andere fragt, ob die Person wirklich einflussreich ist), hat sie den Vorteil, auf eine große Gruppe potenzieller Meinungsführer angewandt werden zu können. In manchen Fällen werden nicht alle Mitglieder einer Gemeinschaft befragt. Eine der ursprünglichen Messskalen, die für die Selbsteinschätzung von Meinungsführern entwickelt wurde, ist in Abbildung 10.4 dargestellt.

Soziometrie

Ein Internet-Service wurde geschaffen, der auf dem bekannten Spiel *Six Degrees of Separation* beruht. Grundlage dabei ist, dass jeder Mensch auf der Erde nur von sechs anderen Menschen getrennt ist. Die Webseite (www.sixdegrees.com) ermöglicht einer Person, Namen und E-Mail-

---

Abbildung 10.4   Eine revidierte und aktualisierte Version der Skala für Meinungsführerschaft

Bitte stufen Sie sich selbst in Bezug auf Ihre Interaktionen mit Freunden und Nachbarn auf der folgenden Skala ein

1. Sprechen Sie gern mit Ihren Freunden und Nachbarn über das Produkt _____

sehr oft				nie
5	4	3	2	1

2. Meinen Sie, dass Sie Ihren Freunden nur sehr wenig oder viel Informationen über das Produkt X geben?

viele Informationen				wenig Informationen
5	4	3	2	1

3. Wie vielen Menschen haben Sie in den letzten sechs Monaten von einem neuen _____ erzählt?

vielen Menschen				niemandem
5	4	3	2	1

4. Wie hoch ist die Wahrscheinlichkeit, dass Sie in Ihrem Freundeskreis über ein neues _____ gefragt werden?

sehr hoch				niedrig
5	4	3	2	1

5. Wenn Sie über ein neues _____ sprechen, tritt welche der folgenden Situationen am ehesten ein?

Sie erzählen Ihren Freunden von_____			Sie erzählen nicht von_____	
5	4	3	2	1

6. Werden Sie in Gesprächen mit Freunden und Nachbarn oft als

Ratgeber verwendet			nicht als Ratgeber verwendet	
5	4	3	2	1

Quelle: Adaptiert von Terry L. Childers, ‚Assessment of the Psychometric Properties of an Opinion Leadership Scale', *Journal of Marketing Research* 23 (Mai 1986): 184-8; und Leisa Reinecke Flynn, Ronald E. Goldsmith and Jacqueline K. Eastman, ‚The King and Summers Opinion Leadership Scale: Revision and Refinement', *Journal of Business Research* 31 (1994): 55-64.

Adressen von anderen Personen zu registrieren und zu liefern, so dass, wenn der Benutzer ein Netz braucht, eine Verbindung zu anderen in der Datenbank hergestellt wird.[94]

Diese Webseite ist die digitale Version von konventionelleren **soziometrischen Methoden**, die Kommunikationsmuster von Gruppenmitgliedern aufspüren und Forschern ermöglichen, systematisch die bei Gruppenmitgliedern ablaufenden Interaktionen festzulegen. Werden Teilnehmer gefragt, wen sie um Produktinformation bitten, können Informationsquellen für Produkte identifiziert werden. Diese Methode ist die präziseste, aber ihre Umsetzung ist teuer, da sie eine sehr genaue Untersuchung von Interaktionsmustern in kleinen Gruppen erfordert. Aus diesem Grund lassen sich soziometrische Techniken am besten in einem geschlossenen, unabhängigen sozialen Rahmen durchführen, wie z. B. in Krankenhäusern, Gefängnissen und Armeestützpunkten, wo die Mitglieder weitgehend von andern sozialen Netzwerken isoliert sind.

Bei vielen Berufstätigen und Marketingexperten für Dienstleistungen hängt die Geschäftsentwicklung vor allem von der Mund-zu-Mund-Kommunikation ab. In vielen Fällen empfehlen Konsumenten einen Dienstleistungslieferanten Freunden oder Berufskollegen, in anderen Fällen machen Geschäftsleute ihren Kunden Empfehlungen.

Soziometrie-Analysen können eingesetzt werden, um *Beziehungsverhalten* besser zu verstehen, und um Stärken und Schwächen in dem Prozess aufzuspüren, durch den der Ruf einer Person in einer Gemeinschaft verbreitet wird. *Netzwerkanalysen* konzentrieren sich auf die Kommunikation in sozialen Systemen, betrachten die Beziehungen unter Menschen in einem *Beziehungsnetzwerk* und messen die *Verbindungsstärke* unter ihnen. Die Verbindungsstärke bezieht sich auf das Wesen der Beziehungen zwischen Menschen. Sie reicht von stark primär (z. B. der Ehepartner) bis schwach sekundär (z. B. eine Zufallsbekanntschaft). Eine enge Beziehung kann man sich als primäre Bezugsgruppe vorstellen, es finden häufige und für die Person wichtige Interaktionen statt.

Während starke Beziehungen wichtig sind, können schwache Beziehungen eine *Überbrückungsfunktion* darstellen. Diese Art von Verbindung ermöglicht einem Konsumenten, Zugang zu Subgruppen zu erhalten. So kann eine Person einen Freundeskreis haben, der als primäre Bezugsgruppe dient (starke Verbindung). Ist diese Person an Tennis interessiert, kann einer ihrer Freunde sie einer Gruppe von Menschen vorstellen, die in einer Tennismannschaft spielen. Durch diese Überbrückungsfunktion bekommt die Person Zugang zu ihrer wertvollen Sachkenntnis. Dieser Beziehungsprozess veranschaulicht die Stärke schwacher Bindungen.

In einer Studie wurden die Beziehungsnetzwerke eines Dienstleistungsgewerbetätigen (in diesem Fall ein Klavierstimmer) analysiert, um Beziehungsmuster besser verstehen zu können. Die Marktforscher nahmen zu den Kunden des Klavierstimmers Kontakt auf und fragten sie, wie sie auf ihn gekommen waren (Beziehungswege). Nachdem die Wege beschrieben worden waren, konnten die Marktforscher beschreiben, wie das Geschäft zu Stande kam (durch Freunde, Geschäftsbeziehungen, etc.) und Meinungsführer in dem System ausfindig machen (Menschen, die für mehr als einen Kunden eine Beziehungsquelle waren).[95] Diese Technik kann ohne Weiteres von vielen Anbietern zur Identifizierung von Kunden, die Geschäftsabschlüsse anstoßen, angewandt werden.

10.6 Verbreitung von Innovationen

Neue Produkte und Stile, die man Innovationen nennt, werden ständig auf dem Markt eingeführt. Diese neuen Produkte oder Dienstleistungen tauchen sowohl bei Konsumenten als auch in der Industrie auf. Eine Innovation kann ein Kleidungsstil sein (Jean-Paul Gaultiers Herrenhemden), eine neue Herstellungstechnik oder ein neuer Weg, auf dem eine Dienstleistung erbracht werden kann. Ist eine Innovation erfolgreich (die meisten sind es nicht), breitet sie

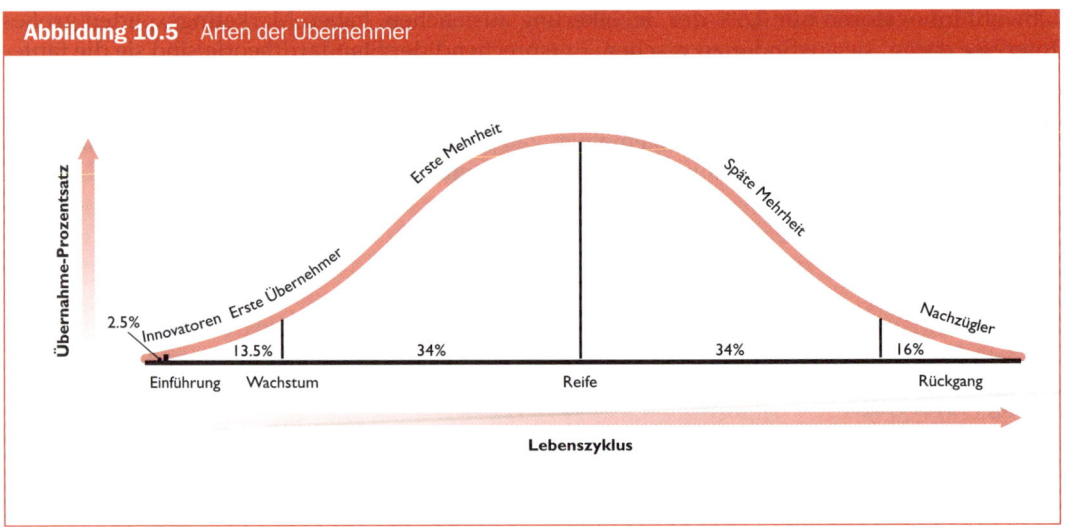

Abbildung 10.5   Arten der Übernehmer

sich in der Bevölkerung aus. Zuerst wird sie von wenig Menschen gekauft oder benutzt, dann entschließen sich immer mehr Konsumenten sie zu übernehmen, bis es scheint, dass fast jeder die Innovation gekauft oder ausprobiert hat. Die Diffusion einer Innovation beschreibt den Prozess, durch den ein neues Produkt, eine neue Dienstleistung oder eine Idee sich in der Bevölkerung ausbreitet.

10.6.1 Übernahme von Innovationen

Übernimmt ein Konsument eine Innovation, so gleicht dieser Prozess der in Kapitel 8 beschriebenen Entscheidungssequenz. Die Person durchläuft die Stadien Bewusstsein, Informationssuche, Bewertung, Auswahl und Übernahme, wobei die relative Bedeutung eines jedes Stadiums variieren kann, je nachdem, wie viel bereits über ein Produkt bekannt ist,[96] und je nach den gesellschaftlichen Faktoren, die die Bereitschaft von Menschen, neue Produkte auszuprobieren, beeinflussen können.[97]

Aber auch in derselben Gesellschaft übernehmen nicht alle Menschen Innovationen im gleichen Maß; manche übernehmen sie schnell, andere nie. Man kann Konsumenten in approximative Kategorien einordnen, die auf der Wahrscheinlichkeit beruhen, mit der eine Innovation übernommen wird. Die in Abbildung 10.5 gezeigte Kategorie von Übernehmern kann auf Phasen des Produktlebenszyklus-Konzepts bezogen werden, das von Marktingstrategen gern eingesetzt wird.

Wie in Abbildung 10.5 dargestellt, übernimmt nur rund ein Sechstel der Bevölkerung (Innovatoren und erste Übernehmer) neue Produkte schnell, ein Sechstel der Bevölkerung (Nachzügler) langsam. Die anderen zwei Drittel liegen irgendwo in der Mitte, diese Mehrheits-Übernehmer stellen die breite Öffentlichkeit dar. Manchmal warten Menschen bewusst, bevor sie eine Innovation übernehmen, weil sie annehmen, dass ihre technischen Qualitäten noch verbessert werden, oder dass der Preis fallen wird, wenn sie länger auf dem Markt war.[98] Denken Sie daran, dass der Anteil von Konsumenten an jeder Kategorie eine Schätzung ist, die tatsächliche Größe hängt von Faktoren ab wie der Komplexität des Produkts, seinen Kosten und anderen produktbezogenen Faktoren – und vermutlich variiert sie auch von Land zu Land.

Obwohl Innovatoren nur 2,5% der Bevölkerung ausmachen, haben Marketingexperten großes Interesse daran, sie ausfindig zu machen. Entsprechend der Standardtheorie sind sie die tapferen Seelen, die ständig nach neuen Entwicklungen Ausschau halten und die Ersten sind, die ein neues Angebot ausprobieren. Ebenso wie allgemeine Meinungsführer anscheinend nicht existieren, sind Innovatoren im Allgemeinen kategorie-spezifisch. Eine Person, die auf einem Gebiet ein Innovator ist, kann auf einem anderen Nachzügler sein. Jemand, der sich rühmt, ein

Tabelle 10.2 Entscheidungsstil von Marktsegmenten anhand von Übernahme, Innovation und persönlichem Involvement			
Adoptionsentscheidung Prozess-Stadium	**Wenig involvierte Übernehmer**	**Innovatoren**	**Mehr involvierte Übernehmer**
Problemerkennung	Passiv, reaktiv	Aktiv	Proaktiv
Suche	Minimal, auf Lösung geringer Anomalien beschränkt, die durch Konsumverhalten verursacht werden	Oberflächlich, aber extensiv in und durch Grenzen der Produktklasse gekennzeichnet	Extensiv innerhalb relevanter Produktkategorie; intensive Erforschung aller möglichen Lösungen innerhalb dieses Rahmens
Beurteilung	Sorgfältig, rational langsam und vorsichtig, objektive Bewertung anhand bewährter Kriterien	Schnell, impulsiv, basierend auf derzeit akzeptierten Kriterien; persönlich und subjektiv	Vorsichtig, beschränkt auf Kriterien der relevanten Produktkategorie: aber zuversichtlich und (für Übernehmer) schnell innerhalb dieses Bezugsrahmens ausgeführt
Entscheidung	Konservative Wahl unter bekannten Produkten, ständige Innovationen bevorzugt	Radikal: leicht an neuer Produktklasse interessiert, schnelle Entscheidung; häufige Auswahl, gefolgt von Aufgabe	Sorgfältige Auswahl in einem Produktbereich, der vertraut ist durch Überlegung, indirekte Selektion und vorsichtigen Vergleich vor dem Kauf
Nach-Kauf-Bewertung	Akribisch, Tendenz zu Markentreue wenn gute Leistung	Wenig treu, ständige Suche nach neuen Erfahrungen durch Kauf und Konsum	Treu, wenn zufrieden, aber bereit, Innovationen in dem bestimmten Bezugsrahmen zu probieren; neigt vielleicht zu dynamisch-kontinuierlichen Innovationen

Quelle: Gordon R. Foxall and Seema Bhate, „Cognitive Style and Personal Involvement as Explicators of Innovative Purchasing of Health Food Brands", *European Journal of Marketing* 27(2)(1993): 5-16.

Modebarometer zu sein, hat möglicherweise keine Vorstellung von neuen Entwicklungen bei Stereoanlagen oder Tonaufnahmetechnologien.

Trotzdem gibt es für das Profil des Innovatoren ein paar verallgemeinernde Erklärungen.[99] Es ist nicht überraschend, dass sie Risiken gegenüber eine positive Einstellung haben. Meistens haben sie, zumindest im amerikanischen Kontext, eine höhere Bildung und ein höheres Einkommen und sind sozial aktiv. Trotzdem konnte in einer europäischen Studie über den Mode- und Kleidermarkt nicht die gleiche Korrelation zwischen soziodemografischen Variablen und innovativem oder erstübernehmendem Verhalten festgestellt werden.[100]

Erste Übernehmer teilen viele der Merkmale von Innovatoren, aber ein bedeutender Unterschied ist das Maß, in dem ihnen soziale Anerkennung wichtig ist, besonders in Bezug auf expressive Produkte wie Kleidung, Kosmetikartikel usw. Der erste Übernehmer ist also empfänglich für neue Stile, weil er in die Produktkategorie involviert ist und großen Wert darauf legt, modisch zu sein. Die Universalität der Dichotomie von Innovatoren und Übernehmern wurde durch Forschungen über gesundes Essen in Frage gestellt, wo man andeutete, dass (1) drei Gruppen unterschieden werden können, nämlich Innovatoren, mehr involvierte Übernehmer und weniger involvierte Übernehmer, und dass (2) kein großer Unterschied bei der Kaufrate von neuen Produkten zwischen Innovatoren und Übernehmern besteht, sondern dass der Unterschied eher in der Art der ausprobierten Innovation und in der Bereitschaft, neue Produkte auszuprobieren liegt.[101] Tabelle 10.2 beschreibt kurz diese verschiedenen Arten von Konsumenten und ihre Art, sich neuen Produkten zu nähern.

10.6.2 Arten der Innovation

Innovationen können ein technisches Niveau haben und einige funktionale Änderungen mit sich bringen (z. B. Airbags) oder nicht greifbarer sein und eine neue soziale Bedeutung mitteilen (z. B. neue Frisur). Im Gegensatz zu dem, was in vielen Arbeiten zu lesen ist,[102] sind beide symbolisch in dem Sinne, dass sich die eine auf Symbole technischer Leistung und Sicherheit und die andere auf weniger greifbare Symbole wie Mut und Individualität bezieht. Beide Arten beziehen sich auf Symbole des Fortschritts.[103] Neue Produkte, Dienstleistungen und Ideen haben Merkmale, die den Grad bestimmen, in dem sie wahrscheinlich verbreitet werden. Innovationen, die neuartiger sind, verbreiten sich wahrscheinlich weniger, da sie mehr Änderungen im Lebensstil der Menschen, und somit mehr Anstrengung erfordern. Viele Innovationen jedoch sind von der ‚me too‘-Art und besitzen somit nicht unbedingt Eigenschaften, die Konsumenten dazu bringen, sich von bestehenden Produkten abzuwenden.

Es muss aber festgehalten werden, dass, obwohl Marketingstrategen versuchen sicher zu stellen, dass vor der Entwicklung eines Produkts ein Markt besteht, die Misserfolgsquote neuer Produkte so hoch ist wie immer – wenn nicht höher.[104]

Verhaltensanforderungen bei Innovationen

Innovationen können nach dem Maß kategorisiert werden, in dem sie Verhaltensänderungen des Übernehmers erfordern. Drei Hauptarten von Innovationen wurden identifiziert, wobei diese drei Kategorien keinen Absolutheitsanspruch haben. Sie beziehen sich auf den relativen Anteil an Unterbrechung oder Änderung, die sie in das Leben von Menschen bringen.

Eine **kontinuierliche Innovation** bezieht sich auf die Veränderung eines bestehenden Produkts, z. B. die Einführung eines Frühstücksgetreides in zuckerüberzogener Form oder Levi's ‚shrink-to-fit‘-Jeans. So eine Veränderung kann vorgenommen werden, um eine Marke von ihren Konkurrenten abzuheben. Die meisten Produktinnovationen sind eher evolutionär als revolutionär. Kleine Änderungen werden vorgenommen, um das Produkt zu positionieren, um Erweiterungen hinzufügen oder einfach, um Langeweile beim Konsumenten zu vermeiden.

Kosumenten können sich von dem neuen Produkt angezogen fühlen, aber die Übernahme bedeutet nur geringfügige Veränderungen in ihren Konsumgewohnheiten, da die Innovation das Produkt vielleicht nur benutzerfreundlicher macht oder das Sortiment erweitert. Vor vielen Jahren veränderte zum Beispiel ein Schreibmaschinenhersteller die Form seines Produkts, um es benutzerfreundlicher zu machen. Eine einfache Veränderung bestand in der Einbuchtung der Tastenoberflächen, die für die heutigen Computertastaturen übernommen wurde. Einer der Gründe für diese Veränderung waren die Beschwerden der Sekretärinnen, die mit langen Fingernägeln auf der glatten Oberfläche nicht schreiben konnten.

Eine **dynamisch-kontinuierliche Innovation** ist eine tief greifendere Änderung an einem Produkt, wie die automatische Einstellung von Fotoapparaten oder Tastentelefone. Diese Innovationen haben kaum Einfluss auf die Dinge, die Menschen tun, sie führen zu kleinen Verhaltensänderungen – obwohl das Tastentelefon Ausdruck einer größeren Innovation ist, die viele nicht kontinuierliche Erneuerungen im Alltag mit sich führte, nämlich die Digitalisierung von Kommunikationen. Als die elektrische Kugelkopfschreibmaschine von IBM eingeführt wurde, konnten Sekretärinnen die Schrift von Manuskripten einfach dadurch ändern, dass sie eine andere Kugel einsetzten.

Eine **diskontinuierliche Innovation** bringt für unser Leben größere Änderungen mit sich. Große Innovationen wie Flugzeuge, Autos, Computer und Fernseher haben den modernen Lebensstil radikal verändert, obwohl, wie an diesen Beispielen gesehen werden kann, große Veränderungen nach ihrer Einführung eine gewisse Zeit brauchen. Der Computer hat die Schreibmaschine fast vollkommen ersetzt und zu ,Telearbeit' geführt, einem System, durch das viele Menschen zu Hause arbeiten können. Der Zyklus geht natürlich weiter, da ständig neue Innovationen (z. B. neue Softwareversionen) auf den Markt kommen. Dynamische kontinuierliche Innovationen wie die ,Computermaus' werden meist übernommen und nicht kontinuierliche Innovationen wie die Einführung von Armbandcomputern zeichnen sich schon am Horizont ab.

Voraussetzungen für erfolgreiche Übernahme

Unabhängig davon, wie viel Verhaltensänderung eine Innovation verlangt, sind verschiedene Faktoren erforderlich, damit ein Produkt Erfolg hat.[105]

- **Kompatibilität.** Die Innovation sollte mit dem Lebensstil von Konsumenten kompatibel sein. Vor einigen Jahren versuchte ein Hersteller von Pflegeprodukten ohne Erfolg eine Enthaarungscreme für Männer als Ersatz für Rasierapparate und Rasiercreme einzuführen. Es handelte sich dabei um ein ähnliches Produkt, wie es die Frauen zur Enthaarung verwenden. Obwohl es einfach und benutzerfreundlich war, schlug es fehl, da Männer kein Interesse an einem Produkt hatten, das sie als zu weiblich und somit als Bedrohung für ihre Selbsteinschätzung empfanden.
- **Erprobbarkeit**. Da unbekannte Produkte ein hohes wahrgenommenes Risiko enthalten, übernehmen die Menschen eine Innovation eher, wenn sie sie ausprobieren können, bevor sie eine Verpflichtung eingehen. Um dieses Risiko einzuschränken, wählen Unternehmen häufig die teure Strategie der Verteilung von kostenlosen Produktproben. Von der schwedischen Kaffeemarke Gevalia wurden zum Beispiel vor allem unter jungen Menschen kostenlose Proben verteilt, da einiges darauf hinweist, dass junge Menschen weniger Kaffee trinken, und diejenigen, die doch welchen trinken, später damit beginnen.
- **Komplexität.** Das Produkt sollte nicht komplex sein, da Produkte, die leichter zu verstehen und zu verwenden sind, oft konkurrierenden Produkten vorgezogen werden. Dieses Vorgehen erfordert vom Konsumenten weniger Anstrengung und senkt das wahrgenommene

Der PC ist eine Innovation, die unser Leben entscheidend verändert hat. Und interaktive Kommunikationssysteme mit Computer, Fernseher, Telefon/Fax etc. werden unser Leben noch weiter verändern.
© International Business Machines Corporation.

Risiko. Hersteller von Videorekordern haben sich zum Beispiel bemüht, diese Geräte zu vereinfachen (wie die Programmierung), um die Übernahme zu erleichtern.

- **Sichtbarkeit**. Gut wahrnehmbare Innovationen verbreiten sich eher, da sie schnell von potentiellen Übernehmern zur Kenntnis genommen werden. Die schnelle Ausbreitung der Gürteltaschen, die man als Brieftaschen oder Geldbeutel um die Hüfte trägt, war auf ihre gute Sichtbarkeit zurückzuführen, die anderen zeigte, wie benutzerfreundlich sie sind.
- **Relativer Vorteil**. Am wichtigsten ist, dass das Produkt einen relativen Vorteil im Vergleich zu Alternativen hat. Der Konsument muss davon überzeugt sein, dass die Verwendung des Produkte einen Nutzen bietet, den andere Produkte nicht bieten. Der Erfolg vieler umweltfreundlicher Produkte mag darauf zurückzuführen sein, dass, wenn der Konsument erst einmal von den Vorteilen für die Umwelt überzeugt ist, die diese Produkte bieten, es ein eindeutiger, für ihn leicht verständlicher Vorteil im Vergleich zu anderen Produkten ist.

Der soziale Kontext von Innovationen

Ein kritischer, wenig erforschter Aspekt ist die Bedeutung des sozialen Kontextes, in dem die Produktübernahme stattfindet.[106] Sie hängt sowohl mit der Sichtbarkeit der Produktinnovation als auch mit dem Einfluss der Bezugsgruppe zusammen, die offensichtlich mit dem neuen Produkt verbunden ist. Produkte aus westlichen Ländern werden in Asien, Afrika und in den neuen Marktwirtschaften Osteuropas in vielen Kontexten bewundert, weil sie mit dem Status der westlichen Welt assoziiert wurden, die als ‚besser', ‚weiter entwickelt' und ganz allgemein als fortschrittlicher gilt.[107] In Europa hat die Assoziation neuer Produkte mit dem amerikanischen Lebensstil großen Einfluss auf das Übernahmeverhalten zahlreicher Gesellschaftsgruppen, während sie sich innerhalb der europäischen Länder unterscheiden kann.

Ein weiterer sozialer Aspekt von Innovationen ist die Gefahr, dass sie aufgrund einer feineren Marktsegmentierung und Kundenspezifikation zu allzu vielen kontinuierlichen Veränderungen führen. Dies birgt die Gefahr in sich, dass die Aufmerksamkeit nicht mehr strategischen Überlegungen im Hinblick auf Verbesserungen gilt.[108] Eine britische Bank hatte eine so komplexe Struktur an Finanz- und Abrechnungsdienstleistungen sowie mit diesen Dienstleistungen verbundenen Kosten geschaffen, dass sich die Kunden über die Wartezeiten und die Unverständlichkeit ihrer Finanzangelegenheiten beschwerten. Daraufhin vereinfachte die Bank das System und führte eine einzige Abrechnungsart und ein einfacheres System ein, und schuf auf diese Weise auf einem von komplexeren Angeboten beherrschten Markt ein einzigartiges Angebot.[109]

10.7 Zusammenfassung des Kapitels

- Konsumenten gehören vielen Gruppen an, die sie zuweilen bewundern. Sie werden bei ihren Kaufentscheidungen oft von dem Wunsch beeinflusst, anderen zu gefallen.
- Individuen haben in einer Gruppe in dem Maß Einfluss, in dem sie *soziale Macht* besitzen. Zu den verschiedenen Arten von Macht gehören Informationsmacht, Bezugsmacht, legitime Macht, Expertenmacht, Belohnungsmacht und Zwangsmacht.
- Wir passen uns aus einem von zwei Gründen den Wünschen anderer an. Menschen, die ihr Verhalten an dem anderer ausrichten, weil sie das Verhalten anderer als richtig interpretieren, passen sich wegen des *informatorischen sozialen Einflusses* an. Menschen, die sich anpassen, um die Erwartungen anderer zu erfüllen und/oder von der Gruppe akzeptiert zu werden, unterliegen dem *normativen sozialen Einfluss.*
- Gruppenmitglieder tun oft Dinge, die sie allein nicht tun würden, weil ihre Identität in der Gruppe aufgeht: sie werden *ent-individualisisiert.*
- Individuen oder Gruppen, deren Meinung oder Verhalten für Konsumenten besonders wichtig ist, sind *Bezugsgruppen.* Sowohl formelle als auch informelle Gruppen beeinflussen die Kaufentscheidungen des Einzelnen, aber der Einfluss von Bezugsgruppen wird durch Faktoren wie Auffälligkeit des Produkts und Relevanz der Bezugsgruppe für einen bestimmten Kauf bestimmt.
- *Meinungsführer,* die sich bei einem Produkt auskennen, und deren Meinungen geschätzt sind, können die Wahl anderer Menschen beeinflussen. Spezifische Meinungsführer sind schwer zu identifizieren, aber Martingexperten, die ihre allgemeinen Merkmale kennen, können ihre Medien- und Werbestrategien auf sie abstimmen.
- Weitere Einflusspersonen sind so genannte *market mavens,* die ein allgemeines Interesse an Marktaktivitäten haben, und *Surrogat-Konsumenten*, die für ihren Rat zu Produkten entschädigt werden.
- Vieles von dem, was wir über Produkte wissen, haben wir eher durch *Mund-zu-Mund-Kommunikation* erfahren als durch formelle Werbung. Produktbezogene Informationen werden normalerweise in beiläufigen Gesprächen ausgetauscht.
- Während durch Mund-zu-Mund-Kommunikation Konsumenten oft auf Produkte aufmerksam werden, können sie Unternehmen auch durch Gerüchte oder negative Mund-zu-Mund-Kommunikation schädigen.
- *Soziometrische Methoden* werden eingesetzt, um Beziehungsmuster aufzuspüren. Diese Information kann verwendet werden, um Meinungsführer und andere einflussreiche Konsumenten zu identifizieren.

- Die *Diffusion von Innovationen* bezieht sich auf den Prozess, durch den ein Produkt, eine Dienstleistung oder eine Idee in einer Bevölkerung verbreitet wird. Die Entscheidung eines Konsumenten, einen neuen Artikel zu übernehmen, hängt von seinen persönlichen Eigenschaften (z. B. davon, ob die Neigung, Neues auszuprobieren besteht) und von den Merkmalen des Artikels ab. Manchmal haben Produkte eine bessere Chance übernommen zu werden, wenn sie nicht zu komplex sind, wenn ihre Verwendung für andere sichtbar ist, und vor allem, wenn sie gegenüber vorhandenen Produkten einen relativen Vorteil bieten.

SCHLÜSSELBEGRIFFE

Bezugsgruppe	315	kontinuierliche Innovation	342
Bezugsmacht	321	market maven	335
diskontinuierliche Innovation	343	Meinungsführer	333
dynamisch-kontinuierliche Innovation	343	Meinungssucher	335
Ent-Individualisierung	325	Mund-zu-Mund-Kommunikation	328
Erprobbarkeit	343	normativer Einfluss	317
Erste Übernehmer	342	Normativer sozialer Einfluss	323
Gerücht	329	Normen	323
Informationsmacht	321	Reaktanz	327
informatorischer sozialer Einfluss	323	Relativer Vorteil	344
innovative Kommunikatoren	335	Risikoverlagerung	326
komparativer Einfluss	317	Sichtbarkeit	344
Kompatibilität	343	soziometrische Methoden	339
Komplexität	343	Surrogat-Konsumenten	336
Konformität	323	Theorie des sozialen Vergleichs	324

ÜBUNGSAUFGABEN

10.1 Nennen und vergleichen Sie die fünf in dem Text beschriebenen Grundarten von Macht. Welche sind bei Marktingstrategien die wahrscheinlich relevantesten?

10.2 Warum ist Bezugsmacht eine besonders starke Macht bei Marketingappellen? Welche Faktoren helfen vorauszusagen, ob Bezugsgruppen einen starken Einfluss auf die Kaufentscheidungen einer Person haben werden?

10.3 Beurteilen Sie die strategische Rechtmäßigkeit des Konzepts des Affinitätsmarketing. Für welche Arten von Verbindungen ist diese Strategie wahrscheinlich am ehesten ein Erfolg?

10.4 Besprechen Sie einige Faktoren, die vermutlich den Anteil an Konformität, der unter Konsumenten beobachtet werden kann, bestimmen können.

10.5 Unter welchen Bedingungen sind wir eher bereit, einen sozialen Vergleich zwischen uns und uns unähnlichen bzw. ähnlichen Menschen anzustellen? Wie kann dieser Aspekt beim Entwerfen von Marketingappellen eingesetzt werden?

10.6 Besprechen Sie einige Faktoren, die bestimmen, ob Mitgliedsgruppen einen bedeutenden Einfluss auf das Verhalten einer Person haben oder nicht.

10.7 Warum ist Mund-zu-Mund-Kommunikation oft überzeugender als Werbung?

10.8 Gibt es den allgemein gültigen Meinungsführer? Welche Faktoren bestimmen, ob ein Meinungsführer auf eine spezifische Produktkategorie Einfluss hat?

10.9 Die Übernahme einer bestimmten Schuh- oder Kleidermarke durch Sportler kann auf Studenten und Fans großen Einfuss ausüben. Sollten Hochschul- und College-Trainer dafür bezahlt werden, dass sie bestimmen, welche Sportmarke ihre Spieler tragen?

10.10 Die Macht unausgesprochener sozialer Normen wird oft nur dann deutlich, wenn diese Normen verletzt werden. Um diese Aussage am eigenen Leib zu erfahren, probieren Sie Folgendes: Stellen Sie sich mit dem Rücken zu einem Aufzug, servieren Sie den Nachtisch vor dem Hauptgericht, bezahlen Sie beim Abendessen bei einem Freund bar, tragen Sie im Unterricht einen Schlafanzug oder wünschen Sie einem anderen ‚keinen schönen Tag'.

10.11 Identifizieren Sie eine Reihe von Vermeidungsgruppen unter Ihresgleichen. Können Sie Konsumentscheidungen identifizieren, die Sie im Hinblick auf diese Gruppen treffen?

10.12 Identifizieren Sie auf Ihrer Universität oder Handelsschule Meinungsführer für Mode. Passen sie in das in diesem Kapitel besprochene Profil?

10.13 Führen Sie in Ihrer Wohngemeinschaft oder Nachbarschaft eine Soziometrie-Analyse durch. Bitten Sie für jede Produktkategorie wie Musik oder Autos jede Person, andere Personen zu identifizieren, mit denen sie diese Informationen teilt. Spüren Sie systematisch alle diese Kommunikationswege auf und identifizieren Sie Meinungsführer, indem Sie Personen orten, die wiederholt als hilfreiche Informationsquelle genannt wurden.

Porträt der europäischen Konsumenten

Überblick

Dieser Teil befasst sich mit einigen der gesellschaftlichen Einflüsse, mit deren Hilfe wir bestimmen, wer wir eigentlich sind. Den zahlreichen Subkulturen, denen wir angehören, kommt dabei besonderes Gewicht zu. Kapitel 11 beschreibt Familienstrukturen in Europa und zeigt zahlreiche Fälle auf, bei denen unsere Kaufentscheidungen im Zusammenhang mit der Familie stehen. Kapitel 12 untersucht Faktoren, die unsere soziale Schicht festlegen, und den Einfluss der Schichtzugehörigkeit im Hinblick darauf, was wir mit dem verdienten Geld kaufen. Kapitel 13 thematisiert den starken Einfluss des Alters auf das Konsumverhalten, wobei dem Generationenverbund besondere Aufmerksamkeit geschenkt wird.

Am Samstag, dem großen Einkaufstag, begleitet Stan seine Mutter in den Supermarkt. Für gewöhnlich tut er das nicht, und er hat den Verdacht, dass seine Mutter Caroline eigentlich lieber ohne ihn ginge. Wenn er nicht dabei sei, gebe sie weniger aus und sei schneller wieder zu Hause, sagt sie. Heute aber will er mit – auch um sicher zu gehen, dass sie das Richtige für seine Geburtstagsparty besorgt. Die Power-Rangers-Tischdecke und die Kekse letztes Jahr waren ja ganz o.k., aber mit seinen 11 Jahren ist er immerhin fast ein Teenager, und er hat vor, für die richtige Dekoration und das richtige Essen zu sorgen. Er will eine Party mit der „richtigen Atmosphäre" – vielleicht mit Musik von L.L. Cool J oder der Kelly Family. So grundverschieden diese beiden Bands sein mögen, so hat er sie doch oft im Fernsehen gesehen und seine Schulfreunde reden die ganze Zeit von ihnen. Wenn er seine Mutter nur dazu bewegen könnte, beide CDs zu kaufen, dann fiele es ihm leichter zu entscheiden, welche von beiden auf seiner Party für Stimmung sorgen könnte.

Aber zuerst muss der übliche Familieneinkauf erledigt werden. Caroline ist leicht genervt von der Debatte zwischen Stan und seiner kleinen Schwester Anna, welches denn nun das beste Hundefutter für den neuen Welpen sei, und sie drängt die beiden weiter zu den Fischkonserven. Caroline nimmt schnell zwei Dosen Tunfisch aus dem Regal und will schon weitergehen, als sie hinter sich Stan sagen hört: „Sag bloß, du willst diese Marke kaufen! Weißt du etwa nicht, dass die immer noch mit Netzen fangen, in denen sich Delfine verheddern, die dann zu hunderten jährlich dran glauben müssen?" Caroline ist das neu. Zunächst ärgert sie sich, von einem Kind in Sachen Einkaufen belehrt zu werden, aber dann scheint ihr Stans Argument durchaus plausibel zu sein.

Sie stellt die Dosen zurück aufs Regal und meint: „Weißt Du, Stan, eigentlich sollte ich dich von nun an zum Einkaufen schicken. Vielleicht kannst du auch mal mit deinem Vater losziehen – der könnte bei den seltenen Gelegenheiten, wo er einen Supermarkt betritt, durchaus ein bisschen mehr gesunden Menschenverstand vertragen!"

KAPITEL 11

Europäische Familienstrukturen und Entscheidungsfindung im Haushalt

11.1 Einleitung

Kinder helfen ihren Eltern in puncto Umwelt immer mehr auf die Sprünge. So wiesen Studien nach, dass ein Drittel der Eltern ihre Einkaufsgewohnheiten aufgrund von Informationen seitens ihrer Kinder ändern. Es waren Jugendliche, die Maßnahmen wie das Recycling zu Hause und in der Schule aufbrachten oder die Thunfisch verarbeitende Industrie davon abzubringen versuchten, Fisch zu kaufen, der in Netzen gefangen wurde, die auch Delfine gefährdeten. Die Unternehmen werden sich zunehmend des Einflusses, den junge Leute auf die Kaufentscheidungen der Familie haben, bewusst, und manch eine Firma bemüht sich, die „Green Teens" von der Umweltfreundlichkeit ihrer Produkte zu überzeugen.[1]

Konsumentenentscheidungen werden oft gemeinsam getroffen, wie Carolines Wahl eines umweltverträglichen Produktes zeigt. Die individuelle Entscheidungsfindung – in Kapitel 8 detailliert beschrieben – ist aufgehoben, wenn mehr als nur eine Person am Prozess der Problemlösung beteiligt ist, der sich von der ersten Problemerkennung über die Informationssuche bis hin zur Abwägung von Alternativen und endlich der Produktwahl erstreckt. So wird die Entscheidung, sich ein Haustier zuzulegen, oft von der ganzen Familie getroffen. Zunächst sind es wohl die Kinder, die ihre wenig begeisterten Eltern zu Hund oder Katze überreden, während die Verantwortung dafür, welches Haustier wo gekauft wird (Informationssuche), eher bei den Eltern liegt. Schließlich ist die gesamte Familie gefragt, wenn es darum geht, das neue Familienmitglied in Gestalt eines Welpen oder Kätzchens auszusuchen.

Konsumenten arbeiten normalerweise zusammen, egal ob es nun um den Kauf von Tunfisch oder von einem neuen Computer geht. Dieses Kapitel widmet sich der *kollektiven Entscheidungsfindung*, bei der mehr als nur eine Person am Kaufprozess beteiligt ist und bei der Produkte oder Dienstleistungen von mehreren Konsumenten genutzt werden. Hierbei konzentrieren wir uns auf eine der wichtigsten Institutionen, der die meisten von uns angehören – der Familie. Wir untersuchen, wie Familienmitglieder untereinander verhandeln und in welcher Weise tief greifende Veränderungen in der modernen Familienstruktur diesen Prozess beeinflussen. Das Kapitel schließt mit Überlegungen dazu, wie „neue Mitarbeiter" – Kinder – lernen, Konsumenten zu werden.

11.2 Die Familie

11.2.1 Aufbau und Abbau der europäischen Familie

Endgültige Schlussfolgerungen mögen verfrüht sein, doch wird man vermutlich sagen können, dass Historiker die 90er als eine der politisch, sozial und wirtschaftlich turbulentesten Dekaden der jüngeren Geschichte definieren dürften. Grundlegende politische und marktwirtschaftliche Veränderungen in West- wie Osteuropa sind zugleich Spiegel und Folge eines tief greifenden sozialen Wandels in den Gesellschaften Europas, der sich seit den 50ern vollzieht. Während Umfang und Tempo dieses Wandels sowie seine Wahrnehmung von Land zu Land variieren, so ist doch klar, dass zahlreiche soziale Institutionen im Lauf der letzten vier Jahrzehnte nachhaltige Veränderungen erlebten, und nicht zuletzt unsere Vorstellung von „Familie".

Bevor wir uns damit befassen, welche Kräfte diese Veränderung ausgelöst haben und welche Konsequenzen sie in Bezug auf das Konsumentenverhalten hat, sollten wir uns kurz der schwierigen Frage, was die Familie überhaupt ist und wie wir an relevante Daten kommen, widmen. Es gibt in Europa kein einheitliches Bild der Familie, und die Vorstellung von *Familie* beruht auf Ideologie, Mythologie und Konventionen, die wiederum fest in historischen, politischen, wirtschaftlichen und kulturellen Traditionen eines Landes verwurzelt sind. Europäische Regierungen haben immer wieder soziodemografische Daten über das Verhalten von Familien (Geburts-, Fertilitäts-, Scheidungsziffern) sowie über die Form von Familien (Umfang, Struktur und Organisation) gesammelt. Solche Daten stellen eine wichtige Grundlage für jede Regierungspolitik dar.

Trotz der langen internationalen Zusammenarbeit und des wachsenden Bedarfs an zuverlässigen Informationen über die demografischen Entwicklungen in Europa waren Mitte der 90er-Jahre die Daten zu Haushalten und Familien in der EU bei weitem noch nicht vergleichbar.[2] Bestrebungen, die Datenerhebung europaweit zu standardisieren, hatten mit nationalen politischen Prioritäten und Ideologien, der Zentralisierung und Autonomie der verantwortlichen Stellen zu kämpfen, ganz zu schweigen vom Widerwillen einiger Regierungen, sich übernationalen Entscheidungen zu beugen. Als Beispiel für den schwierigen Vergleich von Familien quer durch Europa mag die Frage nach den *zu Hause lebenden Kindern* dienen. Die Mehrzahl der EU-Länder setzte für die Umfrage aus dem Jahr 1991 keine Altersgrenze fest. Allerdings galten in Dänemark, Finnland und Schweden Kinder bis zum Alter von 18 Jahren, in Luxemburg bis zum Alter von 25 Jahren als Teil der Familie. Bis 1982 sah Frankreich 25 Jahre als Altersgrenze vor, was für die Umfrage 1991 jedoch nicht mehr galt, so dass der Anteil von Eltern ohne Kinder um 35 Prozent stieg! Die Eurostat-Umfrage von 1991 ergab, dass die „traditionelle Familie" (Mann, Frau und Kinder unter einem gemeinsamen Dach) nur 54 Prozent der europäischen Bevölkerung ausmachte, während der Bericht von 1996 (allerdings ausgehend von einer anderen Grundgesamtheit und einer anderen Methode) mit einem Anteil von 72 Prozent an der europäischen Gesamtbevölkerung die ungebrochene Vormachtstellung des traditionellen Familien-Haushalts nachweist.[3] Zu Beginn des neuen Jahrtausends sollen besser standardisierte und somit vergleichbare Daten zur europäischen Familie erhoben werden.

Sowohl statistisch als auch soziologisch gesehen ist es also reichlich schwierig, die Familie exakt zu definieren. Sicher jedoch ist, dass das Konzept Familie auch im zukünftigen Europa bestehen wird, wenn auch je nach Zeit und Land in unterschiedlicher Ausprägung. Abbildung 11.1 gibt eine Übersicht über die zahlreichen Komponenten, aus denen sich ein europäischer Haushalt zusammensetzt.

MARKETINGCHANCE

Unter einem Dach: Wohnverhältnisse in der EU

Die ersten Daten des *European Community Household Panel* (ECHP), das sich den Wohnbedingungen, dem Einkommen und vielen anderen Aspekten des sozialen Wohlergehens widmet, liegen nun vor. Besonders beachtenswert sind folgende Punkte: mit 72 Prozent Anteil an der Bevölkerung dominiert der traditionelle Ein-Familien-Haushalt in Europa ungebrochen. Nach wie vor gibt es auch Haushalte, die mehrere Generationen umfassen: ihr Anteil liegt in Griechenland, Spanien und Portugal bei 20 Prozent. In Spanien, Italien, Portugal und Irland leben etwa ein Drittel aller Einwohner in Haushalten mit mindestens einem Kind über 16 Jahren. Allerdings wird die „traditionelle Familiennorm" von anderen Wohnverhältnissen verdrängt. Das Alleinleben hat in der EU einen großen Stellenwert (10 Prozent), und vor allem bei den jungen Leuten lässt sich eine wachsende Tendenz zu einem Zusammenleben in eheähnlichen Verhältnissen beobachten (70 Prozent in Dänemark).

Diese Ergebnisse verweisen auf einen Unterschied in den Lebensgewohnheiten zwischen den nord- und den südeuropäischen Ländern sowie Irland hin. Im Mittelmeerraum und Irland leben Kinder tendenziell so lange im Elternhaus, bis sie selbst bereit sind, einen neuen – zumeist gesetzlich anerkannten – Familienverband zu gründen. Darüber hinaus leben mehrere Generationen gemeinsam in einem Haushalt. Im Norden ist der Übergang vom Elternhaus zur eigenen Familie weniger geradlinig, er schließt Phasen des Alleinlebens und eheähnlichen Zusammenlebens mit ein.[4]

11.2.2 Definition der modernen Familie

Manche Experten behaupten, dass mit dem Rückgang des traditionellen Familienlebens der Wunsch der Menschen gewachsen ist, bei Geschwistern, anderen Verwandten sowie engen Freunden Anschluss und soziale Unterstützung zu suchen.[5] In den USA schließen sich Fremde sogar zu „geplanten Familien" zusammen, die miteinander essen und den Urlaub verbringen. Derzeit existieren dort über 500 solcher Gemeinschaften.[6]

Der Blick vieler Marketingexperten richtet sich auf das wiedererwachte Interesse am Familienleben, das seine Renaissance einer flexibleren Definition des Familienbegriffs zu verdanken hat.[7] Während in den 70ern und 80ern Familie vollkommen „out" und in den Augen vieler eine Beschneidung der persönlichen Freiheit war, so nannten sie in einer neueren Umfrage immerhin 90 Prozent der Befragten als eines der höchsten Güter.[8] Dieses radikale Umdenken manifestiert sich auch in der Kundschaft des Club Med: Die Hälfte derer, die diesen Feriendörfern einst zum Image des „Eldorados für wohlhabende Singles" verhalfen, kehren nun mit einer Familie zurück.[9]

Die **Großfamilie** war einst der weitest verbreitete Familienverband. Drei Generationen lebten unter einem Dach zusammen, und oft gehörten neben den Großeltern auch noch Tanten, Onkel und Cousins dazu. Die **Kernfamilie**, bestehend aus Vater, Mutter und einem oder mehreren Kindern (und womöglich einem Hund), entwickelte sich im Laufe der Zeit zum Familienmodell schlechthin. Seit den 60ern hat sich jedoch einiges verändert.

Was ist ein Haushalt?

Zu statistischen Zwecken hat Eurostat die UN-Definition des Familienverbands übernommen, die auf einem „Konzept der ehelichen Familie" fußt. *Die Familie* ist demnach im engeren Sinne einer Kernfamilie definiert: „Die Personen in einem privaten oder institutionellen Haushalt,

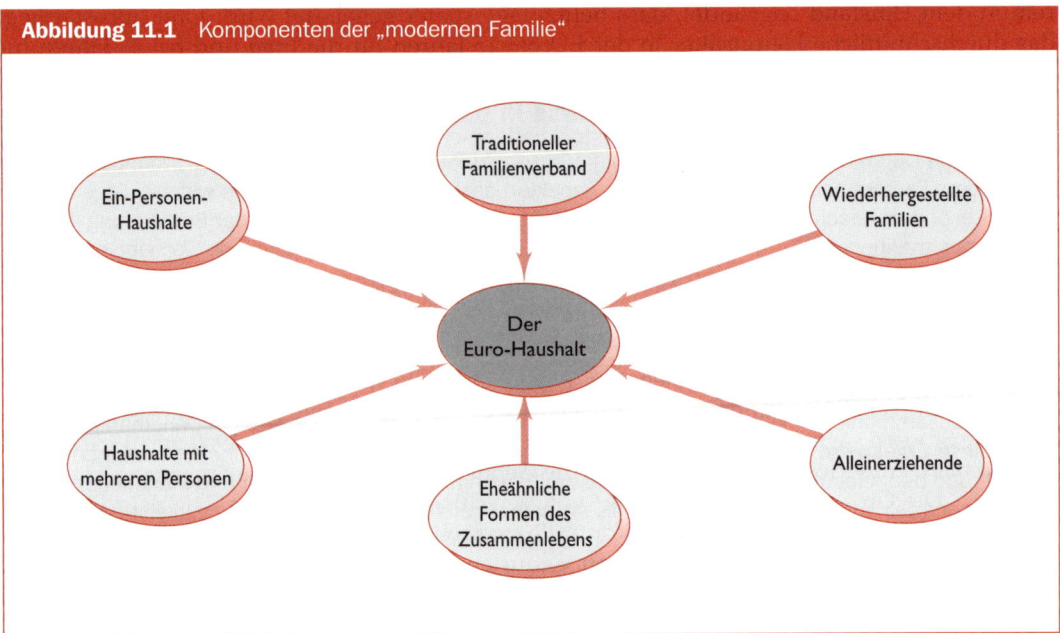

Abbildung 11.1   Komponenten der „modernen Familie"

die entweder als Ehepartner oder als Eltern mit einem bislang unverheirateten Kind, ob blutsverwandt oder adoptiert, leben." Die Familie umfasst also ein verheiratetes Paar ohne Kinder bzw. ein Ehepaar mit einem oder mehreren bislang unverheirateten Kindern unbestimmten Alters oder aber einen Elternteil mit einem oder mehreren bislang unverheirateten Kindern unbestimmten Alters. Die Definition berücksichtigt nach Möglichkeit jedoch auch Paare, die gemeinschaftlich zusammenleben, ganz gleich, ob sie vor dem Gesetz verheiratet sind oder nicht. Im aktuelleren European Community Household Panel ist die Definition eines **Familienhaushalts** weiter gefasst: als „eine gemeinsame Wohnung und gemeinsames Haushalten". Marketingspezialisten interessieren sich für beide Varianten nicht nur aufgrund ihrer Ähnlichkeiten, sondern auch, um Unterschiede verstehen zu können. Veränderungen in der Familienstruktur der Konsumenten wie Formen eheähnlichen Zusammenlebens, späte Eheschließung und Geburt von Kindern, Rückkehr der Mütter in die Arbeitswelt und Umbrüche nach Scheidung stellen für Marketingunternehmen einen Zugewinn an Möglichkeiten dar, insofern das traditionelle Kaufverhalten nicht mehr die Norm ist und die Menschen neue Entscheidungen im Hinblick auf Produkte und Marken treffen.[10]

Alter der Familie

Seit 1960 sinkt in der EU die Anzahl der Eheschließungen, während die Scheidungsraten steigen. Außerdem gehen mehr Menschen erneut eine Ehe ein, und Männer neigen eher als Frauen dazu, wieder eine Familie zu gründen. Die jüngsten Brautpaare finden sich in Portugal, die ältesten in Dänemark, der größte Altersunterschied zwischen den Eheleuten besteht in Griechenland. Abbildung 11.2 zeigt die Anzahl von Eheschließungen pro 1000 Einwohner in verschiedenen EU-Länder, Abbildung 11.3 die jeweiligen Scheidungsziffern.[11]

Insgesamt waren Konsumenten zwischen 35 und 44 Jahren für den stärksten Zuwachs an Haushalten verantwortlich, die seit 1980 um fast 40 Prozent zunahmen.[12] Im Jahre 2000 wird nahezu die Hälfte aller Familienhaushalte auf diese Altersgruppe fallen. Dies liegt unter anderem in dem Umstand begründet, dass heutzutage später geheiratet wird: Laut Eurostat liegt das durchschnittliche Heiratsalter in der EU bei 25 Jahren für die Frau und bei 28 Jahren für den Mann (verglichen mit 24 bzw. 26 Jahren in den USA). Das wirkt sich auch auf den Handel aus und betrifft den Gastronomie- wie den Haushaltswarensektor gleichermaßen. Wenn Paare später heiraten, verfügen sie in den meisten Fällen schon über einen kompletten Haushalt, so dass man von den herkömmlichen Hochzeitspräsenten absieht und eher Elektrogeräte und Computer schenkt.[13]

Familiengröße

Weltweit zeigen Umfragen, dass sich nahezu alle Frauen kleinere Familien als noch vor zehn Jahren wünschen. 1980 hatte der durchschnittliche europäische Haushalt noch 2,8 Mitglieder, heute sind es nur noch 2,6. Außerdem macht inzwischen die durchschnittliche Anzahl von Kindern pro Frau das natürliche negative Wachstum nicht mehr wett. 1993 lag die Fertilitätsziffer in Europa bei 1,44 Kindern pro Frau (1964 war sie fast doppelt so hoch gewesen). Jüngste britische Studien sagen voraus, dass eine von fünf Frauen, die zwischen 1960 und 1980 auf die Welt kamen, kinderlos bleiben wird – was die Geburtenrate der vorausgegangenen Generation halbiert.[14] Die Größe einer Familie hängt von verschiedenen Faktoren ab, wie dem Bildungsgrad, der Verfügbarkeit von Geburtenkontrolle und religiösen Überzeugungen. Die **Fertilitätsziffer** errechnet sich aus der Anzahl von Geburten pro 1000 Frauen im gebärfähigen Alter. Abbildung 11.4 zeigt die Kurve der Fertilitätsziffern in den EU-Mitgliedsländern zwischen 1960 und 1994.[15]

Die Geburtenraten sind für Marketingexperten von Interesse, insofern sie daraus ersehen können, wie deren Verlauf die Nachfrage nach Produkten zukünftig steuern wird. Die Familien werden kleiner, selbst wenn Eltern mit Kindern zusammenleben. Die Zahl europäischer

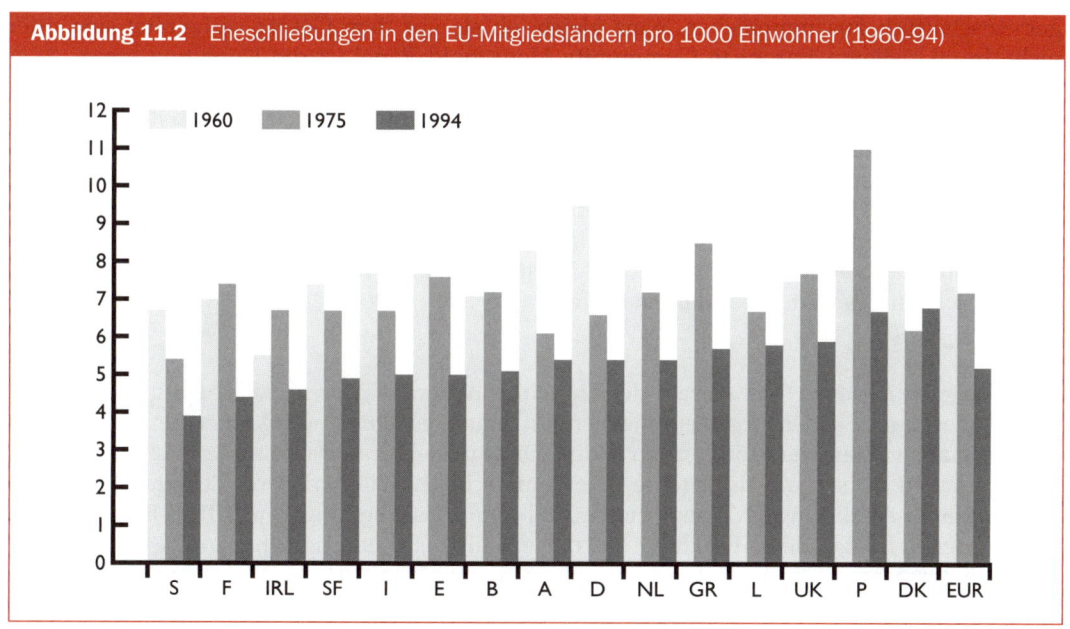

Abbildung 11.2 Eheschließungen in den EU-Mitgliedsländern pro 1000 Einwohner (1960-94)

Quellen: Eurostat (1995a), Tabelle F-3; Eurostat (1995e), Tabelle 2.
Anmerkung: Die Zahlen für das Vereinigte Königreich (UK) stammen aus dem Jahr 1993.

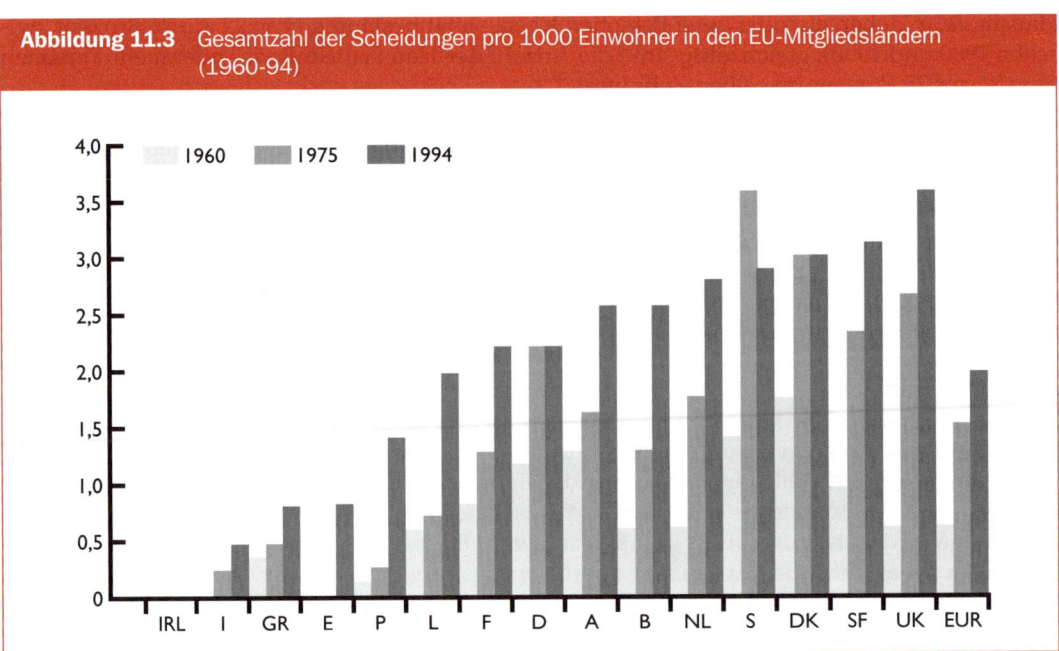

Abbildung 11.3 Gesamtzahl der Scheidungen pro 1000 Einwohner in den EU-Mitgliedsländern (1960-94)

Quellen: Eurostat (1995a), Tabelle F-19; Eurostat (1995e), Tabelle 2.
Anmerkung: Die Zahlen für Frankreich, Deutschland, Italien, Portugal, Spanien und das Vereinigte Königreich (UK) stammen aus dem Jahr 1993.

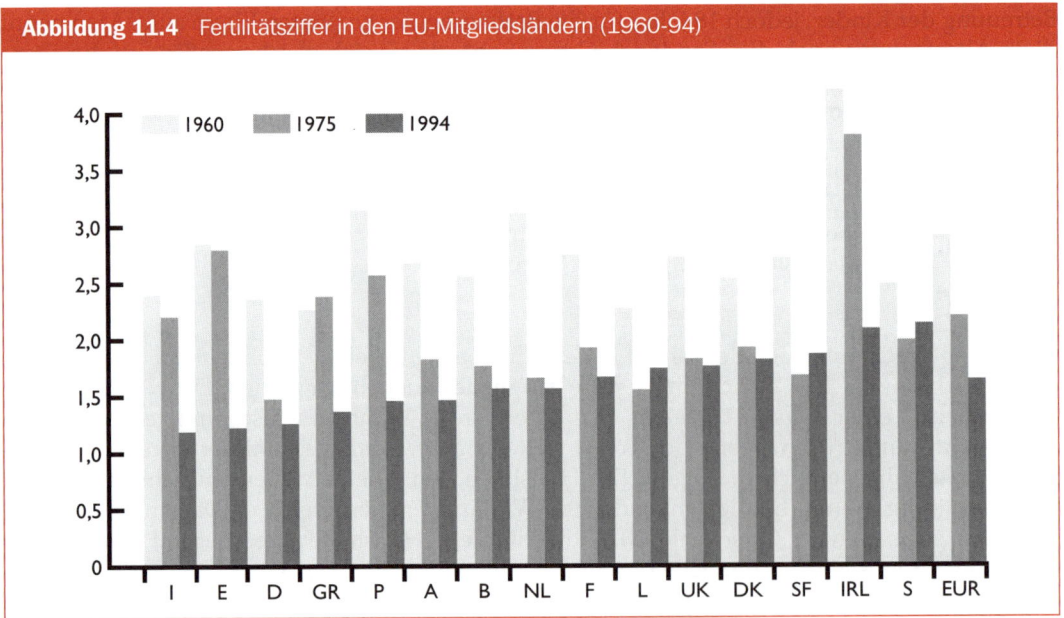

Abbildung 11.4 Fertilitätsziffer in den EU-Mitgliedsländern (1960-94)

Quellen: Eurostat (1995a), Tabelle E-6; Eurostat (1995e), Tabelle 2.
Anmerkung: Die Zahlen für das Jahr 1994 für Belgien und die Niederlande sind Schätzungen.

Haushalte, in denen ein oder zwei Personen leben, steigt beständig (von 22 auf 26 Prozent zwischen 1980 und 1990), gleichzeitig sinkt die Anzahl der Haushalte mit vier oder mehr Personen (von 34 auf 25 Prozent im selben Zeitraum).[16]

Der Anteil von unverheirateten Erwachsenen und Ein-Personen-Haushalten nimmt ständig zu. (Heute stellen sie bereits 26 Prozent aller europäischen Haushalte.) Prognosen besagen, dass sie bis 2005 das am stärksten wachsende Segment bilden. Marketingexperten nehmen sich deshalb dieser bislang in der Werbung unterrepräsentierten Gruppe an.[17] Die Kaffeemarke Gold Blend zeigte einen höchst populären Werbespot im Fernsehen, der die Romanze zweier benachbarter Singles behandelte, und Procter & Gamble brachten Kaffee in Portionsbeuteln auf den Markt, ideal für Alleinstehende, die keine ganze Kanne Kaffee brauchen.[18] Andererseits gehen viele Singles nicht gern allein auswärts essen und kaufen keine abgepackten Einzelportionen, weil sie das an ihr Alleinleben erinnert. Statt dessen bevorzugen viele Take-away-Services.[19]

Allein stehende Männer und Frauen besetzen ganz unterschiedliche Marktbereiche. Mehr als die Hälfte der allein stehenden Männer ist unter 35, während bei den Menschen über 65 die Frauen mit einem Anteil von 80 Prozent den Löwenanteil an den Ein-Personen-Haushalten ausmachen. Obwohl Männer über höhere Einkommen verfügen, beherrschen allein stehende Frauen viele Märkte aufgrund ihres Einkaufsverhaltens. Unter Immobilienbesitzern finden sich mehr allein stehende Frauen als Männer, und Frauen geben mehr Geld für Mobiliar und Haushaltsgegenstände aus. Allein stehende Männer dagegen investieren mehr in Restaurantbesuche und Autos. Allerdings werden diese Kaufmuster erheblich von dem Faktor Alter beeinflusst: So geben Frauen mittleren Alters mehr Geld für Autos aus als ihre männlichen Altersgenossen.[20]

Wer wohnt eigentlich zu Hause?

In vielerlei Hinsicht nähert sich die Kernfamilie wieder der althergebrachten Großfamilie an. Viele Erwachsene mittleren Alters in Europa und den USA sehen sich gezwungen, für Eltern und Kinder gleichzeitig zu sorgen. Amerikaner wenden durchschnittlich 17 Jahre für die Betreuung der Kinder, jedoch 18 Jahre für die Betreuung der gealterten Eltern auf.[21] Man nennt diese Altersgruppe auch die „Sandwich-Generation", da sie sich gleichermaßen um die ältere wie die jüngere Generation kümmern. In Singapur entwickelte sich die Betreuung der Eltern zu einem solchen Problem, dass die dortige Regierung 1996 ein Tribunal zur Unterstützung von Eltern ins Leben rief. Ein neues Gesetz verpflichtet erwachsene Kinder, sich ihrer Eltern anzunehmen, wie es eigentlich der asiatischen Tradition entspricht. Allein in den ersten sechs Monaten kamen 200 Fälle vernachlässigter Eltern vor das Tribunal.[22] Mit zunehmendem Alter und steigender Lebenserwartung in den Industrieländern wird sich das Problem, die Betreuung der Eltern sicherzustellen, fraglos verschärfen.

Nicht traditionelle Familienstrukturen

Das European Community Household Panel betrachtet jede belegte Wohneinheit als Haushalt, ganz gleich, in welchen Beziehungen seine Mitglieder zueinander stehen. Ein Haushalt kann demnach aus einer Person bestehen, aus einer Dreier-Wohngemeinschaft oder aus einem unverheirateten Pärchen. Wenn der Trend weiter anhält, wird die Zahl der weniger traditionellen Haushalte deutlich ansteigen. Die Haushalte von Alleinerziehenden nehmen in ganz Europa ständig zu (am häufigsten sind sie im Vereinigten Königreich, in Dänemark und Belgien, am seltensten in Griechenland). Obwohl diese Haushalte überwiegend von Frauen geführt werden, steigt mittlerweile die Zahl der allein erziehenden Väter.[23] In den USA leben 10 Millionen Kinder mit einem Stiefvater bzw. einer Stiefmutter oder mit Halbgeschwistern zusammen. 24 Prozent aller Kinder leben mit nur einem Elternteil.[24]

MARKETINGCHANCE

Viele Leute haben eine außerordentlich enge Beziehung zu Haustieren, die so weit gehen kann, dass Haustiere zur Familie gezählt werden. Sie scheinen unsere Gefühle zu teilen und gelten als Therapeutikum. Über 35 Prozent der europäischen und mehr als 42 Prozent der amerikanischen Haushalte besitzen mindestens ein Haustier.[25] Die Ausgaben für Haustiere belaufen sich jährlich auf über 30 Milliarden US-Dollar (mehr als für Kino und Videos zusammen).[26] In Frankreich gibt es doppelt so viele Hunde und Katzen wie Kinder.[27]

Die hohe Wertschätzung von Haustieren bietet zahlreiche Marketingchancen, die von juwelenbestückten Halsbändern zu professionellen Dogwalkers, die anderer Leute Hunde spazieren führen, reichen. Die folgende Aufzählung gibt Beispiele aus aller Welt für aktuelle Bemühungen, die enge Beziehung von Mensch und Tier auszunutzen.[28]

- Das New Yorker Kaufhaus Macy's hat eine eigene Abteilung für Hunde und Katzen eingerichtet. „Sie können ihren Hund in einen Partyanzug aus rosa Satin oder in ein Fransenkleid im Stil der 20er-Jahre stecken", sagt ein Angestellter. Das Sortiment umfasst darüber hinaus Hochzeitsbekleidung für Hunde (100 Dollar, Schleier nicht inbegriffen), Dinnerjackets zu 48 Dollar und Trenchcoats zu 30 Dollar.
- Ein Tierarzt in Maryland behandelt Haustiere nach der ganzheitlichen Methode mit biodynamischem Futter, Akupunktur und chiropraktischer Massage. Für seine Patienten hat er darüber hinaus Duftsprays im Angebot, die nach einer Nobelmeile in Beverly Hills benannt sind.
- Ein 25-minütiges Video extra für Hunde – aus einer bodennahen, also hundefreundlichen Kameraperspektive gedreht!
- Kennelwood Village, Tagespflegestätte für Hunde in St. Louis, bietet ein Schwimmbecken (mit Bademeister), Ballturniere und Whirlpool-Therapie für arthritische Vierbeiner.
- Die Haustierversicherung ist im Vereinigten Königreich ein 100 Millionen schweres Geschäft. Über eine Million Haustiere sind versichert.
- Etwa 85 Prozent aller Hunde in Schweden verfügen über eine Kranken- und eine Lebensversicherung.

11.2.3 Familienstruktur und Konsum

Bedürfnisse und Verbrauch einer Familie hängen von verschiedenen Umständen ab, z. B. der Anzahl der Familienmitglieder (Kinder und Erwachsene), dem Alter und davon, ob ein oder zwei Erwachsene außer Haus arbeiten.

Zwei Faktoren, die entscheidenden Anteil daran haben, wie Paare mit ihrer Zeit und ihrem Geld haushalten, sind Kinder und Berufstätigkeit der Frau. Paare mit Kindern haben im Allgemeinen höhere Ausgaben – und nicht nur für so elementare Dinge wie Essen und Wohnraum. Um einen Teenager „auf angemessenem Niveau" zu unterhalten, veranschlagen britische Studien eine Summe von annähernd 66 000 Pfund, wobei es alleine schon 33 000 Pfund gekostet hat, den Sprössling überhaupt bis ins Teenageralter hinein zu versorgen.[29] Frisch verheiratete Paare haben deutlich andere Ausgaben als Leute mit kleinen Kindern, deren Ausgaben sich wiederum klar von denen von Paaren mit studierenden Kindern unterscheiden. Familien mit berufstätigen Müttern müssen darüber hinaus oft für Kinderbetreuung und eine dem Beruf angemessene Garderobe der Frau aufkommen.

MULTIKULTURELLE DIMENSIONEN

Die europäische Hausfrau: deutliche Unterschiede zwischen den einzelnen EU-Mitgliedsländern

- Der Prozentsatz von Frauen zwischen 25 und 59, die sich als Hausfrauen bezeichnen, differiert innerhalb der EU erheblich. Der EU-Durchschnitt liegt zwar bei 33 Prozent, aber die Bandbreite reicht von 60 Prozent in Irland (Spanien, Griechenland, Italien und Luxemburg liegen ähnlich hoch) zu bloß 4 Prozent in Dänemark.
- Nur 6 Prozent der kinderlosen Frauen zwischen 25 und 39 Jahren bleiben zu Hause, verglichen mit 36 Prozent der Frauen mit einem Kind unter 5 Jahren und 52 Prozent mit mindestens zwei Kindern unter 5 Jahren.
- EU-weit haben nur 7 Prozent der heutigen Hausfrauen aufgrund der Heirat aufgehört zu arbeiten. Den höchsten Anteil davon haben Griechenland mit 15 und Spanien mit 14 Prozent. Dagegen bleiben 42 Prozent wegen der Kinder zu Hause.
- Familiäre Verpflichtungen wie Hausarbeit, Betreuung von Kindern oder anderen Personen sind der Hauptgrund dafür, dass sich 84 Prozent der Hausfrauen keine Arbeit suchen.
- Das Dasein als Hausfrau und der Bildungsgrad stehen in engem Zusammenhang. Hausfrauen stellen 45 Prozent der Frauen in der EU zwischen 25 und 59 Jahren mit einfachem Schulabschluss, 26 Prozent mit weiterführendem und nur 13 Prozent mit höherem Schulabschluss.[30]

Lebenszyklus der Familie

Da sich Bedürfnisse und Ausgaben einer Familie im Lauf der Zeit ändern, stützen sich Marketingexperten oft auf das Konzept des **Lebenszyklus der Familie**. Es verbindet Entwicklungen hinsichtlich des Einkommens und der Zusammensetzung der Familie mit den veränderten Ansprüchen an dieses Einkommen. Mit unserem Alter wandeln sich unsere Vorlieben für Produkte und Aktivitäten, und vielfach steigt (zumindest bis zum Eintritt in das Rentenalter) das Einkommensniveau, so dass wir uns mehr leisten können. Darüber hinaus müssen manche Anschaffungen nur einmal in jungen Jahren gemacht werden. So neigen wir beispielsweise dazu, langlebige Güter wie Möbel nur bei Bedarf zu ersetzen.

Untersucht man die Familie unter dem Aspekt des Lebenszyklus, geht man davon aus, dass einschneidende Ereignisse das Verhältnis der einzelnen Rollen zueinander verändern und neue Lebensabschnitte einleiten, die wiederum unsere Prioritäten verändern. Zu diesen Ereignissen zählen die Geburt des ersten Kindes, der Auszug des Jüngsten aus dem Elternhaus, der Tod des Ehepartners, die Verrentung des Hauptverdieners sowie Scheidung.[31] Der Ablauf dieser Lebensabschnitte geht einher mit wichtigen Veränderungen bei Freizeitgestaltung, Ernährung, Dienstleistungen und langlebigen Gebrauchsgütern, selbst wenn man die Zahlen dem veränderten Einkommen angeglichen hat.[32]

Diese Konzentration auf einen langfristigen Wandel bei den Prioritäten ist entscheidend für die Vorhersage der Nachfrage bei bestimmten Produktgruppen. So werden beispielsweise die Mittel, die ein kinderloses Paar für Restaurantbesuche und Urlaube ausgegeben hat, nach der Geburt eines Kindes für andere Anschaffungen aufgewendet. Obwohl etliche Modelle zur Beschreibung der Stadien im Lebenszyklus der Familie vorliegen, greifen sie vielfach nicht, weil sie so wichtige gesellschaftliche Tendenzen wie die veränderte Rolle der Frau, die rasche Zunahme alternativer Lebensweisen, kinderlose Ehen oder die späte Geburt von Kindern sowie Alleinerziehende außer Acht lassen.

Tabelle 11.1 Lebenszyklus der Familie: eine aktualisierte Übersicht			
	Alter des Haushaltsvorstandes		
	Unter 35	**35-64**	**über 64**
1 Erwachsener im Haushalt	Junggeselle/in I	Junggeselle/in II	Junggeselle/in III
2 Erwachsene im Haushalt	Junges Paar	Kinderloses Paar	Älteres Paar
2 Erwachsene plus Kinder im Haushalt	Volles Nest I Volles Nest II	Verspätetes volles Nest Volles Nest III	

Quelle: Bearbeitet nach Mary C. Gilly und Ben M. Enis, ‚Recycling the Family Life Cycle:A Proposal for Redefinition,‚, in Andrew A. Mitchel (Hrsg.), *Advances in Consumer Research* 9 (Ann Arbor, MI: Association for Consumer Research, 1982): 274, Abb. 1.

Zur Beschreibung dieser Veränderungen benötigt man vier Variablen: Alter, Familienstand, Vorhandensein von Kindern im Haushalt sowie gegebenenfalls deren Alter. Darüber hinaus muss die Definition des Familienstands (zumindest für Untersuchungszwecke) so flexibel gehandhabt werden, dass sie alle Formen des langfristigen Zusammenlebens von Paaren erfassen kann. Demzufolge werden Mitglieder einer Wohngemeinschaft wohl nicht als „verheiratet" gelten, wohingegen ein Mann und eine Frau, die einen gemeinsamen Haushalt führen, sowie homosexuelle Paare in dauerhaften Bindungen durchaus in diese Kategorie fallen.

Dieser modifizierte Ansatz erlaubt uns, eine weitaus größere Zahl von familiären Konstellationen zu identifizieren.[33] Diese Kategorien ergeben sich, wenn man Konsumenten nach Faktoren wie Alter, Vorhandensein von einem oder mehreren Erwachsenen oder Kindern in einem Haushalt aufschlüsselt (siehe Tabelle 11.1). So unterscheidet man beispielsweise zwischen den Bedürfnissen von Personen in der Kategorie volles Nest I (hier ist das Jüngste noch unter 6 Jahren), volles Nest II (das Jüngste ist älter als 6 Jahre), volles Nest III (das Jüngste ist über 6 Jahre, die Eltern im mittleren Alter) und verspätetes volles Nest (hier sind die Eltern in den 40ern, das Jüngste ist noch keine 6 Jahre alt).

Lebenszyklus und Kaufverhalten

Wie erwartet weisen solchermaßen klassifizierte Konsumenten erhebliche Unterschiede in ihrem Kaufverhalten auf. Frisch Verheiratete und Junggesellen/innen haben die „modernsten" Einstellungen zu ihrer Geschlechterrolle und tendieren am ehesten dazu, Sport zu treiben, Kneipen, Kinos, Konzerte, Diskotheken und Restaurants zu besuchen sowie mehr Alkohol zu konsumieren. Familien mit kleinen Kindern greifen eher zu gesunder Nahrung wie Obst, Saft und Jogurt, wohingegen Familien aus Alleinerziehenden und älteren Kindern verstärkt Junkfood kaufen. Der finanzielle Wert von Wohnung, Auto und anderen langlebigen Gebrauchsgütern liegt bei Singles und Alleinerziehenden am niedrigsten, steigt jedoch mit der Zeit und mit dem Durchlaufen bestimmter Lebensphasen. Es dürfte auf die Hochzeitsgeschenke zurückzuführen sein, dass sich bei den frisch Verheirateten Elektrogeräte wie Toaster, Öfen und elektrische Kaffeemühlen finden. Babysitter und Kinderbetreuung sind erwartungsgemäß bei Alleinerziehenden und Haushalten der Kategorie volles Nest am weitesten verbreitet, während Dienstleistungen (z. B. Rasenmähen) vor allem von älteren Paaren oder Junggesellen in Anspruch genommen werden.

Die Entwicklung dieser zusätzlichen Kategorien schafft zahlreiche Möglichkeiten für findige Marketingexperten. So befinden sich beispielsweise Geschiedene in einem Übergang in eine neue gesellschaftliche Rolle. Oft geht diese Umstellung einher mit einem Aussortieren jener Besitztümer, die an die frühere Rolle erinnern, und dem daraus erwachsenden Bedarf an neuen Gütern; diese sollen dazu geeignet sein, die veränderte Identität der Person auszudrücken, die gerade mit neuen Lebensstilen experimentiert.[34]

11.3 Entscheidungsfindung im Unternehmen Familie

In gewissem Sinne erinnert der Prozess der Entscheidungsfindung im Haushalt an eine Konferenz unter Geschäftsleuten. Es wird viel diskutiert, die unterschiedlichen Mitglieder setzen unterschiedliche Prioritäten und haben eigene Tagesordnungen, und in puncto Machtkampf kann es eine Familie leicht mit jeder Firmenintrige aufnehmen! In nahezu jeder Konstellation – sei es in einer konventionellen Familie, einer studentischen Wohngemeinschaft oder irgendeiner nicht traditionellen Form des Zusammenlebens – übernehmen Gruppenmitglieder unterschiedliche Rollen, genauso wie es die Mitarbeiter aus dem Einkauf, die Ingenieure, die Kundenbetreuer und andere Mitarbeiter eines Unternehmens tun.

11.3.1 Entscheidungen im Haushalt

Es gibt zwei Arten von Entscheidungen in Familien.[35] In einer **gemeinschaftlichen Kaufentscheidung** stimmt die Gruppe hinsichtlich eines beabsichtigten Kaufs überein, wobei nur die Frage des „Wie" ungeklärt ist. In diesem Fall wird die Familie darangehen, das Problem zu lösen und Alternativen zu überdenken, bis zufrieden stellende Mittel und Wege gefunden werden, das Ziel der Gruppe zu verwirklichen. So wird ein Haushalt, der die Anschaffung eines Hundes erwägt, sich aber noch nicht über dessen Betreuung klar ist, möglicherweise einen Aufgabenplan für die betreffenden Personen erstellen.

Doch läuft im Leben nicht immer alles so glatt. Bei einer **akkomodativen Kaufentscheidung** haben die Gruppenmitglieder unterschiedliche Vorlieben oder Prioritäten und können sich nicht auf einen Kauf einigen, der die Mindestanforderungen aller zufrieden stellt. Um Übereinkunft darüber zu erzielen, was anzuschaffen ist oder wer in den Genuss einer Anschaffung kommt, gilt es nun, das ganze Spektrum von Feilschen, Zwang, Kompromissen und Machtausübung auszuspielen. Familienentscheidungen sind oft eine akkomodative und nicht etwa eine gemeinschaftlich getroffene Entscheidung. Konflikte treten dann auf, wenn Bedürfnisse und Vorlieben der Familienmitglieder zu weit auseinander liegen. Geld ist der häufigste Streitpunkt zwischen Eheleuten, dicht gefolgt von Uneinigkeit über das Fernsehprogramm![36] Zu den Faktoren, die den Grad von familiären Entscheidungskonflikten bestimmen, gehören:[37]

- *Zwischenmenschliche Bedürfnisse* (wie stark ist die Person an der Gruppe beteiligt?): Einem in die Familie eingebundenen Kind dürfte es wichtiger sein, was seine Familie für das Haus anschafft, als einem Studenten, der im Studentenheim wohnt.
- *Produktverbundenheit und Nutzen* (in welchem Maße wird das fragliche Produkt verwendet werden und wie sehr befriedigt es ein Bedürfnis?): Einem passionierten Kaffeetrinker in der Familie ist die Anschaffung einer neuen Kaffeemaschine natürlich wichtiger als eine ähnliche Ausgabe für ein anderes Produkt.
- *Verantwortlichkeit* (für Anschaffung, Unterhalt, Finanzierung etc.): Bringt die Entscheidung langfristige Konsequenzen und Verpflichtungen mit sich, kommt es eher zu Meinungsverschiedenheiten. Bei einer Familie, die die Anschaffung eines Hundes erwägt, kann es des-

halb zu Konflikten darüber kommen, wer den Hund füttert und mit ihm spazieren geht.

- *Macht* (bis zu welchem Grad übt ein Familienmitglied Macht auf die Entscheidungsfindung der anderen aus?): In traditionellen Familien haben die Männer tendenziell mehr Macht als die Frau, die wiederum über mehr Macht verfügt als das älteste Kind usw. Bei Entscheidungen im Familienkreis kann es zu einem Konflikt kommen, wenn eine Person ihre Macht ständig dazu gebraucht, ihre Interessen durchzusetzen. So könnte Stan in der Annahme, dass seine Mutter ihm nicht beide CDs kaufen werde, auf die Taktik verfallen, einen Wutanfall zu inszenieren oder sich zu weigern, im Haushalt mitzuhelfen.

Im Allgemeinen werden Entscheidungen immer dann Konflikte innerhalb der Familie hervorrufen, wenn sie wichtig oder neuartig sind und sich die einzelnen Personen für gute oder schlechte Alternativen stark machen. Das Ausmaß, in dem diese Faktoren Konflikte auslösen, hängt von der Art der anstehenden Entscheidung ab.[38]

11.3.2 Geschlechterrollen und die Verantwortung bei der Entscheidungsfindung

Traditionellerweise wurden bestimmte Kaufentscheidungen, so genannte **autokratische Entscheidungen**, von einem Ehepartner getroffen. So lag die alleinige Entscheidung in Sachen Auto beim Mann, während die Frau für die Einrichtung der Wohnung zuständig war. Andere Entscheidungen, z. B. über das Urlaubsziel, wurden gemeinsam getroffen; diese bezeichnet man als **synkratische Entscheidungen**. Laut einer Studie von Roper Starch Worldwide haben Ehefrauen beim Einkauf von Lebensmitteln, Kinderspielzeug, Kleidung und Medikamenten am meisten zu sagen. Weit verbreitet sind synkratische Entscheidungen bei Autos, Urlaub, Wohnung, Haushaltsgeräten, Einrichtungsgegenständen, elektronischen Geräten und Telekommunikations-Anbietern. Mit steigendem Bildungsgrad des Paares werden die Entscheidungen zunehmend gemeinschaftlich getroffen.[39]

Wer ist der Entscheidungsträger?

In welcher Weise der Konsument seine Entscheidungen im Rahmen einer bestimmten Produktgruppe trifft, ist für Marketingexperten von großer Bedeutung, da dies Aufschluss darüber gibt, wer als Adressat von Marketingstrategien in Frage kommt und ob beide Ehepartner angesprochen werden müssen, um eine Entscheidung zu beeinflussen. Als die Marktforschung in den 50ern ergab, dass Frauen bei Anschaffungen im Haushalt eine größere Rolle spielten, warben die Hersteller von Rasenmähern vor allem für Geräte mit rotierenden Klingen. Diese Modelle, bei denen Motor und Klingen verdeckt sind, wurden nun oft mit jungen Frauen oder lächelnden Großmüttern abgebildet, um so die Angst vor Verletzungen zu entkräften.[40]

Der Forschung liegt besonders daran, herauszufinden, welcher Ehepartner die Rolle des so genannten **Haushaltsvorstands** übernimmt, der die Ausgaben kontrolliert und darüber entscheidet, wofür Überschüsse ausgegeben werden. Jungverheiratete teilen sich diese Rolle zunächst, allerdings übernimmt im Lauf der Zeit einer der Ehepartner diese Aufgabe.[41] Der Ehepartner übt in jedem Fall beachtlichen Einfluss auf die Entscheidungsfindung aus, selbst noch nach dem Tod. Eine irische Studie fand heraus, dass viele Witwen die Anwesenheit ihres verstorbenen Gatten nach wie vor spüren und sich mit ihm über häusliche Angelegenheiten „unterhalten"![42]

In traditionellen Familien (vor allem solchen mit niedrigem Bildungsniveau) sind die Frauen für die finanziellen Angelegenheiten der Familie zuständig – der Mann verdient das Geld, die Frau gibt es aus.[43] Jeder Ehepartner „spezialisiert" sich auf bestimmte Gebiete.[44]

Tabelle 11.2 ‚Der Neue Mann schafft es nicht bis in die 90er.‘						
Aufteilung der häuslichen Pflichten, 1994	Immer die Frau	Meist die Frau	Etwa gleich bzw. gemeinsam	Meist der Mann	Immer der Mann	Alle Paare
Waschen/Bügeln	47	32	18	1	1	100
Was gibt's zu essen?	27	32	35	3	1	100
Pflege kranker Familienmitglieder	22	26	45	-	-	100
Lebensmitteleinkauf	20	21	52	4	1	100
Kleine häusliche Reparaturen	2	3	18	49	25	100

Quelle: Nicholas Timmins,‚New Man Fails to Survive into the Nineties‘, *The Independent* (25. Januar 1996).

Anders ist das Muster bei Familien, in denen die Eheleute modernere Geschlechterrollen verkörpern. Diese Paare sind der Überzeugung, dass die häuslichen Arbeiten gemeinschaftlich geteilt werden sollten. Zusätzlich zu den typisch „männlichen" Pflichten wie Reparaturen und dem Gang zur Mülltonne übernehmen Ehemänner hier mehr Verantwortung für das Waschen, das Putzen, den täglichen Einkauf etc.[45] Natürlich ist der kulturelle Hintergrund ein wichtiger Faktor für die Entscheidungsmacht des Ehemanns bzw. der Ehefrau. Bei Paaren mit ausgeprägt südeuropäischer Zugehörigkeit sind es meist die Männer, die die Entscheidungen in die Hand nehmen.[46] Selbst in Nordeuropa ist das Muster von traditionell „männlichen" und „weiblichen" Rollen noch relativ deutlich ausgeprägt. (Vgl. Tabelle 11.2).[47]

Vier Faktoren scheinen darüber zu bestimmen, ob Entscheidungen eher gemeinsam oder von einem der Ehepartner allein getroffen werden:[48]

- *Geschlechtsspezifische Stereotypen*: Paare, die an überkommene geschlechtsspezifische Stereotypen glauben, neigen zu individuellen Entscheidungen, wenn es um geschlechtsspezifisch kategorisierte Produkte geht (d.h. solche, die als „männlich" oder „weiblich" gelten).
- *Dominanz bei den Ressourcen*: Der Partner, der mehr Mittel in den Haushalt einbringt, hat auch größeren Einfluss.
- *Erfahrung*: Individuelle Entscheidungen werden zunehmend dann getroffen, wenn das Paar bereits über Erfahrung beim gemeinschaftlichen Entscheiden verfügt.
- *Sozio-ökonomischer Status*: Gemeinsame Entscheidungen werden eher in der Mittelschicht als bei Familien der Ober- oder Unterschicht getroffen.

Da viele Frauen arbeiten gehen, beteiligen sich die Männer verstärkt an der Hausarbeit, wobei den Frauen aber nach wie vor der Löwenanteil überlassen bleibt. Das trifft auch dann zu, wenn die Frau mehr als ihr Mann verdient![49] Insgesamt bestimmt das Maß, in dem ein Paar an konventionellen Geschlechterrollen festhält, wie die Aufgaben verteilt und die Verantwortung für Kaufentscheidungen zugewiesen werden.

MULTIKULTURELLE   DIMENSIONEN

Traditionelle Geschlechterrollen spielen in Japan eine große Rolle, wo Frauen weniger Macht als in anderen industrialisierten Ländern haben. Die Antibabypille ist verboten und eine Ehefrau wird per Gesetz dazu verpflichtet, den Namen ihres Gatten anzunehmen. Weniger als 10 Prozent der japanischen Manager sind Frauen, fast nirgendwo in der Welt ist der Frauenanteil so niedrig (in Mexiko oder Simbabwe gibt es doppelt so viele weibliche Manager).

Allerdings findet in japanischen Haushalten eine Art stiller Revolution statt, da es manch einer gehorsamen Gattin langsam zu bunt wird. Seit kurzem rebellieren Frauen gegen den unumgänglichen Lebensweg, jung zu heiraten und der Kinder wegen zu Hause bleiben zu müssen. In den letzten 20 Jahren hat sich die Zahl der Ledigen über 30 verdoppelt.

Aber auch bei den Frauen, die heiraten, ändert sich einiges. Traditionellerweise hatte eine Frau abends zu warten, bis ihr betrunkener Gatte heimkehrte, damit sie niederknien, den Fußboden mit der Stirne berühren und verkünden konnte: „Willkommen zu Hause, verehrter Herr!" Heutzutage neigen Frauen dazu, ihre alkoholisierten Männer auszusperren, bis sie wieder nüchtern sind. Die meisten japanischen Männer bekommen von ihren Frauen ein bestimmtes Budget für Mittagessen, Zigaretten und Schmuddelheftchen. Eine Hausfrau empfahl: „Euer Zuhause funktioniert bestens, wenn ihr eure Männer vor anderen so tun lasst, als hätten sie das Sagen, während in Wirklichkeit ihr die Hosen anhabt!"[50]

Aber auch die Haltung der Männer zu ihren Familien wandelt sich. Japanische Väter verbringen so viel Zeit bei der Arbeit, dass über ein Viertel aller Kinder sagt, ihre Väter würden nie mit ihnen spielen oder spazieren gehen. Aufgrund der langen Arbeitszeit bleiben dem typischen japanischen Vater nicht mehr als 36 Minuten pro Tag für die Kinder. Etwa 60 Prozent der männlichen Japaner frühstücken für gewöhnlich nicht zu Hause, etwa 30 Prozent verpassen das Abendessen. Bemühungen, Arbeit und Familie in Einklang zu bringen, werden derzeit heftig diskutiert, insbesondere da die Rezession die Aussicht auf eine lebenslange Anstellung untergräbt und Männer ihre Prioritätenliste überdenken.[51] Dieser Wandel manifestierte sich kürzlich in einer Werbung von McDonald's, die fürsorgliche Väter dabei zeigte, wie sie ihren Kindern auf die Fahrräder halfen. In den USA wäre das nicht der Rede wert, in einem Land jedoch, in dem Väter typischerweise als Helden der Arbeit oder sogar als Superhelden (so heißt ein beliebter Werbeheld PepsiMan) gezeigt werden, erregte diese Werbung einiges Aufsehen.

Ein Renner ist die japanische Software namens „Princess Maker", die Männern zu mehr Einbindung in ihre Familie verhelfen soll. Der Spieler kontrolliert Freizeitaktivitäten, Hobbys und Kleidung eines fiktiven Mädchens, das er „großzieht". Er denkt sich Namen und Geburtstag des Mädchens aus, ja sogar die Blutgruppe, die nach japanischer Vorstellung den Charakter bestimmt. Die Entwicklung des Mädchens wird nach Kategorien wie Sexappeal, Kraft und Intelligenz gemessen. Allerdings würde sich dieses Programm im Westen weniger gut verkaufen, da die „virtuelle Tochter" in Dessous programmiert werden kann! Trifft der Spieler hinsichtlich ihrer Freizeitaktivitäten unkluge Entscheidungen, erscheint sie in einem aufreizenden Kleidchen und lässt den „Vater" wissen, dass sie nun als Bardame arbeite.[52]

Heuristik der gemeinsam getroffenen Entscheidung

Das *synoptische Ideal* verlangt nach Ehepartnern, die die gleiche Meinung vertreten und Entscheidungen gemeinsam treffen. Gemäß diesem Ideal müssten sie Alternativen gründlich abwägen, einander wohl definierte Rollen zuweisen und in aller Ruhe für beide zuträgliche Konsumentenentscheidungen treffen. Ein solches Paar würde rational und analytisch denken

MULTIKULTURELLE DIMENSIONEN

Ungeachtet der sich verändernden Verantwortung bei der Entscheidungsfindung ist es nach wie vor Sache der Frau, sich um das Netzwerk der Familie zu kümmern: Sie hält jene Rituale aufrecht, deren Ziel es ist, die Familie im engeren und weiteren Sinn zusammenzuhalten. Dazu gehören u. a. die Koordination von Verwandtenbesuchen, das Schreiben an und Telefonieren mit Angehörigen, das Verschicken von Grußkarten sowie die Übernahme familiärer Pflichten überhaupt.[53] Aufgrund dieser Rolle als Organisatorin liegt es oft bei der Frau zu entscheiden, was die Familie in der Freizeit macht und mit wem man sich trifft.

und der Entscheidung ein Maximum an Informationen zugrunde legen, um einen optimalen gemeinsamen Nutzen zu gewährleisten. In Wirklichkeit jedoch ist die eheliche Entscheidungsfindung durch Einflussnahme und konfliktreduzierende Methoden geprägt. Die Entscheidung wird vom Paar eher „erreicht" als „getroffen". Dieser Prozess wird mit einem „Durchwursteln" verglichen.[54]

Eine verbreitete Methode, den Entscheidungsprozess zu vereinfachen, ist der Einsatz von *heuristischen Verfahren* (vgl. Kapitel 8). Einige häufig beobachtete Muster bei der Entscheidungsfindung von Paaren mögen den Einsatz solcher Verfahren verdeutlichen:

- Gemeinsame Vorlieben des Paares beruhen eher auf klar definierten, objektiven Kategorien als auf solchen, die schwer fassbar sind. So mag sich ein Paar problemlos auf die Anzahl von Zimmern einigen, die im neuen Heim erforderlich ist, während eine Einigung über das Aussehen des Zuhauses schon schwerer fällt.
- Das Paar einigt sich auf eine bestimmte Spezialisierung bei der Aufgabenverteilung, wobei jeder für bestimmte Pflichten oder Entscheidungsbereiche verantwortlich ist und sich nicht beim anderen einmischt. Bei vielen Paaren wird diese Aufgabenverteilung sicherlich von der jeweils verinnerlichten Geschlechterrolle beeinflusst. Die Frau wird beispielsweise eine Vorauswahl in Frage kommender Häuser treffen, während sich der Mann um die Finanzierung kümmert.
- Zugeständnisse hängen davon ab, wie ausgeprägt die Präferenzen jedes Ehepartners sind. So mag der eine dem anderen nachgeben, einfach deswegen, weil er in der betreffenden Angelegenheit keine besonderen Vorlieben hegt. In anderen Fällen jedoch wird dieser Partner beträchtliche Anstrengungen unternehmen, eine Entscheidung in seinem Sinne zu beeinflussen.[55] Wo solche ausgeprägten unterschiedlichen Präferenzen vorliegen, werden die Ehepartner weniger starke Vorlieben gegen stark empfundene Vorlieben quasi „tauschen", anstatt sich gegenseitig zu beeinflussen. So könnte ein Ehemann, dem nicht besonders viel an der Kücheneinrichtung gelegen ist, seiner Frau in diesem Bereich nachgeben, um im Gegenzug freie Hand bei der Gestaltung seiner Werkstatt zu haben. Interessanterweise fordern Männer mehr Mitsprache in puncto Einrichtung und Budget – und zwar mehr, als den Frauen lieb ist! Einer Umfrage zufolge wünschten sich 70 Prozent der Männer, bei der Ausgestaltung des Wohnzimmers beteiligt zu sein, während das nur 51 Prozent der befragten Ehefrauen tatsächlich wollten![56]

11.4 Kinder als Entscheidungsträger: die Lehrjahre der Konsumenten

Wer schon einmal das „Vergnügen" hatte, mit einem oder mehreren Kindern im Supermarkt einzukaufen, weiß, dass Kinder die Kaufentscheidung der Eltern oft beeinflussen, insbesondere bei Produkten wie Frühstücksflocken.[57] Darüber hinaus werden Kinder zunehmend als potenzieller Markt für typische Erwachsenenprodukte entdeckt. So wirbt Kodak verstärkt darum, dass Kinder fotografieren. Derzeit besitzen 20 Prozent der Kinder zwischen 5 und 12 Jahren eine Kamera, verknipsen allerdings nur einen Film pro Jahr. Mit der „Big Shots"-Kampagne wird Porträtfotografie als „cooles" Hobby und eine Möglichkeit zur Rebellion an den Jugendlichen gebracht: Die Kameras werden zusammen mit einem Umschlag verkauft, in dem die entwickelten Bilder umgehend zurückgeschickt werden, ohne dass die Eltern auch nur einen Blick darauf werfen können.[58]

Vom **elterlichen Einlenken** kann man dann sprechen, wenn ein elterlicher Entscheidungsträger durch die Bitte eines Kindes beeinflusst wird und „die Waffen streckt". Wie wahrscheinlich ein solcher Fall ist, hängt von der Dynamik der betreffenden Familie ab – wie wir alle wissen, gibt es strenge und großzügige Eltern, wobei der Grad der Verantwortung für die Entscheidungen ebenfalls unterschiedlich ist.[59] Die Strategien der Kinder, Käufe zu beeinflussen, wurden kürzlich untersucht. Während die meisten Kinder ganz einfach um eine Sache bitten, behaupten andere, sie hätten sie im Fernsehen gesehen bzw. Freunde oder Geschwister hätten sie bereits. Eine andere Taktik besteht darin, für den Erhalt des Gewünschten häusliche Dienste als Gegenleistung anzubieten. Eine weniger harmlose Methode besteht darin, den Gegenstand einfach in den Einkaufswagen zu legen und unaufhörlich zu jammern – ein oft „überzeugendes" Verhalten![60]

Oft spielen Kinder bei Konsumentenentscheidungen der Familie eine wichtige Rolle, gleichzeitig wächst aber auch ihre Verantwortung als eigenständige Konsumenten. Natürlich unterstützen sie nach wie vor die Spielwaren- und Süßigkeitenbranche, darüber hinaus aber kaufen bzw. beeinflussen sie den Kauf zahlreicher anderer Produkte. Die neue Generation wird von Kindesbeinen an zum Konsumenten gemacht – in guten wie in schlechten Zeiten.

Wie aus Abb. 11.5 auf S. 368 ersichtlich wird, treffen Kinder bereits früh Auswahl- und Kaufentscheidungen. Bei Jugendlichen sind Sozialisationsprozese und Einflussnahme durch gleich gesinnte Altersgenossen bereits in vollem Gange. Die Vorliebe von Mädchen für Pferde ist ein gutes Beispiel für diesen Sozialisationsprozess in Bezug auf die Entscheidung für einen Lebensstil und das Konsumentenverhalten.

MULTIKULTURELLE DIMENSIONEN

Im Rahmen ihrer nicht unumstrittenen Bemühungen, die Einwohnerzahl zu kontrollieren, bietet die Volksrepublik China Eltern zahlreiche Vergünstigungen, wenn sie nur ein Kind haben. Allerdings wird befürchtet, dass diese Kampagne auch eine unerwünschte Folge haben könnte, nämlich das Heranziehen einer Generation verwöhnter Einzelkinder, der so genannten „Kleinen Kaiser". Eltern versuchen, ihren Sprösslingen jene feudale Kindheit zu geben, die ihnen selbst in den düsteren Zeiten der Kulturrevolution vorenthalten blieb. So geben sie einen Großteil des Familieneinkommens für Spielwaren, Bücher und Computer aus. Babynahrung, die es vor 10 Jahren in China noch nicht einmal gab, frisst heute einen nicht unbedeutenden Anteil des Haushaltsgeldes auf.[61]

Allerdings sind die Chinesen nicht die Einzigen, die ihre Kinder als Statussymbol betrachten. Im Westen sind, so formulierte es ein Marketingexperte, „Babys die BMWs der 90er." Kleidung und Produkte für Kleinkinder sind mittlerweile ein 23 Milliarden Dollar schweres Geschäft. Berufstätige Elternpaare bekommen ihre Kinder später und können deshalb mehr für ihre Nachkommen ausgeben. So hat sich die Anzahl der Frauen, die ihr erstes Kind mit 30 oder darüber bekommen, seit 1970 vervierfacht, die Zahl der 40-jährigen Erstgebärenden hat sich verdoppelt. Designermode für Kinder ist demzufolge ein blühender Markt – Versace verkauft schwarze Motorradjacken für den kleinen James Dean für stolze 250 Dollar, eine amerikanische Designerin Cocktailkleidchen für die niedliche *femme fatale* für 150 Dollar.[62] Kleinkinder sollen dem nicht nachstehen: Bei Ralph Lauren gibt es Kaschmirdecken für 350 Dollar, bei L. L. Bean Schneeanzüge und bei Nike Sportbekleidung für den markenbewussten Winzling.[63]

Bei amerikanischen Kindern zählt Shopping zu den sieben beliebtesten Unternehmungen und Interessen.[64] Über 80 Prozent der jungen Befragten gab in einer Umfrage als größten Wunsch an, mehr Geld zu haben.[65] Im folgenden Abschnitt beschäftigen wir uns damit, wie Kinder lernen, Kaufentscheidungen zu treffen.

11.4.1 Sozialisation des Konsumenten

Kinder verlassen den Mutterleib keineswegs mit einem bereits vorprogrammierten Konsumentenverhalten. Die **Sozialisation des Konsumenten** wird definiert als Prozess, „bei dem junge Menschen für ihr Verhalten auf dem Markt relevante Fertigkeiten, Kenntnisse und Einstellungen erwerben".[66] Woher kommen diese Kenntnisse? Zweifelsohne haben Lehrer und Freunde ihren Anteil an diesem Prozess. So tauschen sich Kinder über Produkte aus, und zwar umso mehr, je älter sie sind.[67] Vor allem für kleine Kinder sind Familie und Medien jedoch die wichtigsten Quellen der Sozialisation.

Einfluss der Eltern

Die elterliche Einflussnahme auf die Sozialisation der Konsumenten findet sowohl direkt als auch indirekt statt. Eltern wollen ihren Kindern bewusst die eigenen Werte in Sachen Konsum weitergeben („Du wirst den Wert von Pfund/DM/Gulden ... Euro erkennen lernen."). Sie bestimmen auch, in welchem Maße ihre Kinder mit anderen Informationsquellen, z. B. Fernsehen, Verkäufern, Altersgenossen, konfrontiert werden.[68] Erwachsene stellen entscheidende Vorbilder beim Imitationslernen dar (siehe Kapitel 3). So lernen Kinder Konsum, indem sie das Verhalten ihrer Eltern beobachten und nachahmen. Dieses Nachahmen wird durch Marketingunternehmen gefördert, die Erwachsenenprodukte in kindgerechten Versionen präsentieren.

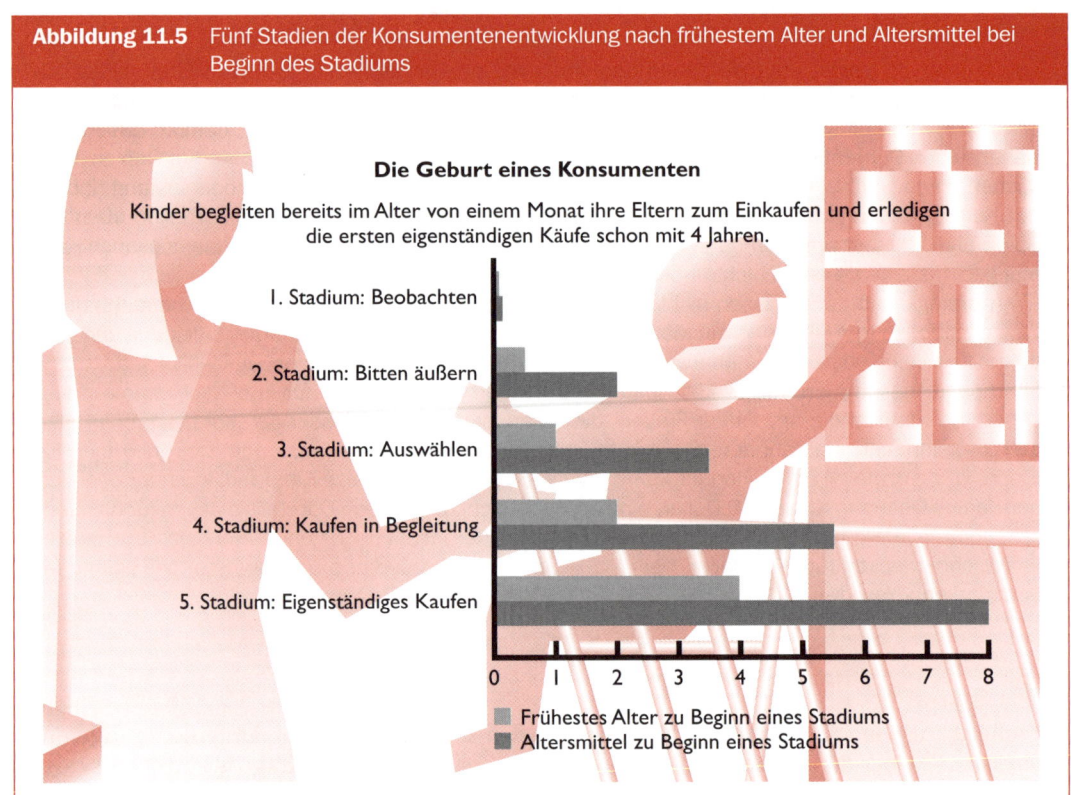

Abbildung 11.5 Fünf Stadien der Konsumentenentwicklung nach frühestem Alter und Altersmittel bei Beginn des Stadiums

Quelle: Nach James U. McNeal und Chyon-Hwa Yeh, ‚Born to Shop', *American Demographics* (Juni 1993):36.

Der Prozess der Sozialisation zum Konsumenten setzt bei Kleinkindern ein, die ihre Eltern in Geschäfte begleiten und dort Marketinganreizen ausgesetzt sind. Während der ersten beiden Lebensjahre fangen Kinder an, um Gewünschtes zu bitten. Sobald sie laufen lernen, treffen sie in Geschäften ihre eigenen Entscheidungen. Mit 5 Jahren kaufen die meisten Kinder mit Hilfe der Eltern und Großeltern ein, während sie mit 8 Jahren überwiegend eigenständig einkaufen und somit als Konsumenten flügge geworden sind.[69] Die Abfolge der Schritte, die nötig sind, um aus Kindern Konsumenten zu machen, wird in Abbildung 11.5 zusammengefasst.

Der Einfluss des Fernsehens: „der elektrische Babysitter"

Dass Kinder sehr viel fernsehen ist kein Geheimnis. Das hat zur Folge, dass sie unentwegt mit Botschaften zum Thema Konsum bombardiert werden, sowohl in der Werbung als auch im eigentlichen Programm. In den Medien lernen die Menschen Werte und Mythen einer Kultur kennen. Je mehr ein Kind dem Fernsehen ausgesetzt ist, ganz gleich ob es sich um die *Linden-straße* oder *Bay Watch* handelt, desto mehr wird es die dort gezeigten Bilder als Wirklichkeit begreifen.[70] Mit den *Tele Tubbies* macht das Fernsehen einen weiteren Schritt, da sie sich an ein Publikum zwischen 3 Monaten und 2 Jahren wenden.[71]

Zusätzlich zu dem umfangreichen, direkt auf Kinder zugeschnittenen Programm werden Kinder mit idealisierten Bildern des Erwachsenendaseins konfrontiert. Da Kinder über 6 Jahre etwa ein Viertel ihres Fernsehpensums in die Hauptsendezeit legen, werden sie von Program-

---

MARKETINGFALLE

Wir unterscheiden zwischen insgesamt drei unterschiedlichen Arten elterlichen Verhaltens. Eltern, die sich durch ein bestimmtes Verhalten auszeichnen, sozialisieren ihre Kinder auf unterschiedliche Weise.[72] „Autoritäre Eltern", die ablehnend, restriktiv und emotional unbeteiligt sind, haben zu ihren Kindern kein inniges Verhältnis, suchen aktiv die Medien aus, zu denen ihre Kinder Zugang haben, und vertreten tendenziell negative Ansichten über Werbung. „Nachlässige Eltern" haben ebenfalls kein inniges Verhältnis zu ihren Kindern, zeigen sich aber eher distanziert und üben nur geringe Kontrolle darüber aus, was ihre Kinder tun. Im Unterschied dazu kommunizieren „nachgiebige Eltern" mehr mit ihren Kindern über konsumrelevante Themen und sind weniger restriktiv. Sie sind der Überzeugung, dass Kinder den Markt ohne viel Einmischung kennen lernen sollten.

---

men und Werbungen beeinflusst, die eigentlich für Erwachsene bestimmt sind. So lernen beispielsweise kleine Mädchen durch Reklame für Lippenstifte, Schönheit mit eben diesem Produkt zu assoziieren.[73]

11.4.2 Geschlechtsspezifische Sozialisation

Kinder übernehmen das Konzept der geschlechtsspezifischen Identität früher als bislang angenommen, womöglich bereits mit 1 oder 2 Jahren. Mit drei werden die meisten Kinder Lastwagenfahren als männlich, Kochen und Putzen dagegen als weiblich einstufen.[74] Selbst in Cartoons tragen die hilflosen Figuren tendenziell Rüschen- oder Spitzenkleider.[75] Spielwarenhersteller greifen diese Stereotypen auf, indem sie für Mädchen bzw. Jungen gedachte Spielwaren so bewerben, dass Erwartungen an ein geschlechtsspezifisches Rollenverhalten durch die Wahl der Modelle, die emotionale Färbung und den Text verstärkt werden.[76]

Eine Funktion kindlichen Spiels liegt darin, für das Erwachsensein zu üben. Kinder „spielen" unterschiedliche Rollen, die sie eventuell im späteren Leben übernehmen können, und erfahren dabei die Erwartungen anderer an sie. Und die Spielzeugindustrie stellt die Requisiten zur Verfügung, die Kinder zum Spielen dieser Rollen benötigen.[77] Je nachdem, welchen Standpunkt man in der Diskussion über dieses Thema vertritt, spiegeln diese Spielsachen die Erwartungen der Gesellschaft an Männer bzw. Frauen oder aber sie lehren Kinder diese Erwartungen. Während bei Kindergartenkindern kaum unterschiedliche Vorlieben für Spielzeug auszumachen sind, trennen sich die Wege der Geschlechter bei den 5-jährigen: Mädchen bleiben lieber bei den Puppen, während die Jungen „Action-Figuren" und Hightech-Unterhaltung bevorzugen. Kritiker werfen der Branche vor, dass dies durch die Vorherrschaft der Männer in der Spielwarenindustrie bedingt sei; die Manager entgegnen wiederum, dass sie nur den natürlichen Vorlieben der Kinder entsprächen.[78]

Bei Waren für Kinder werden oft die „traditionellen" Geschlechterrollen betont. Ein und dasselbe Produkt wird für Jungen und Mädchen unterschiedlich entworfen und positioniert. Die Firma Huffy produziert Kinderräder. Die Modelle für Jungen heißen „Sigma" oder „Vortex", und laut Beschreibung verfügen sie über „wahnsinnige Extras, die deinen Puls in die Höhe jagen". Die Version für Mädchen ist wesentlich bescheidener. Die Mädchenräder tragen den Namen „Sweet Style", sind rosa oder lila und laut Firmenaussage im Unterschied zum Fahrrad für Jungen ein „Mode-Fahrrad, das nicht dazu gebaut ist, um damit Rennen zu fahren oder Sprünge zu vollführen, sondern um gut auszusehen".[79]

Champion-Sweatshirts, Latzhosen von Oilily und Mexx, Schuhe von Nike und Adidas sowie Jeans von Levi's – europa- und weltweit vertretene Marken – drücken nicht nur die soziale Zugehörigkeit von Kindern, sondern auch die ihrer Eltern aus.

11.4.3 Kognitive Entwicklung

Die Fähigkeit von Kindern, reife, „erwachsene" Konsumentenentscheidungen zu treffen, nimmt eindeutig mit dem Alter zu (nicht, dass Erwachsene immer reife Entscheidungen träfen). Kinder lassen sich nach ihrem kognitiven Entwicklungsstand in Altersgruppen einteilen bzw. nach ihrer Fähigkeit, zunehmend komplexe Zusammenhänge zu verstehen. Jüngsten Forschungsergebnissen zufolge sind kleine Kinder überraschend früh in der Lage, konsumrelevante Informationen aufzunehmen, je nachdem, in welcher Form ihnen diese Information präsentiert wird (der Lernprozess wird z.B. verstärkt, wenn man kleinen Kindern wiederholt kurze und prägnante Darstellungen auf Video vorspielt).[80]

Die Idee, dass Kinder deutliche Stadien **kognitiver Entwicklung** durchlaufen, geht auf den Schweizer Psychologen Jean Piaget zurück. Er ging davon aus, dass jedes Entwicklungsstadium durch eine bestimmte kognitive Struktur gekennzeichnet ist, mit der das Kind Informationen verarbeitet.[81] In einer berühmt gewordenen Demonstration der kognitiven Entwicklung schüttete Piaget den Inhalt eines niedrigen, gedrungenen Limonadenglases in ein höheres, schmaleres Glas. Fünfjährige, die noch davon ausgingen, dass die Form des Glases seinen Inhalt bestimme, vermuteten, dass dieses Glas mehr Flüssigkeit enthielt als das erste. Sie befinden sich, laut Piaget, in einem *prä-operationalen* Entwicklungsstadium. Sechsjährige dagegen waren bei demselben Versuch verunsichert, während Siebenjährigen klar war, dass die Menge an Limonade unverändert geblieben war.

Inzwischen rücken viele Entwicklungsforscher von der Annahme ab, dass alle Kinder diese Stadien zur gleichen Zeit durchlaufen. So unterscheidet ein alternativer Ansatz Kinder nach

Mädchen spielen mit Lego.
Foto von Søren Askegaard.

ihrer Fähigkeit, Informationen zu verarbeiten bzw. nach der Fähigkeit, sich Informationen zu merken und aus dem Gedächtnis abzurufen (siehe Kapitel 3). Aus diesem Ansatz ergeben sich die folgenden drei Segmente:[82]

1. *Eingeschränkt*: Kinder, die jünger sind als sechs, setzen keine Merk- und Abrufverfahren ein.
2. *Auf Stichwort*: Kinder zwischen sechs und zwölf verwenden diese Verfahren, allerdings nur, wenn sie verlangt werden.
3. *Strategisch*: Kinder über zwölf setzen Merk- und Abrufverfahren spontan ein.

MARKETINGFALLE

Hooper's Hooch, ein alkoholisches Getränk mit Zitronengeschmack aus dem Hause Bass, gehört zu dem Dutzend Marken in Großbritannien, die speziell auf Kinder zugeschnitten sind. Sein Motto lautet: „One taste and you're Hooched." Die als „Alcopops" bekannten Getränke, die derzeit mit Cola-, Orangen- und Limonadengeschmack auf dem US-Markt getestet werden, enthalten 4 – 4,5% Alkohol, um verstärkt Jugendliche anzusprechen. In Großbritannien sind die Alkoholgesetze weniger streng als in den USA. Hier dürfen Jugendliche unter 18 Jahren zwar keinen Alkohol kaufen, wohl aber zu Hause trinken. Kritiker argumentieren, dass diese Marketingstrategie dazu führt, all diejenigen auf den Geschmack von Alkohol zu bringen, die bislang keinen Alkohol probiert haben oder ihn nicht mochten. Kinder, die mit Cola oder Orangenlimonade aufwachsen, dürften Alcopops eher akzeptieren als stärkere alkoholische Mischgetränke.[83] Was meinen Sie?

Dieser Entwicklungsansatz unterstreicht die Vorstellung, dass Kinder keineswegs wie Erwachsene denken und deshalb Informationen nicht auf dieselbe Weise umsetzen können. Dadurch wird auch klar, dass Kinder nicht unbedingt zu denselben Schlussfolgerungen wie Erwachsene kommen, wenn sie mit Produktinformationen konfrontiert werden. So dürften Kinder Dinge, die sie im Fernsehen sehen, eher für „real" halten als Erwachsene, was sie entsprechend anfälliger für die Überredungskunst von Botschaften macht.

11.4.4 Marktforschung und Kinder

Ungeachtet der Kaufkraft von Kindern gibt es nur sehr wenige Daten über die Vorlieben von Kindern oder ihre Einflussnahme auf das Kaufverhalten. Im Vergleich zu Erwachsenen sind Kinder für die Marktforschung schwierig einzuschätzen. Sie stellen ihr eigenes Verhalten oft unzuverlässig dar, können sich nur schlecht erinnern und verstehen viele abstrakte Fragen nicht.[84] In Europa ist das Problem zusätzlich verschärft, insofern einige Länder die Möglichkeit, Kinder zu Marktforschungszwecken zu befragen, beschränken.

Trotzdem kann sich Marktforschung lohnen, und viele Unternehmen und darauf spezialisierte Firmen verzeichnen Erfolge bei der Marktforschung in diesem Segment.[85] Nach Gesprächen mit Grundschulkindern stellte die Firma Campbell's Soup fest, dass Kinder Suppe zwar mögen, dies aber nur ungern bekennen, weil Suppe als langweilig gilt und „out" ist. Campbell's Soup besann sich daraufhin auf die alte Werbung mit den „Campbell Kids", die nun in zeitgemäß sportlicher Form Kinder für Suppe begeistern sollen.[86]

Produkttests

Als besonders lohnende Form der Marktforschung bei Kindern gilt der Produkttest. Die jungen Testpersonen können wertvolle Ausblicke ermöglichen, welche Produkte von Erfolg gekrönt sein werden. Ein Süßwarenhersteller unterhält einen Klub, der aus 1200 Kindern zwischen sechs und 16 Jahren besteht, die Produktideen evaluieren. Diese Kinder votierten gegen die Idee eines Batman-Lutschers, mit der Begründung, der Superheld sei zum Lutschen einfach viel zu „männlich"![87] Bei Fisher-Price gibt es ein „Spiellabor" mit Kleinkindern. Aus einer Warteliste von 4.000 Kandidaten werden Kinder ausgewählt, die neue Spielsachen ausprobieren dürfen und dabei von Firmenmitarbeitern beobachtet werden.[88] Als der Ketschup-Produzent Heinz kürzlich Kinder dazu aufrief, neue Flaschenetiketten zu entwerfen, erreichten ihn etwa 60.000 Vorschläge. Binney & Smith, ein Hersteller von Buntstiften, bittet Kinder um Vorschläge, die klassischen Crayola-Buntstifte nach ihren jeweiligen Helden umzubenennen.[89]

Eine weitere Methode stammt aus der ethnografischen Forschung: Dabei werden Kinder beim Einkaufen auf Video festgehalten. Am erfolgreichsten sind jene Interviewer, die nicht versuchen, erwachsenenzentriert zu denken (die also Kindermeinungen nicht von vornherein als bloße Fantastereien abtun); sie agieren als Freunde der Kinder und sind bereit, eine Vielzahl an projektiven Verfahren und Mitteln einzusetzen, damit die Kinder sich nach ihren eigenen Möglichkeiten ausdrücken können.[90]

Verstehen einer Botschaft

Da Kinder sich in ihrer Fähigkeit, produktbezogene Informationen zu verarbeiten, unterscheiden, werden etliche schwer wiegende ethische Fragen aufgeworfen, wenn die Werbung versucht, sie direkt anzusprechen.[91] Kinder neigen dazu, das im Fernsehen Gesehene als real zu akzeptieren, und sie verstehen den persuasiven Charakter von Werbespots nicht unbedingt – dass es sich nämlich um bezahlte Werbung handelt. Vorschulkinder sind unter Umständen nicht in der Lage, zwischen dem eigentlichen Programm und Werbeblöcken zu unterscheiden.

Die kognitiven Schutzmaßnahmen von Kindern sind noch nicht ausgeprägt genug, um Werbe-Appelle auszufiltern. Ihre Vorlieben für bestimmte Marken zu prägen sei ein sehr leichtes Spiel, so der Einwand eines Kritikers.[92] Obwohl manche Anzeigen eine Gegenerklärung beinhalten, die eventuell irreführende oder missverständliche Behauptungen klarstellen soll, sind kleine Kinder nachweislich nicht in der Lage, diesen Hinweis zu verstehen.[93] Die Children's Advertising Review Unit (CARU) veröffentlichte kürzlich Richtlinien für kindgerechte Websites, nachdem Beschwerden eingegangen waren, die sich darauf bezogen, dass Kinder nicht zwischen Inhalt und Werbung unterscheiden könnten. Diese Richtlinien sehen eine klare Nennung des Sponsors sowie das Recht vor, Online-Käufe zu stornieren.[94]

Wieweit Kinder das Wahrgenommene verstehen können, ist besonders schwer einzuschätzen, da Vorschulkinder sich nicht klar ausdrücken können. Dem lässt sich abhelfen, indem man ihnen Bilder von Kindern in verschiedenen Szenarien zeigt und sie bittet, auf das Bild zu deuten, das jenes Verhalten zeigt, auf das die Werbung abzielt. Das Problem mit der kindlichen Verarbeitung von Werbung wurde durch Fernsehprogramme verschärft, die in erster Linie Spielzeug präsentieren. Die Sendungen gerieten ins Kreuzfeuer der Kritik, da sie die Grenzen zwischen eigentlichem Programm und Werbung verzerren (ebenso wie die Mischung aus Information und Werbung für Erwachsene, vgl. Kapitel 8).[95] Elterngruppen sprechen sich gegen solche Sendungen aus, da sie, so eine Mutter, „ein einziger großer Werbespot sind".[96]

11.5 Zusammenfassung des Kapitels

- Viele Kaufentscheidungen werden nicht von einer einzelnen, sondern von mehreren Personen getroffen. Man spricht von einer kollektiven Entscheidung, wenn zwei oder mehr Personen an der Einschätzung, der Auswahl oder an der Verwendung des Produkts bzw. der Dienstleistung teilhaben.
- Unter Demografie versteht man eine statistische Untersuchung, die typische Eigenschaften einer Bevölkerung misst. Ein wichtiges Untersuchungsfeld bezieht sich hierbei auf die Familienstruktur, z. B. die Geburtenrate und die Zahl der Eheschließungen und Scheidungen. In Europa ist es nicht immer einfach, zuverlässige und vergleichbare Daten zu sammeln.
- Ein Haushalt ist eine in Anspruch genommene Wohnungseinheit. Die Anzahl und Art der Haushalte in Europa ist einem vielfältigen Wandel unterworfen: Die Menschen heiraten und bekommen ihre Kinder später, die Zusammensetzung der Familienverbände ändert sich und immer mehr Alleinerziehende bilden den Haushaltsvorstand. Neue Perspektiven beim Lebenszyklus der Familie, der die je nach Lebensstadium wechselnden Bedürfnisse der Menschen beschreibt, zwingen die Marktforschung dazu, sich verstärkt Konsumentensegmenten wie Homosexuellen, Geschiedenen und kinderlosen Paaren zuzuwenden und spezifische Strategien zu entwickeln.
- Familien müssen hinsichtlich ihrer Entscheidungsdynamik verstanden werden. Insbesondere die Ehepartner haben unterschiedliche Prioritäten und üben unterschiedlich viel Macht und Einfluss aus. Der Einfluss von Kindern erstreckt sich zudem auf eine immer größer werdende Bandbreite von Einkaufsentscheidungen.
- Kinder durchlaufen einen Sozialisationsprozess und lernen dabei, Konsumenten zu sein. Daran haben Eltern und Freunde teil, in hohem Umfang aber auch Medien und Werbung. Da Kinder oft ausgesprochen leicht zu überreden sind, wird der ethische Aspekt des an Kinder gerichteten Marketing in Kreisen von Konsumenten, Wissenschaftlern und Marketingexperten heftig diskutiert.

SCHLÜSSELBEGRIFFE

ÜBUNGSAUFGABEN

11.1 Untersuchen Sie einige in Ländern Südeuropas populäre Medien und solche, die auf den nordeuropäischen Raum zugeschnitten sind. Wie unterscheidet sich die Darstellung der Familie? In welchen Konsumentensituationen ist die Darstellung ähnlich? Warum?

11.2 Finden Sie, Marktforschung sollte mit Kindern arbeiten? Begründen Sie Ihre Meinung. Was halten Sie vom Vorgehen von Firmen und Umfrageinstituten, die öffentliche Daten sammeln (z. B. mittels standesamtlicher Veröffentlichungen) und daraus auf bestimmte Gruppen zugeschnittene Adressenlisten erstellen ? Begründen Sie Ihre Ansicht sowohl aus der Perspektive des Konsumenten als auch aus der von Marketingexperten.

11.3 Marketingverantwortliche wurden dafür kritisiert, Bildungseinrichtungen Produkte und Dienstleistungen im Austausch für kostenlose Verkaufsförderung zur Verfügung zu stellen. Halten Sie das für einen fairen Tausch oder sollten Firmen daran gehindert werden, Schulkinder beeinflussen zu wollen?

11.4 Stellen Sie für jede der fünf folgenden Produktgruppen – Lebensmittel, Autos, Urlaub, Einrichtung, Elektrogeräte – dar, wie sich die Kaufentscheidungen verändern würden, wenn ein Ehepaar Kinder hätte.

11.5 Glauben Sie, die Lage frisch geschiedener Paare wird hinreichend genutzt, wenn Marketingstrategen darangehen, diese Zielgruppe zu identifizieren und ins Visier zu nehmen? Gibt es vielleicht Fälle, in denen Marketingexperten für diese Gruppe sogar hilfreich sein könnten? Belegen Sie Ihre Antworten mit Beispielen.

11.6 Führen Sie Interviews mit zwei Ehepaaren durch, einem jüngeren und einem älteren. Entwerfen Sie einen Fragebogen mit fünf Produktgruppen – Lebensmittel, Einrichtungsgegenstände, Elektrogeräte, Urlaub, Autos – und fragen Sie die jeweiligen Partner getrennt voneinander, ob Käufe in den einzelnen Kategorien gemeinsam oder separat entschieden werden und welcher der Partner die einzelnen Entscheidungen trifft. Vergleichen Sie die Antworten jedes Paares auf Übereinstimmungen zwischen Mann und Frau in Abhängigkeit davon, wer die Entscheidungen trifft. Vergleichen Sie anschließend die Antworten beider Paare auf Unterschiede, je nach der Anzahl gemeinsamer bzw. separater Entscheidungen. Stellen Sie Ihre Ergebnisse und die daraus gezogenen Schlussfolgerungen dar.

11.7 Sammeln Sie Anzeigen für drei unterschiedliche Produktgruppen, die sich an die Familie richten. Suchen Sie dann Anzeigen für die gleichen Produkte, allerdings von anderen Marken, bei denen die Familie nicht abgebildet ist. Beschreiben Sie die Wirksamkeit beider Ansätze.

11.8 Beobachten Sie die Interaktionen zwischen Eltern und Kindern vor den Regalen mit Frühstücksflocken eines Supermarktes. Berichten Sie darüber, wie viele Kinder Vorlieben äußern, auf welche Weise sie das tun, wie die Eltern darauf reagieren und wie oft die vom Kind gewählte Sorte tatsächlich gekauft wird.

11.9 Sehen Sie sich drei Stunden lang das Kinderprogramm auf einem kommerziellen Sender an und evaluieren Sie die Marketingtechniken, die in den Werbespots zur Anwendung gelangen, im Hinblick auf ihre ethische Dimension, so wie sie im letzten Abschnitt dieses Kapitels dargestellt wurde. Stellen Sie Ihre Ergebnisse und Schlussfolgerungen dar.

11.10 Führen Sie anhand der in diesem Kapitel genannten Lebenszyklen für eine von Ihnen gewählte Produktgruppe jene Variablen auf, die Kaufentscheidungen beeinflussen, je nachdem, in welchem Lebenszyklus sich der Konsument befindet.

11.11 Beschreiben Sie drei entscheidende Veränderungen in der modernen europäischen Familienstruktur. Geben Sie als Beispiel jeweils eine Marketingstrategie an, die diesen Wandel gezielt in Produktkommunikation, neue Verkaufsstrategien und andere Aspekte des Marketingmix umzusetzen versucht. Finden Sie, wenn möglich, auch Beispiele, bei denen mit diesen Entwicklungen nicht Schritt gehalten wurde.

Endlich ist der große Tag gekommen! David ist bei Julias Familie eingeladen, um ihre Eltern kennen zu lernen. Es war Liebe auf den ersten Blick, als sie sich in dem Verlagshaus trafen, in dem Julia arbeitete und David vorübergehend aushalf. Während David die „harte Schule des Lebens" in den Straßen von Liverpool absolviert hatte, studierte Julia am Trinity College in Oxford Altphilologie. Trotzdem wussten sie, dass sie ungeachtet ihres höchst unterschiedlichen gesellschaftlichen Hintergrundes zusammengehörten. Julia hatte mehrmals davon gesprochen, dass die Caldwells schon seit *etlichen* Generationen Geld hatten, aber das konnte David kaum beeindrucken. Immerhin kannte er jede Menge Typen aus London und Liverpool, die sich in die Sphären der sechsstelligen Summen hochgemauschelt hatten. Und einer großen Nummer im feinen Anzug, der mit den Geldscheinen nur so herumwedelte und mit seiner teuren Einrichtung voll Chrom und dem neuesten Schnickschnack protzte, würde er schon Paroli bieten!

Beim Eintreffen auf dem Landsitz der Familie – etwa anderthalb Stunden von London entfernt – hält David am Ende der baumbestandenen Auffahrt erst mal Ausschau nach einem Rolls Royce. Doch er sieht nur einen Jeep Cherokee, der wohl einem Bediensteten gehört. Im Inneren staunt David, wie schlicht das Haus eingerichtet ist und wie dezent alles wirkt. Auf dem Boden der Eingangshalle liegt ein verblichener Orientteppich, und die Möbel sehen richtig alt aus – moderne Sachen scheint es überhaupt nicht zu geben, nur jede Menge Antiquitäten.

Noch überraschter ist David allerdings über Mr. Caldwell. Hatte er doch fast erwartet, Julias Vater im Smoking anzutreffen, mit einem großen Cognac-Schwenker in der Hand, wie das die reichen Leute in den Lifestyle-Magazinen immer zu tun pflegen. David hatte extra seinen besten italienischen Anzug sowie den wuchtigen Ring mit dem Zirkon angelegt, um Mr. Caldwell zu signalisieren, dass auch er Geld hat. Doch als Julias Vater ihnen aus dem Arbeitszimmer entgegenkommt, in zerknautscher Strickjacke und Turnschuhen, stellt David fest, dass er sich auf einem ganz anderen Territorium befindet …

KAPITEL 12

Einkommen und Gesellschaftsschicht

12.1 Kaufmerkmale des Konsumenten und wirtschaftliches Verhalten

Davids Aha-Erlebnis im Hause Caldwell lässt ahnen, dass es durchaus unterschiedliche Arten gibt, Geld auszugeben, und dass sich zwischen denen, die Geld haben, und denen, die keines haben, eine weite Kluft auftut. Ebenso weit dürfte die Kluft sein, die jene, die seit langem Geld haben, von denen trennt, die es nicht geerbt, sondern „erarbeitet" haben. Dieses Kapitel beschreibt zunächst kurz, welche Auswirkungen die allgemeine Wirtschaftslage darauf hat, wie Konsumenten mit ihrem Geld umgehen. Unter dem Motto „Die Reichen sind anders" betrachtet es dann die Unterschiede im Konsumentenverhalten bei Leuten aus unterschiedlichen Gesellschaftsschichten. Ob es sich um einen Facharbeiter wie David oder höhere Töchter wie Julia handelt – die Gesellschaftsschicht übt großen Einfluss darauf aus, was er oder sie mit dem Geld anstellt. Auch Konsumentenentscheidungen sagen viel über die gesellschaftliche Stellung eines Menschen aus.

Wie dieses Kapitel zeigt, verfolgen solche Entscheidungen auch ganz eigene Ziele. Die spezifischen Produkte und Dienstleistungen, die wir kaufen, haben oft den Zweck, *anderen Menschen* gegenüber unseren gesellschaftlichen Status zu verdeutlichen – oder uns zumindest so darzustellen, wie wir gerne wären. Produkte werden häufig als Zeichen gesellschaftlicher Zugehörigkeit gekauft und zur Schau gestellt – kurz, sie werden als **Statussymbole** eingesetzt. Es ist tatsächlich relativ üblich, dass ein Produkt aufgrund seines (angenommenen) Ranges in der gesellschaftlichen Hierarchie eingeschätzt wird. Das Kapitel schließt mit einer Untersuchung darüber, wie solche Statussymbole entstehen; weiterhin führt es Gründe an, warum statusbehaftete Produkte nicht immer verlässliche Indikatoren für die tatsächliche soziale Stellung ihres Besitzers sind.

Die **verhaltensorientierte Betriebswirtschaft**, auch Wirtschaftspsychologie genannt, befasst sich mit der „menschlichen" Seite von wirtschaftlichen Entscheidungen. Ausgehend von den Überlegungen des Psychologen George Katone untersucht diese Disziplin, wie die Motive des Konsumenten und seine Erwartungen an die Zukunft sein gegenwärtiges Kaufverhalten beeinflussen und wie diese individuellen Entscheidungen in der Summe über das wirtschaftliche Wohl einer ganzen Gesellschaft entscheiden.[1]

12.1.1 Einkommensstrukturen

Viele Europäer werden behaupten, dass sie zwar ein bequemes Auskommen haben, aber letztlich nicht genug Geld verdienen. Tatsächlich jedoch steigt der durchschnittliche europäische Lebensstandard weiterhin. Zwischen 1980 und 1995 hat sich das Bruttosozialprodukt verdoppelt, in manchen Ländern sogar vervierfacht. Allerdings haben nicht alle Konsumentengruppen an diesem Anstieg gleichermaßen teil.[2] Die Veränderungen beim privaten Einkommen sind an zwei entscheidende Faktoren gekoppelt: die sich wandelnde Rolle der Frau und den wachsenden Bildungsstandard.[3]

Berufstätigkeit der Frau

Ein Grund für diesen Einkommensanstieg liegt darin, dass ein wachsender Anteil der Bevölkerung im arbeitsfähigen Alter tatsächlich arbeitet. Wenn auch mehr Männer als Frauen bezahlter Arbeit nachgehen, so konnte man während der letzten 10 Jahre das größte Wachstum bei bezahlter Tätigkeit innerhalb der EU bei den Frauen feststellen. Die stetig wachsende Zahl von arbeitenden Frauen ist ein Hauptgrund für die Zunahme der Haushaltseinkommen. Abbildung 12.1 zeigt den beständigen Zuwachs bei den bezahlten weiblichen Arbeitskräften in Europa. Trotz dieses Anstiegs arbeiten Frauen eher auf Teilzeitstellen, was den Umstand widerspiegelt, dass die traditionellen Aufgaben wie die Versorgung des Haushalts und der zu Hause lebenden Kinder noch immer in erster Linie den Frauen zufallen. Abbildung 12.2 gibt einen Überblick über den Anteil von teilzeitbeschäftigten Männern und Frauen in einigen europäischen Ländern. Wie im vorangegangenen Kapitel besprochen, haben die familiäre Situation, die Anzahl und das Alter der zu Hause lebenden Kinder sowie der Bildungsgrad der Frauen maßgeblichen Einfluss auf ihre berufliche Tätigkeit.

Ja, Bildung zahlt sich aus!

Ein weiterer Faktor, der darüber bestimmt, wie viel man vom Kuchen abbekommt, ist die Bildung. Obwohl die Kosten für eine höhere Schulbildung oft große Opfer verlangen, lohnen sie sich langfristig durchaus. Akademiker und Personen mit höheren berufsbezogenen Abschlüssen verdienen etwa 50% mehr als jene, die nur eine weiterführende Schule besucht haben. Fast die Hälfte des Zuwachses an Konsumentenausgaben in den 90ern ist auf Menschen mit höherer Qualifikation zurückzuführen.

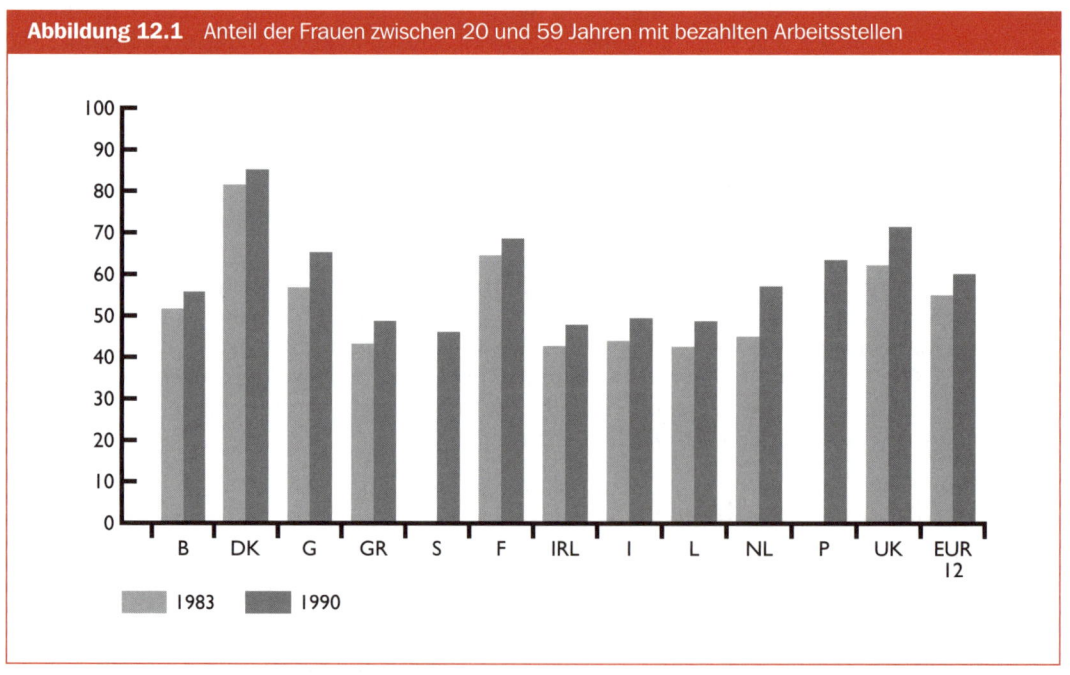

Abbildung 12.1   Anteil der Frauen zwischen 20 und 59 Jahren mit bezahlten Arbeitsstellen

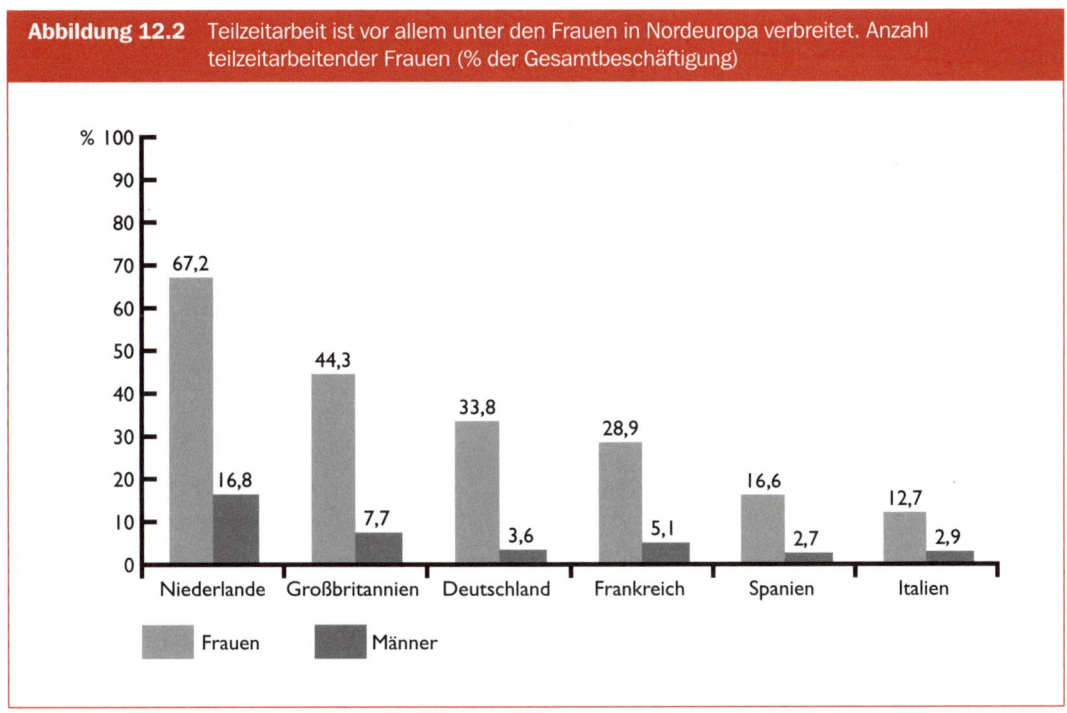

Abbildung 12.2 Teilzeitarbeit ist vor allem unter den Frauen in Nordeuropa verbreitet. Anzahl teilzeitarbeitender Frauen (% der Gesamtbeschäftigung)

12.1.2 Ausgeben oder nicht ausgeben, das ist hier die Frage

Eine grundsätzliche Annahme der Wirtschaftspsychologie geht davon aus, dass die Nachfrage nach Gütern und Dienstleistungen von der Fähigkeit *und* dem Willen des Konsumenten zum Kauf abhängt. Während die Nachfrage nach notwendigen Gütern im Lauf der Zeit eher stabil bleibt, können andere Ausgaben verschoben werden oder ganz unterbleiben, sollten die Menschen der Ansicht sein, dass jetzt gerade kein guter Zeitpunkt dafür ist.[4] So könnte jemand beschließen, das alte Auto doch noch ein weiteres Jahr zu fahren, statt sich gleich einen neuen Wagen zuzulegen.

Ermessenskäufe

Das **verfügbare Einkommen** ist jene Summe, die dem Haushalt verbleibt, wenn alles, was zur Absicherung des angemessenen Lebensstandards gehört, bezahlt ist. Man schätzt das Volumen, das den europäischen Konsumenten für Ausgaben zur freien Verfügung steht, auf mehrere Milliarden Euro jährlich. Diese Summe liegt vor allem in der Hand von Konsumenten zwischen 35 und 55 Jahren, deren Einkommen ihren Höchststand erreicht haben. Wie nicht anders zu erwarten, steigt das verfügbare Einkommen parallel zum Gesamteinkommen: Während das Einkommen innerhalb der EU unterschiedlich verteilt ist, liegt die Anzahl der Haushalte mit einem Einkommen von über 100.000 Euro bei weniger als 5 Prozent aller Familien. Diesen steht mehr als ein Viertel des verfügbaren Einkommens in der EU zur Verfügung.[5] Das verfügbare Einkommen mag zwar ein aussagekräftiges Instrument zur Vorhersage bestimmter Formen des Konsumentenverhaltens sein, als Maß für direkte Vergleiche zwischen den Ländern eignet es sich jedoch nur bedingt. Faktoren wie die innerhalb Europas unterschiedlich hohen Mehrwertsteuersätze oder Direktzuschüsse für Kinder unter 19 Jahren, die noch zu

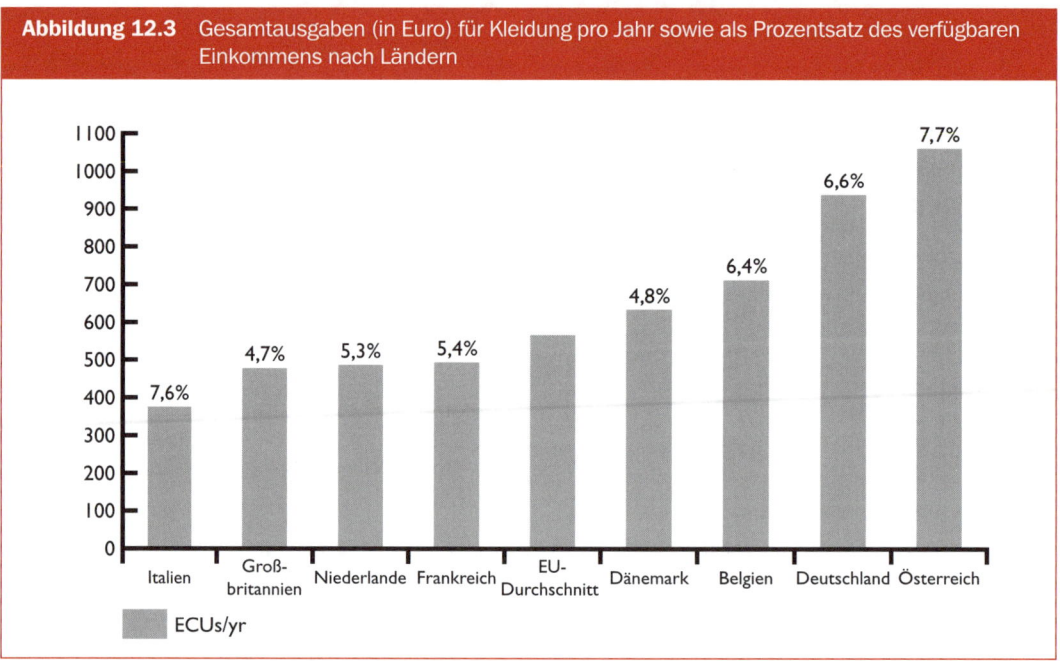

Abbildung 12.3   Gesamtausgaben (in Euro) für Kleidung pro Jahr sowie als Prozentsatz des verfügbaren Einkommens nach Ländern

Quelle: Nach *Euromonitor* und *NRC Handelsblad*, 26. Juli 1995

Hause leben, erklären die Unterschiede bei dem tatsächlich verfügbaren Einkommen. Abbildung 12.3 zeigt die Gesamtsumme in Euro, die in verschiedenen Ländern für Kleidung ausgegeben wurde, wobei die Zahlen oberhalb des jeweiligen Landes den Anteil des verfügbaren Einkommens anzeigen, der für Kleidung aufgewendet wurde.

Individuelle Einstellung zu Geld

Viele Konsumenten werden hinsichtlich ihrer eigenen und der allgemeinen Zukunft von Ängsten geplagt und sind deshalb bestrebt, ihren Besitz zusammenzuhalten. Die Sorgen eines Konsumenten in puncto Geld hängen nicht notwendigerweise davon ab, wie viel er oder sie tatsächlich hat: Geld zu erwerben und zu verwalten ist eher eine Sache des Verstandes als der Geldbörse! Geld kann mit einer Vielzahl komplizierter psychologischer Bedeutungen befrachtet sein; es kann mit Erfolg oder Versagen, gesellschaftlicher Akzeptanz, Sicherheit, Liebe und Freiheit gleichgesetzt werden.[6] Einige klinische Psychologen haben sich sogar auf die Behandlung geldbezogener Störungen verlegt und berichten, dass Menschen, die sich angesichts ihres Erfolgs schuldig fühlen, absichtlich Fehlinvestitionen tätigen, um eben diese Schuldgefühle abzubauen. Weitere krankhafte Störungen sind Atephobie (Angst vor dem Ruin), Harpaxophobie (Angst davor, ausgeraubt zu werden), Peniaphobie (Angst vor Armut) und Aurophobie (Angst vor Gold).[7] Die Untersuchung von Roper und Starch ergab, dass Geld am häufigsten mit Sicherheit in Verbindung gebracht wurde. Andere häufige Assoziationen sind Bequemlichkeit, Freiheit und Vergnügen sowie die Möglichkeit, die Kinder unterstützen zu können.[8]

12.1.3 Die Zuversicht des Konsumenten

Die Ansichten eines Konsumenten darüber, was die Zukunft bringen wird, sind ein Indikator für die **Konsumentenzuversicht**. Diese zeigt an, wie optimistisch oder pessimistisch ein Konsument die zukünftigen Entwicklungen der Wirtschaft und des eigenen Ergehens einschätzt. Diese Ansichten entscheiden über die Summe, die der Einzelne bei Ermessenskäufen der Wirtschaft zuführt.

Viele Firmen nehmen Prognosen zum erwarteten Einkaufsverhalten sehr ernst, und regelmäßige Umfragen versuchen, „den Puls des europäischen Konsumenten zu messen". Umfragen zur Konsumentenzuversicht werden vom Henley Centre, von Eurostat und von EuroMonitor durchgeführt. Folgendes wird im Rahmen solcher Umfragen vom Konsumenten erfragt:[9]

- Mein Lebensstandard wird sich im Laufe des kommenden Jahres verbessern.
- Meine Lebensqualität wird sich im Laufe des kommenden Jahres verbessern.
- Ich werde im Ruhestand nicht genug Geld haben.
- Ich gebe zu viel von meinem Einkommen aus und habe vor, nächstes Jahr weniger auszugeben.
- Ich mache mir Sorgen über mein Maß an Freizeit.

Abbildung 12.4 zeigt, dass europäische Konsumenten hinsichtlich der langfristigen Aussichten ihrer Familie einen gewissen Pessimismus an den Tag legen.

Wenn Menschen über ihre Aussichten und die Wirtschaft im Allgemeinen pessimistisch gestimmt sind, neigen sie dazu, weniger auszugeben und weniger Schulden zu machen. Entsprechend tendieren sie bei optimistischer Einschätzung dazu, weniger zu sparen, mehr Schulden zu machen und Geld nach freiem Ermessen auszugeben. Die **Sparrate**, d.h. das Maß, in dem gespart wird, steht demnach unter dem Einfluss der pessimistischen bzw. optimistischen Einschätzung des Konsumenten hinsichtlich seiner persönlichen Umstände (z.B. Angst vor Arbeitslosigkeit bzw. plötzlicher Vermögenszuwachs durch Erbschaft). Aber auch Weltereignisse (z.B. Wahl einer neuen Regierung oder internationale Krisen wie der Golfkrieg) und kulturelle Unterschiede beim Sparen sind nicht zu unterschätzen (so sparen die Japaner anteilmäßig wesentlich mehr als Europäer oder Amerikaner).[10]

Wert- versus Qualitätsstreben

In einer Zeit geringerer Ressourcen definieren Europäer das Verhältnis von Preis, Wert und Qualität neu. In der Vergangenheit (insbesondere während der 80er) war man bereit, für Produkte und Dienstleistungen nahezu jeden Preis zu zahlen. Zwar betonen Konsumenten auch heute noch, dass sie Qualität wollen – aber nur, wenn der Preis stimmt. In Umfragen geben die meisten Personen an, die aufwändige Lebenshaltung und das Statusstreben der 80er zu bereuen und jetzt bescheidener leben zu wollen. Die Haltung der 90er ist am Praktischen und an einer Besinnung auf das Einfache orientiert. Von der Werbung erwartet man klare Tatsachen und kein Tamtam. Besonders geschätzt werden Anzeigen, die Hilfestellung bei Problemen geben und helfen, Geld oder Zeit zu sparen. Europäische Jugendliche (zwischen 12 und 24 Jahren) stehen Werbebotschaften skeptischer gegenüber als die übrige Bevölkerung.

Sehen Sie sich nun im Lichte dieser neuen, sachlicheren Einstellung die Ergebnisse einer groß angelegten Umfrage an, die vom Henley Centre in europäischen Haushalten durchgeführt wurde, um deren Vorlieben und Befürchtungen zu ermitteln. Einige der Ergebnisse finden sich in Abbildung 12.5.[11]

Abbildung 12.4　　Pessimistische und optimistische Stimmungen

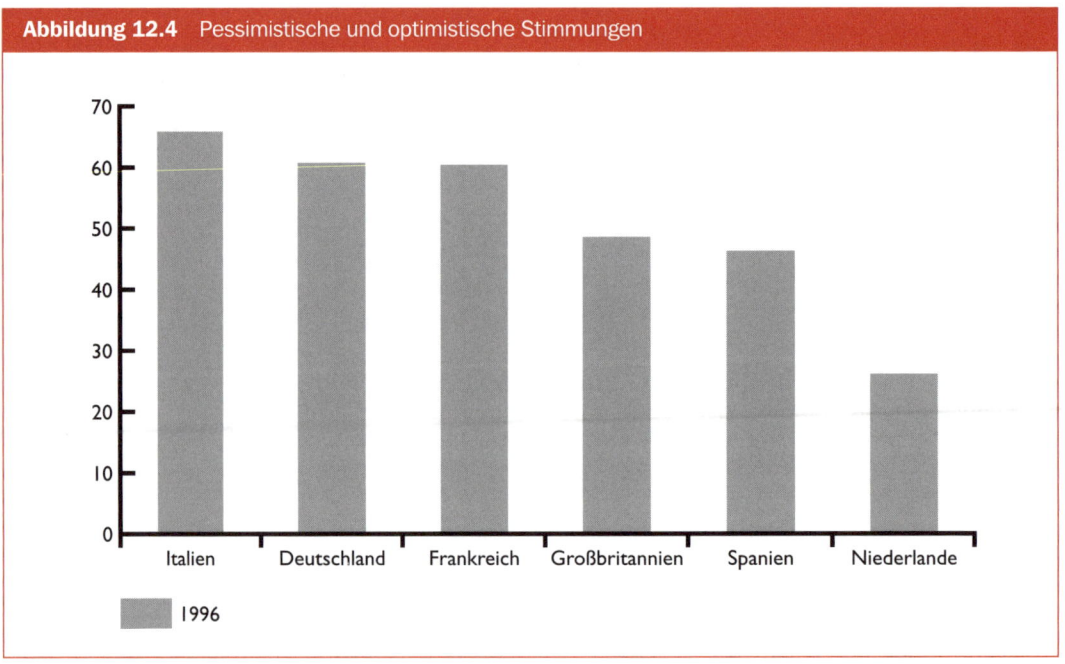

Quelle: The Henley Centre.

Abbildung 12.5　　Abrutschen in die Risikogesellschaft? Über Folgendes machen sich Europäer Sorgen

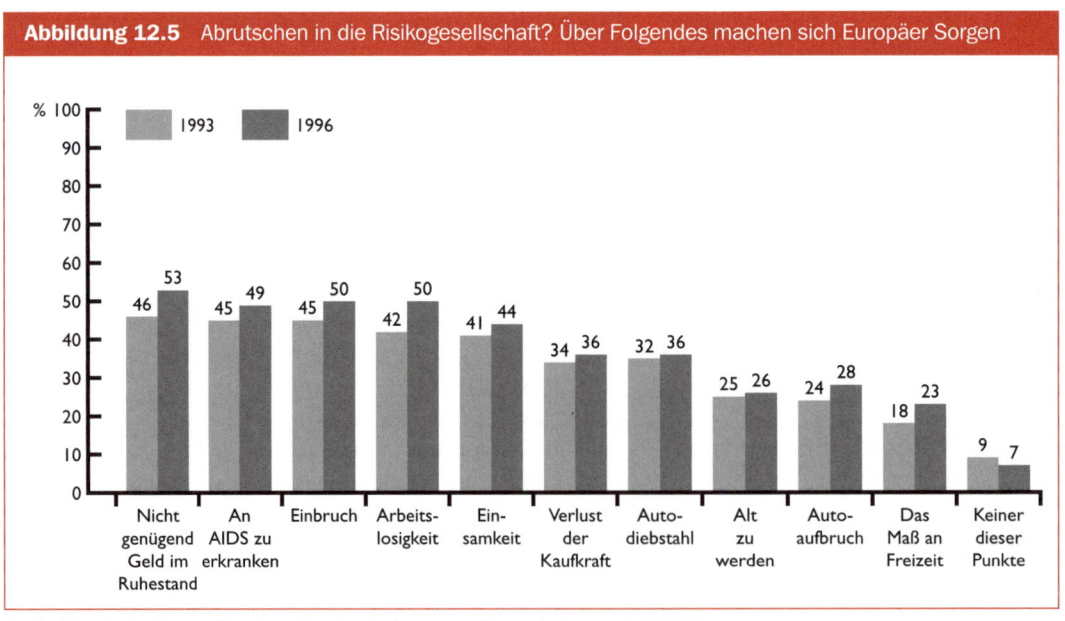

Quelle: The Henley Centre, *Frontiers: Planning for Consumer Change in Europe* (1996/97).

12.2 Soziale Schicht

Jede Gesellschaft kann grob in „Besitzende" und „Nichtbesitzende" unterteilt werden (wobei das „Besitzen" eine relative Angelegenheit ist). Während soziale Gleichberechtigung in ganz Europa als hohes Gut angesehen wird, ist es doch unbestritten, dass manche Leute „gleicher als andere" sind, wie Orwell es so treffend formulierte. Davids Begegnung mit den Caldwells

---

MARKETINGCHANCE

Winston Churchill bevorzugte sie mit gestärktem Leinenkragen und Schlaufen an der Schulter für die Hosenträger. Prinz Charles werden die seinen in der Abgeschiedenheit seiner Privatgemächer angepasst, während sie Modezar Ralph Lauren – der sie ja eigentlich, sollte man denken, im eigenen Hause umsonst bekommen könnte – manchmal dutzendweise ordert. Und dann gibt es da jenen reichlich schrulligen Kunden, der sie am liebsten im Stil australischer Gefängnisuniformen trägt – allerdings aus cremefarbener Seide.

Was all diesen Leuten gemein ist – egal ob Politiker, Machtmensch, Prinz oder eher unkonventioneller Typ – ist der Wunsch nach dem schlichten Luxus eines maßgeschneiderten Hemds. Nicht etwa irgendein maßgeschneidertes Hemd: Nein, diese Kleidungsstücke müssen aus der Jermyn Street kommen, der Nobeladresse am Londoner Piccadilly, dem Nonplusultra für Kenner und Liebhaber feiner Schneiderkunst und perfekter Passform. Bei Preisen zwischen 100 und 155 Pfund pro Hemd, je nach Stoff und bei einer Mindestanzahl von vier bis sechs Stück, können sie es sich wahrscheinlich auch gar nicht leisten, etwas anderes zu tragen.

Die hohe Kunst der Kundenfreundlichkeit und die Liebe zum Detail praktizieren die Herrenschneider der Jermyn Street schon seit über 100 Jahren. Das ist es auch, was die Kunden vom allseits anerkannten Nabel der Hemdenschneider-Welt erwarten. „Wir haben einen einzigartigen Markt geschaffen und die besten Kunden gewonnen, die sich hier recht wohl fühlen", schreibt Paul Cuss, Erster Schneider im Hause *Turnbull and Asser*, Inhaber der begehrten Auszeichnung „Hoflieferant" für Hemden. Dieses Geschäft beliefert Prinz Charles und zählte auch Ronald Reagan zu seinen Kunden. Laut Cuss geht es „ganz wie im Establishment zu, wie in einem Herrenclub". Die wuchtigen hölzernen Möbel, ausgestopften Jagdtrophäen und samtenen Hausjacken, die hier nebst Krawatten, Bademänteln und Boxer Shorts feilgeboten werden, das gerahmte Porträt von Winston Churchill – alles in *Turnbull and Asser*s heimeligem Geschäft gemahnt an die herrschaftliche Welt der Hochglanzseiten von *Country Life*.

Man kann sich die Jermyn Street von einst gut vorstellen, als Landadel und Eton-Schüler hierher pilgerten, um ihre Hemden nach einem nahezu aristokratischen Ritual zu erstehen. Darauf begründete sich der Ruf der Straße. Dank dieser Tradition gedeiht Jermyn Street weiterhin, nur ist die Kundschaft heute international. Franzosen und modebewusste Italiener kommen des „maßgeschneiderten englischen Stils" wegen, wenn auch die Hemdenmacher zugeben, Modetrends durchaus zu folgen: Neben den seriös weißen und blauen Tönen finden sich einige durchaus schockierende Exemplare in Rosa, Violett und kräftigem Orange.

Der präzise Schnitt des Hemdes erfordert natürlich Zeit bei der Fertigstellung. Sobald die Maße feststehen, dauert es etwa zwei Wochen, bis ein Musterhemd zur Anprobe bereitliegt. Das wird im Verlauf einer Probezeit gewaschen und getragen, um den perfekten Sitz zu gewährleisten. Anschließend gehen die Zuschneider und Näher an die Arbeit, und nach 6 bis 8 Wochen ist das Meisterstück fertig. Und dann können Sie stolz darin umherflanieren – wohl wissend, einem exklusiven Club beigetreten zu sein, für dessen Mitglieder der Preis keine Rolle spielt.[12]

hat gezeigt, dass die gesellschaftliche Stellung eines Konsumenten, die **soziale Schicht**, auf einem komplexen Gefüge von Variablen beruht, zu denen Einkommen, familiärer Hintergrund und Beruf gehören.

Die Position, die man innerhalb der gesellschaftlichen Struktur einnimmt, bestimmt nicht nur, *wie viel* Geld man ausgibt, sondern auch, *wie* man es ausgibt. David war überrascht, dass die Caldwells, die offensichtlich viel Geld hatten, nicht damit protzten. Ihr unaufdringlicher Lebensstil ist ein untrügliches Kennzeichen des so genannten „alten Geldes". Wer es schon lange hat, muss nicht mehr beweisen, dass er es hat. Im Unterschied dazu geben Neulinge in Sachen Wohlstand die gleiche Summe womöglich für völlig andere Dinge aus.

12.2.1 Eine universale Hackordnung

Bei zahlreichen Tierarten besteht eine soziale Organisation, nach der die aggressivsten oder herrischsten Tiere Kontrolle über die anderen ausüben und beim Fressen und bei der Wahl des Territoriums sowie des Geschlechtspartners als Erste zum Zuge kommen. So entwickeln Hühner eine nach Dominanz und Unterwerfung klar gegliederte Hierarchie. Innerhalb dieser Rangordnung nimmt jede Henne eine Position ein, auf der sie allen übergeordneten Hennen gegenüber unterwürfig, allen untergeordneten gegenüber jedoch dominant auftritt (daher der Begriff *Hackordnung*).[13]

Bei den Menschen ist es nicht viel anders. Auch sie entwickeln eine Hackordnung, die ihnen je nach ihrer Stellung innerhalb der Gesellschaft eine Position zuweist. Diese Position bestimmt über ihren Zugang zu solchen Ressourcen wie Bildung, Wohnraum und Verbrauchsgütern. Die Menschen versuchen natürlich, ihre Position wann immer möglich zu verbessern. Dieser Wunsch, die eigenen Geschicke positiv zu beeinflussen und die Mitmenschen wissen zu lassen, dass einem dies gelungen ist, bildet das eigentliche Herzstück vieler Marketingstrategien.

Während jede Kultur ihre eigenen **sozialen Hierarchien** hat, können Unterschiede hinsichtlich ihrer Differenzierung festgestellt werden. Schichtenbildung der einen oder anderen Art ist ein universales Phänomen, es gibt sie sogar in Gesellschaften, die dies offiziell verurteilen. So ärgern sich viele Einwohner Chinas, einer scheinbar klassenlosen Gesellschaft, über die

---

MULTIKULTURELLE   DIMENSIONEN

Sowohl am oberen als auch am unteren Ende der amerikanischen Einkommensskala kommt es zu Stauungen. Seit 1980 hat das reichste Fünftel der Bevölkerung sein Einkommen um 21 Prozent gesteigert, während die Löhne für die unteren 60 Prozent stagnieren oder sogar gesunken sind. Die erfolgreichsten amerikanischen Marken, von Levi's Jeans bis Ivory-Seife, setzten lange auf eine Massenabsatzstrategie, was sich inzwischen aber ändert. Eher billige Ketten wie Wal-Mart und eher teure Geschäfte wie Tiffany verzeichnen große Gewinne, während Mittelklasseketten wie Penney über einen schwachen Absatz berichten. Dieser Trend hat einige Firmen dazu veranlasst, „beides auf einmal haben zu wollen", d. h. eine zweistufige Marketingstrategie einzuführen, die unterschiedliche Taktiken für anspruchsvolle Kunden einerseits und den Massenmarkt andererseits entwickelt. So ist Walt Disneys Pu der Bär als Originalzeichnung auf Porzellan oder auf Zinnlöffeln in nobleren Einzelhandelsgeschäften und Kaufhäusern erhältlich, während sich dessen plumpe Cartoon-Version bei Wal-Mart auf Plastikschlüsselringen und Polyester-Bettwäsche tummelt. Die Bekleidungskette The Gap ist dabei, ihre Banana-Republic-Läden anspruchsvoller auszugestalten, während sie gleichzeitig ihre Old-Navy-Niederlassungen auf das untere Marktsegment einstimmt.[14]

Kinder von hochrangigen Parteioffizieren, die so genannten *gaoganzidi*. Diese Sprösslinge haben den Ruf, faul zu sein, im materiellen Überfluss zu leben und dank der Beziehungen ihrer Familie an die besten Stellen zu kommen. Es handelt sich um eine privilegierte Klasse innerhalb einer klassenlosen Gesellschaft.[15]

Die gesellschaftliche Schicht beeinflusst den Zugang zu Ressourcen

So wie Marketingexperten die Gesellschaft zur Gewinnung von Segmenten in Gruppen unterteilen, haben Soziologen Methoden entwickelt, wie die Gesellschaft anhand der sozialen und wirtschaftlichen Ressourcen ihrer Mitglieder sinnvoll untergliedert werden kann. Einige dieser Einteilungen berücksichtigen politische Macht, während andere sich an rein wirtschaftlichen Kategorien orientieren. Karl Marx glaubte, dass die gesellschaftliche Stellung durch den Zugang zu den *Produktionsmitteln* definiert würde. Einige Leute (die „Besitzenden") kontrollieren Ressourcen und sichern sich mit Hilfe der Arbeitskraft anderer ihre privilegierte Stellung. Den „Nichtbesitzenden" dagegen fehlt es an Macht, und sie können nur mit Hilfe ihrer eige-

---

MARKETINGFALLE

Während er am Handy plaudert, schweift Stemars Blick über die großzügige neue Veranda seines Sommerhauses auf einer ruhigen Insel vor Norwegens Südküste. Erst vor kurzem hat der 50-jährige Steuerberater aus Oslo seine *hytte*, wie die Norweger ihre rustikalen, hölzernen Sommerhäuschen nennen, mit solchen Annehmlichkeiten wie fließend heißem Wasser ausgerüstet. Jetzt plant er eine geteerte Zufahrt und ein Schwimmbecken im Garten. „Gegen ein bisschen Komfort ist ja wohl nichts einzuwenden", meint Stemar. Nun, vielleicht nicht in anderen Sommerhochburgen wie an der Côte d'Azur, aber hier im kargen Norwegen waren die Begriffe „Komfort" und „Ferien" lange Zeit wahrlich nicht gleichbedeutend. Dank des Ölbooms verwenden viele Norweger ihren neu gewonnenen Reichtum darauf, die ansonsten spartanischen Sommerhäuser mit Tennisplätzen, Whirlpools und sogar Hubschrauber-Landeplätzen auszustatten. In einem Land, in dem Schlichtheit und einfaches Leben hoch geschätzt werden, gilt es allerdings als anrüchig, Geld und Reichtum zur Schau zu stellen. So haben Politiker schon vorgeschlagen, die Häuser der Wohlhabenden niederzuwalzen, sollten sie den Zugang zum Meer versperren, und Gewerkschafter verdammen die neue Gattung Norweger, die schnittige Jachten und ein rasantes Leben lieben und ihren Privatgrund einzäunen.

„Die Reichen können ganz schön ordinär sein", schimpft Brit, die ihren Nachbarn Stemar aufgefordert hat, seine Veranda um einen Meter zu verkürzen, weil sie und ihr Mann Gustav das Monstrum von ihrem weiter unten gelegenen Häuschen immer noch sehen konnten. Die beiden Lehrer nähern sich dem Pensionsalter und hegen konventionellere Ansichten darüber, wie man den Sommer verbringen und sein Geld ausgeben sollte. Viele sehen norwegische Ideale wie Gleichheit und Sozialdemokratie gefährdet. Diese Ideale schreiben vor, dass alle Norweger dieselbe Lebensqualität genießen und den gleichen Anteil am nationalen Wohlstand haben sollten. Die Norweger singen das Lob der Einfachheit, weil sie nicht immer wohlhabend waren. Vor der Entdeckung des Öls vor etwa 30 Jahren galten nur wenige Familien als wohlhabend. Selbst in der Hauptstadt ist dies zu spüren. Ungeachtet des neuen „Ölgeldes" und der niedrigen Inflationsrate ist Oslo in keiner Weise ein protziges „Kuweit des Nordens".

So fordern die Traditionalisten, dass die Sommerhäuschen ihren spartanischen Charakter beibehalten und der Ferienaktionismus beschränkt bleiben sollen. Alte Farbe abkratzen oder lose Bodenbretter festnageln – das ist beliebt, gleichfalls Schwimmen im See, Angeln und Holzhacken. Und das wär's auch schon. Wie schon Aase, ein weiterer Nachbar, meint: „Wir sitzen einfach gerne hier. Mir wär's lieber, die Reichen blieben fort. Die bringen unsere Gegend nur auf den Hund."[16]

nen Arbeit überleben. Sie wären die eigentlichen Gewinner, wenn sie das System änderten. Unterschiede zwischen Menschen, die dazu führen, dass einige besser wegkommen als andere, werden von jenen beibehalten, die von ihnen profitieren.[17]

Der Soziologe Max Weber hat gezeigt, dass die aufgestellten Rangordnungen nicht eindimensional sind. Einige berücksichtigen Prestige oder „gesellschaftliche Ehre" (Weber bezeichnete sie als *Statusgruppen*), andere beruhen auf Macht (oder *Partei*) und wieder andere auf Reichtum und Besitz (*Klasse*).[18]

Die gesellschaftliche Schicht beeinflusst Geschmack und Lebensstil

Heute wird der Begriff der gesellschaftlichen Schicht eher allgemein verwendet, um die Stellung eines Menschen in der Gesellschaft zu beschreiben. Menschen, die in dieselbe Gesellschaftsschicht eingeteilt werden, haben in etwa die gleiche gesellschaftliche Stellung innerhalb der Gemeinschaft. Sie arbeiten in relativ ähnlichen Berufen, und ihr Lebensstil gleicht sich aufgrund ihres Einkommensniveaus sowie des geteilten Geschmacks. Gesellschaftlich verkehren die Angehörigen einer Schicht tendenziell miteinander, ebenso teilt man viele Werte und Vorstellungen hinsichtlich der Lebensführung.[19]

Die Gesellschaftsschicht ist mindestens ebenso eine Frage des Seins wie des Habens: Wie bereits David sah, ist Schicht ebenfalls eine Frage dessen, was man mit seinem Geld *macht* und wie man seine Rolle in der Gesellschaft definiert. Obwohl viele nichts von der Idee halten, dass manche Mitglieder einer Gesellschaft besser gestellt als andere oder einfach „anders" als andere sind, erklärt die Mehrzahl der Konsumenten jedoch, dass es unterschiedliche Schichten gibt und dass die Zugehörigkeit zu einer Schicht den Konsum beeinflusst. Eine wohlhabende Frau gab folgende Definition von Gesellschaftsschicht: „Ich nehme mal an, Gesellschaftsschicht bedeutet, auf welche Schule man gegangen ist und wie weit man da gekommen ist. Und die Intelligenz. Wo man wohnt ... in welche Schule man die Kinder schickt. Die Hobbys. Skifahren, beispielsweise, zählt mehr als Schneemobilfahren ... es wird wohl nicht nur das Geld sein, denn da weiß man eh nicht genau, wie viel die Leute haben."[20]

12.2.2 Gesellschaftliche Schichtung

In jedem College gibt es Studenten, die einfach beliebter sind als andere. Sie verfügen über besondere Mittel, besondere Privilegien, teure Autos, großzügigen Unterhalt und haben Rendezvous mit ebenso beliebten Kommilitonen. Im Beruf schaffen es manche, praktisch auf der Überholspur befördert zu werden, mehr zu verdienen und vielleicht in den Genuss solcher Vergünstigungen zu kommen wie eines Firmenparkplatzes, eines großen Büros und des Schlüssels zur Cheftoilette.

In eigentlich jedem Umfeld scheint es Leute zu geben, die höher eingestuft werden als andere. Gesellschaftliche Strukturen bilden sich heraus, durch die einige Gruppenmitglieder aufgrund ihrer relativen Stellung, Macht und/oder Kontrolle über mehr Ressourcen verfügen können als andere.[21] Dieses Phänomen der **gesellschaftlichen Schichtung** bezieht sich auf künstliche Unterteilungen innerhalb einer Gesellschaft: „jene Prozesse in einem gesellschaftlichen System, anhand deren seltene und wertvolle Ressourcen ungleich an Statuspositionen vergeben werden, die wiederum je nach Anteil an diesen wertvollen Ressourcen mehr oder weniger dauerhaft fixiert werden."[22]

Errungener versus zugefallener Status

Wenn Sie sich einmal an jene Gruppen erinnern, denen Sie angehört haben, egal ob groß oder klein, dann werden Sie sicherlich zustimmen, dass in vielen Fällen einige Mitglieder mehr bekamen als ihnen eigentlich zustand, während andere leer ausgingen. Ein Gutteil dieser Ressourcen ging vielleicht an Leute, die sie durch harte Arbeit oder Fleiß verdient hatten. So eine Zuteilung erfolgt aufgrund von *erarbeitetem bzw. errungenem Status.* Andere Zuteilungen waren womöglich darauf zurückzuführen, dass der Betreffende einfach das Glück hatte, reich oder schön zu sein. Solches Glück manifestiert sich im so genannten *zugefallenen Status.*

Ob Belohnungen den Besten und Klügsten zufallen oder jemandem, der zufällig mit dem Chef verwandt ist – die Verteilung innerhalb einer gesellschaftlichen Gruppe ist kaum jemals gleich. Die meisten Gruppen weisen eine Struktur bzw. Statushierarchie auf, nach der manche Mitglieder einfach besser gestellt sind als andere. Sie haben vielleicht mehr Autorität oder Macht, sind beliebter oder werden mehr respektiert.

Weltweite Klassenstrukturen

Jede Gesellschaft hat irgendeine Form von Klassenstruktur, bei der die jeweiligen Ressourcen und der gesellschaftliche Status den Zugang zu Produkten und Dienstleistungen bestimmen. Die spezifischen Merkmale von Erfolg hängen natürlich immer davon ab, was in der jeweiligen Kultur geachtet wird. Chinesen, die gerade erst die Segnungen des Kapitalismus kennen lernen, zeigen ihren Erfolg, indem sie einen Leibwächter anheuern, der sie und ihre neu erworbenen Besitztümer beschützt.[23]

Die japanische Gesellschaft hat ein ausgeprägtes Bewusstsein für Status. Teure Designermodelle sind gefragt und ständig ist man auf der Suche nach neuen Formen von Status. Der Besitz eines traditionellen Steingartens, einst ein Quell der Entspannung und Ruhe, gilt Japanern heute als sehr erstrebenswert. Solch ein Garten steht für ererbten Wohlstand, da früher nur Adlige solche Gärten besaßen. Außerdem ist beachtliches Kapital vonnöten, um überhaupt den erforderlichen Boden kaufen zu können – in einem Land, in dem Grundbesitz enorm teuer ist. Die Knappheit an Grund mag auch erklären, wieso die Japaner fanatische Golfspieler sind: Da ein Golfplatz so viel Land benötigt, ist die Mitgliedschaft in einem Golfclub äußerst wertvoll![24]

Auf der anderen Seite des Globus liegt England: Auch England ist ein klassenbewusstes Land, und zumindest bis vor kurzem waren die Verbrauchsmuster durch den familiären Hintergrund und die ererbte Position vorbestimmt. Mitglieder der Oberschicht wurden in Privatschulen wie Eton und Harrow erzogen und zeichneten sich durch einen spezifischen Akzent aus. Überreste dieser starren Klassenstruktur finden sich noch heute. So genannte „Hooray Henrys" – wohlhabende junge Herren – spielen Polo in Windsor, und der erbliche Adel ist, wenn auch in wesentlich kleinerer Zahl, immer noch im Oberhaus vertreten.

Allerdings scheint die Vorherrschaft ererbten Wohlstands in der britischen Aristokratie zu schwinden. Jüngsten Umfragen zufolge gelangten 86 der 200 reichsten Engländer auf altmodische Weise zu ihrem Geld: Sie erarbeiteten es sich. Selbst die Unantastbarkeit der königlichen Familie, des Inbegriffs von Aristokratie, ist durch die Boulevardpresse sowie die Eskapaden der jüngeren Generation erheblich in Mitleidenschaft gezogen worden.[25]

12.2.3 Gesellschaftliche Mobilität

Inwieweit wechseln Menschen zwischen den Gesellschaftsschichten? In einigen traditionellen Gesellschaften ist ein Wechsel sehr schwer zu vollziehen, in Europa jedoch kann jeder Mann und jede Frau beispielsweise Regierungschef werden. **Gesellschaftliche Mobilität** bezeichnet den „Übertritt einzelner von einer Gesellschaftsschicht in die andere".[26]

Dieser Übertritt kann nach oben, nach unten oder horizontal verlaufen. *Horizontale Mobilität* beschreibt den Wechsel von einer Position zu einer hinsichtlich des Status annähernd gleichwertigen, z. B. zwischen den Berufen Krankenschwester und Grundschullehrerin. Die *Mobilität nach unten* ist natürlich nicht sehr erstrebenswert, leider aber sehr verbreitet, z. B. im Falle von

Arbeitern, die nach Verlust ihrer Stelle auf Sozialhilfe angewiesen sind oder sogar obdachlos werden. Für die USA gehen vorsichtige Schätzungen von etwa 600.000 Obdachlosen aus.[27]

Trotz dieser entmutigenden Entwicklung sehen Demografen für die europäische Gesellschaft eine eindeutig *nach oben gerichtete Mobilität*. Ober- und Mittelschicht pflanzen sich in geringerem Umfang als die Unterschicht fort (man spricht von *differenzieller Fertilität*), und die Größe ihrer Familien ist so klein, dass nicht einmal die Reproduktionsschwelle erreicht wird. Aus diesem Grunde, so wird argumentiert, müssen Positionen mit höherem Status nach und nach von Leuten mit niedrigerem Status besetzt werden.[28] Insgesamt gesehen tendieren die Kinder von Arbeitern jedoch dazu, innerhalb derselben Klasse tätig zu bleiben. Dasselbe gilt für Kinder von Angestellten.[29] Zwar verbessern die meisten ihre Position im Laufe der Zeit, doch in den wenigsten Fällen verläuft dieser Aufstieg so dramatisch, dass er mit einem Übergang in eine andere Gesellschaftsschicht verbunden wäre.

12.2.4 Komponenten einer Gesellschaftsschicht

Im Zusammenhang mit der gesellschaftlichen Klassenzugehörigkeit eines Menschen gibt es eine ganze Reihe von Informationen zu berücksichtigen. Zwei wichtige Aspekte sind Beruf und Einkommen. Als dritter wichtiger Faktor ist der Bildungsgrad zu nennen, der in engem Zusammenhang mit Einkommen und Beruf steht.

Berufliches Prestige

In einem System, das (ob man das gutheißt oder nicht) den Konsumenten vor allem durch seinen Beruf definiert, stellt das *berufliche Prestige* eine Möglichkeit dar, den „Wert" der Menschen festzulegen. Hierarchien beruflicher Natur sind tendenziell auch über längere Zeiträume stabil, darüber hinaus bestehen in dieser Hinsicht zwischen unterschiedlichen Gesellschaften durchaus Ähnlichkeiten. So wurden Gemeinsamkeiten in so verschiedenen Ländern wie Brasilien, Ghana, Guam, Japan und der Türkei nachgewiesen.[30]

Eine typische Rangliste umfasst Berufe im akademischen und wirtschaftlichen Bereich am oberen Ende (z. B. Konzernchef, Arzt oder Hochschuldozent), während zum unteren Bereich Schuhputzer, ungelernter Arbeiter und Müllmann gehören. Da der Beruf eines Menschen eng mit seiner Freizeitgestaltung, Zuteilung der Haushaltsmittel, politischen Überzeugung etc. verbunden ist, gilt diese Variable häufig als der beste Indikator für die gesellschaftliche Schicht.

Einkommen

Die Verteilung des Wohlstands ist für Soziologen und Marktforscher von großem Interesse, da sie festlegt, welche Gruppen die meiste Kaufkraft und das stärkste Marktpotenzial aufweisen. Wohlstand ist keineswegs gleichmäßig über die Schichten verteilt. Zwar ist seine Verteilung in Europa gerechter als in Lateinamerika, Asien und den USA (hier gehören einem Fünftel der Bevölkerung etwa 75 Prozent aller Mittel)[31], doch wird auch dort ein unverhältnismäßig großer Anteil des Wohlstands von einer kleinen Gruppe der gesamteuropäischen Bevölkerung kontrolliert. Wie wir bereits gesehen haben, ist Einkommen *an sich* oft kein verlässlicher Indikator für die Gesellschaftsschicht, viel aufschlussreicher ist da schon die Art und Weise, wie das Geld ausgegeben wird. Allerdings ist Geld eine Grundvoraussetzung, um die Güter und Dienstleistungen erwerben zu können, die man benötigt, um seinen Geschmack zum Ausdruck zu bringen; insofern ist das Einkommen also doch sehr wichtig.

Beziehung zwischen Einkommen und Gesellschaftsschicht

Die Konsumenten neigen dazu, Geld mit Gesellschaftsschicht gleichzusetzen, aber das exakte Verhältnis zwischen den anderen Aspekten der Schichtzugehörigkeit und dem Einkommen ist nicht geklärt und daher Diskussionsgegenstand bei Soziologen.[32] Die beiden Dinge sind nämlich keineswegs gleichbedeutend, weshalb viele reiche Leute versuchen, mit Geld in eine höhere Schicht aufzusteigen.

Ein Problem liegt darin, dass selbst bei steigendem Haushaltseinkommen – dank der Berufstätigkeit der Frau – jede neu hinzukommende Tätigkeit von geringerem Status sein dürfte. So wird die Teilzeitstelle der Ehefrau wohl kaum den gleichen oder sogar einen höheren Status haben als die Tätigkeit des Hauptverdieners. Darüber hinaus kommt das zusätzlich verdiente Geld vielleicht gar nicht der Familie zugute, sondern wird vom Betreffenden für den eigenen Bedarf ausgegeben. In diesem Fall führt mehr Geld nicht zu einem besseren Status oder zu veränderten Verbrauchsmustern, da es tendenziell dafür verwendet wird, mehr gleiche Produkte mit höherem Status zu kaufen.[33]

Man kann folgende allgemeine Schlussfolgerungen zum relativen Wert der Gesellschaftsschicht (d. h. Wohngegend, Beruf, kulturelle Interessen) im Vergleich zum Einkommen ziehen, will man das Konsumentenverhalten vorhersagen:

- Die Gesellschaftsschicht scheint besser geeignet zu sein, solche Käufe vorherzusagen, die symbolischen Wert, aber niedrige bis moderate Preise haben (z. B. Kosmetika, Alkohol).
- Dagegen eignet sich das Einkommen besser, größere Anschaffungen vorherzusagen, die weder mit Status noch symbolischem Wert behaftet sind (z. B. größere Elektrogeräte).
- Die aus Gesellschaftsschicht und Einkommen gemeinsam gewonnenen Daten lassen bessere Vorhersagen hinsichtlich teuren, symbolisch besetzten Produkten zu (z. B. Autos, Immobilien, Luxusgüter).[34]

12.2.5 Erfassen der gesellschaftlichen Schichtung

Die gesellschaftliche Schichtung ist eine komplexe Angelegenheit und hängt von einer ganzen Reihe von Faktoren ab; daher ist sie auch schwer zu messen. Der Index of Status Characteristics aus den 40er-Jahren sowie der Index of Social Position, den Hollingshead in den 50er-Jahren entwickelte, gehören zu den frühen Messungen.[35] Diese Indizes zogen verschiedene individuelle Merkmale (z. B. Einkommen, Wohnform) heran, um so zu einer Umgrenzung der einzelnen Schichten zu gelangen. Auch heute noch diskutieren Wissenschaftler die Zuverlässigkeit dieser aus verschiedenen Messdaten gewonnenen Konstrukte. Eine neuere Studie behauptete, dass zum Zwecke der Segmentierung Daten allein zu Bildungsgrad und Einkommen ebenso geeignet seien wie ein Schichtmodell, das auf der Kombination verschiedener Messdaten beruht.[36]

Arbeiter mit relativ hohem Verdienst neigen selbst dann noch dazu, sich als Arbeiter zu verstehen, wenn ihr Einkommensniveau mit dem von vielen Angestellten vergleichbar ist.[37] Dieser Umstand unterstützt die Annahme, dass Etiketten wie „Arbeiterklasse" oder „Mittelschicht" sehr subjektiv sind. Sie sagen mindestens so viel über das Selbstbild wie über das wirtschaftliche Wohlergehen aus.

Probleme bei der Erfassung der Gesellschaftsschicht

Marktforscher waren mit die Ersten, die die These aufstellten, dass sich Menschen aus unterschiedlichen Gesellschaftsschichten in wichtigen Punkten voneinander unterscheiden. Während einige dieser Faktoren auch heute noch Gültigkeit besitzen, haben sich andere verändert.[38] Zahlreiche Messdaten sind allerdings völlig überholt und für heutige Verhältnisse aus einer ganzen Reihe von Gründen nicht mehr verwendbar. Vier dieser Gründe werden im Folgenden diskutiert.[39]

Die Mehrzahl der Faktoren zur Erfassung von Gesellschaftsschichten wurde im Hinblick auf die traditionelle Kleinfamilie entworfen und sah einen männlichen Lohnempfänger mittleren Alters und eine Vollzeit-Hausfrau vor. Eine solche Maßvorgabe tut sich schwer mit Doppelverdienern, Singles oder mit dem Haushalt vorstehenden Frauen, wie sie in der heutigen Gesellschaft häufig vorkommen (vgl. Kapitel 11).

Ein weiteres Problem liegt in der zunehmenden Anonymität unserer Gesellschaft. Ältere Studien verließen sich auf die *Reputationsmethode*, bei der ausführliche Interviews innerhalb eines sozialen Verbandes den Zweck hatten, das Ansehen und den Hintergrund einzelner Individuen festzustellen. In Verbindung mit der Untersuchung von Interaktionsmustern der Betreffenden ergaben diese Information eine sehr umfassende Sicht des gesellschaftlichen Rangs innerhalb einer Gemeinschaft.

Ein solcher Ansatz wäre heutzutage bei den meisten sozialen Verbänden so gut wie unmöglich. Ein Kompromiss sieht vor, durch Interviews mit Einzelpersonen demografisches Material zu erhalten, das dann mit der subjektiven Einschätzung des Interviewers über Besitzstand und Lebensstandard der Einzelperson kombiniert wird. Abbildung 12.6 illustriert diesen Ansatz. Beachten Sie jedoch, dass die Genauigkeit dieses Fragebogens weitgehend auf der Beurteilung des Interviewers beruht, vor allem was die Bewertung der Umgebung des Befragten angeht. Die Eindrücke laufen leicht Gefahr, von den Lebensumständen des Interviewers beeinflusst zu werden und können sich auf den Vergleichsstandard auswirken. Diese Problematik unterstreicht nicht nur die Bedeutung einer angemessenen Ausbildung der Interviewers, sondern zeigt auch wie wichtig es wäre, diese Daten durch eine Gegenprüfung – beispielsweise durch mehrere Forscher – sicher zu stellen.

Ein Problem der Zuordnung von Personen zu einer Gesellschaftsschicht liegt darin, dass ihr tatsächlicher Rang in dieser Schicht nicht allen relevanten Faktoren entspricht. So kann jemand aus einer ethnischen Gruppe mit niederem Status einen Beruf mit hohem Status ausüben, während eine andere Person zwar in einem wohlhabenden Stadtteil wohnt, aber nicht einmal einen mittleren Schulabschluss hat. Um die Bedeutung solcher Widersprüche für das Selbstbild und das gesellschaftliche Verhalten erfassen zu können, hat man den Begriff der **Statusverdichtung** entwickelt.[40] Da für solche Menschen Statuszuschreibungen aufgrund ihres in einzelnen Teilen unausgewogenen Lebens immer wieder unterschiedlich ausfallen und unvorhersehbar sind, dürften sie anfälliger für Stress sein. Genauso neigen sie eher zu sozialer Mobilität als solche, deren gesellschaftliche Identität eindeutig verankert ist.

Ein ähnliches Problem ergibt sich, wenn der gesellschaftliche Rang eines Menschen Erwartungen weckt, die nicht erfüllt werden. Manche Leute sehen sich in der nicht eben betrüblichen Lage, mehr Geld zu verdienen, als man von einem Mitglied ihrer Schicht erwarten würde. Ein solcher *Zustand der Überprivilegiertheit* ergibt sich per definitionem dann, wenn das Einkommen mindestens 25 bis 30 Prozent über dem Durchschnitt der Schicht liegt.[41] Andererseits müssen *unterprivilegierte* Leute, die mindestens 15 Prozent unter dem Mittelwert liegen, bei ihrem Verbrauch zurückstecken, um zumindest dem Anschein nach die Erwartungen an die Gesellschaftsschicht erfüllen zu können.

Lottogewinner sind Beispiele für Konsumenten, die quasi über Nacht überprivilegiert werden. So verlockend ein Gewinn vielen erscheinen mag, so problematisch ist er auch. Konsumenten mit einem bestimmten Lebensstandard und Erwartungshorizont können durchaus Schwierigkeiten haben, sich dem plötzlichen Reichtum anzupassen, und üben sich deshalb in unüberlegter und übertriebener Zurschaustellung ihres Wohlstandes. So leiden nicht wenige Lottogewinner in den Monaten nach dem Gewinn unter Depressionen. Das mag sowohl an

Abbildung 12.6 Signifikante Häufungen von Elementen im Wohnzimmer und Gesellschaftsschicht

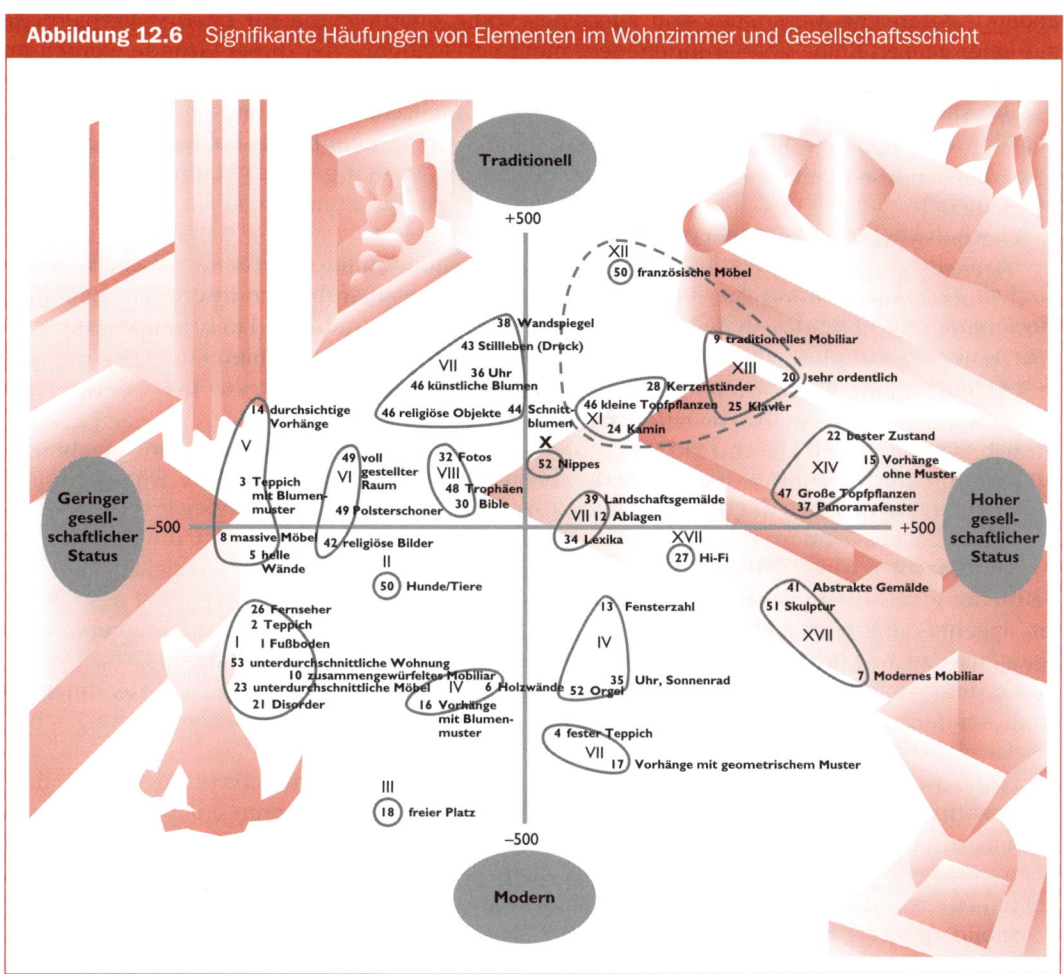

Quelle: Edward O. Laumann und James S. House, ,Living Room Styles and Social Attributes: The Patterning of Material Artifacts in a Modern Urban Community', *Sociology and Social Research* 54 (April 1970): 321-42.

der Schwierigkeit liegen, sich an eine ungewohnte Welt zu gewöhnen, als auch an dem durch Freunde, Verwandte und Geschäftsleute ausgeübten Druck, „die Reichtümer zu teilen".

Der Fall eines New Yorker Lottomillionärs mag das verdeutlichen. Bis er 5 Millionen Dollar gewann, war er als Pförtner angestellt, anschließend ließ er sich von seiner Frau scheiden und heiratete seine Freundin. Zur Trauung, bei der das Paar in einer Pferdekutsche vorfuhr, trug sie ein 12.000 Dollar teures Brautkleid. Weiterhin wurde eine Nobelkarosse samt 5.000 Dollar teurem Autotelefon angeschafft. Später musste er Gerüchte dementieren, nach denen er aufgrund seines extravaganten Lebensstils hoch verschuldet sei.[42]

Traditionellen Vorstellungen entsprechend hängt die gesellschaftliche Schicht einer Familie vom Ehemann ab und die Frau muss sich dem anpassen: Sie übernimmt ihren gesellschaftlichen Status vom Ehemann.[43] Es gibt Anzeichen dafür, dass attraktive Frauen eher „nach oben heiraten" als attraktive Männer. Frauen setzen auf ihren Sexappeal, historisch gesehen eines der wenigen Güter, über die Frauen überhaupt verfügen, um etwas gegen die wirtschaftlichen

Ressourcen der Männer eintauschen zu können.[44] Heute trifft dies wohl kaum noch zu. Viele Frauen tragen das ihre zum Wohl der Familie bei und nehmen Positionen ein, die einen vergleichbaren oder sogar höheren Status aufweisen als der ihrer Ehemänner. *Cosmopolitan* erklärt das wie folgt: „Frauen, die so frei sind, jeden Mann – unabhängig von seiner gesellschaftlichen Stellung – zu heiraten, berichten davon, wie viel spontaner und lockerer ihre Beziehungen geworden sind, seitdem sie Männer nicht mehr ausschließlich nach den Symbolen ihrer Macht beurteilen."[45]

Ehefrauen, die als Angestellte arbeiten, gelangen tendenziell zu einem Mittelwert zwischen der eigenen Position und der des Ehemannes, wenn sie ihren eigenen Status einschätzen sollen.[46] Trotzdem ist der gesellschaftliche Rang eines potenziellen Ehepartners oft eine wichtige „Produkteigenschaft", wenn es darum geht, Alternativen auf dem Beziehungsmarkt auszuwerten (wie David und Julia herausfinden mussten). Bei der Auseinandersetzung mit diesem Dilemma ging *Cosmopolitan* davon aus, dass gesellschaftliche Unterschiede bei der Partnerwahl immer noch ein Thema sind. „Du hast den (nahezu) perfekten Mann kennen gelernt. Ihr liebt beide Dashiell Hammett, Mozart und Tennis. Er hat dir Wasserskifahren beigebracht, du hast ihm Tofu schmackhaft gemacht. Und das Problem? Du bist Managerin mit einem Jahresgehalt von 90 000 Dollar. Und er ist Taxifahrer ..."[47]

Probleme bei der Einteilung von Gesellschaftsschichten: eine Zusammenfassung

Die Gesellschaftsschicht bleibt eine wichtige Kategorie bei der Kategorisierung von Konsumenten. Viele Marketingstrategien richten sich durchaus an unterschiedliche Schichten. Dennoch nutzen Marketingexperten die Daten zur gesellschaftlichen Schicht nicht optimal. Ihr Fehler ist, folgende Aspekte zu ignorieren:

- Widersprüchlichkeiten beim Status.
- Mobilität zwischen den Generationen.
- Subjektive Zugehörigkeit zu einer Schicht (d.h. die Schicht, mit der sich der Konsument identifiziert, und nicht diejenige, der er objektiv angehört).
- Wunsch der Konsumenten, die Gesellschaftsschicht zu wechseln.
- Gesellschaftlicher Status der berufstätige Ehefrau.

12.3 Wie die gesellschaftliche Schicht Kaufentscheidungen beeinflusst

Produkte und Läden werden vom Konsumenten danach kategorisiert, welchen gesellschaftlichen Schichten sie entsprechen.[48] Konsumenten aus der Arbeiterklasse beurteilen Produkte eher nach ihrer Nützlichkeit, z.B. Robustheit oder Bequemlichkeit, als nach ihrem Stil oder modischen Aspekten. Sie wagen sich weniger an neue Produkte oder Stile wie modernes Mobiliar oder bunte Haushaltsgeräte.[49] Im Unterschied dazu machen sich besser gestellte Personen eher Gedanken über ihr Aussehen und Erscheinungsbild, weshalb sie auch eifrigere Konsumenten von Diätprodukten sind als die Bewohner von kleinen Arbeiterstädten. Solche Unterschiede bedeuten, dass beispielsweise der Getränkemarkt nach Gesellschaftsschichten segmentiert werden kann.[50]

12.3.1 Klassenunterschiede beim Weltbild

Ein markantes Unterscheidungsmerkmal von Gesellschaftsschichten ist das *Weltbild*, das Konsumenten haben. Die Welt der Arbeiterklasse (einschließlich der unteren Mittelschicht) ist kleiner und begrenzter. So dürften Männer aus dieser Schicht einheimische Sportler als ihre Helden nennen und kaum darauf verfallen, lange Urlaubsreisen zu entlegenen Orten zu unternehmen.[51] Der unmittelbare Bedarf, z.B. ein neuer Kühlschrank oder Fernseher, prägt das Kaufverhalten, während höhere Schichten tendenziell langfristigere Ziele ins Auge fassen und deshalb für Studienkosten oder die Rente sparen.[52]

Konsumenten der Arbeiterklasse sind stark auf Verwandte und deren emotionale Unterstützung angewiesen und orientieren sich daher eher an der Gemeinschaft als an der Welt im Großen und Ganzen. Sie sind eher konservativ und familienorientiert. Das Erscheinungsbild des Zuhauses nimmt einen hohen Stellenwert ein, egal wie klein es sein mag.

Obwohl sie gerne mehr materielle Güter besäßen, beneiden Menschen der Arbeiterklasse nicht unbedingt diejenigen, die einen höheren gesellschaftlichen Rang einnehmen.[53] Gehobener Lebensstils scheint ihnen oft nicht der Mühe wert zu sein. So meinte ein Arbeiter: „Das Leben solcher Leute ist sehr hektisch. So viele brechen zusammen oder fangen an zu trinken. Es muss sehr anstrengend sein, diesen Status zu halten, die Kleidung und die Parties, die erwartet werden. Ich möchte eigentlich nicht mit diesen Leuten tauschen."[54] Abbildung 12.7 zeigt, wie weit Einkommensniveau und Alter unsere Sorge über „das hektische Leben" beeinflussen.[55]

Dieser eben zitierte Konsumenten aus der Arbeiterklasse mag Recht haben. Die guten Sachen mögen zwar mit einem höheren Status einhergehen, aber so eindeutig ist die Situation nicht. Der Soziologe Emile Durkheim stellte fest, dass die Selbstmordrate bei den Wohlhabenden viel höher ist. So schrieb er 1897: „Diejenigen, die es am besten haben leiden am meisten."[56] Die Jagd nach Reichtum kann zu Depressionen, Fehlverhalten und Ruin führen. Tatsächlich belegt eine neuere Studie unter wohlhabenden US-Amerikanern (mit einem durchschnittlichen Jahreseinkommen von 176 000 Dollar) diese Vermutung. Obwohl diese Leute zu den obersten 2,5 Prozent auf der amerikanischen Einkommensskala gehören, hielten sich nur 14 Prozent für wohlhabend.[57]

Das Konzept einer **Geschmackskultur,** anhand derer Personen nach ihren ästhetischen und intellektuellen Vorlieben eingeteilt werden, kann dazu dienen, die wichtigen, wenn auch subtilen, Unterscheidungen zu erkennen, die die Konsumentenentscheidungen in den einzelnen Schichten kennzeichnen. Geschmackskulturen spiegeln vor allem Bildung wieder (sind aber auch an das Einkommen geknüpft).[58] Man unterscheidet oft zwischen Niedrigkultur- und Hochkultur-Gruppen (vgl. die detaillierte Besprechung in Kapitel 16).

Obwohl solche Perspektiven aufgrund der impliziten Wertmaßstäbe auf Kritik stießen, sind sie doch wertvoll, da sie die Existenz von Gruppierungen anerkennen, die den Geschmack hinsichtlich Literatur, Kunst, Inneneinrichtung etc. teilen. In einer der bekannten Studien zu gesellschaftlich bedingten Unterschieden hinsichtlich des Geschmacks katalogisierten die Forscher die Besitztümer der Befragten, während sie ihnen ganz typische Fragen zu Einkommen und Beruf stellten. So wurden signifikante Häufungen von Einrichtungs- und Dekorationsgegenständen festgestellt, die jeweils vom Sozialstatus der Konsumenten abzuhängen schienen. Man fand religiöse Objekte, künstliche Blumen und Stillleben in den Wohnzimmern der vorwiegend unteren Schichten, während abstrakte Gemälde, Skulpturen und moderne Möbel eher bei Personen mit höherem Status vorkamen.[59]

Ein anderer Ansatz konzentriert sich auf die unterschiedlichen *Codes* (die Art und Weise, wie Bedeutung von Konsumenten ausgedrückt und verstanden wird) der gesellschaftlichen Schichten. Deren Untersuchung ist für Marketingexperten deshalb relevant, weil ihre Kenntnis

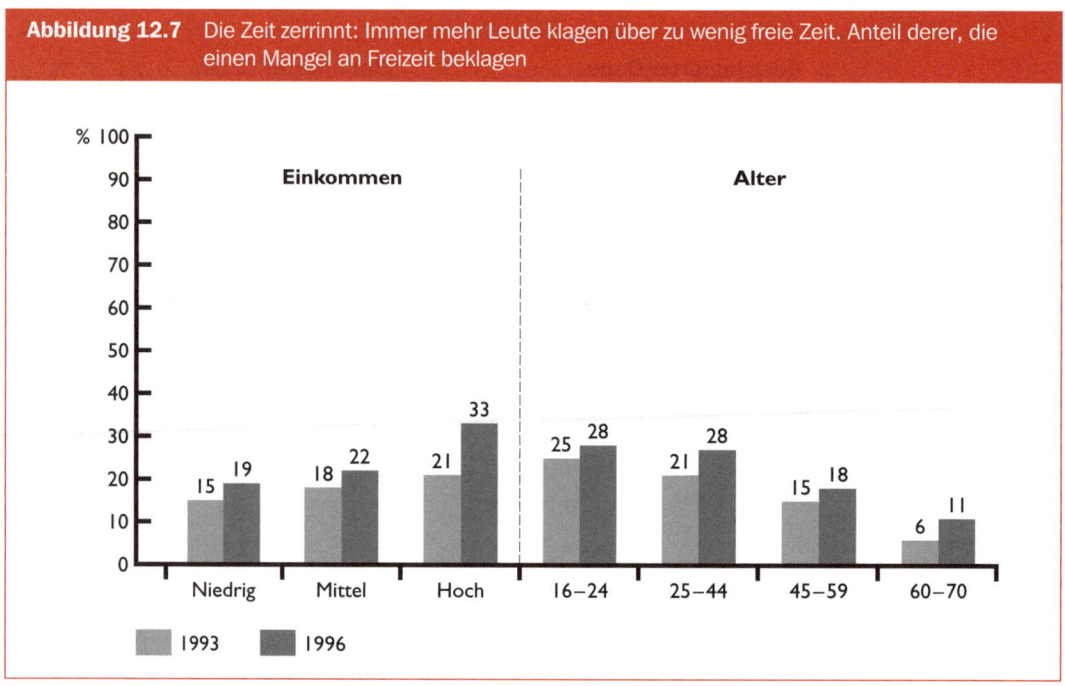

Abbildung 12.7 Die Zeit zerrinnt: Immer mehr Leute klagen über zu wenig freie Zeit. Anteil derer, die einen Mangel an Freizeit beklagen

Quelle: The Henley Centre, *Frontiers: Planning for Consumer Change in Europe* (1996/97).

es ermöglicht, mit einzelnen Marktsegmenten zu kommunizieren und dabei die Vorstellungen und Begriffe zu verwenden, die von den jeweiligen Konsumenten am ehesten verstanden und geschätzt werden.

Diese Codes variieren zwischen den Gesellschaftsschichten. Bei der Arbeiterklasse dominiert der **restringierte Code,** während von Mittel- und Oberschicht tendenziell der elaborierte Code benutzt wird. Der restringierte Code richtet sich auf den Inhalt der Objekte, nicht auf ihre Beziehung untereinander. Der **elaborierte Code** ist dagegen komplexer und Ausdruck eines differenzierten Weltbildes. Tabelle 12.1 stellt einige dieser Unterschiede zwischen den beiden allgemeinen Codetypen dar. Wie aus der Tabelle ersichtlich wird, erstrecken sich die Unterschiede im Code auf das verschiedenartige Verständnis so grundlegender Begriffe wie Zeit, soziale Beziehungen und Objekte.

Marketingmaßnahmen, die sich an diesen Unterschieden orientieren, werden durchaus unterschiedliche Botschaften übermitteln. So wird eine Werbung für eine Lebensversicherung, die an Mitglieder der unteren Schichten gerichtet ist, mittels einfacher, klarer Begriffe einen schwer arbeitenden Familienvater darstellen, der sich unmittelbar nach dem Kauf einer Versicherungspolice prächtig fühlt. Ein anspruchsvollerer Ansatz zeigt dagegen ein wohlhabendes älteres Paar inmitten der Fotos von Kindern und Enkeln, während der umfangreiche Anzeigentext die Befriedigung über die getätigte Vorsorge dokumentiert und damit die Vorteile einer lebenslänglichen Versicherungspolice darstellt.

Arme als Zielgruppe

Während Arme weniger Geld zur Verfügung haben als Reiche, haben sie doch dieselben Grundbedürfnisse wie alle. Familien mit geringem Einkommen kaufen ebenso viele Grundnahrungsmittel wie Familien mit mittlerem Einkommen. Und Haushalte mit Minimaleinkom-

Tabelle 12.1 Auswirkungen des restringierten Codes im Unterschied zum elaborierten Code		
	Restringierter Code	**Elaborierter Code**
Allgemeine Kennzeichen	Betonung liegt auf der Beschreibung und dem Inhalt von Objekten	Betonung liegt auf der Analyse und der (hierarchischen) Beziehung zwischen Objekten
	Implizite Bedeutungen (abhängig vom Zusammenhang)	Explizite Bedeutungen
Sprache	Nur wenige bestimmende Adjektive oder Adverbien	Reich an individuellen, näher bestimmenden Wörtern
	Konkreter, beschreibender, fasslicher Symbolcharakter	Umfangreiches Vokabular, komplexe begriffliche Hierarchie
Soziale Beziehungen	Schwerpunkt auf Attributen Einzelner, nicht auf formaler Rolle	Schwerpunkt auf instrumentellen Beziehungen
Zeit	Schwerpunkt auf der Gegenwart. Nur vage Vorstellung von der Zukunft.	Schwerpunkt auf instrumenteller Beziehung zwischen gegenwärtigem Tun und zukünftiger Anerkennung
Raumgefüge	Räume sowie der Raum im Allgemeinen werden in Abhängigkeit von anderen Räumen und Örtlichkeiten definiert, z. B. „Eckladen" oder „Hinterzimmer"	Räume (und Raum) werden nach ihrem eigentlichen Zweck benannt; formelle Ordnung von Räumen, z. B. „Esszimmer", „Bankenviertel"
Bedeutung für das Marketing	Betonung der charakteristischen Produktqualität, Inhalt (bzw. Vertrauenswürdigkeit, „Echtheit"), braucht Fürsprecher	Betonung auf Unterschieden und Vorteilen gegenüber anderen Produkten anhand von autonomen Bewertungskriterien
	Herausstellen, dass das Produkt zum Lebensstil insgesamt passt	Stellen instrumentellen Bezug des Produktes zu mittelbarem Nutzen her
	Verwendung einfacher Adjektive und Beschreibungen	Verwendung komplexer Adjektive und Beschreibungen

Quelle: Nach Jeffrey F. Durgee, ‚How Consumer Sub-Cultures Code Reality: A Look at Some Code Types', in Richard J. Lutz (Hrsg.), *Advances in Consumer Research* 13 (Provo, UT: Association for Consumer Research, 1986):332.

men geben mehr für Gesundheitsvorsorge, Miete und Nahrungsmittel aus als der Durchschnitt.

Arbeitslose fühlen sich in einer Konsumentengesellschaft tatsächlich fremd, da sie nicht in der Lage sind, eine Vielzahl von Dingen zu kaufen, von denen unsere Kultur behauptet, man „müsse sie haben", um erfolgreich zu sein. Allerdings scheinen, nach einer Befragung zu urteilen, idealisierte Darstellungen in der Werbung Konsumenten der unteren Schichten nicht anzusprechen. Offensichtlich besteht eine Möglichkeit, den Selbstwert zu erhalten darin, sich aus der Konsumkultur herauszunehmen und ein einfaches Leben jenseits des Materialismus gutzuheißen. In manchen Fällen empfinden die Betreffenden Werbung als eine Art Unterhaltung, ohne letztlich das beworbene Produkt haben zu wollen. Typisch ist der Kommentar einer 32-jährigen Britin: „Das ist nichts für mich, bestimmt nicht. Schön anzuschauen, aber das ist nichts für mich, und deshalb sehe ich erst gar nicht richtig hin."[60]

Es gibt Marketingexperten, die Produkte und Dienstleistungen für Konsumenten mit geringem Einkommen entwickeln. In manchen Fällen sind die Strategien leicht zu durchschauen (oder gar beleidigend), wie im Falle von S.C. Johnson & Son, dem Hersteller eines Insektensprays, der in innerstädtischen Sozialbausiedlungen regelmäßige Aktionen zur Ungezieferbekämpfung durchführt. Andere Strategien werfen schwer wiegende ethische Fragen auf, etwa wenn Marketingexperten für so genannte „sündige Produkte" wie Alkohol und Tabak Zielgruppen ansprechen, die dafür sehr anfällig sind. So werben Hersteller von Süßweinen oder mit Malz gebrauten Alkoholika verstärkt in armen Gegenden, von denen sie wissen, dass dort ihre Produkte am besten verkauft werden.

Reiche als Zielgruppe

Wir leben in einer Zeit, in der Nobelkaufhäuser Barbiepuppen in Designerkleidung verkaufen und es diese Puppe sogar in einer Ausführung mit Kristallschmuck und einem Kleidchen aus 24-karätigem Goldstoff.[61] Um diese „lebenden Puppen" auch sonst angemessen ausstaffieren zu können, bietet Victoria's Secret den so genannten „Million Dollar Wunder"-BH mit echten Diamanten an.[62] Irgendjemand scheint das Zeug ja tatsächlich zu kaufen ...

Viele Marketingexperten bemühen sich um den Markt der Wohlhabenden. Das kann natürlich durchaus sinnvoll sein, da diese Konsumenten offensichtlich über die Mittel für kostspielige Produkte verfügen (die oft höhere Gewinnspannen haben). *The Robb Report,* eine Zeitschrift für die Reichen (Durchschnittseinkommen der Leserschaft ist 755.000 Dollar), schätzte, dass 1996 4,8 Millionen amerikanischer Haushalte einen Nettowert von mindestens einer Million Dollar hatten – das ist ein Anstieg von 118 Prozent im Vergleich zu 1992. Die Zeitschrift unterteilt die Reichen in drei Marktgruppen: die „gerade eben Reichen" (Haushaltseinkommen von 70.000 bis 99.999 Dollar), die „Reichen" (zwischen 100.000 und 249.000 Dollar) und die „Superreichen" (jenseits von 250.000 Dollar).[63]

Allerdings wäre es ein Fehler, alle Leute mit hohem Einkommen im selben Marktsegment anzusiedeln. Wie bereits festgestellt, beruht Gesellschaftsschicht auf mehr als nur dem bloßen Einkommen: Auch der Lebensstil spielt eine Rolle. Die Interessen und die Dinge, für die Wohlhabende gerne Geld ausgeben, werden maßgeblich davon beeinflusst, woher das Geld stammt, wie sie es bekamen und seit wann sie es besitzen.[64] So ziehen die „gerade eben Reichen" Sportereignisse kulturellen Aktivitäten vor und besuchen nur halb so oft die Oper oder das Museum wie die „Superreichen".[65]

Die Reichen sind anders. Aber auch untereinander unterscheiden sie sich. Einkommen allein ist wenig geeignet, Konsumentenverhalten vorherzusagen. Die Klasse der Reichen muss also nochmals unterteilt werden, und zwar hinsichtlich Einstellungen, Werten und Vorlieben. So können, laut Branchenexperten, Fahrer von Luxusautos wie folgt differenziert werden:

- Cadillac-Besitzer wollen chauffiert werden. Es geht ihnen nicht sonderlich um Details oder die Farbe des Autos. Ihre Hauptinteressen sind Bequemlichkeit und der Eindruck, den sie auf andere machen.
- Porsche-Besitzer fahren lieber selbst. Sie legen mehr Wert auf Leistung als auf Luxus. Rot ist die Lieblingsfarbe.
- Jaguar-Besitzer sind zurückhaltender. Sie bevorzugen Eleganz und dunkle Farben.
- Mercedes-Besitzer schätzen das Gefühl, alles unter Kontrolle zu haben. Sie tendieren zu dezenten Farbtönen wie Grau, Silber und Beige.

MULTIKULTURELLE DIMENSIONEN

Avenue ist eine amerikanische Zeitschrift über Leben und Treiben der New Yorker High Society. Mittlerweile gibt es auch eine chinesische Ausgabe. *Avenue China* kam im Oktober 1994 auf den Markt und berichtete über Golfen auf Bali, einen italienischen Designer und mehrere chinesische Elitemanager. An Kiosken kann man die Zeitschrift allerdings nicht kaufen. Sie wird den reichen Bewohnern von Peking, Shanghai, Guangzhou und Shenzen, den wohlhabendsten Städten Chinas, direkt ausgeliefert. Etwa ein Drittel der 50.000 Ausgaben wird hochrangigen Regierungsbeamten, Geschäftsleuten und Berühmtheiten per Hand überbracht. Wenn man bedenkt, dass Chinas Bruttosozialprodukt bei nur 370 Dollar pro Kopf und Jahr liegt, wird klar, dass *Avenue China* sich an die Elite einer neuen Gattung chinesischer Erfolgreicher richtet.[66]

Altes Geld

Wenn man genug Geld hat, um alles kaufen zu können, was man gerne hätte, dann drehen sich gesellschaftliche Differenzierungen nicht mehr darum, wie viel Geld man hat. Wichtig scheint dann die Frage, *woher* man es hat und *wie* man es ausgibt. Die „obere, unsichtbare Klasse" (wie Julias Eltern) lebt überwiegend von ererbtem Geld. Wer durch eigene Anstrengungen riesige Geldmengen angehäuft hat, wird meist nicht in diese auserwählte Gruppe aufgenommen, obwohl extravagantes Konsumentenverhalten einen Versuch darstellen könnte, Reichtum zu beweisen.[67] Das bloße Vorhandensein von Reichtum genügt also nicht, um höheren gesellschaftlichen Rang zu erlangen. Darüber hinaus sollte sich die Familie um Öffentlichkeit und Allgemeinheit verdient gemacht haben, was sich oft in deutlich sichtbaren Zeichen manifestiert, die dem Stifter zu einer Art Unsterblichkeit verhelfen (z. B. Rockefeller University oder Whitney Museum).[68] Konsumenten mit „altem Geld" neigen dazu, in ihren Kreisen nach Vorfahren und Stammbaum, nicht nach Vermögen zu unterscheiden.[69] Vertreter dieser Klasse (wie die Caldwells) sind sich ihres Status sicher. Sie wurden gewissermaßen dazu erzogen, reich zu sein.

Die Neureichen

Andere Reiche wissen nicht, wie sie mit ihren Reichtümern angemessen umgehen sollen. Die sagenhaften Geschichten von Leuten, die sich aus der Gosse in die höchsten Etagen hocharbeiteten, natürlich mit ein wenig Glück, haben in der westlichen Gesellschaft immer noch einen hohen Stellenwert – neuerdings auch in der Kultur Asiens. Obwohl viele Leute tatsächlich aus eigener Kraft Millionäre werden, stoßen sie nach dem Erwerb dieses Reichtums und dem damit einhergehenden sozialen Aufstieg auf ein Problem (wobei es allerdings schlimmere Probleme gibt!): Konsumenten, die zu großem Reichtum gekommen und erst seit kurzem in die oberen Gesellschaftsschichten vorgedrungen sind, werden als *neureich* bezeichnet, was letztlich ein abwertender Begriff ist.

Das Phänomen der *Neureichen* ist auch in Russland und anderen osteuropäischen Ländern weit verbreitet, in denen der Übergang zum Kapitalismus den Weg für eine neue Klasse wohlhabender Konsumenten frei gemacht hat, die ihr Geld mit vollen Händen für Luxusgüter ausgeben. Eine Studie über wohlhabende Russen identifizierte eine Gruppe von „Super-Käufern", die im Monat etwa 1000 Dollar verdienen und mindestens genauso viel für Spontankäufe wie für Miete ausgeben. Sie würden gerne noch mehr ausgeben, sind aber angesichts des Mangels an verfügbaren Qualitätsprodukten und Dienstleistungen frustriert.[70]

MARKETINGCHANCE

Ein kalifornischer Bauunternehmer kennt die Bedürfnisse der *Neureichen* sehr gut. Er hilft ihnen, nach „altem Geld" auszusehen. Seine Firma bietet Luxushäuser, die in ihrer Einrichtung und Ausstattung eine idealisierte Form des „rich look" darstellen.

Diese Häuser im englischen Tudorstil sind rundum ausstaffiert mit Mobiliar, Wäsche und sogar einem gefüllten Kühlschrank. Nach der Beschreibung der „Pauschalangebote" „ist es nicht nur die Bequemlichkeit, die [der Bauunternehmer] zu bieten hat, sondern vielmehr die Sicherheit – die Sicherheit, die darauf beruht, dass all die unzähligen Objekte, die [die Käufer] umgeben, ... vom Lenox-Porzellan bis zur ... Braun-Kaffeemaschine, unverkennbar ihrer Position in der Gesellschaft angemessen sind." „Die Leute trauen ihrem eigenen Geschmack nicht", meint der Bauunternehmer.[71]

Man sieht, viele *Neureiche* werden von *Statusangst* geplagt. Sie beobachten ihre kulturelle Umgebung um sicher zu gehen, dass sie „das Richtige" tun, die „richtige Kleidung" tragen, an „den richtigen Plätzen" gesehen werden, den „richtigen Partyservice" bestellen etc.[72] Extravaganter Konsum kann demnach als eine Form der symbolischen Vervollkommnung seiner selbst verstanden werden, bei der eine exzessive Demonstration von scheinbar „Klasse verheißenden" Symbolen den Mangel an innerer Sicherheit hinsichtlich des „richtigen" Benehmens wettmachen soll.[73]

Die „Getsetter"

Obwohl Besitz eindeutig ein wichtiger Aspekt von Wohlstand ist, dürfte dieser mindestens ebenso von der Einstellung dem Konsum gegenüber beeinflusst sein wie vom Einkommensniveau selbst. So haben einige Marketingexperten ein Konsumentensegment ausgemacht, das sich aus wohlhabenden, wenn auch nicht reichen, Leuten zusammensetzt, die zwar die besten Produkte und Dienstleistungen haben möchten, bei der Anschaffung aufgrund ihrer eingeschränkten Kaufkraft aber eher selektiv vorgehen müssen. Solche Konsumenten haben realistische Vorstellungen davon, was sie sich leisten können und ziehen es vor, bei manchen Dingen Verzicht zu üben, um an anderer Stelle das Beste zu bekommen. Werbe- und Marketingagenturen bezeichnen dieses Segment als die *Einflussreichen*, die *Neuen Erwachsenen* und die *Getsetter* – in Anspielung auf die berühmt-berüchtigten Jetsetter.

Während sich viele hochklassige Marken in der Vergangenheit bemühten, auch den Massenmarkt anzusprechen, gibt es Anzeichen für einen gegenläufigen Trend. Da der *Getset* vor allem Wert auf Qualität legt, könnte diese Entwicklung dazu führen, dass Marketingexperten die Massen dazu anregen werden, sich mit Hilfe von Produkten, die eigentlich mit der Oberschicht assoziiert werden, „nach oben zu kaufen" – selbst wenn das hieße, dass sie weniger kaufen könnten. Eine Anzeigenkampagne für Waterford Crystal verdeutlicht diesen Ansatz. Das Motto „Beständigkeit in einer Welt unbeständiger Standards" zielt direkt auf solche Kunden, die Echtheit und dauerhaften Wert erstreben.[74]

12.4 Statussymbole

Menschen haben das tief verwurzelte Bestreben, sich selbst, ihre berufliche Leistung, ihr materielles Wohlergehen etc. an anderen zu messen. Man will seinen Nachbarn einfach in nichts nachstehen.

Befriedigung ist dabei nur ein relativer Begriff. Wir messen uns an einem Standard, der von anderen festgelegt wird und sich ständig ändert. Leider besteht eine entscheidende Motivation, Dinge zu kaufen und vorzuführen nicht darin, sich an ihnen zu freuen, sondern vielmehr darin, den Mitmenschen zu zeigen, dass man sie sich leisten kann. Mit anderen Worten: Solche Produkte dienen als Statussymbole. Das Streben nach diesen „Leistungsabzeichen" wird durch das zynische Motto umrissen: „Wer mit den meisten Spielsachen begraben wird, hat gewonnen." Die Suche nach Status ist ein wichtiger Beweggrund, wenn es darum geht, entsprechende Produkte und Dienstleistungen zu erstehen, die anderen Menschen beweisen sollen, dass man „es geschafft hat".

12.4.1 Demonstrativer Konsum

Die Motivation, um des Konsum willens zu konsumieren, wurde um 1900 vom Soziolanalytiker Thorstein Veblen beschrieben. Veblen sah, dass eine Hauptfunktion von Produkten darin besteht, **Neid zu erregen**. Sie werden dazu benutzt, andere angesichts der Demonstration von Reichtum oder Macht neidisch zu machen. Veblen prägte den Begriff des **demonstrativen Konsums**, und beschreibt damit den Wunsch der Menschen, sichtbare, ja hervorstechende Beweise dafür zu schaffen, sich Luxusgüter leisten zu können. Veblens Studien wurden durch die Exzesse seiner Zeit angeregt, schrieb er doch in der Ära der „Räuberbarone", in der Männer wie J.P. Morgan, Henry Clay Frick, William Vanderbilt riesige Finanzimperien schufen und ihren Reichtum mit grandiosen Festen zelebrierten. Einige dieser Orgien des Exzesses wurden zu Legenden, wie im Folgenden beschrieben:

> Man erzählte sich, und so stand es auch in den Zeitungen, von Diners zu Pferde, von Banketts für Schoßhündchen, von Hundert-Dollar-Scheinen, in Servietten eingerollt, von einer Gastgeberin, die einen Schimpansen bei Tisch hatte, von Tafelaufsätzen in Form von gläsernen Aquarien, in denen spärlich bekleidete Mädchen schwammen, von riesigen Torten, denen ebensolche Damen entstiegen. Und es soll Feste gegeben haben, bei denen Zigarren höchst feierlich mit brennenden großen Geldscheinen angezündet wurden.[75]

Die Gattin als Trophäe

Das Protzen mit Besitz macht selbst vor der eigenen Gattin nicht halt: Veblen kritisierte die „dekorative" Rolle, in die Frauen oft gezwungen wurden, wenn sie mit teurer Kleidung, pompösen Häusern und einem Leben des Nichtstuns den Reichtum ihrer Ehemänner zur Schau stellten – als eine Art „wandelnde Reklame". Modeerscheinungen wie hochhackige Schuhe, enge Korsetts, schwere Schleppen oder raffinierte Frisuren waren dazu angetan, wohlhabende Frauen in ihrer Mobilität einzuschränken: Sie konnten sich kaum ohne Hilfe bewegen, geschweige denn körperliche Arbeit verrichten. Die chinesische Tradition, Frauen die Füße zu binden, entspricht dem: Sie machte Frauen zu Krüppeln, die umhergetragen werden mussten.

Der moderne Potlach

Veblen ließ sich durch anthropologische Studien der Kwakiutl-Indianer im pazifischen Nordwesten der USA anregen. Bei diesen Indianern gab es eine Zeremonie namens **Potlach**, ein Fest, bei dem der Gastgeber seinen Reichtum zur Schau stellte und die Gäste mit ausgefallenen

Geschenken bedachte. Je mehr man verschenkte, desto besser stand man vor den anderen da. Bisweilen verfiel ein Gastgeber auf noch radikalere Methoden, seinen Reichtum zu demonstrieren. Dadurch, dass er einen Teil seiner Habe öffentlich zerstörte, konnte er zeigen, wie viel er tatsächlich besaß.

Dieses Ritual diente auch als gesellschaftliche Waffe: Da man von den Gästen eine Gegeneinladung erwartete, konnte man einen ärmeren Rivalen erniedrigen, indem man ihn zu einem üppigen Potlach einlud. Der Zwang, ebenso viel wie der Gastgeber verschenken zu müssen, selbst wenn man es sich nicht leisten konnte, stürzte den unglücklichen Gast schließlich in den Ruin. Sollte Ihnen das „primitiv" vorkommen, dann denken Sie doch nur an die Hochzeiten von heute. Eltern investieren nicht selten riesige Summen in eine grandiose Feier und wetteifern mit anderen Eltern um die Ehre, ihrer Tochter die „beste" oder extravaganteste Hochzeit zu ermöglichen, selbst wenn sie 20 Jahre dafür sparen müssen.

Die Müßiggänger

Die Form des demonstrativen Konsums war, laut Veblen, am weitesten in der Schicht verbreitet, die er *Müßiggänger* nennt: Menschen, für die Arbeit tabu ist. Gemäß der marxistischen Terminologie spiegelt das den Wunsch wider, sich mit Besitz oder Kontrolle über die Produktionsmittel, nicht etwa mit der Produktion an sich, in Verbindung zu bringen. Man weist jedes Anzeichen, für seinen Lebensunterhalt arbeiten zu müssen, weit von sich, so wie es der Begriff der „reichen Müßiggänger" bereits andeutet.

Wie beim Potlach bringt auch hier der Wunsch, andere vom eigenen Überfluss an Mitteln zu überzeugen, die Notwendigkeit hervor, eben diesen Überfluss sichtbar zu machen. Dementsprechend erhält derjenige Konsum höchste Priorität, der möglichst viele Mittel für unproduktiven Zeitvertreib erfordert. Solch *offensichtliche Verschwendung* wiederum zeigt anderen, dass man über die erforderlichen Mittel im Übermaß verfügt. Veblen bemerkt, dass „die Häuptlinge polynesischer Stämme unter dem Zwang solch feiner Lebensformen lieber Hungers starben, als dass sie die Nahrung mit eigenen Händen zum Munde führten".[76]

Tod – und Wiedergeburt – von Statussymbolen

Während auffallende Produkte zu Anfang der 90er-Jahre aus der Mode kamen, erlebten die späten 90er ein wieder erwachendes Interesse an Luxusgütern. Europäische Firmen wie Hermès, LVMH Hennessy Louis Vuitton und Baccarat erfreuten sich eines Umsatzanstiegs von 13 bis 16 Prozent – dank der Tatsache, dass wohlhabende Konsumenten wieder einmal ihrem Wunsch nachgaben, sich der schönen Dinge des Lebens zu erfreuen. Ein Marktforscher bezeichnete diesen Trend als „Rache des Vergnügens". Die Menschen haben es satt, Bescheidenheit zu üben, fettarm zu essen etc., mit dem Ergebnis, dass die Umsätze für Genussartikel

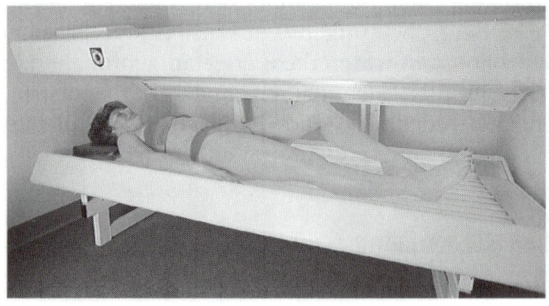

Man könnte behaupten, dass die Sonnenstudio-Branche deshalb so erfolgreich ist, weil der Konsument gerne für die Illusion bezahlt, genügend Freizeit zu haben, um in der Sonne liegen zu können.

© Tim Barnwell/Stock Boston

MARKETINGCHANCE

Da Produkte und Aktivitäten, die hohen Status symbolisieren, einem ständigem Wandel unterworfen sind, wird ein Großteil der Marketinganstrengungen darauf verwendet, den Kunden beizubringen, welche spezifischen Symbole sie vorzeigen sollten, und darauf, einem Produkt die gnädige Aufnahme im Allerheiligsten der Statussymbole zu sichern.

Das Verlangen, die „richtigen" Symbole zu zeigen, entpuppte sich für die Verlagswelt als wahrer Segen. So gibt es eine Vielzahl von Ratgebern, Zeitschriften und Videos, die willige Schüler in die Welt des Status einführen. Ein beliebtes Beispiel dafür war die Idee der „erfolgsorientierten Kleidung", bei der man detaillierte Anweisungen dafür erhielt, wie man sich anzuziehen hatte, um wie ein Mitglied der oberen Mittelschicht auszusehen (oder zumindest wie sich der Autor das vorstellte).[77] Inzwischen haben sich die Ratgeber auf andere Konsumbereiche verlegt, wie „Power Lunching" (d. h. Sie bestellen Tartar, um Ihr Gegenüber einzuschüchtern. Rohes Fleisch gilt nicht umsonst als „Power Food") sowie die Ausgestaltung des Büros und des Zuhause.

---

wie Pelze, Kaviar und Gourmet-Eiscreme in die Höhe schnellen. Der Vorsitzende von LVMH umriss das Phänomen wie folgt: „Der Appetit auf Luxus ist ungebrochen. Der einzige Unterschied besteht darin, dass in den 80ern die Leute alles mit einem Luxusetikett versahen. Heute dagegen verkauft sich nur das Beste."[78]

Parodistische Darstellung

Angesichts des sich geradezu überschlagenden Wettbewerbs um Statussymbole, ist es bisweilen ratsam, quasi den Rückwärtsgang einzulegen. Eine Möglichkeit besteht darin, Statussymbole bewusst *zu meiden*, d.h. Status zu erlangen, indem man ihn ironisiert. Eine raffinierte Form von Prestigekonsum wird als **parodistische Darstellung** bezeichnet.[79] Beispielhaft hierfür ist der als Hightech bekannte Einrichtungsstil, der vor einigen Jahren modern war. Hierzu gehörte die Verwendung von Industriegegenständen (so wurden Fußböden mit Platten ausgelegt, die ursprünglich von Kriegsschiffen stammten) und das bewusste Zur-Schau-Stellen von Rohren und Stützbalken.[80] Mit diesem Einrichtungsstil konnte man zeigen, dass man so clever und so „eingeweiht war", um ohne Statussymbole auskommen zu können. So erklärt sich auch die Beliebtheit von alten, zerrissenen Blue Jeans und „Nutzfahrzeugen" wie Jeeps in der Oberschicht. Der „wahre" Status wird demonstriert, indem man den Symbolwert von Produkten übernimmt, der bewusst nicht modisch ist.

12.5 Zusammenfassung des Kapitels

- Der Bereich der verhaltensorientierten Betriebswirtschaft beschäftigt sich mit der Entscheidung von Konsumenten, wie sie ihr Geld ausgeben. Insbesondere *Ermessenskäufe* werden nur dann getätigt, wenn die Menschen willens und fähig sind, Geld für Dinge auszugeben, die jenseits ihrer Grundbedürfnisse liegen. *Konsumentenzuversicht* – wie Konsumenten ihre persönliche Situation subjektiv einschätzen – hilft zu bestimmen, ob sie Güter und Dienstleistungen kaufen, Kredite aufnehmen oder eher sparen werden.

- In den 90er-Jahren zeigten sich Konsumenten insgesamt relativ skeptisch, was ihre Zukunftsperspektiven betraf. Ein geringerer Umfang an Mitteln führte zu einer Umorientierung zugunsten von Qualitätsprodukten mit vernünftigem Preis. Konsumenten sind heute weniger tolerant bei übertriebenen oder vagen Produktversprechungen, außerdem zeigen sie mehr Skepsis gegenüber Marketingaktivitäten. Insbesondere Konsumenten zwischen 20 und 30 Jahren sind hinsichtlich der Wirtschaft und des auf ihre Altersgruppe zielenden Marketing besonders kritisch.
- Die *Gesellschaftsschicht* des Konsumenten bezeichnet seine Position innerhalb der Gesellschaft. Sie wird von mehreren Faktoren bestimmt, einschließlich Bildung, Beruf und Einkommen.
- Nahezu alle Gruppen unterscheiden ihre Mitglieder nach relativer Überlegenheit, Macht und Zugang zu begehrten Ressourcen. Die *gesellschaftliche Schichtung* schafft eine Statushierarchie, nach der bestimmte Güter anderen vorgezogen werden und dazu dienen, die Gesellschaftsschicht ihrer Besitzer zu kategorisieren.
- Während das Einkommen einen wichtigen Indikator für Gesellschaftsschicht darstellt, ist es bei weitem nicht der einzige, da die Gesellschaftsschicht auch von solchen Faktoren wie Wohngegend, kulturelle Interessen und Weltbild abhängt.
- Kaufentscheidungen werden manchmal vom Wunsch beeinflusst, sich in eine höhere Schicht „emporzukaufen" oder sich in *demonstrativem Konsum* zu ergehen, bei dem der eigene Status durch den bewussten und unproduktiven Einsatz von wertvollen Mitteln zur Schau gestellt wird. Solches Konsumentenverhalten ist typisch für die *Neureichen*, die ihre gesteigerte *gesellschaftliche Mobilität* nicht etwa ihren Vorfahren zu verdanken haben, sondern dem relativ kurz zurückliegenden Erwerb von Mitteln.
- Produkte dienen als Statussymbole, um die tatsächliche oder erstrebte Gesellschaftsschicht zu vermitteln. Man spricht von *parodistischer Darstellung*, wenn Konsumenten ihren Status demonstrieren, indem sie modische Produkte bewusst vermeiden.

SCHLÜSSELBEGRIFFE

demonstrativer Konsum	399	restringierter Code	394
elaborierter Code	394	soziale Hierarchien	384
Geschmackskultur	393	soziale Schicht	384
gesellschaftliche Mobilität	387	Sparrate	381
gesellschaftliche Schichtung	386	Statussymbole	377
Konsumentenzuversicht	381	Statusverdichtung	390
Neid erregen	399	verfügbares Einkommen	379
parodistische Darstellung	401	verhaltensorientierte	
Potlach	399	Betriebswirtschaft	377

12.1 Die Vorstellungen von *Einkommen* und *Reichtum* unterliegen innerhalb Europas unterschiedlichen Maßstäben, ungeachtet der anstehenden Währungsunion. Blättern Sie durch einige neuere Ausgaben der Zeitschrift *Review of Income and Wealth,* um einen Eindruck davon zu bekommen, wie sich diese Vorstellungen quer durch Europa unterscheiden. Für Marketingexperten: Haben Sie Vorschläge, wie man im Rahmen einer europaweiten Strategie die Einkommensgruppen segmentieren könnte?

12.2 Warum ist es so schwierig, die gesellschaftliche Schichtung innerhalb Europas zu erfassen? Diskutieren Sie Möglichkeiten, wie diese Hürden umgangen werden können.

12.3 Welche Unterschiede im Konsumentenverhalten können Sie erwarten, wenn Sie eine als unterprivilegiert eingestufte Familie mit einem Haushalt vergleichen, dessen Einkommen dem Durchschnitt der gesellschaftlichen Schicht entspricht?

12.4 Wann ist die Gesellschaftsschicht besser geeignet, Konsumentenverhalten vorauszusagen, als die bloße Kenntnis des Einkommens einer Person?

12.5 Wie unterteilen Sie Menschen in gesellschaftliche Schichten – falls Sie es überhaupt tun? Welche Schlüsse ziehen Sie aus dem Konsumentenverhalten (z. B. Kleidung, Sprechweise, Auto etc.), um die soziale Stellung festzumachen?

12.6 Thorstein Veblen argumentiert, dass Frauen oft als Mittel dienen, um den Wohlstand ihrer Männer zu demonstrieren. Gilt das auch heute noch?

12.7 Was ist angesichts der gegenwärtigen Umweltbedingungen und der schwindenden Ressourcen von „offensichtlicher Verschwendung" zu halten? Wird man jemals dem Bestreben, andere mit Wohlstand beeindrucken zu wollen, beikommen können? Wenn nicht, könnte es weniger gefährliche Formen annehmen?

12.8 Manche Leute behaupten, Statussymbole seien passé. Stimmt das Ihrer Meinung nach?

12.9 Stellen sie eine Liste von Berufen auf und bitten Sie stichprobenartig Studenten unterschiedlicher Fachrichtungen (BWL, aber auch andere Gebiete), diese Berufe nach ihrem Prestige zu sortieren. Können Sie Unterschiede in der Reihenfolge feststellen, je nachdem, was die Betreffenden studieren?

12.10 Stellen Sie Anzeigen zusammen, die Konsumenten aus verschiedenen Schichten abbilden. Welche allgemeinen Aussagen können Sie hinsichtlich der Wirklichkeitsnähe dieser Anzeigen und über die Medien, in denen sie erscheinen, machen?

12.11 Beschreiben Sie einige aktuelle Statussymbole und stellen Sie Profile jener Konsumenten auf, die diese Produkte benutzen bzw. tragen. Decken sich diese Profile mit dem jeweiligen Image, das in der Werbung für dieses Produkt vorgegeben wird?

12.12 In diesem Kapitel wurde festgestellt, dass manche Marketingexperten meinen, „saftigere Weiden" auszumachen, wenn sie Personen mit niedrigem Einkommen ansprechen. Ist es moralisch vertretbar, Konsumenten auszusuchen, die es sich nicht leisten können, ihre kostbaren Mittel für das nicht unbedingt Notwendige zu verschwenden? Unter welchen Umständen sollte eine solche Segmentationsstrategie gefördert bzw. verhindert werden?

Nicht mehr lange, und dann ist der Winter wirklich da. Joost liegt auf seinem Bett, springt von einem Fernsehkanal zum nächsten und träumt davon, seine neuen Eishockey-Schlittschuhe auf den gefrorenen Seen auszuprobieren, in deren Nähe er und sein Vater in einem Vorort von Amsterdam leben. Sein Vater versuchte ihn zu dem üblichen Modell zu überreden – hohe schwarze Stiefel mit langen Kufen, seit Jahrzehnten „Klassiker" in den Niederlanden – aber Joost bestand auf Eishockey-Schlittschuhen. Seine Antwort lautete: „Deine Schlittschuhe sind was für Leute mittleren Alters, altmodische Eisläufer, die das Ganze einfach zu ernst nehmen. Ich will Schlittschuhe, mit denen ich Spaß haben kann. Außerdem passen die hier gut zu meinem neuen Fila-Anorak!"

Während er so von Kanal zu Kanal springt, bleibt er plötzlich an einem Spot für Skiferien hängen. Szenen vom „Extrem-Skifahren" wechseln sich ab mit Bildern von jungen Leuten, die um einen üppigen Frühstückstisch herumsitzen. Am unteren Bildschirmrand wird ein Text eingeblendet, der den Zuschauer auf den Teletext mit weiteren Informationen verweist. Der ganze Spot dauert nicht länger als 15 Sekunden. Joost schaltet mit der Fernbedienung zur Teletextseite und studiert die Pauschalangebote für Skiurlaub. Toll – 10 Tage in Österreich für ganze 745 Gulden, einschließlich An- und Abreise im Bus, Doppelzimmer, Halbpension und Skipass für 9 Tage. Bevor er weiterschaltet, notiert er die Internetadresse des Reisebüros. Während der Fernseher noch läuft, geht er auf seinem PC auf die angegebene Webseite. Er kann die Reise sogar übers Internet buchen! Aber erst einmal muss er ein paar Freunde fragen, ob sie Lust haben, in den Weihnachtsferien zu verreisen. Und dann braucht er bloss noch die Erlaubnis seines Vaters … und dessen Kreditkartennummer.

KAPITEL 13

Alterssubkulturen

13.1 Alter und Konsumentenidentität

Die Zeit, in die ein Konsument hineingeboren wird, schafft für den Betreffenden eine kulturelle Bindung zu Millionen anderer Menschen, die in derselben Epoche auf die Welt kamen. Mit zunehmendem Alter wandeln sich unsere Bedürfnisse und Vorlieben, bleiben aber oft in Einklang mit denen unserer Altersgenossen. Aus diesem Grunde sagt das Alter eines Konsumenten viel über seine Identität aus. Nachdem alles gleich ist, ist die Wahrscheinlichkeit hoch, dass wir mit Gleichaltrigen einiges gemein haben. In diesem Kapitel betrachten wir zentrale Merkmale einiger wichtiger Altersgruppen und untersuchen, wie Marketingstrategien modifiziert werden müssen, um die unterschiedlichen Altersgruppen anzusprechen.

13.1.1 Alterskohorte: „Meine Generation"

Eine **Alterskohorte** besteht aus Leuten ähnlichen Alters, die ähnliche Erfahrungen gemacht haben. So teilen sie zahlreiche Erinnerungen an Kultfiguren (z.B. Clint Eastwood bzw. Brad Pitt, Frank Sinatra bzw. Kurt Cobain), an wichtige historische Ereignisse (z.B. die Apollo-Mondlandung im Jahr 1969 bzw. die Mission zum Mars im Jahr 1997) und so weiter. Obwohl es keine einheitliche Methode gibt, Menschen in Alterskohorten einzuteilen, scheint sich jeder von uns unter „seiner Generation" etwas vorstellen zu können.

Marketingexperten zielen mit Produkten und Dienstleistungen oft eine bzw. mehrere spezifische Alterskohorten an. Ihnen ist bewusst, dass ein und dasselbe Angebot kaum mehrere Altersgruppen gleichermaßen ansprechen wird, ebenso wenig wie die in der Werbung einge-

Die Entscheidung zu Gunsten von Eishockey-Schlittschuhen betrifft weit mehr als nur das Produkt und den Preis. Machen Sie sich anhand der einleitenden Vignette ein genaueres Bild von den komplexen Entscheidungsprozessen bei Teenagern.

Eine Gruppe junger belgischer und niederländischer Fans macht sich anlässlich der gemeinsam verbrachten Zeit bei der Fußball WM 1998 ein eigenes „Souvenir aus Paris".

setzten Worte oder Bilder. So wenden sich Reisebüros in ganz Europa im Mai und Juni mit günstigen Urlaubsangeboten an jugendliche Reisende, während wohlhabendere Konsumenten mittleren Alters auf dieselben Ziele in den Monaten September und Oktober angesprochen werden. Die Unterschiede zwischen den Kampagnen liegen in den jeweils eingesetzten Medien, ihren Bildern und der Preisgestaltung.

13.1.2 Der Reiz der Nostalgie

Da die Konsumenten innerhalb einer Altersgruppe entscheidende Veränderungen im Leben etwa zur selben Zeit erfahren, rufen Werte und Symbole, mit denen man sie anspricht, oft starke Nostalgiegefühle hervor (vgl. Kapitel 3). Erwachsene im Alter von 30 und darüber sind dafür besonders empfänglich;[1] aber auch jüngere und ältere Menschen lassen sich beeinflussen, indem man sich auf ihre Vergangenheit bezieht. Untersuchungen haben ergeben, dass manche Menschen – unabhängig von ihrem Alter – eher zu nostalgischen Empfindungen neigen als andere. Tabelle 13.1 zeigt eine Skala, mit deren Hilfe man die Bedeutung solcher Gefühle für einzelne Konsumenten gemessen hat.

In Kapitel 3 wurde festgestellt, dass man Produktumsätze dramatisch beeinflussen kann, wenn man eine Marke mit lebhaften Erinnerungen und Erfahrungen in Verbindung bringt. Das gilt insbesondere für Dinge, die mit Kindheit oder Jugend assoziiert werden. Vespa-Roller, elektrische Eisenbahnen von Märklin und Douwe Egberts Kaffee (dank ihrer Rabattmarken) sind Beispiele für Produkte, die es geschafft haben, eine oder mehr Generationen treuer Konsumenten zu binden. Das wiederum sicherte der jeweiligen Marke eine starke Position innerhalb eines engen, umkämpften Marktes.

Zahlreiche Werbekampagnen appellieren an die kollektive Erinnerung der Konsumenten, indem sie ältere Berühmtheiten für ihre Produkte einsetzten, z. B. die Werbung für American Express mit Eric Clapton und Lou Reed. In Japan wurde Ringo Starr eingespannt, um die

Tabelle 13.1 Die Nostalgie-Skala
Punkte auf der Skala
• Die Dinge sind heute auch nicht mehr so gut wie früher.   • In der guten alten Zeit war alles besser.   • Früher haben die Sachen besser gehalten.   • Die Technologie wird uns eine bessere Zukunft bescheren (umgekehrt ausgedrückt).   • Im Laufe der Geschichte hat sich das Los der Menschen ständig verbessert (umgekehrt ausgedrückt).   • Die Lebensqualität sinkt.   • Stetiges Wachstum des Bruttosozialprodukts führt zu einem gesteigerten Wohlbefinden der Menschen (umgekehrt ausgedrückt).   • Die moderne Wirtschaft schafft eine bessere Zukunft (umgekehrt ausgedrückt).

Anmerkung: Die Ausagen werden auf einer Skala mit neun Punkten präsentiert und reichen von deutlicher Ablehnung (1) bis zu deutlicher Zustimmung (9). Anworten werden summiert.
Quelle: Morris B. Holbrook und Robert M. Schindler, ‚Age, Sex and Attitude Toward the Past as Predicters of Consumers, Aesthetic Tastes for Cultural Products‘, *Journal of Marketing Research* 31 (August 1994): 416. © American Marketing Association.

Nachfrage nach Äpfeln zu steigern. Bei der Zielgruppe handelt es sich um Konsumenten mittleren Alters; obendrein ist es ganz nützlich, dass „Ringo" im Japanischen genauso klingt wie das Wort für Apfel. Um den Einfluss von nostalgischen Empfindungen ermessen zu können, muss man nur einmal bei der Fernsehwerbung darauf achten, wie oft im Hintergrund ein „klassisches Lied" gespielt wird. Die Zeitschrift *Memories,* die ganz auf der Nostalgiewelle schwimmt, bietet Anzeigenkunden sogar Rabatte, wenn sie neben ihrer aktuellen Werbung auch alte Anzeigen schalten.

13.2 Der Teenager-Markt: total angesagt!

Im Jahre 1956 tauchte der Begriff „Teenager" zum ersten Mal im amerikanischen Vokabular auf, als sich mit *Frankie Lymon and the Teenagers* die erste Popgruppe als Stellvertreter dieser neuen Subkultur zu erkennen gab. Der Teenager ist ein relativ neues kulturelles Phänomen. In der Geschichte vollzogen die Menschen ganz einfach den Schritt vom Kind zum Erwachsenen (oft begleitet von Ritualen oder Zeremonien, wie wir in einem späteren Kapitel sehen werden). Die Zeitschrift *Seventeen* verdankt ihre Gründung im Jahre 1944 der Erkenntnis, dass junge Frauen nicht mehr wie ihre Mütter aussehen wollten. In den frühen 1960er-Jahren siedelte sich das Teenagerdrama zwischen Rebellion und Konformität an: Elvis Presley mit öligem Haar und viel sagendem Hüftschwung auf der einen Seite, auf der anderen Seite Typen wie Cliff Richard, die schon eher von den Eltern akzeptiert wurden. Heute rebelliert man durch eine bewusste Abkoppelung von der Erwachsenenwelt, wie Beavis und Butthead oder die verwirrten, missmutigen Teenager beweisen, die täglich in nachmittäglichen Talkshows auf den europäischen Bildschirmen erscheinen.[2]

Werte und Konflikte der Teenager

Pubertät und Jugend können eine tolle oder aber eine schreckliche Zeit sein. Wenn die Rolle des Kindes zu Gunsten der Rolle des Erwachsenen aufgegeben wird, stellen sich aufregende Veränderungen ein. Diese Veränderungen schaffen zahlreiche Unsicherheiten hinsichtlich der eigenen Person, wodurch das Bedürfnis „dazuzugehören" und die eigene, einzigartige Identität zu finden, außerordentlich wichtig wird. In diesem Alter spielt die Wahl von Hobbys, Freunden und dem „Look" eine entscheidende Rolle für die soziale Anerkennung. Teenager suchen bei ihresgleichen und in der Werbung nach Orientierungshilfen, wie man sich „richtig" verhält und aussieht. Auf Teenager zielende Werbung ist typischerweise handlungsorientiert und zeigt eine Gruppe von „In"-Teenagern, die das jeweilige Produkt verwenden. Teenager setzen Produkte dazu ein, ihre Identität auszudrücken, die Welt und ihre neu entdeckte Freiheit zu erkunden, aber auch um gegen die Autorität der Eltern und anderer Institutionen zu rebellieren. Joosts ablehnende Haltung dem väterlichen Vorschlag gegenüber, doch „klassische" Schlittschuhe zu kaufen, sowie seine Entscheidung zugunsten von Eishockey-Schlittschuhen, einer modischen Ergänzung seines Fila-Anoraks, sind ein moderater Ausdruck dieser Art von expressivem Konsumentenverhalten. Marketingexperten tun alles, diesen Prozess zu fördern. Die Palette von Produkten, die sich spezifisch an Teenager (vor allem die jungen) richten, ist umfangreicher denn je. Allerdings ist auch das frei verfügbare Einkommen von Jugendlichen dank Teilzeitjobs oder Taschengeld größer als zuvor.[3]

In jeder Kultur kämpfen Jugendliche mit grundlegenden Entwicklungsfragen, wenn sie den Schritt von der Kindheit ins Erwachsenenleben vollziehen. Gemäß den Untersuchungen von Saatchi & Saatchi gibt es vier Konfliktbereiche, die allen Jugendlichen gemein sind:

1. *Autonomie versus Zugehörigkeit:* Teenager müssen unabhängig werden – deshalb versuchen sie, sich von ihren Familien zu lösen. Andererseits müssen sie sich einer Gruppe anschließen, die sie unterstützt – z. B. ihresgleichen – , damit sie nicht allein sind. Aus diesem Impuls heraus hat sich eine blühende Internet-Subkultur gebildet. Das Internet entwickelt sich zur bevorzugten Kommunikationsform vieler junger Leute, da es aufgrund seiner Anonymität Gespräche mit dem anderen Geschlecht und anderen ethnischen Gruppen erleichtert.[4]
2. *Rebellion versus Konformität:* Teenager müssen sich gegen ein gesellschaftlich standardisiertes Erscheinungsbild und Verhalten auflehnen. Gleichzeitig müssen sie aber mit anderen auskommen und von ihnen akzeptiert werden. Aus diesem Grund stehen Kultprodukte, die ein Image der Rebellion pflegen, hoch im Kurs. Skeleteens, eine Reihe alkoholfreier Getränke in viel versprechenden Geschmacksrichtungen namens Brain Wash, Black Lemonade oder *Dead on Arrival*, sichern sich dank ihres „gefährlichen" Nimbus eine solche Gefolgschaft. Dieses Produkt wurde zuerst von kalifornischen Motorradfahrern entdeckt, denen die Totenköpfe und gekreuzten Knochen auf den Etiketten gefielen.[5]
3. *Idealismus versus Pragmatismus:* Teenager neigen dazu, Erwachsene als Heuchler zu sehen, während sie sich selbst als ehrlich einstufen. Der Versuch, ihre idealen Vorstellungen von der Welt mit der Realität in Einklang zu bringen, bereitet ihnen Schwierigkeiten.
4. *Narzissmus versus Intimität:* Teenager können von ihrem Aussehen und ihren Bedürfnissen geradezu besessen sein. Andererseits verspüren sie das Bedürfnis, sich mit anderen auf einer ernsthafteren Ebene auszutauschen.[6]

Schon immer mussten Teenager mit ihrer Unsicherheit, der elterlichen Autorität und dem Druck seitens der Altersgenossen fertig werden. In den 1990er-Jahren kamen obendrein Sorgen hinsichtlich Umwelt, Rassismus, AIDS sowie andere schwerwiegende gesellschaftliche

In jeder Kultur kämpfen Teenager mit persönlichen und gesellschaftlichen Problemen, wenn sie den Schritt von der Kindheit ins Erwachsenenleben vollziehen. Welcher Ort würde sich besser als Treffpunkt zu Diskussionen eignen als eine Snackbar!

Probleme hinzu. Besonders betroffen sind sie, wenn sie in nichttraditionellen Familien leben, in denen sie eine wichtige Rolle beim Einkaufen, Kochen und der Hausarbeit übernehmen. Teenager sein ist heute ein harter Job. Abbildung 13.1 zeigt die Ergebnisse einer großen europäischen Umfrage zu „alltäglichen" Aktivitäten und Verantwortlichkeiten.

MARKETINGFALLE

Calvin Kleins Strategie, seine Produkte mit Hilfe von Werbung mit der Darstellung von pubertärer Sexualität zu verkaufen, geht auf das Jahr 1980 zurück, als Brooke Shields verkündete, „nichts komme zwischen sie und ihre Calvins". Spätere Anzeigen, die den Sänger Marky Mark in Unterwäsche zeigten, entfachten eine neue Modewelle. 1995 jedoch machte Klein einen recht gewagten Schritt, als er sehr jung aussehende Modelle in einer Werbekampagne einsetzte, die vor sexuellen Anspielungen nur so strotzte. So sagt in einem Werbespot, der in einem Kellerraum spielt, ein alter Mann mit rauer Stimme zu einem spärlich bekleideten Jungen: „Wirklich gut siehst du aus. Wie alt bis du? Bist du stark? Meinst du, du könntest dir dieses Hemd vom Leibe reißen? Einen schönen Körper hast du. Trainierst du? Sieht man sofort." Die Kampagne wurde eingestellt, als der Vorsitzende von Dayton Hudson, einer Einzelhandelskette, die die Kampagne mitfinanzierte, darum bat, die Namen seiner Geschäfte aus den Anzeigen zu entfernen, und als *Seventeen* sich weigerte, die Anzeigen zu publizieren.[7] Zu diesem Zeitpunkt hatte Klein natürlich bereits unbezahlbare Publicity erhalten, weil Jugendliche und Erwachsene darüber diskutierten, ob solche Bilder angemessen seien.

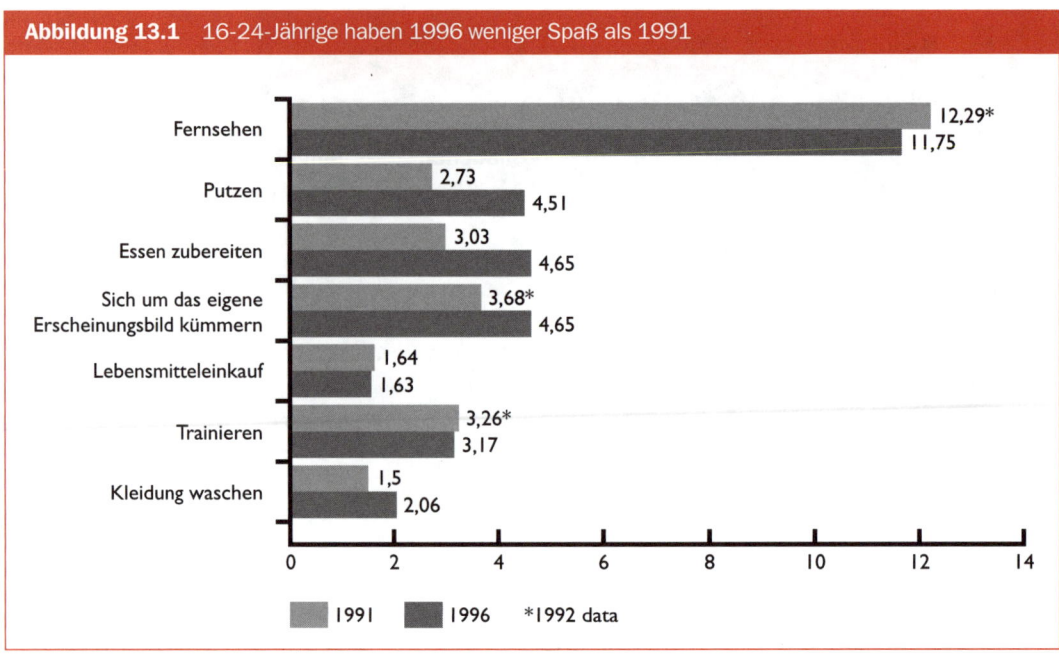

Quelle: The Henley Centre, Frontiers: *Planning for Consumer Change in Europe* (1996/97)

13.2.1 Appelle an den Teenagermarkt

Konsumenten in dieser Alterssubkultur haben zahlreiche Bedürfnisse, u. a. nach Experimenten, Zugehörigkeit, Unabhängigkeit, Verantwortung und Zustimmung durch andere. Die Nutzung bestimmter Produkte ist ein wichtiges Mittel, diese Bedürfnisse auszudrücken. Weil sie sich für so viele verschiedene Produkte interessieren und auch die Mittel haben, sie zu kaufen, wird der Teenagermarkt von Marketingexperten eifrig umworben. Ein Gutteil des Geldes wird auf „Wohlfühl"-Produkte verwendet: Kosmetika, Poster und Fastfood – und den einen oder anderen Nasenring. Tabelle 13.2 führt die Aktivitäten auf, mit denen britische Teenager experimentieren und wofür sie mit eigenem Geld bezahlen.

Weil die heutigen Jugendlichen mit dem Fernsehen groß geworden sind und weit gewitzter sind als die ältere Generation, muss das Marketing vorsichtig agieren, will es sie erfolgreich ansprechen. Wie der Fall von Joost und seiner fünfminütigen Informationssuche im Fernsehen zeigt, weisen europäische Jugendliche einen immer vielfältigeren Medienkonsum auf und kennen Werbung nachgewiesenermaßen besser. Werbebotschaften müssen vor allem authentisch sein, auf keinen Fall dürfen sie herablassend wirken. Ungeachtet einer eher kritischen Einstellung gegenüber der Fernsehwerbung (vgl. Abbildung 13.2) beeinflusst diese die Kaufentscheidung von Jugendlichen ganz eindeutig (siehe dazu Abbildung 13.3).

Marketingexperten betrachten Teenager als „Konsumenten in der Lehre", da sich in diesem Alter die Markentreue entwickelt. Ein Teenager, der sich für eine bestimmte Marke begeistert, wird diese vielleicht auch in späteren Jahren kaufen. Diese Kundentreue macht es anderen Marken schwer, die während dieser entscheidenden Jahre nicht gewählt wurden. Deshalb wird in der Werbung oft versucht, Konsumenten auf bestimmte Marken „einzuschwören", in der Hoffnung, dass sie in Zukunft auf eben diese Marken mehr oder weniger automatisch

Tabelle 13.2	Wohlstand führt Kinder in Versuchung: „Hast Du während der letzten sieben Tage eigenes Geld für eines der folgenden Dinge ausgegeben?" (% bejahen die Frage)			
	12-13-Jährige		**14-15-Jährige**	
	Jungen	**Mädchen**	**Jungen**	**Mädchen**
Chips	38	42	43	46
Kekse	16	10	14	8
Fastfood (warm)	34	25	42	32
Spielhalle (zum Spaß)	22	7	20	7
Glücksspiele in Spielhalle	12	3	14	4
Computerspiele	18	4	13	2
Freizeit/Sportzentrum	24	15	23	13
Lotto (Gewinnspiele)	16	10	24	16

Quelle: ‚Affluent Lifestyle Leading Children into Temptation', *The Independent* (23. September 1996).

Abbildung 13.2 Anteil der 16-24-Jährigen, die sich unmittelbar von einer Fernsehsendung oder einer Werbung anregen ließen.

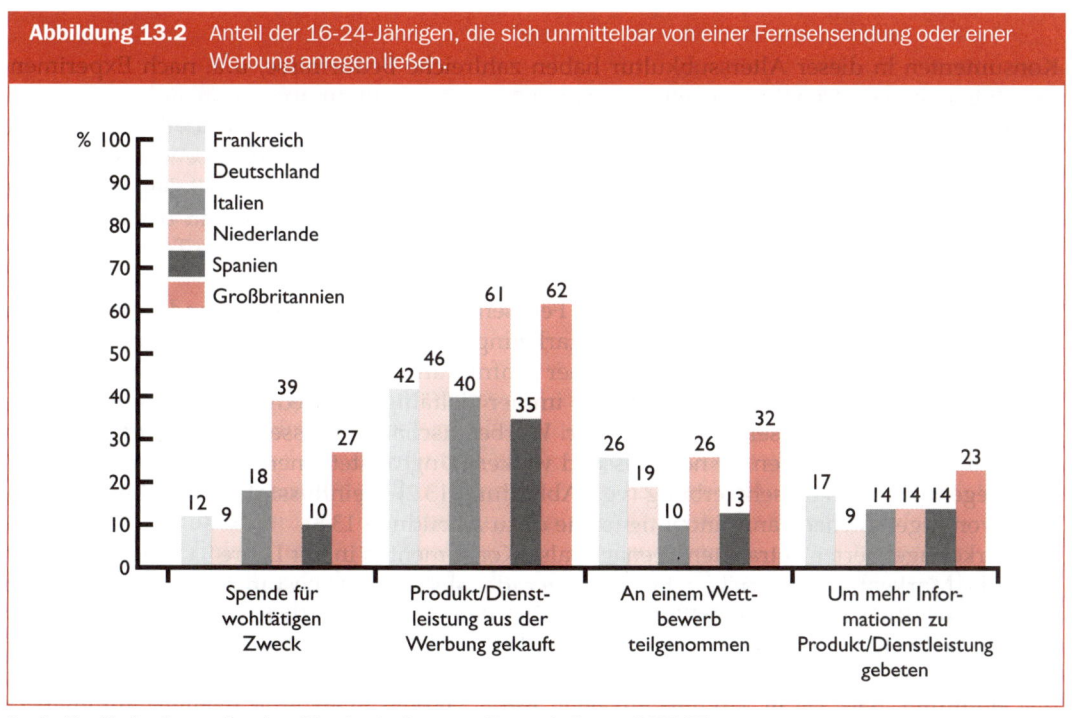

Quelle: The Henley Centre, Frontiers: *Planning for Consumer Change in Europe* (1996/97).

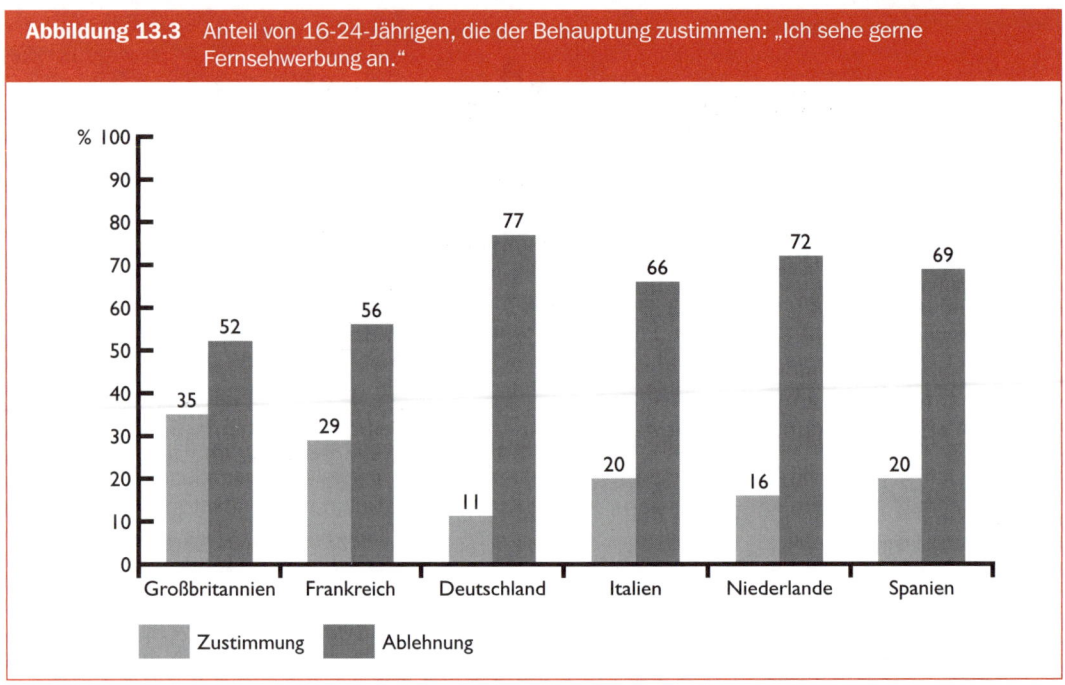

Abbildung 13.3 Anteil von 16-24-Jährigen, die der Behauptung zustimmen: „Ich sehe gerne Fernsehwerbung an.“

Quelle: The Henley Centre, *Frontiers: Planning for Consumer Change in Europe* (1996/97).

zurückgreifen. Wie der Anzeigenleiter einer Teenagerzeitschrift meinte: „Wir ... sagen immer, dass es leichter ist, sich eine Gewohnheit anzueignen als mit ihr zu brechen.“[8]

Jugendliche üben auch auf die Kaufentscheidungen ihrer Eltern großen Einfluss aus (vgl. Kapitel 11).[9] Abgesehen davon, dass sie ihren Eltern „hilfreiche“ Tipps geben, kaufen sie zunehmend für die Familie ein. Wie in Kapitel 11 dargestellt, tendieren Mütter am ehesten zu einer Rückkehr in den Beruf (meist in Form von Teilzeitarbeit), wenn ihre Kinder zur Schule gehen und unabhängiger geworden sind.[10]

13.3 Babybusters: Generation X

Die Konsumentenkohorte zwischen 18 und 29 Jahren besteht aus über 30 Millionen Europäern. Sie werden in den nächsten Jahren eine große Rolle spielen. Diese als „**Generation X**“, „Slackers“ oder „Busters“ bezeichnete Gruppe erlebte den wirtschaftlichen Einbruch der frühen 1990er-Jahre in vollem Umfang mit. Zu den so genannten Babybusters (wobei „bust“ im Englischen so viel wie Pleite bedeutet) zählen viele Leute, egal ob noch im Studium oder bereits examiniert, deren Geschmack und Vorlieben sich in Mode, Popkultur, Politik und Marketing allmählich bemerkbar machen. Selbst der Weltbank ist daran gelegen, diese Gruppe als künftige Entscheidungsträger in einem ihr vertrauten Jargon anzusprechen. À la „Generation X“ sah demnach ihre Werbekampagne für den Welthungertag aus, die in Nordamerika und Europa über MTV ausgestrahlt wurde. Momentaufnahmen vom Erdball, von Babys, Essen, fluoreszierenden Bananen und attraktiven jungen Leuten, die offen in die Kamera blicken,

Für manche Marketingexperten besteht die wichtigste Regel im Umgang mit der Generation X darin, sich selbst nicht zu ernst zu nehmen. Diese Anzeige für die Turnschuhmarke Chuck Taylor All-Stars war erfolgreich, weil sie eine gewisse Respektlosigkeit ausdrückte, statt zu behaupten, dass diese Schuhe absolut „im Trend" lägen.

Converse, Chuck Taylor and All Star sind eingetragene Markenzeichen von Converse, Inc. Copyright © 1994 von Converse, Inc.

getragen von einer Hintergrundmusik, in der sich Beat und Jazz vermischen und in die schließlich folgende, auffallend gesetzte Worte eingeblendet werden: „Die Weltbank. Wissen und Ressourcen im Dienste des Wandels."[11]

13.3.1 Marketing für die Generation X – eine Pleite?

Obwohl das Einkommen dieser Alterskohorte hinter den Erwartungen zurückbleibt, stellt sie doch ein beachtliches Marktsegment dar – teilweise deswegen, weil ein Großteil ihrer Mitglieder noch zu Hause lebt und deshalb mehr Geld übrig hat. Man schätzt die jährliche Kaufkraft der Leute in den Zwanzigern auf 125 Milliarden Dollar, wobei ihre Käufe solcher Produkte wie Bier, Fastfood und Kosmetika von entscheidender Bedeutung sind.

Da viele von ihnen schon so lange für die ganze Familie einkaufen, konstatiert man in Marketingkreisen ein sehr entwickeltes Urteilsvermögen hinsichtlich Werbung und Produkten. Sie halten nichts von Werbung, die entweder zu viel verspricht oder sich zu ernst nimmt. Sie sehen Werbung als eine Art Unterhaltung, sind aber entschieden gegen ein Übermaß an Werbung.[12] Der Vizepräsident der Marketingabteilung von MTV formulierte es wie folgt: „Man muss sie wissen lassen, dass man sie kennt, ihre Lebenserfahrung versteht. Sie sollen das Gefühl haben, dass man direkt mit ihnen spricht."[13]

Nike versuchte jüngere Kunden auf dem Sportschuhmarkt auf zurückhaltendere Weise zu umwerben. Die Nike-Werbung zeigt kaum etwas vom Produkt selbst, sondern will in erster Linie den Leser dazu anregen, durch Sport etwas für sich zu tun. Andere Anzeigen machen sich über Werbung lustig: So zeigt eine Werbung für Lidschatten der Marke Maybelline das Supermodell Christy Turlington in cooler Pose inmitten eines glamourösen Ambientes. Plötzlich taucht sie auf ihrer Wohnzimmercouch auf, lacht und sagt: „Habt ihr das etwa geglaubt?"

Eine der erfolgreichsten Werbungen, die sich direkt an diese Altersklasse richteten, stammte ausgerechnet von einer Bank! Eine qualitative Marktforschung der britischen Midland Bank hatte herausgefunden, dass Geld eines der Hauptprobleme von Studenten darstellt. Ihre Fernsehwerbung mit Sam, „dem Studienanfänger", war witzig und vermied es, herablassend zu sein. Sie sollte auch zeigen, dass Midland die besten und günstigsten Konditionen zu bieten hat. Diese Botschaft wurde von einer sachlichen PR-Kampagne zum Thema „Finanzierung des Studiums" begleitet, die landesweit in den Medien immerhin 25-mal erwähnt wurde. Dem Erfolg dieser Kampagne ist zu verdanken, dass Midland zum Marktführer in diesem Segment wurde.[14]

Einer der Gründe, warum Marketingexperten mit den Botschaften von Entfremdung, Zynismus und Verzweiflung bei der Generation X keinen Erfolg hatten, mag darin liegen, dass viele Leute in ihren Zwanzigern ganz einfach nicht deprimiert sind! Die Mitglieder dieser Gruppe sind recht unterschiedlich – nicht alle tragen umgedrehte Baseballkappen und haben schlecht bezahlte, zeitlich begrenzte, anspruchslose Jobs. Trotz des Erscheinens Dutzender von Zeitschriften für „riot grrrls" und andere zornige Generation-X-ler mit Namen wie *Axcess*, *Project X* und *KGB* behauptet sich *Cosmopolitan* als erfolgreichstes Heft für Frauen in diesem Alter. Was diese Gruppe am meisten zu ärgern scheint, ist die Tatsache, dass die Medien ihr ständig das Etikett „zornig" aufzudrängen versuchen.[15]

MULTIKULTURELLE DIMENSIONEN

Bilder westlichen Konsums bombardieren Jugendliche auf Fernsehschirmen rund um die Welt und schaffen so rasch eine globale Jugendkultur. Manche japanische Teenager sind so begeistert von der Kultur der amerikanischen Westküste, dass sie mit einem Surfbrett auf dem Autodach die Straßen Tokios auf und ab fahren.

Zeit mit Freunden verbringen und fernsehen zählen gleichermaßen zum beliebtesten Zeitvertreib von Jugendlichen, wobei acht der zehn gefragtesten Aktivitäten mit Medien zu tun haben. Teenager im Nahen Osten verbringen die meiste Zeit vor dem Fernseher (3,6 Stunden pro Tag), Nordamerikaner immerhin noch 2,9 und Westeuropäer 2,5 Stunden pro Tag. MTV erreicht über 239 Millionen Zuschauer in 68 Ländern. Ungeachtet kultureller Unterschiede tragen Jugendliche der Mittelschicht weltweit ihre geliebten Levi's oder Nikes (in Japan heißt dieser Stil *Amekaji* oder amerikanische Lässigkeit). Die Identifikation mit diesen Produkten trägt zur Bindung zwischen jungen Leuten rund um den Globus bei. Viele dieser jungen Konsumenten lernen die USA über das Fernsehen kennen (besser gesagt, eine idealisierte Version davon). Die Seifenoper *Santa Barbara* ist die beliebteste Sendung für 11-17-Jährige in Russland, während brasilianische Teenager eifrig die Krankenhausserie *E.R.* verfolgen.[16] Manch ein Besucher der USA dürfte überrascht sein, dass nicht alle amerikanischen Teenager so leben wie die Stars von *Beverley Hills 90210*.

Die Werbeagentur Saatchi & Saatchi ließ Psychologen und Kulturanthropologen Feldstudien über die Buster-Subkultur durchführen. Die Wissenschaftler identifizierten folgende vier Schlüsselsegmente:

1. *Zyniker voller Verachtung* – legen den meisten Pessimismus und die größte Skepsis an den Tag.
2. *Traditionelle Materialisten* – ähneln am ehesten den Babyboomern in ihren Dreißigern und Vierzigern. Diese jungen Leute sind schwungvoll, optimistisch hinsichtlich der Zukunft und streben aktiv nach materiellem Wohlstand.
3. *Althippies* – diese Gruppe tendiert zu den antimaterialistischen Werten der 60er-Jahre. Ihre Prioritäten werden durch Musik, Retro-Mode und starkes Interesse an Spiritualität ausgedrückt.
4. *Nachkriegs-Machos* – diese Konsumenten bilden die Gruppe der jungen Konservativen. Sie glauben an stereotypisierte Geschlechterrollen, sind politisch konservativ und halten am wenigsten von Multikulturalismus.[17]

13.4 Babyboomer

Die **Babyboomer** haben zahlreiche kulturelle wie wirtschaftliche Veränderungen ausgelöst – und das schlicht aufgrund ihrer großen Zahl. Mit Ende des Zweiten Weltkriegs machten sie sich im Eiltempo daran, Familien zu gründen und an ihren beruflichen Karrieren zu basteln. Stellen Sie sich eine riesige Python vor, die eine Maus verschluckt hat. Während die Maus durch den Schlangenleib wandert, bildet sich an der jeweiligen Stelle eine Ausbuchtung.

13.4.1 Die kulturelle Bedeutung der Boomer

Das gleiche Bild trifft auf die Babyboomer zu. Abbildungen 13.4 und 13.5 zeigen die zukünftigen Bevölkerungszahlen der heutigen jungen Generation und der Babyboomers über einen Zeitraum von 17 Jahren. Der Anstieg beim Anteil der älteren Bürger, verbunden mit dem proportionalen Rückgang der Jugend wird oft als „Ergrauen" der europäischen Bevölkerung bezeichnet und stellt einen strukturellen Trend dar, der auf das Marketing von Waren und Dienstleistungen erhebliche Auswirkungen haben wird. Abbildung 13.6 verweist auf die Ursprünge der Babyboomer-Alterskohorte.

In ihrer Jugend während der 60er- und 70er-Jahre verursachte diese Generation eine Revolution hinsichtlich Stil, Politik und Konsumentenverhalten. Im Laufe der Zeit brachte diese Generation so unterschiedliche kulturelle Ereignisse wie die Studentendemonstrationen in Paris und die Hippiebewegung in den 60er-Jahren, sowie den Thatcherismus und das Yuppietum in den 80er-Jahren hervor. Und noch immer ist ihr Einfluss auf die Massenkultur von großer Bedeutung.

13.4.2 Wirtschaftskraft: Wer bezahlt, hat das Sagen

Aufgrund der Anzahl und der Kaufkraft der Boomer konzentrierte sich das Marketing während der letzten 20 Jahre überwiegend auf den Jugendsektor. Der einstmals populäre Slogan „Trau keinem über dreißig" führte auch dazu, dass Leute über dreißig Schwierigkeiten hatten, ihrer Altersgruppe angemessene Produkte zu finden. Die Zeiten haben sich geändert, und wieder sind es die Babyboomer, die diesen Wandel ausgelöst haben. So haben Boomer tendenziell andere innere Bedürfnisse als die vorangegangenen Generationen. *Domain*, eine anspruchs-

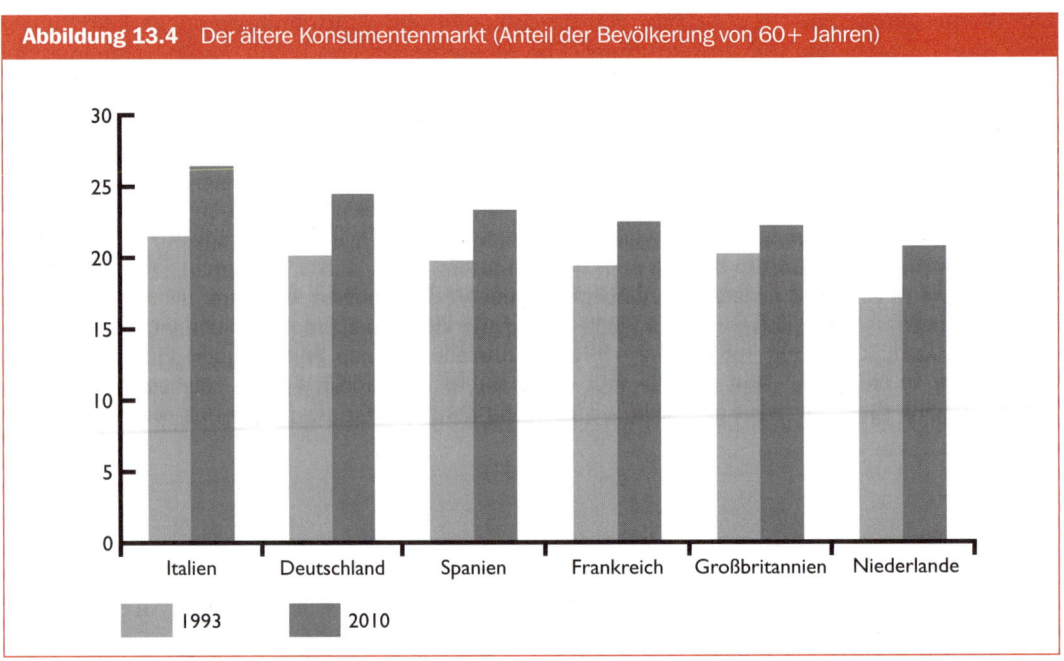

Abbildung 13.4   Der ältere Konsumentenmarkt (Anteil der Bevölkerung von 60+ Jahren)

Quelle: Eurostat (1996)

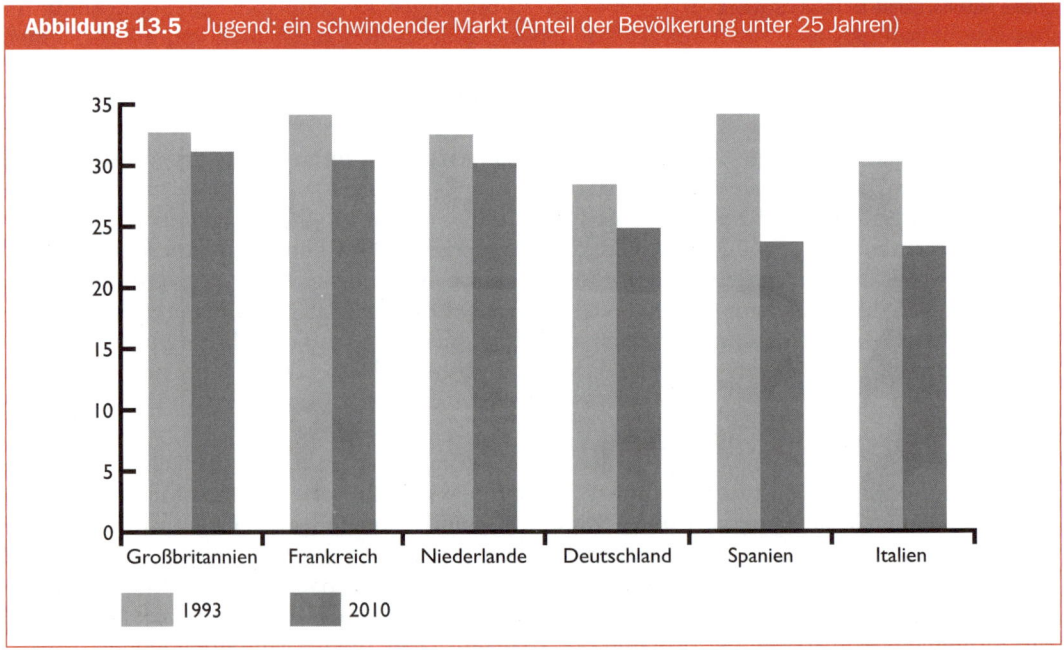

Abbildung 13.5   Jugend: ein schwindender Markt (Anteil der Bevölkerung unter 25 Jahren)

Quelle: Eurostat (1996)

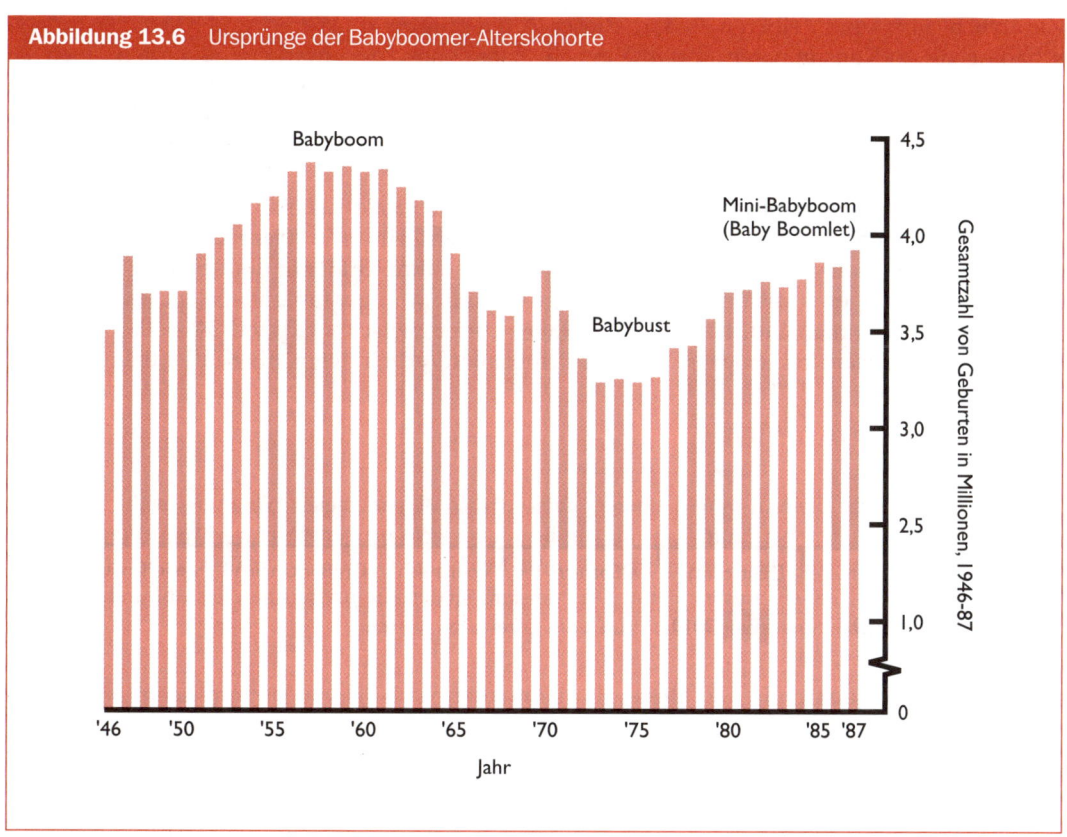

Abbildung 13.6 Ursprünge der Babyboomer-Alterskohorte

Quelle: National Centre for Health Services.

volle Möbelhauskette, fand heraus, dass ihre Stammkunden aus Boomerkreisen sich mindestens ebenso viele Gedanken über die moralische und geistige Weiterbildung wie über die Ausgestaltung ihres Zuhauses machten. Die Firma veranstaltete in ihren Geschäften eine Reihe von Seminaren, zum Beispiel zu frauenspezifischen Themen oder zu Fragen der Existenzgründung, woraufhin sich der Umsatz verdoppelte.[18]

Die „Maus in der Python" hat sich zu den Mittdreißigern bis Fünfzigern vorgearbeitet und bildet diejenige Altersgruppe mit dem größten Einfluss auf das Konsumentenverhalten. Die Zuwachsraten des Marktes lassen sich vor allem auf Konsumenten zurückführen, die allmählich die obere Grenze ihres Einkommens erreichen. Eine Werbung für VH1, den Musikvideo-Sender für diejenigen, die zu alt für MTV sind, formulierte es so: „Die Generation, die Drogen genommen hat, um der Wirklichkeit zu entkommen ... ist jene Generation, die jetzt Medikamente nimmt, um mit der Wirklichkeit fertig zu werden".

Konsumenten zwischen 35 und 44 Jahren geben am meisten für ihr Zuhause, für Autos und Unterhaltung aus. Konsumenten zwischen 45 und 54 Jahren investieren mehr als alle anderen Altersgruppen in Ernährung, Bekleidung und private Altersvorsorge. Um die Bedeutung einschätzen zu können, die Konsumenten mittleren Alters für die europäische Wirtschaft haben und haben werden, halte man sich Folgendes vor Augen: Beim gegenwärtigen Ausgabenniveau bedeutet ein einprozentiger Anstieg von Haushalten in der Altersgruppe 35- bis 54-Jährigen ein Anwachsen der privaten Haushaltsausgaben um 8,9 Milliarden Dollar.

Zusätzlich zum unmittelbaren Bedarf dieser Altersgruppe an Waren und Dienstleistungen schaffen diese Konsumenten ihren eigenen Babyboom, der Marketingexperten auch in Zukunft auf Trab halten wird. Aufgrund der zurückgegangenen Geburtenrate ist der neue Babyboom nicht so groß wie derjenige, dem die Babyboomer ihre Existenz verdanken. Den jüngsten Anstieg der Geburtenrate kann man bestenfalls als Mini-Boom, als *Baby Boomlet*, bezeichnen.

Weil die Berufstätigkeit für Frauen mittlerweile eine große Rolle spielt, verschieben viele Paare das Heiraten und Kinderkriegen auf einen späteren Zeitpunkt. Diese Konsumenten hören allmählich ihre „biologische Uhr" ticken. Sie bekommen ihre Kinder in den späten Zwanzigern und frühen Dreißigern, was dazu führt, dass pro Familie weniger (aber vielleicht verwöhntere) Kinder zu verzeichnen sind. Paare in der Altersgruppe zwischen 25 und 34 stellen etwa ein Fünftel aller Ehepaare in Europa, jedoch ein Drittel aller Verheirateten, die Kinder haben.

13.5 Der graue Markt

> Die alte Frau sitzt allein in ihrer sauberen, aber spärlich eingerichteten Wohnung, während im Fernseher eine Seifenoper läuft. Tag für Tag begibt sie sich auf den beschwerlichen Weg zum Laden an der Ecke, um das Notwendige wie Brot, Milch und Gemüse zu kaufen, wobei sie stets darauf achtet, das Preiswerteste zu erstehen. Meistens sitzt sie in ihrem Schaukelstuhl und denkt wehmütig an ihren verstorbenen Mann und die guten alten Zeiten.

Stellen sie sich so den typischen älteren Konsumenten vor? Bis vor kurzem taten das zumindest etliche Marketingunternehmen – mit dem Resultat, dass sie den Seniorenmarkt zu Gunsten der Konzentration auf die Babyboomer vernachlässigten. Da unsere Bevölkerung älter wird und die Leute ein längeres und gesünderes Leben führen, ändert sich das Bild rasch. Viele Unternehmen rücken vom veralteten Stereotyp des armen einsamen Alten ab. Das neue, zutreffendere Bild eines älteren Menschen ist das eines aktiven, interessierten Menschen und Konsumenten, der die entsprechenden Mittel und die Bereitschaft hat, viele Produkte und Dienstleistungen zu kaufen.

13.5.1 Graue Macht: Entrümpelt die Stereotypen!

Im Jahr 2010 werden 20 Prozent der Europäer 62 Jahre und darüber sein. Dieses am schnellsten wachsende Alterssegment beruht auf dem Altern der Boomer, dem wachsenden Bewusstsein für gesundes Leben und Essen sowie Fortschritten in der Medizin. Dieses Segment wird nicht nur älter und zahlenmäßig stärker, zu berücksichtigen ist auch der Umstand, dass ältere Leute mehr Geld zur Verfügung haben, da sie zumeist ihre Häuser abbezahlt haben und die Erziehung und Ausbildung der Kinder abgeschlossen ist.

Die Mehrheit der Älteren führt ein aktiveres und vielfältigeres Leben als gemeinhin angenommen wird. Viele engagieren sich in Ehrenämtern, arbeiten und sind in die tägliche Versorgung der Enkel eingebunden. Trotzdem bestehen nach wie vor überholte Klischees. In einer Umfrage gab ein Drittel der Konsumenten über 55 Jahren an, ein Produkt bewusst *nicht* zu kaufen, weil es mit einem stereotypen Bild des älteren Menschen beworben wird.[19]

Die ökonomische Schlagkraft der Senioren

Es gibt eine Unzahl von Beweisen dafür, dass die wirtschaftliche Verfassung älterer Konsumenten gut ist und sich sogar verbessert. Zu den Bereichen, die vom blühenden **grauen Markt** profitieren, zählen Autos, Verbesserungen in Haus/Wohnung, Kreuzfahrten und Tou-

Active Life liegt kostenlos in 1500 Postämtern Großbritanniens aus.

rismus, Schönheitsoperationen und kosmetische Behandlungen, Gesundheit, Finanzen und juristische Angelegenheiten sowie Ratgeber mit Tipps zum Ruhestand.

Man muss sich unbedingt vor Augen halten, dass es nicht allein das Einkommen ist, das die Kaufkraft dieser Gruppe definiert. Wie bereits erwähnt, haben ältere Konsumenten nicht mehr jene finanziellen Lasten zu tragen, die das Einkommen jüngerer Konsumenten schmälern. Viele besitzen Immobilien und zahlen keine Hypothek mehr bzw. nur wenig Miete. In ganz Europa stammt etwa die Hälfte des Einkommens von Ruheständlern aus staatlichen Renten. Gleichzeitig verfügen diese Personen über viel Freizeit und beachtliche Summen, die ihnen zur freien Verfügung stehen.[20]

Wissenschaftler haben einige Schlüsselwerte identifiziert, die für ältere Konsumenten von Bedeutung sind. Um Aussicht auf Erfolg zu haben, sollten Marketingstrategien deshalb einen oder mehrere dieser Faktoren berücksichtigen:[21]

- *Autonomie:* Ältere Konsumenten wollen ein aktives Leben führen und selbstständig sein. Finanzielle Dienstleistungen und Finanzplanung sind wachsende Märkte für diese Altersgruppe, die ein starkes Interesse daran hat, unabhängig zu bleiben. Zwar sind Firmen die besten Kunden auf dem britischen Automarkt, aber die Mehrzahl der Privatkunden ist „ergraut" – ein weiterer Beweis für deren finanzielle Stärke und den Wunsch nach Autonomie.[22]
- *Zugehörigkeit:* Ältere Konsumenten schätzen die Beziehung zu Freunden und Familie. Während viele Senioren mit Altersgenossen nicht viel im Sinn haben (die meisten Älteren fühlen sich durchschnittlich 10 Jahre jünger, als sie sind, und glauben, dass „andere" ältere

---

MARKETINGCHANCE

Einige Marketingunternehmer nehmen allmählich das riesige Potenzial des Seniorenmarktes wahr und entwerfen Produkte und Dienstleistungen, die sich speziell an die Bedürfnisse dieses Personenkreises richten. Darüber hinaus wächst der Zeitschriftenmarkt, der die Interessen der älteren Konsumenten bedient. *Active Life, Saga, Mature Tymes* und *Plus* richten sich an die über 50-Jährigen, was allerdings angesichts der in diesen Zeitschriften erscheinenden Fotos, Anzeigen und Artikel nicht unbedingt offensichtlich ist! Die Titelbilder zeigen vitale, aktive Leute über 50, die Werbung konzentriert sich auf qualitativ hochwertige Dienstleistungen, Produkte, die ihr Geld wert sind und einfach zu handhabende Telekommunikationsmittel. Abgesehen von einigen Anzeigen mit älteren Models, die für Inkontinenzprodukte werben, sieht man in diesen Heften mehr Konsumenten auf Mountainbikes als bei der Gartenarbeit!

Selbst Firmen, die sich auf die Zielgruppe der über 65-Jährigen spezialisieren, sehen keine Notwendigkeit, den Begriff „alt" mit ihren Produkten oder Dienstleistungen in Verbindung zu bringen. Werbung für Kreuzfahrten (die in Europa einen hohen Anteil an älteren Kunden verzeichnen) auf Flüssen und Meeren zeigt gut besuchte Diskotheken und Swimming-Pools, in denen sich vorwiegend 30- bis 40-Jährige tummeln, von einigen faltenlosen Älteren auf dem Bild einmal abgesehen! Der Schwerpunkt auf dem Seniorenmarkt wird auf die Vorzüge eines jeweiligen Produkts gelegt und nicht darauf, ob es für eine bestimmte Altersgruppe geeignet ist.[23]

Leute sich „älter" verhalten als sie selbst), halten sie viel von solchen Informationen, die ihrer Altersgruppe klare Vorteile vorstellen. Werbung, die herablassende Stereotypen meidet, kommt ebenfalls gut an.

- *Altruismus:* Ältere Konsumenten möchten der Welt etwas zurückgeben. So stellte der Autoverleiher Thrifty Car Rental fest, dass über 40 Prozent der älteren Konsumenten einen Autoverleiher wählen würden, der Seniorenzentren Rabatt einräumt. Aufgrund dieser Untersuchung startete die Firma ihr höchst erfolgreiches Programm namens „Give a Friend a Lift" („Nimm einen Freund mit").

- *Steigerung des Potenzials:* Ältere Konsumenten interessieren sich stark dafür, neue Erfahrungen zu machen und wollen ihr Potenzial entwickeln. Durch die Bereitstellung von konsumentenfreundlichen, interaktiven Touch-Screen-Computern in europäischen Geschäften konnten sich ältere Konsumenten bei Gesundheitsfragen besser informieren.[24]

13.5.2 Selbstempfundenes Alter: Man ist so alt, wie man sich fühlt

Der „graue" Markt besteht nicht aus einem gleichförmigen Segment energiegeladener, fröhlicher, konsumbegeisterter Konsumenten. Ebenso wenig handelt es sich um eine Gruppe seniler, unbeweglicher Menschen, die in einer ökonomischen Nische vegetieren. Die Wissenschaft bestätigt eindeutig, dass Alter eher eine Sache des Geistes als des Körpers ist. Die geistige Verfassung und die Unternehmungslust eines Menschen haben mehr mit seiner Lebensdauer und Lebensqualität zu tun als das biologische Alter, d.h. die Anzahl der tatsächlich gelebten Jahre. Neben diesen psychologischen Dimensionen des Alters gibt es auch die kulturellen Einflüsse darauf, was das Altern ausmacht, sowie die Wahrnehmungen dessen, was der Begriff „alt" in den verschiedenen europäischen Märkten letztlich bedeutet.[25]

MARKETINGFALLE

So manche Marketingbemühung um den Seniorenmarkt war zum Scheitern verurteilt, weil sie die Menschen an ihr Alter erinnerte oder ihre Altersgruppe in unvorteilhafter Art und Weise darstellte. So leistete sich die Firma Heinz einen schlimmen Fauxpas: Eine interne Analyse ergab, dass viele ältere Menschen auf Babynahrung zurückgriffen, weil sie in kleineren Portionen erhältlich und leichter zu kauen war. Daraufhin kam Heinz mit „Senior Food" auf den Markt, einer Produktfamilie speziell für Gebissträger. Es erübrigt sich zu sagen, dass sie ein Misserfolg war. Konsumenten wollen nun einmal nicht zugeben, dass sie nur noch Brei essen können (nicht einmal an der Kasse im Supermarkt)! Lieber kauften sie Babynahrung, bei der sie zumindest vorgeben konnten, sie sei für die Enkel bestimmt.

In den Niederlanden, wo Fahrräder ein wichtiges Transportmittel sind, stellte sich ein speziell entworfenes „älteres Fahrrad" als kompletter Flop heraus – ungeachtet seiner durchaus konkurrenzfähigen Vorteile. Zwar ist es laut konventioneller Marketingweisheit durchaus ratsam, besondere funktionale Merkmale eines Produktes herauszustellen, möchte man eine bestimmte Zielgruppe ansprechen. Im Fall der niederländischen Senioren ging der Schuss jedoch nach hinten los. Die Tatsache, dass das Rad als leicht zu fahrendes „Seniorenrad" präsentiert wurde, stieß auf negative Reaktionen, da sich die radelnden Senioren (von denen es zahlreiche gibt!) zu jung fühlen, um ein solches Rad verwenden zu wollen.[26]

Eine bessere Form, ältere Menschen zu erfassen, ist das **selbstempfundene Alter** bzw. die Frage danach, wie alt sich der Betreffende fühlt. Das selbstempfundene Alter lässt sich anhand mehrerer Kategorien messen, einschließlich des „gefühlten Alters" (wie alt fühlt sich der Betreffende) und des „äußerlichen Alters" (wie alt sieht er aus).[27] So stellen viele Experten bei Marketingkampagnen eher die Vorzüge von Waren als deren Altersangemessenheit heraus, da sich viele Konsumenten von Produkten, die eigentlich für ihr biologisches Alter konzipiert wurden, gar nicht angesprochen fühlen.[28]

13.5.3 Segmentierung der Senioren

Die Subkultur der Senioren stellt einen enorm großen Markt dar: Die Anzahl der mindestens 62-jährigen Europäer übertrifft die Einwohnerzahl Kanadas![29] Aufgrund der Größe dieser Gruppe ist es nützlich, sich vier Subsegmente des Seniorenmarktes vorzustellen: eine „ältere" Gruppe (55 bis 64 Jahre), eine „relativ alte" Gruppe (65 bis 74 Jahre), eine „alte" Gruppe (75 bis 84 Jahre) und schließlich eine „sehr alte" Gruppe (älter als 85 Jahre).[30]

Der Seniorenmarkt eignet sich für eine Segmentierung sehr gut, weil ältere Konsumenten anhand ihres Alters und Stadiums im Lebenszyklus der Familie leicht zu identifizieren sind. Die Mehrzahl erhält staatliche Beihilfen oder Rente und kann deshalb problemlos lokalisiert werden und viele abonnieren eine der auf Ältere zugeschnittenen Zeitschriften. Die britische *Saga* hat mit monatlich über 750 000 Lesern von allen europäischen Zeitschriften die größte Verbreitung. Die Muttergesellschaft, die Ferienreisen und Versicherungen an die über 50-Jährigen verkauft, kann zudem auf eine Datenbank, in der über 4 Millionen Mitglieder dieser Altersgruppe erfasst sind, zurückgreifen.

Einige Ansätze zu einer Segmentierung gehen von der Annahme aus, dass eine entscheidende Determinante des Seniorenmarktes darin besteht, wie ein Mensch mit dem Altsein umgeht.[31] *Gesellschaftstheorien über das Altern* versuchen zu erfassen, wie eine Gesellschaft den

---

MARKETINGFALLE

Viele Produkte werden von älteren Menschen eher angenommen, wenn Ware und Verpackung gleichermaßen körperlichen Einschränkungen gerecht werden. Verpackungen, so attraktiv sie auch sein mögen, sind oft nur unter Schwierigkeiten zu öffnen, besonders für gebrechliche oder arthritische Menschen. Darüber hinaus sind die Packungsgrößen oft nicht für kleinere Familien, verwitwete und andere allein stehende Menschen geeignet.

Ältere Personen haben oft Schwierigkeiten, Dosen oder Milchpackungen zu öffnen, bei denen der Ausgießer eingedrückt werden muss. Wieder verschließbare Plastiktüten und Klarsichtfolie lassen sich ebenfalls nicht leicht handhaben. Verpackungen müssen leicht lesbar, leichter und kleiner sein. Zu guter Letzt sollten Hersteller auch ein Auge auf kontrastreiche Farben haben. Die altersbedingte leichte Trübung der Augenlinse erschwert die Unterscheidung von Hintergrundfarben auf der Verpackung, vor allem bei blauen, grünen und violetten Tönen. Je ähnlicher die Farbe der Beschriftung zur Farbe von Verpackung oder Anzeige ist, desto geringer die Sichtbarkeit und somit die Aufmerksamkeit seitens der Konsumenten.

Menschen im Verlaufe ihres Lebens unterschiedliche Rollen zuweist. So dürfte jemand, der in den Ruhestand tritt, die Erwartungen der Gesellschaft an diesen Lebensabschnitt reflektieren – immerhin handelt es sich um einen wichtigen Einschnitt, bei dem man sich aus vielen sozialen Bereichen zurückzieht.[32] Manche Menschen werden mit dem Alter deprimiert, verschlossen und apathisch, andere weisen den Gedanken ans Altern zornig von sich, während andere wiederum die neuen Herausforderungen und Möglichkeiten annehmen, die dieser Lebensabschnitt zu bieten hat.

Tabelle 13.3 fasst einige ausgewählte Ergebnisse eines solchen Segmentierungsansatzes zusammen. Diese sogenannte **Gerontografie** unterteilt den Seniorenmarkt nach körperlichem Befinden und sozialen Bedingungen, z. B. ob jemand Enkel bekommt oder den Ehepartner verliert.

Im Allgemeinen reagieren ältere Menschen positiv auf Werbung, die viele Informationen bietet. Im Unterschied zu anderen Altersgruppen werden diese Konsumenten durch bildorientierte Werbung weniger unterhalten oder überzeugt. Mehr Erfolg verheißt dagegen eine Strategie, die alte Menschen als vollkommen integrierte Personen zeigt, die ihren Beitrag zur Gesellschaft leisten; der Schwerpunkt liegt dabei eher auf einer Erweiterung des Horizonts als auf dem verunsicherten Festhalten am Leben.

Um Werbung für Ältere effektiver zu machen wurden einige grundsätzliche Richtlinien entworfen, u. a.:[33]

- Eine einfach gehaltene Sprache.
- Die Verwendung von klaren, farbigen Bildern.
- Handlungsbetonte Bilder ziehen Aufmerksamkeit auf sich.
- Klare Formulierungen, wenig Worte.
- Nur eine einzige Verkaufsaussage einbringen und durch die Betonung von Markenfamilien die Vertrautheit des Kunden mit dem Namen hervorrufen.
- Vermeidung unbedeutender Stimuli (d. h. übertriebene Bilder und Grafiken können von der eigentlichen Aussage ablenken).

Tabelle 13.3	Gerontografie		
Segment	**55 +**	**Profil**	**Relevanz für das Marketing**
Gesunde Genießer	18%	Haben die wenigsten altersspezifischen Erfahrungen (z. B. Ruhestand, Tod des Ehepartners) gemacht und verhalten sich am ehesten wie jüngere Konsumenten. Im Mittelpunkt steht der Lebensgenuss.	Wollen unabhängig leben, sind gute Kunden für Dienstleistungen wie Anrufbeantworter und Putzhilfen.
Gesunde Einzelgänger	36%	Reagieren auf Ereignisse wie Tod des Ehepartners mit Rückzug. Lehnen es ab, sich wie alte Leute zu verhalten.	Betonen Konformität. Sie wollen Bestätigung dafür, dass ihr Erscheinen gesellschaftlich akzeptabel ist. Im Allgemeinen vertraut mit bekannten Marken.
Kränkliche, aber nicht isoliert lebende Personen	29%	Ungebrochene Selbstachtung trotz schlimmer Erfahrungen. Sie nehmen Einschränkungen in Kauf, wollen sich aber immer noch am Leben freuen.	Gesundheitsprobleme könnten besondere Ernährung erforderlich machen. Spezielle Gerichte und Kampagnen führen diese Personen in Restaurants, die ihren diätischen Bedürfnissen entgegenkommen.
Gebrechliche Einsiedler	17%	Haben sich im Lebensstil mit dem Alter arrangiert; wollen durch Spiritualität schlechte Erfahrungen in den Griff bekommen.	Wollen in dem Zuhause bleiben, wo sie mit ihrer Familie gelebt haben. Gute Kunden für Renovierungsarbeiten und Notrufanlagen.

Quelle: Bearbeitet nach George P. Moschis, ‚Life Stages of the Mature Market', *American Demographics* (September 1996): 44-50.

13.6 Zusammenfassung des Kapitels

• Europäer haben viel miteinander gemein, vor allem dann, wenn sie in etwa gleichaltrig sind, im selben Land oder derselben Region leben. Altersgenossen teilen viele kulturelle Erfahrungen, weshalb sie auch auf den *Nostalgie*-Appeal von Marketingexperten ansprechen, der sie an eben diese Erfahrungen erinnert.

- Zu den wichtigen Alterskohorten zählen Jugendliche, die 18- bis 29-Jährigen, Babyboomer und die Senioren. *Teenager* vollziehen den Übergang vom Kind zum Erwachsenen, wobei ihr Identitätskonzept instabil ist. Sie sind empfänglich für solche Produkte, die ihnen zu Akzeptanz und Unabhängigkeit verhelfen. Da viele Jugendliche finanzielle Zuwendungen und/oder Taschengeld bekommen, gleichzeitig aber kaum finanzielle Verpflichtungen haben, stellen sie für viele nicht unbedingt notwendige oder modische Produkte ein besonders wichtiges Segment dar. Das reicht von Kaugummi über Haargel bis hin zu Mode und Musik. Aufgrund veränderter Familienstrukturen übernehmen viele Jugendliche zunehmend die Aufgabe, die Tageseinkäufe ihrer Familien zu erledigen und routinemäßige Kaufentscheidungen zu treffen.
- *„Generation-X-ler"*, Konsumenten zwischen 18 und 29 Jahren sind für das Marketing nicht ohne weiteres eindeutig festzumachen. Ihr Geschmack und ihre Vorlieben bei Mode, Massenkultur, Politik und Marketingfragen werden in Zukunft deutlich zu spüren sein – sie stellen einen bedeutenden wirtschaftlichen Faktor dar.
- *Babyboomer* sind dank ihrer Zahl und Kaufkraft das stärkste Alterssegment. Mit zunehmendem Alter haben sich ihre Interessen ebenso wie die Marketingprioritäten gewandelt. Ihre Bedürfnisse und Wünsche haben großen Einfluss auf den Immobilienmarkt, auf die Versorgung von Kindern, den Auto- und Bekleidungsmarkt etc. Nur ein kleiner Teil der Babyboomer fällt in die wohlhabende, materialistische Kategorie.
- Angesichts der wachsenden Lebenserwartung der Bevölkerung spielen die Bedürfnisse der *Senioren* eine zunehmend große Rolle. Das Marketing hatte die Älteren bislang aufgrund des Vorurteils, nicht aktiv zu sein und zu wenig Geld auszugeben, ignoriert. Die Mehrzahl der Älteren ist gesund, voller Energie und Interesse an neuen Produkten und Erfahrungen und verfügt über die entsprechenden Mittel. Marketingappelle an diese Alterssubkultur sollten sich auf das Selbstbild und das selbstempfundene Alter der Konsumenten konzentrieren, das tendenziell niedriger liegt als das biologische Alter. Marketingexperten sollten die konkreten Vorzüge eines Produkts herausstreichen, da diese Gruppe zu Skepsis gegenüber uneindeutiger, bildbetonter Werbung neigt. In diesem Segment spielen konkrete, auf die Bedürfnisse zugeschnittene Dienstleistungen eine herausragende Rolle.

SCHLÜSSELBEGRIFFE

Alterskohorte	405	Gerontografie	422
Babyboomer	415	grauer Markt	418
Generation X	412	selbstempfundenes Alter	421

ÜBUNGSAUFGABEN

13.1   Während sich Europa der Schaffung eines einheitlichen Marktes mit einer Einheitswährung nähert, werden die Bürger aller betroffenen Länder hinsichtlich ihrer Haltung gegenüber verschiedenen Aspekten dieses komplexen Prozesses erfasst. Informieren Sie sich unter folgender Internet-Adresse über die neuesten Ergebnisse: http://europa.eu.int/en/comm/dg10/infcom/epo/eo.html. Welche vorsichtigen Schlüsse können Sie hinsichtlich der Frage ziehen, inwieweit das *Alter* die Einstellung zur Einheitswährung und anderen gesamteuropäischen Anstrengungen beeinflusst? Welche Auswirkungen hätte das auf ein gesamteuropäisch ausgelegtes Marketing von Waren und Dienstleistungen?

13.2 Während der letzten Jahre war der Vatikan in einige Veranstaltungen einbezogen, die eine engere und stärkere Beziehung mit der Jugend Europas fördern sollten. Auf Einladung des Papstes gab Bob Dylan (immerhin in seinen Fünfzigern) 1997 ein Konzert. Weitere vom Vatikan unterstützte Projekte, z. B. der Weltjugendtag, rief französische Modedesigner auf den Plan (vgl. Amy Barrett, ‚John Paul II to Share Stage with Marketers', *Wall Street Journal Europe,* 19. August 1997, S.4). Suchen Sie – auch im Internet – nach Material zum Thema „Bemühungen des Vatikans um die Jugend". Welche Ziele werden dabei verfolgt? Welche Segmente nehmen eine Schlüsselposition ein? (Behandeln Sie diese Frage nicht nur hinsichtlich der Altersgruppen, sondern auch nach geografischer und kultureller Segmentierung.) Für wie erfolgreich halten Sie den Vatikan als „Marketingunternehmen"?

13.3 Im Folgenden sind einige Internetadressen europäischer Einzelhändler aufgeführt. Analysieren Sie die jeweils von den Firmen ausgewählte Zielgruppe und Strategie hinsichtlich der Alterssegmentation.
www.one4you.be (Interessieren Sie sich für belgisches Bier?).
www.classicengland.co.uk (Paradies für Anglophile – historische Zeitungen, Teekannen etc.).

13.4 Warum hatten die Babyboomer so großen Einfluss auf die Konsumkultur der zweiten Hälfte des 20. Jahrhunderts?

13.5 Inwiefern veränderte der Mini-Babyboom (*Baby Boomlet*) die Einstellung zur Kindererziehung und löste eine Nachfrage nach andersartigen Produkten und Dienstleistungen aus?

13.6 Ist es sinnvoll anzunehmen, dass die über 50-Jährigen einen einzigen großen Konsumentenmarkt darstellen? Welche Ansätze gibt es, diese Alterssubkultur in sich zu differenzieren?

13.7 Welche wichtigen Variablen müssen beachtet werden, wenn man Marketingstrategien für den Seniorenmarkt entwickelt?

13.8 Finden Sie gute wie schlechte Beispiele für Werbung, die sich an ältere Konsumenten richtet. Inwieweit werden die Senioren stereotypisiert? Welche Elemente von Anzeigen oder anderen Kampagnen scheinen entscheidend dafür zu sein, ob diese Gruppe mit Erfolg angesprochen und überzeugt werden kann?

Kultur und europäische Lebensstile

Überblick

Der letzte Teil dieses Buches betrachtet Konsumenten als Mitglieder eines umfassenden kulturellen Systems. Kapitel 14 leitet diesen Teil mit der Untersuchung einiger der grundlegenden Bausteine von Kultur und Konsum ein und zeigt, wie Konsumentenverhalten und Kultur ständig aufeinander einwirken. Kapitel 15 befasst sich damit, wie wichtig das Verständnis der Lebensstile von Konsumenten in ganz Europa ist und veranschaulicht das Lebensstil-Konzept und seine Marktanwendungen anhand von Essen, Trinken und Autos. Das 16. Kapitel schließlich betrachtet die Produktion von Kultur und veranschaulicht, wie „kulturelle Pförtner" helfen, unseren Sinn für Mode und Kultur zu formen. Anhand von zahlreichen Perspektiven, darunter die Postmoderne, versuchen wir, Konsumentenverhalten in den europäischen Kontext und in ein globales Marktumfeld einzuordnen. Das viel zitierte „globale Denken und Handeln" schließt das Kapitel ab.

Es ist Donnerstagabend, halb acht. Sean legt den Hörer auf, nachdem er mit Colum gesprochen hat, seinem Kommilitonen im Kurs über Konsumentenverhalten. Der allwöchentliche freie Abend der irischen Marketingstudenten hat begonnen! Sean hatte die Sommermonate damit verbracht, durch Europa zu reisen. Er war jedes Mal erstaunt und erfreut, wenn er einen Ort fand, der sich „Irish Pub" nannte, auch wenn er noch so unecht wirkte – in einem Irish Pub wurde immer Guinness ausgeschenkt, ein echtes Symbol Irlands, dachte er. Sean hatte zu trinken begonnen, als er auf die Universität kam. Anfangs mochte er am liebsten Flaschenbier direkt aus dem Kühlschrank. Nun jedoch, da er sich im dritten Jahr befindet und anspruchsvoller und erfahrener geworden ist, findet er diese Biere etwas zu – modisch. Deshalb hat er vor kurzem begonnen, Guinness zu trinken. Sein Vater, Onkel und Großvater, im Grunde die meisten der älteren Männer, die er kennt, trinken Guinness. An diesem Tag hat ihr Dozent in Konsumentenverhalten den Fernsehspot ‚Guinness Time' besprochen, der im Jahr zuvor ausgestrahlt worden war. Er zeigte einen jungen Mann, der einen verrückten Tanz um ein sich setzendes Pint Guinness vollführte. Den verrücktesten Ausdruck hob sich der junge Mann für den Moment auf, in dem er den ersten Schluck nahm. Der Dozent hatte darauf hingewiesen, dass das Ziel der Werbung darin bestand, Guinness mit Spaß zu verbinden – ein wichtiger Grund für junge Leute, Alkohol zu trinken – und sie zu ermuntern, Geduld mit dem Stout zu haben, da sich ein gutes Pint erst ein paar Minuten lang setzen muss.

Sean hat ausgemacht, seine Freunde um halb neun im örtlichen Pub zu treffen. Sie werden drei Pints vom Feinsten bestellen und dann ihr eigenes Guinness-Ritual zelebrieren. Zuerst schauen sie dabei zu, wie es eingeschenkt wird, dann suchen sie nach den aufsteigenden Ringen auf der Oberseite, dem besten Hinweis auf ein gutes Pint. Wenn es sich gesetzt hat, wird noch einmal kurz nachgeschenkt, dann los. Aber sie warten noch ein bisschen und schauen auf ihre Gläser, bevor sie gemeinsam den ersten Schluck nehmen – ein Genuss!

KAPITEL 14

Kulturelle Einflüsse auf das Konsumentenverhalten

14.1 Kultur und Konsum

Konsumentenentscheidungen können nicht verstanden werden, ohne dass man den kulturellen Kontext betrachtet, in dem sie getroffen werden: Kultur ist das Prisma, durch das die Menschen Produkte betrachten.

Seans Biertrinken spiegelt seinen Wunsch wider, sich mit einem gewissen Stil, einer Haltung, einem Trendbewusstsein in Verbindung zu bringen oder sich davon abzuheben (mithilfe der Medien und Verkäufer). Dadurch, dass er Ire ist, hat seine Verbundenheit mit Guinness eine vollkommen andere Bedeutung als z. B. für trendbewusste Kreise in den kontinentaleuropäischen Städten, wo Guinness mit einer Mode verbunden sein kann, die Sean zu vermeiden versucht.

In der Tat ist es recht häufig, dass Gesellschaften Symbole verändern, die mit anderen Gesellschaften gleichgesetzt werden, und diese dann einem neuen Publikum präsentieren. Wenn dies geschieht, unterliegen die kulturellen Produkte einem Prozess der **Cooptation**, in dem ihre ursprünglichen Bedeutungen von Außenstehenden verändert und oft trivialisiert werden. In diesem Fall wurde ein irisches Bier weitgehend aus seiner ursprünglichen Verknüpfung mit der traditionellen irischen Arbeiterklasse oder dem dortigen Landleben gelöst und wird nun als trendbewusste Art benutzt, auch im Ausland ‚Irishness' zu konsumieren (jedoch ohne den ländlichen oder Unterschichtenaspekt).[1]

14.1.1 Wie Kultur reist

Sean lebt zwar in einer irischen Mittelklassegegend, ist aber dennoch in der Lage, sich symbolisch mit Millionen junger Konsumenten zu ‚verbinden', indem er Stile annimmt, die in weiter Ferne entstanden sind – auch wenn die ursprünglichen Bedeutungen dieser Stile für ihn vielleicht nur wenig Relevanz haben. Die vielen verschiedenen Moden im Konsum sind nur ein Beispiel dafür, was geschieht, wenn die Bedeutungen, die einige Mitglieder einer Kultur einem Produkt geben, für den Massenkonsum interpretiert und dann produziert werden.

Nehmen wir zum Beispiel Rapmusik. Ausgebeulte Jeans und Outfits mit goldenen Vinylröcken, großen Goldketten und mit Edelsteinen geschmückte Baseballmützen, wie man sie gewöhnlich nur auf den Straßen ärmerer Stadtviertel sah, werden nun von den Modeschöpfern der Haute Couture auf die Laufstege in Manhattan und Paris gebracht. Außerdem wird Rapmusik mittlerweile von vielen Weißen gekauft. Wie haben es Rapmusik und die dazugehörige Mode, die als Ausdrucksformen in den schwarzen städtischen Subkulturen begannen, geschafft, überall auf der Welt zum Mainstream zu werden? Eine kurze Chronologie ist in Tabelle 14.1 angegeben.

Tabelle 14.1 Das Mainstreaming von populärer Musik und Kleidung	
Jahr	**Ereignis**
1968	Hiphop wird in der Bronx von DJ Kool Here erfunden
1973-78	Bei Blockpartys in den Städten tauchen Breakdance und Graffiti auf
1979	Eine kleine Plattenfirma namens Sugar Hill wird zum ersten Rap-Label
1980	Graffiti-Künstler werden in den Kunstgalerien von Manhattan ausgestellt
1981	Der Song von Blondie „Rapture" wird Nummer 1 in den Charts
1985	Columbia Records kauft das Label Def Jam
1988	MTV startet Yo! MTV Raps mit Fab S. Freddy
1990	Hollywood steigt mit dem Hiphop-Film Party ein; das Rapalbum von Ice-T ist ein Hit in den College-Radiosendern; in der Kontroverse: der weiße Rapper Vanilla Ice erhält die beste Sendezeit; NBC lanciert die Komödie „Fresh Prince of Bel Air"
1991	Mattel führt seine Hammer-Puppe ein (eine Puppe, die aussieht wie der Rapstar Hammer, früher bekannt als M.C. Hammer); Modeschöpfer Karl Lagerfeld zeigt in seiner Chanel-Kollektion glänzende Vinylregenmäntel und Kettengürtel; die Modeschöpferin Charlotte Neuville verkauft goldene Vinylanzüge mit passenden Baseballkappen für 800 Dollar; Isaac Mizrahi zeigt Kappen mit breiter Krempe und Imitationen afrikanischer Medaillons (inklusive einem überdimensionierten goldenen Davidstern); Bloomingdale's lanciert die vom Rap inspirierte Modelinie von Anne Klein, die mit einer Rapperformance im Kaufhaus in Manhattan vorgeführt wird.
1992	Die Rapper fangen an, diesen Look aufzugeben, und ziehen tief sitzende ausgebeulte Jeans an, manchmal verkehrt herum; der weiße Rapper Marky Mark tritt in einer nationalen Kampagne in Calvin Klein-Unterwäsche auf, die unter seinen Hüfthosen herausragen; der Musiker Quincy Jones lanciert ein neues Magazin für Leute mit Spaß am Hiphop und es findet viele weiße Leser.[1]
1993	Kleidung und Slang des Hiphop werden weiterhin immer stärker zur breiten Konsumentenkultur. Eine Außenwerbung von Coca-Cola proklamiert „Get yours 24-7", wobei das Unternehmen darauf vertraut, dass viele Betrachter in ihren Zielmärkten wissen werden, dass dieser Ausdruck im Urban Slang für ‚immer' benutzt wird (24 Stunden am Tag, 7 Tage die Woche).[2]
1994	Die Modeschöpfer fahren fort, die Mode der Straße zu adaptieren. Unter anderem lanciert der italienische Modeschöpfer Versace Overalls in Übergrößen, wie sie Jugendliche in den Großstädten gern tragen. In einer Anzeige fragt er: ‚Overalls im Übergrößen-Look, so wie Rapper und Homeboys sie tragen. Wieso soll es hiervon nicht eine höher entwickelte Version geben?"[3]

[1] Nina Darnton, „Where the Homegirls Are". Newsweek (17. Juni 1991); „The Idea Chain", Newsweek (5. Oktober 1992): 32.
[2] Cyndee Miller: „X Marks the Lucrative Spot, But Some Advertisers Can't Hit Target", Marketing News (2. August 1993): 1.
[3] Anzeigen erschienen in ELLE (September 1994).

Abbildung 14.1 Die Bewegung der Bedeutung

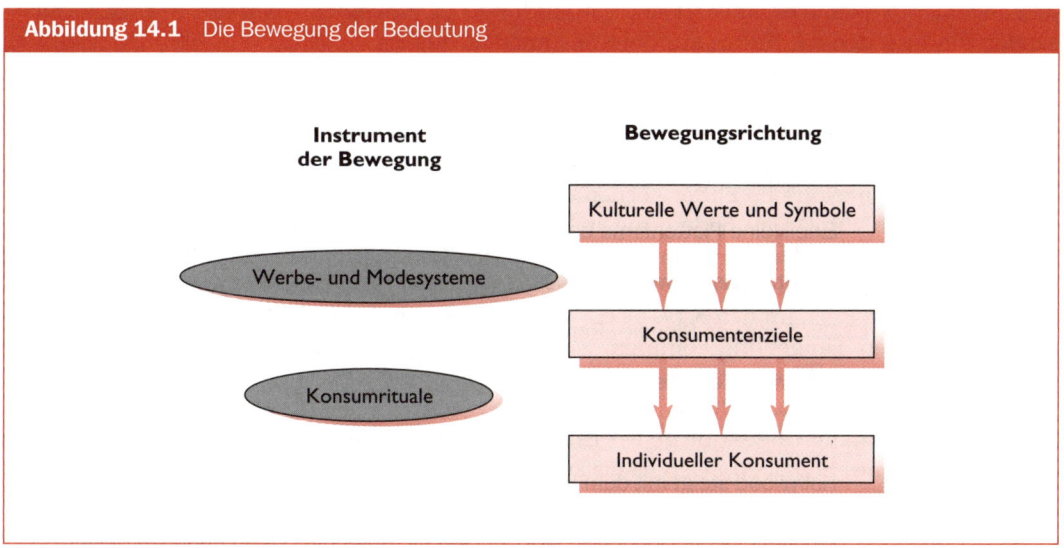

Quelle: Adaptiert von Grant McCracken, ‚Culture and Consumption: A Theoretical Account of the Structure and Movement of the Cultural Meaning of Consumer Goods', *Journal of Consumer Research* 13 (Juni 1986): 72. © University of Chicago Press.

Dieses Kapitel betrachtet, wie die Kultur, in der wir leben, die Bedeutung von Produkten des täglichen Lebens beeinflusst und wie diese Bedeutungen sich über die Gesellschaft bis hin zum Konsumenten durchsetzen. Wie Abbildung 14.1 zeigt, erfolgt der Bedeutungstransfer in großem Maße mittels Marketingvehikel wie die Werbe- oder die Bekleidungsindustrie, die funktionale Produkte mit symbolischen Qualitäten assoziieren. Diese Güter wiederum vermitteln ihre Bedeutungen den Konsumenten durch verschiedene Formen des Rituals.[2]

Der erste Teil des Kapitels beschäftigt sich noch einmal damit, was Kultur bedeutet und wie kulturelle Vorlieben identifiziert und ausgedrückt werden. Diese sozialen Richtlinien haben oft die Form von Werten, die bereits in Kapitel 4 behandelt wurden. Der zweite Teil betrachtet die Rolle von Mythen und Ritualen, wobei die kulturelle Bedeutung von Konsumgütern und Konsumaktivitäten dargestellt werden soll. Das Kapitel endet mit der Untersuchung der Begriffe des Heiligen und Profanen und ihrer Relevanz für das Konsumentenverhalten.

14.2 Was ist Kultur?

Kultur, diesen zentralen Begriff für das Verständnis von Konsumentenverhalten, kann man sich als das kollektive Gedächtnis einer Gesellschaft vorstellen. Kultur bedeutet die Ansammlung gemeinsamer Bedeutungen, Rituale, Normen und Traditionen unter den Mitgliedern einer Organisation oder Gesellschaft. Kultur ist das, was die menschliche Gemeinschaft, ihre Individuen, sozialen Institutionen sowie wirtschaftlichen und politischen Systeme definiert. Sie umfasst sowohl abstrakte Gedanken, wie Werte und Ethik, als auch materielle Gegenstände und Dienstleistungen, wie Autos, Kleidung, Nahrung, Kunst und Sport, die von einer Gruppe von Menschen produziert oder geschätzt werden. Einzelne Konsumenten sowie Konsumentengruppen sind also nur Teil einer Kultur, und Kultur ist das Gesamtsystem, innerhalb dessen andere Systeme organisiert sind.[3] Abbildung 14.2 gibt einen Überblick über den umfassenden Einfluss, den die Kultur auf die Konsumenten ausübt.

Ironischerweise sind die Auswirkungen der Kultur auf das Konsumentenverhalten so stark und weit reichend, dass es mitunter schwierig ist, diese Bedeutung zu begreifen und einzuschätzen. Wir haben viele Gewohnheiten, angefangen bei scheinbar unbedeutenden Verhaltensweisen wie dem Drücken der Starttaste eines Walkmans, bis hin zu größeren Bewegungen wie einem Flug in exotische Flitterwochen nach Thailand. Wichtig ist die Tatsache, dass diese Gewohnheiten für uns eine Bedeutung haben, wir wissen, wie wir sie interpretieren sollen. Kultur ist im Grunde das Interpretationssystem, das wir verwenden, um all die alltäglichen oder aber ungewöhnlichen **bedeutsamen Praktiken**[4] um uns herum zu verstehen. Kultur als Begriff ist wie ein Fisch im tiefen Wasser: Wir können diese Kraft nicht immer einschätzen, bis wir in eine andere Umgebung kommen, wo plötzlich viele der Annahmen, die wir bisher als selbstverständlich betrachtet haben – Kleider, Nahrung, die Art, in der wir auf andere zugehen, und so weiter – keine Gültigkeit mehr haben.

Welche Bedeutung diese kulturellen Erwartungen haben, entdeckt man erst, wenn gegen sie verstoßen wird. So haben beispielsweise die Spice Girls auf ihrer Tournee durch Neuseeland für Aufregung bei den neuseeländischen Eingeborenen, den Maori, gesorgt, indem sie einen Kriegstanz vorführten, was dort Männern vorbehalten ist. Ein Stammessprecher ließ entrüstet verlauten: „Das ist in unserer Kultur inakzeptabel, und vor allem, wenn dies Girlie-Popstars aus einer anderen Kultur tun!"[5] Sensibilität für kulturelle Probleme, wie sie Rockstars oder Produktmanager haben sollten, kann nur durch das Verständnis dieser unterschwelligen Dimensionen entstehen – und genau das ist das Ziel dieses Kapitels.

14.2.1 Konsumentenverhalten und Kultur – eine Straße mit Gegenverkehr

Die Kultur, der ein Konsument angehört, bestimmt die Gesamtvorlieben, die er für verschiedene Aktivitäten und Produkte hegt. Ebenso bedingt sie Erfolg oder Misserfolg bestimmter Produkte oder Dienstleistungen. Wenn ein Produkt Nutzen bietet, der dem entspricht, was sich die Mitglieder einer Kultur zu einem beliebigen Zeitpunkt wünschen, dann hat es erheblich bessere Aussichten auf Marktakzeptanz. Mitunter kann es schwierig sein, den Erfolg oder Misserfolg bestimmter Produkte einzuschätzen. Vor ein paar Jahren hat beispielsweise das amerikanische Wirtschaftsmagazin *Forbes* mitgeteilt, der dänische Hersteller von Stereoanlagen, Bang & Olufsen, stehe kurz vor dem Bankrott, und jedem geraten, seine Anteile an diesem Unternehmen abzustoßen. Zusätzlich spottete es, sein neues Produkt gleiche einem großen Kofferradio – mit dem Unterschied, dass es 3000 statt 300 US-Dollar koste. Bei diesem Produkt handelte es sich um die neue Wandanlage mit automatischen Schiebetüren; es wurde ein so großer Erfolg, dass der Kurs der Aktien von Bang & Olufsen um das Vierzigfache stieg.[6] Das Produkt wurde zum richtigen Zeitpunkt lanciert, was *Forbes* übersehen hatte.

Die Beziehung zwischen Konsumentenverhalten und Kultur ist eine Straße mit Gegenverkehr. Einerseits haben Produkte und Dienstleistungen, die zu einem beliebigen Zeitpunkt den Vorlieben einer Kultur entsprechen, erheblich bessere Chancen, von Konsumenten akzeptiert zu werden. Andererseits wirft die eingehende Beschäftigung mit den neuen Produkten und Innovationen hinsichtlich des Produktdesigns, die eine Kultur zu einem Zeitpunkt hervorgebracht hat, ein Schlaglicht auf die bedeutendsten kulturellen Ideale dieser Zeit. Betrachten wir beispielsweise einige Produkte, die kulturelle Prozesse widerspiegeln, wie sie zum Zeitpunkt, als sie eingeführt wurden, bestanden.

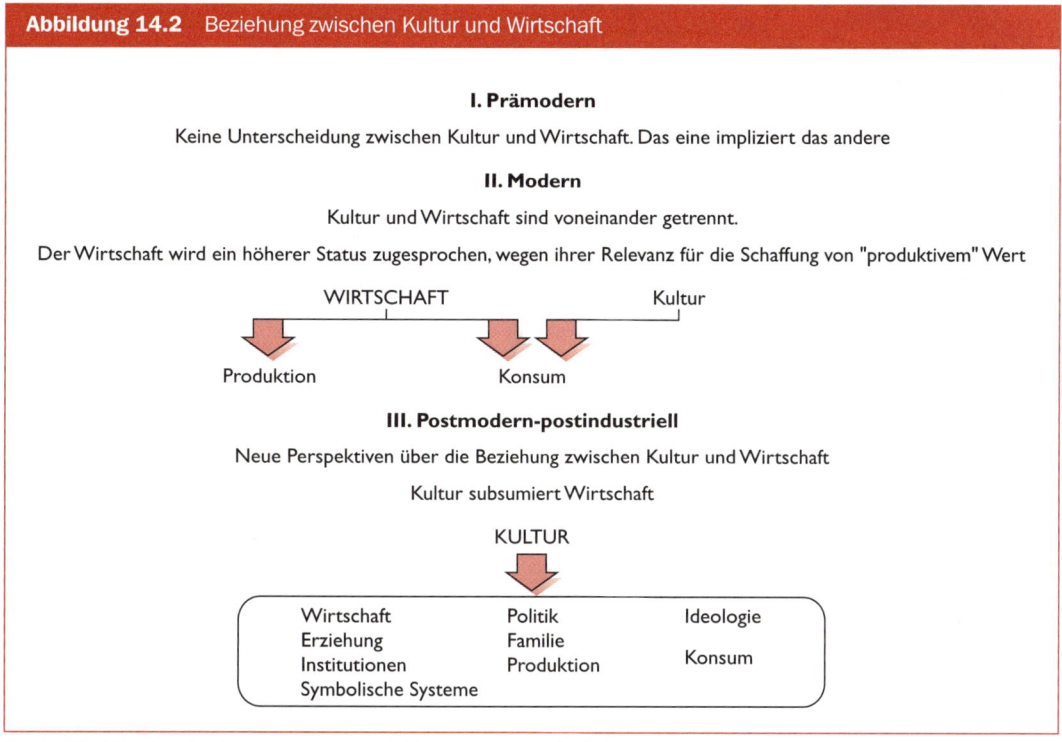

Abbildung 14.2 Beziehung zwischen Kultur und Wirtschaft

I. Prämodern

Keine Unterscheidung zwischen Kultur und Wirtschaft. Das eine impliziert das andere

II. Modern

Kultur und Wirtschaft sind voneinander getrennt.

Der Wirtschaft wird ein höherer Status zugesprochen, wegen ihrer Relevanz für die Schaffung von "produktivem" Wert

WIRTSCHAFT   Kultur

Produktion   Konsum

III. Postmodern-postindustriell

Neue Perspektiven über die Beziehung zwischen Kultur und Wirtschaft

Kultur subsumiert Wirtschaft

KULTUR

Wirtschaft	Politik	Ideologie
Erziehung	Familie	
Institutionen	Produktion	Konsum
Symbolische Systeme		

Quelle: Alladi Venkatesh, „Ethnoconsumerism: A New Paradigm to Study Cultural and Cross-Cultural Consumer Behavior", in: J.A. Costa and G. Bamossy (eds.), *Marketing in a Multicultural World* (Thousand Oaks, CA: Sage 1995).

- Fertiggerichte weisen darauf hin, dass sich Familienstrukturen änderten und es immer weniger Vollzeithausfrauen gab.
- Kosmetikartikel, wie die, die man in „The Body Shop" kaufen kann und die aus Naturstoffen und ohne Tierversuche hergestellt werden, zeigen, wie die Konsumenten zu Umweltverschmutzung, Verschwendung und den Rechten der Tiere stehen.
- Parfüms für beide Geschlechter zeigen ein neues Verständnis der Rolle der Geschlechter sowie das Verwischen der Grenzen zwischen den Geschlechtern, als Beispiel dafür diene Calvin Klein.

14.2.2 Kulturelle Aspekte

Kultur ist nichts Statisches, sie entwickelt sich ständig weiter und stellt eine Synthese her zwischen alten und neuen Ideen. Man kann sagen, dass ein kulturelles System aus drei Funktionsbereichen besteht:[7]

1. *Ökologie*: die Art, wie ein System sich seinem Lebensraum anpasst. Dieser Bereich wird eingegrenzt durch die Technologie, mit der die Ressourcen gewonnen und verteilt werden (z. B. Industriestaaten gegenüber weniger reichen Ländern).
2. *Sozialstruktur*: die Art, wie ein ordentliches gesellschaftliches Leben aufrecht erhalten wird. Dieser Bereich umfasst die familiären und politischen Gruppen, die innerhalb der Kultur dominieren (z. B. die Kernfamilie gegenüber der Großfamilie).

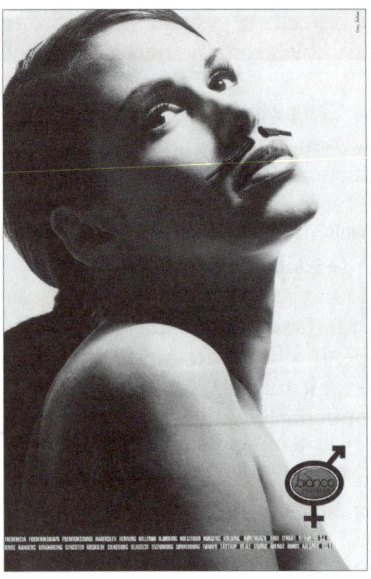

Eine einzige Welt? Das Thema der verschwindenden Grenzen zwischen den Geschlechtern wird in einigen zeitgenössischen Kampagnen thematisiert, wie in dieser Schuhwerbung.
Artwork by Grey Århus. © bianco footwear.

3. *Ideologie:* die geistigen Eigenschaften eines Volkes und die Art, wie sie mit seinem Umfeld und seinen sozialen Gruppen zusammenhängen. Dieser Bereich dreht sich um den Glauben, dass die Mitglieder einer Gesellschaft eine gemeinsame **Weltanschauung** besitzen. Sie teilen bestimmte Vorstellungen über Grundsätze von Ordnung und Fairness. Außerdem haben sie ein gemeinsames **Ethos** oder ein Gefüge aus moralischen und ästhetischen Prinzipien.

Wie sich Kulturen unterscheiden

Zwar sind alle Kulturen unterschiedlich, doch wurde viel Forschungsarbeit darauf ausgerichtet, die kulturellen Unterschiede auf einfachere Grundsätze zu reduzieren. So hat der niederländische Kulturwissenschaftler Geert Hofstede vier Dimensionen vorgeschlagen, die einen erheblichen Teil dieser Unterschiede ausmachen:[8]

1. *Machtdistanz:* die Art, wie zwischenmenschliche Beziehungen sich bilden, wenn Machtunterschiede wahrgenommen werden. In einigen Ländern herrschen strikte, vertikale Beziehungen, z.B. in Frankreich, während in anderen, beispielsweise den skandinavischen Ländern, ein größeres Maß an Gleichheit und weniger Formalität an den Tag gelegt werden.
2. *Umgehen von Unsicherheit*: das Ausmaß, in dem Menschen sich durch undurchschaubare Situationen bedroht fühlen und Glaubesvorstellungen sowie Institutionen haben, die ihnen dabei helfen, diese Unsicherheit zu bewältigen (z.B. organisierte Religion).
3. *Männlichkeit/Weiblichkeit:* der Grad, in dem die Rollen der Geschlechter klar skizziert sind (siehe Kapitel 7). Gewisse Gesellschaften tendieren eher dazu, explizite Regeln darüber zu besitzen, welche Verhaltensweisen bei Mann und Frau akzeptabel sind, etwa wer für bestimmte Aufgaben innerhalb der Familie verantwortlich ist.

4. *Individualismus:* das Maß, mit dem das Wohlergehen des Einzelnen gegenüber dem der Gruppe bewertet wird. Die Kulturen unterscheiden sich darin, wie sehr sie den Individualismus gegenüber dem Kollektivismus betonen. In **kollektivistischen Gesellschaften** stecken die Menschen ihre persönlichen Ziele gegenüber den Zielen einer stabilen In-Group zurück. In **individualistischen Gesellschaften** hingegen messen die Konsumenten persönlichen Zielen größere Bedeutung bei, und es ist wahrscheinlicher, dass sie solche „Mitgliedschaften" wechseln, bei denen die Ansprüche der Gruppe (z. B. Arbeitsplatz, Kirche o. ä.) zu kostspielig werden.

Der Ansatz von Hofstede wurde häufig kritisiert. Die vier Dimensionen erklären nicht die Bedeutungsunterschiede und die Rolle der Begriffe in jeder Kultur. Dass jede Kultur mit Problemen, die durch Macht, Risiko und Unsicherheit, geschlechtsspezifische Rollen und der Beziehung zwischen dem Einzelnen und der Gesellschaft entstehen, zu tun hat, ist offensichtlich. Dass jedoch die Lösungen für diese Probleme auf verschiedene Ebenen ein und derselben Skala reduziert werden können, ist zumindest zweifelhaft. Beispielsweise ist es schwierig, davon auszugehen, dass Begriffe wie „Risiko" oder „maskulin" in allen Kulturen dasselbe bedeuteten. Jede Kultur, also auch jede Konsumentenkultur, muss auf der Basis ihrer eigenen Prämissen verstanden und analysiert werden; dieser Ansatz ist als **Ethnokonsumerismus** bekannt.[9]

Verhaltensregeln

Werte sind, wie wir in Kapitel 4 gesehen haben, sehr allgemeine Grundsätze zur Beurteilung von guten und schlechten Zielen usw. Sie bilden die Kernprinzipien jeder Gesellschaft. Aus diesen ergeben sich Normen oder Regeln, die diktieren, was richtig oder falsch, akzeptabel oder inakzeptabel ist. Über einige Normen, man nennt sie auch *Gesetz gewordene Normen*, wird ausdrücklich entschieden, etwa die Regel, dass eine grüne Ampel „du darfst gehen" bedeutet und eine rote „halt an". Viele Normen jedoch sind erheblich subtiler. Diese *kresziven Normen* sind in einer Kultur versteckt und nur durch Interaktion mit anderen Mitgliedern dieser Kultur zu entdecken. Zu den kresziven Normen gehören folgende:[10]

- Ein **Brauch** ist eine Norm, die von früher weitergegeben wurde und das Grundverhalten bestimmt, beispielsweise die Arbeitsteilung im Haushalt oder das Praktizieren bestimmter Zeremonien.
- Der **Sittenkodex** besteht aus Bräuchen mit einem starken moralischen Unterton. Häufig betrifft er Tabus oder verbotene Verhaltensweisen, beispielsweise Inzest oder Kannibalismus. Der Verstoß gegen diese Sitten geht oft mit einer starken Zensur durch die anderen Mitglieder einer Gesellschaft einher.
- **Konventionen** sind Normen, die das Benehmen im täglichen Leben betreffen. Bei diesen Regeln geht es um Feinheiten im Konsumentenverhalten, einschließlich der „korrekten" Art und Weise, wie man sein Haus einrichtet, sich kleidet, eine Dinnerparty gibt usw.

Alle drei Typen von kresziven Normen sollten dazu dienen, ein kulturell angemessenes Verhalten zu definieren. So können uns beispielsweise die Sitten etwas darüber aussagen, welche Art von Speisen zu essen erlaubt ist. Hier ist zu bemerken, dass Sitten von Kultur zu Kultur sehr unterschiedlich sind; Hunde zu essen, ist in Europa unter Umständen ein Tabu, während Hindus kein Rindersteak und Moslems kein Schweinefleisch essen. Der Brauch schreibt die angemessene Uhrzeit vor, zu der die Mahlzeiten serviert werden sollten. Die Konventionen hingegen sagen etwas darüber aus, wie die Mahlzeiten gegessen werden, auch Details wie die zu verwendenden Utensilien, Tischetikette und sogar die passende Kleidung, in der man zu einem Dinner erscheint.

Oft nehmen wir diese Konventionen einfach als gegeben hin und gehen davon aus, dass sie „das Richtige" sind (auch hier wieder nur so lange, bis wir mit einer anderen Kultur konfrontiert werden). Und es sei ruhig noch einmal darauf hingewiesen, dass vieles von dem, was wir über diese Normen wissen, *aus zweiter Hand* gelernt wird (siehe Kapitel 3), indem wir die Verhaltensweisen von Schauspielern und Schauspielerinnen im Kino und in Fernsehserien beobachten, aber auch Werbespots, Werbeanzeigen und andere populäre Kulturmedien. Auf lange Sicht haben die Marketingexperten also viel zu tun, die Enkulturation der Konsumenten zu beeinflussen!

14.3 Mythen und Rituale

Jede Gesellschaft entwickelt Geschichten und Gewohnheiten, die ihren Mitgliedern helfen, der Welt einen Sinn zu geben. Wenn wir diese Tätigkeiten in anderen Kulturen untersuchen, erscheinen sie oft seltsam oder sogar unbegreiflich. Doch unsere *eigenen* kulturellen Gewohnheiten erscheinen uns als ziemlich normal, obwohl ein Fremder sie vielleicht genauso bizarr findet.

14.3.1 Es ist die reinste Hexerei!

Um zu begreifen, wie so genannte „primitive" Glaubenssysteme, die manche Menschen wahrscheinlich als irrational oder abergläubisch bezeichnen, fortwährend unsere vermeintlich „moderne", rationale Gesellschaft beeinflussen, muss man sich nur das leidenschaftliche Interesse vieler westlicher Konsumenten an der Magie ansehen. Die Anbieter von Naturkost, Antifaltenkosmetika, Fitnessprogrammen und Spielkasinos implizieren oft, ihre Angebote hätten „magische" Eigenschaften, die vor Krankheit, Alter, Armut oder schlicht und einfach vor Pech schützen würden. Millionen von Menschen setzen in Lotterien auf ihre „Glückszahlen", tragen Talismane zum Schutz gegen „den bösen Blick", und viele haben „Glückskleider" oder andere Produkte, von denen sie glauben, dass sie ihnen Glück bringen.

Es scheint, dass das Interesse am Okkulten populär wird, vielleicht umso mehr, wenn die Mitglieder einer Gesellschaft sich erdrückt oder machtlos fühlen, denn die Mittel der Magie vereinfachen unser Leben, indem sie uns „einfache" Antworten geben. Konsumenten sprechen bei Raftingtouren in Amerika davon, dass die magischen Fähigkeiten des Flusses in der Lage sind, seelische Wunden zu heilen und das Beste aus den Menschen herauszuholen.[11] Selbst Computer werden von vielen Konsumenten ehrfürchtig als eine Art „elektronischer Zauberer" betrachtet, mit der Fähigkeit, unsere Probleme zu lösen (oder in anderen Fällen Daten auf wundersame Weise verschwinden zu lassen).[12] In diesem Abschnitt werden Mythen und Riten behandelt, zwei kulturelle Aspekte, die allen Gesellschaften gemein sind, von den Urzeiten bis zur Moderne.

14.3.2 Mythen

Jede Gesellschaft besitzt eine Reihe von Mythen, die diese Kultur definieren. Ein **Mythos** ist eine Geschichte, die symbolische Elemente enthält, die die gemeinsamen Gefühle und Ideale einer Kultur ausdrücken. Diese Geschichte kann zum Beispiel eine Art Konflikt zwischen zwei gegeneinander gerichteten Mächten darstellen, wobei der Ausgang dann als Moral dient. Auf diese Weise nimmt ein Mythos Angst, weil er den Konsumenten Richtlinien für ihre Welt liefert.

Ein Verständnis kultureller Mythen ist wichtig für Marketingexperten, die in einigen Fällen (wahrscheinlich unbewusst) ihre Strategie an einer mythischen Struktur ausrichten werden. Betrachten wir zum Beispiel, wie das Unternehmen McDonald's „mythische" Qualitäten übernimmt.[13] Die goldfarbenen Bögen sind ein Symbol, das auf der ganzen Welt erkannt wird, es steht praktisch als Synonym für die amerikanische Kultur. Sie stellen nicht nur auf der ganzen Welt symbolisch die Möglichkeit dar, einen „Bissen" Amerika und Moderne zu konsumieren, sondern sie bieten auch Amerikanern rund um den Globus Zufluchtsstätten, wo sie genau wissen, was sie nach dem Eintritt erwartet. Grundlegende Kämpfe zwischen Gut und Böse werden in der Fantasiewelt ausgetragen, die die Werbung von McDonald's schafft, beispielsweise wenn Ronald McDonald den Hamburglar verwünscht. McDonald's hat sogar ein „Seminar" (Hamburger University), das Rekruten besuchen, um angemessene Verhaltensweisen zu lernen.

Funktionen und Struktur von Mythen

Mythen haben in einer Kultur vier miteinander zusammenhängende Funktionen:[14]

1. *Die metaphysische:* Sie helfen, die Ursprünge des Seins zu erklären.
2. *Die kosmologische*: Sie betonen, dass alle Komponenten des Universums Teil eines einzigen Bildes sind.
3. *Die soziologische:* Sie sorgen für soziale Ordnung, indem sie einen Sozialkodex auferlegen, den die Mitglieder einer Kultur befolgen müssen.
4. *Die psychologische:* Sie liefern Modelle für das persönliche Verhalten.

Mythen kann man analysieren, indem man ihre Substrukturen untersucht, eine Technik, deren Pionier der Anthropologe Claude Lévi-Strauss war. Lévi-Strauss stellte fest, dass viele Geschichten eine **binäre Opposition** beinhalten, in der zwei entgegengesetzte Enden einer Dimension dargestellt sind (z. B. Gut gegenüber Böse, Natur gegenüber Technik). Charaktere und Produkte werden in Anzeigen häufig eher als das definiert, was sie *nicht sind*, als das, was sie *sind* (z. B. das ist *kein* Produkt für diejenigen, die sich alt fühlen, *keine* Erfahrung für Ängstliche, *keine* Musik für sanfte Gemüter usw.).

Erinnern wir uns an die Besprechung der Freud'schen Theorie in Kapitel 4, wo gesagt wird, dass das Ich als eine Art „Schiedsrichter" zwischen den entgegengesetzten Bedürfnissen des Es und des Über-Ich fungiert. Ähnlich verhält es sich beim Konflikt zwischen entgegengesetzten mythischen Kräften, der mitunter durch eine *vermittelnde Figur* gelöst wird, die die Gegenseiten dadurch verbinden kann, dass sie Eigenschaften eines jeden teilt. So gibt es in vielen Mythen Tiere mit menschlichen Fähigkeiten (beispielsweise eine Schlange, die sprechen kann), wodurch die Kluft zwischen Menschheit und Natur überbrückt wird, oder aber man gibt Autos (Technik) Tiernamen (Natur), beispielsweise Jaguar oder Mustang.

In der modernen populären Kultur sind überall Mythen zu finden. Während man im Allgemeinen Mythen mit den alten Griechen und Römern gleichsetzt, sind moderne Mythen in vielen Aspekten der Massenkultur zu finden, unter anderem in Comics, Filmen, Urlaub und sogar Werbesendungen.

Die Superhelden aus den Comics demonstrieren, wie Mythen Konsumenten aller Altersstufen mitgeteilt werden können. In der Tat stellen einige dieser fiktionalen Figuren einen **Monomythos** dar, einen Mythos, den viele Kulturen gemeinsam haben.[15] Der am weitesten verbreitete Monomythos ist ein Held, der dem alltäglichen Leben entspringt, übernatürliche Kräfte besitzt und einen entscheidenden Sieg gegen böse Mächte erringt. Zurück kehrt er dann mit der Macht, seinen Gefolgsleuten Gutes tun zu können. Dieses Grundthema lässt sich bei klassischen Helden wie Lancelot, Herkules oder Odysseus wiederfinden. Der jüngste Erfolg des Disney-Films *Herkules* zeigt uns, dass diese Geschichten zeitlos sind und die Menschen in allen Altersstufen ansprechen.

Comic-Helden sind den meisten Konsumenten vertraut, da man sie für glaubwürdiger und wirkungsvoller hält als so manche Berühmtheit. Mit Filmen als Nebenprodukten und nebenbei abgeschlossenen Handelsgeschäften stellt der Comic eine mehrere Millionen Dollar schwere Industrie dar. Die amerikanische Version des Monomythos wird am besten verkörpert durch Superman, eine christusähnliche Figur, die weltlichen Versuchungen widersteht und in seiner Gemeinde wieder Harmonie herstellt. Helden wie Superman werden manchmal benutzt, um ein Produkt, Geschäft oder einen Service mit wünschenswerten Attributen zu versehen. Diese Metaphorik machen sich manchmal auch Marketingexperten zu Nutze; so versucht PepsiCola derzeit, seine Stellung auf dem japanischen Markt zu verbessern, wozu eine Figur namens „Pepsiman" benutzt wird, eine muskelbepackte Karikatur eines amerikanischen Superhelden in einer hautengen Uniform, der Werbung für das Getränk machen soll. Der Pepsiman tritt sogar in einem Sega-Spiel auf, das Fighting Vispers heißt.[16]

Doch wir werden noch von vielen anderen, weniger offensichtlichen mythologischen Figuren umgeben. Beispielsweise haben Konsumforscher die Rolle Einsteins als mythologische Figur und als Figur untersucht, die bestimmten Konsumgütern, wie Filmen oder Postern, Bedeutung verleiht oder für sie Werbung macht oder aber in Werbeanzeigen als eine Art indirekter Werbeträger genutzt wird.[17]

Auch viele Filme und Fernsehprogramme, die zu Publikumsschlagern werden, spielen direkt auf mythische Themen an. Auch wenn dramatische Spezialeffekte und attraktive Stars kein Schaden sind, ist der Erfolg einiger dieser Filme vielleicht auf die Präsentation von Cha-

Diese Werbung, die ein einer Kampagne für die Zweigstelle von McCann Ericksons in Tokyo benutzt wurde, spielt auf den Mythos Superman an. Es wird ein Superheld dargestellt, von dessen Augen Leuchtstrahlen ausgehen. Die Headline lautet: „Wir sind bereit, Ihre Werbung zu verjüngen."
© McCann-Erickson Hakuhodo Inc.

rakteren und Handlungsstrukturen zurückzuführen, die mythischen Mustern folgen. Zu diesen „mythischen Kassenschlagern" gehören unter anderem:[18]

- *Im Rausch der Tiefe:* Das Meer taucht in vielen Mythen auf. Seine Unerreichbarkeit und Tiefe hat die Menschen schon immer zu Vorstellungen über diese andere Welt inspiriert. Der Film greift die Suche nach der verlorenen Symbiose von Mensch und Natur auf, wobei der einzige Mensch, der wirklichen Zugang zu der Natur gefunden hat, sein menschliches Leben aufgeben muss, um eins zu werden mit der Reinheit und Eleganz des Meeres, symbolisiert durch die Delfine.
- *E.T., der Außerirdische:* E.T. stellt den verbreiteten Mythos des Erscheinens des Messias dar. Diese zahme Kreatur aus einer anderen Welt besucht die Erde und vollbringt hier Wunder (z. B. erweckt sie eine sterbende Pflanze wieder zum Leben). Ihre „Schüler" sind die Kinder aus der Gegend, die ihr helfen, die Mächte der modernen Technik sowie eine ungläubige weltliche Gesellschaft zu bekämpfen. Der metaphysischen Funktion des Mythos wird gedient, indem man lernt, dass die von Gott auserwählten Menschen rein und selbstlos sind.

Um fiktive Gestalten können sich sogar Subkulturen entwickeln. Viele Fans von Star Trek tauchen in eine Scheinwelt der Raumschiffe, ‚phasers' und ‚Vulcan-death grips' ein. Einige „Trekker" haben sich sogar spezialisiert: Es gibt einen ganzen Kult der Fans der Klingonen, der Mitglieder einer aggressiven Kriegerrasse, die die Föderation lange bekämpften. Die Fans haben nicht nur ihre eigene Sprache „Tlhlngan", die ein Linguist eigens für einen der Star Trek-Filme geschaffen hat, sondern auch Fanzines, Speisen und sogar ein Sommerlager. Die Popularität dieser Subkultur wird unter anderem dadurch deutlich, dass in Großbritannien eine Werbung für Pizza Hut ausschließlich in Tlhlngan lief. Die Worte dieser Krieger bedeuten übersetzt so viel wie: „Eine Kinderpizza, eine Pepsi und eine ‚Star Trek – The Next Generation'-Tasse für nur £2,99".

(Erik Davis, ‚tlhlngan Hol Dajatlh'à ?)' [‚Sprechen Sie tlhlngan?'], *Utne Reader*, März/April 1994, S. 122-9).
© Pizza Hut Inc.

- *Star Trek*: Die Fernsehserie und Filme, die die Abenteuer des Raumschiffs *Enterprise* dokumentieren, hängen mit Mythen zusammen, beispielsweise der Geschichte der Puritaner, die in New England einen neuen Kontinent erforschten und eroberten – „the final frontier". Begegnungen mit den Klingonen spiegeln Kämpfe mit den amerikanischen Indianern wider. Außerdem ist die Suche nach dem Paradies ein Thema, das in mindestens 13 der ursprünglichen 79 Episoden verwendet wurde.[19]
- *Der weiße Hai*: Dieser und andere Filme, die um ähnliche Themen konstruiert sind, basieren auf Mythen von Bestien, der wilden, gefährlichen und ungezähmten Natur, die der Feind der Kultur (des menschlichen Wesens) sind. Solche Mythen sind aus dem Christentum und anderen religiösen Mythologien bekannt, beispielsweise der Altnordischen Mythologie (die Midgardschlange und der Fenriswolf), und haben eine zentrale Rolle darin gespielt, wie die westliche Welt über Jahrhunderte hinweg die Natur betrachtete.

Werbespots als Mythen

Werbespots können in Bezug auf die ihnen zu Grunde liegenden kulturellen Themen analysiert werden, die sie darstellen. So bringen beispielsweise Werbesendungen für verschiedene Nahrungsprodukte die Konsumenten dazu, sich an die mythischen „guten alten Zeiten" zu erinnern, als die Produkte noch natürlich und unbedenklich waren. Das mythische Thema des Unterlegenen, der den stärkeren Widersacher bezwingt (wie bei David und Goliath), wurde beispielsweise von der Autoverleihfirma Avis in einer inzwischen zum Klassiker avancierten Kampagne verwendet, in der sie zugab: ‚Wir sind nur Nummer 2, aber wir strengen uns mehr an.' Auch andere Figuren mythischer Erzählungen wurden zu Werbezwecken benutzt, beispielsweise der Bösewicht (eine Marke, die ihre Konkurrenten reizt), der Held (die Marke unter Kontrolle) oder der Helfer (die Marke, die einem hilft, etwas zu erreichen).[20]

14.3.3 Rituale

Ein **Ritual** ist eine Anzahl vielfältiger symbolischer Verhaltensweisen, die in festgelegter Reihenfolge erfolgen und tendenziell regelmäßig wiederholt werden.[21] Zwar kommen den meisten Menschen beim Gedanken an Rituale zunächst seltsame Stammeszeremonien in den Sinn, vielleicht mit Tier- oder anderen Opfern, doch in Wirklichkeit sind heutzutage viele Konsumentenaktivitäten als ritualistisch zu bezeichnen. Die vier Haupttypen, in die sich die Rituale einteilen lassen, sind: Besitzrituale, Austauschrituale, Pflegerituale und Entblößungsrituale.[22] Unten sollen einige von ihnen näher beleuchtet werden.

Rituale können auf unterschiedlichen Ebenen ablaufen, wie aus Tabelle 14.2 ersichtlich wird. Einige der beschriebenen Rituale sind spezifisch amerikanisch, doch die US Super Bowl ließe sich vielleicht vergleichen mit dem English FA Cup Final oder dem traditionellen Neujahrsskispringen in Österreich. Einige Rituale bestätigen verbreitete kulturelle und religiöse Werte, beispielsweise die Unterschiede beim Ritual des Teetrinkens in Großbritannien und Frankreich. Den Franzosen erscheint Tee als ein sinnliches und mystisches Getränk, während dem Trinken von Kaffee ein eher funktionaler Zweck beigemessen wird. Für die Briten hingegen ist Tee das Alltagsgetränk, während Kaffee eher ein Getränk ist, durch das man sich selbst ausdrückt.[23] Andere Arten von Ritualen treten in kleinen Gruppen oder sogar in der Isolation auf. Marktforscher haben herausgefunden, dass für viele Eisessen am späten Abend einen ritualistischen Unterton hat, bei dem häufig zu Lieblingslöffel und -schälchen gegriffen wird.[24]

Dieses italienische Werbeplakat für Volkswagen spielt auf den Mythos des Garten Eden an, einen klassischen Kampf zwischen Tugend und Versuchung. Der Slogan lautet: „Wer hat Ihnen gesagt, dass es Sie teuer zu stehen kommt, einer Versuchung zu unterliegen?"
© Volkswagen.

Tabelle 14.2 Arten der rituellen Erfahrung		
Primäre Verhaltensquelle	**Arten des Rituals**	**Beispiele**
Kosmologie	Religion	Taufe, Meditation, Messe
Kulturelle Werte	Übergangsritual	Studienabschluss, Heirat
	kulturell	Festivals, Ferien (Valentinstag), Super Bowl
Gruppenlernen	bürgerlich	Paraden, Wahlen, Prozesse
	Gruppe	Geschäftsverhandlungen, Geschäftsessen
	Familie	Mahlzeiten, Schlafenszeiten, Geburtstage, Muttertag, Weihnachten
Individuelle Ziele und Emotionen	privat	Körperpflege, Haushaltsrituale

Quelle: Dennis W. Rook, ‚The Ritual Dimension of Consumer Behaviour', *Journal of Consumer Research* 12 (Dezember 1985): 251-64. University of Chicago Press.

Rituelle Artefakte

Viele Geschäfte sind deswegen erfolgreich, weil es ihnen gelingt, den Konsumenten rituelle Artefakte oder Dinge anzubieten, die man zur Durchführung von Ritualen verwendet. Geburtstagskerzen, Diplome, besondere Speisen und Getränke (z. B. Hochzeitstorten, Wein für feierliche Anlässe oder aber Würstchen im Stadion), Trophäen und Gedenktafeln, Gruppenkleidung, Glückwunschkarten und Uhren für den Ruhestand, allesamt werden diese Dinge bei Konsumentenritualen verwendet. Außerdem benutzen die Konsumenten häufig ein rituelles Drehbuch, das diese Gebrauchsgegenstände näher beschreibt sowie die Art und Weise, wie sie benutzt werden, und wer sie benutzt. Doch Rituale sind nicht allein auf besondere Gelegenheiten beschränkt, wie oben beschrieben. Das tägliche Leben ist angefüllt mit ritualisiertem Verhalten. Beispielsweise kann man es als ein Ritual ansehen, dass zu bestimmten Anlässen Krawatten getragen werden. Die Bedeutung, die Ritualen beigemessen wird, ist von Kultur zu Kultur unterschiedlich (so wird der Muttertag in mehreren europäischen Ländern immer weniger gefeiert) und stellt häufig ein Gemisch aus privaten und öffentlichen (gemeinsamen) Symbolen dar.[25]

Pflegerituale

Ob man sich nun hundertmal am Tag die Haare kämmt oder mit sich selbst im Spiegel spricht, praktisch alle Konsumenten unterziehen sich privaten Pflegeritualen. Diese sind Verhaltensweisen, die beim Übergang von der Privat- zur öffentlichen Person helfen und umgekehrt. Diese Rituale dienen verschiedenen Zwecken, angefangen beim Bestreben, Selbstvertrauen zu gewinnen, bevor man mit der Außenwelt in Berührung kommt, bis hin zur Reinigung des Körpers von Schmutz und anderen profanen Stoffen.

Wenn Konsumenten von ihren Pflegeritualen sprechen, dann stellt man fest, dass einige der Hauptthemen dieser Geschichten die nahezu mystischen Eigenschaften widerspiegeln, die den Pflegeprodukten und -verhaltensweisen beigemessen werden. Einige betonen einen Vorher-Nachher-Effekt, wodurch sich eine Person auf wundersame Weise verwandelt fühlt, nachdem sie bestimmte Produkte benutzt hat (wie bei Aschenputtel).[26]

Zwei Gegensatzpaare, die durch persönliche Rituale ausgedrückt werden, sind *privat – öffentlich* und *Arbeit – Freizeit*. So spiegeln viele Schönheitsrituale eine Verwandlung vom natürlichen Zustand in einen sozialen wider (so als ob eine Frau „ihr Gesicht anzöge") und umgekehrt. Mit diesen täglichen Ritualen bestätigen die Frauen, dass ihre Gesellschaft großen Wert auf körperliche Schönheit und das Streben nach ewiger Jugend legt.[27] Dies wird in der Werbung für Oil of Olaz Beauty Cleanser deutlich, die uns nahe legt, dass ein Tag mit dem „Ritual of Oil of Olaz" beginnt. Ähnlich verhält es sich mit dem Baden, das als heilig und reinigend angesehen wird, als Möglichkeit, sich von den Sünden der profanen Welt zu reinigen.[28]

Schenkrituale

Zu allen erdenklichen Feiertagen und anderen Anlässen die passenden Geschenke zu besorgen, stellt ein hervorragendes Beispiel dafür dar, welchen Einfluss Konsumentenrituale auf Marketingphänomene ausüben können. Bei den Schenkritualen besorgen sich die Konsumenten das perfekte Objekt (ein Artefakt), entfernen mit größter Vorsicht das Preisschild (wodurch sie den Gegenstand symbolisch von einem reinen Handelsartikel zu etwas Einzigartigem machen), packen es aufwändig ein und übergeben es an den Empfänger.[29]

Das Schenken betrachten die Forscher als eine Form des wirtschaftlichen Austausches, bei der der Schenkende einem Empfänger einen Gegenstand mit einem bestimmten Wert übergibt und dieser irgendwie dazu verpflichtet ist, hierfür eine Gegenleistung zu erbringen. Doch Schenken kann ebenso im Austausch von Symbolen bestehen, wobei der Schenkende von selbstlosen Faktoren angetrieben wird, beispielsweise Liebe oder Bewunderung, und dafür keine Gegenleistung erwartet. Einige Untersuchungen weisen darauf hin, dass das Schenken als gesellschaftliche Ausdrucksform an Bedeutung zunimmt; in frühen Stadien einer Beziehung ist es eher austausch-orientiert (instrumental), wird mit fortschreitender Entwicklung der Beziehung jedoch altruistischer.[30]

Jede Kultur gibt gewisse Gelegenheiten und Zeremonien vor, zu denen man sich Geschenke machen kann, sei es aus persönlichen oder beruflichen Gründen. Alleine das Überreichen von Geburtstagsgeschenken ist ein größeres Unternehmen. Ein wichtiger Bestandteil zur Festlegung von beruflichen Beziehungen sind geschäftliche Geschenke, bei deren Auswahl häufig größte Sorgfalt angewandt wird.

Das Schenken kann in drei verschiedene Stadien eingeteilt werden.[31] Im *Reifeprozess* wird der Schenkende durch ein Ereignis dazu motiviert, ein Geschenk zu besorgen. Dieses Ereignis kann entweder *struktureller* Art sein (d. h. von der Kultur vorgeschrieben, etwa wenn die Menschen Weihnachtsgeschenke kaufen) oder *plötzlich auftauchend* (d. h. die Entscheidung ist stärker persönlich und idiosynkratisch). Das zweite Stadium ist das *Präsentieren* oder der Prozess des Überreichens eines Geschenkes. Der Empfänger reagiert auf das Geschenk (auf passende oder unpassende Weise), und der Schenkende bewertet diese Reaktion.

Im dritten Stadium, der *Neuformulierung*, werden die Bindungen zwischen Schenkendem und Beschenktem reguliert (sie werden enger oder weiter), so dass sie die neue Beziehung widerspiegeln, die sich ergibt, nachdem der Austausch abgeschlossen ist. Etwas Negatives kann aufkommen, wenn der Beschenkte das Geschenk als unangemessen oder von minderer Qualität empfindet. Der Schenkende kann unter Umständen das Gefühl haben, dass die Reaktion auf das Geschenk unpassend oder unehrlich war oder gegen die Norm der Gegenseitigkeit verstößt, die verlangt, dass man sich für ein Geschenk mit einer Geste bedankt, die dem Wert des Geschenkten angemessen ist.[32] Beide Beteiligten ärgern sich unter Umständen darüber, dass sie gewissermaßen „gezwungen" sind, an dem Ritual teilzunehmen.[33]

MULTIKULTURELLE DIMENSIONEN

Die Bedeutung von Schenkritualen wird deutlich, wenn man japanische Bräuche betrachtet, wo das Verpacken eines Geschenks ebenso wichtig ist (wenn nicht noch wichtiger) wie das Geschenk an sich. Der wirtschaftliche Wert eines Geschenks ist nicht so wichtig wie dessen symbolische Bedeutung.[34] Für die Japaner sind Geschenke ein wichtiger Aspekt bei den Pflichten, die man anderen gegenüber in einer Gruppe hat. Schenken hat eine moralische Dimension (genannt *giri*).

Rituelles Schenken tritt sowohl privat/im Haushalt als auch beruflich/in der Firma auf. Jeder Japaner hat eine bestimmte Anzahl von Bekannten und Freunden, mit denen ihn gegenseitige Geschenkverpflichtungen verbinden (*kosai*).[35]

Persönliche Geschenke werden bei sozialen Anlässen gemacht, bei Beerdigungen, an Menschen, die im Krankenhaus sind, bei Stationen, die Übergänge von einem Stadium ins andere markieren (Hochzeiten, Geburtstage) und als Glückwünsche (bei Besuchen). Firmengeschenke werden zum Jahrestag der Gründung des Unternehmens gemacht oder zur Einweihung eines neuen Gebäudes. Sie sind Teil des Geschäfts und werden zum Beispiel bei Besprechungen gemacht, in denen neue Produkte angekündigt werden.

Einige der unter japanischen Konsumenten begehrtesten Geschenke sind Coupons, Bier und Seife.[36] Im Zusammenhang mit der bei Japanern üblichen Tradition des Gesichtwahrens, wird das Geschenk nicht in Anwesenheit des Gebers geöffnet, so dass es nicht nötig ist, die eventuelle Enttäuschung zu verbergen.

Selbstgeschenke

In der Regel finden – oder erfinden – die Menschen Gründe, sich selbst Geschenke zu machen; sie „behandeln" sich selbst. Die Konsumenten kaufen **Selbstgeschenke**, um ihr Verhalten zu regulieren. Dieses Ritual bietet eine gesellschaftlich akzeptierte Möglichkeit, sich selbst für gute Taten zu belohnen, sich nach negativen Ereignissen zu trösten oder sich selbst zu motivieren, um ein bestimmtes Ziel zu erreichen.[37] Abbildung 14.3 stellt einen projektiven Stimulus dar, der denen ähnelt, die bei der Forschung über das Selbstbeschenken benutzt werden. Hierbei bittet man Konsumenten, ausgehend von einem Bild wie diesem, eine Geschichte zu erzählen; ihre Antworten werden dann dahingehend analysiert, dass man herausfinden will, welche Gründe die Menschen als legitim empfinden, um sich mit Selbstgeschenken zu belohnen. Beispielsweise könnte immer wieder die Geschichte erzählt werden, dass die Frau auf dem Bild einen besonders aufreibenden Arbeitstag hinter sich hat und nun eine kleine Aufmunterung in Form eines neuen Parfüms braucht. Dieses Thema könnte dann in eine Werbekampagne für ein Parfüm eingehen. Dadurch, dass hedonistische Motive für den Konsum in den letzten Jahrzehnten immer mehr zugenommen haben, stellen Selbstgeschenke vielleicht den Teil des gesamten Konsummusters dar, der immer mehr an Bedeutung gewinnt.

Abbildung 14.3 Projektionszeichnung zur Untersuchung der Motivationen für Selbstgeschenke

Quelle: Basiert auf David G. Mick, Michelle DeMoss und Ronald J. Faber, ‚Latent Motivations and Meanings of Self-Gifts: Implications for Retail Management' (Forschungsbericht, Center for Retailing Education and Research, University of Florida, 1990).

Ferien- und Feiertagsrituale

Sowohl Ferien als auch Feiertage stellen wichtige Rituale dar. In den Urlaub zu fahren, ist eines der verbreitetsten Rituale, und der Tourismus ist eine der größten Branchen der Moderne. In den Ferien lassen die Konsumenten ihr Alltagsleben hinter sich und vollziehen ritualistische Verhaltensweisen, die unserer Zeit eigen sind.[38] In der Ferienzeit begegnet man unzähligen rituellen Gebrauchsgegenständen und Schriften, außerdem bietet sie vielen cleveren Geschäftsleuten eine hervorragende Gelegenheit, Geschenke an den Mann zu bringen. Außerdem können in den Ferien Hotels, Restaurants, Reisebüros usw. das große Geschäft machen. So bedeutet beispielsweise ein Besuch in Disneyland bei Paris möglicherweise eine ritualisierte Rückkehr zu den Kindheitserinnerungen von einem Fantasiespielland, in dem wir frei sind von jeglichen Pflichten, Aufgaben und Verantwortungen.[39]

Für viele Branchen ist Weihnachten die bei weitem wichtigste Jahreszeit. Die meisten Feiertage basieren auf einem Mythos und oft steht eine reale (Schießbudenfigur) oder imaginäre (Amor am Valentinstag) Gestalt im Zentrum dieser Geschichte. Diese Feiertage bestehen fort, weil ihre Grundelemente Muster ansprechen, die in der Funktionsweise von Kultur tief verwurzelt sind.[40]

Das Weihnachtsfest weist unzählige solcher Mythen und Rituale auf, von den Abenteuern am Nordpol bis hin zu denen unter einem Mistelzweig. Eines der bedeutendsten Rituale des Weihnachtsfestes ist die ankunft des Weihnachtsmannes oder einer entsprechenden mythischen Gestalt, die von den Kindern auf der ganzen Welt ungeduldig erwartet wird. Im Gegensatz zu Christus ist diese Person sozusagen ein Vorreiter des Materialismus. So ist es wohl kein Zufall, dass er in Geschäften und Kaufhäusern auftaucht, den Konsumtempeln unserer Zeit. Wo auch immer der Weihnachtsmann herkommen mag, sein Mythos dient auf jeden Fall dem Zweck, Kinder zu sozialisieren, indem ihnen beigebracht wird, dass sie eine Belohnung erwarten dürfen, wenn sie artig sind, und dass jedes Mitglied der Gesellschaft das erhält, was es verdient. Es erübrigt sich wohl darauf hinzuweisen, dass Weihnachten, der Weihnachtsmann und andere damit verbundene Rituale und Figuren sich je nach kulturellem Umfeld ändern. Die Transformation des Weihnachtsmanns im japanischen Kontext beispielsweise führt zu einer Figur namens „Onkel Kamin", einem Weihnachtsmann als Ersatz für das neu geborene Christuskind und dazu, dass ein gekreuzigter Weihnachtsmann am Eingang eines Kaufhauses mit dem Slogan „Frohes Einkaufen" über seinem Kopf wirbt.[41] Was sagt uns das über den Globalisierungsprozess?

Am Valentinstag werden Standards in Bezug auf Geschlecht und Liebe gelockert oder verändert, da die Menschen Gefühle ausdrücken, die unter Umständen während des restlichen Jahres verborgen sind. Zusätzlich zu den Karten werden verschiedene Geschenke ausgetauscht, von denen viele von den Anbietern hartnäckig als Aphrodisiaka angeboten oder mit Symbolen mit sexuellem Bezug versehen werden. Es scheint, als seien in den Konsumgesellschaften viele Menschen ständig auf der Suche nach neuen Ritualen, mit denen sie ihr Leben ausfüllen können. Das Ritual zum Valentinstag war einst in Skandinavien so gut wie unbekannt, entwickelt sich allerdings allmählich zu einem Teil des dortigen Konsumumfeldes. Das amerikanische Halloween-Ritual wird mittlerweile auch in Europa Mode, insbesonders die Franzosen nehmen es zum Anlass, zu feiern, zu tanzen und sich in der neuesten Mode zu präsentieren.[42]

Übergangsriten

Was hat ein Tanz von frisch Geschiedenen mit „Aufnahmefeierlichkeiten am College" gemeinsam? Beide sind Beispiele von modernen **Übergangsriten** oder besonderen Momenten, die durch einen Wechsel des sozialen Status vorgegeben werden. Jede Gesellschaft, sei sie primitiv

Die wörtliche Übersetzung des Slogans in dieser niederländischen Werbeanzeige lautet: „Mit echter Butter schaffen Sie es, sie an den Tisch zu bekommen." Sie an den Tisch zu bekommen, bedeutet auf Niederländisch aber auch, dass Sie es schaffen, dass zwei gegnerische Parteien sich zusammensetzen und Probleme ausdiskutieren... Diese Anzeige ist also eine Parodie auf die kulturelle Kluft zwischen dem holländischen „Sinter Klaas", den man dort am 5. Dezember feiert, und dem amerikanischen „Santa Claus", der immer mehr zu einem Bestandteil des Weihnachtsfestes am 25. Dezember wird.

Foto von Søren Askegaard.

oder modern, plant Zeiten ein, in denen solche Wechsel erfolgen. Einige dieser Wechsel erfolgen als natürlicher Bestandteil des Lebenszyklus des Konsumenten, beispielsweise Pubertät oder Tod, andere sind eher individueller Natur, wie Scheidung oder Rückkehr auf den Heiratsmarkt.

Einige Marketingexperten versuchen, Konsumenten zu Zeitpunkten zu erreichen, an denen ihre Produkte den Übergang von einem Lebensstadium in ein anderes erleichtern können.[43] So hat eine Anzeigenkampagne von Volkswagen die Rolle betont, die das Auto für die Freiheit von Frauen darstellt, die ihre Ehemänner oder Partner verlassen haben.

Phasen des Rollenübergangs   Ähnlich der Metamorphose von einer Raupe in einen Schmetterling verlaufen auch die Übergangsriten von Konsumenten in drei Phasen.[44] Die erste Phase, die *Separation*, erfolgt, wenn das Individuum sich von seiner ursprünglichen Gruppe oder seinem Status trennt, wenn z. B. Erstsemester ihr Elternhaus verlassen. Das *Schwellenstadium* ist die mittlere Phase, in der die Person buchstäblich zwischen zwei Stadien steht; so versucht der Neuling auf dem Campus in der Orientierungswoche herauszufinden, wie es dort zugeht. Die letzte Phase, die *Aggregation*, findet statt, wenn die Person wieder in eine Gesellschaft eintritt, nachdem der Übergangsritus abgeschlossen ist – der Student fährt Weihnachten als „richtiger Uni-Student" nach Hause. Übergangsriten markieren viele Konsumententätigkeiten, beispielsweise die Konfirmation oder andere Riten des Übergangs von der Kinder- in die Erwachsenenwelt. Ein ähnliches Übergangsstadium ist festzustellen, wenn Menschen auf bestimmte Berufsrollen vorbereitet werden, so werden beispielsweise Leistungssportler oder Models in der Regel einem „Reifeprozess" unterzogen. Sie werden aus ihrem normalen Umfeld entfernt – Leistungssportler kommen in Trainingslager, Models werden oft nach Paris oder Mailand gebracht – , in eine neue Subkultur eingeführt und kehren dann wieder zurück in die reale Welt, in ihren neuen Rollen.

Der letzte Übergang: Vermarktung des Todes Die Übergangsriten, die mit dem Tod verbunden sind, halten eine ganze Branche am Leben. Die Hinterbliebenen müssen teure Kaufentscheidungen treffen, häufig sehr kurzfristig und von Emotionen oder Aberglauben beeinflusst. Begräbniszeremonien helfen den Lebenden dabei, ihre Beziehungen zu den Verstorbenen zu ordnen, und das Geschehen ist tendenziell recht genau vorgegeben, bis hin zur Kleidung (schwarze Kleidung und Trauerflor für die Trauernden, der Leichnam trägt das beste Kleidungsstück) und speziellen Verhaltensweisen (z. B. das Schreiben von Kondolenzkarten oder das Abhalten einer Totenwache). Die Trauernden „erweisen die letzte Ehre", die Teilnahme an der Trauerfeier ist normalerweise denen vorbehalten, die dem Verstorbenen nahe standen. Selbst dem Trauerzug wird von den anderen Verkehrsteilnehmern normalerweise ein besonderer Status zuerkannt, die anerkennen, dass er etwas Gesondertes, Heiliges ist und deshalb auf seinem Weg zum Friedhof nicht überholt werden sollte.[45]

14.4 Heiliger und profaner Konsum

Wie wir bereits bei der Betrachtung der Struktur von Mythen gesehen haben, haben viele Arten von Konsumaktivität mit Abgrenzung oder Gegensatzpaaren zu tun, gut gegenüber schlecht, männlich gegenüber weiblich oder auch „normaler Fettgehalt" gegenüber „reduziertem Fettgehalt". Eines der wichtigsten dieser Gegensatzpaare ist die Unterscheidung zwischen heilig und profan. **Heiliger Konsum** hat es mit Gegenständen und Ereignissen zu tun, die von den normalen Tätigkeiten „abgesondert" und mit einem gewissen Grad an Respekt oder Ehrfurcht behandelt werden. Sie können, müssen aber nicht mit Religion zusammenhängen, doch die meisten religiösen Gegenstände und Ereignisse werden tendenziell als heilig betrachtet. **Profaner Konsum** hat etwas mit Konsumobjekten und -ereignissen zu tun, die gewöhnliche Gegenstände und Ereignisse des täglichen Lebens sind, die nichts „Besonderes" haben. (Profan hat in diesem Zusammenhang auf keinen Fall etwas mit vulgär oder obszön zu tun, sondern mit dem eher Alltäglichen).

14.4.1 Bereiche heiligen Konsums

Heilige Konsumereignisse durchdringen viele Aspekte der Erfahrungen von Konsumenten. Es finden sich immer Wege, eine Vielzahl von Orten, Menschen und Ereignissen „abzusondern". In diesem Teil werden einige Beispiele dafür betrachtet, dass der „gewöhnliche" Konsum manchmal gar nicht so gewöhnlich ist.

Heilige Orte

Heilige Orte wurden von einer Gesellschaft „abgesondert", weil sie religiöse oder mystische Bedeutung haben (z. B. Bethlehem, Mekka, Stonehenge) oder weil sie an bestimmte Aspekte des Kulturerbes eines Landes erinnern, wie der Kreml, Versailles oder das Kolosseum in Rom. Hierbei sei darauf hingewiesen, dass in vielen Fällen der heilige Charakter dieser Orte durch Kontaminierung entsteht, das heißt, dass etwas Heiliges an einer Stelle geschah und diese dann heilige Eigenschaften erhält. Der Tourismus ist eine der häufigsten und sich am schnellsten ausbreitenden Formen des Konsums von Heiligem.[46]

Andere Orte werden von der profanen Welt geschaffen und mit heiligen Eigenschaften versehen. Ein solcher Ort ist „Graumann's Chinese Theater" in Hollywood, wo Filmstars der Nachwelt ihre Fußspuren in Beton hinterlassen. Als der Fußballverein Ajax Amsterdam aus seinem alten Stadion „De Meern" in ein größeres, moderneres umzog („De Arena"), wurde der Rasen des alten Stadions sorgfältig vom Boden abgehoben und an einen Friedhof in der Nähe verkauft. Dieser Friedhof bietet den Rasen nun Fans an, die bereit sind, Höchstpreise zu zahlen, um unter echtem Ajax-Rasen begraben zu werden!

Sogar die modernen Einkaufszentren können als weltliche „Konsum-Kathedralen" betrachtet werden, besondere Orte, zu denen Mitglieder der Gemeinde kommen, um Einkaufsrituale zu praktizieren. Freizeitparks sind eine Form von massen-produzierter Fantasie, die Aspekte von Heiligkeit annehmen. Insbesondere sind die verschiedenen Disneylands Ziele, zu denen Konsumenten rund um den Globus pilgern. Disneyland bietet viele Eigenschaften traditioneller heiliger Orte, besonders für Amerikaner, aber auch Europäer können diese Parks als Quintessenz von Amerika betrachten. Von manchen werden sie sogar als Inbegriff kindlichen Glücks empfunden. So ist ein Ausflug in einen solchen Park der am häufigsten genannte „letzte Wunsch" von todkranken Kindern.[47]

In vielen Kulturen ist das Zuhause ein besonders heiliger Ort. Es stellt den krassen Gegensatz zwischen dem harten Leben auswärts und dem „inneren Raum" des Konsumenten dar. In Nord- und Westeuropa ist das Zuhause ein Ort, an dem man Gäste empfängt (in Südeuropa ist es eher verbreitet, auszugehen), und jedes Jahr werden für die Inneneinrichtung und Möbel Vermögen ausgegeben; deshalb ist das Zuhause ein zentraler Bestandteil der Konsumentenidentitäten.[48] Auf der ganzen Welt gehen die Konsumenten sehr weit darin, sich eine besondere Umgebung zu schaffen, die es ihnen erlaubt, es sich gemütlich zu machen. Diese Wirkung wird dadurch erzielt, dass das Heim so persönlich wie möglich gestaltet wird, wozu beispielsweise Türgirlanden, Arrangements für den Kaminsims oder Ahnengalerien beitragen.[49] Sogar öffentliche Orte, wie verschiedene Arten von Cafés und Bars, bemühen sich um eine heimelige Atmosphäre, in der die Gäste vor der harten äußeren Welt Zuflucht finden können.

Heilige Menschen

Auch Menschen können heilig sein, wenn sie idolisiert und von den Massen abgehoben werden. Souvenirs, Erinnerungsstücke und sogar ganz profane Gegenstände, die von solchen heiligen Personen einmal berührt oder genutzt wurden, erlangen eine besondere Bedeutung und werden für sich wertvoll. In der Tat gibt es einige Branchen, die mit dem Verlangen der Konsumenten nach Produkten, die eine bestimmte Assoziation mit berühmten Personen haben, Geld machen. Der Markt mit Autogrammen boomt und Gegenstände, die einmal solchen Berühmtheiten gehörten, wie Prinzessin Dianas Kleider oder John Lennons Gitarren, erzielen auf Versteigerungen oft astronomische Preise. Ein Geschäft mit dem Namen „A Star is Worn" (*Ein Star wird angezogen*) verkauft Stücke, die von Berühmtheiten gespendet wurden, ein schwarzer BH mit der Unterschrift von Cher beispielsweise wurde hier für 575 US-Dollar verkauft. Über die Kunden solcher Geschäfte sagte ein Beobachter einmal: „Sie wollen etwas, das einmal einem Star gehörte. Es ist, als seien die Stars inzwischen zu Heiligen geworden und die Menschen wollen nun ihre Leichentücher haben."[50]

MARKETINGFALLE

Die „Heiligkeit" mancher Berühmtheiten hat einen neuen Industriezweig hervorgebracht: „Doppelgänger" und „Sound-alikes" – also Menschen, die der Berühmtheit ähnlich sehen oder die gleiche Stimme haben. Die Tatsache, dass die Verwendung von Berühmtheiten aufgrund der Abhängigkeit von deren Image ein riskantes Geschäft ist, gilt auch für die „Doppelgänger"-Branche. Der Tod von Prinzessin Diana macht laut einem Londoner Agenten ihre Lookalikes vermutlich arbeitslos. Manche sagten, es sei geschmacklos, Doppelgänger auch nach Dianas Tod auftreten zu lassen.[51] Viele der Wohltätigkeitsvereine, die sie unterstützt hat, werden den Verlust wohl langfristig spüren, nachdem das plötzliche Interesse an diesen Dingen abgeflaut ist. Von ihrem Tod werden aber vermutlich viele Menschen außerhalb der Paläste, in denen sie gewohnt hat, profitieren, angefangen bei Verfassern von Biographien und Herausgebern über Filmproduzenten und Fernsehgesellschaften bis hin zu Andenkenindustrie und Souvenirverkäufern.

Heilige Ereignisse

Viele Konsumentenaktivitäten haben einen besonderen Status angenommen. Insbesondere öffentliche Veranstaltungen ähneln heiligen, religiösen Zeremonien, wie das Spielen der Nationalhymnen vor Länderspielen oder das ehrerbietende Anzünden von Wunderkerzen und Feuerzeugen am Ende von Rockkonzerten zeigt.[52]

Für viele Menschen ist die Welt des Sports heilig und erlangt beinahe den Status einer Religion. Die Ursprünge moderner Sportveranstaltungen kann man in alten religiösen Riten finden, beispielsweise in Fruchtbarkeitsfeiern wie den Olympischen Spielen.[53] So ist es nicht ungewöhnlich, dass Teams vor dem Spiel gemeinsam beten. Der Sportteil in der Zeitung ähnelt der Heiligen Schrift, das Stadion einem Gotteshaus und die Fans kommen den Mitgliedern einer Gemeinde gleich. Nachdem die Schotten zum ersten Mal seit vielen Jahren im Wembley-Stadion die Engländer geschlagen hatten, haben schottische Fans die Tore abgerissen und Teile von ihnen als heilige Reliquien mit nach Hause gebracht. Und nach wichtigen Spielen, etwa Weltcup-Finalspielen, wurden auch schon kleine Rasenstücke des entsprechenden Stadions zu hohen Preisen verkauft.

Die Anhänger veranstalten Gruppenaktionen wie Tail-gate-Parties oder die „La Ola-Welle", die geradezu an eine Versammlung zur Wiedererweckung erinnert. Die Athleten, derentwegen die Fans in die Stadien kommen, sind wie Götter; man spricht ihnen übermenschliche Kräfte zu, was insbesondere auf Fußballstars in Südeuropa und Lateinamerika zutrifft. Die Sportler stehen im Zentrum eines verbreiteten kulturellen Mythos, des Heldenkults. Die sagenhaften Beispiele eines Abebe Bikila aus Äthiopien, der 1960 barfuß den Marathon gewann, oder von Boxhelden, die es – legal – geschafft haben, sich ihren Weg aus Armut und Misere zu „erkämpfen", zeigen dass die späteren Stars sich oft zunächst unter mühsamsten Umständen beweisen müssen. Siege werden nur durch Kraft und Willen erzielt. Natürlich sind Sportstars beliebte Endorser, aber nur wenige von ihnen sind auch im Ausland wirklich gefragt, weil sie meistens in erster Linie Nationalhelden sind. Doch ein paar von ihnen sind auf der ganzen Welt bekannt, zumindest bei den Zielkunden der jeweiligen Werbung, so dass man sie für internationale Kampagnen einsetzen kann.

Auf der einen Seite ist Sport einer der Bereiche, von denen man sagen kann, dass sie immer heiliger werden (siehe unten Sakralisierung), auf der anderen Seite aber läuft der traditionell als heilig betrachtete Bereich der Schönen Künste Gefahr, „entheiligt" zu werden. Als in jüngster Zeit ein Verlag für klassische Musik verkauft wurde, hatten mehrere Vertreter des Unternehmens die Befürchtung, dass die Übernahme durch einen der Riesen wie Sony, Polygram oder EMI dazu führen könnte, dass eine Marktlogik eingeführt würde, die es nicht mehr zuließe, dass weiterhin unbekannte Künstler gefördert werden und langfristig in sie investiert wird. Man argumentiert so, dass klassische Musik kein Produkt ist, das von jedem Vertreiber gehandelt werden kann, sondern vielmehr besondere Aufmerksamkeit erfordert sowie die Bereitschaft, finanzielle Einbussen in Kauf zu nehmen, um künstlerische Offenheit und Kreativität zu garantieren.[54] Solche Reaktionen – wie gerechtfertigt sie auch sein mögen – zeigen, dass Künstler wie Manager sich vorstellen, sie handelten mit heiligen Objekten, die sie nicht der in ihren Augen profanen Legitimität des Marktes unterordnen können.[55]

Ein anderes Beispiel einer heiligen, nichtgewöhnlichen Erfahrung, die für Marketingexperten extrem wichtig ist, ist der Tourismus. Der Tourist ist ständig auf der Suche nach „authentischen" Erfahrungen, die sich von seiner oder ihrer Welt unterscheiden – man denke nur an das Motto des Club Med „Das Gegenmittel zur Zivilisation".[56] Diese Reiseerfahrung hat mit den Gegensatzpaaren „Arbeit" – „Freizeit" und „zu Hause" – „unterwegs" zu tun. Normen bezüglich angemessener Verhaltensweisen verändern sich, da die Touristen intensiv auf der Suche sind nach unerlaubten Erfahrungen, auf die sie sich zu Hause nicht im Traum einlassen würden.

Der Wunsch der Reisenden, diese heiligen Erfahrungen in Gegenständen einzufangen, stellt das Fundament der gesamten Souvenirindustrie dar, die man auch als das Geschäft mit dem Verkauf heiliger Erinnerungen bezeichnen könnte. Ob es sich um einen persönlichen Streichholzbrief von einer Hochzeit oder ein kleines Stück der Berliner Mauer handelt, Souvenirs sind materielle Erinnerungsstücke an heilige Erfahrungen des Konsumenten.[57]

Abgesehen von persönlichen Erinnerungsstücken wie einer Eintrittskarte zu einem besonders schönen Konzert, gibt es noch andere Arten von Souvenirs:[58]

- Regionale Produkte wie Gänseleber aus dem Périgord oder Scotch Whisky.
- Bildliche Darstellungen wie Postkarten.
- „Ein Stück Fels" (z. B. Muscheln oder Kiefernzapfen).
- Symbolische Nachbildungen im Miniformat, beispielsweise der Kleinen Meerjungfrau oder des Eiffelturms.
- Erkennungsmerkmale wie T-Shirts der Hard Rock Cafés.

14.4.2 Von heilig zu profan und wieder zurück

Um das Leben noch etwas interessanter zu gestalten, verließen in jüngster Zeit viele Konsumentenaktivitäten ihren ursprünglichen Bereich und gingen in den anderen über. Einige Dinge, die man bislang als heilig betrachtete, wechselten in den profanen Bereich, wohingegen andere, alltägliche Phänomene mittlerweile als heilig betrachtet werden.[59] Beide Prozesse sind für unser Verständnis des heutigen Konsumentenverhaltens maßgebend.

Entheiligung

Entheiligung liegt dann vor, wenn ein heiliger Gegenstand oder ein Symbol von seinem besonderen Platz entfernt oder in Massen abgebildet und dadurch alltäglich wird. Reproduktionen von heiligen Monumenten als Souvenirs, wie der Schiefe Turm von Pisa oder der Eiffelturm, Massenartikel mit Mona Lisa oder Adaptationen bedeutender Symbole wie des Union Jack durch Modedesigner haben die Tendenz, deren besondere Aspekte aufzuheben und sie zu unechten Artikeln zu machen, die maschinell gefertigt werden und relativ wenig Wert darstellen.[60]

Die Religion selbst ist zu einem gewissen Grad desakralisiert worden. Religiöse Symbole wie stilisierte Kreuze oder New-Age-Kristalle sind heute topmodische Schmuckstücke.[61] Von religiösen Festen, vor allem Weihnachten, sagen – und kritisieren – viele, sie seien zu weltlichen und materialistischen Veranstaltungen geworden und hätten ihre ursprüngliche heilige Bedeutung verloren. Die italienische Modefirma Benetton gehörte zu den ersten, die lebhafte und oft kontroverse Botschaften verbreitete, die uns unsere kulturellen Kategorien und Vorurteile enthüllten, und die auch das Problem der Desakralisierung berührten.[62]

Und sogar der Klerus selbst greift verstärkt zu weltlichen Marketingtechniken. Gerade in den USA nutzen so genannte „televangelists" die Macht des Fernsehens, eines weltlichen Mediums, um ihre Botschaften zu übermitteln. Die Katholische Kirche hat dort eine heftige Kontroverse ausgelöst, als sie eine bekannte PR-Firma damit betraute, ihre Antiabtreibungskampagne zu fördern.[63] Dennoch haben viele religiöse Gruppen den weltlichen Weg einge-

Desakralisierung? Einige Zeitschriften weigerten sich, diese umstrittene Benetton-Werbung zu drucken, weil sie als Beleidigung religiöser Symbole empfunden wurde.
Fotograf: O. Toscani für Benetton.

schlagen und nutzen nun Marketingtechniken, um die Zahlen ihrer Glaubensmitglieder zu erhöhen. Bleibt die Frage, ob die Verwendung von Marketing das „Produkt" oder den „Service" der Kirchen verändert: den wahren Glauben und die Erlösung.[64]

Sakralisierung

Sakralisierung erfolgt dann, wenn Objekte, Ereignisse und sogar Menschen für eine Kultur oder auch nur eine bestimmte Gruppe innerhalb einer Kultur eine heilige Bedeutung annehmen. So wurden Ereignisse wie die Filmfestspiele in Cannes oder Wimbledon oder Personen wie Elvis Presley oder Prinzessin Diana für einige Konsumenten sakralisiert.

Von *Objektivizierung* spricht man dann, wenn weltlichen Gegenständen heilige Eigenschaften zugesprochen werden. Eine Art, wie dieser Prozess erfolgen kann, ist durch *Kontaminierung*, wobei Objekte, die mit heiligen Ereignissen oder Menschen verbunden sind, an sich heilig werden. Dies ist der Grund dafür, dass viele Fans verrückt sind nach Dingen, die Prominenten gehört haben oder die diese zumindest einmal berührt haben. Ein Standardverfahren, durch das Objekte sakralisiert oder geheiligt werden, ist die Aufnahme in die Sammlung eines Museums.

Doch selbst ganz profane und billige Dinge können, abgesehen davon, dass sie durch Präsentationen in Museen zu Raritäten werden, auch zu etwas Besonderem werden, indem sie in private *Sammlungen* aufgenommen werden, wo sie von alltäglichen zu heiligen Dingen mutieren. Egal, welchen Gegenstand Sie nennen, es wird immer eine Gruppe von Sammlern geben, die hinter ihm her sind. Inhalte von Sammlungen reichen von verschiedenen beliebten Kulturandenken, seltenen Büchern und Autogrammen bis hin zu Barbiepuppen, Teebeuteln, Rasenmähern und sogar Reklamepost.[65] Die 1200 Mitglieder des American McDonald's-Sammlerclub sammeln „Preise" wie Sandwichverpackungen und Happy Meal-Spielsachen – seltene

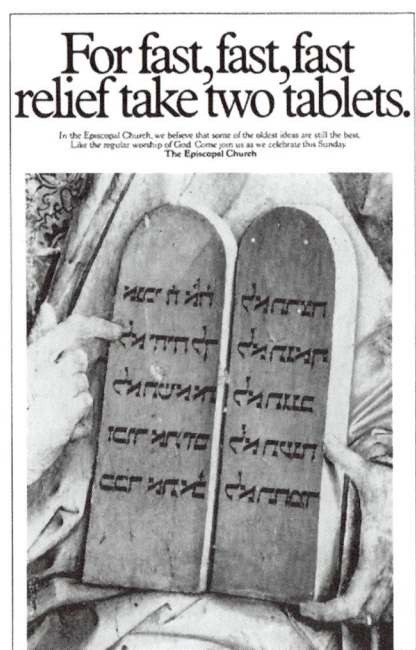

Anzeige für die Episkopalkirche, die im obigen Kasten über multikulturelle Dimensionen diskutiert wird.
Church Ad Project, 1021 Diffley, Eagan, MN 55123.

MARKETINGCHANCE

Marketingexperten finden immer neue Wege, um der Leidenschaft von Konsumenten für das Sammeln entgegenzukommen. Telefonkarten gehören zu beliebten Sammlerobjekten und die Verkäufe von Telefonkarten beliefen sich im Jahr 2000 auf über 3 Milliarden Dollar. Telefongesellschaften verkaufen Werbeflächen auf den Karten und planen Lizenzen von Produzenten von Filmen und Zeichentrickfilmen zu erwerben, um Karten mit den Bildern dieser Produktionen zu versehen. Die Attraktivität dieser Karten wird für die Telefongesellschaften noch dadurch gesteigert, dass viele der Karten gar nicht eingelöst werden, weil sie unter Sammlern als wertvoller gelten, wenn sie nicht benutzt sind.[66]

Stücke unter ihnen, etwa die Potato Head Kids Toys von 1987, bringen es auf 25 US-Dollar.[67] Die Konsumenten fühlen sich oft geradezu fanatisch mit ihren Sammlungen verbunden; diese Leidenschaft spricht aus folgendem Kommentar, den in einer Studie einmal eine Frau abgegeben hat, die Teddybären sammelt: „Sollte mein Haus einmal abbrennen, werde ich nicht um meine Möbel weinen, sondern um meine Bären."[68]

Ein Gegenstand wird sakralisiert, sobald er in eine Sammlung aufgenommen wird, und erhält eine besondere Bedeutung für den Sammler, die in einigen Fällen vom Außenstehenden nicht leicht zu verstehen ist. **Sammeln** bezieht sich auf den systematischen Erwerb eines bestimmten Objektes oder Objektsatzes, und diese weit verbreitete Aktivität ist vom einfachen Horten zu unterscheiden, das aus einem ganz unsystematischen Sammelprozess besteht.[69] Normalerweise enthält das Sammeln sowohl rationale als auch emotionale Komponenten, da die Sammler auf ihre Objekte fixiert sind, aber sie verwenden auch viel Sorgfalt darauf, sie zu organisieren und auszustellen.[70]

Einige Konsumforscher haben den Eindruck, dass die Motivation der Sammler, ihre „Preise" zu erwerben, darin liegt, auf sozial akzeptable Weise einen hohen Grad an Materialismus zu genießen. Durch das systematische Aufbauen einer Sammlung darf der Sammler materielle Objekte „anbeten", ohne sich schuldig oder minderwertig zu fühlen. Eine andere Erklärung ist die, dass Sammeln eine ästhetische Erfahrung ist; viele Sammler haben mehr Freude daran, die Sammlung zusammenzustellen, als die Gegenstände nur passiv zu betrachten, die sie aufgetrieben oder gekauft haben. Gleich, welche Motivation sie haben, enthusiastische Sammler verwenden nicht selten einen Großteil ihrer Zeit und Energie darauf, ihre Sammlungen zu pflegen und erweitern, so dass diese Tätigkeit für viele zu einer zentralen Komponente ihres erweiterten Selbst wird (siehe Kapitel 7).[71]

14.5 Zusammenfassung des Kapitels

• Zur *Kultur* einer Gesellschaft gehören ihre Werte, ethischen Prinzipien und die materiellen Gegenstände, die die Menschen produzieren. Sie ist die Ansammlung von *gemeinsamen Bedeutungen* und Traditionen der Mitglieder einer Gesellschaft. Eine Gesellschaft kann man beschreiben im Hinblick auf Ökologie (wie die Menschen sich an ihren Lebensraum anpassen), auf ihre Sozialstruktur und Ideologie (einschließlich der moralischen und ästhetischen Prinzipien der Menschen). In diesem Kapitel werden einige Aspekte der Kultur beschrieben, außerdem konzentriert es sich darauf, wie kulturelle Bedeutungen entstehen und innerhalb der Mitglieder einer Gesellschaft weitergegeben werden.

- Die Mitglieder einer Kultur haben ein gemeinsames System von *Glaubensvorstellungen* und *Praktiken*, das auch *Werte* einschließt. Den Prozess, durch den man die Werte einer Kultur lernt, nennt man Enkulturation. Jede Kultur kann man beschreiben durch eine Reihe von Kernwerten. Ermitteln kann man Werte durch verschiedene Methoden, auch wenn es oft schwierig ist, die Ergebnisse hiervon direkt auf Marketingkampagnen anzuwenden, weil sie zu allgemein sind.

- *Mythen* sind Geschichten, die symbolische Elemente enthalten, die die gemeinsamen Ideale einer Kultur ausdrücken. Viele Mythen haben mit Gegensatzpaaren zu tun, in denen Werte durch das ausgedrückt werden, was sie sind und was nicht, z. B. Natur gegenüber Technik. Moderne Mythen werden durch Werbung, Filme und andere Medien übermittelt.

- Ein *Ritual* ist eine Anzahl vielfältiger symbolischer Verhaltensweisen, die in einer festgelegten Reihenfolge ablaufen und tendenziell regelmäßig wiederholt werden. Rituale findet man in vielen Konsumtätigkeiten wieder, die in der populären Kultur auftreten. Hierzu gehören das Feiern von Festtagen, das Schenken und die Körperpflege.

- Ein *Übergangsritus* ist eine spezielle Art von Ritual, bei dem der Übergang von einer Rolle in eine andere erfolgt. Diese Übergänge gehen normalerweise mit der Notwendigkeit einher, Produkte und Dienstleistungen zu erwerben, so genannte rituelle Artefakte, um den Übergang zu erleichtern. Zu modernen Übergangsriten zählen Schul- oder Universitätsabschlüsse, Eröffnungsfeiern, Hochzeiten und Beerdigungen.

- Die Konsumentenaktivitäten lassen sich in *heilige* und *profane* einteilen. Heilige Phänomene werden von alltäglichen Tätigkeiten und Produkten „abgesondert". Menschen, Ereignisse und Objekte können auch heilig werden. *Objektivizierung* liegt dann vor, wenn Produkten oder Gegenständen, die heiligen Personen gehörten, heilige Eigenschaften zugesprochen werden. Von *Sakralisierung* spricht man dann, wenn heilige Gegenstände oder Tätigkeiten ein Teil des alltäglichen Lebens werden, beispielsweise wenn in ihrer Art einzigartige Kunstwerke in großen Stückzahlen reproduziert werden. Von *Desakralisierung* spricht man, wenn Objekte, die zuvor als heilig betrachtet wurden, kommerzialisiert werden und in die populäre Kultur eingehen.

- Das *Sammeln* ist eine der am weitesten verbreiteten Arten, heiligen Konsum im täglichen Leben zu erfahren. Zugleich ist es einer der Bereiche, in dem Konsum und Leidenschaften auf engste miteinander verflochten sind.

SCHLÜSSELBEGRIFFE

14.1 Kultur kann man sich als die Persönlichkeit einer Gesellschaft vorstellen. Wenn Ihre Kultur eine Person wäre, könnten Sie ihre Persönlichkeitszüge beschreiben?

14.2 Welcher Unterschied besteht zwischen einer erlassenen und einer kresziven Norm? Identifizieren Sie die Reihe von kresziven Normen, wenn ein Mann und eine Frau in Ihrer Gesellschaft zum ersten Mal miteinander zum Abendessen ausgehen. Welche Produkte und Dienstleistungen sind von diesen Normen betroffen?

14.3 Worin unterscheiden sich Konsumentenentscheidungen, die mit Geschenken zu tun haben von anderen Kaufentscheidungen?

14.4 In diesem Kapitel wird gesagt, dass Schenken nicht immer positiv ist. In welcher Beziehung kann dieses Ritual unangenehm oder negativ sein?

14.5 Erstellen Sie eine Liste der Rituale, die in Ihrem Land bei einer Hochzeit üblich sind. Wie viele Artefakte sind in dieser Liste enthalten?

14.6 Nennen Sie einige der Hauptmotivationen für Selbstgeschenke. Was bedeutet dies für das Marketing?

14.7 Beschreiben Sie die drei Stadien der Rituale beim Übergang vom Schulabschluss zur Universität.

14.8 Identifizieren Sie die ritualisierten Aspekte von zahlreichen Sportarten, die in der Werbung verwendet werden.

14.9 Manche Menschen haben sich gegen die kommerzielle Ausbeutung kultureller Figuren gewehrt. Viele Konsumenten in den Vereinigten Staaten haben zum Beispiel die Profite bedauert, die Filmemacher und Geschäftsleute mit Filmen wie *Malcolm X* gemacht haben (z. B. durch den Verkauf eines „Malcolm X-Luftbefeuchters"). Andere wiederum sind der Meinung, dass diese Art von Kommerzialisierung dabei hilft, Konsumenten über die Rolle solcher Menschen aufzuklären, und dass sie für unsere Gesellschaft unerlässlich ist. Wie denken Sie darüber?

14.10 Interviewen Sie zwei oder drei Ihrer Kommilitonen über das Sammeln und sprechen Sie dabei über Ihre eigenen Sammlungen oder über Sammlungen von Menschen, die Sie kennen. Verwenden Sie zur Analyse ihrer Antworten die Konzepte des Heiligen.

Tina und Caroline sind leitende Angestellte in einer Werbeagentur. Nach einer besonders aufreibenden Woche freuen sie sich auf ein wohlverdientes Wochenende. Tina erzählt Caroline begeistert von ihren Plänen. Weil sie nicht früh aufstehen muss, wird sie erst einmal in ihrer neuen Wohnung ausschlafen. Dann wird sie einen Schaufensterbummel machen und vielleicht ein paar Freunde in einem der Bistros, in denen sie immer sind, zum Mittagessen treffen. Dann wird sie nach Hause gehen und den Nachmittag in ihrer Wohnung verbringen, bis ihre Freundin Anna sie abholt, um in die neue Technodisko zu gehen, von der sie vor ein paar Tagen gehört hat. Dort werden sie die ganze Nacht durchtanzen.

Caroline muss lächeln. Während Tina ihre Zeit im Bett und in der Stadt vergeudet, steht sie früh auf, um eine Wanderung zu einem Vogelschutzgebiet zu machen, die der Umweltschutzverein, dem sie angehört, organisiert hat. Sie hat gehört, dass es dort wahrscheinlich ein paar seltene Orchideen zu sehen gibt. Um vier Uhr will sie am Computer sitzen, um dem Stadtrat wegen der derzeitigen Debatte über die Verwendung von Pestiziden in öffentlichen Parks und an Straßenrändern einen offenen Brief zu schreiben. Dann wird sie ausspannen, vielleicht leiht sie sich noch ein Video mit einem der guten Filme aus, die sie wegen mangelnder Zeit nie anschauen kann...

Manchmal wundert sich Caroline, wie verschiedenTina und sie sind – obwohl sie sich beide für anspruchsvolle, moderne Frauen halten. Sie verdienen gleich viel und machen die ganze Woche fast die gleiche Arbeit. Wie können sie am Wochenende einen so unterschiedlichen Geschmack haben? Deswegen verstehen sie sich wahrscheinlich auch so gut, denkt Caroline.

KAPITEL 15

Lebensstile und europäische Kulturen

15.1 Lebensstile und Konsumwahl

Demografisch ähneln sich Caroline und Tina. Sie sind beide in Haushalten der Mittelklasse aufgewachsen, haben ein ähnliches Bildungsniveau, sind ungefähr gleich alt, haben den gleichen Beruf und das gleiche Einkommen. Wie ihre Freizeitbeschäftigungen zeigen, wäre es aber ein Irrtum anzunehmen, dass sich auch ihre Konsumentscheidungen gleichen. Tina und Caroline wählen Produkte, Dienstleistungen und Aktivitäten, die ihren unverwechselbaren *Lebensstil* reflektieren. Zunächst befasst sich dieses Kapitel mit der Frage, wie Marketingexperten solche Konsumentscheidungen verwenden, um Produkte und Kommunikationen auf einzelne Lebensstil-Segmente zuzuschneidern. Dann beschäftigt es sich mit der Frage, wie Lebensstil-Entscheidungen durch den Ort, an dem Menschen leben, beeinflusst werden, und mit den Problemen, die auftreten, wenn Unternehmen ihre Produkte in anderen Ländern einführen möchten.

15.1.1 Lebensstil: Wer wir sind und was wir tun

In traditionellen Gesellschaften, die das kollektive Bewusstsein hoch bewerten, werden Konsummöglichkeiten weit gehend von der Gesellschaftsklasse, der Kaste, dem Dorf oder der Familie bestimmt. In einer modernen Konsumgesellschaft jedoch können Menschen die Produkte, Dienstleistungen und Aktivitäten, durch die sie sich definieren, frei auswählen und sich somit eine soziale Identität schaffen. Die Wahl der Güter und Dienstleistungen einer Person erlaubt Aussagen darüber, wer sie ist, mit welcher Art von Menschen sie sich identifizieren will und von welchen Menschen sie sich lieber distanziert.

Der **Lebensstil** bezieht sich auf das Konsumverhalten, das die Entscheidung einer Person reflektiert, wofür sie ihre Zeit und ihr Geld verwendet – aber oft auch auf Einstellungen und Werte, die mit diesen Verhaltensweisen verbunden sind. Viele der in diesem Buch besprochenen Faktoren wie Selbsteinschätzung, Bezugsgruppen und soziale Klassen dienen als ‚Rohzutaten' für eine unverwechselbare Lebensweise. In wirtschaftlicher Hinsicht bedeutet der Lebensstil einer Person die Art und Weise, wie sie ihr Einkommen zuweist – sowohl in Bezug auf die relative Zuweisung an verschiedene Produkte und Dienstleistungen, wie auch an spezifische Alternativen innerhalb dieser Kategorien.[1] Es gibt andere Zuschreibungen, die Konsumenten nach ihrem allgemeinen Konsumverhalten unterscheiden, z. B. danach, wie sie Teile ihres Einkommens den verschiedenen Konsumbereichen zuweisen. Oft schaffen diese Zuweisungen eine neue Art von Statussystem, das weniger auf dem Einkommen beruht als auf der Verfügbarkeit von Informationen über Güter und darüber, wie diese Güter als soziale Abgrenzungen funktionieren.[2]

Die verschiedenen Lebensstile kann man sich als Gruppenidentitäten vorstellen. Marketingexperten verwenden demografische und wirtschaftliche Ansätze, um Veränderungen in der Gesellschaft aufzuspüren, aber diese Ansätze erfassen nicht die symbolischen Feinheiten, durch die sich Lebensstil-Gruppen unterscheiden. Lebensstil ist mehr als nur die Zuweisung von verifizierbarem Einkommen. Er ist eine Aussage darüber, wer zu der Gesellschaft gehört und wer nicht. Gruppenidentitäten – ob es sich dabei um Menschen mit einem bestimmten Hobby, um Sportler oder um Drogenabhängige handelt – nehmen durch Handlungen mit expressivem Symbolismus Gestalt an. Die Selbstdefinition von Gruppenmitgliedern wird von dem allgemeinen Symbolsystem abgeleitet, dem die Gruppe angehört. Solche Selbstdefinitionen wurden durch verschiedene Begriffen gekennzeichnet, darunter *Lebensstil, Geschmack, Konsumentengruppe, symbolische Gemeinschaft* und *Statusgesellschaft*.[3]

Jeder Lebensstil ist (irgendwie) einzigartig. Das auf dem Lebensstil beruhende Konsumverhalten setzt sich oft aus mehreren Faktoren zusammen, die von anderen Menschen in den gleichen wirtschaftlichen und sozialen Umständen beeinflusst werden. Trotzdem fügt jede Person diesem Verhalten eine besondere ‚Note' hinzu, durch die sie ihrem Lebensstil Individualität verleiht. Ein ‚typischer' Student – wenn es ihn gibt – kann sich wie seine Freunde anziehen, an dieselben Orte bevorzugen und das gleiche Essen mögen, sich aber trotzdem eine Leidenschaft für Marathon, Briefmarkensammlungen oder sozialen Diensten genehmigen – Aktivitäten, die ihn einzigartig machen.

Lebensstile dauern nicht ewig und sind nicht in Stein gemeißelt. Im Gegensatz zu tief verwurzelten Wertvorstellungen entwickeln sich Geschmack und Präferenzen der Menschen im Lauf der Zeit, so dass Konsumverhalten, das an einem Zeitpunkt positiv betrachtet wurde, ein paar Jahre später belächelt oder verachtet werden kann. Denken Sie nur einmal daran, was Sie, Ihre Freunde und Ihre Familie vor fünf oder zehn Jahren trugen, taten und aßen. Wo haben Sie Ihre Kleidung gekauft? Weil sich die Einstellungen von Menschen in Bezug auf körperliche Fitness, soziale Aktivitäten, geschlechtsspezifische Rollen, die Bedeutung von häuslichem Leben und Familie und viele andere Dinge ändern, ist es für Marketingexperten von größter Bedeutung, die sozialen Gegebenheiten ständig zu erforschen und vorauszusehen, wohin diese Änderungen führen.

15.1.2 Konsum als Ziel

Mitglieder der ‚Kargo-Kulte' im Südpazifik verehrten Schiffsfrachten und Teile von abgestürzten Flugzeugen, die von der Flut an Land gespült wurden. Diese Menschen glaubten, die an ihren Inseln vorüberziehenden Schiffe und Flugzeuge würden von ihren Vorfahren gesteuert werden, und versuchten, sie in ihre Dörfer zu locken. Während des Zweiten Weltkrieges konstruierten sie sogar Flugzeuge aus Stroh – in der Hoffnung, echte Flugzeuge anzulocken.[4]

Nicht jeder verehrt materielle Güter auf diese Weise, aber für viele Menschen spielen sie doch eine zentrale Rolle. **Materialismus** bezieht sich auf die Bedeutung, die Menschen weltlichem Besitz beimessen. Menschen aus dem Westen im Allgmeinen (und Amerikaner im Besonderen) werden oft stereotyp als Mitglieder von extrem materialistischen Gesellschaften dargestellt, bei denen der Wert eines Menschen oft an seinen Besitztümern gemessen wird.

In Europa wird die Fülle von Produkten und Dienstleistungen oft als selbstverständlich hingenommen, obwohl viele dieser Entwicklungen gar nicht weit zurückliegen. Autos, Kühlschränke, Telefone und Fernseher wurde erst nach 1950 zum allgemeinen Besitz. Man kann sich Marketing als ein System vorstellen, das Konsumenten einen gewissen Lebensstandard bietet. Dementsprechend wird unser Lebensstil in gewissem Maß durch den Lebensstandard beeinflusst, den wir erwarten und wünschen.

In vielen anderen Ländern, vor allem in Asien, ist der Lebensstandard in den letzten Jahren gestiegen, und neue Produkte werden dort ständig zu ‚Notwendigkeiten'. Eine GallupStudie,

Tabelle 15.1	Eine Skala zur Messung von Materialismus-Kategorien
Kategorie	**Skalenpunkte**
Erfolg	• Ich bewundere Menschen, die ein wertvolles Haus, Auto und teuere Kleidung besitzen.
	• Eines der wichtigsten Ziele im Leben sind materielle Besitztümer.
	• Ich lege nicht so viel Wert auf den Anteil materieller Objekte, die Menschen als Zeichen des Erfolgs besitzen.*
	• Die Dinge, die ich besitze, sagen viel darüber aus, was ich im Leben erreicht habe.
	• Ich besitze gern Dinge, die Menschen beeindrucken.
	• Ich interessieren mich nicht besonders für materielle Objekte, die andere Menschen besitzen.*
	• Ich kaufe meistens nur Dinge, die ich brauche.*
Zentralität	• Was Besitz betrifft, versuche ich, mein Leben einfach zu gestalten.*
	• Die Dinge, die ich besitze, sind nicht so wichtig für mich.*
	• Ich gebe gern Geld für überflüssige Dinge aus.
	• Kaufen bereitet mir große Freude.
	• Ich liebe Luxus in meinem Leben.
	• Ich lege weniger Wert auf materielle Dinge als die meisten Menschen, die ich kenne.*
	• Ich habe alles um das Leben zu genießen.*
Glück	• Mein Leben wäre besser, wenn ich einige Dinge hätte, die ich nicht habe.
	• Ich wäre nicht glücklicher, wenn ich schönere Dinge hätte.*
	• Ich wäre glücklicher, wenn ich mir mehr Dinge leisten könnte.
	• Es ärgert mich manchmal, dass ich mir nicht alles kaufen kann, was ich möchte.

Quelle: Adaptiert von Marsha L. Richins and Scott Dawson, ‚A Consumer Values Orientation for Materialism and Its Measurement: Scale Development and Validation', *Journal of Consumer Research* 20 (Dezember 1992), Tabelle 3. © University of Chicago Press.
Anmerkung: Die Befragten geben an, ob sie mit jedem Punkt der Fünf-Punkte-Skala übereinstimmen.
*Punkte mit einem Stern werden umgekehrt bewertet.

die unter 22500 Erwachsenen in 17 europäischen Ländern durchgeführt wurde, ergab, dass der Absatz von Artikeln wie Mikrowellenherden, Videorekordern und Handys in den vergangenen Jahren in die Höhe geschossen ist.[5] Durch Werbung wird der Konsum noch gefördert und immer mehr als Zweck an sich dargestellt, denn als ein Mittel, um das Wohlbefinden zu erhöhen.[6]

Natürlich hat Materialismus nicht für jeden den gleichen Wert, sondern bei Konsumenten wurden individuelle Unterschiede festgestellt. Ein Forschungsansatz teilt den Wert des Materialismus in drei Kategorien ein: Erfolg, Zentralität und Glück.[7] Die Bestandteile, die zur Messung dieser Kategorien verwendet werden, sind in Abbildung 15.1 dargestellt.

Auch kulturüberschreitende Unterschiede wurden analysiert. Eine Umfrage in zwölf Ländern ergab folgende Rangfolge der Wertschätzung des Materialismus vom höchsten bis zum niedrigsten Maß: Rumänien, USA, Neuseeland, Ukraine, Deutschland, Türkei, Israel, Thailand, Indien, Großbritannien, Frankreich und Schweden.[8] Aus all diesen Ergebnissen können zahlreiche Schlussfolgerungen abgeleitet werden. Zum einen hängt Materialismus nicht direkt vom Wohlstand ab, wie oft angenommen wurde. Im Gegenteil, zu den materialistischsten Gesellschaften gehören die, bei denen Konsumenten zugeben, viele Dinge zu entbehren. Aber dies ist offensichtlich nicht die einzige Erklärung, denn die Vereinigten Staaten, Neuseeland und Deutschland stehen relativ weit oben, während Indien niedrig eingestuft ist. Da weder Wohlstand, noch ‚Westlichkeit‘, noch irgendeine andere Variable diese Unterschiede erklären kann, muss gefolgert werden, dass Materialismus sich aus vielen Faktoren zusammensetzt, wie sozialer Sicherheit, Zugang zu Informationen, Bezugsmodellen sowie geschichtlichen Entwicklungen und kulturellen Werten.

15.2 Lebensstil-Marketing

Das Konzept des Lebensstils ist bei zeitgenössischen Marketingaktivitäten weit verbreitet. Es bietet einen Weg zum Verständnis der alltäglichen Bedürfnisse und Wünsche von Konsumenten und ist eine Methode, mit der ein Produkt oder eine Dienstleistung so positioniert werden kann, dass es/sie einer Person ermöglicht, den gewünschten Lebensstil zu verfolgen. Ein Ansatz des **Lebensstil-Marketing** geht davon aus, dass wir uns und andere Menschen anhand der Dinge, die wir/sie tun, wie wir/sie die Freizeit verbringen und wie wir/sie verfügbares Einkommen verwenden, in Gruppen einteilen.[9] Aufgrund dieser Einteilung können Marktsegmentierungs-Strategien entwickelt werden, denn der Einfluss des Lebensstils von Konsumenten bestimmt sowohl die Art der gekauften Produkte als auch die spezifischen Marken, die von einem bestimmten Lebensstil-Segment vorgezogen werden.

15.2.1 Produkte sind die Bausteine des Lebensstils

Lebensstile analysieren bedeutet die Tiefgründigkeit des Oberflächlichen zu erforschen – stellte ein Lebensstil-Analytiker fest.[10] Konsumenten wählen häufig Produkte, Dienstleistungen und Aktivitäten, weil sie sie mit einem bestimmten Lebensstil verbinden. Aus diesem Grund versuchen Lebensstil-Marketingstrategien ein Produkt zu positionieren, indem sie es einem bestimmten Konsumverhalten anpassen. Eine deutsche Befragung von 291 der größten Marktforschungsinstitute und Werbeagenturen ergab, dass 68% irgendeine Art von Lebensstil-Forschung anwendeten – meistens in den Bereichen Nahrungsmittel, Kosmetik, Autos, Getränke, Mode und Kleidung.[11]

Da das Lebensstil-Marketing Konsumenten unter anderem die Möglichkeiten geben will, ihre Lebensweise fortzusetzen und ihre soziale Identität auszudrücken, ist ein zentraler Aspekt dieser Strategie die Konzentration auf Produktverwendung in einem erwünschten

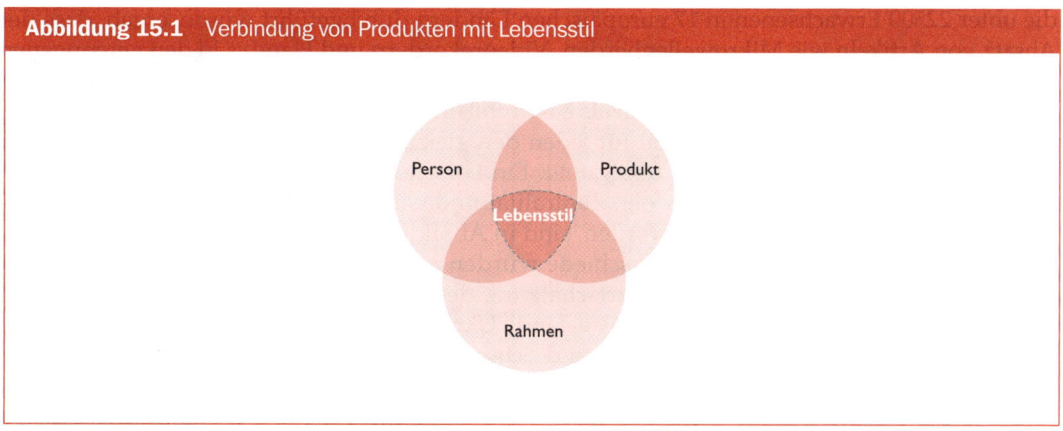

Abbildung 15.1 Verbindung von Produkten mit Lebensstil

sozialen Rahmen (siehe Kapitel 10). Werbefachleute bringen ein Produkt schon seit langem mit der sozialen Situation in Verbindung – ob das Produkt nun auf einem Golfplatz, bei einem Familien-Grillabend oder in einer schicken Diskothek mit Jetsettern zu finden ist.[12] Menschen, Produkte und äußerer Rahmen werden kombiniert, um einen gewissen Konsumstil auszudrücken, wie in Abbildung 15.1 dargestellt.

Produktkomplementarität

Wenn wir einen Ansatz des Lebensstil-Marketing verfolgen, müssen wir auf *Verhaltensmuster* achten um Konsumenten zu verstehen. Wir können uns ein klareres Bild davon machen, wie Menschen Produkte zur Gestaltung ihres Lebensstils verwenden, wenn wir untersuchen, wie sie in verschiedenen Produktkategorien Entscheidungen treffen. Viele Produkte und Dienstleistungen scheinen ‚zusammenzupassen‘, meistens, weil sie von der gleichen Art von Menschen gewählt werden. Oft scheinen Produkte ‚keinen Sinn‘ zu machen, wenn sie nicht von passenden Zusatzprodukten begleitet werden (z. B. Fastfood und Pappteller oder Anzug und Krawatte), oder sie wirken in Verbindung mit anderen Produkten deplatziert (z. B. ein großer Polstersessel in einem modernen Büro oder Chivas Regal-Whisky im Bistro um die Ecke, wie auf der abgebildeten französischen Werbung). Aus diesem Grund ist ein wichtiger Bestandteil des Lebensstil-Marketing die Identifizierung des *„sets"* von Produkten und Dienstleistungen, die nach den Vorstellungen von Konsumenten mit einem spezifischen Lebensstil zusammenhängen. Eine Studie hielt fest, dass alle Güter eine Bedeutung haben, aber nicht durch sich selbst. Die Bedeutung geht aus den Beziehungen zu anderen Produkten hervor, so wie Musik durch die Beziehung der Klänge zueinander gekennzeichnet ist, und nicht durch die einzelnen Noten.[13]

Von **Produktkomplementarität** spricht man, wenn die symbolischen Bedeutungen verschiedener Produkte zueinander in Beziehung stehen.[14] Diese **Konsumkonstellationen** genannten Produktergänzungen werden von Konsumenten verwendet, um soziale Rollen zu definieren, zu vermitteln und zu erfüllen.[15] Der amerikanische Yuppie der 1980er-Jahre definierte sich durch Produkte wie Rolexuhr, BMW, Gucci-Aktentasche, Squashschläger, Pesto, Weißwein und Camembert. Die Yuppie-Kultur sprang auf Europa über und führte in Großbritannien zu den ‚Sloane Rangers‘ und in Frankreich zu der Bewegung ‚Bon Chic Bon Genre‘. Während Menschen heute lieber vermeiden, als Yuppies eingestuft zu werden, hatte diese soziale Rolle in den 1980er-Jahren einen großen Einfluss auf die Festlegung von kulturellen Werten und Konsumprioritäten.[16] Welche Konsumkonstellationen charakterisieren Sie und Ihre Freunde heute?

ON TROUVE CHIVAS REGAL AU CAFÉ DE LA JATTE*   MAIS PAS CHEZ ROBERT*

Die Werbung veranschaulicht anhand von zwei tatsächlich existierenden Pariser Restaurants, dass ein Produkt mit einem bestimmten Umfeld komplementär ist, mit einem anderen nicht.
© Chivas Regal.

15.2.2 Psychografik

Wie Tinas und Carolines Lebensstil-Entscheidungen zeigen, können Konsumenten die gleichen demografischen Merkmale teilen und trotzdem sehr verschieden sein. Aus diesem Grund müssen Marketingexperten einen Weg finden, demografischen Daten ‚Leben einzuhauchen', damit sie diejenigen Konsumentensegmente identifizieren, verstehen und anstreben können, die die gleichen Präferenzen für Produkte und Dienstleistungen haben. In Kapitel 7 wurden einige der wichtigsten Unterschiede bei der Selbsteinschätzung und der Persönlichkeit von Konsumenten besprochen, die bei der Produktwahl eine wichtige Rolle spielen. Kombiniert man Persönlichkeits-Variablen mit dem Wissen über Lebensstil-Präferenzen, ergibt sich eine Methode, mit der man Konsumentensegmente erkennen kann. Diese ist als **Psychografik** bekannt und erlaubt die Beschreibung von Konsumenten hauptsächlich anhand von psychologischen und sozialpsychologischen Faktoren wie Werte, Überzeugungen und Einstellungen. Die Psychografik wird verwendet um zu erklären, warum Konsumenten eine Neigung zu bestimmten Produkten oder Marken haben, warum sie bestimmte Dienstleistungen in Anspruch nehmen, Zeit für gewissen Aktivitäten aufwenden und bestimmte Medien benutzen.[17]

Die psychografische Forschung wurde zum ersten Mal in den 1960er- und 1970er-Jahren entwickelt, um die Mängel der Motivationsforschung und der quantitativen Umfrageforschung zu beseitigen. Durch die *Motivationsforschung*, die intensive persönliche Befragungen und Projektionstests erfordert, erhält man zahlreiche Informationen über einzelne Konsumenten. Diese Informationen waren jedoch oft idiosynkratisch und schienen nicht sehr wertvoll oder zuverlässig zu sein.[18] Durch die *quantitative Umfragenforschung* oder weit angelegte demografische Umfragen erhielt man wiederum oft nur wenige Informationen über viele Menschen. Forscher stellten fest, dass der Marketingmanager, der wissen wollte, aus welchem Grund Konsumenten die Cornflakes des Konkurrenten aßen, erfuhr, dass 32% der Befragten den *Geschmack*, 21% den *Geruch*, 15% die *Beschaffenheit*, 10% den *Preis* als Grund dafür nannten und 22% *keine Antwort* gaben, oder sagten, sie *wüssten es nicht*.[19]

Bei vielen Erhebungen wird der Begriff Psychografie synonym für Lebensstil verwendet, um die Einteilung von Konsumenten in Kategorien zu bezeichnen, die auf der Wahl unterschiedlicher Konsumaktivitäten und Produktverwendungen beruhen. Während es viele psychografische Variablen gibt, anhand derer Konsumenten segmentiert werden können, gehen alle von dem Prinzip aus, dass man über oberflächliche Merkmale hinausgehen muss, um die Motivationen von Konsumenten zum Kauf und zur Verwendung von Produkten zu verstehen.

15.2.3 Durchführung einer psychografischen Analyse

Bei einigen frühen Versuchen von Lebensstil-Segmentierung wurden psychologische Standard-Skalen (mit denen nicht selten pathologische oder Persönlichkeitsstörungen gemessen wurden) ‚entliehen‘ und die Ergebnisse dieser Tests mit der Produktverwendung verbunden. Wie erwartet waren die Ergebnisse ziemlich enttäuschend (siehe Kapitel 7), da die Tests nicht für alltägliche Konsumaktivitäten gedacht und somit zu deren Erklärung kaum brauchbar waren. Diese Technik ist dann effizienter, wenn man die darin angesprochenen Variablen mit dem tatsächlichen Konsumentenverhalten enger in Beziehung setzt. Wenn man den Kauf von Haushaltsreinigungsmitteln verstehen will, sollte man die Menschen besser über ihre Einstellungen zu Haushaltsreinigungsmitteln befragen, als Tests zu Persönlichkeitsstörungen durchzuführen.

Die heutigen psychografischen Forschungen stufen Konsumenten aufgrund einer Kombination von drei Komponenten – Aktivitäten, Interessen und Meinungen (opinions) – ein, die als **AIO-Ansatz** bekannt sind. Auf der Grundlage von Daten von großen Samples entwerfen Marketingexperten Profile von Konsumenten, die sich im Hinblick auf Aktivitäten und Produktverwendung gleichen.[20] Die zur Einschätzung des Lebensstils verwendeten Aspekte sind in Tabelle 15.2 aufgelistet.

Um Konsumenten in allgemeine AIO-Kategorien einordnen zu können, erhalten die Versuchspersonen eine lange Liste mit Aussagen und werden gefragt, wie weit sie mit diesen Aussagen übereinstimmen. Da die Antworten Auskunft darüber geben, wie Menschen ihre Zeit verbringen, was sie interessant und wichtig finden, wie sie sich selbst und die Welt sehen, kann durch diese sowie durch demografische Informationen der Lebensstil herauskristallisiert werden.

Der erste Schritt zur Durchführung einer psychografischen Analyse besteht normalerweise darin festzulegen, welche Lebensstil-Segmente für ein bestimmtes Produkt bestehen. Marktforscher versuchen festzustellen, wer die Marke benutzt und bestimmen anschließend intensive, mäßige und schwache Benutzer. Daneben suchen sie nach Nutzungsmöglichkeiten und Einstellungen zu dem Produkt. Manchmal reichen ein paar Lebensstil-Segmente aus, um die Benutzer einer Marke zu identifizieren.[21]

Nach der Identifizierung der intensiven Benutzer wird erforscht, welche Beziehung die Marke zu ihnen hat. Intensive Benutzer können für die Produktverwendung ganz unterschiedliche Gründe haben. Man kann sie im Hinblick auf den *Nutzen* einstufen, den sie dem Produkt oder der Dienstleistung zusprechen. Als Wanderschuhe modern wurden, nahmen Marketingexperten zum Beispiel an, dass die Käufer nur ehemalige Jogger waren. Anschließende psychografische Forschungen ergaben, dass in Wirklichkeit verschiedene Gruppen von ‚Wanderern‘ existierten, nämlich solche, die zur Arbeit laufen, und solche, die aus Vergnügen laufen. Diese Erkenntnis führte dazu, dass Schuhe für verschiedene Segmente entwickelt wurden.

Tabelle 15.2	Aspekte des Lebensstils		
Aktivitäten	**Interessen**	**Meinungen**	**Demografie**
Arbeit	Familie	Selbst	Alter
Hobbys	Zuhause	Soziale Themen	Bildung
Soziale Ereignisse	Arbeit	Politik	Einkommen
Urlaub	Gemeinschaft	Geschäft	Beschäftigung
Unterhaltung	Entspannung	Wirtschaft	Familiengröße
Klubmitgliedschaft	Mode	Erziehung	Wohnsitz
Gemeinschaft	Essen	Produkte	Geografie
Einkaufen	Medien	Zukunft	Größe der Stadt
Sport	Leistungen	Kultur	Lebenszyklus-Stadium

Quelle: William D. Wells and Douglas J. Tigert, ‚Activities, Interests and Opinions', *Journal of Advertising Research* 11 (August 1971): 27-35. © 1971 by The Advertising Research Foundation.

Psychografische Segmetierungen können unterschiedlich benutzt werden.

- *Um den Zielmarkt zu definieren:* Diese Informationen ermöglichen dem Marketingexperten, über einfache Beschreibungen von Demografie oder Produktverwendung hinauszugehen (z. B. Männer mittleren Alters oder häufige Benutzer).
- *Um eine neue Sicht des Marktes zu schaffen:* Manchmal entwerfen Marketingexperten ihre Strategien im Hinblick auf einen ‚typischen' Konsumenten. Dieses Stereotyp kann trügerisch sein, weil der tatsächliche Konsument nicht mit den Vermutungen übereinstimmt. Als eine Gesichtscreme für Frauen auf den Markt kam, stellten Marketingexperten zum Beispiel überrascht fest, dass sich ihr Zielmarkt eher aus älteren Witwen als aus jüngeren, geselligen Frauen zusammensetzte, an die sie eigentlich ihre Aufforderungen gerichtet hatten.
- *Um das Produkt zu positionieren:* Durch psychografische Informationen können Marketingexperten die Merkmale des Produkts hervorheben, die zu dem Lebensstil einer Person passen. Produkte, die sich an Menschen richten, deren Lebesstil-Profile ergeben, dass sie gern mit anderen Menschen zusammen sind, können die Fähigkeit des Produktes, dieses soziale Bedürfnis zu stillen, betonen.
- *Um Produktattribute besser vermitteln zu können:* Psychografische Informationen können Werbefachleuten wertvolle Informationen liefern, die eine Aussage über das Produkt machen müssen. Der Werbefachmann oder Werbetexter kann sich ein besseres Bild von dem Zielkonsumenten machen, als wenn ihm nur trockene Statistiken zur Verfügung stehen. Durch dieses Wissen kann er die Konsumenten besser erreichen. Eine amerikanische Studie, die für eine Biermarke durchgeführt wurde, ergab zum Beispiel, dass starke Biertrinker fanden, das Leben biete ihnen nicht viel Abwechslung. Daraufhin wurden Werbeanzeigen entwickelt, in denen diesen Biertrinkern gesagt wurde: ‚Sie leben nur einmal, also genießen Sie, was sie können.'[22]

- *Um umfassende Strategien zu entwickeln:* Wenn der Marketingexperte begreift, auf welche Weise ein Produkt zum Lebensstil eines Konsumenten passt oder nicht passt, kann er neue Produktmöglichkeiten erkennen, Medienstrategien festlegen und für diese Konsumstrukturen ein konsistenteres und harmonischeres Umfeld schaffen.
- *Um soziale und politische Themen zu vermarkten:* Die psychografische Segmentierung kann ein wichtiges Werkzeug für politische Kampagnen sein. Sie kann auch eingesetzt werden, um Ähnlichkeiten zwischen Konsumententypen festzustellen, die destruktives Verhalten aufweisen, etwa Drogenkonsumenten oder Spieler.

15.2.4 Typologien von Lebensstil-Segmentierungen

Marketingexperten suchen ständig nach neuen Wegen, um Konsumenten mit dem gleichen Lebensstil zu identifizieren und zu erreichen. Um diesen Informationsbedarf zu decken, haben viele Marktforschungsinstitute und Werbeagenturen ihre eigenen *Segmentierungs-Typologien* entwickelt, die Menschen in Segmente unterteilen. Die Versuchspersonen beantworten eine Reihe von Fragen, anhand derer die Marktforscher sie in verschiedene Lebensstil-Gruppen einordnen. Die Fragen enthalten eine Mischung aus AIOs sowie andere Punkte, die sich auf ihre Wahrnehmung von spezifischen Marken, Lieblingsstars, Medienpräferenzen usw. beziehen. Die Ergebnisse werden meistens an Unternehmen verkauft, die mehr über ihre tatsächlichen Kunden und potentiellen Kunden erfahren möchten.

Zumindest oberflächlich betrachtet gleichen die Typologien einander insofern, als sie die Bevölkerung in etwa 5 bis 10 Segmente aufteilen. Jedes Segment erhält einen deskriptiven Namen und dem Kunden wird das Profil des ‚typischen‘ Konsumenten geliefert. Die britische Werbeagentur McCann-Erickson in London segmentiert männliche und weibliche Konsumenten getrennt voneinander. In ihren Lebensstil-Kategorien befinden sich Segmente wie ‚Avantgardisten‘ (an Änderungen interessiert), ‚Dozenten‘ (Traditionalisten, ‚very British‘), ‚Chamäleons‘ (folgen der Masse) und ‚Schlafwandler‘ (zufriedene Müßiggänger). Leider ist es schwer verschiedene Typologien miteinander zu vergleichen oder zu bewerten, da die für diese Untersuchungssysteme verwendeten Methoden und Daten häufig *Eigentum* der Unternehmen sind, und die so erhaltenen Informationen vom Unternehmen entwickelt und nicht gerne an Außenstehende weitergegeben werden.

In Europa sind Lebensstil-Analysen allgemein üblich. Ein englisches Unternehmen stellte kürzlich ConsumerBank vor, eine Datenbank mit 240 Informationselementen von 40 Millionen Konsumenten.[23] Es werden immer anspruchsvollere Lebensstil-Typologien entwickelt, um nationale Grenzen zu überschreiten. Viele dieser Untersuchungen wurden ausgearbeitet, um europäische Kaufgewohnheiten zu analysieren und um festzustellen, ob es möglich ist, ‚europäische Konsumenten‘ zu identifizieren, die den gleichen Lebensstil haben, obwohl sie – sagen wir – in Frankreich oder Italien wohnen. Die Studien waren von unterschiedlichem Erfolg und die meisten Forscher erkannten, dass die Menschen in jedem Land immer noch zu viele Besonderheiten aufweisen, die es schwierig machen, sie gemeinsam einzustufen.[24] Im Folgenden werden wir ein paar Beispiele für internationale Lebensstil-Segmentierungen nennen.

RISC

Seit 1978 führt das *Research Institute on Social Change* (**RISC**) internationale Messungen von soziokulturellen Änderungen in über vierzig Ländern durch, darunter auch die meisten in Europa. Grundlage von RISC sind repräsentative Umfragen unter Langzeitteilnehmern in den verschiedenen Ländern, die Fragen zu Wertvorstellungen, Einstellungen, Verhalten, Demografie, Medienverwendung und Eigentum enthalten. Diese Informationen, die in den Ländern über einen gewissen Zeitraum hinweg verglichen werden können, liefern ein globales Verständnis des sozialen Kontextes, in dem Konsumenten Entscheidungen treffen, und weisen auf Tendenzen hin, die diesen sozialen Kontext verändern. Anhand dieser Informationen können Marketingbemühungen zwar in einem bestimmten Land unterstützt werden, aber am aufschlussreichsten sind sie in einem grenzüberschreitenden Marketingkontext. Die Informationen können auch als Basis für die Segmentierung der Bevölkerung anhand von Einstellungen, Überzeugungen und Interessen dienen.

Die langfristige Messung des sozialen Klimas in verschiedenen Ländern ermöglicht qualifiziertere Einschätzungen und Voraussagen über bevorstehende Änderungen. Auf diese Weise können Anzeichen für Veränderungen in einem Land aufgespürt werden, bevor sie schließlich auf andere Länder übergreifen. Das Interesse an der Umwelt tauchte zum Beispiel in den frühen 1970er-Jahren in Schweden auf, gegen Ende der 1970er-Jahre in Deutschland, Anfang der 1980er-Jahre in Frankreich und Anfang der 1990er-Jahre in Spanien.[25]

Fragen zu Werten und Einstellungen dienen als Grundlage für die Messung von ‚Trends'. Diese werden als das Maß der Zustimmung oder Ablehnung einer Reihe von Einstellungen definiert, die ausgewählt wurden, um diesen Trend zu definieren. Anhand einer statistischen Analyse der Beurteilung jedes Trends durch die Befragten wird jedes Individuum in einem virtuellen Raum lokalisiert, der durch drei Achsen beschrieben wird, die die drei kritischsten Aspekte des Datenmaterials darstellen. Die vertikale Achse (Erforschung/Stabilität) unterscheidet Menschen, die durch Veränderungen, Kreativität, Impulsivität und Offenheit motiviert werden von Menschen, die durch Stabilität, Familienbewusstsein, Tradition und Struktur motiviert werden. Die horizontale Achse (Sozial/Individuell) unterscheidet Menschen, die sich mit kollektiven Bedürfnisse befassen von Menschen, die eher auf die Befriedigung persönlicher Bedürfnisse fixiert sind. Die dritte Achse (Global/Lokal) zeigt den Unterschied an zwischen Menschen, die sich innerhalb eines weiten, unvertrauten Umfelds mit lockeren, vielfachen Beziehungen in einem weiten Kontext wohl fühlen von Menschen, die enge Beziehungen und ein überschaubares Leben vorziehen. Anschließend wird die Bevölkerung in zehn Segmente aufgeteilt, die ihren Positionen in diesem virtuellen Raum entsprechen. Abbildung 15.2 illustriert die zehn Segmente (G für global, L für lokal) und ihre wichtigsten Lebensziele.

Der Prozentsatz der Bevölkerung in jedem Segment ist je nach Zeit und Land unterschiedlich. In Abbildung 15.3 kann man den Prozentsatz der britischen Bevölkerung erkennen, der in jeder Zelle in den Jahren 1989 und 1996 lokalisiert wurde. In diesen sieben Jahren haben sich die Engländer laut RISC in Richtung Stabilität (unten), Ethik, Gemeinschaftsbewusstsein (links) und einer globaleren Weltsicht entwickelt (vorn). Diese Verlagerung lässt sich durch politische Veränderungen erklären, wie die Wahl einer Regierung ohne die Last des Erbes von Margaret Thatcher und durch eine positivere Einstellung zur Europäischen Union.

Auch jeder dieser 40 Trends kann in dem Raum lokalisiert werden, je nach Übereinstimmung mit dem Gravitätspunkt von Menschen, die den bestimmten Trend am höchsten bewerten. Trends, die mit der Erforschung zusammenhängen, werden somit in der Nähe des oberen Teils der Karte lokalisiert, Trends zum Individualismus auf der rechten Seite, örtlich begrenzte Trends sind kleiner, weil sie hinten sind usw. Während die Position der Trends nicht so stark variiert, ist der Prozentsatz verschiedener Bevölkerungen (Länder, Altersgruppen, intensive Benutzer einer Marke), die den jeweiligen Trend unterstützen, sehr unterschiedlich. In dem Beispiel in Abbildung 15.4 gelten die Messzahlen für Großbritannien im Vergleich zur Europäischen Union insgesamt. Dunklere Farben geben die Trends an, die im Vergleich zum europäischen Durchschnitt in Großbritannien markanter sind: gesellschaftliche Mobilität, Energie, enge Beziehungen, Gesetz und Ordnung, soziale Anerkennung, Wohlergehen und Genuß (die ‚schönen Dinge' des Lebens).

Abbildung 15.2 Die zehn RISC-Segmente

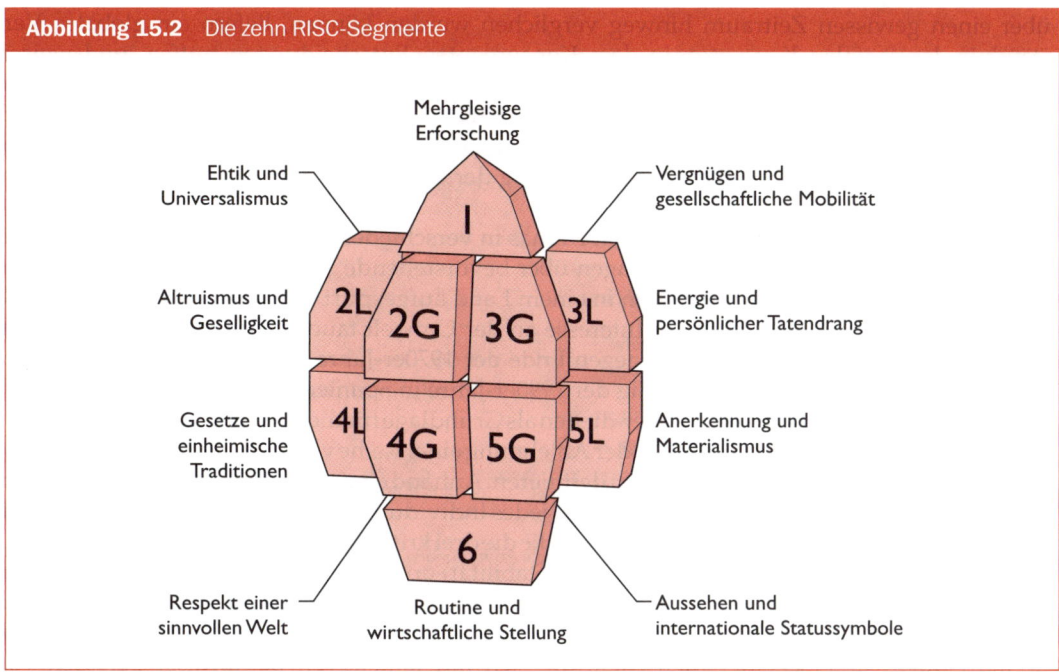

Quelle: ‚RISC Methodology', RISC International, Paris 1997, S. 14.

Abbildung 15.3 Änderungen in britischen RISC-Segmenten, 1989-1996

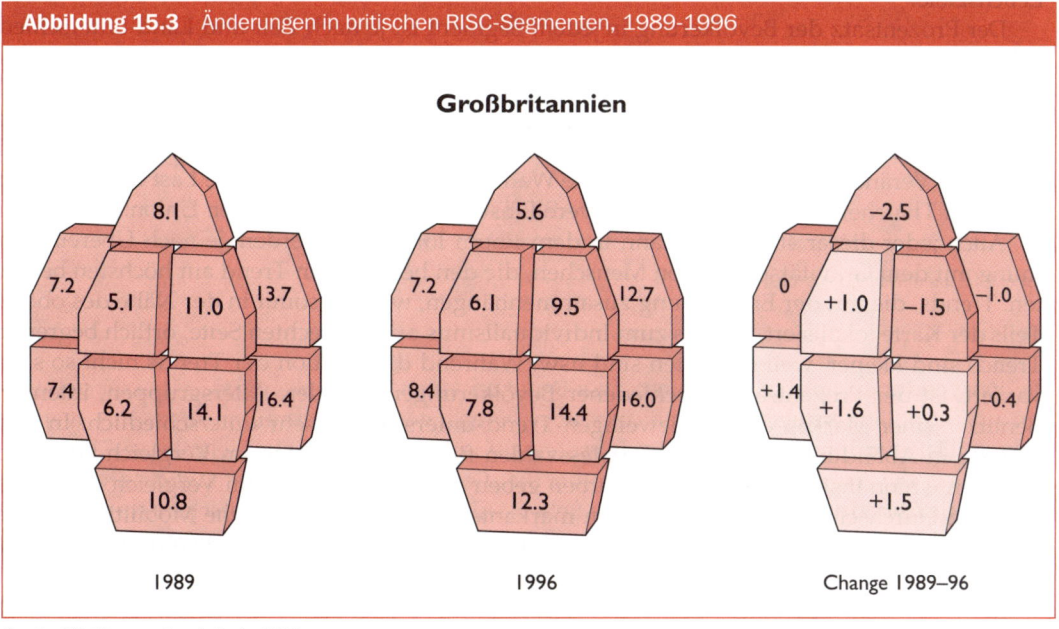

Quelle: RISC International, Paris 1997.

Abbildung 15.4   Trendkarte von Großbritannien

Quelle: RISC International, Paris 1997.

Die Verwendung von RISC bedeutet, dass Benutzer einer Marke identifiziert, besser verstanden und Profiländerungen der Benutzer über einen gewissen Zeitraum aufgespürt werden können. Darüber hinaus können durch Systeme wie RISC potenzielle Zielgruppen, Produktnutzen und die Art der Kommunikation, für die diese Zielgruppen empfänglich sind, erfasst werden. In Abbildung 15.5 sehen wir die Lebensstil-Profilierung der deutschen Automarke B (ungefähr 21% der Bevölkerung) und der Automarke M (ungefähr 19%) als erste, zweite oder dritte Wahl, wenn die Personen einen neuen Wagen kaufen würden. Automarke B hat ein starkes Profil, ist individuell und experimentell und sowohl global als auch lokal orientiert. Auto-

Abbildung 15.5 Wahl der nächsten neuen Automarke, Deutschland Marke B/Marke M, 1995

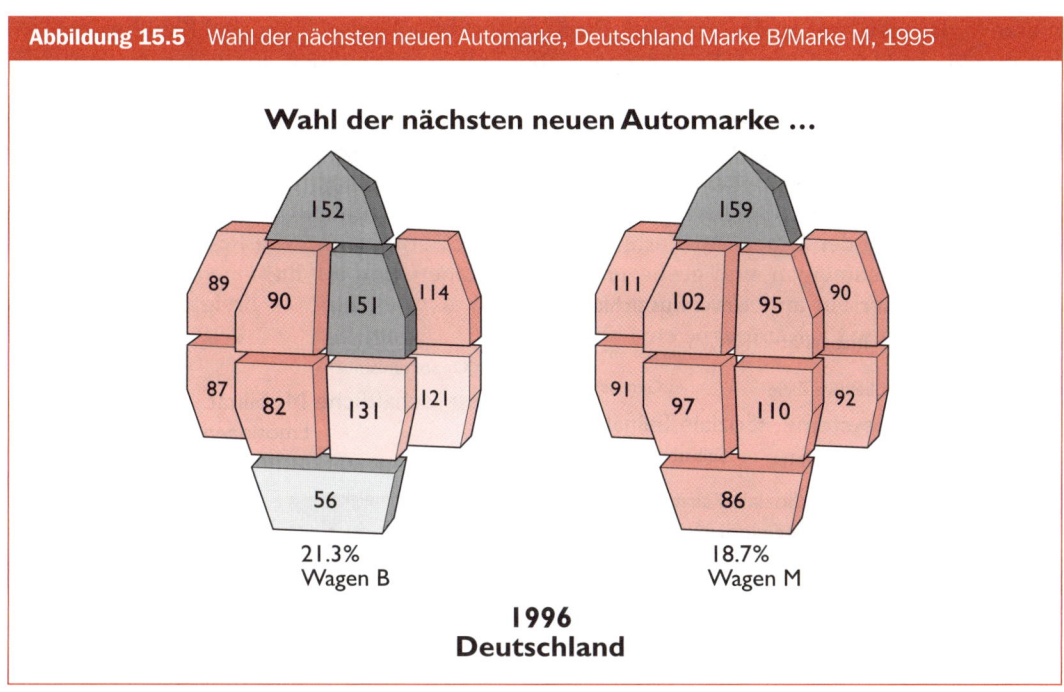

Quelle: RISC International, Paris 1997.

Abbildung 15.6 Wahl der nächsten neuen Automarke, Deutschland Marke B, 1995-1996

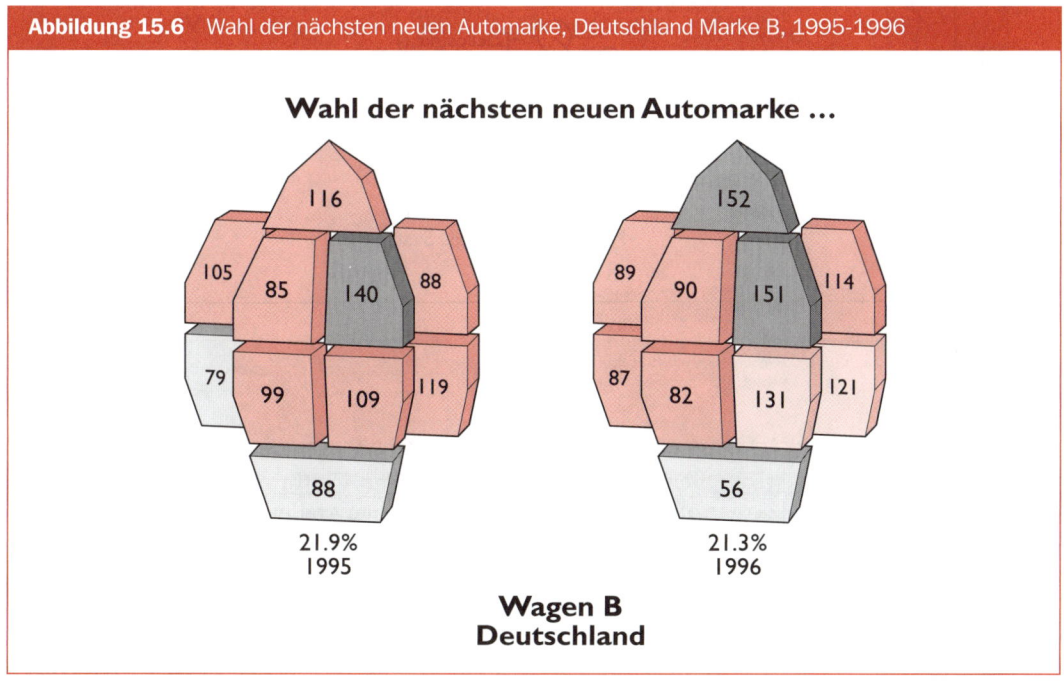

Quelle: RISC International, Paris 1997.

marke M dagegen hat ein einförmigeres Profil und ist offenbar bei allen Bevölkerungssegmenten beliebt. Trotzdem ist in Zelle eins eine starke Präsenz vorhanden, in der Gruppe also, die sehr an neuem Design, neuen Techniken und Funktionen interessiert ist.

Abbildung 15.6 ist ein Beispiel für eine Längsschnittanalyse. Zwischen 1995 und 1996 hat sich das Profil von Automarke B akzentuiert. 1995 wurde diese Marke fast gleichmäßig von allen Segmenten als potenzieller ‚nächster Autokauf' in Betracht gezogen. Nur Zelle 4L (unterrepräsentiert) und Zelle 3G (überrepräsentiert) zeigten einen echten Unterschied. 1996 war die rechte obere Seite der Lebensstil-Karte stark überrepräsentiert und die Präferenzen bei lokal orientierten Konsumenten sind gestiegen. Diese Verlagerung kann auf eine erfolgreiche Werbekampagne oder ein anderes, allgemein zur Kenntnis genommenes Ereignis (erfolgreiches neues Modell, gute PR-Kampagne etc.) hinweisen.

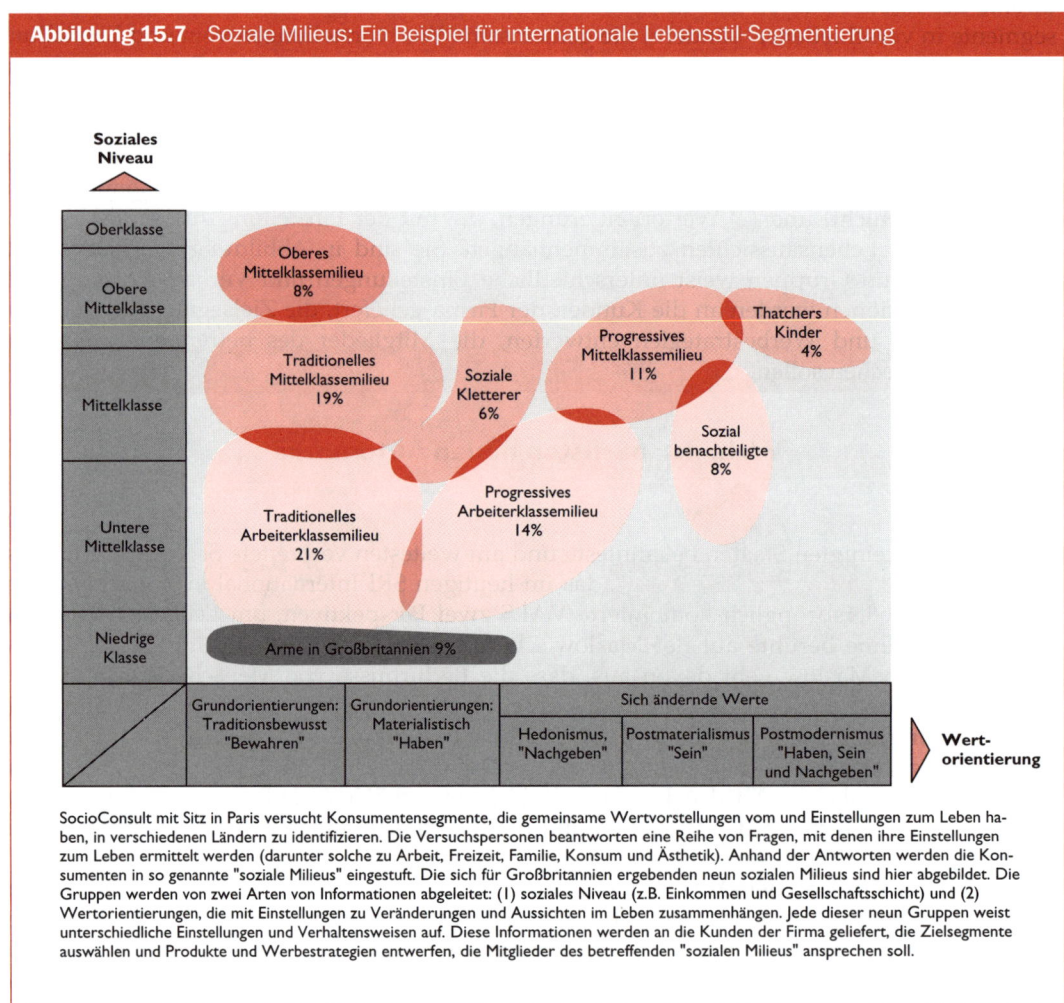

Abbildung 15.7 Soziale Milieus: Ein Beispiel für internationale Lebensstil-Segmentierung

SocioConsult mit Sitz in Paris versucht Konsumentensegmente, die gemeinsame Wertvorstellungen vom und Einstellungen zum Leben haben, in verschiedenen Ländern zu identifizieren. Die Versuchspersonen beantworten eine Reihe von Fragen, mit denen ihre Einstellungen zum Leben ermittelt werden (darunter solche zu Arbeit, Freizeit, Familie, Konsum und Ästhetik). Anhand der Antworten werden die Konsumenten in so genannte "soziale Milieus" eingestuft. Die sich für Großbritannien ergebenden neun sozialen Milieus sind hier abgebildet. Die Gruppen werden von zwei Arten von Informationen abgeleitet: (1) soziales Niveau (z.B. Einkommen und Gesellschaftsschicht) und (2) Wertorientierungen, die mit Einstellungen zu Veränderungen und Aussichten im Leben zusammenhängen. Jede dieser neun Gruppen weist unterschiedliche Einstellungen und Verhaltensweisen auf. Diese Informationen werden an die Kunden der Firma geliefert, die Zielsegmente auswählen und Produkte und Werbestrategien entwerfen, die Mitglieder des betreffenden "sozialen Milieus" ansprechen soll.

Quelle: SocioConsult, Paris 1994.

Die Darstellung von RISC bedeutete nicht, dass dieses System anderen, oft ähnlichen Systemen wie EuroStyles der CCA, die 4Cs (Cross Cultural Consumer Characteristics) von Young and Rubicam und GlobalScan der Bates-Gruppe vorzuziehen wäre. Es soll als Illustration dafür dienen, was groß angelegte internationale Lebensstil-Ansätze Kunden bieten können. Es muss nicht erwähnt werden, dass dies nur ein geringer Teil des für Kunden verfügbaren Datenmaterials ist.

Eine Perspektive des Lebensstils, die auf Klassen beruht: SocioConsult

Einer der führenden französischen Soziologen, Pierre Bourdieu, hat ein Lebensstil-Konzept entwickelt, das eng mit sozialen Klassen verbunden ist. In einer empirischen Studie versuchte er zu zeigen, wie Geschmack und Lebensstil von Menschen in der französischen Gesellschaft von dem abhängen, was er **Habitus** nennt (Klassifizierungssystem von Erscheinungen, die durch den Sozialisierungsprozess angenommen werden), sowie vom wirtschaftlichen und kulturellen Kapital einer Gesellschaft.[26] Obwohl Bourdieu in wissenschaftlichen Kreisen viel zitiert wurde, hat die französische Firma SocioConsult aus seinen Forschungsarbeiten keine direkte Lebensstil-Analyse entwickelt. Die Firma mit Sitz in Paris identifiziert Konsumentensegmente in verschiedenen Ländern, die gemeinsame Wertvorstellungen vom und Einstellungen zum Leben haben. Die Versuchspersonen beantworten eine Reihe von Fragen, mit denen ihre Einstellungen zum Leben ermittelt werden (darunter solche zu Arbeit, Freizeit, Familie, Konsum und Ästhetik). Anhand der Antworten werden die Konsumenten in so genannte ‚Soziale Milieus' eingestuft. Die sich für Großbritannien ergebenden neun sozialen Milieus werden aus zwei Arten von Informationen abgeleitet: (1) soziales Niveau (z.B. Einkommen und Gesellschaftsschicht) und (2) Wertorientierungen, die mit der Einstellung zu Veränderungen im Leben und Lebensaussichten zusammenhängen. Sie sind in Abbildung 15.7 dargestellt. Jede dieser neun Gruppen weist unterschiedliche Einstellungen und Verhaltensweisen auf. Diese Informationen werden an die Kunden der Firma geliefert, die Zielsegmente auswählen und Produkte und Werbestrategien entwerfen, die Mitglieder des betreffenden ‚sozialen Milieus' ansprechen sollen.

15.2.5 Lebensstile außerhalb Westeuropas

VALS

Das in den Vereinigten Staaten bekannteste und am weitesten verbreitete Segmentierungssystem ist **VALS (Values and Lifestyles)**, das im heutigen SRI International in Kalifornien entwickelt wurde. Ursprünglich kombinierte VALS zwei Perspektiven, um Lebensstil-Gruppen einzuordnen. Eine beruhte auf der Maslow'schen Bedürfnishierarchie (siehe Kapitel 4). Die Hierarchie von Maslow geht davon aus, dass die Bedürfnisse von Menschen nacheinander befriedigt werden müssen – das heißt, Gesellschaft ist erst dann eine Priorität, wenn physische Bedürfnisse gestillt wurden usw. Die zweite Perspektive beruhte auf der Unterscheidung, die der Soziologe David Riesmantraf, und zwar zwischen nach *innen orientierten* Menschen, die persönlichen Ausdruck und Individualität schätzen, und nach *außen orientierten* Menschen, die sich durch das Verhalten und die Reaktionen anderer Menschen beeinflussen lassen.

Wegen der Kritik an dem VALS-Modell und aufgrund wirtschaftlicher und demografischer Veränderungen beschlossen dessen Entwickler das System zu aktualisieren. Die vorgenommenen Änderungen berücksichtigen die Entwicklung einer globalen Wirtschaft sowie die steigende Vielfalt von Produkten und Medien, die zu einer größeren Fragmentierung der Lebensstile führt.

Das so genannte VALS 2 teilt Menschen in acht Gruppen auf, die anhand von psychologischen Merkmalen und vorhandenen ‚Ressourcen' eingeordnet werden, die Faktoren wie Einkommen, Bildung, Energie und Kaufbereitschaft umfassen. VALS 2 ist einfacher anzuwenden, aber es hat einige der konzeptuellen Grundlagen eingebüßt, auf denen das ursprüngliche VALS beruhte. In der Struktur von VALS 2 werden Gruppen vertikal im Hinblick auf Ressourcen und horizontal im Hinblick auf Selbstverwirklichung aufgestellt, wie in Abbildung 15.8 dargestellt. Die neue Spitzengruppe bilden die *Verwirklicher*; bei ihnen handelt es sich um erfolgreiche Konsumenten mit vielen Ressourcen. Diese Gruppe interessiert sich für soziale Themen und ist für Veränderungen offen. Die nächsten drei Gruppen verfügen ebenfalls über ausreichende Ressourcen, aber sie unterscheiden sich in ihren Lebenszielen:[27]

- *Erfüllte (fulfilleds)* sind zufrieden, überlegt und bequem. Sie sind praktisch veranlagt und schätzen Funktionalität.
- *Leistungsmenschen (achievers)* wollen Karriere machen und sehen lieber Dinge voraus, als dass sie Risiken eingehen oder Selbsterfüllung anstreben.
- *Erfahrung Sammelnde (experiencers)* sind impulsiv, jung und haben eine Vorliebe für ungewöhnliche und riskante Unternehmungen.

Die drei nächsten Gruppen haben weniger Ressourcen:

- *Überzeugte (believers)* haben feste Grundsätze und wählen erprobte Marken.
- *Bestrebte (strivers)* sind wie Leistungsmenschen, haben aber weniger Ressourcen. Sie legen viel Wert darauf, von anderen Menschen akzeptiert zu werden.
- *Macher (makers)* sind handlungsorientiert und selbstgenügsam. Sie basteln gern an ihren Autos, züchten ihr eigenes Gemüse oder bauen ihre Häuser selbst.
- *Kämpfende (strugglers)* befinden sich am untersten Ende der Leiter. Sie wollen vor allem ihre momentanen Bedürfnisse befriedigen und ähneln daher sehr den Gruppen des Überlebenden (survivor) und Ausdauernden (sustainer), deren Platz sie eingenommen haben.

Andere internationale Lebensstil-Segmentierungen

Die *japanische* Gesellschaft schätzt Konformität. Eine Art der sozialen Eingliederung ist *Hitonami-Bewusstsein,* was so viel bedeutet wie ‚sich selbst anderen angleichen'. Trotz dieses Merkmals gibt es ein wachsendes Segment japanischer Konsumenten, das gegen den Strom schwimmt. Diese Menschen werden ‚Lebensdesigner' genannt, was ihr Interesse an der Gestaltung ihres eigenen Lebensstils ausdrückt. Ein japanisches Segmentationsschema gliedert Konsumenten in ‚Stämme' auf, zu denen der ‚Kristallstamm' (der bekannte Marken vorzieht), der ‚Hausstamm' (familienorientiert) und der ‚Impulskäuferstamm' gehören.[28]

Nachdem die Länder *Osteuropas* sich für die freie Marktwirtschaft entschieden haben erforschen viele Marketingexperten Wege, um diese immer mehr am Konsum orientierten Gesellschaften zu segmentieren. Manche westliche Produkte wie Marlboro-Zigaretten und McDonald's haben in Russland ihren festen Platz. Die D'Arcy Masius Benton & Bowles-Werbeagentur, die Niederlassungen in Petersburg und Moskau hat, führte unter russischen Konsumenten eine psychografische Studie durch und stellte fest, dass das Land in fünf Segmente aufgeteilt werden kann. Dazu gehören die ‚Kosaken' (statussuchende Nationalisten, die BMW fahren, Dunhill-Zigaretten rauchen und Rémy Martin-Cognac trinken), die *Kuptsi* (Kaufleute, die Wert auf praktische Produkte legen und meistens VW fahren, Chesterfields rauchen und Stolichnaya-Wodka trinken) und die ‚Russischen Seelen' (passive Konsumenten, die Lada fahren, Marlboro rauchen und Smirnoff trinken).[29]

Abbildung 15.8 VALS 2 Segmentierungssystem

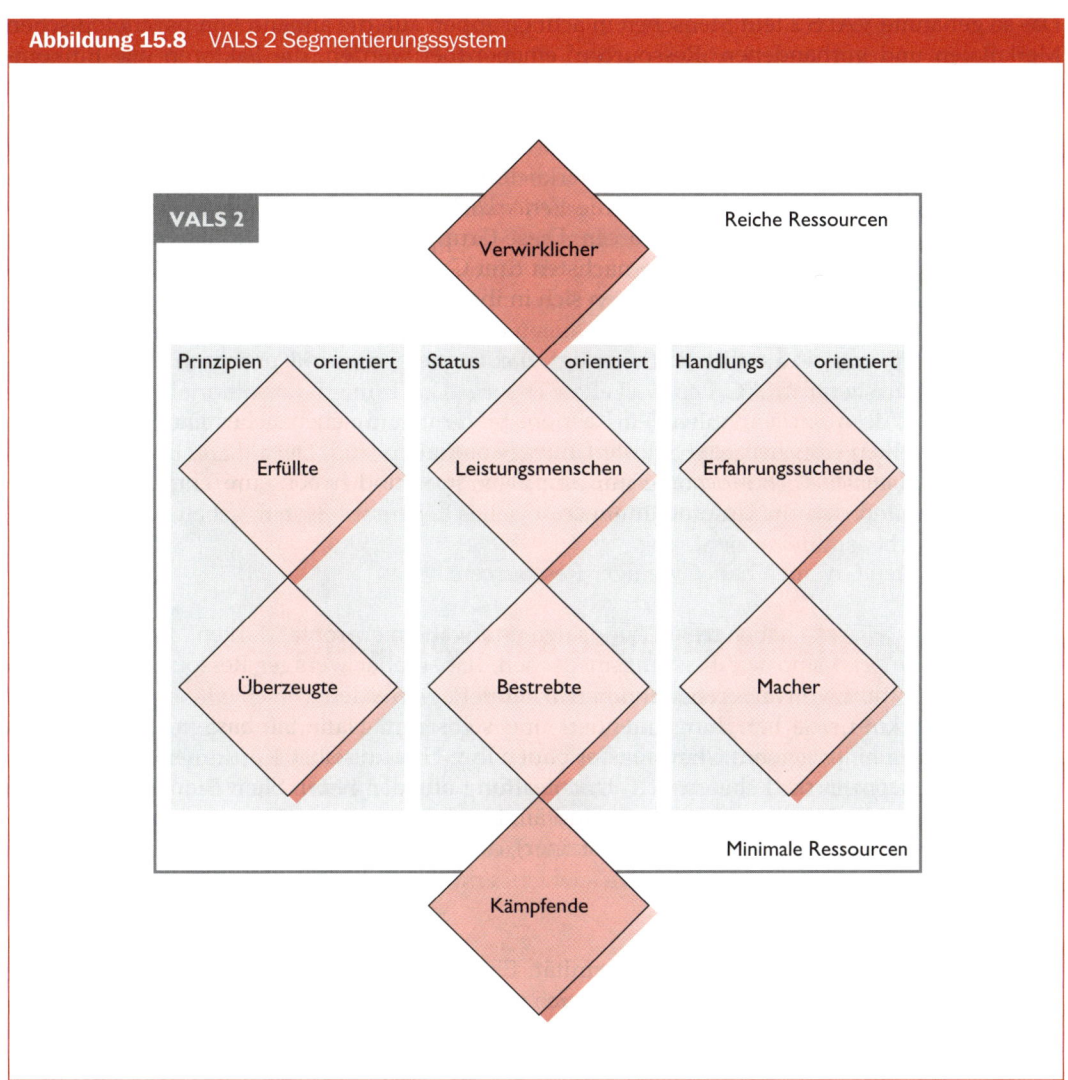

Quelle: SRI International, Menlo Park, CA.

Ein grenzüberschreitendes *psychografisches Segmentierungsprojekt,* das gemeinsam von der Werbeagentur Ogilivy and Mather und einem australischen Marktforschungsinstitut durchgeführt wurde, identifizierte zehn Segmente, darunter Kategorien wie ‚Grundbedürfnisse' (traditionsbewusst und passiv), ‚look-at-me' (aufregendes Leben in Wohlstand), ‚sichtbare Leistungen' (traditionelle Werte, angenehmes Leben), ‚Sozialbewusstsein' (an Umweltbewegungen interessiert) und ‚fairer Deal' (unzufrieden mit dem Leben). Relativ wenig Australier entsprachen dem Segment ‚sichtbare Leistungen', während eine Vielzahl von Konsumenten in den Vereinigten Staaten, Kanada und Japan sich darin befanden. Eine unverhältnismäßig große Anzahl von britischen Konsumenten fand sich in der ‚Fairer Deal'-Gruppe, während die Deutschen im ‚Look-at-me'-Segment überrepräsentiert waren.[30]

Lebensstil-Analysen von Konsumenten sind spannend, weil sie versuchen, den Markt und seine Segmente und Trends soziologisch möglichst vollständig zu erfassen. In ihrem verallgemeinernden Charakter liegt aber auch ihre größte Schwäche, denn die Annahme, dass diese allgemeinen Segmente ein relativ homogenes Konsumverhalten aufweisen, ist keineswegs erwiesen.[31] Hinzu kommen die meist schwache theoretische Grundlage und die Probleme der Zuverlässigkeit und Gültigkeit, die umfangreichen Fragebogen und die Kompilation von komplexen gesellschaftlichen Prozessen in einfachen Variablen mit sich bringen. In Anbetracht dieser Schwierigkeiten ist es verständlich, dass manche Marketingexperten Lebensstile eher als eine Art ‚sich den Markt vorzustellen‘ und als Mittel für kreative Strategien sehen, denn als eine Beschreibung von Segmenten, die das Konsumverhalten definieren.[32]

Ein Versuch, die Problematik der allzu allgemein definierten Segmente zu beseitigen, stellt die Einführung von sektoriellen Lebensstilen dar, einer in den 1980er-Jahren vom französischen Forschungszentrum CCA entwickelten Theorie. Das Prinzip der sektoriellen Lebensstile beruht darauf, dass nur Variablen (Einstellungen, Verhalten etc.), die für einen spezifischen Konsumbereich als relevant gelten, in der Umfrage enthalten sind. Die anhand dieses Ansatzes definierten Lebensstile gehören somit nur zu diesem spezifischen Konsumsektor. Wir werden in diesem Kapitel noch ein Beispiel für ein sektorielles Lebensstil-System geben, nämlich eines, das sich auf Lebensmittel bezieht.

15.3 Geografische Einflüsse auf Lebensstile

Das Muster des Konsumverhaltens in den einzelnen Regionen der verschiedenen Länder wird durch Klima, kulturelle Einflüsse und Ressourcen geformt. Nationale und regionale Unterschiede können einen wesentlichen Einfluss auf die Lebensstile von Konsumenten haben, da viele der Präferenzen für Lebensmittel, Unterhaltung etc. von heimischen Bräuchen und dem Vorhandensein von bestimmten Abwechslungen bestimmt werden. Die Lebensstile der Menschen in jedem Land und jeder Region unterscheiden sich in vielfältiger Weise, einige sind unauffällig, andere auffällig, mal sind sie leicht zu erklären und mal unverständlich.

15.3.1 Regionale Konsumunterschiede: Die Makroebene

In manchen Fällen ist es sinnvoll zwischen größeren Gebieten, die verschiedene Länder umfassen, zu unterscheiden. Viele in Europa tätige Unternehmen betrachten Skandinavien (Dänemark, Norwegen und Schweden) oder die Beneluxstaaten (Belgien, Niederlande und Luxemburg) aufgrund der zwischen diesen Ländern wahrgenommenen Ähnlichkeiten mehr oder weniger als jeweils einen Markt. Es ist zwar richtig, dass zwischen diesen Ländern eine relative Ähnlichkeit besteht, doch sollten sich Marketingexperten davor hüten, die Homogenität solcher Makroregionen zu überschätzen. Porträts von Makroregionen können nur grob umrissen werden. Im folgenden Abschnitt werden wir einige Beispiele solcher Makroregionen in Europa betrachten.

Eine Umfrage ergab, dass Menschen in Südeuropa lieber ausgehen, wenn sie abends mit Freunden essen wollen, während man in Nordeuropa lieber Freunde zu sich einlädt.[33] Durch die Verbindung solcher Daten mit anderen damit zusammenhängenden Daten – wie der durchschnittlichen Zubereitungzeit für das Essen und emotionalen Aspekten bei dessen Vorbereitung und Konsum hat man in Europa drei Arten von ‚Essensstilen‘ herausgefiltert: ‚Express‘, ‚Party‘ und ‚Kerzenlicht‘. Die erste Gruppe (Spanien, Portugal, Italien, Deutschland, Belgien, Österreich, Ungarn, Griechenland und Großbritannien) ist dadurch gekennzeichnet, dass wenig Zeit ins Kochen investiert wird, dass die Menschen gern ausgehen, und dass klas-

Abbildung 15.9 Zwölf mögliche europäische Esskulturen?

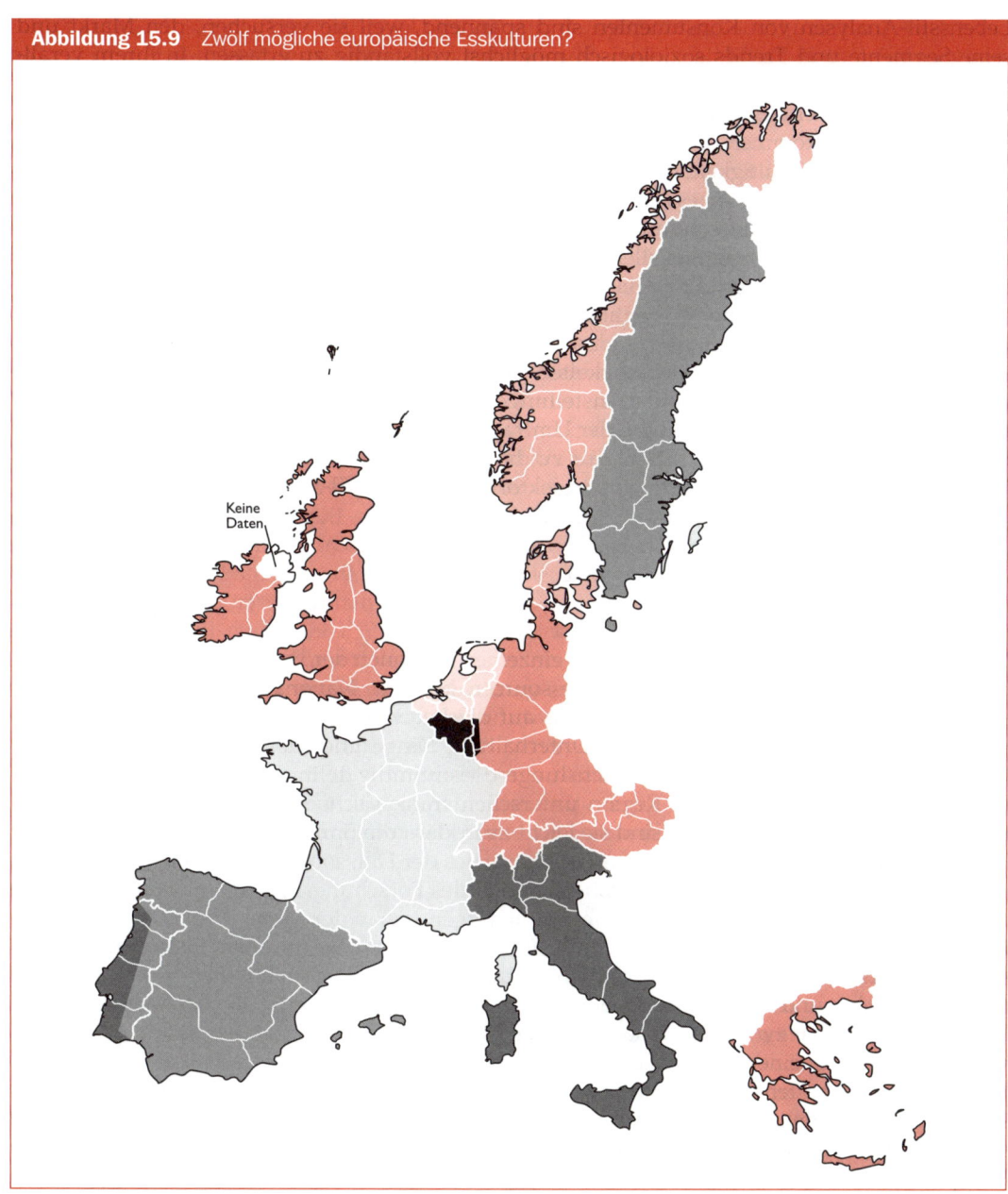

Keine
Daten

Quelle: Søren Askegaard and Tage Koed Madsen, ‚The Local and the Global: Exploring Traits of Homogeneity and Heterogeneity in European Food Cultures'. *International Business Review*, Band 7 (4), 1998. Da für die neuen Bundesländer Deutschlands keine Daten vorlagen, fehlt dieser Teil der BRD in der obigen Abbildung.

sische Familienwerte vorherrschen. Die ‚Party'-Länder (Frankreich, Irland, Norwegen, Schweden, Polen und Tschechien) haben Freude am Essen, empfangen Familie und Freunde gern zu Hause und verbringen relativ viel Zeit mit der Vorbereitung der Mahlzeiten. Die ‚Kerzenlicht'-Länder (Schweiz, Niederlande, Dänemark und Finnland) haben eine Vorliebe für gemütliche Abendessen zu Hause mit wenigen Freunden und legen großen Wert auf Produktqualität und den Rahmen (Silberbesteck, Kerzenbeleuchtung etc.). Was ist von solchen Einordnungen zu halten?

Da der Konsum von Lebensmitteln mit geografischen Bedingungen wie dem Klima, der Nähe des Meeres oder der Nähe von Bergen zusammenhängt, wurde in einer anderen Studie lokales oder regionales Konsumverhalten mit nationalem Konsumverhalten verglichen.[34] Das Ergebnis einer Analyse von 138 auf Lebensmittel bezogene Variablen aus 15 Ländern ergab jedoch, dass vor allem die Landes- oder Sprachgrenzen beim Nahrungsmittel-Konsumverhalten eine bedeutende Rolle spielen. Abbildung 15.9 zeigt die zwölf allgemeinen Esskulturen Europas, die in dieser Studie untersucht wurden. Zu den Merkmalen der verschiedenen Esskulturen gehören: die Gruppe Frankreich, französische Schweiz, Wallonien und Italien, die sich unter anderem durch Sinnesfreude und eine Vorliebe für Rotwein auszeichnet; die deutsche Gruppe, die sehr gesundheitsbewusst ist; die portugiesische und griechische Gruppe, deren Esskultur relativ traditionell ist, wo aber eine Faszination für neue ‚globale Küche‘ erkennbar ist; die norwegische und dänische Esskultur, bei der man gern auf Fertiggerichte zurückgreift (bei den Dänen ist auch eine Vorliebe für Bier erkennbar); und schließlich die Briten und Iren mit ihrem übermäßigem Genuss von Süßigkeiten und Tee.

Interessanterweise überschreiten vor allem im Zentrum Europas Esskulturen nationale Grenzen (Frankreich-Schweiz; Deutschland-Schweiz-Österreich; Niederlande-Flandern). Die einzige Ausnahme ist die britisch-irische Esskultur. Geografisch mehr am Rande liegende Länder wie die skandinavischen, Spanien, Italien und Griechenland weisen ‚nationale Esskulturen‘ auf. Liegt das daran, dass die Menschen an diesen ‚Scheidewegen Europas‘ historisch schon immer Austausch und vielfältige Beziehungen gewohnt sind? Oder beeinflusst die Sprache grundlegende kulturelle Faktoren? Das würde die Whorf-Sapir-Hypothese bestätigen, die davon ausgeht, dass Sprache nicht nur ein Mittel des kulturellen Ausdrucks ist, sondern diesen tatsächlich auch gestaltet, indem sie Ereignisse, Dinge und Menschen nach bestimmten Vorgaben klassifiziert. Die Tatsache, dass die in dieser Studie definierten Esskulturen genauen Sprachgrenzen folgen (mit Ausnahme der beiden französischsprachigen Gruppen), könnte darauf hinweisen. Vielleicht ergibt sich daraus nur, dass die Sprache des Fragebogens für die Antworten eine entscheidende Rolle spielt. Wäre dies der Fall, so könnte die Art, in der Marketingexperten ihre Umfragen als grenzüberschreitendes Forschungsinstrument einsetzen, heftig kritisiert werden.[35] Die Wahrheit liegt vermutlich irgendwo in der Mitte.

Wir haben gesehen, dass große Unterschiede zwischen bestimmten Regionen Europas bestehen – zum Beispiel besteht der Unterschied zwischen germanischen, gallischen und angelsächsischen Kommunikationsstilen[36] in der logischen Genauigkeit der Aussage, ihren rhetorischen Qualitäten und ihrer empirischen Gültigkeit. Aus solchen weitläufigen Ähnlichkeiten können wir aber nicht unbedingt folgern, dass auch im Konsumverhalten oder in anderen Konsumbereichen Ähnlichkeiten bestehen. Offensichtlich ist es eine Frage der Reichweite der Messung. Manche Teile Europas haben ein Konsumverhalten, das einander ähnlicher ist als beispielsweise das in China. Aber ob diese Ähnlichkeiten detailliert genug sind, um für Marketingexperten auf mehr als nur einer sehr allgemeinen Ebene von Nutzen zu sein, ist eine andere Frage.

15.3.2 Nationale Konsumunterschiede

In zahlreichen europäischen Ländern wurde über den „sich wandelnden Konsumenten" diskutiert. Die Beiträge konzentrierten sich im Wesentlichen auf weitreichende Veränderungen von Demografie und Wirtschaft, insgesamte Familienausgaben oder auf die Größe von Vertriebseinrichtungen und ähnliche Informationen.[37] Wie relevant diese Informationen auch sein mögen, sie liefern trotzdem kein sehr lebendiges Porträt der europäischen Konsumenten. Derartige Porträts sind schwer zu zeichnen – besonders da die Gefahr besteht, immer wieder in Stereotype zu verfallen: der Franzose mit Baguette, Käse und Renault, der Spanier mit Paella, Tapas und Seat, der Brite mit Tee, Toast und Rover und der Deutsche mit Sauerkraut, Wurst und Volkswagen.

Wir wollen hier von solchen Porträts absehen und statt dessen Beispiele liefern, die Ähnlichkeiten und Unterschiede zwischen europäischen Ländern hervorheben. Zu diesem Zweck beziehen wir uns auf Forschungsergebnisse, die das Verhalten von Konsumenten in vier verschiedenen Marktbereichen betreffen.

Essen

Essen stellt einen der wichtigsten Konsumbereiche dar, da es den Alltag der Menschen strukturiert. Die symbolische Bedeutung von Essen und seine Eigenschaft, bestimmte Rollen, Situationen, Rituale oder den Status hervorzuheben, ist in zahlreichen Dokumenten belegt.[38] Wie werden Mahlzeiten zubereitet und gegessen? Wie oft und zu welchen Tageszeiten essen wir? Was trinken wir zu den Mahlzeiten? Die Antworten auf diese Fragen sind von Land zu Land und von Segment zu Segment unterschiedlich.

Die westeuropäischen Haushalte geben normalerweise zwischen 14 und 17% ihres Einkommens für Essen aus – mit Ausnahme von Großbritannien (10,1%) und den Niederlanden (11%).[39] Wofür dieser Anteil ausgegeben wird, variiert von Land zu Land und hängt von heimischer Produktion und von lokalen Kochgewohnheiten ab. Der Pro-Kopf-Verbrauch diverser Lebensmittel in europäischen Ländern schwankt bei allen Kategorien um mehrere hundert Prozent. Der Konsum von frischem Fisch ist in Spanien und Portugal zehnmal höher als in Österreich oder Großbritannien und in Dänemark ist der Konsum von Schweinefleisch zehnmal so hoch wie in Frankreich. In Irland ist der Konsum von Kartoffeln hoch, in Griechenland noch höher und in Italien am niedrigsten – wo hingegen ungefähr viermal so viel Nudeln gegessen werden wie in der Schweiz, die immerhin europaweit beim Nudelverbrauch an zweiter Stelle steht.[40]

Eine Gruppe von Marktforschern entwickelte ein Lebensstil-Instrumentarium für Lebensmittel, das auf der Means-End-Analyse (siehe Kapitel 4) beruht.[41] Es enthält Einstellungsaussagen zu fünf verschiedenen Bereichen: Qualitätsaspekte, Einkaufsweise, Kochmethoden, Konsumsituationen und Kaufmotive. Tests zur kulturüberschreitenden Gültigkeit des Instrumentariums erbrachten zufriedenstellende Ergebnisse, zumindest innerhalb Nordwesteuropas.[42] Die Anwendung des Lebensstil-Modells auf vier europäische Länder zwischen 1993 und 1995 ergab, dass manche Segmente in allen, manche in drei Ländern und manche nur in einem Land existieren. Die Größe der Segmente variiert jedoch stark, wie in Tabelle 15.3 dargestellt. Diese Ergebnisse werfen etwas Licht auf die zwischen nationalen Esskulturen bestehenden Unterschiede.

Das ‚gleichgültige' Segment (vor allem in Deutschland und Frankreich) interessiert sich nur wenig für Essen, legt keinen Wert auf Qualität, knabbert lieber, als ‚richtige Mahlzeiten' zu sich zu nehmen und greift überdurchschnittlich oft auf Fertigprodukte und Fastfood zurück. In diesem Segment dominieren vor allem männliche Singles mit niedrigem Bildungsstand. Das ‚sorglose' Segment (vor allem in Großbritannien und Dänemark) kauft Lebensmittel spontan, probiert gern neue Produkte aus und ist an Fertiggerichten interessiert. Dieses Segment besteht aus jüngeren Alleinstehenden mit relativ hohem Einkommen. Das Segment der ‚rationalen Konsumenten' (vor allem in Frankreich und Großbritannien) interessiert sich sehr für Lebensmittel und plant sowohl den Einkauf als auch das Essen sorgfältig. Diese Konsumenten versuchen bei ihren Einkäufen das Verhältnis von Qualität und Preis zu maximieren und sehen Kochen als Teil der Selbstverwirklichung an. Sie sind meistens weiblich, haben

Tabelle 15.3 Lebensstil-Segmente für Lebensmittel in vier Ländern			
	Frankreich	**Deutschland**	**Großbritannnien**	**Dänemark**
Gleichgültig	18%	21%	9%	11%
Sorglos		11%	27%	23%
Rational	35%	26%	33%	11%
Gemäßigt	16%			
Ökologisch gemäßigt				20%
Konservativ	13%	18%	19%	11%
Abenteuerlustig		24%	12%	25%
Hedonistisch	18%			

Quelle: Adaptiert von Karen Brunsø, Klaus G. Grunert and Lore Bredahl, ‚An Analysis of National and Cross-National Consumer Segments Using the Food-Related Lifestyle Instrument in Denmark, France, Germany and Great Britain', MAPP Working paper no. 35 (The Aarhus School of Business, Januar 1996).

Familie und arbeiten halbtags. Das ‚konservative' Segment (vor allem in Großbritannien und Deutschland) sieht Kochen als Aufgabe der Frau. Diese Konsumenten planen ihre Mahlzeiten und Einkäufe, essen zu regelmäßigen Zeiten und haben traditionelle Essgewohnheiten, die ihnen Sicherheit vermitteln. Sie sind älter, wohnen auf dem Land, haben ein niedriges Einkommen und wenig Bildung. Das ‚abenteuerlustige' Segment (vor allem Dänemark und Deutschland) probiert gern neue, exotische Rezepte und Produkte aus, sucht nach Qualitätsprodukten und kauft oft in Fachgeschäften ein. Die ganze Familie nimmt am Kochen teil und die sozialen Aspekte beim Essen gelten als wichtig. Normalerweise besteht dieses Segment aus gebildeten Familien mit doppeltem Einkommen und Kindern.

Neben der Aufteilung der Segmente können uns besonders zwei von ihnen Aufschluss über das nationale Konsumumfeld geben. In Dänemark waren die ‚ökologisch Gemäßigten' (mäßig am Essen, sehr an umweltfreundlichen Produkten interessiert) für das Wachstum des Marktanteils an biologisch-dynamischen Produkten verantwortlich (35% Steigerung des Verkaufsvolumens 1996). Die Hedonisten in Frankreich sind etwas weniger unternehmungslustig als ihre ‚Schwestersegmente' gleichen Namens in anderen Ländern, aber sie legen mehr Wert auf die Sinnesfreuden beim Essen – was auf eine anspruchsvolle Küche hinweist. Es wurde festgestellt, dass französische Konsumenten bei Rindfleisch höhere Ansprüche stellen als Konsumenten in Deutschland, Großbritannien und Spanien.[43]

Forschungen wie diese Lebensstil-Studie in Bezug auf Lebensmittel können als Beweis dafür dienen, dass es einfacher ist, grenz- und kulturüberschreitende Segmente anhand von psychologischen Variablen zu definieren als anhand von Verhaltensvariablen. Das mag daran liegen, dass ähnliche Motivationen zu unterschiedlichen Verhaltensweisen führen können, die wiederum von den diversen gesellschaftlichen Bräuchen und Gewohnheiten Europas beeinflusst werden.

Die mexikanische Küche ist in Skandinavien beliebt. Diese Werbung erschien in einer schwedischen Zeitschrift.
© Nordfalks AB.

Eine anthropologische Studie über Entwicklungen in der britischen Esskultur ergab vier verschiedene Praktiken, die sich durch den Konsum von heimischen und fremdländischen Produkten und Praktiken äußern und eine Art Identität durch Essen schaffen.[44] Die **globale Esskultur** ist hauptsächlich durch amerikanisches Fastfood gekennzeichnet und zeigt die Bereitschaft, entweder in einem spezifischen amerikanischen Kontext zu kaufen oder aber ein globales, uniformes Kaufverhalten anzunehmen, das überall zu finden ist, und deshalb nirgendwo richtig dazugehört. **Expatriiertes Essen** bezieht sich auf die Suche nach authentischen Mahlzeiten und Produkten aus anderen Ländern – ein ‚richtiger Toskana-Abend für Sie und Ihren Partner'. Das **nostalgische Essen** bezieht sich auf einheimische Authentizität (Stilton Käse und Karamellpudding) und das kulturelle Erbe, das durch die Internationalsierung der britischen Küche bedroht ist. Die Studie zitiert die Sunday Times*: ‚Nachdem wir 40 Jahre lang unsere traditionellen Gerichte schändlich vernachlässigt haben, haben wir jetzt eine spektakuläre, unechte Küche, die meist auf Imitationen der mediterranen Küche beruht'.[45] Die **Kreolisierung** des Essens bedeutet die Mischung diverser Traditionen, woraus neue Gericht entstehen, z.B. chinesische Gerichte, bei denen Zutaten weggelassen werden, die im Westen unbeliebt sind, oder mexikanisches Essen mit weniger Chili oder Sandwichs auf indische Art. Diese Kreolisierung oder ‚Integration' von Nahrungsmitteln ist in vielen europäischen Ländern zu beobachten. In den Niederlanden wurde indonesisches Essen, in Deutschland türkische Sandwichs dem allgemeinen Geschmack angepasst.[46]

Diese Trends existieren wahrscheinlich in allen europäischen Ländern, unterscheiden sich aber in ihrer Bedeutung für und ihrem Einfluss auf Essgewohnheiten. Es ist interessant festzustellen, dass alle vier Praktiken mit Globalisierungstrends zusammenhängen, dass aber nur globales Essen zu einer Normierung von Konsumverhalten führt.

Trinken

Trinken ist wie Essen eine Aktivität voller Symbolik, die mit dem Geschlecht, der Gesellschaftsklasse, dem Lebensstil sowie unterschiedlichen Situationen und Ritualen zusammenhängt.[47] In Europa bestehen große Unterschiede, was wie und wann getrunken wird. Einer der frappierendsten Unterschiede europäischer Trinkgewohnheiten besteht in der Bier- und der Weinkultur. In Ländern wie Deutschland, Belgien, Österreich, Dänemark und Irland ist der Pro-Kopf-Verbrauch an Bier am höchsten, während Italien, Frankreich, Portugal und Luxemburg beim Weinkonsum an der Spitze liegen.[48] Um diese großen Unterschiede zu erklären, hat man darauf hingewiesen, dass in manchen dieser Länder, wie Deutschland, Frankreich und Italien, der Konsum von Bier und Wein derart eng mit den Lebensstilen und dem kulturellen Gefüge verbunden ist, dass man sich diese Gesellschaften kaum ohne sie vorstellen kann. Wirtschaft und Öffentlichkeitspolitik spielen hierbei natürlich auch eine Rolle und reflektieren die Einstellung von staatlichen Institutionen zu Alkohol. In Ländern wie Finnland, Norwegen und Schweden werden alkoholische Getränke, die stärker sind als ,Leichtbier' (um 2% Alkoholgehalt) nur von Staatsmonopolen verkauft und hoch besteuert. Daher sind die Zahlen in Tabelle 15.4 bis zu 30% durch legale und illegale zollfreie Importe und Inlandsproduktion beeinflusst.[49]

Man hat vorgeschlagen, zwei Arten von Trinktraditionen in Europa zu unterscheiden: Multidimensionales Trinkverhalten steht im Zusammenhang mit anderen sozialen Aktivitäten. Beispiele hierfür sind Wein zu Mahlzeiten in Südeuropa, Bier- und Weinfeste in Deutschland oder das gesellschaftliche Trinken in Pubs in Großbritannien und Irland. In diesen Ländern wird nicht ausschließlich zu besonderen Anlässen oder aus Exzess getrunken. Eindimensionale Trinkmuster ergeben sich in Ländern, in denen mäßiges aber ständiges Trinken bei sozialen Anlässen durch gelegentliches Trinken (am Wochenende oder in den Ferien) ersetzt wurde, aber durch Menschen charakterisiert ist, die übermäßig trinken.[50]

Die Statistiken zeigen noch weitere Unterschiede im Trinkverhalten. Kohlensäurehaltige Getränke sind in Großbritannien, Irland und Dänemark besonders beliebt, während der Mineralwasserkonsum in Frankreich, Belgien und Italien besonders hoch ist. Deutsche, Niederländer, Finnen und Griechen konsumieren in Westeuropa die meisten Spirituosen, während in Italien der Konsum solcher Getränke am niedrigsten ist.[51] Jedoch sagen Statistiken dieser Art nicht viel über die Art des Produkts oder über die Konsumsituationen. Zum Beispiel kann Schnaps den hohen Spirituosenkonsum in Deutschland erklären, während in Griechenland der Ouzo, in den Niederlanden der Genever und in Finnland der Wodka dafür verantwortlich sein kann. Darüber hinaus ist die Häufigkeit der verschiedenen Konsumsituationen für solche Getränke je nach Land und Lebensstil unterschiedlich. Wein kann in der Kirche bei der Messe oder täglich zum Abendessen getrunken werden, Bier nach der Arbeit, am Strand oder in der Bar, kohlensäurehaltige Getränke nach dem Sport oder an Kindergeburtstagen usw. Welche Trinkrituale gibt es in Ihrem Land?

Trends im europäischen Trinkverhalten scheinen anzudeuten, dass wachsendes Gesundheitsbewusstsein zu einem höheren Konsum von Getränken mit weniger Alkoholgehalt führt. Das kann aber auch an den schwindenden Grenzen zwischen multidimensionalen und eindimensionalen Trinkmustern liegen. Im Allgemeinen gleichen sich die Trinkgewohnheiten in ganz Europa immer mehr an. Länder, in denen traditionell Wein getrunken wurde, haben in einem bestimmten Zeitraum den größten Anstieg im Bierkonsum verbucht, während in traditionellen Bierländern immer mehr Wein konsumiert wird.[52]

Tabelle 15.4	Pro-Kopf-Verbrauch an Bier und Wein in neunzehn Ländern				
Eingestuft nach Pro-Kopf-Verbrauch 1991 (Wein in Litern)			**Eingestuft nach Pro-Kopf-Verbrauch 1991 (Bier in Litern)**		
Reihe	*Land*	*1991*	*Reihe*	*Land*	*1991*
1.	Frankreich	66,8	1.	Deutschland	142,7
2.	Portugal	62,0	2.	Dänemark	125,9
3.	Luxemburg	60,3	3.	Österreich	123,7
4.	Italien	56,8	4.	Irland	123,0
5.	Schweiz	48,7	5.	Luxemburg	116,1
6.	Spanien	34,3	6.	Belgien	111,3
7.	Österreich	33,7	7.	Großbritannien	106,2
8.	Griechenland	32,4	8.	Niederlande	88,5
9.	Deutschland	24,9	9.	USA	87,4
10.	Belgien	23,9	10.	Finnland	85,3
11.	Dänemark	22,0	11.	Spanien	70,9
12.	Niederlande	15,3	12.	Schweiz	70,1
13.	Schweden	12,3	13.	Portugal	67,4
14.	Großbritannien	11,5	14.	Schweden	59,3
15.	Finnland	7,4	15.	Norwegen	52,8
16.	USA	7,2	16.	Frankreich	40,5
17.	Norwegen	6,9	17.	Griechenland	40,0
18.	Irland	4,6	18.	Island	24,2
19.	Island	4,4	19.	Italien	22,5

Quelle: Adaptiert von David Smith and J. Robert Skalnik, ‚Changing Patterns in the Consumption of Alcoholic Beverages in Europe and the United States', in Flemming Hansen (Hrsg.), *European Advances in Consumer Research* (Provo, UT: Association for Consumer Research, 1995): 343-355.

Autos

Das Auto ist das dritte Gut mit hohem symbolischen und gesellschaftlichem Wert. Auch hier ist der Konsum in europäischen Ländern aus zahlreichen Gründen unterschiedlich. Zu diesen Gründen gehören die heimische Infrastruktur, lokale Produktionseinrichtungen, Steuern und Traditionen. Der Prozentsatz an Familien mit zwei Autos ist in Italien am höchsten (41%), gefolgt von Frankreich (30%), Großbritannien (29%) und Deutschland (26%). Diese Zahlen reflektieren unter anderem auch das Bestreben der heimischen Autoindustrien Bedingungen herzustellen, die den Besitz von Autos ermöglichen. Aber Bemühungen der Industrie, den Besitz von Autos zu erleichern, dienen lediglich als Erklärung der allgemeinen ‚Autokultur' in diesen Ländern. Die Gründe für die niedrige Anzahl von Familien mit zwei Autos reichen von relativer Armut (Griechenland, Portugal, Spanien) bis zu geringen Distanzen (Niederlande) und hohen Steuern (Dänemark).[53]

Wie auf vielen anderen Märkten hält auch auf dem Automarkt die Diskussion darüber an, ob es sinnvoll ist, Konsumenten nach Ländern zu segmentieren. Ein Argument für die grenzüberschreitende Segmentierung ist, dass der Nutzen von privatem Autobesitz überall sehr geschätzt wird – unabhängig von den unterschiedlichen Fahrgewohnheiten und Transportbedingungen in den einzelnen Ländern. Daher müssten im Prinzip alle Autokonsumenten in einer der vorgeschlagenen Grundkategorien zu finden sein: Vergnügen, Image und Funktionalität.

BMW hat erklärt, dass das Unternehmen, obwohl sich die demografischen und wirtschaftlichen Profile seiner Kunden glichen, nicht mit dem europäischen Standard-Konsummarkt und standardisierten Marketingaktivitäten arbeite.[54] Dafür gibt es zwei Gründe an: Zum einen seien die Unterschiede zwischen den verschiedenen Segmenten so groß, dass es keinen Sinn habe, das gleiche Segment in verschiedenen Ländern anzustreben, zum anderen habe man festgestellt, dass zwischen dem *letztlich gesuchten Nutzen* bei Autofahrern in den verschiedenen Ländern Schwankungen bestehen.

Eine in Italien, Frankreich, den Niederlanden, der Schweiz und Österreich durchgeführte Studie ergab, dass BMW die Kaufkriterien in drei Bereiche aufgliedern kann: Kriterien, die in *allen* Ländern wichtig sind, Kriterien, die für alle Autofahrer in *einem* Land wichtig sind und Kriterien, die für *einige Konsumenten in allen* Ländern wichtig sind. Auf gesamteuropäischer Ebene wurden die folgenden Kriterien entdeckt: Zuverlässigkeit, Sicherheit, Qualität und Spitzentechnologie. Das sind die notwendigen Mindestansprüche, die ein potenzieller Lieferant in Betracht ziehen muss. Auf nationaler Ebene wurden folgende Unterschiede entdeckt: In den Niederlanden wird mehr Wert auf die Integrität des Wagens gelegt als z. B. auf die Innenausstattung. Darüber hinaus ist das Prestige der Marke für Niederländer sehr wichtig. In Frankreich wurden dem Selbstvertrauen, das durch den Wagen erlangt wird, sowie der guten Straßenlage besondere Bedeutung beigemessen. Konsumenten aus Österreich und der Schweiz waren sehr anspruchsvoll, aber im Gegensatz zu den Österreichern wollten die Schweizer einen diskreten Wagen, während für die Österreicher das Auto als anspruchsvolles Statussymbol gilt. Die Italiener schließlich suchten nach Übereinstimmung mit ihrem persönlichen Stil und nach dynamischer Fahrqualität. Die Studie ergab ganz allgemein, dass BMW-Fahrer mehr Wert auf Design, Exklusivität, Fahrdynamik und Spitzentechnologie legen als europäische Durchschnittsautofahrer, dass aber innerhalb dieses Segments in dem jeweiligen Land besonderer Wert auf unterschiedliche Aspekte gelegt wurde. In den fünf untersuchten Ländern hat BMW insgesamt sieben gemeinsame Segmente entdeckt, deren Bezeichnungen aufschlussreich sind: Der einfache Autofan (18%), der prestigeorientierte Sportfahrer (25%), der Hedonist (9%), der überlegte Praktiker (13%), der Traditionalist (17%), der presigeorientierte Leistungsmensch (19%) und der Understatement-Käufer (9%). Wie in Abbildung 15.10 dargestellt, ist die Größe jedes dieser Segmente in jedem Land sehr unterschiedlich. Die länderspezifischen Resultate zeigen, dass verschiedene Modelle in verschiedenen Ländern verschiedene Segmente ansprechen. Es könnten zum Beispiel die Typen 6 und 2 in Österreich sein, während es in der Schweiz die Typen 1 und 4 sind. Das Beispiel BMW bietet eine gute Kombination von gesamteuropäischen und länderspezifischen Ansätzen zur Analyse von Kundenverhalten.

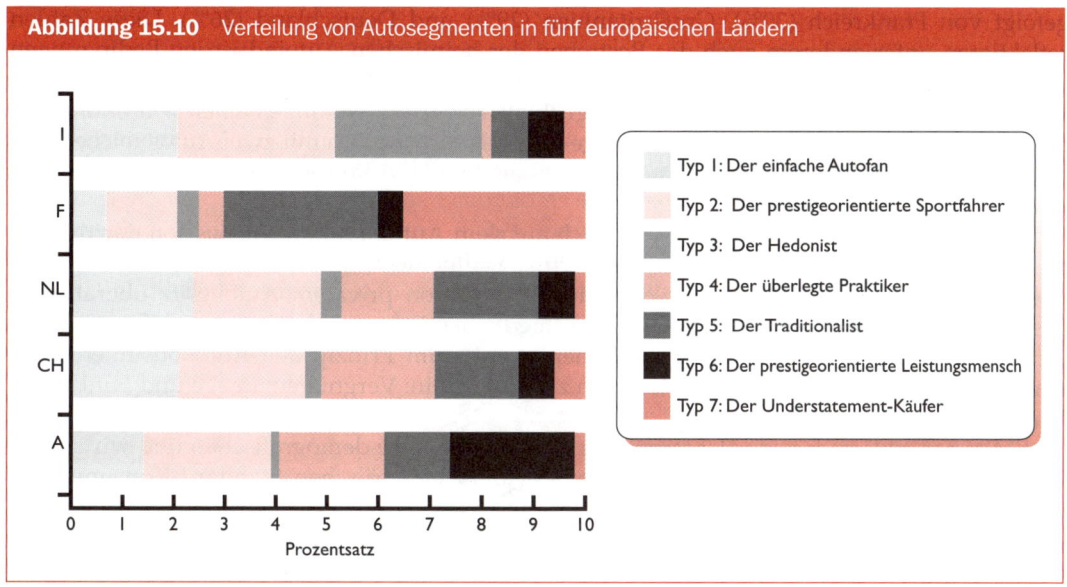

Abbildung 15.10 Verteilung von Autosegmenten in fünf europäischen Ländern

Typ 1: Der einfache Autofan

Typ 2: Der prestigeorientierte Sportfahrer

Typ 3: Der Hedonist

Typ 4: Der überlegte Praktiker

Typ 5: Der Traditionalist

Typ 6: Der prestigeorientierte Leistungsmensch

Typ 7: Der Understatement-Käufer

Quelle: Horst Kern, Hans-Christian Wagner and Roswitha Harris, ‚European Aspects of a Global Brand: The BMW Case‘, *Marketing and Research Today* (Februar 1990): 47-57.

Europäische Werbepräferenzen und Reglementierungen

Die Konsumenten in den verschiedenen europäischen Ländern sind an verschiedene Formen von Werbung gewöhnt. In vielen Fällen wird der Werbeinhalt von Regierungsbehörden kontrolliert. In Dänemark dürfen in der Tabakwerbung keine jungen Menschen dargestellt werden und die für Endverbraucher bestimmte Tabakwerbung in Schweden darf überhaupt keine Menschen darstellen. Derzeit diskutiert die Europäische Kommission in Brüssel über Initiativen, in der Werbung noch strengere Kontrollen einzuführen und unter anderem die Tabakwerbung in Europa vollkommen zu verbieten.

Die Unterschiede zwischen europäischen Ländern beschränken sich nicht nur auf rechtliche Gebiete. Es bestehen auch Unterschiede darin, welche Art von Fernsehwerbung und Anzeigen in den verschiedenen europäischen Ländern am besten ankommt. Eine vergleichende Studie über französische und deutsche Fernsehwerbung ergab für beide Länder ein unterschiedliches Werbeprofil. In der französischen Fernsehwerbung sind weniger Informationen über das Produkt enthalten, wird weniger offen über sozial heikle Themen gesprochen, werden mehr nonverbale und indirekte Kommunikationsarten eingesetzt und Frauen in verführerischerer, sexuell aufreizenderer Weise dargestellt.[55] Die Unterschiede in der französischen Kommunikation – die im Gegensatz zu dem sachlichen, nüchternen deutschen Stil verführerisch und fantasievoll ist – bestätigten sich auch bei anderen Kommunikationsarten wie Fernsehnachrichten oder Zeitungen.

Eine Erklärung für diese Differenzen kann die Unterscheidung von Gesellschaften mit **niedrigem Kontext** und **hohem Kontext** liefern.[56] In einer Gesellschaft mit hohem Kontext bleiben Botschaften eher unausgesprochen und sind in den Kommunikationskontext verwoben, während die Kommunikationen in Gesellschaften mit niedrigem Kontext ausführlicher, spezifischer und direkter sind. Gemäß dieser Perspektive der Klassifizierung von Gesellschaften hat Frankreich einen höhren Kontext – verglichen mit Deutschland, das zu den Gesellschaften mit dem niedrigsten Kontext der Welt gehört.

Die Briten haben eine positivere Einstellung zur Werbung als Franzosen und Deutsche. Sie betrachten Werbung als einen humorvollen, unterhaltsamen Teil des Alltags und machen sich weniger Sorgen um die manipulativen Eigenschaften der Werbung.[57] Diese Ergebnisse werden durch eine andere Untersuchung gestützt, die herausfand, dass Briten im Vergleich zu Amerikanern Werbung als eine Art Unterhaltung sehen. Verglichen mit den Vereinigten Staaten enthalten britische Werbespots weniger Informationen.[58] Ein Werbemanager stellte offen fest, dass deutsche Werbung rationaler, britische emotionaler sei.[59]

Nicht nur die Einstellungen zur Werbung sind in Europa unterschiedlich, sondern auch die Präferenzen für Medien. In Frankreich sind Werbeplakate im Freien ein weit verbreitetes Medium für Werbekampagnen, und Kinowerbung ist bei den Franzosen beliebt. In Großbri-

Tabelle 15.5 Unterschiede bei der Botschafts-Entschlüsselung von zwei Werbungen in sechs europäischen Ländern		
Hauptidee		
	Hitchhiker	**Quacker**
Belgien	Produkte für junge Menschen	Kann man teilen
England	Pause mit KitKat	
Niederlande	Produkt für junge Menschen	Pause mit KitKat
Italien	Qualitätsprodukt	
Deutschland	Zur Entspannung	Pause mit KitKat
Frankreich	‚Magische Wirkung'	Zur Entspannung

© Copyright GfK
Quelle: ESOMAR, Madrid 1992.

Wesentliche Produkteigenschaften		
	Hitchhiker	**Quacker**
Belgien	Gutes Produkt	Knusperriegel
England	Schokoriegel mit Waffel	Snack
Niederlande	Wenig	
Italien	Gutes Produkt	
Deutschland	Entspannen mit KitKat	Schokoriegel
Frankreich	Knusperriegel	Gutes Produkt

© Copyright GfK
Quelle: ESOMAR, Madrid 1992.
Quelle: J. Andrew Davison and Erik Grab, ‚The Contributions of Advertising Testing to the Development of Effective International Advertising: The KitKat Case Study', *Marketing and Research Today* (Februar 1993): 15-24.

tannien nehmen Zeitungsanzeigen einen größeren Raum ein als in den anderen europäischen Ländern und in Deutschland ist das Medium Radio wichtiger als in anderen Ländern.[60] Die Verwendung von unterschiedlichen Medien in einzelnen Ländern ist schwer zu messen, da Schwankungen hinsichtlich der Reglementierung der Medienverwendung bestehen. In skandinavischen Ländern ist es zum Beispiel nicht erlaubt, Programme durch Werbung zu unterbrechen und in Deutschland ist dies bei den öffentlichen Fernsehsendern nicht üblich.

Kulturelle Unterschiede können auch das Verständnis gewisser Werbebotschaften beeinflussen. Die meisten diesbezüglichen Studien ergaben, dass Werbung wie andere Bilder oder Kommunikationen kulturell verstanden wird, und dass die Leserschaft so verschieden ist, dass eine standardisierte Ausführung der Werbung problematisch ist.[61] Als zwei verschiedene Werbespots (,Hitchhiker' und ,Quacker') für den Schokoladenriegel KitKat in sechs verschiedenen Ländern getestet wurden, fassten die Konsumenten (junge Menschen) die Hauptidee der Werbung und die wesentlichen Produktmerkmale vollkommen unterschiedlich auf (siehe Tabelle 15.5).[62]

Diese Schwankungen können durch Hinzuziehung verschiedener Faktoren erklärt werden, wie relative Vertrautheit mit dem Produktkonzept (Italien), Größe des Produkts verglichen mit heimischen Konkurrenten (Holland), Beliebtheit des englischen Humors (Deutschland) und der in dem betreffenden Land vorherrschende Werbestil (Frankreich). Eine andere Studie, in der dänische und amerikanische Texte internationaler Werbungen miteinander verglichen wurden, ergab aufgrund des kulturellen Backgrounds von Lesern ähnliche Unterschiede. Bei einer Werbung für ein alkoholfreies Getränk mit Zitronengeschmack, bei der junge Leute am Strand zu sehen waren, hoben die Dänen die Stärke der Gemeinschaft hervor, während die Amerikaner darin die indiviuelle Freiheit erkannten.[63] Daraus sollte sicherheitshalber gefolgert werden, dass, obwohl in verschiedenen Gesellschaften oft gewisse Ähnlichkeiten in der Art, wie Werbung aufgefasst wird, bestehen, sich das Publikum in den verschiedenen Ländern auf verschiedene Themen konzentriert.[64]

15.3.3 Regionale Konsumunterschiede: Die Mikroebene

Geodemografie

Der Begriff **Geodemografie** bezieht sich auf Analysetechniken, die Daten über Konsumentenausgaben und andere sozioökonomische Faktoren mit geografischen Informationen über die Gebiete, in denen Menschen leben kombinieren, um Konsumenten zu identifizieren, die gleiche Konsummuster teilen.

Die Geodemografie beruht auf der Annahme, dass sich ,Gleich und Gleich gern gesellt' – dass also Menschen mit ähnlichen Bedürfnissen und ähnlichem Geschmack normalerweise nahe beieinander wohnen. In Anbetracht dieser Tatsache sollte es einfach sein, Gebiete von Gleichgesinnten ausfindig zu machen, die dann durch direktes Mailing oder andere Methoden auf effiziente Weise erreicht werden können. Wichtige Unterscheidungsfaktoren zwischen Nachbarschaften und Stadtgemeinden sind die Höhe des Einkommens, die ethnische Herkunft und Bevölkerungsstatistiken (vor allem Alter). Geografische Informationen werden zunehmend mit anderen Daten kombiniert, um ein vollständigeres Bild des Konsumenten zu erhalten. Verschiedene Marktforschungsmethoden verwenden **Daten aus einer Quelle** (*single-source data*), die Informationen über die Vergangenheit einer Person im Hinblick auf ihre Kaufgewohnheiten mit geodemografischen Daten kombiniert und es Marketingexperten ermöglicht, mehr über solche Marketingstrategien zu erfahren, auf die Menschen reagieren.

15.4 Ethnische und religiöse Subkulturen

Sevgi wacht am Samstagmorgen früh auf und stellt sich auf einen langen Tag mit Einkäufen und Hausarbeit ein. Wie üblich erwartet ihre Mutter, dass sie einkauft, während sie bei der Arbeit ist, und ihr dann bei der Vorbereitung des Essens für das große Familientreffen am Abend hilft. Ihren Bruder würde sie natürlich nie bitten einzukaufen und in der Küche zu helfen – für diese Sachen sind Frauen zuständig.

Familientreffen erfordern viel Arbeit und Sevgi wünscht sich, ihre Mutter würde gelegentlich zu Fertiggerichten greifen, vor allem samstags, wo Sevgi auch ein oder zwei Einkäufe für sich selbst erledigen muss. Aber nein – ihre Mutter besteht darauf, dass sie das Essen selbst zubereiten und kauft kaum Fertiggerichte, weil sie sicher sein will, dass nur qualitativ hochwertiges Essen auf den Tisch kommt.

Resigniert schaut Sevgi TRTint im Kabelfernsehen, während sie sich anzieht. Dann läuft sie in den örtlichen Zeitungsladen ‚De Pijp' um eine Zeitschrift zu kaufen. Hier gibt es dutzende von türkischen Zeitungen und Zeitschriften, von denen sie sich gern neue Ausgaben anschaut. Dann kauft Sevgi die Lebensmittel für ihre Mutter. Der islamische Halal-Metzger ist ein Freund der Familie und hat schon die Lammkoteletts vorbereitet. Der Verkäufer an dem Stand auf dem Albert Cuyp Markt, wo ihre Mutter und sie immer einkaufen, kennt sie und verkauft ihr nur gute Oliven und qualitativ hochwertiges Gemüse. Noch ein kurzer Abstecher in den Laden mit Süßigkeiten, um die Lieblingsdrops der Familie zu kaufen und dann hat sie es fast geschafft. Mit etwas Glück bleiben ihr noch ein paar Minuten um in dem Plattengeschäft ‚Bridges to Babylon', die neue CD der Rolling Stones zu kaufen. Die wird sie dann in der Küche hören, während sie schält, pellt und rührt. Sevgi lächelt vor sich hin: Trotz dieses hektischen Tages, an dem sie Haus und Essen für das Familienfest vorbereiten muss, findet sie, dass es sich in Amsterdam herrlich leben lässt.

15.4.1 Subkulturen und Konsumentenidentität

Ja, Sevgi lebt in Amsterdam, und nicht in der Türkei. Trotzdem hätte diese Beschreibung ebenso gut auf einen Konsumenten in London, Berlin, Stockholm, Marseille oder anderen europäischen Städte gepasst. Über 25 Millionen Europäer gehören ethnischen Subgruppen an und in zahlreichen europäischen Ländern wie Frankreich, Belgien und Deutschland stellen sie zusammen rund 10% der Gesamtbevölkerung dar. In Großbritannnen wird geschätzt, dass sich die ethnischen Gemeinschaften in der Bevölkerung in den nächsten 30 Jahren auf mehr als 6 Millionen verdoppeln.[65]

Türkische Konsumenten haben viel mit Mitgliedern von anderen rassischen und ethnischen Gruppen in Europa gemeinsam. Diese Konsumentengruppen haben die gleichen Ferien, ihre Ausgaben werden durch den wirtschaftlichen Wohlstand des Landes, in dem sie leben, beeinflusst und sie feuern bei den olympischen Spielen die Mannschaften ihres Gastlandes an. Aber während der Wohnsitz in Europa – oder auch die europäische Staatsbürgerschaft – die Grundlage für gewisse Konsumentscheidungen bietet, beeinflussen andere Konsumentscheidungen das soziale Gefüge des Landes, in dem diese Konsumenten leben (siehe Abbildung 15.11).

Lebensstile von Konsumenten werden durch Gruppenzugehörigkeit *innerhalb* der Gesellschaft bestimmt. Solche Gruppen nennt man **Subkulturen**. Ihre Mitglieder teilen gemeinsame Überzeugungen und Erfahrungen und unterscheiden sich dadurch von anderen. Während die Zugehörigkeit zu Subkulturen oft einen tief greifenden Einfluss auf das Konsumverhalten hat, sind manche subkulturellen Identifikationen mächtiger als andere. Die wichtigsten subkulturellen Konsumentengruppen, die auf dem Alter basieren, wurden bereits in Kapitel 13 besprochen.

15.4.2 Ethnische und rassische Subkulturen

Ethnische und religiöse Identität ist ein wichtiger Bestandteil der Selbsteinschätzung von Konsumenten. Eine **ethnische oder rassische Subkultur** besteht aus sich selbst erhaltenden Konsumentengruppen, die kulturelle oder genetische Faktoren verbinden, und die sowohl von ihren Mitgliedern als auch von anderen als erkennbare Kategorie wahrgenommen werden.[66]

In manchen Ländern, etwa in Japan, ist Ethnie fast synonym mit der herrschenden Kultur, da die meisten Bürger die gleichen homogenen kulturellen Bande haben (obwohl in Japan viele Minoritäten leben, vor allem Menschen koreanischer Herkunft). In heterogenen Gesellschaften wie in Europa sind viele verschiedene Kulturen vertreten und Konsumenten müssen sich bemühen, ihre subkulturelle Identität zu bewahren und nicht im Strom der vorherrschenden Gesellschaft unterzugehen.

Ethnie und Marketingstrategien

Obwohl manche Unternehmen nur ungern rassische und ethnische Unterschiede bei der Formulierung ihrer Marketingstrategien einbeziehen, ist es doch so, dass die subkulturelle Zugehörigkeit für die Entstehung von Bedürfnissen und Wünschen von größter Bedeutung ist. Die Zugehörigkeit zu diesen Gruppen sagt viel über Konsumentenvariablen aus, wie Medienkonfrontation, Lebensmittelpräferenzen, Kleidung, politisches Verhalten, Freizeitaktivitäten und sogar die Bereitschaft, neue Produkte auszuprobieren.

Darüber hinaus weisen Forschungsergebnisse darauf hin, dass Mitglieder von Minoritätsgruppen einen Werbesprecher aus ihrer eigenen Gruppe für glaubwürdiger halten, was wiederum zu positiveren Markeneinstellungen führt.[67] Außerdem hängt die Art, wie Marketingbotschaften strukturiert werden sollten, davon ab, wie die Botschaften subkulturell mitgeteilt werden. Wie bereits in diesem Kapitel besprochen, unterscheiden Soziologen *Gesellschaften mit*

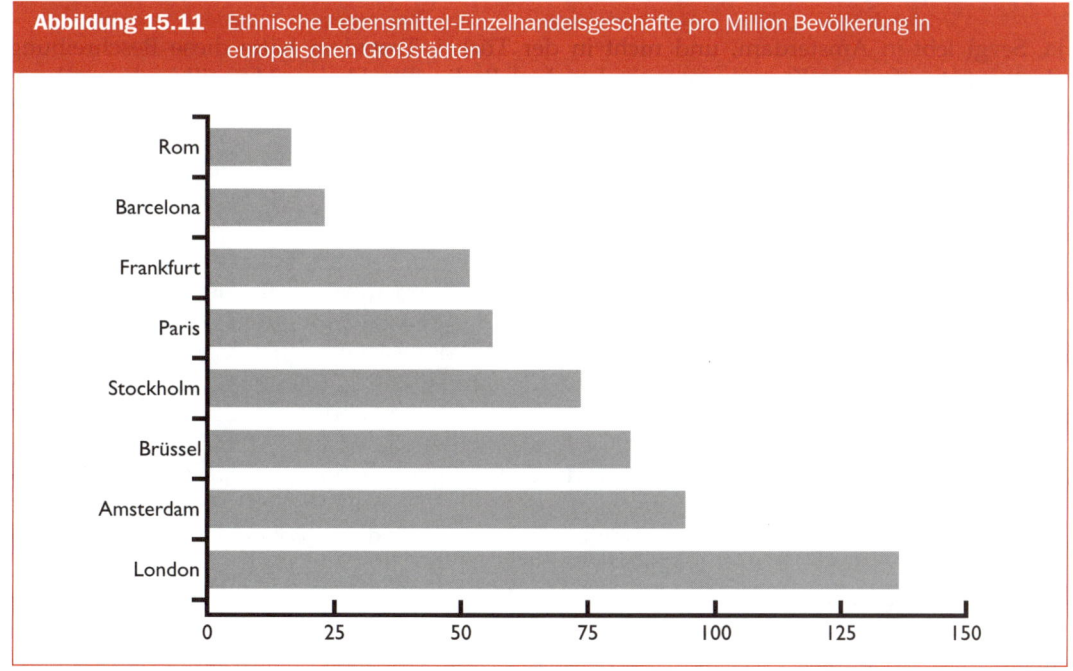

Abbildung 15.11 Ethnische Lebensmittel-Einzelhandelsgeschäfte pro Million Bevölkerung in europäischen Großstädten

Quelle: Adaptiert von *Datamonitor, Wall Street Journal, Europe* (9. Dezember 1997): 4.

MULTIKULTURELLE DIMENSIONEN

Marketingexperten haben festgestellt, dass es ein Fehler ist, alle Mitglieder von rassischen Minderheiten zusammen einzuordnen, und dass das Gleiche für weiße Konsumenten gilt. Weiß setzt sich aus vielen Grautönen zusammen – und zwischen ethnischen Weißen gibt es große Unterschiede. Betrachten wir zum Beispiel die Einkommensunterschiede bei Subkulturen verschiedener europäischer Abstammung. Diese Unterschiede sagen viel über die Zeit aus, die Mitglieder von Subkulturen schon in den Vereinigten Staaten leben. Gruppen, die schon länger dort leben, hatten mehr Zeit, Geschäftskontakte zu entwickeln und Reichtum anzuhäufen. Franko-Amerikaner sind am wohlhabendsten – bei rund 42% liegt das Haushaltseinkommen über 75.000 $, während polnischstämmige Amerikaner von diesen Segmenten das niedrigste Einkommen haben.

  Manche Unternehmen beginnen, gezielte Werbekampagnen für die zahlreichen ethnischen Gruppen von Weißen zu entwickeln. Spiele im Kasino sind bei Amerikanern deutscher, italienischer und portugiesischer Abstammung am beliebtesten. Aus diesem Grund streben einige Spielkampagnen diese Gruppen an. AT&T hat festgestellt, dass die Sängerin Whitney Houston in der erfolgreichen Werbekampagne ‚Your true voice' bei russischstämmigen Amerikanern nicht ankam, darum setzte das Unternehmen bei Werbespots in russischsprachigen Fernsehsendern einen russischen Schauspieler ein. Sogar der Paketdienst UPS versucht, ethnische Weiße anzusprechen, nachdem das Unternehmen festgestellt hat, dass aus Europa stammende Amerikaner eher als andere Geldüberweisungsprogramme und Paketpost in Anspruch nehmen. Der Postal Service schaltet Anzeigen in ausländischen Zeitungen und Telefonbüchern, um in Konkurrenz zu UPS um diese Kunden zu werben.[68]

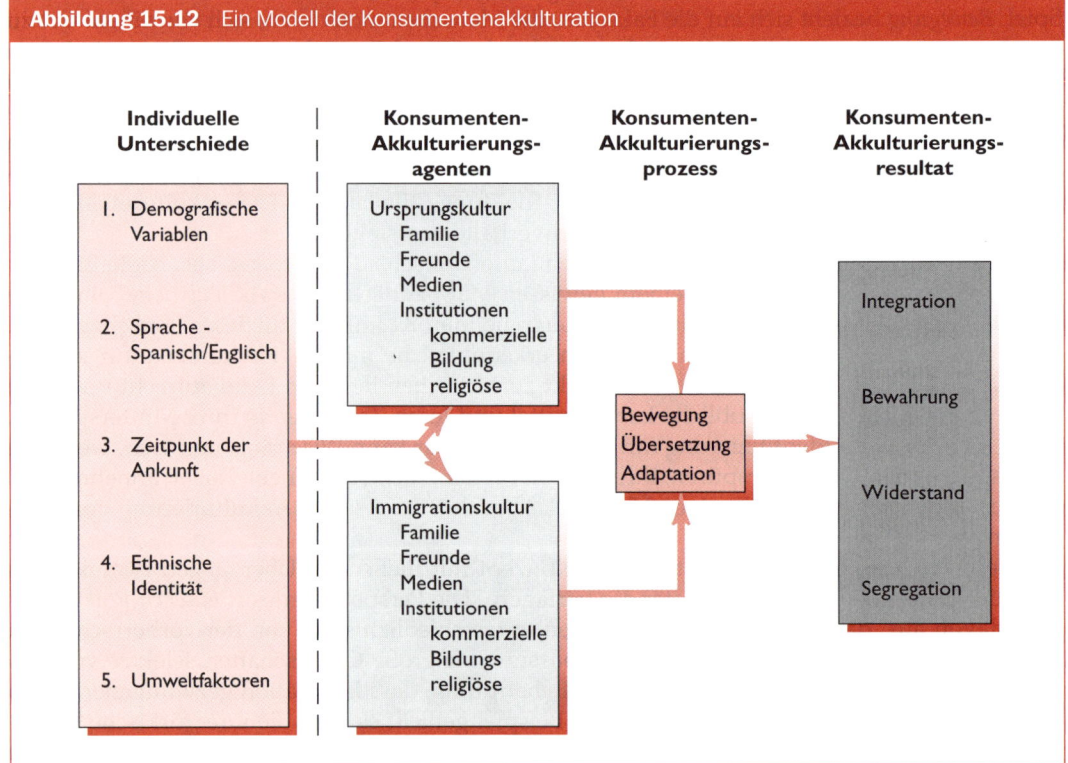

Abbildung 15.12   Ein Modell der Konsumentenakkulturation

Quelle: Adaptiert von Lisa Peñaloza, ‚*Atravesando Fronteras*/Border Crossings: A Critical Ethnographic Exploration of the Consumer Acculturation of Mexican Immigrants', *Journal of Consumer Research* 21 (Juni 1994): 32-54.

hohem Kontext und *Gesellschaften mit niedrigen Kontext.* In einer Gesellschaft mit hohem Kontext sind die Mitglieder eng verbunden und interpretieren Dinge, die über das gesprochene Wort hinausgehen. Symbole und Gesten haben oft mehr Gewicht als Worte. Viele Minoritäten haben einen hohen Kontext und starke mündlich überlieferte Traditionen, so dass die Empfänger Nuancen, die über den bloßen Werbetext hinausgehen, eher wahrnehmen.[69]

15.4.3 ‚Sein oder nicht sein: Das ist hier die Antwort‘

Ein wichtiges Kriterium zur Unterscheidung von Angehörigen von Subkulturen ist das Maß, in dem sie sich mit ihrem Herkunftsland identifizieren. Die **Akkulturierung** bezieht sich auf den Anpassungsprozess einer ausländischen Person an die Kultur eines Landes.[70] Dieser Übergangsprozess wird von mehreren Faktoren beeinflusst. Individuelle Unterschiede – zum Beispiel, ob eine Person die Sprache des Gastlandes spricht oder nicht – entscheiden, ob die Anpassung schwer fällt oder nicht.

Der Kontakt der Person zu **Akkulturierungsagenten**, d. h. Menschen und Institutionen, die Kultur vermitteln, sind ebenfalls von entscheidender Bedeutung. Einige dieser Agenten stehen auf der gleichen Ebene wie die *Herkunftskultur* (in Sevgis Fall die Türkei). Zu ihnen gehören Familie, Freunde, die Moschee, heimische Geschäfte und türkischsprachige Medien, die dem Konsumenten ermöglichen, mit seinem Herkunftsland in Verbindung zu bleiben. Andere Agenten hängen mit der *Immigrationskultur* (in diesem Fall die Niederlande) zusammen und helfen dem Konsumenten, sich in dem neuen Umfeld zurechtzufinden. Zu diesen Agenten gehören staatliche Schulen und niederländische Medien.

Wenn sich Einwanderer ihrer neuen Umgebung anpassen, kommen mehrere Prozesse ins Spiel. *Bewegung* bezieht sich auf die Faktoren, die Menschen motivieren, sich von einem Ort zu lösen, um an einen anderen Ort zu gehen. Viele ethnische Mitglieder in ganz Europa gehören bereits der zweiten Generation an (sie wurden in dem Land geboren, in dem sie leben), denn ihre Eltern waren es, die als Erste in das neue Land kamen. Bei ihrer Ankunft verspüren die Einwanderer ein Bedürfnis nach *Übersetzung.* Das ist der Versuch, eine Reihe von in der neuen Umgebung geltenden Regeln zu beherrschen – ob es sich dabei um die Entzifferung der Währung oder um die soziale Bedeutung fremder Kleidungsstile handelt. Dieses kulturelle Lernen führt zu *Anpassung,* bei der ein neues Konsumverhalten entsteht.

Bei der Akkulturierung von Konsumenten laufen verschiedene Prozesse ab. Viele Einwanderer durchlaufen (zumindest in einem gewissen Maß) zunächst eine *Assimilation,* bei der sie Produkte übernehmen, die sie mit der vorherrschenden Kultur identifizieren. Gleichzeitig ist der Versuch der *Beibehaltung* von Praktiken erkennbar, die mit der Herkunftskultur zusammenhängen. Einwanderer halten den Kontakt zu Menschen in ihrem Land aufrecht und viele essen auch weiterhin landesübliche Lebensmittel und lesen Zeitungen in ihrer Muttersprache. Diese fortwährende Identifizierung mit der Heimatkultur kann *Widerstand* auslösen, wenn die Einwanderer den Druck verspüren, ihre Identität unterdrücken und neue Rollen annehmen zu müssen. Abbildung 15.12 gibt einen Überblick über den Prozess der Akkulturierung von Konsumenten.

Diese Prozesse zeigen, dass Ethnie ein Konzept mit fließenden Übergängen ist, und dass sich die Grenzen einer Subkultur ständig verlagern. Die Perspektive des *ethnischen Pluralismus* geht davon aus, dass sich ethnische Gruppen unterschiedlich stark von der vorherrschenden Richtung unterscheiden, und dass die Anpassung an große Gesellschaften selektiv vor sich geht. Forschungsergebnisse widerlegen die Behauptung, dass Integration gezwungenermaßen mit Identitätsverlust einhergeht. Sevgi zum Beispiel genießt es, dass sie ihre ‚türkische Identität‘ durch vielfältige Konsummöglichkeiten ausdrücken kann: durch Zeitschriften, türkische Fernsehprogramme und durch die Wahl der adäquaten Geschenke für Anlässe wie Hochzeiten oder Geburtstage. Sie hat aber auch keine Probleme damit, das Konsumverhalten der vorherrschenden Gesellschaft zu übernehmen – so isst sie gern *Drops* (holländische Süßigkeit), kauft ‚westliche' Musik und hat ihre Lieblingskleider, wenn sie ins Kino oder in eine Bar geht. Der beste Indikator für ethnische Integration, stellten die Marktforscher fest, ist der Grad, in dem Angehörige einer Ethnie im Vergleich zu ihren eigenen Gruppen soziale Interaktionen mit Mitgliedern von anderen Gruppen haben.[71]

15.4.4 Der Einfluss der Religion auf den Konsum

Religion an sich wurde im Marketing nicht ausführlich erforscht, möglicherweise, weil sie als Tabuthema gilt. Große multinationale gesamteuropäische Unternehmen nähern sich diesem Thema mit der gleichen Zurückhaltung wie sie sich dem Thema ethnischer Gruppen nähern. Hier stehen die Unternehmen vor der Frage, ob auf Religion oder Ethnie zugeschnitten Programme zu größerer Markentreue führen, oder ob das Risiko von Fehlinterpretation und eventueller Beleidigung des Zielmarktes diese Vorteile überwiegt. Zweifellos sind die erfolgreichsten Unternehmen, die ethnische und religiöse Segmente anvisieren und erreichen, kleine Geschäfte, deren Manager und Eigentümer häufig Mitglieder der jeweiligen Gruppe sind.[72] Aber die wenigen Anhaltspunkte, die zu diesem Thema gesammelt wurden, weisen darauf hin, dass religiöse Zugehörigkeit das *Potenzial* zu einem zuverlässigen Indikator von Konsumentenverhalten hat.[73] Es ist erwiesen, dass religiöse Subkulturen Konsumentenvariablen wie Persönlichkeit, Einstellung zur Sexualität, Geburtenrate und Haushaltsbildung, Einkommen und politische Einstellungen beeinflussen.

Als wissenschaftliche Grundlage reicht es aber nicht, alle deskriptiven demografischen Profile von Europas größten Religionsgruppen zusammenzutragen. In Frankreich sind zum Beispiel bei nationalen Volkszählungen Fragen bezüglich der Religion verboten, obwohl Frankreich mit 4-5 Millionen Moslems zweifellos die größte islamische Gemeinde in Westeuropa hat. Der Islam steht heute hinter dem Katholizismus in Frankreich an zweiter Stelle der Religionen.[74] Ähnliche Schwierigkeiten bei der Volkszählung bestehen in Großbritannien, wo die eine Million umfassende muslimische Gemeinde relativ klein ist, dafür aber die stärkste Wachstumsrate aller Religionen des Landes aufweist. Die rund tausend vorhandenen Moscheen werden wahrscheinlich in Kaufhäuser, Kirchen oder Gemeindesäle umgewandelt und die hunderte von neu gebauten Moscheen haben klassische Merkmale wie Kuppeln und Minarette – ein Trend, der die wachsende Wirtschaftskraft der britischen Muslime und die steigende Akzeptanz von Moscheen von Seiten lokaler Behörden andeutet.[75] Der Islam ist die am schnellsten wachsende Religion in Europa, aber es ist schwer, über die Lehren des Koran, die Identifizierung von Ferien und Fastenzeiten wie der Ramadan und gewisse Essvorschriften hinaus ein allgemein gültiges Bild von Moslems zu entwerfen. Sie kommen aus über 120 Ländern, stammen von einer Vielzahl ethnischer Gruppen ab (Schwarze, Asiaten, Araber, Europäer) und unterscheiden sich wie viele Konsumentengruppen in Europa in ihren Konsumgewohnheiten grundlegend!

Das Christentum hat die geschichtliche und kulturelle Entwicklung Europas geprägt und eine wesentliche Rolle bei der Bildung des europäischen Kontinents gespielt. Während die Christen die größte Religionsgemeinschaft Europas sind, nimmt die aktive Mitgliedschaft ab und immer weniger Erwachsene gehen sonntags in die Messe.[76] Der Vatikan hat auf diese Tendenz reagiert und eine Reihe von Veranstaltungen organisiert, die das Ziel haben, eine engere und aktivere Beziehung zur europäischen Jugend zu entwickeln. Zu den neueren Versuchen, die Jugend für die Kirche zu gewinnen, gehören die Anwerbung französischer Modedesigner für den Weltjugendtag, der Auftritt von Bob Dylan bei einem vom Vatikan gesponserten Rockkonzert und die Ostermesse sowie Informationen über den Vatikan im Internet.[77] Obwohl das

MARKETINGFALLE

In der katholischen Gemeinde bestehen gemischte Gefühle gegenüber der Verbreitung religiöser Bilder in der Massenkultur. Einerseits eröffnete das Vatikan-Museum vor kuzer Zeit sein erstes Geschäft außerhalb der Mauern des Vatikans und verkauft dort Seidenkrawatten und Schals, die von Salvatore Ferragamo für den Vatikan entworfen wurden.[78] Andererseits musste eine dänische Werbeanzeige für den französischen Autohersteller Renault nach Protesten der katholischen Gemeinde zurückgezogen werden. In der Werbung wurde der Dialog zwischen einem katholischen Priester und einem Büßer während der Beichte dargestellt. Durch das Beten des Ave-Marias werden dem Mann die Sünden vergeben – aber als er gesteht, dem neuen Renault des Priesters einen Kratzer zugefügt zu haben – ruft der Priester ‚Heide' und fordert den Mann auf, der Kirche ein hohes Bußgeld zu zahlen.[79]

Christentum durch den protestantischen Norden und den katholischen Süden unterschiedlich geprägt ist, ist es nach wie vor in Bezug auf Zugehörigkeit die wichtigste Religion in Europa. Jahresfeste wie Ostern, Weihnachten oder auch Fasching werden so sehr gefeiert oder respektiert, dass zahlreiche Industriezweige wie Reiseveranstalter oder Einzelhandelsgeschäfte in dieser Zeit die meisten Umsätze machen.

15.5 Gibt es den europäischen Konsumenten?

Eine Reihe von Tendenzen scheinen für alle westeuropäischen Märkte zuzutreffen,[80] darunter:

- die Tendenz zu ungleichmäßig verteiltem Einkommen
- die steigende Anzahl alter Menschen
- kleiner werdende Haushalte
- der wachsende Anteil an Einwanderern
- das steigende Umweltbewusstsein und der Konsum von Bioprodukten
- der relative Anstieg von Dienstleistungen im Verhältnis zu langlebigen Konsumgütern

Trotz dieser allgemeinen Tendenzen bestehen, wie wir gesehen haben, große Unterschiede bei den lokalen Kontexten und im Hinblick darauf, welche Rolle die jeweilige Tendenz in dem betreffenden Land spielt.

Viele europäische Manager nehmen an, dass es immer mehr europäische Marken und europäische Konsumenten geben wird.[81] *Warum* und *wann* Unternehmen gesamteuropäische Strategien einsetzen sollten oder könnten, ist jedoch ein komplexes Thema. Eine Studie ging von 21 Einflussfaktoren auf eine gesamteuropäische Marketingstandardisierung aus, darunter Merkmale des Managements, des Unternehmens, der Industrie und der Regierung – aber nicht des Marktes![82]

Wir sind überzeugt davon, dass Analysen des Konsumentenverhaltens bei der Standardisierung oder der Anpassung von Marketingstrategien eine wichtige Rolle spielen. In gewisser Weise unterscheiden sich alle Konsumenten in dem, was sie kaufen, warum sie kaufen, wer die Kaufentscheidung trifft, wie sie kaufen, wann sie kaufen und wo sie kaufen.[83] Einige dieser Unterschiede lassen sich eher durch das Lebensstil-Niveau erklären als durch das nationale

Niveau – und einige hängen ganz offensichtlich mit nationalen oder regionalen Unterschieden zusammen. Es ist auch offensichtlich, dass manche dieser Unterschiede aufgrund der zunehmend internationalen Lieferung von Waren und aufgrund der steigenden Internationalisierung des Einzelhandelssystems in Europa verschwinden.[84] Aber nicht einmal die Tatsache, dass in allen europäischen Ländern ähnliche Waren in ähnlichen Geschäften gekauft werden, lässt auf die Existenz des europäischen Konsumenten schließen. Produktverwendung und Produktkenntnisse – und in einem gewissen Maß Bildersprache – können unter Europäern gleichermaßen verbreitet sein, aber sobald Kauf, Konsum und Entsorgung in Betracht gezogen werden, wird die tatsächliche Rolle und Bedeutung des Produkts im täglichen Leben von der heimischen Kultur beeinflusst. Bis jetzt hat noch keine Lebensstil-Umfrage ein echtes europäisches Profil für irgendeinen dieser Lebensstile ergeben und europäische Segmente werden auch weiterhin anhand von eher abstrakten gemeinsamen Nennern definiert.

Es wird oft behauptet, dass Segmente wie internationale Geschäftsleute oder junge Menschen, die von Trends wie MTV und anderen globalen Phänomenen der Jugendkultur beeinflusst werden, besonders empfänglich für standardisiertes Marketing sind. Die europäischen Manager sind Hauptkonsumenten von gesamteuropäischen Medien wie Wirtschaftsmagazine oder CNN (in Hotelzimmern).[85] So ist es möglich, dass unter jüngeren, wohlhabenderen und gebildeteren Menschen eher die Tendenz zur Internationalisierung besteht. Bleibt die Frage, wie weit diese Ähnlichkeiten gehen. Eine Studie über den Konsum von Luxusgütern, die auf fünf der größten europäischen Märkte durchgeführt wurde, ergab, dass der gesamteuropäische Konsument von Luxusgütern zwischen 35 und 49 Jahre alt ist, in Großstädten lebt, ein hohes Einkommen und einen Universitätsabschluss hat und meistens eine leitende Stelle besetzt. Allerdings wurden in den einzelnen Ländern auch große Unterschiede in Bezug auf Markenbewusstsein und Kaufniveau festgestellt, sowie im Hinblick auf die Bedeutung von sozialwirtschaftlichen Faktoren für den Kauf von Luxusmarken. So sind Spanien und Italien aufgrund von sozialwirtschaftlichen Unterschieden stark segmentiert, während Frankreich, Großbritannien und Deutschland kaum Erklärungen für den Konsum von Luxusgütern liefern. Die meisten Luxusartikel wurden in Frankreich, dann in Großbritannien und von einem italienischen Segment gekauft, wobei es den übrigen Italienern an Geld, den Deutschen an Motivation mangelte und bei den Spaniern ein Mangel an beidem bestand.[86]

Die Tatsache, dass es keinen Euro-Konsumenten gibt, bedeutet aber nicht, dass Svensson aus Schweden, Smith aus Großbritannien, Smit aus Holland, Simón aus Spanien und Schultz aus Deutschland untereinander nicht mehr Gemeinsamkeiten haben als mit ihren Landsmännern. Aber es bedeutet, dass diese Ähnlichkeiten nur mit Methoden analysiert und verstanden werden können, die auch die bestehenden Unterschiede berücksichtigen.

15.6 Zusammenfassung des Kapitels

- Der *Lebensstil* eines Konsumenten bezieht sich auf die Art, wie er Zeit und Geld verwendet, und wie seine Wertvorstellungen, Einstellungen und Präferenzen durch die Konsumwahl reflektiert werden. Lebensstil-Forschung ist bei der Aufspürung von gesellschaftlichen Konsumpräferenzen und bei der Positionierung spezifischer Produkte und Dienstleistungen für verschiedene Segmente nützlich.

- Marketingexperten segmentieren anhand von unterschiedlichen Lebensstilen, wobei sie häufig Konsumenten nach ihren AIOs (Aktivitäten, Interessen und Meinungen) einstufen.

- *Psychografische Techniken* versuchen, Konsumenten zusätzlich zu beobachtbaren Merkmalen (Demografie) hinsichtlich psychologischer, subjektiver Variablen einzustufen. Zahlreiche Systeme wie RISC wurden entwickelt, um Konsumententypen zu identifizieren und sie hinsichtlich ihrer Marken- oder Produktpräferenzen, Medienverwendung, Freizeitaktivitäten und Einstellungen zu so breiten Themen wie Politik und Religion zu unterscheiden.

- Zusammenhängende „sets" von Produkten und Aktivitäten werden mit sozialen Rollen assoziiert und bilden auf diese Weise *Konsumkonstellationen*. Menschen kaufen häufig ein Produkt oder eine Dienstleistung, weil es/sie mit einer Konstellation assoziiert ist, die wiederum mit einem von ihnen gewünschten Lebensstil zusammenhängt.

- Oft spielt die Herkunft bei der Festlegung des Lebensstils eine entscheidende Rolle. Viele Marketingexperten erkennen nationale und regionale Unterschiede bei Produktpräferenzen an und entwickeln für verschiedene Märkte verschiedene Versionen ihrer Produkte.

- Weil die Kultur eines Konsumenten einen großen Einfluss auf die Wahl seines Lebensstils hat, müssen Marketingexperten so viel wie möglich über Unterschiede im Hinblick auf kulturelle Normen und Präferenzen erfahren, wenn sie Produkte in mehr als nur einem Land vermarkten wollen. Ein wichtiges Thema ist das Ausmaß, in dem Marketingstrategien entweder auf jede Gesellschaft zugeschnitten bzw. gesellschaftlich übergreifend gestaltet werden müssen.

- Konsumenten identifizieren sich mit vielen Gruppen, die die gleichen Merkmale und Identitäten teilen. Diese großen Gruppen innerhalb einer Gesellschaft sind *Subkulturen*. Marketingexperten als Mitglieder erhalten oft wertvolle Hinweise auf Konsumentscheidungen von Individuen. Die Identität einer Person wird weitgehend durch ihre ethnische Herkunft, ihre Rasse und Religion bestimmt. Die steigende Anzahl von Menschen mit multi-ethnischen Wurzeln verwischt die traditionellen Grenzen zwischen diesen Subkulturen.

- Zahlreiche Minderheiten haben kürzlich aufgrund ihrer wachsenden Wirtschaftskraft die Aufmerksamkeit von Marketingexperten auf sich gezogen. Die Segmentierung von Konsumenten anhand ihrer *Ethnie* kann effizient sein. Dabei muss man aber aufpassen, dass man sich nicht auf ungenaue (manchmal beleidigende) ethnische Stereotype verlässt.

- Da die Kultur eines Konsumenten einen großen Einfluss auf die Wahl seines Lebensstils hat, müssen Marketingexperten so viel wie möglich über die Unterschiede zwischen kulturellen Normen und Präferenzen erfahren, wenn sie in mehr als einem Land Marketingstrategien einsetzen.

- Da wir als Konsumenten an vielen Aktivitäten teilnehmen, die unsere lokale Kultur widerspiegeln, existiert der europäische Konsument als Segment nicht. Der europäische Konsument ist allenfalls auf gewisse Segmente der Bevölkerung beschränkt, etwa junge Leute und leitende Angestellte, und auf bestimmte Situationen.

SCHLÜSSELBEGRIFFE

15.1 Vergleichen Sie die Konzepte Lebensstil und soziale Klasse.

15.2 In welchen Situationen sind demografische Informationen wertvoller als psychografische Daten und umgekehrt?

15.3 Besprechen Sie konkrete Situationen, in denen internationale Ähnlichkeiten im Lebensstil für Marktsegmentierungen und für das Verständnis von Konsumentenverhalten relevanter sind als nationale kulturelle Unterschiede.

15.4 Beschreiben Sie die beim Aufbau des RISC-Systems verwendeten Prinzipien. Welche sind die positiven und welche die negativen Aspekte dieses Ansatzes für die Lebensstil-Segmentierung?

15.5 Erstellen Sie eine Liste mit neueren Werbeanzeigen, die versuchen, den Konsum eines Produkts mit einem spezifischen Lebensstil zu verwenden. Wie wird dieses Ziel normalerweise errreicht?

15.6 In dem Kapitel wird erwähnt, dass psychografische Analysen für die Vermarktung von Politikern verwendet werden können. Führen Sie eine Forschung über neuere Marketingstrategien durch, die bei einer größeren Wahl eingesetzt wurden. Wie wurden die Wähler nach Werten segmentiert? Finden Sie Anhaltspunkte dafür, dass Kommunikationsstrategien anhand dieser Informationen durchgeführt wurden?

15.7 Erstellen Sie unter Verwendung von Medien, die auf diese Gruppe zielen, eine Konsumkonstellation für die soziale Rolle von Studenten. Welches „set" von Produkten, Aktivitäten und Interessen taucht meistens bei Werbungen auf, die den ‚typischen' Studenten darstellen? Wie realistisch ist diese Konstellation?

15.8 Wenden Sie die Materialismus-Skala in Tabelle 15.1 auf eine Reihe von Wirtschaftsstudenten und eine Gruppe von Studenten der Geisteswissenschaften an. Welche Voraussagen können Sie anhand der Gruppenunterschiede bei diesem Wert machen? Bitte Sie die Versuchspersonen bei jeder Aussage, eine Nummer auf der Skala zu umkreisen:

Überhaupt nicht einverstanden   sehr einverstanden

1   2   3   4   5

Denken Sie bei der Auswertung daran, dass Punkte, die mit einem Stern gekennzeichnet sind, umgekehrt bewertet werden. Die Anwort bei ‚5' muss also als ‚1', die ‚4' als ‚2' usw. gewertet werden. Unterscheiden sich die beiden Gruppen in Bezug auf ihre durchschnittlichen Antworten?

15.9 Wie würden Sie Ihre Werbe- und Verkaufsstrategie gestalten, wenn Sie europäische Konsumenten anhand ihres relativen Materialismusniveaus segmentieren müssten? Erstellen Sie zwei Werbeversionen für Sonnencreme, wobei eine für ein Land mit hohem Materialismus, die andere für ein Land mit niedrigem Materialismus gestaltet werden soll (unter der unhaltbaren Annahme, dass alle anderen Dinge gleich sind).

15.10 Natürlich gibt es in allen europäischen Ländern Menschen, die auf RISC-Typen zutreffen, aber ihre Zahl variiert. Versuchen Sie festzulegen, welche Lebensstile in ein paar europäischen Ländern, die Sie kennen, am weitesten verbreitet sind.

15.11 Wenn Sie ausländische Fernsehsender empfangen können, vergleichen Sie die Werbespots Ihres Landes mit den ausländischen. Ist der Stil unterschiedlich? Ist ein bestimmter Werbestil für ein bestimmtes Produkt ähnlich oder unähnlich?

15.12 Machen Sie einen oder mehrere Konsumenten ausfindig (vielleicht Familienmitglieder), die eingewandert sind. Fragen Sie diese, wie sie sich an ihr Gastland angepasst haben, und vor allem, welche Änderungen ihrer Konsumpraktiken sich im Lauf der Zeit eingestellt haben.

Sechs Wochen vor dem Valentinstag beginnt Ayse das romantische Wochenende vorzubereiten. Letztes Jahr fanden sie und ihr Mann in sämtlichen Restaurants von Ankara keinen freien Tisch mehr. Alle Restaurants und Hotels waren ausgebucht und die Floristen konnten die Nachfrage nach roten Rosen nicht decken. Deshalb reserviert sie lieber schon jetzt in einem guten Restaurant einen Tisch für zwei. Sie schaut sich bei einem Stadtbummel nach einem Geschenk um, das sie sich wünschen könnte. Sie entdeckt eine Valentins-Swatch, die ihr wirklich gefällt. Zwei Wochen vor dem Valentinstag erzählt sie ihrem Mann von der Uhr und nimmt ihn mit zu dem Geschäft, um sie ihm zu zeigen. Am Valentinstag fällt Ayses Mann ein, dass er noch kein Geschenk hat. Er läuft in das Geschäft um die Uhr zu kaufen – und muss feststellen, dass das Modell ausverkauft ist. Also kauft er eine viel teurere Swatch. Als er nach Hause kommt, ist seine Frau schon fertig angezogen und wartet auf ihn, um zum Essen zu gehen. Aufgeregt streckt sie ihren Arm aus und schließt in Erwartung der Armbanduhr die Augen. Eine Armbanduhr bekommt sie auch – aber nicht die Valentins-Swatch. Als sie das sieht, ist sie wütend – und enttäuscht. Sie bricht in Tränen aus, die beiden streiten sich, Ayse geht ins Schlafzimmer und legt ihre Abendkleidung ab. Den Abend verbringen sie zu Hause in getrennten Zimmern und reden nicht miteinander. Schöner Valentinstag, denkt Ayse.

Als sie die Geschichte später ihren Freundinnen erzählt, finden das manche eher lustig…

KAPITEL 16

Kulturelle Veränderungsprozesse

16.1 Einleitung

Die Rolling Stones, Miniröcke, Krawatten, Fastfood, Hightechmöbel, postmoderne Architektur, James Bond. Wir leben in einer Welt, in der es Stile und Möglichkeiten im Überfluss gibt. Was wir essen, welches Auto wir fahren, was für Kleider wir tragen, wo wir wohnen, was für Musik wir hören – das alles sind Dinge, die von der zu einem bestimmten Zeitpunkt herrschenden Massenkultur und Mode beeinflusst werden. Zuweilen scheinen Konsumenten durch das riesige Angebot auf dem Markt überwältigt zu werden. Eine Person, die eine Krawatte kaufen möchte, hat die Wahl zwischen hunderten von Modellen. Trotz dieser Fülle stellen die für Konsumenten verfügbaren Möglichkeiten bisweilen nur einen *Bruchteil* der gesamten Möglichkeiten dar.

Die Eröffnungsvignette illustriert einige der Prozesse, die mit dem in diesem Kapitel besprochenen gesellschaftlichen Wandel zusammenhängen: Mode, neue Konsummöglichkeiten und Globalisierung. Der Valentinstag wird in der Türkei seit etwa zehn Jahren gefeiert, wobei am Anfang nur Karten unter Schulfreunden ausgetauscht wurden. In den letzten Jahren wurde er immer beliebter, vor allem bei der in Städten lebenden Mittelklasse, die sich jetzt Geschenke macht und den Abend in besonderer Weise feiert. Der Valentinstag wird bei verheirateten und unverheirateten Paaren zur Tradition – und das in einem mohammedanischen Land, dessen Bräuche und Vorschriften ursprünglich keine Rendezvous zuließen. Rendezvous waren nichts für ,nette' Mädchen und viele konservative Familien der unteren Mittelklasse missbilligen sie noch immer.

16.1.1 Kulturelle Selektion

Die Entscheidung für bestimmte Möglichkeiten – ob es sich dabei um Autos, Kleidung, Computer, Musiker, Politiker, Religionen oder wissenschaftliche Methoden handelt – bildet den Höhepunkt eines komplexen Filtrationsprozesses, der, wie in Abbildung 16.1 dargestellt, einem Trichter gleicht. Am Anfang dieses Prozesses stehen viele Möglichkeiten zur Auswahl, aber diese nehmen nach unten, auf ihrem Weg von der Herstellung zum Verbauch, ständig ab. Diesen Prozess nennt man **kulturelle Selektion**.

Unser Geschmack und unsere Produktpräferenzen werden nicht in einem Vakuum gebildet. Entscheidungen werden von Bildern in Massenmedien beeinflusst, von unseren Beobachtungen der Menschen um uns herum oder von unserem Wunsch, in einer von Marketingexperten geschaffenen Fantasiewelt zu leben. Die Möglichkeiten verändern und entwickeln sich ständig. Ein Kleidungsstil oder eine Kücheneinrichtung, die in einem Jahr ,in' ist, kann im nächsten Jahr schon wieder ,out' sein.

Abbildung 16.1 Der Kulturproduktionsprozess

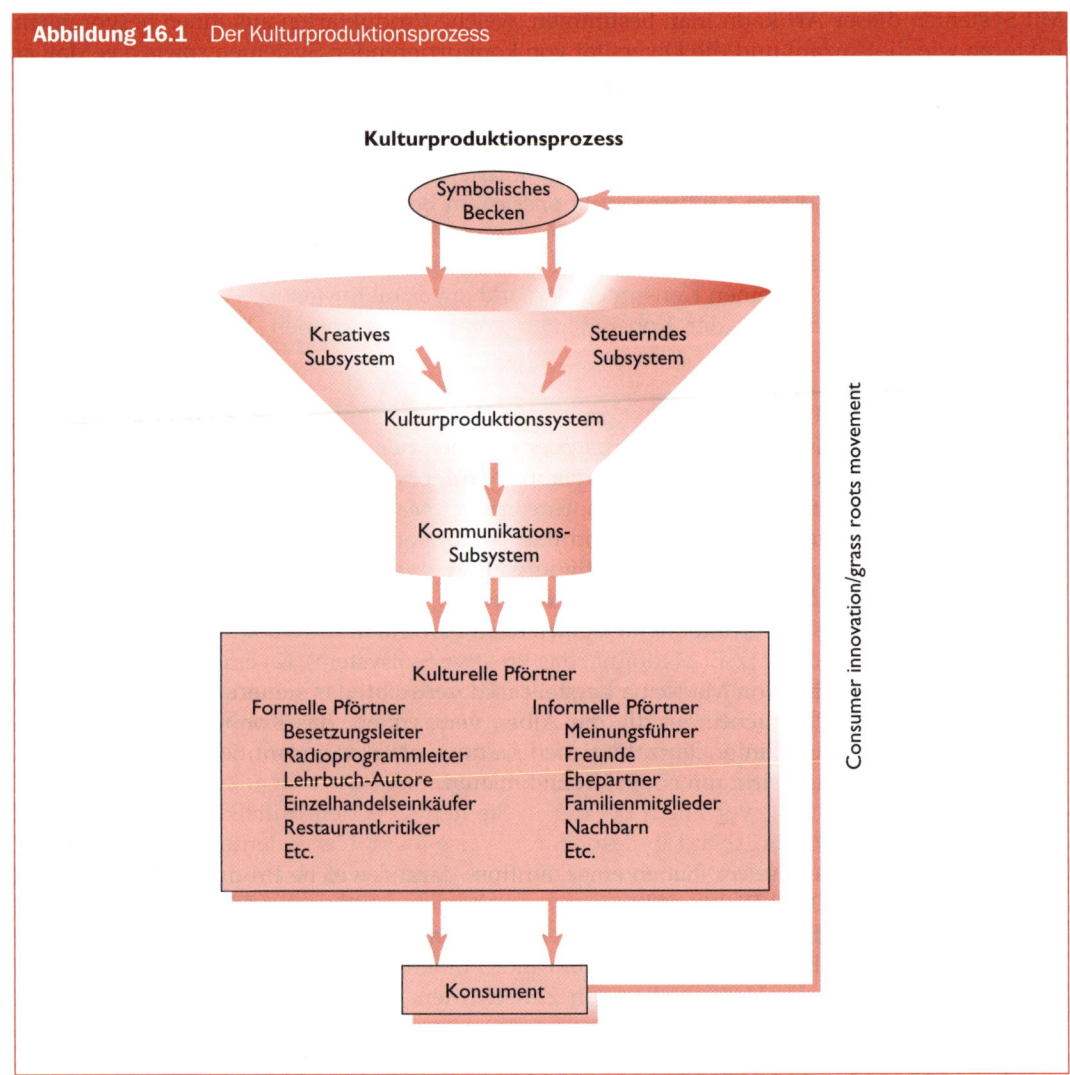

Quelle: Adaptiert von Michael R. Solomon, ‚Building Up and Breaking Down: The Impact of Cultural Sorting on Symbolic Consumption', in J. Sheth and E.C. Hirschmann (Hrsg.), *Research in Consumer Behaviour* (Greenwich, CT: JAI Press, 1988): 325-351

16.1.2 Kulturproduktionssysteme

Ein Designer, ein Unternehmen oder eine Werbeagentur allein sind nicht für die Schaffung von Massenkultur verantwortlich. Jedes Produkt, ob es sich um einen Musikhit, ein Auto oder neue Mode handelt, erfordert den Einsatz von vielen verschiedenen Beteiligten. Alle Individuen und Organisationen, die für die Schaffung und Vermarktung eines Kulturproduktes verantwortlich sind, nennt man das **kulturelle Produktionssystem (CPS = cultural production system)**.[1]

Mit Systemen dieser Art kann man bestimmen, welche Produktarten aus ihnen hervorgehen. Faktoren wie die Anzahl und die Diversität von konkurrierenden Systemen sowie das Maß an Innovationen vs. Konformität sind von Bedeutung. Eine Analyse der Country & Western Musikindustrie ergab, dass sich die von ihr produzierten Hits in Zeiten ähneln, in denen ein paar große Unternehmen den Markt beherrschen, und dass eine größere Vielfalt besteht, wenn mehrere Produzenten auf demselben Markt konkurrieren.[2]

Auch wenn die an einem Kulturproduktionssystem Beteiligten nicht unbedingt die Rollen, die andere spielen, zur Kenntnis nehmen oder schätzen, wirken doch viele dieser Agenten bei der Schaffung von Massenkultur zusammen.[3] Jeder Beteiligte versucht vorauszusehen, welches bestimmte Image für einen Konsumentenmarkt am attraktivsten ist – wobei natürlich diejenigen, die den Geschmack der Konsumenten voraussagen können, langfristig am erfolgreichsten sind.

Komponenten eines CPS

Ein Kulturproduktionssystem besteht aus drei wesentlichen Subsystemen: (1) dem *kreativen Subsystem,* das für die Schaffung neuer Symbole und/oder Produkte verantwortlich ist; (2) dem *steuernden Subsystem* das für Selektion, Umsetzung, Massenproduktion und Distributionsverwaltung neuer Symbole und/oder Produkte verantwortlich ist; und (3) dem *Kommunikationssubsystem,* das dem neuen Produkt Bedeutung und eine symbolische Reihe von Attributen verleiht, die dem Konsumenten vermittelt werden.

Ein Beispiel für die drei Komponenten eines Kulturproduktionssystems für eine Plattenaufnahme wäre (1) der Sänger (z. B. Madonna, das kreative Subsystem); (2) eine Plattenfirma (z. B. Sire Records, das Platten von Madonna herstellt und vertreibt, das steuernde Subsystem) und (3) die Werbe- und PR-Agenturen, die die Alben vermarkten, das Kommunikationssubsystem). In Tabelle 16.1 sind einige der zahlreichen *Kulturspezialisten* genannt, die in den verschiedenen Subsystemen tätig sind um einen Hit zu kreieren.

Kulturelle Pförtner

Viele Richter oder ‚Trendsetter' haben einen Einfluss darauf, welche Produkte tatsächlich auf den Markt kommen. Diese Richter oder **kulturellen Pförtner** filtern den Überfluss an Informationen und Material, die/das für Konsumenten bestimmt ist. Zu den Pförtnern oder ‚Gatekeepern' gehören Film-, Restaurant- und Autokritiker, Innenarchitekten, Diskjockeys, Einkäufer im Einzelhandel und die Herausgeber von Zeitschriften. Die Sammelbezeichnung für diese Reihe von Agenten ist *Durchsatzsektor.*[4]

Die Sprache der Schönheit

Eine neuere Studie über kulturelle Pförtner in der Mode- und Schönheitsindustrie veranschaulichte, wie manche kulturelle ‚Produkte' (in diesem Fall Models) jenseits stilistischer Voraussetzungen hinweg ausgewählt und propagiert werden.[5] Herausgeber von Frauenzeitschriften wie *Cosmopolitan, Marie Claire, Depêche Mode* und *Elle* spielen bei der Auswahl der spezifischen Schönheiten, die in diesen ‚Modebibeln' erscheinen, eine entscheidende Rolle. Auf solche Bilder beziehen sich Millionen von LeserInnen, um zu entscheiden, welchen ‚Look' sie übernehmen und welche besonderen Produkte und Dienstleistungen (Frisur, Kosmetik, Kleidung, Sport) sie benötigen, um den Bildern zu entsprechen.

In der Studie identifizierten die Entscheidungsträger einer Reihe einflussreicher Zeitschriften einige ‚Looks', denen viele der Models Ausdruck verleihen, die sie tagtäglich bewerten. Obwohl die Herausgeber einzeln befragt wurden, bestand unter den Versuchspersonen weitgehende Übereinstimmung in Bezug auf die ‚Looks', ihre Bezeichnung, welche mehr oder weniger gefragt sind und von welchen sie erwarteten, dass sie mit bestimmten Produktwer-

Tabelle 16.1	Kulturspezialisten in der Musikindustrie
Spezialist	**Funktion**
Songwriter	Komponiert Musik und Texte, muss Präferenzen des Künstlers mit dem abstimmen, was vermutlich auf dem Markt erfolgreich sein wird.
Künstler	Interpretiert Musik und Texte, kann spontan entstehen oder von einem Agenten für einen vorbestimmten Markt vermarktet werden (z. B. New Kids on the Block und die Spice Girls)
Lehrer und Trainer	Entwickelt und verfeinert die Talente des Künstlers
Agent	Stellt Künstler Plattenfirmen vor
A & R (Künstler- und Repertoire-) Manager	Kauft Künstler für das Plattenlabel
Publizisten, Imagekonsultants, Designer, Stylisten	Schaffen das Image der Gruppe, das der kaufenden Öffentlichkeit präsentiert wird
Aufnahmetechniker, Produzenten	Schaffen eine Platte, die verkauft werden soll
Marketingmanager	Treffen strategische Entscheidungen in Bezug auf die äußere Erscheinung des Künstlers, Kartenpreise, Werbestrategien etc.
Videodirektor	Interpretiert das Lied visuell zur Schaffung eines Musikvideos, das bei der Vermarktung des Produktes hilft
Musikkritiker	Beurteilt eine Aufnahme für Zuhörer
Diskjockeys, Radioprogrammdirektoren	Entscheiden, welchen Platten Sendezeit gegeben wird und welche Musik regelmäßig abgespielt wird
Plattengeschäftsbesitzer	Entscheidet, welche der vielen produzierten Aufnahmen ins Lager genommen und/oder im Einzelhandelsumfeld besonders hervorgehoben werden

bungen verbunden werden würden. Die Untersuchung ergab, dass kulturelle Pförtner sich bei ihrer Auswahl auf die gleichen kulturellen Ideale und Prioritäten verlassen, die dann in den Distributionskanal geschleust werden, um von Konsumenten bewertet zu werden.

16.1.3 Hochkultur und Massenkultur

Was haben Beethoven und Björk gemeinsam? Sowohl der berühmte Komponist als auch die isländische Sängerin werden mit Musik in Verbindung gebracht – aber an diesem Punkt hört für die meisten die Ähnlichkeit auf. Kulturproduktionssysteme schaffen viele verschiedene Arten von Produkten, aber es bestehen einige grundlegende Unterschiede in Bezug auf ihre Merkmale.

Kunst und Handwerk

Zunächst muss man zwischen Kunst und Handwerk unterscheiden.[6] Ein **Kunstprodukt** gilt vorwiegend als Objekt mit ästhetischem, aber ohne funktionalen Wert. Ein **Handwerksprodukt** dagegen wird wegen der Vollkommenheit bewundert, mit der es eine bestimmte Funktion erfüllt (z.B. ein Keramikaschenbecher oder ein handgefertigter Angelhaken). Ein Kunstwerk ist ein Original, es ist fein und wertvoll und wird meistens mit einer Gesellschaftselite assoziiert. Eine Handwerksarbeit folgt einem Muster, das schnelle Produktion ermöglicht. Entsprechend dieser Struktur wird elitäre Kultur in einem rein ästhetischen Kontext hergestellt und bewertet, indem man sie in Beziehung zu anerkannten Klassikern setzt. Sie ist Hochkultur – ‚ernste Kunst'.[7]

Hohe versus niedere Kunst

Die Unterscheidung zwischen hoher und niederer Kunst ist nicht so klar wie es auf den ersten Blick scheinen mag. Zusätzlich zu der möglichen Klasseneinstufung (z.B. nehmen wir an, die Reichen hätten Kultur, die Armen aber nicht) gehen hohe und niedrige Kultur auf interessante Weise ineinander über. Die Massenkultur reflektiert die Welt, die uns umgibt, und von diesem Phänomen sind Reiche wie Arme betroffen. An vielen Orten Europas gilt Werbung als allgemein anerkannte Kunstform – Fernsehwerbespots haben gar ihr eigenes Festival in Cannes. In Frankreich und Großbritannien sind manche Werbemanager Personen des öffentlichen Lebens. Über zehn Jahre lang haben Europäer in diversen Ländern relativ hohe Eintrittspreise bezahlt, um im Kino Nachtprogramme anzuschauen, die ausschließlich aus Fernsehwerbung bestanden.[8]

Mit Kunst werden große Geschäfte gemacht. Alle kulturellen Produkte, die durch Massenmedien übermittelt werden, werden Bestandteil der Massenkultur.[9] Klassische Musik wird fast auf die gleiche Art vermarktet wie Hits, und Museen greifen auf Techniken des Massenmarketing zurück, um ihre Produkte zu verkaufen. Die Pariser Museen betreiben sogar eine Geschenkboutique am Flughafen Charles de Gaulle.

Marketingexperten benutzen für die Vermarktung von Produkten gern hohe Kunst. So können sie Kunstveranstaltungen sponsern, um ein positives Bild in der Öffentlichkeit aufzubauen, oder Kunstwerke auf Einkaufstaschen abbilden.[10] Als Marktbeobachter von Toyota Kunden in luxuriösen Auto-Ausstellungsräumen zusahen, fand das Unternehmen heraus, dass diese Konsumenten das Auto oft als Kunstobjekt sehen. Diese Perspektive wurde dann in einer Werbung für den Lexus aufgenommen, deren Überschrift lautete: ‚Bis jetzt galten nur Bildhauerei, Malerei und Musik als schöne Künste.'[11]

Kulturelle Schemata

Bei der Massenkultur dagegen werden laufend Produkte speziell für den Massenmarkt hergestellt. Diese Produkte sollen den Durchschnittsgeschmack einer nicht differenzierten Öffentlichkeit treffen und sind vorhersehbar, weil sie gewissen Mustern folgen. Wie in Tabelle 16.2 dargestellt, folgen viele Kunstformen für die breite Masse einem **kulturellen Schema**, in welchem bestimmte Rollen und Requisiten immer wieder eingesetzt werden.[12] Computerprogramme ermöglichen Benutzern gar, ihre eigenen Romane zu schreiben, indem sie systematisch einige der Grundelemente der Geschichte verändern. Liebesromane sind ein extremes Beispiel für kulturelle Schemata. Der Liebesroman und andere Schemata reflektieren die Konsumgesellschaft dadurch, dass Konsumereignisse und verschiedene Marken in der Geschichte und im Aufbau der Atmosphäre eine Rolle spielen.[13]

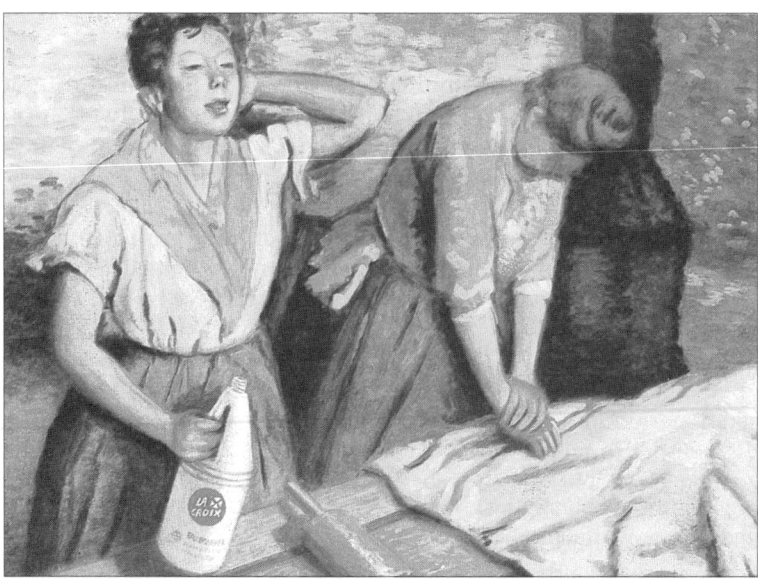

Diese französische Werbung demonstriert die Verwendung berühmter Gemälde (hohe Kunst) zum Verkauf von Produkten. In dieser Version von Edgar Degas' ‚Plätterinnen' ersetzt ein Bleichmittel eine Weinflasche.
© Colgate-Palmolive.

Diese Werbung für Absolut, die von bekannten Künstlern entworfen wurde, verwischt die Grenze zwischen Marketingaktivitäten und Massenkultur noch mehr.
© V&S Vin & Spirit AB.

Tabelle 16.2	Kulturelle Schemata in öffentlichen Kunstformen			
Kunstform/Genre	**Klassischer Western**	**Science Fiction**	**Detektivroman**	**Familien-komödie**
Zeit	1800	Zukunft	Gegenwart	Jederzeit
Ort	Rand der Zivilisation	Weltall	Stadt	Vorort
Hauptdarsteller	Cowboy (einsamer Held)	Astronaut	Detektiv	Vater (Figur)
Heldin	Lehrerin	Spacegirl	Frau in Not	Mutter (Figur)
Bösewicht	Bandit, Killer	Aliens	Mörder	Vorgesetzter, Nachbar
Nebendarsteller	Stadtbevölkerung, Indianer	Techniker im Raumschiff	Polizei, Unterwelt	Kinder, Hund
Handlung	Recht, Ordnung wiederherstellen	Angreifende Aliens	Mörder finden	Probleme lösen
Thema	Gerechtigkeit	Sieg der Menschlichkeit	Verfolgung und Aufspüren	Chaos und Verwirrung
Kleidung	Cowboyhut, Stiefel, etc.	Hightechanzüge	Regenmantel	Normale Kleidung
Transportmittel	Pferd	Raumschiff	Alter Wagen	Familienauto
Waffen	Pistole, Gewehr	Strahlenpistolen	Pistole, Fäuste	Beleidigungen

Quelle: Arthur A. Berger, *Signs in Contemporary Culture: An Introduction to Semiotics* (New York: Longman, 1984): 86. Copyright © 1984. Neu aufgelegt 1989 von Sheffield Publishing Company, Salem, WI.

Künstler und Firmen der Popmusik oder der Filmindustrie lassen sich oft mehr von der Vorstellung leiten, was ein ‚Schlager' werden könnte, als durch den Wunsch nach künstlerischem Ausdruck. Hersteller von ästhetischen Produkten passen sich zunehmend konventionellen Marketingmethoden an, um ihre Angebote auf den breiten Markt abzustimmen. In den Vereinigten Staaten wird zum Beispiel Marktforschung eingesetzt, um die Reaktionen des Publikums auf Filmentwürfe zu testen. Obwohl in den Tests keine nicht greifbaren Faktoren wie schauspielerische Leistung oder Filmkunst beurteilt werden, zeigen sie doch, ob das Grundthema des Films beim Zielpublikum auf positive Resonanz stoßen wird oder nicht. Diese Art von Forschung eignet sich am besten für Blockbuster-Filme, die im Allgemeinen einem der oben beschriebenen Schemata folgen.

Sogar der Inhalt der Filme wird manchmal von der Konsumentenforschung beeinflusst. Meistens werden dazu kostenlose Einladungen zu Voraufführungen in Einkaufszentren oder in Kinos verteilt. Den Besuchern werden ein paar Fragen zu dem Film gestellt und einige Per-

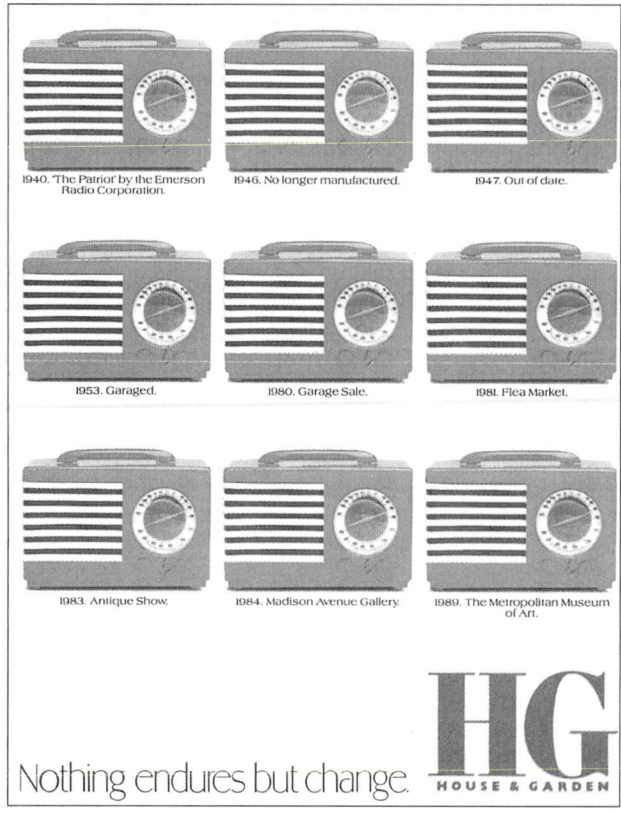

Diese House & Garden-Werbung illustriert den Lebenszyklus eines Emerson Radios, um zu zeigen, wie Vorstellungen über ein massengefertigtes kulturelles Produkt sich mit der Zeit ändern und dieses zu einem klassischen wertvollen Sammlerartikel werden kann.

HG Magazine, Copyright © 1989.
Condé Nast Publications Inc.

---

sonen werden ausgewählt, um an Testgruppen teilzunehmen. Obwohl die Reaktionen der Gruppe im Allgemeinen nur zu geringfügigen Änderungen bei der Montage führen, kommt es doch gelegentlich zu spektakulären Änderungen. Als die Reaktion auf den Schluss des Films *Eine verhängnisvolle Affäre* negativ war, gab Paramount Pictures zusätzlich 1,3 Millionen Dollar aus, um ein neues Ende zu drehen.[14]

16.2 Modesystem

Das **Modesystem** besteht aus allen Menschen und Unternehmen, die an der Schaffung von symbolischen Bedeutungen und der Umwandlung dieser Bedeutungen in kulturelle Güter beteiligt sind. Obwohl die Menschen Mode gern mit Kleidung gleichsetzen, darf man nicht vergessen, dass Modeprozesse *alle* Arten von kulturellen Erscheinungen betreffen, darunter

Musik, Kunst, Architektur und sogar Wissenschaft (manche Forschungsthemen und Wissenschaftler sind zu bestimmten Zeitpunkten ‚in'). Sogar Geschäftspraktiken unterliegen dem Modeprozess und entwickeln und ändern sich, je nachdem, welche Managementtechniken gerade gefragt sind (z. B. Total Quality Management oder Business Process Re-engineering).

Mode kann man sich als *Code* oder als Sprache vorstellen, die uns bei der Entzifferung von Bedeutungen hilft.[15] Trotzdem scheint die Mode in größerem Umfang *vom Kontext abhängig* zu sein als die Sprache. Das bedeutet, dass derselbe Artikel von verschiedenen Konsumenten in verschiedenen Situationen auf unterschiedliche Weise interpretiert werden kann.[16] Die Bedeutung von vielen Produkten ist *unterkodiert,* das heißt, es gibt keine einzige präzise Bedeutung, sondern die Empfänger haben jede Menge Raum für die eigene Interpretation.

Zu Beginn kann es hilfreich sein, wenn man zwischen ein paar verwirrenden Begriffen unterscheidet. **Mode** ist ein Prozess der sozialen Verbreitung, bei dem einige Konsumentengruppen einen neuen Stil übernehmen. *Eine Mode* (oder ein Stil) dagegen bezieht sich auf eine bestimmte Kombination von Attributen. Und *modern* sein bedeutet, dass diese Kombination von einigen Bezugsgruppen positiv bewertet wird. Der Begriff *Danish Modern* bezieht sich auf besondere Merkmale im Möbeldesign (z. B. eine moderne Inneneinrichtung), bedeutet aber nicht unbedingt, dass Danish Modern eine derzeit bei Konsumenten gefragte Mode ist.[17]

16.2.1 Kulturelle Kategorien

Die Bedeutung, die durch Produkte vermittelt wird, reflektiert die **kulturellen Kategorien**, die der Grundvorstellung entsprechen, wie wir die Welt sehen.[18] Unsere Gesellschaft unterscheidet zwischen Zeiten, Freizeitaktivitäten, Arbeit, Geschlecht usw. Das Modesystem liefert uns Produkte, mit denen wir diesen Kategorien eine Bedeutung geben können. So liefert uns die Bekleidungsindustrie Kleidung, durch die wir bestimmte Aktivitäten abgrenzen können (Abendanzug, Sportkleidung); sie unterscheidet zwischen Freizeitkleidung und Arbeitskleidung und vermarktet männliche, weibliche oder Unisex-Stile.

Interdependenz bei Produktbedeutungen

Kulturelle Kategorien beeinflussen viele verschiedene Produkte und Stile. Aus diesem Grund stellt man oft fest, dass dominante Aspekte einer Kultur sich zu einem bestimmten Zeitpunkt im Design und im Marketing von sehr unterschiedlichen Produkten widerspiegeln. Dieses Konzept ist schwer nachzuvollziehen, da oberflächlich betrachtet zum Beispiel ein Kleidungsstil wenig mit einem Möbelstück oder einem Auto gemeinsam hat. Aber eine vorrangige Wertvorstellung wie Leistung oder Umweltbewusstsein kann die Art eines Produkts bestimmen, das zu einem gegebenen Zeitpunkt von Konsumenten akzeptiert wird. Diese verborgenen Faktoren tauchen dann in zahlreichen Aspekten des Designs wieder auf. Einige Beispiele für diese Interdependenz sollen veranschaulichen, wie ein vorherrschendes Modemotiv auf alle Industriezweige übergreift.

- Kleidung von Politikern, Film- oder Rockstars kann einen entscheidenden Einfluss auf den Wohlstand der Bekleidungs- und Accessoire-Industrie haben. Als der Schauspieler Clark Gable in einem Film keine Weste trug (was in der damaligen Zeit unüblich war), wirkte sich das nachhaltig auf die Herrenbekleidungsindustrie aus, während Jackie Kennedys ‚Pillbox' in den 1960er-Jahren ein riesige Nachfrage nach Damenhüten auslöste. Kategorieüberschreitende Wirkung hatte die Mode von Rippen-T-Shirts, die durch den Film *Flashdance* ausgelöst wurde, der Einfluss von Prinzessin Diana auf die Mode oder Madonna, die Unterwäsche salonfähig machte.

- Vor einigen Jahren wurde der Pariser Louvre umgestaltet: Vor dem Eingang des Museums befindet sich jetzt eine viel diskutierte Glaspyramide, die der Architekt I.M. Pei entworfen hat. Kurze Zeit darauf zeigten Modedesigner bei den Pariser Modeschauen Kleider in Form von Pyramiden.[19]

- In den 1950er- und 1960er-Jahren befassten sich viele Menschen mit Wissenschaft und Technik. Das Interesse am Weltall wurde durch den Start des russichen Satelliten Sputnik noch gesteigert, nach dem befürchtet wurde, dass der Westen (vor allem die USA) im Technologierennen zurückbleiben würde. Die Beherrschung der Natur durch die Technik und futuristisches Design wurden zu Motiven, die sich in vielen Aspekten der Massenkultur äußerten – vom Autodesign mit hervorspringenden Heckflossen bis zu Hightechküchen.

16.2.2 Kollektive Selektion

Modetrends überrollen oft Länder, so dass man den Eindruck hat, jeder tue und trage plötzlich das Gleiche. Manche Soziologen sehen die Mode als eine Form des *kollektiven Verhaltens* oder als eine Welle sozialer Konformität. Wie kommt es, dass sich alle Menschen plötzlich gleichzeitig für das gleiche Phänomen begeistern, wie es zum Beispiel beim Hiphop-Stil der Fall war?

Erinnern wir uns daran, dass kreative Subsysteme innerhalb eines Kulturproduktionssystems versuchen, den Geschmack der kaufenden Öffentlichkeit vorwegzunehmen. Trotz ihrer Talente sind Mitglieder dieses Subsystems auch Mitglieder der Massenkultur. Wie die Heraus-

Die kulturelle Bedeutung von Wissenschaft gegen Ende der 1950er-Jahre wirkte sich auch auf das Industriedesign aus, wie hier bei dem Wagen mit den langen Heckflossen, die Raketen gleichen.
R. Gates/Frederic Lewis

geber der Modezeitschriften bemerkt haben, gehen kulturelle Pförtner von allgemeinen Ideen und Symbolen aus und werden von denselben kulturellen Ereignissen beeinflusst wie der Konsument ihrer Produkte.

Der Prozess, durch den bestimmte symbolische Alternativen gewählt werden, wird **kollektive Selektion** genannt.[20] Wie bei kreativen Subsystemen scheinen auch hier Mitglieder der Manager- und Kommunikationssubsysteme eine gemeinsame Stimmungslage zu entwickeln. Obwohl Produkte einer Kategorie auf dem Markt um Akzeptanz konkurrieren, können sie normalerweise durch ihre Zugehörigkeit zu einem dominanten Thema oder Motiv charakterisiert werden – sei es zum Grunge-Look, zur Nostalgie der Sixties, zu Danish Modern oder zur Nouvelle Cuisine.

16.2.3 Mode aus Sicht der Verhaltenswissenschaft

Mode ist ein komplexer Prozess, der auf vielen Ebenen abläuft. Auf der einen Seite ist Mode ein Makrophänomen in der Gesellschaft, das viele Menschen gleichzeitig beeinflusst. Auf der anderen Seite übt Mode einen sehr persönlichen Einfluss auf individuelles Verhalten aus. Die Kaufentscheidungen eines Konsumenten werden oft durch sein Verlangen bestimmt, modern zu sein. Modeprodukte sind ästhetische Objekte, die ihren Ursprung in der Kunst und in der Geschichte haben. Aus diesem Grund gibt es viele Theorien über die Herkunft und die Verbreitung von Mode, die hier zwar nicht detailliert beschrieben werden können, von denen wir aber kurz einige Ansätze zusammenfassen wollen.[21]

Psychologische Modemodelle

Viele psychologische Faktoren ermöglichen es zu erklären, warum Menschen motiviert sind, modern zu sein. Dazu gehören Konformität, Suche nach Abwechslung, persönliche Kreativität und sexuelle Attraktivität. Viele Konsumenten scheinen ein ‚Bedürfnis nach Einzigartigkeit‘ zu haben: Sie wollen anders sein, aber nicht zu anders.[22] Aus diesem Grund beugen sich die Menschen oft den Richtlinien einer Mode, versuchen aber innerhalb dieser Richtlinien zu improvisieren und nach persönlichem Ausdruck zu suchen.

Eine der frühesten Theorien über Mode ging davon aus, dass die Verlagerung von **erogenen Zonen** (leicht erregbare Körperstellen) Änderungen in der Mode erklären. Im Zentrum des Interesses stehen verschiedene Teile des weiblichen Körpers und die Kleidungsstile ändern sich, um diese Teile zu betonen oder zu verbergen. Im Viktorianischen Zeitalter galten Schultern als erotisch, zu Beginn des 20. Jahrhunderts war ein ‚wohl geformter Knöchel‘ wichtig und in den 1930er-Jahren galt das allgemeine Interesse dem Rücken. Die zeitgenössische Mode hält die Taille für die erogene Zone. (Bis vor kurzem befassten sich Studien zur Mode ausschließlich mit ihrem Einfluss auf Frauen, aber dieser Blickwinkel scheint sich zu erweitern, da Wissenschaftler und Praktiker feststellen, dass Männer oft denselben Modeeinflüssen unterliegen.)

Diese Verlagerungen können auf Langeweile zurückzuführen sein, aber manche Marktforscher sind der Meinung, dass es dafür tiefere Gründe gibt, weil Körperteile soziale Werte symbolisch reflektieren. Im Mittelalter galt ein dicker Bauch als schön. Diese Präfererenz lag vermutlich daran, dass in einer Zeit, da die Kindersterblicket sehr hoch war, viele Schwangerschaften erforderlich waren, um das Bevölkerungswachstum sicher zu stellen. Das Interesse an weiblichen Beinen in den 1920er- und 1930er-Jahren fiel mit der neuen Mobilität und Unabhängigkeit der Frauen zusammen, während die Betonung der Brust in den 1970er-Jahren das wiedererwachte Interesse am Stillen andeutete.[23]

Ökonomische Modemodelle

Wirtschaftswissenschaftler nähern sich der Mode mit Begriffen von Angebot und Nachfrage. Artikel, die nur begrenzt zur Verfügung stehen, haben hohen Wert, während überall verfügbare Artikel weniger erstrebenswert erscheinen. Seltene Artikel erzeugen Respekt und Prestige.

Die Theorie des **sichtbaren bzw. Prestigekonsums** von Thorstein Veblengeht davon aus, dass wohlhabende Menschen konsumieren, um ihren Wohlstand zur Schau zu stellen, indem sie beispielsweise teure (und manchmal unpraktische) Kleidung tragen. Die Funktionsweise des Prestigekonsums scheint in der heutigen Gesellschaft komplexer zu sein, da wohlhabende Konsumenten *Parodien* zum Besten geben, indem sie bewusst billige Produkte oder Produkte mit niedrigem Status wählen, wie Jeeps oder Jeans. Allerdings entwickeln sich auch bei Jeans neue Hierachien, die einerseits das traditionelle, arbeitsorientierte, klassenlose oder Unterklassenumfeld signalisieren und andererseits mit Designerjeans einen städtischen, anspruchsvollen, klassenbewussten und zeitgenössischen Lebensstil symbolisieren.[24] Aber auch andere Faktoren beeinflussen die Nachfrage nach Produkten, die mit Mode zu tun haben. Dazu gehört der *Prestige-Exklusivitätseffekt*, wo hohe Preise eine hohe Nachfrage schaffen, und der *Snobeffekt,* wo niedrigere Preise die Nachfrage tatsächlich senken ('nur ein Knauser würde so wenig dafür zahlen!').[25]

Soziologische Modemodelle

Das weiter vorne beschriebene Modell der kollektiven Selektion repräsentiert den soziologischen Ansatz im Hinblick auf Mode. Darüber hinaus wurde auch der Beziehung zwischen Produktaneignung und Klassenstruktur große Aufmerksamkeit geschenkt.

Die **Trickle-down-Theorie**, die 1904 von Georg Simmel entwickelt wurde, war einer der einflussreichsten Ansätze zum Verständnis von Mode. Sie geht davon aus, dass zwei miteinan-

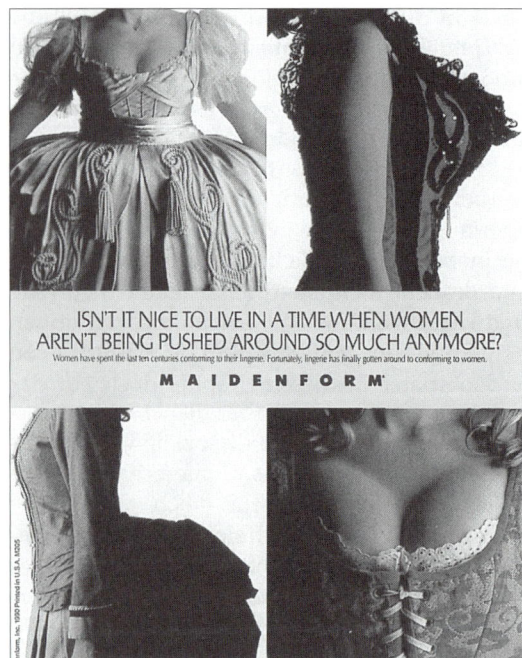

Die Werbung für Maidenform veranschaulicht, dass die Mode im Lauf der Geschichte verschiedene weibliche Körperteile betont hat.

Copyright © 1990 by Maidenform, Inc.

der in Konflikt geratene Kräfte Veränderungen in der Mode auslösen. Zunächst versuchen untergeordnete Gruppen in dem Bemühen, auf der sozialen Leiter höher zu klettern, die Statussymbole der Gruppen über ihnen zu übernehmen. Dominante Stile entstehen somit bei den oberen Klassen und sickern dann zu den unteren Klassen durch. Hier kommt dann die zweite Kraft ins Spiel: Die Menschen in den übergeordneten Gruppen schauen ständig nach unter, um sicher zu stellen, dass sie bloß nicht imitiert werden. Sie reagieren auf die Versuche der unteren Klassen, sie ‚nachzumachen', indem sie immer neuere Moden übernehmen. Diese beiden Prozesse schaffen einen sich ständig fortsetzenden Kreislauf der Veränderungen – den Motor, der Mode antreibt.[26]

Die Trickle-down-Theorie konnte die Änderungen in der Mode plausibel machen, wenn sie auf eine Gesellschaft mit festen Klassenstrukturen angewandt wurde, die eine einfache Identifizierung von Oberklasse- und Unterklassenkonsumenten ermöglichten. In der heutigen Zeit ist eine derartige Unterscheidung nicht mehr so leicht. In zeitgenössischen westlichen Gesellschaften muss dieser Ansatz angepasst werden, um die neuen Entwicklungen der Massenkultur erklären zu können.[27]

- Eine auf Klassenstrukturen basierende Perspektive kann das große Angebot von Stilen nicht erklären, die in unseren Gesellschaften gleichzeitig vertreten sind. Moderne Konsumenten haben aufgrund der Fortschritte in Technik und Distribution ein größeres Maß an individueller Wahlfreiheit als Konsumenten in der Vergangenheit. Ein Jugendlicher kann sich sofort über die neuesten Stile informieren, wenn er MTV schaut und *elitäre Mode* wurde weitgehend durch *Massenmode* ersetzt, da Massenmedien vielen Gruppen ermöglichen, zur selben Zeit einen bestimmten Stil zu entdecken.
- Konsumenten lassen sich eher durch Meinungsführer beeinflussen, die ihnen gleichen. Daraus ergibt sich, dass jede soziale Gruppe ihre eigenen Modeinnovatoren hat, die Modetrends festlegen. Oft ist es besser, von einem *Trickle-across-Effekt* zu sprechen, durch den sich Mode horizontal unter den Mitgliedern derselben sozialen Gruppe ausbreitet.[28]
- Aktuelle Modestile entstehen oft in den unteren Klassen und *sickern nach oben*. „Fußvolk-Innovatoren" sind im Allgemeinen Menschen, die in der dominanten Kultur kein Prestige genießen (wie die Stadtjugend). Da sie wenig Interesse daran haben, den gegenwärtigen Zustand beizubehalten, sind sie für Innovationen und Risiken offener.[29] Egal, in welche Richtung sie tröpfelt, eines ist sicher: Mode ist immer ein komplexer Prozess von Veränderung, Imitation, Unterscheidung, Übernahme und Ablehnung in Bezug auf die eigene Umgebung.[30]

Die verschütteten Anfänge der Mode wurden mit der Situation der Postmoderne in Zusammenhang gebracht, wo es keine Mode, sondern nur Moden, und keine Regeln, sondern nur Wahlmöglichkeiten[31] gibt, und wo die Normen und Bräuche nicht mehr ausschließlich von der *Haute Couture* oder anderen kulturellen Pförtnern diktiert werden, sondern wo die Individuen mehr Freiheit bei der Gestaltung ihres persönlichen Aussehens haben, indem sie Elemente von verschiedenen Stilen mischen können.[32] Wir werden später in diesem Kapitel noch auf das Thema Postmoderne und Konsum eingehen.

16.2.4 Zyklen der Modeübernahme

1997 machte ein kleines digitales Tier die Runde um den Globus. Nachdem es 1996 mit 3 Millionen verkauften Stücken einen beträchtlichen Erfolg in Japan verbucht hatte, vermehrte es sich auf der ganzen Welt und erreichte bis Sommer 1997 eine Verkaufszahl von sieben Millionen Exemplaren und etwa ebenso viele Nachbestellungen. Das Tamagochi, so heißt das Tier,

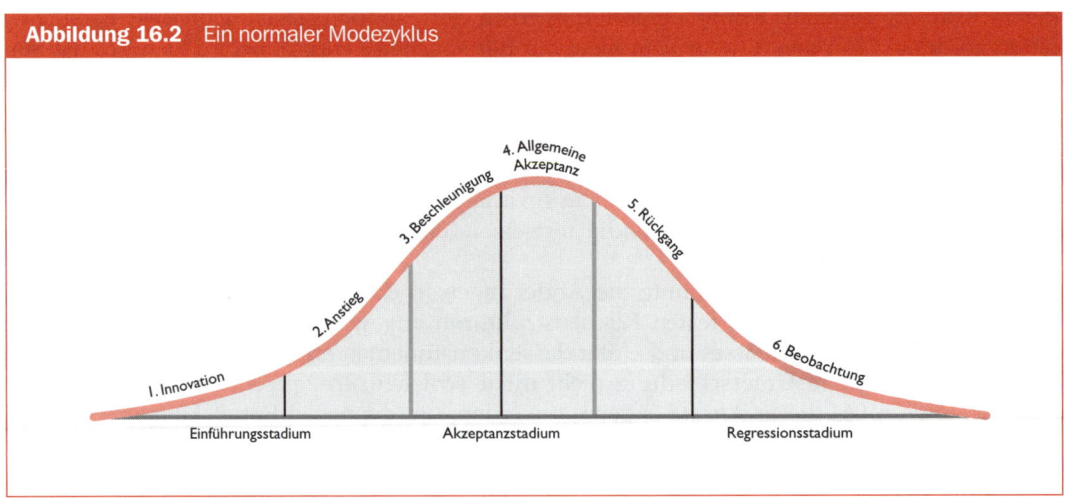

Abbildung 16.2   Ein normaler Modezyklus

Quelle: The Social Psychology of Clothing von Susan Kaiser.
Copyright © 1985 by Macmillan College Publishing Company, Inc.

muss wie ein echtes Lebewesen versorgt, umhätschelt und verwöhnt werden. Lässt man ihm nicht die notwendige Pflege zukommen, wird es schwächer und lässt Zeichen der Misshandlung erkennen – bis es schließlich stirbt. Das heißt, in der japanischen Version stirbt es. Dieses traurige Ende missfiel den Amerikanern, die kurzerhand ihre eigene Version erfanden, nach der es bei falscher Behandlung zu einem anderen Planeten fliegt. Natürlich wurde die japanische Originalversion schon bald zu einem begehrten Sammlerobjekt (siehe Diskussion über Sammler in Kapitel 14).

Die Geschichte des Tamagochis zeigt, wie schnell sich eine Mode global ausbreiten kann. Obwohl die Dauer eines bestimmten Stils von einem Monat bis zu einem Jahrhundert reichen kann, tauchen Moden meistens in einem bestimmten Rhythmus auf. Der **Modelebenszyklus** ähnelt dem bereits bekannten Produktlebenszyklus. Wie in Abbildung 16.2 dargestellt, durchläuft ein Artikel oder eine Idee von der Geburt bis zum Tod die gleichen Stadien.

16.2.5 Schwankungen im Lebensszyklus

In Kapitel 10 wurde die *Diffusion von Innovationen* beschrieben, wo Produkte innerhalb eines bestimmten Zeitraums von Konsumentengruppen übernommen werden. Dieser Diffusionsprozess hängt stark mit der Beliebtheit eines Modeartikels zusammen. Um zu illustrieren wie dieser Prozess funktioniert, betrachten wir, wie der **Modeakzeptanzzyklus** im Bereich der Popmusik abläuft. Im *Einführungsstadium* wird ein Lied nur von einer kleinen Anzahl von Musikinnovatoren angehört. Es kann in Nachtklubs oder von speziellen Radiosendern gespielt werden. Auf diese Art begannen Grunge-Gruppen wie Nirvana ihre Karriere. Während des *Akzeptanzstadiums* hören große Segmente der Bevölkerung das Lied immer öfter und es wird zunehmend akzeptiert. Dann wird dem Lied immer mehr Sendezeit bei den Sendern mit den höchsten Einschaltquoten eingeräumt und es klettert auf der Hitliste immer höher. Dieser Prozess kann natürlich von den Marketingmanagern der Plattenfirma unterstützt oder gar ausgelöst werden.

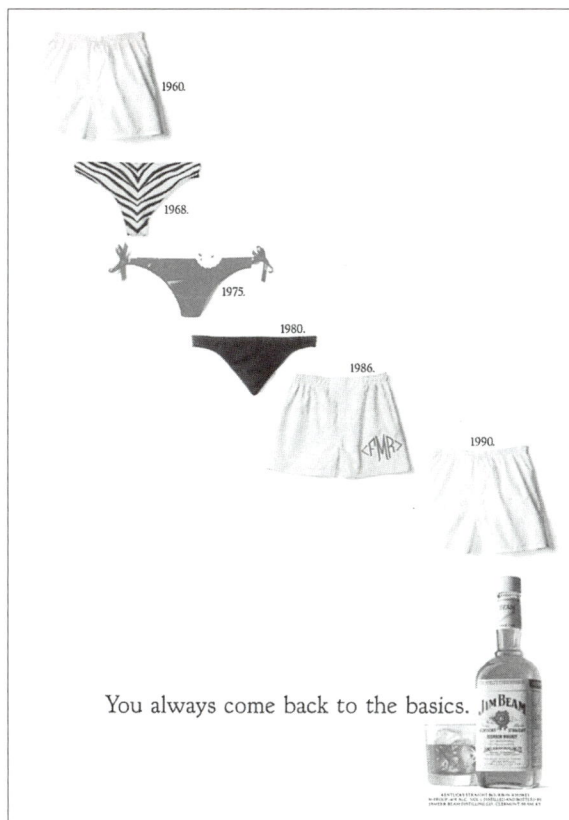

Die Jim Beam-Werbung veranschaulicht die zyklische Natur der Mode.
© Jim Beam Brand, Inc.

Im *Regressionsstadium* ist den Zustand sozialer Sättigung erreicht. Der Song ist überbenutzt, verfällt und veraltet, da neue Lieder auftauchen und seinen Platz einnehmen. Ein Hit kann auf einem Sender mit hohen Einschaltquoten über mehrere Wochen einmal pro Stunde gespielt werden. An einem gewissen Punkt sind die Zuhörer ihn leid und konzentrieren ihre Aufmerksamkeit auf Neuheiten. Der einstige Hit landet schließlich im örtlichen Plattengeschäft bei den Sonderangeboten.

Abbildung 16.3 stellt dar, dass Moden sich am Anfang durch langsame Akzeptanz auszeichnen, die (wenn die Mode ‚es schafft‘) sich schnell beschleunigt und dann wieder zurückgeht. Verschiedene Modeklassen können identifiziert werden, wenn man die relative Länge des Modeakzeptanzzyklus betrachtet. Während viele Moden einen mäßigen Zyklus haben und mehrere Jahre brauchen, bis sie sich ihren Weg durch Akzeptanz und Verfall gebahnt haben, sind manche extrem lang- oder kurzlebig.

Ein **Klassiker** ist eine Mode mit einem extrem langen Akzeptanzzyklus. In einem gewissen Sinn ist ein Klassiker eine Antimode, da er dem Käufer über eine lange Zeit hinweg Stabilität und niedriges Risiko garantiert. Freizeitschuhe, die 1917 in den Vereinigten Staaten eingeführten, klassischen ‚Tennisschuhe‘, hatten vor allem bei Menschen Erfolg, die von dem Massentrend bei L.A. Gear, Reebok und anderen angewidert waren. Als Konsumenten in Versuchsgruppen gefragt wurden, was für eine Art von Gebäude Freizeitschuhe für sie darstellen würden, war die allgemeine Antwort, dass es ein Landhaus mit weißem Gartenzaun sei. Die

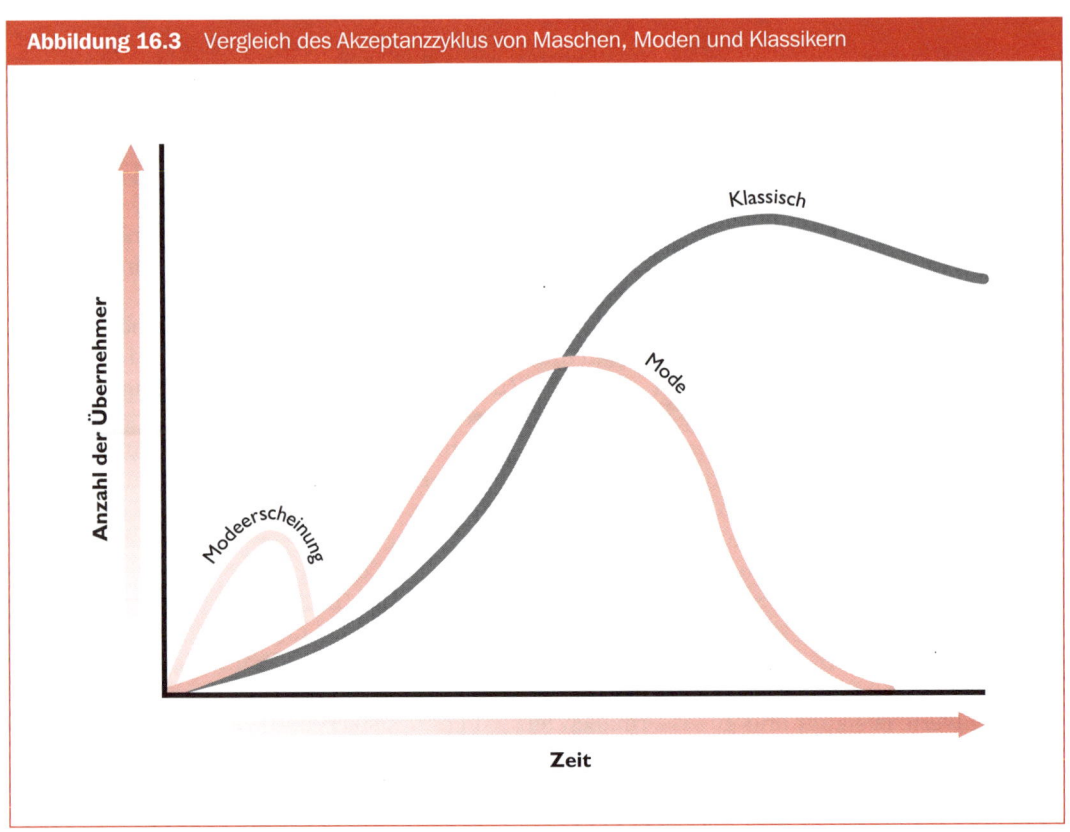

Abbildung 16.3   Vergleich des Akzeptanzzyklus von Maschen, Moden und Klassikern

Quelle: The Social Psychology of Clothing von Susan Kaiser.
Copyright © 1985 by Macmillan College Publishing Company, Inc.

Schuhe galten also als stabiles, klassisches Produkt. Nike dagegen wurde oft als Wolkenkratzer aus Stahl und Glas beschrieben, was das moderne Image der Marke widerspiegelt.[33]

Eine **Modeerscheinung** ist eine sehr kurzlebige Mode, die normalerweise nur von relativ wenigen Menschen übernommen wird. Die Übernehmer können alle einer gemeinsamen Subkultur angehören und die Modeerscheinung ‚tröpfelt durch' die Mitglieder, verlässt aber selten diese spezifische Gruppe. Zu erfolgreichen Modeerscheinungen gehört ‚das Spielzeug des Sommers' wie Hula-Hopp-Reifen, Jo-Jo und Ähnliches. In den 1970er-Jahren war das ‚Flitzen' über die Universitätsgelände der Vereinigten Staaten eine Modeerscheinung. Dieser Begriff bezog sich auf Studenten, die nackt durch Vorlesungssäle, Cafeterias oder Schlafsäle rannten. Obwohl sich das Flitzen schnell an vielen Universitäten ausbereitete, blieb es doch meistens auf Colleges beschränkt. (In England wird es mit großen Sportveranstaltungen assoziiert, vor allem mit Kricket.) Flitzen illustriert ein paar wesentliche Merkmale einer Modeerscheinung.[34]

- Die Modeerscheinung ist nicht zweckbezogen – das heißt, sie dient keinem bestimmten Ziel.
- Die Modeerscheinung wird oft impulsiv übernommen und Menschen durchlaufen keine Stadien rationaler Entscheidungsfindung, bevor sie sie übernehmen.
- Die Modeerscheinung verbreitet sich rasch, gewinnt schnell Akzeptanz und ist kurzlebig.

16.2.6 **Reality Engineering**

Viele Umgebungen, in denen wir uns befinden – seien es Einkaufszentren, Sportstadien oder Freizeitparks – bestehen zumindest teilweise aus Bildern und Figuren, die von Produkten, Marketingkampagnen oder Massenmedien abgeleitet wurden. Von **Reality Engineering** spricht man, wenn Marketingexperten Elemente der Massenkultur verwenden und zu Trägern von Werbestrategien umfunktionieren.[35] Zu diesen Elementen gehören sensorische und räumliche Aspekte des Alltags, und zwar in Form von Produkten, die in Filmen auftauchen, Düften, die in Büros oder Geschäften versprüht werden, Werbeplakaten, Freizeitparks, an Einkaufswagen befestigten Videobildschirmen etc.

Die bekanntesten Reality Engineers sind vermutlich die Leute von Disney Corporation, die Freizeitparks in Kalifornien, Florida, Japan und Europa errichtet haben. Disneyland Paris hatte einen schwierigen Start, als es 1991 eröffnete. Zu wenige Besucher und zu wenige Gäste in Hotels und Kongresseinrichtungen führten zu wirtschaftlichen Problemen. Aber das Konzept des Parks wurde verändert, wurde ‚ent-amerikanisiert‘ und mehr dem europäischen Geschmack angepasst und lockt jetzt wieder zahlreiche Besucher an. Konsumeinrichtungen und Wohngebiete sind um den Park herum entstanden, darunter ein riesiges Einkaufszentrum, in dem eine Straße eine Nachbildung einer der ‚typischen Straßen‘ eines der heimischen Dörfer darstelltt.[36] Auch andere Freizeiteinrichtungen wie der Asterixpark, Zukunftsparks oder künstlich hergestellte tropische Umgebungen werden in Europa für Kurzferien immer beliebter. Die britischen Center Parks haben mittlerweile 13 Dörfer in ganz Europa, davon fünf in den Niederlanden, drei in Großbritannien, zwei in Belgien und Frankreich und eines in Deutschland. Allen liegt das Konzept einer glücklichen, sicheren Umgebung zugrunde, die Familienwerte bestätigt und gewissermaßen fern von den Risiken und Mühen des ‚wirklichen Lebens‘ ein Leben ‚in Klammern‘ bietet.[37]

The Lost City, ein neuer Urlaubsort in Südafrika, ging sogar noch weiter und schuf für seine wohlhabenden Gäste ein ‚falsches‘ Afrika. Der Komplex ist vor Dürre und Armut sicher. Zu ihm gehört eine dreistöckige Rutschbahn, ein ‚Meer‘, bei dem auf Knopfdruck die Wellenbewegungen eingestellt werden und ein nächtlicher Vulkanausbruch mit ‚allergiefreiem‘ Rauch.[38] Auch in anderen Kontexten kommt die Verschmelzung von Marketingaktivitäten mit der Massenkultur zum Ausdruck. Für eine britische Kaffeewerbung wurden kürzlich die Worte aus dem Lied ‚A Day in the Life‘ von den Beatles verwendet und kurz ein Bild von John Lennons typischer Brille mit den runden Gläsern eingeblendet, die auf einem Tisch liegt.

Marketing scheint sich in der Massenkultur manchmal selbst zu erfüllen. Da der kommerzielle Einfluss auf die Massenkultur steigt, bahnen sich immer mehr Symbole, die von Marketingexperten geschaffen wurden, den Weg in unser tägliches Leben. Analysen von historischen Theaterstücken, Bestsellern, Romanen und Liedertexten zeigen beispielsweise, dass der Anteil von Markenartikeln ständig steigt.[39]

Reality Engineering beschleunigt sich auch aufgrund der bei Marketingexperten wachsenden Beliebtheit von Produktplatzierungen. Es ist inzwischen allgemein üblich, dass Markenartikel im Film oder im Fernsehen dargestellt oder erwähnt werden. In den meisten Fällen ist diese ‚Schleichwerbung‘ kein Zufall. **Produktplatzierung** bedeutet das Einfügen eines spezifischen Produkts und/oder die Verwendung von Markenartikeln in Film- und Fernsehdrehbücher. Der größte Erfolg einer Produktplatzierung war vielleicht Reese's Pieces, deren Verkauf in den Vereinigten Staaten um 65% stieg, nachdem das Produkt in dem Film E.T. erschienen war.[40]

Seit dieser Zeit tauchen Produkte überall auf. Ein Apple Powerbook ist in dem Film *Mission Impossible* zu sehen. (Apple finanzierte Fernsehwerbekampagne für den Firm und kreierte eine kostenlos Webseite). Manchmal führen diese Platzierungen sogar zu Programmänderungen. In dem Film *Flipper* ist in einer Szene eine Coladose zu sehen. Als Produzenten mit Pizza Hut,

---

MULTIKULTURELLE DIMENSIONEN

Eine der umstrittensten Bereiche von Kreuzungen zwischen Marketing und Gesellschaft ensteht, wenn Firmen ‚Schulmaterial' an Schulen liefern. In den Vereinigten Staaten liefern viele Unternehmen wie Nike und Nintendo kostenlos Bücher, auf deren Umschlägen Werbung zu sehen ist. Ungefähr 40% der Gymnasien in den Vereinigten Staaten beginnen den Tag mit einem ‚Video feed' von Channel One, wo die Schüler im Klassenzimmer im Austausch für das Schulprogramm Werbespots sehen. Die Schulbehörde von Seattle entschied, in der Mittel- und Oberstufe Firmenwerbung zu akzeptieren und Schüler von Colorado Springs fahren in Bussen, die mit Firmenlogos verziert sind. In manchen Schulen lernen 9-Jährige Mathematik, indem sie Tootsie Rolls (eine Süßigkeiten-Marke) zählen und verwenden Lesesoftware, in der Logos von KMart, Cola, Pepsi und Cap'n Crunch-Müsli enthalten sind.

Es ist nicht neu, dass Firmen in Schulen werben – schon in den 1920er-Jahren sponserte Ivory Soap für Schüler Wettkämpfe im Seifenschnitzen. Aber der Anteil steigt, vor allem, weil Firmen sich einiges einfallen lassen, da Kinder am Sonntagvormittag und unter der Woche an Nachmittagen nicht mehr vor dem Fernseher, sondern vor dem Computer sitzen, und diese Firmen jetzt mit Video- und Computerspielen konkurrieren müssen. Viele Pädagogen sagen, solches Material sei ein Geschenk des Himmels für Schulen mit wenig Mitteln, und sie hätten andernfalls keine Möglichkeit mit Schülern zu kommunizieren. Was halten Sie davon?[41]

---

das PepsiCo gehört, ein Marketingabkommen unterzeichneten, mussten sie rund 40.000 Dollar ausgeben, um das Label auf der Dose in ‚Pepsi' zu ändern.[42]

Manche Kritiker sind der Meinung, dass Produktplatzierungen überhand nehmen und Veranstaltungen nur organisiert werden, um Produkte zu vermarkten. Manchen Kindershows wurde vorgeworfen, dass sie nur verlängerte Werbungen für ein Spielzeug seien. Eine große Filmgesellschaft schickte Unternehmen gar eine Gebührenliste zu: 20.000 Dollar wenn das Produkt in dem Film zu sehen ist, 40.000 Dollar wenn ein Schauspieler den Namen des Produkts nennt und 60.000 Dollar wenn der Schauspieler das Produkt verwendet.[43] Der Direktor der Strategieplanung bei Saatchi & Saatchi in New York sagte voraus, dass jeder visuell erfassbare Raum und alles, was in Zukunft zu hören ist, mit Warenzeichen versehen sein wird. Es wird nicht das Washington Monument zu sehen sein, sondern das *Washington Post* Monument,[44] Von zahlreichen Ländern (und durch den Film *Wilde Kreaturen*) ist bekannt, wie Firmen Zootiere sponsern. Oft sind Tiere durch das Firmenlogo oder den Firmennamen mit dem Unternehmen verbunden. Ein Pinguin im Zoo von Kopenhagen wurde auf diese Weise zum Modell für das Pinguinlogo einer dänischen Bank! Das ‚Original' symbolisiert die ‚Kopie'.

Medienbilder beeinflussen die Wahrnehmung der Realität und die Vorstellung, die Konsumenten von vielen Dingen wie Verhalten bei Rendezvous, rassische Stereotypen und Berufsstatus haben.[45] Studien über die **Kultivierungshypothese**, die sich auf die Fähigkeit der Medien bezieht, die Wirklichkeitswahrnehmung von Konsumenten zu formen, haben ergeben, dass Menschen, die viel fernsehen, den Wohlstand ihres Landes überschätzen, und dass diese Fehleinschätzung auch auf andere Bereiche übergreift, wie die Wahrnehmung der Gewalt in der eigenen Gesellschaft.[46] Die Darstellung des Umfelds von Konsumenten in Programmen und Werbeanzeigen kann zu stärkerer Marginalisierung von z. B. Arbeitslosen führen, die sich den dargestellten Lebensstil[47] nicht leisten können, oder von Konsumsüchtigen, die ständig neue Sachen kaufen müssen, obwohl sie gar keine Verwendung für sie haben.

Die **Konsumsucht** ist die körperliche und seelische Abhängigkeit von Produkten und Dienstleistungen. Während die meisten Menschen Sucht mit Drogen verbinden, kann im

Grunde jedes Produkt oder jede Dienstleistung in dem Maß als Problemlöser oder Bedürfnisbefriediger gesehen werden, indem es/sie auf extreme Weise verwendet werden. In manchen Fällen hat der Konsument wie der Drogensüchtige nur wenig oder gar keine Kontrolle über sein Konsumverhalten. Der Konsument wird in diesem Fall von den Produkten kontrolliert, ganz gleich, ob es sich um Alkohol, Zigaretten, Schokolade oder Diätcola handelt, kontrolliert. Für manche Konsumenten ist sogar der Einkauf an sich eine Suchthandlung.[48]

Da viele Werbungen, Fernsehprogramme und Filme sehr weite Strecken zurücklegen, vor allem von den Vereinigten Staaten zur übrigen Welt, aber auch zwischen anderen Ländern, hängen diese Themen eng mit dem Prozess der Globalisierung zusammen.

16.3 Globales Marketing und globale Kultur

Es ist mehr als nur interessant, sich mit den Praktiken von anderen Gesellschaften vertraut zu machen. Für jedes Unternehmen, das seinen Horizont erweitern und Teil des internationalen oder globalen Marktes werden will, ist dies eine wesentliche Aufgabe. In diesem Abschnitt betrachten wir einige der Herausforderungen, mit denen Marketingexperten konfrontiert sind, wenn sie nach einem globalen Marketingansatz suchen. Wir werden daneben auch die Konsequenzen der ‚Amerikanisierung' oder ‚Verwestlichung' einer globalen Kultur betrachten, die entsteht, weil Marketingexperten westliche Massenkultur auf Märkten mit immer wohlhabenderen Konsumenten einführen, von denen viele schon sehnsüchtig darauf warten, ihre traditionellen Produkte und Praktiken gegen das Angebot von Benetton, Levi's, McDonald's, Nestlé und Unilever einzutauschen.

16.3.1 Lokal denken, global handeln

Da Unternehmen sich zunehmend auf allen Märkten der Erde Konkurrenz machen, wird immer häufiger darüber diskutiert, ob es notwendig ist, für jede Gesellschaft eine separate Marketingstrategie zu entwickeln. Eine lebhafte Debatte über die Notwendigkeit, in die heimische Kultur zu ‚passen', hat sich entwickelt, deren verschiedene Blickwinkel wir hier betrachten werden.

Entwicklung einer standardisierten Strategie

Befürworter einer standardisierten Marketingstrategie argumentieren, dass viele Gesellschaften, vor allem in Industrieländern, so homogenisiert sind, dass auf der ganzen Welt dieselbe Strategie eingesetzt werden kann. Wenn es eine Strategie für multiple Märkte entwickelt, kann ein Unternehmen durch erhöhte Produktion Kosten senken, da es weder die Zeit noch die Kosten für die Entwicklung einzelner, auf jedes Land zugeschnittener Strategien aufbringen muss.[49] Das nennt man die **etische Perspektive**, die sich auf bürgerliche Einrichtungen in den verschiedenen Gesellschaften konzentriert. Eine etische Annäherung an eine Gesellschaft ist objektiv und analytisch und gibt die Gesellschaft so wieder, wie sie von Außenstehenden gesehen wird. Das setzt voraus, dass es allgemeine Kategorien und Messungen gibt, die für alle in Erwägung gezogenen Gesellschaften gültig sind.

Entwicklung einer lokalen Strategie

Viele Marketingexperten studieren und analysieren eine Gesellschaft anhand der **emischen Perspektive**, die sich mit Variationen innerhalb einer Gesellschaft befasst. Dieser Ansatz geht davon aus, dass jede Kultur mit ihrem Wertesystem, ihren Konventionen und Reglementierungen einzigartig ist, und dass jedes Land einen **nationalen Charakter**, einen bestimmten Verhal-

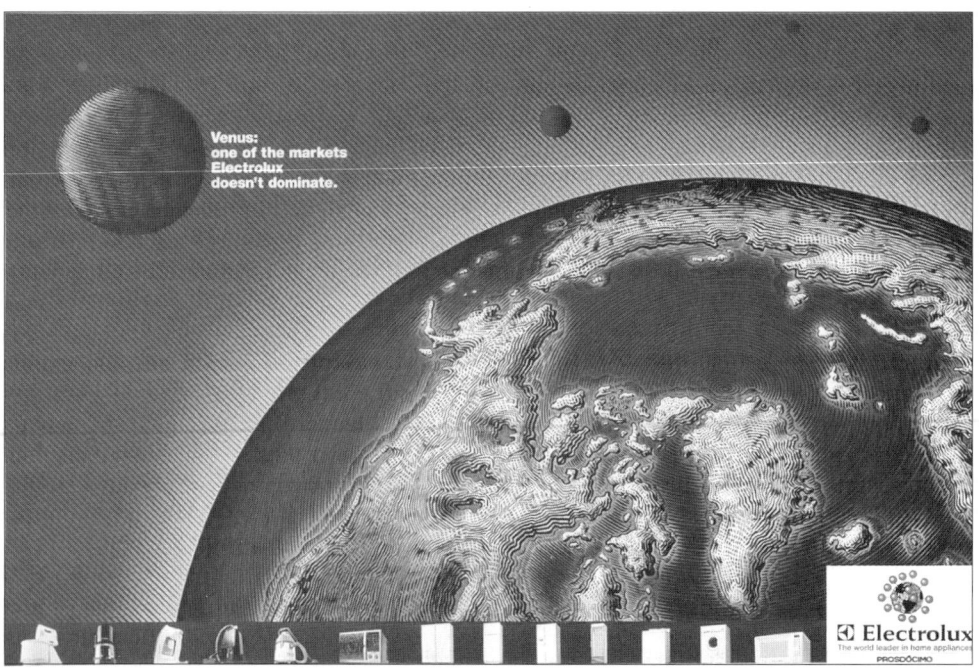

Die brasilianische Werbung für Electrolux weist auf die globale Stärke des Unternehmens und seiner Produkte hin.
© Electrolux.

tenskodex und bestimmte Persönlichkeitsmerkmale aufweist.[50] Daher muss eine effiziente Strategie entworfen werden, welche die Eigenarten und Bedürfnisse einer jeden spezifischen Gesellschaft berücksichtigt. Die emische Annäherung an eine Gesellschaft ist subjektiv und experimentell und versucht die Gesellschaft so zu sehen, wie sie von Insidern erfahren wird.

In Anbetracht der unterschiedlichen Geschmäcker innerhalb eines relativ homogenen Marktes wie zum Beispiel den Vereinigten Staaten überrascht es kaum, dass die Menschen auf der ganzen Welt ihre eigenen Präferenzen entwickelt haben. Im Gegensatz zu den Amerikanern haben die Europäer eher eine Vorliebe für Bitterschokolade als für Milchschokolade, die sie in erster Linie für Kinder angebracht finden. Whisky gilt in Frankreich und Italien als „klassisches" Getränk, aber nicht in England. Krokotaschen sind in Asien und Europa beliebt, aber nicht in den Vereinigten Staaten. Krawatten haben Amerikaner lieber in Rot und Blau, während Japaner Moosgrün, Braun und Bronze vorziehen. Sogar globale Marken werden auf den verschiedenen Märkten unterschiedlich wahrgenommen. In den Niederlanden und Großbritannien wird Heineken als Mainstream-Bier der Mittelklasse positioniert (und wahrgenommen), während es in den Vereinigten Staaten und im übrigen Europa als erstklassiges Bier wahrgenommen (und zu entsprechenden Preisen verkauft) wird. Budweiser Bier (die amerikanische Marke, nicht die urprünglich tschechische Marke) ist in den Vereinigten Staaten ein Getränk der breiten Öffentlichkeit, das zu durchschnittlichen Preisen verkauft wird, in Europa und Südamerika dagegen liegt es in der obersten Preisklasse.[51]

MULTIKULTURELLE DIMENSIONEN

Für den *etischen* Ansatz entschieden sich viele Unternehmen, die eine standardisierte Strategie zur Produktvermarktung in Europa entwickelt haben. Obwohl der Übergang der Europäischen Gemeinschaft zur Europäischen Union nicht so glatt verlief wie manche es prophezeit hatten, hat die Aussicht darauf, dass viele verschiedene Volkswirtschaften zu einem einzigen Markt mit 325 Millionen Konsumenten zusammengeschlossen wurden, viele Unternehmen veranlasst, ihre Preise, Markennamen und Werbung zu standardisieren.[52]

Viele Unternehmen reagieren auf diese drastische Veränderung, indem sie ihre in den verschiedenen europäischen Ländern verkauften Marken als einheitliche *Euromarken* präsentierten. In Großbritannien und in Frankreich wird der Marathon-Schokoladenriegel von Mars, Inc. jetzt Snickers genannt (ein etwas riskantes Unterfangen, wenn man bedenkt, dass bei den Engländern Damenunterwäsche „Knickers" heißt).[53]

Umfassende gesamteuropäische Werbekampagnen wurden 1996 und 1997 von Unternehmen, Marken und Firmen wie American Express, Ciba-Geigy, International, Volvo und WorldWide Fund for Nature gestartet.[54]

Aberglaube und kulturelle Eigenarten

Marketingexperten müssen die Normen einer Gesellschaft in Bezug auf heikle Themen wie Tabus und Sexualität kennen lernen. Bei den Japanern zum Beispiel hat die Zahl vier eine negative Bedeutung, da *Shi,* das japanische Wort für vier Tod bedeutet. Aus diesem Grund verkauft Tiffany Gläser und Porzellan für fünf Personen.

Was geschieht, wenn diese Dinge nicht beachtet werden, wurde 1994 während der Fußballweltmeisterschaft deutlich, als McDonald's und Coca-Cola den Fehler begingen, die saudiarabische Flagge, die heilige Worte des Koran enthält, auf für Werbezwecke verwendeten Wegwerfpackungen abzubilden. Trotz ihrer Begeisterung über die Aussichten der saudi-arabischen Mannschaft auf den Pokal, und ihrer Freude darüber, dass Coca-Cola ihre Mannschaft sponserte, protestierten Moslems auf der ganzen Welt gegen die Verwendung heiliger Metaphorik und beide Unternehmen mussten sich einiges einfallen lassen, um diesen Fauxpas zu bereinigen.[55]

Gesellschaften akzeptieren in unterschiedlichem Maß Anspielungen auf Geschlecht und Körperfunktionen. Angesichts der europäischen Werbung, bei der Sexualität viel vordergründiger dargestellt wird, würden viele amerikanische Konsumenten erröten. Dieser Sachverhalt ist in Japan, einem Land voller Gegensätze, besonders interessant. Einerseits sind Japaner in der Öffentlichkeit schüchtern und höflich, andererseits spielt Sexualität in der Gesellschaft eine wichtige Rolle. *Manga,* die außerordentlich beliebten japanischen Comics, mit denen Milliarden Dollar Umsatz gemacht werden, zeigen vor allem Sex und Gewalt. Nacktheit ist in der japanischen Werbung und in den meisten Medien allgemein verbreitet.[56]

Eine neuere Kontroverse in Indien verdeutlicht hingegen Probleme, die in einer konservativeren Gesellschaft auftauchen können. Das staatliche Fernsehen lehnte eine Werbung für KamaSutra-Kondome ab, die ein Paar darstellte, das auf dem Bett Schach spielte. Als die Frau eine Figur vom Brett nimmt haucht sie das Wort „Schach" und er haucht das Wort „Matt". Die Überschrift lautete „Aus Freude an der Liebe".[57]

MULTIKULTURELLE DIMENSIONEN

Fest verankerte Werte können für Marketingexperten problematisch werden, vor allem, wenn es sich um den Verkauf von heiklen Produkten handelt. Das gilt auch für Tampons. Während 70% der Amerikanerinnen Tampons verwenden, benutzen auf einem potenziellen Weltmarkt von 1,7 Milliarden nur 100 Millionen Frauen dieses Produkt. Der Widerstand gegen das Produkt war für *Tambrand* ein großes Problem, ein Unternehmen, das keine anderen Produkte außer Tampons herstellt und somit ständig den Kundenstamm erweitern muss, um lebensfähig zu bleiben.

Das Unternehmen fand es schwierig, seine Hygieneartikel für Frauen in manchen Ländern wie Brasilien zu verkaufen, wo die meisten jungen Mädchen befürchten, ihre Jungfernschaft zu verlieren, wenn sie Tampons benutzen. Ein für diesen Markt entwickelter Werbespot zeigt eine Schauspielerin, die beruhigend sagt: „Natürlich verlieren Sie dabei nicht Ihre Jungfernschaft", während eine zweite Frau hinzufügt: „Das passiert auf viel romantischere Weise."

Um diesen Schwierigkeiten vor dem Start einer globalen Werbestrategie in 26 Ländern zu begegnen, führte die Werbeagentur des Unternehmens Marktforschungen durch und teilte die Welt anhand der Ablehnung von Tampons die EinwohnerInnen in drei Gruppen (wobei der Widerstand in moslemischen Ländern so stark war, dass die Agentur gar nicht erst versuchte, die Frauen in diesen Ländern anzusprechen).

In Gruppe eins (Vereinigte Staaten, Großbritannien und Australien) bestand bei Frauen kein Widerstand gegen Tampons. Eine Rätselreklame wurde entwickelt, um Frauen zur häufigeren Verwendung zu bringen: „Soll ich damit schlafen oder nicht?"

In Gruppe zwei (Frankreich, Israel und Südafrika) verwenden rund 50% der Frauen das Produkt, aber es bestehen noch gewisse Unsicherheiten in Bezug auf die Jungfernschaft. Um diese Bedenken zu zerstreuen, konzentrierte sich die Marketingstrategie darauf, die Unterstützung von Gynäkologen in den betreffenden Ländern zu erhalten.

In Gruppe drei (Brasilien, China und Russland) stieß man auf den größten Widerstand. Um in diesen Ländern den Durchbruch zu schaffen, hielten die Marktforscher es für eine Priorität, den Frauen überhaupt erst zu erklären, wie sie das Produkt verwenden können, ohne sich dabei unwohl zu fühlen – eine Aufgabe, an der sie immer noch herumtüfteln.[58]

16.3.2 Funktioniert Globalmarketing?

Nachdem wir kurz einige der Schwierigkeiten angesprochen haben, die bei verschiedenen Gesellschaften auftreten können, bleibt die oft gestellte Frage: „Fuktioniert Globalmarketing?" In Anbetracht der steigenden Anzahl von globalen Marken und globalen Marketingstrategien in den vergangenen Jahrzehnten muss die Antwort „ja" lauten. Allerdings ist diese Aussage für Managementexperten nicht sehr aufschlussreich. Vielleicht wäre die passendere Frage *„wann und warum"* funktioniert es?

Obwohl Argumente für eine homogene Weltkultur prinzipiell verlockend sind, hat man in der Praxis gemischte Ergebnisse erzielt. Wir haben besprochen, dass ein Grund für die Schwierigkeit, globale Marketingstrategien einzusetzen, darin liegt, dass Konsumenten in den verschiedenen Ländern unterschiedliche Konventionen und Bräuche haben. Das kann auch bedeuten, dass sie Produkte nicht auf die gleiche Weise benutzen. Kelloggs hat zum Beispiel entdeckt, dass ein ausgedehntes Frühstück in Brasilien nicht üblich ist – Getreide wird dort eher als Zwischenmahlzeit in trockener Form gegessen.

Einige Großunternehmen wie Coca-Cola haben mit Erfog ein allgemein gültiges, internationales Image geschaffen. Aber auch Coca-Cola muss an der Art seiner Präsentation in jedem

---

Die Sprachbarriere ist eines der Probleme, mit denen sich Marketingexperten, die fremde Märkte erobern wollen, befassen müssen. Eine Technik zur Vermeidung solcher Schwierigkeiten besteht darin, dass eine übersetzte Werbung von verschiedenen Übersetzern in die Originalsprache zurück-übersetzt wird, um Fehler aufzuspüren. Einige der Übersetzungshürden, auf die man dabei in der ganzen Welt gestoßen ist, waren folgende:[59]

- Wrigley's Spearmint Gum liest sich in manchen osteuropäischen Ländern als „Shark's sperm" *(Hai-Sperma)*.
- Als der britische Automobilhersteller Vauxhall in Spanien seinen „Nova" auf den Markt brachte, stellte das Unternehmen fest, dass diese Bezeichnung auf Spanisch „Geht nicht" bedeutet.
- Wiederum in Spanien stellte Mitsubishi fest, dass sein Jeep Pajero dort „Schwachkopf" heißen würde.
- Als Rolls Royce sein „Silver Mist"-Modell in Deutschland einführte, stellte man fest, dass „Mist" für Exkremente steht. Ähnlich wäre die Übersetzung für die Lockenschere „Mist-Stick" von Sunbeam „Mist-Stab" lauten. Der Beleidigungen nicht genug: „Vicks" musst wegen seiner Zweideutigkeit in „Wicks" umgeändert werden.

Land geringfügige Änderungen vornehmen. Obwohl die Cola-Werbung weitgehend standardisiert ist, dürfen lokale Werbeagenturen sie bearbeiten, um Eigenarten der jeweiligen Kultur hervorzuheben.[60]

Da die Grenzen aufgrund der Fortschritte in der Kommunikationstechnologie immer mehr verschwinden, entwickeln viele Unternehmen globale Werbekampagnen. Manchmal stoßen sie dabei auf Hindernisse – besonders in weniger entwickelten Ländern oder in Mittel- und Osteuropa, wo sich erst langsam ein westlicher Materialismus als Lebenshaltung entwickelt.[61]

Um die Erfolgschancen für diese multikulturellen Bemühungen zu maximieren, müssen Marketingexperten Konsumenten in verschiedenen Ländern lokalisieren, die eine gemeinsame Weltsicht eint. Dies ist eher bei Menschen der Fall, deren Bezugsrahmen internationaler oder kosmopolitischer ist, und/oder die viele ihrer Informationen über die Welt aus Quellen beziehen, die eine weltumfassende Perspektive haben.

Wer fällt in diese Kategorie? Dieselben beiden Segmente, die auch als Kandidaten für gesamteuropäisches Marketing gelten: (1) wohlhabende Menschen, die „globale Bürger" sind, und die durch ihre Reisen um die Welt, durch ihre Geschäftskontakte und durch ihre Medienerfahrungen umfassende Vorstellungen der ganzen Welt haben und deshalb denselben Geschmack teilen; (2) junge Menschen, deren Musik- und Modegeschmack stark von der internationalen Massenkultur, durch die dieselben Bilder und Klänge an zahlreiche Länder weitergeleitet werden, beeinflusst ist.[62]

16.3.3 Die Coca-Cola-Invasion: Der Export westlicher Lebensstile

Die westliche Konsumkultur hat sich auf der ganzen Welt verbreitet, da auch Menschen in anderen Gesellschaften langsam, aber sicher von umfassenden Werbekampagnen in ihren Bann gezogen werden, Kontakte zu Touristen geknüpft werden und der Wunsch entsteht, Beziehungen zu allen Teilen der Welt zu knüpfen. Diese Anziehungskraft führt bisweilen zu seltsamen Permutationen von Produkten und Dienstleistungen, da diese so verändert werden, dass sie mit heimischen Bräuchen übereinstimmen. Betrachten Sie folgende Ereignisse:[63]

- In Peru tragen einheimische Jungen manchmal Steine auf den Schultern, die so angemalt sind, dass sie Transistorradios gleichen.
- In Papua-Neuguinea kleben manche Stammesangehörige Etiketten von Chivas Regal auf ihre Trommeln und bohren statt der traditionellen Nasenknochen Pentel-Stifte durch ihre Nasen.
- Bana-Stammesangehörige in den abgelegenen Hochebenen von Kako in Äthiopien zahlen Eintritt, um den Film „Pluto und der Zirkushund", der auf einem Filmprojektor abläuft, anzuschauen.
- Wenn eine Swazi-Prinzessin einen Zulukönig heiratet, trägt sie rote Flügelfedern des „Touraco" auf ihrer Stirn und einen Umhang aus „Windowbeard"-Federn und Ochsenschwänzen. Er ist in ein Leopardenfell gehüllt. Die Zeremonie wird mit einer Kodak-Filmkamera aufgenommen, während die Band dazu „The Sound of Music" spielt.
- Zusätzlich zu ihren traditionellen Hochzeitsgeschenken wie Kleider, Lebensmittel und Kosmetikartikel erhält eine nigerianische Hausa-Braut eine billige Quarzuhr, obwohl sie gar nicht die Zeit lesen kann.

„Ich möchte der Welt ein Cola kaufen"

Wie aus diesen Beispielen hervorgeht, verwenden viele einst isolierte Zivilisationen heute westliche Objekte bei ihren Bräuchen. Bei diesem Prozess wird die Bedeutung der Objekte verändert und dem heimischen Geschmack angepasst (manchmal auf recht bizarre Weise). Manchmal bereichert dieser Prozess die heimischen Gesellschaften, manchmal führt er zu schmerzlichen Belastungen und Spannungen im sozialen Gefüge.

Der Westen (und vor allem die Vereinigten Staaten) ist ein *Nettoexporteur* von Massenkultur. Westliche Symbole in Form von Bildern, Worten und Produkten wurden in der ganzen Welt verbreitet. Dieser Einfluss wird von manchen Konsumenten eifrig imitiert, die gelernt haben, westlichen Lebensstil im Allgemeinen und die englische Sprache im Besonderen als modern und anspruchsvoll zu sehen. Daraus ergibt sich, dass Menschen in der ganzen Welt unendlich vielen westlichen Produkten ausgesetzt sind, die Teil des lokalen Lebensstils werden.

Von Amerika inspirierte Fernsehspielshows sind zum Beispiel in der ganzen Welt beliebt: *Geh aufs Ganze* ist in Deutschland eine beliebte Sendung. *The Dating Game* wurde hier ab 1989 nicht mehr ausgestrahlt, aber die Sendung ist jetzt in zehn andern Ländern zu sehen und wird in Polen, Finnland und Großbritannien unter dem Titel *Blind Date* zur Hauptsendezeit ausgestrahlt. In Singapur ist aus der im Land produzierten Sendung *The $25.000 Pyramid* eine Kultbewegung entstanden, und in Frankreich lockt *Le Juste Prix* (Der richtige Preis) die Hälfte der Fernsehzuschauer des Landes vor den Fernseher. Aber nicht jeder in diesen Ländern ist glücklich über den westlichen Einfluss. So erhielten die Produzenten von *The Dating Game* in der Türkei Todesdrohungen von moslemischen Fundamentalisten.[64]

Die amerikanische Anziehungskraft ist so stark, dass sogar manche nicht amerikanische Unternehmen ihr eigenes „amerikanisches Image" schaffen. In der britischen Werbung für Blistex-Lippenbalsam tritt eine fiktive Frau namens „Miss Idaho Lovely Lips" auf, die behauptet, Blistex sei „das in Amerika am meisten verkaufte Lippenbalsam".[65] Hier einige neuere Versuche von amerikanischen Marketingexperten, andere Länder zu „überfallen":

- Kelloggs versuchte in Indien einen Markt für Frühstücksgetreide zu schaffen, obwohl nur in rund 3% der Haushalte solche Produkte gegessen werden. Die meisten Inder der Mittelklasse nehmen ein warmes Frühstück zu sich, das Gerichte wie Chapatis (ungesäuertes Brot) und *Dosas* (gebratener Pfannkuchen) enthält. Trotzdem ist das Unternehmen zuver-

Wie diese schwedische Anzeige für Wrangler Jeans zeigt, werden Produkte, die mit dem echten amerikanischen Westernimage assoziiert werden, in der ganzen Welt nachgefragt.
© Wrangler Europe.

sichtlich und versucht, die Inder von Cornflakes, Frosties und anderen amerikanischen Köstlichkeiten zu überzeugen.[66]

- Die National Basketball Association wurde zur ersten echten globalen Sportliga. Für rund 500 Millionen Dollar wurden 1996 *außerhalb* der Vereinigten Staaten Lizenzwaren verkauft. Eine Umfrage, die von der DMB&B-Werbeagentur unter 28.000 Teenagern in 45 Ländern durchgeführt wurde, ergab, dass Michael Jordan der beliebteste Sportler der Welt ist. In China sind die Chicago Bulls (dort als „Rote Ochsen" bekannt) praktisch jedermanns Favorit.[67]

- Die Briten sind eifrige Teetrinker – aber wie reagieren sie auf die amerikanische Version „Icetea"? US-Unternehmen wie Snapple hoffen, dass sie die Engländer davon überzeugen können, dass Icetea mehr ist als kalt gewordener Tee. Diese Unternehmen könnten einen weiten Weg vor sich haben – besonders, wenn man an die Äußerung eines britischen Bauarbeiters denkt, als er zum ersten Mal Icetea probierte: „Es war verdammt scheußlich."[68]

- Pizza Hut fällt vor allem über Italien her. Das Land, in dem die Pizza erfunden wurde, muss sich mit der amerikanischen massengefertigten Version abfinden, die sich grundlegend von der italienischen Pizza unterscheidet – die oft auf Porzellantellern serviert und mit Messer und Gabel gegessen wird. Aber da sich eines der erfolgreichsten Pizza Hut-Restaurants in Paris, der Hochburg der Kochkünste befindet, ist es vielleicht nur eine Frage der Zeit, bis die Italiener die „amerikanische" Pizza akzeptieren.[69]

16.3.4 Der Westen erobert Asien

Obwohl ein Drittel der Länder weltweit ein Pro-Kopf-Bruttosozialprodukt von weniger als 500 Dollar haben, haben Menschen in aller Welt jetzt Zugang zu westlichen Medien, wo sie Wiederholungen von Sendungen wie *Lifestyles of the Rich and Famous* und *Dallas* sehen können, idealisierte Anerkennungen opulenter westlicher Lebensstile. Um den Einfluss dieser Bildersprache in der Welt zu illustrieren, ist es interessant, den Einfluss in zwei verschiedenen asiatischen Ländern zu vergleichen.

Betrachten wir zunächst, wohin die materiellen Erwartungen der Konsumenten in der Volksrepublik China geführt haben. Noch vor zwanzig Jahren strebten die Chinesen die „drei Großen" an: Fahrräder, Nähmaschinen und Armbanduhren. Dieser Wunschzettel wurde später durch Kühlschränke, Waschmaschinen und Fernseher – die „neuen sechs Großen" – ergänzt. Das letzte Ideal sind „acht neue Dinge", und auf dieser Liste stehen Farbfernseher, Kameras und Videorekorder.[70] Unter Chinesinnen wächst die Nachfrage nach westlichen Kosmetikartikeln, die oft ein Viertel ihres Gehalts verschlingen, und sie lassen in China hergestellte Produkte von Konkurrenten links liegen. Wie ein chinesischer Manager bemerkte: „Manche Frauen kaufen nur deshalb Kosmetikartikel, weil auf der Verpackung ausländische Wörter stehen."[71]

Im Gegensatz zu den Chinesen sind die Japaner an eine Vielzahl von Produkten gewöhnt. Trotzdem lassen sie sich noch stark von der westlichen Kultur inspirieren. So sind amerikanische Filme und Musik heiß begehrt – vielleicht weil sie die beste Möglichkeit bieten, etwas über amerikanische Lebensstile und Massenkultur zu erfahren. In Japan wurde ein vollständiges holländisches Dorf errichtet (mit echten Holländern, die tagtäglich „auftreten"), das eines der beliebtesten Ziele von Hochzeitsreisenden ist.

Japaner benutzen aus dem Westen stammende Wörter oft als Symbol für alles, was neu und aufregend ist – selbst wenn sie deren Bedeutung nicht verstehen. Dieses Phänomen ist als „Japlish" bekannt, bei dem westlich klingende Worte mit Japanisch verschmolzen werden. So werden Autos Fairlady, Gloria und Bongo Wagon genannt und Konsumenten kaufen *Deodoranto* (Deodorant) und *Appuru pai* (Apfelkuchen, von „Apple Pie"). Werbungen fordern Konsumenten zum *Stoppu rukku* (Anhalten und Schauen, von „stop and look") auf und von Produkten wird behauptet, sie seien *Yuniku* (einzigartig, von „unique").[72] Auf Coca-Cola-Dosen ist zu lesen „I feel Coke & sound special" und ein Unternehmen namens Cream Soda verkauft Produkte mit dem Slogan „Too old to die, too young to be happy" (*Zu alt zum Sterben, zu jung zum Glücklichsein).*[73] Weitere japanische Produkte mit englischen Namen sind Mouth Pet (Mundwasser), Pocari Sweet (Erfrischungswasser), Armpit (elektrischer Rasierapparat), Brown Gross Foam (Haartönungsschaum), Virgin Pink Special (Gesichtscreme), Cow Brand (Pflegeseife) und Mymorning Water (Wasser in Dosen).[74]

Konsumgesellschaften in Übergangs-Volkswirtschaften

In den frühen 1980er-Jahren wurde die amerikanische Fernsehsendung *Dallas* von der rumänischen kommunistischen Regierung ausgestrahlt, um die Dekadenz des westlichen Kapitalismus zu demonstrieren. Diese Strategie schlug fehl, denn statt eine abschreckende Wirkung zu haben, wurde der verschlagene (aber reiche) J.R. in manchen Teilen Osteuropas und des Mittleren Ostens zu einer verehrten Figur – so sehr, dass eine Touristenattraktion außerhalb von Bukarest ein großes weißes Eingangstor mit der Aufschrift „South Fork Ranch" aufweist.[75] Westliche Dekadenz scheint ansteckend zu sein.[76]

Nach dem Zusammenbruch des Kommunismus sahen sich die Osteuropäer nach einem langen Winter der Entbehrung einem Frühling des Überflusses gegenüber. Allzu rosig ist die Lage aber nicht, da es vielen Menschen in **Übergangs-Volkswirtschaften** nicht leicht fällt,

Die Volksrepublik China ist einer der neuesten Märkte für westliche Geschäfte und Kultur. Als McDonald's Anfang der 1990er-Jahre in Peking eröffnet wurde, war es mit über 700 Plätzen und 1000 Angestellten die größte Filiale des Unternehmens. Viele streben diese begehrten Posten an, die mit Prestige und Mobilität verbunden werden.
© Kees/Sygma.

Konsumgüter zu erhalten, da die Wirtschaftssysteme dort „weder Fisch noch Fleisch" sind. Regierungen von China bis Portugal kämpfen mit dem schwierigen Übergang von einer kontrollierten, zentralisierten Wirtschaft zu einem System der freien Marktwirtschaft. Diese Schwierigkeiten resultieren sowohl aus der ungleichen Verteilung des Einkommens als auch aus den markanten Unterschieden zwischen Stadt und Land in Bezug auf Erwartungen und Wertvorstellungen. Zentraler Aspekt bei einer Übergangs-Volkswirtschaft ist die möglichst

Dieses Plakat wirbt für den Film „Far and Away" mit Tom Cruise. Die Japaner sind große Fans der amerikanischen Massenkultur.
© Jeffrey Aaronson/Aspen Network.

schnelle Änderung im sozialen, politischen und wirtschaftlichen Bereich, da die Bevölkerung plötzlich globaler Kommunikation und externem Druck auf den Markt ausgesetzt ist.[77]

Zu den Folgen des Übergangs zum Kapitalismus gehören der Verlust des Vertrauens in und des Stolzes auf die heimische Kultur, Entfremdung, Frustration und steigender Stress, da auch in der Freizeit hart gearbeitet wird, um Konsumgüter kaufen zu können. Die Insignien des westlichen Materialismus sind vielleicht in den Teilen Osteuropas am deutlichsten spürbar, in denen Bürger die Fesseln des Kommunismus abgeschüttelt haben und jetzt direkten Zugang zu den begehrten Konsumgütern aus Westeuropa und den Vereinigten Staaten haben – falls sie sich diese leisten können. Ein Marktforscher beobachtete: „Bürger der ehemaligen Sowjetunion verbinden Amerika weniger mit Freiheit und Gerechtigkeit als mit Seifenopern und dem Sears-Katalog."[78]

1990 hatten mehr als sechzig Länder ein Bruttosozialprodukt von *weniger* als 10 Milliarden Dollar. 135 internationale Unternehmen dagegen hatten über diesem Betrag liegende Einnahmen. Die Dominanz dieser treibenden Kräfte des Marketing hat die Entstehung einer *globalisierten Konsumethik* gefördert. Da die Menschen in aller Welt immer mehr von Produkten und verlockenden Bildern dieser Produkte umgeben sind, wird ein materieller Lebensstil ein immer wichtigeres Ziel. Einkaufen entwickelt sich von einer langweiligen Tätigkeit, bei der die Grundbedürfnisse gedeckt werden, zu einer Freizeitaktivität, wo der Besitz von Konsumgütern zu einem Mechanismus wird, um den Status einer Person darzustellen – oft unter großen persönlichen Opfern. In der Türkei traf ein Marktforscher auf eine ländliche Konsumentin – eine Mutter, die ihrem Kind die nahrhafte Milch der Kuh vorenthielt und diese statt dessen verkaufte, um dem Kind Süßigkeiten kaufen zu können. Ihrer Meinung nach war das, was für Stadtkinder gut ist, auch für ihr Kind gut.[79] Mit der Ausbreitung der globalen Konsumethik werden die Produkte, die sich die verschiedenen Gesellschaften wünschen, immer homogener. Weihnachten wird jetzt in manchen türkischen Städten gefeiert, obwohl das Schenken (auch zum Geburtstag) in vielen Teilen des Landes nicht üblich ist.

In manchen Fällen werden die Bedeutungen der ersehnten Produkte den heimischen Bedürfnissen und Bräuchen angepasst. In der Türkei verwenden manchen Frauen in Städten Öfen um Kleider zu trocknen und Geschirrspülmaschinen um schmutzigen Spinat zu waschen. Der Prozess der Kreolisierung wird in Gang gesetzt, wenn ausländische Einflüsse absorbiert und in lokale Kontexte integriert werden – so wie das moderne Christentum den heidnischen Christbaum in ihre eigenen Rituale integrierte. So kann ein traditioneller Kleidungsstil wie ein in Papua-Neuguinea üblicher *Bilum* mit westlichen Artikeln wie Mickey Mouse-Hemden oder Baseballmützen kombiniert werden.[80] Aufgrund dieser Prozesse ist es nicht sehr wahrscheinlich, dass die globale Homogenisierung lokale Gesellschaften überrennen wird. Es werden wohl eher multiple Konsumgesellschaften entstehen, die alle globale Merkmale mit einheimischen Produkten und Bedeutungen verbinden, etwa Nike's durchdringendes „swoosh".

Widerstand der Konsumenten: Zurück zu den Wurzeln?

Trotz der Verbreitung westlicher Kultur in der Welt weist manches darauf hin, dass die Invasion nachlässt. Mit der schwindenden Wirtschaftskraft Japans nimmt das Interesse der japanischen Konsumenten an ausländischen Produkten langsam ab. Einige der neuesten gefragten Produkte sind grüner Tee und *Yukata*, traditionell bedruckte Baumwollkleider, die man nach dem abendlichen Bad anlegt.[81] Manche lokal hergestellte Produkte setzen sich aufgrund ihrer niedrigen Preise, der verbesserten Qualität und der Auffassung, dass importierte Waren manchmal minderwertige Versionen sind, in Teilen Osteuropas durch. Manche Moslems lehnen westliche Symbole ab und stehen zu einer „grünen" islamischen Philosophie, in der natürliche, traditionelle Produkte verwendet werden.[82]

Konsum globaler Produkte und Symbole: Japanische Motorradfahrer mit ihren „Maschinen", Lederjacken, Jeans und dem „Rebellenlook".
Harley Davidson Inc.

Manche Kritiker in anderen Ländern bedauern die schleichende Amerikanisierung ihrer Kultur. In vielen Ländern wird weiter über die Einführung von Quoten debattiert, die amerikanische Fernsehprogramme begrenzen.[83] Der durch den Export amerikanischer Kultur verursachte Konflikt spitzte sich kürzlich zu, als die Verhandlungen der Welthandelsorganisation WTO in eine Sackgasse gerieten, weil man sich nicht über den Export amerikanischer Filme nach Europa einigen konnte (der US-Marktanteil am europäischen Kinomarkt beträgt ungefähr 75%). Ein französischer Regierungsbeamter erklärte: „Der französische Film ist kreativ, amerikanische Filme sind Marketingprodukte."[84]

In Europa waren die Franzosen die offensten Gegner des schleichenden Amerikanismus. Sie haben sogar versucht, „Franglais"-Begriffe wie *le drugstore, le fast food* und *marketing* aus dem Wortschatz zu verbannen, obwohl diese Bemühung kürzlich als verfassungswidrig bezeichnet wurde.[85] Die französische Debatte über kulturelle Kontaminierung erreichte 1991 mit der Eröffnung von Euro Disney Pin Paris ihren Höhepunkt. Der in einem Pariser Vorort gelegene Freizeitpark versuchte durch Hotels mit Namen wie The New York Hotel, The Newport Bay Club und The Hotel Cheyenne typische Regionen von Amerika zu schaffen. Nach einem zögerlichen Start scheint der inzwischen in „Disneyland Paris" umbenannte Freizeitpark jetzt mehr Besucher anzulocken. Aber manche Europäer waren weniger begeistert von den kulturellen Botschaften, die vom Unternehmen Disney vermittelt wurden. Ein französischer Kritiker beschrieb den Park als „Horror aus Pappe, Plastik und schauderhaften Farben – eine Konstruktion aus hart gewordenem Kaugummi und idiotischer Folklore, die direkt einem für fettleibige Amerikaner geschriebenen Comic entsprungen zu sein scheint".[86]

MARKETINGFALLE

Zigaretten zählen zu den erfolgreichsten westlichen Exportgütern. Asiatische Konsumenten allein geben jährlich 90 Milliarden Dollar für Zigaretten aus und westliche Tabakfirmen versuchen ständig den Ansatz noch zu steigern. Zigarettenwerbung, in der oft schillernde westliche Models und Situationen dargestellt werden, sieht man überall – auf Plakatwänden, Bussen, Geschäften und Kleidung. Viele der größten Kultur- und Sportveranstaltungen werden von Tabakfirmen gesponsert. Manche Firmen verteilen Zigaretten und Geschenke sogar in Freizeitparks, häufig an Kinder unter dreizehn Jahren.

Wenige Länder haben Maßnahmen ergriffen um diese Art der Verwestlichung zu bekämpfen. In Singapur sind alle Zigaretten-Werbungen verboten, die den Namen eines Produkts nennen. In Hongkong darf keine Zigarettenwerbung mehr in Fernsehen und Radio gesendet werden und in Japan und Südkorea darf keine Zigarettenwerbung in Frauenzeitschriften erscheinen. Industriemanager argumentieren, sie würden nur auf Märkten, auf denen wenig unternommen wird, um die Menschen vom Rauchen abzubringen (Japan warnt: „Bitte rauchen Sie nicht zu viel"), stark subventionierten lokalen Marken mit Namen wie „Long Life" (Taiwan) Konkurrenz machen. Die Warnungen und Restriktionen nehmen allerdings zu – wohl auch, da in Asien jetzt nicht mehr übertragbare Krankheiten die Haupttodesursache sind, sondern auf das Rauchen zurückzuführende Krankheiten.[87]

16.4 Postmoderne?

Viele der in diesem Kapitel genannten Themen wie der Globalisierungsprozess, das Reality Engineering oder die Unschärfe von Moden wurden mit umfassenden sozialen Prozessen in Verbindung gebracht, die gegen Ende des zwanzigsten Jahrhunderts stattfanden. Ein diese Prozesse zusammenfassender Begriff ist die **Postmoderne** – einer der in den letzten fünf Jahren in der Konsumentenforschung am meisten diskutierten und umstrittensten Begriffe.[88]

Anhänger der Postmoderne gehen davon aus, dass wir in einer modernen Zeit leben und Überzeugungen von bestimmten Werten der Moderne und des Industrialismus teilen. Zu diesen Werten gehören der Nutzen des Wirtschaftswachstums und der industriellen Produktion sowie die Unfehlbarkeit der Wissenschaft. Die Suche nach universellen Wahrheiten und Werten sowie die Existenz eines objektiven Wissens stellen sie jedoch in Frage.[89] Ein Schlüsselbegriff ist aus diesem Grund der **Pluralismus**, der auf die Koexistenz von zahlreichen Wahrheiten, Stilen und Moden hinweist. Konsumenten (und Hersteller) haben bei der Kombination verschiedener Stile und Gebiete relativ freie Wahl, um ihren eigenen persönlichen Ausdruck zu schaffen.

Es gab zahlreiche Versuche, die Merkmale der Postmoderne und ihres Einflusses auf das Marketing und das Konsumentenverhalten zusammenzufassen.[90] Ein europäischer Marktforscher bemerkte, dass die Postmoderne zusammen mit dem Pluralismus anhand von sechs Merkmalen beschrieben werden kann:[91]

- **Fragmentierung**. Die Aufteilung dessen, was einst einfacher und massenorientierter war; veranschaulicht durch ständig wachsende Produktreihen und Markenerweiterungen in immer spezialisierteren Variationen. Selbst im Einzelhandelsumfeld erfahren wir die Ausbreitung von Verkaufsstellen innerhalb größerer Verkaufsstellen (Einkaufszentren). Solche spezialisierten und stilisierten Verkaufsstellen bieten oft ein ausführliches Sortiment einer sehr engen Produktreihe an, wie Tees oder Krawatten. Auch die Werbemedien werden durch immer spezialisiertere Fernsehsender, Zeitschriften, Radiosender und Webseiten für die Plazierung von Werbung immer fragmentierter.

- **De-Differenzierung.** Postmodernisten streben die Verwischung von hierarchischen Grenzen wie hohe und niedrige Kultur oder „Politik und Show-Business"an. Beispiele hierfür sind die Verwendung von künstlerischen Werken in der Werbung und die Verherrlichung der Werbung als künstlerisches Werk. Unternehmen wie Coca-Cola, Nike und Guinness haben ihre eigenen Museen. Ein anderes deutliches Beispiel ist die Verwischung der Grenze zwischen Werbung und Fernsehprogrammen, wobei immer mehr Fernsehprogramme Werbung für sich selbst machen (um die Einschaltquoten zu steigern) und Werbespots „echten" Programmen gleichen – wie bei der Fortsetzungs-Seifenoper des Ehepaares, die um die Kaffeemarke „Gold Blend" herum aufgebaut wurde. Auch die Entgrenzung der geschlechtsspezifischen Kategorien bezieht sich auf diesen Aspekt des Postmodernismus.

- **Hyperrealität.** Die Verbreitung von Nachgeahmten und der Verlust des Gefühls für „Echtes" und „Authentisches" wie die in diesem Kapitel genannten neu entworfenen Umfelder. Einkaufszentren, die das alte Rom neu erschaffen (Das *Forum* in Las Vegas) oder eine Pariser Straße (West Edmonton Mall, Kanada). Produkte können auch insofern hyperrealistisch sein, als sie vortäuschen, etwas anderes zu sein. Zum Beispiel zuckerfreier Zucker, fettfreies Fett (Olestra) oder die Butterersatz-Marke „I can't believe it's not butter!". Es wurde bemerkt, dass Marketing den wichtigsten Beitrag zu der Schaffung von Hyperrealität liefern könnte, da es das Wesen des Marketing – und insbesondere der Werbung – ist, durch die Neuschaffung von Worten, Situationen und Marken eine simulierte Realität zu schaffen.[92]

- **Chronologie.** Dieser Begriff bezieht sich auf die Suche des Konsumenten nach Authentizität und auf die Beschäftigung mit der Vergangenheit – wie echtes oder authentisches chinesisches oder italienisches Essen oder die Suche nach dem Ursprung von Lebensmitteln (oder andere Konsumgüter) wie man sie „von früher kennt".[93] Der vermehrte Einsatz von „no-nonsense"-Formaten in zahlreichen Werbekampagnen kann als Rückkehr zu einer einfacheren, weniger gekünstelten Zeit in der Vergangenheit gesehen werden. Hier fühlt sich der Konsument dadurch angezogen, dass in einer Zeit des ständigen Wandels die Stabilität der guten alten Zeit als Trost bleibt.

- **Persiflage.** Die spielerische, ironische Mischung aus bestehenden Kategorien und Stilen ist typisch für eine Persiflage. So zum Beispiel, wenn eine Werbung eine andere parodiert oder wenn sie auf Slogans oder andere Elemente aus anderen Werbekampagnen anspielt. Zur Persiflage gehört auch der Selbstbezug (z.B. die Werbung gibt sich als solche zu erkennen, indem sie (Schein)szenen ihres eigenen kreativen Prozesses zeigt). Auf Tabelle 16.3 sind Beispiele solcher Persiflagen und Selbstbezüge aus der britischen Werbung dargestellt. Selbstbezug kann Hyperrealität erzeugen, wie eine britische Werbung für die Gelben Seiten, die einen Autor zeigt, der nach einem Einzelhandelsgeschäft sucht, in dem er ein Exemplar eines seiner alten Bücher über das Fliegenfischen finden kann, und diese Werbung tatsächlich zum Schreiben eines solchen Buches geführt hat. Natürlich wurde die Werbeanzeige noch einmal geschaltet, als das Buch erschien![94] Auch die absichtliche Vermengung von Stilen wie Werbungen, die Elemente von Filmen entleihen, oder Filme und Fernsehprogramme, die Elemente vom Werbestil entleihen – alles in ironischer Weise dargestellt – gehören zur Persiflage. Eine englische Werbung für Sahne stellte Mona Lisa dar, die erst auf die eine, dann auf die andere Seite schielt, und dann zu einem Eclair (Sahnegebäck) greift und es genüsslich mampft. Begleitet war diese Werbung von dem Kommentar: „Frech, aber süß".[95] Eine Diskussion über die Postmoderne und ihren Einfluss auf das Marketing war eigentlich eine Persiflage, in der zur Strukturierung der Kapitel filmische Metaphern und veränderte Filmtitel verwendet wurden.[96]

Das dänische Wahrzeichen des Kopenhagener „Runden Turms" aus dem siebzehnten Jahrhundert wurde (in einer etwas kleineren Version) in dem simulierten dänischen Umfeld von Solvang, Kalifornien, rekonstruiert. Solvang wurde von dänischen Einwanderern im 19. Jahrhundert gegründet, wurde aber durch den Einfluss des Marketing in der Nachkriegszeit immer mehr zu einem hyperrealistischen Freizeitpark. Im Turm von Solvang ist eine Pizzeria untergebracht. Dort gibt es natürlich Tower Pizza!

Foto: Søren Askegaard.

- **Antifundamentalismus**. Ein letztes Merkmal des postmodernen Marketing bezieht sich nicht auf die Parodie, sondern auf eine direkte „Antikampagnen-Kampage". Das sind zum Beispiel Kampagnen, die den Empfänger einer Botschaft auffordern, von der Botschaft *keine* Notiz zu nehmen, da jemand versucht, ihn zu beeinflussen und zu übervorteilen. Weitere Beispiele sind Antiprodukt-Produkte wie die „Todesmarken-Zigaretten", Jolt Cola („mit all dem

---

MARKETINGFALLE

Manchmal werden Unternehmen Opfer ihrer eigenen Hyperrealität. Der Traum von vielen Herstellern ist es, eine starke Marke mit einer eindeutigen Position im kulturellen Leben zu schaffen. Wenn ihnen das gelingt, werden ihre Markenimages in das allgemeine kulturelle Zeichensystem integriert und das Unternehmen verliert die Kontrolle über die mit dem Markennamen verbundenen Zeichen. Der Name „Barbie" ist heute zum Beispiel viel mehr als nur ein Markenname – er steht beinahe schon für einen bestimmten Persönlichkeitstyp. Als die dänische Popgruppe Aqua mit dem Lied „Barbie", dessen Text auf das Sexleben dieser hyperrealistischen Persönlichkeit anspielte (z. B. „you can dress my hair, undress me everywhere"), riesigen Erfolg hatte, fand das die Mattel Inc. Company keineswegs lustig. Sie reichten gegen die Popgruppe wegen Missbrauchs des Namens Barbie Klage ein und erklärte, das reine und positive Image von Barbie's Welt, das durch eine Reihe teurer Kampagnen geschaffen worden war, würde zerstört werden. Das ist ein weiteres Beispiel für das Ineinanderfließen von Marketing und Massenkultur. Hier stellt sich die Frage: Kann man Kultur patentieren lassen?[97]

Tabelle 16.3 Einige Persiflage-Beispiele aus der englischen Werbung

Kategorie	Inhalt	Beispiele
Parodie		
Direkt	Eine Werbung parodiert die andere	Carling Black Label (helles Bier) Parodie von Levi's Jeans berühmter Waschsalon-Sequenz
Indirekt	Bylines/Ikonen, die für eine andere Anzeige typisch sind	Do It All (DIY Geschäfte) zeigt „united colors of Do It All" (Benetton)
Selbstbezug		
Direkt	Anzeigen von Werbungen (Erstellung in Werbeagenturen, Anzeigen für bevorstehende Anzeigen, etc.)	Nächste „Sendefolge" von Werbe-Seifenopern (Renault 21 Family; Gold Blend-Paar, etc.), die im Voraus gezeigt werden
Indirekt	Wiederholung von alten Anzeigen, die in der Zwischenzeit eine neue Bedeutung haben, oder stilistisch Erinnerung an alte Werbungen	Wiederholtes Zeigen von „I'm going well, I'm going Shell"-Serien, die Bing Crosby etc. zeigen, einst innovativ, nun charmant altmodisch

Koffein und doppelt so viel Zucker"[98]) oder die Tatsache, dass ein isländischer Aquavit seinen eigenen Spitznamen „black death" als Markenname übernahm, wofür ein neues Label mit Totenkopf entworfen wurde. Dann gibt es noch die „Antimode", wo Konsumenten behaupten, sie suchten beim Schuh- oder Kleiderkauf nach einer bestimmten Art von Hässlichkeit zur Schaffung eines sehr persönlichen, auffälligen Stils (kommt Ihnen das vertraut vor?).[99] Die bereits besprochene Umweltschutzbewegung und der politische Konsument sowie Gruppen, die absichtlich ein einfaches Leben führen (besonders in den Vereinigten Staaten), oder ähnliche Gruppen können aufgrund ihrer Ablehnung von Standardprodukten zu Gunsten von Alternativen, die sie als weniger schädlich für die natürliche und menschliche Umwelt betrachten, als antifundamentalistisch gesehen werden.

Die Postmoderne wurde auch mit Themen wie der Fähigkeit des Zuschauers, beim dem Werberummel den Überblick zu bewahren, in Verbindung gebracht.[100] Das mag darauf hinweisen, dass wir geschicktere KonsumentInnen und LeserInnen von Werbung werden und Werbung als hyperrealistische Überzeugungs- oder Verführungsversuche betrachten, die nicht unsere eigenen Erfahrungen des täglichen Lebens reflektieren wollen. Diese gebildete Zuhörer/Leserschaft könnte viele der oben besprochenen Trends zu Antiwerbungen oder Persiflagen ausgelöst haben. Ein weiterer Prozess, der mit dem Postmodernismus zusammenhängt, ist die größere Würdigung von ästhetischen Alltagsprodukten,[101] was die Tendenz andeutet, dass das Design und der äußere Aspekt von Produkten oder Gebäuden immer wichtiger werden.

Manche Anhänger der Postmoderne heben deren befreiende Aspekte hervor, was bedeutet, dass Konsumenten frei mit Symbolen spielen und mit den verfügbaren Elementen ihre eigenen Produktkonstellationen und Lebensstile schaffen können, ohne sich allzu sehr um Standards und Normen kümmern zu müssen. Da bei der Postmoderne eine inhärente Skepsis

Selbstparodie ist ein Zugang zur Kommunikation der Postmoderne.

besteht, ist eine postmoderne Haltung auch eine kritische Haltung.[102] Andere wiederum verweisen auf die Tatsache, dass die Weigerung Werte zu akzeptieren oder sich um diese zu *kümmern* zu Passivität und einer politischen Degeneration von Gesellschaften führt[103] sowie zu Widersprüchen innerhalb der von Postmodernen vertretenen Standpunkte.[104] Ob man nun den „postmodernen Konsumenten" als kritische und kreative Person sieht, oder als passiven, nach Unterhaltung suchenden „Dauerglotzer", die Veränderungen in Marketing und Konsum, die sich auf den postmodernen Rahmen beziehen, sind für das Verständnis der Veränderungen unserer europäischen Märkte von grundlegender Bedeutung.

16.5 Zusammenfassung des Kapitels

- Die in einer Gesellschaft zu einem bestimmten Zeitpunkt vorherrschenden Stile reflektieren oft unterschwellige politische und soziale Verhältnisse. Die für die Schaffung von stilistischen Alternativen verantwortlichen Faktoren nennt man ein Kulturproduktionssystem. Faktoren wie die Art von Menschen, die an diesem System beteiligt sind, sowie das Maß an Konkurrenz für alternative Produktformen beeinflussen die Produkte, die dann auf den Markt kommen, um vom Endverbraucher begutachtet zu werden.
- Kultur wird oft mit Begriffen wie „hohe" (oder elitäre) Form oder „niedrige" (oder populäre) Form beschrieben. Produkte der Massenkultur folgen einer kulturellen Formel und enthalten voraussehbare Komponenten. Allerdings verwischen sich diese Unterscheidungen in einer modernen Gesellschaft, da die Metaphorik der „hohen Kunst" ständig in Marke-

tingstrategien aufgenommen wird und vermarktete Produkte (oder auch Marketingprodukte wie Werbungen) wie hohe Kunst behandelt und bewertet werden.

- Das Modesystem schließt jede Person ein, die an der Schaffung und Übertragung von symbolischen Bedeutungen beteiligt ist. Bedeutungen, die allgemeine kulturelle Kategorien (z.B. Unterschiede zwischen den Geschlechtern) ausdrücken, werden von vielen verschiedenen Produkten übermittelt. Neue Stile werden meistens von vielen Menschen gleichzeitig übernommen, ein Prozess, den man „kollektive Selektion" nennt. Gründe für die Motivation, neue Stile zu übernehmen, sind psychologische, wirtschaftliche und soziologische Modemodelle.

- Moden folgen Zyklen, die dem Lebenszyklus eines Produkts gleichen. Klassiker und Modeerscheinungen sind die beiden Extreme der Übernahme einer Mode und können anhand der Zyklusdauer unterschieden werden.

- Anhänger der *etischen* Perspektive glauben, dass dieselben universellen Botschaften von Menschen in vielen Gesellschaften angenommen werden. Befürworter der *emischen* Perspektive sind der Meinung, dass jede Gesellschaft zu einzigartig ist, um eine solche Standardisierung zu erlauben, und dass Marktingexperten statt dessen ihre Strategien auf lokale Werten und Praktiken abstimmen müssen. Versuche des Globalmarketing hatten gemischte Erfolge. In vielen Fällen funktioniert dieser Ansatz eher, wenn die Botschaften an Grundwerte appellieren und/oder wenn der Zielmarkt aus Konsumenten besteht, die mehr international als lokal orientiert sind.

- Die westliche Welt ist ein Nettoexporteur von Massenkultur. Konsumenten in der ganzen Welt haben westliche Produkte übernommen, vor allem aus dem Bereich der Unterhaltung und Artikel, die symbolisch mit dem einzigartigen westlichen Lebensstil verbunden werden (z.B. Marlboro, Levi's, BMW, Nestlé). Trotz oder wegen der ständigen „Amerikanisierung" oder „Verwestlichung" der Gesellschaften auf der ganzen Welt, fürchten manchen Konsumenten diesen Einfluss und kehren zurück zu lokalen Produkten und Bräuchen.

- Die Postmoderne betrifft soziale Veränderungsprozesse auf einem Gebiet, auf dem die „großen Wahrheiten" der Moderne, wie wissenschaftliche Erkenntnisse oder die Steigerung des Wirtschaftswachstums, nicht mehr als selbstverständlich hingenommen werden. Postmodernismus betrifft soziale Prozesse wie Fragementierung, De-Differenzierung, Hyperrealität, Chronologie, Persiflage und Antifundamentalismus.

SCHLÜSSELBEGRIFFE

ÜBUNGSAUFGABEN

16.1 Erstellen Sie eine „Biografie" für ein Produkt und halten Sie seine Entwicklung vom Zeitpunkt seiner Einführung fest. Wie lang brauchte es, um auf dem Massenmarkt verbreitet zu werden? Verwenden jetzt dieselben Konsumenten das Produkt, die es zuerst übernommen haben? Wie sind die Zukunftsaussichten – wird es irgendwann veraltet sein? Würden Sie das Produkt als Klassiker oder als Modeerscheinung einstufen?

16.2 Manche Konsumenten beschweren sich, Designern „ausgeliefert" zu sein und fühlen sich genötigt, jeden Stil zu kaufen, der gerade modern ist, weil nichts anderes verfügbar ist. Glauben Sie auch, dass es so etwas wie eine „Designer-Verschwörung" gibt?

16.3 Was ist der grundlegende Unterschied zwischen einer Modeerscheinung, einer Mode und einem Klassiker? Nennen Sie Beispiele für alle drei Begriffe.

16.4 Was ist der Unterschied zwischen Kunst und Handwerk? Wie würden Sie innerhalb dieses Rahmens Werbung charakterisieren?

16.5 In diesem Kapitel werden einige Beispiele genannt, bei denen Ergebnisse der Marktforschung künstlerische Entscheidungen beeinflusst haben – z. B. als ein Filmschluss noch einmal gedreht wurde, um ihn den Präferenzen von Konsumenten anzupassen. Viele Menschen sind gegen diese Art der Verwendung von Konsumentenforschung und sind der Meinung, Bücher, Filme, Musikaufnahmen oder andere künstlerische Werke sollten nicht einfach anhand dessen entworfen werden, was Menschen lesen, sehen oder hören wollen. Wie denken Sie darüber?

16.6 Welche Rolle spielt der Globalisierungsprozess in Ihrem persönlichen Konsumprofil? Nachdem Sie darüber nachgedacht haben, gehen Sie in ein in der Nähe gelegenes Einkaufszentrum und suchen Sie nach globalen und lokalen Anzeichen. Was kommt „woanders" her? Was ist eindeutig lokal? Gibt es Mischungen oder sind diese beiden Bereiche klar getrennt?

16.7 Sammeln Sie Werbeanzeigen, die postmoderne Merkmale der Fragmentierung, De-Differenzierung, Hyperrealität, Chronologie, Persiflage und Antifundamentalismus reflektieren.

16.8 Denken Sie über das Konsumverhalten von sich selbst und Ihren Freunden unter denselben Aspekten nach. Was sehen Sie?

Fallstudien

Tatlises Lahmacun

Toygun Ozdem, Bilkent Universität, Ankara

Auf Ibrahim Tatlises wurde die türkische Öffentlichkeit zum ersten Mal durch seine Volkslieder aufmerksam, die er mit eindringlicher Stimme und einem unverkennbaren Stil vortrug. Seine Musik ist als „arabesk" bekannt, sie ist arabischer Herkunft und erzählt vom Leben, der Liebe und der Arbeit der Armen und Benachteiligten. Die Musik fesselte das türkische Publikum und seine Kassetten wurden vielfach verkauft. Für Ibrahim Tatlises kam dieser Erfolg überraschend, umso mehr, als er damals noch als Maurer im Baugewerbe arbeitete – was noch zu seinem volkstümlichen Image beitrug.

Während er weiter als Sänger arbeitete, begann er in Filmen zu spielen und versuchte sich als Filmproduzent. Später gründete er sein erstes eigenes Transportunternehmen, das Tatlises Busunternehmen, dann den Tatlises Radiosender. Aber sein wichtigstes Unternehmen – in Bezug auf Wachstumspotential und Rentabilität – war die Gründung der Fastfood-Kette Tatlises Lahmacun.

Nach dem Erfolg der ersten Restaurants wurde ein Franchisesystem ins Leben gerufen. Die Franchisenehmer zahlen 100.000 Dollar (bei McDonald's kostet die Lizenz 35.000 Dollar). Ein Prozentsatz des Einkommens geht an die Muttergesellschaft. Das erste Restaurant wurde 1973 eröffnet, mittlerweile gibt es in der ganzen Türkei 21 Restaurants, davon 14 in Istanbul. Obwohl für die Lahmacun-Restaurants keine Werbekampagnen gestartet wurden, ist *Tatlises* heute ein bekannter Name. Die Geschäftsleitung wollte die Anzahl der Restaurants auf 63 erhöhen und sie 1998 auf dem europäischen Markt einführen.

Eins der Geheimnisse, die hinter dem Erfolg von Tatlises Lahmacun stehen, ist, dass bei den Türken Lahmacun eine traditionelle,[1] geschmackvolle[2] und beliebte[3] Mahlzeit ist. Lahmacun wird aus einer Mischung von Hackfleisch, Zwiebeln, Tomaten und verschiedenen Gewürzen (insgesamt zwölf Zutaten) und einem dünnen, rund geformten Teig zubereitet und im Holzofen gebacken. Obwohl es in ländlichen Gegenden ein traditionelles Gericht ist, ist es in der Stadt in Vergessenheit geraten. Durch die Restaurants wurde Lahmacun als typisches türkisches Gericht wiederentdeckt.

Auch das allgemein wachsende Interesse an regionaler Küche und Volksmusik spielt bei dieser Erfolgsgeschichte eine große Rolle. Der seit kurzem steigende Verkauf von Kochbüchern mit traditionellen regionalen Gerichten, und die neuen Lieder, die Elemente aus der traditionellen Musik schöpfen, zeugen von dem Bedürfnis der türkischen Öffentlichkeit nach Anerkennung ihres kulturellen Erbes. Das traditionelle Gericht Lahmacun stammt aus dem Südosten der Türkei, der Heimat von Tatlises.

Wie in der übrigen Welt ist die ethnische Herkunft auch in der Türkei ein wichtiges Thema. Die Türken haben ihr kulturelles Erbe in aller Öffentlichkeit erforscht. Ziel ist keineswegs die Leugnung ihrer türkischen Identität, sondern die Anerkennung des regionalen Kulturerbes.

Kulturelle Unterschiede wurden neu entdeckt und in die Praxis umgesetzt. Unter diesen Gesichtspunkten ist Lahmacun nicht nur ein traditionelles Gericht, sondern auch ein kulturelles Erbe der Region.

Ein weiterer Grund für den Erfolg könnte auch Ibrahim Tatlises selbst sein. Er ist ein bekannter, fast überall beliebter Mann. Trotzdem fühlen sich manche in Bezug auf die kulturellen Werte der arabesken Musik unbehaglich. Entwirft man eine kulturelle Landkarte der Türkei, so entsteht ein tiefer Graben zwischen dem Westen und dem Osten des Landes. Die Menschen im Westen der Türkei ähneln den Europäern, sie sind für europäische Lebensstile empfänglicher – möglicherweise, weil sie mehr mit Technologie, Wohlstand und Kultur aus Europa in Berührung kommen. Die westliche Kultur gilt bei ihnen als modern und sie übernehmen westliche Verhaltensweisen. Dazu gehört auch ausländische Popmusik. „Arabeske" Musik gilt in diesem Kontext eher als rückständig. Hinzu kommen die zwiespältigen Gefühle, die Ibrahim Tatlises auslöst, sein raues, machistisches Auftreten, sein starker Akzent und sein Image als „einfacher Bauer". Aber alles in allem steht die Öffentlichkeit ihm neutral gegenüber, manchmal sogar ausgesprochen positiv. Deshalb haben seine Restaurants viele Nachahmer, von denen viele die charakteristischen Farben von Tatlises – grün und gelb – kopieren.

In einem typischen Tatlises Lahmacun-Restaurant wird Lahmacun mit Zitronenscheiben und Petersilie, Künefe[4], Ayran[5] oder Cola serviert. Je nach lokaler Nachfrage und heimischem Konkurrenzumfeld gibt es jedoch unterschiedliche Speisekarten. Während manche Restaurants sogar Döner[6], Suppe und ein Salatbüfett anbieten, gibt es in anderen ausschließlich Lahmacun. Obwohl die Geschäftsführung der Tatlises Lahmacun-Fastfood-Restaurants versucht hat, die Speisekarte durch Döner, Salate und Suppen zu erweitern, musste sie feststellen, dass diese Art von Abwechslung dem Image der Tatlises Lahmacun-Restaurants eher schadet, da sie dadurch als einfache Kebap[7]-Restaurants wahrgenommen werden. Darüber hinaus hat die Geschäftsleitung versucht, neue Variationen von Lahmacun zu entwickeln, die mit Hühnerfleisch oder fleischlos für Vegetarier zubereitet werden, oder auch tiefgefrorenes Lahmacun, das in Supermärkten verkauft wird.

Das Dekor in den Tatlises Lahmacun-Restaurants ist für Fastfood-Restaurants typisch. Die dominanten Farben der Möbel und Wände sind grün und gelb – die Farben der Fußballmannschaft aus Tatlises Heimatstadt. In manchen der Restaurants herrscht eine gemütliche Atmosphäre mit Blumen auf den Tischen, Grünpflanzen auf dem Boden, Spielbereichen für Kinder und im Hintergrund Volks- oder ausländische Musik. Angestellte in Uniform sorgen ständig für Sauberkeit – eine Aktivität, die laut Umfragen von den Kunden sehr geschätzt wird.

Die Gäste können in die offene Küche schauen und zusehen, wie Lahmacun von Hand zubereitet und im Ofen gebacken wird. Das Essen wird wie in jedem Selbstbedienungsrestaurant rasch zubereitet. Einige der Befragten gaben an, dass zwei Portionen Lahmacun genauso sättigen wie ein Big Mac – nur zum halben Preis.

Zielmarkt des Unternehmens sind Kunden durchschnittlichen Alters und Einkommens, die Lahmacun mögen und mit dem Prinzip des Fastfood vertraut sind. Die Kunden gaben an, dass sie sich in den Restaurants wie zu Hause fühlen. Die Geschäftsführung ist überzeugt, dass hohe Preise durch hohe Qualität und einen erstklassigen Service gerechtfertigt sind.

Interessenten aus Deutschland, Großbritannien, Israel und Japan haben sich als Franchisenehmer für neue Lahmacun-Restaurants beworben. Die Geschäftsleitung steht einer zu schnellen Expansion aber skeptisch gegenüber – obwohl auch Touristen die Küche des Landes gern ausprobieren. Dieser Faktor und das Interesse von Außenstehenden haben dazu geführt, dass die Geschäftsführung 1998 die Expansionsmöglichkeiten auf dem europäischen Markt erforscht hat.

Die Expansion dieses Konzepts auf den europäischen Markt wirft einige zentrale Fragen auf:

Fragen

1. Diskutieren Sie die verschiedenen Möglichkeiten, die Tatlises Lahmacun-Restaurants haben, bei europäischen Fastfood-Konsumenten ein positives Image zu entwickeln.
2. Auf welcher kulturellen Grundlage könnte ein solches Image aufgebaut werden?
3. Inwieweit ist die Kultur eines Konsumenten, vor allem die in seinem Land herrschenden Mythen und Bräuche, für Tatlises Lahmacun relevant?
4. Nach welchen der folgenden Kriterien sollten Länder für eine Expansion ausgewählt werden: Geografische Nähe? Kaufkraft der Segmente? Bereits bestehende Fastfood-Kultur? Esskultur im Allgemeinen?
5. Sollte die Speisekarte den lokalen Gegebenheiten angepasst werden oder sollte sie türkisch bleiben?
6. Sollte die Innenausstattung global sein oder türkisch bleiben, damit die exotische Botschaft vermittelt wird?

Anmerkungen

1. Es ist traditionell und beliebt, wird seit Jahrzehnten gegessen und ist immer noch bei manchen Anlässen das Lieblingsessen. Bei Hochzeiten in osttürkischen Dörfern gehört es immer zum Festmahl.
2. In der Umfrage gaben fast alle Versuchspersonen an, dass es, wenn es sorgfältig zubereitet wird, wirklich ausgezeichnet schmeckt.
3. Es ist bekannt und im Allgemeinen verfügbar. Die meisten Befragten gaben an, sie würden es essen, wenn qualitativ hochwertige Lahmacun-Restaurants in ihrer Nähe seien. Die Wahrnehmung der Verfügbarkeit schwankte allerdings bei den Befragten.
4. Künefe ist ein mit weichem Käse gefüllter Blätterteig, der im Ofen gebacken und als Nachtisch gegessen wird. Es stammt aus dem Südosten Anatoliens, ist nur be-grenzt in anderen Teilen der Türkei verfügbar und gilt aus diesem Grund als Spezialität.
5. Ayran ist ein traditionelles Getränk, das aus Wasser und Jogurt hergestellt wird.
6. Döner ist Fleisch, das an einem rotierenden Spieß röstet. Es wird in dünne Scheiben geschnitten und entweder mit Pilaw-Reis oder in Brot serviert.
7. In einem gewöhnlichen Kebap-Restaurant braucht die Zubereitung des Hauptgerichts eine gewisse Zeit, darum werden Appetithappen mit besonderem Brot serviert. Zu dem Hauptgericht gibt es Salate. Die Türken gehen mit Freunden in solche Restaurants und unterhalten sich während sie auf das Essen warten. Nach dem Essen wird Tee oder türkischer Kaffee serviert.

Aufmerksamkeit bei und Wahrnehmung von Kinowerbung

Christian Alsted, Alsted Marktforschung, Kopenhagen

Eine neuere Studie, die unter dänischen Kinobesuchern durchgeführt wurde, hat ergeben, dass 93% der Besucher im Kino bereits saßen, bevor der erste Werbespot lief. Laufende Forschungen zeigen, dass Basisbotschaften der Kinowerbung besser abgerufen und verstanden werden als die Botschaften der Fernsehwerbung. Das wiederum deutet darauf hin, dass die dänischen Kinobesucher die Werbung vor dem Film gern sehen – was bei Fernsehzuschauern nicht der Fall ist. Aus diesem Grund kann Kinowerbung Zuschauer eher beeinflussen als Fernsehwerbung. Bis jetzt liegen allerdings noch keine Erklärungen für dieses Phänomen vor.

Um das Thema zu erforschen, wurden sechs Messungen bei Werbungen durchgeführt, die zum ersten Mal gleichzeitig im Kino und im Fernsehen ausgestrahlt wurden. Bei den Versuchspersonen wurde ein einfacher Erinnerungstest durchgeführt und die Leistung des Gedächtnisses getestet: Verstanden die Versuchspersonen die Botschaft der Werbespots? Die Messungen ergaben, dass der Kommunikationswert bei der Kinowerbung dreimal so hoch ist wie bei der Fernsehwerbung (siehe Abbildung 1).

Die Umfrage ergab weiterhin, dass das Kinopublikum geistig eher bereit ist als das Fernsehpublikum, neue Stimuli zu verarbeiten. Es wurde auch nachgewiesen, dass das Kinoumfeld eine positive Wirkung auf Kinobesucher ausübt. Kinowerbung gehört zur allgemeinen „Kinoerfahrung" und es findet ein bewusster oder unbewusster Transfer der positiven Erwartungen des Zuschauers dem Film gegenüber, den er anschauen wird, auf die Werbung statt.

Als nach dieser Umfrage erforscht wurde, welche spezifischen Qualitäten der Zuschauer mit der Kinowerbung verbindet, wurden sechs verschiedene Werte entdeckt: Qualität, Offenheit, Unterhaltung, Handlung, Neuheit und Luxus. Diese positiven Assoziationen bei der Kinowerbung überträgt der Zuschauer auf das Werbeprodukt, was wiederum bedeutet, dass Werbeprodukte mit einer positiven Haltung aufgenommen werden.

Sobald das Licht ausgeht und die Werbung anfängt, kann man eine drastische Steigerung der Aufmerksamkeit bei den Zuschauern beobachten (siehe Abbildung 2). Diese gesteigerte Aufmerksamkeit erreicht bei der ersten Werbefolge ihren ersten Höhepunkt und lässt dann nach. Bei der Fernsehwerbung dagegen ist die Aufmerksamkeit der Zuschauer fragmentierter und schwankt stärker (siehe Abbildung 3).

Kino wird als „Ereignis" betrachtet und die Kinowerbung gilt als Bestandteil dieses Ereignisses. Das ist insofern ein wichtiger Faktor, als man Ereignisse mit positiven Erwartungen verbindet. Die auf die Werbung folgenden Trailer sind genauso wichtig. Sie werden weniger als „Werbung" für kommende Filme aufgefasst, denn als „Appetithappen" für bevorstehende kulturelle Ereignisse.

Abbildung 1   Kommunikationswert, 13-29-Jährige: Vergleich zwischen sechs Werbespots, die im Fernsehen und im Kino gezeigt wurden.

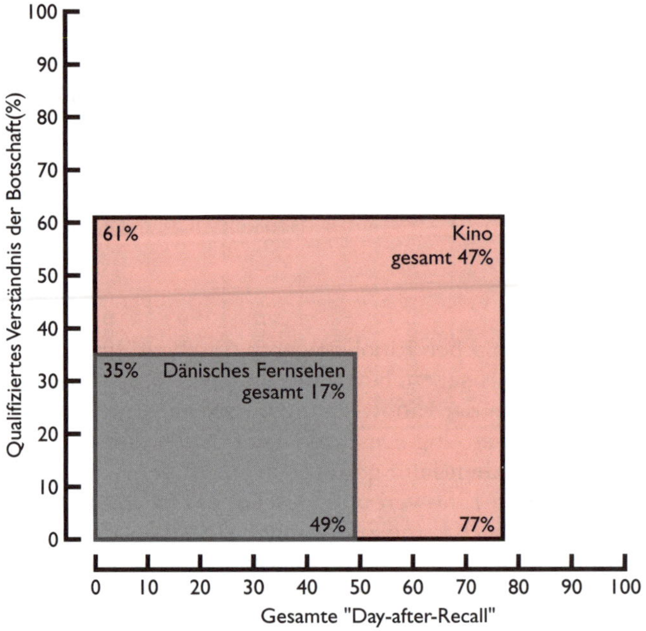

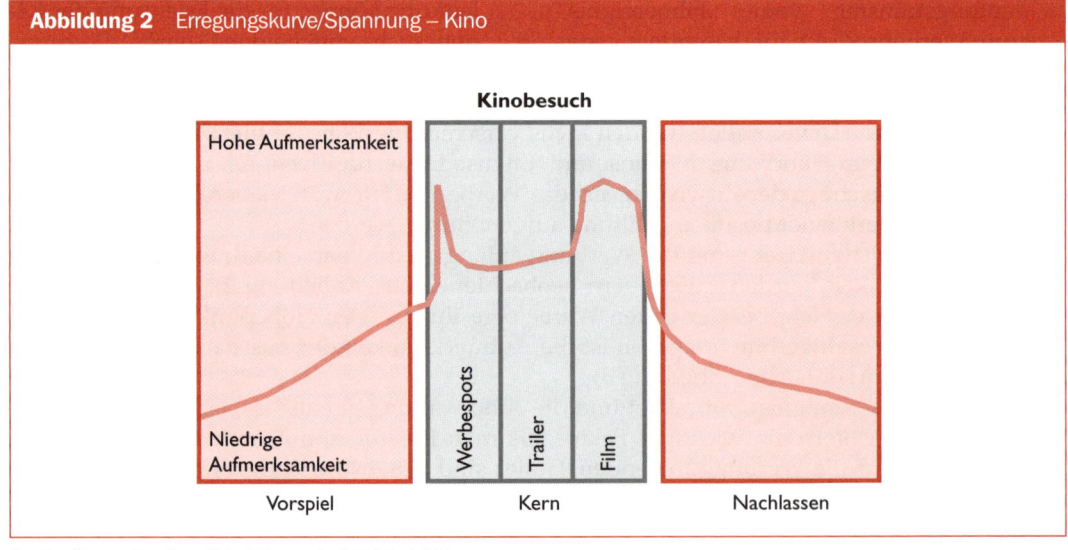

Der Kommunikationswert im Kino ist 2,8-mal so hoch wie der im Fernsehen.

Abbildung 2   Erregungskurve/Spannung – Kino

Quelle: *Cinema Quality – Alsted Research*, Frühjahr 1994.

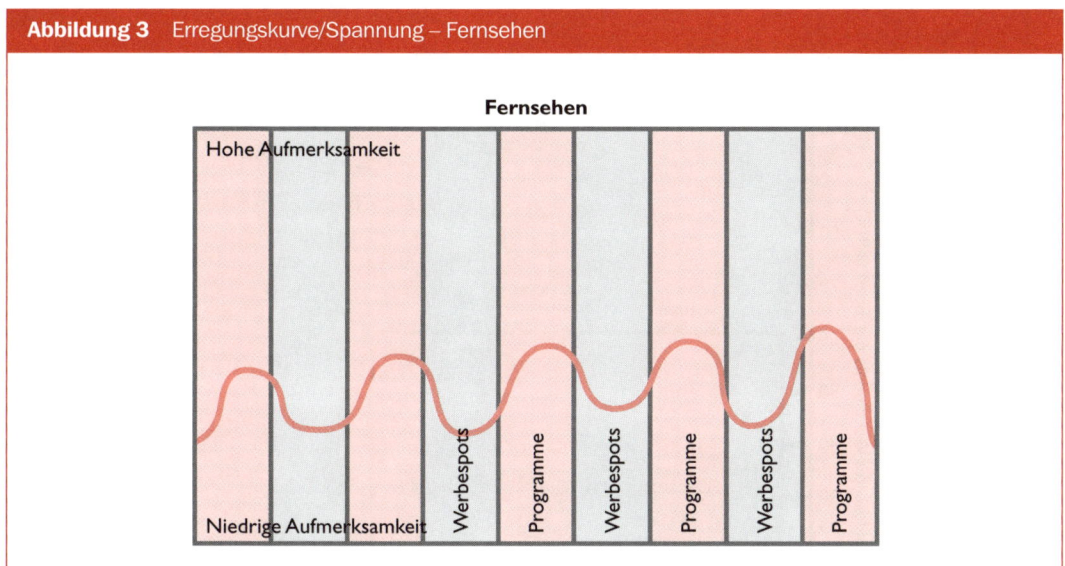

Abbildung 3 Erregungskurve/Spannung – Fernsehen

Quelle: *Cinema Quality – Alsted Research*, Frühjahr 1994.

Auf die Trailer folgt der Film. Bei diesem dreiteiligen Aufbau sind alle Teile wichtig. Vor allem bei jungen Leuten sind Werbungen und Trailer als Einstimmung auf den Film beliebt. Für sie ist Kinowerbung Unterhaltung und sie verbinden das Werbeobjekt mit einem luxuriösen, qualitativ hochwertigen und aufregenden Image.

Fragen

1. Bei welchen Produkten halten Sie den Bedeutungstransfer vom „Filmereignis" zum Werbeprodukt für besonders wertvoll?

2. Diese Studie hat sich mit der Aufmerksamkeit befasst. Die Konzentration ist bei der Kinowerbung hoch, beim Fernsehen gering. An welche andere psychologische Theorie erinnert Sie das?

3. Welche Faktoren von Attraktion und Ablenkung können für die Erfahrung des Kinobesuchs entscheidend sein?

4. Welche allgemeinen Schlussfolgerungen können aus diesem Fall in Bezug auf den Werbungskonsum von Konsumenten gezogen werden?

Alessi: Italienisches Design oder der Zauber von Alltagsobjekten

Benoît Heilbrunn, Assistant Professor für Marketing, E.M. Lyon

Eines der Hauptmerkmale einer Konsumgesellschaft ist die serienmäßig Herstellung von Objekten und der damit zusammenhängende Verlust an Einzigartigkeit, Verschiedenartigkeit und Authentizität, der aufgrund der ständigen Reproduktion auftritt. Massenproduktion führt dazu, dass die meisten Alltagsprodukte an Bedeutung einbüßen und zu reinen Gebrauchsgegenständen ohne Substanz werden. Der Bedeutungsverlust der meisten Konsumobjekte ist zum Teil auf die Verlagerung vom Handwerk auf die Industrialisierung zurückzuführen, die wiederum zur Massenproduktion führt, und zum Teil auf einen Marketingansatz, der auf dem Entwurf von Objekten beruht, die auf die Bedürfnisse von Konsumenten abgestimmt sind und somit einen Überraschungseffekt ausschließen. Dieses Phänomen führt unweigerlich zu weniger Sinneserfahrungen und zu einem Verlust der Beziehung zu Objekten. Am Anfang des 19. Jahrhunderts besaß eine vierköpfige Familie mit durchschnittlichem Einkommen ungefähr 150 bis höchstens 200 Objekte (darunter Geschirr und Kleidung), während heute eine genauso große Familie zwischen 2500 und 3000 Objekte besitzt, darunter Haushaltsgeräte und dekorative Gegenstände. Heute kommt eine Person täglich mit rund 20.000 Produkten in Kontakt. Konsumenten werden von unzähligen Zeichen überflutet und sind mit dem bekannten Phänomen der semiotischen Verschmutzung konfrontiert.

Aus diesem Grund müssen Designer Produkte erfinden und Zeichen entwerfen, die in einem übersättigten Konsumumfeld überleben können, in dem es eine ständig wachsende Anzahl von Produkten und Zeichen gibt. Design hat demnach die wichtige Aufgabe, Objekten durch Formen, Farben und Materialien eine Bedeutung zu verleihen. Darüber hinaus haben Wissenschaft und Technik in unserem täglichen Umfeld die meisten technischen Grenzen für die Herstellung von Objekten beseitigt. Neue Formen und Funktionen können entwickelt werden und so das Feld der Möglichkeiten und kreativen Fähigkeiten von Designern vergrößern.

Eines der bemerkenswertesten Beispiele dieses Wunsches, das Leben durch Objektdesign poetischer zu machen, ist das italienische Unternehmen Alessi, das 1921 von Giovanni Alessi gegründet wurde. Die ersten hergestellten Produkte waren Kaffeekannen und Tabletts, auf die schon bald eine Reihe von Tischaccessoires folgte. Geschäftsführer der Firma, die jetzt in der vierten Generation in Familienbesitz ist, ist Alberto Alessi, der namhafte Industriedesigner und Architekten angeworben hat, damit sie handsignierte Objekte für die Firma entwerfen. Dieses Unterfangen war außerordentlich erfolgreich und aus manchen der Objekte, wie Aldo Rossis konischem Kessel, Philippe Starcks Entsafter und Michael Graves Vogelkessel, wurden Kultobjekte. Derzeit wird unter den Markennamen Alessi (Massenproduktion, hauptsächlich aus Stahl und Plastik), Officina Alessi (kleine oder mittlere Serienherstellung aus verschiedenen Metallen: Silber, Neusilber, Titan, Messing, Edelstahl, Eisen, Zinnblech), Tendentse (Porzellan) und Twergi (Holz) produziert.

Officina Alessi ist repräsentativ für eine Designtradition, die sich mehr auf existenzielle als auf utilitaristische Werte von Objekten bezieht. Diese neue Alessi-Marke wurde 1983 eingeführt, um einen Aspekt des Unternehmens zu betonen, der in der Vergangenheit im Entwurfstadium steckenblieb oder nur in Prototypen existierte. Ziel ist es, frei von den von der industriellen Massenproduktion aufgezwungenen Grenzen innovative Formen, Stile, Funktionen und Herstellungsmethoden zu erforschen und mit diesen zu experimentieren. Das Unternehmen möchte einem aufmerksamen und kulturell interessierten Publikum ein breites Spektrum von Produkten anbieten, die anspruchsvolle industrielle Techniken mit traditionellen Handwerksprozessen verbinden. So werden „historische" Metalle wie Neusilber, Messing, Kupfer, Silber und Zinn nicht nur wegen ihres immanenten Wertes gewählt, sondern auch um zu den Charakteristika des jeweiligen Designs zu passen (Präsentationskatalog von Officina Alessi, 1994). Je nach den Begleitumständen nimmt das Ergebnis die Form einer Standardproduktion, einer begrenzten Auflage oder eines Einzelteiles an. Officina Alessi führte beispielsweise eine Serie von Tee- und Kaffeeservicen ein, mit der elf international anerkannte Architekten beauftragt wurden. Die elf Service wurden in einer limitierten Auflage von 99 Stück hergestellt und wurden für ca. 12.000 Pfund verkauft. 1983 stellten Galerien in Mailand und New York die Service gleichzeitig aus und verstärkten somit den kulturellen Status und die wirtschaftliche Exklusivität der Objekte.

Dieses Beispiel der Designinnovation zeigt, dass auch wenn die Form eines Objektes seiner Funktion folgt diese Form doch weit über die Funktion hinausgehen kann. Ein gewisses Maß an Freiheit gibt dem Designer die Möglichkeit, die Form (manchmal sehr radikal) von der Funktion zu lösen. Während die Form eines Objekts immer noch mehr oder weniger auf seine Funktion hinweist, fügt sie diesem doch auch eine unvermeidliche ästhetische Dimension hinzu, die zu einer echten Neudefinierung des Objekts führen kann. Somit bedeutet Design wirklich „illuminieren, klären, verändern, würdigen, dramatisieren, überzeugen und vielleicht auch amüsieren" (Rand, 1993:3). Diese Definition eines amerikanischen Designers weist auf zwei Ansätze des Designs hin, die sich auf zwei verschiedene Traditionen in Europa beziehen. Der erste Ansatz sieht im Design eine Möglichkeit zu klären und zu überzeugen. Dieser Ansatz ist für deutsches und nordisches Design charakteristisch, für das Firmen wie Braun und Bang & Olufsen stehen. In diesen Ländern ist Design insofern funktionaler, als es die reine Funktion des Objekts ausdrückt. Das Objekt wird ausschließlich utilitaristisch gesehen und das Objektdesign soll den Benutzer davon überzeugen, dass es bestimmte Funktionen erfüllt. Aufgabe des Designs ist es, durch entsprechende Merkmale, Farben und Materialien einen Eindruck von Effizienz und Solidarität zu vermitteln.

Der zweite Ansatz, der für südeuropäische Länder (Italien, Spanien, teilweise Frankreich) repräsentativer ist, entwickelt Objekte mit einem stärkeren Akzent auf existenziellen Erfahrungen wie emotionale Werte (das Objektdesign soll Gefühle auslösen), spielerische Werte (das Objekt wird als potenzielles Spiel betrachtet) und epistemische Werte (die Fähigkeit des Produkts Neugierde zu wecken und Neues zu bieten). Dieser Ansatz bezieht sich auf das Bedürfnis von Konsumenten, durch die Verwendung von Produkten, die innovative Kombinationen von Form, Material, Farbe etc. bieten, neue Erfahrungen zu machen. Die Bedeutung dieser Erfahrungswerte bei der Produkt- und Markenwahl und somit darin, wie der Konsument das Produktdesign wahrnimmt, hängt auch mit dem hedonistischen Konsum zusammen, der in diesen Ländern eine wichtige Rolle spielt.

Die Designphilosophie, für die Alberto Alessi wirbt, ist für diesen zweiten Ansatz insofern charakteristisch, als sie sowohl technische als auch Marketingzwänge überwinden will, die bei der derzeitigen Produktion von Gebrauchsgütern vorherrschen und zu einer Welt voller ano-

Alessis Entsafter, der einer Rakete gleicht, von Philippe Starck, 1990-91.

nymer und passiver Objekte führt. Die Aufgabe des Unternehmens wird darin gesehen, alltägliche Objekte poetischer zu machen. Gleichzeitig beschäftigt sich das Unternehmen mit den funktionalen Aspekten von Objekten, was in diesem Zitat von Alessandro Mendini (der die Falstaff-Kannen für Alessi entwarf) zum Ausdruck kommt:

> Mit ihrer einfachen Eleganz wollen die Falstaff-Kannen eine Reihe von Utensilien präsentieren, die mit dem Küchenumfeld harmonisieren und gleichzeitig die höchste Kochkunst würdigen ... Sie sind Modellkannen der jüngsten Generation, ein Design, das als multiple Kunstform gedacht ist, eine Küchenlandschaft mit Kannen ... Bei der Arbeit und in der Freizeit bieten sie einen glänzenden Strauß konvexer Objekte, die diskret präsent, manchmal kaum sichtbar sind und manchmal wie poetische Küchenskulpturen schillern. Schauspieler vielleicht, die uns, während sie kochen, wunderbare Geschichten erzählen... Sie sind spielerisch, magisch, erfinderisch und rituell und spiegeln die Freude wider, die heute viele alte Tätigkeiten machen, die keine lästige Pflicht mehr sind, sondern Spaß – wie zum Beispiel das Kochen selbst.
> (*Präsentationskatalog der Falstaff-Kollektion*)

Ziel ist die Verwandlung von Alltagsobjekten in Objekte mit ästhetischer Dimension, die durch Farbe, Muster und zusätzliche Elemente erreicht wird. Es bedeutet, dass ein Objekt nicht nur eine Bedeutung hat, sondern eine Vielzahl von Bedeutungen. Ein Objekt unterscheidet sich insofern von einem Werkzeug, als es nicht zwangsläufig auf eine reine Nutzfunktion hinausläuft. Das Ziel einer Marke wie Alessi ist die Überwindung konventioneller Präsentationsnormen des Objekts, um aus einer anscheinend langweiligen Tätigkeit (Kochen) ein angenehmes, spielerisches Ereignis zu machen.

Das führt zu einer echten Erforschung der kommunikativen Grenzen des Designs, wie es der von Philippe Starck entworfene Entsafter veranschaulicht, der einer Rakete gleicht, oder auch der konische Kessel von Michael Graves. Diese Objekte bieten eine völlig neue Sichtweise von vertrauten Objekten.

Indem die normalen Darstellungsnormen überwunden werden, verleiht der Designer dem Objekt eine Vielzahl von Bedeutungen, die über seinen funktionalen Zweck hinausgehen. Das Design jedes Objekts hat also zwei Dimensionen: (1) Die *endophorische* Dimension, die garantiert, dass das Objekt zu einer bestimmten Klasse gehört und die invariablen Elemente organisiert, und (2) die *exophorische* Dimension, die eine radikale, formale Innovation in der jeweiligen Objektkategorie ermöglicht. Die endophorische Achse einerseits limitiert, kristallisiert und gleicht an und hängt mehr oder weniger mit utilaristischen Werten zusammen. Die exophorische Achse andererseits erfindet, verbreitet und verwirrt. Die erste Achse macht das Objekt erkennbar und hat eine beruhigende Funktion, während die zweite Achse das Objekt destrukturiert und neuen Erwartungen entspricht. Betrachten wir zum Beispiel den von Michael Graves für Alessi entworfenen Kessel. Dieses Objekt ist wegen seiner konischen Form, die die Vorstellung eines Kessels destabilisiert, aber auch wegen des kleinen Vogels auf der Tülle, der die Vorstellung von Leichtigkeit vermittelt und somit die geometrische Strenge des Objektes durchbricht, stark exophorisch. Wenn man den Kessel zum ersten Mal sieht, ist man von dem Objekt verwirrt. Man stellt dessen Identität als Kessel ernsthaft in Frage und sucht nach einer neuen Identität außerhalb des funktionalen Aspekts. Wenn der Designer mit der exophorischen Dimension spielt, zerbricht er die endophorischen Normen um das Objekt neuen Interpretationen zu öffnen. Man könnte sogar wie Robert Venturi solche Objekte als postmoderne Objekte betrachten:

> Eher hybride als „reine" Elemente, eher kompromittierend als „klar", eher verzerrt als „direkt", eher doppeldeutig als „artikuliert", abwegig und unpersönlich zugleich, eher konventionell als „gestaltet", eher entgegenkommend als „ausschließend", eher redundant als einfach, sowohl rudimentär als auch innovativ, eher inkonsistent als offen und deutlich.
> (Venturi, 1966, zitiert nach Woodham, 1997: 191)

Das zweite Phänomen ist, dass die Objekte von Alessi in den meisten europäischen Ländern erfolgreich sind, obwohl sie auf den ersten Blick kulturgebunden zu sein scheinen. Der wachsende Erfolg solcher Objekte hat zu dem Begriff des „Neuen Internationalen Stils" geführt, der zum ersten Mal in den 1980er-Jahren aufgrund des Einflusses von Designern wie Ettore Sottsass und Andrea Branzi aus Italien, Hans Hollein aus Österreich, Michael Graves aus den Vereinigten Staaten, Xavier Mariscal aus Spanien und Philippe Starck aus Frankreich auftauchte. In den 1980er-Jahren fanden in den Museen der meisten Hauptstädte der Welt Gruppenausstellungen statt und die Produkte wurden unter dem Banner des „Neuen Internationalen Stils" vermarktet. Dieser Begriff verwies auf die Erzeugung eines bestimmten Konzepts in einer globalen Kultur (Woodham, 1997: 161). Der Begriff „Design als Kunst" wurde eher wegen der visuellen Identität und den inhärenten Werten der Objekte gewählt, als wegen Funktionalität und praktischen Erfordernissen. Firmen wie Alessi spezialisierten sich auf die so genannte „Tabletop Industrie" oder „Mikro-Architektur" und lieferten dekorative Kunstobjekte in niedriger Auflage, die bekannte Architekten und Designer entworfen hatten. Die meisten dieser Produkte wurden in Museen der ganzen Welt ausgestellt, was die Grenzen zwischen Kunst und Alltag verwischte. Dieses Phänomen gilt als repräsentativ für die postmoderne Situation und Mike Featherstone nennt es „die Verwischung der Grenzen zwischen Kunst und Alltag ... eine allgemeine stilistische Promiskuität und spielerisch vermischte Symbole". (Featherstone, 1991: 65.)

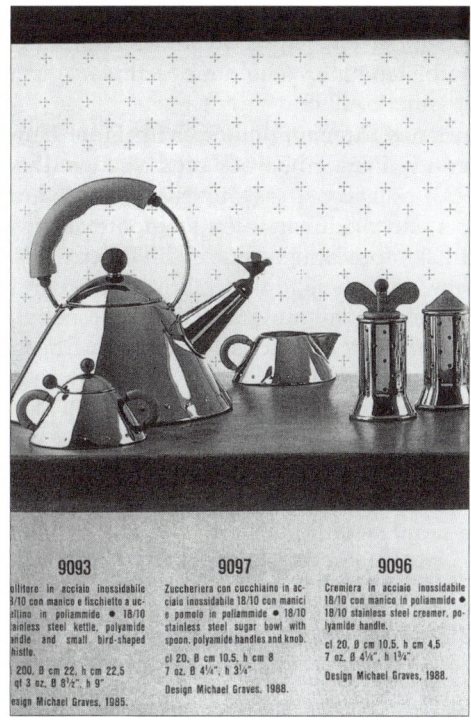

Alessis Vogelkessel und dazugeörige Accessoires, entworfen von Michael Graves, 1985-88.

Fragen

1. Wie erklären Sie die Tatsache, dass Objekte von Alessi in fast allen europäischen Ländern erfolgreich sind, obwohl sie nicht greifbare, ästhetische Produktmerkmale aufweisen? Könnnen Sie Schlüsselzielmärkte identifizieren, die auf Geschlecht, Alter, Einkommen oder Lebensstil beruhen?

2. Inwieweit stimmen Sie mit der Aussage überein, dass Objekte Kommunikationsvorrichtungen darstellen?

3. Glauben Sie, dass Konsumenten aus allen europäischen Ländern bereit wären, für ein Produkt aus der Alessi-Kollektion Höchstpreise zu bezahlen? Warum oder warum nicht?

4. Alessis Objekte gelten als postmodern. Inwieweit stimmen Sie mit dieser Feststellung überein?

Quellen

Cova, Bernard and Sventfelt, Christian, „Societal Innovation and the Postmodern Aesteticization of Everyday life", *International Journal of Research in Marketing* 10 (1993):297-310.

Featherstone, Mike, *Consumer Culture and Postmodernism* (London, Sage, 1991).

Heilbrunn, Benoît, „In Search of the Lost Aura: The Object in the Age of Marketing Re-Illumination", in Stephen Brown et al. (Hrsg.), *Romancing the Market* (London, Routledge, 1998).

Polinoro, Laura, *L'officina Alessi* (F.A.O. spa, Crusinello, 1998).

Rand, Paul, *Design, Form & Chaos* (Yale University Press, New Haven & London, 1993).

Venturi, Robert, *Complexity and Contradiction in Architecture* (Museum of Modern Art, New York, 1996).

Woodham, Jonathan M., *Twentieth-Century Design* (Oxford, Oxford University Press, 1997).

Von Mille Lire zu Mille et Une Nuits: Die Erfindung von Wegwerfbüchern

Benoît Heilbrunn, Assistant Professor für Marketing, E.M. Lyon

„Ein Buch zum Preis eines Espressos", lautet die Devise von Marcello Baraghini. In den 1970er-Jahren gründete er einen kleinen Verlag namens Stampa Alternativa, der den linken antikonformistischen Bewegungen nahe stand. Nachdem er in den 1980er-Jahren mit politischen Flugblättern begonnen hatte, wechselte Baraghini bald das Lager und veröffentlichte gebundene Luxusausgaben über Kunst, Poesie, Musik und Märchen. 1990 hatte er die Idee, eine Buchreihe mit sehr niedrigen Produktionskosten (200 Lire) herauszubringen, die aus diesem Grund zu niedrigen Preisen verkauft werden konnten. Die Idee für *Mille Lire*-Bücher war geboren: Taschenbücher mit nicht mehr als 100 Seiten Text, die auf Altpapier gedruckt wurden und keine Bilder enthielten. Von jedem Titel wurden 50 000 Exemplare hergestellt. Zu den veröffentlichten Autoren gehörten Freud, Shakespeare, Garcia Lorca, Stendhal und Poe. Die Bücher wurden zum Preis eines Espressos verkauft: 1000 Lire, billiger als ein Päckchen Zigaretten.

Ein überraschendes Phänomen und eine echte Innovation in einem Land, in dem der durchschnittliche Buchpreis von 10 000 Lire für eine Taschenbuchausgabe bis zu 34.000 Lire für eine gebundene Augabe betragen kann. Der Erfolg der *Mille Lire*-Bücher war vorprogrammiert. Zum Beispiel wurde der *Lettera sulla felicita* von Epikur 500 000 Mal verkauft und gehörte zu den italienischen Bestsellern des Jahres. 1992 wurden über 2 Millionen *Mille Lire*-Bücher in Italien vekauft. Das neue Buchkonzept war deswegen erfolgreich, weil es eine neue Käuferschicht ansprach, indem es das psychologische Hindernis hoher Preise aus dem Weg räumte. Das neue Angebot beeinflusste das Verhalten von Buchkäufern auch deswegen, weil das Risiko, ein uninteressantes Buch zu kaufen, durch die niedrigen Preise eingeschränkt wurde. Das trug dazu bei, dass das entscheidende Kaufkriterium vom Preis (der bei Büchern zusammen mit dem Ruf des Autors oder der Umschlaggestaltung entscheidend ist) auf die Kaufsituation verlagert wurde. Die Menschen kaufen ein *Mille Lire* wie sie einen Espresso oder eine Schachtel Zigaretten kaufen – je nach Situation. Der Herausgeber musste die Auswahl der Verkaufstellen diesen Situationsfaktoren anpassen. Es wurde beschlossen, *Mille Lire* in traditionellen Zeitungsgeschäften auf allen Hauptstraßen zu verkaufen. Menschen, die verabredet sind oder auf den Zug warten, kaufen solche Bücher impulsiv, wie sie irgendein anderes Wegwerfprodukt kaufen – wie Zeitungen, Zigaretten oder Kaugummi. Man verwendet sie einmal und wirft sie dann weg.

Dieses neue Buchkonzept, das einen schnellen Enscheidungsprozess erfordert, entspricht der Entwicklung des Status von Büchern in westlichen Gesellschaften. In der europäischen Geschichte waren die ersten gedruckten Bücher geistlichen Inhalts (das erste Buch, das von Gutenberg gedruck wurde, war eine Bibel) und sehr teuer. Mit der Entwicklung von Drucktechniken und der steigenden Papierherstellung sank der durchschnittliche Produktionspreis für Bücher langsam und sie wurden für ein breiteres Publikum verfügbar. Diese Demokratisierung des Buches bedeutete auch, dass der Aufbewahrungsort von Büchern sich langsam von Buchhandlungen auf Haushalte verlagerte. Aus dem Buch, das lange Zeit in Gemeinschaft gelesen wurde, wurde mit der Zeit ein persönliches Objekt. Durch die Veränderung der Buchgröße – vor allem durch die Einführung der Taschenbuchausgaben in den 1960er-Jahren – konnten Bücher jetzt in der Tasche herumgetragen werden. Die Einführung billiger Bücher weist auf drei wichtige Merkmale europäischer Gesellschaften hin. Das erste ist die Individualisierung von Konsumaktivitäten, was bedeutet, dass die Kaufentscheidung bei den meisten Gebrauchsgütern individuell getroffen wird. Diese persönliche Entscheidung wird auch stark von Situationsvariablen wie Zeit und Ort, Stimmung des Konsumenten, Präferenzen der Konsumenten zum Kaufzeitpunkt etc. beeinflusst. Die Individualisierung von Gesellschaften geht einher mit Nomadentum. Konsumenten haben weniger soziale Bindungen und entscheiden sich autonom für ihre Konsumaktivitäten. Das Konzept der *Mille Lire*-Bücher ist für diesen Wandel in der Gesellschaft repräsentativ. Je nach Situation, Stimmung und verfügbarer Zeit kauft der Konsument ein *Mille Lire*-Buch, liest es und wirft es weg. *Mille Lire*-Bücher kann man als mehr oder weniger wegwerfbare Produkte sehen, ähnlich wie Stifte, Rasierklingen, Feuerzeuge oder auch Fotoapparate. Das *Mille Lire*-Konzept wurde vor allem deswegen kritisiert, weil es das Buch abwertet und aus ihm ein beliebiges Wegwerfprodukt macht. Viele Menschen in Italien schockierte die Vorstellung, dass ein Buch zum Gebrauchsartikel wird, den man benutzen und dann wegwerfen kann wie ein x-beliebiges Objekt. Aber es wurde argumentiert, dass das neue Buchkonzept sich an neue Konsumentensegmente richtet: Nämlich an Menschen, die keine „gewöhnlichen" Bücher kaufen, weil sie zu teuer sind.

Die Wirkung dieser Bücher war recht paradox: Einerseits kompromittierten sie die Vorstellung von Kultur, da aus ihnen billige, leicht konsumierbare Kulturprodukte wurden, andererseits wurden alte Autoren durch sie wiederentdeckt und junge Menschen zum Lesen angeregt.

Musterumschläge für Titel von *Mille Lire* und von *Mille et Une Nuits*.

Der durchschlagende Erfolg blieb in Frankreich nicht unerkannt. Im Juli 1993 brachte ein kleiner, neuer französischer Verlag namens *Mille et Une Nuits* eine Kollektion ähnlicher Bücher auf den Markt. Das Konzept wurde mit leichten Veränderungen übernommen und die Bücher wurden für 10 Francs verkauft.

In Frankreich herrschte Ruhe auf dem Buchmarkt. Die Taschenbücher „livres de poche" feierten ihren 30. Geburtstag. Das Konzept dieser Taschenbücher, das 1963 zum ersten Mal aufgetaucht war, hatte zwei Hauptmerkmale: Die Bücher wurden zu einem niedrigen Preis verkauft und konnten in die Tasche gesteckt werden – daher ihr Name. In Frankreich wuchs dieser Markt rapide an, es wurden zahlreiche Reihen geschaffen. Aber die Ausdehnung des Konzepts wirkt sich auch auf die Preisspannen aus. Heute gibt es rund 100 Taschenbuch-Reihen, deren Preise von 12 Francs bis 120 Francs reichen. Das bedeutet, dass das Taschenbuch kein einzigartiges Konzept mehr darstellt.

Diese Schwächung des ursprünglichen Konzepts ermöglichte die Entstehung einer Marktnische mit Büchern zu Niedrigpreisen wie die von *Mille et Une Nuits*. Es war der erste Verlag, dessen Bücher ausdrücklich diesem Marktsegment vorbehalten waren. Die von *Mille et Une Nuits* eingeführten Bücher haben bis zu 96 Seiten (eigentlich 32, 64 oder 96 Seiten), werden aus Altpapier hergestellt, haben einen illustrierten Umschlag, schwarz-weiße Bildtafeln im Text, eine Textpräsentation, eine Bibliografie und eine kurze Biografie des Autors. Der erste Titel war *Lettre sur le bonheur* (Über das Glück) von Epikur, der in Italien ein riesiger Erfolg gewesen war. Um das neue Konzept bekannt zu machen und ein Bewusstsein dafür hervorzurufen, wurde die erste Ausgabe in einer Auflage von 425 000 Stück als kostenlose Beilage der Wochenzeitung *Le Nouvel Observateur* (Nr. 1496, 14. Juli 1993) beigefügt. Die Einführung der gesamten Reihe wurde angekündigt: 12 neue Titel erschienen im September 1993. Die ersten Titel waren neue Ausgaben von vergessenen oder vergriffenen Büchern bekannter Autoren wie Maupassant, Baudelaire, de Sade, Perrault, Kleist, Cervantes und London.

Die Positionierung des Konzepts brachte das auf der letzten Seite jedes Buches stehende Motto des Verlags zum Ausdruck: „Mille et Une Nuits propose des chefs-d'oeuvre pour le temps d'une attente, d'un voyage, d'une insomnie." (Mille et Une Nuits bietet Ihnen Meisterwerke für einen Aufenthalt, eine Reise, eine Nacht der Schlaflosigkeit). Die Verkaufsstellen waren Buchhandlungen und einige Supermärkte, aber nicht die Zeitungsgeschäfte wie in Italien. Aber schon bald erwies sich die Wahl dieser Verkaufsstellen für den Verlag als problematisch. Zum einen war die Gewinnspanne für Buchhändler extrem niedrig, weil sie sich auf ein Drittel des Einzelhandelspreises belief (Durchschnittsverhältnis in diesem Bereich), was nur 3 Francs bedeutete. Das war mehr als dreimal weniger als bei einem durchschnittlichen Taschenbuch, während der gleiche Lagerraum und die gleiche Energie aufgebracht werden mussten, um die Bücher zu verkaufen. Zum Zweiten waren diese Bücher sehr empfindlich, wurden leicht beschädigt und wegen ihres weichen Umschlags konnten sie nicht aufrecht stehen. Sie mussten flach auf den Tisch gelegt werden, wodurch die ganze Reihe viel Platz einnahm. Aus diesem Grund wollten viele Buchhändler die Bücher nicht in ihr Angebot nehmen – obwohl der Verlag ihnen eine Ladentischauslage zur Verfügung stellen wollte, auf der sie die ganze Kollektion praktisch und elegant zugleich präsentieren konnten.

Trotz dieser Vorbehalte wurden die Bücher erfolgreich auf dem Markt eingeführt. Die ursprüngliche Auflage betrug 25 000 Stück, diese Anzahl wurde aber schon bald auf 35 000 Stück erhöht. Die Reihe wurde in 12 000 Buchhandlungen und Supermärkten angeboten.

Dennoch werden die Herausgeber schon bald mit verschiedenen Schwiegkeiten konfrontiert sein. Erstens: Wie sollen sie verhindern, dass die Bücher zu einer bloßen Modeerscheinung werden? Zweitens: Wie sollen sie der Konkurrenz standhalten? Viele große Herausgeber sind bereits zur Tat geschritten und haben ähnliche Bücher herausgegeben, die sich an ein unterschiedliches Publikum richten. Auch Einzelhändler zogen in Erwägung, eine eigene Marke von Billigbüchern anzubieten.

Fragen

1. Welche sind die wichtigsten Faktoren für den Erfolg dieses bestimmten Produkts?
2. Wie sieht der Lebenszyklus eines solchen Produktes aus? Glauben Sie, dass dieses Produkt bestehen bleibt oder dass es wie eine Modeerscheinung ein sehr kurzes Leben haben wird?
3. Glauben Sie, dass es dem Verlag möglich ist, Markentreue aufzubauen? Oder Treue zu der Produktkategorie billiger Bücher? Begründen Sie ihre Antwort.
4. Kann man dieses Produkt auf irgendein anderes europäisches Land übertragen? Welche Faktoren wären in Ihrem Land entscheidend für den Erfolg? Warum? Wodurch könnten sich diese Faktoren in anderen europäischen Ländern unterschieden?

„Das Medium ist die Botschaft … oder bist du, was du trinkst?"

Der Einfluss von Selbstkontrolle auf Imagekongruenz und Produkt-/Markenbewertung

Margaret K. Hogg und Alastair J. Cox, Manchester School of Management

Kontext[1]

Der Markt von Getränken für junge Erwachsene ist in Großbritannien von Innovation und großen Geschmacksveränderungen und Trends geprägt, wobei sich neue oder modische Produkte schnell verbreiten. Dies geht deutlich aus dem schnellen Anstieg des Einzelhandelsverkauf von alkoholischen Softdrinks, die im Juni 1995 in Großbritannien eingeführt wurden, hervor (Mintel 1996). Innerhalb dieses Marktes kann man Getränkemarken anhand ihres Geschmacks, Alkoholgehalts und ihrer Verpackung unterscheiden. Die frühen Teilnehmer und Marktführer waren alkoholhaltige Limonaden, obwohl es in letzter Zeit einen Trend in Richtung alkoholhaltiger Mineralwasser gab. Die meisten der in Großbritannien in dieser Kategorie verkauften Marken kann man mit hellem Flaschenbier mit ca. 4 bis 5% Alkohol vergleichen. Obwohl manche Marken in 330-ml-Flaschen und Dosen zu haben sind, werden die meisten dieser Getränke in Glasflaschen verkauft. Die meisten alkoholhaltigen Getränke werden vor allem in der Altersgruppe unter 34 Jahren getrunken und sind besonders stark in den Altersgruppen unter 24 vertreten. Die Getränke gelten als erfrischende Alternative zum Bier und werden mit Mode und jungen Menschen assoziiert (Mintel 1996). Zuletzt wurden auf diesem Markt Produkte, die Pflanzenextrakte enthielten (wie Koffein, Guarana und Damiana), eingeführt. Die natürlichen Stimulatoren in diesen „Alcopops" sollen dem Konsumenten zusätzliche Vitalität und Energie liefern, um Nächte in Diskotheken durchzutanzen.

Szenario

Vicky, Katherine, Chloe, Daniel und Robert sitzen zusammen und unterhalten sich, wie sie es häufig am Sonntagabend nach dem Essen tun. Meistens sprechen sie über das letzte Fußballspiel, das die Jungs angeschaut oder über den neusten Film, den sie zusammen gesehen haben. Aber diesmal haben sie eine hitzige Diskussion und stehen kurz vor einem echten Streit. Das letzte Mal, als das passiert war, hatten sie über vegetarische Ernährung und Tierversuche gesprochen. Diesmal hat es mit einer beiläufigen Bemerkung von Rob über den jüngsten Trend der alkohol- und kohlesäurehaltigen Limonaden angefangen, die er als „scheußliches, sprudelndes Getränk" abtat.

Am Vorabend, als Chloe aus war, hatte sie eines dieser neuen „Alcopop"-Produkte getrunken, die natürliche Stimulanzen enthielten, damit man die Nacht durchhielt. Rob wollte keinen Streit anfangen, als er Chloe gegenüber folgende Bemerkung machte:

Rob: Wie kann man dieses Zeug nur trinken? Es hat ein grässliches Image und außerdem ist es einfach ein scheußliches Getränk.

Chloe: Entschuldige mal, aber es ist nicht scheußlich. Wenn du es wissen willst: Es hat mir ganz gut geschmeckt. Wann hast du es denn probiert?

Rob: Gar nicht. So ein Zeug würde ich nie trinken.

Chloe: Wie willst du dann wissen, wie es schmeckt? Wie kannst du behaupten, es sei scheußlich, wo du es nicht einmal probiert hast?

Rob: Jeder weiß doch, dass diese Alcopops entsetzlich süß und fad sind. Und im Übrigen sind sie nur für Frauen.

Chloe: Wie kannst du das sagen, wo du doch eben gesagt hast, du hättest sie nie getrunken?

(Katherine versucht, die Lage zu entspannen, indem sie das Gespräch auf eine etwas allgemeinere Ebene bringt.)

Katherine: Ist ja in Ordnung, seid doch nicht gleich sauer. Es stimmt, Chloe, was du trinkst zeigt, was du für eine Typ bist, in finanzieller, sozialer – sogar sexueller Hinsicht – auch wenn es nur unbewusst geschieht.

[Katherine hat Chloe mit ihrer Bemerkung nur noch mehr verärgert, und Vicky ziemlich verletzt.]

Chloe: Das ist doch unsinnig.

Vicky: Ich finde es auch unsinnig. Es ist klar, dass manche Menschen sich mehr von Medien und Moden manipulieren lassen als andere – aber diese Leute kann man eigentlich bedauern.

Katherine: Ich glaube, ihr habt beide Unrecht. Es stimmt doch, dass wir uns je nach Situation unterschiedlich verhalten. Ich zum Beispiel ändere mein Verhalten, um zu anderen zu passen – vor allem wenn ich mit meinen etwas extravaganteren Freunden ausgehe.

Vicky: Aber warum tust du das denn, Katherine? Du bist doch schließlich wer du bist.

Katherine: Ja schon, aber die Art wie ich mich verhalte, hängt auch davon ab, mit welcher Art von Leuten ich zusammen bin – und an welchem Ort, also ob ich in einer Bar bin oder in einer Diskothek. Wo sich das Lokal befindet, spielt auch eine Rolle, und ob es eine Kleidervorschrift gibt oder nicht. Alle diese Faktoren kommen zusammen und man verhält sich dementsprechend.

Daniel: Vicky, wenn ich mit meinen Freunden ausgehe, würde ich ganz schön blöd dastehen, wenn ich einen Whisky bestelle, während die anderen alle Bier trinken.

Katherine: Das stimmt, Dan, das ist der springende Punkt, den ich versuche, den anderen klar zu machen. Wenn ich zum Beispiel in einem Weinlokal oder in einem Restaurant bin, bestelle ich Wein oder einen Cocktail, aber in einem Pub trinke ich meistens Bier … Man will ja durch sein Verhalten oder durch das, was man trinkt, nicht auffallen. Es ist wie mit der Kleidung, ehrlich Vicky.

Daniel: Los Vicky, jetzt musst du schon zugeben, dass es stimmt, was Katherine sagt. Die Leute bestellen Getränke, die zu dem jeweiligen Ort und den Leuten passen, mit denen sie zusammen sind.

Vicky: Das galt vielleicht für die 80er-Jahre, wo alles so äußerlich war, Handys, Budweiser und so. Aber die Zeiten haben sich geändert, jetzt drücken sich die Leute doch offener aus und treffen ihre Wahl unabhängiger.

Daniel: Ich weiß nicht, ob man das wirklich sagen kann, Vicky. Schau doch Chloe. Chloe, du würdest doch in einem Trendlokal kein Bier trinken, oder? Da würdest du ja aussehen wie ein alter Mann. Du würdest doch nicht wollen, dass dich die Leute mit einem solchen Image in Verbindung bringen, oder?

Chloe: Natürlich würde ich in einem Trendlokal kein Bier trinken, aber wahrscheinlich, weil ich es sowieso verschütten würde. Jedenfalls mochte ich noch nie Bier. Ich kann wirklich nicht behaupten, dass es mich kümmert, was andere Leute darüber denken, was ich trinke, und ich kann nicht glauben, dass es sie wirklich interessiert.

Rob: Also Chloe, ich glaube, da liegst du völlig falsch. Das hat doch damit nichts zu tun. Natürlich hat die Entscheidung für ein Produkt oder eine Marke eine Bedeutung – zumindest manche Entscheidungen. Alcopops sind zum Beispiel ganz entschieden ein Getränk für Frauen. Sie haben so ein weibliches Image – obwohl du wahrscheinlich nicht gern sehen würdest, dass ältere Frauen sie trinken – oder Typen. Deshalb würde ich mit Alcopops an der Bar ziemlich albern wirken.

Chloe: Das ist doch lächerlich, Rob. Wie kannst du so viel in eine Flasche Alcopop interpretieren? Als Nächstes wirst du sagen, dass die Kleider, die ich trage und die Musik, die ich höre, Botschaften über mich aussenden. Das ist doch alles Quatsch. Hier, meine Jeans zum Beispiel: Was kannst du darin sehen?

Rob: Ich sehe, dass es Levi's 501 sind – also die modernste Marke, die es bei Jeans gibt – außer Designer-Jeans von Calvin Klein oder Armani.

Chloe: Da liegst du falsch. Ich habe diese Markenjeans wegen ihrer Qualität und ihres Schnitts gekauft. Es ist mir egal, was die Leute aus diesen Labels in Bezug auf mich schließen, und es ist mir auch egal, was ihr darüber denkt, dass ich diese Marke Jeans trage ... solange ihr findet, dass sie mir passt und steht.

Katherine: Also Chloe, ich kann mir dich wirklich nicht in gewöhnlichen Jeans vorstellen. Würdest du denn gewöhnliche Jeans kaufen – zum Beispiel in einem Supermarkt? Ich wette, das hast du noch nie gemacht.

Chloe: Genau das meine ich doch. Ich würde keine Jeans kaufen, die nicht den Schnitt und die Qualität haben, die ich haben will. Diese Marke bietet zufällig die Jeans, die ich mag.

Katherine: Na ja, Chloe, du kannst ja eine Ausnahme von dieser Regel sein. Aber ich glaube fest, dass die Wahl von Jeans und Drinks (von Autos gar nicht zu sprechen) von den Menschen um uns herum beeinflusst wird – wenn es auch nur unbewusst geschieht. Alles ändert sich, abhängig von den Menschen, mit denen du zusammen bist, und der Situation, in der du dich befindest.

Vicky: Aber Katherine, das ist jetzt wirklich eine lächerliche Vorstellung! Man kann doch nicht behaupten, jeder würde sich ständig ändern. Man kann vielleicht sein Verhalten ein bisschen ändern, um sich anzupassen, aber im Grunde ist man immer noch dieselbe Person. Ich weiß zumindest, dass ich es bin, und ich glaube, dass du es auch bist.

[Jetzt versucht Daniel, einen anderen Weg einzuschlagen.]

Daniel: In Ordnung. Vicky und Chloe, wir können es ja mal anders probieren, vielleicht versteht ihr dann, was Katherine, Rob und ich meinen: Angenommen ihr seid in der Szenekneipe im Stadtzentrum. Es ist viel los, wie jeden Samstagabend. Ihr wollt ein paar Stunden dort verbringen, bevor ihr Freunde trefft, um mit ihnen in eine Diskothek zu gehen. Jetzt stellt euch vor, ihr wollt ein Getränk bestellen. Es sind jede Menge Leute um euch herum, die sehen, welche Marke ihr bestellt. Was beeinflusst eure Wahl unter diesen Umständen?

Vicky: Tja, das hängt davon ab ...

Daniel: Von was?

Vicky: Ich weiß nicht genau. Wie ich mich fühle, worauf ich Lust habe, wie viel ich schon getrunken habe, was es gibt, was ich mir leisten kann – das hängt von vielen Dingen ab.

Daniel: Und du Chloe, was hat dich gestern Abend dazu veranlasst, einen dieser neuen Alcopop-Drinks zu bestellen?

Chloe: Jemand hat ihn mir spendiert und ich wollte nicht ablehnen. Vielleicht hätte ich ihn selbst gar nicht bestellt. Ich bin nicht besonders wild auf Sprudelgetränke, wenn ich Tanzen gehe. Aber es war gut – etwas süß vielleicht, aber nicht schlecht. Außerdem hat es mich nichts gekostet. Später habe ich dann eins dieser Flaschenbiere bestellt, das gebe ich zu. Es schmeckt schon besser, obwohl es ein bisschen teuer ist. Es war das gleiche Zeug, was du da gerade trinkst, Rob. Übrigens Rob, warum hast du diese Marke gewählt?

Am Ende dieser Studie sollten Sie in der Lage sein:

- Symbolischen Konsum zu definieren und illustrieren.
- Die Rolle von Selbstkontrolle im Konsumentenverhalten zu definieren und zu bewerten.
- Die Situationsfaktoren zu erkennen und zu erklären, die die Wahl von Produkten und Marken beeinflussen.
- Die Bedeutungen und Interpretationen zu identifizieren, die Konsumenten häufig mit ihrer – Produkt- und Markenwahl assoziieren.
- Den Einfluss von symbolischem Konsum auf Konsumentenverhalten einzuschätzen.

Vorbereitung: Sie sollten mindestens die Kapitel in Teil B gelesen haben. Vor allem liefert das 7. Kapitel („Das Selbst") nützliche Konzepte und Theorien für die Analyse und die Diskussion.

Fragen

1. Welche Faktoren beeinflussen in dieser Fallstudie die Bewertung und die Wahl von Produkten/Marken?

2. Beurteilen Sie die Bedeutung des Selbstimages und des Produktimages bei der Bewertung und der Wahl von Produkten/Marken.

3. In welchem Ausmaß können uns die im 7. Kapitel besprochenen „Selbstimage-Kongruenzmodelle" helfen, die in dieser Fallstudie bestehende Interaktion zwischen dem Konsumenten und dem Produkt/der Marke zu verstehen?

4. Besprechen Sie die verschiedenen Ebenen von Selbstkontrolle, die Katherine, Vicky, Chloe, Daniel und Robert aufweisen (gehen Sie noch einmal *symbolische Interaktionen und Selbstbewusstsein* im 7. Kapitel durch).

5. Inwiefern können die in dieser Fallstudie erwähnten Produkte und Marken als soziale Stimuli und/oder als Reaktionen gesehen werden?

6. Warum ist der symbolische Konsum so zentral für unser Verständnis des Konsumentenverhaltens?

Fallstudie 5 – „Das Medium ist die Botschaft ... oder bist du, was du trinkst?"

559

Übungsaufgaben

1. **Einleitende Aufgabe:** Bereiten Sie als Vorbereitung auf den Unterricht kurze Marktforschungsberichte über den Markt für Alcopops in Europa vor, wofür Sie Branchenberichte verwenden und sich bei der Präsentation Ihrer Ergebnisse insbesondere auf Aspekte im Konsumentenverhalten konzentrieren.

2. **Nachfolgende Aufgabe:** Nach der Diskussion des Fallmaterials arbeiten Sie in kleinen Gruppen und nehmen eigene Marktforschungen vor, indem Sie zehn Personen, die Alcopops trinken, und zehn Personen, die keine Alcopops trinken, in Bezug auf die bei der Klassendiskussion identifizierten Themen interviewen.

Anmerkungen

Die Autoren stützen sich bei dem Forschungsprojekt, auf dem dieses Fallbeispiel beruht, auf *GSM Marketing Leeds* und *Hard Times* Leeds.
© Hogg and Cox, Januar 1998.

1. Diese Hintergrund-Information beruht auf Firmendokumenten (persönliche Korrespondenz) und einem Mintel-Bericht (1996) über die Softdrink-Industrie.

Glossar der Schlüsselbegriffe

Abhängige Variablen Die Variablen in der Kausalforschung, die beeinflusst werden, wenn unabhängige Variablen verändert werden.

Absolute Schwelle Der geringste Reiz, der von einem Sinnesorgan erkannt werden kann.

Adaptation Der Prozess, der eintritt, wenn ein Gefühl so vertraut ist, dass ihm keine Aufmerksamkeit mehr geschenkt wird.

Affekt Das Gefühl eines Konsumenten einem Einstellungsobjekt gegenüber.

Agentische Ziele Ziele, die Selbstsicherheit und Können erfordern und mit Männern assoziiert werden.

AIOs (Aktivitäten, Interessen und Meinungen) Die psychografischen Variablen, die von Marktforschern zur Einordnung von Konsumenten verwendet werden.

Akkomodative Kaufentscheidung Der Prozess, der darin besteht, in einer Gruppe, deren Mitglieder unterschiedliche Präferenzen oder Prioritäten haben, zu einer Übereinstimmung zu gelangen.

Akkulturierung Der Prozess, der darin besteht, Überzeugungen und Verhaltensweisen einer spezifischen Kultur zu lernen.

Akkulturierungsagenten Freunde, Familie, einheimische Geschäfte und andere Bezugsgruppen, die das Erlernen kultureller Normen erleichtern.

Aktivierungsmodelle der Gedächtnisforschung Ansätze, die von verschiedenen Verarbeitungsebenen des Gedächtnisses ausgehen, bei denen je nach der Art der Verarbeitung bestimmte Erinnerungsaspekte aktiviert werden.

Akzeptanz-/Ablehnungsspielraum Wird um einen Einstellungsstandard herum gebildet; Ideen, die in einen bestimmten Spielraum fallen, werden vorteilhaft aufgenommen, solche, die sich außerhalb befinden, unvorteilhaft.

Alterskohorte Eine Konsumentengruppe in ungefähr demselben Alter, die ähnliche Erfahrungen gemacht hat.

Ambiguität eines Reizes Eine Situation, die eintritt, wenn die durch eine Werbung vermittelte Botschaft unklar ist; zweideutige Reize werden im Allgemeinen in einer Art interpretiert, die mit den Bedürfnissen und Motiven des Konsumenten konsistent ist.

Androgynie Der Besitz von sowohl männlichen als auch weiblichen Eigenschaften.

Angstappell Der Versuch, Einstellungen oder Verhalten durch Drohungen oder durch die Betonung der negativen Konsequenzen, die aus einer Nichtbeachtung der Forderung entstehen können, zu ändern.

Antifundamentalismus Eine Antikampagnen-Kampagne, die Konsumenten auffordert, von einer Botschaft keine Notiz zu nehmen.

Atmosphäre Die Verwendung bestimmter Merkmale bei der Geschäftsgestaltung, um eine bestimmte Wirkung beim Käufer zu erzeugen.

Aufbewahrung Der Prozess, der eintritt, wenn Wissen im Langzeitgedächtnis in das integriert wird, was bereits im Gedächtnis vorhanden ist und bis zum Bedarf „gelagert" wird.

Aufmerksamkeit   Die kognitive Kapazität, die ausgewählten Reizen vorbehalten ist.

Aussetzung/Konfrontation   Ein anfängliches Stadium der Wahrnehmung, in dem manche Empfindungen über die verschiedenen Sinnesorgane des Konsumenten aufgenommen werden.

Austausch   Der Prozess, bei dem eine oder mehrere Organisationen oder Personen Wertobjekte geben und empfangen.

Austauschtheorie   Die Theorie, dass jede Interaktion einen Wertaustausch einschließt.

Auswertungskriterien   Die von Konsumenten zum Vergleich von konkurrierenden Produktalternativen verwendeten Aspekte.

Autokratische Entscheidungen   Kaufentscheidungen, die nur von einem Ehepartner getroffen werden.

Babyboomer   Menschen, die zwischen 1946 und 1964 geboren wurden und für wichtige gesellschaftliche und wirtschaftliche Veränderungen verantwortlich sind.

Balancetheorie   Betrachtet die Beziehungen zwischen Elementen, die eine Person als einander zugehörig wahrnehmen kann sowie die Tendenz von Menschen, die Beziehungen zwischen den Elementen zu verändern, um sie konsistent zu machen oder sie auszugleichen.

Bedeutungspraktiken   Praktiken, die für Individuen, weil sie sie aufgrund ihres Kulturverständnisses als Interpretationssystem begreifen können, eine Bedeutung haben.

Begrenzte Problemlösung   Ein Problemlösungsprozess, bei dem Konsumenten nicht motiviert sind nach Informationen zu suchen oder jede Alternative genau zu beurteilen; stattdessen verwenden sie bei Kaufentscheidungen einfache Entscheidungsregeln.

Beobachtbarkeit   Die Sichtbarkeit eines Produkts.

Bestrafung   Der Prozess oder das Ergebnis, der/das einsetzt, wenn einer Reaktion unangenehme Ereignisse folgen.

Beziehungsmarketing   Eine strategische Perspektive, die die langfristige menschliche Seite bei Käufer/Verkäufer-Interaktionen betont.

Bezugsgruppe   Ein/e tatsächliche/s oder eingebildete/s Individuum oder Gruppe, das/die einen großen Einfluss auf die Bewertungen, Ziele und das Verhalten einer Person hat.

Bezugsmacht   Die Macht prominenter Menschen, das Kaufverhalten anderer Menschen durch Produktendorsement, Modestatements oder das Engagement für bestimmte Themen zu beeinflussen.

Binäre Opposition   Ein definierendes Strukturmerkmal, bei dem zwei entgegengesetzte Aspekte einer Dimension präsentiert werden.

Brauch   Eine Norm, die von einer traditionellen Art, etwas zu tun, abgeleitet wurde.

Chronologie   Die Suche des Konsumenten nach Authentizität und die Beschäftigung mit der Vergangenheit.

Database-Marketing   Besteht darin, die Kaufgewohnheiten von Konsumenten aufzuspüren und Produkte und Dienstleistungen herzustellen, die auf die Bedürfnisse der Konsumenten zugeschnitten sind.

De-Differenzierung   Die Verwischung von Unterscheidungen innerhalb Hierarchien wie hohe und niedrige Kultur oder Politik und Showgeschäft.

Demografie   Die wahrnehmbaren Messungen der Merkmale einer Bevölkerung, wie Geburtenziffer und altersmäßige Verteilung des Einkommens.

Desakralisierung   Der Prozess, der eintritt, wenn ein heiliger Artikel oder ein heiliges Symbol als Massenprodukt vervielfacht und somit profan wird.

Deskriptive Forschung Forschung, die unternommen wird um etwas zu beschreiben, ohne dass dabei unbedingt die Ursache für das betreffende Phänomen erklärt wird.

Differenzierte Schwelle Die Fähigkeit der Sinne, bei Reizen Veränderungen oder Unterschiede festzustellen.

Diskontinuierliche Innovation Eine Produktänderung oder ein neues Produkt, das vom Übernehmer einen beträchtlichen Anteil an Verhaltensanpassung erfordert.

Dynamisch-kontinuierliche Innovation Eine Produktänderung oder ein neues Produkt, die/das einen mäßigen Anteil an Verhaltensanpassung von Seiten des Übernehmers erfordert.

Effekthierarchie Eine festgelegte Sequenz von Schritten, bei der eine Einstellung gebildet wird; diese Sequenz hängt von Faktoren ab wie beispielsweise dem Maß, in dem der Konsument in das Einstellungsobjekt involviert ist.

Ego Das System, das zwischen dem Es und dem Über-Ich vermittelt.

Ego-Involvement Die Bedeutung eines Produkts für die Selbsteinschätzung eines Konsumenten.

Einkaufsorientierung Die allgemeinen Einstellungen in Bezug auf und Motivationen eines Konsumenten für den Kaufakt.

Einstellung Eine dauerhafte, allgemeine Bewertung von Menschen (darunter der eigenen Person), Objekten und Themen.

Einstellung zum Kaufakt Die wahrgenommenen Konsequenzen eines Kaufs.

Einstellung zur Werbung Die Neigung, auf einen bestimmten Werbereiz während der Konfrontation positiv zu reagieren.

Einstellungsobjekt (E$_o$) Alles, zu dem man eine Einstellung hat.

Elaboration Likelihood Model (ELM) Die Theorie, dass, je nach persönlicher Relevanz einer Botschaft, einer von zwei Wegen, der (zentral vs. periphär) zur Überzeugung führt, eingeschlagen wird; der eingeschlagene Weg legt die relative Bedeutung von Botschaftsinhalten versus anderen Merkmalen wie Quellenattraktivität fest.

Elaborierte Kodes Der Ausdruck und die Interpretation komplexer Bedeutungen, die mit einer anspruchsvollen Weltsicht zusammenhängen; sie werden meistens von der Mittel- und Oberschicht verwendet.

Elterliches Einlenken Der Prozess, der abläuft, wenn die Entscheidung eines Elternteils von dem Produktwunsch eines Kindes beeinflusst wird.

Emische Perspektive Eine Theorie zur Untersuchung von Gesellschaften, die einzigartige Aspekte einer jeder Gesellschaft hervorgehebt.

Empfindung Die unmittelbare Reaktion der Sinne auf so grundlegende Stimuli wie Licht, Farbe oder Geräusche.

Endwerte Der von den Mitgliedern einer Gesellschaft gewünschte Endzustand.

Enkulturierung Hineinwachsen des Einzelnen in die Kultur und die damit verbundene Übernahme von Überzeugungen der ihn umgebenden Gesellschaft.

Ent-Individualisierung Der Prozess, durch den individuelle Identitäten in einer Gruppe aufgehoben werden und wodurch Hemmungen vor gesellschaftlich unangebrachtem Verhalten reduziert werden.

Erfahrungsperspektive Ein Ansatz, der die Gestalt oder die Gesamtheit der Erfahrungen mit einem Produkt oder einer Dienstleistung hervorhebt, und sich mit den affektiven Reaktionen des Konsumenten auf dem Marktplatz befasst.

Erinnerung Der Prozess des Erwerbs und der Speicherung von Informationen für einen gewissen Zeitraum.

Erinnerungsphase Der Prozess, bei dem die gewünschte Information über das Langzeitgedächtnis zugänglich ist.

Erogene Zonen Körperteile, die bei den Mitgliedern einer Gesellschaft als sexuell erregend gelten.

Erregung von Neid Die Demonstration von Wohlstand oder Macht, um bei anderen Menschen Neid auszulösen.

Erwartungs-Diskonfirmations-Modell Ein Ansatz, der davon ausgeht, dass Konsumenten Überzeugungen von Produktleistungen ausbilden, die auf vorherigen Erfahrungen mit dem Produkt und/oder Kommunikationen über das Produkt gemacht wurden, beruhen, und die ein gewisses Maß an Qualität beinhalten; die tatsächliche Zufriedenheit hängt davon ab, inwiefern die Leistung diesen Erwartungen entspricht.

Erwartungstheorie Die Theorie, die besagt, dass Verhalten weitgehend von Erwartungen in Bezug auf wünschenswerte „Ergebnisse" oder positive Anreize motiviert bzw. „gezogen" wird, als dass es von innen heraus „gedrückt" wird. (Push- versus Pull-Ansatz)

Erweiterte Familie Traditionelle Familienstruktur, bei der mehrere Generationen und/oder Verwandte wie Tanten, Onkels, Cousins oder Cousinen zusammenleben.

Erweiterte/extensive Problemlösung Ein elaborierter Entscheidungsprozess, der häufig durch ein Motiv ausgelöst wird, das zentral für die Selbsteinschätzung ist und von der Wahrnehmung der möglichen Risiken begleitet wird; der Konsument versucht, so viele Informationen wie möglich zu sammeln und wägt Produktalternativen sorgfältig ab.

Erweitertes Selbst Eine Festlegung des Selbst, die durch die äußeren Objekte, mit denen man sich umgibt, geschaffen wird.

Es Das System, das sich an unmittelbarer Belohnung orientiert.

Ethnische Subkultur Eine sich selbst erhaltende Gruppe von Konsumenten, die durch gemeinsame kulturelle Bande zusammengehalten wird.

Ethnografie Teil der Völkerkunde, der die verschiedenen Merkmale von Völkern und Kulturen beschreibt.

Ethnokonsumerismus Das Verständnis und die Analyse jeder Gesellschaft, darunter der Konsumgesellschaft, anhand ihrer eigenen Grundsätze.

Ethos Eine Reihe moralischer, ästhetischer und bewertender Prinzipien.

Etische Perspektive Ein Ansatz zum Studium einer Gesellschaft, der die Gemeinsamkeiten von Gesellschaften hervorhebt.

Evoked set Bereits im Gedächtnis vorhandene Produkte werden verbunden mit Produkten, die aus dem Einzelhandelsumfeld hervorragen und während des Entscheidungsprozesses des Konsumenten aktiv in Betracht gezogen werden.

Expatriiertes Essen Die Suche nach authentischem Essen (und Produkten) aus anderen Ländern.

Experimentelle Forschung Problemlösende Forschung im Labor oder in der Realität.

Explorative Forschung Ein Ansatz der Konsumentenforschung, der mehr über ein Thema, das Konsumenten betrifft, erfahren will; im Allgemeinen macht der Forscher keine Voraussagen, sondern er sammelt Daten für zukünftige Forschungen.

Extinktion Der Prozess, durch den erlernte Zusammenhänge zwischen einem Reiz und einer Reaktion erodieren, so dass die Reaktion nicht länger verstärkt wird.

Familienhaushalt Ein Haushalt, der aus mindestens zwei Personen besteht, die durch Heirat oder Verwandtschaft miteinander verbunden sind.

Familienoberhaupt Das Familienmitglied, das finanzielle Entscheidungen trifft.

Fantasie Eine selbst verursachte Verlagerung des Bewusstseins, die häufig auf ein unerreichbares oder unmögliches Ziel gerichtet ist; manchmal wird durch die Fantasie ein Mangel an externen Reizen oder die Unzufriedenheit mit dem wahren Selbst kompensiert.

Fokusgruppe Eine qualitative Forschungstechnik, bei der Informationen von Gruppeninteraktionen zu bestimmten Themen gesammelt werden, diese Themen werden von einem Gesprächsleiter oder Moderator eingeführt.

Foot-in-the-door-Strategie Basiert auf der Beobachtung, dass ein Konsument eher auf eine Bitte eingeht, wenn er zuvor schon eine kleinere Bitte erfüllt hat.

Fragmentierung Die Aufteilung dessen, was einfach und auf den Massengeschmack ausgerichtet war, äußert sich in ständig wachsenden Produktreihen und Markenerweiterungen.

Frequency-Marketing Eine Marketingtechnik, die reguläre Käufe verstärkt, indem sie Käufe mit Preisen bzw. Werten kombiniert, die mit der gekauften Menge ansteigen

Fruchtbarkeitsrate Die Rate, die durch die Anzahl der Geburten pro Jahr pro 1000 Frauen im gebärfähigen Alter bestimmt wird.

Frühe Übernehmer Menschen, die für neue Stile empfänglich sind, weil sie in die Produktkategorie involviert sind und hohen Wert darauf legen, modisch zu sein.

Funktionstheorie der Einstellungen Ein pragmatischer Ansatz, der sich darauf konzentriert, wie Einstellungen das Sozialverhalten erleichtern; Einstellungen bestehen, weil sie bei der Person eine Funktion erfüllen.

Generation X (Babybusters) Die Konsumentenkohorte zwischen 18 und 29 Jahren, die von der Rezession Anfang der 90er-Jahre stark betroffen war.

Geodemografie Techniken, die demografische Informationen über Konsumenten mit geografischen Konsummustern kombinieren, um Konsumenten mit spezifischen Merkmalen zu erreichen.

Gerontografie Forschungen, die den reifen Markt in zwei Gruppen aufteilen, die auf körperlichem Wohlbefinden und sozialen Bedingungen beruhen.

Gerücht Eine Mund-zu-Mund-Kampagne, in der für ein Produkt geworben wird, wobei dessen Konkurrenten kritisiert werden.

Geschäftsgestalt Die globale Beurteilung eines Ladens durch den Konsumenten.

Geschäftsimage Die „Persönlichkeit" eines Geschäfts, die sich aus Attributen wie Lage, passende Waren sowie Fachkenntnis und Freundlichkeit des Verkaufspersonals zusammensetzt.

Geschenkritual Die Ereignisse, die mit der Auswahl, der Präsentation, der Akzeptanz und der Interpretation eines Geschenks zusammenhängen.

Geschlechtsspezifische Züge Merkmale, die stereotyp mit dem einen oder dem anderen Geschlecht in Verbindung gebracht werden.

Geschmackskultur Ein Gruppe von Konsumenten, die gleiche ästhetische und intellektuelle Präferenzen haben.

Gesellschaft mit niedrigem Kontext (Low Context Culture) Botschaften haben die Tendenz, expliziter, spezifischer und direkter zu sein.

Gesellschaftshierarchie Eine Einstufung der Gesellschaft nach Maßgabe des Zugangs des Konsumenten zu Ressourcen wie Geld, Erziehung und Luxusgütern.

Gestaltpsychologie Eine geistige Richtung, die davon ausgeht, dass Menschen Bedeutungen von einer Ganzheit von Reizen ableiten und nicht von einem einzelnen Reiz.

Gewohnheitsentscheidung Konsumentscheidungen, die ohne zusätzliche Informationssuche oder Abwägung verschiedener Produkte aus Gewohnheit getroffen werden.

Globale Esskultur Wird weitgehend durch das amerikanische Fastfood repräsentiert, verweist auf die Bereitschaft, ein globales, einförmiges Konsumverhalten anzunehmen.

Grauer Markt Das rasch wachsende Konsumentensegment über 62 Jahren.

Habitus Systeme der Klassifizierung von Phänomenen, die wir durch unseren Sozialisierungsprozess übernehmen.

Handwerksprodukt Ein Erzeugnis, das wegen der Vollkommenheit bewundert wird, mit der es eine bestimmte Funktion erfüllt; diese Produkte folgen meistens einem Schema, das schnelle Produktion ermöglicht.

Hedonistischer Konsum Die sinnlichen, emotionalen und die Fantasie betreffenden Aspekte, die zwischen den Interaktionen eines Konsumenten und einem Produkt bestehen.

Heiliger Konsum Der Prozess, der darin besteht, Objekte und Ereignisse zu konsumieren, die außerhalb des gewöhnlichen Lebens stehen und mit einem gewissen Respekt oder mit Ehrfurcht behandelt werden.

Hermeneutik Eine interpretative Forschungsmethode, die davon ausgeht, dass die Empfänger eine Botschaft nach vorgefassten Begriffen beurteilen, und die veranschaulicht, wie die Vorstellung der Menschen von sich selbst, der Welt und der Botschaftsquelle verändert werden können, nachdem sie einer Botschaft ausgesetzt waren.

Heuristik Geistige Eselsbrücken, die zu einer schnellen Entscheidung führen.

Homöostasis Ein Zustand, bei dem sich der Körper in einem physiologischen Gleichgewicht befindet; zielorientiertes Verhalten versucht, einen unangenehmen Motivationszustand zu reduzieren oder zu eliminieren und zu einem ausgeglichenen Zustand zurückzukehren.

Hyperrealität Eine Erscheinung, die mit moderner Werbung assoziiert wird und wo etwas, das ursprünglich Simulation oder Täuschung war, als Realität wahrgenommen wird.

Icon Ein Zeichen, das dem Produkt auf kulturell bedeutungsvolle Weise gleicht.

Ideales Selbst Die Auffassung einer Person, wie sie gern wäre.

Impulskauf Ein Prozess, der eintritt, wenn der Konsument ein plötzliches Verlangen verspürt, einen Artikel zu kaufen, dem er nicht widerstehen kann.

Individualistische Gesellschaft Eine gesellschaftliche Orientierung, die Menschen auffordert, mehr Wert auf ihre persönlichen Ziele als auf Gruppenziele zu legen; Werte wie persönliches Vergnügen und Freiheit werden betont.

Informationsmacht Macht, die dadurch entsteht, dass ein Mensch etwas weiß, was andere gern wissen würden.

Informationssuche Der Prozess, bei dem der Konsument nach entsprechenden Informationen sucht, mit deren Hilfe er eine vernünftige Entscheidung treffen kann.

Informativer sozialer Einfluss Konformität, die dadurch entsteht, dass das Verhalten einer Gruppe als Beweis für die Realität gehalten wird.

Innovative Kommunikatoren Meinungsführer, die auch frühe Käufer sind.

Instrumentale Werte Ziele, die übernommen werden, weil sie benötigt werden, um einen gewünschten Endzustand oder Endwerte zu erreichen.

Interaktionistisch Eine Sicht der menschlichen Kommunikation, die auf drei Voraussetzungen der Kommunikation beruht, nämlich der Bedeutung von Dingen, Ideen und Handlungen.

Interferenz Ein Prozess, durch den zusätzlich erworbene Informationen frühere Informationen ersetzen, was zu einem Verlust der Erinnerung an den zuvor eingeprägten Artikel führt.

Interpretant Die aus einem Symbol abgeleitete Bedeutung.

Interpretation Der Prozess, bei dem einem Reiz Bedeutungen zugewiesen werden.

Interpretativismus Eine Forschungsperspektive, die eine „umfassende" Beschreibung der subjektiven Erfahrungen eines Konsumenten liefert und die Bedeutung der Auffassung von sozialer Realität des Einzelnen hervorhebt.

Involvement Die Motivation, produktbezogene Informationen zu verarbeiten.

ISO-Standards Eine Reihe von Qualitätskriterien, die 1987 von der Internationalen Standard Organisation zur Reglementierung von Produktqualität entwickelt wurden.

JND (Just Noticeable Difference) Das Mindestmaß der Änderung eines Reizes, das von einem Empfänger erkannt werden kann.

Kausale Forschung Forschung zur Erlangung von Beweisen für Beziehungen zwischen Ursache und Wirkung.

Kernfamilie Eine zeitgenössische Lebensform, die sich aus einem verheirateten Paar und seinen Kindern zusammensetzt.

Klassiker Eine Mode mit extrem langem Akzeptanz-Zyklus.

Klassische Konditionierung Lernen, das auftritt, wenn ein Reiz, der eine Reaktion auslöst, mit einem anderen Reiz gepaart wird, der urprünglich von sich aus keine Reaktion auslöst, aber durch die Assoziation mit dem ersten Reiz eine ähnliche Reaktion in Gang setzt.

Kodierung Der Prozess, bei dem Informationen in erkennbarer Form vom Kurzzeitgedächtnis ins Langzeitgedächtnis übertragen werden.

Körperimage Die Art und Weise, wie ein Konsument sein Aussehen selbst beurteilt.

Körper-Kathexis Die Gefühle einer Person hinsichtlich Teilen ihres Körpers.

Kognition Überzeugungen und subjektives Wissen eines Konsumenten von einem Einstellungsobjekt.

Kognitive Entwicklung Die Fähigkeit mit zunehmendem Alter Konzepte mit steigender Komplexität zu verstehen.

Kognitive Struktur Faktisches Wissen oder die Überzeugungen bezüglich eines Produkts und die Art, auf die es/sie organisiert ist/sind.

Kognitives Lernen Lernen, das als Ergebnis eines internen mentalen Prozesses stattfindet.

Kollektive Selektion Der Prozess, bei dem bestimmte symbolische Alternativen geschlossen von Mitgliedern einer Gruppe anderen Alternativen vorgezogen werden.

Kollektivistische Gesellschaft Eine kulturelle Orientierung, die Menschen ermutigt, ihre persönlichen Ziele den Zielen einer stabilen In-Group unterzuordnen.

Kommunale Ziele Ziele, die Gemeinschaftssinn und die Pflege harmonischer Beziehungen erfordern und mit Frauen assoziiert werden.

Kommunikationsmodell Eine Struktur, die festlegt, dass für die Kommunikation eine Reihe von Elementen notwendig sind, darunter Quelle, Botschaft, Empfänger und Feedback.

Komparativer Einfluss　Der Prozess, durch den eine Bezugsgruppe Entscheidungen in Bezug auf spezifische Marken oder Aktivitäten beeinflusst.

Kompatibilität　Voraussetzung für die Übernahme eines Produkts; das Produkt sollte zum Lebensstil des Konsumenten passen.

Kompensatorische Entscheidungsregeln Durch sie können Informationen über Attribute von konkurrierenden Produkten ausgeglichen werden; eine schlechte Wertung eines Attributs kann durch die gute Wertung eines anderen Attributs ausgeglichen werden.

Komplexität　Einfachheit des Verständnisses und der Verwendung eines Produkts; je einfacher, umso geringer die Anstrengung und das bei der Übernahme wahrgenommene Risiko.

Konformität　Eine Änderung von Überzeugungen oder Handlungen als Reaktion auf realen oder wahrgenommenen Druck einer Gruppe.

Konsensuelle Kaufentscheidung　Eine Kaufentscheidung, bei der die Gruppe über den gewünschten Kauf einig ist und sich nur darin unterscheidet, wie er getätigt werden kann.

Konsumentensozialisierung　Der Prozess, der darin besteht, dass Menschen Fähigkeiten erlangen, durch die sie auf dem Marktplatz agieren können.

Konsumentensucht　Die physiologische und/oder psychologische Abhängigkeit von Produkten oder Dienstleistungen.

Konsumentenverhalten　Der Prozess, der abläuft, wenn Individuen oder Gruppen Produkte, Dienstleistungen, Ideen oder Erfahrungen kaufen, verwenden oder entsorgen, um Bedürfnisse oder Wünsche zu befriedigen.

Konsumentenvertrauen　Die positive oder negative Einstellung eines Konsumenten in Bezug auf seine wirtschaftlichen Entscheidungen; die Menschen tätigen mehr Ermessungskäufe, wenn das Vertrauen in die Wirtschaft groß ist.

Konsumkonstellationen　Eine Reihe von Produkten und Aktivitäten, die von Menschen eingesetzt werden, um soziale Rollen zu definieren, mitzuteilen und zu erfüllen.

Kontinuierliche Innovation　Eine Produktänderung oder ein neues Produkt, das relativ wenig Änderung im Verhalten des Konsumenten erfordert.

Konvention　Normen, die die alltägliche Lebensführung betreffen.

Kooptation　Ein kultureller Prozess, bei dem die ursprüngliche Bedeutung eines Produkts oder eines mit einer Subkultur assoziierten Symbols durch Mitglieder einer Mainstream-Kultur verändert wird.

Kreolisierung　Die Mischung von zahlreichen Esstraditionen, um einen nationalen Geschmack der Mainstream-Kultur anzupassen.

Kultivierungshypothese　Ein Ansatz, der davon ausgeht, dass Medien in der Lage sind, die Realitätswahrnehmung der Konsumenten zu verändern.

Kultur　Werte, Ethik, Rituale, Traditionen, materielle Güter und Dienstleistungen, die von Mitgliedern einer Gesellschaft hergestellt oder geschätzt werden.

Kultur mit hohem Kontext (High context culture)　Gruppenmitglieder sind eng miteinander verbunden und die Botschaften und Bedeutungen sind implizit und werden in den Kommunikationskontext eingebaut.

Kulturelle Kategorien　Die Anordnung von Ideen und Werten, die die grundlegende Art reflektiert, in der Mitglieder einer Gesellschaft die Welt charakterisieren.

Kulturelle Pförtner　Personen, die für die Festlegung der Botschaften und des Symbolismus verantwortlich sind, mit denen Mitglieder einer Massenkultur konfrontiert sind.

Kulturelle Schemata   Gewisse Rollen und Requisiten, die in populären Kunstformen wie Krimis oder Sciencefiction-Romanen immer wieder auftauchen

Kulturelle Selektion   Der Prozess, durch den gewisse Alternativen den von kulturellen Pförtnern selektierten Alternativen vorgezogen werden.

Kulturproduktionssystem   Die Individuen und Unternehmen, die für die Schaffung und Vermarktung eines Kulturprodukts verantwortlich sind.

Kunstprodukt   Ein Erzeugnis, das eher ästhetischen als funktionalen Wert hat.

Kurzzeitgedächtnis   Das System, mit dem wir Informationen für kurze Zeit speichern können.

Laddering   Ein Verfahren, das dazu dient, die Beziehungen zwischen spezifischen Attributen und allgemeinen Konsequenzen aufzudecken.

Langzeitgedächtnis   Das System, das uns ermöglicht, Informationen für lange Zeit zurückzubehalten.

Laterale Wiederverwertung   Ein Prozess, bei dem bereits gekaufte Objekte an Dritte verkauft oder gegen andere Artikel getauscht werden.

Lebensstil   Die im Konsum-, Freizeit- und Sozialverhalten ausgedrückten Lebensweisen von Individuen und Gruppen.

Lebensstil-Marketing   Ein Ansatz, der davon ausgeht, dass Menschen sich zunehmend dessen bewusst werden, dass wir uns selbst und andere anhand von Dingen einordnen, die wir/ sie mögen und wie wir/sie das verfügbare Einkommen zuweisen.

Lebenszyklus der Familie   Ein Klassifizierungsschema, das Konsumenten nach Veränderungen im Einkommen, in der Familienzusammensetzung und Veränderungen in der Zuweisung des Einkommens segmentiert.

Lebenszyklus der Mode   Die Entwicklung oder Stadien der Existenz einer Mode, von ihrer Einführung bis zu ihrem Verfall.

Lernen   Eine mehr oder weniger ständige Änderung des Verhaltens, die aus Erfahrungen resultiert.

Lernen durch Beobachtung/Imitationslernen   Der Prozess, bei dem Menschen durch die Beobachtung der Handlungen anderer lernen und die Verstärkungen registrieren, die sie für ihr Verhalten bekommen.

Markenloyalität   Wiederholte Produktkäufe, die von einer unterschwelligen positiven Einstellung zu der Marke begleitet werden.

Markenwert   Eine Marke mit starken positiven Assoziationen und hoher Markenloyalität.

Market maven (Marktkenner)   Eine Person, die häufig als Informationsquelle für Marktaktivitäten dient.

Marktüberzeugungen   Die spezifischen Überzeugungen von Entscheidungsregeln, die Erscheinungen des Marktplatzes betreffen.

Massenkultur   Musik, Filme, Sport, Bücher, Berühmtheiten und andere Formen der Unterhaltung, die vom Massenmarkt konsumiert werden.

Match-up-Hypothese   Damit eine Werbekampagne mit einer Berühmtheit erfolgreich ist, sollten das Image der Berühmtheit und das des Produkts, für das sie wirbt, einander ähnlich sein.

Materialismus   Die Bedeutung, die Konsumenten weltlichem Besitz beimessen.

Means-End-Modell   Ein Forschungsansatz, der davon ausgeht, dass sehr spezifische Produktattribute auf Stufen mit zunehmender Abstraktion mit Endwerten verbunden sind.

MECCAs (Means-end Conceptualization of the Components of Advertising Strategy)   Ein Forschungsansatz, bei dem Forscher eine Karte mit den Beziehungen zwischen funktionalen Produkt- oder Dienstleistungsattributen und Endwerten erstellen, und diese Informationen anschließend zur Entwicklung einer Werbestrategie einsetzen.

Meinungsführer   Menschen, die Kenntnisse über Produkte haben und oft in der Lage sind, die Einstellungen oder Verhaltensweisen anderer in Bezug auf eine Produktkategorie zu beeinflussen.

Meinungssucher   Im Allgemeinen Meinungsführer, die auch in eine Produktkategorie involviert sind und aktiv nach Informationen suchen.

Metapher   Ein ausdrücklicher Vergleich zwischen einem Produkt und einer Person, einem Ort oder einem Objekt.

Mode   Der Prozess der sozialen Diffusion, durch den ein neuer Stil von einer Gruppe oder einer Konsumentengruppe übernommen wird.

Modeakzeptanzzyklus   Der Diffusionsprozess eines Stils in den drei Stadien Einführung, Akzeptanz und Regression.

Modeerscheinung   Eine kurzlebige Mode.

Modesystem   Menschen oder Unternehmen, die symbolische Bedeutungen schaffen und diese an kulturelle Güter weiterleiten.

Monomythos   Ein Mythos mit grundlegenden Merkmalen, die in vielen Gesellschaften aufzufinden sind.

Motivation   Ein innerer Zustand, der zielorientiertes Verhalten aktiviert.

Motivationsforschung   Ein qualitativer Forschungsansatz, der auf psychoanalytischen (Freud'schen) Interpretationen beruht und von unbewussten Kaufmotiven ausgeht.

Multiattributmodelle   Modelle, die davon ausgehen, dass die Einstellung (Bewertung) des Konsumenten eines Einstellungsobjekts von den Überzeugungen abhängt, die er mit manchen oder vielen Attributen des Objekts verbindet; die Verwendung eines Multiattributmodells impliziert, dass eine Einstellung zu einem Produkt oder einer Marke vorhergesagt werden kann, indem diese spezifischen Überzeugungen identifiziert und kombiniert werden, um daraus die Gesamteinstellung des Konsumenten abzuleiten.

Mund-zu-Mund-Kommunikation   Die von einzelnen Konsumenten auf informellem Weg übermittelten Informationen.

Mythos   Eine Geschichte, die symbolische Elemente enthält, welche die von einer Gesellschaft geteilten Emotionen und Ideale ausdrücken.

Nationalcharakter   Eine unverkennbare Reihe von Verhaltens- und Persönlichkeitsmerkmalen, die die Menschen oder die Kultur eines Landes auszeichnet.

Naturalistische Umfrage   Der Versuch, eine „dichte" Beschreibung lebensnaher Erfahrungen von Menschen hervorzubringen.

Negative Verstärkung   Der Prozess, bei dem eine negative Belohnung die Reaktion auf Reize schwächt, so dass in Zukunft unangebrachtes Verhalten vermieden wird.

Netzwerk der Familie   Die Rituale, durch die zwischen Familienmitgliedern sowohl unmittelbare als auch erweiterte Bande aufrechterhalten werden.

Nicht-kompensatorische Entscheidungsregeln
Eine Reihe einfacher Regeln, die zur Bewertung konkurrierender Alternativen verwendet werden kann; eine Marke mit niedrigem Standard eines relevanten Attributs wird aus den Wahlmöglichkeiten des Konsumenten ausgeschlossen.

Normativer Einfluss   Der Prozess, bei dem eine Bezugruppe an der Festlegung und Verstärkung grundlegender Verhaltensstandards beteiligt ist.

Normativer sozialer Einfluss   Die Konformität, die entsteht, wenn eine Person ihr Verhalten ändert, um den Erwartungen einer Person oder einer Gruppe zu entsprechen.

Normen   Informelle Regeln, die bestimmen, was richtig und was falsch ist.

Nostalgie   Ein Gefühl der Wehmut, das auftritt, wenn die Vergangenheit mit Trauer und Sehnsucht betrachtet wird; viele „klassische" Produkte erinnern die Konsumenten an die Zeit, in der sie jung waren.

Nostalgie-Essen   Die Suche nach einheimischer Authentizität des kulturellen Erbes, das von der Internationalisierung bedroht ist.

Objekt   Ein semiotischer Begriff das Produkt, das im Zentrum der Botschaft steht.

Operante Konditionierung   Der Prozess, durch den der Einzelne erlernt, Verhaltensweisen anzunehmen, die positive Ergebnisse erzielen, und Verhaltensweisen zu vermeiden, aus denen negative Ergebnisse resultieren.

Paradigma   Eine weit gehend akzeptierte Sicht eines Ereignisses, das untersucht wird. Der Ansatz, der Menschen als rationale Informationsverarbeiter ansieht, ist häufig das dominante Paradigma, obwohl dies jetzt durch eine neue Forschungsmethode herausgefordert wird, die die subjektive Natur von Konsumentenentscheidungen betont.

Parodistische Darstellung   Die bewusste Vermeidung von weit verbreiteten Statussymbolen, bei der eine Person versucht, Status zu erlangen, indem sie sich über ihn hinwegsetzt.

Persiflage   Die spielerische, ironische Vermischung bestehender Kategorien und Stile.

Persuasion   Ein aktiver Versuch, Einstellungsänderungen herbeizuführen.

Pluralismus   Die Koexistenz von verschiedenen Stilen, Wahrheiten und Moden.

Politischer Konsument   Der politische Konsument setzt sein Kaufverhalten bewusst als Waffe zur Unterstützung von Unternehmen ein, die die gleichen Werte vertreten wie er selbst.

POP-Stimuli (Point of Purchase-Stimuli)   Das Werbematerial, das in Geschäften oder anderen Verkaufsstellen ausgelegt ist, um Konsumenten zu beeinflussen; Kaufentscheidungen werden spontan getroffen.

Positive Verstärkung   Der Prozess, durch den Belohnungen des Umfeldes die Reaktion auf Reize verstärken.

Positivismus   Ein Forschungsansatz, der auf dem Prinzip von „wissenschaftlichen Methoden" basiert und davon ausgeht, dass eine einzige Realität existiert; Ereignisse in der Welt können objektiv gemessen werden; die Ursachen für Verhalten können identifiziert, verändert und vorhergesagt werden.

Postmoderne   Eine Theorie, die die Suche nach universalen Wahrheiten und Werten und die Existenz von objektivem Wissen in Frage stellt.

Potlach   Ein Fest der Kwakiutl-Indianer, bei dem der Gastgeber seinen Wohlstand demonstriert und wertvolle Geschenke macht.

Prestigekonsum   Der Kauf und die öffentliche Zurschaustellung von Luxusgütern als Beweis, dass der Konsument sich diese leisten kann.

Primäre Daten   Alle Informationen, die spezifisch für eine aktuelle Studie gesammelt werden.

Priming   Der Prozess, bei dem gewisse Eigenschaften eines Reizes eher ein Schema wachrufen als andere.

Prinzip der Geschlossenheit Impliziert, dass der Konsument dazu neigt, ein unvollständiges Bild als vollständig wahrzunehmen.

Prinzip der kognitiven Konsistenz Die Überzeugung, dass Konsumenten Harmonie in ihre Gedanken, Gefühle und Verhaltensweisen bringen wollen, und dass sie motiviert sind, das Gleichgewicht zwischen diesen Elementen zu halten.

Prinzip der Similarität Das Gestaltprinzip, das beschreibt, wie Konsumenten Objekte einordnen, die ähnliche physische Merkmale haben.

Prinzip von Figur und Grund Das Gestaltprinzip, bei dem ein Teil einer Reizkonfiguration eine Situation dominiert, während andere Aspekte in den Hintergrund treten.

Problemerkennung Der Prozess, der immer dann abläuft, wenn der Konsument einen bedeutenden Unterschied zwischen seinem derzeitigen Zustand und einem gewünschten oder Idealzustand feststellt; diese Erkenntnis leitet den Entscheidungsprozess ein.

Problemlösende Forschung Forschung, mit der spezifische Hypothesen getestet werden sollen; die benötigte Information ist klar definiert und die getestete Konsumentengruppe gilt als repräsentativ für eine größere Gruppe; Ergebnisse bei dieser Art von Forschung werden häufig als Input für Entscheidungen verwendet.

Produktkomplementarität Die Perspektive, dass Produkte in verschiedenen funktionalen Kategorien symbolische Bedeutungen haben, die miteinander zusammenhängen.

Produktplatzierung Der Prozess, durch den ein Produkt vermarktet wird, indem es in Film- oder Fernsehproduktionen oder in anderen Medien eingeführt wird.

Profaner Konsum Der Konsum von gewöhnlichen oder alltäglichen Objekten oder Ereignissen.

Projektive Verfahren Die Präsentation eines/r zweideutigen, unstrukturierten Objektes, Aktivität oder Person, auf das/die der Konsument in bestimmter Weise reagiert (ein Objekt erklären, eine Geschichte erzählen, ein Bild malen usw.); projektive Verfahren werden eingesetzt, wenn angenommen wird, dass der Konsument nicht sinnvoll auf direkte Fragen reagieren kann oder will.

Psychodrawing Eine projektive Technik, die der Versuchsperson ermöglicht, ihre Wahrnehmung von Produkten oder Gebrauchssituationen in bildhafter Form darzustellen.

Psychografik Der Einsatz von psychologischen, soziologischen und anthropologischen Faktoren zur Konstruktion von Marktsegmenten.

Psychophysik Die Wissenschaft, die sich darauf konzentriert zu untersuchen, wie die physikalische Umwelt in die subjektiven Erfahrungen des Konsumenten integriert wird.

Qualitative Forschung Forschung, durch die zur Erzeugung von Ideen für zukünftige Studien oder zur Überprüfung der Ausgangsthese tiefgreifendes Wissen über das Konsumentenverhalten erlangt wird.

Quantitative Forschung Forschungsprozess, der die Sammlung von Daten und ihre darauf folgende (statistische) Auswertung umfasst, so dass der Forscher eine definitive Aussage über Quantiäten oder Beziehung zwischen Variablen machen kann.

Quellenattraktivität Diejenigen Aspekte eines Kommunikators, die seine Überzeugungskraft stärken; dazu gehören Fachkenntnis und Attraktivität.

Quellenglaubwürdigkeit Die bei einer Kommunikationsquelle wahrgenommene Fachkenntnis, Objektivität und Glaubwürdigkeit.

Rassen-Subkultur Selbsterhaltende Gruppe, die durch gemeinsame Kultur und/oder Genetik verbunden ist und sowohl von ihren Mitgliedern als auch von Außenstehenden als erkennbare Kategorie identifiziert werden kann.

Rationale Perspektive Sieht den Konsumenten als vorsichtigen, analytischen Entscheidungsfinder, der versucht bei seinen Kaufentscheidungen den Nutzen zu maximieren.

Reaktanz Ein Bumerangeffekt, der entstehen kann, wenn Konsumenten vom Verlust der Wahlfreiheit bedroht sind; sie reagieren darauf, indem sie das Gegenteil eines in einer persuasiven Botschaft befürworteten Verhaltens annehmen.

Reality Engineering Der Prozess, bei dem Elemente der Massenkultur von Marketingexperten eingesetzt und in Marketingstrategien verwendet werden (z. B. Produktplatzierung).

Relativer Vorteil Die Überzeugung, dass die Verwendung eines Produkts einen Nutzen bietet, den andere Produkte nicht bieten.

Resonanz Eine rhetorische Figur, die einen Produktnutzen durch Wortspiele vermittelt und in der Werbung gern eingesetzt wird.

Restringierte Codes Die Art, Bedeutungen auszudrücken und zu interpretieren, die sich auf den Inhalt von Objekten beziehen und meistens von der Arbeiterklasse eingesetzt werden.

RISC (Research Institute on Social Change) Ein Unternehmen, das internationale Messungen von soziokulturellen Änderungen in über 40 Ländern durchführt.

Risikoverlagerung Gruppenmitglieder zeigen nach Gruppendiskussionen eine größere Bereitschaft riskante Alternativen in Erwägung zu ziehen, als wenn sie ohne vorheriges Gespräch die Entscheidung allein treffen.

Ritual Eine Reihe von multiplen, symbolischen Verhaltensweisen, die als feste Sequenz ablaufen und periodisch wiederholt werden.

Rituelle Artefakte Artikel oder Gebrauchsgüter, die bei Ritualen verwendet werden.

Rollentheorie Ein Ansatz, der davon ausgeht, dass Konsumentenverhalten häufig der Handlung in einem Theaterstück gleicht.

Sakralisierung Der Prozess, durch den gewöhnliche Objekte, Ereignisse oder Menschen für eine Gesellschaft oder eine spezifische Gruppe in einer Gesellschaft eine heilige Bedeutung erhalten.

Sammeln Die Anhäufung von seltenen oder alltäglichen und nicht sehr teuren Objekten, wodurch diese Objekte gewissermaßen „geheiligt" werden.

Schema Eine organisierte Anzahl von Überzeugungen und Gefühlen, die in einer kognitiven Kategorie vertreten sind.

Schläfereffekt Der Prozess, bei dem Unterschiede in der Einstellungsänderung zwischen positiven und negativen Quellen mit der Zeit zu schwinden scheinen.

Schönheitsideal Ein Modell oder Exemplar, das von einer Gesellschaft hoch eingeschätzt wird.

Sekundäre Daten Informationen, die bereits in irgendeiner Form existieren; sie wurden ursprünglich für einen anderen Zweck gesammelt, können aber für die derzeitige Forschung nützlich sein.

Selbsteinschätzung Die Einstellung einer Person sich selbst gegenüber.

Selbstgeschenke Produkte oder Dienstleistungen, die ein Konsument sich selbst als Belohnung oder zum Trost kauft.

Selbstimage-Kongruenz-Modelle Ein Ansatz, der auf der Annahme beruht, dass Produkte gewählt werden, wenn sie mit gewissen Aspekten des Selbst übereinstimmen.

Selektive Wahrnehmung Der Prozess, der zur Folge hat, dass Menschen nur auf einen kleinen Teil der Reize reagieren, denen sie ausgesetzt sind.

Semiotik Ein Forschungsgebiet, das den Zusammenhang zwischen einem Zeichen und dessen Bedeutung untersucht.

Sensorisches Gedächtnis Die zeitlich begrenzte Speicherung von Informationen, die über die Sinne bereitgestellt wurden.

Single-Source-Daten Eine Anhäufung von Informationen, u. a. über verschiedene Aspekte des Konsums sowie demografische Daten für ein allgemeines Konsumentensegment.

Sitten Normen mit starkem moralischem Unterton.

Soziale Klasse Die Stellung von Menschen innerhalb der Gesellschaft; Menschen derselben soziale Klasse ähneln sich in Bezug auf ihr gesellschaftliches Ansehen, auf Beschäftigungen und Lebensstile.

Soziale Mobilität Der Übergang von einer sozialen Klasse in eine andere.

Soziale Schichtung Der Prozess in einem gesellschaftlichen System, der zur Folge hat, dass seltene und wertvolle Ressourcen auf unterschiedliche Weise an Statuspositionen vergeben werden.

Sozialmarketing Die Verbreitung von Ideen und Themen (soziale Produkte) wie Energiesparen, Wohltätigkeit und Geburtenkontrolle.

Soziometrische Methoden Techniken zur Messung der Gruppendynamik, zu denen auch das Aufspüren von Kommunikationsmustern in Gruppen gehört.

Sparrate Der Betrag an Geld, der für spätere Verwendung gespart wird, und der von der negativen oder positven Einstellung des Konsumenten zu seiner persönlichen Situation und Wahrnehmung der Wirtschaft beeinflusst wird.

Spiegelselbst Der Prozess, bei dem man sich die Reaktion anderer auf die eigene Person vorstellt.

Sprechblasen Ein projektives Verfahren, bei dem die Versuchspersonen eine Überschrift zu einem Bild finden müssen.

Stadium der kognitiven Entwicklung Segmentierung von Kindern anhand ihres Alters oder ihrer Fähigkeit, immer komplexere Konzepte zu verstehen.

Statussymbole Produkte, die gekauft und zur Schau gestellt werden, um Zugehörigkeit zur gewünschten sozialen Schicht zu demonstrieren.

Statusverdichtung Das Maß, in dem verschiedene Indikatoren der Stellung einer Person miteinander übereinstimmen.

Stereotype Technik Eine projektive Technik, bei der die Versuchspersonen die Beschreibung einer typischen Familie oder einer Person erhalten und aufgefordert werden Informationen zu liefern, die mit ihr zusammenhängen.

Stimulusdiskriminierung Der Prozess, der eintritt, wenn das von zwei Reizen ausgelöste Verhalten unterschiedlich ist, etwa wenn der Konsument lernt, eine Marke von der Konkurrenz zu unterscheiden.

Stimulusgeneralisierung Der Prozess, der abläuft, wenn das durch eine Reaktion auf einen Reiz ausgelöste Verhalten in Gegenwart anderer, ähnlicher Reize auftritt.

Subkultur Eine Gruppe, deren Mitglieder gemeinsame Überzeugungen und Erfahrungen teilen, die sie von den Mitgliedern der vorherrschenden Kultur unterscheiden.

Surrogat-Konsument Eine Person, die damit beauftragt ist, für Konsumenten Produkte zu bewerten und/oder Kaufentscheidungen zu treffen.

Symbolische Selbsterfüllungstheorie Die Theorie, dass Menschen ihre unvollständige Selbstdefinition dadurch kompensieren, dass sie Symbole erwerben, die mit der gewünschten sozialen Identität assoziiert werden.

Symbolischer Interaktionismus Ein soziologischer Ansatz, der davon ausgeht, dass die Beziehungen zwischen Menschen bei der Bildung des Selbst eine wichtige Rolle spielen;

Menschen leben in einer symbolischen Umwelt und die Bedeutung, die jeder Situation oder jedem Objket beigemessen wird, wird durch die Interpretation dieser Symbole durch die Person festgelegt.

Synkratische Entscheidungen Kaufentscheidungen, die von beiden Ehepartnern gemeinsam getroffen werden.

Theorie der kognitiven Dissonanz Eine Theorie, die auf dem Grundsatz beruht, dass Menschen ein Bedürfnis nach Ordnung und Konsistenz in ihrem Leben haben, und dass ein Zustand der Spannung erzeugt wird, wenn Überzeugungen oder Verhaltensweisen miteinander in Konflikt stehen.

Theorie der vernünftigen Handlung Eine Version des Multiattributmodells von Fishbein, das Faktoren wie sozialen Druck und die Einstellung zum Kauf eines Produktes eher als Einstellungen zu dem Produkt selbst thematisiert.

Theorie der Selbstwahrnehmung Eine alternative Erklärung von Dissonanz-Effekten; geht davon aus, dass Menschen aus der Beobachtung ihres eigenen Verhaltens ihre Einstellungen zu einem Objekt ableiten.

Theorie des sozialen Urteils Die Theorie, dass Menschen neue Informationen über Einstellungsobjekte in Beziehung setzen zu dem, was sie bereits wissen oder fühlen; ursprüngliche Einstellungen, die als Bezugspunkte dienen und neue Informationen werden nach diesem Standard zugeordnet.

Theorie des sozialen Vergleichs Die Theorie, dass Menschen ihre Resultate mit anderen vergleichen, um ihre Selbsteinschätzung zu stabilisieren, besonders dann, wenn keine physischen Beweise vorhanden sind.

Theorie von Nutzen und Belohnung Geht davon aus, dass Konsumenten ein aktives, zielgerichtetes Publikum sind, das sich zur Bedürfnisbefriedigung auf Massenmedien stützt.

Tiefeninterview Ein wichtiges Mittel der qualitativen Forschung.

Trägheit Der Prozess, bei dem Kaufentscheidungen aus Gewohnheit getroffen werden, weil der Konsument nicht motiviert ist, Alternativen in Betracht zu ziehen.

Trickle-down-Theorie Die Theorie, dass Modestile sich durch Statussymbole ausbreiten, die mit der Oberschicht assoziiert werden, und die auf die nächste soziale Schicht „hinuntertröpfeln", da diese versucht, Konsumenten mit höherem Status zu imitieren.

Trieb-Theorie Geht von dem Wunsch aus, ein biologisches Bedürfnis zu stillen, um physiologische Erregung zu reduzieren.

Übergangsriten Besondere Zeiten, die durch eine Veränderung der sozialen Stellung geprägt sind.

Übergangs-Volkswirtschaften Länder, die sich in der Transformation von kontrollierten, zentralisierten Wirtschaftssystemen zu freien Marktwirtschaften befinden.

Über-Ich Das System, das die Regeln der Gesellschaft verinnerlicht und das Es davon abhält, nach egoistischer Befriedigung zu suchen.

Umfragen Eine Form der Sammlung von primären Daten, bei der die Versuchsperson einen Fragebogen mit einer Reihe von Aussagen beantworten muss.

Umweltschutzbewegung Die Bewegung, deren Anliegen in dem Maß die Umwelt ist, als diese durch Produktions- und Konsumprozesse beeinträchtigt wird.

Unabhängige Variablen Die Faktoren, die in der kausalen Forschung verändert werden und abhängige Variablen beeinflussen.

Unaufdringliche Messmethoden Methoden der Datensammlung, die keine direkten menschlichen Reaktionen erfordern. Diese Techniken werden auch Spurenanalyse genannt, weil sie sich auf physikalische Spuren oder Beweise von vergangenem Verhalten berufen.

Verfügbares Einkommen   Das einem Individuum oder einem Haushalt zur Verfügung stehende Geld, das für die Beibehaltung eines gewissen Lebensstandards erforderlich ist.

Verhalten   Die Handlungen eines Konsumenten in Bezug auf ein Einstellungsobjekt.

Verhaltensbeeinflussungs-Perspektive   Ein Ansatz, nach dem Konsumentenentscheidungen erlernte Reaktionen auf Umweltreize sind.

Verhaltenswissenschaft   Das Studium von Verhaltensdeterminanten bei ökonomischen Entscheidungen.

Verhaltenswissenschaftliche Lerntheorien   Theorien des Lernens, die davon ausgehen, dass Lernen als Reaktion auf externe Ereignisse auftritt.

Verlangen   Der Wunsch oder die Sehnsucht nach Konsumgütern, die zur Bildung des Selbstimages des Konsumenten beitragen; bezieht sich auch auf die soziogenetische Natur von Bedürfnissen.

Versuchbarkeit   Die Wahrscheinlichkeit, dass eine Innovation ausprobiert wird, bevor eine Verpflichtung eingegangen wird.

Verzerrte Antwort   Eine Form der Verfälschung in der Umfragenforschung; durch manche Faktoren, wie den Wunsch, auf den Testleiter einen guten Eindruck zu machen, wird die Versuchspersonen verleitet, ihre wahren Antworten zu verändern.

Wahres Selbst   Eine Person schätzt ihre eigenen Qualitäten realistisch ein.

Wahrgenommenes Alter   So alt, wie sich eine Person fühlt, im Gegensatz zum chronologischen Alter.

Wahrgenommenes Risiko   Die Überzeugung, dass die Verwendung eines Produkts potenziell negative Konsequenzen hat – entweder physische oder soziale.

Wahrnehmung   Der Prozess, durch den Stimuli ausgewählt, organisiert oder interpretiert werden.

Wahrnehmungsraum   Ein Mittel der Forschung, um herauszufinden, wie eine Marke in der Vorstellung von Konsumenten im Vergleich zur Konkurrenz positioniert ist.

Webers Gesetz   Je stärker ein ursprünglicher Reiz ist, umso größer muss die Veränderung sein, damit sie bemerkt wird.

Weltsicht   Die von den Mitgliedern einer Gesellschaft geteilten Vorstellungen hinsichtlich Kategorien wie Ordnung und Gerechtigkeit.

Wert   Die Überzeugung, dass eine bestimmte Situation/Bedingung ihrem Gegenteil vorzuziehen ist.

Werte und Lebensstil (VALS = Values and Lifesyles)   Ein psychografisches Segmentierungssystem, das verwendet wird, um Konsumenten in Gruppen einzuordnen.

Werteliste (LOV = List of Values)   Eine Skala, die entwickelt wurde, um Werte zu isolieren, die einen direkten Marketingbezug haben

Wertesystem   Die Werteskala einer Gesellschaft.

Wiederverwertung   Die Wiederverwendung von Ressourcen zum Schutz der Umwelt.

Wissensstrukturen   Organisierte Systeme von Konzepten, die mit Marken, Geschäften und anderen Konzepten zusammenhängen.

Wunsch   Die bestimmte Form des Konsums, die zur Bedürfnisbefriedigung gewählt wird.

Zeichen   Das Sinnbild, das die beabsichtigte Bedeutung eines Objekts repräsentiert.

Zeitstil   Wird durch die Prioritäten eines Individuums festgelegt, schließt Dimensionen wie wirtschaftliche Zeit, vergangene oder zukünftige Orientierung, Zeitabhängigkeit und Zeitangst ein.

Zufriedenheit/Unzufriedenheit des Konsumenten Die umfassende Einstellung, die eine Person zu einem Produkt nach dessen Kauf hat.

Zwei-Faktoren-Theorie Die Perspektive, dass zwei getrennte psychologische Prozesse ausgelöst werden, wenn eine Person wiederholt mit einer Werbung konfrontiert ist; Wiederholung steigert die Vertrautheit und reduziert die Unsicherheit über das Produkt, aber mit der Zeit tritt mit zunehmender Konfrontation die Gefahr der Langeweile auf, bis das Maß an Langeweile das Maß an reduzierter Unsicherheit übertrifft, was wiederum zu Abnutzung führt.

Anmerkungen

Kapitel 1

1. Christian Alsted, ‚De unge, smukke og rige – oldies‘, *Markedsføring* 11 (1992): 30.
2. Mike Featherstone (ed.), *Global Culture. Nationalism, Globalization, and Modernity* (London: Sage, 1990).
3. Daniel Miller, ‚Consumption as the Vanguard of History‘, in D. Miller (ed.), *Acknowledging Consumption* (London: Routledge, 1995): 1–57.
4. Erving Goffman, *The Presentation of Self in Everyday Life* (Garden City, N.Y.: Doubleday, 1959); George H. Mead, *Mind, Self, and Society* (Chicago: University of Chicago Press, 1934); Michael R. Solomon, ‚The Role of Products as Social Stimuli: A Symbolic Interactionism Perspective‘, *Journal of Consumer Research* 10 (Dezember 1983): 319–29.
5. William F. Schoell and Joseph P. Guiltinan, *Marketing: Contemporary Concepts and Practices*, 4th edn (Boston: Allyn & Bacon, 1990).
6. Jeffrey F. Durgee, ‚On Cézanne, Hot Buttons, and Interpreting Consumer Storytelling‘, *Journal of Consumer Marketing* 5 (Herbst 1988): 47–51.
7. Joshua Levine, ‚Desperately Seeking Jeepness‘, *Forbes* (15. Mai 1989): 134; Anthony Ramirez, ‚New Cigarettes Raising Issue of Target Market‘, *New York Times* (18. Februar 1990): 28; Howard Schlossberg, ‚Segmenting Becomes Constitutional Issue‘, *Marketing News* (16. April 1990): 1.
8. Annetta Miller, ‚You Are What You Buy‘, *Newsweek* (4. Juni 1990) 2: 59.
9. Natalie Perkins, ‚Zeroing in on Consumer Values‘, *Ad Age* (22. März 1993): 23.
10. Übersetztes Zitat aus March Magiera, ‚Levi's Broadens Appeal‘, *Ad Age* (17. Juli 1989): 1 (2).
11. Jennifer Lawrence, ‚Gender-specific Works for Diapers – Almost Too Well‘, *Ad Age* (8. Februar 1993): S-10 (2).
12. ‚Wrangler Ad Ropes in Men‘, *Marketing* (27. März 1997).
13. Richard P. Coleman, ‚The Continuing Significance of Social Class to Marketing‘, *Journal of Consumer Research*, 10 (Dezember 1983): 265–80.
14. BBS Radio, 4. Januar 1997.
15. Jean-Claude Usunier, *Marketing across Cultures* (Hemel Hempstead: Prentice Hall, 1996).
16. Euromonitor, *European Marketing Data and Statistics*, 32nd edition (1997).
17. *Information*, 4. Februar 1997.
18. *Weekendavisen*, 21.–25. März 1997.
19. Richard Vezina, Alain d'Astous and Sophie Deschamps, ‚The Physically Disabled Consumer: Some Preliminary Findings and an Agenda for Future Research‘, in Flemming Hansen (ed.), *European Advances in Consumer Research*, vol. 2 (Provo, UT: Association for Consumer Research, 1995): 277–81.
20. ‚Suited, Surfing and Shopping‘, *The Economist*, (25. Januar 1997): 69; *Markedsføring*, Internetsektionen, no. 6 (1996).
21. Rena Bartos, ‚International Demographic Data? Incomparable!‘, *Marketing and Research Today* (November 1989): 205–12.
22. Søren Askegaard and Tage Koed Madsen, ‚European Food Cultures: An Exploratory Analysis of Food Related Preferences and Behaviour in European Regions‘, *MAPP Working Paper* no. 26

(Aarhus: The Aarhus Business School, 1995).

23. *Samvirke*, no. 3 (März 1997).

24. ‚Play Your Cards Right', *Marketing* (17. April 1997): 32–3.

25. Jonathan Berry, ‚Database Marketing', *Business Week* (5. September 1994): 56 (7).

26. Barry Leventhal, ‚An Approach to Fusing Market Research with Database Marketing', *Journal of the Market Research Society*, 39 (4) (1997): 545–58.

27. Susan Fournier, ‚A Consumer-Brand Relationship Framework for Strategic Brand Management', Dissertation (Dept of Marketing, University of Florida, 1994).

28. Douglas B. Holt, ‚How Consumers Consume: A Typology of Consumption Practices', *Journal of Consumer Research*, 22 (1) (Juni 1995): 1–16.

29. Für eine aktuelle Diskussion dieses Trends siehe Russell W. Belk, ‚Hyperreality and Globalization: Culture in the Age of Ronald McDonald', *Journal of International Consumer Marketing*, 8 (3/4) (1995): 23–37.

30. Bernard Dubois and Gilles Laurent, ‚Is there a Euro Consumer for Luxury Goods?', in W.F. van Raaij and G. Bamossy (eds.), *European Advances in Consumer Research*, vol. 1 (Provo, UT: Association for Consumer Research, 1993): 58–69.

31. *Politiken* (14. November 1997): 13.

32. Pasi Falk, ‚The Advertising Genealogy', in P. Sulkunen, J. Holmwood, H. Radner and G. Schulze (eds.), *Constructing the New Consumer Society* (London: Macmillan, 1997): 81–107.

33. *Morgenavisen Jyllands-Posten* (22. November 1996): 1, 6, 7.

34. Larry Edwards, ‚The Decision Was Easy', *Advertising Age*, 2 (26. August 1987): 106.

35. Der wissenschaftlichen Marktforschung und der Diskussion von Themen aus dem Bereich der öffentlichen Politik widmet sich die europäische Zeitschrift *Journal of Consumer Policy*.

36. Andrew Pollack, ‚Japan Debates Broader Power for Consumers', *New York Times* (8. März 1993): A1 (2).

37. Morris B. Holbrook, ‚The Consumer Researcher Visits Radio City: Dancing in the Dark', in E.C. Hirschman and M.B. Holbrook (eds.), *Advances in Consumer Research*, 12 (Provo, UT: Association for Consumer Research, 1985): 28–31.

38. Siehe Philip Kotler and Alan R. Andreasen, *Strategic Marketing for Nonprofit Organizations*, 4th edn (Englewood Cliffs, NJ: Prentice Hall, 1991); Jeff B. Murray and Julie L. Ozanne, ‚The Critical Imagination: Emancipatory Interests in Consumer Research', *Journal of Consumer Research* 18 (September 1991): 192–244; William D. Wells, ‚Discovery-Oriented Consumer Research', *Journal of Consumer Research* 19 (März 1993): 489–504.

39. Jean-Claude Usunier, ‚Integrating the Cultural Dimension into International Marketing', *Proceedings of the Second Conference on the Cultural Dimension of International Marketing* (Odense: Odense University, 1995): 1–23.

40. Flemming Hansen (ed.), *European Advances in Consumer Research*, vol. 2 (Provo, UT: Association for Consumer Research, 1995).

41. Einiges Material dieses Abschnitts basiert auf Naresh K. Malhotra, *Marketing Research: An Applied Orientation* (Englewood Cliffs, N.J.: Prentice Hall, 1993). Der Leser sollte diese Buch oder andere gute Lehrbücher konsultieren, um sich einen Überblick über das Gebiet der Marktforschung anzueignen.

42. Wendy Gordon and Roy Langmaid, *Qualitative Market Research* (Aldershot: Gower, 1988).

43. Grant McCracken, *The Long Interview* (Thousand Oaks: Sage, 1988).

44. Deborah D. Heisley and Sidney J. Levy, ‚Autodriving: a Photoelicitation Technique', *Journal of Consumer Research* 18 (Dezember 1989): 257–72.

45. Suzanne C. Grunert-Beckmann and Søren Askegaard, ‚Consumers' Experi-

ence of Financial Management Services: A Qualitative Study', *Proceedings of XXII International Association for Research in Economic Psychology Conference*, ed. R. Luna (Valencia: Universidad de Valencia, 1997): 93–106.

46. Mason Haire, ,Projective Techniques in Marketing Research', *Journal of Marketing* 14 (April 1950): 649–50.

47. Stephen J. Arnold and Eileen Fischer, ,Hermeneutics and Consumer Research', *Journal of Consumer Research* (Juni 1994): 55–70; Craig J. Thompson, Howard R. Pollio and William B. Locander, ,The Spoken and the Unspoken: A Hermeneutic Approach to Understanding the Cultural Viewpoints That Underlie Consumers' Expressed Meanings', *Journal of Consumer Research* 21 (Dezember 1994): 432–52.

48. Für eine detaillierte Diskussion der Ethnografie und ihrer Möglichkeiten für die strategische Umsetzung siehe Eric J. Arnould and Melanie Wallendorf, ,Market-Oriented Ethnography: Interpretation Building and Marketing Strategy Formulation', *Journal of Marketing Research* (November 1994): 484–504.

49. Russell W. Belk (ed.), *Highways and Buyways: Naturalistic Research from the Consumer Behavior Odyssey* (Provo, UT: Association for Consumer Research, 1991).

50. Siehe Ronald Groves and Russell W. Belk, ,Special Session Summary. The Odyssey Downunder: A Qualitative Study of Aboriginal Consumers', F.R. Kardes and M. Sujan (eds.), *Advances in Consumer Research*, XXII (Provo, UT: Association for Consumer Research 1995): 303–5.

51. Elizabeth Roberts, ,This Ad's For You', *Newsweek* (24. Februar 1992): 40.

52. John Thøgersen, ,A Model of Recycling Behaviour, with Evidence from Danish Source Separation Programmes', *International Journal of Research in Marketing*, 11 (1994): 145–63.

Kapitel 2

1. Kim Foltz, ,Campaign on Harmony Backfires for Benetton', *New York Times* (20. November 1989): D8.

2. Jerome S. Bruner, ,On Perceptual Readiness', *Psychological Review* 64 (März 1957): 123–52.

3. Joseph Pereira and Barbara Carton, ,Toys ,R' Us to Banish some „Realistic Toy" Guns', *Wall Street Journal* (Oktober 1994): B1 (2 S.).

4. Elizabeth C. Hirschman and Morris B. Holbrook, ,Hedonic Consumption: Emerging Concepts, Methods, and Propositions', *Journal of Marketing* 46 (Sommer 1982): 92–101.

5. Stephen Brown, *Postmodern Marketing* (London: Routledge, 1995).

6. Maryon Tysoe, ,What's Wrong with Blue Potatoes?', *Psychology Today* (Dezember 1985) 2: 6.

7. *Markedsføring* 1 (1995): 18.

8. ,Crystal Clear Persuasion', *Tufts University Diet & Nutrition Letter* (Januar 1993): 1.

9. Tysoe, ,What's Wrong with Blue Potatoes?'.

10. Meg Rosen and Frank Alpert, ,Protecting Your Business Image: The Supreme Court Rules on Trade Dress', *Journal of Consumer Marketing* 11 (1) (1994): 50–5.

11. Dianne Solis, ,Cost No Object for Mexico's Makeup Junkies', *The Wall Street Journal* (7. Juni 1994): B1.

12. ,Ny emballage og nyt navn fordoblede salget', *Markedsføring* 12 (1992): 24.

13. Übersetztes Zitat aus Cynthia Morris, ,The Mystery of Fragrance', *Essence* 71 (Mai 1988) 3: 71.

14. Suein L. Hwang, ,Seeking Scents that No One Has Smelled', *The Wall Street Journal* (10. August 1994): B1 2.

15. ,En duft af træ', *Markedsføring* 13 (1996): 6.

16. Gail Tom, ,Marketing with Music', *Journal of Consumer Marketing* 7 (Frühjahr 1990): 49–53;
J. Vail, ,Music as a Marketing Tool', *Advertising Age* (4. November 1985): 24.

17. Joan E. Rigdon, ‚Hallmark Cards Can Send a Message That's a Real Earful for a Loved One', *The Wall Street Journal* (5. November 1993): A5I.

18. *Marketing* (3. April 1997).

19. Zur Zeitkompression siehe James MacLachlan and Michael H. Siegel, ‚Reducing the Costs of Television Commercials by Use of Time Compression', *Journal of Marketing Research* 17 (Februar 1980): 52–7; James MacLachlan, ‚Listener Perception of Time Compressed Spokespersons', *Journal of Advertising Research* 2 (April/Mai 1982): 47–51; Danny L. Moore, Douglas Hausknecht and Kanchana Thamodaran, ‚Time Compression, Response Opportunity, and Persuasion', *Journal of Consumer Research* 13 (Juni 1986): 85–99.

20. Jean-Claude Usunier, *Marketing Across Cultures* (Hemel Hempstead: Prentice Hall, 1996).

21. Anne C. Bech, Erling Engelund, Hans Jørn Juhl, Kai Kristensen and Carsten Stig Poulsen, ‚QFood. Optimal Design of Food Products', *MAPP Working Paper* no. 19 (Aarhus: The Aarhus School of Business, 1994); Hans Jørn Juhl, ‚A Sensory Analysis of Butter Cookies – An Application of Generalized Procrustes Analysis', *MAPP Working Paper* no. 20 (Aarhus: The Aarhus School of Business, 1994).

22. Andreas Scharf, ‚Positionierung neuer bzw. modifizierter Nahrungs- und Genußmittel durch integrierte Markt- und Sensorikforschung', *Marketing ZFP*, 1 (1. Quartal 1995): 5–17.

23. Siehe Tim Davis, ‚Taste Tests: Are the Blind Leading the Blind?', *Beverage World* (April 1987) 3: 43.

24. Übersetztes Zitat aus Davis, ‚Taste Tests', 44.

25. ‚$10 Sure Thing', *Time* (4. August 1980): 51.

26. David Kilburn, ‚Japanese VCR Edits Out the Ads', *Advertising Age* (20. August 1990): 16.

27. Craig Reiss, ‚Fast-Forward Ads Deliver', *Advertising Age* (27. Oktober 1986) 2: 3; Steve Sternberg, ‚VCR's: Impact and Implications', *Marketing and Media Decisions* 22 (Dezember 1987) 5: 100.

28. ‚It's All in the Mind', *Marketing* (27. März 1997): 31–4.

29. Übersetztes Zitat aus Stuart Elliott, ‚When Up Is Down, Does It Sell?', *New York Times* (21. Februar 1992) 2: D1.

30. ‚Reklamer i det skjulte', *Markedsføring* 7 (1996): 28.

31. ‚Toilet Ads', *Marketing* (5. Dezember 1996): 11.

32. ‚Rare Media Well Done', *Marketing* (16. Januar 1997): 31.

33. ‚Contact Lenses', *Marketing* (29. August 1996): 7.

34. Kim Foltz, *New York Times* (23. Oktober 1989): D11.

35. *El Mundo Deportivo* (5. März 1997).

36. Michael Lev, ‚Music Industry Broadens Its Campaigns', *New York Times* (17. Januar 1992): D15.

37. ‚Realkredit for mennesker', *Markedsføring* 4 (1996): 10.

38. Brown, *Postmodern Marketing*.

39. Siehe David Mick, ‚Consumer Research and Semiotics: Exploring the Morphology of Signs, Symbols, and Significance', *Journal of Consumer Research* 13 (September 1986): 196–213.

40. Teresa J. Domzal and Jerome B. Kernan, ‚Reading Advertising: The What and How of Product Meaning', *Journal of Consumer Marketing* 9 (Sommer 1992): 48–64, S. 49.

41. Winfried Nöth, *Handbook of Semiotics* (London: Sage, 1994); Mick, ‚Consumer Research and Semiotics'; Charles Sanders Peirce, in Charles Hartshorne, Paul Weiss and Arthur W. Burks (eds.), *Collected Papers* (Cambridge, MA: Harvard University Press, 1931–58).

42. Jacques Durand, ‚Rhetorical Figures in the Advertising Image', in Jean Umiker-Sebeok (ed.), *Marketing and Semiotics. New Directions in the Study of Signs for Sale* (Berlin: Mouton de Gruyter, 1987): 295–318.

43. Christian Alsted and Hanne Hartvig Larsen, ‚Toward a Semiotic Typology of

Advertising Forms', in Hanne Harting Larsen, Davide Glen Mick and Christian Alsted (eds.), *Marketing and Semiotics. Selected Papers from the Copenhagen Symposium* (Copenhagen: Handelshøjskolens forlag, 1991): 75–103.

44. Winfried Nöth, ,The Language of Commodities. Groundwork for a Semiotics of Consumer Goods', *International Journal of Research in Marketing* 4 (1988): 173–86.

45. Vgl. die frühe Einführung in das Gebiet: Elizabeth C. Hirschman and Morris B. Holbrook (eds.), *Symbolic Consumer Behavior* (Ann Arbor, MI: Association for Consumer Research, 1981).

46. Odile Solomon, ,Semiotics and Marketing. New Directions in Industrial Design Applications', *International Journal of Research in Marketing* 4 (1988): 201–15.

47. Jean-Marie Floch, ,The Contribution of Structural Semiotics to the Design of a Hypermarket', *International Journal of Research in Marketing* 4 (1988): 233–52.

48. James Ogilvy, ,This Postmodern Business', *Marketing and Research Today* (Februar 1990): 4–22.

49. Chantal Cinquin, ,Homo Coca-Colens: From Marketing to Semiotics and Politics', in Jean Umiker-Sebeok (ed.), *Marketing and Semiotics. New Directions in the Study of Signs for Sale* (Berlin: Mouton de Gruyter, 1987): 485–95.

50. A. Fuat Firat and Alladi Venkatesh, ,Postmodernity: The Age of Marketing', *International Journal of Research in Marketing*, 10 (3) (1993): 227–49.

51. Jean Baudrillard, *Simulations* (New York: Semiotext(e), 1983).

Kapitel 3

1. Robert A. Baron, *Psychology: The Essential Science* (Boston: Allyn & Bacon, 1989).

2. Richard A. Feinberg, ,Credit Cards as Spending Facilitating Stimuli: A Conditioning Interpretation', *Journal of Consumer Research* 13 (Dezember 1986): 348–56.

3. R. A. Rescorla, ,Pavlovian Conditioning: It's Not What You Think It Is', *American Psychologist* 43 (1988): 151–60; Elnora W.

Stuart, Terence A. Shimp and Randall W. Engle, ,Classical Conditioning of Consumer Attitudes: Four Experiments in an Advertising Context', *Journal of Consumer Research* 14 (Dezember 1987): 334–9; Terence A. Shimp, Elnora W. Stuart and Randall W. Engle, ,A Program of Classical Conditioning Experiments Testing Variations in the Conditioned Stimulus and Context', *Journal of Consumer Research* 18(1) (Juni 1991): 1–12.

4. ,Anemic Crocodile', *Forbes* (15. August 1994): 116.

5. Baron, *Psychology*.

6. Einen umfassenden Zugang zum Konsumentenverhalten, das auf operanter Konditionierung basiert, gewährt Gordon R. Foxall, ,Behavior Analysis and Consumer Psychology', *Journal of Economic Psychology* 15 (März 1994): 5–91. Foxall entwirft auch ein Konstrukt des Konsumentenverhaltens aus einer neobehavioristischen Perspektive. Indem er Umweltdeterminanten indentifiziert, entwickelt er vier Klassen des Konsumentenverhaltens: Erfüllung, Vergnügen, Anhäufung und Erhaltung. Zu einer ausführlichen Diskussion dieses Ansatzes siehe die Sonderausgabe von Gordon R. Foxall, ,Science and Interpretation in Consumer Behavior: A Radical Behaviourist Perspective', *European Journal of Marketing*, 29(9) (1995): 3–99.

7. Ellen J. Langer, *The Psychology of Control* (Beverly Hills, CA: Sage, 1983); Klaus G. Grunert, ,Automatic and Strategic Processes in Advertising Effects', *Journal of Marketing* 60 (1996): 88–91.

8. Robert B. Cialdini, *Influence: Science and Practice*, 2nd edn (New York: William Morrow, 1984).

9. Chris T. Allen and Thomas J. Madden, ,A Closer Look at Classical Conditioning', *Journal of Consumer Research* 12 (Dezember 1985): 301–15.

10. Albert Bandura, *Social Foundations of Thought and Action: A Social Cognitive View* (Englewood Cliffs, NJ: Prentice Hall, 1986); Baron, *Psychology*.

11. Allen and Madden, ‚A Closer Look at Classical Conditioning'; Chester A. Insko and William F. Oakes, ‚Awareness and the Conditioning of Attitudes', *Journal of Personality and Social Psychology* 4 (November 1966): 487–96; Carolyn K. Staats and Arthur W. Staats, ‚Meaning Established by Classical Conditioning', *Journal of Experimental Psychology* 54 (Juli 1957): 74–80.

12. Kevin Lane Keller, ‚Conceptualizing, Measuring, and Managing Customer-Based Brand Equity', *Journal of Marketing* 57 (Januar 1993): 1–22; Patrick Bawise ‚Brand Equity: Snark or Boojum?', *International Journal of Research in Marketing*, 10 (1993): 93–104; W. Fred van Raaij and Wim Schoonderbeer, ‚Meaning Structure of Brand Names and Extensions', in W. Fred van Raaij and Gary J. Bamossy (eds.), *European Advances in Consumer Research* (Provo, UT, Association for Consumer Research, 1993): 479–84; Gil McWilliam, ‚The Effect of Brand Typology on Brand Extension Fit: Commercial and Academic Research Findings', in *European Advances in Association for Consumer Research* (1993): 485–91; Elyette Roux and Frederic Lorange, ‚Brand Extension Research: A Review', in W. Fred van Raaij and Gary J. Bamossy (eds.), *European Advances in Consumer Research* (Provo, UT: Association for Consumer Research, 1993): 492–500; ‚The Art of Perception', *Marketing* (28. November 1996): 25–9.

13. Herbert Krugman, ‚Low Recall and High Recognition of Advertising', *Journal of Advertising Research* (Februar/März 1986): 79–86.

14. Gerald J. Gorn, ‚The Effects of Music in Advertising on Choice Behavior: A Classical Conditioning Approach', *Journal of Marketing* 46 (Winter 1982): 94–101.

15. Calvin Bierley, Frances K. McSweeney and Renee Vannieuwkerk, ‚Classical Conditioning of Preferences for Stimuli', *Journal of Consumer Research* 12 (Dezember 1985): 316–23; James J. Kellaris and Anthony D. Cox, ‚The Effects of Background Music in Advertising: A Reassessment', *Journal of Consumer Research* 16 (Juni 1989): 113–18.

16. Frances K. McSweeney and Calvin Bierley, ‚Recent Developments in Classical Conditioning', *Journal of Consumer Research* 11 (September 1984): 619–31.

17. Basil G. Englis, ‚The Reinforcement Properties of Music Videos: „I Want My . . . I Want My . . . I Want My . . . MTV"' (paper presented at the meetings of the Association for Consumer Research, New Orleans, 1989).

18. ‚Giving Bad Puns the Business', *Newsweek* (11. Dezember 1989): 71.

19. Bernice Kanner, ‚Growing Pains – and Gains: Brand Names Branch Out', *New York* (13. März 1989): 22.

20. Peter H. Farquhar, ‚Brand Equity', *Marketing Insights* (Sommer 1989): 59.

21. John Marchese, ‚Forever Harley', *New York Times* (17. Oktober 1993): 10; ‚Spamming the Globe', *Newsweek* (29. August 1994): 8.

22. Übersetztes Zitat aus ‚Look-Alikes Mimic Familiar Packages', *New York Times* (9. August 1986): D1; ‚Action Fails to Match Spirit of Lookalike Law', *Marketing* (27. März 1997): 19.

23. Laurie Hays, ‚Too Many Computer Names Confuse Too Many Buyers', *Wall Street Journal* (29. Juni 1994): B1 (2 S.).

24. Blaise J. Bergiel and Christine Trosclair, ‚Instrumental Learning: Its Application to Customer Satisfaction', *Journal of Consumer Marketing* 2 (Herbst 1985): 23–8.

25. Terence A. Shimp, ‚Neo-Pavlovian Conditioning and Its Implications for Consumer Theory and Research', in Thomas S. Robertson and Harold H. Kassarjian (eds.), *Handbook of Consumer Behavior* (Englewood Cliffs, NJ: Prentice Hall, 1991).

26. R. C. Atkinson and R. M. Shiffrin, ‚Human Memory: A Proposed System and Its Control Processes', in K. W. Spence and J. T. Spence (eds.), *The Psychology of Learning and Motivation: Advances in Research and Theory* (New York: Academic Press, 1968): 89–195.

27. James R. Bettman, ‚Memory Factors in Consumer Choice: A Review', *Journal of Marketing* (Frühjahr 1979): 37–53. Zur Erforschung der relativen Auswirkung von internem und externem Gedächtnis auf die Markenwahl siehe Joseph W. Alba, Howard Marmorstein and Amitava Chattopadhyay, ‚Transitions in Preference Over Time: The Effects of Memory on Message Persuasiveness', *Journal of Marketing Research* 29 (November 1992): 406–17. Zur weiteren Forschung über das Feld Gedächtnis und Werbung siehe H. Shanker Krishnan and Dipankar Chakravarti, ‚Varieties of Brand Memory Induced by Advertising: Determinants, Measures, and Relationships', in David A. Aaker and Alexander L. Biel (eds.), *Brand Equity & Advertising: Advertising's Role in Building Strong Brands* (Hillsdale, NJ: Lawrence Erlbaum Associates, 1993): 213–31; Bernd H. Schmitt, Nader T. Tavassoli and Robert T. Millard, ‚Memory for Print Ads: Understanding Relations Among Brand Name, Copy, and Picture', *Journal of Consumer Psychology* 2 (1) (1993): 55–81; Marian Friestad and Esther Thorson, ‚Remembering Ads: The Effects of Encoding Strategies, Retrieval Cues, and Emotional Response', *Journal of Consumer Psychology* 2 (1) (1993): 1–23; Surendra N. Singh, Sanjay Mishra, Neeli Bendapudi and Denise Linville, ‚Enhancing Memory of Television Commercials Through Message Spacing', *Journal of Marketing Research* 31 (August 1994): 384–92.

28. Kim Robertson, ‚Recall and Recognition Effects of Brand Name Imagery', *Psychology & Marketing* 4 (Frühjahr 1987): 3–15.

29. Endel Tulving, ‚Remembering and Knowing the Past', *American Scientist* 77 (Juli/August 1989): 361.

30. Baron, *Psychology*.

31. George A. Miller, ‚The Magical Number Seven, Plus or Minus Two: Some Limits on Our Capacity for Processing Information', *Psychological Review* 63 (1956): 81–97.

32. James N. MacGregor, ‚Short-Term Memory Capacity: Limitation or Optimization?', *Psychological Review* 94 (1987): 107–8.

33. Siehe Catherine A. Cole and Michael J. Houston, ‚Encoding and Media Effects on Consumer Learning Deficiencies in the Elderly', *Journal of Marketing Research* 24 (Februar 1987): 55–64; A. M. Collins and E. F. Loftus, ‚A Spreading Activation Theory of Semantic Processing', *Psychological Review* 82 (1975): 407–28; Fergus I. M. Craik and Robert S. Lockhart, ‚Levels of Processing: A Framework for Memory Research', *Journal of Verbal Learning and Verbal Behavior* 11 (1972): 671–84.

34. Walter A. Henry, ‚The Effect of Information-Processing Ability on Processing Accuracy', *Journal of Consumer Research* 7 (Juni 1980): 42–8.

35. Anthony G. Greenwald and Clark Leavitt, ‚Audience Involvement in Advertising: Four Levels', *Journal of Consumer Research* 11 (Juni 1984): 581–92.

36. Kevin Lane Keller, ‚Memory Factors in Advertising: The Effect of Advertising Retrieval Cues on Brand Evaluations', *Journal of Consumer Research* 14 (Dezember 1987): 316–33. Zur Diskussion der Verarbeitungsabläufe während der Markenwahl siehe Gabriel Biehal and Dipankar Chakravarti, ‚Consumers' Use of Memory and External Information in Choice: Macro and Micro Perspectives', *Journal of Consumer Research* 12 (März 1986): 382–405.

37. Susan T. Fiske and Shelley E. Taylor, *Social Cognition* (Reading, MA: Addison-Wesley, 1984).

38. Deborah Roedder John and John C. Whitney Jr., ‚The Development of Consumer Knowledge in Children: A Cognitive Structure Approach', *Journal of Consumer Research* 12 (März 1986): 406–17.

39. Michael R. Solomon, Carol F. Surprenant, John A. Czepiel and Evelyn G. Gutman, ‚A Role Theory Perspective on Dyadic Interactions: The Service Encounter',

Journal of Marketing 49 (Winter 1985): 99–111.

40. Roger W. Morrell, Denise C. Park and Leonard W. Poon, ‚Quality of Instructions on Prescription Drug Labels: Effects on Memory and Comprehension in Young and Old Adults', *The Gerontologist* 29 (1989): 345–54.

41. Frank R. Kardes, Gurumurthy Kalyanaram, Murali Chandrashekaran and Ronald J. Dornoff, ‚Brand Retrieval, Consideration Set Composition, Consumer Choice, and the Pioneering Advantage' (unveröffentliches Manuskript, University of Cincinnati, OH, 1992).

42. Nijar Dawar and Philip Parket ‚Marketing Universals: Consumers' Use of Brand Name, Price, Physical Appearance, and Retailer Reputation as Signals of Product Quality', *Journal of Marketing* 58 (1994) 81–95; Judith Lynne Zaichkowsky and Padma Vipat, ‚Inferences from Brand Names' in W. Fred van Raaij and Gary J. Bamossy (eds.), *European Advances in Consumer Research* (Provo, UT: Association for Consumer Research, 1993): 534–40.

43. Krugman, ‚Low Recall and High Recognition of Advertising'.

44. Eric J. Johnson and J. Edward Russo, ‚Product Familiarity and Learning New Information', *Journal of Consumer Research* 11 (Juni 1984): 542–50.

45. Eric J. Johnson and J. Edward Russo, ‚Product Familiarity and Learning New Information', in Kent Monroe (ed.), *Advances in Consumer Research* 8 (Ann Arbor, MI: Association for Consumer Research, 1981): 151–5; John G. Lynch and Thomas K. Srull, ‚Memory and Attentional Factors in Consumer Choice: Concepts and Research Methods', *Journal of Consumer Research* 9 (Juni 1982): 18–37.

46. Julie A. Edell and Kevin Lane Keller, ‚The Information Processing of Coordinated Media Campaigns', *Journal of Marketing Research* 26 (Mai 1989): 149–64.

47. Lynch and Srull, ‚Memory and Attentional Factors in Consumer Choice'.

48. Joseph W. Alba and Amitava Chattopadhyay, ‚Salience Effects in Brand Recall', *Journal of Marketing Research* 23 (November 1986): 363–70; Elizabeth C. Hirschman and Michael R. Solomon, ‚Utilitarian, Aesthetic, and Familiarity Responses to Verbal Versus Visual Advertisements', in Thomas C. Kinnear (ed.) *Advances in Consumer Research* 11, (Provo, UT: Association for Consumer Research, 1984): 426–31.

49. Susan E. Heckler and Terry L. Childers, ‚The Role of Expectancy and Relevancy in Memory for Verbal and Visual Information: What is Incongruency?', *Journal of Consumer Research* 18 (März 1992): 475–92.

50. Russell H. Fazio, Paul M. Herr and Martha C. Powell, ‚On the Development and Strength of Category-Brand Associations in Memory: The Case of Mystery Ads', *Journal of Consumer Psychology* 1 (1) (1992): 1–13.

51. Hirschman and Solomon, ‚Utilitarian, Aesthetic, and Familiarity Responses to Verbal Versus Visual Advertisements'.

52. Terry Childers and Michael Houston, ‚Conditions for a Picture-Superiority Effect on Consumer Memory', *Journal of Consumer Research* 11 (September 1984): 643–54; Terry Childers, Susan Heckler and Michael Houston, ‚Memory for the Visual and Verbal Components of Print Advertisements', *Psychology & Marketing* 3 (Herbst 1986): 147–50.

53. Werner Kroeber-Riel, ‚Effects of Emotional Pictorial Elements in Ads Analyzed by Means of Eye Movement Monitoring', in Thomas C. Kinnear (ed.), *Advances in Consumer Research* 11 (Provo, UT: Association for Consumer Research, 1984): 591–6.

54. Hans-Bernd Brosius, ‚Influence of Presentation Features and News Context on Learning from Television News', *Journal of Broadcasting & Electronic Media* 33 (Winter 1989): 1–14.

55. Raymond R. Burke and Thomas K. Srull, ‚Competitive Interference and Consumer

Memory for Advertising', *Journal of Consumer Research* 15 (Juni 1988): 55–68.

56. Burke and Srull, ,Competitive Interference and Consumer Memory for Advertising'.

57. Johnson and Russo, ,Product Familiarity and Learning New Information'.

58. Joan Meyers-Levy, ,The Influence of Brand Names Association Set Size and Word Frequency on Brand Memory', *Journal of Consumer Research* 16 (September 1989): 197–208.

59. Michael H. Baumgardner, Michael R. Leippe, David L. Ronis and Anthony G. Greenwald, ,In Search of Reliable Persuasion Effects: II. Associative Interference and Persistence of Persuasion in a Message-Dense Environment', *Journal of Personality and Social Psychology* 45 (September 1983): 524–37.

60. Alba and Chattopadhyay, ,Salience Effects in Brand Recall'.

61. Margaret Henderson Blair, Allan R. Kuse, David H. Furse and David W. Stewart, ,Advertising in a New and Competitive Environment: Persuading Consumers to Buy', *Business Horizons* 30 (November/Dezember 1987): 20.

62. Lynch and Srull, ,Memory and Attentional Factors in Consumer Choice'.

63. Russell W. Belk, ,Possessions and the Extended Self', *Journal of Consumer Research* 15 (September 1988): 139–68.

64. Russell W. Belk, ,The Role of Possessions in Constructing and Maintaining a Sense of Past', in Marvin E. Goldberg, Gerald J. Gorn and Richard W. Pollay (eds.), *Advances in Consumer Research* 16 (Provo, UT: Association for Consumer Research, 1989): 669–78.

65. Hans Baumgartner, Mita Sujan and James R. Bettman, ,Autobiographical Memories, Affect and Consumer Information Processing', *Journal of Consumer Psychology* 1 (Januar 1992): 53–82; Mita Sujan, James R. Bettman and Hans Baumgartner, ,Influencing Consumer Judgments Using Autobiographical Memories: A Self-Referencing Perspective', *Journal of Marketing Research* 30 (November 1993): 422–36.

66. Kevin Goldman, ,New Campaigns Tip the Hat to Nostalgia', *Wall Street Journal* (9. August 1994): B4.

67. Gabriella Stern, ,VW Hopes Nostalgia will Spur Sales of Retooled Beetle, Fuel US Comback', *The Wall Street Journal, Europe* (7. Mai 1997): 4; ,Ostalgie for the Day When They'd Never Had it so Good', *The Independent* (10. Februar 1997); Almar Latour, ,Shelf Wars', *Central European Economic Review* (4) (Dow Jones, Mai 1997); G. Morello, ,The Hidden Dimensions of Marketing' (Amsterdam: Vrije Universiteit, 1993): 13.

68. Morris B. Holbrook and Robert M. Schindler, ,Some Exploratory Findings on the Development of Musical Tastes', *Journal of Consumer Research* 16 (Juni 1989): 119–24.

69. Randall Rothenberg, ,The Past is Now the Latest Craze', *New York Times* (29. November 1989): D1.

70. Siehe Morris B. Holbrook, ,Nostalgia and Consumption Preferences: Some Emerging Patterns of Consumer Tastes', *Journal of Consumer Research* 20 (September 1993): 245–56; Robert M. Schindler and Morris B. Holbrook, ,Critical Periods in the Development of Men's and Women's Tastes in Personal Appearance', *Psychology & Marketing* 10 (6) (November/Dezember 1993): 549–64; Morris B. Holbrook and Robert M. Schindler, ,Age, Sex, and Attitude Toward the Past as Predictors of Consumers' Aesthetic Tastes for Cultural Products', *Journal of Marketing Research* 31 (August 1994): 412–22.

71. ,Only 38% of T.V. Audience Links Brands with Ads', *Marketing News* (6. Januar 1984): 10.

72. ,Terminal Television', *American Demographics* (Januar 1987): 15.

73. Richard P. Bagozzi and Alvin J. Silk, ,Recall, Recognition, and the Measurement of Memory for Print Advertisements', *Marketing Science* (1983): 95–134.

74. Adam Finn, ‚Print Ad Recognition Readership Scores: An Information Processing Perspective', *Journal of Marketing Research* 25 (Mai 1988): 168–77.

75. Bettman, ‚Memory Factors in Consumer Choice'.

76. Mark A. deTurck and Gerald M. Goldhaber, ‚Effectiveness of Product Warning Labels: Effects of Consumers' Information Processing Objectives', *Journal of Consumer Affairs* 23 (1) (1989): 111–25.

77. Finn, ‚Print Ad Recognition Readership Scores'.

78. Surendra N. Singh and Gilbert A. Churchill Jr., ‚Response-Bias-Free Recognition Tests to Measure Advertising Effects', *Journal of Advertising Research* (Juni/Juli 1987): 23–36.

79. William A. Cook, ‚Telescoping and Memory's Other Tricks', *Journal of Advertising Research* 27 (Februar/März 1987): 5–8.

80. ‚On a Diet? Don't Trust Your Memory', *Psychology Today* (Oktober 1989): 12.

81. Hubert A. Zielske and Walter A. Henry, ‚Remembering and Forgetting Television Ads', *Journal of Advertising Research* 20 (April 1980): 7–13.

Kapitel 4

1. Ronald Paul Hill and Harold Robinson, ‚Fanatic Consumer Behavior: Athletics as a Consumption Experience', *Psychology & Marketing* 8 (Sommer 1991): 79–100.

2. Robert A. Baron, *Psychology: The Essential Science* (Needham, MA: Allyn & Bacon, 1989).

3. Jean Baudrillard, ‚La genèse idéologique des besoins', *Cahiers internationaux de sociologie* 47 (1969): 45–68.

4. Søren Askegaard and A. Fuat Firat, ‚Towards a Critique of Material Culture, Consumption, and Markets', in S. Pearce (ed.), *Experiencing Material Culture in the Western World* (London: Leicester University Press): 114–39.

5. Robert Bocock, *Consumption* (London: Routledge 1993).

6. Russell W. Belk, Güliz Ger and Søren Askegaard, ‚Consumer Desire in Three Cultures', in D. MacInnis and M. Brucks (eds.), *Advances in Consumer Research*, XXIV (Provo, UT: Association for Consumer Research, 1997): 24–8.

7. Leon Festinger, *A Theory of Cognitive Dissonance* (Stanford, CA: Stanford University Press, 1957).

8. Mary Kay Ericksen and M. Joseph Sirgy, ‚Achievement Motivation and Clothing Preferences of White-Collar Working Women', in Michael R. Solomon (ed.), *The Psychology of Fashion* (Lexington, MA: Lexington Books, 1985), 357–69.

9. Abraham H. Maslow, *Motivation and Personality*, 2nd edn (New York: Harper & Row, 1970).

10. Richard Maddock, ‚A Theoretical and Empirical Substructure of Consumer Motivation and Behaviour', in Flemming Hansen (ed.), *European Advances in Consumer Research* II (Provo, UT: Association for Consumer Research, 1995): 29–37.

11. John H. Antil, ‚Conceptualization and Operationalization of Involvement', in Thomas C. Kinnear (ed.), *Advances in Consumer Research* 11 (Provo, UT: Association for Consumer Research, 1984), 203–9. In der Literatur finden sich zahlreiche Ansätze zum Konstrukt des Involvement. Siehe auch Peter H. Bloch, ‚Involvement beyond the Purchase Process: Conceptual Issues and Empirical Investigation', in Kent Monroe (ed.), *Advances in Consumer Research* 8 (Provo, UT: Association for Consumer Research, 1981), 61–5; George S. Day, *Buyer Attitudes and Brand Choice Behavior* (Chicago: Free Press, 1970); Michael J. Houston and Michael L. Rothschild, ‚Conceptual and Methodological Perspectives on Involvement', in S.C. Jain (ed.), *Research Frontiers in Marketing: Dialogues and Directions* (Chicago: American Marketing Association, 1978), 184–7; John L. Lastovicka and David M. Gardner, ‚Components of Involvement', in John C. Maloney and Bernard Silver-

man (eds.), *Attitude Research Plays for High Stakes* (Chicago: American Marketing Association, 1979), 53–73.

12. Andrew Mitchell, ‚Involvement: A Potentially Important Mediator of Consumer Behavior', in William L. Wilkie (ed.), *Advances in Consumer Research* 6 (Provo, UT: Association for Consumer Research, 1979), 191–6.

13. Richard L. Celsi and Jerry C. Olson, ‚The Role of Involvement in Attention and Comprehension Processes', *Journal of Consumer Research* 15 (September 1988): 210–24.

14. Ton Otker: ‚The Highly Involved Consumer: A Marketing Myth?', *Marketing and Research Today* (Februar 1990): 30–6.

15. Anthony G. Greenwald and Clark Leavitt, ‚Audience Involvement in Advertising: Four Levels', *Journal of Consumer Research* 11 (Juni 1984): 581–92.

16. Zur Diskussion der Zwischenbeziehungen von situativem und anhaltendem Involvement siehe Marsha L. Richins, Peter H. Bloch and Edward F. McQuarrie, ‚How Enduring and Situational Involvement Combine to Create Involvement Responses', *Journal of Consumer Psychology* 1 (1992) 2: 143–53.

17. Rajeev Batra and Michael L. Ray, ‚Operationalizing Involvement as Depth and Quality of Cognitive Responses', in Alice Tybout and Richard P. Bagozzi (eds.), *Advances in Consumer Research* 10 (Ann Arbor, MI: Association for Consumer Research, 1983), 309–13.

18. Marsha L. Richins and Peter H. Bloch, ‚After the New Wears off: The Temporal Context of Product Involvement', *Journal of Consumer Research* 13 (September 1986): 280–5.

19. Herbert E. Krugman, ‚The Impact of Television Advertising: Learning without Involvement', *Public Opinion Quarterly* 29 (Herbst 1965): 349–56.

20. Bruce Crumley, ‚Multipoints Add Up for Quick Burger', *Advertising Age* (November 29, 1993): 14.

21. Kevin J. Clancy, ‚CPMs Must Bow to „Involvement" Measurement', *Advertising Age* (20. Januar 1992): 26.

22. Zur neuen, veränderten Version dieser Skala siehe Edward F. McQuarrie and J. Michael Munson, ‚A Revised Product Involvement Inventory: Improved Usability and Validity', in John F. Sherry Jr. and Brian Sternthal (eds.), *Advances in Consumer Research* 19 (Provo, UT: Association for Consumer Research, 1992): 108–15.

23. Gilles Laurent and Jean-Noel Kapferer, ‚Measuring Consumer Involvement Profiles', *Journal of Marketing Research* 22 (Februar 1985): 41–53; diese Skala wurde später an einem amerikanischen Beispiel überprüft, siehe William C. Rodgers and Kenneth C. Schneider, ‚An Empirical Evaluation of the Kapferer-Laurent Consumer Involvement Profile Scale', *Psychology & Marketing* 10 (Juli/August 1993) 4: 333–45.

24. Adaption der Daten aus Judith Lynne Zaichkowsky and James H. Sood, ‚A Global Look at Consumers' Involvement and Use of Products', *International Marketing Review* 6 (1989) 1: 20–34.

25. Kulturschock, den einer der Autoren erlebt hat.

26. Morris B. Holbrook and Elizabeth C. Hirschman, ‚The Experiential Aspects of Consumption: Consumer Fantasies, Feelings, and Fun', *Journal of Consumer Research* 9 (September 1982): 132–40.

27. Deborah J. MacInnis, Christine Moorman and Bernard J. Jaworski, ‚Enhancing and Measuring Consumers' Motivation, Opportunity, and Ability to Process Brand Information from Ads', *Journal of Marketing* 55 (Oktober 1991): 332–53.

28. Shalom H. Schwartz and Warren Bilsky, ‚Toward a Universal Psychological Structure of Human Values', *Journal of Personality and Social Psychology*, 53 (1987): 550–62.

29. Bernard Cova and Robert Salle, ‚Buying Behaviour in European and American

Industry: Contrasts'; *European Management Journal* 9 (4) (1991): 433–6.

30. Christian Dussart, ‚Capitalism against Capitalism: Political and Economic Implications of Marketing Practice in Europe', in M.J. Baker (ed.), *Perspectives on Marketing Management*, vol. 4 (London: John Wiley & Sons, 1994): 119–34.

31. Richard W. Pollay, ‚Measuring the Cultural Values Manifest in Advertising', *Current Issues and Research in Advertising* (1983): 71–92.

32. Milton Rokeach, *The Nature of Human Values* (New York: Free Press, 1973).

33. Suzanne C. Grunert and Gerhard Scherhorn, ‚Consumer Values in West Germany: Underlying Dimensions and Cross Cultural Comparison with North America', *Journal of Business Research*, 20 (1990): 97–107.

34. Donald E. Vinson, Jerome E. Scott and Lawrence R. Lamont, ‚The Role of Personal Values in Marketing and Consumer Behavior', *Journal of Marketing* 41 (April 1977): 44–50.

35. Milton Rokeach, *Understanding Human Values* (New York: The Free Press, 1979); siehe auch J. Michael Munson and Edward McQuarrie, ‚Shortening the Rokeach Value Survey for Use in Consumer Research', in Michael J. Houston (ed.), *Advances in Consumer Research* 15 (Provo, UT: Association for Consumer Research, 1988): 381–6.

36. Jacques-Marie Aurifeille, ‚Value Changes and Their Marketing Implications: A Russian Survey', in W.F. van Raaij and G. Bamossy (eds.), *European Advances in Consumer Research* I (Provo, UT: Association for Consumer Research, 1993): 249–61.

37. B.W. Becker and P.E. Conner, ‚Personal Values of the Heavy User of Mass Media', *Journal of Advertising Research* 21 (1981): 37–43; Vinson, Scott and Lamont, ‚The Role of Personal Values in Marketing and Consumer Behavior'.

38. Sharon E. Beatty, Lynn R. Kahle, Pamela M. Homer and Shekhar Misra, ‚Alternative Measurement Approaches to Consumer Values: The List of Values and the Rokeach Value Survey', *Psychology & Marketing* 2 (1985): 181–200.

39. Pierre Valette-Florence, Suzanne C. Grunert, Klaus G. Grunert and Sharon Beatty, ‚Une comparaison franco-allemande de l'adhésion aux valeurs personnelles', *Recherche et Applications en Marketing* 6 (3) (1991): 5–20.

40. Klaus G. Grunert, Suzanne C. Grunert and Sharon Beatty, ‚Cross-cultural Research on Consumer Values', *Marketing and Research Today* (17, 1989): 30–9.

41. Suzanne C. Grunert, Klaus G. Grunert and Kai Kristensen, ‚Une méthode d'estimation de la validité interculturelle des instruments de mesure: Le cas de la mesure des valeurs des consommateurs par la liste des valeurs LOV', *Recherche et Applications en Marketing* 8 (4) (1993): 5–28.

42. Übersetztes Zitat aus ‚New Japanese Fads Blazing Trails in Cleanliness', *Montgomery Advertiser* (28. September 1996): 10A; siehe auch Andrew Pollack, ‚Can the Pen Really be Mightier than the Germ?', *The New York Times* (27. Juli 1995): A4.

43. Shalom H. Schwartz and Warren Bilsky, ‚Toward a Theory of Universal Content and Structure of Values: Extensions and Cross Cultural Replications', *Journal of Personality and Social Psychology* 58 (1990): 878–91.

44. Suzanne C. Grunert and Hans Jørn Juhl, ‚Values, Environmental Attitudes, and Buying of Organic Foods', *Journal of Economic Psychology* 16 (1995): 39–62.

45. Thomas J. Reynolds and Jonathan Gutman, ‚Laddering Theory, Method, Analysis, and Interpretation', *Journal of Advertising Research* 28 (Februar/März 1988): 11–34; Beth Walker, Richard Celsi and Jerry Olson, ‚Exploring the Structural Characteristics of Consumers' Knowledge', in Melanie Wallendorf and Paul Anderson (eds.), *Advances in Consumer*

Research 14 (Provo, UT: Association for Consumer Research, 1986): 17–21.

46. Andreas Hermann, ,Wertorientierte Produkt- und Werbegestaltung', *Marketing ZFP* (3, 3. Quartal 1996): 153–63.

47. Klaus G. Grunert and Suzanne C. Grunert, ,Measuring Subjective Meaning Structures by the Laddering Method: Theoretical Considerations and Methodological Problems', *International Journal of Research in Marketing* 12 (3) (1995): 209–25. Dieser Band des *IJRM* ist eine Sonderausgabe zu den Themen der Means-End-Kette und der Ladderingtechnik.

48. Roger Mason, ,Measuring the Demand for Status Goods: An Evaluation of Means-End Chains and Laddering', in Flemming Hansen (ed.), *European Advances in Consumer Research* II (Provo, UT: Association for Consumer Research, 1995): 78–82.

49. Thomas J. Reynolds and Alyce Byrd Craddock, ,The Application of the MEC-CAs Model to the Development and Assessment of Advertising Strategy: A Case Study', *Journal of Advertising Research* (April/Mai 1988): 43–54.

50. Elin Sørensen, Klaus G. Grunert and Niels Asger Nielsen, ,The Impact of Product Experience, Product Involvement and Verbal Processing Style on Consumers' Cognitive Structures with Regard to Fresh Fish', *MAPP Working Paper* no. 42 (Aarhus: The Aarhus School of Business, Oktober 1996).

51. Reported on the 3rd MAPP research centre conference (Oktober 1996).

52. Ernest Dichter, *A Strategy of Desire* (Garden City, NY: Doubleday, 1960); Ernest Dichter, *The Handbook of Consumer Motivations* (New York: McGraw-Hill, 1964); Jeffrey F. Durgee, ,Interpreting Dichter's Interpretations: An Analysis of Consumption Symbolism in The Handbook of Consumer Motivations' in Hanne Hartvig Larsen, David G. Mick and Christian Alsted (eds), *Marketing and Semiotics. Selected Papers from the Copenhagen Symposium*, (Copenhagen: Handels-

højskolens forlag 1991): 52–74; Pierre Martineau, *Motivation in Advertising* (New York: McGraw-Hill, 1957).

53. Vance Packard, *The Hidden Persuaders* (New York: D. McKay, 1957).

54. Harold Kassarjian, ,Personality and Consumer Behavior: A Review', *Journal of Marketing Research* 8 (November 1971): 409–18.

55. Bill Schlackman, ,A Historical Perspective', in Sue Robson and Angela Foster, *Qualitative Research in Action* (London: Edward Arnold, 1988): 15–23.

56. Siehe auch Russell W. Belk, Güliz Ger and Søren Askegaard, ,Metaphors of Consumer Desire', Kim P. Corfman and John Lynch Jr. (eds.), *Advances in Consumer Research* XXIII (Provo, UT: Association for Consumer Research, 1996): 368–73.

57. Roger Crisp, ,Persuasive Advertising, Autonomy, and the Creation of Desire', *Journal of Business Ethics* 6 (1987): 413–18.

58. Søren Askegaard and A. Fuat Firat, ,Towards a Critique of Material Culture, Consumption and Markets'.

59. William Leiss, Stephen Kline and Sut Jhally, *Social Communication in Advertising: Persons, Products, & Images of Well-Being* (Toronto: Methuen, 1986); Jerry Mander, *Four Arguments for the Elimination of Television* (New York: William Morrow, 1977).

60. Matthew L. Wald, ,Looking for Savings as Gas Prices Rise', *New York Times* (27. Mai 1989): 48.

61. Steven Engelberg, ,Advertising Pervades Poland, Turning Propoganda to Glitz', *New York Times* (26. Mai 1992) 2: A1.

62. Raymond Williams, ,Advertising: The Magic System', in *Problems in Materialism and Culture* (London: New Left Books, 1962).

Kapitel 5

1. Robert A. Baron and Donn Byrne, *Social Psychology: Understanding Human Interaction*, 5th edn (Boston: Allyn & Bacon, 1987).

2. Seymour H. Fine, *Social Marketing: Promoting the Causes of Public and Nonprofit Agencies* (Boston: Allyn & Bacon, 1990); Katryna Malafarina and Barbara Loken, ‚Progress and Limitations of Social Marketing: A Review of Empirical Literature on the Consumption of Social Ideas', in Leigh McAllister and Michael Rothschild (eds.), *Advances in Consumer Research* 20 (Provo, UT: Association for Consumer Research, 1993), 397–404.

3. Jedes EU-Land führt Kampagnen durch, um Informationen auf der Grundlage einer Strategie zur Einstellungsänderung zu verbreiten. Eine große Anzahl von Themen (Alkohol, Drogenmissbrauch, Safer Sex, gesunde Ernährung, Sport) werden typischerweise durch solche Kampagnen transportiert. Weitere Informationen zu derartigen Kampagnen sind bei den regionalen und nationalen Gesundheitsbehörden (Krankenkassen, Bundesgesundheitsministerium) erhältlich.

4. Dennis T. Lowry and David E. Towles, ‚Prime Time TV Portrayals of Sex, Contraception and Venereal Diseases', *Journalism Quarterly* 86 (Sommer 1989): 347–52.

5. Übersetztes Zitat aus Molly O'Neill, ‚Words to Survive Life With: None of This, None of That', *New York Times* (27. Mai 1990): 1.

6. Bill Carter, ‚A Message on Drinking is Seen and Heard', *New York Times* (11. September 1989): D11.

7. Daniel Katz, ‚The Functional Approach to the Study of Attitudes', *Public Opinion Quarterly* 24 (Sommer 1960): 163–204; Richard J. Lutz, ‚Changing Brand Attitudes through Modification of Cognitive Structure', *Journal of Consumer Research* 1 (März 1975): 49–59.

8. Russell H. Fazio, T. M. Lenn and E. A. Effrein, ‚Spontaneous Attitude Formation', *Social Cognition* 2 (1984): 214–34.

9. Mason Haire, ‚Projective Techniques in Marketing Research', *Journal of Marketing* 14 (April 1950): 649–56.

10. Sharon Shavitt, ‚The Role of Attitude Objects in Attitude Functions', *Journal of Experimental Social Psychology* 26 (1990): 124–48; siehe auch J. S. Johar and M. Joseph Sirgy, ‚Value-Expressive versus Utilitarian Advertising Appeals: When and Why to Use Which Appeal', *Journal of Advertising* 20 (September 1991): 23–34.

11. Michael L. Ray, ‚Marketing Communications and the Hierarchy-of-Effects', in P. Clarke (ed.), *New Models for Mass Communications* (Beverly Hills, CA: Sage, 1973): 147–76.

12. Herbert Krugman, ‚The Impact of Television Advertising: Learning Without Involvement', *Public Opinion Quarterly* 29 (Herbst 1965): 349–56; Robert Lavidge and Gary Steiner, ‚A Model for Predictive Measurements of Advertising Effectiveness', *Journal of Marketing* 25 (Oktober 1961): 59–62.

13. Punam Anand, Morris B. Holbrook and Debra Stephens, ‚The Formation of Affective Judgments: The Cognitive-Affective Model Versus the Independence Hypothesis', *Journal of Consumer Research* 15 (Dezember 1988): 386–91; Richard S. Lazarus, ‚Thoughts on the Relations Between Emotion and Cognition', *American Psychologist* 37 (9) (1982): 1019–24.

14. Robert B. Zajonc, ‚Feeling and Thinking: Preferences Need No Inferences', *American Psychologist* 35 (2) (1980): 151–75.

15. Banwari Mittal, ‚The Role of Affective Choice Mode in the Consumer Purchase of Expressive Products', *Journal of Economic Psychology* 4 (9) (1988): 499–524.

16. Scot Burton and Donald R. Lichtenstein, ‚The Effect of Ad Claims and Ad Context on Attitude Toward the Advertisement', *Journal of Advertising* 17 (1) (1988): 3–11; Karen A. Machleit and R. Dale Wilson, ‚Emotional Feelings and Attitude Toward the Advertisement: The Roles of Brand Familiarity and Repetition', *Journal of Advertising* 17 (3) (1988): 27–35; Scott B. Mackenzie and Richard J. Lutz, ‚An Empirical Examination of the Structural

Antecedents of Attitude toward the Ad in an Advertising Pretesting Context', *Journal of Marketing* 53 (April 1989): 48–65; Scott B. Mackenzie, Richard J. Lutz and George E. Belch, ,The Role of Attitude Toward the Ad as a Mediator of Advertising Effectiveness: A Test of Competing Explanations', *Journal of Marketing Research* 23 (Mai 1986): 130–43; Darrel D. Muehling and Russell N. Laczniak, ,Advertising's Immediate and Delayed Influence on Brand Attitudes: Considerations Across Message-Involvement Levels', *Journal of Advertising* 17 (4) (1988): 23–34; Mark A. Pavelchak, Meryl P. Gardner and V. Carter Broach, ,Effect of Ad Pacing and Optimal Level of Arousal on Attitude Toward the Ad', in Rebecca H. Holman and Michael R. Solomon (eds.), *Advances in Consumer Research* 18 (Provo, UT: Association for Consumer Research, 1991): 94–9. Einige Forschungsergebnisse legen nahe, dass eine unabhängige Einstellung auch in Hinblick auf die Marke selbst entsteht; siehe George M. Zinkhan and Claude R. Martin Jr., ,New Brand Names and Inferential Beliefs: Some Insights on Naming New Products', *Journal of Business Research* 15 (1987): 157–72.

17. John P. Murry, John L. Lastovicka and Surendra N. Singh, ,Feeling and Liking Responses to Television Programs: An Examination of Two Explanations for Media-Context Effects', *Journal of Consumer Research* 18 (März 1992): 441–51.

18. Barbara Stern and Judith Lynne Zaichkowsky, ,The Impact of Entertaining Advertising on Consumer Responses', *Australian Marketing Researcher* 14 (August 1991): 68–80.

19. Die Auswirkung des Skeptizismus auf Themen der Werbung untersuchen David M. Boush, Marian Friestad and Gregory M. Rose, ,Adolescent Skepticism Toward TV Advertising and Knowledge of Advertiser Tactics', *Journal of Consumer Research* 21 (Juni 1994): 165–75; siehe auch Lawrence Feick and Heribert Gierl, ,Skepticism about Advertising: A Comparison of East and West German Consumers', *International Journal of Research in Marketing* 13 (1996): 227–35; Rik Pieters and Hans Baumgartner ,The Attitude Toward Advertising of Advertising Practitioners, Homemakers and Students in The Netherlands and Belgium', in W. Fred van Raaij and Gary J. Bamossy (eds.), *European Advances in Consumer Research* (Provo, UT: Association for Consumer Research, 1993), 39–45.

20. Basil G. Englis, ,Consumer Emotional Reactions to Television Advertising and Their Effects on Message Recall', in S. Agres, J. A. Edell and T. M. Dubitsky (eds.), *Emotion in Advertising: Theoretical and Practical Explorations* (Westport, CT: Quorum Books, 1990), 231–54.

21. Morris B. Holbrook and Rajeev Batra, ,Assessing the Role of Emotions as Mediators of Consumer Responses to Advertising', *Journal of Consumer Research* 14 (Dezember 1987): 404–20.

22. Marian Burke and Julie Edell, ,Ad Reactions over Time: Capturing Changes in the Real World', *Journal of Consumer Research* 13 (Juni 1986): 114–18.

23. Herbert Kelman, ,Compliance, Identification, and Internalization: Three Processes of Attitude Change', *Journal of Conflict Resolution* 2 (1958): 51–60.

24. Siehe Sharon E. Beatty and Lynn R. Kahle, ,Alternative Hierarchies of the Attitude-Behaviour Relationship: The Impact of Brand Commitment and Habit', *Journal of the Academy of Marketing Science* 16 (Sommer 1988): 1–10.

25. Leon Festinger, *A Theory of Cognitive Dissonance* (Stanford, CA: Stanford University Press, 1957).

26. Chester A. Insko and John Schopler, *Experimental Social Psychology* (New York: Academic Press, 1972).

27. Robert E. Knox and James A. Inkster, ,Postdecision Dissonance at Post Time', *Journal of Personality and Social Psychology* 8 (4) (1968): 319–23.

28. Daryl J. Bem, ‚Self-Perception Theory', in Leonard Berkowitz (ed.), *Advances in Experimental Social Psychology* (New York: Academic Press, 1972): 1–62.

29. Jonathan L. Freedman and Scott C. Fraser, ‚Compliance without Pressure: The Foot-in-the-Door Technique', *Journal of Personality and Social Psychology* 4 (August 1966): 195–202; zur weiteren Betrachtung der möglichen Erklärungen dieses Effekts siehe William DeJong, ‚An Examination of Self-Perception Mediation of the Foot-in-the-Door Effect', *Journal of Personality and Social Psychology* 37 (Dezember 1979): 221–31; Alice M. Tybout, Brian Sternthal and Bobby J. Calder, ‚Information Availability as a Determinant of Multiple-Request Effectiveness', *Journal of Marketing Research* 20 (August 1988): 280–90.

30. David H. Furse, David W. Stewart and David L. Rados, ‚Effects of Foot-in-the-Door, Cash Incentives and Follow-ups on Survey Response', *Journal of Marketing Research* 18 (November 1981): 473–8; Carol A. Scott, ‚The Effects of Trial and Incentives on Repeat Purchase Behavior', *Journal of Marketing Research* 13 (August 1976): 263–9.

31. Muzafer Sherif and Carl I. Hovland, *Social Judgment: Assimilation and Contrast Effects in Communication and Attitude Change* (New Haven, CT: Yale University Press, 1961).

32. Zur aktuellen Behandlung des Themas siehe Joan Meyers-Levy and Brian Sternthal, ‚A Two-Factor Explanation of Assimilation and Contrast Effects', *Journal of Marketing Research* 30 (August 1993): 359–68.

33. Mark B. Traylor, ‚Product Involvement and Brand Commitment', *Journal of Advertising Research* (Dezember 1981): 51–6.

34. Fritz Heider, *The Psychology of Interpersonal Relations* (New York: Wiley, 1958).

35. William L. Wilkie, *Consumer Behavior* (New York: Wiley, 1986).

36. Eine Reihe von Kriterien, die über den Umfang dieses Buches hinausgehen, sind für die Berwertung von Methoden der Einstellungsmessung wichtig. U. a. gehören hierzu Themen wie Verlässlichkeit, Validität und Empfindlichkeit. Ausgezeichnet behandelt wird das Thema der Methoden der Einstellungsmessung von David A. Aaker and George S. Day, *Marketing Research*, 4th edn (New York: Wiley, 1990).

37. Martin Fishbein, ‚An Investigation of the Relationships Between Beliefs About an Object and the Attitude Toward that Object', *Human Relations* 16 (1983): 233–40.

38. Allan Wicker, ‚Attitudes Versus Actions: The Relationship of Verbal and Overt Behavioral Responses to Attitude Objects', *Journal of Social Issues* 25 (Herbst 1969): 65.

39. Laura Bird, ‚Loved the Ad. May (or May Not) Buy the Product', *Wall Street Journal* (7. April 1994): B1 (2 S.); ‚Which Half?', *The Economist* (8. Juni 1996): 80.

40. Icek Ajzen and Martin Fishbein, ‚Attitude-Behavior Relations: A Theoretical Analysis and Review of Empirical Research', *Psychological Bulletin* 84 (September 1977): 888–918.

41. Morris B. Holbrook and William J. Havlena, ‚Assessing the Real-to-Artificial Generalizability of Multi-Attribute Attitude Models in Tests of New Product Designs', *Journal of Marketing Research* 25 (Februar 1988): 25–35; Terence A. Shimp and Alican Kavas, ‚The Theory of Reasoned Action Applied to Coupon Usage', *Journal of Consumer Research* 11 (Dezember 1984): 795–809.

42. Richard P. Bagozzi, Hans Baumgartner and Youjae Yi, ‚Coupon Usage and the Theory of Reasoned Action', in Rebecca H. Holman and Michael R. Solomon (eds.), *Advances in Consumer Research* 18, (Provo, UT: Association for Consumer Research, 1991): 24–7; Edward F. McQuarrie, ‚An Alternative to Purchase

Intentions: The Role of Prior Behavior in Consumer Expenditure on Computers', *Journal of the Market Research Society* 30 (Oktober 1988): 407–37; Arch G. Woodside and William O. Bearden, ‚Longitudinal Analysis of Consumer Attitude, Intention, and Behavior Toward Beer Brand Choice', in William D. Perrault (ed.), *Advances in Consumer Research* 4 (Ann Arbor, MI: Association for Consumer Research, 1977): 349–56.

43. Michael J. Ryan and Edward H. Bonfield, ‚The Fishbein Extended Model and Consumer Behavior', *Journal of Consumer Research* 2 (1975): 118–36.

44. Blair H. Sheppard, Jon Hartwick and Paul R. Warshaw, ‚The Theory of Reasoned Action: A Meta-Analysis of Past Research with Recommendations for Modifications and Future Research', *Journal of Consumer Research* 15 (Dezember 1988): 325–43.

45. Joseph A. Cote, James McCullough and Michael Reilly, ‚Effects of Unexpected Situations on Behavior-Intention Differences: A Garbology Analysis', *Journal of Consumer Research* 12 (September 1985): 188–94.

46. Russell H. Fazio, Martha C. Powell and Carol J. Williams, ‚The Role of Attitude Accessibility in the Attitude-to-Behavior Process', *Journal of Consumer Research* 16 (Dezember 1989): 280–8; Robert E. Smith and William R. Swinyard, ‚Attitude-Behavior Consistency: The Impact of Product Trial Versus Advertising', *Journal of Marketing Research* 20 (August 1983): 257–67.

47. Joseph A. Cote and Patriya S. Tansuhaj, ‚Culture Bound Assumptions in Behavior Intention Models', in Thomas K. Srull (ed.), *Advances in Consumer Research* 16 (Provo, UT: Association for Consumer Research, 1989): 105–9.

48. Matthew Greenwald and John P. Katosh, ‚How to Track Changes in Attitudes', *American Demographics* (August 1987): 46.

Kapitel 6

1. Tim Triplett, ‚Women and Cigars: Puffery or Promise?', *Marketing News* (4. Dezember 1995): 1 (3).

2. Gert Assmus, ‚An Empirical Investigation into the Perception of Vehicle Source Effects', *Journal of Advertising* 7 (Winter 1978): 4–10; zur tiefer gehenden Diskussion der Vor- und Nachteile einzelner Medien siehe Stephen Baker, *Systematic Approach to Advertising Creativity* (New York: McGraw Hill, 1979).

3. Alladi Venkatesh, Ruby Roy Dholakia and Nikhilesh Dholakia, ‚New Visions of Information Technology and Postmodernism: Implications for Advertising and Marketing Communications', in Walter Brenner and Lutz Kolbe (eds.), *The Information Superhighway and Private Households: Case Studies of Business Impacts* (Heidelberg: Physical-Verlag, 1996): 319–37; Donna L. Hoffman and Thomas P. Novak, ‚Marketing in Hypermedia Computer-Mediated Environments: Conceptual Foundations', *Journal of Marketing* 60(3) (Juli 1996): 50–68; Eine frühe theoretische Diskussion von Interaktivität in Kommunikationsparadigmata stammt von R. Aubrey Fisher, *Perspectives on Human Communication* (New York: Macmillan, 1978).

4. Zuerst vorgeschlagen von Elihu Katz, ‚Mass Communication Research and the Study of Popular Culture: An Editorial Note on a Possible Future for this Journal', *Studies in Public Communication* 2 (1959): 1–6. Zur aktuellen Diskussion der Herangehensweise siehe Stephanie O'Donohue, ‚Advertising Uses and Gratifications', *European Journal of Marketing* 28 (8/9) (1994): 52–75.

5. Übersetztes Zitat aus Stephanie O'Donohoe, ‚Advertising Uses and Gratifications', *European Journal of Marketing* 28 (8/9) (1994): 52–75, S. 66.

6. Herbert Blumer, *Symbolic Interactionism: Perspective and Method* (Berkeley: University of California Press, 1969): 2.

7. B. Aubrey Fischer, *Perspectives on Human Communication* (New York: Macmillan, 1978): 174–8.

8. Michael Wilke, ‚A Radio Entrepreneur Reaches for the Interactive Age', *The New York Times* (4. September 1994): F7.

9. Joshua Quittner, ‚Hot ‚Zines on the Web', *Time* (4. September 1995): 64.

10. Adaption eines Abschnitts aus Michael R. Solomon and Elnora W. Stuart, *Marketing: Real People, Real Choices* (Upper Saddle River, NJ: Prentice Hall, 1997).

11. Thomas L. Harris, ‚PR Gets Personal', *Direct Marketing* (April 1994): 29–32.

12. Carl I. Hovland and W. Weiss, ‚The Influence of Source Credibility on Communication Effectiveness', *Public Opinion Quarterly* 15 (1952): 635–50.

13. Herbert Kelman, ‚Processes of Opinion Change', *Public Opinion Quarterly* 25 (Frühjahr 1961): 57–78; Susan M. Petroshuis and Kenneth E. Crocker, ‚An Empirical Analysis of Spokesperson Characteristics on Advertisement and Product Evaluations', *Journal of the Academy of Marketing Science* 17 (Sommer 1989): 217–26.

14. Kenneth G. DeBono and Richard J. Harnish, ‚Source Expertise, Source Attractiveness, and the Processing of Persuasive Information: A Functional Approach', *Journal of Personality and Social Psychology* 55(4) (1988): 541–6.

15. Hershey H. Friedman and Linda Friedman, ‚Endorser Effectiveness by Product Type', *Journal of Advertising Research* 19 (5) (1979): 63–71.

16. S. Ratneshwar and Shelly Chaiken, ‚Comprehension's Role in Persuasion: The Case of its Moderating Effect on the Persuasive Impact of Source Cues', *Journal of Consumer Research* 18 (Juni 1991): 52–62.

17. ‚Reach for the Stars', *Marketing Today* (September 1996): 104–5.

18. ‚Robber Makes it Biggs in Ad', *Advertising Age* (29. Mai 1989): 26.

19. Alice H. Eagly, Andy Wood and Shelly Chaiken, ‚Causal Inferences About Communicators and Their Effect in Opinion Change', *Journal of Personality and Social Psychology* 36 (4) (1978): 424–35.

20. Judith Graham, ‚Sponsors Line Up for Rockin' Role', *Advertising Age* (11. Dezember 1989): 50.

21. Nicole Dickenson, ‚Can Celebrities Ruin a Launch?', *Campaign* (3. Mai 1996): 34.

22. Michael A. Kamins, ‚Celebrity and Noncelebrity Advertising in a Two Sided Context', *Journal of Advertising Research* 29 (Juni-Juli 1989): 34; Joseph M. Kamen, A.C. Azhari and J.R. Kragh, ‚What a Spokesman Does for a Sponsor', *Journal of Advertising Research* 15 (2) (1975): 17–24; Lynn Langmeyer and Mary Walker, ‚A First Step to Identify the Meaning in Celebrity Endorsers', in Rebecca H. Holman and Michael R. Solomon (eds.), *Advances in Consumer Research* 18 (Provo, UT: Association for Consumer Research, 1991): 364–71.

23. Jeffrey Burroughs and Richard A. Feinberg, ‚Using Response Latency to Assess Spokesperson Effectiveness', *Journal of Consumer Research* 14 (September 1987): 295–9.

24. Grant McCracken, ‚Who is the Celebrity Endorser? Cultural Foundations of the Endorsement Process', *Journal of Consumer Research* 16 (3) (Dezember 1989): 310–21.

25. Thomas R. King, ‚Credibility Gap: More Consumers Find Celebrity Ads Unpersuasive', *Wall Street Journal* (5. Juli 1989): B5; Bruce Haring, ‚Company Totes up Popularity Quotients', *Billboard Magazine* 101 (1989): 12.

26. Marie Okabe, ‚Fading Yen for Foreign Stars in Ads', *Singapore Straits-Times* (1986).

27. Pamela G. Hollie, ‚A Rush for Singers to Promote Goods', *New York Times* (14. Mai 1984): D1.

28. Michael A. Kamins, ‚An Investigation into the „Match-Up" Hypothesis in Celebrity Advertising: When Beauty May be Only Skin Deep', *Journal of Advertising* 19, 1 (1990): 4–13; Lynn R. Kahle and Pamela M. Homer, ‚Physical Attractiveness of the

Celebrity Endorser: A Social Adaptation Perspective', *Journal of Consumer Research* 11 (März 1985): 954–61.

29. Bruce Haring, ,Company Totes Up Popularity Quotients', *Billboard* (1989): 12.

30. Larry Armstrong, ,Still Starstruck', *Business Week* (4. Juli 1994): 38; Jeff Giles, ,The Risks of Wishing Upon a Star', *Newsweek* (6. September 1993): 38.

31. Dominique Midgely, ,Variety Performers Avoid Over-exposure', *Marketing* (Februar 1996): 9.

32. Karen K. Dion, ,What is Beautiful is Good', *Journal of Personality and Social Psychology* 24 (Dezember 1972): 285–90. Siehe auch Christian Derbaix and Lennart Sjöberg, ,Movie Stars in Space: A Comparison of Preference and Similarity Judgments', *International Journal of Research in Marketing* 11 (1994): 261–74.

33. Michael J. Baker and Gilbert A. Churchill Jr., ,The Impact of Physically Attractive Models on Advertising Evaluations', *Journal of Marketing Research* 14 (November 1977): 538–55; Marjorie J. Caballero and William M. Pride, ,Selected Effects of Sales-person Sex and Attractiveness in Direct Mail Advertisements', *Journal of Marketing* 48 (Januar 1984): 94–100; W. Benoy Joseph, ,The Credibility of Physically Attractive Communicators: A Review', *Journal of Advertising* 11 (3) (1982): 15–24; Lynn R. Kahle and Pamela M. Homer, ,Physical Attractiveness of the Celebrity Endorser: A Social Adaptation Perspective', *Journal of Consumer Research* 11 (4) (1985): 954–61; Judson Mills and Eliot Aronson, ,Opinion Change as a Function of Communicator's Attractiveness and Desire to Influence', *Journal of Personality and Social Psychology* 1 (1965): 173–7.

34. Richard D. Ashmore, Michael R. Solomon and Laura Longo, ,Thinking about Female Fashion Models' Looks: A Multidimensional Approach to the Structure of Perceived Physical Attractiveness', *Personality and Psychology Bulletin*, 22 (11) (November 1996) 1083–104; Basil G. Eng-

lis, Michael R. Solomon and Richard D. Ashmore, ,Beauty Before the Eyes of Beholders: The Cultural Encoding of Beauty Types in Magazine Advertising and Music Television', *Journal of Advertising*, 23 (Juni 1994), 49–64; Michael R. Solomon, Richard D. Ashmore and Laura Longo ,The Beauty Match-up Hypothesis: Congruence between Types of Beauty and Product Images in Advertising', *Journal of Advertising* 21 (Dezember 1992): 23–34.

35. Ernest Beck, ,Shaving Industry Targets European Women', *Wall Street Journal Europe* (6. Mai 1977): 4.

36. Leonard N. Reid and Lawrence C. Soley, ,Decorative Models and the Readership of Magazine Ads', *Journal of Advertising Research* 23 (2) (1983): 27–32.

37. Marjorie J. Caballero, James R. Lumpkin and Charles S. Madden, ,Using Physical Attractiveness as an Advertising Tool: An Empirical Test of the Attraction Phenomenon', *Journal of Advertising Research* (August/September 1989): 16–22.

38. Baker and Churchill, ,The Impact of Physically Attractive Models on Advertising Evaluations'; George E. Belch, Michael A. Belch and Angelina Villareal, ,Effects of Advertising Communications: Review of Research', in *Research in Marketing* (Greenwich, CT: JAI Press, 1987): 9, 59–117; A.E. Courtney and T.W. Whipple, *Sex Stereotyping in Advertising* (Lexington, MA: Lexington Books, 1983).

39. Kahle and Homer, ,Physical Attractiveness of the Celebrity Endorser'.

40. Anthony R. Pratkanis, Anthony G. Greenwald, Michael R. Leippe and Michael H. Baumgardner, ,In Search of Reliable Persuasion Effects: III. The Sleeper Effect is Dead, Long Live the Sleeper Effect', *Journal of Personality and Social Psychology* 54 (1988): 203–18.

41. Herbert C. Kelman and Carl I. Hovland, ,Reinstatement of the Communication in Delayed Measurement of Opinion Change', *Journal of Abnormal Psychology* 4 (48) (1953) 3: 327–35.

42. Darlene Hannah and Brian Sternthal, ,Detecting and Explaining the Sleeper Effect', *Journal of Consumer Research* (September 1984) 11: 632–42.

43. David Mazursky and Yaacov Schul, ,The Effects of Advertisment Encoding on the Failure to Discount Information: Implications for the Sleeper Effect', *Journal of Consumer Research* 15 (Juni 1988): 24–36.

44. Einen guten Überblick über die Literatur zum Ursprungsland geben Nicholas Papadopoulos and Louise Heslop, *Product and Country Images: Research and Strategy* (New York, The Haworth Press, 1993). Siehe auch Israel D. Nebenzahl, Eugene D. Jaffe and Shlomo I. Lampert, ,Towards a Theory of Country Image Effect on Product Evaluation', *Management International Review* 37 (1997): 27–49; Johny K. Johansson, ,Why Country of Origin Effects are Stronger than Ever', Basil Englis and Anna Olofsson (eds.), *Association for Consumer Research*, European Conference, Stockholm (Juni 1997); Allan Jaeger, ,Crafting the Image of the Netherlands Abroad', *The Netherlander* (31. Mai 1997): 13.

45. David W. Stewart and David H. Furse, ,The Effects of Television Advertising Execution on Recall, Comprehension, and Persuasion', *Psychology & Marketing* 2 (Herbst 1985): 135–60.

46. R.C. Grass and W.H. Wallace, ,Advertising Communication: Print vs. TV', *Journal of Advertising Research* 14 (1974): 19–23.

47. Elizabeth C. Hirschman and Michael R. Solomon, ,Utilitarian, Aesthetic, and Familiarity Responses to Verbal versus Visual Advertisements', in Thomas C. Kinnear (ed.), *Advances in Consumer Research* 11 (Provo, UT: Association for Consumer Research, 1984): 426–31.

48. Andrew A. Mitchell and Jerry C. Olson, ,Are Product Attribute Beliefs the Only Mediator of Advertising Effects on Brand Attitude?', *Journal of Marketing Research* 18 (1981) 3: 318–32.

49. Terry L. Childers and Michael J. Houston, ,Conditions for a Picture-Superiority Effect on Consumer Memory', *Journal of Consumer Research* 11 (September 1984): 643–54.

50. Andrew A. Mitchell, ,The Effect of Verbal and Visual Components of Advertisements on Brand Attitudes and Attitude Toward the Advertisement', *Journal of Consumer Research* 13 (Juni 1986): 12–24.

51. John R. Rossiter and Larry Percy, ,Attitude Change through Visual Imagery in Advertising', *Journal of Advertising Research* 9 (1980) 2: 10–16.

52. Jolita Kiselius and Brian Sternthal, ,Examining the Vividness Controversy: An Availability-Valence Interpretation', *Journal of Consumer Research* 12 (März 1986): 418–31.

53. Scott B. Mackenzie, ,The Role of Attention in Mediating the Effect of Advertising on Attribute Importance', *Journal of Consumer Research* 13 (September 1986): 174–95.

54. Robert B. Zajonc, ,Attitudinal Effects of Mere Exposure', Monograph, *Journal of Personality and Social Psychology* 8 (1968): 1–29.

55. George E. Belch, ,The Effects of Television Commercial Repetition on Cognitive Response and Message Acceptance', *Journal of Consumer Research* 9 (Juni 1982): 56–65; Marian Burke and Julie Edell, ,Ad Reactions Over Time: Capturing Changes in the Real World', *Journal of Consumer Research* 13 (Juni 1986): 114–18; Herbert Krugman, ,Why Three Exposures May Be Enough', *Journal of Advertising Research* 12 (Dezember 1972): 11–14.

56. Robert F. Bornstein, ,Exposure and Affect: Overview and Meta-Analysis of Research, 1968–1987', *Psychological Bulletin* 106 (1989) 2: 265–89; Arno Rethans, John Swasy and Lawrence Marks, ,Effects of Television Commercial Repetition, Receiver Knowledge, and Commercial Length: A Test of the Two-Factor Model', *Journal of Marketing Research* 23 (Februar 1986): 50–61.

57. Linda L. Golden and Mark I. Alpert, ‚Comparative Analysis of the Relative Effectiveness of One- and Two-Sided Communication for Contrasting Products', *Journal of Advertising* 16 (1987); Kamins, ‚Celebrity and Noncelebrity Advertising in a Two-Sided Context'; Robert B. Settle and Linda L. Golden, ‚Attribution Theory and Advertiser Credibility', *Journal of Marketing Research* 11 (Mai 1974): 181–5.

58. Siehe Alan G. Sawyer, ‚The Effects of Repetition of Refutational and Supportive Advertising Appeals', *Journal of Marketing Research* 10 (Februar 1973): 23–33; George J. Szybillo and Richard Heslin, ‚Resistance to Persuasion: Inoculation Theory in a Marketing Context', *Journal of Marketing Research* 10 (November 1973): 396–403.

59. Lawrence M. Fisher, ‚Winery's Answer to Critics: Print Good and Bad Reviews', *New York Times* (9. Januar 1991): D5.

60. Golden and Alpert, ‚Comparative Analysis of the Relative Effectiveness of One- and Two-Sided Communication for Contrasting Products'.

61. Belch *et al.*, ‚Effects of Advertising Communications'.

62. Frank R. Kardes, ‚Spontaneous Inference Processes in Advertising: The Effects of Conclusion Omission and Involvement on Persuasion', *Journal of Consumer Research* 15 (September 1988): 225–33.

63. Michael Lev, ‚For Car Buyers, Technology or Zen', *New York Times* (22. Mai 1989): D1.

64. ‚Connecting Consumer and Product', *New York Times* (18. Januar 1990): D19.

65. Edward F. Cone, ‚Image and Reality', *Forbes* (14. Dezember 1987): 226.

66. Hubert A. Zielske, ‚Does Day-After Recall Penalize „Feeling" Ads?', *Journal of Advertising Research* 22 (1982): 19–22.

67. Cone, ‚Image and Reality'.

68. Belch *et al.*, ‚Effects of Advertising Communications'; Courtney and Whipple, ‚Sex Stereotyping in Advertising'; Michael S. LaTour, ‚Female Nudity in Print Advertising: An Analysis of Gender Differences in Arousal and Ad Response', *Psychology & Marketing* 7 (1990) 1: 65–81; B.G. Yovovich, ‚Sex in Advertising – The Power and the Perils', *Advertising Age* (2. Mai 1983): M4-M5.

69. Marc G. Weinberger and Harlan E. Spotts, ‚Humor in U.S. versus U.K. TV Commercials: A Comparison', *Journal of Advertising* 18 (1989) 2: 39–44.

70. Thomas J. Madden, ‚Humor in Advertising: An Experimental Analysis', working paper no. 83–27 (University of Massachusetts, 1984); Thomas J. Madden and Marc G. Weinberger, ‚The Effects of Humor on Attention in Magazine Advertising', *Journal of Advertising* 11 (1982) 3: 8–14; Weinberger and Spotts, ‚Humor in U.S. versus U.K. TV Commercials'.

71. Roger Thurow, ‚In Global Push, Nike Finds its Brash Ways Don't Always Pay Off', *Wall Street Journal Europe* (6. Mai 1997): A1.

72. David M. Gardner, ‚The Distraction Hypothesis in Marketing', *Journal of Advertising Research* 10 (1970): 25–30.

73. ‚Funny Ads Provide Welcome Relief During These Gloom and Doom Days', *Marketing News* (17. April 1981): 3.

74. Lynette S. Unger and James M. Stearns, ‚The Use of Fear and Guilt Messages in Television Advertising: Issues and Evidence', in *1983 AMA Educators' Proceedings*, ed. Patrick E. Murphy *et al.* (Chicago: American Marketing Association, 1983): 16–20.

75. Michael L. Ray and William L. Wilkie, ‚Fear: The Potential of an Appeal Neglected by Marketing', *Journal of Marketing* 34 (1970) 1: 54–62.

76. Anonymous, ‚A Drive to Woo Women – And Invigorate Sales', *New York Times* (2. April 1989).

77. Carrie Goerne, ‚Gun Companies Target Women: Foes Call it „Marketing to Fear"; *Marketing News* (31. August 1992) 2: 1.

78. Ronald Paul Hill, ‚An Exploration of the Relationship Between AIDS Related Anxiety and the Evaluation of Condom

Advertisements', *Journal of Advertising* 17 (1988) 4: 35–42.

79. Randall Rothenberg, ‚Talking Too Tough on Life's Risks?' *New York Times* (16. Februar 1990): D1.

80. Judith Waldrop, ‚They're Coming to Take You Away (Fear as a Form of Persuasion)', *American Demographics* (15. Juni 1988): 2; John F. Tanner, Jr, James B. Hunt and David R. Eppright, ‚The Protection Motivation Model: A Normative Model of Fear Appeals', *Journal of Marketing* 55 (Juli 1991): 36–45.

81. Brian Sternthal and C. Samuel Craig, ‚Fear Appeals: Revisited and Revised', *Journal of Consumer Research* 1 (Dezember 1974): 22–34.

82. Stern, ‚Medieval Allegory'.

83. Edward F. McQuarrie and David Glen Mick, ‚On Resonance: A Critical Pluralistic Inquiry into Advertising Rhetoric', *Journal of Consumer Research* 19 (September 1992): 180–97.

84. Siehe Linda M. Scott, ‚The Troupe: Celebrities as Dramatis Personae in Advertisements', in Rebecca H. Holman and Michael R. Solomon (eds.), *Advances in Consumer Research* 18 (Provo, UT: Association for Consumer Research, 1991), 355–63; Barbara Stern, ‚Literary Criticism and Consumer Research: Overview and Illustrative Analysis', *Journal of Consumer Research* 16 (1989): 322–34; Judith Williamson, *Decoding Advertisements* (Boston: Marion Boyars, 1978).

85. John Deighton, Daniel Romer and Josh McQueen, ‚Using Drama to Persuade', *Journal of Consumer Research* 16 (Dezember 1989): 335–43.

86. Richard E. Petty, John T. Cacioppo and David Schumann, ‚Central and Peripheral Routes to Advertising Effectiveness: The Moderating Role of Involvement', *Journal of Consumer Research* 10 (1983) 2: 135–46.

87. Jerry C. Olson, Daniel R. Toy and Philip A. Dover, ‚Do Cognitive Responses Mediate the Effects of Advertising Content on Cognitive Structure?', *Journal of Consumer Research* 9 (1982) 3: 245–62.

88. Julie A. Edell and Andrew A. Mitchell, ‚An Information Processing Approach to Cognitive Responses', in S.C. Jain (ed.), *Research Frontiers in Marketing: Dialogues and Directions* (Chicago: American Marketing Association, 1978).

89. Siehe Mary Jo Bitner and Carl Obermiller, ‚The Elaboration Likelihood Model: Limitations and Extensions in Marketing', in Elizabeth C. Hirschman and Morris B. Holbrook (eds.), *Advances in Consumer Research* 12 (Provo, UT: Association for Consumer Research, 1985), 420–5; Meryl P. Gardner, ‚Does Attitude Toward the Ad Affect Brand Attitude under a Brand Evaluation Set?', *Journal of Marketing Research* 22 (1985): 192–8; C.W. Park and S.M. Young, ‚Consumer Response to Television Commercials: The Impact of Involvement and Background Music on Brand Attitude Formation', *Journal of Marketing Research* 23 (1986): 11–24; Petty, Cacioppo and Schumann, ‚Central and Peripheral Routes to Advertising Effectiveness'; Zur Diskussion darüber, wie verschiedene Arten des Involvements mit dem ELM interagieren, siehe Robin A. Higie, Lawrence F. Feick and Linda L. Price, ‚The Importance of Peripheral Cues in Attitude Formation for Enduring and Task-Involved Individuals', in Rebecca H. Holman and Michael R. Solomon (eds.), *Advances in Consumer Research* 18 (Provo, UT: Association for Consumer Research, 1991), 187–93.

90. J. Craig Andrews and Terence A. Shimp, ‚Effects of Involvement, Argument Strength, and Source Characteristics on Central and Peripheral Processing in Advertising', *Psychology & Marketing* 7 (Herbst 1990): 195–214.

91. Richard E. Petty, John T. Cacioppo, Constantine Sedikides and Alan J. Strathman, ‚Affect and Persuasion: A Contemporary Perspective', *American Behavioral Scientist* 31 (1988) 3: 355–71.

Kapitel 7

1. Daniel Goleman, ‚When Ugliness is Only in Patient's Eye, Body Image Can Reflect Mental Disorder', *New York Times* (2. Oktober 1991): C13.
2. Harry C. Triandis, ‚The Self and Social Behavior in Differing Cultural Contexts', *Psychological Review 96* (1989) 3: 506–20; H. Markus and S. Kitayamak, ‚Culture and the Self: Implications for Cognition, Emotion, and Motivation', *Psychological Review* 98 (1991): 224–53.
3. Hazel R. Markus and S. Kitayamak, ‚Culture and the Self: Implications for Cognition, Emotion, and Motivation', *Psychological Review* 98 (1991): 224–53.
4. Nancy Wong and Aaron Ahuvia, ‚A Cross-Cultural Approach to Materialism and the Self', in Dominique Bouchet (ed.), *Cultural Dimensions of International Marketing* (Odense University, Denmark, 1995): 68–89.
5. Anthony G. Greenwald and Mahzarin R. Banaji, ‚The Self as a Memory System: Powerful, but Ordinary', *Journal of Personality and Social Psychology* 57 (1989)1: 41–54; Hazel Markus, ‚Self Schemata and Processing Information About the Self', *Journal of Personality and Social Psychology* 35 (1977): 63–78.
6. Morris Rosenberg, *Conceiving the Self* (New York: Basic Books, 1979); M. Joseph Sirgy, ‚Self-Concept in Consumer Behavior: A Critical Review', *Journal of Consumer Research* 9 (Dezember 1982): 287–300.
7. Emily Yoffe, ‚You Are What You Buy', *Newsweek* (4. Juni 1990): 59.
8. Roy F. Baumeister, Dianne M. Tice and Debra G. Hutton, ‚Self-Presentational Motivations and Personality Differences in Self-Esteem', *Journal of Personality* 57 (September 1989): 547–75; Ronald J. Faber, ‚Are Self-Esteem Appeals Appealing?' in *Proceedings of the 1992 Conference of The American Academy of Advertising*, ed. Leonard N. Reid (1992): 230–5.
9. B. Bradford Brown and Mary Jane Lohr, ‚Peer-Group Affiliation and Adolescent Self-Esteem: An Integration of Ego Identity and Symbolic-Interaction Theories', *Journal of Personality and Social Psychology* 52 (1987) 1: 47–55.
10. Marsha L. Richins, ‚Social Comparison and the Idealized Images of Advertising', *Journal of Consumer Research* 18 (Juni 1991): 71–83; Mary C. Martin and Patricia F. Kennedy, ‚Advertising and Social Comparison: Consequences for Female Preadolescents and Adolescents', *Psychology & Marketing* 10 (November/Dezember 1993) 6: 513–30.
11. Philip N. Myers, Jr and Frank A. Biocca, ‚The Elastic Body Image: The Effect of Television Advertising and Programming on Body Image Distortions in Young Women', *Journal of Communication* 42 (Sommer 1992): 108–33.
12. Jeffrey F. Durgee, ‚Self-Esteem Advertising', *Journal of Advertising* 14 (1986) 4: 21.
13. Ernest Dichter, *Handbook of Consumer Motivations* (New York: McGraw-Hill, 1964).
14. Sigmund Freud, *New Introductory Lectures in Psychoanalysis* (New York: Norton, 1965).
15. Harrison G. Gough, Mario Fioravanti and Renato Lazzari, ‚Some Implications of Self versus Ideal-Self Congruence on the Revised Adjective Check List', *Journal of Personality and Social Psychology* 44 (1983) 6: 1214–20.
16. Steven Jay Lynn and Judith W. Rhue, ‚Daydream Believers', *Psychology Today* (September 1985): 14.
17. Erving Goffman, *The Presentation of Self in Everyday Life* (Garden City, N.Y.: Doubleday, 1959); Michael R. Solomon, ‚The Role of Products as Social Stimuli: A Symbolic Interactionism Perspective', *Journal of Consumer Research* 10 (Dezember 1983), 319–29.
18. Julie Skur Hill, ‚Purchasing Habits Shift for Execs', *Advertising Age* (27. April 1992): 1–16.

19. George H. Mead, *Mind, Self and Society* (Chicago: University of Chicago Press, 1934).

20. Charles H. Cooley, *Human Nature and the Social Order* (New York: Scribner's, 1902).

21. J.G. Hull and A.S. Levy, ‚The Organizational Functions of the Self: An Alternative to the Duval and Wicklund Model of Self-Awareness', *Journal of Personality and Social Psychology* 37 (1979): 756–68; Jay G. Hull, Ronald R. van Treuren, Susan J. Ashford, Pamela Propsom and Bruce W. Andrus, ‚Self-Consciousness and the Processing of Self-Relevant Information', *Journal of Personality and Social Psychology* 54 (1988) 3: 452–65.

22. Arnold W. Buss, *Self-Consciousness and Social Anxiety* (San Francisco: W.H. Freeman, 1980); Lynn Carol Miller and Cathryn Leigh Cox, ‚Public Self-Consciousness and Makeup Use', *Personality and Social Psychology Bulletin* 8 (1982) 4: 748–51; Michael R. Solomon and John Schopler, ‚Self-Consciousness and Clothing', *Personality and Social Psychology Bulletin* 8 (1982) 3: 508–14.

23. Morris B. Holbrook, Michael R. Solomon and Stephen Bell, ‚A Re-Examination of Self-Monitoring and Judgments of Furniture Designs', *Home Economics Research Journal* 19 (September 1990): 6–16; Snyder, ‚Self-Monitoring Processes'.

24. Mark Snyder and Steve Gangestad, ‚On the Nature of Self-Monitoring: Matters of Assessment, Matters of Validity', *Journal of Personality and Social Psychology* 51 (1986): 125–39.

25. Timothy R. Graeff, ‚Image Congruence Effects on Product Evaluations: The Role of Self-Monitoring and Public/Private Consumption', *Psychology & Marketing* 13 (5) (August 1996): 481–99.

26. Richard G. Netemeyer, Scot Burton and Donald R. Lichtenstein, ‚Trait Aspects of Vanity: Measurement and Relevance to Consumer Behavior', *Journal of Consumer Research* 21 (März 1995): 612–26.

27. Michael R. Solomon and Henry Assael, ‚The Forest or the Trees?: A Gestalt Approach to Symbolic Consumption', in Jean Umiker-Sebeok (ed.), *Marketing and Semiotics: New Directions in the Study of Signs for Sale* (Berlin: Mouton de Gruyter, 1987): 189–218.

28. Jack L. Nasar, ‚Symbolic Meanings of House Styles', *Environment and Behavior* 21 (Mai 1989): 235–57; E.K. Sadalla, B. Verschure and J. Burroughs, ‚Identity Symbolism in Housing', *Environment and Behavior* 19 (1987): 599–87.

29. Michael R. Solomon, ‚The Role of Products as Social Stimuli: A Symbolic Interactionism Perspective', *Journal of Consumer Research* 10 (Dezember 1983): 319–28; Robert E. Kleine, III, Susan Schultz-Kleine and Jerome B. Kernan, ‚Mundane Consumption and the Self: A Social-Identity Perspective', *Journal of Consumer Psychology* 2 (1993) 3: 209–35; Newell D. Wright, C.B. Claiborne and M. Joseph Sirgy, ‚The Effects of Product Symbolism on Consumer Self-Concept', in John F. Sherry, Jr and Brian Sternthal (eds.), *Advances in Consumer Research* 19 (Provo, UT: Association for Consumer Research, 1992), 311–18; Susan Fournier, ‚A Person-Based Relationship Framework for Strategic Brand Management', PhD Dissertation (University of Florida, 1994).

30. A. Dwayne Ball and Lori H. Tasaki, ‚The Role and Measurement of Attachment in Consumer Behavior', *Journal of Consumer Psychology* 1 (1992) 2: 155–72.

31. William B. Hansen and Irwin Altman, ‚Decorating Personal Places: A Descriptive Analysis', *Environment and Behavior* 8 (Dezember 1976): 491–504.

32. R.A. Wicklund and P.M. Gollwitzer, *Symbolic Self-Completion* (Hillsdale, N.J.: Lawrence Erlbaum, 1982).

33. Erving Goffman, *Asylums* (New York: Doubleday, 1961).

34. Übersetztes Zitat aus Floyd Rudmin, ‚Property Crime Victimization Impact on Self, on Attachment, and on Territorial Dominance', *CPA Highlights, Victims of Crime Supplement* 9 (1987) 2: 4–7.

35. Barbara B. Brown, ‚House and Block as Territory‘, paper presented at the Conference of the Association for Consumer Research (San Francisco, 1982).

36. Übersetztes Zitat aus Shay Sayre and David Horne, ‚I Shop, Therefore I Am: The Role of Possessions for Self Definition‘, in Shay Sayre and David Horne (eds.), *Earth, Wind, and Fire and Water: Perspectives on Natural Disaster* (Pasadena, CA: Open Door Publishers, 1996): 353–70.

37. Deborah A. Prentice, ‚Psychological Correspondence of Possessions, Attitudes, and Values‘, *Journal of Personality and Social Psychology* 53 (1987) 6: 993–1002.

38. Sak Onkvisit and John Shaw, ‚Self-Concept and Image Congruence: Some Research and Managerial Implications‘, *The Journal of Consumer Marketing* 4 (Winter 1987): 13–24. Eine ähnliche Behandlung der Kongruenz zwischen Werbung und Selbstbild bei George M. Zinkhan and Jae W. Hong, ‚Self-Concept and Advertising Effectiveness: A Conceptual Model of Congruency, Conspicuousness, and Response Mode‘, in Rebecca H. Holman and Michael R. Solomon (eds.) *Advances in Consumer Research* 18 (Provo, UT: Association for Consumer Research, 1991), 348–54.

39. C.B. Claiborne and M. Joseph Sirgy, ‚Self-Image Congruence as a Model of Consumer Attitude Formation and Behavior: A Conceptual Review and Guide for Further Research‘, paper presented at the Academy of Marketing Science Conference (New Orleans, 1990).

40. Liz Hunt, ‚Rise in Infertility Linked to Craze for Body Building‘, *The Independent* (12. Juli 1995): 12.

41. Al E. Birdwell, ‚A Study of Influence of Image Congruence on Consumer Choice‘, *Journal of Business* 41 (Januar 1964): 76–88; Edward L. Grubb and Gregg Hupp, ‚Perception of Self, Generalized Stereotypes, and Brand Selection‘, *Journal of Marketing Research* 5 (Februar 1986): 58–63.

42. Ira J. Dolich, ‚Congruence Relationship Between Self-Image and Product Brands‘,

Journal of Marketing Research 6 (Februar 1969): 80–4; Danny N. Bellenger, Earle Steinberg and Wilbur W. Stanton, ‚The Congruence of Store Image and Self Image as it Relates to Store Loyalty‘, *Journal of Retailing* 52 (1976) 1: 17–32; Ronald J. Dornoff and Ronald L. Tatham, ‚Congruence between Personal Image and Store Image‘, *Journal of the Market Research Society* 14 (1972) 1: 45–52.

43. Naresh K. Malhotra, ‚A Scale to Measure Self-Concepts, Person Concepts, and Product Concepts‘, *Journal of Marketing Research* 18 (November 1981): 456–64.

44. Ernest Beaglehole, *Property: A Study in Social Psychology* (New York: Macmillan, 1932).

45. M. Csikszentmihalyi and Eugene Rochberg Halton, *The Meaning of Things: Domestic Symbols and the Self* (Cambridge, MA: Cambridge University Press, 1981).

46. Russell W. Belk, ‚Possessions and the Extended Self‘, *Journal of Consumer Research* 15 (September 1988): 139–68.

47. Janeen Arnold Costa ‚Introduction‘, in J.A. Costa (ed.), *Gender Issues and Consumer Behavior* (Thousand Oaks: Sage Publications, 1994).

48. Joan Meyers Levy, ‚The Influence of Sex Roles on Judgment‘, *Journal of Consumer Research* 14 (März 1988): 522–30.

49. Kimberly J. Dodson and Russell W. Belk, ‚Gender in Children's Birthday Stories‘, in Janeen Costa (ed.), *Gender, Marketing, and Consumer Behavior* (Salt Lake City, UT: Association for Consumer Research, 1996): 96–108.

50. Elizabeth C. Hirschman, ‚A Feminist Critique of Marketing Theory: Toward Agentic-Communal Balance‘, working paper (School of Business, Rutgers University, New Brunswick, NJ, 1990).

51. Eileen Fischer and Stephen J. Arnold, ‚Sex, Gender Identity, Gender Role Attitudes, and Consumer Behavior‘, *Psychology & Marketing* 11 (März/April 1994) 2: 163–82.

52. Kathleen Debevec and Easwar Iyer, ‚Sex Roles and Consumer Perceptions of

Promotions, Products, and Self: What Do We Know and Where Should We Be Headed', in Richard J. Lutz (ed.), *Advances in Consumer Research* 13 (Provo, UT: Association for Consumer Research, 1986), 210–14; Joseph A. Bellizzi and Laura M. Milner, ,Gender Positioning of a Traditionally Male-Dominant Product', *Journal of Advertising Research* (Juni/Juli 1991): 72–9.

53. Janeen Arnold Costa and Teresa M. Pavia, ,Alpha-Numeric Brand Names and Gender Stereotypes', *Research in Consumer Behavior* 6 (1993): 85–112.

54. Helga Dittmar, Jane Beattie and Susanne Friese, ,Gender Identity and Material Symbols: Objects and Decision Considerations in Impulse Purchases', *Journal of Economic Psychology* 16 (1995): 491–511; Jason Cox and Helga Dittmar, ,The Functions of Clothes and Clothing (Dis)Satisfaction: A Gender Analysis Among British Students', *Journal of Consumer Policy* 18 (1995): 237–65.

55. Sandra L. Bem, ,The Measurement of Psychological Androgyny', *Journal of Consulting and Clinical Psychology* 42 (1974): 155–62; Deborah E.S. Frable, ,Sex Typing and Gender Ideology: Two Facets of the Individual's Gender Psychology That Go Together', *Journal of Personality and Social Psychology* 56 (1989) 1: 95–108.

56. Siehe D. Bruce Carter and Gary D. Levy, ,Cognitive Aspects of Early Sex-Role Development: The Influence of Gender Schemas on Preschoolers' Memories and Preferences for Sex-Typed Toys and Activities', *Child Development* 59 (1988): 782–92; Bernd H. Schmitt, France Le Clerc and Laurette Dube-Rioux, ,Sex Typing and Consumer Behavior: A Test of Gender Schema Theory', *Journal of Consumer Research* 15 (Juni 1988): 122–7.

57. Carol Gilligan, *In a Different Voice: Psychological Theory and Women's Development* (Cambridge, MA: Harvard University Press, 1982); Joan Meyers-Levy and Durairaj Maheswaran, ,Exploring Differences in Males' and Females' Processing

Strategies', *Journal of Consumer Research* 18 (Juni 1991): 63–70.

58. Lynn J. Jaffe and Paul D. Berger, ,Impact on Purchase Intent of Sex-Role Identity and Product Positioning', *Psychology & Marketing* (Herbst 1988): 259–71; Lynn J. Jaffe, ,The Unique Predictive Ability of Sex-Role Identity in Explaining Women's Response to Advertising', *Psychology & Marketing* 11 (September/Oktober 1994) 5: 467–82.

59. Leila T. Worth, Jeanne Smith and Diane M. Mackie, ,Gender Schematicity and Preference for Gender-Typed Products', *Psychology & Marketing* 9 (Januar 1992): 17–30.

60. Julie Candler, ,Woman Car Buyer – Don't Call Her a Niche Anymore', *Advertising Age* (21. Januar 1991): S-8; siehe auch Robin Widgery and Jack McGaugh, ,Vehicle Message Appeals and the New Generation Woman', *Journal of Advertising Research* (September/Oktober 1993): 36–42; Blayne Cutler, ,Condom Mania', *American Demographics* (Juni 1989): 17.

61. B. Abrams, ,American Express is Gearing New Ad Campaign to Women', *Wall Street Journal* (4. August 1983): 23.

62. Laurel Anderson and Marsha Wadkins, ,The New Breed in Japan: Consumer Culture', unveröffentlichtes Manuskript (Arizona State University, Tempe, 1990); Doris L. Walsh, ,A Familiar Story', *American Demographics* (Juni 1987): 64.

63. ,Ads' Portrayal of Women Today is Hardly Innovative', *Marketing News* (6. November 1989): 12; Jill Hicks Ferguson, Peggy J. Kreshel and Spencer F. Tinkham, ,In the Pages of Ms.: Sex Role Portrayals of Women in Advertising', *Journal of Advertising* 19 (1990) 1: 40–51.

64. Richard Elliott, Abigail Jones, Andrew Benfield and Matt Barlow ,Overt Sexuality in Advertising: A Discourse Analysis of Gender Responses', *Journal of Consumer Policy*, 18 (1995): 187–217. Sonia Livingstone and Gloria Greene, ,Television Advertisements and the Portrayal of

Gender', *British Journal of Social Psychology* 25 (1986): 149–54; siehe auch L.Z. McArthur and B.G. Resko, ‚The Portrayal of Men and Women in American Television Commercials', *Journal of Social Psychology* 97 (1975): 209–20.

65. Richard Edel, ‚American Dream Vendors', *Advertising Age* (9. November 1988): 153.

66. Stuart Elliott, ‚Avon Products is Abandoning Its Old-Fashioned Image in an Appeal to Contemporary Women', *The New York Times* (27. April 1993): D21.

67. Daniel J. Brett and Joanne Cantor, ‚The Portrayal of Men and Women in U.S. Television Commercials: A Recent Content Analysis and Trends Over 15 Years', *Sex Roles* 18 (1988): 595–609.

68. Kyle Pope, ‚High-Tech Marketers Try to Attract Women Without Causing Offense', *The Wall Street Journal* (17. März 1994): B1 (2).

69. Gordon Sumner, ‚Tribal Rites of the American Male', *Marketing Insights* (Sommer 1989): 13.

70. Margaret G. Maples, ‚Beefcake Marketing: The Sexy Sell', *Marketing Communications* (April 1983): 21–5.

71. ‚Changing Conceptions of Fatherhood', *USA Today* (Mai 1988): 10.

72. Übersetztes Zitat aus Kim Foltz, ‚In Ads, Men's Image Becomes Softer', *New York Times* (26. März 1990): D12.

73. Cyndee Miller, ‚Cosmetics Makers to Men: Paint Those Nails', *Marketing News* (12. Mai 1997): 14, 18.

74. Alan Farnham, ‚You're so Vain', *Fortune* (9. September 1996): 66 (10).

75. Amy M. Spindler, ‚It's a Face-Lifted, Tummy-Tucked Jungle Out There', *The New York Times* (9. Juni 1996): Sec. 3, 1 (3).

76. Übersetztes Zitat aus Jennifer Foote, ‚The Ad World's New Bimbos', *Newsweek* (25. Januar 1988): 44.

77. Maples, ‚Beefcake Marketing'.

78. Übersetztes Zitat aus Lynn G. Coleman, ‚What Do People Really Lust After in Ads?', *Marketing News* (6. November 1989): 12.

79. Riccardo A. Davis, ‚Marketers Game for Gay Events', *Advertising Age* (30. Mai 1994): S-1 (2); Cyndee Miller, ‚Top Marketers Take Bolder Approach in Targeting Gays', *Marketing News* (4. Juli 1994): 1 (2); siehe auch Douglas L. Fugate, ‚Evaluating the US Male Homosexual and Lesbian Population as a Viable Target Market Segment', *Journal of Consumer Marketing* 10 (1993) 4: 46–57; Laura M. Milner, ‚Marketing to Gays and Lesbians: A Review', unveröffentlichtes Manuskript (The University of Alaska, 1990).

80. Kate Fitzgerald, ‚IKEA Dares to Reveal Gays Buy Tables, Too', *Advertising Age* (28. März 1994): 3 (2); Cyndee Miller, ‚Top Marketers Take Bolder Approach in Targeting Gays', *Marketing News* (4. Juli 1994): 1 (2); Paula Span, ‚ISO the Gay Consumer', *The Washington Post* (19. Mai 1994): D1 (2).

81. Elliott, ‚A Sharper View of Gay Consumers'; Kate Fitzgerald, ‚AT&T Addresses Gay Market', *Advertising Age* (16. Mai 1994): 8.

82. James S. Hirsch, ‚New Credit Cards Base Appeals on Sexual Orientation and Race', *The Wall Street Journal* (6. November 1995): B1 (2).

83. Projektionen des Auftretens von Homosexualität in der allgemeinen Bevölkerung werden häufig sowohl von Annahmen der Forscher als auch von der verwendeten Methodologie beeinflusst (z. B. Selbstbericht, Verhaltensmaß, Fantasiemaß). Diese Faktoren diskutieren Edward O. Laumann, John H. Gagnon, Robert T. Michael and Stuart Michaels, *The Social Organization of Homosexuality* (Chicago: University of Chicago Press, 1994).

84. Lisa Peñaloza, ‚We're Here, We're Queer, and We're Going Shopping! A Critical Perspective on the Accommodation of Gays and Lesbians in the U.S. Marketplace', *Journal of Homosexuality* 31, 1/2 (1966): 9–41.

85. Douglas L. Fugate, ‚Evaluating the U.S. Male Homosexual and Lesbian

Population as a Viable Target Market Segment: A Review with Implications' *Journal of Consumer Marketing* 10 (4) (1993): 46–57.

86. Peñaloza, ‚We're Here, We're Queer, and We're Going Shopping! A Critical Perspective on the Accommodation of Gays and Lesbians in the U.S. Marketplace'.

87. Michael Wilke, ‚Subaru Adds Lesbians to Niche Marketing Drive', *Advertising Age* (4. März 1996): 8.

88. Dennis W. Rook, ‚Body Cathexis and Market Segmentation', in Michael R. Solomon (ed.), *The Psychology of Fashion* (Lexington, MA: Lexington Books, 1985): 233–41.

89. ‚Nederlandse vrouw krijt lachend rimpels', *De Telegraaf* (26. April 1997): TA5.

90. Jane E. Brody, ‚Notions of Beauty Transcend Culture, New Study Suggests', *The New York Times* (21. März 1994): A14.

91. Geoffrey Cowley, ‚The Biology of Beauty', *Newsweek* (3. Juni 1996): 61–6.

92. Michael Fay and Christopher Price, ‚Female Body-Shape in Print Advertisements and the Increase in Anorexia Nervosa', *European Journal of Marketing* 28 (1994): 12.

93. Lois W. Banner, *American Beauty* (Chicago: The University of Chicago Press, 1980); ein philosophischer Ansatz bei Barry Vacker and Wayne R. Key, ‚Beauty *and* the Beholder: The Pursuit of Beauty Through Commodities', *Psychology & Marketing* (10. November/Dezember 1993) 6: 471–94.

94. David M. Garner, Paul E. Garfinkel, Donald Schwartz and Michael Thompson, ‚Cultural Expectations of Thinness in Women', *Psychological Reports* 47 (1980): 483–91.

95. Kathleen Boyes, ‚The New Grip of Girdles is Lightened by Lycra', *USA Today* (25. April 1991): 6D.

96. Stuart Elliott, ‚Ultrathin Models in Coca-Cola and Calvin Klein Campaigns Draw Fire and a Boycott Call', *The New York Times* (26. April 1994): D18; Cyndee Miller, ‚Give Them a Cheeseburger', *Marketing News* (6. Juni 1994): 1 (2).

97. Jill Neimark, ‚The Beefcaking of America', *Psychology Today* (November/Dezember 1994): 32 (11).

98. Richard H. Kolbe and Paul J. Albanese, ‚Man to Man: A Content Analysis of Sole-Male Images in Male-Audience Magazines', *Journal of Advertising* 25, 4 (Winter 1996): 1–20.

99. ‚Girls at 7 Think Thin, Study Finds', *New York Times* (11. Februar 1988): B9.

100. Sarah McBride, ‚Turn On! Tune In! Eat Up!: Antidiet Trend Gets Militant', *The Wall Street Journal* Interactive Edition (2. Mai 1997).

101. Elaine L. Pedersen and Nancy L. Markee, ‚Fashion Dolls: Communicators of Ideals of Beauty and Fashion', paper presented at the International Conference on Marketing Meaning (Indianapolis, IN, 1989); Dalma Heyn, ‚Body Hate', *Ms.* (August 1989): 34; Mary C. Martin and James W. Gentry, ‚Assessing the Internalization of Physical Attractiveness Norms', *Proceedings of the American Marketing Association Summer Educators' Conference* (Sommer 1994): 59–65.

102. Debra A. Zellner, Debra F. Harner and Robbie I. Adler, ‚Effects of Eating Abnormalities and Gender on Perceptions of Desirable Body Shape', *Journal of Abnormal Psychology* 98 (Februar 1989): 93–6.

103. Robin T. Peterson, ‚Bulimia and Anorexia in an Advertising Context', *Journal of Business Ethics* 6 (1987): 495–504.

104. Christian S. Crandall, ‚Social Contagion of Binge Eating', *Journal of Personality and Social Psychology* 55 (1988): 588–98.

105. Judy Folkenberg, ‚Bulimia: Not For Women Only', *Psychology Today* (März 1984): 10.

106. Eleanor Grant, ‚The Exercise Fix: What Happens When Fitness Fanatics Just Can't Say No?', *Psychology Today* 22 (Februar 1988): 24.

107. John W. Schouten, ‚Selves in Transition: Symbolic Consumption in Personal Rites of Passage and Identity Reconstruction', *Journal of Consumer Research* 17 (März 1991): 412–25.

108. Monica Gonzalez, ,Want a Lift?', *American Demographics* (Februar 1988): 20.

109. Annette C. Hamburger and Holly Hall, ,Beauty Quest', *Psychology Today* (Mai 1988): 28.

110. Emily Yoffe, ,Valley of the Silicon Dolls', *Newsweek* (26. November 1990): 72.

111. Keith Greenberg, ,What's Hot: Cosmetic Surgery', *Public Relations Journal* (Juni 1988): 23.

112. Norihiko Shirouzu, ,Reconstruction Boom in Tokyo: Perfecting Imperfect Bellybuttons', *The Wall Street Journal* (4. Oktober 1995): B1.

113. Ruth P. Rubinstein, ,Color, Circumcision, Tattoos, and Scars', in Michael R. Solomon (ed.), *The Psychology of Fashion* (Lexington, MA: Lexington Books, 1985): 243–54; Peter H. Bloch and Marsha L. Richins, ,You Look „Mahvelous": The Pursuit of Beauty and Marketing Concept', *Psychology & Marketing* 9 (Januar 1992): 3–16.

114. Sondra Farganis, ,Lip Service: The Evolution of Pouting, Pursing, and Painting Lips Red', *Health* (November 1988): 48–51.

115. Michael Gross, ,Those Lips, Those Eyebrows; New Face of 1989 (New Look of Fashion Models)', *New York Times Magazine* (13. Februar 1989): 24.

116. Übersetztes Zitat aus ,High Heels: Ecstasy's Worth the Agony', *New York Post* (31. Dezember 1981).

117. Kathy H. Merrell, ,Saving Faces', *Allure* (Januar 1994): 66 (2).

118. ,White Weight', *Psychology Today* (September/Oktober 1994): 9.

119. Übersetztes Zitat aus Wendy Bounds, ,Body-Piercing Gets Under America's Skin', *The Wall Street Journal* (4. April 1994): B1 (2), S. B4.

Kapitel 8

1. John C. Mowen, ,Beyond Consumer Decision Making', *Journal of Consumer Marketing* 5 (1988) 1: 15–25.

2. Richard W. Olshavsky and Donald H. Granbois, ,Consumer Decision Making – Fact or Fiction', *Journal of Consumer Research* 6 (September 1989): 93–100.

3. James R. Bettman, ,The Decision Maker Who Came In from the Cold', Presidential Address, in Leigh McAllister and Michael Rothschild (eds.), *Advances in Consumer Research* 20 (Provo, UT: Association for Consumer Research, im Druck); John W. Payne, James R. Bettman and Eric J. Johnson, ,Behavioral Decision Research: A Constructive Processing Perspective', *Annual Review of Psychology* 4 (1992): 87–131; einen Überblick über aktuelle Entwicklungen bei individuellen Auswahlmodellen geben Robert J. Meyer and Barbara E. Kahn, ,Probabilistic Models of Consumer Choice Behavior', in Thomas S. Robertson and Harold H. Kassarjian (eds.), *Handbook of Consumer Behavior* (Englewood Cliffs, NJ: Prentice-Hall, 1991): 85–123.

4. Mowen, ,Beyond Consumer Decision Making'; Kordelia Spies, Friedrich Hesse and Kerstin Loesch, ,Store Atmosphere, Mood and Purchasing Behavior', *International Journal of Research in Marketing*, 14 (1997): 1–17; José M.M. Bloemer and Hans D.P. Kasper, ,The Complex Relationship between Consumer Satisfaction and Brand Loyalty', *Journal of Economic Psychology*, 16 (1995): 311–29.

5. Joseph W. Alba and J. Wesley Hutchinson, ,Dimensions of Consumer Expertise', *Journal of Consumer Research* 13 (März 1988): 411–54; Jouni T. Kujala and Michael D. Johnson, ,Price Knowledge and Search Behavior for Habitual, Low Involvement Food Purchases', *Journal of Economic Psychology*, 14 (1993): 249–65.

6. Gordon C. Bruner III and Richard J. Pomazal, ,Problem Recognition: The Crucial First Stage of the Consumer Decision Process', *Journal of Consumer Marketing* 5 (1988) 1: 53–63.

7. Ross K. Baker, ,Textually Transmitted Diseases', *American Demographics* (Dezember 1987): 64.

8. Julia Marlowe, Gary Selnow and Lois Blosser, ,A Content Analysis of Problem-

Resolution Appeals in Television Commercials', *The Journal of Consumer Affairs* 23 (1989) 1: 175–94.

9. Peter H. Bloch, Daniel L. Sherrell and Nancy M. Ridgway, ,Consumer Search: An Extended Framework', *Journal of Consumer Research* 13 (Juni 1986): 119–26.

10. Girish Punj, ,Presearch Decision Making in Consumer Durable Purchases', *Journal of Consumer Marketing* 4 (Winter 1987): 71–82.

11. H. Beales, M.B. Jagis, S.C. Salop and R. Staelin, ,Consumer Search and Public Policy', *Journal of Consumer Research* 8 (Juni 1981): 11–22.

12. Thomas E. Miller, ,New Markets for Information', *American Demographics* (April 1995): 46–50.

13. Amy Cortese, ,A Way Out of the Web Maze', *Business Week* (24. Februar 1997): 93 (8); Rebecca H. Patterson, ,No Lines at Britain's First On-Line Grocery', *Wall Street Journal*, Europe (25.-26. Juli 1997): 4.

14. Thomas E. Weber, ,Advertising: New Software Lets Marketers Target Their Ads on Internet', *The Wall Street Journal Interactive Edition* (21. April 1997).

15. Itamar Simonson, Joel Huber and John Payne, ,The Relationship Between Prior Brand Knowledge and Information Acquisition Order', *Journal of Consumer Research* 14 (März 1988): 566–78.

16. John R. Hauser, Glen L. Urban and Bruce D. Weinberg, ,How Consumers Allocate Their Time When Searching for Information', *Journal of Marketing Research* 30 (November 1993): 452–66; George J. Stigler, 'The Economics of Information', *Journal of Political Economy* 69 (Juni 1961): 213–25.

17. Cathy J. Cobb and Wayne D. Hoyer, ,Direct Observation of Search Behaviour', *Psychology & Marketing* 2 (Herbst 1985): 161–79.

18. Sharon E. Beatty and Scott M. Smith, ,External Search Effort: An Investigation across Several Product Categories', *Journal of Consumer Research* 14 (Juni 1987): 83–95; William L. Moore and Donald R. Lehmann, ,Individual Differences in Search Behavior for a Nondurable', *Journal of Consumer Research* 7 (Dezember 1980): 296–307.

19. Geoffrey C. Kiel and Roger A. Layton, ,Dimensions of Consumer Information Seeking Behavior', *Journal of Marketing Research* 28 (Mai 1981): 233–9; siehe auch Narasimhan Srinivasan and Brian T. Ratchford, ,An Empirical Test of a Model of External Search for Automobiles', *Journal of Consumer Research* 18 (September 1991): 233–42; Mari Niva, Eva Heiskanen and Päivi Timonen, ,Environmental Information in Consumer Decision Making', *National Consumer Research Centre* (Helsinki, Juli 1996).

20. David F. Midgley, ,Patterns of Interpersonal Information Seeking for the Purchase of a Symbolic Product', *Journal of Marketing Research* 20 (Februar 1983): 74–83.

21. Cyndee Miller, ,Scotland to U.S.: „This Tennent's for You", *Marketing News* (29. August 1994): 26.

22. Satya Menon and Barbara E. Kahn, ,The Impact of Context on Variety Seeking in Product Choices', *Journal of Consumer Research* 22 (Dezember 1995): 285–95; Barbara E. Kahn and Alice M. Isen, ,The Influence of Positive Affect on Variety Seeking Among Safe, Enjoyable Products', *Journal of Consumer Research* 20 (September 1993): 257–70; Hans Baumgartner and Jan-Benedict E.M. Steenkamp, ,Exploratory Consumer Buying Behavior: Conceptualization and Measurement', *International Journal of Research in Marketing,* 13 (1996): 121–37; Gordon Foxall and Seema Bhate, ,Cognitive Style and Personal Involvement as Explicators of Innovative Purchasing of „Healthy" Food Brands', *European Journal of Marketing* 27 (2) (1993).

23. Michael Laroche, Chankon Kim and Lianxi Zhou, ,Brand Familiarity and Confidence as Determinants of Purchase Intention: An Empirical Test in a Multiple Brand Context', *Journal of Business Research* 37 (1996): 115–120.

24. Barbara E. Kahn, ‚Understanding Variety-Seeking Behavior From a Marketing Perspective‘, unveröffentlichtes Manuskript (University of Pennsylvania, University Park, 1991); Leigh McAllister and Edgar A. Pessemier, ‚Variety-Seeking Behavior: An Interdisciplinary Review‘, *Journal of Consumer Research* 9 (Dezember 1982): 311–22; Fred M. Feinberg, Barbara E. Kahn and Leigh McAlister, ‚Market Share Response When Consumers Seek Variety‘, *Journal of Marketing Research* 29 (Mai 1992): 228–37; Barbara E. Kahn and Alice M. Isen, ‚The Influence of Positive Affect on Variety Seeking Among Safe, Enjoyable Products‘, *Journal of Consumer Research* 20 (September 1993) 2: 257–70.

25. Gary Belsky, ‚Why Smart People Make Major Money Mistakes‘, *Money* (Juli 1995): 76 (10); Richard Thaler and Eric J. Johnson, ‚Gambling with the House Money or Trying to Break Even: The Effects of Prior Outcomes on Risky Choice‘, *Management Science* 36 (Juni 1990): 643–60; Richard Thaler, ‚Mental Accounting and Consumer Choice‘, *Marketing Science* 4 (Sommer 1985): 199–214.

26. Daniel Kahneman and Amos Tversky, ‚Prospect Theory: An Analysis of Decision under Risk‘, *Econometrica* 47 (März 1979): 263–91; Timothy B. Heath, Subimal Chatterjee and Karen Russo France, ‚Mental Accounting and Changes in Price: The Frame Dependence of Reference Dependence‘, *Journal of Consumer Research* 22 (1) (Juni 1995): 90–7.

27. Übersetztes Zitat aus Richard Thaler, ‚Mental Accounting and Consumer Choice‘, *Marketing Science* 4 (Sommer 1985): 199–214, S. 206.

28. Girish N. Punj and Richard Staelin, ‚A Model of Consumer Search Behavior for New Automobiles‘, *Journal of Consumer Research* 9 (März 1983): 366–80.

29. Cobb and Hoyer, ‚Direct Observation of Search Behavior‘; Moore and Lehmann, ‚Individual Differences in Search Behavior for a Nondurable‘; Punj and Staelin, ‚A Model of Consumer Search Behavior for New Automobiles‘.

30. James R. Bettman and C. Whan Park, ‚Effects of Prior Knowledge and Experience and Phase of the Choice Process on Consumer Decision Processes: A Protocol Analysis‘, *Journal of Consumer Research* 7 (Dezember 1980): 234–48.

31. Alba and Hutchinson, ‚Dimensions of Consumer Expertise‘; Bettman and Park, ‚Effects of Prior Knowledge and Experience and Phase of the Choice Process on Consumer Decision Processes‘; Merrie Brucks, ‚The Effects of Product Class Knowledge on Information Search Behavior‘, *Journal of Consumer Research* 12 (Juni l985): 1–16; Joel E. Urbany, Peter R. Dickson and William L. Wilkie, ‚Buyer Uncertainty and Information Search‘, *Journal of Consumer Research* 16 (September 1989): 208–15.

32. Cyndee Miller, ‚HIV Kits Target Untested Market‘, *Marketing News* (20. Januar 1997): 1, 11.

33. Mary Frances Luce, James R. Bettman and John W. Payne, ‚Choice Processing in Emotionally Difficult Decisions‘, *Journal of Experimental Psychology* 23 (2) (1997): 384–405.

34. John R. Hauser and Birger Wernerfelt, ‚An Evaluation Cost Model of Consideration Sets‘, *Journal of Consumer Research* 16 (März 1990): 393–408.

35. Robert J. Sutton, ‚Using Empirical Data to Investigate the Likelihood of Brands Being Admitted or Readmitted Into an Established Evoked Set‘, *Journal of the Academy of Marketing Science* 15 (Herbst 1987): 82.

36. Alba and Hutchison, ‚Dimensions of Consumer Expertise‘; Joel B. Cohen and Kunal Basu, ‚Alternative Models of Categorization: Toward a Contingent Processing Framework‘, *Journal of Consumer Research* 13 (März 1987): 455–72.

37. Robert M. McMath, ‚The Perils of Typecasting‘, *American Demographics* (Februar 1997): 60.

38. Eleanor Rosch, ‚Principles of Categorization‘, in E. Rosch and B.B. Lloyd (eds.), *Recognition and Categorization* (Hillsdale, NJ: Lawrence Erlbaum, 1978).

39. Michael R. Solomon, ‚Mapping Product Constellations: A Social Categorization Approach to Symbolic Consumption‘, *Psychology & Marketing* 5 (1988) 3: 233–58.

40. Robert M. McMath, ‚The Perils of Typecasting‘, *American Demographics* (Februar 1997): 60.

41. Elizabeth C. Hirschman and Michael R. Solomon, ‚Competition and Cooperation Among Culture Production Systems‘, in Ronald F. Bush and Shelby D. Hunt (eds.), *Marketing Theory: Philosophy of Science Perspectives* (Chicago: American Marketing Association, 1982): 269–72.

42. Michael D. Johnson, ‚The Differential Processing of Product Category and Noncomparable Choice Alternatives‘, *Journal of Consumer Research* 16 (Dezember 1989): 300–9.

43. Mita Sujan, ‚Consumer Knowledge: Effects on Evaluation Strategies Mediating Consumer Judgments‘, *Journal of Consumer Research* 12 (Juni 1985): 31–46.

44. Rosch, ‚Principles of Categorization‘.

45. Joan Meyers-Levy and Alice M. Tybout, ‚Schema Congruity as a Basis for Product Evaluation‘, *Journal of Consumer Research* 16 (Juni 1989): 39–55.

46. Mita Sujan and James R. Bettman, ‚The Effects of Brand Positioning Strategies on Consumers‘ Brand and Category Perceptions: Some Insights from Schema Research‘, *Journal of Marketing Research* 26 (November 1989): 454–67.

47. Siehe William P. Putsis, Jr and Narasimhan Srinivasan, ‚Buying or Just Browsing? The Duration of Purchase Deliberation‘, *Journal of Marketing Research* 31 (August 1994): 393–402.

48. Robert E. Smith, ‚Integrating Information from Advertising and Trial: Processes and Effects on Consumer Response to Product Information‘, *Journal of Marketing Research* 30 (Mai 1993): 204–19.

49. Jack Trout, ‚Marketing in Tough Times‘, *Boardroom Reports* (Oktober 1992) 2: 8.

50. Anna Kirmani and Peter Wright, ‚Procedural Learning, Consumer Decision Making and Marketing Communication‘, *Marketing Letters* (1992).

51. Robert A. Baron, *Psychology: The Essential Science* (Boston: Allyn & Bacon, 1989); Valerie S. Folkes, ‚The Availability Heuristic and Perceived Risk‘, *Journal of Consumer Research* 15 (Juni 1989): 13–23; Daniel Kahneman and Amos Tversky, ‚Prospect Theory: An Analysis of Decision Under Risk‘, *Econometrica* 47 (1979): 263–91.

52. Wayne D. Hoyer, ‚An Examination of Consumer Decision Making for a Common Repeat Purchase Product‘, *Journal of Consumer Research* 11 (Dezember 1984): 822–29; Calvin P. Duncan, ‚Consumer Market Beliefs: A Review of the Literature and an Agenda for Future Research‘, in *Advances in Consumer Research* 17, ed. Marvin E. Goldberg, Gerald J. Gorn and Richard W. Pollay (Provo, UT: Association for Consumer Research, 1990): 729–35; Frank Alpert, ‚Consumer Market Beliefs and Their Managerial Implications: An Empirical Examination‘, *Journal of Consumer Marketing* 10 (1993) 2: 56–70.

53. Michael R. Solomon, Sarah Drenan and Chester A. Insko, ‚Popular Induction: When is Consensus Information Informative?‘, *Journal of Personality* 49 (1981) 2: 212–24.

54. Folkes, ‚The Availability Heuristic and Perceived Risk‘.

55. Beales *et al.*, ‚Consumer Search and Public Policy‘.

56. Gary T. Ford and Ruth Ann Smith, ‚Inferential Beliefs in Consumer Evaluations: An Assessment of Alternative Processing Strategies‘, *Journal of Consumer Research* 14 (Dezember 1987): 363–71; Deborah Roedder John, Carol A. Scott and James R. Bettman, ‚Sampling Data for Covariation Assessment: The Effects of Prior Beliefs on Search Patterns‘, *Journal of Con-

sumer Research 13 (Juni 1986): 38–47; Gary L. Sullivan and Kenneth J. Berger, ‚An Investigation of the Determinants of Cue Utilization', *Psychology & Marketing* 4 (Frühjahr 1987): 63–74.

57. John *et al.*, ‚Sampling Data for Covariation Assessment'.

58. Duncan, ‚Consumer Market Beliefs'.

59. Chr. Hjorth Andersen, ‚Price as a Risk Indicator', *Journal of Consumer Policy* 10 (1987): 267–81.

60. David M. Gardner, ‚Is There a Generalized Price-Quality Relationship?', *Journal of Marketing Research* 8 (Mai 1971): 241–3; Kent B. Monroe, ‚Buyers' Subjective Perceptions of Price', *Journal of Marketing Research* 10 (1973): 70–80.

61. Durairaj Maheswaran, ‚Country of Origin as a Stereotype: Effects of Consumer Expertise and Attribute Strength on Product Evaluations', *Journal of Consumer Research* 21 (September 1994): 354–65; Ingrid M. Martin and Sevgin Eroglu, ‚Measuring a Multi-Dimensional Construct: Country Image', *Journal of Business Research* 28 (1993): 191–210; Richard Ettenson, Janet Wagner and Gary Gaeth, ‚Evaluating the Effect of Country of Origin and the „Made in the U.S.A." Campaign: A Conjoint Approach', *Journal of Retailing* 64 (Frühjahr 1988): 85–100; C. Min Han and Vern Terpstra, ‚Country-of-Origin Effects for Uni-National & Bi-National Products', *Journal of International Business* 19 (Sommer 1988): 235–55; Michelle A. Morganosky and Michelle M. Lazarde, ‚Foreign-Made Apparel: Influences on Consumers' Perceptions of Brand and Store Quality', *International Journal of Advertising* 6 (Herbst 1987): 339–48.

62. Siehe Richard Jackson Harris, Bettina Garner-Earl, Sara J. Sprick and Collette Carroll, ‚Effects of Foreign Product Names and Country-of-Origin Attributions on Advertisement Evaluations', *Psychology & Marketing* 11 (März/April 1994) 2: 129–45; Terence A. Shimp, Saeed Samiee and Thomas J. Madden, ‚Coun-

tries and Their Products: A Cognitive Structure Perspective', *Journal of the Academy of Marketing Science* 21 (Herbst 1993) 4: 323–30. Einen ausgezeichneten Überblick über die Literatur zum Ursprungsland geben Nicholas Papadopoulos and Louise Heslop, *Product and Country Images: Research and Strategy* (New York, The Haworth Press, 1993). Siehe auch Israel D. Nebenzahl, Eugene D. Jaffe and Shlomo I. Lampert, ‚Towards a Theory of Country Image Effect on Product Evaluation', *Management International Review*, 37(1997): 27–49; Johny K. Johansson, ‚Why Country of Origin Effects are Stronger than Ever', *Association for Consumer Research*, European Conference, Stockholm (Juni 1997), Basil Englis and Anna Olofsson (eds.) im Druck; Allan Jaeger, ‚Crafting the Image of the Netherlands Abroad', *The Netherlander* (31. Mai 1997): 13.

63. ‚American Pie', *Business Week* (27. Juni 1994): 6.

64. Durairaj Maheswaran, ‚Country of Origin as a Stereotype: Effects of Consumer Expertise and Attribute Strength on Product Evaluations', *Journal of Consumer Research* 21 (September 1994): 354–65.

65. Joshua Levine, ‚The Dance Drink', *Forbes* (12. September 1994): 232.

66. Sung-Tai Hong and Robert S. Wyer, Jr, ‚Effects of Country-of-Origin and Product-Attribute Information on Product Evaluation: An Information Processing Perspective', *Journal of Consumer Research* 16 (September 1989): 175–87; Marjorie Wall, John Liefeld and Louise A. Heslop, ‚Impact of Country-of-Origin Cues on Consumer Judgments in Multi-Cue Situations: A Covariance Analysis', *Journal of the Academy of Marketing Science* 19 (1991) 2: 105–13.

67. Wai-Kwan Li and Robert S. Wyer, Jr, ‚The Role of Country of Origin in Product Evaluations: Informational and Standard-of-Comparison Effects', *Journal of Consumer Psychology* 3 (2) (1994): 187–212.

68. *Images of Europe: A Survey of Japanese Attitudes Toward European Products*, Report prepared by Dentsu Inc. for the Commission of the European Communities (Brussels, 1994).

69. Durairaj Maheswaran, ‚Country of Origin as a Stereotype: Effects of Consumer Expertise and Attribute Strength on Product Evaluations', *Journal of Consumer Research* 21 (September 1994): 354–65.

70. Richard W. Stevenson, ‚The Brands With Billion-Dollar Names', *New York Times* (28. Oktober 1988): A1.

71. Ronald Alsop, ‚Enduring Brands Hold Their Allure by Sticking Close to Their Roots', *Wall Street Journal*, centennial edn (1989): B4.

72. ‚Assessing Brands: Broad, Deep, Long and Heavy', *The Economist* (16. November 1996): 84–5.

73. ‚What's in a Name?', *The Economist* (27. August 1988): 62.

74. Stuart Elliott, ‚What's in a Name? Perhaps Billions', *New York Times* (12. August 1992): D6.

75. Jacob Jacoby and Robert Chestnut, *Brand Loyalty: Measurement and Management* (New York: Wiley, 1978).

76. Anne B. Fisher, ‚Coke's Brand Loyalty Lesson', *Fortune* (5. August 1985): 44.

77. Jacoby and Chestnut, *Brand Loyalty*.

78. Ronald Alsop, ‚Brand Loyalty is Rarely Blind Loyalty', *Wall Street Journal* (19. Oktober 1989): B1.

79. Betsy Morris, ‚The Brand's the Thing', *Fortune* (4. März 1996): 72 (8).

80. C. Whan Park, ‚The Effect of Individual and Situation Related Factors on Consumer Selection of Judgmental Models', *Journal of Marketing Research* 13 (Mai 1976): 144–51.

81. Joseph W. Alba and Howard Marmorstein, ‚The Effects of Frequency Knowledge on Consumer Decision Making', *Journal of Consumer Research* 14 (Juni 1987): 14–25.

Kapitel 9

1. ‚Consumers Hit at Poor Service', *Marketing* (5. Dezember 1996): 4.

2. Pradeep Kakkar and Richard J. Lutz, ‚Situational Influence on Consumer Behavior: A Review', in Harold H. Kassarjian and Thomas S. Robertson (eds.), *Perspectives in Consumer Behavior*, 3rd edn (Glenview, IL.: Scott, Foresman and Company, 1981): 204–14.

3. Carolyn Turner Schenk and Rebecca H. Holman, ‚A Sociological Approach to Brand Choice: The Concept of Situational Self-Image', in Jerry C. Olson (ed.), *Advances in Consumer Research* 7 (Ann Arbor, MI: Association for Consumer Research, 1980), 610–14.

4. Laura Bird, ‚Grey Poupon Tones Down Tory Image', *The Wall Street Journal* (22. Juli 1994): B2.

5. Russell W. Belk, ‚An Exploratory Assessment of Situational Effects in Buyer Behavior', *Journal of Marketing Research* 11 (Mai 1974): 156–63; U.N. Umesh and Joseph A. Cote, ‚Influence of Situational Variables on Brand-Choice Models', *Journal of Business Research* 16 (1988) 2: 91–9; siehe auch J. Wesley Hutchinson and Joseph W. Alba, ‚Ignoring Irrelevant Information: Situational Determinants of Consumer Learning', *Journal of Consumer Research* 18 (Dezember 1991): 325–45.

6. Gordon R. Foxall, ‚Science and Interpretation in Consumer Research: A Radical Behaviorist Perspective', *European Journal of Marketing* 29 (9) (1995): 1–90; Gordon Foxall, ‚The Consumer Situation as Interpretive Device', in Flemming Hansen (ed.), *European Advances in Consumer Research* II (Provo, UT: Association for Consumer Research, 1995): 104–8.

7. Peter R. Dickson, ‚Person-Situation: Segmentation's Missing Link', *Journal of Marketing* 46 (Herbst 1982): 56–64.

8. Daniel Stokols, ‚On the Distinction Between Density and Crowding: Some Implications for Future Research', *Psychological Review* 79 (1972): 275–7.

9. Carol F. Kaufman, Paul M. Lane and Jay D. Linquist, ‚Exploring More Than 24 Hours a Day: A Preliminary Investigation of Polychronic Time Use', *Journal of Consumer Research* 18 (Dezember 1991): 392–401.

10. Michelle M. Bergadaa, ‚The Role of Time in the Action of the Consumer', *Journal of Consumer Research* 17 (Dezember 1990): 289–302; siehe auch Laurence P. Feldman and Jacob Hornik, ‚The Use of Time: An Integrated Conceptual Model', *Journal of Consumer Research* 7 (März 1981): 407–19.

11. Keith Bradsher, ‚There's More to Coin Laundries Than Just Getting the Wash Done', *New York Times* (7. Januar 1990): 38.

12. Jean-Claude Usunier and Pierre Valette-Florence, ‚Individual Time Orientation: A Psychometric Scale', *Time and Society* 3 (2) (1994): 219–41.

13. Robert J. Samuelson, ‚Rediscovering the Rat Race', *Newsweek* (15. Mai 1989): 57.

14. Übersetztes Zitat aus Judann Dagnoli, ‚Time – The Currency of the 90's', *Advertising Age* (13. November 1989): S-2.

15. Leonard L. Berry, ‚Market to the Perception', *American Demographics* (Februar 1990): 32.

16. Übersetztes Zitat aus Isabel Wilkerson, ‚New Funeral Options for Those in a Rush', *New York Times* (25. Februar 1989): A16.

17. Lane, Kaufman and Lindquist, ‚Exploring More Than 24 Hours a Day'.

18. Übersetztes Zitat aus Kleiman, ‚Fast Food? It Just Isn't Fast Enough Anymore', *New York Times* (6. Dezember 1989): A1.

19. Allison James, ‚Cooking the Books. Global or Local Identities in Contemporary British Food Cultures', in David Howes (ed.), *Cross-Cultural Consumption. Global Markets, Local Realities* (London: Routledge 1996): 77–92.

20. Agnès Durande-Moreau and Jean-Claude Usunier, ‚Individual Time-Styles and Customer Satisfaction: The Case of the Waiting Experience', *Marketing for an Expanding Europe*, Proceedings of the 25th EMAC Conference, ed. J. Berács, A. Bauer and J. Simon (Budapest: Budapest University of Economic Sciences): 371–90; siehe auch Shirley Taylor, ‚Waiting for Service: The Relationship Between Delays and Evaluations of Service', *Journal of Marketing* 58 (April 1994): 56–69.

21. Übersetztes Zitat aus Gabriele Morello, ‚Sicilian Time', *Time and Society*, 6 (1) (1997): 55–69. Morello gelangt jedoch auch in Sizilien zu der Schlussfolgerung, dass sich trotz solcher Hinweise auf traditionelle Zeitwahrnehmung eine Modernisierung hinsichtlich veränderter Geschwindigkeiten und Einstellungen zur Zeit zeigt.

22. David H. Maister, ‚The Psychology of Waiting Lines', in John A. Czepiel, Michael R. Solomon and Carol F. Surprenant (eds.), *The Service Encounter: Managing Employee/Customer Interaction in Service Businesses* (Lexington, MA: Lexington Books, 1985): 113–24.

23. A.Th.H. Pruyn and A. Smids, ‚Customers' Evaluations of Queues: Three Exploratory Studies', in W.F. van Raaij and G. Bamossy (eds.), *European Advances in Consumer Research* I (Provo, UT: Association for Consumer Research, 1993): 371–82.

24. Robert J. Graham, ‚The Role of Perception of Time in Consumer Research', *Journal of Consumer Research* 7 (März 1981): 335–42.

25. Alan Zarembo, ‚What if There Weren't Any Clocks to Watch?', *Newsweek* (30. Juni 1997): 14; auf der Basis von Forschungsergebnissen aus Robert Levine, *A Geography of Time: The Temporal Misadventures of a Social Psychologist, or How Every Culture Keeps Time Just a Little Bit Differently* (New York: Basic Books, 1997).

26. Siehe Gabriele Morello, ‚Sicilian Time'.

27. Sigmund Grønmo, ‚Concepts of Time: Some Implications for Consumer Research', in Thomas K. Srull (ed.), *Advances in Consumer Research* XVI (Provo, UT: Association for Consumer Research 1989): 339–45.

28. ‚Lukkeloven flytter handel for milliarder', *Børsen* (26. September 1996): 8.

29. Gabriele Morello and P. van der Reis, ‚Attitudes Towards Time in Different Cultures: African Time and European Time', *Proceedings of the Third Symposium on Cross-Cultural Consumer and Business Studies* (Honolulu: University of Hawaii, 1990); Gabriele Morello, ‚Our Attitudes Towards Time', *Forum* 96/2 (European Forum for Management Development 1996): 48–51.

30. Gary Davies, ‚What Should Time Be?', *European Journal of Marketing* 28 (8/9) (1994): 100–13.

31. Esther S. Page-Wood, Carol F. Kaufman and Paul M. Lane, ‚The Art of Time', in *Proceedings of the Academy of Marketing Science* (1990).

32. Eric N. Berg, ‚Fight on Quick Pizza Delivery Grows', *New York Times* (29. August, 1989): D6.

33. Søren Askegaard and Tage Koed Madsen, ‚European Food Cultures: An Exploratory Analysis of Food Related Preferences and Behaviour in European Regions', *MAPP Working Paper* no. 26 (Aarhus: The Aarhus School of Business, September 1995); zu einer gründliche Diskussion der Esskultur siehe Claude Fischler: *L'homnivore* (Paris: Odile Jacob, 1990).

34. Laurette Dube and Bernd H. Schmitt, ‚The Processing of Emotional and Cognitive Aspects of Product Usage in Satisfaction Judgments', in Rebecca H. Holman and Michael R. Solomon (eds.), *Advances in Consumer Research* 18 (Provo, UT: Association for Consumer Research, 1991): 52–6; Lalita A. Manrai and Meryl P. Gardner, ‚The Influence of Affect on Attributions for Product Failure', in Rebecca H. Holman and Michael R. Solomon (eds.), *Advances in Consumer Research* 18 (Provo, UT: Association for Consumer Research, 1991): 249–54.

35. Peter J. Burke and Stephen L. Franzoi, ‚Studying Situations and Identities Using Experimental Sampling Methodology',

American Sociological Review 53 (August 1988): 559–68.

36. Kevin G. Celuch and Linda S. Showers, ‚It's Time To Stress *Stress*: The Stress-Purchase/ Consumption Relationship', in Rebecca H. Holman and Michael R. Solomon (eds.), *Advances in Consumer Research* 18 (Provo, UT: Association for Consumer Research, 1991): 284–9; Lawrence R. Lepisto, J. Kathleen Stuenkel and Linda K. Anglin, ‚Stress: An Ignored Situational Influence', in Rebecca H. Holman and Michael R. Solomon (eds.), *Advances in Consumer Research* 18 (Provo, UT: Association for Consumer Research, 1991): 296–302.

37. Siehe Eben Shapiro, ‚Need a Little Fantasy? A Bevy of New Companies Can Help', *New York Times* (10. März 1991): F4.

38. John D. Mayer and Yvonne N. Gaschke, ‚The Experience and Meta-Experience of Mood', *Journal of Personality and Social Psychology* 55 (Juli 1988): 102–11.

39. Meryl Paula Gardner, ‚Mood States and Consumer Behavior: A Critical Review', *Journal of Consumer Research* 12 (Dezember 1985): 281–300; Scott Dawson, Peter H. Bloch and Nancy M. Ridgway, ‚Shopping Motives, Emotional States, and Retail Outcomes', *Journal of Retailing* 66 (Winter 1990): 408–27; Patricia A. Knowles, Stephen J. Grove and W. Jeffrey Burroughs, ‚An Experimental Examination of Mood States on Retrieval and Evaluation of Advertisement and Brand Information', *Journal of the Academy of Marketing Science* 21 (April 1993); Paul W. Miniard, Sunil Bhatla and Deepak Sirdeskmuhk, ‚Mood as a Determinant of Postconsumption Product Evaluations: Mood Effects and Their Dependency on the Affective Intensity of the Consumption Experience', *Journal of Consumer Psychology* 1 (1992) 2: 173–95; Mary T. Curren and Katrin R. Harich, ‚Consumers' Mood States: The Mitigating Influence of Personal Relevance on Product Evaluations', *Psychology & Marketing* 11 (März/April

1994) 2: 91–107; Gerald J. Gorn, Marvin E. Rosenberg and Kunal Basu, ‚Mood, Awareness, and Product Evaluation', *Journal of Consumer Psychology* 2 (1993) 3: 237–56.

40. Gordon C. Bruner, ‚Music, Mood, and Marketing', *Journal of Marketing* 54 (Oktober 1990): 94–104; Basil G. Englis, ‚Music Television and its Influences on Consumers, Consumer Culture, and the Transmission of Consumption Messages', in Rebecca H. Holman and Michael R. Solomon (eds.), *Advances in Consumer Research* 18 (Provo, UT: Association for Consumer Research, 1991).

41. Marvin E. Goldberg and Gerald J. Gorn, ‚Happy and Sad TV Programs: How They Affect Reactions to Commercials', *Journal of Consumer Research* 14 (Dezember 1987): 387–403; Gerald J. Gorn, Marvin E. Goldberg and Kunal Basu, ‚Mood, Awareness, and Product Evaluation', *Journal of Consumer Psychology* 2 (1993) 3: 237–56; Mary T. Curren and Katrin R. Harich, ‚Consumers' Mood States: The Mitigating Influence of Personal Relevance on Product Evaluations', *Psychology & Marketing* 11 (März/April 1994) 2: 91–107.

42. Zu einer Skala, die zur Bemessung dieser Dimensionen der Kauferfahrung entwickelt wurde, siehe Barry J. Babin, William R. Darden and Mitch Griffin, ‚Work and/or Fun: Measuring Hedonic and Utilitarian Shopping Value', Journal of Consumer Research 20 (März 1994): 644–56.

43. Babin, Darden, Griffin, ‚Work and/or Fun: Measuring Hedonic and Utilitarian Shopping Value'.

44. Edward M. Tauber, ‚Why Do People Shop?', *Journal of Marketing* 36 (Oktober 1972): 47–8.

45. Übersetztes Zitat aus Robert C. Prus, *Making Sales: Influence as Interpersonal Accomplishment* (Newbury Park, CA: Sage Library of Social Research, Sage Publications, Inc., 1989): 225.

46. Gregory P. Stone, ‚City Shoppers and Urban Identification: Observations on the Social Psychology of City Life', *American Journal of Sociology* 60 (1954): 36–45; Danny N. Bellenger and Pradeep K. Korgaonkar, ‚Profiling the Recreational Shopper', *Journal of Retailing* 56 (1980) 3: 77–92.

47. Nina Gruen, ‚The Retail Battleground: Solutions for Today's Shifting Marketplace', *Journal of Property Management* (Juli-August 1989): 14.

48. ‚Petrol Selling: Pump Action', *The Economist* (27. Januar 1996): 62.

49. ‚Tankpasserne er forvandlet til købmænd', *Børsen* (28. September 1996): 9.

50. Hanne Hartvig Larsen and Sanni Grych, ‚Fødevaredetailhandelen i Storbritannien. Analyse og beskrivelse af udvalgte detailhandelsorganisationer', *MAPP Project Paper* (Aarhus: The Aarhus School of Business, März 1997).

51. Persönliches Gespräch mit einem finnischen Kritiker.

52. ‚Slaget om Europa', *Jyllands Posten* (12. Februar 1997).

53. Jane Gould, ‚Driven to Shop? The Role of Transportation in Future Home Shopping', *Centre for Marketing Working Paper*, 96–801 (London Business School, September 1996).

54. Kelly Shermach, ‚Study Identifies Types of Interactive Shoppers', *Marketing News* (25. September 1995): 22.

55. Arieh Goldman, ‚The Shopping Style Explanation for Store Loyalty', *Journal of Retailing* 53 (Winter 1977–78): 33–46, 94; Robert B. Settle and Pamela L. Alreck, ‚Hyperchoice Shapes the Marketplace', *Marketing Communications* (Mai 1988): 15.

56. ‚Kundekort som konkurrencevåben', *Export* 36 (6. September 1996): 4–6.

57. Eine ausgezeichnete Sammlung von Aufsätzen findet sich in Pasi Falk and Colin Campbell (eds.), *The Shopping Experience* (London: Sage, 1997).

58. C. Gardner and J. Sheppard, *Consuming Passion: The Rise of Retail Culture* (London: Unwin Hyman, 1989).

59. Stephen Brown, ‚Sex ‚n' Shopping', Working Paper 9501 (University of Stirling:

Institute for Retail Studies, 1995); siehe auch Stephen Brown, ‚Consumption Behaviour in the Sex ‚n' Shopping Novels of Judith Krantz: A Post-structuralist Perspective', in Kim P. Corfman and John G. Lynch, Jr (eds.), *Advances in Consumer Research* XXIII (Provo, UT: Association for Consumer Research, 1996): 43–8.

60. Véronique Aubert-Gamet, 'Twisting Servicescapes: Diversion of the Physical Environment in a Re-Appropriation Process', *International Journal of Service Industry Management* 8 (1) (1997): 26–41.

61. Stephen Brown, *Postmodern Marketing* (London: Routledge, 1995), Diskussion auf S. 50 ff; Lars Thøger Christensen and Søren Askegaard, ‚Flexibility in the Marketing Organization: The Ultimate Consumer Orientation or Ford Revisited?', *Marketing Today and for the 21st Century*, Proceedings of the XIV EMAC Conference, ed. Michelle Bergadaà (Cergy-Pontoise: ESSEC, 1995): 1507–14.

62. Eine aktuelle Studie des Kaufverhaltensmuster in einem Einkaufszentrum, die das Einkaufszentrum als ökologisches Habitat betrachtet, bieten Peter H. Bloch, Nancy M. Ridgway and Scott Dawson, ‚The Shopping Mall as Consumer Habitat', *Journal of Retailing* 70 (1994) 1: 23–42.

63. Turo-Kimmo Lehtonen and Pasi Mäenpää, ‚Shopping in the East Centre Mall', in Pasi Falk and Colin Campbell (eds.), *The Shopping Experience* (London: Sage, 1997): 136–65.

64. Siehe zum Beispiel Fabian Csaba, *Designing the Retail-Entertainment Complex: A Marketing Ethnography of the Mall Of America*, Dissertation (Odense University: School of Business and Economics, 1998).

65. Übersetztes Zitat aus Jacquelyn Bivins, ‚Fun and Mall Games', *Stores* (August 1989): 35.

66. Sallie Hook, ‚All the Retail World's a Stage: Consumers Conditioned to Entertainment in Shopping Environment', *Marketing News* 21 (31. Juli 1987): 16.

67. Stephen Brown, ‚Marketing as Multiplex: Screening Postmodernism', *European Journal of Marketing* 28 (8/9) (1994): 27–51.

68. David Chaney, ‚The Department Store as a Cultural Form', *Theory, Culture and Society* 1 (3) (1983): 22–31.

69. Cecilia Fredriksson, ‚The Making of a Swedish Department Store Culture', in Pasi Falk and Colin Campbell (eds.), *The Shopping Experience*, (London: Sage, 1997): 111–35.

70. Michael Lev, ‚Store of the Future: It Also Sells Shoes', *New York Times* (17. Juni 1991) 2: D1.

71. Patrick Hetzel and Véronique Aubert, ‚Sales Area Design and Fashion Phenomena: A Semiotic Approach', in W.F. van Raaij and G. Bamossy (eds.), *European Advances in Consumer Research* I (Provo, UT: Association for Consumer Research, 1993): 522–33.

72. Søren Askegaard and Güliz Ger, ‚Product-Country Images as Stereotypes: A Comparative Analysis of the Image of Danish Food Products in Germany and Turkey', *MAPP Working paper* no. 45 (Aarhus: The Aarhus School of Business, 1997).

73. Susan Spiggle and Murphy A. Sewall, ‚A Choice Sets Model of Retail Selection', *Journal of Marketing* 51 (April 1987): 97–111; William R. Darden and Barry J. Babin, ‚The Role of Emotions in Expanding the Concept of Retail Personality', *Stores* 76 (April 1994) 4: RR7-RR8.

74. Eine ausgezeichnete Bibliografie zu Studien zum Geschäftsimage bietet Mary R. Zimmer and Linda L. Golden, ‚Impressions of Retail Stores: A Content Analysis of Consumer Images', *Journal of Retailing* 64 (Herbst 1988): 265–93.

75. ‚Enticing Europe's Shoppers: U.S. Way of Dressing and of Retailing Spreading Fast', *The New York Times* (24 April 1996): D1(2).

76. Zimmer and Golden, ‚Impressions of Retail Stores'.

77. Philip Kotler, ‚Atmospherics as a Marketing Tool', *Journal of Retailing* (Winter 1973–74): 10–43, 48–64, 50; Einen Über-

blick über die aktuelle Forschung geben Peter McGoldrick and Christos Pieros, ‚The Atmospherics-Customer Behaviour Relationship: Role of Response Moderators', in J. Berács, A. Bauer and J. Simon (eds.), *Marketing for an Expanding Europe*, Proceedings of the 25th EMAC Conference (Budapest: Budapest University of Economic Sciences, 1996): 735–53.

78. Joseph A. Bellizzi and Robert E. Hite, ‚Environmental Color, Consumer Feelings, and Purchase Likelihood', *Psychology & Marketing* 9 (September/Oktober 1992) 5: 347–63.

79. Deborah Blumenthal, ‚Scenic Design for In-Store Try-Ons', *New York Times* (9. April 1988).

80. Judy I. Alpert and Mark I. Alpert, ‚Music Influences on Mood and Purchase Intentions', *Psychology & Marketing* 7 (Sommer 1990): 109–34.

81. Brad Edmondson, ‚Pass the Meat Loaf', *American Demographics* (Januar 1989): 19.

82. ‚Butikken er en slagmark', *Berlingske Tidende* (15. Juli 1996): 3.

83. Marianne Meyer, ‚Attention Shoppers!' *Marketing and Media Decisions* 23 (Mai 1988): 67.

84. Easwar S. Iyer, ‚Unplanned Purchasing: Knowledge of Shopping Environment and Time Pressure', *Journal of Retailing* 65 (Frühjahr 1989): 40–57; C. Whan Park, Easwar S. Iyer and Daniel C. Smith, ‚The Effects of Situational Factors on In-Store Grocery Shopping', *Journal of Consumer Research* 15 (März 1989): 422–33.

85. Francis Piron, ‚Defining Impulse Purchasing', in Rebecca H. Holman and Michael R. Solomon (eds.), *Advances in Consumer Research* 18 (Provo, UT: Association for Consumer Research, 1991): 509–14; Dennis W. Rook, ‚The Buying Impulse', *Journal of Consumer Research* 14 (September 1987): 189–99.

86. Michael Wahl, ‚Eye POPping Persuasion', *Marketing Insights* (Juni 1989): 130.

87. 'Zipping Down the Aisles', *The New York Times Magazine* (6. April 1997).

88. Cathy J. Cobb and Wayne D. Hoyer, ‚Planned Versus Impulse Purchase Behavior', *Journal of Retailing* 62 (Winter 1986): 384–409; Easwar S. Iyer and Sucheta S. Ahlawat, ‚Deviations from a Shopping Plan: When and Why Do Consumers Not Buy as Planned', in Melanie Wallendorf and Paul Anderson (eds.), *Advances in Consumer Research* 14 (Provo, UT: Association for Consumer Research, 1987), 246–49.

89. ‚Effective Demands', *Marketing* (5. Dezember 1996): 34–8.

90. ‚A Never-Ending Toy Story', *Marketing*, (5. Dezember 1996): 33.

91. Bernice Kanner, ‚Trolling in the Aisles', *New York* (16. Januar 1989): 12; Michael Janofsky, ‚Using Crowing Roosters and Ringing Business Cards to Tap a Boom in Point-of-Purchase Displays', *The New York Times* (21. März 1994): D9.

92. John P. Cortez, ‚Media Pioneers Try to Corral On-the-Go Consumers', *Advertising Age* (17. August 1992): 25.

93. Cyndee Miller, ‚MTV „Video Capsule" Features Sports for Music Retailers, Corporate Sponsors', *Marketing News* (3. Februar 1992): 5.

94. William Keenan, Jr ‚Point-of-Purchase: From Clutter to Technoclutter', *Sales and Marketing Management* 141 (April 1989): 96.

95. Meyer, ‚Attention Shoppers!'.

96. Cyndee Miller, ‚Videocart Spruces Up for New Tests', *Marketing News* (19. Februar 1990): 19; William E. Sheeline, ‚User-Friendly Shopping Carts', *Fortune* (5. Dezember 1988): 9.

97. Paco Underhill, ‚In-Store Video Ads Can Reinforce Media Campaigns', *Marketing News* (Mai 1989): 5.

98. James Sterngold, ‚Why Japanese Adore Vending Machines', *New York Times* (5. Januar 1992) 2: A1.

99. Siehe Robert B. Cialdini, *Influence: Science and Practice*, 2nd edn (Glenview, IL: Scott, Foresman and Company, 1988).

100. Richard P. Bagozzi, ‚Marketing as Exchange', *Journal of Marketing* 39 (Oktober 1975): 32–9; Peter M. Blau, *Exchange and Power in Social Life* (New York: Wiley, 1964); Marjorie J. Caballero and Alan J. Resnik, ‚The Attraction Paradigm in Dyadic Exchange', *Psychology & Marketing* 3 (1986) 1: 17–34; George C. Homans, ‚Social Behavior as Exchange', *American Journal of Sociology* 63 (1958): 597–606; Paul H. Schurr and Julie L. Ozanne, ‚Influences on Exchange Processes: Buyers' Preconceptions of a Seller's Trustworthiness and Bargaining Toughness', *Journal of Consumer Research* 11 (März 1985): 939–53; Arch G. Woodside and J.W. Davenport, ‚The Effect of Salesman Similarity and Expertise on Consumer Purchasing Behavior', *Journal of Marketing Research* 8 (1974): 433–6.

101. Paul Busch and David T. Wilson, ‚An Experimental Analysis of a Salesman's Expert and Referent Bases of Social Power in the Buyer-Seller Dyad', *Journal of Marketing Research* 13 (Februar 1976): 3–11; John E. Swan, Fred Trawick, Jr, David R. Rink and Jenny J. Roberts, ‚Measuring Dimensions of Purchaser Trust of Industrial Salespeople', *Journal of Personal Selling and Sales Management* 8 (Mai 1988): 1.

102. Eine aktuelle Studie auf diesem Gebiet ist von Peter H. Reingen and Jerome B. Kernan, ‚Social Perception and Interpersonal Influence: Some Consequences of the Physical Attractiveness Stereotype in a Personal Selling Setting', *Journal of Consumer Psychology* 2 (1993) 1: 25–38.

103. Mary Jo Bitner, Bernard H. Booms and Mary Stansfield Tetreault, ‚The Service Encounter: Diagnosing Favorable and Unfavorable Incidents', *Journal of Marketing* 54 (Januar 1990): 7–84; Robert C. Prus, *Making Sales* (Newbury Park, CA: Sage Publications, 1989); Arch G. Woodside and James L. Taylor, ‚Identity Negotiations in Buyer-Seller Interactions', in Elizabeth C. Hirschman and Morris B. Holbrook (eds.), *Advances in Consumer Research* 12 (Provo, UT: Association for Consumer Research, 1985): 443–9.

104. Gilbert A. Churchill, Jr, Neil M. Ford, Steven W. Hartley and Orville C. Walker, Jr, ‚The Determinants of Salesperson Performance: A Meta-Analysis', *Journal of Marketing Research* 22 (Mai 1985): 103–18.

105. Siew Meng Leong, Paul S. Busch and Deborah Roedder John, ‚Knowledge Bases and Salesperson Effectiveness: A Script-Theoretic Analysis', *Journal of Marketing Research* 26 (Mai 1989): 164; Harish Sujan, Mita Sujan and James R. Bettman, ‚Knowledge Structure Differences Between More Effective and Less Effective Salespeople', *Journal of Marketing Research* 25 (Februar 1988): 81–6; Robert Saxe and Barton Weitz, ‚The SOCCO Scale: A Measure of the Customer Orientation of Salespeople', *Journal of Marketing Research* 19 (August 1982): 343–51; David M. Szymanski, ‚Determinants of Selling Effectiveness: The Importance of Declarative Knowledge to the Personal Selling Concept', *Journal of Marketing* 52 (Januar 1988): 64–77; Barton A. Weitz, ‚Effectiveness in Sales Interactions: A Contingency Framework', *Journal of Marketing* 45 (Winter 1981): 85–103.

106. Jagdish M. Sheth, ‚Buyer-Seller Interaction: A Conceptual Framework', in *Advances in Consumer Research* (Cincinnati, OH: Association for Consumer Research, 1976): 382–6; Kaylene C. Williams and Rosann L. Spiro, ‚Communication Style in the Salesperson-Customer Dyad', *Journal of Marketing Research* 22 (November 1985): 434–42.

107. Marsha L. Richins, ‚An Analysis of Consumer Interaction Styles in the Marketplace', *Journal of Consumer Research* 10 (Juni 1983): 73–82.

108. Evert Gummesson, ‚The New Marketing – Developing Long-Term Interactive Relationships', *Long Range Planning*, 20 (4) (1987): 10–20; siehe auch Robert M. Morgan and Shelby D. Hunt, ‚The Commitment-Trust Theory of Relationship

Marketing', *Journal of Marketing* 58 (Juli 1994): 20–38.

109. Brown, *Postmodern Marketing*: Diskussion auf S. 57–8.

110. Robert F. Dwyer, Paul H. Schurr and Sejo Oh, ,Developing Buyer-Seller Relationships', *Journal of Marketing* 51 (April 1987): 11–27.

111. Rama Jayanti and Anita Jackson, ,Service Satisfaction: Investigation of Three Models', in Rebecca H. Holman and Michael R. Solomon (eds.), *Advances in Consumer Research* 18 (Provo, UT: Association for Consumer Research, 1991), 603–10; David K. Tse, Franco M. Nicosia and Peter C. Wilton, ,Consumer Satisfaction as a Process', *Psychology & Marketing* 7 (Herbst 1990): 177–93.

112. Eugene W. Anderson, Claes Fornell and Donald R. Lehmann, ,Customer Satisfaction, Market Share, and Profitability: Findings from Sweden', *Journal of Marketing* 58 (Juli 1994) 3: 53–66.

113. Robert Jacobson and David A. Aaker, ,The Strategic Role of Product Quality', *Journal of Marketing* 51 (Oktober 1987): 31–44; einen aktuellen Überblick zu Themen des Messens der Servicequaliät geben J. Joseph Cronin, Jr and Steven A. Taylor, ,Measuring Service Quality: A Reexamination and Extension', *Journal of Marketing* 56 (Juli 1992): 55–68.

114. Anna Kirmani and Peter Wright, ,Money Talks: Perceived Advertising Expense and Expected Product Quality', *Journal of Consumer Research* 16 (Dezember 1989): 344–53; Donald R. Lichtenstein and Scot Burton, ,The Relationship Between Perceived and Objective Price-Quality', *Journal of Marketing Research* 26 (November 1989): 429–43; Akshay R. Rao and Kent B. Monroe, ,The Effect of Price, Brand Name, and Store Name on Buyers' Perceptions of Product Quality: An Integrative Review', *Journal of Marketing Research* 26 (August 1989): 351–57.

115. Shelby D. Hunt, ,Post-Transactional Communication and Dissonance Reduction', *Journal of Marketing* 34 (Januar 1970):

46–51; Daniel E. Innis and H. Rao Unnava, ,The Usefulness of Product Warranties for Reputable and New Brands', in Rebecca H. Holman and Michael R. Solomon (eds.), *Advances in Consumer Research* 18 (Provo, UT: Association for Consumer Research, 1991): 317–22; Terence A. Shimp and William O. Bearden, ,Warranty and Other Extrinsic Cue Effects on Consumers' Risk Perceptions', *Journal of Consumer Research* 9 (Juni 1982): 38–46.

116. Holbrook and Corfman, ,Quality and Value in the Consumption Experience'; Robert M. Pirsig, *Zen and the Art of Motorcycle Maintenance: An Inquiry into Values* (New York: Bantam Books, 1974).

117. W.F. van Raaij, ,The Formation and Use of Expectations in Consumer Decision Making', in T.S. Robertson and H.H. Kassarjian (eds.), *Handbook of Consumer Behavior* (Englewood Cliffs, NJ: Prentice-Hall, 1991): 401–18.

118. John W. Gamble, ,The Expectations Paradox: The More You Offer Customer, Closer You are to Failure', *Marketing News* (14. März 1988): 38.

119. Franz Bailom, Hans H. Hinterhuber, Kurt Matzler und Elmar Sauerwein, ,Das Kano-Modell der Kundenzufriedenheit', *Marketing ZFP* 2 (2. Quartal 1996): 117–26.

120. Marit G. Engeset, Kjell Grønhaug and Morten Heide, ,The Impact of Experience on Customer Satisfaction as Measured in Direct Surveys', *Marketing for an Expanding Europe*, Proceedings of the 25th EMAC Conference, ed. J. Berács, A. Bauer and J. Simon (Budapest: Budapest University of Economic Sciences): 403–17.

121. Kjell Grønhaug and Alladi Venkatesh, ,Products and Services in the Perspectives of Consumer Socialisation', *European Journal of Marketing* 21 (10); Folke Ölander, ,Consumer Satisfaction – A Sceptic's View', in H.K. Hunt (ed.), *Conceptualization and Measurement of Consumer Satisfaction and Dissatisfaction* (Cambridge, MA: Marketing Science Institute, 1977): 453–88.

122. Mary C. Gilly and Betsy D. Gelb, ‚Post-Purchase Consumer Processes and the Complaining Consumer', *Journal of Consumer Research* 9 (Dezember 1982): 323–8; Diane Halstead and Cornelia Dröge, ‚Consumer Attitudes Toward Complaining and the Prediction of Multiple Complaint Responses', in Rebecca H. Holman and Michael R. Solomon (eds.), *Advances in Consumer Research* 18 (Provo, UT: Association for Consumer Research, 1991): 210–16; Jagdip Singh, ‚Consumer Complaint Intentions and Behavior: Definitional and Taxonomical Issues', *Journal of Marketing* 52 (Januar 1988): 93–107.

123. Alan R. Andreasen and Arthur Best, ‚Consumers Complain – Does Business Respond?', *Harvard Business Review* 55 (Juli-August 1977): 93–101.

124. Ingrid M. Martin, ‚Expert-Novice Differences in Complaint Scripts', in Rebecca H. Holman and Michael R. Solomon (eds.), *Advances in Consumer Research* 18 (Provo, UT: Association for Consumer Research, 1991): 225–31; Marsha L. Richins, ‚A Multivariate Analysis of Responses to Dissatisfaction', *Journal of the Academy of Marketing Science* 15 (Herbst 1987): 24–31.

125. John A. Schibrowsky and Richard S. Lapidus, ‚Gaining a Competitive Advantage by Analyzing Aggregate Complaints', *Journal of Consumer Marketing* 11 (1994) 1: 15–26.

126. Russell W. Belk, ‚The Role of Possessions in Constructing and Maintaining a Sense of Past', in Marvin E. Goldberg, Gerald J. Gorn and Richard W. Pollay (eds.), *Advances in Consumer Research* 17 (Provo, UT: Association for Consumer Research, 1989): 669–76.

127. David E. Sanger, ‚For a Job Well Done, Japanese Enshrine the Chip', *New York Times* (11. Dezember 1990): A4.

128. Jacob Jacoby, Carol K. Berning and Thomas F. Dietvorst, ‚What About Disposition?', *Journal of Marketing* 41 (April 1977): 22–8.

129. Timothy Aeppel, ‚From License Plates to Fashion Plates', *The Wall Street Journal* (21. September 1994): B1 (2).

130. Mike Tharp, ‚Tchaikovsky and Toilet Paper', *U.S. News and World Report* (Dezember 1987): 62; B. van Voorst, ‚The Recycling Bottleneck', *Time* (14. September 1992): 52–4; Richard P. Bagozzi and Pratibha A. Dabholkar, ‚Consumer Recycling Goals and Their Effect on Decisions to Recycle: A Means-End Chain Analysis', *Psychology & Marketing* 11 (Juli/August1994) 4: 313–40.

131. ‚Finally, Something at McDonald's You Can Actually Eat', *Utne Reader* (Mai-Juni 1997): 12.

132. Debra J. Dahab, James W. Gentry and Wanru Su, ‚New Ways to Reach Non-Recyclers: An Extension of the Model of Reasoned Action to Recycling Behaviors', in Frank Kardes and Mita Sujan (eds.), *Advances in Consumer Research* XXII (Provo, UT: Association for Consumer Research, 1994): 251–6

133. Rik G.M. Pieters, ‚Changing Garbage Disposal Patterns of Consumers: Motivation, Ability, and Performance', *Journal of Public Policy and Marketing* 10 (2) (1991): 59–76.

134. Richard P. Bagozzi and Pratibha A. Dabholkar, ‚Consumer Recycling Goals and Their Effect on Decisions to Recycle: A Means-End Chain Analysis', *Psychology & Marketing* 11 (Juli/August 1994): 5; siehe auch L.J. Shrum, Tina M. Lowrey and John A. McCarty, ‚Recycling as a Marketing Problem: A Framework for Strategy Development', *Psychology & Marketing* 11 (Juli/August 1994) 4: 393–416.

135. John Thøgersen, ‚Wasteful Food Consumption: Trends in Food and Packaging Waste', in W.F. van Raaij and G. Bamossy (eds.), *European Advances in Consumer Research* I (Provo, UT: Association for Consumer Research, 1993): 434–9.

136. Suzanne C. Grunert, ‚Antecedents of Source Separation Behaviour: A Comparison of Two Danish Municipalities',

Marketing for an Expanding Europe, Proceedings of the 25th EMAC Conference, ed. J. Berács, A. Bauer and J. Simon (Budapest: Budapest University of Economic Sciences): 525–37.

137. ‚Global markedsføring af danske miljø-løsninger‘, *Markedsføring* 8 (1995): 12.

138. Manfred Kirchgeorg, ‚Kreislaufwirtschaft – Neue Herausforderungen für das Marketing‘, *Marketing ZFP*, 4 (4. Quartal 1995): 232–48.

139. ‚Incentive Schemes. Jam Today‘, *The Economist* (12. April 1997): 67.

140. John F. Sherry, Jr, ‚A Sociocultural Analysis of a Midwestern American Flea Market‘, *Journal of Consumer Research* 17 (Juni 1990): 13–30.

141. Diane Crispell, ‚Collecting Memories‘, *American Demographics* (November 1988): 38–42.

142. Allan J. Magrath, ‚If Used Product Sellers Ever Get Organized, Watch Out‘, *Marketing News* (25. Juni 1990): 9; Kevin McCrohan and James D. Smith, ‚Consumer Participation in the Informal Economy‘, *Journal of the Academy of Marketing Science* 15 (Winter 1990): 62.

143. *Advertising Age* (2. Mai l992).

144. Giampaolo Fabris, ‚Consumer Studies: New Perspectives‘, *Marketing and Research Today* (Juni 1990): 67–73.

145. Walter Hopfenbeck, *The Green Management Revolution: Lessons in Environmental Excellence* (Englewood Cliffs, NJ: Prentice-Hall, 1993).

146. Armin Herker, ‚Eine Erklärung des umweltbewußten Konsumentenverhaltens‘, *Marketing ZFP*, 3 (3. Quartal 1995): 149–61.

147. Suzanne C. Grunert, ‚Everybody Seems Concerned About the Environment: But is This Concern Reflected in (Danish) Consumers Food Choice?‘, in W. Fred van Raaij and Gary J. Bamossy (eds.), *European Advances in Consumer Research* I (Provo, UT: Association for Consumer Research): 428–33.

148. Carolyn Strong, ‚A Preliminary Investigation: A Step Towards an Understanding of Children as Environmentally Conscious Consumers‘, *Marketing for an Expanding Europe*, Proceedings of the 25th EMAC Conference, ed. J. Berács, A. Bauer and J. Simon (Budapest: Budapest University of Economics, 1996): 2139–49.

149. Paul M.W. Hackett, ‚Consumers‘ Environmental Concern Values: Understanding the Structure of Contemporary Green Worldviews‘, in W. Fred van Raaij and Gary Bamossy (eds.), *European Advances in Consumer Research* I (Provo, UT: Association for Consumer Research): 416–27.

150. Jean-Luc Gianneloni, ‚The Combined Effect of Age, Level of Education and Personal Values on the Attitude Towards the Protection of the Environment‘, *Marketing Today and for the 21st Century*, Proceedings of the 24th EMAC Conference, ed. Michelle Bergadaà (Cergy-Pontoise: ESSEC, 1995): 373–389.

151. Suzanne C. Grunert and Kai Kristensen, ‚The Green Consumer: Some Danish Evidence‘, *Marketing for Europe – Marketing for the Future*, Proceedings of the 21st EMAC Conference, ed. K.G. Grunert and D. Fuglede (Aarhus: The Aarhus School of Business, 1992): 525–39.

152. J. Robert Skalnik, Patricia Skalnik and David Smith, ‚Growth Hormones in Milk-Producing Cows: For the Consumer, Much Ado About Nothing ... Perhaps‘, in Flemming Hansen (ed.), *European Advances in Consumer Research* II (Provo, UT: Association for Consumer Research): 201–3.

153. *Information* (9. Januar 1997): 3.

154. ‚Vand for livet – et unikt kampagnesamarbejde‘, *Markedsføring* 5 (1996): 2.

155. ‚BT Pushes Community Role‘, *Marketing* (12. Dezember 1996): 9.

156. ‚Crossing the Moral Minefield‘, *Marketing* (22. Juni 1995): 11.

Kapitel 10

1. Joel B. Cohen and Ellen Golden, ‚Informational Social Influence and Product Evaluation', *Journal of Applied Psychology* 56 (Februar 1972): 54–9; Robert E. Burnkrant and Alain Cousineau, ‚Informational and Normative Social Influence in Buyer Behavior', *Journal of Consumer Research* 2 (Dezember 1975): 206–15; Peter H. Reingen, ‚Test of a List Procedure for Inducing Compliance with a Request to Donate Money', *Journal of Applied Psychology* 67 (1982): 110–18. C. Whan Park and V. Parker Lessig, ‚Students and Housewives: Differences in Susceptibility to Reference Group Influence', *Journal of Consumer Research* 4 (September 1977): 102–10.

2. Kenneth J. Gergen and Mary Gergen, *Social Psychology* (New York: Harcourt Brace Jovanovich, 1981).

3. Harold H. Kelley, ‚Two Functions of Reference Groups', in *Basic Studies in Social Psychology*, ed. Harold Proshansky and Bernard Siedenberg (New York: Holt, Rinehart and Winston, 1965): 210–14.

4. David Murrow, ‚Dewar's Profiles Travel Well', *Advertising Age* (14. August 1989): 28.

5. ‚Flere vil spise mere fisk', *Markedsføring*, 18 (1996): 18.

6. L. Festinger, S. Schachter and K. Back, *Social Pressures in Informal Groups: A Study of Human Factors in Housing* (New York: Harper, 1950).

7. R.B. Zajonc, H.R. Markus and W. Wilson, ‚Exposure Effects and Associative Learning', *Journal of Experimental Social Psychology* 10 (1974): 248–63.

8. D.J. Stang, ‚Methodological Factors in Mere Exposure Research', *Psychological Bulletin* 81 (1974): 1014–25; R.B. Zajonc, P. Shaver, C. Tavris and D. van Kreveid, ‚Exposure, Satiation and Stimulus Discriminability', *Journal of Personality and Social Psychology* 21 (1972): 270–80.

9. J.E. Grush, K.L. McKeogh and R.F. Ahlering, ‚Extrapolating Laboratory Exposure Research to Actual Political Elections', *Journal of Personality and Social Psychology* 36 (1978): 257–70.

10. A. Benton Cocanougher and Grady D. Bruce, ‚Socially Distant Reference Groups and Consumer Aspirations', *Journal of Marketing Research* 8 (August 1971): 79–81; James E. Stafford, ‚Effects of Group Influences on Consumer Brand Preferences', *Journal of Marketing Research* 3 (Februar 1966): 68–75.

11. Cocanaugher and Bruce, ‚Socially Distant Reference Groups and Consumer Aspirations'.

12. Anne F. Jensen and Søren Askegaard, ‚In Pursuit of Ugliness: On the Complexity of the Fashion Concept', Paper presented at the ITAA Colloquium ‚Confluences Fashioning Intercultural Perspectives' (Lyons: Université de la Mode, 10.-12. Juli 1997).

13. Jeffrey D. Ford and Elwood A. Ellis, ‚A Re-examination of Group Influence on Member Brand Preference', *Journal of Marketing Research* 17 (Februar 1980): 125–32; Thomas S. Robertson, *Innovative Behavior and Communication* (New York: Holt, Rinehart and Winston, Inc., 1980): Kapitel 8.

14. William O. Bearden and Michael J. Etzel, ‚Reference Group Influence on Product and Brand Purchase Decisions', *Journal of Consumer Research* 9 (1982) 2: 183–94.

15. Robert D. Hof, ‚Special Report: Internet Communities', *Business Week* 63 (8) (5. Mai 1997).

16. Gergen and Gergen, *Social Psychology*, 312.

17. J.R.P. French and B. Raven, ‚The Bases of Social Power', in *Studies in Social Power*, ed. D. Cartwright (Ann Arbor, MI: Institute for Social Research, 1959): 150–67.

18. ‚Getting a Charge Out of Rock'n'Roll', *Forbes* (19. Dezember 1994): 302.

19. B. Macchiette and A. Roy, ‚Affinity Marketing: What Is It and How Does It Work?', *Journal of Product and Brand Management* 2 (1) (1993): 55–66.

20. Michael R. Solomon, ‚Packaging the Service Provider', *The Service Industries Journal* 5 (März 1985): 64–72.

21. Lars Thøger Christensen and Søren Askegaard, ‚Identities and Images of Products and Organizations: A Semiotic Exercise', paper presented at the European Group of Organizational Studies 14th colloquium (Maastricht, 9.-11. Juli 1998).

22. Siehe Robert B. Cialdini, *Influence: Science and Practice*, 2nd edn (New York: Scott, Foresman, 1988) zu einer ausgezeichneten und unterhaltsamen Behandlung dieses Prozesses.

23. Zu früheren Arbeiten über Konformität und sozialen Einfluss siehe Solomon E. Asch, ‚Effects of Group Pressure Upon the Modification and Distortion of Judgments', in D. Cartwright and A. Zander (eds.), *Group Dynamics* (New York: Harper and Row, 1953); Richard S. Crutchfield, ‚Conformity and Character', *American Psychologist* 10 (1955): 191–8; Muzafer Sherif, ‚A Study of Some Social Factors in Perception', *Archives of Psychology* 27 (1935): 187.

24. Burnkrant and Cousineau, ‚Informational and Normative Social Influence in Buyer Behavior'.

25. Für einen aktuellen Versuch, individuelle Unterschiede in der Neigung zur Konformität zu messen, siehe William O. Bearden, Richard G. Netemeyer and Jesse E. Teel, ‚Measurement of Consumer Susceptibility to Interpersonal Influence', *Journal of Consumer Research* 15 (März 1989): 473–81.

26. Douglas B. Holt, Søren Askegaard and Torsten Ringberg, ‚7ups and Downs', unveröffentlichtes Manuskript, Penn State University.

27. John W. Thibaut and Harold H. Kelley, *The Social Psychology of Groups* (New York: John Wiley, 1959); W.W. Waller and R. Hill, *The Family, a Dynamic Interpretation* (New York: Dryden, 1951).

28. William O. Bearden, Richard G. Netemeyer and Jesse E. Teel, ‚Measurement of Consumer Susceptibility to Interpersonal Influence', *Journal of Consumer Research* 9 (3) (1989): 183–94; Lynn R. Kahle, ‚Observations: Role-Relaxed Consumers: A Trend of the Nineties', *Journal of Advertising Research* (März/April 1995): 66–71; Lynn R. Kahle and Aviv Shoham, ‚Observations: Role-Relaxed Consumers: Empirical Evidence', *Journal of Advertising Research* 35 (3) (Mai/Juni 1995): 59–62.

29. Leon Festinger, ‚A Theory of Social Comparison Processes', *Human Relations* 7 (Mai 1954): 117–40.

30. Chester A. Insko, Sarah Drenan, Michael R. Solomon, Richard Smith and Terry J. Wade, ‚Conformity as a Function of the Consistency of Positive Self-Evaluation with Being Liked and Being Right', *Journal of Experimental Social Psychology* 19 (1983): 341–58.

31. Abraham Tesser, Murray Millar and Janet Moore, ‚Some Affective Consequences of Social Comparison and Reflection Processes: The Pain and Pleasure of Being Close', *Journal of Personality and Social Psychology* 54 (1988) 1: 49–61.

32. L. Wheeler, K.G. Shaver, R.A. Jones, G.R. Goethals, J. Cooper, J.E. Robinson, C.L. Gruder and K.W. Butzine, ‚Factors Determining the Choice of a Comparison Other', *Journal of Experimental Social Psychology* 5 (1969): 219–32.

33. George P. Moschis, ‚Social Comparison and Informal Group Influence', *Journal of Marketing Research* 13 (August 1976): 237–44.

34. Burnkrant and Cousineau, ‚Informational and Normative Social Influence in Buyer Behavior'; M. Venkatesan, ‚Experimental Study of Consumer Behavior Conformity and Independence', *Journal of Marketing Research* 3 (November 1966): 384–7.

35. Harvey London, *Psychology of the Persuader* (Morristown, NJ: Silver Burdett/General Learning Press, 1973); William J. McGuire, ‚The Nature of Attitudes and Attitude Change', in G. Lindzey and E. Aronson (eds.), *The Handbook of Social Psychology* (Reading, MA: Addison-Wesley, 1968): 3; N. Miller, G. Naruyama, R.J.

Baebert and K. Valone, ‚Speed of Speech and Persuasion', *Journal of Personality and Social Psychology* 34 (1976): 615–24.

36. J.L. Freedman and S. Fraser, ‚Compliance Without Pressure: the Foot-in-the-Door Technique', *Journal of Personality and Social Psychology* 4 (1966): 195–202.

37. R.B. Cialdini, J.E. Vincent, S.K. Lewis, J. Catalan, D. Wheeler and B.L. Darby, ‚Reciprocal Concessions Procedure for Inducing Compliance: The Door-in-the-Face Effect', *Journal of Personality and Social Psychology* 31 (1975): 200–15.

38. Nathan Kogan and Michael A. Wallach, ‚Risky Shift Phenomenon in Small Decision-Making Groups: A Test of the Information Exchange Hypothesis', *Journal of Experimental Social Psychology* 3 (Januar 1967): 75–84; Nathan Kogan and Michael A. Wallach, *Risk Taking* (New York: Holt, Rinehart and Winston, 1964); Arch G. Woodside and M. Wayne DeLozier, ‚Effects of Word-of-Mouth Advertising on Consumer Risk Taking', *Journal of Advertising* (Herbst 1976): 12–19.

39. Kogan and Wallach, *Risk Taking*.

40. Roger Brown, *Social Psychology* (New York: The Free Press, 1965).

41. David L. Johnson and I.R. Andrews, ‚Risky Shift Phenomenon Tested with Consumer Product Stimuli', *Journal of Personality and Social Psychology* 20 (1971): 382–5; siehe auch Vithala R. Rao and Joel H. Steckel, ‚A Polarization Model for Describing Group Preferences', *Journal of Consumer Research* 18 (Juni 1991): 108–18.

42. Donald H. Granbois, ‚Improving the Study of Customer In-Store Behavior', *Journal of Marketing* 32 (Oktober 1968): 28–32.

43. Len Strazewski, ‚Tupperware Locks in New Strategy', *Advertising Age* (8. Februar 1988): 30.

44. Gergen and Gergen, *Social Psychology*.

45. L.J. Strickland, S. Messick and D.N. Jackson, ‚Conformity, Anticonformity and Independence: Their Dimensionality and Generality', *Journal of Personality and Social Psychology* 16 (1970): 494–507.

46. Jack W. Brehm, *A Theory of Psychological Reactance* (New York: Academic Press, 1966).

47. Richard D. Ashmore, V. Ramchandra and R. Jones, ‚Censorship as an Attitude Change Induction', paper presented at meetings of Eastern Psychological Association, New York, 1971; R.A. Wicklund and J. Brehm, *Perspectives on Cognitive Dissonance* (Hillsdale, NJ: Lawrence Erlbaum, 1976).

48. C.R. Snyder and H.L. Fromkin, *Uniqueness: The Human Pursuit of Difference* (New York: Plenum Press, 1980).

49. Übersetztes Zitat aus Raymond Serafin, ‚Non-conformity Sparks Saab', *Advertising Age* (3. April 1995): 27.

50. ‚The Mild Ones', *Forbes* (19. Dezember 1994): 300–1.

51. Johan Arndt, ‚Role of Product-Related Conversations in the Diffusion of a New Product', *Journal of Marketing Research* 4 (August 1967): 291–5.

52. ‚Word-of-Mouth' to Become True Measure of Ads', *Marketing* (9. Februar 1995): 7.

53. Übersetztes Zitat aus Barbara B. Stern and Stephen J. Gould, ‚The Consumer as Financial Opinion Leader', *Journal of Retail Banking* 10 (Sommer 1988): 43–52.

54. Elihu Katz and Paul F. Lazarsfeld, *Personal Influence* (Glencoe, IL: Free Press, 1955).

55. John A. Martilla, ‚Word-of-Mouth Communication in the Industrial Adoption Process', *Journal of Marketing Research* 8 (März 1971): 173–8; siehe auch Marsha L. Richins, ‚Negative Word-of-Mouth by Dissatisfied Consumers: A Pilot Study', *Journal of Marketing* 47 (Winter 1983): 68–78.

56. Arndt, ‚Role of Product-Related Conversations in the Diffusion of a New Product'.

57. James H. Myers and Thomas S. Robertson, ‚Dimensions of Opinion Leadership', *Journal of Marketing Research* 9 (Februar 1972): 41–6.

58. ‚Black Sheep of the Theakston Family', *Marketing* (3. Dezember 1992): 24.

59. James F. Engel, Robert J. Kegerreis and Roger D. Blackwell, ‚Word of Mouth Communication by the Innovator', *Journal of Marketing* 33 (Juli 1969): 15–19.

60. Bill Barol, ‚Batmania', *Newsweek* (26. Juni 1989): 70.

61. Dorothy Leonard-Barton, ‚Experts as Negative Opinion Leaders in the Diffusion of a Technological Innovation', *Journal of Consumer Research* 11 (März 1985): 914–26.

62. Chip Walker, ‚Word of Mouth', *American Demographics* (Juli 1995): 38–44.

63. Richard J. Lutz, ‚Changing Brand Attitudes through Modification of Cognitive Structure', *Journal of Consumer Research* 1 (März 1975): 49–59; einige Vorschläge zur Vermeidung von schlechter Publicity machen Mitch Griffin, Barry J. Babin and Jill S. Attaway, ‚An Empirical Investigation of the Impact of Negative Public Publicity on Consumer Attitudes and Intentions', in Rebecca H. Holman and Michael R. Solomon (eds.), *Advances in Consumer Research* 18 (Provo, UT: Association for Consumer Research, 1991): 334–41; Alice M. Tybout, Bobby J. Calder and Brian Sternthal, ‚Using Information Processing Theory to Design Marketing Strategies', *Journal of Marketing Research* 18 (1981): 73–9.

64. Robert E. Smith and Christine A. Vogt, ‚The Effects of Integrating Advertising and Negative Word-of-Mouth Communications on Message Processing and Response', *Journal of Consumer Psychology* 4 (2) (1995): 133–51; Paula Fitzgerald Bone, ‚Word-of-Mouth Effects on Short-Term and Long-Term Product Judgments', *Journal of Business Research* 32 (1995): 213–23.

65. Charles W. King and John O. Summers, ‚Overlap of Opinion Leadership Across Consumer Product Categories', *Journal of Marketing Research* 7 (Februar 1970): 43–50.

66. Dieses Gerücht wird wunderbar und tief gehend analysiert von Edgar Morin, *La Rumeur d'Orléans* (Paris: Seuil, 1969).

67. Jan Møller Jensen, ‚A Strategic Framework for Analysing Negative Rumors in the Market Place: The Case of Wash & Go in Denmark', in J. Sirgy, Kennneth D. Bahn and T. Erem (eds.), *World Marketing Congress*, vol. VI (Istanbul: Proceedings of the Sixth Bi-Annual Conference of the Academy of Marketing Science 1993): 559–63.

68. John F. Sherry, Jr, ‚Some Implications of Consumer oral Tradition for Reactive Marketing', in Thomas C. Kinnear (ed.), *Advances in Consumer Research*, vol. 11 (Ann Arbor, MI: Association for Consumer Research, 1984): 741–7.

69. Jan Møller Jensen, ‚A Strategic Framework ...'

70. John Leo, ‚Psst! Wait ‚Till You Hear This: A Scholar Says Rumors Reveal Our Fears and Desires', *Time* (16. März 1987): 76.

71. Sid Astbury, ‚Pork Rumors Vex Indonesia', *Advertising Age* (16. Februar 1989): 36.

72. Craig S. Smith, ‚A Beer Tampering Scare in China Shows a Peril of Global Marketing', *The Wall Street Journal* (3. November 1995): B1.

73. ‚Oil and Troubled Waters', *Marketing* (29. Juni 1995): 13.

74. ‚Bordeaux vil generobre den tabte hyldeplads', *Markedsføring* 12 (1996): 6.

75. Marcus Mabry, ‚Do Boycotts Work?', *Newsweek* (6. Juli 1992) 3: 35.

76. ‚Beware Yanks Bearing Drinks', *Marketing* (5. März 1992): 23–4.

77. ‚Nike Ambushes Sports Limelight', *Marketing* (25. Juli 1996): 2.

78. Everett M. Rogers, *Diffusion of Innovations*, 3rd edn (New York: Free Press, 1983).

79. Leonard-Barton, ‚Experts as Negative Opinion Leaders in the Diffusion of a Technological Innovation'; Rogers, *Diffusion of Innovations*.

80. Herbert Menzel, ‚Interpersonal and Unplanned Communications: Indispen-

sable or Obsolete?', in *Biomedical Innovation* (Cambridge, MA: MIT Press, 1981): 155–63.

81. Meera P. Venkatraman, ,Opinion Leaders, Adopters, and Communicative Adopters: A Role Analysis', *Psychology & Marketing* 6 (Frühjahr 1989): 51–68.

82. Nijar Dawar, Philip M. Parker and Lydia J. Price, ,A Cross-Cultural Study of Interpersonal Information Exchange', *Journal of International Business Studies* (3. Quartal 1996): 497–516.

83. Robert Merton, *Social Theory and Social Structure* (Glencoe, IL: Free Press, 1957).

84. King and Summers, ,Overlap of Opinion Leadership Across Consumer Product Categories'; siehe auch Ronald E. Goldsmith, Jeanne R. Heitmeyer and Jon B. Freiden, ,Social Values and Fashion Leadership', *Clothing and Textiles Research Journal* 10 (Herbst 1991): 37–45; J.O. Summers, ,Identity of Women's Clothing Fashion Opinion Leaders', *Journal of Marketing Research* 7 (1970): 178–85.

85. Gerrit Antonides and Gulden Asugman, ,The Communication Structure of Consumer Opinions', in Flemming Hansen (ed.), *European Advances in Consumer Research* II (Provo, UT: Association for Consumer Research, 1995): 132–7.

86. Steven A. Baumgarten, ,The Innovative Communicator in the Diffusion Process', *Journal of Marketing Research* 12 (Februar 1975): 12–18.

87. Russell W. Belk, ,Occurrence of Word-of-Mouth Buyer Behavior as a Function of Situation and Advertising Stimuli', in Fred C. Allvine (ed.), *Combined Proceedings of the American Marketing Association*, Series No. 33 (Chicago: American Marketing Association, 1971): 419–22.

88. Lawrence F. Feick, Linda L. Price and Robin A. Higie, ,People Who Use People: The Other Side of Opinion Leadership', in Richard J. Lutz (ed.), *Advances in Consumer Research* 13 (Provo, UT: Association for Consumer Research, 1986): 301–5.

89. Für eine Diskussion des Konstrukts vom Marktkenner siehe Lawrence F. Feick

and Linda L. Price, ,The Market Maven', *Managing* (Juli 1985): 10; Adaption der Skalenpunkte von Lawrence Feick and Linda Price, ,The Market Maven: A Diffuser of Marketplace Information', *Journal of Marketing* 51 (Januar l987), 83–7.

90. Michael R. Solomon, ,The Missing Link: Surrogate Consumers in the Marketing Chain', *Journal of Marketing* 50 (Oktober 1986): 208–18.

91. Andra Adelson, ,A French Skin-Care Line Seeks to Take America by First Winning Over Pharmacists', *New York Times* (14. Februar 1994): D7.

92. Stern and Gould, ,The Consumer as Financial Opinion Leader'.

93. William R. Darden and Fred D. Reynolds, ,Predicting Opinion Leadership for Men's Apparel Fashions', *Journal of Marketing Research* 1 (August 1972): 324–8. Eine veränderte Version der Skala zur Meinungsführerschaft mit erhöhter Verlässlichkeit und Gültigkeit ist zu finden in Terry L. Childers, ,Assessment of the Psychometric Properties of an Opinion Leadership Scale', *Journal of Marketing Research* 23 (Mai 1986), 184–8.

94. ,Connect', *Newsweek* (5. Mai 1997): 11.

95. Peter H. Reingen and Jerome B. Kernan, ,Analysis of Referral Networks in Marketing: Methods and Illustration', *Journal of Marketing Research* 23 (November 1986): 370–8.

96. Susan B. Kaiser, *The Social Psychology of Clothing* (New York: Macmillan, 1985); Thomas S. Robertson, *Innovative Behavior and Communication* (New York: Holt, Rhinehart and Winston, 1971).

97. Eric J. Arnould, ,Toward a Broadened Theory of Preference Formation and the Diffusion of Innovations: Cases from Zinder Province, Niger Republic', *Journal of Consumer Research* 16 (September 1989): 239–67.

98. Susan L. Holak, Donald R. Lehmann and Farena Sultan, ,The Role of Expectations in the Adoption of Innovative Consumer Durables: Some Preliminary Evidence',

Journal of Retailing 63 (Herbst 1987): 243–59.

99. Hubert Gatignon and Thomas S. Robertson, ‚A Propositional Inventory for New Diffusion Research', *Journal of Consumer Research* 11 (März 1985): 849–67.

100. Frank Huber, ‚Ein Konzept zur Ermittlung und Bearbeitung des Frühkaufersegments im Bekleidungsmarkt', *Marketing ZFP* 2 (2. Quartal 1995): 110–121.

101. Gordon R. Foxall and Seema Bhate, ‚Cognitive Style and Personal Involvement as Explicators of Innovative Purchasing of Health Food Brands', *European Journal of Marketing* 27 (2) (1993): 5–16.

102. Elizabeth C. Hirschman, ‚Symbolism and Technology as Sources of the Generation of Innovations', in Andrew Mitchell (ed.), *Advances in Consumer Research* 9 (Provo, UT: Association for Consumer Research, 1981): 537–41.

103. Søren Askegaard and A. Fuat Firat, ‚Towards a Critique of Material Culture, Consumption and Markets', in Susan M. Pearce (ed.), *Experiencing Material Culture in the Western World* (London: Leicester University Press, 1997): 114–39.

104. Stephen Brown, *Postmodern Marketing* (London: Routledge, 1995).

105. Everett M. Rogers, *Diffusion of Innovations*, 3rd edn (New York: Free Press, 1983).

106. Robert J. Fisher and Linda L. Price, ‚An Investigation into the Social Context of Early Adoption Behavior', *Journal of Consumer Research* 19 (Dezember 1992): 477–86.

107. Güliz Ger and Russell W. Belk, ‚I'd Like to Buy the World a Coke: Consumptionscapes of the „Less Affluent World"', *Journal of Consumer Policy* 19 (1996): 271–304.

108. W. Chan Kim and Renée Mauborgne, ‚Value Innovation: The Strategic Logic of High Growth', *Harvard Business Review* (Januar-Februar 1997): 103–12.

109. ‚Dare to Be Different', *Marketing* (13. Februar 1997): 22–3.

Kapitel 11

1. Nancy Marx Better, ‚Green Teens', *The New York Times Magazine* (8. März 1992) 3: 44; Howard Schlossberg, ‚Kids Teach Parents How to Change Their Buying Habits', *Marketing News* (1992): 8.

2. T. Eggerickx and F. Bégeot, ‚Les recensements en Europe dans les années 1990. De la diversité des pratiques nationales à la comparabilité internationale des résulats', *Population* 41 (2) (1993): 327–48.

3. F. Simoes-Casimiro and M.G. Calado-Lopes, ‚Concepts and Typologies of Household and Family in the 1981 and 1991 Population Censuses in the Twelve Community Countries'. Unveröffentlichter Bericht für Eurostat (Lissabon: Instituto Superior de Estatistica e Gescao de Informaçào, 1995); ‚Gezinsleven binner de EU onder druk', *Nederlandse Dagblad* (7. Juli 1995); ‚Statistics in Focus: Population and Social Conditions', *Eurostat* (Luxembourg: Office for Official Publications of the European Communities, 1996).

4. ‚Statistics in Focus: Population and social conditions' *Eurostat* (Luxembourg: Office for Official Publications of the European Communities, 1996).

5. Robert Boutilier, ‚Diversity in Family Structures', *American Demographics Marketing Tools* (1993): 4–6; W. Bradford Fay, ‚Families in the 1990s: Universal Values, Uncommon Experiences', *Marketing Research: A Magazine of Management & Applications* 5 (Winter 1993) 1: 47.

6. Ellen Graham, ‚Craving Closer Ties, Strangers Come Together as Family', *The Wall Street Journal* (4. März 1996): B1 (2).

7. David Cheal, ‚The Ritualization of Family Ties', *American Behavioral Scientist* 31 (Juli/August 1988): 632.

8. ‚Women and Men in the European Union: A Statistical Portrait' (Luxembourg: Office for Official Publications of the European Communities, 1996); ‚Families Come First', *Psychology Today* (September 1988): 11.

9. Christy Fisher, ‚Kidding Around Making Sense', *Advertising Age* (27. Juni 1994): 34.

10. Alan R. Andreasen, ‚Life Status Changes and Changes in Consumer Preferences and Satisfaction', *Journal of Consumer Research* 11 (Dezember 1984): 784–94; James H. McAlexander, John W. Schouten and Scott D. Roberts, ‚Consumer Behavior and Divorce', *Research in Consumer Behavior* 6 (1993): 153–84.

11. ‚Men and Women in the European Union: A Statistical Portrait', *EUROSTAT*; ‚The Population of the EU on 1 January, 1995', *Statistics in Focus. Population and Social Conditions*, no. 8 (Luxembourg: Office for Official Publications of the European Communities, 1995).

12. ‚Men and Women in the European Union: A Statistical Portrait' (Luxembourg: Office for Official Publications of the European Communities, 1995); ‚The Big Picture', *American Demographics* (März 1989): 22–7; Thomas G. Exter, ‚Middle-Aging Households', *American Demographics* (Juli 1992): 63.

13. Cyndee Miller, ‚'Til Death Do They Part', *Marketing News* (27. März 1995): 1–2.

14. ‚The Population of the EU on 1 January, 1995', *Statistics in Focus. Population and Social Conditions*, no. 8 (Luxembourg: Office for Official Publications of the European Communities, 1995); Nicholas Timmins, ‚One in Five Women to Remain Childless', *The Independent* (4. Oktober 1995).

15. ‚The Population of the EU on 1 January, 1995', *Statistics in Focus. Population and Social Conditions*, no. 8 (Luxembourg: Office for Official Publications of the European Communities, 1995).

16. ‚Men and Women in the European Union: A Statistical Portrait' (Luxembourg: Office for Official Publications of the European Communities, 1995): 72.

17. Peg Masterson, ‚Agency Notes Rise of Singles Market', *Advertising Age* (9. August 1993): 17.

18. Christy Fisher, ‚Census Data May Make Ads More Single Minded', *Advertising Age* (20. Juli 1992): 2.

19. Calmetta Y. Coleman, ‚The Unseemly Secrets of Eating Alone', *The Wall Street Journal* (6. Juli 1995): B1 (2).

20. Stephanie Shipp, ‚How Singles Spend', *American Demographics* (April 1988): 22–7; Patricia Braus, ‚Sex and the Single Spender', *American Demographics* (November 1993): 28–34.

21. ‚Mothers Bearing a Second Burden', *New York Times* (14. Mai 1989): 26.

22. Seth Mydans, ‚A Tribunal to Get Neglected Parents Smiling Again', *The New York Times* (27. Dezember 1996): A4.

23. ‚Men and Women in the European Union: A Statistical Portrait' (Luxembourg: Office for Official Publications of the European Communities, 1995): 76.

24. ‚Census Paints a New Picture of Family Life', *The New York Times* (30. August 1994): 22.

25. Diane Crispell, ‚Pet Projections', *American Demographics* (September 1994): 59.

26. Howard G. Chua-Eoan, ‚Reigning Cats and Dogs', *Time* (16. August 1993): 50 (2); Patricia Braus, ‚Cat Beats Dog, Wins Spot in House', *American Demographics* (September 1993): 24 (2).

27. Übersetztes Zitat aus Youssef M. Ibrahim, ‚French Love for Animals: Too Fervent?', *New York Times* (2. Februar 1990): A5.

28. Woody Hochswender, ‚The Cat's Meow', *New York Times* (16. Mai 1989): B7; Judann Dagnoli, ‚Toothcare for Terriers', *Advertising Age* (20. November 1989): 8; ‚For Fido, Broccoli and Yogurt', *New York Times* (16. April 1989); Howard G. Chua-Eoan, ‚Reigning Cats and Dogs', *Time* (16. August 1993): 50 (2); William E. Schmidt, ‚Right, Then: Your Policy Covers Fido for Therapy', *The New York Times* (15. Mai 1994): 4.

29. A. Waldrop, ‚Lesson in Home Economics'; Gary Younge, ‚Parents face a £66,000 Bill', *The Guardian* (27. Mai 1996);

Liz Hunt, ‚The Cost of Growing: School-children Need Huge Sums', *The Independent* (19. August 1996).

30. ‚Key Figures: Bulletin of Economic Trends in Europe and Summaries, 7/97' (Luxembourg: Office for Official Publications of the European Communities, 1997).

31. Mary C. Gilly and Ben M. Enis, ‚Recycling the Family Life Cycle: A Proposal for Redefinition', in Andrew A. Mitchell (ed.), *Advances in Consumer Research* 9 (Ann Arbor, MI: ACR, 1982): 271–6.

32. Charles M. Schaninger and William D. Danko, ‚A Conceptual and Empirical Comparison of Alternative Household Life Cycle Models', *Journal of Consumer Research* 19 (März 1993): 580–94; Robert E. Wilkes, ‚Household Life-Cycle Stages, Transitions, and Product Expenditures', *Journal of Consumer Research* 22 (1) (Juni 1995): 27–42.

33. Diese Kategorien stellen eine Adaption eines FLC-Modells dar, das von Gilly und Enis (1982) entwickelt wurde. Auf der Basis eines aktuellen empirischen Vergleichs zwischen verschiedenen Modellen kamen Schaninger und Danko zu dem Urteil, dass dieser Zugang allen anderen überlegen ist, besonders in Bezug auf die Behandlung unkonventioneller Haushalte. Dennoch empfehlen die Autoren auch einige Verbesserungen des Modells. Siehe Mary C. Gilly and Ben M. Enis, ‚Recycling the Family Life Cycle: A Proposal for Redefinition', in *Advances in Consumer Research* 9, ed. Andrew A. Mitchell (Ann Arbor, MI: Association for Consumer Research, 1982), 271–6; Charles M. Schaninger and William P. Drake, ‚A Conceptual and Empirical Comparison of Alternate Household Life Cycle Markets', *Journal of Consumer Research* 19 (März 1993): 580–94; Scott D. Roberts, Patricia K. Voli and Keren Ami Johnson, ‚Beyond the Family Life Cycle: An Inventory of Variables for Defining the Family as a Consumption Unit', in Victoria L. Crittenden (ed.), *Developments*

in Marketing Science 15 (Coral Gables, FL: Academy of Marketing Science, 1992): 71–5.

34. James H. McAlexander, John W. Schouten and Scott D. Roberts, ‚Consumer Behavior and Divorce', in *Research in Consumer Behavior* (Greenwich, CT: JAI Press, 1992); Michael R. Solomon, ‚The Role of Products as Social Stimuli: A Symbolic Interactionism Perspective', *Journal of Consumer Research* 10 (Dezember 1983): 319–29; Melissa Martin Young, ‚Disposition of Possession During Role Transitions', in Rebecca H. Holman and Michael R. Solomon (eds.), *Advances in Consumer Research* 18 (Provo, UT: Association for Consumer Research, 1991), 33–9.

35. Harry L. Davis, ‚Decision Making Within the Household', *Journal of Consumer Research* 2 (März 1972): 241–60; Michael B. Menasco and David J. Curry, ‚Utility and Choice: An Empirical Study of Wife/Husband Decision Making', *Journal of Consumer Research* 16 (Juni 1989): 87–97; einen aktuellen Überblick geben Conway Lackman and John M. Lanasa, ‚Family Decision-Making Theory: An Overview and Assessment', *Psychology & Marketing* 10 (März/April 1993) 2: 81–94.

36. Shannon Dortch, ‚Money and Marital Discord', *American Demographics* (Oktober 1994): 11 (3).

37. Daniel Seymour and Greg Lessne, ‚Spousal Conflict Arousal: Scale Development', *Journal of Consumer Research* 11 (Dezember 1984): 810–21.

38. Aktuelle Literatur zu den Faktoren, die den Einfluss Heranwachsender auf die Entscheidungsfindung in der Familie bestimmen, ist zu finden bei Ellen Foxman, Patriya Tansuhaj and Karin M. Ekström, ‚Family Members' Perceptions of Adolescents' Influence in Family Decision Making', *Journal of Consumer Research* 15 (März 1989) 4: 482–91; Sharon E. Beatty and Salil Talpade, ‚Adolescent Influence in Family Decision Making: A Replication with Extension', *Journal of*

Consumer Research 21 (September 1994) 2: 332–41.

39. Diane Crispell, ‚Dual-Earner Diversity', *American Demographics* (Juli 1995): 32–7.

40. Thomas Hine, *Populuxe* (New York: Alfred A. Knopf, 1986).

41. Robert Boutilier, *Targeting Families: Marketing To and Through the New Family* (American Demographics, 1993).

42. Darach Turley, ‚Dialogue with the Departed', *European Advances in Consumer Research* 2 (1995): 10–13.

43. Dennis L. Rosen and Donald H. Granbois, ‚Determinants of Role Structure in Family Financial Management', *Journal of Consumer Research* 10 (September 1983): 253–58.

44. Robert F. Bales, *Interaction Process Analysis: A Method for the Study of Small Groups* (Reading, MA: Addison-Wesley, 1950); zum geschlechterübergreifenden Vergleich von Strategien beim Nahrungsmittelkauf siehe Rosemary Polegato and Judith L. Zaichkowsky, ‚Family Food Shopping: Strategies Used by Husbands and Wives', *The Journal of Consumer Affairs* 28 (1994): 2.

45. Alma S. Baron, ‚Working Parents: Shifting Traditional Roles', *Business* 37 (Januar/ März 1987): 36; William J. Qualls, ‚Household Decision Behavior: The Impact of Husbands' and Wives' Sex Role Orientation', *Journal of Consumer Research* 14 (September 1987): 264–79; Charles M. Schaninger and W. Christian Buss, ‚The Relationship of Sex Role Norms to Household Task Allocation', *Psychology & Marketing* 2 (Sommer 1985): 93–104.

46. Cynthia Webster, ‚Effects of Hispanic Ethnic Identification on Marital Roles in the Purchase Decision Process', *Journal of Consumer Research* 21 (September 1994) 2: 319–31; eine aktuelle Studie, die die Auswirkungen von Familiendarstellungen in der Werbung auf spanischstämmige Konsumenten untersucht, stammt von Gary D. Gregory and James M. Munch, ‚Cultural Values in International Advertising: An Examination of Familial Norms and Roles in Mexico', *Psychology & Marketing* 14(2) (März 1997): 99–120.

47. John B. Ford, Michael S. LaTour and Tony L. Henthorne, ‚Perception of Marital Roles in Purchase Decision Processes: A Cross-Cultural Study', *Journal of the Academy of Marketing Science* 23(2) (Frühjahr 1995): 120–31; eine aktuelle Studie zum Ehemann-Ehefrau-Verhältnis hinsichtlich der Entscheidung des Hauskaufs ist zu finden bei Chankon Kim and Hanjoon Lee, ‚A Taxonomy of Couples Based on Influence Strategies: The Case of Home Purchase', *Journal of Business Research* 36(2) (Juni 1996): 157–68.

48. Gary L. Sullivan and P.J. O'Connor, ‚The Family Purchase Decision Process: A Cross-Cultural Review and Framework for Research', *Southwest Journal of Business & Economics* (Herbst 1988): 43; Marilyn Lavin, ‚Husband-Dominant, Wife-Dominant, Joint', *Journal of Consumer Marketing* 10 (1993) 3: 33–42; Nicholas Timmins, ‚New Man Fails to Survive into the Nineties', *The Independent* (25. Januar 1996). Siehe auch Roger J. Baran, ‚Patterns of Decision Making Influence for Selected Products and Services Among Husbands and Wives Living in the Czech Republic', in Flemming Hansen (ed.), *European Advances in Consumer Research* 2; Jan Pahl ‚His Money, Her Money: Recent Research on Financial Organization in Marriage', *Journal of Economic Psychology* 16 (1995): 361–76; Carole B. Burgoyne, ‚Financial Organization and Decision-making within Western „households", *Journal of Economic Psychology* 16 (1995): 421–30; Erich Kirchler, ‚Spouses' joint purchase decisions: Determinants of influence tactics for muddling through the process', *Journal of Economic Psychology* 14 (1993): 405–38.

49. Tony Bizjak, ‚Chore Wars Rage On – Even When Wife Earns the Most', *The Sacramento Bee* (1. April 1993): A1 (3).

50. Übersetztes Zitat aus Nicholas D. Kristof, ‚Japan is a Woman's World Once the

Front Door is Shut', *The New York Times* (19. Juni 1996): A1 (2), S. A8.

51. Yumiko Ono, 'McDonald's Doting Dads Strike a Chord in Japan', *The WSJ Interactive Edition* (8. Mai 1997).

52. The Associated Press, ,Hit Japanese Software lets Players Raise „Daughter"', *Montgomery Advertiser* (7. April 1996): 14A.

53. Micaela DiLeonardo, ,The Female World of Cards and Holidays: Women, Families, and the Work of Kinship', *Signs* 12 (Frühjahr 1942): 440–53.

54. C. Whan Park, ,Joint Decisions in Home Purchasing: A Muddling Through Process', *Journal of Consumer Research* 9 (September 1982): 151–62; siehe auch William J. Qualls and Françoise Jaffe, ,Measuring Conflict in Household Decision Behavior: Read My Lips and Read My Mind', in *Advances in Consumer Research* 19, ed. John F. Sherry Jr and Brian Sternthal (Provo, UT: Association for Consumer Research, 1992).

55. Kim P. Corfman and Donald R. Lehmann, ,Models of Cooperative Group Decision-Making and Relative Influence: An Experimental Investigation of Family Purchase Decisions', *Journal of Consumer Research* 14 (Juni 1987):

56. Alison M. Torrillo, ,Dens are Men's Territory', *American Demographics* (Januar 1995): 11 (2).

57. Charles Atkin, ,Observation of Parent-Child Interaction in Supermarket Decision-Making', *Journal of Marketing* 42 (Oktober 1978).

58. Emily Nelson, ,Kodak Aims to Put Kids Behind its Cameras', *The WSJ Interactive Edition* (6. Mai 1997).

59. Les Carlson, Ann Walsh, Russell N. Laczniak and Sanford Grossbart, ,Family Communication Patterns and Marketplace Motivations, Attitudes, and Behaviors of Children and Mothers', *The Journal of Consumer Affairs* 28 (1) (Sommer 1994): 25–53; siehe auch Roy L. Moore and George P. Moschis, ,The Role of Family Communication in Consumer

Learning', *Journal of Communication* 31 (Herbst 1981): 42–51.

60. Leslie Isler, Edward T. Popper and Scott Ward, ,Children's Purchase Requests and Parental Responses: Results From a Diary Study', *Journal of Advertising Research* 27 (Oktober/November 1987).

61. Patrick E. Tyler, ,As a Pampered Generation Grows Up, Chinese Worry', *The New York Times* (25. Juni 1996): A1, A6.

62. Robert Berner, ,Toddlers Dress to the Nine and Designers Rake it In', *The WSJ Interactive Edition* (27. Mai 1997).

63. Übersetztes Zitat aus Lisa Gubernick and Marla Matzer, ,Babies as Dolls', *Forbes* (27. Februar 1995): 78–82, S. 79.

64. Horst H. Stipp, ,Children as Consumers', *American Demographics* (Februar 1988): 27.

65. Melissa Turner, ,Kids' Marketing Clout Man-Sized', *Atlanta Journal* (18. Februar 1988): E10.

66. Scott Ward, ,Consumer Socialization', in *Perspectives in Consumer Behavior*, ed. Harold H. Kassarjian and Thomas S. Robertson (Glenville, IL: Scott, Foresman, 1980): 380.

67. Thomas Lipscomb, ,Indicators of Materialism in Children's Free Speech: Age and Gender Comparisons', *Journal of Consumer Marketing* (Herbst 1988): 41–6.

68. George P. Moschis, ,The Role of Family Communication in Consumer Socialization of Children and Adolescents', *Journal of Consumer Research* 11 (März 1985): 898–913.

69. James U. McNeal and Chyon-Hwa Yeh, ,Born to Shop', *American Demographics* (Juni 1993): 34–9.

70. Siehe Patricia M. Greenfield, Emily Yut, Mabel Chung, Deborah Land, Holly Kreider, Maurice Pantoja and Kris Horsley, ,The Program-Length Commercial: A Study of the Effects of Television/Toy Tie-Ins on Imaginative Play', *Psychology & Marketing* 7 (Winter 1990): 237–56 zu einer Studie über die Effekte des Werbefernsehens auf kreatives Spielen.

71. Jill Goldsmith, ,Ga, Ga, Goo, Goo, Where's the Remote? TV Show Targets

Tots', *Dow Jones Business News* (5. Februar 1997), Zugang über *The Wall Street Journal Interactive Edition* (6. Februar 1997).

72. Siehe Les Carlson, Sanford Grossbart and J. Kathleen Stuenkel, ‚The Role of Parental Socialization Types on Differential Family Communication Patterns Regarding Consumption', *Journal of Consumer Psychology* 1 (1992) 1: 31–52.

73. Gerald J. Gorn and Renee Florsheim, 'The Effects of Commercials for Adult Products on Children', *Journal of Consumer Research* 11 (März 1985): 9, 62–7; eine aktuelle Studie, die die Auswirkung der Darstellung von Gewalt in der Werbung auf Kinder untersucht, findet sich in V. Kanti Prasad and Lois J. Smith, ‚Television Commercials in Violent Programming: An Experimental Evaluation of Their Effects on Children', *Journal of the Academy of Marketing Science* 22 (1994) 4: 340–51.

74. Glenn Collins, ‚New Studies on „Girl Toys" and „Boy Toys"', *New York Times* (13. Februar 1984): D1.

75. Susan B. Kaiser, ‚Clothing and the Social Organization of Gender Perception: A Developmental Approach', *Clothing and Textiles Research Journal* 7 (Winter 1989): 46–56.

76. D.W. Rajecki, Jill Ann Dame, Kelly Jo Creek, P.J. Barrickman, Catherine A. Reid and Drew C. Appleby, ‚Gender Casting in Television Toy Advertisements: Distributions, Message Content Analysis, and Evaluations', *Journal of Consumer Psychology* 2 (1993) 3: 307–27.

77. Lori Schwartz and William Markham, ‚Sex Stereotyping in Children's Toy Advertisements', *Sex Roles* 12 (Januar 1985): 157–70.

78. Joseph Pereira, ‚Oh Boy! In Toyland, You Get More if You're Male', *The Wall Street Journal* (23. September 1994): B1 (2); Joseph Pereira, ‚Girls' Favorite Playthings: Dolls, Dolls, and Dolls', *The Wall Street Journal* (23. September 1994): B1 (2).

79. Brad Edmondson, ‚Snakes, Snails, and Puppy Dogs' Tails', *American Demographics* (Oktober 1987): 18.

80. Laura A. Peracchio, ‚How Do Young Children Learn to be Consumers? A Script-Processing Approach', *Journal of Consumer Research* 18 (März 1992): 4, 25–40; Laura A. Peracchio, ‚Young Children's Processing of a Televised Narrative: Is a Picture Really Worth a Thousand Words?', *Journal of Consumer Research* 20 (September 1993) 2: 281–93; siehe auch M. Carole Macklin, ‚The Effects of an Advertising Retrieval Cue on Young Children's Memory and Brand Evaluations', *Psychology & Marketing* 11 (Mai/Juni 1994) 3: 291–311.

81. Jean Piaget, ‚The Child and Modern Physics', *Scientific American* 196 (1957) 3: 46–51; siehe auch Kenneth D. Bahn, ‚How and When Do Brand Perceptions and Preferences First Form? A Cognitive Developmental Investigation', *Journal of Consumer Research* 13 (Dezember 1986): 382–93.

82. Deborah L. Roedder, ‚Age Differences in Children's Responses to Television Advertising: An Information Processing Approach', *Journal of Consumer Research* 8 (September 1981): 1, 44–53; siehe auch Deborah Roedder John and Ramnath Lakshmi-Ratan, ‚Age Differences in Children's Choice Behavior: The Impact of Available Alternatives', *Journal of Marketing Research* (29. Mai 1992): 216–26; Jennifer Gregan-Paxton and Deborah Roedder John, ‚Are Young Children Adaptive Decision Makers? A Study of Age Differences in Information Search Behavior', *Journal of Consumer Research* (1995).

83. Tara Parker-Pope, ‚Spiked Sodas, an Illicit Hit with Kids In U.K., Head for U.S.', *The Wall Street Journal* (12. Februar 1996): B1.

84. Janet Simons, ‚Youth Marketing: Children's Clothes Follow the Latest Fashion', *Advertising Age* (14. Februar 1985): 16.

85. Stipp, ‚Children as Consumers'; siehe Laura A. Peracchio, ‚Designing Research to Reveal the Young Child's Emerging Competence', *Psychology & Marketing* 7 (Winter 1990): 257–76, zu Einzelheiten zur Entwicklung von Forschungsmethoden für Kinder.

86. ‚Kid Power', *Forbes* (30. März 1987): 9–10.

87. Dena Kleiman, ‚Candy to Frighten Your Parents With', *New York Times* (23. August 1989): C1.

88. Laura Shapiro, ‚Where Little Boys Can Play with Nail Polish', *Newsweek* (28. Mai 1990): 62.

89. Matt Murray, ‚Marketers Want Kids' Help and Their Parents' Loyalty', *The WSJ Interactive Edition* (6. Mai 1997).

90. Cindy Clark, ‚Putting Aside Adultcentrism: Child-Centered Ethnographic Research', unveröffentlichtes Manuskript (C.D. Clark Limited, 1991); Cindy Clark, ‚Some Practical In's and Out's of Studying Children as Consumers', paper presented at the AMA Research Roundtable (März 1986).

91. Gary Armstrong and Merrie Brucks, ‚Dealing with Children's Advertising: Public Policy Issues and Alternatives', *Journal of Public Policy and Marketing* 7 (1988): 98–113.

92. Bonnie Reece, ‚Children and Shopping: Some Public Policy Questions', *Journal of Public Policy and Marketing* (1986): 185–94.

93. Mary Ann Stutts and Garland G. Hunnicutt, ‚Can Young Children Understand Disclaimers in Television Commercials', *Journal of Advertising* 16 (Winter 1987): 41–6.

94. Ira Teinowitz, ‚CARU to Unveil Guidelines for Kid-Focused Web Sites', *Ad Age* (21. April 1997): 8.

95. Steve Weinstein, ‚Fight Heats Up Against Kids' TV „Commershows"', *Marketing News* (9. Oktober 1989): 2.

96. Alan Bunce, ‚Are TV Ads Turning Kids Into Consumers?', *Christian Science Monitor* (11. August 1988): 1.

Kapitel 12

1. Fred van Raaij, ‚Economic Psychology', *Journal of Economic Psychology* 1 (1981): 1–24.

2. Peter S.H. Leeflang and W. Fred van Raaij, ‚The Changing Consumer in the European Union: A Meta-analysis', *International Journal of Research in Marketing* 12 (1995): 373–87.

3. Adaption der Daten dieses Abschnitts aus Fabian Linden, *Consumer Affluence: The Next Wave* (New York: The Conference Board, Inc., 1994); ‚Women and Men in the European Union: A Statistical Portrait' *Eurostat*, (Luxembourg: Office for Official Publications of the European Communities, 1995).

4. Christopher D. Carroll, ‚How Does Future Income Affect Current Consumption?', *Quarterly Journal of Economics* 109 (Februar 1994) 1: 111–47.

5. ‚Demographic Statistics, 1997: Population and Social Conditions Series', *Eurostat* (Luxembourg: Office for Official Publications of the European Communities, 1997). Vgl. auch den Europaserver unter: *http://europa.eu.int*

6. Jose J.F. Medina, Joel Saegert and Alicia Gresham, ‚Comparison of Mexican-American and Anglo-American Attitudes Toward Money', *The Journal of Consumer Affairs* 30 (1) (1996): 124–45.

7. Kirk Johnson, ‚Sit Down. Breathe Deeply. This is *Really* Scary Stuff', *The New York Times* (16. April 1995): F5.

8. Robert Sullivan, ‚Americans and Their Money', *Worth* (Juni 1994): 60 (12).

9. ‚Frontiers: Planning or Consumer Change in Europe 96/97', vol. 2 (London: The Henley Centre, 1996).

10. George Katona, ‚Consumer Saving Patterns', *Journal of Consumer Research* 1 (Juni 1974): 1–12.

11. ‚Frontiers: Planning or Consumer Change in Europe 96/97', vol. 2 (London: The Henley Centre, London, 1996): 4.

12. Ernest Beck, ‚Why Custom-Made Shirts Are a Cut Above‘, *The Wall Street Journal Europe* (4.-5. April 1997): 8.

13. Floyd L. Ruch and Davidip G. Zimbardo, *Psychology and Life*, 8th edn (Glenview, IL: Scott Foresman, 1971).

14. David Leonhardt, ‚Two-Tier Marketing‘, *Business Week* 82 (7) (17. März 1997).

15. Louise do Rosario, ‚Privilege in China's Classless Society‘, *World Press Review* 33 (Dezember 1986): 58.

16. Ernest Beck, ‚Cabin Fever Swirls Around Posh Cottages on Norwegian Coast‘, *The Wall Street Journal Europe* (6. August 1997): 1.

17. Jonathan H. Turner, *Sociology: Studying the Human System*, 2nd edn (Santa Monica, CA: Goodyear, 1981).

18. Turner, *Sociology*.

19. Richard P. Coleman, ‚The Continuing Significance of Social Class to Marketing‘, *Journal of Consumer Research* 10 (Dezember 1983): 265–80; Turner, *Sociology*.

20. Übersetztes Zitat aus Richard P. Coleman and Lee Rainwater, *Standing in America: New Dimensions of Class* (New York: Basic Books, 1978): 89.

21. Coleman and Rainwater, *Standing in America*.

22. Turner, *Sociology*.

23. Nicholas D. Kristof, ‚Women as Bodyguards: In China, It's All the Rage‘, *The New York Times* (1. Juli 1993): A4.

24. James Sterngold, ‚How Do You Define Status? A New BMW in the Drive. An Old Rock in the Garden‘, *New York Times* (28. Dezember 1989): C1.

25. Robin Knight, ‚Just You Move Over, ‚Enry ‚Iggins; A New Regard for Profits and Talent Cracks Britain's Old Class System‘, *U.S. News & World Report* 106 (24. April 1989): 40.

26. Turner, *Sociology*, 260.

27. Siehe Ronald Paul Hill and Mark Stamey, ‚The Homeless in America: An Examination of Possessions and Consumption Behaviors‘, *Journal of Consumer Research* 17 (Dezember 1990): 303–21.

28. Joseph Kahl, *The American Class Structure* (New York: Holt, Rinehart and Winston, 1961).

29. Beeghley, *Social Stratification in America*.

30. Coleman and Rainwater, *Standing in America*, 220.

31. Turner, *Sociology*.

32. Siehe Coleman ‚The Continuing Significance of Social Class to Marketing‘; Charles M. Schaninger, ‚Social Class Versus Income Revisited: An Empirical Investigation‘, *Journal of Marketing Research* 18 (Mai 1981): 192–208.

33. Coleman, ‚The Continuing Significance of Social Class to Marketing‘.

34. Bernard Dubois and Gilles Laurent, ‚Is There a Euroconsumer for Luxury Goods?‘, in W. Fred van Raaij and Gary J. Bamossy (eds.), *European Advances in Consumer Research*, 1 (Provo, UT: Association for Consumer Research, 1993): 59–69; Bernard Dubois and Gilles Laurent, ‚Luxury Possessions and Practices: An Empirical Scale‘, in F. Hansen (ed.), *European Advances in Consumer Research* 2 (Provo, UT: Association for Consumer Research, 1995): 69–77; Bernard Dubois and Patrick Dusquesne ‚The Market for Luxury Goods: Income versus Culture‘, *European Journal of Marketing* 27(1) (1993): 35–44.

35. August B. Hollingshead and Fredrick C. Redlich, *Social Class and Mental Illness: A Community Study* (New York: John Wiley, 1958).

36. John Mager and Lynn R. Kahle, ‚Is the Whole More than the Sum of the Parts? Re-evaluating Social Status in Marketing‘, *Journal of Business Psychology*, im Druck.

37. R. Vanneman and F.C. Pampel, ‚The American Perception of Class and Status‘, *American Sociological Review* 42 (Juni 1977): 422–37.

38. Donald W. Hendon, Emelda L. Williams and Douglas E. Huffman, ‚Social Class System Revisited‘, *Journal of Business Research* 17 (November 1988): 259.

39. Coleman, ‚The Continuing Significance of Social Class to Marketing‘.

40. Gerhard E. Lenski, ‚Status Crystallization: A Non-Vertical Dimension of Social Status', *American Sociological Review* 19 (August 1954): 405–12.

41. Richard P. Coleman, ‚The Significance of Social Stratification in Selling', in *Marketing: A Maturing Discipline, Proceedings of the American Marketing Association 43rd National Conference*, ed. Martin L. Bell (Chicago: American Marketing Association, 1960), 171–84.

42. Melinda Beck and Richard Sandza, ‚The Lottery Craze: Multimillion Dollar Prizes Raise New Concerns That the Games Prey on the Poor', *Newsweek* (2. September 1985): 16; Rhoda E. McKinney, ‚Has Money Spoiled the Lottery Millionaires', *Ebony* (Dezember 1988): 150.

43. E. Barth and W. Watson, ‚Questionable Assumptions in the Theory of Social Stratification', *Pacific Sociological Review* 7 (Frühjahr 1964): 10–16.

44. Zick Rubin, ‚Do American Women Marry Up?', *American Sociological Review* 33 (1968): 750–60.

45. Sue Browder, ‚Don't be Afraid to Marry Down', *Cosmopolitan* (Juni 1987): 236.

46. K.U. Ritter and L.L. Hargens, ‚Occupational Positions and Class Identifications of Married Working Women: A Test of the Asymmetry Hypothesis', *American Journal of Sociology* 80 (Januar 1975): 934–48.

47. Browder, ‚Don't Be Afraid to Marry Down': 236.

48. J. Michael Munson and W. Austin Spivey, ‚Product and Brand-User Stereotypes Among Social Classes: Implications for Advertising Strategy', *Journal of Advertising Research* 21 (August 1981): 37–45.

49. Stuart U. Rich and Subhash C. Jain, ‚Social Class and Life Cycle as Predictors of Shopping Behavior', *Journal of Marketing Research* 5 (Februar 1968): 41–49.

50. Thomas W. Osborn, ‚Analytic Techniques for Opportunity Marketing', *Marketing Communications* (September 1987): 49–63.

51. Coleman, ‚The Continuing Significance of Social Class to Marketing'.

52. Jeffrey F. Durgee, ‚How Consumer Sub-Cultures Code Reality: A Look at Some Code Types', in Richard J. Lutz (ed.), *Advances in Consumer Research* 13 (Provo, UT: Association for Consumer Research, 1986): 332–7.

53. David Halle, *America's Working Man: Work, Home, and Politics Among Blue-Collar Owners* (Chicago: The University of Chicago Press, 1984); David Montgomery, ‚America's Working Man', *Monthly Review* (1985): 1.

54. Übersetztes Zitat aus Coleman and Rainwater, *Standing in America*, 139.

55. ‚Frontiers: Planning for Consumer Change in Europe 96/97' (London: The Henley Centre, 1996): 14.

56. Durkheim (1958), übersetztes Zitat aus Roger Brown, *Social Psychology* (New York: The Free Press, 1965).

57. Lenore Skenazy, ‚Affluent, Like Masses, Are Flush with Worries', *Advertising Age* (10. Juli 1989): 55.

58. Herbert J. Gans, ‚Popular Culture in America: Social Problem in a Mass Society or Social Asset in a Pluralist Society?', in *Social Problems: A Modern Approach*, ed. Howard S. Becker (New York: Wiley, 1966); Helga Dittmar, ‚Material Possessions as Stereotypes: Material Images of Different Socio-economic Groups', *Journal of Economic Psychology* 15 (1994): 561–85; Helga Dittmar and Lucy Pepper ‚To Have Is to Be: Materialism and Person Perception in Working Class and Middle Class British Adolescents', *Journal of Economic Psychology* 15 (1994): 233–5.

59. Edward O. Laumann and James S. House, ‚Living Room Styles and Social Attributes: The Patterning of Material Artifacts in a Modern Urban Community', *Sociology and Social Research* 54 (April 1970): 321–42; siehe auch Stephen S. Bell, Morris B. Holbrook and Michael R. Solomon, ‚Combining Esthetic and Social Value to Explain Preferences for Product Styles with the Incorporation of Personality and Ensemble Effects', *Journal of Social Behavior and Personality* (1991) 6: 243–74.

60. Übersetztes Zitat aus Richard Elliott, ,How do the Unemployed Maintain Their Identity in a Culture of Consumption?', *European Advances in Consumer Research* 2 (1995): 1–4, S. 3.

61. Cyndee Miller, ,New Line of Barbie Dolls Targets Big, Rich Kids', *Marketing News* (17. Juni 1996): 6.

62. Cyndee Miller, ,Baubles are Back', *Marketing News* (14. April 1997): 1 (2).

63. Anita Sharpe, ,Magazines for the Rich Rake in Readers', *The Wall Street Journal* (16. Februar 1996): B1 (2).

64. ,Reading the Buyer's Mind', *U.S. News & World Report* (16. März 1987): 59.

65. Rebecca Piirto Heath, ,Life on Easy Street', *American Demographics* (April 1997): 33–8.

66. Sally D. Goll, ,Ignoring the Masses, Avenue Magazine Launches an Edition for China's Elite', *The Wall Street Journal* (28. September 1994): B1.

67. Paul Fussell, *Class: A Guide Through the American Status System* (New York: Summit Books, 1983): 29.

68. Elizabeth C. Hirschman, ,Secular Immortality and the American Ideology of Affluence', *Journal of Consumer Research* 17 (Juni 1990): 31–42.

69. Coleman and Rainwater, *Standing in America*, 150.

70. M.H. Moore, ,Homing in on Russian „Super Spenders"', *Adweek* (28. Februar 1994): 14–16.

71. Jerry Adler, ,For Sale: The Rich Look', *Newsweek* (22. Juni 1987): 80.

72. Jason DeParle, ,Spy Anxiety; The Smart Magazine That Makes Smart People Nervous About Their Standing', *Washingtonian Monthly* (Februar 1989): 10.

73. Eine aktuelle Untersuchung von Retail-Themen, die im Zusammenhang mit dem Bedürfnis nach Status stehen, stammt von Jacqueline Kilsheimer Eastman, Leisa Reinecke Flynn and Ronald E. Goldsmith, ,Shopping for Status: The Retail Managerial Implications', *Association of Marketing Theory and Practice* (Frühjahr 1994): 125–30.

74. Dennis Rodkin, ,Wealthy Attitude Wins Over Healthy Wallet: Consumers Prove Affluence is a State of Mind', *Advertising Age* (9. Juli, 1990): S-4.

75. John Brooks, *Showing off in America* (Boston: Little, Brown, 1981): 13.

76. Thorstein Veblen, *The Theory of the Leisure Class* (1899; reprint, New York: New American Library, 1953): 45.

77. Beispiele bei John T. Molloy, *Dress for Success* (New York: Warner Books, 1975); Vicki Keltner and Mike Holsey, *The Success Image* (Houston, TX: Gulf Publishing, 1982); and William Thourlby, *You Are What You Wear* (New York: New American Library, 1978).

78. Übersetztes Zitat aus Cyndee Miller, ,Baubles are Back', *Marketing News* (14. April 1997): 1 (2). Elaine Underwood, ,Luxury's Tide Turns', *Brandweek* (7. März 1994): 18–22.

79. Brooks, *Showing off in America*.

80. Brooks, *Showing off in America*, 31–32.

Kapitel 13

1. Bickley Townsend, ,Où sont les neiges d'antan? (Where are the snows of yesteryear?)', *American Demographics* (Oktober 1988): 2.

2. Stephen Holden, ,After the War the Time of the Teen-Ager', *The New York Times* (7. Mai 1995): E4.

3. ,Same Kids, More Money', *Marketing* (29. Juni 1995): 37; vgl. auch die folgenden Websites mit Überblicken zum Taschengeld: *http://www.kiplinger.com/drt.drthome.html* und *http://pages.prodigy.com/kids-money/*

4. ,Same Kids, More Money'. Scott McCartney, ,Society's Subcultures Meet by Modem', *The Wall Street Journal* (8. Dezember 1994): B1 (2).

5. Sara Olkon, ,Black Soda with Skulls on Label Isn't Aimed at the Pepsi Generation', *The Wall Street Journal* (24. Mai 1995): B1.

6. Junu Bryan Kim, ,For Savvy Teens: Real Life, Real Solutions', *Advertising Age* (23. August 1993): S-1 (3 S.).

7. Margaret Carlson, ‚Where Calvin Crossed the Line', *Time* (11. September 1995): 64.

8. Ellen Goodman, ‚The Selling of Teenage Anxiety', *Washington Post* (24. November 1979).

9. Ellen R. Foxman, Patriya S. Tansuhaj and Karin M. Ekström, ‚Family Members' Perceptions of Adolescents' Influence in Family Decision Making', *Journal of Consumer Research* 15 (März 1989): 482–91.

10. ‚Men and Women in the European Union: A Statistical Portrait' (Luxembourg: Office for Official Publications of the European Communities, 1995).

11. Deborah Klosky, ‚World Bank Ads Target Youths', *Wall Street Journal, Europe* (7. Oktober 1997): 4; Karen Ritchie, *Marketing to Generation X* (New York: Lexington Books, 1995); Rob Nelson, *Revolution X: Survival Guide for Our Generation* (New York: Penguin Books, 1994); eine ‚Gen-X' Website findet sich unter http://www. acent.net/in-mtl/v04n03/ generax.htm; Laura Zinn, ‚Move Over, Boomers', *Business Week* (14. Dezember 1992): 7.

12. ‚Generation Next', *Marketing* (16. Januar 1997): 25.

13. Übersetztes Zitat aus T.L. Stanley, ‚Age of Innocence ... Not', *PROMO* (Februar 1997): 28–33, S. 30.

14. ‚Generation Next', 26.

15. Scott Donaton, ‚The Media Wakes Up to Generation X', *Advertising Age* (1. Februar 1993): 16 (2); Laura E. Keeton, ‚New Magazines Aim to Reach (and Rechristen) Generation X', *Wall Street Journal* (17. Oktober 1994): B1.

16. Chip Walker, ‚Can TV Save the Planet?', *American Demographics* (Mai 1996): 42–50. Siehe auch Shawn Tully, ‚Teens: The Most Global Segment of All', *Fortune* (16. Mai 1994): 90–6.

17. Faye Rice, ‚Making Generational Marketing Come of Age', *Fortune* (26. Juni 1995): 110–14.

18. Faye Rice, ‚Making Generational Marketing Come of Age', *Fortune* (26. Juni 1995): 110–14.

19. ‚Shades of Grey', *Marketing* (24. April 1997); ‚Baby boom generatie moet oud-zijn modieus maken' ('Baby Boom-Generation muss „alt" in Mode bringen') *NRC Handelsblad* (2 Mai 1996): 7; Melinda Beck, ‚Going for the Gold', *Newsweek* (23. April 1990): 74.

20. ‚Shades of Grey', *Marketing* (24. April 1997).

21. David B. Wolfe, ‚Targeting the Mature Mind', *American Demographics* (März 1994): 32–6.

22. ‚Shades of Grey'.

23. ‚Shades of Grey'; ‚Baby boom generatie moet oud-zijn modieus maken'.

24. Allyson Steward-Allen, ‚Marketing in Europe to the Consumer Over Age Fifty', *Marketing News* 31 (16) (4. August 1997): 18.

25. Gabriele Morello, ‚Old is Gold, But What is Old?', ESOMAR Seminar über ‚The Untapped Gold Mine: The Growing Importance of the Over-50s', ESOMAR, Amsterdam, 1989; Gabriele Morello, ‚Sicilian Time', in *Time and Society* (London: Sage Publications, 1997), 6 (1): 55–69.

26. ‚Baby boom generatie moet oud-zijn modieus maken'.

27. Benny Barak and Leon G. Schiffman, ‚Cognitive Age: A Nonchronological Age Variable', in *Advances in Consumer Research* 8, ed. Kent B. Monroe (Provo, UT: Association for Consumer Research, 1981) 8: 602–6.

28. David B. Wolfe, ‚An Ageless Market', *American Demographics* (Juli 1987): 27–55.

29. ‚Demographic Statistics 1997' (Luxembourg: Office for Official Publications of the European Communities, 1997); vgl. auch http://europa.eu.int; Lenore Skenazy, ‚These Days, It's Hip to be Old', *Advertising Age* (15. Februar 1988).

30. Dieser Versuch einer Segmentierung geht von der Bevölkerung der Vereinigten Staaten von Amerika aus und folgt Lazer and Shaw, ‚How Older Americans Spend Their Money'. Siehe auch ‚Shades of Grey' für einen zweisegmentigen Zugang des Seniorenmarkts in Großbritannien.

31. Ellen Day, Brian Davis, Rhonda Dove and Warren A. French, ‚Reaching the Senior Citizen Market(s)‘, *Journal of Advertising Research* (Dezember/Januar 1987/88): 23–30; Warren A. French and Richard Fox, ‚Segmenting the Senior Citizen Market‘, *Journal of Consumer Marketing* 2 (1985): 61–74; Jeffrey G. Towle and Claude R. Martin, Jr, ‚The Elderly Consumer: One Segment or Many?‘, in Beverlee B. Anderson (ed.), *Advances in Consumer Research* 3 (Provo, UT: Association for Consumer Research, 1976): 463.

32. Catherine A. Cole and Nadine N. Castellano, ‚Consumer Behavior‘, *Encyclopedia of Gerontology*, vol. 1 (1996): 329–39.

33. Ward, ‚Marketers Slow to Catch Age Wave‘.

Kapitel 14

1. Siehe z. B. A. Fuat Firat, ‚Consumer Culture or Culture Consumed‘, Janeen A. Costa and G. Bamossy (eds.), *Marketing in a Multicultural World: Ethnicity, Nationalism, and Cultural Identity* (Thousand Oaks, CA: Sage, 1995): 105–25.

2. Grant McCracken, ‚Culture and Consumption: A Theoretical Account of the Structure and Movement of the Cultural Meaning of Consumer Goods‘, *Journal of Consumer Research* 13 (Juni 1986): 71–84; siehe auch Grant McCracken, *Culture and Consumption* (Bloomington: Indiana University Press, 1988).

3. Eine weitere Diskussion über Kultur und Verbrauch siehe bei Alladi Venkatesh, ‚Ethnoconsumerism: A New Paradigm to Study Cultural and Cross-Cultural Consumer Behavior‘, in Janeen A. Costa and Gary J. Bamossy (eds.), *Marketing in a Multicultural World* (Thousand Oaks, Sage, 1995): 26–67.

4. Paul du Gay, Stuart Hall, Linda Janes, Hugh MacKay and Keith Negus, *Doing Cultural Studies. The Story of the Sony Walkman* (London: Sage, 1997).

5. ‚Spice Girls Dance into Culture Clash‘, *Montgomery Advertiser* (29. April 1997): 2A.

6. Persönliches Gespräch mit Jens Bernsen, 29. Oktober 1997.

7. Clifford Geertz, *The Interpretation of Cultures* (New York: Basic Books, 1973); Marvin Harris, *Culture, People and Nature* (New York: Crowell, 1971); John F. Sherry, ‚The Cultural Perspective in Consumer Research‘, in Richard J. Lutz (ed.), *Advances in Consumer Research* 13 (Provo, UT: Association for Consumer Research, 1985): 573–75.

8. Geert Hofstede, *Culture's Consequences* (Beverly Hills, CA: Sage, 1980); siehe auch Laura M. Milner, Dale Fodness and Mark W. Speece, ‚Hofstede's Research on Cross-Cultural Work-Related Values: Implications for Consumer Behavior‘, in W.F. van Raaij and G. Bamossy (eds.), *European Advances in Consumer Research* I (Provo, UT: Association for Consumer Research, 1993): 70–6.

9. Alladi Venkatesh, ‚Ethnoconsumerism: A Proposal for a New Paradigm to Study Cross Cultural Consumer Behavior‘, J.A. Costa and G. Bamossy (eds.), *Marketing in a Multicultural World* (Thousand Oaks: Sage, 1995): 26–67.

10. George J. McCall and J.L. Simmons, *Social Psychology: A Sociological Approach* (New York: The Free Press, 1982).

11. Eric J. Arnould and Linda Price, ‚River Magic: Extraordinary Experience and the Extended Service Encounter‘, *Journal of Consumer Research*, 20 (Juni 1993): 24–45.

12. Molly O'Neill, ‚As Life Gets More Complex, Magic Casts a Wider Spell‘, *The New York Times* (13. Juni, 1994): A1 (2).

13. Conrad Phillip Kottak, ‚Anthropological Analysis of Mass Enculturation‘, in Conrad P. Kottak (ed.), *Researching American Culture* (Ann Arbor, MI: University of Michigan Press, 1982): 40–74.

14. Joseph Campbell, *Myths, Dreams, and Religion* (New York: E.P. Dutton, 1970).

15. Jeffrey S. Lang and Patrick Trimble, ‚Whatever Happened to the Man of Tomorrow? An Examination of the American Monomyth and the Comic Book

Superhero', *Journal of Popular Culture* 22 (Winter 1988): 157.

16. Yumiko Ono, ‚PepsiCo's „American" Superhero in Japanese Ads is Alien to U.S.', *The WSJ Interactive Edition* (23. Mai 1997).

17. James Fitchett, Douglas Brownlie and Michael Saren, ‚On the Cultural Location of Consumption: The Case of Einstein as a Commodity', *Marketing for an Expanding Europe*, ed. J. Berács, A. Bauer & J. Simon, Proceedings of the 25th EMAC Conference (Budapest: Budapest University of Economic Sciences, 1996): 435–53.

18. Elizabeth C. Hirschman, ‚Movies as Myths: An Interpretation of Motion Picture Mythology', in Jean Umiker-Sebeok (ed.), *Marketing and Semiotics: New Directions in the Study of Signs for Sale* (Berlin: Mouton de Guyter, 1987): 335–74.

19. Siehe William Blake Tyrrell, ‚Star Trek as Myth and Television as Mythmaker', in Jack Nachbar, Deborah Weiser and John L. Wright (eds.), *The Popular Culture Reader* (Bowling Green, OH: Bowling Green University Press, 1978): 79–88.

20. Benoît Heilbrunn, ‚My Brand the Hero? A Semiotic Analysis of the Consumer-Brand Relationship', *Marketing for the 21st Century*, Proceedings of the 24th EMAC Conference, ed. M. Bergadaà (Cergy-Pontoise: ESSEC): 451–70; siehe auch Bernie Whalen, ‚Semiotics: An Art or Powerful Marketing Research Tool?', *Marketing News* (13. Mai 1983): 8.

21. Siehe Dennis W. Rook, ‚The Ritual Dimension of Consumer Behavior', *Journal of Consumer Research* 12 (Dezember 1985): 251–64; Mary A. Stansfield Tetreault and Robert E. Kleine III, ‚Ritual, Ritualized Behavior, and Habit: Refinements and Extensions of the Consumption Ritual Construct', in Marvin Goldberg, Gerald J. Gorn and Richard W. Pollay (eds.), *Advances in Consumer Research* 17 (Provo, UT: Association for Consumer Research, 1990): 31–8.

22. Grant McCracken, *Consumption and Culture* (Bloomington, IN: Indiana University Press).

23. ‚The Skill of the Chase', *Marketing Week*, (30. April 1993): 38–40.

24. Kim Foltz, ‚New Species for Study: Consumers in Action', *New York Times* (18. Dezember 1989): A1.

25. Robert Grafton Small, ‚Consumption and Significance: Everyday Life in a Brand-new Second-hand Bow Tie'; *European Journal of Marketing* 27 (8) (1993): 38–45.

26. Dennis W. Rook and Sidney J. Levy, ‚Psychosocial Themes in Consumer Grooming Rituals', in Richard P. Bagozzi and Alice M. Tybout (eds.), *Advances in Consumer Research* 10 (Provo, UT: Association for Consumer Research, 1983): 329–33.

27. Diane Barthel, *Putting on Appearances: Gender and Attractiveness* (Philadelphia: Temple University Press, 1988).

28. Übersetztes Zitat aus Barthel, *Putting on Appearances: Gender and Advertising*.

29. Russell W. Belk, Melanie Wallendorf and John Sherry, ‚The Sacred and the Profane in Consumer Behavior: Theodicy on the Odyssey', *Journal of Consumer Research* 16 (Juni 1989): 1–38.

30. Russell W. Belk and Gregory S. Coon, ‚Gift Giving as Agapic Love: An Alternative to the Exchange Paradigm Based on Dating Experiences', *Journal of Consumer Research* 20 (Dezember 1993) 3: 393–417.

31. John F. Sherry, ‚Gift Giving in Anthropological Perspective', *Journal of Consumer Research* 10 (September 1983): 157–68.

32. Daniel Goleman, ‚What's Under the Tree? Clues to a Relationship', *New York Times* (19. Dezember 1989): C1.

33. John F. Sherry, Jr, Mary Ann McGrath and Sidney J. Levy, ‚The Dark Side of the Gift', *Journal of Business Research* (1993).

34. Colin Camerer, ‚Gifts as Economic Signals and Social Symbols', *American Journal of Sociology* 94 (Supplement 1988): 5180–214.

35. Robert T. Green and Dana L. Alden, ‚Functional Equivalence in Cross-Cultural Consumer Behavior: Gift Giving in

Japan and the United States', *Psychology & Marketing* 5 (Sommer 1988): 155–68.

36. Hiroshi Tanaka and Miki Iwamura, ‚Gift Selection Strategy of Japanese Seasonal Gift Purchasers: An Explorative Study', paper presented at the Association for Consumer Research, Boston (Oktober 1994).

37. David Glen Mick and Michelle DeMoss, ‚Self-Gifts: Phenomenological Insights from Four Contexts', *Journal of Consumer Research* 17 (Dezember 1990): 327; John F. Sherry, Jr, Mary Ann McGrath and Sidney J. Levy, ‚Egocentric Consumption: Anatomy of Gifts Given to the Self', in *Contemporary Marketing and Consumer Behavior: An Anthropological Sourcebook* (Thousand Oaks, CA: Sage, 1995).

38. Siehe z. B. Russell W. Belk, ‚Halloween: An Evolving American Consumption Ritual', in Richard Pollay, Jerry Gorn and Marvin Goldberg (eds.), *Advances in Consumer Research* 17 (Provo, UT: Association for Consumer Research, 1990), 508–17; Melanie Wallendorf and Eric J. Arnould, ‚We Gather Together: The Consumption Rituals of Thanksgiving Day', *Journal of Consumer Research* 18 (Juni 1991): 13–31.

39. Marc Augé, ‚Un ethnologue à Euro Disneyland', *Le Monde Diplomatique* (September 1994).

40. Bruno Bettelheim, *The Uses of Enchantment: The Meaning and Importance of Fairy Tales* (New York: Alfred A. Knopf, 1976).

41. Brian Moeran and Lise Skov, ‚Cinderella Christmas: Kitsch, Consumerism and Youth in Japan', in D. Miller (ed.), *Unwrapping Christmas* (Oxford: Oxford University Press, 1993): 105–33.

42. Anne Swardson, ‚Trick or Treat? In Paris, It's Dress, Dance, Eat', *International Herald Tribune* (31. Oktober 1996): 2.

43. Michael R. Solomon and Punam Anand, ‚Ritual Costumes and Status Transition: The Female Business Suit as Totemic Emblem', in Elizabeth C. Hirschman and Morris B. Holbrook (eds.), *Advances in Consumer Research* 12 (Washington, D.C.:

Association for Consumer Research, 1985): 315–18.

44. Arnold van Gennep, *The Rites of Passage*, trans. Maika B. Vizedom and Gabrielle L. Caffee (London: Routledge and Kegan Paul, 1960; orig. published 1908); Solomon and Anand, ‚Ritual Costumes and Status Transition'.

45. Walter W. Whitaker III, ‚The Contemporary American Funeral Ritual', in Ray B. Browne (ed.), *Rites and Ceremonies in Popular Culture* (Bowling Green, OH: Bowling Green University Popular Press, 1980): 316–25; eine aktuelle Untersuchung von Beerdigungsritualen stammt von Larry D. Compeau and Carolyn Nicholson, ‚Funerals: Emotional Rituals or Ritualistic Emotions', paper presented at the Association of Consumer Research (Boston, Oktober 1994).

46. Zum Tourismus siehe z. B. John Urry, *The Tourist Gaze* (London: Sage, 1988).

47. Conrad Phillip Kottak, ‚Anthropological Analysis of Mass Enculturation', in Conrad P. Kottak (ed.), *Researching American Culture* (Ann Arbor, MI: University of Michigan Press, 1982): 40–74.

48. Gerry Pratt, ‚The House as an Expression of Social Worlds', in James S. Duncan (ed.), *Housing and Identity: Cross-Cultural Perspectives* (London: Croom Helm, 1981): 135–79; Michael R. Solomon, ‚The Role of the Surrogate Consumer in Service Delivery', *The Service Industries Journal* 7 (Juli 1987): 292–307.

49. Grant McCracken, „Homeyness": A Cultural Account of One Constellation of Goods and Meanings', in Elizabeth C. Hirschman (ed.), *Interpretive Consumer Research* (Provo, UT: Association for Consumer Research, 1989): 168–84.

50. James Hirsch, ‚Taking Celebrity Worship to New Depths', *New York Times* (9. November 1988): C1.

51. ‚One Certain Legacy of Diana is Industry Exploiting Her Life', *The Wall Street Journal Europe* (2. September 1997): 1–2.

52. Emile Durkheim, *The Elementary Forms of the Religious Life* (New York: Free Press, 1915).

53. Susan Birrell, ‚Sports as Ritual: Interpretations from Durkheim to Goffman', *Social Forces* 60 (1981) 2: 354–76; Daniel Q. Voigt, ‚American Sporting Rituals', in *Rites and Ceremonies in Popular Culture*: 125–40.

54. ‚Sales of UK Publisher of Classical Music Strikes a Sour Note', *The Wall Street Journal Europe* (9. September 1997): 1, 4.

55. Søren Askegaard, *Marketing, The Performing Arts, and Social Change: Beyond the Legitimacy Crisis*, Working papers in Marketing, no. 13 (Odense University: School of Business and Economics, 1997).

56. John Urry, *The Tourist Gaze: Leisure and Travel in Contemporary Societies* (London: Sage, 1990).

57. Belk *et al.*, ‚The Sacred and the Profane in Consumer Behavior'.

58. Beverly Gordon, ‚The Souvenir: Messenger of the Extraordinary', *Journal of Popular Culture* 20 (1986) 3: 135–46.

59. Belk *et al.*, ‚The Sacred and the Profane in Consumer Behavior'.

60. Belk *et al.*, ‚The Sacred and the Profane in Consumer Behavior'.

61. Deborah Hofmann, ‚In Jewelry, Choices Sacred and Profane, Ancient and New', *New York Times* (7. Mai 1989).

62. Roberto Grandi, ‚Benetton's Advertising: A Case History of Postmodern Communication', unveröffentlichtes Manuskript, Center for Modern Culture & Media (University of Bologna, 1994); Shawn Tully, ‚Teens: The Most Global Market of All', *Fortune* (16. Mai 1994): 90–7.

63. Übersetztes Zitat aus ‚Public Relations Firm to Present Anti-Abortion Effort to Bishops', *New York Times* (14. August 1990): A12.

64. Per Østergaard, ‚The Broadened Concept of Marketing as a Manifestation of the Postmodern Condition', in *Marketing Theory and Applications*, Proceedings of the AMA Winter Educators Conference, IV, ed. R. Varandarajan and B. Jaworski (Chicago: American Marketing Association): 234–9.

65. Eine ausführliche Bibliografie zum Thema Sammeln findet sich bei Russell W. Belk, *Collecting in a Consumer Culture* (London: Routledge, 1995) or Russell W. Belk, Melanie Wallendorf, John F. Sherry, Jr and Morris B. Holbrook, ‚Collecting in a Consumer Culture', in Russell W. Belk (ed.), *Highways and Buyways* (Provo, UT: Association for Consumer Research, 1991): 178–215. Siehe auch Janine Romina Lovatt, ‚The People's Show Festival 1994: A Survey', S. Pearce (ed.), *Experiencing Material Culture in the Western World* (London: Leicester University Press, 1997): 196–254; Werner Muensterberg, *Collecting: An Unruly Passion* (Princeton, NJ: Princeton University Press, 1994); Melanie Wallendorf and Eric J. Arnould, ‚„My Favorite Things": A Cross-Cultural Inquiry into Object Attachment, Possessiveness, and Social Linkage', *Journal of Consumer Research* 14 (März 1988): 531–47.

66. Glenn J. Kalinoski, ‚Collecting Sales', *PROMO: The Magazine of Promotion Marketing* (Mai 1996): 41–7.

67. Calmetta Y. Coleman, ‚Just Any Old Thing from McDonald's Can be a Collectible', *The Wall Street Journal* (29. März 1995): B1 (2).

68. Übersetztes Zitat aus Ruth Ann Smith, ‚Collecting as Consumption: A Grounded Theory of Collecting Behavior,' unveröffentlichtes Manuskript (Virginia Polytechnic Institute and State University, 1994): 14.

69. Daniel L. Sherrell, Alvin C. Burns and Melodie R. Phillips, ‚Fixed Consumption Behavior: The Case of Enduring Acquisition in a Product Category', in Robert L. King (ed.), *Developments in Marketing Science* XIV (1991): 36–40.

70. Russell W. Belk, ‚Acquiring, Possessing, and Collecting: Fundamental Processes in Consumer Behavior', in Ronald F. Bushard and Shelby D. Hunt (eds.), *Marke-*

ting Theory: Philosophy of Science Perspectives (Chicago: AMA, 1982): 185–90.

71. Siehe Belk, *Collecting in a Consumer Culture*.

Kapitel 15

1. Pierre Valette-Florence, *Les styles de vie* (Paris: Nathan, 1994). Benjamin Zablocki and Rosabeth Moss Kantter, ‚The Differentiation of Life-Styles', *Annual Review of Sociology* (1976): 269–97.

2. Mary T. Douglas and Baron C. Isherwood, *The World of Goods* (New York: Basic Books, 1979).

3. Richard A. Peterson, ‚Revitalizing the Culture Concept', *Annual Review of Sociology* 5 (1979): 137–66.

4. Russell W. Belk, ‚Possessions and the Extended Self', *Journal of Consumer Research* 15 (September 1988): 139–68; Melanie Wallendorf and Eric J. Arnould, „My Favourite Things": A Cross-Cultural Inquiry into Object Attachment, Possessiveness, and Social Linkage', *Journal of Consumer Research* 14 (März 1988): 531–47.

5. ‚Europeans More Active as Consumers', *Marketing News* (10. Juni 1994): 17.

6. Russell W. Belk and Richard W. Pollay, ‚Images of Ourselves: The Good Life in Twentieth Century Advertising', *Journal of Consumer Research* 11 (März 1985): 887–97.

7. Marsha L. Richins and Scott Dawson, ‚A Consumer Values Orientation for Materialism and Its Measurement: Scale Development and Validation', *Journal of Consumer Research* 20 (Dezember 1992).

8. Güliz Ger and Russell W. Belk, ‚Cross-Cultural Differences in Materialism', *Journal of Economic Psychology* 17 (1996): 55–77.

9. Søren Askegaard, ‚Livsstilsundersøgelser: Henimod et teoretisk fundament', Dissertation (Odense University: School of Business and Economics, 1993).

10. Henrik Dahl, *Hvis din nabo var en bil* (Copenhagen: Akademisk Forlag, 1997).

11. Thomas Drieseberg, ‚Lebensstile in der Marktforschung – eine empirische Bestandsaufnahme', *Soziologie – Planung und Analyse* 5 (1992): 18–26.

12. William Leiss, Stephen Kline and Sut Jhally, *Social Communication in Advertising* (Toronto: Methuen, 1986).

13. Douglas and Isherwood, *The World of Goods*: 72–3.

14. Michael R. Solomon, ‚The Role of Products as Social Stimuli: A Symbolic Interactionism Perspective', *Journal of Consumer Research* 10 (Dezember 1983): 319–29.

15. Michael R. Solomon and Henry Assael, ‚The Forest or the Trees?: A Gestalt Approach to Symbolic Consumption', in Jean Umiker-Sebeok (ed.), *Marketing and Semiotics: New Directions in the Study of Signs for Sale* (Berlin: Mouton de Gruyter, 1988): 189–218; Michael R. Solomon, ‚Mapping Product Constellations: A Social Categorization Approach to Symbolic Consumption', *Psychology & Marketing* 5 (1988) 3: 233–58; siehe auch Stephen C. Cosmas, ‚Life Styles and Consumption Patterns', *Journal of Consumer Research* 8 (März 1982) 4: 453–5.

16. Russell W. Belk, ‚Yuppies as Arbiters of the Emerging Consumption Style', in Richard J. Lutz (ed.), *Advances in Consumer Research* 13 (Provo, UT: Association for Consumer Research, 1986): 514–19.

17. Askegaard, ‚Livsstilsundersøgelser: Henimod et teoretisk fundament': 103–5.

18. Bill Schlackman, ‚An Historical Perspective', in S. Robson and A. Foster (eds.), *Qualitative Research in Action* (London: Edward Arnold, 1989): 15–23.

19. William D. Wells and Douglas J. Tigert, ‚Activities, Interests, and Opinions', *Journal of Advertising Research* 11 (August 1971): 27.

20. Alfred S. Boote, ‚Psychographics: Mind Over Matter', *American Demographics* (April 1980): 26–9; William D. Wells, ‚Psychographics: A Critical Review', *Journal of Marketing Research* 12 (Mai 1975): 196–213.

21. Joseph T. Plummer, ‚The Concept and Application of Life Style Segmentation', *Journal of Marketing* 38 (Januar 1974): 33–7.

22. Berkeley Rice, ‚The Selling of Lifestyles', *Psychology Today* (März 1988): 46.

23. ‚CMT „Lifestyle" Launch', *Marketing* (3. Februar 1994): 4.

24. Valerie Latham, ‚Do Euroconsumers Exist?', *Marketing* (24. Juni 1993): 3.

25. Document, RISC.

26. Pierre Bourdieu, *La distinction. Critique sociale du jugement* (Paris: Editions de Minuit, 1979).

27. Martha Farnsworth Riche, ‚VALS 2', *American Demographics* (Juli 1989): 25.

28. Leiss *et al.*, ‚Social Communication in Advertising'.

29. Stuart Elliott, ‚Sampling Tastes of a Changing Russia', *New York Times* (1. April 1992) 2: D1.

30. ‚Value Segments Help Define International Market', *Marketing News* (21. November 1988): 17.

31. Pierre Valette-Florence, *Les styles de vie*.

32. Askegaard, ‚Livsstilsundersøgelser: Henimod et teoretisk fundament'.

33. ‚One Flew Over a Continent to See What Was Cooking', *IP Network International Newsletter* 5 (Frühjahr 1993): 5–8.

34. Søren Askegaard and Tage Koed Madsen, ‚The Local and the Global: Patterns of Homogeneity and Heterogeneity in European Food Cultures', *International Business Review* (im Druck).

35. Siehe die Diskussion in Alladi Venkatesh, ‚Ethnoconsumerism'; Jean-Claude Usunier, *Marketing Across Cultures* (Hemel Hempstead: Prentice Hall, 1995): 140–74; Askegaard and Madsen, ‚The Local and the Global: Patterns of Homogeneity and Heterogeneity in European Food Cultures'; Klaus Grunert, Suzanne Grunert and Sharon Beatty, ‚Cross-Cultural Research on Consumer Values', *Marketing and Research Today* 17 (1989): 30–9.

36. Jean-Claude Usunier, *Marketing Across Cultures*.

37. Peter S.H. Leeflang and W. Fred van Raaij, ‚The Changing Consumer in the Euro-

pean Union: A „Meta-Analysis"', *International Journal of Research in Marketing* 12 (5) (1996): 373–87.

38. Siehe unter anderem Mary T. Douglas, ‚Food as a System of Classification', *In the Active Voice* (London: Routledge & Kegan Paul, 1982): 82–124; P. Farb and G. Armelagos, *Consuming Passions: The Anthropology of Eating* (Boston: Houghton Mifflin, 1980); P. Fieldhouse, *Food and Nutrition: Customs and Culture* (London: Croom Helm, 1986); Claude Fischler, *L'Homnivore* (Paris: Ed. Odile Jacob, 1990); A. Warde, *Consumption, Food, and Taste* (London: Sage, 1997).

39. Euromonitor, *European Marketing Data and Statistics* (1997): 6, 254.

40. Euromonitor, *European Marketing Data and Statistics* (1997): 328–31.

41. Klaus G. Grunert, Karen Brunsø and Søren Bisp, ‚Food-Related Lifestyle: Development of a Cross-Culturally Valid Instrument for Market Surveillance', in L. Kahle and L. Chiagouris (eds.), *Values, Lifestyles and Psychographics* (Mahwah, NJ: Lawrence Erlbaum Associates, 1997): 337–54.

42. Vgl. jedoch Søren Askegaard, Karen Brunsø, Kaye Crippen and Reinti Liang, ‚Food-Related Lifestyle in Singapore: Testing a Western European Research Instrument in Southeast Asia' (im Druck).

43. Klaus G. Grunert, ‚What's in a Steak? A Cross-Cultural Study on the Quality Perception of Beef', *MAPP Working Paper* 39 (Aarhus: The Aarhus School of Business, 1996).

44. Allison James, ‚Cooking the Books. Global or Local Identities in Contemporary British Food Cultures?', David Howes (ed.), *Cross-Cultural Consumption* (London: Routledge, 1996): 77–92.

45. James, ‚Cooking the Books', S. 89.

46. Ayse S. Caglar, ‚McDöner Kebap and the Social Positioning Struggle of German Turks', in J.A. Arnold and G.J. Bamossy (eds.), *Marketing in a Multicultural World:*

Ethnicity, Nationalism, and Cultural Identity (London: Sage, 1995): 209–30.

47. Mary T. Douglas (ed.), *Constructive Drinking. Perspectives on Drink from Anthropology* (Cambridge: Cambridge University Press, 1987).

48. David Smith and J. Robert Skalnik, ‚Changing Patterns in the Consumption of Alcoholic Beverages in Europe and the United States', in Flemming Hansen (ed.), *European Advances in Consumer Research* II (Provo, UT: Association for Consumer Research, 1995): 343–55.

49. David Smith and J. Robert Skalnik, ‚Changing Patterns in the Consumption of Alcoholic Beverages in Europe and the United States'.

50. Pekka Sulkunen, ‚Drinking Patterns and the Level of Alcohol consumption: An International Overview', in R.J. Gibbins *et al.* (eds.), *Research Advances in Alcohol and Drug Problems*, vol. 3 (New York: John Wiley).

51. Euromonitor, *European Marketing Data and Statistics* (1997): 334.

52. David Smith and J. Robert Skalnik, ‚Changing Patterns in the Consumption of Alcoholic Beverages in Europe and the United States'.

53. Yves Marbeau, ‚Eurodemographics? Nearly There!', *Marketing and Research Today* (März 1992): 47–57.

54. Horst Kern, Hans-Christian Wagner and Roswitha Harris, ‚European Aspects of a Global Brand: The BMW Case', *Marketing and Research Today* (Februar 1990): 47–57.

55. Michael Schroeder, ‚Germany-France: Different Advertising Styles – Different Communication Concepts', in W.F. van Raaij and G. Bamossy (eds.), *European Advances in Consumer Research* 1 (Provo, UT: Association for Consumer Research, 1993): 77–83.

56. Edward T. Hall, *Beyond Culture* (New York: Doubleday, 1976).

57. Hans Heyder, Karl Georg Musiol and Klaus Peters, ‚Advertising in Europe – Attitudes Towards Advertising in Certain Key East and West European Coun-

tries', *Marketing and Research Today* (März 1992): 58–68.

58. Marc G. Weinberger and Harlan E. Spotts, ‚A Situational View of Information Content in TV Advertising in the U.S. and U.K.', *Journal of Marketing* 53 (Januar 1989): 89–94; siehe auch Abhilasha Mehta, ‚Global Markets and Standardized Advertising: Is It Happening? An Analysis of Common Brands in USA and UK', in *Proceedings of the 1992 Conference of the American Academy of Advertising* (1992): 170.

59. ‚Abroadminded', *Marketing* (24. April 1997): 20–1.

60. Hans Heyder, Karl Georg Musiol and Klaus Peters, ‚Advertising in Europe – Attitudes Towards Advertising in Certain Key East and West European Countries'.

61. Wendelin G. Müller, ‚Die Standardisierbarkeit internationaler Werbung: Kulturen verlangen Adaptionen', *Marketing ZFP*, 3 (3. Quartal 1996): 179–90.

62. J. Andrew Davison and Erik Grab, ‚The Contributions of Advertising testing to the Development of Effective International Advertising: The KitKat Case Study', *Marketing and Research Today* (Februar 1993): 15–24.

63. Douglas B. Holt, Søren Askegaard and Torsten Ringberg, ‚7Ups and Downs: Cross Cultural Differences in the Reading Profile of Advertising' (im Druck).

64. Eduardo G. Camargo, ‚The Measurement of Meaning: Sherlock Holmes in Pursuit of the Marlboro Man' in Jean Umiker-Sebeok (ed.), *Marketing and Semiotics. New Directions in the Study of Signs for Sale* (Berlin: Mouton de Gruyter, 1987): 463–83.

65. Demographic Statistics 1997: Population and social conditions Series, Luxembourg: Office for Official Publications of the European Communities, 1997; ‚Colour Blind', *Marketing Week* (21. Juni 1996): 38–40.

66. Siehe Frederik Barth, *Ethnic Groups and Boundaries: The Social Organization of Cul-*

ture Difference (London: Allen and Unwin, 1969); D. Bell, ‚Ethnicity and Social Change', in N. Glazer and D.P. Moynihan (eds.), *Ethnicity: Theory and Experience* (Cambridge, MA: Harvard University Press, 1975): 141–74; D.L. Horowitz, ‚Ethnic Identity', in N. Glazer and D.P. Moynihan (eds.), *Ethnicity: Theory and Experience* (Cambridge, MA: Harvard University Press, 1975): 109–40; J. Kotkin, *Tribes* (New York: Random House, 1993); Alladi Venkatesh, ‚Ethnoconsumerism: A New Paradigm to Study Cultural and Cross-Cultural Consumer Behavior', in J.A. Costa and G.J. Bamossy (eds.), *Marketing in a Multicultural World: Ethnicity, Nationalism, and Cultural Identity* (London: Sage, 1995): 26–67; Michael Laroche, Annamma Joy, Michael Hui and Chankon Kim, ‚An Examination of Ethnicity Measures: Convergent Validity and Cross-Cultural Equivalence', in Rebecca H. Holman and Michael R. Solomon (eds.), *Advances in Consumer Research* 18 (Provo, UT: Association for Consumer Research, 1991): 150–7; Melanie Wallendorf and Michael Reilly, ‚Ethnic Migration, Assimilation, and Consumption', *Journal of Consumer Research* 10 (Dezember 1983): 292–302; Milton J. Yinger, ‚Ethnicity', *Annual Review of Sociology* 11 (1985): 151–80.

67. Rohit Desphandé and Douglas M. Stayman, ‚A Tale of Two Cities: Distinctiveness Theory and Advertising Effectiveness', *Journal of Marketing Research* 31 (Februar 1994): 57–64; Stephen Riggins, ‚The Media Imperative: Ethnic Minority Survival in the Age of Mass Communication', in S.H. Riggins (ed.), *Ethnic Minority Media: An International Perspective* (London: Sage, 1992): 1–22.

68. Shelly Reese, ‚When Whites *Aren't* a Mass Market', *American Demographics* (März 1997): 51–4.

69. Steve Rabin, ‚How to Sell Across Cultures', *American Demographics* (März 1994): 56–7.

70. Siehe Lisa Peñaloza, ‚Atravesando Fronteras/Border Crossings: A Critical Ethnographic Exploration of the Consumer Acculturation of Mexican Immigrants', *Journal of Consumer Research* 21 (Juni 1994) 1: 32–54.

71. A. Fuat Firat, ‚Consumer Culture or Culture Consumed?', in J.A. Costa and G.J. Bamossy (eds.), *Marketing in a Multicultural World: Ethnicity, Nationalism, and Cultural Identity* (London: Sage, 1995): 105–25; Michael Laroche, Chankon Kim, Michael K. Hui and Annamma Joy, ‚An Empirical Study of Multidimensional Ethnic Change: The Case of the French Canadians in Quebec', *Journal of Cross-Cultural Psychology* 27 (1) (Januar 1996): 114–31.

72. Elizabeth C. Hirschman, ‚Religious Affiliation and Consumption Processes: An Initial Paradigm', *Research in Marketing* (Greenwich, CT: JAI Press, 1983): 131–70.

73. Siehe z. B. Nejet Delener, ‚The Effects of Religious Factors on Perceived Risk in Durable Goods Purchase Decisions', *Journal of Consumer Marketing* 7 (Sommer 1990): 27–38.

74. ‚The Muslims in France: Rejecting their Ancestors the Gauls', *The Economist* (16. November 1996): 113–14.

75. Clare Garner, ‚Builders Answer Islam's Growing Call to Prayer', *The Independent* (4. Februar 1997): 7.

76. Madeline Bunting, ‚Churchgoing Bottoms Out', *The Guardian* (10. August 1996): 2; ‚Catholic Church Loses Mass Appeal', *The Guardian* (30. Januar 1996): 4; ‚België is niet langer katholiek' (‚Belgien ist nicht mehr katholisch') *Trouw* (19. September 1996); Madeline Bunting, ‚Revolving Door Throws Doubt on Evangelical Churches' Revival', *The Guardian* (28. August 1996).

77. Amy Barrett, ‚John Paul II to Share Stage with Marketers', *Wall Street Journal, Europe* (19. August 1997): 4; vgl. auch *http://www.mix.it/rai/papa*

78. ‚Vatican Opens Boutique Outside Walls', *Montgomery Advertiser* (10. Juni 1996): 4A.

79. *Markedsføring* 10 (1996): 22.

80. Peter S.H. Leeflang and W. Fred van Raaij, ,The Changing Consumer in the European Union: A „Meta-Analysis"', *International Journal of Research in Marketing* 12 (5) (1995): 373–87.

81. Massoud Saghafi and Donald Sciglimpaglia, ,Marketing in an Integrated Europe', in M. Bergadaà (ed.), *Marketing Today and for the 21st Century*, vol. 1 (ESSEC: Proceedings of the 24th EMAC Conference, 1995): 1069–76.

82. Fred van Eenennaam, ,Standardization of International Marketing Processes in a pan-European Context: Some Research Hypotheses', in M. Bergadaà (ed.), *Marketing Today and for the 21st Century*, vol. 2 (ESSEC: Proceedings of the 24th EMAC Conference, 1995): 1221–41.

83. Vern Terpstra and Kenneth David, *The Cultural Environment of International Business*, 2nd edn, (Cincinnati: Southwestern, 1985).

84. André Tordjman, ,European Retailing: Convergences, Differences, and Perspectives', in P.J. McGoldrick and G. Davies (eds.), *International Retailing. Trends and Strategies* (London: Pitman, 1995): 17–50.

85. ,Abroadminded', *Marketing* (24. April 1997): 20–1.

86. Bernard Dubois and Gilles Laurent, ,Is There a Euroconsumer for Luxury Goods?', in W.F. van Raaij and G. Bamossy (eds.), *European Advances in Consumer Research*, vol. 1 (Provo, UT: Association for Consumer Research, 1993): 58–69.

Kapitel 16

1. Richard A. Peterson, ,The Production of Culture: A Prolegomenon', in Richard A. Peterson (ed.), *The Production of Culture*, Sage Contemporary Social Science Issues (Beverly Hills, CA: Sage, 1976) 33: 7–22.

2. Richard A. Peterson and D.G. Berger, ,Entrepreneurship in Organizations: Evidence from the Popular Music Industry', *Administrative Science Quarterly* 16 (1971): 97–107.

3. Elizabeth C. Hirschman, ,Resource Exchange in the Production and Distribution of a Motion Picture', *Empirical Studies of the Arts* 8 (1990) 1: 31–51; Michael R. Solomon, ,Building Up and Breaking Down: The Impact of Cultural Sorting on Symbolic Consumption', in J. Sheth and E.C. Hirschman (eds.), *Research in Consumer Behavior* (Greenwich, CT: JAI Press, 1988): 325–51.

4. Siehe Paul M. Hirsch, ,Processing Fads and Fashions: An Organizational Set Analysis of Cultural Industry Systems', *American Journal of Sociology* 77 (1972) 4: 639–59; Russell Lynes, *The Tastemakers* (New York: Harper and Brothers, 1954); Michael R. Solomon, ,The Missing Link: Surrogate Consumers in the Marketing Chain', *Journal of Marketing* 50 (Oktober 1986): 208–19.

5. Michael R. Solomon, Richard D. Ashmore and Laura Longo (1992), ,The Beauty Match-Up Hypothesis: Congruence Between Types of Beauty and Product Images in Advertising', *Journal of Advertising* 21 (Dezember): 23–34.

6. Howard S. Becker, ,Arts and Crafts', *American Journal of Sociology* 83 (Januar 1987): 862–89.

7. Herbert J. Gans, ,Popular Culture in America: Social Problem in a Mass Society or Social Asset in a Pluralist Society?' in Howard S. Becker (ed.), *Social Problems: A Modern Approach* (New York: Wiley, 1966).

8. Peter S. Green, ,Moviegoers Devour Ads', *Advertising Age* (26. Juni 1989): 36.

9. Michael R. Real, *Mass-Mediated Culture* (Englewood Cliffs, NJ: Prentice-Hall, 1977).

10. Annetta Miller, ,Shopping Bags Imitate Art: Seen the Sacks? Now Visit the Museum Exhibit', *Newsweek* (23. Januar 1989): 44.

11. Kim Foltz, ,New Species for Study: Consumers in Action', *New York Times* (18. Dezember 1989): A1.

12. Arthur A. Berger, *Signs in Contemporary Culture: An Introduction to Semiotics* (New York: Longman, 1984).

13. Stephen Brown, ‚Psycho Shopper: A Comparative Literary Analysis of „the Dark Side"', in Flemming Hansen (ed.), *European Advances in Consumer Research* 2 (Provo, UT: Association for Consumer Research, 1995): 96–103; Stephen Brown, ‚Consumption Behaviour in the Sex'n'Shopping Novels of Judith Krantz: A Post-structuralist perspective', in J. Lynch and K. Corfman (eds.), *Advances in Consumer Research* 23 (Provo, UT: Association for Consumer Research, 1996): 96–103.

14. Helene Diamond, ‚Lights, Camera . . . Research!', *Marketing News* (11. September 1989): 10.

15. Umberto Eco, *A Theory of Semiotics* (Bloomington, IN: Indiana University Press, 1979).

16. Fred Davis, ‚Clothing and Fashion as Communication', in Michael R. Solomon (ed.), *The Psychology of Fashion* (Lexington, MA: Lexington Books, 1985): 15–28.

17. Melanie Wallendorf, ‚The Formation of Aesthetic Criteria Through Social Structures and Social Institutions', in Jerry C. Olson (ed.), *Advances in Consumer Research* 7 (Ann Arbor, MI: Association for Consumer Research, 1980): 3–6.

18. Grant McCracken, ‚Culture and Consumption: A Theoretical Account of the Structure and Movement of the Cultural Meaning of Consumer Goods', *Journal of Consumer Research* 13 (Juni 1986): 71–84.

19. ‚The Eternal Triangle', *Art in America* (Februar 1989): 23.

20. Herbert Blumer, *Symbolic Interactionism: Perspective and Method* (Englewood Cliffs, NJ: Prentice-Hall, 1969); Howard S. Becker, ‚Art as Collective Action', *American Sociological Review* 39 (Dezember 1973); Richard A. Peterson, ‚Revitalizing the Culture Concept', *Annual Review of Sociology* 5 (1979): 137–66.

21. Für weitere Einzelheiten siehe Susan B. Kaiser, *The Social Psychology of Clothing*;

George B. Sproles, ‚Behavioral Science Theories of Fashion', in Michael R. Solomon (ed.), *The Psychology of Fashion* (Lexington, MA: Lexington Books, 1985): 55–70.

22. C.R. Snyder and Howard L. Fromkin, *Uniqueness: The Human Pursuit of Difference* (New York: Plenum Press, 1980).

23. Alison Lurie, *The Language of Clothes* (New York: Random House, 1981).

24. John Fiske, *Understanding Popular Culture* (Boston: Unwin Hyman, 1989): besonders 1–21.

25. Harvey Leibenstein, *Beyond Economic Man: A New Foundation for Microeconomics* (Cambridge, MA: Harvard University Press, 1976).

26. Georg Simmel, ‚Fashion', *International Quarterly* 10 (1904): 130–55.

27. Grant D. McCracken, ‚The Trickle-Down Theory Rehabilitated', in Michael R. Solomon (ed.), *The Psychology of Fashion* (Lexington, MA: Lexington Books, 1985): 39–54.

28. Charles W. King, ‚Fashion Adoption: A Rebuttal to the „Trickle-Down" Theory', in Stephen A. Greyser (ed.), *Toward Scientific Marketing* (Chicago: American Marketing Association, 1963): 108–25.

29. Alf H. Walle, ‚Grassroots Innovation', *Marketing Insights* (Sommer 1990): 44–51.

30. Patrick Hetzel, ‚The Role of Fashion and Design in a Postmodern Society: What Challenges for Firms?', in Michael J. Baker (ed.), *Perspectives on Marketing Management*, vol. 4 (London: John Wiley & Sons Ltd, 1994): 97–118.

31. Stuart and Elizabeth Ewen, zitiert in Mike Featherstone, *Consumer Culture and Postmodernism* (London: Sage, 1993): 83.

32. Patrick Hetzel, ‚The Role of Fashion and Design in a Postmodern Society: What Challenges for Firms?'.

33. Anthony Ramirez, ‚The Pedestrian Sneaker Makes a Comeback', *New York Times* (14. Oktober 1990): F17.

34. B.E. Aguirre, E.L. Quarantelli and Jorge L. Mendoza, ‚The Collective Behavior of Fads: The Characteristics, Effects, and

Career of Streaking', *American Sociological Review* (August 1989): 569.

35. Michael R. Solomon and Basil G. Englis, ‚Reality Engineering: Blurring the Boundaries Between Marketing and Popular Culture', *Journal of Current Issues and Research in Advertising* 16 (Herbst 1994) 2: 1–17.

36. ‚Hollywood-sur-Brie', *Le nouvel observateur* (14. November 1996): 18–19.

37. ‚Les „mondes artificiels" attirent toujours plus de vacanciers', *Le Monde* (22.-23. Dezember 1996); siehe auch John Urry, ‚Cultural Change and Contemporary Holiday Making', *Theory, Culture, and Society* 5 (1) (1988).

38. Bill Keller, ‚For Rich Tourists (and Not Too African)', *New York Times* (3. Dezember 1992) 2: A1.

39. T. Bettina Cornwell and Bruce Keillor, ‚Contemporary Literature and the Embedded Consumer Culture: The Case of Updike's Rabbit', in Roger J. Kruez and Mary Sue MacNealy (eds.), *Empirical Approaches to Literature and Aesthetics: Advances in Discourse Processes* 52 (Norwood, NJ: Ablex Publishing Corporation, 1996): 559–72; Monroe Friedman, ‚The Changing Language of a Consumer Society: Brand Name Usage in Popular American Novels in the Postwar Era', *Journal of Consumer Research* 11 (März 1985): 927–37; Monroe Friedman, ‚Commercial Influences in the Lyrics of Popular American Music of the Postwar Era', *Journal of Consumer Affairs* 20 (Winter 1986): 193.

40. Benjamin M. Cole, ‚Products That Want to Be In Pictures', *Los Angeles Herald Examiner* (5 März 1985): 36; siehe auch Stacy M. Vollmers and Richard W. Mizerski, ‚A Review and Investigation into the Effectivenss of Product Placements in Films', in Karen Whitehill King (ed.), *Proceedings of the 1994 Conference of the American Academy of Advertising*: 97–102; Michael R. Solomon and Basil G. Englis, ‚Reality Engineering: Blurring the Boundaries Between Marketing and

Popular Culture', *Journal of Current Issues and Research in Advertising* 16 (Herbst 1994) 2: 1–17.

41. Suzanne Alexander Ryan, ‚Companies Teach All Sorts of Lessons with Educational Tools They Give Away', *The Wall Street Journal* (19. April 1994): B1 (2); Cyndee Miller, ‚Marketers Find a Seat in the Classroom', *Marketing News* (20. Juni 1994): 2.

42. David Leonhardt, ‚Cue the Soda Can', *Business Week* (24. Juni 1996): 64 (2).

43. Randall Rothenberg, ‚Is it a Film? Is it an Ad? Harder to Tell?', *New York Times* (13. März 1990): D23.

44. Übersetztes Zitat aus Mary Kuntz and Joseph Weber, ‚The New Hucksterism', *Business Week* (1. Juli 1996): 75 (7), 78.

45. George Gerbner, Larry Gross, Nancy Signorielli and Michael Morgan, ‚Aging with Television: Images on Television Drama and Conceptions of Social Reality', *Journal of Communication* 30 (1980): 37–47.

46. Stephen Fox and William Philber, ‚Television Viewing and the Perception of Affluence', *Sociological Quarterly* 19 (1978): 103–12; W. James Potter, ‚Three Strategies for Elaborating the Cultivation Hypothesis', *Journalism Quarterly* 65 (Winter 1988): 930–9; Gabriel Weimann, ‚Images of Life in America: The Impact of American T.V. in Israel', *International Journal of Intercultural Relations* 8 (1984): 185–97.

47. Stephanie O'Donohue, ‚On the Outside Looking In: Advertising Experiences Among Young Unemployed Adults', in Flemming Hansen (ed.), *European Advances in Consumer Research* II (Provo, UT: Association for Consumer Research): 264–72; Richard Elliott, ‚How Do the Unemployed Maintain Their Identity in a Culture of Consumption?', in Flemming Hansen (ed.), *European Advances in Consumer Research* II (Provo, UT: Association for Consumer Research): 273–6.

48. Richard Elliott, ‚Addictive Consumption: Function and Fragmentation in Postmodernity', *Journal of Consumer Policy*, 17

(1994), 159–79; Thomas C. O'Guinn and Ronald J. Faber, ‚Compulsive Buying: A Phenomenological Exploration', *Journal of Consumer Research*, 16 (1989): 147–57.

49. Theodore Levitt, *The Marketing Imagination* (New York: The Free Press, 1983).

50. Terry Clark, ‚International Marketing and National Character: A Review and Proposal for an Integrative Theory', *Journal of Marketing* 54 (Oktober 1990): 66–79.

51. Julie Skur Hill and Joseph M. Winski, ‚Goodby Global Ads: Global Village is Fantasy Land for Marketers', *Advertising Age* (16. November 1987): 22; Margaret K. Hogg, and Maria H. Savolainen, ‚Symbolic Consumption and the Situational Self', in Basil Englis and Anna Olofsson (ed.), *European Advances in Consumer Research* (Provo, UT: Association for Consumer Research, 1998).

52. Kevin Cote, ‚The New Shape of Europe', *Advertising Age* (9. November 1988): 98.

53. Steven Prokesch, ‚Selling in Europe: Borders Fade', *New York Times* (31. Mai 1990): D1.

54. ‚Abroadminded', *Marketing* (24. April 1997): 20–1.

55. ‚Packaging Draws Protest', *Marketing News* (4. Juli 1994): 1.

56. Laurel Anderson Hudson and Marsha Wadkins, ‚Japanese Popular Art as Text: Advertising's Clues to Understanding the Consumer', *International Journal of Research in Marketing* 4 (1988): 259–72.

57. David Alexander, ‚Condom Controversy: Suggestive KamaSutra Ads Arouse India', *Advertising Age International* (27. April 1992): I-12.

58. Yumiko Ono, ‚Tambrands Ads Try to Scale Cultural, Religious Obstacles', *The Wall Street Journal Interactive Edition* (17. März 1997), http://interactive4.wsj.com/archive

59. ‚Abroadminded', *Marketing* (24. April 1997): 20–1.

60. Hill and Winski, ‚Goodbye Global Ads'.

61. Siehe z. B. Russell W. Belk and Güliz Ger, ‚Problems of Marketization in Romania and Turkey', *Research in Consumer Behavior* 7 (Greenwich, CT: JAI Press, 1994): 123–55.

62. Siehe z. B. Ulf Hannerz, ‚Cosmopolitans and Locals in World Culture', in Mike Featherstone (ed.), *Global Culture* (London: Sage, 1990): 237–52.

63. Eric J. Arnould and Richard R. Wilk, ‚Why Do the Natives Wear Adidas?: Anthropological Approaches to Consumer Research', in Elizabeth C. Hirschman and Morris B. Holbrook (eds.), *Advances in Consumer Research* 12 (Provo, UT: Association for Consumer Research, 1985): 748–52.

64. Robert LaFranco, ‚Long-Lived Kitsch', *Forbes* (26. Februar 1996): 68.

65. Dana Milbank, ‚Made in America Becomes a Boast in Europe', *The Wall Street Journal* (19. Januar 1994): B1 (2)

66. Suman Dubey, ‚Kellogg Invites India's Middle Class to Breakfast of Ready-to-Eat Cereal', *The Wall Street Journal* (29. August 1994): B3B.

67. ‚They All Want to be Like Mike', *Fortune* (21. Juli 1997): 51–3.

68. Tara Parker-Pope, ‚Will the British Warm up to Iced Tea? Some Big Marketers are Counting on It', *The Wall Street Journal* (22. August 1994): B1 (2).

69. John Tagliabue, ‚Proud Palaces of Italian Cusine Await Pizza Hut', *The New York Times* (1. September 1994): A4.

70. David K. Tse, Russell W. Belk and Nan Zhou, ‚Becoming a Consumer Society: A Longitudinal and Cross-Cultural Content Analysis of Print Ads from Hong Kong, the People's Republic of China, and Taiwan', *Journal of Consumer Research* 15 (März 1989): 457–72; siehe auch Annamma Joy, ‚Marketing in Modern China: an Evolutionary Perspective', CJAS (Juni 1990): 55–67, als Überblick über die Veränderungen der chinesischen Marketingaktivitäten seit Beginn der Wirtschaftsreform im Jahr 1978.

71. Übersetztes Zitat aus Sheryl WuDunn, ‚Cosmetics from the West Help to Change the Face of China', *New York Times* (6. Mai 1990): 16.

72. John F. Sherry and Eduardo G. Camargo, ‚„May Your Life be Marvelous": English Language Labeling and the Semiotics of Japanese Promotion', *Journal of Consumer Research* 14 (September 1987): 174–88.

73. Bill Bryson, ‚A Taste for Scrambled English', *New York Times* (22. Juli 1990): 10; Rose A. Horowitz, ‚California Beach Culture Rides Wave of Popularity in Japan', *Journal of Commerce* (3. August 1989): 17; Elaine Lafferty, ‚American Casual Seizes Japan: Teenagers Go for N.F.L. Hats, Batman and the California Look', *Time* (13. November 1989): 106.

74. Lucy Howard and Gregory Cerio, ‚Goofy Goods,' *Newsweek* (15. August 1994): 8.

75. Prof. Russell Belk, University of Utah, persönliches Gespräch, 25. Juli 1997.

76. Adaption des Materials dieses Abschnitts aus Ger and Belk, ‚I'd Like to Buy the World a Coke: Consumptionscapes of the „Less Affluent World"'; Russell W. Belk, ‚Romanian Consumer Desires and Feelings of Deservingness', in Lavinia Stan (ed.), *Romania in Transition* (Hanover, NH: Dartmouth Press, 1997): 191–208; siehe auch Güliz Ger, 1997, ‚Human Development and Humane Consumption: Well Being Beyond the Good Life', *Journal of Public Policy and Marketing*, Vol. 16, No. 1, 110–25.

77. Prof. Güliz Ger, Bilkent University, Turkey, persönliches Gespräch, 25. Juli 1997.

78. Erazim Kohák, ‚Ashes, Ashes ... Central Europe After Forty Years', *Daedalus* 121 (Frühjahr 1992): 197–215, S. 219, übersetztes Zitat aus Belk, ‚Romanian Consumer Desires and Feelings of Deservingness'.

79. Güliz Ger, ‚The Positive and Negative Effects of Marketing on Socioeconomic Development: The Turkish Case', *Journal of Consumer Policy* 15 (1992): 229–54.

80. Dieses Beispiel mit freundlicher Genehmigung von Prof. Russell Belk, University of Utah, in einem Gespräch am 25. Juli 1997.

81. Jennifer Cody, ‚Now Marketers in Japan Stress the Local Angle', *The Wall Street Journal* (23. Februar 1994): B1 (2).

82. Güliz Ger and Russell W. Belk, ‚I'd Like to Buy the World a Coke: Consumptionscapes of the „Less Affluent World"', *Journal of Consumer Policy* 19 (3) (1996): 271–304.

83. Steven Greenhouse, ‚The Television Europeans Love, and Love to Hate', *New York Times* (13. August 1989): 24.

84. Charles Goldsmith and Charles Fleming, ‚Film Industry in Europe Seeks Wider Audience', *The Wall Street Journal* (6. Dezember 1993): B1 (2).

85. Sherry and Camargo, ‚„May Your Life Be Marvelous"; French Council Eases Language Ban', *The New York Times* (31. Juli 1994): 12.

86. Übersetztes Zitat aus Alan Riding, ‚Only the French Elite Scorn Mickey's Debut', *New York Times* (1992) 2: A1.

87. Mike Levin, ‚U.S. Tobacco Firms Push Eagerly into Asian Market', *Marketing News* (21. Januar 1991) 2: 2.

88. Zwei Sonderausgaben des *International Journal of Research in Marketing* 10 (3) (1993) und 11 (4) (1994), beide herausgegeben von A. Fuat Firat, John F. Sherry, Jr und Alladi Venkatesh, spielten eine entscheidende Rolle bei der Einführung von Themen der Postmoderne in das Marketing und die Konsumentenforschung.

89. Craig J. Thompson, 'Modern Truth and Postmodern Incredulity: A Hermeneutic Deconstruction of the Metanarrative of „Scientific Truth" in Marketing Research', *International Journal of Research in Marketing* 10 (3) (1993): 325–38.

90. Siehe z. B. A. Fuat Firat and Alladi Venkatesh, ‚Postmodernity: The Age of Marketing', *International Journal of Research in Marketing* 10 (3) (1993): 227–49; James Ogilvy, ‚This Postmodern Business, *Marketing and Research Today* (Februar 1990): 4–22; W. Fred van Raaij, ‚Postmodern Consumption', *Journal of Economic Psychology* 14 (1993), 541–63.

91. Stephen Brown, *Postmodern Marketing* (London: Routledge, 1995): 106ff.

92. Firat and Venkatesh, ‚Postmodernity: The Age of Marketing'.

93. Siehe Allison James, ‚Cooking the Books: Global or Local Identities in Contemporary British Food Cultures', in David Howes (ed.), *Cross-Cultural Consumption* (London: Routledge, 1996): 77–92.

94. Brown, *Postmodern Marketing*.

95. Judith Williamson, *Consuming Passions. The Dynamics of Popular Culture* (London: Marion Boyars, 1988).

96. Stephen Brown, ‚Marketing as Multiplex: Screening Postmodernism', *European Journal of Marketing* 28 (8/9) (1994): 27–51.

97. Eric J. Arnould and Søren Askegaard, ‚HyperCulture: The Next Stage in the Globalization of Consumption', Paper presented at the 1997 Annual Association for Consumer Research conference in Denver, Colorado, 16.-19. Oktober.

98. Brown, *Postmodern Marketing*.

99. Anne F. Jensen and Søren Askegaard, *In Pursuit of Ugliness: On the Complexity of the Fashion Concept After the Era of Good Taste*, Working Paper in Marketing, no. 14 (Odense University: School of Business and Economics, 1997).

100. Richard Elliott, Susan Eccles and Michelle Hodgson, ‚Re-coding Gender Representations: Women, Cleaning Products, and Advertising's „New Man"', *International Journal of Research in Marketing* 10 (3) (1993): 311–24.

101. Mike Featherstone, *Consumer Culture and Postmodernisn* (London: Sage, 1991).

102. Firat and Venkatesh, ‚Liberatory Postmodernism'.

103. Dominique Bouchet, ‚Rails Without Ties: The Social Imaginary and Postmodern Culture. Can Postmodern Consumption replace Modern Questioning?', *International Journal of Research in Marketing* 11 (4) (1993): 405–22.

104. Brown, ‚Marketing as Multiplex: Screening Postmodernism'.

Autorenregister

Produkt-, Firmen- und Namensregister

Sachregister

W

Internet-Marketing

Dave Chaffey, Richard Mayer,
Kevin Johnston, Fiona Ellis-Chadwick

Zum Buch:

Das Buch stellt eine umfassende Anleitung für den Einsatz des Internets zur Unterstützung von Marketingaktivitäten dar. Die Autoren zeigen u.a. auf, wie mit dynamischen Websites Kommunikation und Vertrieb revolutioniert werden können. Darüber hinaus leiten sie den Leser dazu an, über das Internet den persönlichen Kontakt zu ihrer Zielgruppe zu etablieren und sich somit entscheidende Wettbewerbsvorteile auf dem Markt zu sichern. Dieses Lehrbuch setzt keine Vorkenntnisse aus dem Bereich des Internet-Marketing voraus und vermittelt schnell und umfassend die notwendigen Grundlagen, um das Internet erfolgreich als Marketinginstrument zu nutzen.

Aus dem Inhalt:

– Schlüsselkonzepte und Strategien des Internet-Marketing
– Marketingkanäle, Marktstruktur und das Internet
– Electronic-Commerce-Transaktionen
– Website: Aufbau und Pflege

Über den Autor:

Die Autoren diese Buches forschen und lehren an der Derbyshire Business School der University of Derby in Großbritannien und beschäftigen sich seit Jahren intensiv mit Themen aus dem Bereich des Internet-Marketing.

ISBN: 3-8273-7009-4
1. Auflage
€ 49,95 [D], sFr. 91,00
533 Seiten

wirtschaft   marketing

Pearson-Studium-Produkte erhalten Sie im Buchhandel und Fachhandel
Pearson Education Deutschland GmbH • Martin-Kollar-Str. 10-12 • D-81829 München
Tel. (089) 46 00 3 - 222 • Fax (089) 46 00 3 - 100 • www.pearson.de

Marketing-Kommunikation

Konzepte und Strategien

Chris Fill

Zum Buch:

Im Gegensatz zu den zahlreichen Büchern, die zeigen, wie Marketing-Kommunikation in der Praxis funktioniert, nähert sich dieses Buch dem Thema aus einer theoretischen Perspektive. Es regt zur kritischen, analytischen Beschäftigung mit Theorien und Modellen der Marketing-Kommunikation an. Der Autor sieht die Kommunikation als zentrales Instrument des strategischen Denkens und Managements.

Aus dem Inhalt:

- Kommunikationstheorie
- Kontexte: Ethik, Käufer, Interessensgruppen , Umfeld
- Inhalte: Verkaufsförderung, Sponsoring, interaktive Kommunikation
- Strategien: Werbeziele, Kommunikation, Zielgruppen, Kommunikationspläne

Über den Autor:

Chris Fill lehrt Marketing und Strategisches Management an der University of Portsmouth. Er ist außerdem als Senior Examiner für Marketing-Kommunikation am Chartered Institute of Marketing tätig.

ISBN: 3-8273-7005-1
2. Auflage
€ 49,95 [D], sFr. 91,00
ca. 800 Seiten

wirtschaft | marketing

Pearson-Studium-Produkte erhalten Sie im Buchhandel und Fachhandel
Pearson Education Deutschland GmbH • Martin-Kollar-Str. 10-12 • D-81829 München
Tel. (089) 46 00 3 - 222 • Fax (089) 46 00 3 - 100 • www.pearson.de

Organisation der Unternehmung

Stephen P. Robbins

Zum Buch:

In dem äußerst erfolgreichen Lehrbuch Organisation der Unternehmung gibt der international anerkannte Managementexperte Stephen P. Robbins eine umfassende Darstellung zum Thema Organisationsverhalten. In anschaulicher und leicht verständlicher Sprache vermittelt dieses einzigartige Standardwerk die notwendigen Kenntnisse, um das Verhalten Einzelner sowie von Gruppen innerhalb einer Organisation zu verstehen und vorauszusagen. Studenten aus den verschiedensten Fachbereichen erhalten mit diesem Buch ein wertvolles Instrument zur Entwicklung eigener Managementstrategien.

Aus dem Inhalt:

– Einführung
– Das Individuum
– Die Gruppe
– Das Organisationssystem
– Dynamik der Organisation

Über den Autor:

Stephen P. Robbins gilt als der bedeutendste Experte auf dem Gebiet der Erforschung des Organisationsverhaltens. Zurzeit forscht und lehrt er an der San Diego State University in den USA.

ISBN: 3-8273-7010-8
9. Auflage
€ 49,95 [D], sFr. 91,00
ca. 750 Seiten
mit einer CD-Rom

wirtschaft marketing

Pearson-Studium-Produkte erhalten Sie im Buchhandel und Fachhandel
Pearson Education Deutschland GmbH • Martin-Kollar-Str. 10-12 • D-81829 München
Tel. (089) 46 00 3 - 222 • Fax (089) 46 00 3 - 100 • www.pearson.de